Altvater/Mahnkopf
Grenzen der Globalisierung

Elmar Altvater, Prof. Dr. oec. publ., geb. 1938, lehrt Politikwissenschaft an der FU-Berlin, Redaktionsmitglied der PROKLA; zahlreiche Veröffentlichungen zur Frage der kapitalistischen Entwicklung, zur Staatstheorie, zur Entwicklungspolitik, Schuldenkrise und zum Zusammenhang von Ökonomie und Ökologie, u.a. *Die Zukunft des Marktes*, 3.Aufl. 1997; *Der Preis des Wohlstands* 1992.
Birgit Mahnkopf, Prof. Dr.rer.pol., geb. 1950, Professorin für Europäische Gesellschaftspolitik an der Fachhochschule für Wirtschaft Berlin, Redaktionsmitglied der PROKLA; wichtigste Veröffentlichungen: *Verbürgerlichung. Die Legende vom Ende des Proletariats* 1985; Herausgeberin von *Der gewendete Kapitalismus* 1988, mit E. Altvater *Gewerkschaften vor der europäischen Herausforderung* 1993.

Elmar Altvater
Birgit Mahnkopf

Grenzen der Globalisierung

Ökonomie, Ökologie und Politik
in der Weltgesellschaft

WESTFÄLISCHES DAMPFBOOT

Die Deutsche Bibliothek – CIP-Einheitsaufnahme
Elmar Altvater:
Grenzen der Globalisierung : Ökonomie, Ökologie und Politik in der
Weltgesellschaft / Elmar Altvater/Birgit Mahnkopf. – 4. Aufl. – Münster :
Westfälisches Dampfboot, 1999
ISBN 3-929586-75-4
NE: Mahnkopf, Birgit

4. völlig überarb. und erw. Auflage Münster 1999
© 1999 Verlag Westfälisches Dampfboot, Münster
Alle Rechte vorbehalten
Umschlag: Lütke · Fahle · Seifert, Münster
Druck: Fuldaer Verlagsanstalt
Gedruckt auf säurefreiem, alterungsbeständigem Papier
ISBN 3-929586-75-4

Inhalt

Vorwort zur 4. Auflage 9

Erster Teil: Globale Transformationen 15

1. Der global nicht existierende Globalisierungsdiskurs 20
1.1 Globalisierungssprache(n) 20
1.2 Globalisierung – ein Richtungsstreit 25
1.3 Globalisierung – Versuch einer definitorischen Umschreibung 31
1.4 Die Vermessung der Globalisierung 36
1.5 Diskurse an den Grenzen der Globalisierung 41

2. Globalisierung und Globalität 49
2.1 Die „longue durée" der Gobalisierung? 49
2.2 Zyklen und Niveau der Globalisierung 54
2.2.1 Globale Zyklen 54
2.2.2 Das Niveau der Globalisierung 57
2.2.3 Raum und Zeit der Globalisierung 59
2.2.4 Politik und Ökonomie: Imperialismus oder Globalisierung 63
2.3 Globale Konkurrenz und lokale Konkurrenzfähigkeit: Glokalisierung 68
2.4 Globalisierung ohne Globalität oder die Idee eines globalen Gesellschaftsvertrags 72
2.5 Die ökologische Blockade der Globalisierung oder: das Dilemma der „globalen Almende" 82

3. „Disembedding" global 90
3.1 „Entbettungsmechanismen" 95
3.1.1 Entbettung der Wirtschaft aus der Gesellschaft 95
3.1.2 Die Entterritorialisierung des Raums und das Übergewicht der Gegenwart in der Zeit 98
3.1.3 Städte, Märkte, Knotenpunkte 101
3.1.4 Entbettung als Potenzierung von Energien 105
3.1.5 Das entbettete, selbstreferentielle Geld 108
3.2 Rückwirkungen: Der entbettete Weltmarkt wird zum „Sachzwang" 111
3.3 Der Markt – ein unbekanntes Wesen? 113
3.4 Bewegungen gegen die Folgen des „disembedding": Reformen im Verlauf von Transformationen 121

4. Entwicklungsbahnen zwischen Globalisierung und Fragmentierung 124
4.1 Theorien in fragmentierter Welt? 125
4.2 Entwicklung als Inwertsetzung des Raums 128
4.3 Paradigmen der Entwicklung 134

4.3.1	Attraktivität	136
4.3.2	Zeit-Räume der Kohärenz	139
4.3.3	Äußere Restriktionen innerer Kohärenz	143
4.4	Ungleichzeitigkeit und Ungleichmäßigkeit der Entwicklung	145
4.4.1	Fragmentierung, Entkoppelung und Marginalisierung	146
4.4.2	Fraktionierung oder der Verteilungskampf um den globalen Mehrwert	147
4.4.3	Fraktalisierung oder das Prinzip der Selbstähnlichkeit im globalen System	152

Zweiter Teil: Geld und Ware 157

5. Der ubiquitäre Geldfetisch, die globale Finanzkrise und der Ruf nach Regulierung 160

5.1	Eine Entkoppelung der monetären von der realen Sphäre findet nicht statt	162
5.1.1	Die Verselbständigung des Geldes	162
5.1.2	Geldgesellschaft versus Arbeitsgesellschaft	164
5.1.3	Die Folgen hoher Realzinsen für Schuldner und Bezieher von Arbeitseinkommen	169
5.2	Historische Formen der Wertfundierung des Geldes	173
5.2.1	Vom materiellen Gold zum virtuellen Cybermoney	173
5.2.2	Arbitrage- und Derivatenkapitalismus	185
5.3	Die globale Finanzkrise	194
5.3.1	Last der Schulden ohne Erleichterung durch Bankrott	194
5.3.2	Globale Währungskonkurrenz oder der Autoritarismus der Finanzmärkte	201
5.4	Der Ruf nach Regulation fragiler Finanz- und Währungsmärkte	205
5.4.1	Die Institutionen des Geldfetischs: IWF und Weltbank	205
5.4.2	Von der nationalstaatlichen Regulation zur Autonomie der Märkte	208
5.4.3	Der Ruf nach Regulierung von „Finanzkrisen des 21. Jahrhunderts"	214

6. Die falschen Versprechen des Freihandels 219

6.1	Komparative Kostenvorteile	221
6.2	Globale Zirkulations- und nationale Produktionsbedingungen oder: Die Auseinandersetzung um Sozial- und Umweltklauseln	227
6.3	Reduktion der Transportkosten und von räumlichen und zeitlichen Distanzen	235
6.4	Von „Like Products" zu „Like Places"	243
6.4.1	Die Spezialisierungsfalle oder die Entwicklungsbahn der Abhängigkeit von Extraktionsökonomien.	244
6.4.2	Produktionsökonomien oder: „like places" zwischen lokaler Wettbewerbsfähigkeit und Informalisierung	246
6.5	Handel mit Dienstleistungen	250
6.6	Transnationale Konzerne und Direktinvestitionen	256
6.7	Dumping, „Countertrade", informelle Handelsbeziehungen	267

Dritter Teil: Kapital und Arbeit — 271

7. Transnationale Unternehmen im Zeitwettbewerb — 275
7.1 Organisationsmuster einer neuen Ökonomie der Zeit — 277
7.1.1 „Virtuelle Unternehmen" im Geschwindigkeitsraum — 278
7.1.2 Die produktionstechnische Seite der neuen Ökonomie der Zeit — 283
7.1.3 Die organisationsstrukturelle Seite der neuen Ökonomie der Zeit — 285
7.1.4 Standortwettbewerb durch „benchmarking" — 287
7.2 Systemspezifische Widersprüche dezentraler Organisation — 293
7.2.1 „High performance"-Unternehmen im Zielkonflikt von Flexibilität und Stabilität — 294
7.2.2 Die überforderten „Flexecutives" — 298
7.3 Konvergenz der Arbeitsstrukturen durch institutionellen Wettbewerb — 306
7.4 Standortarbitrage und „exit"-Optionen der Unternehmen — 311

8. Tertiarisierung, Feminisierung, Informalisierung oder: Gewinner und Verlierer der Globalisierung — 317
8.1 Dienstleistung – die „software" industrieller Produktion — 317
8.1.1 Globale Kommunikationsnetze: technische Utopie und ökonomisches Kalkül — 321
8.1.2 Das Märchen von den ökologischen Gratiseffekten der „Entmaterialisierung der Ökonomie" — 325
8.2 Tertiarisierung – eine Chance für Frauen? — 328
8.3 Globalisierung und Informalisierung – zwei Seiten einer Medaille — 336
8.3.1 Informelle Arbeit – im Schatten der Wettbewerbsfähigkeit — 336
8.3.2 „Subcontracting" als „formell-informelle Partnerschaft" — 347
8.4 Soziale Exklusion auf globalen Arbeitsmärkten — 350
8.5 Die internationale Migration — 358

Vierter Teil: Politik der Globalisierung — 364

9. Handelsblöcke zwischen Nationalstaat und globalem Markt — 368
9.1 Eine Stufenfolge von Integrationsschritten — 369
9.2 Die „erste Welle" der regionalen Blockbildung oder die verschiedenen Anlässe für regionale Zusammenschlüsse — 372
9.3 Eine „zweite Welle" regionaler Blockbildung seit den 80er Jahren — 381
9.3.1 Das Ende der Blockkonfrontation — 382
9.3.2 Die Hegemoniekrise der „einzigen Weltmacht" — 384
9.3.3 Die westeuropäischen Integrationsfortschritte — 387
9.3.4 Die finanzielle Globalisierung und die finanziellen Instabilitäten — 389
9.3.5 Strategien systemischer Wettbewerbsfähigkeit — 391
9.4 Vom GATT zur WTO — 394

10. Integration in West- und Transformation in Mittel- und Osteuropa — 398
10.1 Der lange Weg der westeuropäischen Integration — 399
10.1.1 Die Vorgeschichte des Maastricht-Europa — 399

10.1.2 Maastricht und das Lob der Deregulierung	405
10.1.3 Der Klassencharakter des gemeinsamen europäischen Geldes	412
10.1.4 Westeuropäische Industriepolitik zur Verbesserung „systemischer Wettbewerbsfähigkeit"?	417
10.1.5 Das Jahr 2002: Die EU an einem Scheideweg	420
10.2 Transformationsprozesse in Mittel- und Osteuropa	423
10.2.1 Transformation als Integration in den Weltmarkt	423
10.2.2 Zeiträume der Transformation oder die Entstehung hybrider Formen	428
10.2.3 Die Informalisierung der mittel- und osteuropäischen Transformation	432
10.2.4 Enttäuschte Transformationserwartungen	436
10.3 Transformation, Integration, Desintegration	440

11. Ein Planet wird globalisiert	**443**
11.1 „Prometheische Revolutionen"	448
11.2 Natürliche Grenzen und positionelle Güter	456
11.2.1 Die Erfindung des Umweltraums	458
11.2.2 Die Tragödie industrieller Modernisierung	464
11.3 Ökologische Verteilungskonflikte	468
11.3.1 Effizienzsteigerung der Produktion und Entmaterialisierung des Konsums?	468
11.3.2 Markt, Macht, Solidarität	472

12. Demokratie an den Grenzen des „Umweltraums"	**478**
12.1 Demokratie und die „Autorität" des Weltmarkts	478
12.1.1 Entterritorialisierung von politischer Souveränität	480
12.1.2 Depolitisierung nationalstaatlicher Politik	487
12.2 Der Wohlfahrtsstaat in Zeiten der Globalisierung	495
12.3 Die Ökologie der industriellen Demokratie oder: Der Produktivitätspakt auf Kosten der Natur	502
12.4 Demokratie und Wohlstand unter ökologischen Restriktionen	504
12.5 Global Governance: Politik an den Grenzen des Umweltraums	509

13. Wo und wie kann Politik globale Transformationen beeinflussen?	**517**
13.1 Watteweicher Widerstand	520
13.2 Die Verteilungsfrage des 21. Jahrhunderts	523
13.3 Möglichkeitssinn	527
13.3.1 Entschleunigung der Finanzströme durch die Tobintax oder: Warum Oskar Lafontaine gescheitert ist	527
13.3.2 Energiesteuern gegen den „Fossilismus" oder: Warum die Produktivitätssteigerung enttabuisiert werden muß	530
13.3.3 Wer nicht arbeitet, soll auch essen oder: Die notwendige Entkoppelung von Arbeit und Einkommen	535
13.4 Fazit: Reformen der globalen Transformationen	537

Abkürzungsverzeichnis	539
Verzeichnis von Tabellen und Schaubildern	540
Literaturverzeichnis	542
Register	590

Vorwort zur 4. Auflage

Die hier vorliegende vierte Auflage der „Grenzen der Globalisierung" unterscheidet sich erheblich von den vorangegangenen seit der Erstauflage im Jahre 1996. Wir haben *erstens* den Versuch gemacht, die umfangreiche Literatur zur Globalisierung zu berücksichtigen, die in den uns zugänglichen Sprachen (neben deutsch und englisch auch spanisch, italienisch, französisch und portugiesisch) in den letzten Jahren erschienen ist. Das war nicht immer einfach und das Ergebnis ist unvollkommen. Es gibt zwar einen globalen Globalisierungsdiskurs, der aber in den verschiedenen Sprachräumen an jeweils spezifische historische, politische, kulturelle Kontexte gebunden ist. Die einfache, überall in der Welt in den jeweiligen „Diskursgemeinschaften" verfolgte Lösung, neben der jeweils in der Muttersprache publizierten Literatur noch die anglophonen Schriften zur Kenntnis zu nehmen, Debatten in dritten Sprachen jedoch nicht, engt den Horizont des Globalisierungsdiskurses unnötig ein. Die Folge ist eine absolute, also kaum noch relativierte Dominanz (nicht Hegemonie) der englischsprachigen Beiträge zur Globalisierungsdebatte, die souverän Schriften in anderen Sprachen ignorieren. So kann James N. Rosenau auf der Titelseite des jüngst erschienenen Buches von David Held, Anthony McCrew, David Goldblatt und Jonathan Perraton (1999) vom Verlag mit der marktschreierischen Aussage zitiert werden: „The definite work on globalization". Wir werden noch sehen, daß so endgültig die Ergebnisse des so gelobten und ganz zweifellos wichtigen Buches nicht sind – noch nicht einmal in der begrenzten Welt des Englischen. Von größerer Bedeutung allerdings ist, daß mit der Einengung des Globalisierungsdiskurses auf einen Sprachraum Potentiale der wissenschaftlichen Evolution verloren gehen, die für den Fortschritt der sozialwissenschaftlichen Erkenntnisse so notwendig sind.
Zweitens haben wir, wie es bei überarbeiteten Neuauflagen üblich ist, neuere Daten verwendet, sofern vorhanden. Dadurch ist die Aktualität der empirischen Materialien verbessert worden, mit denen wir die zugrundeliegenden, qualitativen Tendenzen indizieren. Empirische Daten veralten schnell, und daher haben wir uns um eine „schlanke" Empirie bemüht. Die „Grenzen der Globalisierung" sind gewissermaßen „work in progress". Tatsächlich ist es nicht möglich, ein Buch über die ökonomischen, sozialen, politischen, ökologischen, ansatzweise auch kulturellen Globalisierungsprozesse an der Jahrhundertwende „abzuschließen".
Drittens. Die Dynamik der Globalisierung hat in der kurzen Zeit seit der Erstauflage 1996 Veränderungen von Ökonomie und Politik herbeigeführt, die

wir so vor einem Jahrfünft nicht vorausgesehen haben. Möglicherweise waren einige Ereignisse – anders als beispielsweise die Finanzkrise – nicht vorhersehbar, zum Beispiel der Krieg in Jugoslawien. Die NATO-Aggression gegen Jugoslawien ist kaum mit dem Golfkrieg von 1991 vergleichbar. Denn damals hatte der Irak einen anderen souveränen Staat zu annektieren versucht, also eindeutig gegen die UNO-Charta verstoßen, und die Allianz gegen den Irak ist in der UNO formell zustande gekommen. Im Falle Jugoslawiens können noch nicht einmal diese formalen Gründe die Aggression der NATO rechtfertigen. Jugoslawien hat keinen anderen Staat angegriffen und die NATO hat nicht mit UNO-Mandat gehandelt, sondern sich das Recht der „Notwehr" genommen, und zwar zur Verteidigung der Menschenrechte gegen eine Regierung, die sie mißachtet. Mit dem unterstellten universalistischen Prinzip der Menschenrechte ist militärisches Vorgehen von Nationalstaaten in einem Bündnis gerechtfertigt worden, das beansprucht, Verantwortung für „Weltinnenpolitik" innerhalb einer unterstellten „Weltgesellschaft" zu übernehmen. Die Bestürzung über die Philosophen, Literaten und Sozialwissenschaftler, die sich dieses Argumentationsmuster zu eigen machten und danach intellektuelle Pirouetten tanzten, ist groß. Nun kann nicht mehr von „global governance" unter Beteiligung der Akteure einer globalen „Zivilgesellschaft", also von „Regieren ohne Regierung" in aller (und diskursiv gefüllter) Freiheit so wie vor der Aggression die (naive) Rede sein. Globales Regieren ist mit militärischem Zwang, ausgeübt von einzelnen Nationalstaaten oder in gemeinsamem Bündnis, bewehrt. Der partikulare Zwang wird mit universalistischen Prinzipien legitimiert. Auf diese Weise werden der Rekurs auf Menschenrechte korrumpiert und die bestehenden Organisationen des UNO-Systems oder der OSZE unterminiert. Im Hintergrund des militärischen Eingreifens werden obendrein geostrategische Projekte der politischen Dominanz geschmiedet. Die NATO definiert „Sicherheitsinteressen", die weit über die militärische Sicherheit gegenüber Feinden, die ja seit 1989 verschwunden sind, hinausgehen; die NATO-Staaten sind „von Freunden umzingelt", aber von der Organisierten Kriminalität und von der Abriegelung der Rohstoffrouten durch „Schurkenstaaten" angeblich bedroht. Während wir bislang Globalisierung vor allem als die Entstehung einer kapitalistischen „Geoökonomie" verstanden haben und geopolitischen Interpretationen der jeweils nationalstaatlichen Macht mit Mißtrauen begegnet sind, hat der Krieg in und gegen Jugoslawien eine globale Innovation zustande gebracht: den Zusammenfluß der Rechtfertigung einer militärischen Aggression aus einem universalistischen Prinzip heraus mit geostrategischer Interessenpolitik zur nicht nur ökonomischen, sondern politischen Neuordnung der Welt. Die NATO-Intervention hat gezeigt, daß auch in der globalisierten Welt dem Einsatz militärischer Gewalt eine hohe Bedeutung zukommt. Dem muß nun Rechnung getragen werden, nachdem in der Globalisierungsliteratur neoliberaler Vermarktwirtschaftlichung, zivilgesellschaftlicher Vernetzung und der Erosion nationalstaatlicher Souveränität die meiste Aufmerksamkeit gewidmet worden und die Bedeutung und der Einsatz militärischer Macht in der Analyse vernachlässigt worden sind. Auch diese Entwicklung hat uns veranlaßt, einige Akzente in diesem Buch neu zu setzen.

Viertens. Die Analyse der qualitativen Tendenzen haben wir in der Auseinandersetzung mit der entsprechenden Literatur, und indem wir tiefer in die Dynamik der Globalisierungstendenzen eingedrungen sind, weiterentwickelt. Es war nicht möglich, über den „ubiquitären Geldfetisch", also über die finanzielle Globalisierung (5. Kapitel der ersten und der vorliegenden Auflage) zu schreiben, ohne ausführlich auf die Finanzkrise in Asien, Lateinamerika, Rußland einzugehen. Das Kapitel ist sehr viel umfangreicher geworden, zumal auch die Rolle institutioneller Anleger analysiert wird. Dann haben wir mehr als in der Erstauflage den Tendenzen der „Informalisierung" im Zuge der globalen Transformationen Rechnung getragen (im 6. und 8. Kapitel). Es ist 10 Jahre nach 1989 auch eher absehbar, welche Richtung die Transformationsprozesse in Mittel- und Osteuropa nehmen, nämlich zu Hybridformen des Kapitalismus. Im 1. Kapitel, das es so in der Erstauflage nicht gab, wird der Versuch einer Systematisierung von Globalisierungsdiskursen gemacht. In der Auseinandersetzung mit der Literatur gelangen wir auch zu dem „Versuch einer definitorischen Umschreibung" (1. Kapitel, 1.3). Das zweite Kapitel faßt die ersten beiden Kapitel der Erstauflage zusammen und entwickelt die Argumente weiter. Das 3. Kapitel knüpft am 4. Kapitel der Erstauflage an (auch der Titel „'Disembedding' global" ist identisch); es enthält aber eine wichtige Weiterentwicklung: den Rekurs auf Gegenbewegungen zur Globalisierung. Das 4. Kapitel ist aus dem 3. und 10. Kapitel der Erstauflage entstanden. Die Frage der „Inwertsetzung" (bislang im 10. Kapitel) erschien uns so zentral, daß wir sie in den ersten Teil integrierten. Außerdem haben wir die Unterscheidung zwischen Fragmentierung, Fraktionierung und Fraktalisierung als Kehrseiten der Globalisierung pointiert; dies erschien uns nötig, weil gerade mit dem Verweis auf „Fragmentierung" in der Welt eine polemische, aber sozialwissenschaftlich nicht tragfähige Formel gegen die Globalisierungsthese vorzuliegen scheint.
Das 5. und 6. Kapitel behandeln in der neuen wie in der alten Auflage die globalen Finanzen und die Versprechen des freien Handels. Die Struktur der Kapitel hat sich nicht wesentlich geändert, wohl aber sind neue Aspekte in die Analyse einbezogen und neue Daten verwendet worden. Wir haben allerdings eine kürzere Passage über Umfang und regionale Verteilung der ausländischen Direktinvestitionen von Unternehmen in das „Handelskapitel" integriert; dadurch ist das 7. Kapitel der früheren Ausgaben entfallen. Diese Kürzung schien

uns aus mehreren Gründen gerechtfertigt: Zum einen liegen gerade zu den Strukturen ausländischer Direktinvestitionen eine ganze Reihe von empirischen Studien vor, deren Befunde wir nur hätten wiedergeben können. Zum anderen sind bereits mit dem Erscheinen dieses Buches die Daten, die wir dem letzten „World Investment Report" der UNCTAD entnommen haben, veraltet. Entscheidend für unseren „Mut zur Lücke" war jedoch etwas anderes: Zahlen über die grenzüberschreitenden Investitionen von Unternehmen liefern – obwohl dies in einer von Ökonomen dominierten Debatte ungern zugegeben wird – eigentlich wenige Informationen über das Ausmaß, den Charakter und vor allem die Wirkungen der tatsächlich stattfindenden Globalisierung.

Von transnationalen Unternehmen (im Zeitwettbewerb) als wichtige treibende (und getriebene) Kräfte der Globalisierung handelt das neue 7. Kapitel; nur sind hier jene Passagen zusammengefaßt, stark überarbeitet und um wichtige zusätzliche Aspekte der Debatte um neue Unternehmensstrategien und die Widersprüche des „Managements im Geschwindigkeitsraum" ergänzt, die in der alten Fassung das 9. Kapitel bildeten. Bei der Überarbeitung des 8. Kapitels („Tertiarisierung, Feminisierung, Informalisierung: Gewinner und Verlierer der Globalisierung") wurde auf viele eher deskriptive Passagen der früheren Fassung verzichtet, dafür haben wir aber, wie bereits erwähnt, den Zusammenhängen von ökonomischer Globalisierung und Informalisierung der Arbeit ein sehr viel größeres Gewicht eingeräumt.

Im 9. Kapitel der Neuauflage („Handelsblöcke zwischen Nationalstaat und globalem Markt") sind das ursprüngliche 11. und 13. Kapitel zusammengefaßt und auf den neuesten Stand der Analyse von regionaler Blockbildung gebracht. Dabei wird auch der Rolle der neuen WTO Rechnung getragen, die bei Abgabe des Manuskripts der Erstauflage gerade erst gegründet war. Das 10. Kapitel der Neuauflage („Integration in Westeuropa und Transformation in Mittel- und Osteuropa") knüpft ans 12. Kapitel der Erstauflage an. Auch hier bestehen die Änderungen im wesentlichen in der Berücksichtigung neuerer Erkenntnisse und Daten. Das 11. bis 13. Kapitel (über die globale Umwelt und Umweltpolitik, die „demokratische Frage" an den Grenzen des Umweltraums und Aspekte der politischen Regulierung von Globalisierung) sind gründliche Überarbeitungen des 14. bis 16. Kapitels der ersten Auflage.

Es sind also mehrere Kapitel verschwunden, weil die Argumentationsstruktur klarer geworden ist. Das Buch ist daher „abgespeckt" worden. Dies gilt nicht für die Literaturliste; wir haben zwar viele Literaturverweise getilgt, dafür sind aber fast ebensoviele neu hinzugekommen. Die lange Literaturliste sollte niemanden abschrecken; sie soll die Arbeit am Thema erleichtern. Trotz vieler hundert Titel kann sie nicht als vollständig bezeichnet werden. Wir hoffen, daß die Argumentation didaktisch angemessener und inhaltlich schlüssiger ist. Einzelne Überlegungen aus diesem Buch sind während der drei Jahre, die seit Erscheinen der Erstauflage von „Grenzen der Globalisierung" vergangen sind, in Bücher- und Zeitschriftenbeiträgen vorgestellt worden; allerdings sind die Formulierungen und vor allem der Kontext, in dem sie hier wieder aufgegriffen werden, andere.

Der Dank aus dem Vorwort der ersten Auflage an alle jene, die mit uns das Buch oder Teile daraus diskutiert haben, kann hier nur bestätigend wiederholt werden. In der Zwischenzeit seit Erscheinen haben wir Seminare an der Freien Universität bzw. der Fachhochschule für Wirtschaft Berlin abgehalten, Diskussionsveranstaltungen zum Thema an anderen Fachbereichen und Universitäten, Vorträge vor wissenschaftlichen Vereinigungen, in Gewerkschaften, bei Nicht-Regierungsorganisationen, auf Tagungen und Kongressen von Kirchen, Parteien und Unternehmen im Inland und im Ausland gehalten. Dabei waren wir gezwungen, unsere Argumentation zu schärfen. Selbstverständlich sind dies Erfahrungen, für die wir allen Veranstaltern und Diskutanten sehr dankbar sind. In die Gestaltung der Neuauflage sind viele Einsichten aus diesen Diskussionen eingeflossen.

Bei der sehr zeitintensiven Bearbeitung haben uns Judith C. Enders und Anne-Sophie Susen geholfen. Wir möchten uns dafür bedanken. Wie üblich bleibt aber zu betonen, daß für Inhalt und Form des Textes Autorin und Autor verantwortlich sind.

Birgit Mahnkopf und Elmar Altvater   *Berlin, Spandau im August 1999*

Erster Teil
Globale Transformationen

Die Entfesselung des Marktes aus gesellschaftlichen Bindungen und die Mißachtung der Natur des Planeten Erde um des ökonomischen Erfolgs wegen haben bereits Aristoteles beschäftigt und sind durch die gesamte moderne Menschheitsgeschichte hindurch Gegenstand der analytischen und normativen Reflexion geblieben. Karl Polanyi, der große Wirtschaftshistoriker, vertritt in seiner Schrift über die „Great Transformation" zur Marktwirtschaft im England des 18. und 19. Jahrhunderts

„die These, daß die Idee eines selbstregulierenden Marktes eine krasse Utopie bedeutete. Eine solche Institution konnte über längere Zeiträume nicht bestehen, ohne die menschliche und natürliche Substanz der Gesellschaft zu vernichten; sie hätte den Menschen physisch zerstört und seine Umwelt in eine Wildnis verwandelt. Die Gesellschaft ergriff zwangsläufig Maßnahmen zu eigenem Schutz, aber alle diese Maßnahmen beeinträchtigten die selbstregulierende Funktion des Marktes, führten zu einer Desorganisation der industriellen Entwicklung und gefährdeten damit die Gesellschaft auch in anderer Weise. Dieses Dilemma zwang die Entwicklung des Marktsystems in eine bestimmte Richtung und zerrüttete schließlich die darauf beruhende Gesellschaftsstruktur" (Polanyi 1944/ 1978: 19f).

In der langen Menschheitsgeschichte vor Heraufkunft der „Moderne" ist „die Wirtschaft des Menschen ... in seine gesellschaftlichen Verhältnisse eingebettet. Der Übergang von dieser Form zu einer Gesellschaft, die, umgekehrt, im Wirtschaftssystem eingebettet ist, war eine gänzlich neuartige Entwicklung" (Polanyi 1979: 135). Erst Arbeitsmarkt, Goldstandard und Freihandel verkehrten im ausgehenden 18. und dann erst recht im 19. Jahrhundert das „vormals harmlose Marktmuster... zu einer gesellschaftlichen Monstrosität" (ibid.: 138). Das ökonomische System verselbständigte sich so sehr, daß schließlich die gesellschaftlichen Verhältnisse „im ökonomischen System eingebettet waren" (ibid.: 141), und nicht umgekehrt die Ökonomie eine gesellschaftliche Veranstaltung geblieben wäre. Die „Mechanismen der systemischen und der sozialen Integration (trennten) sich voneinander", wie Jürgen Habermas ausführt (Habermas 1981, Bd. 2: 246), um darauf zu verweisen, daß die segmentäre Differenzierung von Lebenswelten komplexer begründet ist, als mit der von Polanyi verfolgten These des „disembedding" erklärt werden könnte.

Nicht der Markt an sich ist nach der industriellen Revolution das historisch Neue, sondern die allumfassende Reichweite und das enorme Tempo des Markthandelns, des Austausches von Waren. Mit der „Reichweite" ist nicht nur das physisch-räumliche Ausholen in den Weiten des Planeten Erde gemeint, sondern auch der funktional-räumliche Prozeß der Integration von allem und jedem in das System kühl kalkulierenden marktmäßigen Austauschs und der ihm eigenen Rationalität der Kapitalrechnung (Max Weber). Es wird nicht mehr nur der von Marx so bezeichnete „ordinäre Warenpöbel" auf dem Warenmarkt gegen Geld getauscht. Auch die Arbeitskraft wird in eine Ware verwandelt, die auf dem Arbeitsmarkt ver- und gekauft wird. Selbst das Geld des Marktes, von den Ökonomen in der Regel als bloßes Tauschmittel (Zirkulationsmittel), daher als „Geldschleier" (miß)verstanden, wird zur Ware. Ein Geldmarkt entsteht, der heute globale Ausdehnung besitzt und auf dem verschiedene Gelder (nationale Währungen) wie Schweinehälften, Roheisen oder Sojabohnen gehandelt werden – mit, wie noch zu zeigen sein wird, fatalen Folgen für nationale Ökonomien und Gesellschaften. Schließlich werden auch Stücke der Natur vermarktet und so einer Logik der Verwertung unterworfen, die mit den natürlichen Bedingungen des Lebens so gut wie gar nichts zu tun hat: es bildet sich auch ein Immobilienmarkt heraus, auf dem zwar nicht der Gegenstand des Handels mobilisiert werden kann, wohl aber die Rechtstitel an der jeweiligen Immobilie und der in Geld ausgedrückte Wert. Das Leben der Menschen wird also vom Markt abhängig und das Denken wird durch die spezifische Rationalität des Markthandelns bestimmt. Nirgendwo ist diese extrem reduzierte Rationalität ausgeprägter als im ökonomischen Denken, speziell in der heute weltweit dominanten Neoklassik, die mit entprechenden Politikmustern versetzt als „Neoliberalismus" bezeichnet und kritisiert wird. Als Marktagenten sind die Personen Rollenspieler, „Charaktermasken", also „Personifikationen der ökonomischen Verhältnisse, als deren Träger sie sich gegenübertreten" (Marx, MEW 23: 100).

In dieser Totalität von Tauschbeziehungen, in denen die Menschen nur als Warenbesitzer oder Geldvermögensbesitzer mitmischen können, ist für zwischenmenschliche Bindungen durch Geschenk und Gabe, für Reziprozität und Solidarität (Latouche 1995; Mauss 1975), für wechselseitige „Großzügigkeit" (Aristoteles 1969, NE, 89), für „Gemeinschaft" der Menschen wenig Raum. So ist tatsächlich der historische Prozeß der Entfesselung der Marktkräfte, der Entbettung aus dem „Bett" gesellschaftlicher Bindungen („disembedding") eine „great transformation" (Polanyi 1944/1978) der traditionalen, über viele Jahrhunderte sich nur langsam ändernden Verhältnisse zur marktwirtschaftlichen, kapitalistischen Moderne. An die Stelle des Produktentausches, der eine sehr lange Geschichte (bis zurück ins Prä-Neolithikum) hat, setzt sich in allen Bereichen der menschlichen Kommunikation die Form des Warentausches fest. Marx widmet sich diesem Sachverhalt in der Analyse der Warenform und kritisiert ihn als Verdinglichung, als „Fetischcharakter" von Ware, Geld und Kapital: die entbetteten Verhältnisse sind menschliche Geschöpfe, die nun aber „Sachzwänge" über ihre Schöpfer ausüben[1]. Sachzwänge sind sie, weil sie nicht mehr ohne kritische Anstrengungen auf ihre gesellschaftliche Herkunft zurückgeführt und in ihrem Herrschaftsmechanismus durchschaut werden können, um sie zu verändern. Wenn es Tendenzen des „disembedding" gibt, so muß es auch den Sachverhalt des „Eingebettetseins" („embeddedness") geben. Tatsächlich bilden sich Gegenbewegungen gegen die „Monströsität" (Polanyi) des „disembedding". Trotz der Entbettungsvorgänge und des Übergewichts von Marktrationalität über andere soziale Rationalitäten bleibt eine vollständige Herauslösung der Wirtschaft aus der Gesellschaft eine historische Unmöglichkeit. Die „große Transformation" provoziert also Reformkräfte, der politische Reformismus tritt auf den Plan. Polanyi beschreibt die große Transformation der englischen Gesellschaft vor etwa 200 Jahren, als sich die Marktwirtschaft gegen andere gesellschaftliche Regelmechanismen durchsetzte. Marx hatte diese Transformation als Prozeß der „ursprünglichen kapitalistischen Akkumulation" (Marx, MEW 23, 24. Kapitel) analysiert und in den Kontext der „begrifflichen Reproduktion" des Kapitalverhältnisses gestellt. Held et al. (1999) schlagen in ihrer Analyse der gegenwärtigen Globalisierungstendenzen vor, Globalisierung als Prozeß von ökonomischen und politischen Transformationen zu fassen. Dieser Vorschlag wird hier aufgegriffen und analytisch erweitert. Held et al. sind nämlich nicht konsequent genug; sie benutzen zwar den Begriff der Transformation, reflektieren aber nicht die Formen (und ihr Ensemble, die Gesellschaftsformation), die sich historisch transformieren. Insbesondere lassen sie Überlegungen über die Gegenbewegungen gegen die globalen Transformationen vermissen, die für Polanyi, aber auch für Marx (vgl. etwa das achte Kapitel über den Kampf um den Normalarbeitstag im „Kapital", Marx, MEW 23: 245ff) so bedeutsam waren. Reformen im Rahmen der Transformationen geraten somit nicht ins Blickfeld und dies bedeutet, daß der von Gramsci beschriebene „Transformismus" als eine hegemoniale Strategie nicht erkannt werden kann.

Wir beginnen diesen ersten Teil mit einem *1. Kapitel* über „Globalisierungsdiskurse". In den vergangenen Jahren ist eine Fülle von Beiträgen zur auszufernden Globalisierungsdebatte erschienen, so daß es angemessen ist, den Versuch einer Ordnung der Diskurse zu machen. Der Begriff der Globalisierung wird in der Kritik der sozialwissenschaftlichen Literatur zur Globalisierung geschärft.

---

[1] Das ist das Faustische Dilemma: „Beim ersten sind wir frei, beim zweiten sind wir Knechte...". Mit den Taten werden die Bedingungen des Handelns gesetzt, die als Restriktionen, als Sachzwänge in allen folgenden Handlungen den Akteuren „Pfadabhängigkeit" auferlegen. Dennoch gibt es, wo es Wirklichkeitssinn gibt, auch den von Robert Musil betonten Möglichkeitssinn. Doch erst an Bifurkationen ist auf dem Pfad Wahlfreiheit gegeben, kann der Knecht zum entscheidungsfreien Herrn über Alternativen reüssieren.

Wir werden danach im *2. Kapitel* über Zeit und Raum der Globalisierung diskutieren, über Tendenzen, Niveau und Zyklen und daher über Grenzen der Globalisierung. So unbestreitbar der Prozeß der Globalisierung ist, so sicher ist es auch, daß in einer von dieser Generation absehbaren Zeit der Zustand der Globalität nicht erreicht wird. Gerade weil es einen Weltmarkt gibt, eine Weltgesellschaft oder ein Weltstaat sich aber jenseits des historischen Horizonts befinden, gerade weil infolge der Globalisierung das ökonomische System nahezu vollständig aus gesellschaftlichen Bindungen entbettet und aus den Grenzen setzenden Regeln der Politik entlassen ist, entfaltet sich eine internationale Debatte über die Gestaltung eines „globalen Gesellschaftsvertrags". Damit setzen wir uns am Ende des 2. Kapitals auseinander.

Im *3. Kapitel* schließlich werden „Entbettungsmechanismen" diskutiert. Dabei stellt sich heraus, daß diese in der globalen Transformation unserer Tage gegenüber der von Polanyi analysierten „great transformation" des 18. und 19. Jahrhunderts sehr viel weitreichender und in die Tiefe gehend wirken. Sie umfassen nicht nur den Markt, sondern das Geld des Marktes, das Zeit- und Raumregime wird in Zeiten der Globalisierung transformiert, angetrieben durch Energiesysteme, die erst globale Transformation möglich machen. Es läßt sich zeigen, daß aus diesem Grund die Gegenbewegungen gegen die globalen Transformationen nicht dieselben sein können wie vor mehr als 100 Jahren, als die moderne Arbeiterbewegung entstand. Es bilden sich im Verlauf der globalen Transformationen neue politische Subjekte, und sowohl deren Formen als auch die Inhalte des Widerstands sind in der globalen Transformation anders als in der „great transformation". Reformen, politische Alternativen können also nur zu einem Teil an den Erfahrungen der „reformistischen" Arbeiterbewegung anknüpfen.

Im *4. Kapitel* beschäftigen wir uns mit „Entwicklungsbahnen zwischen Globalisierung und Fragmentierung". In einem Teil der Globalisierungsliteratur wird der Tendenz der Globalisierung eine beschränkte Bedeutung deshalb zugeschrieben, weil die Welt der Gegenwart eher durch „Fragmentierung" gekennzeichnet sei (so vor allem Menzel 1998). Wir zeigen, daß diese Einschätzung auf einem Mißverständnis beruht. Es wird *erstens* nicht scharf genug zwischen Fragmentierung, Fraktionierung und Fraktalisierung unterschieden. Die Entwicklungsbahnen von Gesellschaften und Ökonomien sind durchaus vielfältig und lassen sich nicht auf ein Modell reduzieren, wie die Modernisierungstheorie und ihre Varianten eher normativ postulieren als empirisch und historisch gehaltvoll analysieren. Dennoch folgen sie *zweitens* einem „Attraktor", da Entwicklung nur stattfindet, wenn den äußeren Restriktionen, also den im 3. Kapitel dargelegten „Sachzwängen", durch die Herstellung von dynamischen „Zeit-Räumen der Kohärenz" begegnet wird. Dabei ist unbedingt zu berücksichtigen, daß die Entwicklungsbahnen verschiedener Gesellschaften mit unterschiedlichem Niveau von Produktivität, Lebensstandard und Naturverbrauch interdependent sind und daher in der Einheit der Globalisierung eine teilweise chaotische Vielfalt von Fragmentierung, Fraktionierung und Fraktalisierung erzeugt wird.

1. Kapitel
Der global nicht existierende Globalisierungsdiskurs

1.1 Globalisierungssprache(n)

Keine Gesellschaft auf Erden, in der nicht seit etwa einem Jahrzehnt heftig über Globalisierung debattiert würde. Digitale Suchmaschinen helfen dabei herauszufinden, wie neu der Diskurs ist: Die Begriffe „global" oder „Globalisierung" kommen in der gesamten Philosophiegeschichte von Platon bis Nietzsche nicht vor (Digitale Bibliothek, Bd. 2, 1998). Ruigrok/van Tulder (1995: 139) haben 1980 in den wichtigsten ökonomischen Zeitschriften 50 Titel gefunden, in denen der Begriff „global" oder „Globalisierung" enthalten war; 1990 waren es bereits 670. Heute kann man getrost davon ausgehen, daß die Zahl verzehnfacht werden könnte. Die Eingabe des Stichworts „Globalization" in der Internet-Buchhandlung amazon.com fördert Ende Juli 1999 415 Büchertitel zu Tage, bei Amazon-Deutschland (http://amazon.de) werden auf das Suchwort „Globalisierung" 194 Titel ausgeworfen. Die Konjunktur des Begriffs ist jungen Datums, dafür aber aber heftig. Daher ist es nicht erstaunlich, wenn es noch keine einigermaßen verbindliche Definition, Umschreibung oder Eingrenzung des Begriffs der Globalisierung gibt, daß wechselseitige Referenzen über Sprachgrenzen nur selten vorkommen, daß der Begriff der Globalisierung häufig beliebig benutzt wird, zumal er im Haushaltsrecht als „Globalisierung der Haushalte" eine ganz andere Bedeutung hat als im uns interessierenden Globalisierungsdiskurs. Dieser ist jedoch nur insoweit global, als die Diskussion – wie in anderen Fällen auch – vor allem in englischer Sprache stattfindet. In der Regel werden Beiträge aus dem eigenen und aus dem anglophonen Sprachraum zur Kenntnis genommen; Beiträge, die in anderer Sprache verfaßt sind, nicht – es sei denn, sie wurden ins englische (oder in die eigene Sprache) übersetzt. Wie der US-Dollar im Bretton Woods-System Fixpunkt der beteiligten Währungen gewesen ist, die wie Planeten um ihn kreisten, so versprechen die anglophonen Beiträge zur Globalisierungsdebatte einen globalen Standard, gleichgültig ob ihre Qualität dies rechtfertigt oder nicht. In diesem Sinne sind sie ein Ausdruck der von Zbigniew Brzezinski (1997: 41-44) nüchtern festgestellten kulturellen Hegemonie der USA als „einziger Weltmacht" auf dem nach 1989 veränderten Globus. *Die lingua franca* der globalisierten Welt „brodelt" als „gebrochenes englisch" (Raeithel 1999), und die Begriffe, die da hochdampfen, sind in ihrer Gebrochenheit davon nicht unbeeinflußt.

Mit einer kleinen Aufstellung läßt sich die Zentralität des Englischen als *lingua franca* des Globalisierungsdiskurses indizieren. Wir haben aus sechs Ländern und sechs Sprachen einige relevante (nicht unbedingt repräsentative) Beiträge zur Globalisierungsdebatte darauf überprüft, welche Literatur aus welchen Sprachen benutzt wird. Das Ergebnis zeigt *Tabelle 1.1*; es ist, wenn auch methodisch nicht so abgesichert, wie es die empirische Sozialforschung erwartet (es könnte ja jemand die gesamte Literatur zur Globalisierung auszählen), gleichwohl frappierend.

Tabelle 1.1: Verwendung von Sprachen in der Globalisierungsdebatte

Land/Sprache	Zitierte Titel insgesamt	Englisch	Französisch	Spanisch	Portgiesisch	Deutsch	Andere Sprachen
USA/ GB/ Austral.							
Hirst/Thompson (1996)	196	186	–	–	–	–	–
Held et al. (1999)			–	–	–	–	–
Mittelman (1996)	491	487		4	–	–	–
Sassen (1998)	294	264	8	20	–	1	1 (it)
Wiseman (1998)	486	486	–	–	–	–	–
Helleiner (1994)	443	443	–	–	–	–	–
Frankreich							
Chesnais (1997)	277	131	146	–	–	–	–
Deutschland							
Hirsch (1995)	171	58	4	–	–	–	.
Altvater/Mahnkopf (1996)	731	276	8	–	8	–	1 (it)
Narr/Schubert (1994)	225	91	2	6	–	–	.
Röttger (1997)	532	77	26	–	429	–	
Zürn (1998)	530	282	–	–	–	–	.
Brasilien							
Ianni (1993)	131	45	6	26	54	–	–

Die anglophonen Beiträge bilden den Referenzrahmen; die Debatten in anderen Sprachräumen sind wie Satelliten, durch die Gravitation des anglophonen Fixsterns in der Bahn gehalten, aber untereinander wenig verbunden. Die französischen Globalisierungsautoren nehmen die deutschen nicht oder nur in Ausschnitten zur Kenntnis, die deutschen Debattenbeiträge ignorieren osteuropäische Autoren, anglophone Schriften beziehen sich höchst selten auf Beiträge aus irgendeinem anderen Sprachraum (mit Ausnahme der französischen, nicht der frankophonen, z.B. afrikanischen Literatur) und der intellektuelle Reichtum der lateinamerikanischen Debatte weckt keineswegs die Begierde der europäischen Intellektuellen – ganz anders als das Silber und Gold aus den „offenen Adern Lateinamerikas" (Eduardo Galeano), das den Beginn des modernen kapitalistischen Weltsystems im „langen 16. Jahrhundert" markiert. Interessant, daß ein Autor wie Octavio Ianni aus Brasilien fast so viele englisch-sprachige Titel verarbeitet wie portugiesische. Dies wäre allenfalls für kultur- und yankee-imperialismuskritische Beiträge von Interesse, würde nicht eine Konsequenz der Globalisierung von Ökonomie, Politik, Kultur im Diskurs über Globalisierung dupliziert: die Alternativlosigkeit der Entwicklung nämlich, die auch in der kritischen (bzw. „skeptischen") Globalisierungsdebatte ein eindimensionales Denken (die „Penseé unique") begünstigt[2], das nicht unabhängig von der dominanten „Globalisierungssprache" zu sehen ist. Denn mit der Sprache wird ein diskursives Milieu transportiert; wird der Bedeutungsgehalt dessen, was unter Globalisierung zu verstehen ist, eingeengt oder festgelegt; werden Themen erzeugt oder unterdrückt; entsteht wie selbstverständlich ein Bezug zu anderen Debatten im entsprechenden Sprachraum, der anderswo nicht gegeben sein mag; bilden sich Assoziationen, die den Kontext umschreiben, in dem Verständigung über Globalisierung möglich ist; werden theoretische Ansätze präferiert und andere verdrängt, ohne irgendeine Sicherheit darüber, daß dieser Selektionsprozeß für die wissenschaftliche und soziale Evolution der beste ist. Kurzum, es besteht die Gefahr, daß die Bildung von Begriffen zum „Penseé unique" vereinseitigt wird.

Auch die Themen der Globalisierungsdebatte lassen unterschiedliche Akzente in verschiedenen „scientific communities" erkennen. In der anglophonen sozialwissenschaftlichen Debatte überwiegen Fragen nach dem Einfluß von globaler Öffnung auf nationalstaatliche Souveränität, nach den Auswirkungen auf hegemoniale Steuerung, auf geostrategische oder geoökonomische Gestaltung, nach den Folgen für lokale bzw. nationalstaatliche Wettbewerbsfähigkeit, wenn nicht kulturelle Aspekte der Globalisierung den Horizont einer „Postmoderne" umschreiben. Letztgenannte Fragen durchziehen die Globalisierungsdiskurse in allen Weltregionen, aber es gibt auch andere Aspekte. In Lateinamerika und Asien sind Verschuldung und Finanzkrise ein entscheidendes Thema, das auch Fragen nach möglicher Regulation der globalen Märkte einschließt. Die Sichtweise ist eine andere als die US-amerikanischer Autoren, die den internationalen Institutionen nahestehen. Die Auswirkungen nicht ausreichender Wettbewerbsfähigkeit auf Ökonomie und Gesellschaft sind in weniger entwickelten Weltregionen dramatischer als in Industrieländern. Beispielsweise wird der Druck der globalisierten Märkte auf die lokale Ökonomie und die Tendenz der Herausbildung eines großen informellen Sektors viel mehr (und anders) zum

---

[2] Dies ließe sich für die kritischen Positionen zur Globalisierung und zu ihren Folgen am Beispiel der Beiträge in „Le monde diplomatique" zeigen. „Le monde diplomatique" verleiht den Globalisierungsskeptikern in verschiedenen Kultur- und Sprachbereichen schon dadurch eine gemeinsame Stimme, daß die Monatszeitschrift nicht nur in französisch, sondern auch in spanischer, italienischer, deutscher Sprache erscheint (vgl. dazu Altvater 1999a).

Thema (Singer 1998) als in den Industrieländern. Auch wird der Zusammenhang von globaler Öffnung und regionaler Blockbildung in verschiedenen Weltregionen unterschiedlich thematisiert. In Westeuropa geht es um die Frage nach der Erweiterung und Vertiefung eines seit Jahrzehnten erfolgreichen Integrationsprojekts; in Osteuropa ist die Frage der Integration unteilbar mit den Problemen der Transformation zu Marktwirtschaft und demokratisch-pluralistischer Gesellschaft verknüpft (dazu vgl. 10. Kapitel). In Lateinamerika oder Asien steht der Schutz der „zu kleinen" nationalen Ökonomien in der Weltwirtschaft zur Debatte etc. Kein Zufall, daß der Begriff des „open regionalism" in Asien erfunden wurde.

Trotz eines anglophon dominierten Globalisierungsdiskurses kann jedoch nicht von regionalen oder nationalen Besonder- und Eigenheiten abgesehen werden, die sich intellektuellen Traditionen und kulturellem Eigensinn verdanken. In Brasilien beispielsweise wird von einer eher sozialgeographisch orientierten Richtung Globalisierung als „Inwertsetzung" des Raums interpretiert (Santos 1994; Ianni 1993). Das ist ein durchaus eigenständiger und anderswo kaum aufgegriffener Beitrag zum Globalisierungsdiskurs. In den USA ist von David Harvey der Begriff der Raum- und Zeitkompression entwickelt worden (Harvey 1989; 1996), der in der gesamten internationalen Debatte über Globalisierung Modernisierung rezipiert worden ist und Globalisierung als einen Prozeß der Verkürzung von zeitlichen und räumlichen Distanzen verständlich macht. Dies wäre sogar ein die verschiedenen Diskurse übergreifendes Element der Definition von Globalisierung, zumal davon ausgehend sehr gut weitergefragt werden kann: nach den Ursachen, nach der Regulierung und nach den Folgen der Verkürzung von Distanzen in Zeit und Raum. In Europa gibt es eine lange Tradition der Interpretation von Modernisierung als Veränderung von Raum- und Zeitkoordinaten, die auf Kant zurückgeführt werden kann.

Schließlich ist auch nicht zu übersehen, daß wissenschaftstheoretische und -politische Richtungen im Globalisierungsdiskurs in verschiedenen Weltregionen unterschiedlich gemischt sind. Im anglophonen Sprachraum sind beispielsweise Ansätze marginalisiert, die sich der marxistischen Tradition verbunden fühlen. Das ist in anderen Diskursgemeinschaften („scientific communities") in Lateinamerika, Afrika oder Asien anders, auch wenn die Unterschiede zwischen ihnen eklatant sind. In der Globalisierungsdiskussion gibt es nicht den einen Marxismus, sondern den Marxismus nur im Plural (vgl. Haug 1985/87). Lediglich der Neoliberalismus hat es geschafft, einen Singular zu bilden, eben das eindimensionale Denken in Marktkategorien, die tatsächlich von Chicago bis Nowosibirsk und von Tokyo bis Sao Paulo weitgehend sowohl wissenschafts- als auch umgangssprachlich identisch sind. Das ist eine beachtliche diskursive Leistung, die nicht möglich gewesen wäre, wenn der tatsächliche Prozeß der

Globalisierung nicht so wirkungsmächtig gewesen wäre (vgl. Williams 1999 mit besonderem Bezug auf die Rolle der Weltbank bei der Konstruktion des *„homo oeconomicus"*[3]). Denn dabei ist der Markt in der gesellschaftlichen Kommunikation so dominant geworden, wie sich dies Adam Smith am Ende des 18. Jahrhunderts im schottischen Glasgow niemals hat vorstellen können. Mit der Dominanz des Marktes, nicht zuletzt eine Folge der Politik der Deregulierung, ergibt sich die Hegemonie des marktliberalen, neoliberalen Paradigmas, des „Globalismus". Es ist interessant, daß die deutschen Neoliberalen der 40er und 50er Jahre (die „Freiburger Schule") theoretische Vorleistungen in diese Richtung erbracht haben. Für Walter Eucken etwa (Eucken 1959) sind die wirtschaftlichen Grundprinzipien allesamt ganz in der von Marx heftig kritisierten bürgerlichen Tradition einer Geschichte, Orte und Kulturen übergreifenden Rationalität allgemein-menschlichen Verhaltens geschuldet und insofern zeitlos und ortlos, eben global. Der Diskurs der Globalisierung hat demnach seine tiefsten Wurzeln in den ersten Schichten des bürgerlichen Denkens im 18. Jahrhundert.

So läßt sich resümieren, daß im Globalisierungsdiskurs zwei gegenläufige Tendenzen wirksam sind. Die eine erzwingt eine Vereinheitlichung, steigert mit der Ununterscheidbarkeit der verschiedenen Beiträge die Entropie eines Diskurses, in dem Differenzen und Differenzierungen eingeebnet werden. Zur höchsten Blüte gelangt diese Tendenz im „Penseé unique" des Neoliberalismus, in dem vom Markt alles erwartet wird, wenn nur die hemmenden Regeln, die immer lokal gebunden und zumeist in einer spezifischen politischen Kultur verankert sind, verschwinden. Die globalen Institutionen wie IWF oder Weltbank machen sich dieses Denken bei der Konstruktion der „Konditionalität" der Kreditvergabe an verschuldete Länder zu eigen und wachen darüber, daß es bei denjenigen zum Muster der Weltwahrnehmung und Politikanleitung wird, die mit den konditionierten Krediten bedacht werden. Politische Relevanz erlangt dieses Denkmuster als „Konsens von Washington", dem sich die wissenschaftlichen Beratungsinstitutionen und politischen Regulierungsinstitutionen in Washington quasi verpflichtet haben (im 5. Kapitel gehen wir darauf ausführlicher ein). Immer, wenn es um Geld geht, wirken Tendenzen der Vereinheitlichung gesellschaftlicher Verschiedenheit. Denn im Geld sind alle qualitativen Unterschiede ausgelöscht, es zählt nur noch die quantitative Verschiedenheit. Dies ist seit Aristoteles geläufig. Doch gibt es auch die andere Tendenz der „Entropie-

---

[3] Das Konstrukt des „homo oeconomicus" ist in der Wirtschaftstheorie zentral, sofern sie sich als Lehre rationaler Entscheidungen, als „Praxeologie" begreift. Dabei ist dieses Konstrukt, das a-historisch und un-gesellschaftlich erscheint, das Resultat normativer Setzungen und moralischer Implikate. Diese werden zumeist gerade von denjenigen nicht reflektiert, die sich zur Bewertung wirtschaftlicher Sachverhalte der Figur des „homo oeconomicus" bedienen (vgl. dazu Priddat 1997: 1-31).

resistenz" (Gellner 1991). Kulturelle Unterschiede verschaffen sich auch im Globalisierungsdiskurs Geltung – und diese erklären, warum bislang trotz Globalisierung und Dominanz neoliberaler Denkmuster keine Vereinheitlichung der Diskurse erreicht werden konnte. Es kommt noch hinzu, daß die reale Globalisierung mit ihren schweren Krisen der 90er Jahre Zweifel am „Penseé unique" selbst bei denjenigen hat aufkommen lassen, die in den Institutionen von Bretton Woods (IWF und Weltbank) seine Promotoren waren (Stiglitz 1998).

1.2 Globalisierung – ein Richtungsstreit

Auch über die Grundströmungen jener Tendenzen, die als Globalisierung etikettiert werden, herrscht in der Debatte kein Einverständnis. Handelt es sich zuvörderst um politische und ökonomische oder um kulturelle, soziale und militärische Transformationen der globalen Beziehungen? Und noch verwirrender: In welchem Zusammenhang stehen die verschiedenen Dimensionen, und wenn sie denn zusammenhängen: wie lassen sie sich sinnvoll angesichts der Komplexität und Unübersichtlichkeit des Phänomens analysieren? In Abhängigkeit von der gewählten Perspektive dürften die Antworten unterschiedlich ausfallen. Wenn man den Versuch einer groben Zusammenfassung macht, lassen sich in erster Annäherung fünf Positionen identifizieren, die mit Variationen und in unterschiedlicher Kombination in der Debatte immer wieder auftauchen.
(1) Für die einen ist Globalisierung wie der „Duft der großen weiten Welt". Sie eröffnet Chancen (so Lafontaine/Müller 1998; Minc 1997), die sich vor allem seit 1989 bieten. Die Möglichkeiten der kulturellen Weitung des Horizonts seien größer denn je. Zum ersten Mal könne nicht nur von Menschenrechten, sondern von Weltbürgerrechten geredet werden, deren Geltung auch gegen die Politik von Nationalstaaten durchgesetzt werden könne und müsse. „Changes in the development of international human rights law have placed individuals, governments and non-governmental organizations under new systems of legal regulation" (Held/McGrew/Goldblatt/Perraton 1999: 442). Auch die Innen- und Außenpolitik der Staaten ändert sich, wenn sie nicht nur (oder gar in erster Linie) dem „nationalen Interesse" verantwortlich ist, sondern Handlungen mit der Verpflichtung gegenüber den Menschenrechten begründet (vgl. dazu im Hinblick auf die Außenpolitik der USA: Apodaca/Stophl 1999; Poe/Tate/Camp Keith 1999). Aus dieser Perspektive läßt sich mit kurzen intellektuellen Sprüngen die NATO-Aggression gegen Jugoslawien im Jahre 1999 rechtfertigen, sofern kontrafaktisch unterstellt wird, die NATO könne als eine Art globaler Polizeitruppe zur Durchsetzung von Menschen- und Weltbürgerrechten (dazu mehr im 12. Kapitel) gegen „Schurkenstaaten" (Rubin 1999) fungieren, weil es bereits so etwas wie eine Weltinnenpolitik einer Weltgesellschaft und globalen

„Wertegemeinschaft" (davon war ja während der Bombardements der NATO in Jugoslawien bis zum Überdruß die Rede) gäbe. In Deutschland haben sich Jürgen Habermas (1999), Ulrich Beck (1999), Michael Greven (1999) u.a. dieses Argumentationsmusters bedient. <u>Es ist außerordentlich gefährlich, da in ihm idealistisch (enthusiastisch und „hyperglobalist") eine Weltbürgergesellschaft vorausgesetzt wird, die realiter nicht existiert und angesichts der sozialen Widersprüche und politischen Gegensätze in der Welt in überschaubarer Zukunft nicht existieren wird.</u> Das schöne Nebelgebilde der Weltbürgergesellschaft (es stammt aus dem zu Beginn erwähnten Begriffsgebrodel) wird Maßstab der schlechten realen Entwicklungen, zumal in den „Schurkenstaaten" (vgl. Rubin 1999), deren „Zivilisierung" auch mit barbarischen Bombardements passiv in Kauf genommen oder aktiv gerechtfertigt wird. Beck (1999) versteigt sich zu der rechtfertigenden Skandalfloskel eines <u>„militärischen Humanismus"</u>, ohne auch nur einen Gedanken darauf zu verwenden, worin die Qualität eines beanspruchten Rechts von Regierenden, Menschen eines anderen Landes zu bombardieren, eigentlich besteht, die in ihrem eigenen Lande mehrere Millionen Menschen in Gefängnissen und Zuchthäusern, in vielen Fällen unter inhumanen Bedingungen, wegschließen. Ein neues Staatswesen mit allen seinen dazugehörigen Attributen wird durch die internationale Gemeinschaft mit militärischem Druck auf einem Territorium errichtet, das mit Gewalt der Herrschaft der „Schurken" entzogen wurde. Die Staatsbildung in den Nachfolge-Republiken Jugoslawiens ist ein Aspekt der Realisierung eines globalen hegemonialen Projekts. Dies ist in Bosnien und Herzegowina vorexerziert worden und dies wird unter anderen Bedingungen im Kosovo projektiert.

Zumeist werden aber die Chancen der Globalisierung weniger auf dem Feld der individuellen und sozialen Menschenrechte als in der Ökonomie erblickt. Ausweitung des Freihandels bedeutet in traditioneller Lesart (damit werden wir uns im 6. Kapitel ausführlich auseinandersetzen) <u>Vertiefung der internationalen Arbeitsteilung und daher mehr Wohlstand</u> – für die Konsumenten, die nun zwischen Produkten aus aller Herren Länder wählen können, sofern sie über Kaufkraft in harter Währung verfügen. Für die Produzenten ist die Ausweitung der Arbeitsteilung nicht unbedingt positiv, da sie in gnadenlosen Wettbewerb gegeneinander getrieben werden. Doch infolge der intensivierten Konkurrenz werden, so die Verfechter dieser Position, „verkrustete" und daher inflexible Strukturen aufgebrochen und flexibilisiert. So werden Potentiale der Produktivitätssteigerung erschlossen, mit denen die wirtschaftliche Leistung zum Besten aller gesteigert werden kann. Mit diesen Argumenten ausgestattet, kann Alain Minc von der *„mondialisation heureuse"* sprechen (Minc 1997). Auch Oskar Lafontaine und Christa Müller (1998) sehen vor allem die Chancen, die sie wesentlich höher bewerten als die Gefahren, die immerhin Thema ihres Buches sind. Daß die Un-

terschätzung der Gefahren zum Scheitern eines wirtschaftspolitischen Projekts beitragen kann, hat der Sturz Oskar Lafontaines als Finanzminister im Frühjahr 1999 gezeigt (damit werden wir uns im letzten Kapitel nochmals beschäftigen).
(2) Für andere ist der Prozeß der Globalisierung schlicht ein Mythos (Heise/ Küchle 1996; Bairoch/Kozul-Wright 1996; Burchardt 1997; Boyer/Drache 1996; Garrett 1998: 788), und das Aufheben, das darum gemacht wird, eine akademische Mode. Globalisierung sei ein „Phantom" (Dolata 1997), eine „intellektuelle Übertreibung" (Friedman 1996: 353), eine „postmoderne" Rechtfertigung des Kapitalismus. Diejenigen, die vom Ende nationalstaatlicher Souveränität reden, seien weltfremde „Enthusiasten" (Mann 1996). Globalität sei, anders als beispielsweise Paul Virilio (1997) annehme, weit davon entfernt, eine globale „Totalität" zu sein; dazu sei die Welt viel zu fragmentiert, wie eine postmoderne Lesart nahelegt (Menzel 1998), die freilich begrifflich und realanalytisch ziemlich flach ist (vgl. dazu das 4. Kapitel). Genauer sei es, von einer „Triadisierung" zu sprechen, also von der Konkurrenz zwischen Westeuropa, Nordamerika und Japan (vgl. auch Röttger 1997). Auf eine Stärkung Europas setzen sogar Kritiker der Globalisierung wie Martin/Schumann (1996), die nur noch Handlungsspielräume auf makro-regionaler Ebene erblicken, da der globale Raum von außerkonstitutionellen ökonomischen Mächten (Narr/ Schubert 1994), also transnationalen Konzernen, und von der Sachzwanghaftigkeit des Marktes beherrscht sei und die Reichweite des politischen Handelns der Institutionen von Nationalstaaten zu gering sei.
(3) Außerdem wird noch hervorgehoben, daß die heute so übertrieben dramatisierte Tendenz der Globalisierung so neu gar nicht sei. Die weltwirtschaftliche Verflechtung (durch Handel, Kapitaltransfers und Migration) sei schon vor dem Ersten Weltkrieg ähnlich intensiv gewesen wie heutzutage. Diese These läßt sich mit Daten tatsächlich belegen (IMF 1997: 112ff; Burchardt 1997; Hirst/ Thompson 1996; Kleinknecht/ter Wengel 1998)[4] und insofern bringt der derzeitige Globalisierungsschub keine neuen Herausforderungen auf die Tagesordnung. Aber kann dies auch heißen, daß auf die Probleme der Globalisierung beim Übergang zum 21. Jahrhundert Antworten aus der Zeit des Nationalstaats erfolgversprechend sind, daß also keine neuen politischen Projekte entwickelt werden müssen? Kann man sich mit der Schlußfolgerung des IWF abfinden, daß die diffusen Ängste vor der Globalisierung unberechtigt seien, da Globalisierung kein neues, sondern ein Phänomen sei, mit dem die Menschheit schon ihre (letztlich positiven) Erfahrungen gemacht habe. Die Probleme, die vor 100

---

[4] „Angst vor Globalisierung" (Grün 1997) sei also völlig fehl am Platz. Das Argument von der Kontinuität der Globalisierungsprozesse kann also nicht nur verwendet werden, um die These von der Globalisierung in den vergangenen Jahrzehnten zurückzuweisen, sondern auch dazu, ihr die Weihe des Normalen zu geben.

Jahren lösbar waren, müssen auch beim Übergang zum 21. Jahrhundert bewältigt werden können. Dabei wird allerdings unterschlagen, daß dem Globalisierungsschub des späten 19. Jahrhunderts der Erste Weltkrieg und der totale Zusammenbruch des Weltmarkts in den 30er Jahren folgten. Zu fragen ist daher nicht allein nach Parallelen der Globalisierungsphasen, sondern auch danach, wie es kommen konnte, daß ihnen Phasen der Abschließung nationaler Ökonomien und Gesellschaften, der Kontraktion weltwirtschaftlicher Beziehungen, der militärischen Expansion folgten, die zwei Weltkriege auslöste. Es geht vielleicht nicht allein um die Tendenz, sondern auch um die Zyklizität der Globalisierung (dazu im folgenden 2. Kapitel mehr).

(4) Andere halten „Globalisierung" für eine willkommene Formel der Rechtfertigung von Sachzwängen, mit denen der neoliberal begründete Abbau von Sozialleistungen, Lohnverzicht und Einschränkungen demokratischer Rechte, weil diese zu kosten- und zeitaufwendig in Zeiten der Globalisierung seien, begründet und forciert werden. Die Globalisierung werde im öffentlichen Diskurs „künstlich dramatisiert" (Hengsbach 1996) und sie sei das übertriebene Kernelement der Ideologie von Wettbewerbsfähigkeit am „Standort" (Krätke 1997), mit der die Gesellschaften in einen „Wettlauf der Besessenen" (Krugman 1945) gejagt und ideologisch dem Neoliberalismus oder „Globalismus" (Beck 1997) und politisch dem enormen Streß einer alternativlosen, monetaristischen Stabilitätspolitik ausgesetzt würden (Bourdieu 1996). Die These von der Globalisierung ist demnach so etwas wie die Kasparklatsche, mit der alle Ungeheuer, die den „Standort Deutschland" (oder einen anderen Standort, denn die Argumente gleichen sich) gefährden, zugleich erledigt werden können: die Gewerkschaften, die sozialstaatlichen Leistungen, die Rigidität der sozialen Beziehungen und daher mangelnde Flexibilität des Arbeitseinsatzes etc.

(5) Globalisierung wird aber auch als eine widersprüchliche Tendenz der Inklusion und Exklusion wahrgenommen. Wenn man diesen Gegensatz begreifen will, kommt man mit dem Begriff der Fragmentierung nicht weit (vgl. 4. Kapitel). Es ist aber auch nicht möglich, auf Imperialismus-Theorien zurückzugreifen (vgl. dazu 2. Kapitel). Die Spaltungstendenzen in der Welt sind nicht Folge der expansiven Politik mächtiger Nationalstaaten, sondern der Strukturierung der „Geoökonomie" (Luttwak 1994) durch den Autoritarismus des Marktes (zur Frage der juridischen und ökonomischen Autorität vgl. Cutler 1999). Die Spaltungslinien folgen auch nicht mehr den Grenzziehungen zwischen „Erster", „Zweiter" und „Dritter" Welt, sondern komplexen Mustern zwischen arm und reich, formellem, wettbewerbsfähigem und informellem Sektor etc. im globalen System und in jeder Gesellschaft. Globalisierung ist daher Kehrseite eines Prozesses der Fragmentierung, der Fraktionierung und der Fraktalisierung (vgl. 4. Kapitel). *Tradierte Grenzen* werden aufgelöst, überwunden, perforiert, und da-

her wird der globale Raum ganz anders, als es die politische Landkarte suggeriert, neu strukturiert.

Dies bedeutet freilich keineswegs, daß Globalisierung grenzenlos wäre. Denn es entstehen im Zuge der Globalisierung *neue Grenzen* und in ihnen neue politische Einheiten, nämlich supranationale regionale Wirtschaftsblöcke ebenso wie subnationale „industrial districts", in denen räumlich gebundene „systemische Wettbewerbsfähigkeit" organisiert wird. Diese Einheiten überlappen sich teilweise, ihre Grenzen durchkreuzen sich – und in dieser neuen Landkarte der Globalisierung hat auch der Nationalstaat einen Ort. Freilich sind die Institutionen und Akteure des nationalstaatlich umfaßten politischen Systems nicht die einzigen politischen Subjekte in der globalen Arena. Die neuen Grenzen von „mikroregionalen" Standorten und „makroregionalen" Blöcken sind gerade Ausdruck der Globalisierung und nicht der Gegenbeweis.

Auch die Grenzen der Tragfähigkeit der Ökosysteme der Erde geraten zu Bewußtsein und lösen neue Diskurse über die Regulation des „Umweltraums" (Wuppertal Studie 1996), also der Gestaltung des gesellschaftlichen Naturverhältnisses, aus. An Grenzen entstehen soziale Konflikte, bilden sich politische Identitäten, finden Auseinandersetzungen um politische Macht statt, formieren sich politische Subjekte und werden Definitionen formuliert, zumindest vorläufig. An Grenzen entstehen auch Gegenbewegungen zur Globalisierung, vergleichbar den Bewegungen gegen die „great transformation" zur Marktwirtschaft im 18. und 19. Jahrhundert in England, die Karl Polanyi (1978) beschreibt: Gegenbewegungen gegen die Auflösung jener Grenzen, die bislang die Arbeitskraft schützten und zugleich Gegenbewegungen, die im Verlauf der „great transformation" für neue Institutionen der sozialen Sicherheit gekämpft haben. Gemeint ist der Einsatz der Arbeiterbewegung für den Sozialstaat, der den ökonomischen und politischen Eliten des sich herausbildenden Industriekapitalismus in heftigen Auseinandersetzungen „aufgeherrscht" werden mußte (so Marx, MEW 23, 8. Kapitel) und der heute, in der „great transformation" der Globalisierung wieder zur Disposition steht. Soziale Transformationen können also schlecht diskutiert werden, wenn man dabei nicht die Reformen einbezieht, für die sich Gegenbewegungen stark machen. Darauf werden wir zum Abschluß des 3. Kapitels nochmals zu sprechen kommen, nachdem wir genauer, als es hier möglich ist, den Begriff der „great transformation" diskutiert haben.

Globalisierung ist also strittig. Der Globalisierungsdiskurs findet in einem Feld statt, auf dem verschiedene wissenschaftliche Ansätze, politische Richtungen, Interessen und fachspezifische Orientierungen aufeinander treffen. Dies ist der Grund für die verschiedenen Positionen, die gerade resümiert worden sind, und für einen Richtungsstreit, der einerseits für den enormen *output* an Globalisierungsliteratur und andererseits für deren Langweiligkeit verantwortlich ist. Wir schließen die Überlegungen dieses Abschnitts ab, indem wir auf einen uns wichtig erscheinenden Versuch der systematisierenden Definition von Globalisierung eingehen, der von David Held et. al.[5] vorgestellt wird. Sie definieren Globalisierung als einen

„set of processes, which embodies a transformation in the spatial organization of social relations and transactions – assessed in terms of their extensity, intensity, velocity and impact – generating transcontinental or interregional flows and networks of activity, interaction, and the exercise of power" (Held et al. 1999: 16).

Besonders wichtig ist in dieser Definition der Begriff der „Transformation". Dieser wird von den Autoren insofern stark gemacht, als sie ihn einer Strömung der Globalisierungsdebatte zuordnen, in der sie neben den „enthusiastics" oder „hyperglobalists" und den „scepticists" auch „transformationalists" identifizieren (Held et al. 1999: 7ff). Daß sich die Autoren selbst als „transformationalists" begreifen, kommt bereits programmatisch im Titel des Buches zum Ausdruck. Damit wird das Konzept so dynamisiert, wie es der reale Prozeß der Globalisierung schon längst ist. Zugleich verweist der Begriff der Transformation auf die Interpretation des Übergangs zur Marktwirtschaft im England des ausgehenden 18. und im Verlauf des 19. Jahrhunderts durch Karl Polanyi (1978) als „great transformation". Mit diesem dramatischen Begriff sollen die tiefen gesellschaftlichen, ökonomischen und politischen Strukturbrüche angemessen auf den Begriff gebracht werden.

Der Begriff der Transformation hat also eine begriffsgeschichtliche und realhistorische Verankerung und er setzt das Verständnis der *Form* der Vergesellschaftung voraus, die in einem historischen Prozeß in eine neue Form „transformiert" wird (vgl. dazu Polanyi 1944/1978 sowie ausführlich das 3. Kapitel). Das sollte selbstverständlich sein, ist es aber nicht. So findet sich in dem umfänglichen Buch von Beisheim et al. (1998) über Globalisierung als „Denationalisierung" keine Klärung dessen, was unter „Nationalisierung" oder „Nation" verstanden werden muß, die da „denationalisiert" werden. Auch Held et al. verzichten auf eine Klärung der transformierten bzw. zu transformierenden Formen. Da überdies moderne Gesellschaften eher ein Ensemble von Formen in verschiedenen Bereichen, mit unterschiedlicher Dichte und zeitlich-räumlicher

---

[5] Das Buch wird von James N. Rosenau auf dem Einband als „the definitive work on globalization" gelobt. Dieses Urteil mag den Verkauf eines tatsächlich nicht schlechten Buches fördern, sollte aber nicht über die Maßen ernst genommen werden. Denn ein definitives Buch in einer laufenden Debatte gibt es nicht und die Globalisierungsdebatte in anderen als dem englischen Sprachraum wird von den Verfassern fast gar nicht wahrgenommen. Selbst wenn man auf diese Einwände keinen Wert legt, erfaßt die Argumentation der Verfasser des Buches zentrale Dimensionen der Globalisierung gar nicht: ganze Weltregionen sind ausgeklammert und die Zusammenhänge von Globalisierung von Arbeit, Geld und Natur werden eher aufgelöst als daß sie analytisch durchdrungen würden.

Bedeutung darstellen, ist der Begriff der „*Gesellschaftsformation*" angemessener. Dieser hat seinen Ursprung in der an Marx orientierten Sozialwissenschaft; er ist aber auch in anderen Kontexten immer dann unverzichtbar, wenn Trans*form*ationsprozesse zum Gegenstand der Analyse gemacht werden. Held et al. sehen vor allem die Transformation der Nationalstaaten und der Grenze ihrer Macht im Zusammenhang mit den Globalisierungstendenzen (Held et al. 1999: 14-27). Sie nutzen für ihre Analyse mehrere Dimensionen, nämlich *erstens* die raum-zeitliche Extensität und Intensität von globalen Beziehungen und Netzwerken, von Geschwindigkeit und lokalen Effekten der Globalisierung, und *zweitens* die Dimensionen ihrer organisatorischen Umsetzung. Dazu gehören die Infrastruktur der Globalisierung, die Institutionalisierung globaler Netzwerke und Machtzentren, die globalen Schichtungsmuster von Klassen, von Reichtum und Armut, die dominanten Formen der globalen Interaktion. Dieses mehrdimensionale Schema dient den Autoren als Matrix der Darstellung, in der sich die historischen Prozesse wohl ordnen lassen – inwieweit es sich dabei um Transformationen handelt, bleibt freilich ungeklärt. Der Begriff der Form verliert seine klaren Konturen. Was bleibt, ist die Aussage, daß

„at the core of the transformationalists case is a belief that contemporary globalization is reconstituting or 're-engineering' the power, functions and authority of national governments…", daß „transformationalists make no claims about the future trajectory of globalization", daß „a new configuration of global power" entsteht, und daß die „traditional patterns of inclusion and exclusion" (Held et al. 1999: 7f)

durch neue Gegensätze zwischen Gesellschaften und in Gesellschaften abgelöst werden. Diese eher trivialen Schlußfolgerungen werden im Verlauf der Argumentation historisch-empirisch unterlegt.

1.3 Globalisierung – Versuch einer definitorischen Umschreibung

(1) Wir schlagen vor, in Anknüpfung an Held et al. (1999) Globalisierung als Prozeß der Transformation einer Gesellschaftsformation zu fassen, als eine „great transformation" des späten 20. Jahrhunderts. Tatsächlich löst sich die Form des Nationalstaats als Subjekt des internationalen politischen System infolge von Deregulierung und Souveränitätsverlust auf, weil die Kompatibilität von Staatsvolk, Staatsmacht und Staatsgebiet mehr und mehr schwindet. Dies ist eine Konsequenz der über alle Grenzen strebenden ökonomischen Beziehungen, der Ausweitung des Welthandels, der Zunahme von grenzüberschreitenden Direktinvestitionen, der Entwicklung von globalen Kapitalmärkten und von Migrationsbewegungen. So entsteht ein ökonomischer Raum, der nicht mehr durch nationalstaatliche Grenzen und das in ihnen geltende Regelwerk umschrieben wird. Die Deregulierung dieses nationalstaatlichen Regelwerks hat

eine Kehrseite, nämlich globale Regeln, die im Rahmen von internationalen Organisationen ausgehandelt worden sind: für Handel, Finanzbeziehungen, Kommunikation, Investitionen etc. Während bislang evolutionäre soziale Transformationen und selbst der „*trasformismo*" im Sinne Antonio Gramscis in den geographischen Koordinaten des nationalstaatlichen Territoriums und innerhalb des jeweils nationalstaatlichen Parallelogramms der Macht und sozialen Kräfte stattfanden, haben die Transformationsprozesse am Ende des 20. Jahrhunderts globale Reichweite. Infolgedessen werden nicht nur Formen innerhalb der kapitalistischen Gesellschaftsformation aufgelöst und abgelöst. Vielmehr ändert sich das Koordinatensystem des Formwandels. Es weitet sich von der je nationalen Spezifik zum globalen Raum. Auch innerhalb des globalen Raums bleiben die Besonderheiten eines „rheinischen" oder „atlantischen" Kapitalismus (Albert 1991) oder eines „osteuropäischen Transitionskapitalismus" (Hopfmann 1998) erhalten. Allerdings müssen sie sich *erstens* im Medium des Weltmarkts und der Weltpolitik vergleichen und *zweitens* ist der Weltmarkt eine äußere Restriktion, die Anpassungen erzwingt. Daß die Transformation der Gesellschaftsformation im Unterschied zur „great transformation" vor zwei Jahrhunderten im Horizont globaler Märkte stattfindet, ergibt sich aus dem globalen „benchmarking", also aus Standards, die an nahezu allen „Standorten" gleichermaßen angesetzt werden; aus der Aktion von „rating agencies", die Länder unter Kriterien bewerten, die auf globalen Kapitalmärkten aufgestellt werden; aus der Entwicklung eines globalen Vertragsrechts; aus den Konditionen einer „good governance", die Regierungen zu erfüllen haben.

Die Transformationen von Gesellschaften kennen aber nicht den einfachen Ersatz der „alten" durch „neue" Formen, sondern lange Zwischenphasen von „Informalität". Diese finden wir in den Arbeitsbeziehungen, in der Politik, im Finanzsektor – in allen Lebensbereichen. Informalität, mit der wir uns im Verlauf unserer Untersuchung mehrfach auseinandersetzen (z.B. im 6., 8. und 9. Kapitel), bedeutet, daß die „alten" Formen der Vergesellschaftung, z.B. das „Normalarbeitsverhältnis", nicht mehr die gesellschaftliche Regel und Norm darstellen, aber „neue" Formen stabiler Vergesellschaftung sich (noch) nicht herausgebildet haben. Informalität ist demzufolge Kennzeichen des Übergangs, der aber sehr lange dauern kann – und an dessen Ende andere Formen entstanden sein werden als jene, die ursprünglich einmal angestrebt oder prognostiziert wurden. Dies ist ja die Erfahrung mit den Transformationsprozessen in Mittel- und Osteuropa (MOE), wo die so einfach erscheinende Transformation (Transition) zu Marktwirtschaft und Demokratie (mittels eines „big bang") auf der Stelle tritt und ganz neue und so nicht erwartete Formen der Vergesellschaftung entstanden sind. Transformation ist also kein bruchloser und eindeutig gerichteter Prozeß.

(2) Wenn also Globalisierung als Transformationsprozeß gefaßt wird, und wenn wir obendrein in Rechnung stellen, daß es dabei um ein Ensemble von Formen geht, die sich zur Gesellschaftsformation gestalten und wenn wir schließlich berücksichtigen, daß dabei sehr dauerhafte „Übergangs"-Formen der Informalität entstehen, können wir eine weitere Gruppe von Ingredienzien des Begriffs der Globalisierung identifizieren: Die Formen der Vergesellschaftung von Arbeit, Geld, Natur und deren Transformationen müssen als widersprüchlicher Zusammenhang, als „Formation", verstanden werden. Der Neoliberalismus zeichnet sich dadurch aus, daß er diesen Zusammenhang auflöst, indem mit Hilfe der Konstruktion von Eigentumsrechten isolierte Märkte für Waren konzipiert werden, auf denen Arbeit alloziiert, Geld gehandelt und die Natur (oder Naturstücke) mit einem Preis ausgestattet werden. Die Beziehungen zwischen Märkten, beispielsweise zwischen Finanz-, Güter- und Arbeitsmärkten oder außermarktmäßige Beziehungen, die nicht internalisiert werden können, werden ebensowenig erfaßt wie historische Formen der Vergesellschaftung. Diese kommen ja nicht nur durch immaterielles Markthandeln oder politische Dezisionen, kulturelle Präferenzen, also durch Kommunikation zustande. Für die Formen der Vergesellschaftung ist die Naturumformung im Arbeitsprozeß wesentlich. Von fossilen Energieträgern angetrieben, haben Geschwindigkeit und räumliche Reichweite der Transformationen von Stoffen und Energien enorm zugenommen. Dies ist die Grundlage der als Definitionsmerkmal der Globalisierung hervorgehobenen Raum- und Zeitkompression. Ohne fossile Energieträger gäbe es also die moderne Globalisierung[6] nicht. Erst mit den fossilen Energieträgern ist es möglich geworden, die kapitalistische Rationalität der „reellen Subsumtion" (Marx, MEW 23: 532ff) von Arbeit und Natur unter das Kapitalverhältnis mit der zur Produktion des Mehrwerts notwendigen Steigerung der Produktivität zu realisieren. Die Naturumformung in großem Stil und der ebenso tiefgreifende Formwandel der Arbeit im Verlauf dieses Prozesses sind die Grundlage der Transformationen, die die Globalisierung charakterisieren.

Die räumlichen und zeitlichen Distanzen verringern sich infolge dieser materiellen und energetischen Transformationen. Dies ist der Grund für die Erosion der nationalstaatlichen Souveränität, war deren Basis doch die Distanz von Staatsvölkern, die Abgrenzbarkeit von Staatsgebieten und die Balancierung von Staatsmächten innerhalb eines internationalen Systems. Die Transformation der

---

[6] Held et al. (1999) unterscheiden zwischen „früher" Globalisierung von etwa 1500 bis 1850, „moderner" Globalisierung von 1850 bis 1945 und „gegenwärtiger" Globalisierung nach 1945. Die Einteilung ist ebenso willkürlich wie die These, daß die moderne Globalisierung auf das Entstehungsjahr 1869 datiert werden kann, als Suez-Kanal und die Eisenbahnverbindung zum Pazifik eröffnet wurden. Weit zurück in die Zeiten der frühen Imperien verlegt André Gunder Frank den Beginn der Globalisierung. Dazu vgl. das folgende Kapitel.

Nationalstaaten ist also keineswegs eine Ursache oder der Kernpunkt der Globalisierung, sondern ein Ausdruck der viel tiefer wirkenden Transformationsprozesse von Arbeit, Geld und Natur. Damit werden wir uns eingehend zu beschäftigen haben.

(3) Die Nutzung der fossilen Energieträger und die historischen Formen der reellen Subsumtion der Arbeit und der Natur unter das Kapital haben mit der Massenproduktion, dem Massenkonsum und dem massenhaften Naturverbrauch eine paradoxe Konsequenz. In der von Marx so genannten „großen Industrie" und in der „fordistischen" Regulationweise waren die Formen von Arbeits-, Geld- und Naturverhältnis so lange rigide, wie die Verdichtung von Raum und Zeit noch nicht so weit fortgeschritten war, daß verschiedene Gesellschaften keine Distanz mehr halten konnten. Die real existierende Distanz zwischen „Standorten" erlaubte jeweils eigene Entwicklungspfade, die zu national unterschiedlichen Formen der gesellschaftlichen Regulierung führten: zum skandinavischen Typ des Wohlfahrtsstaats, zum atlantischen Kapitalismus, zum japanischen Toyotismus, zum Modell Deutschland etc. Die Verringerung der räumlichen und zeitlichen Distanzen freilich hat zur Folge, daß – wie bereits angedeutet wurde – *erstens* globale Standards entstanden sind („benchmarks"; ein „single price"; eine „global language"; eine „Pensée unique", ein „single policy model of good governance" etc.), die *zweitens* zu beschleunigten Anpassungsleistungen zwingen und daher (statt der unter fordistischen Verhältnissen rigiden Formen) flexible Formen innerhalb eines global akzeptierten Rahmens verlangen. Es ist dieser Zwang der flexiblen Anpassung in der Arbeitsorganisation, bei der Lohnfindung, bei der Anlage von Geld auf globalen Finanzmärkten, bei der Weiterbildung, kurz: in allen Lebensbereichen, der als „Chance" der Globalisierung verklärt wird (Minc 1997) und der zugleich die materielle Grundlage des Neoliberalismus ist. Insofern ist Neoliberalismus nicht nur Ideologie des „Pensée unique", sondern das Ensemble von Gedankenformen, die die Realität der Globalisierung reproduzieren.

(4) Transformationsprozesse haben einen höchst unterschiedlichen „Tiefgang". Dies wird besonders deutlich im Zuge der Krisen, die periodisch eintreten und Transformationen beschleunigen oder ihnen manchmal eine neue Richtung geben. In der ökonomischen Theorie wird mit Schumpeter zwischen kurzen Zyklen, konjunkturellen Krisen von sieben- bis zehnjähriger Zyklizität und „langen Wellen" der Konjunktur unterschieden. Letztere sind mit dem Namen Kondratieff verbunden, da Kondratieff zum ersten Male lange Zyklen statistisch nachgewiesen hatte. Kleine Krisen dienen der Anpassung und Bereinigung von ökonomischen Verhältnissen: des Verhältnisses von Profiten und Löhnen (Verteilung), von Konsum und Investition (Verwendung), von Branchen (Entste-

hung). Grundlegende Wandlungen der gesellschaftlichen Formation jedenfalls finden nicht statt. Dies ist anders im Falle „großer Krisen", in deren Verlauf tatsächlich das gesellschaftliche „Bett" ökonomischer Prozesse verändert wird, sich das Verhältnis von Politik und Ökonomie wandelt, die globalen Konstellationen von Staaten und von Staat und Markt transformiert werden. Doch diese Transformationen finden im institutionellen Rahmen der kapitalistischen Produktionsweise statt. Der Übergang von der „großen Industrie" zum „Fordismus" und später zu einer „post-fordistischen" Formation läßt die Basisinstitutionen (Eigentumsordnung) und die grundlegende Funktionslogik (Profitstreben, Beschleunigung, Expansion) unberührt. Im Gegenteil, die Transformationen haben zur Folge, daß diese unter veränderten historischen Bedingungen gestärkt werden. Doch kann es auch geschehen, daß soziale, ökonomische und politische Transformationen über den formationsimmanenten Wandel hinausschießen und den Systemwechsel erzwingen (dazu vgl. auch Altvater 1991: 54ff). Dies ist ohne Zweifel in MOE nach 1989 geschehen: Transformation als Systemwechsel, um eine institutionelle Formation zu erzeugen, die in der Lage ist, an den globalen Transformationen aktiv teilzunehmen und sich davon nicht durch Mauer und Außenhandelsmonopol abschotten muß (dazu mehr im 10. Kapitel).

Tabelle 1.2: „Tiefgang" von globalen Transformationsprozessen und Krisen

„Kleine Krisen" der Anpassung und „Bereinigung"	Konjunkturzyklen; „Kitchin-Zyklen", „Kuznets-Zyklen"
„Große Krisen" der Formveränderungen in der gesellschaftlichen Formation – von der Großen Industrie zum Fordismus; – vom Fordismus zum Postfordismus etc. – vom Konkurrenzkapitalismus zum Monopolkapitalismus; – vom Frühkapitalismus zum Spätkapitalismus	„Lange" Schumpeter- und Kondratieffwellen; *Epochen, Stufen, Etappen, Entwicklungsphasen* etc.
Transformationskrisen: „Transition" zu einer anderen Formation	„Systemwechsel" zur Marktwirtschaft und politischen Demokratie
Zivilisationskrise	alle Formationen sind betroffen; das *Zivilisationsmodell* steht zur Disposition, z.B. aus ökologischen Gründen; dies verweist auf die Unmöglichkeit einer Transformation nur in einem Teil der Welt; Frage der Globalisierbarkeit des Modells, dem die Transformation zustrebt

Schließlich ist eine Zivilisationskrise nicht auszuschließen. Es geht nicht mehr um kleine Anpassungen von gesellschaftlichen und ökonomischen Verhältnissen, um den mehr oder weniger tiefgreifenden institutionellen Wandel im Kontext der Globalisierungsprozesse oder um einen veritablen Systemwechsel wie nach 1989, sondern um Grenzen, an welche die Zivilisation der Moderne geraten ist und an denen neue gesellschaftliche Umgangsformen mit der Natur zu entwickeln sind. Hier transformiert sich Transformation in eine Revolution. Dabei geht es nicht um den Austausch von Eliten und um eine alternative Besetzung von „Kommandohöhen" in Politik, Wirtschaft und Gesellschaft, sondern um einen Austausch von „Funktionslogiken", beispielsweise durch Ersatz fossiler durch solare Energieträger; darauf kann hier nicht weiter eingegangen werden (vgl. die Andeutungen in Altvater 1992).

Die nachfolgende Übersicht zeigt die verschiedenen Abstufungen von globalen Transformationen von den kleinen Zyklen und Krisen bis zur Zivilisationskrise. Die uns hier interessierenden Transformationen finden zwischen diesen Extremen statt.

1.4 Die Vermessung der Globalisierung

Nach diesen Überlegungen über die Elemente einer gehaltvollen Definition von Globalisierung müssen wir uns einer selten gestellten empirischen Frage zuwenden, gerade weil sie im Globalisierungsdiskurs zentral ist: Wie eigentlich wird Globalisierung gemessen bzw. mit welchen Daten sinnvollerweise indiziert? Welche Maßeinheit wird gewählt, an welchem Ort wird gemessen und in welchem Kategoriensystem wird das Meßergebnis interpretiert? Ist es schon schwierig, so etwas Handgreifliches wie die Länge der englischen Küste auf yard und inch anzugeben, um wieviel schwieriger muß sich die Vermessung der Globalisierung gestalten; bei der Vermessung der Küste Englands stellt es sich heraus, daß sie um so länger wird, je weiter man ins Detail geht: „... praktisch jede Figur, die bei der Betrachtung mit stärkerer Vergrößerung immer mehr Details zeigt, (muß) einen unendlich langen Rand haben" (Briggs/Peat 1990: 136). Das Problem der Unbestimmtheit der räumlichen Länge, das von Benoit Mandelbrot (1982) formuliert worden ist, kann auch auf die zeitliche Länge übertragen werden. Dies werden wir im folgenden Kapitel unter der Frage nach der Dauer der Globalisierung aufgreifen.

Wenn die Daten von Handelsströmen, Direktinvestitionen, Kapitalbewegungen an nationalen Grenzen erhoben werden, ist bereits eine Vorentscheidung für einen nationalökonomischen Hang in der Argumentation getroffen. So kommt es, daß die Offenheit kleiner Länder (der Niederlande beispielsweise) sehr hoch, die großer Länder (der USA) entsprechend gering ist, oder daß die Offenheit abnimmt, wenn in Europa ein gemeinsamer Markt und ein Währungsraum gebildet werden. Würden die intra-urbanen Wirtschaftsbeziehungen von den trans-urbanen einer größeren Stadt unterschieden, würde man mit Sicherheit ein beträchtliches Gewicht von Produktion und Konsumtion innerhalb intra-urbaner Kreisläufe ausmachen. Wäre, gestützt auf diesen Befund, die Feststellung statthaft, die X-stadt sei gar nicht in die nationale Ökonomie von Y-land integriert, diese sei daher ein „Unbegriff", ein „Phantom" – wie es von der Tendenz der Globalisierung gerade von Empirikern behauptet wird? Was ist unter diesem Aspekt Intra-Konzernhandel, der nach Angaben der OECD in den vergangenen Jahrzehnten zugenommen hat und etwa ein Drittel des Welthandels ausmacht: Ist dies Ausdruck einer Mikroökonomisierung (z.B. Siemens-isierung, Daimler-Chrysler-isierung oder Shell-isierung) oder einer „Mega-ökonomisierung", sprich Globalisierung der Wirtschaft?

Das Maß sagt nichts ohne eine angemessene, d.h. aber theoriegestützte Interpretation. Nach Angaben der OECD hat der Anteil des *„intra-firm trade"* am Handel zwischen Tochterunternehmen von transnationalen Unternehmen (TNU) zwischen 1982 und 1992 in den USA von 31% auf 40%, in Japan von 30% auf 33%, in Schweden von 40% auf 50% zugenommen. Obwohl der Anteil der TNU am Außenhandel der USA und Schwedens abgenommen hat und im Falle Japans nur leicht gestiegen ist, erhöhte sich der Anteil des *„intra-firm trade"* an den gesamten Exporten im Falle der USA von 22% auf 23%, im Falle Japans von 22% auf 26% und im Falle Schwedens von 24% auf 26% (OECD 1996: 29). Und wenn Kapitalanlagen von TNU sich räumlich konzentrieren – ist dies als Beleg für die „Bodenständigkeit" der Konzerne zu interpretieren (so Krätke 1997: 222; Hirst/Thompson 1996; Kleinknecht/ter Wengel 1998; Hübner 1998; Hoffmann 1999) oder für Berücksichtigung von Risikofaktoren beim Vergleich der Renditen auf globalen Märkten, zumal wenn die bodenständigen TNU über eine Vielzahl von Zulieferfirmen aus einer Vielzahl von Ländern verfügen und ein globales Unternehmensnetz steuern? (Vgl. 9. Kapitel). Und was muß man von jenen globalen, deregulierten und daher auch entmoralisierten Wirtschaftsbeziehungen halten, die überhaupt nicht gemessen, sondern allenfalls grob geschätzt werden können, weil sie im Verborgenen der informellen Ökonomie (Kompensationsgeschäfte, Handel auf Gegenseitigkeit, Tauschgeschäfte etc.) und im kriminellen Untergrund (Drogenhandel, Waffengeschäfte, Geldwäsche etc.) abgewickelt werden? Immerhin bedeutet Globalisierung auch, daß jene, die auf „formellen" Märkten nicht mithalten können, in den „informellen" und manchmal kriminellen Untergrund gedrängt werden. Die Antwort auf die Frage nach dem Gewicht der Globalisierung ist daher schon durch die Art der Bildung von Einheiten und die Festlegung von Ort und Gegenstand der Datenerhebung prädeterminiert.

Dies kann nur durch eine verstehende Interpretation von Daten korrigiert werden. Aus der überwältigenden Bedeutung des Intra-Konzernhandels beispielsweise folgt, daß Statistiken, die an Landesgrenzen erhoben werden, ungeeignet sind, das wirkliche Ausmaß der Globalisierung zu erfassen. <u>Die Globalisierung kommt weniger in den grenzüberschreitenden Waren- und Kapitalströmen als darin zum Ausdruck, daß die Parameter für wirtschaftliches Handeln an allen Orten des Globus auf globalen Märkten gebildet werden.</u> *Globalisierung ist ein gesellschaftliches Verhältnis*, das in ökonomischen, technischen, kulturellen Prozessen am Ende des 20. Jahrhunderts strukturierend wirkt. Die Zinsen von Kontokorrentkrediten einer Sparkasse in einer brandenburgischen Kleinstadt oder in Dodgeville/Wisconsin orientieren sich (unter Berücksichtigung der Risikodifferenzen) an den Zinsen globaler Finanzmärkte[7]. Die Weltmarktpreise für Bier sind für die Wettbewerbsfähigkeit einer bayerischen Brauerei von Relevanz, auch wenn letztere einen eher regionalen Markt versorgt. Die globalen Standards sind auch für Produzenten wirksam, die ihre in Darmstadt produzierten Produkte lediglich in Darmstadt oder im benachbarten Frankfurt verkaufen. Die Wirtschaftspolitik einer nationalen Regierung muß der Globalisierung Rechnung tragen, etwa dem Wettbewerb um niedrige Steuersätze für mobile Geldvermögen[8].

Es ist also nicht besonders sinnvoll, mit Welthandelsstatistiken, die an nationalstaatlichen Meßpunkten erhoben werden, Globalisierung messen und Aussagen darüber treffen zu wollen, ob der Grad der Globalisierung zu- oder abgenommen habe. Da kann es schon geschehen, daß Grenzen und mithin Unterschiede konstatiert werden (etwa im Zuge der De-konstruktion der Variablen der Lohnstückkosten), die es nur gibt, weil man sie mit der eigenen Meßmethode konstruiert hat – wissenschaftlich ein Eigentor. Reale Bedeutung jenseits der eigenen Kalkulationen haben diese Daten nur im Trugbild einer theoretisch unzureichenden Interpretation. Globalisierung ist also nicht einfach mit empirischen Maßen zu erheben. Es gibt den konkreten Gebrauchswert der Waren und den Standort, wo sie erzeugt werden. Globalisierung ohne einen „*locus*" kann es

---

[7] Diese Aussage ist in der Globalisierungsliteratur durchaus strittig. Tatsächlich sind die Zinsdifferenzen zwischen verschiedenen Ländern sehr hoch. Man kann diesen Unterschied als nationale Spezifik interpretieren. Doch ist es angemessener, die Unterschiede als Ausdrucksformen der Bewertung von Währungen und nationalen oder lokalen Märkten durch die globalen Finanzmärkte zu fassen.

[8] Oskar Lafontaine hat Globalisierung als eine „Chance" interpretiert (vgl. Lafontaine/Müller 1997) und ihre Wucht und strukturierende Wirkung auf nationalstaatliche Wirtschaftspolitik unterschätzt. Gegen die „globalen Märkte" konnte er weder steuerpolitische Reformen, noch eine Zinssenkung, noch eine Ausweitung der kaufkräftigen Nachfrage zur Bekämpfung der Arbeitslosigkeit durchsetzen. Er ist gescheitert und hat wenige Monate nach der Bildung der rot-grünen Koalition in Deutschland im März 1999 sein Regierungsamt quittiert.

folglich überhaupt nicht geben, oder nur in den Spekulationen derjenigen, die nichts als Virtualität um sich wähnen. Die Wettbewerbsfähigkeit kann so ausgeprägt und unbestritten sein, daß „am Standort" kein Konkurrent gefürchtet werden muß, man könnte also die Augen vor der Globalisierung verschließen (vgl. nächsten Abschnitt). Aber ist, weil der konkrete Ort so bedeutend ist, Globalisierung ein Mythos? Wohl kaum. Denn die Waren müssen sich im abstrakten Raum globalen Wettbewerbs nicht nur als Gebrauchswerte, sondern vor allem als Tauschwerte bewähren. Nur wenn sie (hartes) Weltgeld bringen, hat sich die konkrete Produktion gelohnt, weil sich das Kapital im Vergleich mit anderen Kapitalen, an anderen „Standorten" verwerten konnte. Globalisierung bedeutet daher vor allem die Herrschaft des Tauschwerts über den Gebrauchswert, die Globalisierung von Standards (und globales „benchmarking"), die für lokale Entscheidungen zur Richtschnur werden. Dies hat Leslie Sklair in einer Untersuchung der lokalen Praktiken von großen TNU mit Sitz in Kalifornien gezeigt:

„Benchmarking is a system of continuous improvements derived from systematic comparisons with world best practices. It tends to be sector-based, but the most progressive enterprises appear to benchmark processes and activities across business sectors globally... benchmarking can have important consequences not just for manufacturing processes and services but for corporate structures" (Sklair 1998a: 205).

Globales „benchmarking" verweist darauf, daß lokale und nationale Standards, von denen die klassische politische Ökonomie, Marx und auch die Imperialismustheoretiker ausgegangen sind, und die vor allem im Hinblick auf die institutionellen Voraussetzungen der Arbeitskosten bis vor wenigen Jahrzehnten fast selbstverständlich waren, zu Gunsten globaler Standards zurückgedrängt werden. Lokale Arbeitskosten, Technologien, Design, Rentabilitäten des eingesetzten Kapitals etc. müssen sich auf globalen Märkten auch dann vergleichen, wenn die Produktion ausschließlich für lokale Märkte erfolgt. Das haben die Produzenten in den Transformationsökonomien Mittel- und Osteuropas verspüren müssen, als nach der Öffnung 1989 Kapital in großem Stil vernichtet wurde, weil es nicht wettbewerbsfähig eingesetzt werden konnte.

Marx hatte Recht, als er den „Doppelcharakter der Arbeit" als „Springpunkt" des Verständnisses der politischen Ökonomie bezeichnete (Marx, MEW 23: 56). Es sind die konkrete und die abstrakte Arbeit, die stofflich-materiale und die energetische Seite der Produktion angemessen zu berücksichtigen. Ohne Wahrnehmung dessen, was einerseits am konkreten geographischen und sozialen Ort geschieht und ohne Kenntnisnahme der im abstrakten globalen Raum- und Zeitregime erzeugten sozialen und politischen Sachzwänge andererseits wird die Dynamik der Globalisierung den politik- und sozialwissenschaftlichen Analytikern so verschlossen bleiben, wie das Buch mit sieben Siegeln, von dem der Doktor Faust seinem Famulus Wagner erzählt. In der nachfolgenden Tabelle sind diese Zusammenhänge skizziert. Auf der linken Seite der Gegenüberstellung ist die lokale Bindung, die konkrete Dimension von ökonomischen, sozialen, politischen Prozessen aufgeführt. Auf der rechten Seiten ist die abstrakte Seite, die Formseite globaler Prozesse vermerkt. Die beiden Seiten sind keine Gegensätze, sondern Kehrseiten der gleichen Medaille. Wenn jeweils die eine oder die andere Seite hervorgehoben und betrachtet wird, geht die „Dialektik der Globalisierung" verloren. Die beiden Seiten gegeneinander auszuspielen, ist nicht nur fruchtlos. Dieses Verfahren macht theoretisch und politisch blind. Die einen sehen nur den konkreten Standort, die anderen nur den abstrakten Raum des globalen Marktes. Die einen halten es mit den Bedingungen der Wettbewerbsfähigkeit, die anderen pochen auf mehr Wettbewerb auf dereguliertem Weltmarkt, die Dritten sehen die Macht staatlicher Grenzen, die anderen eher Tendenzen der Entgrenzung der Staatenwelt. Die einen empfinden die Globalisierung als eine Bedrohung (z.B. Forester 1997), die anderen sehen darin eine Chance (z.B. Minc 1998).

Tabelle 1.3: Die zwei Seiten der Globalisierung

Grenzen des Nationalstaats	⇔	Entgrenzter Weltmarkt
Souveränität über das Territorium	⇔	Erosion territorialer Souveränität
Politik und Macht	⇔	Ökonomie und Geld
in die Gesellschaft „eingebettete" Ökonomie	⇔	aus der Gesellschaft „entbettete" Ökonomie
Recht und Regulation	⇔	Deregulierung
Territorialität der politisch gestaltbaren Gesellschaft (z.B. durch den „Gesellschaftsvertrag")	⇔	abstrakter, vor allem ökonomischer Mechanismus der Vergesellschaftung
Konkreter Ort und lokale Zeitregimes	⇔	abstrakter Raum und globales Zeitregime
Standort	⇔	Weltmarkt
Wettbewerbsfähigkeit vor Ort	⇔	Wettbewerb im globalen Raum
Gebrauchswerte	⇔	Tauschwert
Politische Organisationen des Nationalstaats: Form Partei	⇔	Krise der Form Partei und global vernetzte Nicht-Regierungsorganisationen
Governability nationalstaatlicher Regierungen	⇔	Global Governance

1.5 Diskurse an den Grenzen der Globalisierung

Jedes System hat eine Grenze, die die Innenwelt von der Außenwelt scheidet. Daß Konkurrenzfähigkeit systemischen Charakter hat, ist nicht nur Folge des komplexen Zusammenwirkens vieler Faktoren auf vielen Ebenen, sondern auch eine Konsequenz der notwendigen Eingrenzung positiver und der Ausgrenzung negativer Faktoren der Wettbewerbsfähigkeit. Die Grenze ist daher auch eine Scheidelinie zwischen „wir" und „sie", vielleicht zwischen „gut" und „böse", „produktiv" und „unproduktiv". Sie ist daher *erstens* ein Ort der Gewalt[9] und *zweitens* Anlaß für die Ideologie der Grenze, der „frontier", die eine längere Geschichte hat als die Diskussion über Globalisierung (Bös 1995). Wenn man sich also über Globalisierung verständigen will, muß man auch über die „Grenzen der Globalisierung" reden. Deren Existenz ist freilich nicht so zu interpretieren, als ob es die globalisierende Entgrenzung – und damit die Entpolitisierung der politischen Ökonomie – gar nicht gäbe. Im Gegenteil, es gibt sie und sie erzeugt den „horror vacui" vor dem Territorium ohne Staatsmacht, die die Grenzen legitim verteidigen könnte. Gerade in der neuen Weltordnung sind weiße Flecken der machtlosen Art infolge des Staatszerfalls in vielen Weltgegenden (vor allem in Afrika und Osteuropa und Zentralasien) entstanden, die geostrategische Gelüste der „einzigen Weltmacht" wecken (vgl. Brzezinski 1997) und Globalisierung nun tatsächlich nicht nur als einen Prozeß der ökonomischen Deregulierung und Liberalisierung, sondern der politischen Restrukturierung erscheinen lassen.

In der staatsrechtlichen Tradition ist der Nationalstaat durch die Grenzen von Staatsgebiet, Staatsvolk und Staatsmacht definiert. Seine Souveränität wirkt nach innen und außen und sie ist durch den „Volkssouverän" begründet. Wenn die Globalisierungstendenzen mit Deregulierung und Depolitisierung einher gehen und sich dabei Rechtssubjekte aus dem Koordinatensystem des Politischen zurückziehen, kann die Globalisierung politisch erst wieder erfaßt werden, wenn sie in der Bildung eines neuen Rechtssubjekts, eines „Weltstaats" mit einer globalen Verfassung resultiert (Knieper 1991; 1993; kritisch dazu: Narr/Schubert 1994). Doch, so Hegel, „der Staat hat ein Maß seiner Größe, über welches hinausgetrieben er haltungslos in sich zerfällt unter derselben Verfassung, welche bei nur anderem Umfange sein Glück und seine Stärke ausmachte" (Hegel, Logik, zit. nach Negt/Kluge 1992: 31). Es ist tatsächlich zu bezweifeln, daß es überhaupt ein „Gefäß" (eine Verfassung) geben kann, in die ein Weltstaat hineinpaßt. Damit wäre aber auch die andere Annahme von der Her-

---

[9] Nicht ohne Grund bezieht sich Max Weber in seinem Aufsatz „Politik als Beruf" auf Trotzkij, der in Brest-Litowsk bei den Verhandlungen mit dem Deutschen Reich bemerkte: „Jeder Staat wird auf Gewalt gegründet" (Weber 1919/1971: 506).

ausbildung einer „Weltgesellschaft" im Zuge der Globalisierung als dem „umfassendsten System menschlichen Zusammenlebens" (Volker Bornschier) erledigt. In der Staatswissenschaft wird also auch in Zukunft der Nationalstaat mit seinem Institutionensystem das Zentrum der wissenschaftlichen Bearbeitung bilden – und dies mit innerhalb des Diskurses guten Gründen.
Auch diejenigen, die der keynesianischen Tradition verpflichtet sind, eint die nationalstaatliche Sichtweise auf wirtschaftliche Prozesse. Der Nationalstaat ist (wirtschafts)politisch souverän, insoweit er Konstellationen von Märkten innerhalb nationaler Grenzen beeinflussen kann. Er operiert als Interventionsstaat, der die Konjunktur antizyklisch gemäß der Zielvorgabe des „magischen Dreiecks" (Preisstabilität, stabiler Wechselkurs, Vollbeschäftigung) in dem durch die Reichweite der Staatsmacht begrenzten Territorium steuern kann. Vollbeschäftigung, ein durch Interventionen realisierbares Ziel, ist das sichere Fundament, auf dem der Sozial- und Wohlfahrtsstaat der Nachkriegszeit (im „goldenen Zeitalter") gegründet werden konnte. Die Märkte, und daher der Wettbewerb, sind wesentlich national, die Ökonomie also eine *„Nationalökonomie"*. Die Konvertibilität der Währungen ist beschränkt und die Kapitaltransfers sind daher nationalstaatlich kontrollierbar. Folglich muß man sich bei der Gestaltung der Arbeitsbeziehungen (Arbeits- und Lohnverhältnis) nicht sehr um die Billiglohnkonkurrenten „jenseits der sieben Berge" kümmern. Auch die (nationalstaatliche) Zentralbank ist eine Institution, die den Wert der jeweils nationalen Währung in der Zeit (Preisstabilität) und im Raum (fixe Wechselkurse) stabilisieren kann. Solange das Bretton Woods-System funktionierte, war die Währungsstabilität durch vertraglich fixierte Wechselkurse gegen Kursschwankungen jenseits zugelassener Margen gesichert[10]. Auch die Fiskalpolitik des nationalstaatlichen politisch-administrativen Systems gestattet die Verfolgung von Optionen, die unter der Herrschaft der Maastricht-Kriterien unvorstellbar geworden sind.
In diesem Kategoriensystem können Tendenzen der Globalisierung kaum wahrgenommen, ja sie müssen sogar wie die Flügel der Windmühle durch Don Quixote bekämpft und zurückgewiesen werden, weil das theoretische Paradigma beschädigt würde. Dies ist ein Grund dafür, daß Keynesianer häufig hilflos auf die von ihnen denunzierten Tendenzen der Deregulierung, auf die Rücknahme wirtschaftspolitischer Steuerungskapazitäten des Nationalstaates, reagieren. Da Globalisierung die Kehrseite der Deregulierung ist, muß die Bedeutung der Globalisierung heruntergespielt werden, um die Kritik an der Deregulierung begründen zu können.[11] Beispielhaft dafür ist der deutsche Globalisierungsdis-

---

[10] Die Autonomie der Geldpolitik ist zwar gering, aber offenbar (entgegen neoklassischen Erwartungen in den 70er Jahren) doch größer als in einem System flexibler Wechselkurse.

[11] Es sei denn, es wird für einen „globalen" (oder zumindest europäischen) Keynesianismus plädiert, der wiederum den Weltstaat zumindest funktional (wenn nicht institutionell) voraus-

kurs: Unter Verweis auf die (Sach)Zwänge der internationalen Konkurrenz plädieren die einen also für „Kostensenkung" auf allen Ebenen. Das sind zumeist jene, die Globalisierung als Chance begreifen, „verkrustete" soziale Formen aufzubrechen. Auf der anderen Seite des politischen Spektrums finden sich Gewerkschafter und diesen nahestehende Sozial- und Wirtschaftswissenschaftler, die in der „Globalisierungsdrohung" lediglich eine interessenpolitische Inszenierung sehen, die von hausgemachten Problemen ablenken soll. Aus ihrer Sicht handelt es sich bei dem Streß, dem etwa die deutsche Variante des „rheinischen Kapitalismus" ausgesetzt ist, nicht um eine Folge der ökonomischen Globalisierung. Deren Relevanz wird vielmehr in Zweifel gezogen, indem makroökonomische Daten über den Welthandel, Direktinvestitionen und zur Entwicklung der Lohnstückkosten international verglichen werden; Überlegungen über den Sinn der Messung, die wir im vorangegangenen Abschnitt angedeutet haben, werden nicht angestellt. Mit den entsprechenden Daten bewehrt ist es ein leichtes, *erstens* die Qualitäten des Wirtschaftsstandorts Deutschland ins rechte Licht zu rücken, und *zweitens* die These vom Bedeutungsverlust nationalstaatlicher Politik zu widerlegen[12]. Um das „Gespenst der Globalisierung" zu bannen und an der Fiktion unverändert großer wirtschafts- und sozialpolitischer Handlungsspielräume nationalstaatlicher Politik festhalten zu können, werden die Verteidiger des „Standort Deutschland" nicht müde, dessen Stärken im internationalen Wettbewerb herauszustreichen[13].

---

setzt. Hier aber sind wir sogleich mit dem von Hegel bemerkten Dilemma konfrontiert, daß ein wirtschaftspolitisches Paradigma für den Nationalstaat funktionieren mag, nicht aber für einen dessen Maß weit überschreitenden europäischen oder gar Weltstaat.

[12] Vgl. neben vielen anderen Beiträgen mit einer gleichlautenden Argumentation u.a. die Beiträge in Simons/Westermann (Hg.) 1997, Küchle 1996, Krätke 1997, Dolata 1996, Zinn 1997, Hübner 1998, Hoffmann 1999 und viele andere.

[13] Zum einen werden die hohen Exportüberschüsse, die Deutschland im Außenhandel erzielt, als Argument gegen eine vermeintliche Wettbewerbsschwäche der deutschen Industrie ins Feld geführt. Wichtiger aber noch ist der Nachweis, daß der „Standort Deutschland" keineswegs unter zu hohen Arbeitskosten leidet, denn die hohen Stundenlöhne der westdeutschen Beschäftigten korrespondieren mit einer entsprechend hohen Arbeitsproduktivität: Die realen Lohnstückkosten (in Westdeutschland) sind im internationalen Vergleich weder übermäßig hoch noch seit den 80er Jahren überdurchschnittlich gestiegen; allerdings wurden die erzielbaren Wettbewerbsvorteile vor allem in den Jahren 1992-1993 durch die Effekte der DM-Aufwertung zunichte gemacht. Mit einem Anteil der Steuern von 23,6% und der Sozialabgaben von 15,4% am BIP liegt Deutschland im europäischen Vergleich sogar im unteren Drittel. Seit 1982 sinkt die durchschnittliche Steuerbelastung der Unternehmen, und wenn die effektive Steuerbelastung zugrunde gelegt wird, ist sie im internationalen Vergleich eher niedrig (vgl. Schäfer 1996). Auch der Saldo bei den Direktinvestitionen taugt kaum als Beleg für eine „Standortschwäche": Nicht Kostendruck, sondern andere Motive wie das der Markterschließung und -sicherung oder – wie im Fall der deutschen Direktinvestitionen in den USA – das Bemühen, Währungsrisiken zu umgehen, erklären den Abfluß deutschen Kapitals ins Ausland (vgl. dazu ausführlich Mahnkopf 1999).

Im Verständnis der Marktprozesse und der staatlichen geld- und fiskalpolitischen Interventionen ist, wie in der Definition des Nationalstaats, ein territoriales Element enthalten. Es kann daher ein „innen" definiert werden, dem ein „außen" entspricht – und die Regelung zwischen der Binnen- und der Außenwirtschaft spiegelt sich in den Salden der Zahlungsbilanz. Die vielen Binnenwirtschaften bilden die Weltwirtschaft, aber diese stellt ihnen gegenüber keine neue Qualität dar. Sie ist in diesem Weltverständnis lediglich Zusammenfassung dessen, was in den „Nationalökonomien" geschieht und in den Zahlungsbilanzen saldiert wird. An dieser Interpretation lassen sich allerdings Fragezeichen anbringen, wenn nach der Bestimmung der Preise für Waren, Arbeitskräfte und Kapital gefragt wird. Der keynesianischen Annahme von der „Hierarchie der Märkte" zufolge werden Löhne und Beschäftigung durch Angebot und Nachfrage auf den Märkten für Konsum- und Investitionsgüter bestimmt. Die Investitionen ihrerseits hängen von den für Kapital aufzuwendenden Zinsen, der Konsum von der Höhe der Einkommen ab.

Allerdings werden die Zinsen auf globalisierten Märkten gebildet und keineswegs durch die Zentralbank vorgegeben[14]. Selbst mächtige Zentralbanken können mit ihrer Diskontpolitik nur noch den Marktsignalen folgen[15]. Also sind Beschäftigungsniveau und Löhne in der nationalen Ökonomie durch Preisbildungsprozesse auf globalen Märkten beeinflußt. Beschäftigungspolitik wird nicht mehr mit keynesianischen Maßnahmen der geld- und fiskalpolitischen Beeinflussung der *Nachfrage*seite betrieben, sondern mit Maßnahmen der arbeitsmarkt- und *angebots*politischen Anpassung. Hier setzen, auf ganz unterschiedliche Weise, die neoliberalen Strategien und die Politik systemischer Wettbewerbsfähigkeit an. Sie sind die strategisch-konzeptionellen Antworten auf die „Entgrenzung der Staatenwelt" (Brock/Albert 1995) und den Verlust der makroökonomischen Steuerungsfähigkeit des Interventionsstaats. Mit der Globalisierung sind zwar nicht die Nationalstaaten von der Bildfläche der internationalen Beziehungen verschwunden, aber sie haben einen Teil ihrer Souveränität über ökonomische Prozesse eingebüßt und fungieren eher als Moderatoren

---

[14] „...wer weiterhin konjunkturelle Erleichterung von niedrigeren Zinsen erhofft, muß auf die Frage antworten, wie die geforderte Zinssenkung herbeigeführt werden kann. Die Bundesbank kann nur ihre eigenen Zinsen herabsetzen, nicht die Bankzinsen und nicht die Zinsen am Kapitalmarkt... So ist es geboten, sich den... an den Finanzmärkten herrschenden Erwartungen zuzuwenden" (Hesse 1997: 10). Das ist wenigstens eine klare Position. Friedhelm Hengsbach gibt zwar zu, daß die „ökonomische Musik" auf den globalen Finanzmärkten gespielt wird, meint aber, auf nationalstaatlicher Ebene gegen die ökonomische Musik anposaunen zu können (Hengsbach 1997).

[15] Daher eruiert die Deutsche Bundesbank mit Pensionsgeschäften zunächst, welche Zinsen die Märkte akzeptieren, bevor sie dann die von „den Märkten" akzeptierten Zinsen als Diskontsatz festlegt.

der nationalen Wettbewerbsfähigkeit im globalen Wettbewerb, als „nationale Wettbewerbsstaaten" (Cerny 1996a; Hirsch 1995), als Moderatoren zwischen globalen Märkten und lokalen Produktionsbedingungen am „Standort". Der Ort ihrer Aktivitäten ist weniger die Makroökonomie als die „Mesoökoomie", wenn nicht gemäß neoliberaler Vorstellung das Primat der Ökonomie (genauer: der Mikroökonomie) über die Politik triumphiert, die – jedenfalls in den Theorien über systemische Wettbewerbsfähigkeit – am ehesten auf „mesoökonomischer" Ebene Terrain zurückgewinnen, dort also Grenzen umschreiben könnte. Im Verlauf dieser Machtverschiebung vom Rechtssubjekt Nationalstaat zum deregulierten und entpolitisierten Funktionsraum des Weltmarkts entstehen also neue, und zwar mikro- und makroregionale Grenzen (unterhalb der Nationalstaaten in Mikroregionen und oberhalb des Nationalstaats in Wirtschaftsblökken). Das Resultat dieses Prozesses ist keineswegs eine einheitliche Weltwirtschaft und -gesellschaft, wie sie sich der Neoliberalismus vorstellt. Auf die Bedeutung dieser paradigmenrelevanten Verschiebung wird im Verlauf dieses Buches mehrfach zurückzukommen sein.

Der Diskurs über die Grenzen der Globalisierung folgt noch einer anderen Argumentationslinie. Auf dieser wird allenfalls zugestanden, daß sich bei näherer Betrachtung die Globalisierung als „Triadisierung" herausstellt[16], da in den 90er Jahren vier Fünftel des Welthandels, der Direktinvestitionen oder Finanztransfers zwischen Westeuropa, Nordamerika und Ostasien (vor allem Japan) abgewickelt werden. Allein die Europäische Union bringt es auf einen Anteil des Intra-Blockhandel am Außenhandel der Mitgliedsländer von an die 70%. Mit einem Anteil von etwa 45% an den Weltexporten ist sie der bedeutendste Wirtschaftsblock. Der Handel mit Finanzdienstleistungen ist zu 90% auf wenige Länder der „Triade" (USA; Deutschland, Japan, Großbritannien, Frankreich) konzentriert. Regionalisierung und Fragmentierung seien mithin angemessenere Begriffe für die Analyse der Tendenzen der Weltwirtschaft als jener der Globalisierung.

Diese Diskursvariante spielt insbesondere in Deutschland eine große Rolle: Aus dem unstrittigen Sachverhalt, daß nur ein Bruchteil deutscher Direktinvestitionen in außereuropäische und in osteuropäische „Billiglohnländer" geflossen ist, wird in der deutschen „Standortdebatte" rasch die These konstruiert, die Ausweitung grenzüberschreitender ökonomischer Aktivitäten stelle sich aus der Sicht Deutschlands nicht als Globalisierung, sondern als Regionalisierung, genauer: als eine Europäisierung oder „Triadisierung" der Wirtschaftsbeziehun-

---

[16] Diese These ist sehr verbreitet, so daß es kaum möglich ist, alle Autoren, die sie an mehr oder weniger zentraler Stelle ihrer Argumentation vertreten, hier aufzuführen. (Neben vielen anderen vgl. Dolata 1997; Hoffmann 1997; Heise/Küchle 1996; Heise 1996; Menzel 1998Seitz 1992; Bonder/Röttger/Ziebura 1993; Burchardt 1997; Krätke 1997; Hübner 1998).

gen dar. Weil Deutschland innerhalb der EU eher die Rolle einer „treibenden" denn die einer „getriebenen" Kraft spielt, wird bezweifelt, daß mit dem ausufernden Wettbewerb der Standorte um das Finanz- und Investitionskapital „staatenloser Marktkräfte" nationale Regulierungssysteme an Bedeutung verlieren. Ganz im Gegenteil, viele sozialdemokratische und grüne Politiker setzen darauf, daß sich eine europäische Antwort auf die Globalisierungszwänge finden ließe. Skepsis gegenüber dieser Vision, die konstitutiven Elemente des „rheinischen Kapitalismus" ließen sich in der Makroregion Europa bewahren und weiterentwickeln, äußern, freilich mit unterschiedlichen Argumenten, Gert Junne (1996) sowie Robert Boyer und Daniel Drache (1996).

Es ist ohne Zweifel richtig, daß sich die globalen ökonomischen Aktivitäten auf die Triadenmächte konzentrieren und daß regionale Wirtschaftsblöcke in der „neuen Weltordnung" Konjunktur haben – nicht nur in Europa (vgl. 9. Kapitel). Aber diese sind gerade die unvermeidliche Kehrseite der Globalisierung. Die Regionalisierung ist in vielen Fällen gerade dem Versuch der Abwehr von Tendenzen der *Exklusion* aus dem formellen Weltmarkt geschuldet, indem neue Einheiten der *Inklusion* gebildet werden. Diese Tendenzen zu erfassen, ist der ständig wiederholte Begriff der „Fragmentierung" nicht geeignet, weil er zumeist lediglich unanalytisch und suggestiv als Gegenbegriff zur Globalisierung bemüht wird. Wir haben im vorliegenden Buch (4. Kapitel) daher zwischen Fragmentierung, Fraktionierung und Fraktalisierung unterschieden, um der Vielfalt von Dimensionen der Uneinheitlichkeit des einheitlichen Weltsystems Rechnung zu tragen.

Angesichts der Macht der großen Weltkonzerne, unter Berücksichtigung der Bedeutung attraktiver Anlagemöglichkeiten für kurzfristiges Kapital auf hochflexiblen Finanzmärkten ist die Bildung regionaler Wirtschaftsblöcke naheliegend: zur Verbesserung der Wettbewerbsfähigkeit von territorialen Wirtschaftseinheiten, zur Schaffung einer „Stabilitätsgemeinschaft" attraktiver Zinsen und stabiler Wechselkurse, um mit der Herausforderung der globalen Märkte besser fertig werden zu können, zur Akkumulation von Verhandlungsmacht in den Institutionen und Organisationen der globalen Ökonomie (WTO, IMF etc.). Regionale Wirtschaftsblöcke können somit auch als Versuch gewertet werden, angesichts der Globalisierung von Märkten einen Teil der politischen Kontrolle über ökonomische Prozesse „oberhalb" des Nationalstaats zurückzugewinnen. Regionale Wirtschaftsblöcke stellen also den Versuch dar, die „entgrenzte Staatenwelt" durch neue Grenzen zu strukturieren, um die wirtschafts- und gesellschaftspolitische Souveränität nicht ganz an die globalen Märkte abzugeben. Denn dies würde nicht nur sozialen Streß erzeugen, sondern auch die Wettbewerbsfähigkeit mindern. Diese Erkenntnis ist im übrigen hinter dem „Weißbuch" der EU-Kommission von 1993 zu vermuten, in dem einerseits einer weitergehenden Deregulierung im globalen Raum und andererseits einer europäischen Industriepolitik „am Standort" das Wort geredet wird, um zwei Fliegen mit einer Klappe zu schlagen: neue Arbeitsplätze zur Milderung der Massenarbeitslosigkeit, nicht zuletzt um das monetäre Integrationsprojekt von Maastricht zu legitimieren, und verbesserte Wettbewerbsfähigkeit in der „Triadenkonkurrenz" (Weißbuch 1993; vgl. auch Junne 1996; Martin/Schumann 1996).

Der Einwand, daß Triadisierung und Blockbildung gegen die Tendenz der Globalisierung sprächen, unterstellt in neoklassischer Denktradition, daß Globalisierung alle Weltregionen (und alle Nationen und sozialen Schichten und Klassen) gleichmäßig – und nicht ungleichmäßig und ungleichzeitig – einbeziehen würde, daß Globalisierung mit globaler Konvergenz verbunden sei und nicht neue Divergenzen hervorbringe (dazu: Hurrell/Woods 1995). Diese Vorstellung fußt ganz auf der Annahme von den wohlfahrtssteigernden Folgen der Vertiefung internationaler Arbeitsteilung. Alle profitieren von der Handelsausweitung, weil das Pro-Kopf-Einkommen steigt. Die ökonomische Integration führe mit der Niveausteigerung der Einkommen auch zur Angleichung innerhalb des Integrationsraums[17]. Dabei werden jedoch mindestens drei Aspekte nicht berücksichtigt, die die Konvergenz im globalen Raum ver- oder behindern: *Erstens* läßt die Währungskonkurrenz keine „win-win"-, sondern nur Nullsummenspiele zu[18]. Alle Notenbanken sind in einen „Qualitätswettbewerb" (Hesse 1997: 11) gezwungen und müssen daher die Stabilität „ihrer" Währung im Vergleich zu anderen Währungen sicherstellen. *Zweitens* werden die destabilisierenden und Ungleichheit erzeugenden Kapitalbeziehungen, die autonom von der Handelsbilanz erfolgen, nicht berücksichtigt – und diese machen mehr als 95% der täglichen Devisenumsätze aus. *Drittens* ist die internationale Arbeitsteilung selektiv. Während einige Nationen und Regionen erfolgreich in den Weltmarkt integriert worden sind, werden zur gleichen Zeit ganze Regionen und Nationen exkludiert.

Die Exklusion bedeutet – anders als beispielsweise Menzel (1998) annimmt – nicht, daß diese Nationen und Regionen sich außerhalb der Globalisierungsdy-

---

[17] So argumentiert beispielsweise das DIW in einer Analyse der Auswirkungen einer Integration der mittel- und osteuropäischen Staaten in die EU (DIW-Wochenbericht vom 5.4.1997).

[18] Der „Wechselkursmechanismus", so Heise/Küchle (1996: 239), „schafft ... Raum für eben solche Divergenzen in nationaler Wirtschafts-, Sozial- und Lohnpolitik". Mit anderen Worten: es gäbe immer noch den durch den Schutzmechanismus des Wechselkurses eingehegten Bereich autonomer Wirtschaftspolitik des Nationalstaats. Ähnlich argumentiert Brücker mit Verweis auf die Zinspolitik. Sie würde „bei flexiblen Wechselkursen durch die Globalisierung der Finanzmärkte nicht beeinträchtigt" (Brücker 1996). Hier ist ein frommer Wunsch Vater des Gedankens, der in der geldtheoretischen Literatur vielfach kritisiert worden ist. Aus tatsächlichen Divergenzen wird auf politische Autonomie geschlossen, und dies ist ohne weitere Begründung nicht statthaft.

namik befänden; sie sind von ihr negativ und subaltern betroffen. Dies trifft besonders für Rohstoffexporteure zu, die, reich an Bodenschätzen, von der „holländischen Krankheit" (dazu vgl. 6. Kapitel) infiziert werden können: Die monokulturelle Struktur der Exporte führt zu einer Währungsaufwertung, die die Konkurrenzfähigkeit der verarbeitenden Industrie unterminiert. Sie setzt sich daher als Monostruktur der Produktion fort. Monopolistische Interessen instrumentalisieren dann auch die Politik für die Konservierung dieser Strukturen und verhindern so eine ökonomische und soziale Diversifizierung und Differenzierung, die Entwicklungsblockaden fortbewegen könnten. „Ein holländischer Ökonom hat – in Gedanken an die kräftige Aufwertung des Guldens im Zusammenhang mit den Erdgasfunden – einmal aufgestöhnt: 'Never find a raw material.'..." (Sievert 1997: 6). Rohstoffe können nur unter zwei Bedingungen den Reichtum des Rohstofflandes (und nicht nur den der importierenden Länder) steigern: Entweder ist das Rohstoffe exportierende Land sehr klein, so daß die Rohstoffrente auch bei Ungleichverteilung allen Staatsbürgern ein beträchtliches Einkommen verschafft, das für Konsumgüterimporte ausgegeben werden kann. Dieser Fall ist in einigen Golfscheichtümern oder im Sultanat Brunei und Durassalam gegeben. Oder aber das Rohstoffland muß die Deviseneinnahmen gezielt für eine Diversifizierung der Produktion und der Exporte einsetzen, also auch eine dementsprechende Wechselkurspolitik betreiben. Für diesen Fall gibt es allerdings keine durchweg erfolgreichen Beispiele, weil die Bildung der Wechselkurse unter Bedingungen der Währungskonvertibilität und ökonomischer Offenheit nicht in der politischen Kompetenz nationaler Regierungen liegt (Verlust der Wechselkurs- und Zinssouveränität). Die Möglichkeiten, die diagnostizierte „holländische Krankheit" zu therapieren, ist für die Entwicklungsaussichten großer Rohstoffländer in Afrika, Lateinamerika, aber neuerdings auch in der ehemaligen Sowjetunion (Rußland, Ukraine, Kasachstan), ausschlaggebend.

Damit befinden wir uns wieder bei den zuvor angedeuteten Problemen des geostrategischen Machtvakuums. Die erfolgreiche ökonomische Entwicklung, also die territoriale Inwertsetzung (dazu vgl. 4. Kapitel), ist die Voraussetzung dafür, daß politische Grenzen etabliert und aufrecht halten werden können (Altvater 1987). Der Diskurs über Grenzen verweist also auf den Zusammenhang von Ökonomie und Politik der Globalisierung.

2. Kapitel
Globalisierung und Globalität

Aus der Perspektive des Weltsystems erscheint der Prozeß der Globalisierung als zunehmende *Integration*[19] von Regionen und Nationen, bis das Weltsystem den gesamten Globus umfaßt. Aus der Sicht der Nationen und Regionen stellt sich der gleiche Prozeß als größere *Offenheit* dar, z.b. gemessen am Verhältnis von Exporten und Importen zum Bruttoinlandsprodukt. Diese Maßzahl hat im vergangenen halben Jahrhundert seit dem Zweiten Weltkrieg signifikant in nahezu allen Weltregionen zugenommen. Fast überall haben sich die politischen Systeme geöffnet; es entstand ein komplexes internationales politisches System, dem sich eine eigenständige Disziplin innerhalb der Politischen Wissenschaft angenommen hat. In der Soziologie ist von der Weltkultur einer „One World" (Archer 1991) die Rede, die sich durch Öffnung regionaler und nationaler Kulturen und intensivierte Kommunikation bilden könnte. Öffnung bislang mehr oder weniger distanzierter (wenn nicht geschlossener) Räume und deren Integration zu einem Weltsystem können zunächst als die beiden Seiten eines einheitlichen Prozesses identifiziert werden, der seit geraumer Zeit als „Globalisierung" bezeichnet wird. Wenn man Offenheit und Integration in diesem Sinne zum Kriterium der Globalisierung erhebt, begann der moderne Globalisierungsprozeß 1853 mit der erzwungenen Öffnung des bis dahin vom Weltmarkt abgeschotteten Japan. Allerdings gibt es andere Interpretationen: Wo liegt der Ursprung des Prozesses der Globalisierung – in der Epoche nach dem Zweiten Weltkrieg, im 19. Jahrhundert mit seiner ungestümen Industrialisierung, zu Beginn des modernen kapitalistischen Weltsystems vor einem halben Millenium oder in den Anfängen der Zivilisationsgeschichte der Menschheit? Welche Zeitdauer hat die Globalisierung?

2.1 Die „longue durée" der Gobalisierung?

Frank und Gills (1993) verweisen auf „lange" ökonomische und politische Zyklen von mehreren hundert Jahren Dauer seit dem ersten Jahrtausend vor unserer Zeitrechnung. Sie schließen daraus, daß es so etwas wie ein Weltsystem schon lange vor der Heraufkunft des modernen Kapitalismus gegeben haben muß, ja lange Jahrhunderte, bevor die Zivilisationen im östlichen Mittelmeerraum und Mesopotamien entstanden sind. Denn wie wären sonst zyklische Bewegungen über die Zeiten und über die Räume überhaupt möglich gewesen?

---

[19] Wir werden im 9. und 10. Kapital genauer sehen, daß es sich dabei um „negative Integration" durch Abbau von politischer Regulation, nicht um „positive Integration" durch neue politische Regulation auf supra-nationaler Ebene handelt.

Die Gemeinsamkeit der Aufstiegs- und Abstiegsphasen im Weltsystem kann nur durch Handelsbeziehungen und militärische Eroberungszüge erklärt werden, welche die „langen Wellen" in der bekannten Welt ausbreiteten und die Integration zum Weltsystem bewerkstelligten. Allerdings erfaßte diese Art der globalen Integration nicht alle gesellschaftlichen Bereiche; sie verharrte im wesentlichen in der Zirkulationssphäre und auf der politischen Oberfläche, ohne gesellschaftliche Produktions- und Lebensweisen wirklich zu tangieren. Nicht die Standards eines Weltsystems waren bestimmend, sondern die Lebensweise vor Ort[20]. Selbst die Eroberer hatten zumeist nicht die Kraft, um lokale Lebensweisen zu transformieren; nicht selten wurden sie im Gegenteil von ihnen absorbiert.

Das wurde tatsächlich erst seit den großen Entdeckungen des 16. Jahrhunderts anders. Das moderne Weltsystem[21] wird geboren. Nun bedeutet die Integration in den Weltmarkt auch die Unterwerfung unter eine spezifische Produktions- und Lebensweise. In der kapitalistischen Gesellschaftsformation bleibt es nicht bei der bloßen Integration in globale Zirkulationsketten oder bei der militärischen Eroberung und kulturellen Beeinflussung, ohne daß damit zugleich der Anspruch erhoben würde, die gesellschaftlichen Formen zu verändern. Die „reelle Subsumtion" unter das Kapital, von der Marx spricht (MEW 23: 354; 531ff), verändert Arbeit und Arbeitsbeziehungen, die Art und Weise technischer Innovationen, die politischen Machtbeziehungen und das Verhältnis von Politik und Ökonomie, die Kultur, Künste und Ästhetik und nicht zuletzt die Natur und das gesellschaftliche Naturverhältnis[22]. Die revolutionäre Ausbildung des kapitalistischen Weltsystems (denn alle Facetten des Lebens werden umgewälzt) ist eng verwoben mit jenem Prozeß, den Norbert Elias (1978, 1982) als den „Prozeß der Zivilisation" bezeichnet. Auch die „okzidentale Rationalität" (Weber 1920/1972), deren Ursprünge weiter zurückreichen als ins „lange 16. Jahrhundert", wird nun als eine Rationalität der Weltbeherrschung dominant, sie etabliert sich als ein Attraktor, dem sich in der „*longue durée*" (Braudel 1980) keine Gesellschaft entziehen kann. Einmal dominant und daher ge-

---

[20] Das ist durch eine Lektüre der Geschichten der Sheherazade aus 1001 Nacht gut nachvollziehbar. „Sindbad der Seefahrer", die Personifikation des damaligen „Globetrotters", trifft in der Ferne doch nur auf ihm völlig fremde Lebensweisen, wohin er sich auch wendet, um seine Geschäfte zu machen – die im übrigen sehr gut gingen. Und es war immer ein neues Glück, zum heimatlichen Hafen mit viel Gewinn zurückzukehren.

[21] Da sich um dessen Analyse eine Schule gebildet hat, ist es ausgeschlossen, auch nur annähernd der Vielfalt der Beiträge gerecht zu werden. Daher nur der Verweis auf jene Beiträge, die für die Globalisierungsdebatte besonders wichtig sind: Wallerstein 1974, 1980, 1989; Arrighi 1994.

[22] Wie radikal diese Veränderungen der Natur sind, kann in den Studien zum „ökologischen Imperialismus" nachgelesen werden, z.B. bei Crosby 1991; Ponting 1991.

schichtswirksam, erscheinen die Entwicklungen einer jeweils kürzeren historischen Periode nur noch als Konjunkturen der „longue durée". Der Prozeß der Globalisierung, von dem erst im letzten Viertel des 20. Jahrhunderts die Rede ist, fällt mit dem zusammen, „was wir sonst Modernisierung nennen" (Nassehi 1998: 153). Besonders eindringlich verweist Giovanni Arrighi auf die langfristige Kontinuität:

„...The scale, scope, and technical sophistication of the current financial expansion are, of course, much greater than those of previous financial expansions. But the greater scale, scope, and technical sophistication *are nothing but the continuation of a well-established tendency* (Herv. EA/BM) of the *longue durée* of historical capitalism towards the formation of ever more powerful blocs of governmental and business organizations as leading agencies of capital accumulation on a world scale." (Arrighi 1994: 300).

Unter dem Blickwinkel des „historischen Kapitalismus" ist seit Jahrhunderten also eine einheitliche Tendenz wirksam, die es schwierig macht, Phasen der kapitalistischen Entwicklung überhaupt zu unterscheiden (eine zweite Frage wäre dann die der Angemessenheit der Bildung von Phasen). Die Untersuchung der gegenwärtigen Entwicklungsphase (seit dem Ende des „golden age" – Marglin/ Schor 1991) vollzieht denn auch immer wieder eine Art analytischer „*feed back-Schleife*": Es ist alles schon einmal dagewesen, „...*striking similarities..* can be detected between the cumulative influence of finance on the United States in the 1980s, on Britain in the Edwardian era, on Holland in the periwig era, and on Spain in the Age of the Genoese" (Arrighi 1994: 334 – Herv. EA/BM). Zweifellos gibt es die Ähnlichkeiten, wenn man den entsprechenden historischen Maßstab wählt – und es gibt sie bei der Wahl eines anderen, andere Details berücksichtigenden Maßstabs überhaupt nicht. Die Länge der „longue durée" ist kein objektiver Tatbestand, sondern vom Beobachter und dessen analytischem Werkzeug abhängig. Darauf haben wir oben (vgl. 1. Kapitel) bereits hingewiesen.

Die Wahl des Maßstabs entscheidet, ob wir in der Entwicklungsgeschichte des „historischen Kapitalismus" sich wiederholende Ähnlichkeiten erblicken, oder Phasen mit eigener Charakteristik ausmachen. Braudel versucht dieses Problem dadurch zu lösen, daß er drei „Zeitebenen" unterscheidet: die Ereigniszeit des Unmittelbaren, die „Konjunkturen", in denen sich historische Konstellationen herausbilden und verschwinden, durch die Ereignisse konditioniert und handlungsrelevant werden. Schließlich haben wir es mit der zeitlichen Tiefenströmung der „longue durée" zu tun, durch deren Trägheit Konjunkturen und Ereignisse letztlich gebunden werden (dazu auch Cox 1997: 24-26). Doch ist die „dialectic of duration" nicht von vornherein von der „longue durée" determiniert; es hängt immer noch vom Beobachter ab, ob Krisen als innersystemische Turbulenzen im Sinn von „*conjonctures*" interpretiert werden oder als Systemkrisen, als Transformationspfade zu einem anderen (gesellschaftlichen) System innerhalb des Weltsystems oder als eine Weltsystemkrise. Der Maßstab der Weltsystemtheoretiker erscheint uns bei aller historischen Liebe fürs ereigniszeitliche und konjunkturelle Detail hinsichtlich der theoretischen Kategorien viel zu groß, als daß damit die historischen Prozesse der zweiten Hälfte des 20. Jahrhunderts vermessen werden könnten.

Allerdings verweist die Perspektive der „longue durée" auch auf Kontinuitäten, die tatsächlich über Jahrhunderte bis in die Gegenwart wirken. Dazu zählen koloniale und post-koloniale Traditionen, die das gegenwärtige Weltsystem als historisch gewordenes strukturieren: ethnische und politische Grenzziehungen, Verteilung von Eigentumsrechten, die Entwertung lokalen Wissens, die etablierte internationale Arbeitsteilung zwischen Metropolen und Peripherie (Randeria 1998: 18ff). Auch die nach dem 30jährigen Krieg in Europa entstandene Staatenwelt der „Westfälischen Ordnung", das in ihr strukturierende „Gleichgewicht der Mächte" verweist auf Kontinuitäten, die über mehrere Jahrhunderte dauern und eigentlich erst nach 1989 in Auflösung begriffen sind (Miller 1994; March/Olsen 1998). Es ist also weniger interessant, den Vergleich verschiedener Epochen durchzuführen, als die Kontinuitäten im historischen Prozeß zu identifizieren, die für das Verständnis der Gegenwart den Ausschlag geben.

Mit dem Maßstab der Weltsystemtheorie ausgestattet kann die Tendenz der Globalisierung am ehesten erfaßt werden, wenn die Geschichte des Weltsystems studiert wird, da ja Globalisierung in dessen Geschichte eingeschrieben ist. Dabei verlegen die einen den Anfang des Weltsystems ins „lange 16. Jahrhundert" und sein geographisches Zentrum nach Europa (Braudel 1986; Wallerstein 1974, 1980, 1989; Arrighi 1994), die anderen, wie André Gunder Frank, datieren die *Zeit* der Entstehung eines Weltsystems mehrere tausend Jahre zurück und weiten den *Raum* aus seiner „eurozentrischen" Beschränktheit in Richtung der pazifischen Hemisphäre. Die „longue durée" wird also über die Menschheitsgeschichte fast seit den neolithischen Anfängen der Zivilisationen in Asien ausgedehnt. Danach ist alles schon einmal dagewesen und Globalisierung ist bestenfalls ein leerer Begriff, da es „Globalität" schon längst gäbe: „Aber Globalität… war schon seit mindestens 1500 Jahren eine Lebenstatsache für die gesamte – gesellschaftliche – Welt, außer ein paar sehr dünn besiedelten Inseln im Pazifik…" (Frank 1998: 85). Folglich sei „eine umfassend organisierte, globale, horizontale politisch-ökonomische Makro-Geschichte gleichzeitiger Ereignisse" (ibid.: 91) gefordert. So groß ist der Maßstab der Vermessung von Geschichte, daß die analytische Bestimmung des Gesellschaftssystems, das sich in Europa seit der Aufklärung herausbildet, als kapitalistische Produktionsweise zur „Erbsünde des eurozentrischen Ethnozentrismus…., eingeschreint in die Gesellschafts-'Wissenschaft' durch Marx, Weber und die Myriaden ihrer Anhänger..." (ibid: 93), deklariert wird. Wenn also keine kapitalistische Dynamik wirkt, findet weder Kapitalakkumulation und damit Beschleunigung in der Zeit noch Expansion im Raum statt. Es ist konsequent, dann auch eine Globalisierungstendenz als intellektuelles Mißverständnis zu denunzieren. Es bleibt nur die Frage, welche gesellschaftlichen, ökonomischen, politischen Kräfte bereits vor mehreren tausend Jahren die Globalisierung so weit getrieben haben, daß ein Zustand von Globalität erreicht worden ist – ein Zustand, der bis in unsere Tage trägt.

Die Zweifel der Weltsystemtheorie und André Gunder Franks polemische Kritik an der Globalisierungsthese werden auch von historisch orientierten Sozialwissenschaftlern (oder sozialwissenschaftlich interessierten Historikern) geteilt, die nicht die „longue durée", sondern lediglich die Zeitepoche seit der Mitte des 19. Jahrhunderts vor Augen haben. Für die Jahrzehnte vor dem Ersten Weltkrieg ließe sich nachweisen, daß die internationale Wirtschaftsverflechtung ähnlich intensiv war wie heutzutage, jedenfalls wenn man die Ströme der Direktinvestitionen und Kredite, den Umfang oder die Zollbelastung des internationalen Handels oder die Migrationsbewegungen in Rechnung stellt (Hirst/ Thompson 1996; Bairoch/Kozul-Wright 1996; IMF 1997; Glyn et al. 1990; Zysman 1996; Kleinknecht/ter Wengel 1998). In Zeiten der sogenannten *pax brittanica* vor dem Ersten Weltkrieg betrugen im Jahresdurchschnitt von 1870 bis 1913 (nach Angaben von Maddison 1995) die Wachstumsraten des BIP 2,7%. In der Epoche der sogenannten *pax americana* nach dem Zweiten Weltkrieg waren sie höher: im Durchschnitt von 1950 bis 1973 4,7%. Die Exporte wuchsen jahresdurchschnittlich 1870-1913 mit 3,5% und 1950-73 mit 7,2% noch schneller als das BIP (das gleiche galt übrigens umgekehrt auch für die Abschwungsphase in diesem Jahrhundert zwischen den beiden Kriegen); die Einkommenselastizität der Exporte ist größer als 1, und dies kann als Ausdruck der gleichzeitigen Öffnung von nationalen Ökonomien und ihrer Integration zum Weltmarkt interpretiert werden. Die Daten sprechen also vordergründig für die These, daß Globalisierung nichts Neues sei, wenn man nicht gerade ein halbes Millenium, sondern etwa ein Jahrhundert zurückblickt. Noch klarer sprechen die Maßzahlen der Offenheit (Exporte plus Importe gemessen am GDP) für diese Interpretation. Im Jahre 1913 war Frankreich mit 35,4% eine offenere Volkswirtschaft als 1973 mit 29,0% oder 1993 mit 32,4%. Das gleiche läßt sich für das United Kingdom sagen. Die Offenheit entwickelte sich von 44,7% (1913) über 39,3% (1973) auf 40,5% (1993). In den USA verlief die Entwicklung von 11,2% über 10,5% auf 16,8%. In Japan gar war die Offenheit 1913 31,4%, im Jahre 1973 18,3% und 1993 nur noch 14,4% (Thompson 1997: 163). Dies sind beeindruckende Daten für die These vom „Mythos Globalisierung" (z.B. Garrett 1998: 788), denen freilich mit Daten über die finanzielle Globalisierung begegnet werden kann: Die grenzüberschreitenden Transaktionen von Wertpapieren und Aktien sind (in Prozent des GDP) von 1975 bis 1997 in den USA von 4% auf 213%, in Deutschland von 5% auf 253% und in Japan von 2% auf 96% gestiegen (IMF 1998a: 187); der Anteil öffentlicher Schulden, die von Ausländern gehalten werden, ist von 1983 bis 1997 in den USA von 14,9% auf 40,1% gestiegen, in Deutschland von 14,1% auf 29,3% (1996). Nur Japan ist unter den Industrieländern eine Ausnahme; hier liegt der Anteil unverändert von Mitte der 80er bis Mitte der 90er Jahre bei etwa 4% (IMF 1998a: 190). Die mit diesen Daten indizierte Integration nationaler Finanzmärkte zu einem globalen Finanzmarkt ist alles andere als ein „Mythos". Dies konzediert auch Garrett: „...the integration of financial markets is more constraining than either trade or the multinationalization of production..." (Garrett 1998: 823), auch wenn er hinzufügt, daß die nationalen Regierungen trotz Globalisierung einen beträchtlichen wirtschaftspolitischen Spielraum behalten. Mit dieser Einschätzung werden wir uns im 5. Kapitel ausführlich auseinandersetzen. Doch wie steht es obendrein (a) mit der *Zyklizität* der Tendenz, und welche Bedeutung haben (b) *Niveauveränderungen* im Verlauf der Globalisierungstendenz?

2.2 Zyklen und Niveau der Globalisierung

2.2.1 Globale Zyklen

Daß die langfristigen Tendenzen der kapitalistischen Entwicklung zyklisch verlaufen, ist häufig vermerkt worden (Mandel 1980; Modelsky 1978; Goldstein 1988; Bornschier/Suter 1990; Went 1997): in langen „Kondratieff-Wellen", in „Hegemoniezyklen", die jeweils mehrere Jahrzehnte umfassen. Diese Zyklen entsprechen also eher den „*conjonctures*" als der „*longue durée*" im Sinne Braudels. In ihnen ist jene Konstellation von sozialen und politischen Institutionen der Regulation, der ökonomischen Verhältnisse (Verteilung zwischen Branchen, zwischen den Klassen, von monetärer und realer Akkumulation) und der Machtbalance im internationalen System wirksam, die das Handeln der Menschen und daher die Ereignisgeschichte konditionieren. Dieser Zusammenhang von ökonomischem Akkumulationsregime und sozialer und politischer Regulationsweise ist von der Regulationstheorie eingehend untersucht worden[23]. In Verbindung mit Analysen der internationalen Beziehungen, die, gestützt auf die Theorie von Antonio Gramsci, nach den Bedingungen für hegemoniale Stabilität und Instabilität, also nach dem Verhältnis von politischer Macht und politischem Konsens in der Welt fragen (Cox 1987; Gill 1993), ist

---

[23] Die Literatur ist zu umfassend als daß sie hier präsentiert oder gar diskutiert werden könnte. Daher sei vor allem auf Aglietta 1979, Lipietz 1987 und Boyer/Saillard 1995 verwiesen.

ein theoretisches Konzept entwickelt, mit dem es gut möglich ist, globale Zyklen der langfristigen Entwicklung von mehreren Jahrzehnten zu identifizieren. Der Begriff des Zyklus darf dabei nicht als eine Art Schwingung des gleichen sozialen „Resonanzkörpers" verstanden werden, sondern als ein Ausdruck für historische Stufen der Entwicklung, die jeweils durch dynamische Phasen und Phasen der Stagnation gekennzeichnet sind. Die Aufschwungphasen einer langen Kondratieff-Welle von 1892-1913 und von 1948-1973 (Bornschier/Suter 1990: 175-197) sind für jene Gemeinsamkeiten vor dem Ersten und nach dem Zweiten Weltkrieg verantwortlich, die zur Feststellung Anlaß geben, daß Globalisierung heute nichts Neues sei und der Globalisierungsgrad des Jahres 1913 gerade erst wieder vor einem Vierteljahrhundert Mitte der 70er Jahre erreicht worden sei (IMF 1997: 112ff; Kleinknecht/ter Wengel 1998: 638ff).

Doch wurde der unbezweifelbare Globalisierungsschub vor dem Ersten Weltkrieg von einer Phase der weltwirtschaftlichen Kontraktion und Desintegration in der Zwischenkriegszeit abgelöst, die auf ihrem Höhepunkt in den 30er Jahren nach der Großen Weltwirtschaftskrise einen Abwertungswettlauf provozierte und Konzepten einer rein nationalstaatlich orientierten Autarkiepolitik Auftrieb gab[24]. Die vor dem Ersten Weltkrieg erreichte Öffnung der nationalen Ökonomien wurde in den Industrieländern nach 1929 weitgehend rückgängig gemacht, und folglich wurde die lange Phase der weltwirtschaftlichen Integration durch eine Phase der Desintegration abgelöst. Der Weltmarkt brach auseinander (Kindleberger 1973). Daß in den 30er Jahren der Keynesianismus entstand, die ersten Ansätze der Importe substituierenden Industrialisierung in Lateinamerika entwickelt und in der Sowjetunion das System der zentralen (nationalstaatlichen) Planung eingeführt wurden, ist kein Zufall. Dem Globalisierungsschub und der Freihandelsära bis zum Ersten Weltkrieg folgte die zyklische Gegenbewegung nationalstaatlicher Steuerung (von der „milden" Form des Keynesianismus bis zur „harten" Zentralplanung), keineswegs als ein automatischer Pendelschwung zurück, sondern als Wahrnehmung strategischer Optionen der politischen Klassen und Regierungen in Europa und Nordamerika, in Lateinamerika und in der Sowjetunion. In jener Zeit wurde Politik in den existierenden und zum Teil protektionistisch befestigten Grenzen des Nationalstaats gemacht, ein ökonomisch offenes und daher hoch integriertes und politisch durch die Balance von Macht und Konsens charakterisiertes internationales System

---

[24] In rohstoffabhängigen Industriegesellschaften neigt Autarkiepolitik zu machtpolitischer, militärischer Expansion. Jedenfalls versuchten in den 30er Jahren Japan, Deutschland und Italien, den Rohstoffhunger mit militärischen Eroberungen zu befriedigen (vgl. dazu Pollock 1933). Keynes vertrat in den 30er Jahren alles andere als eine kosmopolitische Position. Er plädierte für „national self suffiency" (Keynes 1933/1985), also eine Autarkiepolitik, die nicht aggressiv sein sollte.

gab es allenfalls in den Entwürfen mancher Politiker, nicht aber in der machtpolitischen Realität.

Die „splendid isolation" der USA war eine eindeutige Option der herrschenden Eliten für die Priorität der Nation gegenüber dem „Rest der Welt". Der „Aufbau des Sozialismus in einem Lande" (in der jungen Sowjetunion) folgte der Einsicht in die Vergeblichkeit einer weltrevolutionären Strategie und in die Nützlichkeit der Verfolgung einer nationalstaatlichen Strategie der „urspünglichen sozialistischen Akkumulation" (über deren sozialistischen Charakter schon in den 20er Jahren gestritten wurde). Eine besonders eindeutige und aggressive Abkehr vom Weltmarkt und jeder Idee freien Handels oder überhaupt freier Kommunikation war der militante Nationalismus in den faschistischen Ländern, vor allem in Deutschland, Japan und Italien. Der Rückfall aus der Epoche eines freihändlerischen Kosmopolitismus in eine eher dumpfe und protektionistische Selbstbezogenheit ist unübersehbar. Er gehört ebenso zur Globalisierungstendenz wie jenes „golden age" intensiven grenzüberschreitenden Austausches vor dem Ersten Weltkrieg. Die nach dem Ersten Weltkrieg hervorstechenden militanten nationalistischen Tendenzen waren schon in der expansiven Phase zuvor angelegt, zumindest ideologisch vorbereitet. Sie kamen also nicht von ungefähr. <u>Auch der gegenwärtige Zyklus der Globalisierung könnte umschlagen, wenn es auch höchst unwahrscheinlich ist, daß, wie in den 30er Jahren, Protektionismus und Autarkiepolitik die Geschichte beherrschen.</u> Doch ist eine <u>Stärkung neo-nationalistischer und fundamentalistischer Kräfte gegen die Globalisierung auch am Ende des 20. Jahrhunderts möglich</u>[25]. Derzeit durchziehen sie eher als gefährliche Strudel den Globalisierungsstrom, ohne ihn hemmen zu können. Die Frage bleibt allerdings, ob nach der Erosion des Nationalstaats dessen Wiederbelebung ein erfolgreiches politisches Projekt sein kann, und ob sich heute nicht anders als vor 60 Jahren Bewegungen gegen die Globalisierung auf andere, eine politische Identität stiftende Einheiten beziehen: auf Ethnien, Religionen und Regionen.

Fundamentalistische Strömungen gegen die Globalisierung gewinnen an politisch-kulturellem Gewicht, wenn die Gratifikationen der Globalisierung in der Krise für immer mehr Menschen ausbleiben (Barber 1995)[26]. Das ökonomische

---

[25] In Europa ist zeitgleich mit der Einigung eine neue Rechte entstanden, die bis weit in die Sozialdemokratie hineinwirkt. Die Betonung „nationaler Identität" ist in Zeiten der europäischen Integration und der Globalisierung ein politisches Projekt geworden. Die Vorschläge Habermas', Identität auf den „Verfassungskonsens" und die „Westorientierung", also auf die Prinzipien der westlich-kapitalistischen Ordnung zu gründen, verlieren an Zustimmung.

[26] Die modernen fundamentalistischen Bewegungen und insbesondere ihr globaler Charakter werden so nur unzureichend erklärt. David Lehmann lehnt die Interpretation von Fundamentalismus als einer Gegenbewegung gegen Globalisierung und Modernisierung, wie sie Huntington (1993) vorschlägt, explizit ab: „...far from being a flight from modernity, fundamen-

Problem ist vor allem darin zu sehen, daß nach Jahrzehnten der Expansion von Weltmärkten und des Weltfinanzsystems auch die Krisentendenzen globalisiert sind – wie in der großen Weltwirtschaftskrise vor 70 Jahren. Die Überproduktion und Überakkumulation am Ende des Jahrhunderts sind keine Phasen von lokalen oder nationalen „business cycles", sondern haben den gesamten Globus ergriffen. Wie in den 30er Jahren kommt auch in den 90er Jahren ein „langer Schuldenzyklus" mit einer globalen Finanzkrise zu einem Abschluß (dazu vgl. Altvater 1988: 166-173). Dadurch sind deflationäre Tendenzen ausgelöst worden, die wie in den 30er Jahren die Gefahr der „depression economics" (Krugman 1999) heraufbeschwören. Es ist nicht nur die Gewohnheit an die Normalität positiver Wachstumsraten selbst dann, wenn diese über Jahre hinweg ausbleiben, die zum Umlernen zwingt. Wichtiger ist der Sachverhalt, daß das institutionelle System der Regulierung im nationalen Raum wie innerhalb des Weltsystems auf Wachstum und moderate Inflationsraten gegründet ist. Denn diese eröffneten den Verteilungsspielraum, der die Spannung zwischen Hegemonie und Konsens ausgeglichen und Spielraum für wirtschafts- und gesellschaftspolitische Gestaltung von „auf Dauer gestellten Akteurskonstellationen" (Nassehi 1998: 161) ermöglicht hat. In einer Ära von Deflation und Depression hingegen sind diese Möglichkeiten begrenzt. Die Folge: in der Krise des globalen Systems, die sich seit zwei Jahrzehnten vor allem als periodisch sich zuspitzende Finanzkrise darstellt, verlieren über lange Zeiträume entstandene formelle Institutionen, Konstellationen und Handlungsroutinen ihre Selbstverständlichkeit. Informelle Beziehungen gewinnen sowohl in der Arbeitswelt als auch im Finanzsektor und in den politischen Machtstrukturen an Bedeutung. Dieser Umbruch wird uns in den folgenden Kapiteln noch ausführlich beschäftigen.

2.2.2 Das Niveau der Globalisierung
Doch ist nicht nur die Zyklizität der Globalisierungstendenz von Bedeutung. In der langfristigen Tendenz der ökonomischen Entwicklung sind vor allem Niveauveränderungen von Belang. Die gleiche aufsteigende Tendenz vor mehr als 100 Jahren ist schon deshalb mit der aufsteigenden Tendenz in der zweiten Hälfte dieses Jahrhunderts nicht einfach vergleichbar, weil ihnen ein sehr unterschiedliches Niveau der Produktion, der Arbeitsproduktivität, der Einkommen,

---

talist movements are a quintessentially modern phenomenon – not because they constitute a reaction against modernity, but, on the contrary, because they are bearers of modernity. This is particularly true on account of their global character...." (Lehmann 1998: 630). Diese Interpretation deckt sich mit der These, daß Fundamentalismen nicht erst in der Krise entstehen, sondern eine viel längere Geschichte haben, daß sich aber in der Krise ihre kulturell-politische Bedeutung ändert und neue Strategieelemente wichtig werden, z.B. angesichts der Krise nationalstaatlicher Regulierung der Rekurs auf regionale Identitäten. Darauf verweist ausführlich Barber (1995: 155-216).

des Kapitalstocks, des Naturverbrauchs entspricht. Der Niveauanstieg läßt sich grob mit monetären Größen indizieren; andere stehen nicht zur Verfügung. In Westeuropa ist das Pro Kopf-Einkommen von 1820 bis 1913 von durchschnittlich US$ 1.228 auf US$ 3.482, also um 183%, gestiegen. Der Anstieg von 1913 bis 1992 auf durchschnittlich US$ 17.412 pro Kopf war trotz zweier verwüstender Weltkriege mit 401% mehr als doppelt so hoch. Die Dollarwerte sind real (Basiswert von 1990) und daher – so weit es überhaupt möglich ist – vergleichbar (Maddison 1995: 23). Daher indizieren sie den monetären Anspruch auf reale Güter, die aus Naturstoffen (Energieträger, mineralische und agrarische Rohstoffe) durch – in der Regel industrielle – Verarbeitung gewonnen worden sind. Sie sagen also etwas über die Tendenzen des Naturverbrauchs aus. Das Niveau der Beanspruchung der Natur ist heute also ungleich höher als vor 100 oder 200 oder gar 500 Jahren. Dieser Unterschied hat beträchtliche Konsequenzen für den wissenschaftlichen und politischen Diskurs, wie eine zunächst banal erscheinende Überlegung verdeutlicht. Anders als vor dem Ersten Weltkrieg gibt es am Ende des 20. Jahrhunderts keine „weißen Flecken auf der Landkarte". Nach den Satellitenbildern vom „blauen Planeten" seit den späten 60er Jahren kann der abstrakte Vorgang der Globalisierung sogar konkret *imaginiert* werden; wir sind mit Fotoserien vom Globus vertraut und können uns daher bildlich den Prozeß der Globalisierung vorstellen; dazu leisten CNN und ähnliche Projekte einen nicht unwesentlichen Beitrag. Auch ist Globalisierung heute nicht mehr nur Expansion auf dem Festland der fünf Kontinente, das ökonomische Interesse richtet sich auf die „Neuen Welten" der Eiskappen an den Polen, der Meeresböden, des erdnahen Weltalls und der Mikrostrukturen des Lebens, die mit Gen- und Biotechnologie erforscht und manipuliert werden. Wo die räumliche Expansion in die Makro-, die Mikro- und die Nanosphäre an Grenzen stößt, findet sie als Beschleunigung in der Zeit (Virilio 1993; 1996) statt. So ist die Globalisierung eine Etappe des Projekts der Moderne, das in seiner Widersprüchlichkeit zwischen Emanzipation und Unterdrückung selten klarer beschrieben worden ist als im „Kommunistischen Manifest" von Marx und Engels (Marx/Engels, MEW 4: 462-474; Marx/Engels 1998: 240-251)[27].

---

[27] Nassehi fragt: „Was ist das Neue an der Globalisierung, wenn darunter nicht das verstanden wird, was offenbar mit dem zusammenfällt, was wir sonst Modernisierung nennen, die Expansion eines ökonomischen, politischen und kulturellen Syndroms nämlich, das als okzidentaler Rationalisierungsprozeß in den letzten zwei bis drei Jahrhunderten einen scheinbar durch nichts aufzuhaltenden Siegeszug über den Globus angetreten hat und dessen Folgen nun rekursiv auf es selbst zurückschlagen?..." (Nassehi 1998: 152f). Und er gibt eine Antwort: „Vielleicht bezeichnet sie lediglich eine neue Sicht der Dinge, die sich selbst womöglich gar nicht so sehr verändert haben" (ibid.). Die „neue Sicht der Dinge" ist außerordentlich wichtig. Doch wird von uns im folgenden auch gezeigt, daß sich „die Dinge" beträchtlich verändert haben.

Es handelt sich um mehr als Expansion im Raum und Beschleunigung in der Zeit, nämlich um die Usurpation von Natur- und Lebenswelten und ihre Subsumtion unter die Rationalität der Verwertung. Diese neue, dem Niveau des Wirtschaftsprozesses geschuldete Qualität der Globalisierung wird in jenen Argumenten, die in erster Linie Daten über den Warenaustausch, Direktinvestitionen oder Migrationsströme vergleichen, schlicht ausgeblendet. Daher entgeht einer solchen Betrachtungsweise der bedeutsame Sachverhalt, daß auf dem inzwischen erreichten Niveau des Verbrauchs von Ressourcen des Planeten Erde Grenzen des „Umweltraums" (Opschoor 1992; Wuppertal-Institut 1996) bzw. der „carrying capacity" der planetaren Ökosysteme erwachsen sind, die, anders als David Harvey annimmt (Harvey 1996: 139), nicht erst diskursiv konstruiert werden müssen. Grenzen der Natur für den ökonomischen Prozeß der Stoff- und Energietransformation haben keine Rolle gespielt, so lange das Niveau des Verbrauchs von Natur gemessen an den natürlichen Reproduktions- und Regenerationsraten niedrig war. Von „Grenzen des Wachstums" ist daher erst seit Anfang der 70er Jahre die Rede, auch wenn sich in der sozialwissenschaftlichen Theoriegeschichte schon lange vorher ökologisch besorgte Stimmen geäußert haben (vgl. Martinez-Alier 1987).

Ökonomische Prozesse haben irreversible Folgen, die historische Zeit ist gerichtet; dieser alltagsweltlich triviale Sachverhalt wird in der ökonomischen Theorie alles andere als selbstverständlich zur Kenntnis genommen (Georgescu-Roegen 1971). Die Naturvergessenheit bzw. ökologische Blindheit der modernen Theorie kommt vor allem darin zum Ausdruck, daß sie ihre Modelle für eine Ökonomie entwickelt, die keine natürlichen und gesellschaftlichen Raum- und Zeitkoordinaten kennt. Daher ist das Selbstverständliche des Alltagsverstands für Ökonomen gar nicht selbstverständlich: daß ein Vergleich unterschiedlicher, hundert Jahre auseinanderliegender Phasen nur Sinn macht, wenn den Niveauveränderungen des globalen Zugriffs auf Ressourcen in der Zeit, die zwischen den beobachteten Phasen vergangen ist, Rechnung getragen wird. Nahe an den Grenzen des Wachstums ist der Diskurs ein anderer als weit von ihnen entfernt. Wenn also gehaltvoll am Ende des 20. Jahrhunderts über Globalisierungstendenzen räsonniert werden soll, dann nur unter Berücksichtigung der „ökologischen Dimension"; diese kann selbst im ökonomischen Diskurs nicht mehr ausgeblendet werden, es sei denn, es wird jene zeit- und raumvergessene neoklassische Ökonomie präferiert, die Ökonomie als eine immer und überall gültige Praxeologie rationalen Handelns des „homo oeconomicus" konstruiert.

2.2.3 Raum und Zeit der Globalisierung
Raum und Zeit, so Kant in der „Kritik der theoretischen Vernunft", sind keine empirischen Begriffe, sondern eine „notwendige Vorstellung a priori, die allen

äußeren Anschauungen zugrunde liegt" (Kant o.J.: 112). Man kann sich keine Vorstellung davon machen, daß Zeit und Raum nicht seien. Raum und Zeit sind etwas so Selbstverständliches, daß im wissenschaftlichen Modell paradoxerweise davon abstrahiert werden kann; ohne diese Abstraktion wären neoklassische Ökonomie und *rational choice* ein unmöglicher Ansatz. Die Abstraktion ist aber keineswegs arbiträr. Denn im Zuge der Globalisierung werden die vielen Zeiten in den vielen Weltregionen zu einer einzigen normierten und normierenden Weltzeit zusammengezogen. Dies geschieht nicht nur dadurch, daß die modernen Medien „virtuell" die Gleichzeitigkeit von ungleichzeitigen Ereignissen herstellen, so daß jedes ungleichzeitige, vielleicht nur lokale oder regionale Ereignis Teil von Weltgeschichte wird. Es können auch synchrone Gleichzeitigkeit in diachrone Ungleichzeitigkeit verkehrt und auf diese Weise artifizielle Ursache-Wirkungs-Ketten erzeugt werden. Ereignisse verschiedener Weltgegenden und Bedeutung werden nun auf einer Zeitachse und nicht mehr auf vielen verschiedenen verortet. Der „zeitkompakte Globus" (Harvey 1996: 238-247; Fraser 1993: 380ff) entsteht; dessen Zeitrhythmen und Raumkoordinaten sind an die Bedingungen der Verwertung von Kapital angepaßt.

Der Lebensrhythmus der Menschen in verschiedenen Weltregionen ist, zumal in den Knotenpunkten des globalen Geschehens, durch eine Weltzeit getaktet. Wenn in Frankfurt die Devisen- und Aktienbörsen öffnen, dann sind die Abschluß-Kurse von Tokio, Singapur oder Hongkong bereits bekannt, und wenn an New Yorks Wall Street der Börsentag beginnt, weiß man von den Kurstendenzen der europäischen Börsen. Noch einfacher ist es dann, wenn Devisenmakler 24 Stunden am Tag an den diversen Börsenplätzen der Welt präsent sind, um auch die kleinsten Arbitragegewinne mitnehmen zu können. Denn schließlich: die Masse macht's, die Rund-um-die-Uhr-Börse rechnet sich. Ökonomisch ist also der Globus nicht mehr weit und groß mit fernen Ländern, sondern dicht und klein und nah mit telekommunikativ vernetzten (Geld)marktplätzen. Denn die Kosten der Überwindung des Raums und der dazu notwendige Zeitaufwand sind minimal, sie zählen kaum. Die Raum-Zeit-Kompression war bis vor nicht langer Zeit ein elitäres Privileg, inzwischen ist sie durch Internet und billige Flüge „demokratisiert", d.h. Element der Erfahrungswelt von immer mehr Menschen – zumindest in jenen Ländern, in denen die Menschen über eine „harte" Währung verfügen. Wo dies nicht der Fall ist, hört diese Art der „Dollar"- und „EURO"-Demokratie auf, da Teilhabe nur über Geld und nicht über Stimme zu haben ist. Dann kann es geschehen, daß Globalisierung nicht Kompression von Raum und Zeit bedeutet, sondern die Ausweitung der Distanzen und die Exklusion von den Gratifikationen der Nähe. Die Globalisierung erzeugt also neue Grenzen, die der Interpretation Nahrung geben, Globalisierung fände vor allem in der „Triade" der Industrieländer Westeuropas, Nordamerikas und Ostasiens statt; die Peripherie der armen Entwicklungsländer sei ausgeschlossen (Boyer/Drache 1996: 2f). Doch ist die Exklusion der Gesellschaften ganzer Kontinente nur die Kehrseite der Inklusion der reichen Länder. Die Weitung zum globalen Raum und die Organisierung einer Weltzeit haben den Globus zu einem großen Marktplatz werden lassen, auf dem die Produktionsfaktoren dort gekauft werden, wo sie am billigsten sind: *global sourcing*, *global pricing*, *global costing*: „global village – global pillage" (Brecher/Costello 1994). Die Anpassungen der Organisationsstrukturen von Unternehmen an die Globalisierung erfolgen so, daß sie *erstens* in möglichst vielen Weltregionen gleichzeitig präsent sein können und dies *zweitens* mit konkurrenzfähigen Preisen vermögen (vgl. dazu Kapitel 6. und 7.). Darauf verweisen beinahe unisono die Beiträge zu jener Literatursparte, die mit mehr oder weniger reißerischen Schriften zum Thema der „Wettbewerbsfähigkeit" oder gar zum kommenden „Weltwirtschaftskrieg" aufwartet (Seitz 1992; Thurow 1993; Luttwak 1994; etc.). „Global sourcing" betrifft heute nicht mehr nur Rohstoffe und Halbfertigwaren, sondern Arbeitskräfte, und dabei nicht mehr nur jene mit geringer Qualifikation, sondern auch jene Kategorien mit hohem Qualifikationsniveau, also eine Schicht, aus der sich die aktiven Staatsbürger, die Promotoren der Zivilgesellschaft rekrutieren. Auf der Strecke der ökonomischen Globalisierung bleiben politische und soziale Errungenschaften, die in den Grenzen nationaler Räume durchgesetzt und darauf zumeist beschränkt worden sind; so sind die nationalen Wohlfahrtsregime (Esping-Andersen 1990) entstanden, die in den vergangenen Jahrzehnten in der vergleichenden Sozialwissenschaft detailliert untersucht worden sind. Die Herstellung des Zeit- und Raumregimes der Geoökonomie durch eine entsprechende materielle und institutionelle Infrastruktur führt zum Verschwinden lokaler, regionaler und nationaler Raum-Zeiten, auch dies ist ein Aspekt der Auslöschung von Arten. Die Zeit der Wiederholung wird überlagert von linearer Zeit der Expansion und Akzeleration; die Naturrhythmen von Tag und Nacht, von Jahreszeiten, die sozialen Rhythmen der Feste gelten nichts gegenüber den abstrakten Zeitfristen von Kreditlaufzeiten. Biologische und ökologische Rhythmen werden der „Ökonomie der Zeit" zum Opfer gebracht. „...instant communications telescope time, producing more events, more troubles, more information and challenges... – leading to a decisional speed-up and turbulence" (Marshall 1996: 195).

Über die „Idiotie des Landlebens" mit seiner Langsamkeit und provinziellen Beschränktheit haben sich seiner Zeit Karl Marx und Friedrich Engels im „Kommunistischen Manifest" mokiert. Ob freilich das Leben im „globalen Dorf" am Ende des 20. Jahrhunderts offener und weniger idiotisch ist, kann füglich bezweifelt werden. Überhaupt dürfte es ein großer Fehler sein, einen Zuwachs an Weltläufigkeit und -offenheit von der Ausdehnung der Reichweite des Denkens, Sprechens und Tuns auf dem Globus zu erwarten. Laurence Sterne schreibt erläuternd in „Tristram Shandy" im Jahre 1759 über die Hebamme, die ihm zur Geburt verholfen hat und die, wie er vermerkt, über einen überaus guten Ruf „in der Welt" verfügte: „...wobei ich unter dem Wort *Welt*, wie ich Ew. Gestrengen an dieser Stelle vermelden muß, nicht mehr verstanden wissen möchte, als einen auf dem großen Erdkreis beschriebenen Kleinkreis von so ungefähr vier *englischen* Meilen im Durchmesser, als dessen Mittelpunkt das Cottage vorzustellen ist..." (Sterne 1994, Band 1: 26). Das Cottage und die vier Meilen drumherum könnten also mit gewissem Recht als „Weltgesellschaft" bezeichnet werden, mit einem Begriff also, der heute für das globale System der menschlichen Beziehungen reserviert worden ist, und der immer noch ein Euphemismus ist. Denn die Weltgesellschaft gibt es auch am Ende des 20. Jahrhunderts nicht. So mancher Weltenbummler, auf mehrere Vielfliegerprogramme von Airlines abonniert, versteht nicht schon deshalb heute mehr von der großen, weiten Welt als die kleine Hebamme gestern, weil er Meilen sammelt. Mit anderen Worten: der raum- und zeitkompakte Globus entsteht, aber er ist dabei nicht stromlinienförmig.

Moderne Gesellschaften lagern alle auf einer mehr oder weniger ausgeprägten reformistischen Tradition auf, die im je nationalen Wohlfahrtsstaat konzentriert ist, sowohl hinsichtlich der Institutionen, der Finanzierung, auch der Gewohnheiten der Menschen. Dieses vergleichsweise sichere Bett sozialen Friedens ist alles andere als ein sanftes Ruhekissen. Im Zuge des Globalisierungsprozesses sind alle sozialen Errungenschaften zur Disposition gestellt, weil nur noch ökonomische, monetär in Preisen auszudrückende und nicht jene sozialen Standards zählen. Ohne derartige Standards ist jedoch eine zivile Gesellschaft von Staatsbürgern, die mit sozialen Ansprüchen und politischen Rechten der Partizipation ausgestattet sind, ein historisches Unding. Daß diese Tendenzen gegen den Wohlfahrtsstaat wirksam sind, ist unbestritten; wie stark sie sind und ob sie sich durchzusetzen vermögen, ist allerdings eine offene Frage. Der Staat als „legal authority" ist davon wenig berührt. Denn

„*all* entities inside and outside the state that aspire to exercise any kind of authority – from tennis clubs to multinationals and international organizations – can do so only because, ultimately, they have received some kind of entitlement from the state. No other kind of *legal* authority exists today" (Armstrong 1998: 467; ähnlich Sassen 1996, 1989a, 1998b).

Das ist richtig, doch werden staatliche Handlungen bei offenen Märkten durch globale Tendenzen und Kräfte konditioniert; sie wirken als externe Sachzwänge, und diese können die „legal authority" dazu veranlassen, soziale Standards zu revozieren und Institutionen des Wohlfahrtsstaats abzubauen. Die soziale, historische Normalität des Arbeitsverhältnisses und der Lebensbedingungen ist einem unerhörten Streß ausgesetzt. Unter der Herrschaft des globalen Marktes kann sich historische, räumlich verankerte Normalität nicht ausbilden. <u>Die wichtigste Norm ist die Konkurrenzfähigkeit auf dem Weltmarkt, der die Gestaltung von Gesellschaft untergeordnet wird.</u> Der Nationalstaat, der als „legal authority" erhalten bleibt, wird zum „nationalen Wettbewerbsstaat" (Cerny 1995, 1996a; Hirsch 1995; Altvater 1994).

2.2.4 Politik und Ökonomie: Imperialismus oder Globalisierung

Der Diskurs der Globalisierung ist von Wahrnehmungen und Informationen abhängig. Er beginnt – darauf verweist die Gruppe von Lissabon (1997) – nicht zufällig erst Anfang der 70er Jahre, und er erlebt erst nach dem denkwürdigen Jahr 1989 den Aufschwung, der „Globalisierung" zu einem nun auch weltumspannenden Thema für Sozialwissenschaften und Politik gemacht hat. Die Rede von der historischen Tradition der Globalisierung kann also von heute aus *zurückprojiziert* werden; sie wäre aber vor 100 Jahren gar nicht möglich gewesen, und es gab sie daher nicht. Der Vergleich mit der „Globalisierung" vor 100 Jahren, um die Relevanz des Begriffs zur Analyse heutiger Tendenzen zu relativieren, kann allenfalls mit der Faszination gerechtfertigt werden, die historische Daten und Vergleiche ausüben; er wird dadurch aber nicht sinnvoll. Der am Ende des vorigen Jahrhunderts geläufige Begriff zur Analyse der Weltwirtschaft war derjenige des *Imperialismus*, und es ist keineswegs eine semantische Frage, daß der Begriff der Globalisierung unbekannt blieb. Denn die kapitalistische Expansion jener Epoche wurde vor allem als „Drang jeder industriellen kapitalistischen Nation" verstanden, „sich ein immer größeres agrarisches Gebiet zu unterwerfen und anzugliedern, ohne Rücksicht darauf, von welchen Nationen es bewohnt wird" (K. Kautsky). Lenin bezieht sich positiv auf dieses Zitat (Lenin 1917, LW 22, 272) und kritisiert lediglich, daß Kautsky von agrarischen Gebieten spricht und so die ökonomischen Beweggründe (vor allem Konzentration und Monopolisierung des Industriekapitals und die Rolle des Finanzkapitals) für die imperialistische Expansion fehlinterpretiere. Lenin stützt seine Argumente auf die Untersuchung J. A. Hobsons aus dem Jahre 1902, in der dieser den Imperialismus im Unterschied zur Kolonisierung als Inbesitznahme von Gebieten außerhalb des eigenen Landes durch private Interessengruppen mit Unterstützung des Staatsapparats beschrieb (Hobson 1902/1965)[28].

„By the end of the nineteenth century, prospects for further expansion were limited because most of the earth had been parcelled out to one metropolitan power or

---

[28] Die immer noch gründlichste Kritik der Leninschen Imperialismustheorie und ihrer Weiterentwicklung durch die Kommunistische Internationale stammt von Christel Neusüß (1972).

another. Between 1876 and 1915, around one-quarter of the land surface of the globe was formally annexed and distributed as colonies to half a dozen states...." (Foster 1994: 87).

Diese Interpretationsfigur mächtiger privater Interessen, die bei ihrer ökonomischen Expansion über die immer zu engen nationalen Grenzen vom politischen Machtapparat unterstützt werden, ist bei aller Unterschiedlichkeit der Imperialismusliteratur jener Epoche eigen. Rudolf Hilferding schreibt explizit, daß selbst „die mächtigsten, exportfähigen Industrien, deren Konkurrenzfähigkeit auf dem Weltmarkt keinem Zweifel unterliegt, ... für Hochschutzzoll ... gegen die ausländische Konkurrenz" eintreten (Hilferding 1955: 456; 487), also für politischen Schutz ihrer ökonomischen Interessen im Inland und daß zugleich „der Ruf aller in fremden Ländern interessierten Kapitalisten nach der starken Staatsmacht, deren Autorität ihre Interessen auch in den fernsten Winkeln der Welt beschützt", erklingt (ibid.: 480). Die „politische Macht des Staates auf dem Weltmarkt (wird) zu einem Konkurrenzmittel des Finanzkapitals" (ibid.: 499), und damit meint Hilferding in erster Linie den je „eigenen" Nationalstaat, der die finanzkapitalistische Expansion unterstützt. Auch Rosa Luxemburg beschreibt den Imperialismus als „politischen Ausdruck des Prozesses der Kapitalakkumulation in ihrem Konkurrenzkampf um die Reste des noch nicht mit Beschlag belegten nichtkapitalistischen Weltmilieus" (Luxemburg 1913/1979: 423), wobei dieser Konkurrenzkampf mit militärischen Mitteln von Seiten der Nationalstaaten gestützt werde. Im imperialistischen Stadium wird, so Rosa Luxemburg, „das alte bürgerlich-demokratische Programm vollends zu Grabe getragen", ohne daß damit zugleich auch die „nationale Phrase" verschwinden würde (ibid.: 138). Die Politik wird, so Rosa Luxemburg weiter, von einem „übermächtigen, blindwaltenden Gesetz (beherrscht), wie die Gesetze der wirtschaftlichen Konkurrenz die Produktionsbedingungen des einzelnen Unternehmers gebieterisch bestimmen" (ibid.). <u>Der Imperialismus ist also ein Projekt von Kapitalen, die sich des Nationalstaats zur Überwindung der Krisen der Akkumulation und zur räumlichen Expansion in die „weißen Flecken", d.h. die „nichtkapitalistischen Milieus" bedienen.</u> Es ist unvermeidbar, daß die Nationalstaaten in politischen und letztlich militärischen Konflikt geraten[29]. Genau diese theoretische Konsequenz schien durch den Ersten Weltkrieg eine Bestätigung zu erfahren, und daher rührte die politische Bedeutung, die die Imperialismustheorie sehr schnell in der Arbeiterbewegung dieses Jahrhunderts erhal-

---

[29] Dem widerspricht Polanyi: „Wir haben uns allzusehr daran gewöhnt, die Ausbreitung des Kapitalismus als einen alles andere als friedlichen Prozeß zu betrachten, und das Finanzkapital als den Hauptanstifter zahlloser Kolonialverbrechen und expansionistischer Aggressionen...." Aber zu berücksichtigen sei auch die andere Seite: „...die Reorganisation des wirtschaftlichen Lebens (schuf) die Grundlagen für den hundertjährigen Frieden..." (Polanyi 1944/1978: 35-37).

ten hat. Sowohl Rudolf Hilferding als auch Rosa Luxemburg waren sich der Veränderungen „des Verhaltens des Bürgertums zum Staate" (Hilferding 1955: 499) bewußt: es wird nationalistisch, chauvinistisch und rassistisch. Die „Anpassung der Ideologie und der Staatsauffassung des Bürgertums an die Bedürfnisse des Finanzkapitals" (ibid.: 502) ist damit verbunden, daß der Liberalismus, der das Bürgertum zuvor beseelt hat, völlig verschwindet. Das „Bürgertum... hört auf, friedlich und humanitär zu sein. Die alten Freihändler glaubten an den Freihandel nicht nur als die richtigste ökonomische Politik, sondern auch als Ausgangspunkt einer Ära des Friedens. Das Finanzkapital hat diesen Glauben längst verloren" (ibid.: 503).

Die Einzigartigkeit des Imperialismus erschließt sich auch, wenn man jene Entwicklungsphase vor 100 Jahren nicht mit der Gegenwart, sondern mit den Denkmustern und Weltinterpretation am Ausgang des 18. Jahrhunderts, zur Zeit von Immanuel Kant, vergleicht. Kant ist nie aus Königsberg herausgekommen und hat doch die ganze Welt zum Gegenstand seiner Philosophie gemacht und die sozialen Bedingungen und politischen Organisationsprinzipien des „ewigen Friedens" erarbeitet, die noch 200 Jahre nach der Erstpublikation seiner Schrift (Kant 1795/1984) aktuell sind (vgl. Gerhardt 1995; Williams 1992). Es geht um die Prinzipien, auf denen eine friedliche Welt von Staaten bauen kann. Sein Ausgangspunkt ist die „Absonderung" vieler souveräner Nationalstaaten, die mit Vernunft durch das Völkerrecht geregelt werden kann. Denn die „Rechtsverletzung an *einem* Platz der Erde (wird) an *allen* gefühlt"; die Völker leben also in interdependenter Welt. Folglich ist die „Idee eines Weltbürgerrechts keine phantastische und überspannte Vorstellungsart des Rechts..." (Kant 1795/1984: 24). Die Organisationsprinzipien der nationalstaatlich verfaßten Gesellschaften sind von besonderer Bedeutung. Denn <u>nur demokratisch-republikanische Gesellschaften gewähren den Raum, in dem die selbstbewußt-selbständigen Bürger ihre friedlichen Interessen zur Maxime der nationalstaatlichen Politik erheben können.</u> Denn wer wollte die Kosten des Krieges „aus der eigenen Habe" tragen, „selbst fechten" und sein Leben aufs Spiel setzen, unter den Staatsschulden nach dem Krieg leiden, die materiellen Zerstörungen auf die leichte Schulter nehmen? Natürlich niemand, und daher muß das Gemeinwesen so organisiert sein, daß diejenigen, die über Krieg und Frieden beschließen, dabei auch „alle Drangsale des Krieges über sich selbst beschließen müßten" (ibid.: 12-13). Demokratisch-republikanisch verfaßte Gesellschaften sind also per se und aus bürgerlichem Eigeninteresse friedlich, und die internationale Ordnung, die sie bilden, folglich auch. Aus diesem Grunde wendet sich Kant gegen die Idee des Weltstaats bzw. der „Universalmonarchie". Denn diese ist nur als „seelenlose Despotie" vorstellbar und daher per se unfriedlich, weil die

„Keime des Guten" ausgerottet und die Souveränität der interessierten Bürger beseitigt sind[30].

Die Kantsche Argumentation hat dazu herhalten müssen, die Intervention der NATO in Jugoslawien im Frühjahr 1999 zu rechtfertigen. Demokratische Staaten führen keinen Krieg gegeneinander, und wenn sie dennoch in Kriege verwickelt werden, dann müssen diese einem höheren Zwecke dienen, vor allem der Verteidigung der Menschenrechte und der Durchsetzung von Weltbürgerrechten gegen eine despotische Regierung. Diese Begründung ist vielfach in den Monaten des Kriegs und der Zeit danach widerlegt worden; sie ist tatsächlich unhaltbar, schon weil diejenigen in den westlichen Demokratien, die über Krieg und Frieden entscheiden, nicht eines der „Drangsale des Krieges über sich selbst beschließen" (ibid.) mußten. Sie konnten einen Luftkrieg fern vom eigenen Territorium, ohne einen einzigen Soldaten zu gefährden, führen und konnten obendrein den Piloten ersparen, Schmerzensschreie zu hören oder das Blut zu sehen, das sie vergossen haben[31]. In diesem Kontext soll dieser Spur nicht weiter gefolgt werden. Der Krieg in und gegen Jugoslawien hat aber gezeigt, daß – auch entgegen unserer Einschätzung in den ersten drei Auflagen dieses Buches – der geostrategische Einsatz politischer Macht um die Jahrtausendwende keineswegs der Vergangenheit angehört.

Auch wenn sich Kant über die Bedeutung der ökonomischen Interessen Rechenschaft abgelegt hat, so konnte er doch nicht das Ausmaß ökonomischer Macht erahnen, das seit der Entstehung des industriellen Kapitalismus im 19. Jahrhundert angehäuft worden ist und politische Partizipation schon aufgrund der extremen ökonomischen Ungleichheit behindert und vielen Individuen die „vernünftige Selbstbestimmung" verunmöglicht hat. An diesem Thema setzen Marx und die marxistische Literatur an. Für Lenin, aber auch für Rosa Luxemburg ist die Gestaltung der politischen Institutionen und der bürgerlichen Öffentlichkeit im Vergleich zu den ökonomischen Entwicklungstendenzen fast unerheblich. Denn *erstens* müssen die sich selbstbestimmenden Individuen erst einmal entstehen, und „wie Jahrhunderte bezeugen, ist... der rücksichtslose Klassenkampf, der das Selbstgefühl, den Opfermut und die sittliche Kraft der Volksmassen wachrüttelt, der beste Schutz und die beste Wehr des Landes ge-

---

[30] Es ist nicht möglich, auf die Bedeutung der französischen Revolution für Kants Entwurf und auf die napoleonischen Versuche der Welteroberung einzugehen.

[31] Die NATO hat die Medien so gesteuert, daß eine perfekte Ungleichzeitigkeit die Wahrnehmung des Krieges bis zur Undurchschaubarkeit der begangenen Verbrechen vereinseitigte. Der Bombenkrieg der NATO mit mehr als 300.00 Einsätzen wird als so sauber hingestellt, daß es keine medial präsentierten Massengräber mit Bombenopfern geben konnte. Statt dessen werden Massengräber mit Opfern von Serben präsentiert, die nachträglich die NATO-sauberen Bombardements, die ja keine schmutzigen Massengräber hinterlassen haben, rechtfertigen.

gen äußere Feinde" (Luxemburg 1913/1979: 134) und – so kann hinzugefügt werden – die beste Gewähr für eine friedliche Innen- und Außenpolitik. Zweitens verfolgen die Nationalstaaten doch im wesentlichen die Interessen des jeweiligen nationalen Kapitals. Im Unterschied zu Kant, der die „Logik" der Friedenspolitik im internationalen *Staatensystem* herauszuarbeiten suchte, wird die Logik der Ökonomie für Unfrieden im Innern *nationalstaatlich* verfaßter Gesellschaften und für den Krieg zwischen Nationen verantwortlich gemacht. Während bei Kant also der ökonomische „Wetteifer" ein Faktor der pazifizierenden Kultivierung der Völker ist, wird er von der kapitalismus-kritischen Literatur seit dem 19. Jahrhundert als Vorform von politischen und militärischen Konflikten gesehen. Das Kapital strebt mit Unterstützung der Nationalstaaten über die Grenzen; diese Art der Internationalisierung geht also vom Nationalstaat aus und kann folglich nur zum Aufeinanderprallen der Nationalstaaten führen. Hilferding sieht allerdings auch auf nationaler Ebene Gegentendenzen: die „Organisation" der konkurrierenden nationalen Kapitalgruppen zu einem „Generalkartell", das die Gesamtproduktion leitete und damit die Krisen beseitigt. Kautsky hat daraus die Schlußfolgerung gezogen, daß durch die „Organisierung" des Kapitalismus ein „Ultraimperialismus" entstehen könnte, der nicht, wie Lenin meinte, zum Kriege führen müsse, sondern ihn im Gegenteil verhindern helfe.

Seit jener Phase vor etwa 100 Jahren hat sich das Szenario von Politik und Ökonomie geändert. Das konzentrierte Industrie- und Finanzkapital sucht nicht die durch den Nationalstaat gesicherten und ausgedehnten Grenzen, sondern übt Druck auf nationale Regierungen aus, Grenzen durch Deregulierung zu beseitigen und so der Ökonomie die besten Möglichkeiten zu eröffnen, im globalen Raum zu expandieren und in der Zeit mit höchstmöglicher Geschwindigkeit zu akkumulieren. Das imperialistische Verhältnis von Ökonomie und Politik hat sich im Verlauf dieses Jahrhunderts fast ins Gegenteil verkehrt. Besonders die Entwicklung des globalen Finanzsystems seit Mitte der 70er Jahre hat zusammen mit der Deregulierung nationalstaatliche Grenzen weniger wichtig werden lassen. Die nun entstandene Geoökonomie ist weniger Austragungsort politischer Gegensätze zwischen Nationalstaaten als Arena der Konkurrenz großer international operierender Unternehmen. Fernand Braudel (1986) hat in seiner Analyse der Entstehung des kapitalistischen Weltsystems zwischen Weltreichen und Weltmärkten unterschieden. Weltreiche hat es auch in vorkapitalistischen Epochen gegeben, den Weltmarkt hingegen nicht. Er bildet sich seit dem „langen 16. Jahrhundert", im Zuge der „great transformation" (Polanyi 1944/1978) heraus – wobei Polanyi diese erst im 18. Jahrhundert beginnen läßt. Ohne sich dieser Unterscheidung zu bedienen, hat Edward Luttwak (1994) zwischen dem Prinzip der „Geopolitik" und jenem der „Geoökonomie" unterschieden. Es ist ein Raum entstanden, in dem verschiedene Nationalstaaten nicht im traditionellen Sinne imperialistisch, sondern eher wie unternehmerische Einheiten in der größeren Geoökonomie um die wettbewerbspolitische Suprematie ihrer „Standorte" konkurrieren. Das Operationsgebiet staatlicher Politik wird mehr und mehr der große Weltmarkt; die Nationalstaaten mutieren zu „Wettbewerbsstaaten" (Cerny 1995; Hirsch 1995; Altvater 1994). Diese operieren nicht mehr gemäß der binären Logik des Politischen, wie sie Carl Schmitt (1963) herausgearbeitet hatte: Das Politische erweise sich an der Fähigkeit, zwischen Freund und Feind unterscheiden zu können. In der Geoökonomie gibt es viele Konkurrenten, aber keinen Feind, der notfalls bis zum „totalen Krieg" bekämpft werden müßte. Luttwak hat ganz Recht: Konkurrenz läßt zwar den Konkurs zu, schließt aber den großen Krieg als existentielle Zuspitzung der binären Logik aus. Es sind unterschiedliche *kapitalistische Rationalitäten*, die die Expansion am Ende des vorigen und am Ende dieses Jahrhunderts steuern. Geostrategisches Räsonnement ist dabei jedoch keineswegs ausgeschlossen. Nach dem „Ende der Bipolarität" und der Entstehung des „unipolar moment" (Krauthammer 1991) jener „einzigen Weltmacht" (Brzezinski 1997), die in der Lage ist, global zu operieren und Hegemonie auszuüben, haben geostrategische Entwürfe einer „Strategie der Vorherrschaft" Amerikas (ibid.) wieder realistischen Gehalt. Ein Vorgeschmack wurde im Kosovo verabreicht.

2.3 Globale Konkurrenz und lokale Konkurrenzfähigkeit: Glokalisierung

Während das *Prinzip der Konkurrenz* materiell ebenso wenig faßbar ist wie der aus der Flasche befreite Geist, der den Weltmarkt insgesamt beherrscht, läßt sich die *Konkurrenzfähigkeit* nur in kleineren Einheiten und zwar „vor Ort" herstellen. Dem Prinzip der globalen Konkurrenz gehorchen die Agenten der Märkte, also die Unternehmen, und daher spiegelt sich die *Globalisierung des Wettbewerbs* vor allem in den „neuen" Unternehmensstrategien wider; darauf wird im 7. Kapitel zurückzukommen sein. Die überwältigende Bedeutung des Weltmarkts und die Rolle, die die mikroökonomischen Anpassungsstrategien haben, sind ein Grund für die Dominanz der mikroökonomischen Rationalität im ökonomischen und sozialwissenschaftlichen Diskurs seit der „neoliberalen Konterrevolution" (Friedman 1976; vgl. zur Kritik neoliberaler Positionen in der Linken: Frankel 1997). Für die *Wettbewerbsfähigkeit* von lokalen Einheiten (von „Standorten") sind freilich alle Akteure verantwortlich, die „am Ort" darauf Einfluß nehmen können: die Unternehmen, die Banken, die Gewerkschaften, die politischen und kulturellen Institutionen der Nationalstaaten, die Wissenschaft, die „Netze" der Zivilgesellschaft – also alle Einheiten, die „systemische Wettbewerbsfähigkeit" erzeugen können. Im globalen Wettbewerb mitzuhalten und Wettbewerbsfähigkeit an „Standorten" herzustellen, hängt von unterschiedlichen, zum Teil sogar widersprüchlichen Handlungslogiken ab. Im Wettbewerb geht es um Äquivalenz, bei der Herstellung von Wettbewerbsfähigkeit aber auch um Reziprozität (vgl. Mahnkopf 1994). Auch die Zeitregime sind unterschiedlich, wie im *Schaubild 2.1* angedeutet wird. Daraus erklärt sich die neuere Attraktivität der alten Ideen von Alfred Marshall (1890/1964), der die außermarktmäßigen (externen) Beziehungen, in die Unternehmen regional eingebettet sind, als wesentliche Faktoren der Produktivität von produktiven Komplexen berücksichtigt. Es zeigt sich hier, daß die Definition von „property rights" höchst kompliziert wird, wenn ein Unternehmen mit all seinen außermarktmäßigen Beziehungen, in die es eingebettet ist, und ohne die es gar nicht wettwerbsfähig sein könnte, bewertet werden soll. Die Unternehmenstrategien im globalen Wettbewerb und die lokalen oder nationalen (jedenfalls „systemischen") Strategien der Herstellung von Wettbewerbsfähigkeit sind also zu unterscheiden, auch wenn sie im einheitlichen Prozeß der Globalisierung zusammengehören. Es wird an dieser Stelle jedoch bereits deutlich, daß Globalisierung ohne lokale Bindungen nicht stattfinden kann. Infolgedessen wäre es angemessen, von einer neuen Art der Artikulation von globalen und lokalen Prozessen, von einer Art *„Glokalisierung"* zu sprechen.

Schaubild 2.1: Steuerung von Konkurrenz und Konkurrenzfähigkeit

Steuerungssysteme	**Handlungslogik**	**Räumliche Reichweite**	**Zeitdimension**
Markt	Äquivalenzprinzip	Global	Bezogen auf einzelnen Tauschakt; Katallaktik
Staat und Hierarchie	Machtausübung und Legitimitätserwerb	nationalstaatlich-territorial	auf Dauer (nicht auf ewig) gestellt
Netzwerke	Reziprozitätsprinzip	territoriale und soziale Nähe	Bezogen auf Tauschsystem; institutionell abgesichert; auf Vertrauen beruhend

Hier macht sich ein widersprüchlicher Zusammenhang zwischen verschiedenen gesellschaftlichen Steuerungsformen geltend. Im Prinzip kann zwischen marktförmiger, hierarchischer und Netzwerksteuerung unterschieden werden (dazu Messner 1995). Die Differenzen ergeben sich hinsichtlich der Handlungslogik,

der Reichweite und der Zeitdimension. Daraus folgt jeweils ihre Eignung für die Verfolgung bestimmter Zwecke.
Um in der globalen Konkurrenz bestehen zu können, kann nur der Logik des Äquivalenzprinzips gefolgt werden. Dies erfordert bereits der einzelne Tauschakt, der immer Geldtransaktionen einschließt. Um freilich die „internationale Wettbewerbsfähigkeit" von „Standorten" zu sichern und zu verbessern, gilt es, *erstens* die Ressource politischer Macht bei der (z.B. industriepolitischen) Planung durch staatliche Macht zu mobilisieren, und *zweitens* die (zivil)gesellschaftlichen Potenzen zu wecken, die in den auf Reziprozitätsbasis geknüpften Netzwerken enthalten sind. Damit also die Akteure auf globalen Märkten erfolgreich operieren können, müssen sie „am Ort" staatlich und zivilgesellschaftlich gestützt werden. Darin ist freilich ein prinzipielles Problem eingeschlossen. Das dominante Steuerungssystem mit seiner Handlungslogik ist der Markt. Indem die anderen Steuerungssysteme für Marktprozesse instrumentalisiert werden, stehen sie immer unter dem Druck, ihre eigene Logik aufzugeben und den Marktprozessen anzupassen (vgl. Altvater/Mahnkopf 1995; Mahnkopf 1999 sowie 12. Kapitel). Der Staat unterliegt den gleichen Effizienzkriterien und dem gleichen Rationalkalkül wie ökonomische Akteure, die Staatsagenten folgen der ökonomischen Logik. Damit aber wird die Spezifik der legitimierten politischen Machtausübung unterminiert. Der „Wettbewerbsstaat" gerät unvermeidlich in Legitimationsdefizite, wenn der Markterfolg ausbleibt. Auch die Mobilisierung der gesellschaftlichen Ressourcen ist dann schwierig, wenn sie vorrangig für den Markterfolg im internationalen Wettbewerb geschieht. Reziprozität wird dem Prinzip der Äquivalenz subsumiert. Auf diese Weise setzen sich auch Raum- und Zeitkoordinaten durch, die nicht jene der gesellschaftlichen Netzwerke sind: die Geschwindigkeit kann so hoch getrieben und die Räume so sehr ausgeweitet werden, daß die sozialen Netzwerke mit ihrer territorialen Bindung reißen.
Die Befolgung der Zwänge des globalen Wettbewerbs und die Versuche der Herstellung von Bedingungen der lokalen Wettbewerbfähigkeit sind zwei Seiten in einem Spiel, in dem eine Zwickmühle geöffnet ist. Folgen die Akteure den kurzfristigen und immer aktuellen und daher drängenden Notwendigkeiten der globalen Konkurrenz, indem sie Kosten senken und alle überflüssig erscheinenden Lasten abwerfen, um sich bei der Realisierung der „best practices" zu „verschlanken", dann werden die sozialen, ökonomischen und politischen „Fettpolster" verzehrt und abgehungert, die für den langen Atem der Wettbewerbsfähigkeit unabdingbar sind. Das hatte Friedrich List mit seiner Betonung der Notwendigkeit, die „produktiven Kräfte" zu stärken, deutlich erkannt (List 1841/1982). Werden aber umgekehrt Maßnahmen zur Verbesserung der Wettbewerbsfähigkeit ergriffen, dann können diese kurzfristig sehr kostspielig sein

und überhaupt unter den Erwägungen mikroökonomischer Rationalität überflüssig erscheinen, so daß sie entweder ausbleiben oder die Kosten (via Staatsquote, sofern die Maßnahmen öffentlich finanziert werden) steigen. Dann erscheinen die Konkurrenten als unfaire Partner, die mit sozialen (oder ökologischen) Dumping-Maßnahmen einen Vorteil zu erringen versuchen.
Bei dem zur Herstellung von Wettbewerbsfähigkeit notwendigen Zusammenspiel zwischen Marktkräften, hierarchischer politischer Steuerung und Netzwerkbildung entsteht ein Dilemma, dessen Auflösung Dahrendorf (1995) als so schwierig einschätzt, daß er die Metapher von der „Quadratur des Kreises" verwendet: Die Standards der ökonomischen Konkurrenz werden mehr und mehr vom Weltmarkt vorgegeben. Sie sind aber nur am Ort, wo die Waren produziert oder die Dienstleistungen erbracht werden, zu erfüllen – in Konkurrenz zu anderen „Standorten". Wo im ökonomischen Raum *Konkurrenz* zwischen Marktakteuren ihr Handeln bestimmt, da wäre im politischen Raum *Kooperation*, Konsens, Anerkennung zwischen Staatsbürgern in ziviler (Welt)gesellschaft verlangt. Das ist schwierig, vielleicht ausgeschlossen. Denn *erstens* unterminiert die globale Konkurrenz den Wohlfahrtsstaat, da er vor allem als Kostenfaktor zählt; „Realpolitiker" überall in der Welt versuchen, Sozialleistungen unter die harte Kuratel des Weltmarkts zu stellen. *Zweitens* wird der Abbau von Sozialleistungen sehr ungleich vollzogen. Dabei kommen Kriterien der Exklusion zum Zuge wie Rasse, Ethnie, Religion etc., die sozial außerordentlich brisant sind und Konflikte provozieren. *Drittens* verlangen die Gesetze der Konkurrenz auf globalisierten Märkten Kostensenkung, und das heißt in jedem Fall auch: Entlassung von Arbeitskräften. Die Verfestigung der strukturellen Arbeitslosigkeit in allen Ländern ist aber *viertens* eine Bedrohung der zivilen Gesellschaft. Denn als „Arbeitsgesellschaft" werden Zugänge zu ihren Gratifikationen nur jenen gewährt, die über Einkommen verfügen. Normalerweise ist dauerhaftes Einkommen nur zu erzielen, wenn ein Arbeitsplatz zur Verfügung steht. Die Anpassungszwänge haben *fünftens* eine Mobilisierung der Menschen und die Flexibilisierung ihres Einsatzes zur Folge. Dadurch werden soziale Bindungen gelockert, Tendenzen der Anomie gestützt und die Ressourcen des wechselseitigen Vertrauens ausgetrocknet. Dies zeitigt Wirkungen bis in die Gestaltung von urbanen Siedlungsräumen und Verkehrssystemen. Besonders tragisch ist in diesem Zusammenhang *sechstens* die mit diesem Prozeß verbundene Zerstörung öffentlicher Dienstleistungen. Auf diese Weise wird der Abbau der Institutionen, die eine Zivilgesellschaft tragen, befördert.
Freilich ist kaum zu erwarten, daß sich eine soziale Bewegung gegen diese Folgen der Globalisierung entfaltet, vergleichbar der Arbeiterbewegung im 19. Jahrhundert gegen die übermäßige Ausbeutung im Produktionsprozeß. Denn während die Ausbeutung im Produktionsprozeß kollektiv erfahrenes Schicksal

war, gegen das es nur eine kollektive Gegenbewegung geben konnte, befördern die Tendenzen der Globalisierung heute die Individualisierung[32]. Dadurch sind „nicht nur die Zivilgesellschaft verändert worden, sondern auch die sozialen Konflikte" (Dahrendorf 1995: 42). Die Bindungslosigkeit der Individuen habe, so Dahrendorf, *siebtens* einen Anstieg der Kriminalität zur Folge, da ja die Strategie der privaten Bereicherung *als Ziel* hohe Akzeptanz besitzt; nur die *Mittel* werden diskriminiert. Dagegen freilich wächst *achtens* die Abwehr mit „law and order"-Maßnahmen. Die Individualisierung mündet demzufolge in einen neuen Autoritarismus (und in die Suche nach neuen Identitäten, wie Rasse, Nation, Ethnie, Religion). Dieser richtet sich nicht gegen den freien Markt, wendet sich auch nicht gegen die Tendenzen der Globalisierung, Individualisierung und Privatisierung, sondern ergänzt und komplettiert sie. Politik und Gesellschaft haben sich der globalen Ökonomie zu beugen. Dies heißt aber, daß der partizipative Bürger der Zivilgesellschaft gegenüber den sachzwanghaften Marktkräften immer weniger zu sagen hat. Das ist die Gefahr für die Demokratie und eine politische Bedrohung von westlich-zivilen Gesellschaften (vgl. auch 12. Kapitel), vor der nun ein Liberaler wie Ralf Dahrendorf nach den euphorischen Gefühlen 1989 im Jahre 1995 zurückschreckt. Die Weltmarktkonkurrenz und damit den „freien Markt" zu akzeptieren, die nationale Wirtschaft effizient und wettbewerbsfähig zu organisieren, die demokratische Kultur einer zivilen Gesellschaft zu pflegen und gleichzeitig den Rechtsstaat und die politischen Institutionen des territorial festgelegten Nationalstaats zu stärken – das tatsächlich ist eine *„Quadratur des Kreises"* (Dahrendorf 1995: 57).

2.4 Globalisierung ohne Globalität oder die Idee eines globalen Gesellschaftsvertrags

Ist es statt dessen realistisch anzunehmen, daß eine „Weltgesellschaft" entsteht, wenn denn die Globalisierung lokalen und nationalen Gesellschaften große Probleme bereitet? „Gesellschaft" setzt ein minimales Maß von Konsens voraus, ist Resultat eines expliziten oder impliziten „Gesellschaftsvertrags", durch den Zugehörigkeit verbindlich wird, und zwar in bezug auf Verpflichtungen und Ansprüche zugleich. Die durch die Marktsphäre vorangetriebene Globalisierung bedeutet ja keineswegs eine Universalisierung des „zivilisatorischen Projekts der Aufklärung" oder die Herstellung einer „globalen Nachbarschaft".

---

[32] „Die kulturelle Revolution des späten 20. Jahrhunderts könnte man also am besten als den Triumph des Individuums über die Gesellschaft betrachten…" (Hobsbawm 1995: 420). Dieser Triumph ist so überwältigend, daß selbst kritische Sozialwissenschaftler in den Individualisierungstendenzen nur Positives erblicken können und die Augen vor den höchst negativen ökologischen Folgen schließen.

Richard Falk kritisiert daher an dem Report der „Commission on Global Governance":

„The ethical stress on neighbourliness suggests a *people oriented globalism*, yet the report's strong endorsement of Bretton Woods institutions and approaches, as well as its acceptance of the dynamics of economic globalisation, implies a *market-orientied globalism*" (Falk 1995: 574).

Wenn die Globalisierung durch den Markt nicht universalisierend wirkt, dann werden zwar alte Ordnungsstrukturen eingerissen und Bindungen gelöst. Orientierungen in „unübersichtlicher" Welt gehen verloren, denn für lebenspraktische Kommunikation sind die Marktsignale unzureichend. Die globale Arbeitsteilung wird nicht zu einer neuen „Quelle der Solidarität" (Durkheim 1977: 415), soziale Anomie wäre die Folge, „which is the weakening of control in the sense of the weakening of solidarity" (Parsons 1960: 147). Diese Janusköpfigkeit von Globalisierung wird beispielsweise als Gleichzeitigkeit von „Vereinheitlichung und Fraktionierung" (Mistral 1986; Bonder/Röttger/Ziebura 1993; Narr/Schubert 1994) bezeichnet. Aber diese Begrifflichkeit eröffnet nicht mehr als eine erste Annäherung an das Problem (vgl. dazu genauer: 4. Kapitel).

Nur wenn Gesellschaft als Ensemble von immateriellen Kommunikationsprozessen interpretiert wird, kann nüchtern und ohne jede Erregung über das welthistorisch Unerhörte einer „Weltgesellschaft" gesprochen werden. John W. Burton sieht ebenfalls eine „Weltgesellschaft" im Entstehen, weil die nationalstaatlichen Grenzen vielfach durchkreuzt werden. „State boundaries are significant, but they are just one type of boundary which affects the behaviour of world society" (Burton 1972: 20). Tatsächlich sind die Zahlungsketten des Systems Wirtschaft globalisiert; die Offenheit ist auf Geld- und Kapitalmärkten am meisten ausgeprägt. Die wissenschaftliche Kommunikation hat eine globale „scientific community" mit einer *lingua franca* hervorgebracht, die wie eine harte, konvertible Währung in der Ökonomie funktioniert. Zwar heißt es bei Luhmann lapidar: „Gesellschaft ist heute eindeutig Weltgesellschaft, – eindeutig jedenfalls dann, wenn man den hier vorgeschlagenen Begriff des Gesellschaftssystems zugrunde legt" (Luhmann 1987: 585). Doch betont er auch den Widerspruch zwischen globaler Gesellschaft und global ausgreifender Interaktion:

„Die Gesellschaft ist, obwohl weitgehend aus Interaktionen bestehend, für Interaktion unzugänglich geworden. Keine Interaktion… kann in Anspruch nehmen, repräsentativ zu sein für Gesellschaft. Es gibt infolgedessen keine 'gute Gesellschaft' mehr. Die in der Interaktion zugänglichen Erfahrungsräume vermitteln nicht mehr das gesellschaftlich notwendige Wissen, sie führen wohlmöglich systematisch in die Irre. Auch die Interaktionsfelder, die sich unter irgendwelchen Gesichtspunkten zusammenfügen und aggregieren lassen, lenken die Aufmerksamkeit äußerstenfalls auf Funktionssysteme, vielleicht auch auf regionale Abgrenzungen (Nationen), nicht aber auf das umfassende System gesellschaftlicher Kommunikation" (ibid.).

Die Gesellschaft heute ist also Weltgesellschaft, aber diese zeichnet sich durch einen Mangel an Gesellschaftlichkeit aus. Globalität kann als reales Phänomen konstatiert werden, aber nur in Maßen. Weltgesellschaft ist zugleich ökonomische Wirklichkeit und soziale Schimäre. Der Prozeß der Globalisierung treibt also die Weltgesellschaft hervor, und ist zugleich die Garantie dafür, daß eine Weltgesellschaft, die den Namen „Gesellschaft" verdient, nicht entsteht. Von Gesellschaft kann sicherlich nicht erst dann gesprochen werden, wenn Differenzen auf ein erträgliches Minimum reduziert sind. Kapitalistische Gesellschaften sind durch Gegensätze, Unterschiede, Widersprüche, Konflikte gekennzeichnet. Dies ist auf globaler Ebene nicht anders als im Nationalstaat oder in lokalen Einheiten. Aber Gesellschaft setzt gemeinsame Bezugspunkte der Raum- und Zeitwahrnehmung, Standards, Normen, Gesetze voraus, ohne die sie anomisch auseinanderfallen würde[33]. Kein Wunder, daß erneut am Ende des 20. Jahrhunderts eine Idee Faszination verbreitet, die aus der Epoche des Frühbürgertums stammt: die Idee des Gesellschaftsvertrags.

Hier provoziert der moderne Globalisierungsdiskurs den Rekurs auf Überlegungen, die im 17. und 18. Jahrhundert entstanden sind. Leibniz (repr. 1948), auf den auch Harvey ausführlich eingeht (Harvey 1996: 69-77; 259-274), konstruiert die Gesellschaft aus Monaden, die nichts miteinander zu tun haben. Sie wirken nicht aufeinander, sie sind „fensterlose" Substanzen, bestenfalls „vernünftige Seelen" (Goethe). Wenn trotz der „ordnungspolitischen" Passivität der Monaden die „beste aller möglichen Welten", aus einem Chaos also eine „prästabilierte Harmonie" (Monadologie § 78, 80, 87) erwächst, dann durch einen idealen Einfluß, durch „Vermittlung Gottes". Gott wirkt als „deus ex machina", als „Baumeister der Weltmaschine" (ibid: §87). Die Monaden dieser Welt tragen in gänzlicher Unabhängigkeit, ja Ahnungslosigkeit voneinander das Universum konzentriert in sich; in ihrem jeweils gegenwärtigen Zustand sind Vergangenheit und Zukunft der Welt vollständig enthalten. Sie sind „Spiegel... der Kreaturen-Welt" (ibid: §83). Es gibt keine Ungewißheiten über die Zukunft, keine Unsicherheiten und daher auch keine Enttäuschungen, die zu einer Änderung von Plänen und Entscheidungen Anlaß geben könnten. Ein moderner Begriff von gerichteter Zeit, von thermodynamischer Irreversibilität, von Markt und Interessenausgleich ist dieser durch und durch optimistischen Vorstellung einer geordneten Welt fremd.

---

[33] Ruggie spricht davon, daß „every civilization tends to have its own particular perspective... The specificity of modern territoriality is closely linked to the specificity of single-point perspective" (Ruggie 1993: 159, 169), die in der Renaissance mit der Entstehung des modernen kapitalistischen Weltsystems entwickelt worden ist.

Die einzelne Monade ist absolut, so wie Ludwig XIV., den Leibniz zur Übergabe einer Denkschrift 1672 aufsuchte, absolut war: *„l'état c'est moi"*. Gesellschaftliche Beziehungen sind in diesem Begriffssystem nicht denkbar, es sei denn als *„l'autre c'est moi"*, d.h. der (die) andere spiegelt sich in mir und umgekehrt – doch der Spiegel ist entscheidend, nicht die Spiegelung. Die Gesellschaft ist eine „Weltmaschine", *„machina divina"*, die in der Lage ist, die um sich selbst kreisenden Produktions- und Konsumtionstätigkeiten der Monaden zu verarbeiten und sie zurück zu spiegeln, ohne daß aus Produktions- und Konsumtionstätigkeiten Kommunikation zwischen den Monaden entstehen müßte. Denn die Monaden „haben keine Fenster, durch die etwas hinein- oder heraustreten kann" (ibid: §7)[34].

Den „Monaden" wird erst Leben in den modernen Vertragstheorien eingehaucht. Sie müssen ihre Fenster öffnen. So werden sie kommunizierende Individuen. Im Verlauf der theoretischen Konstruktion von Gesellschaftsverträgen bilden sich Prinzipien heraus, die das Verhältnis von Individuum und Gesellschaft politisch fundieren: *Erstens* die Annahme von der natürlichen Gleichheit der Menschen. Nur auf dieser Grundlage können die (männlichen) Menschen eine Gesellschaft von Gleichen bilden; auch die ökonomisch oder kulturell Ungleichen sind vor dem Gesetze gleich; nur die Gleichheit der Geschlechter ist nicht gewährleistet. *Zweitens* die Bestätigung des Prinzips der Autonomie gesellschaftlicher Gestaltung. Dieses Prinzip ist explizit jeder Vorstellung einer vor-gesellschaftlichen, religiösen Ordnung bei der Gesellschaftsgestaltung entgegengerichtet. Der Gesellschaftsvertrag bringt jenes Recht des politischen Gemeinwesens hervor, das alle regiert und das zur „Herrschaft des Gesetzes", zum modernen Rechtsstaat ausdifferenziert wird. *Drittens* die Unterscheidung zwischen privater, individueller und politischer Moral. Private verfolgen ihre eigenen privaten Zielsetzungen, während es gemeinsame öffentliche, d.h. politische Zielsetzungen gibt. *„C'est pourquoi le salut des âmes n'est ni la cause ni le but de l'institution des sociétés civiles"*, so Diderot (zitiert bei Rosanvallon

---

[34] David Harvey schreibt zu der fensterlosen Nicht-Kommunikation einen hübschen Kommentar aus der Perspektive eines US-amerikanischen Intellektuellen in den 90er Jahren des 20. Jahrhunderts: „Leibniz's particular solution, arrived at in the *Monadology*, was founded on failures of political practice that made retreat into the windowless world (his study) of an intellectual monad engaging in extensive correspondence with the outside world a particularly attractive proposition. Hardly surprisingly, the political failures of the left in the past two decades have rendered a similar retreat into a windowless Leibnizian world of internalized relations ... It has been facilitated in many respects by the perfection of computer technologies (another innovation of Leibniz who ... developed not only the first caculating machine but also the binary arithmetic...). The picture of the monadic individual, locked onto a computer screen connected by modem into a vast world of correspondence in cyberspace in many respects is a fulfillment (repetition) of the Leibnizian dream. 'Monads have no windows, but they do have terminals' writes Heim ..." (Harvey 1996: 75).

1989: 67), dem allerdings – einige Jahrzehnte später – Rousseau die Idee der Übereinstimmung von privater und öffentlicher Willensbildung in der *„volonté générale"* entgegenhält. Auf dem Weg von der Natur zur Kultur und vom Konflikt zum Konsens bricht sich die Vernunft eine Bahn. Im Gesellschaftsvertrag gelangt sie zu ihrem höchsten und zugleich höchst paradoxen Ausdruck.

Die Paradoxie wird zum zentralen Thema in der schottischen Aufklärung des 18. Jahrhunderts. Es geht um nicht weniger als um das Problem, die „alte" Moral mit der „modernen" Ökonomie zu versöhnen, also eine Begründung dafür zu liefern, daß die Verfolgung von Eigeninteressen und öffentliches Wohl kompatibel sind. Die Verfolgung privater Handelsinteressen hat die Steigerung des „wealth of his country" zur Folge. In der „Bienenfabel" des Bernard Mandeville aus dem Jahre 1705 heißt es mit zeitgemäßer Ironie: „*...Trotz all dem sündlichen Gewimmel/ War's doch im ganzen wie im Himmel/ ... Der Allerschlechteste sogar/ Fürs Allgemeinwohl tätig war..."* (Mandeville 1705/1957: 31). Im prosaischen Kommentar zu diesen parodischen Verszeilen schreibt de Mandeville:

„Ich weiß, daß dies vielen als ein seltsames Paradoxon erscheinen wird, und man wird mich fragen, welcher Vorteil der Allgemeinheit aus Dieben und Einbrechern erwächst..." Und er beantwortet diese Frage: „Wenn ... alle Leute durch und durch redlich wären, und keiner würde sich an andern Dingen als seinen eigenen zu schaffen machen oder vergreifen, so würde die Hälfte aller Schmiede im Lande beschäftigungslos sein..." (ibid.: 80).

Das klingt ganz modern; das Versprechen von Arbeitsplätzen rechtfertigt jedes noch so anrüchige Exportgeschäft. Umwelt- und Gesundheitsschäden werden als „private vices" zu „public benefits" (Wachstum etc.) umgedeutet. Nur hat sich die Dimension, in der „private vices" zu „public benefits" werden, grundlegend verändert. Angesichts des inzwischen erreichten Niveaus von Naturverbrauch könnten selbst „private virtues" nicht mehr in allen Fällen „public benefits" gewährleisten. Privates Erwerbsstreben heute ist „tragisches Handeln" (Hardin 1968). Denn obwohl sogar im privaten Handeln tugendhaft, ist die Handlungsfolge oftmals die Zerstörung dessen, was den Menschen gemeinsam zur Verfügung steht: die Luft zum Atmen, das Wasser zum Trinken, aber auch die Kultur, die uns Identität gibt. Bei der Diskussion von frühbürgerlichen Vertragstheorien am Ende des 20. Jahrhunderts wird jener Zusammenhang schlaglichtartig deutlich, den wir oben angedeutet haben: daß sich an den Grenzen des Umweltraums auch der Diskurs verändert, daß die Bedeutungen unserer Begriffe (Erwerbsstreben, Gemeinwohl etc.) mit der Zeit wechseln.

Bevor an diesem Faden weitergesponnen werden kann, muß ein weiteres Prinzip genannt werden, das für die Entwicklung des Denkens über Gesellschaft und Vergesellschaftung fundamental wird: Die Freiheit des einzelnen basiert

auf Rechten an privatem Eigentum. Die Vorstellung von *property rights* als Grundlage aller Aktivitäten der Vergesellschaftung ist systematisch von John Locke in seiner Schrift „Über die Regierung" (Locke 1690/1690) entwickelt worden. Die Welt wurde den Menschen gemeinsam gegeben und alles, was die Natur hervorbringt, ist Gemeineigentum aller Menschen. Der einzelne Mensch besitzt aber, weil freier Mensch, ein Sondereigentum an seiner eigenen Person und hat daher über die Äußerung seines Geistes und Körpers ein ausschließliches Recht. Die „Arbeit... fügte ihnen (den Früchten der Natur – EA/BM) etwas hinzu, was mehr war als die Natur, die gemeinsame Mutter von allem, ihnen gegeben hatte, und somit gelangte er zu seinem persönlichen Recht auf sie..." (Locke 1690/1977: 217; §28). Durch Arbeit an der Natur ist diese nicht nur aus ihrem ursprünglichen Zustand gerissen. Darüber hinaus ist das bearbeitete Stück Natur in Wert verwandelt (zur Frage der Inwertsetzung vgl. 3. Kapitel). „Denn es ist tatsächlich die Arbeit, die jedem Ding einen unterschiedlichen Wert verleiht" (ibid: 225; §40). Der Arbeitende hat durch seine aktive Lebensäußerung ein Recht auf das Stück Natur erlangt. Das gemeinsame Recht aller auf die unbearbeitete Natur im „Naturzustand" ist dadurch, daß „das Eigentum desjenigen anerkannt (wird), der seine Arbeit darauf verwandt hat, auch wenn vorher alle ein gemeinsames Recht darauf hatten" (ibid: 218, §30), nun abgelöst durch ein Regime von „private property rights": „...die Bedingung des menschlichen Lebens... führt notwendigerweise zum Privatbesitz" (ibid: §35). Sobald die Natur bearbeitet worden ist, geht die *res nullius* oder die *res communis* in das Eigentum des Arbeitenden (im obigen Sinne) über, sie wird *res particularis*.
Durch Arbeit wird folglich das natürliche System in eine Ansammlung isolierter Partikel zerlegt, werden natürliche Ressourcen aus ihrem Ambiente herausgelöst, um als Waren verwertet, d.h. in Geld verwandelt werden zu können. Dies ahnte Voltaire, als er in einer Bemerkung zu Mercier de la Rivière's Schrift über die „natürliche Ordnung" bemerkte, daß ihn die Lektüre in eine schlechte Stimmung versetzt habe. „Es ist gewiß, daß Land alles hervorbringt. Wer sollte davon nicht überzeugt sein? Doch es ist eine monströse Vorstellung, daß ein einzelner Mensch der Eigentümer allen Landes sein könnte" (zit. nach McNally 1988: 142). Allerdings hebt John Locke scharf hervor, daß Arbeit nicht nur Eigentum begründet, sondern ihm auch eine Grenze setzt: „Dasselbe Naturrecht, das uns durch dieses Mittel Eigentum gibt, zieht dem Eigentum auch Grenzen..." (Locke 1690/1977: § 31). Diese sind mit der begrenzten Genußfähigkeit gegeben.
Allerdings ist diese Grenze aufgehoben, als „der Gebrauch des Geldes aufkam" (ibid: §47). Doch gibt es andere Grenzen, nämlich die der anderen privaten Eigentümer. Denn die Wahrnehmung der Rechte aus dem privaten Eigentum kann

„externe Effekte" für andere Eigentümer, und zwar positive wie negative, zur Folge haben: „Auch gereichte diese Aneignung irgendeines Stückes Land, indem man es bebaute, niemandem zum Schaden, da noch genügend und gleich gutes Land übrigblieb... So stellte in Wirklichkeit die Abgrenzung für den eigenen Bedarf keine Benachteiligung für die anderen dar..." (ibid: § 33). Eine Benachteiligung erfolgt also dann, wenn nicht mehr genügend Land zur Verfügung steht, wenn also – modern gesprochen – die *„carrying capacity"* von natürlichen Systemen überschritten, die *„Grenzen des Umweltraums"* (dazu: Wuppertal Institut 1996) erreicht worden sind. Dann nämlich wird durch privates Sondereigentum des A die Wahrnehmung der Eigentumsrechte des B beeinträchtigt. Der B muß nicht unbedingt ein Nachbar, es kann auch der Angehörige einer späteren Generation sein, der die Folgen des Tuns der gegenwärtigen Generation zu tragen hat. Dieser Sachverhalt verweist *erstens* darauf, daß der bürgerliche Diskurs ein historisches Suffix aufweist. Wenn sich die privaten Eigentümer weit von den Grenzen des Umweltraums entfernt durch Arbeit Parzellen des Erdbodens aneignen, kann der Diskurs anders geführt werden als nahe an diesen Grenzen, wo die Absteckung von „claims" notgedrungen andere Privateigentümer beeinträchtigt. Mit den aus dieser Situation sich ergebenden Problemen für die Verträge zwischen unabhängigen Individuen setzen sich im 20. Jahrhundert liberale Ökonomen wie Ronald Coase auseinander, die nach rationalen Verhandlungslösungen suchen, also das Prinzip des Gesellschaftsvertrags zwischen Individuen retten wollen, obwohl doch an den Grenzen des Umweltraums dessen Geschäftsgrundlage nicht mehr gegeben ist. Es ist die Größe von John Locke, daß er diese Grenze der vertragstheoretischen Begründung von Gesellschaftlichkeit gesehen hat. Interessengegensätze können also vertraglich – entgegen der Unterstellung Mandevilles – nicht ausgeschlossen werden. Es ist die klassische Annahme von den „ruhigen Leidenschaften", mit denen die Interessen verfolgt werden, mit der die Brücke zwischen individuellen Interessen und gesellschaftlicher Rationalität gebildet wird (Hirschman 1984). In der schottischen Aufklärung ist es dieser „sense of sympathy, ... which constitutes the principle of attraction in society" (McNally 1988:168f) – vergleichbar den Gesetzen Newtons über die Schwerkraft in der unbelebten Natur. Es ist leicht vorstellbar, daß „Sympathie" eine territoriale und soziale Reichweite hat; allein dadurch wird es fragwürdig, wenn in der Globalisierungsdiskussion die Idee des „globalen Gesellschaftsvertrags" ins Spiel gebracht wird.

Die vertragstheoretische Begründung wird überflüssig, als David Hume und später Adam Smith Vergesellschaftung (auch) als einen versachlichten, ökonomisch durch das Geld gesteuerten Prozeß begreifen. Gesellschaft entsteht danach nicht allein durch den Vertrag zwischen politischen Bürgern, die sich dessen, was sie da vertraglich vereinbaren, voll bewußt sind – und vor allem die

Option besitzen, den Vertrag nicht zu schließen. Vielmehr wird das Geld, wie Marx später sagt, zum wahren und realen Gemeinwesen, das „hinter dem Rücken" der Vertragspartner als bürgerlich-kapitalistische Gesellschaft reproduziert wird. Das Medium der Gesellschaft ist schon da, bevor die Bürger an einen Vertrag auch nur gedacht haben. Damit entsteht die Voraussetzung für den Fetischismus der Ware und die Sachzwanghaftigkeit von Vergesellschaftung einerseits, und die Vorstellung eines nicht ans Territorium, an den konkreten Ort gebundenen Vergesellschaftungsmechanismus („*l'opérateur de l'ordre social"* – Rosanvallon 1989: 70) andererseits: Der Raum des Marktes und daher der bürgerlichen Gesellschaft ist die gesamte Welt, der Globus. „Die Tendenz den Weltmarkt zu schaffen ist unmittelbar im Begriff des Kapitals selbst gegeben. Jede Grenze erscheint als zu überwindende Schranke" (Marx, Grundrisse 1859/1953: 311). Schon der Physiokrat Le Trosne nennt die Kaufleute eine „*classe cosmopolite"*, deren Vermögen „*ni patrie ni frontière"* kennt (Rosanvallon 94); „Monetary fortunes, (Quesnay) writes, 'are a clandestine form of wealth which knows neither king nor country'. As a result, merchants are 'foreigners' to their nation" (McNally 1988: 117).

Der ökonomische Raum, in dem politische Grenzen tendenziell „dereguliert" werden, ist durch die Aktivitäten der Aneignung aus privaten Eigentumsrechten charakterisiert. Der politische Bürger, der mit dem Vertragsschluß und einer Verfassung sich selbst Grenzen setzt, ist nun auch Wirtschaftsbürger, zugleich *bourgeois und citoyen*. Daran hat sich bis heute nichts wesentliches geändert. Eigentumsrechte sind die Basisinstitute der globalen Wirtschaftsverfassung; die Abkommen über „trade related intellectual property rights" (TRIPS) oder die Verhandlungen über das „Multilateral Agreement on Investment" (MAI) und ähnliche Regelungen in mehr als 1500 bilateralen und regionalen Investitionsschutzabkommen legen davon Zeugnis ab. Die Dynamik der Aneignung aus den Eigentumsrechten sprengt jene Grenzen, die vertraglich gesetzt sind. Die Physiokraten waren in dieser Hinsicht besonders konsequent und radikal; die politische Verwaltung solle das Wirken der Gesetze der „natürlichen" Gesellschaftsordnung nicht behindern, die Konkurrenz des Marktes sorge für angemessenen Interessenausgleich; die beste Politik sei die des „*laissez faire, laisser aller"* und die beste Maxime für privates Verhalten heiße: „*Enrichissez vous!"*. Diese Aufforderung findet heute in der Regel, den „shareholder value" zur Leitlinie unternehmerischen Handelns zu machen und keine Einflüsse von sozialen und politischen Akteuren (beispielsweise von Gewerkschaften und Regierungen) auf das Unternehmensmanagement zuzulassen (vgl. *The Wall Street Journal*, 2.4.98), ihren zeitgemäßen Ausdruck. Allerdings muß den Physiokraten zugebilligt werden, daß sie sich die grenzenlose ökonomische Freiheit des individuellen unternehmerischen Handelns nur in einem wohlgeordneten Gemeinwesen vorstellen konnten. Wie schon die *„tableaux économiques"* darlegen, hatten sie immer eine auf agrarischer und nicht auf industrieller Produktion gegründete Gesellschaft vor Augen, konnten also gar nicht erahnen, welche – auch zerstörerische – Dynamik individuelle Initiative freizusetzen vermag. Im übrigen war dies bei Adam Smith nicht anders; auch er bezog sich eher auf einen agrarisch strukturierten Kapitalismus, auch wenn er sein Werk über den „Wealth of Nations" mit der Diskussion der Wirkungen der Arbeitsteilung in der Manufaktur beginnt[35]. Die beginnende Industrialisierung lagerte noch weitgehend auf der Landwirtschaft auf. Um so bemerkenswerter ist die Weitsicht, die Smith und andere bei der Debatte von Eigentumsrechten und Marktprozessen an den Tag legten.

Der Markt ersetzt die Vorstellung der prästabilierten Harmonie einer Welt von Monaden, die „kraft der zwischen allen Substanzen prästabilierten Harmonie, da sie ja alle Repräsentation eines und desselben Universums sind, (zusammentreffen)" (Leibniz 1948: §78). Er ersetzt aber auch die Idee des Gesellschaftsvertrags. Er ist als Institution schon existent, bevor die Staats- und Wirtschaftsbürger einen Vertrag schließen, und sorgt für ein triviales gesamtwirtschaftliches Gleichgewicht, das sich aus den durch die *„invisible hand"* gelenkten individuellen Aktionen von Aktivbürgern hinter ihrem Rücken bildet: Jemand „intends only his own gain, and he is in this, as in many other cases, led by an invisible hand to promote an end which was no part of his intentions" (Smith 1776/1976: Book I, 477). Das ist ganz ähnlich der Idee von Mirabeau in der „Philosophie rurale", daß „the whole magic of well-ordered society is that each man works for others, while believing that he is working for himself" (nach McNally 1988: 123).

In der Rede vom „Gesellschaftsvertrag" kommt daher Doppeltes zum Ausdruck: *Erstens* indiziert sie gewissermaßen die durch die ökonomische Globalisierung ausgelösten Auflösungstendenzen von tradierten Gesellschaften „am Standort": diese versuchen sich als Gesellschaft mittels eines „Gesellschaftsvertrags" neu zu begründen und schotten sich dabei gegen andere, scheinbar oder tatsächlich konkurrierende „Standorte" ab. *Zweitens* zeigt die Diskussion, daß es tatsächlich verfrüht ist, von einer „Weltgesellschaft" zu sprechen, denn ein „globaler Gesellschaftsvertrag" wird gerade durch die Heftigkeit der Kon-

---

[35] Ilya Prigogine und Isabelle Stengers verweisen in ihrem Buch „Dialog mit der Natur" auf die „amüsante Tatsache, daß Adam Smith an seinem Reichtum der Nationen arbeitete und Daten über die Aussichten und Bestimmungsgründe des industriellen Wachstums zusammentrug, als James Watt an der gleichen Universität dabei war, letzte Hand an die Dampfmaschine zu legen. Dennoch sieht Adam Smith in seinem Buch den einzigen Nutzen der Kohle darin, Heizwärme für die Arbeiter zu liefern. Wind, Wasser und Tiere sowie die einfachen Maschinen, die von ihnen angetrieben wurden, waren im 18. Jahrhundert noch immer die einzig denkbaren Kraftquellen" (Prigogine/Stengers 1986: 111).

kurrenz von „Standorten" verhindert. Realismus und Attraktivität des neoliberalen Denkens bestehen gerade darin, daß diese Zustandsbeschreibung ohne „wenn und aber" – möglicherweise mit einem leichten Bedauern über die Unvollkommenheit der Welt – akzeptiert wird. Gerechtigkeit der Chancen und sozialer Ausgleich durch staatlich vermittelte Umverteilung von Einkommen haben im reinen Marktdiskurs nichts zu suchen; in den binären Codes des Marktsystems fehlen ihr einfach die kommunikablen Worte. Der Marktverhimmelung (*„Mercatolatrie"*) mangelt es nicht an Realismus. F. A. von Hayek hält es für nahezu ausgeschlossen, Begriffe wie „Gemeinwohl" oder „gesellschaftlicher Nutzen" präzis und verbindlich zu definieren, und das Attribut „sozial" sei nur ein „Kautschukwort…, dessen Verwendung meist nur dazu dient, den Mangel an wirklicher Übereinstimmung zwischen den Menschen zu verdecken…" (v. Hayek 1981: 73). Für einen Gesellschaftsvertrag ist in diesem Diskurs weder Raum, noch läßt sich in seinem Rahmen seine Notwendigkeit begründen. Es war die solidarische Kraft der „Zivilgesellschaft", die gegen den frühbürgerlichen Staat hochgehalten wurde, auch wenn ihm die Souveränität durch den Gesellschafts- und Herrschaftsvertrag übereignet worden war. <u>Die Zivilgesellschaft hat im Zeitalter der Globalisierung ihre Eigenständigkeit gegenüber der Marktgesellschaft, die sich dem Effizienz-Kriterium unterwirft und für zivilgesellschaftliche Redundanzen wenig Raum läßt, weitgehend eingebüßt.</u>

„Die Bourgeosie, wo sie zur Herrschaft gekommen, hat alle feudalen, patriarchalischen, idyllischen Verhältnisse zerstört. Sie hat die buntscheckigen Feudalbande… unbarmherzig zerrissen und kein andres Band zwischen Mensch und Mensch übriggelassen, als das nackte Interesse, als die gefühllose 'bare Zahlung'. Sie hat die heiligen Schauer der frommen Schwärmerei, der ritterlichen Begeisterung, der spießbürgerlichen Wehmut in dem eiskalten Wasser egoistischer Berechnung ertränkt…", heißt es im „Kommunistischen Manifest" von Karl Marx und Friedrich Engels (MEW 4: 464-465).

Der *„minimal state"* ist die Kehrseite des *„maximal market"*. <u>Aber die Gesellschaft braucht Orte und Institutionen der gemeinsamen, nicht-marktvermittelten Gesellung und Gestaltung, eine Pluralität von Bezugspunkten, viele Orientierungsmöglichkeiten und Perspektiven; sie kann sich also den Zumutungen des raum- und zeitkompakten Globus nicht beugen, ohne das innere Band des Zusammenhalts zu zerschneiden.</u> Dies erkannt zu haben, ist der richtige Kern der kommunitaristischen Theorie und der Diskussion um den globalen Gesellschaftsvertrag. Es stellt sich indes die Frage, ob dieser nicht in anderen theoretischen Entwürfen und politischen Ideen radikaler und überzeugender aufgefunden werden kann: in der liberalen Theorie selbst, vor allem aber in sozialistischen Theorien, die ja keineswegs alle mit dem Untergang des realen Sozialismus und dem Ende des „Marxismus-Leninismus" von der historischen Agenda verschwinden.

2.5 Die ökologische Blockade der Globalisierung oder: das Dilemma der „globalen Almende"

Die ökonomische Globalisierung erzeugt die Währungskonkurrenz, treibt den Teufelskreis des Lohnkostenwettbewerbs an, erzwingt „am Standort" Produktivitätssteigerungen, um in der Konkurrenz mithalten zu können. Mit der Steigerung der Produktivität, also mit der quantitativen Zunahme der Produkte der Arbeit je Arbeitseinheit (beispielsweise je Arbeitsstunde), steigen auch die materialen und energetischen Inputs und der „throughput", d.h. alle im ökonomischen Rechnungswesen nicht kalkulierbaren Effekte auf die Natur des Globus. Seitdem das kapitalistische Gesellschaftssystem sich der fossilen Energieträger und industrieller Energiewandlungssysteme bedient (Debeir/Déléage/Hémery 1989), ist die Steigerung der Produktivität nicht mehr an die Langsamkeit und örtliche Verfügbarkeit von biotischen Energieträgern gebunden. Expansion und Akkumulation der Ökonomie können, ohne auf die sozialen und biotischen Widerstände der Arbeitskraft Rücksicht nehmen zu müssen, der Dynamik quantitativer Steigerung von Geld und Kapital nachgeben. Doch entstehen in diesem Prozeß des „disembedding" (dazu folgendes Kapitel) neue Schranken der Natur. Harvey hat Recht, daß „even the short history of capitalism surely proves that resources are not fixed" (Harvey 1996: 147). Doch darf dieses Argument nicht überdehnt werden, so als ob es keine Grenzen gäbe, weil diese nicht fixiert und wohl auch nicht zweifelsfrei begründbar seien. Es gibt sie, wie in der neueren Debatte über Malthus gegen einen kruden Malthusianismus des „population law" dargelegt worden ist (Foster 1998: 421ff), und den letzten und unwiderlegbaren wissenschaftlichen Beweis von Grenzen wird es erst dann geben, wenn es des Nachweises nicht mehr bedarf. Ökonomische und soziale Globalisierung ist, da die Ökonomie nicht nur System der weitgehend immateriellen monetären Kommunikation ist, sondern immer Energie- und Stofftransformationen bei der Produktion von Gebrauchswerten einschließt, ökologische Globalisierung; die Erde wird in diesem Prozeß verändert, und zwar in einem so hohen Tempo wie noch niemals zuvor in der Menschheitsgeschichte. Die koloniale und imperiale Eroberung der Welt durch die Europäer seit den „großen Entdeckungen" vor 500 Jahren war und ist auch „ecological imperialism" (Crosby 1991; Foster 1994: 85-107). Akkumulation und Expansion des Kapitals, zusammengefaßt in der Formel des Wachstums, sind das Resultat der Konkurrenz auf dem Weltmarkt und der „Produktivitätspakte", die zur Steigerung der jeweiligen „systemischen Wettbewerbsfähigkeit" am Standort geschlossen werden. Doch können weder Akkumulation in der Zeit noch Expansion im Raum schrankenlos und dauerhaft fortgeführt werden, da ja der Planet Erde bekanntlich begrenzt ist. Diese Begrenzung erzeugt offensichtlich ein Dilemma der Globalisierung, das schon seit geraumer Zeit Wissenschaftler und politische Bewegungen umtreibt.

In einem epochemachenden Artikel beschrieb Garrett Hardin 1968 die „tragedy of the commons", d.h. die Tragödie der letztlich irrationalen Übernutzung von Gemeingütern aufgrund des ganz normalen und individuell höchst rationalen Gewinnstrebens. Wenn Ressourcen – Wasser, Land, Luft – physisch begrenzt sind, führt jede Nutzung, die über die Regenerationsfähigkeit in den natürlichen Zeitregimen hinausschießt, zu einer Degradation oder Destruktion der Ressourcen und verunmöglicht eine weitere Nutzung. Alle stehen schließlich individuell und kollektiv schlechter da, weil sie der individuellen Handlungsrationalität gefolgt sind. Gegen diesen Pessimismus lassen sich zunächst zwei Einwände formulieren. Der eine greift das schon angesprochene Problem von Form und Inhalt, von Prozeß und Ziel der Globalisierung auf, der zweite bezieht sich auf die ökonomische Globalisierung als eine virtuelle Veranstaltung.

Erstens. In der Rede vom „Ende der Geschichte" wird von einem Ende der Herausbildung sozialer, ökonomischer, politischer *Formen* ausgegangen, ohne daß gefragt würde, ob dann nicht auch die Entwicklung ihres *Gehaltes* zum Stillstand gelangen müßte. Darin liegt eine konsequenzenreiche Inkonsequenz. Zu den *Formen* der Marktwirtschaft, der pluralen Gesellschaft und der politischen Demokratie gibt es derzeit keine überzeugenden qualitativen Alternativen, obwohl in der Wirklichkeit der „neuen Welt(un)ordnung" wie immer im sozialen Evolutionsprozeß viele „mögliche Wirklichkeiten" (Robert Musil) versteckt sind. Aber sie müssen freigelegt werden. Dies ist nicht immer machbar, und so stellt sich eine Möglichkeit als die attraktivste heraus, in deren Kraftfeld alle anderen Möglichkeiten hineingezogen und absorbiert werden (dazu im 4. Kapitel mehr). Eine wirkliche Wirklichkeit herrscht über die vielen möglichen Wirklichkeiten und hält sie still. Dies ist selbst dann der Fall, wenn sich der historische Attraktor der kapitalistisch-marktwirtschaftlichen Weltwirtschaft als eine evolutionäre Sackgasse herausstellen sollte.

Das materielle System Wirtschaft muß quantitativ wachsen, wenn die Marktwirtschaft als gesellschaftliche Formation funktionieren soll; und in der Demokratie erwarten die Menschen, daß sie ihre materiellen Ansprüche weitergehend als in anderen politischen Formen, mit denen in diesem Jahrhundert furchtbare Erfahrungen gesammelt worden sind, befriedigen können. Die plurale Gesellschaft ist eine Gesellschaft von Individuen, die sich von anderen Individuen unterscheiden wollen und dazu beträchtlichen Aufwand betreiben, zu dem sie durch Moden und Werbung angetrieben werden. Es ist aber ausgeschlossen, daß quantitatives Wachstum nicht auch die qualitativen Formen verändert. *Ruhende Formen* und *expandierender Gehalt*, das ist nur dann kein Widerspruch, wenn der Expansion keine dämpfenden äußeren Grenzen gesetzt sind, wenn

Bäume also in den Himmel wachsen können und die Äste ebenso schnell nachwachsen, wie sie abgesägt werden.

Doch verträgt sich das selbstverständliche Prinzip von Wachstumsgrenzen in der lebendigen Natur mit der ökonomischen Natur von Geld und Kapital? Der ständigen Produktion eines physischen Überschusses, eines Mehrprodukts und eines ökonomischen Mehrwerts sind natürliche Schranken gesetzt, die in den Formen von Ökonomie und Politik, in ihren Codes und gesellschaftlichen Logiken nicht reflektiert und kommuniziert werden können. Aus dieser Not eine Tugend machend, verfallen Sozialwissenschaftler leicht der reduktionistischen Idee, daß die Reflexion sozialer Rationalität unter natürlichen, z.B. energetischen und stofflichen Restriktionen einen Rückfall in „naturalistisches" Räsonnement darstelle (Harvey 1996; Wiesenthal 1995). Allerdings müßte von den Repräsentanten der Konstruktion des Sozialen unter den Prämissen des methodologischen Individualismus noch gezeigt werden, wie Gesellschaft unter Ausblendung der natürlichen Restriktionen des sozialen Handelns überhaupt gedacht und konzipiert werden soll. Denn tatsächlich ist soziales Handeln, das immer auch eine materielle und nicht nur eine informationelle, kommunikative Komponente hat, Produktion von Entropie. Soziales Handeln resultiert in nicht beabsichtigten und prinzipiell nicht vorhersehbaren dissipativen Strukturen (die, wie Prigogine gezeigt hat, durchaus evolutionär Neues darstellen können); es ist in der Zeit im Plural, d.h. in verschiedenen Zeitregimen mit ganz unterschiedlichen Reaktionsgeschwindigkeiten (und daher wohl auch Rationalitäten) eingefangen. Die rationale Entscheidung, mit dem Auto von x nach y in etwa zwei Stunden zu fahren, impliziert den Verbrauch natürlicher Ressourcen, die in tausenden von Jahren gebildet worden sind, und stellt einen (unbekannten und vielleicht sogar unbedeutenden, nichtsdestotrotz aber realen) Beitrag zur Erwärmung der Erdatmosphäre in den kommenden Jahrzehnten dar. Daß es unmöglich ist, diesen Beitrag über große Räume und lange Zeiten zu quantifizieren, bedeutet nicht, daß er nicht existierte. <u>Der Diskurs über Globalisierung muß sich dieser Zusammenhänge versichern, es gibt keine unbegrenzte, freie Natur, weil die Erde physisch begrenzt ist, weil die Entwicklung der Arten Redundanzen erfordert, die mit der Ausdehnung der Räume der kapitalistischen Verwertung beseitigt werden.</u>

Man kann die Erde nach Ressourcen durchwühlen, diese in nützliche Gebrauchswerte verwandeln und den unnützen Müll nach der Nutzung irgendwo abladen. Nur gegenüber dem Energiestrom der Sonne ist die Erde offen. Freie, nutzbare Energie muß dem System zugeführt werden, wenn die vorhandenen freien Energiereserven nach und nach in gebundene, nicht mehr nutzbare Energie im Prozeß der Überschußproduktion und Massenkonsumtion verwandelt werden. Daher ist für den Transformationsprozeß von Energien und Stoffen das

„schwarze Loch" des Weltalls als eine Entropiesenke ebenso wichtig wie der stete Zustrom nützlicher Energie von der Sonne. Da der Globus unveränderlich und endlich ist, können Modernisierung und Globalisierung nicht als unendlich scheinende Prozesse fortgesetzt werden. Entweder wird Globalisierung zu einem Zustand mit homöostatischen Eigenschaften der „sustainability", oder aber er kann dauerhaft nicht sein. Die belebte und unbelebte Natur befindet sich in einem evolutionären Fließgleichgewicht, das sehr stabil ist, aber jenseits bestimmter Grenzwerte gestört wird und plötzlich „umkippen", also zusammenbrechen könnte. Das Problem des industriellen Kapitalismus ist darin zu erblicken, daß die Produktionsweise fast vollständig auf der Nutzung fossiler Energieträger beruht, also gerade nicht – wie in der Menschheitsgeschichte zuvor – auf der Nutzung der Flußenergie der Sonne, die so lange existiert wie das Sonnensystem. Dieses Problem wird zwar dadurch entschärft, daß der Energieverbrauch pro Kopf und pro Einheit des Sozialprodukts seit Mitte der 70er Jahre in den Industrieländern rückläufig ist (vgl. Glyn 1995: 47-67); es wird aber auf diese Weise nicht gelöst.

Zweitens. Die Dynamik der gesellschaftlichen Formen wäre tatsächlich kein Problem, würden sich Marktprozesse und demokratische Verhältnisse auf eine Art der politischen, gesellschaftlichen, persönlichen Kommunikation beschränken, für die weder Energien noch Stoffe aufgebracht und aufgebraucht werden müßten, oder wäre die „Ökonomie der Gesellschaft" eine „virtuelle Veranstaltung". Sicher, es lassen sich Tendenzen in diese Richtung ausmachen. Ohne jeden Zweifel sind in der kapitalistischen Produktionsweise Kräfte wirksam, die das auf sich selbst als „automatisches Subjekt" (Marx) beziehende, also – in systemtheoretischer Sprache – selbst-referentielle Kapital aus den Grenzen lösen, die der Stoff des Gebrauchswerts und die die Arbeitskräfte als leidende und mitleidende Menschen setzen. Das ist eine Dimension des Prozesses, der von Marx als eine ständige Substitution der Arbeit durch das Kapital, als Freisetzung von Arbeitskräften im Zuge der Steigerung der Produktivität zur Erhöhung der relativen Mehrwertproduktion analysiert wird. Dabei läßt das Kapital zugleich die rebellischen Eigenschaften und traditionellen Relikte der Arbeiter, jene „Residuen" aus „vormodernen" Zeiten ins Leere einer virtuellen Organisation laufen, die sich moderne Unternehmen zu geben versuchen (vgl. dazu 7. Kapitel). Die Globalisierung der Markt- und Zirkulationsprozesse ist dabei Vehikel der Virtualisierung der Organisation von Produktions- und Verwaltungsabläufen.

Daher ist die Vorstellung von der virtuellen Ökonomie, von der Materielosigkeit der „Informationsgesellschaft" so abwegig nicht (vgl. dazu 8. Kapitel). Alle Tendenzen der kapitalistischen Gesellschaft zielen in diese Richtung. Mit dem Geld ist ja ein fantastisches Medium gegeben, das genau diese Abstraktionsleistungen von Stoff und Energie ermöglicht und reelle Transaktionen, insbesondere wenn das Geld selbst weitgehend durch Elektronisierung entmaterialisiert ist (vgl. 4. Kapitel), scheinbar zu virtuellen Veranstaltungen macht. Ähnliches läßt sich von der Zeit sagen, die mehr und mehr aus ihren je spezifischen sozialen und kulturellen Verortungen herausgelöst, virtualisiert wird. „Heute richten sich", so vermerkt Anthony Giddens, „alle nach demselben Datierungssystem.... (Ein) Aspekt ist die Standardisierung der Zeit über die Grenzen der verschiedenen Regionen hinweg..." (Giddens 1995: 29). Zunächst wird schon in der Heraufkunft der europäischen Moderne die historische, unumkehrbare und einmalige „Ur-Zeit" in eine wiederholbare, ja im Prinzip sogar reversible, physikalische „Uhrzeit" verwandelt und dabei, wie bereits Georgescu-Roegen (1971) festgestellt hat, entleert und auf diese Weise für alle möglichen Standardisierungen und ein abstraktes Rationalkalkül gefügig gemacht. Diese ungeheure Innovation hätte sich nicht durchsetzen können, wenn durch sie nicht der Rationalisierungsschub unterstützt worden wäre, der mit der Entstehung der kapitalistischen Produktionsweise, der industriellen Revolution und der Nutzung der fossilen Energieträger freigesetzt wurde.

Bei der Analyse des „Wohlstands der Nationen" ist die Unterscheidung zwischen (a) den biophysischen Transformationen im ökonomischen Wachstumsprozeß, (b) der Zunahme des Wohlstands der Menschen und (c) dem monetären Zuwachs des Bruttoinlandsprodukts zentral (Ekins/Jacobs 1995: 22ff), weil sie tatsächlich nicht zusammenfallen. Biophysisches Wachstum (a) ist gemäß den Erkenntnissen der Thermodynamik völlig ausgeschlossen, da nur stofflich-energetische Inputs in andere stofflich-energetische Outputs verwandelt werden können. Die quantitative Bilanz ist im geschlossenen System immer ausgeglichen, aber die Qualität der biophysischen Umwelt verändert sich. In einem begrenzten und geschlossenen System[36] verringert sich mit der Zeit die Verfügbarkeit von Energien und Stoffen und die nicht mehr frei nutzbaren Energien und Stoffe vermehren sich. Der Entropieanstieg ist also mit der Abnahme von Ordnung, mit einer tendenziellen „Vermüllung" des Planeten Erde verbunden. Dies ist der Kern der thermodynamischen Argumentation, die von Harvey heftig kritisiert wird:

„It is one thing to argue that the second law of thermodynamics and the laws of ecological dynamics are necessary conditions within which all human societies have their being, but quite another to treat them as sufficient conditions for the understanding of human history" (Harvey 1996: 140).

---

[36] So wie die Energien und Stoffe aus der Erdkruste geholt werden, wird im System des „fossilistischen Fordismus" die Erde als geschlossenes System behandelt, obwohl sie eigentlich energetisch (gegenüber der Sonne) offen ist.

Selbstverständlich ist es nicht ausreichend, die gesellschaftlichen Naturverhältnisse der Menschen mit dem bloßen Rekurs auf die Prinzipien der Thermodynamik erklären zu wollen. Doch erneut: An den Grenzen des Umweltraums ist es fahrlässig, die harten thermodynamischen Sätze diskurstheoretisch aufzulösen, so als ob sie nur in der Kommunikation sozial konstruiert würden. Sie müssen zumindest in den wissenschaftlichen Diskurs über die ökologische Blockade der Globalisierung integriert werden. Denn der Umweltraum oder die Tragfähigkeit der globalen Ökosysteme ist ein *factum brutum*.

Ob der Wohlstand mit diesem biophysischen Transformationsprozeß steigt oder nicht, hängt freilich davon ab, in welchem Ausmaß (b) Gebrauchswerte erzeugt worden sind, die menschliche Bedürfnisse befriedigen können. Die Ordnung der Gebrauchswerte wird von den Möglichkeiten beeinflußt, die negativen Begleiterscheinungen des materiellen und energetischen Umformungsprozesses (des Konsums) externalisieren, also „Entropieabfuhr" betreiben zu können. Ein Kühlschrank steigert die Wohlfahrt ja nur dann, wenn auch Elektrizität zur Verfügung steht, und ein Single-Luxus-Appartment ist nur dann Beitrag zur Erhöhung des Lebensstandards und nicht Ausdruck von Vereinsamung, wenn andere soziale Kommunikationsformen, zum Teil auch kommerziell organisierte, zur Verfügung stehen und der (Auto)Mobilität keine Hindernisse im Wege stehen. Hier sind auch kulturelle und ästhetische Fragen und Faktoren wichtig, da ja die Art und Weise der Bedürfnisbefriedigung (z.B. wie der Hunger gestillt wird) kulturell determiniert sind und von der ökologischen Degradation auch die Sinne beeinflußt werden, mit denen Dinge als Gebrauchswerte wahrgenommen werden können. Dies ist eine alarmierende Feststellung Jacob von Uexkülls (dazu Meyer-Abich 1990: 12ff). Denn sie besagt nichts anderes, als daß den Menschen mit der ökologischen Degradation auch das Sensorium abhanden gerät, mit dem sie wahrgenommen werden kann:

„Wirklich betroffen sind wir von der Mitweltzerstörung nur dort, wo sie schneller voranschreitet als die gleichzeitige Verkümmerung unserer Sinne. Mit der Zerrüttung der Lebensgrundlagen hat es vielleicht nur deshalb so weit kommen können, weil uns die Sinne gleichzeitig vergangen oder sozusagen degeneriert sind" (ibid.: 17).

Dazu hätte Luhmann lächelnd feststellen können, daß Degradationen der Natur, sofern sie nicht kommuniziert werden oder kommunikabel sind, keine für die Gesellschaft relevante Existenz besitzen. Doch kann niemand sagen, ob nicht in der Zeit der Zukunft das, was heute nicht kommuniziert wird, kommuniziert werden müßte und nicht mehr kommuniziert werden kann, weil die Fähigkeit der Menschen zur Kommunikation so weit abgenommen hat, daß sie jede Gestaltungskraft des gesellschaftlichen Naturverhältnisses verloren haben. Kommunikation ohne Metabolismus, also ohne Stoffwechsel von Mensch, Gesellschaft und Natur ist unmöglich, ja noch nicht einmal denkbar, da zum Denken bereits ein neurophysikalisch funktionierender Kopf gehört, der vom Bauch ernährt werden muß. Selbst das politische Handeln „ohne die Vermittlung von Materie" und Energie ist nicht ganz ohne Metabolismus vorstellbar, wenn auch in der politischen und gesellschaftlichen Kommunikation der Stoffwechsel mit der Natur unvergleichlich geringer ist als im Bereich des instrumentellen Handelns, im materiellen Produktionsprozeß oder bei Dienstleistungen, die ja oft genug enorme Energieverbräuche einschließen (Tourismus). Auch der Theoretiker der virtuellen Ökonomie oder des kommunikativen Handelns ist ein metabolischer Zeitgenosse, „ein Müll produzierendes Wesen".

Der in monetären Größen gemessene Zuwachs des Sozialprodukts (c) jedoch könnte im Prinzip immerwährend sein, sofern das Geld bereits entmaterialisiert (entgoldet) und zum (wert)garantierten Zeichen geworden ist. Allerdings stellt sich dabei die Frage nach dem Güter- und Dienstebündel, das vom monetär bewerteten Bruttoinlandsprodukt und den Geldvermögensbesitzern eigentlich „kommandiert" wird („command GNP"). Der Geldausdruck des Mehr*werts* könnte zwar noch steigen, aber ohne physisches Mehr*produkt* wäre der Mehrwert schließlich nichts wert. Zwar kommt es in der kapitalistischen Produktionsweise auf den Mehrwert und auf den monetären Profit an, aber vom Gebrauchswert als *Träger* des Werts kann dabei nicht abstrahiert werden. Vom monetären Zuwachs des „Volkseinkommens" werden immer weniger Zuwächse des „Volkswohlstands" kommandiert, weil die sozialen und ökologischen Kosten zur Produktion des Zuwachses mehr steigen als der Zuwachs selbst. Der Abschluß eines „Produktivitätspakts" kann demnach zwar auf dem Weltmarkt die Wettbewerbsfähigkeit von Standorten verbessern helfen – um auf diesem vorgezeichneten Weg um so schneller in die ökologische Falle zu rennen. Das Wort von der *„tragedy of the commons"* ist also auch am Ende des Jahrhunderts hochaktuell. Es besagt nicht mehr und nicht weniger, als daß Bäume nicht in den Himmel wachsen, daß also auch der *Prozeß* der Globalisierung – sofern die materielle und energetische Dimension berücksichtigt wird – nicht endlos fortgesetzt werden kann. Er müßte in einen *Zustand* der Globalität münden. Dies ist freilich unter den Imperativen des globalen Wettbewerbs ausgeschlossen.

Nun können wir den bislang diskutierten Zusammenhang von Form und Inhalt umkehren: Wenn der Inhalt der Form, die „kapitalistische Akkumulationsmaschine", an Expansionsschranken in Zeit und Raum stößt, kann die soziale Form nicht unverändert bleiben. <u>Soziale und ökologische „Grenzen des Wachstums" verlangen institutionelle Regeln, entsprechende Verhaltenskodices, Normen und möglicherweise eine Moral, die, wie wir gesehen haben, im marktliberalen Diskurs vernachlässigt wird.</u>

Vielleicht ist die moderne Tendenz der Globalisierung nichts Neues. Darüber sollen Historiker im Vergleich der verschiedenen Entwicklungsphasen, die hier angedeutet worden sind, befinden. Historisch neu sind aber in jedem Fall die Grenzen, die der Globalisierung, also der Öffnung regionaler und nationaler Räume und ihrer Integration zu einem Weltsystem, am Ende des 20. Jahrhunderts erwachsen sind. Die immanenten ökonomischen Schranken machen sich als globale Finanzkrise geltend, die sozialen Schranken als Fragmentierung und Informalisierung von Gesellschaften und die ökologischen Grenzen als Überlastung der Tragfähigkeit von planetaren Ökosystemen. Daher ist es heute mindestens so wichtig, die genannten Grenzen und deren Regulation zu untersuchen wie den Fragen der mit der Globalisierung im gleichen Atemzug genannten „Entgrenzung" nachzugehen.

3. Kapitel
„Disembedding" global

Die kapitalistische Wirtschaft verselbständigt sich gegenüber der Gesellschaft. Dieser Prozeß der Herauslösung aus dem „gesellschaftlichen Bett" kann als „disembedding" bezeichnet werden. Es handelt sich um eine grundlegende und alle Aspekte des gesellschaftlichen Lebens – von der Arbeit über das Zeitregime bis zum Energiesystem – erfassende „große Transformation". In der menschlichen Geschichte war, so Karl Polanyi (1944/1978: 102), „das Wirtschaftssystem im Gesellschaftssystem integriert"; dies ändert sich mit der Heraufkunft des Kapitalismus. Nun entsteht das sich selbst regulierende System der Marktwirtschaft (ibid.). Die Konsequenz aus dieser „great transformation" zieht die ökonomische Wissenschaft: die Wirtschaft wird nicht mehr als eine gesellschaftliche Veranstaltung, als Prozeß der Ausbeutung von Arbeitskraft oder der Transformation von Stoffen und Energie begriffen. Friedrich A. von Hayek war daher konsequent genug, das Wort „Wirtschaft" wegen seiner institutionellen Assoziationen zu meiden und statt dessen auf den bereits von John St. Mill verwendeten Begriff der „Katallaxie" (Tauschlehre) zurückzugreifen[37] (von Hayek 1968). Dies ist der Hintergrund für die Erfindung des „homo oeconomicus", jener a-sozialen Kunstfigur, die nur der ihr von Ökonomen zugeschriebenen ökonomischen Rationalität Folge leistet (Williams 1999; Priddat 1997). Die Herauslösung von ökonomischer Theorie aus dem sozialwissenschaftlichen Kategorienbestand und dann der umgekehrte Versuch, das „disembedded" und daher „reine" Rationalprinzip auf die Gesellschaft zurückzuprojizieren, sind für den ökonomietheoretischen Fundamentalismus verantwortlich, der den „Rang von Theologien" (Hobsbawm 1995: 422) an den Universitäten eingenommen hat. Das Interpretationsmonopol über die Theologien, über die Reinheit der „pensée unique" wird von den Hohepriestern der Zunft eifersüchtig bewacht.

Märkte haben zwar, wie in jeder Wirtschaftsgeschichte nachgelesen werden kann, eine lange Geschichte, die bis in die neolithische Zeit vor einigen tausend Jahren zurückreicht (Cameron 1993; Frank/Gills 1993; Ponting 1991). Doch die „Vermarktwirtschaftlichung" von Grund und Boden, der Arbeitskraft und des Geldes, d.h. die Verwandlung von Natur, Arbeitsvermögen und Geld in Waren und Kapital, sind jüngeren Datums und eigentlich erst seit der industriellen Re-

---

[37] „Eine Wirtschaft im strengen Sinn des Wortes ist eine Organisation oder Anordnung, in der jemand planmäßig Mittel im Dienste einer einheitlichen Zielhierarchie verwendet. Die spontane Ordnung, die der Markt herbeiführt, ist etwas ganz anderes...die Katallaxie, wie ich, um den Ausdruck Wirtschaft zu vermeiden, die Marktordnung gerne nenne..." (von Hayek 1968: 8).

volution zum durchschlagenden, gesellschaftlich dominanten, nämlich *kapitalistischen* Prinzip geworden[38]. Erst seit dieser Zeit kann von „Marktwirtschaft" als einer gesellschaftlichen Totalität gesprochen werden; vorher handelte es sich allenfalls um Marktwirtschaft im Plural, um „Märkte-Wirtschaft". „Freie Lohnarbeit" gibt es als generalisierte und *globalisierte* gesellschaftliche Form der Verausgabung von Arbeit noch nicht sehr lange[39]. Die Arbeiter mußten erst dazu gebracht werden, sich wie ein „Produktionsfaktor Arbeit" zu verhalten. Im frühen Kapitalismus war die Familie (worauf Hobsbawm 1995: 429f hinweist) eine bedeutsame Institution, die für die Erzeugung des „natürlichen Hangs zur Arbeit", für Loyalität und für die Ausbildung der später sogenannten „Sekundärtugenden" verantwortlich war. Zur „Freiheit" mußten die Lohnarbeiter, wie die Frühgeschichte der kapitalistischen Produktionsweise zeigt, mit Gewalt gezwungen werden. Fernand Braudel datiert diese *„great transformation"* schon vor die Zeit der industriellen Revolution (Braudel 1986a: 44ff), Polanyi erst ins späte 18. und frühe 19. Jahrhundert, jedenfalls was England betrifft (Polanyi 1978: 59ff). Dafür können jeweils gute Gründe ins Feld geführt werden, deren Qualität davon abhängt, was unter „Marktwirtschaft" verstanden wird. Märkte und komplexe, einzelne Regionen übergreifende Prozesse der Preisbildung sind schon sehr alt; die totale Marktwirtschaft, die Geld, Natur und Arbeitskraft in Waren verwandelt und unter das Regime der Kapitalakkumulation wie in eine „Teufelsmühle" (ibid.: 59) zwingt, existiert erst seit der Epoche der industriellen Revolution.

Freilich hat die „great transformation" des „disembedding" im 19. Jahrhundert nicht ihren Abschluß gefunden. Sie ist als eine dem kapitalistischen System eigene Tendenz bis heute wirksam. Was Polanyi für den Übergang zur Marktwirtschaft in England herausarbeitet, setzt sich mit der Internationalisierung und Glo-

---

[38] Braudel (1986a: 248ff.) zeigt in seinen begriffsgeschichtlichen Ausführungen zu „Kapital, Kapitalist, Kapitalismus", daß die Begriffe zum Teil erst im 20. Jahrhundert ihre heutige Bedeutung erhalten haben. Marx beispielsweise verwendet zwar die Begriffe „Kapital" und „Kapitalist", „kapitalistische Produktionsweise" und „kapitalistische Gesellschaft", nicht aber den Begriff „Kapitalismus". In wissenschaftlichen Kreisen wird nach Braudel der Begriff „Kapitalismus" erst durch Sombarts „Der moderne Kapitalismus" eingeführt. „Aus dem tiefen Grunde der europäischen Seele ist der Kapitalismus erwachsen" (Sombart 1916/1987: Band I, 327). Sombart bemerkt aber auch, im Gegensatz zu Braudel: „Für die Wissenschaft hat Marx den Kapitalismus entdeckt…" (ibid.: Band II, 937). Der Begriff des „Kapitalismus" hat sich also eigentlich erst im 20. Jahrhundert durchsetzen können, obwohl die kapitalistische Produktionsweise eine längere Geschichte hat.

[39] Selbst die Sklaverei ist noch nicht sehr lange verschwunden, ganz abgesehen davon, daß inzwischen auch unter modernen Verhältnissen Sklavenarbeit oder sklavenähnliche Arbeitsformen zunehmen. In Brasilien beispielsweise ist die Sklaverei erst am 13. Mai 1888 offiziell abgeschafft worden, in Saudi-Arabien erst 1962; die „menschliche Kohle" wartete damals noch darauf, „vom Industriezeitalter durch Brennstoff ersetzt zu werden" (Buarque de Holanda 1995: 40).

balisierung der Ökonomie in anderen Ländern fort, und die „*commodification*" des gesellschaftlichen Lebens erfaßt immer mehr Bereiche von Produktion und Reproduktion. Die Entwicklung des globalen Systems verläuft nun markt- und damit geldgesteuert: *disembedding global*. Die Vermarktwirtschaftlichung drängt nicht nur in noch nicht erfaßte geographische Räume, sondern auch nach innen, in die Refugien des gesellschaftlichen Lebens. Es handelt sich um jenen Prozeß, der von Habermas als „Kolonisierung der Lebenswelt" (Habermas 1981, insbes. Bd 2: 489ff) bezeichnet wird[40] und der die Kritik des „Kommunitarismus" auf den Plan gerufen hat – nicht nur wegen des Sinnverlustes und der Übernutzung der Ressource Solidarität, die unweigerlich mit der rationalisierenden Ökonomisierung gesellschaftlicher Verhältnisse einhergehen, sondern auch wegen der beträchtlichen Effizienzverluste, die Gesellschaften erfahren, die sich der Ressourcen ihrer Gemeinschaftlichkeit im Prozeß des „disembedding" entledigen.

Polanyi selbst hat sehr krass die Konsequenzen des „disembedding" als einen Prozeß der Zerstörung sozialer Beziehungen und der Natur dargestellt:

„Wenn man den Marktmechanismus als ausschließlichen Lenker des Schicksals der Menschen und ihrer natürlichen Umwelt, oder auch nur des Umgangs und der Anwendung der Kaufkraft zuließe, dann würde dies zur Zerstörung der Gesellschaft führen... Das System, das über die Arbeitskraft eines Menschen verfügt, würde gleichzeitig über die physische, psychologische und moralische Ganzheit 'Mensch' verfügen, der mit dem Etikett 'Arbeitskraft' versehen ist. Menschen, die man auf diese Weise des Schutzmantels der kulturspezifischen Institutionen beraubte, würden an den Folgen gesellschaftlichen Ausgesetztseins zugrunde gehen... Die Natur würde auf ihre Elemente reduziert werden, die Nachbarschaften und Landschaften verschmutzt, die Flüsse vergiftet,... und die Fähigkeit zur Produktion von Nahrungsmitteln und Rohstoffen zerstört werden. Schließlich würde die Marktverwaltung der Kaufkraft zu periodischen Liquidierungen von Wirtschaftsunternehmen führen, da sich Geldmangel und Geldüberfluß für die Wirtschaft als ebenso verhängnisvoll auswirken würden, wie Überschwemmungen und Dürreperioden für primitive Gesellschaften. Märkte für Arbeit, Boden und Geld sind für eine Marktwirtschaft zweifellos von wesentlicher Bedeutung. Aber keine Gesellschaft könnte die Auswirkungen eines derartigen Systems grober Fiktionen auch nur kurze Zeit ertragen, wenn ihre menschliche und natürliche Substanz sowie ihre Wirtschaftsstruktur gegen das Wüten dieses teuflischen Mechanismus nicht geschützt würden..." (Polanyi 1944/1978: 108f).

Dies ist während des Zweiten Weltkriegs geschrieben worden, als die gesellschaftliche Selbstzerstörung bis zum Vernichtungskrieg und Holocaust gesteigert worden ist. Damals dachten viele so wie Polanyi. Doch danach brach das inzwischen nostalgisch verklärte „golden age" der Wirtschaftswunder an und Polanyi wurde vergessen; in deutscher Sprache ist sein Hauptwerk erst

---

[40] Dieser Prozeß ist in seinem gewalttätigen Verlauf als historische Kolonisierung von Lebenswelten der Völker eindringlich von Rosa Luxemburg geschildert worden (vgl. Luxemburg 1913/1979, 26. bis 30. Kapitel). Auf den Charakter der „Landnahme nichtkapitalistischer Milieus" durch das Kapital verweisen Lutz 1984: 57ff.; Hurtienne 1986.

1978 aufgelegt worden. In dem langen Zitat wird aber deutlich, daß Polanyi eine „Doppelbewegung" sieht: den Prozeß des „disembedding" mit seinen desaströsen Wirkungen und eine soziale Gegenbewegung, die die „entbetteten" Märkte – sozialstaatlich – gesellschaftlicher Regulierung unterwirft. Dieses Denkmuster der „Doppelbewegung" konnte so lange hohe Plausibilität für sich beanspruchen, wie den Nationalstaaten noch Kompetenz der Regulierung zukam. Die Frage lautet, ob auch auf der globalen Ebene die Gegenbewegungen gegen die Tendenzen des „disembedding" Durchsetzungskraft besitzen.

Wir können mit einigem Recht also davon ausgehen, daß es *erstens* Stufen eines historischen Prozesses der Entbettung gibt, die nicht alle schon von Polanyi überblickt worden sind, und daß *zweitens* der Entbettungsprozeß keineswegs ohne Widersprüche und Gegenbewegungen abläuft. Die Intensität des Prozesses des „disembedding" wird auch dadurch gesteigert, daß sich *drittens* das Geld des Marktes gegenüber dem „disembedded market" verselbständigt und *viertens* die Ökonomie ihre territoriale Bindung abstreift und dabei globalisiert wird. Die Wirtschaft kann sich auf diese Weise der wirtschaftspolitischen Regulierung durch nationale Staaten und durch das internationale System der nationalen Staaten weitgehend entziehen. Nicht unbedeutend für die Dynamik der Entbettung ist, daß sich *fünftens* ein globales Zeit- und Raumregime gegen die lokalen und regionalen, kulturell verwurzelten Zeit- und Raumerfahrungen herausbildet: „*time is money*" heißt der kapitalistische Imperativ der Neuzeit (vgl. dazu 7. Kapitel). Zeit ist also nichts Natürliches, sondern der Ökonomie und ihrer Rationalität angepaßt: Ökonomie der Zeit. Lebenszeit, Freizeit, Arbeitszeit, Zeit für sich und Zeit für andere haben diesem Imperativ Folge zu leisten. Es entsteht eine Weltzeit und in ihr vollzieht sich die Geschichte der Menschheit, zum ersten Mal in einer einzigen Zeit. Damit verschwinden auch die konkreten Räume, die Grenzen zwischen ihnen werden bedeutungslos. Unterschiedliche Raumerfahrungen gehen verloren, weil sie irrelevant geworden sind. Die computergesteuerte „Echtzeit" überwölbt die Zeiten der Erfahrung und der Verarbeitung von Erfahrungen der Menschen in ganz unterschiedlichen Kulturen und Traditionen. Das neue Zeitregime hat mit den Zeit- und Raumvorstellungen von Menschen in historischen Gesellschaften wenig zu tun und deshalb hat es so lange gedauert, die Widerstände gegen das Zeitregime der Fabrik (im 19. Jahrhundert in Europa) und der globalen Finanzmärkte (am Ende des 20. Jahrhunderts überall) zu brechen. Wir werden noch im 10. Kapitel sehen, welche Rolle die Beachtung des globalen Zeitregimes für Gesellschaften hat, die sich in Mittel- und Osteuropa im Zuge der Transition zu Marktwirtschaft und Demokratie in Weltmarkt und Weltgesellschaft integrieren.

Möglich war die Fortsetzung des „Entbettungsmechanismus" (Anthony Giddens) aber nur deshalb, weil er *sechstens* mit einem kraftvollen Antriebsstoff versehen wurde: indem die biotischen, in ihrer Wirkung räumlich und zeitlich eng begrenzten Energieträger durch die fossilen und nuklearen Energien ersetzt worden sind. Mit ihnen wurde es möglich, die räumliche Reichweite menschlichen Tuns auf den ganzen Globus auszudehnen und zugleich die Zeiten des Tuns zu komprimieren. Über Kompression von Zeit und Raum ist daher nur sinnvoll zu reden, wenn die energetischen Voraussetzungen in Rechnung gestellt und der Prozeß des „disembedding" mit den thermodynamischen Implikationen bedacht werden.

„Disembedding" ist kein abgeschlossener, sondern ein – auch heute noch – fortlaufender Transformationsprozeß und seine Ergebnisse wirken auf die Gesellschaft zurück: als *Sachzwänge, denen sich die Gesellschaft anzupassen hat.* *Daß* sich die Gesellschaft anzupassen hat, wird in der Debatte über Globalisierung ideologisch überhöht. Für viele Autoren ist dies ein zentraler Grund für ihre beharrliche Weigerung, in der Globalisierung mehr als einen „Mythos" und eine ideologische Metapher zu sehen. Wenn es eine globale Konkurrenz nicht gibt, so die Unterstellung, gibt es auch keinen politischen Druck auf soziale Akteure (z.B. die Gewerkschaften), bei der Steigerung der Wettbewerbsfähigkeit mitzuwirken (vgl. 1. Kapitel; Mahnkopf 1999). Allerdings verschwinden die Sachzwänge des entbetteten globalen Marktes nicht dadurch, daß sie geleugnet werden. *Wie* die Anpassung erfolgt, wird zu einer Frage der zweckrationalen Entscheidung, die von „Expertsystemen" (Giddens 1995) vorbereitet und wissenschaftlich begleitet wird. Kann sich ein Land gegen Währungskrisen wirksam abschotten? Ist der Wohlfahrtsstaat gegen Kostendumping zu verteidigen? Kann Beschäftigungspolitik im nationalstaatlichen Raum durchgeführt werden, wenn die „Zinssouveränität" von Regierung und Zentralbank verloren gegangen ist? Können Schuldner sich den Zinsterminen und Rückzahlungsfristen von Krediten entziehen? Gibt es einen „dritten Weg" zwischen Verteidigung des „alten" Wohlfahrtsstaats und neoliberaler Globalisierung? Die Möglichkeiten, auf diese Fragen unter den Zwängen der Integration in das globale System alternative Antworten zu geben, sind höchst begrenzt[41]. Das „disembedding" hat dafür gesorgt, daß sich der noch harmlos erscheinende „Fetischcharakter" der Ware und des Geldes, den Marx anhand der Warenform analy-

---

[41] Dies wird in der Debatte über die Entwicklungsstrategie einer „neuen Mitte" auf einem „dritten Weg" in der europäischen Sozialdemokratie am Ende des Jahrhunderts sehr deutlich. Die Schwierigkeiten, im Entbettungsvorgang einer modernen Gegenbewegung ein solides theoretisches Fundament und eine überzeugende strategische Perspektive zu geben, werden dadurch überspielt, daß das Projekt nichtssagend formuliert wird (vgl. „Schröder-Blair-Papier" in *„Frankfurter Rundschau"*, Dokumentation vom 10. 6. 1999).

sierte (Marx, MEW 23, 1. Abschnitt), auf dem gegenwärtigen Weltmarkt in einen *ubiquitären Fetisch* mit globaler Macht über seine Schöpfer verwandelt hat. Im nachfolgenden *Schaubild 3.1* werden die verschiedenen Aspekte des „Entbettungsmechanismus" skizziert; im folgenden Abschnitt wird ihr Kontext beschrieben.

3.1 „Entbettungsmechanismen"

Globalisierung läßt sich nicht nur als äußerer Transformationsprozeß deuten, sondern vor allem als innerer Prozeß der Restrukturierung der Verhältnisse von Ökonomie, Gesellschaft, Politik und Kultur. Dies soll an einigen Dimensionen gesellschaftlichen Lebens gezeigt werden.

3.1.1 Entbettung der Wirtschaft aus der Gesellschaft
Die erste und grundlegende Stufe des „disembedding" ist die von Polanyi beschriebene Herauslösung der Wirtschaft aus der Gesellschaft. Dies ist freilich nur Teil eines viel umfangreicheren Entbettungsvorgangs (nach Giddens 1995, 33ff – sind hier „Entbettungsmechanismen" am Werke). Mit der Entbettung der Wirtschaft aus der Gesellschaft wird letztere nur noch durch kühle Marktprozesse, „nacktes Interesse" und „bare Zahlung" (Marx, MEW 4: 464), also durch Kommunikation mit dem binären Code des „Zahlens bzw. Nicht-Zahlens" (Luhmann) und nicht mehr durch Gaben und Großherzigkeit zusammengehalten. Daher gewinnt die politische Herrschaft an Bedeutung, die sich der Gesellschaft gegenüber als fremde verhält, auch und gerade weil sie die gleiche Rationalität zweckrationalen Handelns bemüht. In einem langen historischen Prozeß werden Mechanismen hervorgebracht, die politische Herrschaft gesellschaftlich legitimieren: es entstehen die Verfahren der Legitimation in repräsentativen Demokratien. In dem Moment, in dem der Wirtschaftsbürger (der „Bourgeois") die weltgeschichtliche Bühne betritt, wird auch der Staatsbürger (der „Citoyen") geboren: als Bürger eines Nationalstaats, der sich – jedenfalls in der europäischen Moderne – zum Rechtsstaat, später zum demokratischen und sozialen Rechtsstaat entwickelt. Die Entbettung der Wirtschaft aus der Gesellschaft ist demnach ein Aspekt der Entstehung des Staates aus der Gesellschaft, der „Verdoppelung" der Gesellschaft in Gesellschaft und Staat und der Etablierung des Staates als eine „äußerliche Notwendigkeit" (Marx, MEW 1: 203ff). Die Herauslösung der Wirtschaft aus der Gesellschaft hat einerseits die Liberalisierung des *„laisser faire, laisser aller"* zur Folge, andererseits aber neue Zuschreibungen von Regulierungsaufgaben an den Staat. Dabei können zwei Aspekte unterschieden werden.

Schaubild 3.1: Entbettungsvorgänge

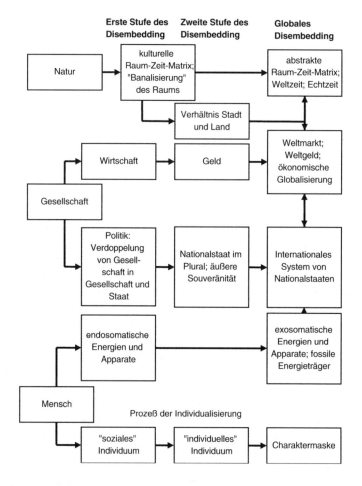

Erstens wird die „Entbettungstendenz" in eine spezifische systemweltlich dominierte Kultur der Rationalität, der Rationalisierung „eingebettet" und gerade deshalb ist sie so wirksam. Dies ist schon oft in jenen Kontexten gezeigt worden, in denen es um die Entstehung der spezifischen „fordistischen" Kultur geht, welche die Warenförmigkeit der zwischenmenschlichen ebenso wie der Mensch-Natur-Beziehungen als eine unhinterfragbare Selbstverständlichkeit akzeptiert. Die Verallgemeinerung der Lohnarbeit, der Auflösung der hauswirtschaftlichen Restbestände und der „commodification" kommt ja erst in der fordistischen Epoche zu einem gewissen Abschluß in allen Weltregionen (dazu Lutz 1984: 115ff; Hurtienne 1986). Die Produktion im Haushalt wird durch die Massenproduktion verdrängt, die in den modernen Distributionszentren der Supermärkte in beinahe allen Erdenwinkeln, wo mit monetärer Kaufkraft zu rechnen ist, präsent ist. <u>Massenproduktion und Massenkonsumtion, das heißt Vereinheitlichung auch der kulturellen Muster der gesellschaftlichen Verständigung, haben *mit der Zeit* tatsächlich einen kulturellen Humus der Entbettung aufgeworfen, der ein paradoxes Resultat zeitigt: *Ent*bettung resultiert in erneuter *Ein*bettung, die „entzauberte Welt" (Max Weber) legt sich einen neuen Zauber zu</u>[42]. Dies bedeutet freilich alles andere als die Rücknahme der Entbettung und Entzauberung. Im Gegenteil, sie stellt das kulturelle Polster dar, das nach dem Wirken der „Entbettungsmechanismen" und der Prozesse, die sie treiben, eine „weiche Landung" ermöglicht. Die *kulturelle* Globalisierung der Musik und der Filme, des Fernsehprogramms und der Spiele zeigen sehr wohl, welche Kraft im Prozeß des „disembedding" und der gleichzeitigen Erzeugung der globalen Hybridkultur enthalten ist (dazu Robertson 1992).

Zweitens bilden sich im Prozeß der Entbettung „Expertensysteme", die freilich nicht nur staatliche sind, sondern „Systeme technischer Leistungsfähigkeit oder professioneller Sachkenntnis, die weite Bereiche der materiellen und gesellschaftlichen Umfelder, in denen wir heute leben, prägen" (Giddens 1995: 40-41). Die von Giddens gegebenen Beispiele von Expertengruppen (Rechtsanwälte, Architekten, Ärzte etc.) verweisen auf Funktionsträger innerhalb des Systems der Arbeitsteilung in der „Risikogesellschaft", die besondere Verantwortung tragen und deren Funktionieren für die Normalität des gesellschaftlichen Handelns aller von besonderer Bedeutung ist. Diese „Expertensysteme fungieren deshalb als Entbettungsmechanismen, weil sie ebenso wie die symbolischen Zeichen dazu dienen, soziale Beziehungen von den unmittelbaren Gegebenheiten ihres Kontextes zu lösen" (Gidddens 1995: 42). Mit Recht könnte darauf verwiesen werden, daß mit dem Anstieg der Risiken in der „Risikogesellschaft" die Entfremdung/Entbettung von Expertensystemen ein Ausmaß des selbstverständlichen Vertrauens in die reibungslose Funktionsweise der arbeitsteilig ausgelegten Systeme annimmt, das in vorka-

---

[42] Diesen Prozeß scheint auch Habermas im Sinne zu haben, wenn er die Marxsche Werttheorie (insgesamt allerdings wenig überzeugend) kritisiert: „Marx fehlen Kriterien, anhand deren er die Zerstörung traditioneller Lebensformen von der Verdinglichung posttraditionaler Lebenswelten unterscheiden könnte" (Habermas 1981, Bd. 2: 501). Die Unterscheidung ist tatsächlich sehr wichtig. Allerdings findet man sie zumindest implizit auch bei Marx. Die Darstellung der ursprünglichen Akkumulation, die ja über eine historische Deskription in die Erarbeitung analytischer Kategorien übergeht, ist nichts anderes als die Erstellung von Kriterien für die Zerstörung traditionaler Formen und für die Unterscheidung von Prozessen der Fetischisierung und Verdinglichung.

pitalistischen/vor-industriellen Gesellschaften nicht existierte. Expertensysteme erfordern daher andere „Meta"-Expertensysteme: Die *Ausbildungssysteme* von Ärzten, Rechtsanwälten, Architekten, die Kammern, die über Qualifikation und Expertise wachen, der Verbraucherschutz, die Gerichte, die subjektiv verantwortbare Fehler ahnden, etc. So entwickelt sich ein technokratisches System von Sachzwängen, die mit demokratischen Aspirationen im „technischen Zeitalter" inkompatibel werden.
Die politischen Implikationen der Entbettungsprozesse sind also beträchtlich, insbesondere für die Chancen der politischen Partizipation. Der Markt löst sich nicht nur aus der Gesellschaft, sondern oktroyiert seine Logik der Politik. Entbettung der Wirtschaft aus der Gesellschaft kann sich politisch als Auflösung politischer Demokratie zu Gunsten der „ökonomischen Demokratie der Dollar- oder DM-Stimmzettel" und als Drohung mit dem Autoritarismus der Finanzmärkte ausdrücken (vgl. Scholte 1997: 427ff). Gesellschaftliche Partizipation ist dann nur noch durch Warenbesitzer, am besten durch Besitzer der Ware Geldvermögen möglich. Nur noch Eigentümer sind Bürger, die ihre Rechte mit Geld ausüben. Die Konturen der klassischen Demokratie, basierend auf dem Prinzip der Gleichheit aller Bürger, mit ihren Institutionen der Gewaltenteilung, der Legitimation, Repräsentation und Selektion verschwimmen dann in Richtung einer neuen Form der Plutokratie (vgl. dazu das 12. Kapitel).

3.1.2 Die Entterritorialisierung des Raums und das Übergewicht der Gegenwart in der Zeit
Die Koordinaten des raum- und zeitkompakten Globus sind in allen Weltgegenden, an allen Orten fast identisch; und diese sind von der „Logik" des Geldes etabliert. Die Laufzeiten von Krediten bestimmen den Rhythmus des globalen Zeitregimes. Fälligkeiten von Schulden – und nicht mehr Erntezyklen wie in der Agrargesellschaft oder Umschlagszeiten des fixen Kapitals wie in der „großen Industrie" – definieren den Aktionshorizont und die Periodizität der Zyklen im globalisierten Finanzkapitalismus. Aus „dem Gelderwerb als Verpflichtung gegenüber Gott (erwächst) eine Verpflichtung gegenüber dem Gelderwerb selbst" (Steiner 1996: 5). Geld ist eine selbstreferentielle Gewalt.
Milton Santos (1994) hat bemerkt, daß die Menschen ihr Alltagsleben in einem „banalen Raum" und in „banaler Zeit" organisieren. Alle Wesen sind im Tag- und Nachtrhythmus, zwischen Wachheit und Müdigkeit, Hunger und Durst natürlich „verortet", mal guter, mal schlechter Stimmung. Das Einerlei des ununterscheidbaren Zeitflusses wird durch Markierungen unterbrochen, durch Festtage, die gelebt werden können. Allerdings werden Denkformen und Denkradius durch eine globale Raum- und Zeit-Matrix überwölbt, die der ab-

strakten Vernunft entspricht und Kulturen übergreift. Die globalen Beziehungen verlaufen in Netzwerken, die einer abstrakten Logik folgen, so wie die spanischen Stadtplaner die lateinamerikanischen Städte abstrakt, unter Mißachtung der natürlichen Bedingungen und unter Achtung der politischen Herrschaftsfunktion, in die Landschaft gesetzt haben. Buarque de Holanda verwendet dafür die Metapher von den „Fliesenlegern", die Städte in die Landschaft gekachelt haben wie in einen beliebigen Raum (Buarque de Holanda 1995: 101ff). Die Rücksichtslosigkeit gegenüber dem konkreten Raum hat sich auch bei der Errichtung moderner Verkehrssysteme nicht geändert; auch hier sind „Fliesenleger" am Werk.

Die „Entbanalisierung" des Raums und der Zeit ist bereits in den ökonomischen Mechanismen begründet: Im Markt, der sich, wie mit der Entbettungsthese angedeutet, der gesellschaftlichen Bindungen entledigt, ist die Gegenwart „omnipräsent" (Lechner 1994), weil der geschichtliche *Zeitraum* auf einen *Zeitpunkt* zusammengezogen wird, dessen Koordinaten nicht mehr im natürlichen, sondern im ökonomischen Rationalraum zu finden sind: „...wir sitzen in einer 'Zeitzelle', die 'praesens' heißt. Und in dieser leben wir so ausschließlich, daß wir der Zukunft gegenüber, und damit auch der, uns eventuell bevorstehenden, Zukunftlosigkeit gegenüber, blind bleiben" (Anders 1972: 120-121). Die Vermarktwirtschaftlichung des Handelns, auch in anderen gesellschaftlichen Subsystemen als dem der Wirtschaft, hat das Vergessen des Vergangenen ebenso zur Folge wie den Verlust der Zukunft als Projekt. Die Gegenwart herrscht über Vergangenheit und Zukunft. Die Zukunft taucht allenfalls als auf die Gegenwart abdiskontierter Wert, als *„präsentierte Zukunft"* (ibid.: 123), oder als eine simple Extrapolation, als eine *„defuturisierte"* Zukunft (ibid.: 125) auf – und wird so in eine aus der Geschichte herausgelöste Gegenwart zu späterer Zeit verwandelt. Das Übergewicht der Gegenwart bedeutet die Auflösung der Vorstellungen von „diachroner Solidarität" (Ignacy Sachs) zwischen den Generationen, daher auch von „synchroner Solidarität" innerhalb einer Generation, wenn die Nähe zum anderen im abstrakten Raum in eine Äquidistanz der Gleichgültigkeit gegenüber allen verwandelt wird.

Die allumfassende Gegenwärtigkeit ist für den Konservatismus in den ansonsten so höchst dynamischen und „schnellebigen" Marktwirtschaften verantwortlich. Banker, die eigentlich Innovationen gegenüber aufgeschlossen sein müßten, da davon ja die zukünftige Verzinsung von Kreditausleihungen abhängt, können dies nur unter höchst konservativen Maßregeln, weil sie *erstens* gewohnt sind, die Zukunft auf die Gegenwart abzudiskontieren, und weil sie *zweitens* für Kredite zur Realisierung von Projekten in der Zukunft Sicherheiten verlangen, die in der Vergangenheit akkumuliert worden sind. Die beste Zukunft ist also die, die der Gegenwart gleicht, nur um den Zuwachs vergrößert, der es erlaubt, die Zinsrate zu begleichen[43]. Die Marktökonomie löst somit die historische Zeit in eine physikalisch-logische Zeit auf, wie Nicholas Georgescu-Roegen (1971) so überzeugend an der Neoklassik kritisierte. Die Zukunft ist in dieser Vorstellung eine quantitativ größere, prognostisch aufgeblähte *„Gegenwart plus"*, und die Vergangenheit ist spiegelbildlich eine *„Gegenwart minus"*. Die Zeitachse ist also kein historisch unumkehrbarer, gerichteter Zeitpfeil, sondern wie eine Speiche, die sich um ein Zentrum dreht, und dieses wird eindeutig von der Gegenwart bezeichnet, sie ist tatsächlich „omnipräsent"[44]. Ähnliches läßt sich vom Verständnis des Raums sagen. Er wird der gestalterischen Vernunft unterworfen, mit Akkuratheit und Methode „in Ordnung" gebracht[45]. Hier liegt auch das Einfallstor für jene Globalisierung der Kultur, die sich wie Mehltau über lokale und nationale Kulturen legt, deren integrierende Wirkung wegen der Gleichzeitigkeit von lokaler Präsenz und globaler Reichweite beträchtlich ist. Die Kulturen der Welt werden im Zuge der Globalisierung zu einer weltweiten *Hybridkultur* verschmolzen.

---

[43] Daß auch die Linke von dieser Entzeitlichung des politischen Entwurfs und seiner Überführung in eine Art Newtonscher Trajektorie zwischen zwei Ereignispunkten nicht verschont bleibt, drückt Jorge Castaneda sehr prägnant aus: „The only thing left to fight for is a future that is simply the present, plus more of the same..." (Castaneda 1993: 243, zit. nach Dunkerley 1995: 28).

[44] Daher rühren die Frustrationen darüber, daß, wenn die historische Zukunft eingetreten ist, sich Prognosen der Sozialwissenschaften immer als unzureichend oder falsch herausgestellt haben. Es gibt keine anderen als systematisch falsche Prognosen (sie können also nur zufällig „richtig" sein). Denn Ereignisfolgen in der wirklichen Zeit verlaufen doch anders als die prognostizierten Konstrukte in abstrakter Zeit, es sei denn, der prognostizierende Wissenschaftler ist wie der „Dämon" von Maxwell oder Laplace und als solcher nicht den historischen Kontingenzen ausgesetzt und obendrein mit perfektem Wissen über Ausgangs- und Endzustände ausgestattet (dazu vgl. auch Prigogine 1992). Dies ist kein Trost für frustrierte Sozialwissenschaftler, sondern die Schlußfolgerung aus thermodynamischen Überlegungen über Raum und Zeit.

[45] Das ist eine Erfahrung, die alle Siedler in den neuen Kolonien machen mußten. Sérgio Buarque de Holanda sagt von den (süd)amerikanischen Ureinwohnern, die im Anbau von Zuckerrohr eingesetzt werden sollten: „Die Ureinwohner ... fügten sich nur schlecht der akkuraten, methodischen Arbeit, die in der Ausbeutung von Zuckerrohrpflanzungen verlangt wird. Sie neigten von Natur aus zu weniger seßhaften Tätigkeiten, die ohne aufgezwungene Regelmäßigkeit und ohne Überwachung und Überprüfung durch Fremde durchgeführt wurde. Ihnen, die in höchstem Maße unbeständig waren, blieben bestimmte Vorstellungen von Ordnung, Beständigkeit und Genauigkeit fremd, die dem Europäer zu einer Art zweiter Natur und grundlegendem Bestandteil seines gesellschaftlichen Lebens und seines Lebens als Staatsbürger geworden waren..." (Buarque de Holanda 1995: 30f). Hier deutet sich schon an, daß „disembedding" nicht nur Ökonomisierung, Rationalisierung, Realisierung abstrakter Methodik ist, sondern, indem es integraler Bestandteil des gesellschaftlichen Lebens, also auch der individuellen Sozialisation wird und Kriterien der gesellschaftlichen Geltung erzeugt, eine neue Kultur der „Entbettung" hervorbringen kann.

Auch im politischen Leben greift diese Logik gegenwartsbezogenen Denkens. Jeder Nationalstaat ist irgendwann entstanden, und er geht irgendwann unter, und zwischen diesen, in vielen Fällen weit auseinanderliegenden Daten machen Gesellschaft, Ökonomie, Kultur und Staat beträchtliche Veränderungen durch. Die Vergangenheit ist für das soziale Gedächtnis und handlungsrelevante Bewußtsein, für Identäten von einzelnen und die Geschichte von Gesellschaften ebenso wichtig wie das „Projekt Zukunft", die Voraussetzung von Gestaltbarkeit entsprechend den Wünschen, Bedürfnissen, Utopien von Staatsbürgern, die darüber einen ständigen konfliktgeladenen Diskurs führen. Ohne diese Zeit- und Raumgebundenheit ist eine demokratische Gesellschaft im Prinzip unmöglich. Doch die Rhythmen des politischen Prozesses erzeugen ein systematisches Übergewicht des Gegenwärtigen über die Zukunft, der Interessen der gegenwärtigen Generation über diejenigen künftiger Generationen. Prognosen sind daher gefragt, nicht Utopien. Die Gegenwart gilt es zu verlängern, nicht etwas ganz anderes zu denken und zu *projizieren*, also gegen die Tendenzen und kontrafaktisch Programme und Subjekte in einen politischen Handlungsraum zusammenzubringen. Die Rationalität des Marktes drängt sich auch in politischen Prozessen auf. Entscheidungen und Entscheidungsfolgen werden in der kurzen Perspektive systematisch kurzsichtiger Akteure getroffen.

Die Herauslösung von Gesellschaften (und Individuen) aus der sozialen Zeit- und Raumbindung in marktwirtschaftlich organisierten Gesellschaften hat also mehrere Folgen. Die *erste* und am wenigsten dramatische betrifft das <u>Übergewicht der Gegenwart über die Zukunft und die Konsequenzen der Omnipräsenz der Gegenwart für die Sozialwissenschaften und ihre so heftig und häufig und völlig zu Unrecht beklagte Prognoseunfähigkeit</u>. *Zweitens* erweist sich das <u>abstrakte, weltzeitliche Raum- und Zeitregime als dominant gegenüber der alltagsweltlich banalen Raum-Zeiterfahrung der Menschen</u>. Denn „time is money" und in diese Allerweltsformel lösen sich alle Unterschiede der Raum-Zeit-Erfahrungen auf. Paradoxerweise kann dieser Mechanismus zweifellos auch als eine Horizonterweiterung interpretiert werden, also nicht nur als ein Verlust von kulturell gesicherter Orientierung.

3.1.3 Städte, Märkte, Knotenpunkte

Die Kultur entwickelt sich zunächst dort, wo die Agrikultur entstanden ist. Wenn erst einmal ein ökonomischer Surplus produziert werden kann – und dies ist die große Errungenschaft der *neolithischen Revolution*, also des Übergangs zur seßhaften Landwirtschaft –, dann blühen die Städte als Orte der Kultur und des Handels auf. Gehandelt wird immer, zu jeder Jahreszeit, innerhalb der Städte und zwischen Stadt und Land. Es entwickelt sich die gesellschaftliche Arbeitsteilung, die auch die bereits erwähnten Expertensysteme hervorbringt.

Aber dann gibt es auch die Handelsbeziehungen über das umliegende Land hinaus. Die Städte wachsen an den Knotenpunkten der Handelsstraßen. Es entstehen spezielle Märkte und Messen (vgl. Braudel 1986a), die die Rhythmen des Stadtlebens bestimmen. Märkte werden zum Jahrmarkt, die Messen zur *Kermesse*. Sie sind immer mehr als der bloße Marktplatz, auf dem Waren getauscht werden. Hier kommen die Warenbesitzer zusammen, die nicht nur „Charaktermasken" sind. Hier werden soziale Beziehungen geknüpft und gepflegt, die für Stadtleben und Stadtfrieden so wichtig sind.

Städte sind auch die Orte der Herrschaft über das Land. Dies läßt sich sowohl im Kleinen wie auf dem Erdenkreis nachweisen. Mit der Entstehung des modernen europäischen Kapitalismus entwickeln sich in erster Linie die Städte. Zunächst in Oberitalien Venedig, Genua, Florenz usw., später Amsterdam, Brügge, Gent und London, die sich zum Atlantik wenden. Die frühen Hegemonialsysteme des kapitalistischen Weltmarkts werden von europäischen Städten dominiert, nicht von Nationalstaaten. Die Städte also prägen die Entwicklung der regionalen Gesellschaften ebenso wie des Weltsystems. Dies ist nicht nur in der Wirtschaft, sondern auch bei der politischen Organisation des Territoriums und in der geistigen Welt der Religionen von Bedeutung. Der Sitz des Papstes ist in Rom und sein Ostersegen gilt *urbi et orbi*. Die Städte als solche sind Geschöpfe der Handelsbeziehungen, also – so könnte man meinen – Manifestationen der Entbettungsmechanismen des Marktes. Doch zugleich sind sie Orte der intensiven Vergesellschaftung und daher immer viel mehr als nur Marktplätze, auf denen Waren durch Warenbesitzer getauscht werden. Sie sind mithin soziale und kulturelle Festungen gegen die Entbettungsmechanismen des Marktes, weil sich in ihnen gesellschaftliches Leben so verdichtet, wie es auf dem Lande gar nicht möglich wäre.

Im Zuge der modernen Globalisierung jedoch ändert sich dies. Das Geschehen auf den dominanten Geld- und Kapitalmärkten ist, anders als auf den Warenmärkten, auf denen Produkte gehandelt werden, die man sehen, wiegen, betrachten und riechen kann, weitgehend entvisualisiert. Märkte kann man riechen, doch „*pecunia non olet*". Dies hat Folgen für die Ästhetik der Bauten, in denen Geld und Kapital gehandelt wird. Sie sind in marmorner Sterilität auf die eine Funktion der Erbringung von Finanzdienstleistungen zugeschnitten und nicht mehr als Orte der über das bloße Handelsgeschäft hinausgehenden sozialen Kommunikation spontan entstanden. Die nackte Funktionalität wird lediglich durch Fassaden verborgen, die daher gerade in den modernen Bankzentren besonders protzig, aber auch abweisend gegenüber den nicht Dazugehörigen ausfallen. Nun ist der Markt in den Städten omnipräsent. Die Kirmes, der Jahrmarkt, haben nichts mehr mit dem Markt, aber der globale Markt auch nichts mehr mit einer Kirmes oder dem Jahrmarkt oder dem Oktoberfest etc. zu tun –

wenn man davon absieht, daß auf diesen Veranstaltungen Geschäfte mit den Festbesuchern gemacht werden. Märkte im globalisierten Kapitalismus haben also die gesellschaftlichen Beziehungen, die auf Märkten geknüpft werden konnten, auf ein funktionalistisches Minimum reduziert.

Dies hat Folgen für die Zeitrhythmen. Waren Messen und Jahrmärkte noch so etwas wie die jährlichen Höhepunkte im gemächlichen „Lauf der Zeit" und dienten sie daher als soziale Zeitgeber der Menschen, so sind die Rhythmen heute durch diejenigen des Geldes definiert. Zinstermine, Fälligkeiten von Krediten, Wechselkursschwankungen etc. dominieren die gesellschaftlichen und natürlichen Zeitrhythmen. Sie abstrahieren von Tag und Nacht, Sommer und Winter und sogar von der Rotation der Erde um sich selbst. Wenn der Markt auf seine bloße Funktion des geographischen Orts des Warenaustausches reduziert wird und die lokalen, kulturellen Zeitrhythmen keine Bedeutung mehr haben, dann spielt die territoriale Verortung der Stadt keine wesentliche Rolle mehr. Daher kommt es, daß die Handels- und Finanzmetropolen in der Welt sich in den vergangenen Jahrzehnten ein ähnliches Gesicht zugelegt haben. Nicht mehr Baustile und städtische Lebensformen prägen eine Stadt, selbst Sprache und Kleidung machen keine große Differenz. „Auch die Folgen sind überall gleich: Nivellierung, Gegensatzverlust, Verlust von Eigenart, Verlust von Diversität" (Moewes 1998: 35). Gegen diese Tendenz der globalen Entropiesteigerung wird mit *quantitativen* Mitteln, so wie das Geld sich auch nur quantitativ von sich selbst unterscheidet, konkurriert: Welche der Handels- und Finanzmetropolen besitzt das höchste Hochhaus? Ist es Chicago, Tokio, Kuala Lumpur oder Shanghai? Und was ist angesichts der Wolkenkratzer von der urtümlichen Berliner „Traufhöhe" von 22 Metern zu halten? Natürlich ist dies eine schwache Form der Entropieresistenz. Doch in der Welt der *„Reductio ad unum"* und der Zinsarbitrage ist die Entropieresistenz mit qualitativen Mitteln der kulturellen Unterscheidung nicht funktional.

So entsteht eine neue Geographie der Städte. Sie sind nicht mehr im Raum gewachsen, sondern werden in den Raum gesetzt, und zwar an den Knotenpunkten der globalen Marktbeziehungen. Die *„global city"* entsteht (Sassen 1991), eine *nodalisierte* Stadt. Dabei handelt es sich um Umschlagsplätze für Geld, für Transportdienstleistungen, um Terminals für Welthandelswaren, um Drogenumschlagsplätze und um jene Tourismusplätze, wo sich die Manager dieses Geschehens dann und wann rekreieren müssen. Nicht alle Städte haben alle diese Funktionen. Geldplätze müssen nicht unbedingt Städte sein. Dazu reicht es, daß „irgendein Zipfel Land... bei Ebbe (aus dem Meer) herausragt und keine Steuern benötigt" (Couvrat/Pless 1993: 135). So kommt es, daß die Kleinstadt Luxemburg, die Bermudas oder die Cayman Islands fast so wichtige Geldumschlagsplätze sind wie New York, London, Tokio, Singapur, und daß sie we-

sentlich bedeutsamer sind als große regionale Städte wie Mexico City, Caracas, Sao Paulo oder Berlin und Rom. Auch die Transportumschlagsplätze sind nicht immer in den großen Städten angesiedelt. Daher ist der Airport von Frankfurt bedeutsamer als der von Rom, Mailand oder von Berlin, Hamburg und München. Terminals wie Rotterdam oder Umschlagsplätze für Waren (Entrepot) wie Singapur sind wichtigere Knoten im Welthandelsnetz als große Hafenstädte wie Hamburg oder Amsterdam. Die Drogenumschlagsplätze sind dort lokalisiert, wo die Märkte groß und Kontrolle schwierig bzw. die Regulierung lax ist. Dieses kann sich ändern, so daß die Lokalisierung des Umschlagsplatzes wechselt. Ähnliches gilt für die Tourismusplätze. Denn auf ihnen wird ein positionelles Gut angeboten: eine schöne Landschaft, ein angenehmes Klima, ein warmes und sauberes Meer, das seine Qualität natürlich einbüßt, wenn zu viele Touristen die Naturschönheiten nachfragen. Diese Plätze sind Knoten in globalen Netzwerken, aber keine Städte mehr, die aus der Spannung des Gegensatzes von Stadt und Land, d.h. aus einer spezifischen, historisch gewachsenen Strukturierung des Raums entstanden sind. <u>Die heutigen Städte sind nicht auf Dauer angelegt, sondern auf der Zeitstrecke, in der sie eine Funktion im globalisierten Netzwerk wahrnehmen können.</u>
So wird die globalisierte Stadt auf einen Platz innerhalb des Netzwerkes reduziert, auf dem es gilt, bestimmte Funktionen effizient auszuüben. Die übrigen Charakteristika – die Lebensweise der Bewohner, die Kultur, die bauliche Substanz, die Tradition etc. – tendieren zur Fassade für die Funktionalität des Knotens im Netzwerk. Dieser Aspekt der Entbettung ist die Kehrseite der Inklusion einer Stadt ins globale Netzwerk, ist der Preis für die funktionale Akzeptanz als „global city". Die Inklusion jedoch bewirkt die Exklusion alles und aller anderen. Jene, die in die globalen Beziehungsnetze inkludiert sind, leben nach Standards, die nicht unbedingt jene der übrigen Stadtbewohner sind. Es sind die Standards einer globalisierten Geldgesellschaft. Sie bauen sich ihre Ghettos, ihre „gated communities", die die in die Welt des Geldes inkludierte Gesellschaft gegen die exkludierte städtische Bevölkerung abschirmen. Auch die exkludierten Menschen leben in der „global city", sie haben nur nichts davon. Die „global city" ist für sie ein Ort, wo sie auf die lokalen Gegebenheiten angewiesen sind, um ihre Lebenshaltung zu sichern, manchmal um das Überleben zu kämpfen. Immer waren die Städte Orte, in denen gesellschaftlicher Reichtum und gesellschaftliche Armut sichtbar aufeinanderprallten. Die Reichen haben sich immer gegen die – so haben sie es wahrgenommen – Zumutungen der Armut abgeschirmt. Doch die Reichen hatten eine territoriale Bindung ebenso wie die Armen, und dies hielt sie zusammen, war auch die gemeinsame Grundlage für Stadtpolitik. In der nodalisierten, territorial und gesellschaftlich entbetteten Stadt hingegen ist dies anders. <u>Die heutigen Reichen leben in einer entterrito-</u>

rialisierten Sphäre. Sie sind in höchstem Grade mobil und daher indifferent gegenüber dem Gegensatz von Reich und Arm. Eine Folge davon ist die Verschuldung der Städte, die Kehrseite der privaten Geldvermögen, die zu einem Teil in kommunalen Schuldverschreibungen angelegt sind. Während die einen Steuern zahlen, beziehen die anderen Zinseinkünfte auf ihre Staatspapiere und Kommunalobligationen. Die kommunalen Steuern werden immer noch *lokal* erhoben, die kommunalen Schulden haben die Form der Anleihe auf *globalisierten* Finanzmärkten, wo sie mit den Konditionen und Sicherheiten mit anderen Kreditnehmern konkurrieren. Die Gemeinsamkeit von Lebenserfahrungen von Gläubigern und Schuldnern ist somit durch die Globalisierung zerrissen, die Gemeinsamkeit des Interesses an dem Wohlergehen einer Stadt daher auch. Hauptsache ist es, daß der entbettete Knotenpunkt im globalen Netzwerk funktioniert.

Freilich gibt es Gegentendenzen. Denn die nodalisierte Stadt ist noch unwirtlicher, als Alexander Mitscherlich (1965) sie sich vorgestellt hat. Die städtischen Agglomerationen wachsen überall in der Welt. Und dabei sind die „global cities" besonders betroffen, denn sie sind dynamische Orte, solange die Expansions- und Beschleunigungstendenzen der Globalisierung wirksam sind. Dynamische Orte ziehen die Menschen an, zumal ihnen im Zuge von Modernisierung und Industrialisierung Alternativen der Lebensgestaltung außerhalb der Städte genommen werden. Daher bleibt gar nichts anderes übrig, als für das Funktionieren der Knotenpunkte des Netzwerkes gesellschaftliche Minimalangebote zu machen, also für eine passable Verkehrsinfrastruktur zu sorgen, die Kultur nicht völlig dem Markt zu überlassen, Bildungseinrichtungen zu unterhalten und auch Freiräume zu gestalten, in denen sich die Stadtbewohner gesellen können (vgl. dazu Sassen 1999). Auf diese Weise bleibt tatsächlich urbane Vergesellschaftung trotz der dargestellten Entbettungstendenzen erhalten. Aber sie ist unter den Bedingungen der Globalisierung immer bedroht. Denn es geht nicht um den Ort, sondern um den Standort.

3.1.4 Entbettung als Potenzierung von Energien

Die oben angedeutete Horizonterweiterung aber ist nur material und energetisch möglich, weil im Zuge der kapitalistischen Rationalisierung die zur Verfügung stehenden Energien rational genutzt werden und dann – dies macht die industriell-fossilistische Revolution aus – die energetische Basis radikal von den biotischen auf a-biotische, fossile Energieträger[46] umgestellt worden ist. Die Ratio-

---

[46] Diese Bezeichnungen sind nicht exakt. Denn auch die fossilen Energieträger sind biotischen und daher solaren Ursprungs. Sie sind durch Mineralisierung der Biomasse in hunderten von Millionen Jahren entstanden. Auch Kohle, Erdöl und Erdgas sind Produkt der Sonnenenergie. Im Grunde löst sich das Energieproblem in eines der Zeit auf. Die Zeitrhythmen der

nalisierung beginnt zunächst mit den biotischen Energien und mit dem Rückgriff auf Wind- und Wasserkraft (Debeir et al. 1989), die aber im wesentlichen stationäre, bodenständige Energiequellen sind und daher die räumliche Mobilität und zeitliche Beschleunigung, die die Kapitalakkumulation verlangt, kaum unterstützen. Ihre Grenzen sind tatsächlich eng gezogen. Dies zeigt sich besonders schlagend an den technisch genial ausgedachten, höchst modernen Apparaten Leonardo da Vincis und den engen Schranken der Energien und Energiewandlungssysteme, die der Realisierung oder angemessenen Umsetzung der Apparaturen in praktische Anwendungen im Wege standen. Erst mit der Nutzung fossiler Energien seit dem 18. Jahrhundert werden die menschlichen Fähigkeiten erweitert und aus ihren räumlichen und zeitlichen Begrenzungen befreit. Jetzt ist die Beschleunigung in der Zeit möglich, die nicht nur das moderne Zeitregime kreiert, sondern die Grundlage für den Produktivitätszuwachs wird. Dafür, daß Kontinuität seit der Heraufkunft des Industriezeitalters unterbrochen worden ist, gibt der Historiker Cipolla einen interessanten Beleg:

„Eine grundlegende Kontinuität charakterisierte die vorindustrielle Welt, selbst nach so großen Umwälzungen wie dem Aufstieg und Fall des römischen Reiches, des Islam und der chinesischen Dynastien. Wie C.H. Waddington schrieb: 'Wenn ein alter Römer achtzehn Jahrhunderte später wieder auf die Welt gekommen wäre, hätte er sich in einer Gesellschaft wiedergefunden, die er ohne Schwierigkeit verstanden hätte. Horaz wäre sich als Gast bei Horace Walpole nicht deplaziert vorgekommen, und Catull hätte sich zwischen den Wagen, Damen und brennenden Lampen nachts im London des 18. Jahrhunderts zu Hause gefühlt'. Diese Kontinuität wurde zwischen 1750 und 1850 unterbrochen...Die industrielle Revolution (rief) wohl innerhalb von drei Generationen eine unwiderrufliche Unterbrechung im Geschichtsablauf hervor..." (Cipolla 1985: 2).

Mit der Industrialisierung kann auch der Raum mit den neuen Verkehrs- und Kommunikationsmitteln erschlossen werden. „Global denken" kann erst jetzt zu einer politischen Formel werden. Nun kann der Markt aus dem gesellschaftlichen „Bett", angetrieben von Tausend-PS-Motoren, geräuschvoll entwachsen, was ihm zuvor in der langen Menschheitsgeschichte, abhängig von den paar Pferdestärken, die gerade mobilisiert werden konnten, nie gelungen ist. Jetzt kann auch der Übergang von der absoluten zur relativen Mehrwertproduktion wegen der machbar gewordenen Steigerung der Produktivität der Arbeit erfolgen. Marx verwendete für die Methoden der Steigerung der Produktivität in der Industrie auch den Begriff der „reellen Subsumtion der Arbeit unter das Kapital" (Marx, MEW 23: 531ff). Damit ist gesagt, daß die Unterordnung von Arbeit (und, so können wir hinzufügen, von natürlichen Bedingungen) unter das

---

Entnahme im fossilistischen Fordismus sind extrem kurz im Vergleich mit den außerordentlich langen Zeitrhythmen, in deren Verlauf sich mineralisierte Biomasse bilden kann. Es werden die Bestände, die sich in hunderten von Millionen Jahren gebildet haben, in wenigen hundert Jahren bis zur Neige aufgebraucht. Und was dann?

Regime des Kapitals nichts anderes als die Entbettung aus traditionalen Formen, die auch auf traditionalen energetischen Antriebssystemen auflagerten, darstellt: „In demselben Maß, worin die Industrie vortritt, weicht (die) Naturschranke zurück" (Marx, MEW 23: 537), d.h. die Produktion von Überschuß in der gesellschaftlichen Form des Profits entwindet sich der Grenzen, die biotische Energien und natürliche Raum- und Zeitregime setzen. Dazu werden die angemessenen Techniken entwickelt, die schneller als je zuvor in der Menschheitsgeschichte gewandelt werden, weil sie mit der Akkumulationsdynamik Schritt halten müssen. Innovationen werden zum Prinzip. Der Folie abstrakter Vernunft kann mit fossilen Energieträgern und den angemessenen technischen Energiewandlungssystemen leicht gefolgt werden. Heute können die Konstrukte Leonardos, der dies mit den begrenzten biotisch-endosomatischen Energiequellen noch nicht vermochte, realisiert werden[47].

Nun werden Möglichkeitsräume eröffnet, die vor Beginn des Zeitalters fossiler Energieträger niemals existierten. Die Grenzen der „Einbettung" sozialer und ökonomischer Dynamiken in traditionale Regelwerke werden nun als Prokrustesbett empfunden. Der Prozeß des „disembedding" wird als Weitung des Horizonts erfahren. So kommt jene „soziale Revolution" zustande, die in der zweiten Hälfte des 20. Jahrhunderts ihren Höhepunkt und Abschluß finden sollte: der „Untergang des Bauerntums" (Hobsbawm 1995: 365ff). In diesem historischen Prozeß des 20. Jahrhunderts kommt die industrielle Revolution tatsächlich zu einem vorläufigen Abschluß, nämlich mit der Vernichtung jener Klasse, die in der neolithischen Revolution ihren Ursprung hatte. Alle Kultur stammte seitdem aus der Agrikultur, wie Georgescu-Roegen bemerkt. Nun kann sie nur noch aus der Industrie stammen. Selbst die Bearbeitung des Bodens wird industrialisiert. „Die industrielle Revolution war ... der Anfang einer Revolution, so extrem und radikal, wie sie nur je den Geist von Sektierern befeuerte...", bemerkt Karl Polanyi sarkastisch (Polanyi 1944/1978: 68).

Durch die Unabhängigkeit der landwirtschaftlichen Produktion von den natürlichen Bedingungen wurde es möglich, den Hunger der wachsenden Bevölkerung zumindest in den nördlichen Breiten zu überwinden. Dies war keine Selbstverständlichkeit, denn noch im 19. und frühen 20. Jahrhundert war auch in den „reichen" Gesellschaften Europas „Schmalhans Küchenmeister" und in den großen Hungersnöten (z.B. in Finnland oder Irland) sind Menschen nicht nur vereinzelt verhungert (Ponting 1991: 88ff). Aber der Preis dieses „Entbettungsmechanismus" ist nicht gering: Es ist die Krise der Evolution durch Ver-

---

[47] Leonardo da Vinci konnte den Helikopter zwar denken, aber noch nicht wirklich fliegen. Dazu fehlten Energien und angemessene Energiewandlungssysteme. Umso genialer seine Vision.

nichtung der Artenvielfalt, der Verlust von Böden durch Übernutzung, die Vereinseitigung der Ernährung, wenn – wie bei anderen industriell erzeugten Produkten – der Massenkonsumtion eine Massenproduktion entsprechen muß. Und es geht in dieser „sozialen Revolution" das in Jahrtausenden angereicherte Wissen der Menschheit über die angemessene Bearbeitung des Bodens verloren, bzw. es verwandelt sich in das hochspezialisierte und durch „intellectual property rights" monopolisierte Expertenwissen der agroindustriellen TNU. Nicht zuletzt ist dieser Übergang auch für die Veränderung des Zeitregimes von der zyklischen Zeit der agrarischen Wachstums- und Erntezyklen zur fragmentierten Zeit unterschiedlicher Beschleunigung in verschiedenen Räumen verantwortlich.

3.1.5 Das entbettete, selbstreferentielle Geld
Zwar ist die Herauslösung der Wirtschaft aus der Gesellschaft gar nicht möglich, wenn sich nicht auch eine Geldwirtschaft entwickelt, also auch das Geld aus der Gesellschaft entbunden wird und zum „Geldfetisch" werden kann. Der Markt ohne Waren ist ein undenkbares Unding, aber die Ware ohne das Geld erst recht. Doch das Geld ist nicht nur ein Medium der Kommunikation oder Zirkulation, das als solches vollkommen den Gesetzen des Warentausches gehorcht. Es entwickelt vielmehr „als Geld" ein Eigenleben, das es rechtfertigt, von einer „zweiten Stufe" des „disembedding" zu sprechen. Es handelt sich hier bereits um das von Aristoteles beargwöhnte abstrakte „Kapitalerwerbsstreben", das sich den Kriterien des „guten Lebens" in der Gesellschaft entzieht. Für den Fortgang des Entbettungsprozesses, sobald das Geld im Spiel ist, gibt es mehrere Gründe.
Erstens. Das Geld in Verbindung mit den fossilen Energieträgern hebt die „great transformation" auf die globale Ebene. Denn dort bildet sich die von den realökonomischen Prozessen entkoppelte monetäre Sphäre des globalen Finanzsystems. Der ökonomische Funktionsraum wird auf diese Weise globalisiert, zumal wenn nicht nur Waren getauscht werden (Freihandel), sondern Finanzbeziehungen eine zentrale Rolle spielen. Polanyi selbst gibt Hinweise auf die ambivalente Rolle der bereits im 19. Jahrhundert international operierenden Banken, die mit ihren komplexen Kreditbeziehungen eine fragile, aber immerhin eine koloniale „Friedensordnung" stützte[48] (Polanyi 1944/1978: 29ff). Andererseits gehörten Kredite und Schulden auch damals zum Geschäft und die Folgen waren – ähnlich wie heute – Schuldenkrisen und (anders als heute)

---

[48] Von „Friedensordnung" kann daher nur aus europäischer Sicht gesprochen werden, nicht aus dem Blickwinkel der kolonisierten Kontinente, denen die „Friedensordnung" mit Kanonenbooten und Expeditionskorps verordnet worden ist.

Staatsbankrott, Kapitulation, ökonomische und politische Abhängigkeit (dazu vgl. Altvater 1993: 125-178).
Zweitens. Schon Keynes machte mit der klassisch-neoklassischen Annahme Schluß, daß Märkte prinzipiell gleichartig und jeweils durch den Preismechanismus zu einem Marktgleichgewicht der Vollbeschäftigung aller Faktoren gesteuert würden. Wäre es tatsächlich so, könnte die Herauslösung des Marktes aus der Gesellschaft nicht schaden. Vielmehr weist eine kapitalistische Ökonomie eine spezifische hierarchische Anordnung von Märkten auf: Der Geldmarkt steuert den Gütermarkt, und dessen Entwicklung ist für die Nachfrage auf dem Arbeitsmarkt, also auch für Beschäftigung und Lohneinkommen, entscheidend. Marx hatte völlig Recht, als er in seiner Formanalyse des Werts zeigte, daß und wie die Arbeit durch die Bewegungen des Geldes vergesellschaftet wird. Marktwirtschaften sind Geldwirtschaften und vom Geld her entschlüsseln sich ihre Bewegungsgesetze. So wird die geldvermittelte Distanzierung von Personen möglich, so entbettet sich die Wirtschaft aus der Gesellschaft, so entkoppelt sich das Geld von der Wirtschaft, um dann aber seine Logik der Wirtschaft aufzudrücken, die die Gesellschaft zwingt, ihr als „Sachzwängen" zu gehorchen. So wird das Geld „ein innerer Bestandteil des modernen Lebens in der Gesellschaft" (Giddens 1995: 39). Es wird vor allem „im Sinne von Kredit und Schuld definiert" (ibid.: 36), also als Geld, das nicht mehr nur als Zirkulationsmittel in der Warenzirkulation fungiert. Es ist schlicht „Geld", das sich selbstreferentiell nur auf sich als Geld bezieht (Marx, MEW 23: 143-160). Die Geldfunktion des Wertmaßes ist noch ganz an die einzelne Ware gebunden, die Funktion des Zirkulationsmittels noch an den Austausch der Waren untereinander. Da ist der Raum für Verselbständigungstendenzen beschränkt.
Die Entbettung des Geldes kommt auch im Wandel zum Ausdruck, dem die Zentralbanken *institutionell* unterworfen sind. Wenn die Zins- und Wechselkurssouveränität im Zuge der Deregulierung der Finanzmärkte verloren gegangen ist, erweist sich die Abhängigkeit der Zentralbank von der Regierung *erstens* als überflüssig und *zweitens* sogar als schädlich. Die Offenheit der Finanzmärkte bedeutet ja vor allem, daß nationale Währungen in Währungskonkurrenz zueinander und gegeneinander geraten. Die wichtigsten Akteure auf den globalen Währungsmärkten sind private Banken oder institutionelle Anleger (Versicherungsgesellschaften, Pensionsfonds etc.). Ihre Geldvermögen werden in jenen Währungen gehalten, die höchste Sicherheit und Renditen auf den globalen Märkten versprechen. Die Aufgabe der Zentralbank verändert sich in der Währungskonkurrenz also radikal: von der geldpolitischen Unterstützung der Regierungen bei der Verfolgung ihrer wirtschaftspolitischen Ziele zur Sicherung von Geldvermögen und ihrer Verwertung. Die Zentralbank als „Bank der Banken" wird auf den Finanz- und Währungsmärkten ein Akteur wie ande-

re auch, wenn auch mit besonderer Macht ausgestattet. Die Funktion ist es, in der Währungskonkurrenz den relativen Wert der je nationalen Währung zu verteidigen. Dies kann aber nur geschehen, wenn den Signalen der globalen Finanzmärkte unbedingt gehorcht wird, und nicht den Einflüsterungen von Regierungen, die andere Ziele verfolgen müssen als die strikte Verteidigung des inneren und äußeren Geldwerts einer nationalen Währung. Daher wundert es nicht, daß die europäische Zentralbank, dem Modell der Deutschen Bundesbank entsprechend, als eine von den Regierungen unabhängige Institution konzipiert worden ist, die die einzige Aufgabe der Sicherung des Geldwerts (des neuen EURO) nach innen und nach außen zu verfolgen hat. Eine in der internationalen Währungskonkurrenz geforderte Stabilisierungspolitik ist nur von einer regierungsunabhängigen Institution durchführbar und auf den Finanzmärkten durchsetzbar. Die Schlußfolgerung lautet: <u>Unter Bedingungen der Währungskonkurrenz gibt es die Möglichkeit der politischen Beeinflussung der Geldpolitik zur Verfolgung von sozialen und arbeitsmarktpolitischen Zielen nicht mehr.</u> *„Form follows function"*; die Institution der Zentralbank wird der funktionellen Notwendigkeit im Zeitalter globaler Finanzmärkte angepaßt. Entbettung findet hier als Autonomisierung der Zentralbank gegenüber Politik und Gesellschaft statt (vgl. zum Kontext das 5. Kapitel).

Erst wenn das Geld von seiner Bindung an die Welt der Waren gelöst wird, tritt das ein, was Giddens im Anschluß an Simmel etwas hilflos so beschreibt: „Die durch moderne Geldwirtschaften ermöglichte Entbettung nimmt weit größere Ausmaße an als in jenen vormodernen Zivilisationen, in denen es schon Geld gab..." (Giddens 1995: 37). Geld fungiert entweder als Schatz (der durch „Verkauf ohne Kauf" aufgehäuft wird) oder als Zahlungsmittel (wenn „Kauf ohne Verkauf" kreditiert werden muß) und bildet nun den „Spagat" auf einem Markt, der zum Geld- und Kapitalmarkt wird. Mit den zu seiner Funktion notwendigen Institutionen entfaltet sich ein Finanzsystem, das heute globale Ausmaße angenommen hat. Da Geld eine Forderung begründet, entstehen Geldvermögen, die von „Geldvermögensbesitzern" gemanagt werden. Wo Forderungen sind, gibt es auf der anderen Seite aber auch Verpflichtungen, also Schulden und folglich auch Schuldner.

Die Eigenbewegungen des Geldes als Geld kommen erst zur Geltung, als es material und energetisch möglich wird, Zeit und Raum aus der Unmittelbarkeit der alltagsweltlich-beschränkten Banalität zu lösen. Nun erst stellt sich das Geld als ein hervorragend geeignetes Instrument heraus, die Zeit- und Raum-Koordinaten des globalen Systems neu zu organisieren. Während Warenbesitzer noch zum Tausch ihrer Waren zeitlich und räumlich präsent sein müssen, ist dies bei Geldbeziehungen überflüssig geworden. Es kommt nur darauf an, daß die Verpflichtungen aus Geldbeziehungen in den vereinbarten Fristen geleistet werden. Diese Fristen und festgelegten Orte, an denen sie zu erfüllen sind, bestimmen die Raum-Zeit-Matrix der Weltgesellschaft.

3.2 Rückwirkungen: Der entbettete Weltmarkt wird zum „Sachzwang"

Im Kapitel über das Geld im ersten Band des „Kapital" von Karl Marx folgt nach der Behandlung des Geldes als Geld ein kleiner, in der Regel wenig beachteter Abschnitt über das „Weltgeld". Weltgeld – zu Marx' Zeiten Gold, das seine Nationalität mit dem Währungsstempel aufgedrückt bekommt – ist aber mehr als nur Barrengold. Hier spielen Probleme des Wechselkurses eine Rolle, die angemessen nur behandelt werden können, wenn die Handels-, Leistungs- und Kapitalbilanz in die Untersuchung einbezogen werden. Nun zeigt sich, was „Entbettung" auch ist: die Entstehung von *„synthetischen Indikatoren"* (wie sie zum Beispiel die Teilbilanzen der Zahlungsbilanz liefern), mit denen Gesellschaften im abstrakten Funktionsraum der globalen Märkte vergleichend bewertet werden. Dazu haben sich spezielle „Expertensysteme" herausgebildet, die „rating agencies", die die Solvenz von Kreditnehmern (häufig Staaten) und die Güte der Kredite und daher der Gläubigerinstitutionen, zumeist Banken, bewerten (vgl. Sassen 1996: 31ff). Die Bewertung wäre harmlos, ginge es nur um Urteile von interessierten Politikern oder Wissenschaftlern über „die Lage der Nation". Doch sie definieren die komparative Position eines nationalen Währungsgebiets in der globalen Währungskonkurrenz. War noch die Souveränität im Denken des 19. und frühen 20. Jahrhunderts an die Territorialität des Staatswesens gebunden (so auch Polanyi 1978: 251), so definiert sie sich in einer Welt des Weltgeldes durch den Währungsraum, dessen Grenzen an den Theken der Devisenbörsen oder im globalen „swift"-Netzwerk der Banken verteidigt werden. Der Geldfetisch wird tatsächlich zum Sachzwang. „Das Geld ist damit unmittelbar zugleich das reale Gemeinwesen, insofern es die allgemeine Substanz des Bestehens für alle ist, und zugleich das gemeinschaftliche Produkt aller" (Marx 1953: 137), und zwar auf globaler Ebene. Der Fortgang des Prozesses des „disembedding" kann daher als Errichtung eines grandiosen Fetisches interpretiert werden, der mit seiner als „Sachzwang" getarnten Gewalt, mit dem „stummen Zwang der ökonomischen Verhältnisse" Menschen beherrscht und Gesellschaften seinem Diktat unterwirft.

Die Entbettungsmechanismen haben die fatale Folge, daß durch sie eine Realität mit Standards erzeugt wird, die für die Gesellschaft auch dann verbindlich sind, wenn diese sich gegen ihre Wirksamkeit sträuben sollte. Einmal dem Marktmechanismus ausgeliefert, dem globalen Zeit- und Raumregime unterworfen, von den Preisen des Geldes (Zinsen und Wechselkurs) abhängig, müssen sich Gesellschaften den entbetteten Mechanismen der Wirtschaft anpassen.

Sie führen also „structural adjustment programs" durch, um die Wettbewerbsfähigkeit zu halten. Sollten sie dazu auf externe Kredite angewiesen sein, müssen sie internationalen Institutionen wie Weltbank oder IWF gehorchen. Es gibt also nicht nur die „Entbettungsmechanismen", sondern auch „Sachzwangmechanismen", und diese sind auf globaler Ebene institutionalisiert.

Schaubild 3.2: Vom Disembedding zu den Sachzwängen des Weltmarkts und zum Verlust der wirtschaftlichen Souveränität

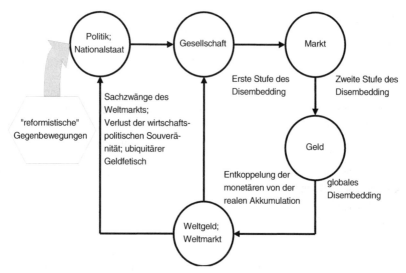

Die entbetteten Mächte wirken also auf soziale Beziehungen und politisches Institutionensystem zurück, und zwar als Sachzwänge. Dies findet seinen Ausdruck in der schon von Keynes gegen die Neoklassik beschriebenen „Hierarchie der Märkte": Der Geldmarkt steuert mit den auf ihm gebildeten Preisen den Gütermarkt und dieser ist für die Nachfrage auf dem Arbeitsmarkt relevant. Entbettung bedeutet also lebenspraktisch für die abhängig Beschäftigten, daß ihre Chancen auf einen Arbeitsplatz von abgehobenen und von ihnen überhaupt nicht beeinflußbaren Prozessen auf den globalen Märkten gesteuert werden. Im politischen System sind diese gleichen Prozesse verantwortlich für den Verlust der wirtschaftspolitischen Souveränität. Wenn Zinsen und Wechselkurse nicht mehr politisch durch die dafür legitimierten Institutionen des Nationalstaats festgelegt, sondern auf globalen Märkten gebildet werden, kann die Marktdynamik nicht mehr politisch nach Zielvorgaben reguliert werden, die mit den Märkten *nicht kompatibel* sind. Dann bietet sich tatsächlich auch die theoretische, ideologische und schließlich politisch-praktische Ratifikation dieses Zustands globaler „disembeddedness" als Politik der „Deregulierung" an. Die Politik verschwindet dann nicht, aber ihre Rationalität wird der ökonomischen homolog. Der Markt, der Weltmarkt wird zum Fetisch. Also wird zu fragen sein, worum es sich handelt, wenn wir ganz selbstverständlich vom „Markt" und seinen Sachzwängen reden. Dies ist Thema des folgenden Abschnitts. Allerdings provoziert der „teuflische Mechanismus" (Polanyi 1978: 109) der Entbettung und der Sachzwänge soziale Gegenbewegungen, reformistische Kräfte, mit denen wir uns im übernächsten Abschnitt beschäftigen wollen.

3.3 Der Markt – ein unbekanntes Wesen?

Niklas Luhmann läßt beiläufig die Bemerkung fallen, daß „eine zureichende Theorie des Marktes (fehle), auch und gerade in den Wirtschaftswissenschaften" (Luhmann 1990: 107). Damit hat er so unrecht nicht. Das Diktum ließe sich allerdings ausdehnen: auf das Geld, auf die Arbeit, und es wäre hinzufügen, daß die theoretische Lücke umso breiter klafft, je mehr man sich auf den Weltmarkt für Waren, Arbeit, Geld und Kapital begibt. Denn da bleiben die meisten Theoretiker des Sozialen und des Ökonomischen kurzatmig zurück. Der Markt ist einerseits wegen der dargelegten Tendenzen des „disembedding" eine einfache Angelegenheit, da von allen sozialen und politischen Residuen befreit. Er könnte als funktionaler Ort von Tauschvorgängen begriffen werden. Damit würde sich jede Vorstellung von Wirtschaft als orts- und zeitgebundener Veranstaltung erledigen. Mit F.A. von Hayek (und J. St. Mill) könnte der ökonomische Prozeß als reine Katallaxie, als eine unendliche Serie von preisgesteuerten Tauschvorgängen konzipiert werden, die im Endeffekt ein Gleichgewicht hervorbringen, bei dem kein Marktagent Veranlassung hat, seine Pläne zu revidieren. Diese Vorstellung war schon Cournot ein Greuel, da an diesem Punkt, an dem veränderndes Handeln irrational würde, die Geschichte an ein Ende geraten würde (vgl. dazu Anderson 1992: 294ff). Auch von Hayek hält dagegen; denn Ungleichgewichte sind es, die Innovationen stimulieren. Der Markt ist keine Gleichgewichtsveranstaltung, sondern ein „Entdeckungsverfahren" (von Hayek 1968). Da hat er, wie Luhmann, so Unrecht nicht. Tatsächlich ist der Markt eine praktisch außerordentlich komplexe und daher theoretisch komplizierte, nicht einfach zu entschlüsselnde Angelegenheit[49]. Dafür können eine Reihe von Argumenten ins Spiel gebracht werden:

---

[49] Sombarts Definition ist daher viel zu simpel, als daß sie der Vielschichtigkeit des Marktes gerecht werden könnte. Er schreibt: „Unter dem Worte Markt verstehen wir im allgemeinen und abstraktesten Sinne den Inbegriff der Absatzmöglichkeiten und Absatzgelegenheiten…" (Sombart 1916/1987: Band II, 185). Hier wird nur der Produzentensicht gefolgt („Vom Stand-

Erstens führt der Prozeß des „disembedding" nicht so weit, daß der Gesellschaft und ihren Institutionen keinerlei Funktionen mehr bei der Regulierung der Wirtschaft bleiben. Globalisierung gelangt also, wie bereits dargestellt, an Grenzen; Globalität ist nicht erreichbar. Es stellt sich vielmehr heraus, daß gerade der „disembedded market" der gesellschaftlichen Regulierung bedarf, soll er seine „a-soziale" und „a-naturale" ökonomische Rationalität verfolgen können. Denn Geldbeziehungen sind prinzipiell Vertragsbeziehungen, die der rechtlichen Regelung durch eine unabhängige Instanz bedürfen, die selbst nicht Vertragspartei ist. Im Gegensatz zur neoliberalen Auffassung, daß mehr Markt weniger Staat bedeute, provoziert die Vermarktwirtschaftlichung einen enormen rechtlichen Regelungsbedarf von Geldbeziehungen, der in jedem Fall vermehrte staatliche Eingriffe, zumindest in Form des Ordnungsrechts, erforderlich macht. Dessen war sich die Freiburger Schule um Eucken wohl bewußt, und auch in Großbritannien ist die De-Regulierung nur durchführbar gewesen, weil neue Regularien entwickelt worden sind. Auch der IWF sorgt sich in seiner Analyse der „emerging equity markets" (IMF 1994a: S. 26-27), wenn auch eher zwischen den Zeilen, um die Stabilität der globalisierten Finanzmärkte und plädiert für gewisse Regulation – durch nationale Staaten, deren Interventionskapazität gerade durch die Vermarktwirtschaftlichung unter der Ägide der „structural adjustment programs" des IWF reduziert worden ist. Der Mangel an Marktregulierung ist für die Finanzkrise Asiens verantwortlich gemacht worden, so daß sich nicht nur in der betroffenen Region Stimmen mehren, die für eine „Re-Regulierung" der Märkte plädieren. In den Transformationsländern MOEs wird nach Ordnung, nach Vertrags- und Rechtssicherheit gerufen, damit die privaten „Investoren" unter kalkulierbarem Risiko ihre Entscheidungen treffen können. Selbst die Tendenzen einer weiteren Privatisierung des Geldes durch Einführung der „electronic purse" provozieren angemessene Maßnahmen der öffentlichen Regulierung.

Der Staat mit seiner „Ordnungspolitik", die die Neoliberalen gegen die „Prozeßpolitik" begründen, kommt ins Spiel. Für Eucken sind private, und das heißt jeweils besonders ausgewiesene und durch die öffentliche Gewalt garantierte Eigentumsrechte klare Haftungsregeln, eine Politik der Sicherung der Geldwertstabilität, des Knapphaltens des Geldes durch öffentliche Institutionen wie die Zentralbank Kern bzw. „Primat" von Ordnungspolitik; die Sicherung eines „funktionsfähigen Preissystems" ist „das wirtschaftsverfassungsrechtliche

---

punkt des Produzenten /Händlers/aus gesehen…", ibid.: 188) und daher interessiert Sombart vor allem die „Vergrößerung der Märkte", für die er „populationistische", „administrative", „politische", „kommerzielle" und „technische" Gründe anführt (ibid:187). „Wir nehmen diesen Standpunkt des eine Ware vertreibenden Interessenten ein, wenn wir von lokalen oder nationalen Märkten oder vom Weltmarkt sprechen…" (ibid: 188).

Grundprinzip" (Eucken 1959: 160-161). So kommt es, daß der ökonomischen De-Regulierung eine ordnungsrechtliche, politische Re-Regulierung folgt. Die reine „disembedded" Marktwirtschaft ist folglich ein Trug.
Zweitens enthalten, wie Emile Durkheim (1977) gezeigt hat, Vertrags- und daher auch Geldbeziehungen immer *außervertragliche* (und daher auch außermarktwirtschaftliche) Voraussetzungen, die für Funktionsweise und Effizienz der Markt- und Geldwirtschaft unverzichtbar sind. An dieser „moralischen Dimension" von Vergesellschaftung knüpft die soziologische Kritik (Etzioni 1988; Granovetter 1985; Mahnkopf 1988, 1994) neoklassischer Rationalmodelle der geld- und marktvermittelten Vergesellschaftung an. Empirische Gesellschaften bringen immer schon nicht-ökonomische Netzwerke (jenseits von Markt und Hierarchie) hervor, um die ökonomischen Sachzwänge, die sie selbst erzeugt haben, überhaupt ertragen zu können. Dieser Hinweis deutet an, daß eine vollständige Loslösung der Ökonomie von der Gesellschaft – ein „disembedding total" – tatsächlich für die ökonomische Effizienz und nicht erst für die gesellschaftliche Subsistenz und Suffizienz von Schaden ist. Außermarktmäßige Beziehungsnetzwerke hängen von der Kompetenz der *Zivilgesellschaft* und von ihrer die Individuen als Marktteilnehmer vergesellschaftenden Kraft, von den Zugängen zu Informationen, von Vertrauen und reziproken Beziehungen, von Konsens und wechselseitiger Anerkennung ab (Mahnkopf 1986; 1994). Alle diese Zusammenhänge von Wirtschaft als einem gesellschaftlich-kommunikativen System sind in der ökonomischen Theorie des Marktes wenig geklärt; die „invisible hand" ist so unsichtbar, daß niemand weiter nach ihrer Anatomie und nach dem Körper fragt, dessen Organ sie ist. Obendrein geben sich die Markttheoretiker häufig mit der einen, der „invisible" Hand zufrieden, ohne nach der zweiten, der „visible" hand (Chandler 1977), oder gar der dritten, der „third hand" (Elson 1990) zu fragen.
Drittens muß nicht nur der Welthandel, sondern vor allem der Weltgeldmarkt untersucht werden. Hier werden die Restriktionen des Geldes erzeugt, die den Marktakteuren auferlegt werden, um sie zu äußersten Leistungen in der globalen Konkurrenz zu stimulieren. Die soziologische Debatte um „Geld als soziales Konstrukt" mißt diesem Sachverhalt nur wenig Bedeutung bei (z.B. Deutschmann 1995); die Wissenschaft von der Gesellschaft hat keinen Begriff davon, daß Gesellschaft am Ende des 20. Jahrhunderts vor allem geldvermittelte (Welt)gesellschaft ist[50]. So kann die Einschätzung Plausibilität beanspruchen, daß die Weltmarktzwänge für den Umgang mit dem Wohlfahrtsstaat

---

[50] Luhmann (1971) behauptet zwar explizit, daß Gesellschaft heute Weltgesellschaft sei, zieht aus dieser Feststellung aber keinerlei Konsequenzen, etwa hinsichtlich der Medien und Codes der Regulierung von sozialen Systemen.

Kontextkonstanten seien, denen nur mit internen Anpassungen begegnet werden kann; dabei wird der Wohlfahrtsstaat lediglich als Kostenfaktor wahrgenommen. Die Restriktionen des Geldes sind in der „gesellschaftlichen Natur", in der *Form* der globalen Reproduktionsprozesse eingeschrieben, aber sie finden in der Weltwirtschaft paradoxerweise in politischen *Institutionen* wie dem Internationalen Währungsfonds, der Weltbank, dem GATT oder der WTO ihren moralisch nicht moderierten Ausdruck: in der „Konditionalität" von Strukturanpassungsprogrammen.

Das nachfolgende Schema (*Schaubild 3.3*), das Ausführungen von Michel DeVroey (1990) aufgreift und weiterführt, soll die Komplexität des Marktes und des Geschehens auf ihm andeuten. Jedes Feld in dem Schema erfordert theoretische Klärungen, die in der Literatur über Märkte und die Marktwirtschaft nicht vorausgesetzt werden können. Es geht um ein in den Sozialwissenschaften wohlbekanntes Problem: das von Struktur und Handlung im Rahmen einer gesellschaftlichen Form. Wie kommt es zur Bildung von Preisen, wenn alle Marktagenten sich als Preisnehmer, wie im Modell der vollkommenen Konkurrenz unterstellt, verhalten (Feld 2.1.)? Wie ist also die Strukturierung eines Marktpreissystems durch individuell nicht abgestimmte Aktion *ex ante* zu denken? Daß *post festum* immer vom Markt ratifizierte Ergebnisse herauskommen, verdunkelt die Relevanz der Frage. Wie können unabhängige, „individuelle" Entscheidungen begründet werden, wenn doch alle Marktteilnehmer das gemeinsame soziale und natürliche Ambiente nutzen und jeweils durch die Erzeugung von Externalitäten (positiv, zumeist aber negativ) verändern (Feld 5.1.), wenn sie außervertraglich (durch eine gemeinsame Sprache, durch Habitus und Normen, kulturelle Praxen) verbunden sind, also auf der gleichen sozialen Hefe gedeihen? Ist dann die Annahme vom „methodologischen Individualismus" (Schumpeter 1908) noch zu rechtfertigen, obwohl sie die Grundlage des „rational choice" darstellt (Feld 1.1)? Wo es keine unabhängigen Entscheidungen gibt, ist die Grundannahme von autonomen Individuen, die freie Verträge eingehen, fragwürdig (Felder 1.1.; 1.2.). Sie befinden sich bereits in Beziehungen, die sie stärken, manchmal auch binden, ja fesseln („lock-in"-Effekt), und die einer kulturell vermittelten nicht-privatrechtlichen, also öffentlich-politischen Regulation bedürfen. Dies ist besonders eklatant im Fall der sogenannten „positionellen Güter" (die uns im 11. Kapitel noch genauer beschäftigen werden), welche gar nicht mehr als Waren getauscht werden können. Für sie ist der Markt ein ungeeigneter Koordinationsmechanismus. Wie entsteht das Gleichgewicht, die Referenzkategorie der Markttheorie, eigentlich praktisch, wenn kein Marktteilnehmer nach Gleichgewicht, sondern nach maximalen Profiten und höchster Bedürfnisbefriedigung strebt (Felder 1.3; 2.3.)? Ist die „perfect competition" mit dem

Walrasianischen Auktionator nicht wie „perfect computation" nur als Spiel externer Beobachter mit Marktagenten wie mit ihren Marionetten, aber nicht als ein Spiel der Marktagenten selbst vorstellbar (Felder 4.2.; 4.3.)?

Schaubild 3.3: Die Komplexität des Marktes

	Akteure	Prozesse	Koordination
Akteure	1.1. dezentrale Individuen; „methodologischer Individualismus"; Interdependenzen und Interferenzen	1.2. keine Kenntnisse über die Handlungssequenzen im Marktsystem	1.3. spontanes, nicht antizipiertes Resultat der Aktionen: „hinter dem Rücken"
Prozesse	2.1. Akteure als Re-Akteure („price takers"); wenn alle Preisnehmer sind, wer bestimmt die Preise?	2.2. Marktinterferenzen; Markthierarchie: Abhängigkeit des Arbeitsmarktes von Güter- und Finanzmärkten	2.3. Resultat: definiertes Gleichgewicht und Optimum
Koordinierung	3.1 Spielregeln; äußere Restriktionen; Eigentumsrechte; „Sachzwang"	3.2. Alternativen von Marktprozessen: vollständige Konkurrenz bis Monopol	3.3. totales Gleichgewicht des Systems ist unmöglich
Beobachter; Ökonom	4.1. Akteure wie Marionetten in einem vom Beobachter inszenierten Spiel; Modellbildung	4.2. Beobachter kennt die Marktlogik, um sie durchzusetzen, handelt er wie ein Auktionator	4.3. Resultat der Prozesse unter Konkurrenzbedingungen vergleichbar jenen in einer Planwirtschaft: „perfect competition = perfect computation"
Umwelt des Marktes	5.1. Akteure nutzen und beeinflussen die soziale und natürliche Umwelt. Dadurch entstehen nicht-marktmäßige Interferenzen; Externalitäten; außervertragliche Elemente von Vertragsbeziehungen	5.2. unvollständige Informationen und irrtümlich eingeleitete Prozesse; Kurzsichtigkeit; Marktversagen	5.3. die Materialität der Koordinierung; die energetische Seite informationeller Abläufe

Wie entsteht übrigens ein Markt, an dem sich alle beteiligen, den aber niemand bewußt „macht"? Dies ist die Frage nach jenen Subjekten, die als „market makers" bezeichnet werden und die für die mittel- und osteuropäischen Transformationsökonomien von eminenter Bedeutung sind. Das Saysche Theorem, demgemäß sich jedes Angebot die adäquate Nachfrage schon schafft, in Ehren. Aber Nachfrager nach Leistungen (z.B. Investitionsgüter) müssen auftreten, wenn Gütermärkte entstehen und die Produktion in Gang kommen soll. Dafür ist, wie Keynes (und selbstverständlich Marx) gezeigt haben, ein Minimalniveau der „Grenzleistungsfähigkeit des Kapitals", eine Mindestprofitrate nötig. Das Minimum bemißt sich einerseits an den Erträgen der Vergangenheit, zum anderen an den Zinsen, die alternativ mit Investitionen auf Finanzmärkten erzielt werden könnten.

Vom Markt kann nur reden, wer den Weltmarkt vor Augen hat. Die von Marx bezeichnete „propagandistische Tendenz", den Weltmarkt herzustellen, ist heute keine abstrakte, nur vom analytischen Verstand zu entschleiernde Tendenz mehr, sondern Realität der kapitalistischen Moderne. Was Polanyi schon für nationale Arbeits- und Geldmärkte gezeigt hat, läßt sich auch auf der globalen Ebene beobachten: nämlich die <u>Herausbildung von Institutionen und Organisationen, also eine Regimebildung der wenn auch partiellen und unvollkommenen Regulation der Abteilungen des Weltmarkts</u>. Obendrein sind auf dem Weltmarkt auch die Nationalstaaten präsent. Diese verschwinden im Zuge der Globalisierung keineswegs, auch wenn die zur ökonomischen Regulierung notwendige politische Souveränität im Prozeß der Weltmarktbildung eingeschränkt wird.

<u>Auch der Weltmarkt ist also mehr als ein abstrakter Ort des Austausches von Waren (Güter, Dienste, Kapital, Geld, Arbeitskraft); er ist auch ein soziales Regulativ und ein Ensemble von politischen Institutionen</u>. Die Tendenzen der Differenzierung der kapitalistischen Produktionsweise im Zuge ihrer Globalisierung lassen sich auch in der Entwicklung des Weltmarkts wiederfinden. Die Differenzierung folgt auf der einen (im *Schaubild 3.4* vertikalen) Seite den ökonomischen Kapitalformen, auf der anderen (horizontalen) Seite den politischen Regulationsformen und -instanzen. Globalisierung besteht also nicht nur darin, daß die ökonomischen Transaktionen auf den verschiedenen Märkten sich ausdehnen und ausweiten und den globalen Raum herstellen und füllen, sondern auch darin, <u>daß regulierende Institutionen entstehen</u>. Dieser Prozeß könnte auch als <u>Emergenz</u> bezeichnet werden, als eine Art „Fraktalisierung" des Weltmarkts (dazu das nachfolgende Kapitel). Ihnen wird nicht selten zugetraut, die verlorengegangene Nationalstaatlichkeit als globale Staatlichkeit zurückzugewinnen, die im globalen Raum diffundierte Souveränität des Staats gegenüber der Gesellschaft erneut, beispielsweise als „global governance" oder „Erdpolitik" kon-

zentrieren zu können. Doch wird bei den globalen Regulationsinstanzen vergessen, daß es sich im Prinzip um Institutionen des Marktes handelt, nicht um politische Institutionen, die die Realisierung eines Projekts verfolgen, das sich der Logik des „disembedding" zu widersetzen vermag. Die Unterscheidung ist wichtig, da nur politische Institutionen der demokratischen Legitimation, des Konsenses bedürfen und nach der Logik der hegemonialen Stabilität agieren. Marktinstitutionen – dazu zählen IWF, Weltbank, WTO – haben diese Rücksichtnahme nicht nötig, es sei denn, sie werden aus der zivilen Gesellschaft heraus dazu veranlaßt, also durch soziale Bewegungen dazu gezwungen. Hier liegt die Bedeutung – oder aus der Sicht dieser Institutionen: das Skandalon – neuer Akteure auf internationaler Bühne (Nicht-Regierungsorganisationen). Deren Herausforderung wird zum Teil positiv zu wenden versucht, indem sie in ein System der „global governance" als Beschaffer von Legitimation und als lokal kompetente Akteure eingebunden werden.

Der Weltmarkt ist demzufolge „geographischer Ort" von ökonomischer Reproduktion und politischer Koordination, ganz abgesehen davon, daß die gesellschaftlichen Beziehungen trotz der „Entbettungsmechanismen" von Bedeutung bleiben und auch die globale Umwelt in den ökonomischen Prozessen und politischen Verhältnissen der Regulation eine Rolle spielt. Die weitgehende Deregulierung, Öffnung der nationalen Ökonomien und deren Integration in die Weltwirtschaft fordert – wie im nachfolgenden Kapitel zur „Fraktalisierung" ausgeführt wird – zur Bildung von regulierenden Institutionen, von Normen und Regeln des Markthandelns heraus. Allerdings sind in den vergangenen Jahrzehnten die Möglichkeiten der Regulierung im Zuge der „Deregulierung" eingeschränkt worden. Es ließe sich sogar behaupten, daß die Globalisierung in ihrem Kern darin besteht, die gesellschaftlichen Regulationsmöglichkeiten ökonomischer Prozesse auf nationalstaatlicher, regionaler und lokaler Ebene einzuschränken, ohne daß auf der globalen Ebene regulierende Institutionen die deregulierten nationalstaatlichen Institutionen substituieren könnten. Dies ist ein besonders deutliches Indiz dafür, daß es zwar den Weltmarkt, aber *keine Weltgesellschaft* gibt. Globalisierung kann daher als Prozeß mit drei Dimension verstanden werden: er ist *Öffnung* von bislang durch Grenzen geschützten Räumen. Er ist deren *Integration* zu einem ökonomischen Weltsystem, und er ist ein Prozeß der politischen *Deregulierung*. Denn die deregulierten politischen Institutionen werden auf makroregionaler oder globaler Ebene nicht durch korrespondierende Institutionen der Regulation ökonomischer und gesellschaftlicher Prozesse ersetzt. Dies kann als „great transformation" der Globalisierung verstanden werden.

Schaubild 3.4: **Die Struktur des Weltmarktsystems –
Ökonomie und Weltmarkt; Politik und Institutionen**

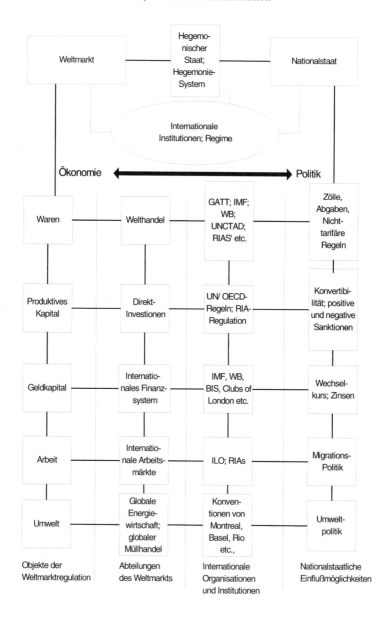

3.4 Bewegungen gegen die Folgen des „disembedding": Reformen im Verlauf von Transformationen

Polanyi hatte die „great transformation" als eine doppelte Bewegung der Entbettung von Märkten aus der Gesellschaft und von Gegenbewegungen der Re-Regulierung zum Schutze der Arbeit, der Natur und des Geldes gegen das „Wüten dieses teuflischen Mechanismus" (Polanyi 1978: 109) beschrieben. Im Grunde gibt es eine dreifache Bewegung: *erstens* die Herauslösung der kapitalistischen Märkte aus tradierten gesellschaftlichen Bindungen, die nur noch als „Verkrustung", als Kostenbelastung, als Privilegien von zum Untergang verurteilten Schichten, als Rigiditäten wahrgenommen und ideologisch übertrieben werden, um mit ihnen fertig werden zu können. Dagegen wehren sich *zweitens* die Betroffenen, indem sie die sozialen Formen, in denen bislang die Normalität von Arbeit und Leben geregelt war, verteidigen: das Normalarbeitsverhältnis und die darin eingespielten Balancen von Rechten und Pflichten, das institutionelle System des Wohlfahrtsstaats, der aus den Auseinandersetzungen im Zuge der „great transformation" der vergangenen 100 Jahre hervorgegangen ist, die Formen von Leben, die Sicherheit gewährt hatten. Diese Gegenbewegung hatte es auch während der „ersten" great transformation gegeben: als Maschinenstürmerei, romantische Natursuche, als Konservatismus der „guten alten Zeit". Die Arbeiterbewegung verkörperte aber damals bereits die *dritte* Bewegung, die hier zu erwähnen ist: Sie hat sich für neue Institutionen des Schutzes gegen den „teuflischen Mechanismus" eingesetzt, nicht um zu den alten Formen zurückzukehren, sondern um die „great transformation", die den Kapitalisten immense Vorteile brachte, sozial zu formieren, d.h. zu *reformieren*. Die Arbeiterbewegung war im Kern immer schon reformistisch, nachdem der revolutionäre Versuch, die „great transformation" revolutionär über die sich herausbildende kapitalistische Gesellschaftsformation hinauszutreiben, gescheitert war[51]. Als reformistische Kraft war sie doppelt erfolgreich. Es ist ihr in ihren Kämpfen gelungen, die „Satansmühle" der kapitalistischen Marktwirtschaft gewissermaßen zu zivilisieren und von ihr nicht zermahlen zu werden. Die Arbeiterbewegung hat darüber hinaus den Mechanismus umkonstruiert und hier und da eingegriffen und umgesteuert. Sie hat Kontrolle ausgeübt und sich dabei unvermeidlich „auf das System eingelassen", ist also gewissermaßen (negativ) integriert wor-

---

[51] Dafür ein Datum zu nennen, ist außerordentlich schwierig. Das Scheitern könnte bereits mit dem Übergewicht des reformistischen Teils der Arbeiterbewegung in Deutschland, Frankreich, England, Rußland vor dem Ersten Weltkrieg eingetreten sein oder infolge der Spaltung der internationalen Arbeiterbewegung während des Ersten Weltkriegs und nach der Oktoberrevolution, oder nach dem Sieg des Faschismus in den 30er Jahren und dem Siegeszug des Stalinismus, oder erst 1989. Für jedes Datum lassen sich gute Gründe anführen, die in diesem Kontext allerdings nicht zu diskutieren sind.

den. Das hat dem aus der „great transformation" hervorgegangenen modernen kapitalistischen System nur gut getan. Die „Ambivalenz des Reformismus" verschaffte sich Geltung. Die Kämpfenden gegen das System wurden negativ integriert und die dazu notwendigen Reformen waren geeignet, das System zu modernisieren und jeweils an die historischen Herausforderungen anzupassen. Diese Ambivalenz ist von Antonio Gramsci als *„transformismo"* analysiert worden[52].

In der zweiten „great transformation" der Globalisierung haben wir es erneut mit dieser dreifachen Bewegung zu tun. *Erstens* ist da jene Furie der Deregulierung, die alle tradierten Ligaturen, die die in einer Klassengesellschaft immer auseinanderstrebenden und aufeinanderprallenden Kräfte eingebunden hatten, abzuschaffen tendiert, um einen „freien" Weltmarkt *sans phrase* herzustellen. Auch hier ist jene „grobe Fiktion" (Polanyi 1978: 109) am Werke, die zum angenommenen Besten der Gesellschaft Gesellschaftszerstörung betreibt. Wir haben bei der Diskussion des Komplexes Weltmarkt gesehen, daß dieser Versuch einer noch krasseren und schwärzeren Utopie folgt als jener der frühen Marktwirtschaftler im Viktorianischen England. Sollte der Versuch gelingen, dann nur mit dem Ergebnis der Chaotisierung von Weltwirtschaft und Weltpolitik. Gegen diese Tendenzen, die ihre politischen Fürsprecher in den Regierungen Englands, der USA und in Kontinentaleuropa, Neuseeland etc. hatten und haben, gibt es ebenfalls den doppelten Widerstand. Es sind nun die Organisationen der Arbeiterbewegung, die im Zuge der Deregulierung und der Attacken auf die Einrichtungen des Wohlfahrtsstaates aus den Orten ihrer reformistischen Integration vertrieben werden sollen und die sich dagegen zur Wehr setzen. Es handelt sich dabei um einen ambivalenten Kampf. Einerseits werden Institutionen, Regeln, Normen verteidigt, die wie der Wohlfahrtsstaat eine starke Bindung an den Nationalstaat haben, der im Zuge der Globalisierung „denationalisiert" wird, also zumindest einen Teil der Souveränität verliert. Mit dem Nationalstaat geraten auch die wohlfahrtsstaatlichen Institutionen in tieferes Wasser und man kann durch noch so hektisches Schöpfen das Meer der Globalisierung nicht trocken legen. Andererseits bilden die wohlfahrtsstaatlichen Standards in den jeweiligen Nationen die je nationalstaatlich ausgeprägte materielle Grundlage der in der globalisierten Welt weitgehend geteilten Normen sozialer Gerechtigkeit, ohne die zwar Marktfreiheit, aber keine zivile Freiheit möglich ist.

---

[52] Der „transformismo" ist nicht nur ein nicht immer beabsichtigter Effekt der reformistischen Politik der Organisationen der Arbeiterbewegung, sondern kann auch Strategie der herrschenden Eliten sein: das System muß modernisiert werden, um die eigene Hegemonie unter sich ändernden Umständen erhalten zu können. Die Unfähigkeit der real-sozialistischen Parteien und Apparate zu dieser Art von Transformismus ist ein Moment der Erklärung des Zusammenbruchs von 1989 (vgl. dazu ausführlicher: Altvater 1991, 1. Kapitel).

Die reformistischen Organisationen der Arbeiterbewegung, sozialdemokratische und sozialistische (kommunistische) Parteien ebenso wie die Gewerkschaften, haben, zumal wegen ihrer traditionellen Verquickung mit dem Wohlfahrtsstaat, eine stark ausgeprägte nationalstaatliche Bindung. Sie haben folglich in ihrer Geschichte und Struktur begründete Schwierigkeiten, auf die globale Herausforderung angemessen zu reagieren. Daher erklärt sich auch die im 1. Kapitel beschriebene Neigung, die Globalisierungstendenzen zu negieren oder ihre Bedeutung herunterzuspielen, als Mythos und ideologisch angeleitete Angstmache zu denunzieren. Moderne Gegenbewegungen gegen die Globalisierung bilden sich daher auch aus den neuen sozialen Bewegungen und Nicht-Regierungsorganisationen (NGOs), die weniger Schwierigkeiten haben, über nationale Grenzen hinweg zu kommunizieren. Auch hier geht es um Reformen, also um die Zivilisierung des „teuflischen Mechanismus", nun aber auf globaler Ebene. Bezeichnenderweise verteidigen NGOs nicht nur Menschenrechte und die Umwelt, sondern sie setzen sich ein für ein neues Regelwerk einer – nach Absicht der „Disembedder" – völlig deregulierten Weltwirtschaft: für soziale und ökologische Standards im Welthandel, für soziale und ökologische Auflagen für Transnationale Unternehmen (TNU) in Entwicklungsländern, für eine Besteuerung der globalen Kapitalbewegungen, um der Spekulation einen Riegel vorzusetzen, für eine demokratische Reform der globalen Institutionen etc.

Auch in der großen Transformation am Ende des 20. und zu Beginn des 21. Jahrhunderts geht es um Reformen. Ohne letztere wäre die „great transformation", die Polanyi beschrieben hat, gescheitert; die Transformation frißt sozusagen ihre eigenen Kinder. Dies ist im Verlauf der zweiten „great transformation" in unseren Tagen nicht anders. Ohne Reformen wird die Globalisierung scheitern. Denn soziale Reformen runden die vor allem ökonomischen Transformationen ab. Allerdings würde das Scheitern der Globalisierung nicht in Richtung Rückkehr zum geregelten System der Nationalstaaten, des Wohlfahrts- und Interventionsstaates weisen, sondern die Welt eher in ein gefährliches Chaos stürzen. Die Gegenbewegungen können es verhindern. Disembedding erzeugt also nicht nur die dargestellten Sachzwänge, sondern – um es paradox auszudrücken – auch soziale Reformkräfte, die die Transformationen der Globalisierung zum „Transformismo" transformieren.

4. Kapitel
Entwicklungsbahnen zwischen Globalisierung und Fragmentierung

Würden die globalen Transformationen tatsächlich in den Zustand der Globalität einmünden, müßten keine Gedanken auf alternative Entwicklungsmodelle verschwendet werden. Es gäbe nur eines: das Modell des freien Marktes, basierend auf privatem Eigentum, individuellen Interessen und deren Ausgleich durch die ingeniöse Wirkung des Preissystems und durch die politischen Rechte von Staatsbürgern, über die sie im demokratischen Institutionensystem autonom verfügen. Allenfalls gäbe es Entwicklungsunterschiede in verschiedenen Abteilungen des globalen Raums, unterschiedliche „kapitalistische Kulturen" (Albert 1991), Spielarten der „universellen" kapitalistischen Produktionsweise auf dem Weg der Modernisierung. Das dominante marktwirtschaftlich-kapitalistische Modell würde so in alle Weltregionen propagiert; das jeweils „höher" entwickelte Modell riefe den demgegenüber zurückgebliebenen Gesellschaften zu: *„de te fabula narratur"*[53]. Entwicklung und nachholende Industrialisierung wären nur eine Frage der Zeit, nicht des Modells selbst oder des Raums mit seiner je spezifischen Ausstattung. Ohne Zweifel aber ist die Vorstellung, die als „Ende der Geschichte" nach 1989 kurzfristig internationale Aufmerksamkeit erregte (vgl. den sehr guten Überblick von Perry Anderson 1993), höchst einseitig. Denn gerade wegen der unbezweifelbaren Globalisierungstendenzen hat auch die Fragmentierung der Welt zugenommen. Es gibt nicht nur eine Entwicklungsbahn, sondern deren viele, auch wenn sie alle ihren Antrieb aus dem Prinzip der Verwertung von Kapital erhalten. Die Verschiedenheit ergibt sich schon daraus, daß unter Berücksichtigung von Überlegungen der Thermodynamik Ressourcen für Entwicklungsprozesse nur einmal gebraucht werden können. Die Zeit der Entwicklung ist daher irreversibel und der Ort, wo sie stattfindet, einzigartig und konkret und unübertragbar. Dies wäre unerheblich, wäre die Erde ohne Grenzen. Doch gibt es bekanntlich ökologische Grenzen und allein aus diesem Grunde sind Entwicklungsbahnen je nach Verortung in Zeit und Raum verschieden.

---

[53] In diesem Sinne war auch Marx ein Modernisierungstheoretiker. Im Vorwort zu „Das Kapital" vom 25. Juli 1867 schreibt er: „Was ich in diesem Werk zu erforschen habe, ist die kapitalistische Produktionsweise... Ihre klassische Stätte ist bis jetzt England. Dies ist der Grund, warum es zur Hauptillustration meiner theoretischen Entwicklung dient. Sollte jedoch der deutsche Leser pharisäisch die Achseln zucken über die Zustände der englischen Industrie- und Ackerbauarbeiter oder sich optimistisch dabei beruhigen, daß in Deutschland die Sachen noch lange nicht so schlimm stehn, so muß ich ihm zurufen: De te fabula narratur!...Das industriell entwickeltere Land zeigt dem minder entwickelten nur das Bild der eignen Zukunft...Eine Nation soll und kann von der andern lernen..." (Marx, MEW 23: 12-15).

4.1 Theorien in fragmentierter Welt?

Die Annahme einer Globalisierung des vorherrschenden Entwicklungsmodells beruht also *erstens* auf der unrealistischen Voraussetzung, die globalisierende Marktdynamik, welche auf Grenzen keine Rücksicht nimmt, und ökologische Grenzen des Planeten Erde seien zu versöhnen. Die Möglichkeit der Modernisierung und Industrialisierung hängt also vom Niveau von Ressourcenverbrauch und -belastung bei begrenzter globaler Tragfähigkeit des Planeten Erde ab. *Zweitens* ist eine solche Annahme von der realitätsfremden Vorstellung geleitet, die kapitalistische Entwicklungsdynamik würde sich ohne zyklische und strukturelle *Krisen* auf dem Globus durchsetzen können. Im Verlauf von Krisen zerbricht immer wieder das einheitliche Modell: es zerfällt in Fragmente und Fraktionen (dazu den vierten Abschnitt dieses Kapitels). Trotz dieser krisenhaften Tendenzen der Fragmentierung und Fraktionierung aber weist das kapitalistische Modell nach dem Scheitern der real-sozialistischen Alternative einheitliche und offenbar überzeugende Charakteristika auf, die seine Attraktivität ausmachen. Darum wird es im ersten Teil dieses Kapitels gehen.

Es lohnt die theoretische Anstrengung zum Verständnis der sozialen, ökonomischen, politischen, kulturellen Bedingungen, unter denen am Ende des 20. Jahrhunderts der „Reichtum der Nationen" produziert werden kann, und die dafür verantwortlich sind, daß trotz oder gerade wegen der Globalisierung Entwicklungsmodelle unterschiedlich erfolgreich und daher attraktiv sind. Dabei ist schon strittig, was unter Reichtum zu verstehen ist: größere Quantitäten von Stoffen und Energien, mehr Geld, mehr Wohlbefinden? Zu fragen ist auch, ob es möglicherweise nicht sinnvoller ist, in der Tradition von Friedrich List auf die Entwicklung der „produktiven Kräfte" zu bauen, auf die „Bildung von Humankapital" (Weltbank 1995) oder auf die sozialen Netzwerke, die für „systemische Wettbewerbsfähigkeit" (Eßer et al. 1994; Messner 1995) so bedeutsam sind. Aber ist ein solches Herangehen angesichts globaler Interdependenzen überhaupt erfolgversprechend, wenn die Entwicklung der einen Länder und Regionen von der Entwicklung (und vielleicht auch der Nicht-Entwicklung) anderer Regionen und Länder abhängig ist? Kann die wirtschaftliche und soziale Entwicklung angesichts höchst unterschiedlicher Faktorausstattungen überhaupt auf einer Bahn verlaufen, und wenn dies versucht wird, können sich dabei nicht Entwicklungsfallen auftun, die schwer zu vermeiden und höchst gefährlich für die sind, die sich in ihnen verfangen haben?

Diese Fragen ergeben sich, weil *erstens* trotz Globalisierung und Weltmarktdynamik soziale und ökonomische Entwicklungsprozesse räumlich separiert und zeitlich asynchron, also ungleichmäßig und ungleichzeitig ablaufen. Dies bedeutet freilich keineswegs, daß die Entwicklungsprozesse nicht interdependent sind, daß sie sich wechselseitig nicht beeinflussen, ja blockieren können. Während diejenigen, die von der gegenüber der Globalisierung dominanten Fragmentierung sprechen (z.B. Menzel 1998), der ersten Aussage zustimmen würden, lehnen sie den zweiten Teil der Aussage ab; dann aber ist Fragmentierung nichts anderes als ein Ausdruck einer Chaotisierung des Ganzen, wahrscheinlich aber eher Ausdruck einer „chaotischen Vorstellung des Ganzen" (Marx, MEGA II, 1.1.: 350).

Zweitens sind offensichtlich Entwicklungen in verschiedenen Weltregionen unterschiedlich erfolgreich – gemessen an traditionellen Wohlstandsindikatoren. Diese Unterschiede haben die Klassifizierungen der internationalen Institutionen beeinflußt: von den am wenigsten entwickelten Ländern über die Entwicklungsländer und die „dynamic asian economies"[54] zu den OECD-Ländern, die in geläufiger Interpretation das „Profil" zeigen und die Normen vorgeben, nach denen die Gesellschaften mit „Noch-nicht-OECD-Profil" streben. Hier wird implizit vorausgesetzt, daß Industrialisierung (und Post-Industrialisierung) überall auf dem Globus angestrebt werden, daß es eine Entwicklungsbahn gibt, auf der die Nationen und Regionen unterschiedlich weit vorangekommen sind. Es wird aber auch die Schlußfolgerung gezogen, daß die Unterschiede der Entwicklung so groß seien, daß es sich verbiete, von einer Einheit des Weltsystems zu sprechen oder die Annahme einer einheitlichen „Dritten Welt" zu machen (Menzel 1992, 1998; Mouzelis 1988). Wenn dem so ist, kann auch der Anspruch auf eine erklärende „große Theorie" aufgegeben werden; Fallstudien werden dem fragmentierten Zustand des Globus eher gerecht als die Versuche, eine real nicht mehr existente Einheitlichkeit theoretisch zu konstruieren. Unten wird noch zu zeigen sein, daß es zwar die Gleichzeitigkeit von Globalisierung und Vereinheitlichung einerseits und von Partikularisierung und Ungleichzeitigkeit gibt. Doch ist Partikularisierung kein einheitlicher, sondern ein mehrschichtiger Prozeß, dessen Dynamik im kapitalistischen Weltsystem differenziert untersucht werden muß.

Schon um die richtigen Fragen stellen zu können, ist ein theoretisches Vorverständnis vonnöten, das nur aus der Verallgemeinerung vieler Beobachtungen gewonnen werden kann. In diesem Zusammenhang sind Fallstudien wichtig, die aber nicht nur wegen des Falls, den sie studieren, interessant sind, sondern vor allem wegen der weitergehenden und verallgemeinernden Schlußfolgerungen in einem, wie Peter Evans (1995) es nennt, „eclectic messy center"; Theorie

---

[54] Diese von OECD und IWF gleicherweise gebrauchte Bezeichnung läßt den ideologischen Charakter der Einstufung erkennen. Im „Wirtschaftsausblick" der OECD vom Juni 1999 heißt es über die „dynamischen Volkswirtschaften Asiens", daß 1998 die Einfuhren auf Dollarbasis um 19% geschrumpft seien, daß eine Belebung der Konjunktur nicht vor 2000 zu erwarten sei und die Arbeitslosigkeit weiter zunehme (OECD 1999: 145ff).

entsteht (bzw. emergiert) in einem „eklektischen Durcheinander". Wer also als Neoklassiker, Keynesianer, Marxist, Institutionalist die Welt zu erklären beansprucht, dürfte so lange schief liegen, wie nicht Ingredienzien verschiedener Ansätze kombiniert werden. Eine Analyse der Weltgeldbeziehungen ohne Rekurs auf Marx und Keynes dürfte heute nicht viel bringen. Eine Untersuchung von Marktprozessen ohne neoklassische und institutionalistische Kategorien dürfte scheitern. Funktionsweise und Dynamik von Märkten lassen sich nicht darstellen, ohne das Geld in die Analyse einzubeziehen. <u>Da Geld heute, anders als unter dem Goldstandard, seinen Wert durch institutionell geregeltes Knapphalten erhält, kann die ökonomische Analyse ohne Untersuchung politischer Regulation nicht auskommen.</u> Spätestens wenn es in der Ökonomie um den Arbeitsmarkt und die Organisation des Produktionsprozesses geht, kommen industrielle Beziehungen ins Spiel, also soziale Verhältnisse. Im „eclectic messy center" werden also ökonomische, soziologische und politische Theorien auf fruchtbare Weise kombiniert werden müssen, um plausible Erklärungen für den je spezifischen Verlauf von Entwicklungsprozessen auf dem Planeten Erde zu erarbeiten und die Bedingungen für die Attraktivität von Entwicklungsmodellen herauszuarbeiten. Die erste Bedingung ist eine gewisse *Kohärenz* ökonomischer, sozialer und politischer Verhältnisse vor Ort. Dabei müssen *äußere Restriktionen* und die *Interdependenzen* berücksichtigt werden, denen Entwicklungsprozesse im globalen Raum unterliegen.

Fallstudien ihrerseits können einen wichtigen Beitrag zum theoretischen Verständnis von Entwicklung leisten, da tatsächlich in der komparativen Untersuchung „Wesentliches" eruiert werden kann. Die Kriterien dafür freilich ergeben sich erst aus der theoretischen Verallgemeinerung, ohne die Fallstudien in einem unvermessenen Raum ohne Orientierung bietende Koordinaten stehen. Die Beobachtungen der Globalisierungstendenzen können zwar von sehr unterschiedlichen Beobachtungspunkten gemacht werden, sie können aber auf einen Beobachtungspunkt, der eine Perspektive bietet, nicht verzichten. Die Vergleiche zwischen Fällen sind nicht nur möglich, weil der/die Analytiker/in entsprechende begriffliche Anstrengungen unternimmt, sondern weil sie in einem Medium stattfinden, das gleiche Normen und Standards setzt: innerhalb des kapitalistischen Weltsystems, auf dem Weltmarkt. Kulturen und Gesellschaften, die nichts voneinander wußten, mußten sich nicht vergleichen. Die Berichte Marco Polos waren daher keine „comparative studies". Erst mit dem Bild der Modernisierung und Industrialisierung, mit den globalisierten Standards von Konsum und Produktion beginnen Fallstudien Sinn zu machen. Dieses Sinns gingen sie aber unweigerlich verlustig, wenn sie an die Stelle der „großen Theorie" gesetzt würden, wenn Fallstudien also ohne Maß präsentiert würden. Geschieht dies dennoch, dann ist darin die implizite Auffassung verborgen, die untersuchten

Fälle sprächen in fragmentierter, postmodern vielfältiger Welt sowieso nur für sich und für nichts sonst.

4.2 Entwicklung als Inwertsetzung des Raums

Auch wenn es eine Vielfalt von möglichen Trajektorien der Entwicklung gibt, impliziert Entwicklung immer die Integration eines Landes, einer Region in den globalen Raum, also in den Weltmarkt, in die Welt des Werts. *Entwicklung ist also Inwertsetzung*; hier ist an der Theorie der Eigentumsrechte von John Locke gut anzuknüpfen (vgl. dazu 2. Kapitel, 5. Abschnitt). Im Zuge der umfassenden Internationalisierung und Globalisierung der Wirtschaft ist dem Nationalstaat die monopolistische Herrschaft über den territorialen Raum abhanden geraten, auf den sich traditionellerweise die Staatseigenschaft der Souveränität und ihre Fähigkeit zur Ein- und Ausgrenzung beziehen (vgl. dazu 12. Kapitel). Das hat natürlich *erstens* mit den technischen Entwicklungen seit der industriellen Revolution und mit dem Rekurs auf fossile Energien zu tun. Zunächst halfen die modernen Transport- und Kommunikationsmittel, die der industriellen Revolution folgen – Eisenbahn, Dampfschiff, Straßenverkehr – bei der Erschließung, Inwertsetzung, Kolonisierung und besseren Beherrschung des territorialen Raums. Sie unterstützten also *zweitens* mit dem räumlichen Fortgang der ökonomischen Ausbeutung den nationalstaatlichen Souveränitätsanspruch über das Staatsgebiet und die darin lebenden Staatsbürger. Alle Nationen machten den Versuch, wenig erschlossene Regionen eines nationalen Territoriums durch Verbesserung der Transportadern und Kommunikationsmedien zu erschließen und so in den nationalen Raum als Ressourcenlieferanten und als Märkte ökonomisch und die regionale Bevölkerung zugleich politisch zu integrieren. Auf diese Weise wird dem Staatsvolk neben der formalen, politischen auch die materiale, ökonomisch unterlegte Dazugehörigkeit verliehen. So entsteht die „nationale" Ökonomie als eine territoriale Ökonomie, in deren Rahmen sich auch das Regulationssystem der Gesellschaft adäquat entwickeln kann. Die „Inwertsetzung" des Raums folgt also politischen, genauer: geopolitischen Perspektiven und bedient sich dabei ökonomischer Interessen und Mechanismen (dazu am Beispiel Amazoniens ausführlich: Altvater 1987). Der Nationalstaat kann also tatsächlich durch das Staatsgebiet definiert werden, das ökonomisch und politisch in Wert gesetzt werden muß, um es beherrschen und Grenzen etablieren zu können. Aber paradoxerweise hat der Prozeß der ökonomischen Inwertsetzung zur Folge, daß der Nationalstaat einen Teil der politischen Kontrolle über das Territorium an globale ökonomische Mächte verliert. Dies gilt es im folgenden zu zeigen.

Die „Inwertsetzung" des Raumes findet nicht nur auf einem bestimmten Territorium statt. Denn es werden auch Räume in Wert gesetzt, die keine oder eine mikroskopisch kleine territoriale Dimension besitzen: die Mikro- und Nanoräume der Gene, die gentechnisch der Verwertung zugänglich gemacht werden. Verfolgen wir die einzelnen Schritte in der „Inwertsetzungskette" (vgl. nachfolgendes *Schaubild 4.1*): *Exploration* (Ib) und *Definition* (Ia) der in Wert zu setzenden Ressourcen stehen am Anfang eines Prozesses, in dem über einen Raum Wissen akkumuliert wird. Dieses ist auf die Gewinnung von Kenntnissen über verwertbare Ressourcen ausgerichtet und unterscheidet sich daher fundamental beispielsweise vom indigenen Wissen über den Raum, von der naturästhetischen Betrachtung oder der religiösen Verehrung von „heiligen Orten". Der Raum ist im modernen Verständnis nicht „Lebensraum", sondern einer „ausbeutbaren Mine" vergleichbar, die, weil sie ausbeutbar ist, auch ausgebeutet werden muß (Anders 1980).

Am Ende dieses Abschnitts der Inwertsetzung steht – positiv – die *Identifikation* (II) der ökonomisch interessanten Ressourcen und daher – negativ – auch die Identifikation jener Teile der Natur, die nicht in Wert gesetzt werden können und sollen, also „wertlos" bleiben. Darüber ist und bleibt das Wissen begrenzt. Doch die Vermutung, daß sich im zunächst als wertlos Identifizierten Wertvolles verbergen könnte, veranlaßt zu ständigen Projekten der wissenschaftlichen Erforschung des Raums, zur Sammlung von Informationen, die in Informationsbanken gesammelt und monopolisiert werden (z.B. in Genbanken). Die Organisation der Gewinnung von Kenntnissen des Raums ist also durch die binäre Logik des Wertvollen und Wertlosen strukturiert. Der wertlose Teil des Naturraums wiederum wird wegen dieser ökonomisch zugeschriebenen Eigenschaft (er hat keinen Marktpreis) zur Senke, in der die unerwünschten und nicht verwertbaren Nebeneffekte der Produktion abgeladen werden. Sie werden nicht kalkuliert, ein Tatbestand, der von ökologischen Ökonomen schon lange kritisiert wird (Daly 1991; WRI 1999).

Die Identifikation von in Wert zu setzenden Ressourcen ist die Vorbedingung der *Isolation durch Definition von Eigentumsrechten* (III). Damit wird die Komplexität der Natur zu Gunsten der simplen Logik des Eigentums/Nicht-Eigentums aufgelöst mit beträchtlichen ökologischen Konsequenzen, die aus der Mißachtung von Naturzusammenhängen resultieren. Der Zaun, der einem Eigentumsrecht an einem Stück Land sinnfälligen Ausdruck gibt, zerschneidet in der Regel Ökosysteme (Jagdreviere und Wanderpfade von Tieren), deren Gliederung anders als durch Eigentumsrechte bestimmt ist. Ähnliches gilt auch für die „Zonierung" des Landes, also für die Einteilung in Nutzungsformen durch staatlichen Akt. Die Zonierung kann gar nicht, auch wenn die Planer darum bemüht sein sollten, der Integrität von Natur- und Sozialräumen gerecht werden, da Zonierung immer ein *Nebeneinander* von alternativen Flächennutzungen impliziert und daher das *Miteinander* ausschließt oder in eine Prioritättenabfolge des *Nacheinander* auflöst. Dieser Zusammenhang verweist schon darauf, daß die Strukturierung des Raumes immer eine Zeitdimension aufweist. Aber dieser Schritt der Inwertsetzung verdeutlicht auch, warum in der WTO so hart um Eigentumsrechte verhandelt worden ist. Mit der Definition intellektueller Eigentumsrechte geht es ja auch um den Zugriff auf die Werte, die in einem territorialen Raum angeeignet werden können, z.B. in der Gen- und Biotechnologie (Guha/Martinez-Alier 1997: 109-127).

Der Identifikation und Isolation durch juristische Definition von Eigentumsrechten folgen zwei praktische Möglichkeiten der ökonomischen Nutzung der Eigentumsrechte: die Extraktion von mineralischen oder agro-florestrischen Ressourcen (IIIb) oder die Kolonisierung des Landes (IIIa). Im Zuge der Extraktion wird die als wertvoll identifizierte Ressource aus dem Raum entfernt, um vermarktet zu werden (Stufen IV bis VI). Das Erz wird aus der Erde geholt und zurück bleiben ein schwarzes Loch und ein Berg von Aushub. Die genetischen Informationen werden extrahiert und es könnte passieren, daß Bauern nun für ihr Saatgut zu zahlen gezwungen werden. Im Fall der Kolonisierung wird die nicht als wertvoll identifizierte Natur beseitigt, um an die wertvolle Ressource (landwirtschaftlich oder für Siedlungen nutzbares Land) heranzukommen, das dann – häufig extraktiv – ausgebeutet wird. Der Wald wird abgeholzt und in Agrarland oder Weide verwandelt. Die Siedlungen dehnen sich in der Fläche aus. Trotz der Entwicklung von Maßregeln angepaßter Mischnutzung ist in vielen Fällen eine ökologische Degradation des Raums die Folge. Nach Extraktion oder landwirtschaftlicher Urbarmachung verlassen die in Wert gesetzten Ressourcen in Warenform den territorialen Raum (*Kommodifizierung* IV). Dazu bedarf es einer entsprechenden Infrastruktur. Es müssen Autostraßen, Flughäfen, Wasserstraßen und andere Einrichtungen der materiellen Infrastruktur errichtet, eine öffentliche Verwaltung ausgebaut werden. Spätestens an diesem Abschnitt der Inwertsetzung, wenn nicht schon bei der Garantie von Eigentumsrechten und bei der Regelung der dabei unvermeidlichen Konflikte oder bei der „Zonierung" des Territoriums und der Festlegung von „intellectual property rights", kommen der Nationalstaat und internationale Institutionen, kommt also neben der ökonomischen Logik der Verwertung die politische der Machterhaltung und -erweiterung über ein bestimmtes Territorium ins Spiel (dazu in bezug auf Amazonien vgl. Altvater 1987). Auch die Städte entwickeln sich im Zuge der ökonomischen und politischen Inwertsetzung; in ihnen konzentriert sich die materielle und institutionelle Infrastruktur der Inwertsetzung. Dies ist ein Grund dafür, daß das urbane Wachstum in den Entwicklungsgesellschaften seit den 70er Jahren so extrem hoch gewesen ist. Nur in Städten bildet sich schließlich ein Arbeitsmarkt, der für die Inwertsetzung der Region unabdingbar ist. Dadurch verwandeln sich Menschen in der Region in Lohnarbeiter

Schaubild 4.1: *Stufenfolge der Inwertsetzung*

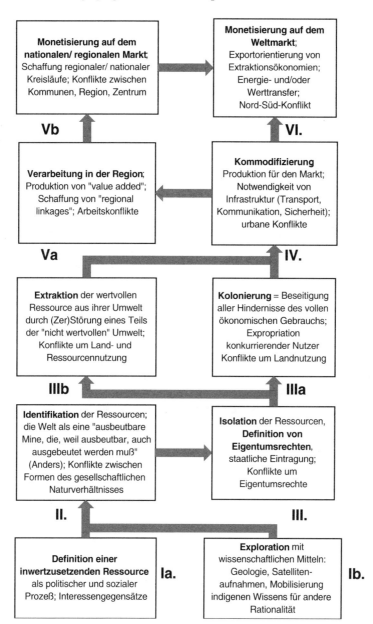

und die Frage wird bedeutsam, wie die Lohnarbeit geregelt ist, welche *Hybridformen* zwischen „moderner" Lohnarbeit und traditionellen Arbeits- und Lebensformen entstehen. Die ökonomische und politische Inwertsetzung hat also eine soziale und kulturelle Dimension.

Die Kommodifizierung ist aber nicht Endzweck des Prozesses. Dies ist vielmehr die Verwandlung der in Waren transformierten Ressourcen in Geld (*Monetisierung* – VI), und zwar in „hartes" Geld. Mit dem Transfer des monetären Gegenwerts der in Wert gesetzten Ressourcen auf dem Devisenmarkt wird der regionale oder lokale Raum in den globalen Raum integriert. Dies hat mehrere Folgen. *Erstens* wird der regionale (territoriale) Raum zu einem Teil des globalen Umweltraums. Es findet, wie Stephen Bunker für Amazonien darlegte, ein „Entropietransfer" zu Lasten der Extraktionsregion statt (Bunker 1985; Altvater 1987 und 1991). Der Prozeß der Inwertsetzung verändert folglich nicht nur die regionale Umwelt, sondern hat mehr oder weniger starke, positive und negative Auswirkungen auf andere Regionen bzw. „Umwelträume" und deren Entwicklungstrajektorien. *Zweitens* wird der inwertgesetzte Raum speziell durch den letzten Schritt in den globalen *Währungsraum* integriert und damit der Währungskonkurrenz ausgesetzt. Diese unterwirft die Entscheidungsträger der Region bei ihrer Strategie der Inwertsetzung der Rationalität von Geld und Kapital. Alle Schritte der Inwertsetzung sind daher von dieser Rationalität, d.h. vom Rentabilitäts- bzw. Profitstreben gelenkt. Paradoxerweise trägt *drittens* die nationalstaatlich unterstützte regionale Inwertsetzung zur Einschränkung der territorial gebundenen Souveränität bei. Denn auch die nationalstaatlichen Institutionen sind der dominanten ökonomischen Rationalität des Weltmarkts ausgesetzt. Sie folgen eher der ökonomischen als der politischen Logik, wie mit Max Weber gegen Carl Schmitt argumentiert werden kann.

Wenn der „Umweg" der *regionalen Vermarktung* (Va und Vb) eingeschlagen wird, entstehen Wertschöpfungsketten („linkages", Hirschman 1981), die die Voraussetzung dafür sind, daß aus Extraktionsökonomien Produktionsökonomien, aus Rohstoffländern Industrieländer werden können. Allerdings sind für die Erreichung dieses Ziels soziale, politische, ökonomische Bedingungen zu erfüllen, die in der Regel nur bereits entwickelten Ökonomien zur Verfügung stehen. Das angestrebte Ziel ist demnach zugleich dessen Voraussetzung, und eine solche Konstellation ist sicherlich keine gute Ausgangsbasis für die selbstverständliche Entstehung vernetzter, hochkomplexer Wertschöpfungsketten im Verlauf der Inwertsetzung.

Inzwischen sind es gerade die Transport- und Kommunikationsmedien, die dazu beitragen, daß der nationale Raum in den größeren des Weltsystems aufgelöst wird. Die Weite des Globus definiert die Grenzen des Raums. Während die Eisenbahn die Souveränitätsansprüche des Nationalstaats über das Staatsgebiet unterstützte, verflüchtigen sie sich im Zeitalter des Flugzeugs, des Internet und der wissenschaftlich ausgearbeiteten Landnutzungsplanung in die windigen Lüfte von Weltmarkt, Weltkultur, Weltpolitik. Die politische Macht des Nationalstaats, Grenzen zu setzen, dissipiert im globalen Raum. Inwertsetzung findet folglich in einem Raum statt, der sich nicht territorial, durch nationale Grenzen umfrieden läßt. Wenn es aber auf die territoriale Dimension des Raumes ankommt, wie etwa bei der Entwicklung von Landnutzungssystemen durch „Zonierung", dann zeigt sich – insbesondere in Entwicklungsländern – die globale Dimension in Gestalt von internationalen Experten, die das Geschäft des „land use planning" (Sombroek/Eger 1996) betreiben und zum Teil mit den modernen Techniken der Satellitenaufnahmen die „Zonierung" von Territorien vornehmen, auch wenn den lokalen und nationalen „*stakeholders*" dabei eine Stimme eingeräumt wird. Die Stimme ist zumeist sehr leise im Vergleich zu den lautstark sich zu Wort meldenden ökonomischen Interessen. Dabei sind jene Interessen, die den Weltmarkt als Basis haben, besonders mächtig, zumal sie unter Bedingungen von Freihandel und Währungskonvertibilität über eine starke „exit-Option" (Hirschman 1970) verfügen.

Das Gewicht des souveränen Nationalstaates wird also geringer, weil die ökonomische Inwertsetzung des Raums nicht mehr, wie noch Friedrich List im 19. Jahrhundert annehmen konnte, die Nationalökonomie konstituiert und stärkt, sondern innerhalb des globalen Systems stattfindet und von dessen Rationalität letztlich auch gesteuert wird. Dem müssen die Nationalstaaten Rechnung tragen. Sie verschwinden also nicht, operieren aber nach der Logik des „nationalen Wettbewerbsstaats" (Cerny 1995, 1996; Hirsch 1995), der als Sachwalter einer konkurrierenden Volkswirtschaft auf dem Weltmarkt gegen andere Sachwalter konkurrierender Volkswirtschaften auftritt. Der Nationalstaat erscheint nicht mehr als positiver, geschützter „Bereich" einer nationalen Identität, aus der heraus der letzte Souverän, das Volk, den Staat und dessen Repräsentationsorgane mit souveräner Macht nach außen gegenüber anderen Nationalstaaten im internationalen System ausstattet, sondern als eine negative Schranke, die die „vier Freiheiten" (des Handels, des Kapitalverkehrs, der Dienstleistungen und der Migration) behindert. Dies ist die Prämisse der Deregulierung. Mit der Auflösung der nationalstaatlichen Raumgebundenheit verringert sich auch die Bindung an territorial situierte energetische, mineralische und landwirtschaftliche Rohstoffe. Es ist nun eine der wichtigen Aufgaben des nationalen Wettbewerbsstaats, für die Energie- und Rohstoffversorgung der Wirtschaft zu sorgen. Aber dies muß keinesfalls als Inwertsetzung des nationalen Raums erfolgen. Die Ressourcen sind, wenn sie erst einmal irgendwo in der Welt in Wert gesetzt worden und in Waren verwandelt worden sind, überall verkäuflich und daher auch käuflich. Also kommt es vor allem darauf an, für eine kaufkräftige harte

Währung zu sorgen, mit der die Ressourcen, von den Energieträgern bis zu genetischem Material, überall in der Welt zum jeweils günstigsten Preis gekauft werden können. Erst unter diesen durchkapitalisierten Bedingungen erweist sich die Feststellung, die Erde sei ein großes „Lagerhaus" (Durrell im Vorwort zu Myers 1985: 10) von verkäuflichen Waren, als durchaus angemessen. Strategien der Inwertsetzung des Raums sind unter den Bedingungen von Freihandel und freiem Kapitalverkehr nicht mehr an das jeweilige Territorium gebunden. Wegen des letzten Inwertsetzungsschritts, der Verwandlung der Ware in Weltgeld, können auch territorial sehr distanzierte Akteure auf die inwertgesetzten Ressourcen zugreifen, sofern sie über die notwendige harte Währung verfügen.

4.3 Paradigmen der Entwicklung

Inwertsetzung des Raums ist eine Bedingung von Entwicklung, doch Entwicklung erschöpft sich nicht darin. Wie schon die Hinweise auf Krisen andeuten, ist Entwicklung alles andere als ein linearer Prozeß. Zur Entwicklung gehören auch die kleinen „Unfälle" auf einer Trajektorie und jene Brüche, die dazu veranlassen, „die Bahn zu wechseln". Doch das ist nicht leicht. Die ost- und mitteleuropäischen Transformationsökonomien müssen gegenwärtig in großem Maßstab diese Erfahrung machen. Die technischen Standards, die soziale Organisation der Arbeit, Qualifikationen, soziale und politische Formen der Regulation, Normen des Alltagslebens sind allesamt mit dem Übergang zur Marktwirtschaft – und dies ist gleichbedeutend mit der Integration in den Weltmarkt – entwertet worden. In den ersten Jahren des Übergangs mit den „Schocktherapien" ist dies in der Erwartung begrüßt worden, daß mit der Entwertung der „alten", noch unter dem Realsozialismus herangereiften Standards „*tabula rasa*" gemacht werden könne, auf der sehr schnell das opulente Menü der neuen Marktwirtschaft anzurichten wäre. Doch die Qualifikationsstruktur der Menschen und alles das, was institutionell mit ihr zu tun hat (Erziehung, Familie, Bildungssystem, Forschung, Habitus etc.), ist wie ein träge reagierendes Schwungrad, das einem Entwicklungsprozeß auch über die krisenhaften Brüche hinweg mit seiner Trägheit Kontinuität und Stabilität verleiht. Es ist außerordentlich schwer, es wieder in Gang zu setzen, wenn es im „Big Bang" erst einmal mit Macht angehalten worden ist. Hier zeigt es sich praktisch, daß Entwicklung kohärente Strukturen von gesellschaftlichen Teilbereichen und Beziehungen zwischen den Subsystemen verlangt, die synergetisch wirkende Kopplungen ermöglichen. Der Übergang vom Plan zum Markt erfordert also über die wirtschaftlichen Änderungen hinaus auch Anpassungen in anderen gesellschaftlichen Bereichen.

Diese sind um so schwieriger, als die Zeiten der Transformation in einzelnen gesellschaftlichen Bereichen höchst verschieden sind. Nicht so dramatisch wie im Verlauf der Transformationsprozesse von einer geplanten Wirtschaft zur Marktwirtschaft in MOE, wenn auch immer mit tiefen Krisen einhergehend, waren und sind die Übergänge von einem Entwicklungsmodell zu einem anderen in der kapitalistischen Welt. Tatsächlich gibt es nicht nur verschiedene „kapitalistische Kulturen", sondern auch verschiedene Paradigmen der Entwicklung. Von einem entwicklungspolitischen Paradigma kann dann die Rede sein, wenn politische Konzepte, Entwicklungsstrategie, wirtschaftliche Orientierung mit der globalen Ordnung von Weltwährung und Hegemonialsystem *kohärent* zusammenspielen. Das nachfolgende *Schaubild 4.2* skizziert Paradigmata der Entwicklung hinsichtlich der theoretischen und politischen Konzepte bzw. Leitideen, der Organisation von Weltwährungs- und Hegemonialordnung und der Strategien von Wirtschaftspolitik und Entwicklung. Das Schema läßt sich nur Zeile für Zeile lesen. Die Spalten bezeichnen historische Entwicklungsstufen. Diese geben einer historischen Abfolge Ausdruck, die nicht – sozusagen teleologisch – als Höherentwicklung interpretiert werden. Auch unter den Gesichtspunkten der Effizienz kann nicht gesagt werden, welches Paradigma effizienter als ein anderes wäre. Es handelt sich bei den „Ingredienzien" von Paradigmen der Entwicklung also nicht um ein Menü, das nach Gusto zusammengestellt werden kann. Unter den systemischen Rahmenbedingungen des Staatsinterventionismus war die Strategie der Importe substituierenden Industrialisierung ein rationales und effizientes Modell. Doch ebenso selbstverständlich ist eine Strategie der Import substituierenden Industrialisierung beim Übergang zum „Post-Fordismus" in einer durch die Herrschaft der Finanzmärkte und durch Regionalisierung gekennzeichneten Geoökonomie zum Scheitern verurteilt. Daher ist es absurd, wenn beispielsweise aus dem Blickwinkel der Konzepte der 90er Jahre an den Konzepten der 30er und 50er Jahre Kritik geübt wird (vgl. beispielsweise Eßer 1993).

Die negativen Erfahrungen mit protektionistischen und autarkistischen Politiken nach dem Zusammenbruch von Welthandel und Weltwährungsbeziehungen in den 30er Jahren waren nach dem Zweiten Weltkrieg der Hintergrund für die Erneuerung der Freihandelslehre, die bis heute die Debatten um die Gestaltung der Weltwirtschaftsordnung dominiert: Die Befolgung des Prinzips des Freihandels, so wie es mit der „Allgemeinen Meistbegünstigung" im Teil I des GATT-Abkommens niedergelegt worden ist, ist für die Steigerung des „Wohlstands der Nationen" günstiger als der Rückzug von nationalen Ökonomien hinter die protektionistischen Mauern der Nationalstaaten, heißt es. Diesem Prinzip war auch das Internationale Währungssystem verpflichtet, das im Jahre 1944 in Bretton Woods aus der Taufe gehoben worden war, damit ein ruinöser

Abwertungswettlauf und die aggressive Errichtung autarker Wirtschaftsräume wie in den 30er Jahren erst gar nicht als politische Option erwogen werden konnten. Allerdings fiel es – wie schon im 19. Jahrhundert ebenfalls – den weiter entwickelten und daher ökonomisch stärkeren Ländern leichter, sich zum Prinzip des Freihandels zu bekennen als weniger entwickelten und daher ökonomisch schwächeren Ländern. In der Konkurrenz können die Vorreiter eher den Vorsprung verteidigen, als die Nachzügler eine Aufholjagd nachholender Industrialisierung erfolgreich durchstehen.

4.3.1 Attraktivität

In der Welt waren und sind verschiedene Entwicklungsparadigmen strittig, aber letztlich ist nur eines dominant, dann aber auf allen Ebenen, in der ökonomischen und sozialen Realität wie in Politik und Kultur, in der Gestaltung des gesellschaftlichen Naturverhältnisses und in der vorherrschenden Ideologie, Theorie und Strategie. Auch Zeitregime und Raumdimensionen können nicht in bunter Vielfalt nebeneinander existieren, wenn eine bestimmte Entwicklungsbahn eingeschlagen wird, sondern sie müssen „stimmen", kompatibel sein und sich entsprechen. Marx hat diesem Sachverhalt mit dem Begriff der „Formbestimmtheit" aller Kategorien der gesellschaftlichen Reproduktion Ausdruck gegeben; in der Regulationstheorie wird mit dem Begriff der „Entsprechung" in einer historischen Regulationsweise operiert: Alle Verhältnisse müssen sich „entsprechen", „kompatibel" sein, sonst kommt es zu Reibungen, die die Entwicklung hemmen und ein Anlaß für die Versuche sind, eine andere Entwicklungsbahn einzuschlagen. Haben sich Entwicklungsparadigmata als stimmig und daher als überlegen im Vergleich zu möglichen anderen herausgestellt, dann entfalten sie eine durchaus „propagandistische Kraft" in der Weltgesellschaft. Attraktiv ist ein Modell so lange, wie diejenigen, die ihm folgen, einem in der globalisierten Welt gemeinsam geteilten Kriterium – nennen wir es der Einfachheit halber „American Way of Life" – näher zu kommen scheinen als andere Gesellschaften, die sich auf einer anderen Entwicklungstrajektorie befinden.

Dem Streben nach Attraktivität kann sich keine Gesellschaft entziehen. Entweder ist oder wird die Gesellschaft selbst attraktiv, ein „Entwicklungsmodell" oder sie muß sich an die Bedingungen der Attraktion anderer Gesellschaften anzupassen versuchen. Gesellschaften sind also dem Kraftfeld von „Attraktoren" ausgesetzt, deren Wirken zur Folge hat, daß die vielen Entwicklungsbahnen innerhalb des Weltsystems sich auf einer bestimmten Attraktorbahn turbulent bewegen (Briggs/Peat 1990: 45-73). Dies gilt allerdings immer nur für bestimmte Zeiträume – bis zu dem Zeitpunkt, an dem die Potenzen einer anderen

„möglichen Wirklichkeit" wieder entdeckt, „erweckt"[55], mit Leben erfüllt und in die wirkliche Wirklichkeit umgesetzt werden. Das sind die Zeiten der gesellschaftlichen Umbrüche, der Überwindung der „path dependence", des Umlenkens auf einen anderen Entwicklungspfad, Zeiten weit- und tiefgreifender Transformationen oder gar Revolutionen[56].
Das Kriterium der Attraktion eines gesellschaftlichen „Entwicklungsmodells" sind einerseits die Befriedigungsmöglichkeiten menschlicher Bedürfnisse. Die Modelle materiell „reicher" Gesellschaften sind – selbstverständlich – attraktiver als jene Modelle, unter deren Regime die Menschen weniger reich werden, Mangel leiden, arm bleiben oder gar verarmen. Daß in diesem Kontext von „Modellen" gesprochen werden kann, ist eine Folge der Globalisierung. Erst seitdem die Menschen überall in den entferntesten Weltregionen vom Lebensstil der Reichen wissen, ist das Hollywood-Modell weltweit attraktiv geworden. Die Globalisierung scheint sogar Wahlmöglichkeiten der Entwicklungsmodelle zu eröffnen. In der vergleichenden Sozialwissenschaft ist bezeichnenderweise von „*regime-shopping*" die Rede, d.h. es werden Modellbestandteile, die erfolgreich scheinen, zusammen"gekauft", um sie zu einem Hybridmodell kombinieren zu können. Die Vorstellung der unbeschränkten Machbarkeit leitet nicht nur die wissenschaftliche Forschung (z.B. in der Gentechnologie), sondern auch die sozialwissenschaftliche Politikberatung. Dabei wird freilich übersehen, daß Entwicklung „path dependent" ist. Sie ist kein a-historisches Experiment in einem Laboratorium, wo man sich die passenden Module „systemischer Wettbewerbsfähigkeit" (Eßer et al. 1994; Messner 1995) zusammenstellt, sondern auf einer spezifischen Entwicklungsbahn (Trajektorie) festgelegt. Die Bahnen lassen in unterschiedlicher Weise Erfolg – gemessen an einheitlichen Wohlstandsindikatoren – zu. Für die globale Konkurrenz hat dies gravierende Auswirkungen. Denn konkurrieren Gesellschaften (nationale Wettbewerbsstaaten) auf verschiedenen Trajektorien gegeneinander, dann kann es sein, daß

---

[55] Die Formulierung schließt an Robert Musils Feststellung an: „Wenn es Wirklichkeitssinn gibt, muß es auch Möglichkeitssinn geben". Dazu schreibt er weiter im „Mann ohne Eigenschaften": „Ein mögliches Erlebnis oder eine mögliche Wahrheit sind nicht gleich wirklichem Erlebnis und wirklicher Wahrheit weniger dem Werte des Wirklichseins, sondern sie haben, wenigstens nach Ansicht ihrer Anhänger, etwas sehr Göttliches in sich, ein Feuer, einen Flug, einen Bauwillen und bewußten Utopismus, der die Wirklichkeit nicht scheut, wohl aber als Aufgabe und Erfindung behandelt…Es ist die Wirklichkeit, welche die Möglichkeiten weckt, und nichts wäre so verkehrt, wie das zu leugnen…" (Musil 1978: 16f). Dies ist natürlich auch als Gegenrede zur Phrase vom „Ende der Geschichte" zu verstehen.

[56] Dazu nochmals Musil: „…Trotzdem werden es in der Summe oder im Durchschnitt immer die gleichen Möglichkeiten bleiben, die sich wiederholen, so lange bis ein Mensch kommt, dem eine wirkliche Sache nicht mehr bedeutet als eine gedachte. Er ist es, der den neuen Möglichkeiten erst ihren Sinn und ihre Bestimmung gibt, und er erweckt sie…" (Musil 1978: 17). Was hier vom „Menschen" gesagt wird, dürfte ähnlich für soziale Bewegungen gelten.

Schaubild 4.2: Paradigmata der Entwicklung

	Theoretische Konzepte	Politische Konzepte	Weltwährungssystem	Hegemoniale Macht	Wirtschaftspolitisches Konzept und dessen Orientierung	Strategie der Entwicklung
1.	Klassische Politische Ökonomie	Prinzip des Freihandels	Gold Standard Purchasing Power Parity-(PPP) Goldpunkte	England	Marktautomatismus Bezug: Weltmarkt	Spezialisierung gemäß Kostenvorteilen
2.	Nationalökonomie Institutionalismus Historische Schule	Temporärer Protektionismus (List) zum Schutz von „infant industries"	Gold Standard PPP; Goldpunkte	„Contested Hegemony" Englands	Marktmechanismus und staatlicher Schutz Bezug: Nationalökonomie	Protektion und Förderung von „infant industries"; Förderung der „produktiven Kräfte"
3.	Keynesianismus: „Fordismus"; Vorrang der Makroökonomie	Nationale und Internationale Regulation zur Vermeidung von Instabilitäten	Dollar Standard/ SDR Standard (Bretton Woods) fixe Wechselkurse; Balance of Payment Theory	USA	*Staatliche Intervention gemäß „magischem Dreieck: Vollbeschäftigung, Geldwertstabilität, ausgeglichene Zahlungsbilanz* Bezug: Nationalökonomie	Import substituierende Industrialisierung; zentrale Planung seitens des Nationalstaates
4.	Neoliberalismus; Vorrang der Mikroökonomie	globale Deregulierung	kein Standard; Währungskonkurrenz flexible Wechselkurse; Portfoliotheorie; PPP	„After Hegemony"; Politische und ökonomische Konkurrenz	Marktautomatismus, Deregulierung Bezug: Weltmarkt	„Outward looking strategies"; Strukturanpassung
5.	„Societal Economics; Mesoökonomie; „Post-Fordism"	Systemische Wettbewerbsfähigkeit; Bildung von „industrial districts"	Bildung regionaler Wirtschaftseinheiten: „Makro-Regionalismus" Flexible Wechselkurse und regulierte regionale Währungsabkommen	Regionalisierung; „Triadisation"; „burden sharing" in neuer Weltordnung	Marktautomatismus plus Industriepolitik zur Standortsicherung Bezug: Weltmarkt und regionaler Wirtschaftsblock	Mobilisierung der Kräfte der civil society; outward looking; Vorrang systemischer Wettbewerbsfähigkeit

trotz größter Anstrengungen eine Gesellschaft in der Konkurrenz zurückbleibt und unattraktiv ist oder wird. Attraktivität ist niemals absolut, sondern immer komparativ und nur sehr kurzzeitig in Ausnahmesituationen (wie möglicherweise während der 50er Jahre im Falle der USA) superlativ. Daher ist Attraktivität nicht demokratisierbar. Die Autogesellschaft würde ihre Attraktivität sofort verlieren, wenn alle 6 Mrd. Erdenbürger so motorisiert sein könnten wie derzeit die Europäer oder Nordamerikaner. Diejenigen Konkurrenten im globalen Wettbewerb, die schon in der Entwicklung voran sind, werden den Vorsprung allein deshalb halten, weil Attraktivität nur verteidigt werden kann, wenn die Exklusivität des Modells gewahrt bleibt. Es kommt daher nicht nur auf Attraktivität, sondern auch auf die Kohärenz an, die allein der Attraktivität eine gewisse Dauerhaftigkeit verleiht.

Das Kriterium der Attraktivität ist in der realen Welt nicht eindeutig. Denn das in den 90er Jahren (nach dem „Sieg im kalten Krieg", in der „neuen Weltordnung" und „am Ende der Geschichte") dominante Modell von Marktwirtschaft, pluralistischer Gesellschaft und Demokratie ist *erstens* nicht überall in der Welt erfolgreich – es konkurriert sozusagen mit sich selbst –, und *zweitens* steht seine Nachhaltigkeit in Frage, sofern der gesellschaftliche Umgang mit der Natur in den Blick genommen wird. Die Euphorie nach dem „Sieg im kalten Krieg" hat nur vorübergehend verdunkelt, daß sich auch das „westliche" Modell in vielen Weltgegenden in einer Krise befindet, bevor noch die globale Transformation zu einem gewissen Abschluß gelangt ist.

4.3.2 Zeit-Räume der Kohärenz

Von Kohärenz zu sprechen, macht nur Sinn, wenn die Grenzen des funktionalen und physischen Raums und die Ausdehnung der Zeiträume bestimmt sind. Kohärenz kann gehaltvoll nur in Raum-Zeit-Koordinaten definiert werden. Sie kann ja möglicherweise so kurzfristig durch eine gewaltige energetische Anstrengung wie beim Laserlicht hergestellt werden (Haken 1995: 69ff) – und sich nach kurzer historischer Zeit, wenn die Energien verbraucht sind und nicht erneuert werden können, wieder auflösen, und zwar in ungeordnete, chaotische Verhältnisse. Die (im menschheitsgeschichtlichen Horizont) kurze fordistische „Bonanza" des in diesem Jahrhundert bis in die 80er Jahre so außerordentlich attraktiven „westlichen" Gesellschaftsmodells kann ja dazu führen, daß alle jene Energien und Stoffe konsumiert und in unerwünschte, lästige, ja gefährliche Abfälle verwandelt werden, die zur Herstellung von Kohärenz nicht nur heute, sondern auch in einer späteren Zukunft schwer überwindbare Hindernisse darstellen. Anders und in ökonomischen Termini ausgedrückt: Eine hohe Produktivität der Arbeit ist ohne Zweifel Ausdruck hoher Kohärenz. Unter Berücksichtigung der Zeitdimension und daher der Irreversibilitäten aber kann es sein, daß die Kohärenz im Zeitverlauf nicht gewährleistet werden kann und daher die Zuwachsrate der Produktivität notwendigerweise sinkt. Dafür können soziale Gründe (darauf verweist vor allem die Regulationstheorie – Boyer 1986; Lipietz 1986) und ökologische Gründe (WIR 1999; Wuppertal Institut 1996) angeführt werden. In allen industriellen Gesellschaften hat sich diese Tendenz in den vergangenen Jahrzehnten durchgesetzt und es hat sich allenthalben gezeigt, wie schwierig es ist, die Bedingungen der Kohärenz zu erfüllen, nämlich die Bildung von sozialen, ökonomischen, politischen und energetischen Ordnungsstrukturen zu fördern.

Was über die Zeit gesagt wurde, läßt sich für Räume in ähnlicher Weise festhalten. Dabei verstehen wir unter physischen Räumen *geographische* Territorien mit einer spezifischen Charakteristik (Relief, Klima, Ökosysteme, Menschenschlag etc.) und mit Grenzen, die durchaus politisch gesetzt werden und daher auch – friedlich oder kriegerisch – territorial verschoben werden können. Den grenzenlosen Raum gibt es nicht; selbst ohne jede politische Grenze wäre der endliche Globus noch Grenze. *Funktionale* Räume hingegen sind durch die in ihnen vorherrschenden „Handlungs- oder Funktionslogiken" definiert: Der *ökonomische* Funktionsraum ist durch geldvermitteltes, ökonomisches Rentabilitätskalkül charakterisiert, das auch den Einsatz von Arbeit steuert. Der *politische* Funktionsraum folgt dem Machtkalkül, mit dem die Herrschaft im und über den Raum – auch im Sinne des Territoriums – gesichert wird. Der *soziale* Raum ist die Arena der Artikulation von Interessen, der Austragung und Regelung von Konflikten und der Suche nach immer prekärem Konsens durch Kommunikation unter Bedingungen von Reziprozität und Äquivalenz. Der „Umweltraum" wird durch ökologische Restriktionen beherrscht, die sich als thermodynamische Sätze formulieren lassen: Die Entropiesteigerung (St) in einem nicht geschlossenen System entspricht der Entropieproduktion (Sp) abzüglich der Entropieabfuhr (Sa) und der Energiezufuhr (E) in die bzw. aus der natürlichen Umwelt[57]. Die ökologischen Grenzen ergeben sich also aus der möglichen Energiezufuhr von außen, der Tragfähigkeit von Ökosystemen für Emissionen und den Möglichkeiten der Entropieabfuhr. Kohärent ist der Umgang mit den natürlichen Restriktionen dann, wenn die „Entropiegleichung" gleich Null ist. Die Schranken sind einerseits objektiv als „harte Naturschranke" des „Umweltraums" gegeben, doch ist diese andererseits nur ein Element innerhalb des diskursiv artikulierten „gesellschaftlichen Naturverhältnisses" (Becker 1992; Schultz 1993; Harvey 1996: 218-222)

---

[57] Zur thermodynamischen Begrifflichkeit vgl. Georgescu-Roegen 1971. Zur Übertragbarkeit der physikalischen Konzepte in die Sozialwissenschaften vgl. auch Altvater 1992.

Die funktionalen Räume sind nicht „abgeschlossen", sondern offen, sie durchdringen und beeinflussen sich. Arbeit (also Arbeitszeit und -organisation, Entlohnung, Partizipation etc.) wird durch Rentabilitätskalkül und „harte Budgetrestriktion" gesteuert: Die auf den globalisierten Finanzmärkten gebildeten Zinsen (i) verlangen eine Mindestprofitrate (p'), die von der Verteilung zwischen Profiten und Löhnen (P/Y) und (positiv) von der Arbeitsproduktivität (Y/L) und (negativ) von der Kapitalintensität (K/L) abhängig ist. Dabei spielt nicht nur der funktionale Raum, sondern die Ausdehnung des physischen, des territorialen Raums eine wichtige Rolle. Arbeit ist aber immer eine Tätigkeit der Naturumformung. Stoffe werden mit entsprechendem Energieaufwand geschieden oder/und zusammengefügt. Je höher die Produktivität infolge des Einsatzes fossiler Energieträger, desto mehr und schneller wird der „Umweltraum" verändert und dabei – dies ist das ökologische Problem – degradiert. Durch dessen Veränderungen wird aber die Arbeit des Scheidens und Zusammenfügens beeinflußt. Also ist Arbeit niemals unabhängig von den Naturbedingungen zu denken. Aber auch zwischen Ökonomie, Ökologie, Politik und sozialem Raum gibt es Interferenzen. Ohne soziale Stabilität wird die Profitabilität der Ökonomie gefährdet und politische Konflikte, zumal wenn sie gewaltsam ausgetragen werden sollten, zerstören alles: Menschen, soziale Beziehungen und die Natur.
Das Ensemble der sich durchdringenden funktionalen Räume kann als das „gesellschaftliche Naturverhältnis" bezeichnet werden, das für gesellschaftlich-kulturelle Gestaltung offen ist und der politischen Regulation unterliegt. Sollte es gelingen, die funktionalen Räume kohärent zu gestalten, könnte ein solcher (dynamischer) Zustand als „sustainable" (nachhaltig und zukunftsgerichtet) bezeichnet werden:

„Sustainable development is people-centered in that it aims to improve the quality of human life, and it is conservation-based in that it is conditioned by the need to respect nature's ability to provide resources and life supporting services. In this perspective, sustainable development means improving the quality of human life while living within the carrying capacity of supporting ecosystems" (WWF 1996: 5).

In territorial kleinen *Räumen* können kohärente Verhältnisse zwischen den *Funktionsräumen* oftmals besser erzeugt werden als in großen geographischen Einheiten. Denn je kleiner der physische Raum, desto größer *ceteris paribus* die „Außenwelt", in die „unordentliche" Elemente, die die Ordnung und Kohärenz von Funktionsräumen stören, ohne Rückwirkungen sanktionslos „exportiert" werden können. Die Ausgrenzung von nicht erwünschten Menschen, also die Verweigerung der sozialen Integrationsleistung, weil ein sozialer Konsens (eine soziale Ordnung) gefährdet wären, ist ein Versuch der Herstellung von Kohärenz im sozialen Raum durch Externalisierung der „die Ordnung störenden" Menschen. Dafür ist die europäische Emigration als Folge der Industrialisierung im 19. und frühen 20. Jahrhundert ebenso Beispiel wie die umgekehrten Bemühungen Westeuropas am Ende des 20. Jahrhunderts, die Grenzen gegen Zuwanderer möglichst undurchlässig zu machen. Die Externalisierung von Abfällen, Abwasser, Abluft aus dem physischen Raum, also die Nutzung eines Umweltraums, der weit über die Natur des jeweiligen Territoriums der Gesellschaft hinausreicht, ist Kohärenz erhaltende Entropieabfuhr. Dafür ließen sich Beispiele aus allen Weltregionen anführen. Japan ist ja unter anderem auch deshalb zum ökologischen „Musterknaben" aufgerückt, weil die „schmutzigen Industrien" (z.B. Aluminium-Produktion) in andere Weltgegenden ausgelagert worden sind. In Europa ist das nicht besser – wie die illegale Verschiebung von Giftmüll aus der BRD nach Polen, in die Ukraine, Rumänien etc. belegt – und in den USA auch nicht, wo die schmutzige Maquiladora-Industrie jenseits der US-amerikanisch-mexikanischen Grenze etabliert wird. Die Berücksichtigung des „Umweltraumes" (Opschoor 1992; Wuppertal Institut 1996) könnte, wenn es darum geht, die territoriale Einheit der Kohärenz zu definieren, dazu zwingen, Kohärenz mit den Ausstattungen zu erreichen, die vom Umweltraum bereitgestellt werden.

Der ökonomische Funktionsraum erfaßt den gesamten Planeten Erde, und zwar – nach dem Ende des real-sozialistischen Experiments – ohne territoriale Ausnahme. Das ist vor allem aus zwei Gründen gravierend. *Erstens* steuert die „harte Budgetrestriktion" des Geldes (und des Kapitals) die Arbeit und mit ihr die Transformationen von Stoffen und Energien im Arbeits- und Produktionsprozeß. Je ausgreifender die Ökonomie, desto umfassender, gigantischer, pharaonischer die Projekte, mit denen die Natur durch Arbeit umgestaltet wird. Massenproduktion und Massenkonsum verlangen Massenverkehr und die dazu geeigneten Systeme der Raumüberwindung und Zeitersparnis, die ihrerseits Energieversorgungsunternehmen kontinentalen Ausmaßes hervorbringen. Die Ökonomie sprengt daher die auf die physisch-territorialen Räume begrenzten Logiken der sozialen, ökologischen und möglicherweise auch politischen Funktionsräume. Sie löst also in der Tendenz der Globalisierung jene Grenzen auf, die es bislang ermöglicht haben, die „unordentlichen" Elemente in die Außenwelt der jeweiligen Systeme abzuführen. Im Umweltraum ist dies inzwischen offensichtlich. Die in die Atmosphäre eingetragenen Substanzen der energetischen Prozesse auf fossiler Grundlage wirken in jeden territorialen Raum zurück. Wenn es also im Prinzip möglich ist, Kohärenz durch Energieimport und Entropieabfuhr eines System von der „Außenwelt" zu „leihen", ist dies als eine Folge der ökonomischen Logik des Wachstums in der Zeit und der Expansion im Raum in dem Moment unmöglich, in dem die Erde globalisiert worden ist. Diesem Moment ist die Menschheit am Ende des 20. Jahrhunderts sehr nahe, und dies ist einer der Hauptaspekte der globalen Transformationen.

Es gibt keine offenen Systeme mehr, sondern nur noch das eine geschlossene System Erde. Dem wird zu Recht entgegengehalten, daß die Erde gegenüber der Energieeinstrahlung der Sonne offen sei. Das ist richtig, nur ist nicht die Sonnenenergie die energetische Basis des dominanten und attraktivsten Entwicklungsmodells, sondern fossile Energieträger (Fossilismus). Diese sind auf der Ressourcenseite begrenzt. Schlimmer noch, die Emissionen können nicht in eine erdferne Außenwelt abgegeben, sie müssen im System Erde selbst verarbeitet werden (vgl. dazu das 11. Kapitel).

Die wechselseitige Beeinflussung und Durchdringung der ökonomischen, sozialen, politischen und ökologischen Funktionsräume wird keineswegs immer so berücksichtigt, wie es ihre theoretische und politisch-praktische Bedeutung verlangt. Die Konstruktion des „Umweltraums" in der Studie des Wuppertal Instituts (1996) kommt gänzlich ohne Analyse der Funktionslogiken und der Restriktionen von Ökonomie, Politik, Gesellschaft aus. Umgekehrt ist der „Umweltraum" mit einer eigenständigen „Logik" in der ökonomischen Theorie kein Thema. Ihre Bemühungen richten sich darauf, der Logik der Ökonomie auch im Umweltraum ein Anwendungsfeld zu verschaffen: durch Bepreisung der Natur, durch Privatisierung von Gemeingütern, durch handelbare Zertifikate. Manchmal kommt dies ganz naiv und auf den ersten Blick überzeugend daher: Die Preise sollen endlich die ökologische Wahrheit sagen. Das können sie nicht. Aus ökologischer Sicht können ökonomische Preise gar nicht anders als zu lügen. Sie sind Ausdruck einer Funktionslogik, die nicht die der Natur oder (technokratisch ausgedrückt: des Umweltraums) ist. Über den Gegenstand der „Sustainability" kann nicht räsonniert werden, wenn nicht der komplexe Zusammenhang der funktionalen Räume Berücksichtigung findet. Zukunftsorientierte Sozialwissenschaften müssen daher die Interferenzen, die Kohärenzbedingungen und natürlich die Restriktionen und deren Wirkungsweise als ein Ensemble thematisieren.

4.3.3 Äußere Restriktionen innerer Kohärenz

Von Kohärenz kann nur dann gesprochen werden, wenn über deren Restriktionen Klarheit herrscht. Die Funktionsräume (oder sozialen Subsysteme) haben ihre je eigenen Codes, mit denen die Akteure kommunizieren; ihre Aktionen unterliegen bestimmten Restriktionen. Sie müssen Kohärenzregeln befolgen, ohne daß gewährleistet werden kann, daß sie dabei erfolgreich sind. Die Codes der Kommunikation müssen keineswegs, wie Luhmann unterstellt, binär geschaltet sein, und vor allem ist es nicht ausgemacht, daß ein System, das Restriktionen zu befolgen und Kohärenzregeln zu entwickeln hat, nur auf einen Code hört. Im Wirtschaftssystem wird schon in den Etappen der Zirkulation, die das Kapital durchmachen muß, die Notwendigkeit verschiedener Codes erzwungen: Kaufen und Verkaufen, Zahlen und Nicht-Zahlen auf dem Markt, so wie auch Luhmann dies darlegt. Doch der monetäre Überschuß verlangt eine materiale Form (denn sonst wäre der Zins nichts als entwertende Aufblähung des Geldzeichens); der Profit muß real produziert worden sein, um den Geldvermögensbesitzern den Bezug von Realzinsen zu gestatten. In der Produktion, die das ursprünglich geldförmige Kapital als produktives Kapital ebenfalls durchläuft, geht es daher um die materiale und soziale Organisation eines Verwertungsprozesses, der konfliktreicher Ausbeutungsprozeß ist. Hier sind soziale Gegensätze zu regulieren, die die binäre Dimension des Zahlens und Nicht-Zahlens sprengen und verkomplizieren. Es geht um institutionelle Gestaltung des Lohn- und Arbeitsverhältnisses, um den Komplex von Faktoren, die für Wettbewerbsfähigkeit verantwortlich sind, auch um nicht-marktförmige Beziehungen, die ökonomisch relevant, aber in den monetären Codes der Ökonomie nicht kommunizierbar sind. Die schlichte Reduktion der ökonomischen Kommunikation auf die Polarität von Zahlen und Nicht-Zahlen verdankt sich der Weigerung, im Kapitalverhältnis mehr zu sehen als eine simple Aneinanderreihung von geldgesteuerten Zahlungsketten.

Mit dem Zwang, sich an der auf dem (Welt)markt gebildeten Zinsrate zu orientieren, ergibt sich zugleich die Tendenz der Angleichung der Profitraten an einen (welt)gesellschaftlichen Durchschnitt. Dies ist aber nur eine monetäre Ausdrucksweise für einen mehrschichtigen Prozeß der Angleichung von Produktivitätsniveaus, Arbeitsformen und Löhnen, des Sozialstaats etc. an die „attraktiven" Modelle – und des Scheiterns jener Gesellschaften, in denen die geforderte Angleichung an den Durchschnitt nicht erreicht werden kann. Der Ausgleich der Profitraten folgt einer Tendenz, aber er wird niemals zustande kommen. Dies liegt nicht zuletzt an der ebenfalls wirksamen Tendenz der Profitraten zum Fallen. Allerdings hat schon Marx gezeigt, daß die Profitraten nicht dauerhaft fallen können, weil in den dadurch hervorgerufenen Krisen gerade jene Prozesse der ökonomischen und sozialen Restrukturierung ablaufen, die eine erneute Akkumulationsphase mit steigender Profitrate einleiten (Marx, MEW 25: 221ff)[58].

---

[58] Dies belegen auch die Daten über „profit rates and rates of return", die die OECD regelmäßig in ihrem Wirtschaftsausblick vorlegt. Vgl. OECD 1995b: A28. Die Profitraten sind demgemäß im Verlauf des „neoliberalen" Jahrzehnts der 80er Jahre angestiegen, tendieren aber – mit gewissen nationalen Unterschieden – in den 90er Jahren erneut nach unten. Damit sind aber heute, anders als im Verlauf der Konjunktur- und Krisenzyklen der vergangenen Jahrzehnte, zwei Tendenzen verbunden, die uns noch unten näher beschäftigen werden: Erstens bedeutet der mit einer Anhebung der Profitrate stattfindende Anstieg der Akkumulationsrate keine relevante Zunahme der Beschäftigung. Wachstum und Beschäftigung sind entkoppelt. Zweitens findet die Globalisierung vor allem darin ihren Ausdruck, daß industrielle Kapitali-

Die lokale gesellschaftliche Kohärenz erweist sich also an globalen ökonomischen Restriktionen. Entwicklung ist infolgedessen doppelt determiniert: durch die weltgesellschaftlichen, vor allem ökonomischen Restriktionen („Sachzwänge") und durch die Bedingungen der Gestaltung eines kohärenten Systems „vor Ort", in der Region oder auf nationaler Ebene. Die Befolgung der Restriktionen ist Ausdruck der grenzenlosen *ökonomischen* Globalisierung, die Herstellung von Kohärenz kann nur gelingen, wenn durch *politische und soziale* Institutionen Grenzen im Raum gezogen werden und wenn (zivil)gesellschaftliche Netzwerke in ihnen greifen – und sie auch verteidigen. Dies ist auch der Grund dafür, warum entwicklungspolitische Vorschläge sowohl allgemeinen Regeln gehorchen und zugleich sehr spezifisch sein müssen. Daher kann die vieldiskutierte Globalisierung niemals vollständig sein. Dynamische Kohärenz kann nur auf einer *bestimmten* historischen Attraktionskurve erreicht werden, auf anderen nicht oder unvollkommen.

Es kann an gesellschaftsinternen oder/und externen Gründen liegen, wenn nur ein Teil der Gesellschaft in der Lage ist, den äußeren, harten Budgetrestriktionen des Geldes und seiner Preise (Zins und Wechselkurs) Rechnung zu tragen, der andere Teil der Gesellschaft (z.B. der „traditionelle", heute möglicherweise auch der informelle Sektor) eben nicht. Der Preis für den Dualismus ist der Verzicht auf zumindest einige der Attraktionen, die der moderne, weltmarktintegrierte (und daher formelle) Sektor zu bieten hat. Der soziale Dualismus verweist auf die Gleichzeitigkeit von Inklusion und Exklusion, also von Integration in die globalisierende Ökonomie bzw. auf die Ausgeschlossenheit von ihrer Dynamik und daher auch von ihren Gratifikationen, die sie zweifellos zu bieten hat. Die spaltende Dynamik von Exklusion und Inklusion findet in allen Gesellschaften der „Weltgesellschaft" statt und wird durch die Globalisierungstendenzen befördert.

4.4 Ungleichzeitigkeit und Ungleichmäßigkeit der Entwicklung

Offensichtlich vermögen nicht alle Gesellschaften auf dem Globus kohärente Strukturen systemischer Wettbewerbsfähigkeit zu errichten, also den weltgesellschaftlichen Restriktionen systemisch-intelligent Rechnung zu tragen. Obendrein ist es ganz ausgeschlossen, daß Kohärenz im oben angesprochenen Sinne auf Dauer erhalten und verteidigt werden kann. Krisen wären sonst ebensowenig vorstellbar wie Prozesse der Transformation. Also muß nun von der Gleichzeitigkeit von Ordnung (Kohärenz) und Unordnung (Inkohärenz) oder

---

sten als Geldvermögensbesitzer agieren, also die erzielbare Profitrate „vor Ort" mit Renditen auf den globalen Kapitalmärkten vergleichen.

von globaler Vereinheitlichung und gleichzeitiger regionaler Fragmentierung bzw. Fraktionierung die Rede sein (so auch Cox 1996: 27). Häufig wird mit der Feststellung von „Vereinheitlichung und Fragmentierung" die Widersprüchlichkeit zwischen Ordnung der industrialisierten „OECD-Welt" und „Unordnung" in den peripheren Ländern bezeichnet (so auch Menzel 1998). An dieser Vorstellung kritisieren Bonder/Röttger/Ziebura (1993) zu Recht, daß *erstens* die „OECD-Welt" keineswegs die unterstellte Einheit aufweise, sondern der heftigen und aggressiven „Triadenkonkurrenz" ausgesetzt ist, und daß *zweitens* Fragmentierung und Vereinheitlichung Kehrseiten einer einzigen globalen Tendenz darstellen, die Narr/Schubert (1994) als globale „Ungleichheitsproduktion" bezeichnen.

Im folgenden wird gezeigt, daß Fragmentierung, Fraktionierung und Fraktalisierung durchaus unterschiedliche Tendenzen bezeichnen, die die globalen Transformationen charakterisieren und die Interdependenzen auf dem Weltmarkt strukturieren.

4.4.1 Fragmentierung, Entkoppelung und Marginalisierung

Erst nachdem die soziale Notwendigkeit der Kohärenz der gesellschaftlichen Funktionsräume und die schwierigen Bedingungen ihrer Herstellung auf dem Wege gesellschaftlicher Regulation dargelegt worden sind, kann von der Kehrseite, von Inkohärenz bzw. von der Gleichzeitigkeit von Ordnung und Unordnung (dazu Altvater 1992) oder von Vereinheitlichung und gleichzeitiger Fragmentierung oder Fraktionierung im globalen Raum die Rede sein. Diese These ist eine der beliebtesten und verbreitetsten Metaphern in der Globalisierungsdiskussion (z.B. Menzel 1998). Allerdings handelt es sich bei den selten trennscharf verwandten Begriffen der Fragmentierung, Fraktionierung, Fraktalisierung um Kategorien zur Erfassung von verschiedenen Aspekten des Sachverhalts globaler Ungleichzeitigkeiten und Ungleichmäßigkeiten. Letztere sind Charakteristikum der kapitalistischen Akkumulation seit ihrem Beginn, wie André Gunder Frank hervorhebt: „Die Welt (hat) im Laufe der vergangenen Jahrhunderte einen einzigen, allumfassenden, wiewohl ungleichen und ungleichmäßigen Prozeß der Kapitalakkumulation erlebt..." (Frank 1982: 68). Daß die ökonomischen Ungleichheiten und Ungleichzeitigkeiten sich als kulturelle Fragmentierung niederschlagen, hat Robertson zu der Feststellung eines widersprüchlichen Prozesses der „interpenetration of the universalization of particularism and the particularization of universalism" veranlaßt (Robertson 1992: 100). Damit sind einerseits die Tendenzen der marktvermittelten strukturellen Globalisierung angesprochen, die eine kulturelle Universalisierung gar nicht bewirken können, zum anderen aber ist, wie Robertson ausführt, eine *condition humaine* gemeint: Universalisierung und Partikularisierung „have become tied together as part of a globewide nexus" (ibid.: 102). Die Universalisierung des Partikularen reflektiert dabei die „postmoderne" Vielfalt, die Partikularisierung des Universalen „resistance to contemporary globalization" (ibid.). Damit soll angedeutet sein, daß auch bei Betrachtung der kulturellen Globalisierung Tendenzen der Fragmentierung und Partikularisierung zu berücksichtigen sind.

Bereits die Theoretiker des Weltsystems haben den historischen Sachverhalt als eine Paradoxie vermerkt, daß in der gleichen aufklärerischen Epoche vor etwa 500 Jahren der moderne Nationalstaat mit seinen einzäunenden Grenzen, das moderne, und immer offener sich gebärdende Weltsystem im Verlauf der „Entdeckungen" und Eroberungen entstehen konnten und zugleich die europäische Rationalität der Weltbeherrschung ihren – aus heutiger Sicht (vgl. Crosby 1991) – *einfältigen* Siegeszug über die *Vielfalt* der Kulturen angetreten hat. Die „Gleichzeitigkeit des Ungleichzeitigen" war eine Formel, die in der Imperialismustheorie herangezogen wurde, um Entwicklungsunterschiede und -gegensätze erfassen zu können. Nationalität und Globalität haben die gleiche Wurzel, entwickeln sich parallel, sind die Kehrseiten des gemeinsamen kapitalistischen Entwicklungsmodells.

Die nationalstaatlich umhegten territorialen Räume sind im funktionellen Sinne Element der globalisierten Kapitalzirkulation. Darin drückt sich die Einheit des Weltsystems aus. Diese macht sich in jeder Währungskrise geltend. Denn niemals ist die Währung eines Nationalstaats allein in einer Krise, sondern andere Währungen wegen der globalen Interdependenzen (infolge der Konvertibilität) ebenfalls. Es ist also in der Krise einer Währung, auch wenn sie als Pfund- oder Pesokrise, als Asienkrise oder Rußland- und Brasilienkrise verhandelt wird, immer das Währungs- und Finanzsystem insgesamt betroffen. Es geraten aufgrund der Interdependenzen auf globalisierten Finanzmärkten, wegen des „Tequila"- oder „Contagion"-effekts immer mehrere Währungen unter Abwertungsdruck – dem umgekehrt die Aufwertung anderer Währungen entspricht. Währungskrisen mögen also von einer nationalen Währung ihren Ausgang nehmen (Fragmentierung), aber sie wirken sich auf das Gefüge des Währungssystems insgesamt aus (Vereinheitlichung).

4.4.2 Fraktionierung oder der Verteilungskampf um den globalen Mehrwert
Dies ist untrügliches Indiz dafür, daß in der Regel auch die fragmentierten Teile der kapitalistischen Weltgesellschaften doch nichts anderes sind als *Fraktionen des Weltkapitals*. Sie beteiligen sich also an der Produktion wie an der Verteilung des globalen Wertprodukts. Zugespitzt formuliert John Holloway diesen Sachverhalt:

„Nationalstaaten konkurrieren... darum, einen Teil des weltweit produzierten Mehrwerts auf ihr Territorium zu ziehen. Der Antagonismus zwischen ihnen ist nicht Ausdruck der Ausbeutung der 'peripheren' durch die 'zentralen' Staaten..., sondern drückt die (äußerst ungleiche) Konkurrenz zwischen ihnen um die Anziehung (oder die Bewahrung) eines Teils des globalen Mehrwerts auf ihr Territorium aus..." (Holloway 1993: 23).

Agieren Nationalstaaten demzufolge als Agenten einer jeweiligen Fraktion des Weltkapitals? Dies wäre dann der Fall, wenn das Kapital noch jene nationalstaatlichen Attribute hätte, die ihm von Smith und Ricardo, aber auch von Marx beigemessen wurden. Ricardo konnte sich internationale Kapitaltransaktionen wegen der „Bodenhaftung" der Kapitalisten nur schwer vorstellen. Daß Friedrich List der nationalen Grenze für kapitalistische Transaktionen zentrale Bedeutung beimaß, ist in seinem „nationalökonomischen" Ansatz gegen den „Kosmopolitismus" der „klassischen Schule" der britischen Politischen Ökonomie nur schlüssig. Marx definiert das „gesellschaftliche Gesamtkapital" als jenen Reproduktionsraum, innerhalb dessen es zu Ausgleichstendenzen der Profitrate kommt. Dieser Raum, in dem sich *erstens* innerhalb einer Branche ein gleicher Marktwert und Marktpreis der individuell zu unterschiedlichen Bedingungen erzeugten Produkte bildet, und in dem *zweitens* eine Egalisierung der Profitraten der verschiedenen Sphären stattfindet (Marx, MEW 25: 190), war im 19. Jahrhundert weitgehend deckungsgleich mit der nationalstaatlichen Gesellschaft. Das jeweilige nationale Kapital expandierte zwar kolonialistisch oder imperialistisch (und dabei immer nationalstaatlich unterstützt) über die Grenzen. Doch jenseits der Grenzen agierte es als Teil des nationalen Kapitals, um sich aus Kolonien oder anderen, zumeist abhängigen Regionen, Rohstoffe anzueignen, dort Arbeitskräfte auszubeuten oder Märkte zur Realisierung von Waren zu öffnen.

Wenn nun auf den Weltmärkten nicht nur einheitliche Marktpreise der an unterschiedlichen Orten zu unterschiedlichen Bedingungen (Lohnstückkosten) erzeugten Waren („like products") gebildet werden, sondern Kapitalbewegungen innerhalb und zwischen den Branchen zu einer Ausgleichs*tendenz* der Profitraten beitragen (insofern, als diese sich an der einheitlichen Zinsrate orientieren), ist es durchaus angemessen, von einer Globalisierung des „gesellschaftlichen Gesamtkapitals" zu sprechen. Daß diese Feststellung kein theoretisches Konstrukt ist, zeigen in der zweiten Hälfte der 90er Jahre die Megafusionen, in denen Kapitalfraktionen innerhalb des Weltsystems neu formiert werden. Produktion und Verteilung des Wertprodukts zwischen den nationalstaatlichen Fraktionen gehorchen globalen Tendenzen, die, wie sollte es im kapitalistischen Weltsystem anders sein, geldgesteuert verlaufen.

Wenn von Konkurrenz die Rede ist, müssen die Konkurrenz innerhalb einer Branche (*Preiskonkurrenz*) und diejenige zwischen den Branchen (*Konkurrenz um die besseren Verwertungsbedingungen*) auseinander gehalten werden, da ihre Wirkung auf die „Vereinheitlichung" zu einem nationalen, regionalen oder globalen Gesamtkapital verschieden sind. In der Branchenkonkurrenz sind die Unternehmen nämlich Anbieter oder/und Nachfrager und konkurrieren mit Preisen und Qualitäten. Hier wird der Standortwettbewerb über die Ländergrenzen hinweg ausgefochten. Es kann ja – wenn die natürlichen Konkurrenzgrenzen infolge niedriger Transportkosten gefallen sind – nur einen Weltmarktpreis geben, der als Vorgabe die Anpassung der Produktionskosten an den verschiedenen Standorten erzwingt. Die Standortkonkurrenz ist daher mehrschichtig. Darin sind einzelne Unternehmen involviert, aber auch Nationalstaaten, die die Attraktivität des „Standorts Deutschland" (oder Frankreich, Japan, USA etc.) zu steigern versuchen. In dieser Konkurrenz zwischen Fraktionen eines einheitlichen Systems wird in der jeweiligen Branche tatsächlich ein „weltgesellschaftlicher" Durchschnitt der Kosten hervorgebracht. Die Tendenz des Durchschnitts weist nach unten, insbesondere wenn hohe Transportkosten zwischen den Standorten keine Konkurrenzgrenze erzeugen.

Diese Tendenz wird gestützt durch die Konkurrenz zwischen den Branchen. Auch sie findet im globalen Raum statt. Hier geht es aber um die Renditen, die die Anlage von Kapitalen in verschiedenen Branchen und verschiedenen Ländern erbringen kann. Das Neue der Globalisierung ist tatsächlich darin zu erblicken, daß der Renditenvergleich nicht mehr in einer nationalen Gesellschaft stattfindet, sondern der gesamte Globus in den Blick gerät. Die Möglichkeiten alternativer Kapitalanlagen steigen sprunghaft und verlangen daher vom Kapitaleigner die Mobilität, um sie auch ausnutzen zu können. Dabei sind die spezialisierten Dienstleister im Finanzsektor behilflich. Sie entwickeln auch jene Finanzinnovationen, mit denen es möglich ist, selbst in Produktionsanlagen langfristig fixiertes Kapital kurzfristig zu verflüssigen. Die „Liquidierung der Produktionsverhältnisse" ist ein unübersehbarer Ausdruck der globalen Vereinheitlichung. Alle lokalen, regionalen und nationalen Renditeunterschiede werden der Tendenz nach eingeebnet – unter Berücksichtigung von Risiken und der Zinsentwicklung. Diese wiederum werden von spezialisierten „rating agencies" geschätzt und global kommuniziert.

In der globalisierten Ökonomie können grob drei Akteursgruppen unterschieden werden, für die sich die Frage der interdependenten Beziehungen jeweils unterschiedlich stellt. *Erstens* wäre die Gruppe der sogenannten „global player" zu erwähnen, die tatsächlich die Rentabilitäten (den shareholder value) vergleichen und ihre Produktionsbedingungen, Management-Praktiken, Unternehmensleitbilder etc. nach einem weitgehend einheitlichen Standard gestalten („benchmarks", vgl. Sklair 1998a sowie ausführlich dazu 7. Kapitel). *Zweitens* gibt es jene Unternehmen, die international präsent sind, aber anders als die erste Kategorie keine Möglichkeiten haben, sich der Konkurrenz der Währungsräume zu entziehen. Ihre Wettbewerbsfähigkeit hängt nicht nur von den realwirtschaftlichen und sozialen sowie kulturellen „Standortfaktoren" ab, sondern auch vom Wechselkurs der Währung in der Währungskonkurrenz. Eine Währungsaufwertung entwertet so mitunter Kostensenkungen oder Kostendisziplin, so daß die Wettbewerbsfähigkeit von nationalen Industrien mehr von der Kursbewegung als von den Lohnstückkosten beeinflußt und beeinträchtigt wird.[59] Dann gibt es schließlich *drittens* jene Unternehmen, die nur von regionaler oder nationaler Bedeutung sind, weil sie „Thünen-Güter" oder international nicht handelbare Dienstleistungen produzieren und anbieten. Diese stellen in der Einheit der Weltökonomie untereinander wenig verbundene *Fragmente* dar, sie fungieren nicht als *Fraktionen* eines Ganzen. Sie nehmen nicht oder nur höchst vermittelt an den Auseinandersetzungen um Teile des global erzeugten Überschusses teil. Wenn die Transport- und andere Transaktionskosten in der Weltwirtschaft (z.B. infolge einer fühlbaren Verteuerung der Energiepreise) steigen sollten, könnte der Kreis der „Thünen-Unternehmen" dieser dritten Kategorie größer werden.

Dem ökonomischen Sachzwang der Vereinheitlichung folgen auch die globalen Institutionen, vor allem Internationaler Währungsfonds und Weltbank, wenn sie die Nationalstaaten und deren Ökonomien einem Programm der „Strukturanpassung" unterwerfen. Der Sinn der Programme besteht darin, daß die betroffenen Länder Attraktionspunkte für Kapital im globalen Raum, der viele Alternativen der Kapitalanlage bietet, bleiben bzw. werden. Dies ist explizite Politik gegen die Tendenz der Fragmentierung und für die Fraktionierung innerhalb der Weltwirtschaft und -gesellschaft. Anders ausgedrückt: Die nationalen (und regionalen) Ökonomien werden nicht als *einzelne* für sich und unabhängig voneinander, sondern als *besonderer* Teil des Ganzen (der Totalität des kapitalistischen Weltsystems) behandelt. Daher sind die Regeln der Strukturanpassung trotz des „case-by-case" und „country-by-country" Ansatzes so einheitlich (vgl. auch 5. Kapitel):

---

[59] Die Fraktionierung innerhalb der einheitlichen Geoökonomie ist hier also monetär begründet. Wenn sich die Einheitlichkeit des globalen Systems auch darin ausdrückt, daß die ökonomischen Werte (daher auch die in Wert gesetzten Ressourcen) nur in Weltgeld (US-Dollar; DM, Yen) Geltung beanspruchen können, ist es eine unhintergehbare Regel, die je nationale Währung gegenüber dem Weltgeld zu stabilisieren. Dies ist ökonomischer Sachzwang, von dem man in jenen Ländern ein Lied singen kann, die in der Krise der globalen Finanzmärkte zur Währungsabwertung gezwungen worden sind. Die sich darin ausdrückende Abhängigkeit des „Reichtums der Nationen" von den globalisierten Währungsmärkten, die obendrein so mancher Manipulation unterworfen werden können, kann sich als Entwicklungshemmnis ersten Ranges herausstellen.

„In fact, most developing countries have had little choice but to adjust to the new economic realities of the emerging global market system... Failure to adjust would have guaranteed further marginalization from world markets and equally constrained access to international capital..." (WWF 1996: 2)

Allerdings gibt es eine Reihe von Beispielen für negative Rückwirkungen von Strukturanpassungsmaßnahmen als Folge der in der „country-by-country"-Logik nicht beachteten „particularities of individual countries and their differing functions in the emerging international division of labor" (WWF 1996: 3) und wegen der globalen Interdependenzen zwischen Anpassungsmaßnahmen in einzelnen Ländern. Wenn beispielsweise in mehreren Ländern gleichzeitig die Produktion von „cash crops" ausgeweitet wird, um durch Exportsteigerung zu vermehrten Deviseneinnahmen zu gelangen, dann kann diese Strategie dazu beitragen, daß die Rohstoffpreise sinken und sich entgegen den Erwartungen nicht nur nicht die Exporteinnahmen verringern sondern auch durch Übernutzung des Landes ökologische Probleme ergeben und in der Folge Schwierigkeiten bei der Ernährung auftauchen. <u>Auch wenn sich in manchen Fällen die ökonomischen Indikatoren als Folge der Strukturanpassungsmaßnahmen verbessern, verschlechtern sich ebenso oft die sozialen Verhältnisse, steigt die Arbeitslosigkeit, verringert sich infolge von Deregulierung und Privatisierung die Fähigkeit des politisch-administrativen Systems zur Regulation, wird die Einkommensverteilung ungleicher und wird die Umwelt degradiert</u> (WWF 1996: 10ff).

Fraktionierung und Fragmentierung sind also keine austauschbaren Synonyme, sie sind aber auch keine klaren Alternativen. An kritischen Punkten kann ein ökonomischer Raum jeweils aus dem einen in den anderen Zustand umschlagen. Mexiko ist durch Mitgliedschaft in der NAFTA, durch Strukturanpassungsprogramme des IWF und mit der Aufnahme in die OECD als eine „Fraktion" im System des globalen Kapitalismus zu hohen finanziellen und sozialen Kosten nach der Peso-Krise 1994 stabilisiert worden. Auch die von der Finanzkrise betroffenen asiatischen Länder, Rußland und Brasilien sind nach Ausbruch der Krise 1997 mit hohen Krediten als Fraktionen des globalen Systems gehalten worden, wenn auch um den Preis interner Fragmentierung und einer Polarisierung, die sich – wie in Indonesien – zu bürgerkriegsähnlichen Zuständen zuspitzt. Gleiches läßt sich von Rußland sagen, und auch in Brasilien ist die Fragmentierung des globalen Systems durch neue Kredite aufgehalten worden. Einige afrikanische Gesellschaften sind hingegen nurmehr Fragmente außerhalb einer einheitlichen, wenn auch fraktionierten Weltgesellschaft. Sie sind für die Reproduktion des Gesamtsystems fast uninteressant. <u>Dieses Wechselspiel von Fragmentierung und Fraktionierung wiederholt sich auch im nationalen Raum: Gesellschaften werden fragmentiert, wenn soziale Schichten ausgegrenzt, *exkludiert* werden</u> (Mingione 1997; vgl. auch 8. Kapitel).

4.4.3 Fraktalisierung oder das Prinzip der Selbstähnlichkeit im globalen System
Die Probleme der Gleichzeitigkeit von Vereinheitlichung und Fraktionierung komplizieren sich, wenn nicht nur Kapital in Geld- und Warenform über nationale Grenzen hinaus expandiert (Welthandel, Direkt- und Portfolioinvestitionen, Internationale Kredite), sondern Arbeitskräfte das jeweilige Land verlassen und über nationale Grenzen migrieren. Handelte es sich nur um „Gastarbeiter", um schlichte *„Produktionsfaktoren"* ohne weitergehende Ansprüche, wäre das Problem nach den Marktgesetzen von Angebot und Nachfrage, also nach den Regeln der Preisbildung wie im Falle anderer Waren auf anderen Warenmärkten auch, zu lösen. Der Weltmarkt für Arbeit müßte sich nicht von nationalen oder regionalen Märkten unterscheiden, ja die Märkte kleinerer Einheiten würden spurenlos (d.h. ohne relevante Preisunterschiede) in den größeren Einheiten aufgehen und auf anderer Ebene keine veränderten Funktionsmodi hervorbringen. Nur die Währung, in der der Lohn ausgedrückt würde, wäre verschieden; aber bei Konvertibilität in der Währungskonkurrenz wäre dies, von den unvermeidlichen Transaktionskosten abgesehen, kein Hindernis. Doch ArbeiterInnen sind in modernen Gesellschaften Staatsbürger und als solche mit Bürgerrechten und Ansprüchen an den Staat ausgestattet. Sie haben Pflichten und Rechte, die sie als die „Dazugehörigen" einer Nation definieren. Sie schleppen einen ganzen Rucksack von kulturellen Eigenheiten, historischem Eigensinn, physischem Eigentum, von „Gewohnheiten des Herzens" (Alexis de Tocqueville), aber auch des Bauches und des Kopfes, von institutionell garantierten Sicherheiten und von demokratischen Rechten mit sich. Sie verfügen über Ausweis und Paß. An welchen Staat sind die Bürgerrechte zu richten, wenn Bürgerrechte exklusiv für die Dazugehörigen gelten, daher Ausschlußrechte sind und mit der transnationalen Migration zumindest teilweise aufgegeben werden? Welchem Staat gegenüber sind die Staatsbürgerpflichten abzuleisten, von der Wehrpflicht bis zur Zahlung der Steuern? Wo bleiben die historischen, die kulturellen, ethnischen, nationalen und sozialen Charakteristika in einem anderen Umfeld? Wie verhält sich Migration zu den bislang dargestellten Tendenzen von Fragmentierung und Fraktionierung?
Im Zuge der transnationalen Expansion des Kapitals ist auch der Arbeitsmarkt internationalisiert worden, freilich nur zum Teil. Denn die transnationale und transkulturelle Mobilität der Arbeit ist im Vergleich zu der raum-zeitlichen Ungebundenheit des Kapitals *erstens* klein und *zweitens* nicht immer freiwillig, wenn man die „push-Faktoren" – von ökonomischer Armut über ökologische Katastrophen, ethnische, rassische, religiöse Verfolgung bis zu militärischen Konflikten – in Rechnung stellt. Es ist jedenfalls im 20. Jahrhundert ein modernes transnationales *„Nomadentum"* (Hannah Arendt) entstanden. Der Nationalstaat bleibt zwar formell und materiell „Arena der legitimierten Umverteilung",

aber in der sozialstaatlichen Realität (gerade in Europa) gehören Klienten und Beitragszahler nicht mehr unbedingt zur gleichen Nationalität. Die Fraktionen in der globalen Verteilungskonkurrenz sind also nicht eindeutig durch die Staats- und Währungsgrenze voneinander zu scheiden. Der Wohlfahrtsstaat faßt also Wirtschaftsbürger zusammen, die nicht mehr durch die gemeinsame Nationalität als Staatsbürger mit gleichen Bürgerrechten ausgestattet und verbunden sind, aber andererseits sich auch nicht auf bloße Produktionsfaktoren ohne nationale Attribute reduzieren lassen. Der Nationalstaat erodiert also auch, weil er nicht mehr für alle Wirtschaftsbürger wie selbstverständlich die Arena ist, wo die (Staats)bürgerrechte ausgeübt werden können (vgl. 12. Kapitel).
Die Globalisierung der Ökonomie verlangt somit die Reproduktion sozialer Strukturen der regionalen und nationalen Ebene auf supranationaler und internationaler Ebene. Der tradierte nationalstaatliche Wohlfahrtsstaat kann seine Aufgaben nur mehr unvollkommen erfüllen, er gerät in eine diffuse Zone der politischen und sozialen Instabilität, vielleicht der Konvulsionen, aus denen jedoch im Verlauf von mehr oder weniger heftigen Konflikten neue Formen „auftauchen". Diese Reaktion wird als *Emergenz* bezeichnet, wobei freilich nicht schlicht der Übergang von einem einstmals stabilen Zustand zu einer anderen Stabilitätslage in übergeordneter Einheit (auf europäischer oder gar globaler Ebene) stattfindet. Der Wohlfahrtsstaat würde in diesem Prozeß ein mehrdimensionales Gebilde, nämlich – ganz in der Traditionslinie – an den Nationalstaat gebunden und doch gleichzeitig strukturierendes Element des globalen Systems. Dieser Mehrdimensionalität wird mit dem Konzept der Subsidiarität Rechnung getragen: Regelungen sollen auf der Ebene getroffen werden, wo sie mit den geringsten Transaktionskosten verbunden sind und am angemessensten für die Betroffenen vorgenommen werden können. Angesichts des Kampfs um den globalen Mehrwert, der ja vor allem mit monetären Mitteln, also Zinsen und Wechselkursen geführt wird, ist freilich der globalisierte Wohlfahrtsstaat allenfalls ein Abklatsch der einstigen reformistischen Errungenschaft der Arbeiterbewegung in ihrer Auseinandersetzung mit den Tendenzen der „great transformation" des vorigen Jahrhunderts.
Daraus ist eine theoretische Schlußfolgerung zu ziehen. Nicht nur Fragmentierung und Fraktionierung sind Tendenzen in der widersprüchlich vereinheitlichten Weltgesellschaft, sondern auch jene der *Fraktalisierung*. Fraktale sind in der Chaos-Theorie Ergebnis von Iterationsprozessen (Eisenhardt/Kurth/Stiehl 1995) durch unendlich viele Verzweigungen bis in eine Welt der „endlosen filigranen Verwirrung" (nach Briggs/Peat 1990: 142). Die gleichen Bewegungen wiederholen sich nach dem Prinzip der *Selbstähnlichkeit* auf verschiedenen Ebenen und Stufen. Sie vollziehen dabei einen Evolutionsprozeß, in dem – wie durch die Rückkopplung in einer Gleichung – die schon im Ausgangspunkt des

Iterationsprozesses angelegte Gestalt allmählich angenommen wird. Die Gleichung können Mathematiker konstruieren und die Iteration durch den Computer simulieren lassen, um die fraktalen Formen, deren berühmteste die „Mandelbrot-Menge" ist (ibid.: 139ff), zu visualisieren.

Für unseren Zweck ist dieses Vorgehen nicht angemessen. Doch können Kapitalbewegungen auf den globalen Finanzmärkten, und erst recht die Migrationsbewegungen von Menschen, als Kurven durch verschiedene Dimensionen des globalen Systems beschrieben werden, über regionale, kulturelle, nationale Grenzen hinweg. In deren Verlauf entsteht auf verschiedenen Ebenen funktional Erforderliches und Vergleichbares – also nicht Identisches! Auch innerhalb der international operierenden Unternehmen finden solche Prozesse der Fraktalisierung statt, gefördert durch neue Managementstrategien, die sich die Potenzen der Dezentralisierung bei der Rationalisierung der Unternehmen anzueignen versuchen (vgl. 7. Kapitel).

Mit dem Hinweis auf die Transnationalisierung von bestimmten Institutionen und Leistungen des Wohlfahrtsstaats wird eine Tendenz angedeutet, die auch im monetären Bereich wirksam ist. Die Zentralbank ist die Bank der Banken. Auch die Zentralbanken benötigen für ihre Geschäfte eine Bank der Zentralbanken, weil ja die Wertfundierung des nationalen Geldes nicht mehr durch das knappe Gold, sondern durch institutionelles Knapphalten geleistet werden muß. Die Knappheit des Geldes bedarf also der Regelung. Die dazu gebildeten Institutionen sind sich auf den verschiedenen Ebenen im nationalen oder supranationalen Raum durchaus „ähnlich"[60]. Durch die Ähnlichkeit ist die Möglichkeit zu „losen Kopplungen" und zur Vermeidung hierarchischer Konflikte gegeben, die im internationalen System sogleich zwischenstaatliche Reibereien auslösen müßten, da souveräne Rechte tangiert sind. Die Konkurrenz der „Fraktionen" im Weltsystem käme unverzüglich zur Geltung. Nur wegen der Fraktalisierung des globalen Raums ist seine Regulierung überhaupt denkbar.

Im politischen und politikwissenschaftlichen Diskurs ist an dieser Stelle von „Subsidiarität" und von „Mehrebenen-Politik" (Scharpf 1994, 1998; Kohler-Koch 1993) die Rede: Auf welcher Ebene ist am ehesten, am effizientesten und angemessensten ein Problem zu bearbeiten? Die Frage kann ja erst gestellt werden, wenn tatsächlich auf verschiedenen – durchaus hierarchischen – Ebenen

---

[60] Diese Ähnlichkeit zeigt sich etwa an den Statuten der Europäischen Zentralbank und der Deutschen Bundesbank. Mit dem EURO wird auf der höheren Ebene der Währungsunion ein Institutionensystem geschaffen, das aus der Erbmasse der nationalen Zentralbanken herausgemendelt sein könnte. Daß dabei die genetischen Informationen der überlegenen Zentralbank (in diesem Fall der deutschen Bundesbank) ausschlaggebend sind, belegt eine gewisse Ähnlichkeit von sozialen und ökonomischen Ausleseprozessen mit der natürlichen Sukzessionsfolge.

funktional-äquivalente Institutionensysteme entstanden sind. Diese funktionale Äquivalenz besitzen die Institutionen nicht zuletzt wegen der „Selbstähnlichkeit". Die Fraktalisierung ist keine Alternative zu den beschriebenen Tendenzen der Fragmentierung und Fraktionierung. Sie ist vielmehr eine Verlaufsform der Vereinheitlichung im Prozeß der Globalisierung, deren andere, widersprüchliche Seiten die Fragmentierung und Fraktionierung sind. Es lassen sich daraus zwei Schlußfolgerungen ableiten, die eher heuristischer Natur sind. *Erstens* verweist die Theorie der Fraktale auf die Wichtigkeit der Beobachtung für die untersuchten Phänomene. Die Befunde einer Untersuchung hängen auch davon ab, welche Perspektiven, Maßstäbe und Skalen gewählt werden, um einen Sachverhalt zu bemessen. Die Objektivität ist also in diesem wie in anderen Bereichen der Sozialwissenschaften begrenzt. Es kommt immer auf den theoretisch begründeten, diskursiv gestalteten Zugang an.

Zweitens sind fraktale Strukturen zugleich „höchst komplex und außerordentlich simpel" (Briggs/Peat 1990: 139), „eine erstaunliche Kombination aus äußerster Einfachheit und schwindelerregender Kompliziertheit" (Mandelbrot, zit. in Briggs/Peat 1990: 140). Diese Kombination könnte auch die Strukturen des Weltsystems charakterisieren, dessen Elemente sehr einfach sind, deren Zusammenspiel aber außerordentlich kompliziert ist. Die Strukturen der Weltgesellschaft verändern sich durch die schon erwähnte Migration von Menschen, die Transnationalisierung der Produktion oder durch die Bildung supranationaler, integrierter Märkte mit den entsprechenden regulierenden Institutionen nach dem Prinzip der Selbstähnlichkeit. Nur wenn die Globalisierung durch das bloße Wirken der Marktprozesse zustande käme und nicht durch soziale und politische Regulation könnten die Tendenzen der Fraktalisierung wegen Bedeutungslosigkeit im globalen Raum mißachtet werden.

Es ist jetzt möglich, diese Aspekte der Globalisierung schematisch (im *Schaubild 4.3*) zusammenzufassen.

Die Einheit des Weltsystems ergibt sich in der Konkurrenz, in der gleichzeitig aber jene Tendenzen der Fraktionierung wirksam sind. Die Vereinheitlichung ist nur zu begreifen, wenn zugleich die Wirkungen der Fraktalisierung, der Reproduktion von Institutionen und Funktionsabläufen nach dem Prinzip der Selbstähnlichkeit auf verschiedenen Ebenen des globalen Systems berücksichtigt werden. Darin kommt auch der Zusammenhang zwischen Globalisierung und Lokalisierung, also die metaphorisch so bezeichnete „Glokalisierung" zum Ausdruck. Die Einheit des kapitalistischen Weltsystems ist daher nicht durch den Gegensatz von Vereinheitlichung und Fraktionierung beschrieben, sondern erst dann erfaßt, wenn die Strukturierung der Einheit im Zuge der Fraktalisierung berücksichtigt wird. Die *Inklusion* erfolgt also durch Fraktionierung und Fraktalisierung in der Einheit des Weltsystems, die Tendenzen der

Fragmentierung ihrerseits bewirken eine Auflösung der Einheit des Weltsystems, nämlich die Abkoppelung von Ländern und Regionen, von Klassen und Bevölkerungsgruppen, deren *Marginalisierung* und *Exklusion*. Im Zuge der Globalisierung vervielfältigen sich also die möglichen Entwicklungsbahnen und verbleiben doch gebunden an einen „seltsamen Attraktor". Es wird nun auch deutlicher, daß Globalisierung ein Prozeß des Wandels von gesellschaftlichen Formen ist und dabei, wie im ersten Kapitel in der Auseinandersetzung mit Held et al. (1999) dargelegt wurde, eine Vielfalt von „informellen" Formen dauerhaft entstehen. Diese Vielfalt ist ein Ausdruck der globalen Transformationsdynamik und sicherlich nicht Zeichen der Unverbundenheit lokaler oder nationaler Entwicklungsbahnen.

Schaubild 4.3: Fragmentierung, Fraktionen, Fraktale unter Bedingungen der Globalisierung

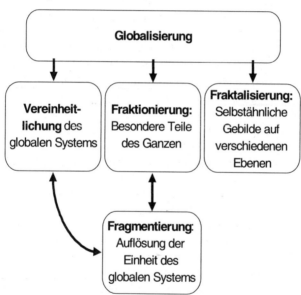

Zweiter Teil
Geld und Ware

Der mit Marx vertraute Leser dürfte sich über die Überschrift wundern. Denn ist nicht zunächst die Warenform darzustellen, um aus ihr die Geldform zu „entfalten"? Tatsächlich geht Marx im „Kapital" so vor, und ihm gelingt es auf diese Weise, das „Geldrätsel" zu lösen, an dem auch heute Ökonomen, die von einer Formanalyse nicht viel halten, herumlaborieren. Im Verlauf des nachfolgenden 5. Kapitels über den „ubiquitären Geldfetisch" werden wir darauf zurückkommen. Die Globalisierung des Geldes, die im Goldstandard bis zum Ersten Weltkrieg einen geradezu gemütlichen Ausdruck fand, hat auf den globalen Finanzmärkten spektakuläre Gestalt angenommen. Wenn man auf die Ausführungen Polanyis zurückgreift, die wir im ersten Teil mehrfach zitierten, dann hat sich mit den globalen Finanzmärkten ein „anti-social fetish" (Keynes 1936/1964: 155) bis zur von Polanyi so qualifizierten „Monströsität" entwikkelt. Einerseits ist das Geld ein wirksamer „leveller" (Marx), macht also alles gleich, indem die Verschiedenheiten von Waren auf den gemeinsamen Nenner des Geldausdrucks des Werts gebracht werden. <u>Auf der anderen Seite werden gerade durch die Funktionsweise des Geldes auf globalen Finanzmärkten quantitative Unterschiede von Einkommen und Vermögen erzeugt, die für die Qualität des Lebens in den verschiedenen Regionen dieser Welt extreme Ungleichheiten mit sich bringen.</u> Im Bericht über die menschliche Entwicklung des United Nations Development Program (UNDP) von 1999 wird erneut auf die wachsende Kluft zwischen Arm und Reich, Norden und Süden etc. verwiesen: Auf die Einwohner der Staaten mit den höchsten Einkommen, das sind etwa 1,2 Mrd. Menschen, entfallen 86% des globalen BIP, mehr als vier Fünftel der Exportmärkte, gut zwei Drittel der ausländischen Direktinvestitionen und 74 vH aller Telefonanschlüsse. Das untere Fünftel der Menschheit nimmt nur zu etwa 1 vH an diesen Gratifikationen teil. In 85 Ländern, so der Bericht, geht es den Menschen schlechter als vor zehn Jahren (nach: *Frankfurter Rundschau* vom 13. 7. 1999). <u>Die Vorteile und Nachteile der Globalisierung sind also extrem ungleich verteilt.</u>

Das kann nicht anders sein, wenn durch die Dazwischenkunft des Geldes ein Teil der Menschheit sich in einer vergleichsweise bequemen Gläubigersituation befindet, der andere Teil aber als Schuldner die Geldvermögen der Gläubiger zu bedienen hat. Es ist daher für das Verständnis der Globalisierungsdynamik außerordentlich wichtig, die Transformationen von Geld und Krediten, von Finanzen und Währungen in den vergangenen Jahrzehnten zu verstehen. Nach dem Zusammenbruch des Weltwährungssystems von Bretton Woods Mitte der

70er Jahre und den Deregulierungsmaßnahmen auf Finanzmärkten haben sich tiefgreifende Wandlungen vollzogen: die Institutionen haben sich verändert; die traditionellen Bankhäuser haben sich in komplexe Finanzinstitutionen gewandelt, die eine breite Palette von Finanzgeschäften anbieten. Dazu sind neue Finanzinstrumente entwickelt worden, mit denen es möglich wurde, neue Quellen liquider Fonds (Pensionsfonds, Investitionsfonds, Hedge Funds etc.) zu erschließen. Die wichtigste Aufgabe der Finanzinnovationen ist die Steigerung der globalen Mobilität von Geld zur Ausnutzung kleiner Differentiale von Zinsen und Kursen. Daher ist es gerechtfertigt, den globalisierten Kapitalismus der Gegenwart als *„Arbitragekapitalismus"* zu charakterisieren.

Noch wichtiger ist es möglicherweise, daß zu Beginn der 80er Jahre eine radikale Änderung des Verhältnisses realer Wachstumsraten (des BIP) und realer Zinsen (Nominalzinsen abzüglich der Inflationsrate) eingetreten ist: Die Zinsen liegen seit nahezu zwei Jahrzehnten über den realen Wachstumsraten. Der Effekt ist leicht zu imaginieren: Schuldner können den Zinsendienst nur noch aus der Substanz begleichen. Dieser Mechanismus erklärt die größer werdende Ungleichheit in der Welt, und er erklärt auch, warum die Finanzmärkte nicht nur fragil, instabil sind, sondern langanhaltende und im Prinzip ohne Transformation des Finanzsystems nicht lösbare Finanzkrisen provoziert haben: die Schuldenkrise der Dritten Welt in den 80er Jahren, die globale Finanzkrise mit ihren lokalen Brennpunkten in Mexiko 1994, Asien seit 1997, Rußland 1998, Brasilien 1999 – und die Krise, die mit Hilfspaketen internationaler Institutionen kurzzeitig unterdrückt wird, kann täglich erneut entflammen.

Das entbettete Geld wird also, ganz wie wir unter bezug auf Polanyi und Marx im 3. Kapitel dargelegt haben, zu einem nicht nur von Marx, sondern auch von Keynes so genannten „anti-social fetish". Es wird zum externen Sachzwang, der in den Finanzkrisen zerstörerische Wirkungen entfaltet. Dann entwickeln sich „Gegenbewegungen": in den globalen Institutionen der Regulation des Geldes werden unter dem Schock der Krise Reformen diskutiert und es entstehen überall in der Welt soziale Bewegungen, die auf einmal erkannt haben, daß es auch eine Angelegenheit von NGOs sein muß, den ubiquitären Geldfetisch zu bändigen.

Im nachfolgenden *6. Kapitel* wird noch einmal die Ideologie der Globalisierung aufgegriffen, also das inzwischen fast 200 Jahre alte Theorem der komparativen Kostenvorteile diskutiert. Es wird auch heute noch zur Begründung von Wohlfahrtsgewinnen durch möglichst freien Welthandel herangezogen. Doch trügen die Versprechen. Denn *erstens* beziehen sich die Vorteile vor allem auf Konsumenten und Kapitaleigner. Produzenten (Arbeitskräfte) werden einem gehörigen Druck der Angleichung nach unten ausgesetzt. *Zweitens* werden die Vorteile zwischen Industrie- und Rohstoffländern ungleich verteilt. *Drittens* wird das Theorem nichtssagend, wenn nicht nur Waren gehandelt werden, sondern wenn auch Kapital transferiert wird. Mit den Einschätzungen aus dem 5. Kapitel versehen ist also Mißtrauen gegen die Versprechungen des freien Handels angebracht. Schließlich muß das Theorem relativiert werden, wenn neben den negativen sozialen auch die Umwelteffekte reflektiert werden, denen man ja mit Sozial- und Umweltklauseln im Rahmen der ILO und der WTO beizukommen versucht.

Für die globale Konkurrenz und die Konkurrenzfähigkeit von „Standorten" sind die Transportkosten von besonderer Bedeutung. Sind sie hoch, dann „verlängern" sich Distanzen, sind sie niedrig, „verkürzen" sie sich. Konkurrenzgrenzen fallen, der Standortwettbewerb wird entfesselt. Nun sind aber die Transportkosten in den vergangenen Jahrzehnten beträchtlich abgesenkt worden, mit eben dieser Folge verschärften Standortwettbewerbs. Eine Ursache ist die reale Verbilligung der fossilen Energieträger, so daß die Zunahme des Welthandels schon aus diesem Grunde mit erheblichen negativen Umwelteffekten verbunden ist. Die Verschärfung der globalen Konkurrenz hat aber auch zur Folge, daß ganze Branchen und Regionen nicht „mithalten" können und in den „informellen Sektor" abgedrängt werden. Die globalen Transformationen resultieren also in einer Informalisierung von Arbeit und Geld, die von ihrer sozialen und politischen Bedeutung her keineswegs marginal sind. Die Grenzen zwischen informellen Tätigkeiten und extralegalen und kriminellen Verhältnissen sind fließend. Darauf wird im 6. Kapitel hingewiesen; eine eingehende Analyse muß weiteren Forschungen vorbehalten sein.

5. Kapitel
Der ubiquitäre Geldfetisch, die globale Finanzkrise und der Ruf nach Regulierung

Marktprozesse werden durch Geld gesteuert; folglich ist der Weltmarkt eine globale Geldwirtschaft. Daß der „Reichtum der Nationen" (Adam Smith) nicht nur konkret als „ungeheure Warensammlung" (Karl Marx), sondern auch abstrakt als *Geldvermögen* (John M. Keynes) erscheint, hat mit der Geldform des Reichtums zu tun, die sich im Verlauf der historischen Entwicklung fantasiereich entwickelt hat. Denn Geld macht sinnlich und ist daher mindestens ebenso Anlaß für Innovationen wie die Fortbewegungsmittel von der Kutsche bis zum Automobil (zur Unterscheidung von Produkt- und Prozeßinnovation beim Geld vgl. Strange 1999: 22-42). Die Form des Geldes ermöglicht es, daß alle Qualitäten auf nur eine reduziert werden; es macht also Äpfel und Birnen gleich und daher auf dem Markt vergleichbar. Erst einmal auf die eine Geld-Qualität gebracht, ist die quantitative Verschiedenheit monetäres Charakteristikum. „Haben" siegt über „Sein"; die Steigerungsdynamik ist ausgelöst. Geld ist wie „the drink which stimulates the system to activity" (Keynes 1936/1964: 173). Warum das so ist? Geld ist eine Forderung, also ein Vermögenswert, dem auf der anderen Seite Verpflichtungen, Schulden gegenüberstehen. Wachsen die Geldvermögen in der Welt, müssen logischerweise auch die Schulden zunehmen – und umgekehrt: Mit den Schulden steigen auch die Geldvermögen. Wer sich über Schulden wundert oder aufregt, sollte zu den Geldvermögen nicht schweigen[61].

Geld hat einen Preis in der Zeit, das ist der Zins, und einen Preis im Raum, das ist der Wechselkurs. Beide sind nicht unabhängig voneinander. Bei freiem Geld- und Kapitalverkehr und voller Konvertibilität der Währungen kann ein Preisverfall im Raum, also die Abwertung der Währung, nur gestoppt werden, wenn der Preis in der Zeit, also der Zins, angehoben wird. Will eine Regierung mit einer Zinssenkung Investitionen stimulieren, muß sie eine Abwertung der Währung hinnehmen. Ein stabiler Wechselkurs, eine unabhängige Geldpolitik und freier Kapitalverkehr sind nicht gleichzeitig zu haben. Dieser Zusammenhang wirkt in der Weltwirtschaft so ehern wie die Gesetze der kommunizierenden Röhren in der Welt der Physik (Wyplosz 1998: 4). Keine Zentralbank, kein privater Akteur kann ihm entgehen. Da bricht sich die Autonomie des Politi-

---

[61] „So auch die Schulden sind nicht an und für sich das Negative; sie sind es nur in Beziehung auf den Schuldner; für den Gläubiger sind sie sein positives Vermögen; sie sind eine Summe Geld, oder was es sei von einem gewissen Wert, das nach außerhalb seiner fallenden Rücksichten Schulden oder Vermögen ist" [Hegel: Wissenschaft der Logik, S. 767. Digitale Bibliothek Band 2: Philosophie, S. 40416 (vgl. Hegel-W Bd. 6: 61)].

schen an der „Macht des Geldes". Tatsächlich übt das Geld eine „harte Budgetrestriktion" aus, es wirkt als Sachzwang[62]. Geld „stimulates to activity", so Keynes. Es ist aber keineswegs ausgemacht, wo die Aktivitäten durchgeführt werden, wenn die Währungen konvertibel sind. Das Feld der Kapitalanlage ist global, wenn Beschränkungen des Kapitalverkehrs im Raum beseitigt sind. Geld „is a social process" (Leyshon/Thrift 1997: 1); da im Zuge der Globalisierung auch die „harte Budgetrestriktion" globalisiert worden ist, läßt sich nun von der Existenz eines „ubiquitären Geldfetischs" sprechen.

So wie das Geld in der nationalen Gesellschaft das „wahre Gemeinwesen" ist, so projiziert das Weltgeld die Standards der alltagsweltlichen Normalität (unterstützt von den modernen Medien der Massenkommunikation) und die Normen, denen Produktion, Reproduktion, Regulation in Regionen und Nationen entsprechen müssen. Die geldgesellschaftlichen Normen definieren also das „System der gesellschaftlichen Arbeit", und zwar als Folge der Globalisierung weltweit, und sie sind die Meßlatte, an der Regierungen, an der Staaten gemessen werden. Dafür sind spezielle Agenturen verantwortlich, rating agencies (professionelle Bewertungsagenturen), „discursive prime movers in the international financial system" (Leyshon/Thrift 1997: 191; auch Sassen 1999: 75ff). Dagegen spricht nicht, daß „even for the most liquid of monetary assets, capital mobility remains imperfect because of inherent country and currency risks ..." (Cohen 1996: 270). Denn allein die Erstellung von Skalen durch spezialisierte „rating agencies", die Länder-, Projekt- und Währungsrisiken auflisten, ist Ausdruck der Globalisierung[63], die Cohen mit seinem Hinweis in Zweifel ziehen

---

[62] In B. Travens Roman „Regierung" wird beschrieben, wie über Kreditverträge Abhängigkeit geschaffen und Leistungen erpreßt werden: „...Auf Empfehlung des Don Ramon hin bekam Don Gabriel sofort reichlichen Kredit von den Vertretern der Monetarias, die in Tabasco ihre Hauptbüros hatten. Denn so willig, wie die Agenten arbeitskräftigen Indianern Kredite gaben, ebenso willig gaben die Kompanien und deren Vertreter den Agenten hohe Kredite. Empfangene Kredite waren größere Sicherheiten als geschriebene Verträge. Kredite mußten abgearbeitet werden, nicht nur von Indianern, sondern auch von Agenten. Je höher der gegebene Kredit war, den ein Agent besaß, um so kräftiger bemühte er sich, allgemeine und besondere Wünsche der Kompanien zu erfüllen. – Don Gabriel war jetzt ein Glied in der Kette, die von den Tiefen des Dschungels bis zum Boudoir der Filmschauspielerin und dem Konferenzsaal eines Ministerrats reichte. Die Kette lief, und jedes Glied mußte folgen, ob es wollte oder nicht" (Traven 1932: 139).

[63] Die für private und öffentliche Akteure bedeutenden „rating agencies" sind allesamt US-amerikanischer, wenige sind britischer Herkunft. Sehr wenige stammen aus den anderen Industrieländern; in Entwicklungs- und Schwellenländern sind fast ausschließlich Dependancen der großen Agenturen im Geschäft, und um ein großes Geschäft handelt es sich dabei. Darin drückt sich ohne Zweifel der Sachverhalt aus, daß US-amerikanische Methoden und Institutionen der Globalisierung der Finanzen besonders angemessen sind. Globalisierung heißt demnach nicht unbedingt, daß nationale Systeme der Regulierung mit ihrem Recht, mit den Institutionen und Akteuren verschwinden, sondern daß ein ursprünglich nationales System im globalen System hegemonial wird: das US-amerikanische.

möchte. Gäbe es die Möglichkeit des globalen Ausschwärmens des Kapitals nicht, wären die Risikoeinschätzungen, denen der IWF nach dem Schock der Asienkrise große Bedeutung beimißt (IMF 1998b: 19-20), überflüssig. Daß sie, wenn sie denn unternommen werden, Unterschiede aufzeigen, also keine Weltwirtschaft mit nivelliertem Risiko ausweisen, ist nicht verwunderlich angesichts der gleichzeitigen, aber gegenläufigen globalen Tendenzen von Vereinheitlichung und Fragmentierung (vgl. 3. Kapitel). Wenn von einem globalen System erst dann gesprochen werden könnte, wenn alles auf Erden entropisch eingeebnet wäre, sollte auf den Begriff füglich verzichtet werden; denn er wäre sinnlos.

5.1 Eine Entkoppelung der monetären von der realen Sphäre findet nicht statt

5.1.1 Die Verselbständigung des Geldes

Der Zwang zur Vereinheitlichung auf dem modernen Weltmarkt wird in vielen Theorietraditionen festgestellt. „Gesellschaft ist heute eindeutig Weltgesellschaft" (Luhmann 1987: 585), ein „Resultat von Evolution" (ibid.: 557). Die Evolutionsprozesse betreffen natürlich auch die Formen und Funktionen des Geldes im globalen Raum. Denn wenn es das Geld ist, das die Form der Vergesellschaftung mindestens ebenso bestimmt wie die Arbeit, muß selbstredend nach der Rolle des Geldes bei der Erzeugung der „Weltgesellschaft" gefragt werden. Das Geld kennt nur Währungsgrenzen, und die sind seit der Herstellung der Konvertibilität unerheblich und lediglich Anlaß von spekulativen Arbitragegeschäften. Das System der gesellschaftlichen Arbeit hingegen ist lokal gebunden, auch in der internationalen Arbeitsteilung. Ohne die Existenz des Geldes könnte es die von Durkheim, Weber, Parsons oder Luhmann als Insignium der Moderne festgehaltene „funktionelle Differenzierung" (im Unterschied zur „segmentären" und „stratifikatorischen") nicht geben. In der Luhmannschen Vorstellung verselbständigt sich das Geld zu einer Aufeinanderfolge von Zahlungsakten, die nur dann nicht unterbrochen wird, wenn die Zahlungsfähigkeit erhalten bleibt: „Aufgrund ihrer monetären Zentralisierung ist die Wirtschaft heute ein streng geschlossenes, zirkuläres, selbstreferentiell konstituiertes System ... Zahlen oder Nichtzahlen – das ist, ganz streng gemeint, die Seinsfrage der Wirtschaft" (vgl. Luhmann 1990: 103-104). Die Reduktion der Kommunikation im System Wirtschaft auf Zahlungsvorgänge mag für eine vorkapitalistische Ökonomie noch zutreffen – „... Dahero kaufet dieser, jener verkaufet, dieser bringet, jener träget weg, dieser machet Schulden, jener nimmet Schulden, dieser gibet, jener bezahlet. Alle aber schwören falsch, betrügen und belügen ..." (so der Kämpfer gegen die Scholastik Agrippa von Nettesheim – 1486-1535; Agrippa: 416). Ob eine kapitalistische Ökonomie durch eine Aufeinanderfolge von Zahlungsakten aber charakterisiert werden kann, ist mehr als fraglich. Daß Luhmann das Geld ausschließlich als Zirkulationsmittel vor Augen hat, belegt sein Verweis auf die Kreislauf-Metapher. Das Geld ist als abstraktes Maß ein so unwiderstehliches Faszinosum, daß es selbst in seiner Funktion als Zirkulationsmittel, in der es undenkbar ohne die realen Waren (Güter und Dienste) ist, die es zirkuliert, schon die Abstraktion von realen ökonomischen Prozessen zuläßt, ja inspiriert. Luhmann klammert angesichts der Codierung ökonomischer Kommunikation durch Geldzahlungen nicht nur alle Stoffwechselprozesse aus der Ökonomie aus – „Immer wenn ... Geld involviert ist, ist Wirtschaft involviert..., nicht jedoch beim Pumpvorgang, der Öl aus dem Boden holt..." (Luhmann 1990: 101) –, er schreibt auch, daß „der Privathaushalt ... aus dem kapitalistischen Sektor der Ökonomie ausgenommen (sei und daß er) zahlungsunfähig (würde), wenn er nicht auf andere Weise, vor allem durch Arbeit, für Einkünfte sorgt" (ibid. 1990: 110).

Auf *andere* Weise, auf welche Weise? Offensichtlich ist das ökonomische System der monetären Kommunikation auf bestimmte Weise an die soziale Organisation des *Metabolismus* zwischen Natur und Gesellschaft gebunden, selbst wenn sich das Geld von den realen Verhältnissen entkoppelt und seine Handlungslogik allen anderen Handlungssystemen oktroyiert. Der (Tausch)Wert ist ohne Gebrauchswert nichts wert; der von Marx eindringlich beschriebene Fetischismus des Geldes erlaubt zwar die Abstraktion von materialen und energetischen Dimensionen der sozialen Kommunikation in den gesellschaftlichen Subsystemen ebenso wie in der Systematisierung in wissenschaftlicher Semantik. Doch zeigt es sich, daß zur Erhaltung der durch Zahlung/Nicht-Zahlung qualifizierten Kommunikation innerhalb des Teilsystems Wirtschaft „metabolische" Prozesse der Produktion ablaufen. Arbeit ist soziale Tätigkeit und Auseinandersetzung mit der Natur und daher Stoff- und Energietransformation. Die Gesellschaft, auch die Weltgesellschaft, kann folglich nur als Geldgesellschaft und zugleich als Arbeitsgesellschaft adäquat interpretiert werden. Nur so erschließt sich die Vielfalt der Widersprüche zwischen lokalem und globalem Raum, die metaphorisch als *„Glokalisierung"* (vgl. Abschnitt 2.4 im zweiten Kapitel) bezeichnet wird[64]. Das Geld ist global, die Arbeit bleibt lokal; die doppelte Form

---

[64] Auch in vielen Beiträgen zur kulturellen Globalisierung findet der Begriff der „Glokalisierung" Verwendung (vgl. Robertson 1992; de Swaan 1995; Bauman 1996), doch hat er hier einen anderen Wortsinn: Bei de Swaan (1995: 115) beispielsweise steht er für die Gleichzeitigkeit von „lokaler Heterogenisierung und allgemeiner Homogenisierung", für einen Prozeß der „Kreolisierung", der nichts mit zivilisatorischer und kultureller Vereinheitlichung zu tun hat. In ähnlicher Weise sieht Zygmunt Bauman eine „lokale Selbstdifferenzierungsindustrie" am Werke, von der abhängt, welche Konsumgüter und Informationen absorbiert werden, „sich als neue symbolische Merkmale für die ausgelöschten und wiedererweckten, neu erfundenen oder bislang bloß postulierten Identitäten" eignen (Bauman 1996: 65).

der Vergesellschaftung in der kapitalistischen Produktionsweise durch Arbeit und Geld ist für die Gleichzeitigkeit von Globalisierung durch die Dynamik des Geldes und Fragmentierung durch die lokale Gebundenheit der Arbeit verantwortlich. Die fruchtlose Auseinandersetzung darüber, ob eine „Entkopplung" der monetären von der realen Ökonomie stattfinde oder nicht oder ob die „Entkopplung" lediglich „relativ" sei, kann folglich beendet werden. Das Geld tendiert tatsächlich dazu, sich aus allen sozialen Bindungen, ökonomischen Begrenzungen, politischer Regulation und ökologischen Schranken zu „entbetten"; die unvermeidliche Bindung an den Vergesellschaftungsmodus der Arbeit aber stoppt immer wieder die Höhenflüge des Geldes, das wie die Flügel des Ikarus unter der Sonne von Samos dahinschmilzt, also seinen Wert verliert und mit einer Crash-Landung den Gesetzen der Schwerkraft der realen Ökonomie der Arbeit dann doch zu gehorchen hat. Geld, die liquideste Form des Vermögens, ist ein – nach Keynes – nicht zu übertreffender „anti-social... fetish" (Keynes 1936/1964: 155), und der beschert denen, die ihn als Mammon vergötzen, finanzielle Krisen, in denen Geld vernichtet wird. Dazu unten mehr.

5.1.2 Geldgesellschaft versus Arbeitsgesellschaft

Eine Gesellschaft würde – so die triviale Feststellung – zugrundegehen, in der die Menschen zu arbeiten aufhörten[65]; ohne Arbeit keine Gesellschaft. Allerdings ist damit noch nichts über die *Form* der Vergesellschaftung gesagt. Denn nicht jede Arbeit ist gesellschaftlich als solche anerkannt, sonst würden sich die kapitalistischen Gesellschaften nicht den Skandal der hohen Massenarbeitslosigkeit erlauben und der in manchen Ländern beträchtliche Sektor „informeller Arbeit" (vgl. Abschnitt 8.2) könnte nicht existieren. Offensichtlich erweist sich Arbeit erst dann als „gesellschaftlich notwendig", wenn ihre Produkte „in Wert gesetzt" werden, d.h. auf zahlungsfähige Geldnachfrage stoßen. Dieser Prozeß setzt bereits die gesellschaftliche Form des Werts voraus und generiert sie immer neu. Ohne Geld in der modernen kapitalistischen Gesellschaft also keine Gesellschaftlichkeit. Die Paradoxie ist darin zu erblicken, daß warenproduzierende kapitalistische Gesellschaften *zugleich Arbeitsgesellschaften und Geldgesellschaften* sind. Die *Substanz* des Werts wird durch Arbeit gebildet, die *Form* des Werts entfaltet sich zum Geld, das die sozialen Beziehungen zu Sachzwängen zuspitzt. Unter entwickelten kapitalistischen Verhältnissen ist Geld mögliches Kapital, „Mittel zur Produktion des Profits" (Marx, MEW 25: 351). Wer sich des Mittels bedient, muß auch dafür sorgen, daß der Profit produziert wird. Im Geldüber-

---

[65] „... Daß jede Nation verrecken würde, die, ich will nicht sagen für ein Jahr, sondern für ein paar Wochen die Arbeit einstellte, weiß jedes Kind..." (Marx in einem Brief an Kugelmann vom 11. Juli 1868: MEW 32: 552).

schuß über vorgeschossenes Kapital erfüllt sich letztlich der Sinn kapitalistisch-marktwirtschaftlichen Handelns: G' > G.

„Dieser ganze Verlauf", so Marx, „die Verwandlung seines Geldes in Kapital, geht in der Zirkulationssphäre vor und geht nicht in ihr vor. Durch die Vermittlung der Zirkulation, weil bedingt durch den Kauf der Arbeitskraft auf dem Warenmarkt. Nicht in der Zirkulation, denn sie leitet nur den Verwertungsprozeß ein, der sich in der Produktionssphäre zuträgt..." (Marx, MEW 23: 209).

Die Zirkulation wird durch das Geld überhaupt bewerkstelligt. Ohne Geld käme Vergesellschaftung in kapitalistisch-marktwirtschaftlicher Form nicht zustande. Daher Geldgesellschaft. Aber ohne die Produktion des Surplus in Form des Mehrwerts (oder Profits) durch Arbeit hätte der Geldüberschuß keine Substanz und hätte lediglich eine inflationistische Aufblähung zum Ergebnis, – daher Arbeitsgesellschaft. Arbeit und Arbeitsbeziehungen haben der „Logik" des Geldes zu folgen.

Die Form des Geldes wird näher bestimmt durch die Funktionen, die dem Geld zukommen. Bei der Funktionsanalyse treffen sich Marx und andere Geldtheoretiker – und sie müssen sofort wieder voneinander geschieden werden. Dies nicht nur, weil Marx vor der Funktionsanalyse des Geldes dessen Form expliziert und rekonstruiert hat – ein Unterfangen, das einem Geldtheoretiker der mainstream-Ökonomie ebenso wenig in den Sinn käme wie Soziologen, die Simmel gegen Marx „wiederentdecken" (z.B. Deutschmann 1995) –, sondern weil zwei grundlegende Funktionsbestimmungen auseinandergehalten werden können: *Einerseits* das Geld in bezug auf die Welt der Waren, deren Wert das Geld mißt (Wertmesser) und die es zirkuliert (Tauschmittel) – und das Geld in selbstreferentiellem Bezug auf sich selbst – Geld als Geld (Wertaufbewahrungsmittel und Zahlungsmittel) – *andererseits*.

Unter dem letztgenannten Rubrum behandelt Marx *erstens* das Geld als Schatz, das in dieser Form („Wertaufbewahrungsmittel") zur Inkarnation des gesellschaftlichen Reichtums wird. *Zweitens* wird Geld vom Kreditgeber gegen das Versprechen des Schuldners, Zinsen zu zahlen, vorgestreckt. Geld mißt sich mit dem Zins nur noch an sich selbst. Es begründet neue soziale Beziehungen, nämlich die zwischen Gläubiger und Schuldner. Ersterer ist Geldvermögensbesitzer, weil er über monetäre Aktiva verfügt und bestimmte Erwartungen über deren (zukünftige) Zinserträge hegt, letztgenannter verfügt nur über entsprechende Passiva (und häufig nicht-monetäre Sicherheiten, die aus der Vergangenheit stammen), hat demzufolge monetären Verpflichtungen nachzukommen. Schuldner müssen der Logik des Geldes gehorchen, die ihnen Geldvermögensbesitzer als die Personifikationen der monetären Rationalität aufherrschen. Die Zinsen sind wie eine „Steuer", die auf die Produktion gelegt wird. Sie erzwingen erwerbswirtschaftliches Verhalten und die entsprechende „erwerbswirt-

schaftliche Rationalität" (Max Weber), die mitverantwortlich für die enorme kapitalistische Dynamik ist, die außerhalb der Geldlogik keine anderen Handlungsmaximen erkennt und anerkennt[66]. Freilich herrscht auf Finanzmärkten nur eine „bounded rationality", weil sowohl die Verarbeitung von Informationen als auch deren Verfügbarkeit für rationale Entscheidungen von Marktagenten beschränkt sind (Griffith-Jones 1998: 2).
Daher kann das erwerbswirtschaftliche Streben an den realen Verhältnissen der Finanzmärkte scheitern. Schuldner können sich nicht in gehörigen Fristen entschulden und möglicherweise selbst zu Gläubigern werden; sie haben sich bei der Kreditaufnahme verkalkuliert, weil sie die zukünftigen Erträge kreditfinanzierter Investitionen falsch eingeschätzt haben. Für Kreditgeber bedeutet dies, daß Kreditbeziehungen notwendigerweise durch Ungewißheit und Instabilität gekennzeichnet sind. Diese ist umso größer, je mehr Marktpreise von Wertpapieren (verbriefte Anleihen, Aktien etc.) schwanken. Denn dies hat zur Folge, daß jedes Mal Investitionen neu bewertet werden müssen. Dabei ist der Vergleich mit Alternativen der Kapitalanlage, also der von Keynes so genannte „Schönheitswettbewerb" (beauty contest) entscheidend,

„where the prize being awarded to the competitor whose choice most nearly corresponds to the average preferences of the competitors as a whole; so that each competitor has to pick, not those faces which he himself finds prettiest, but those which he thinks likeliest to catch the fancy of the other competitors, all of whom are looking at the problem form the same point of view" (Keynes 1936/1964: 156; deutsch: 1936/1966: 131f),

Unter diesen Bedingungen wird monetäre Liquidität tatsächlich ein „anti-social fetish" (ibid.: 131); Geldvermögen avancieren zum Prius gesellschaftlicher Wertschätzung. Deren Stabilität erhält unter den wirtschaftspolitischen Zielsetzungen den höchsten Rang, z.B. in den Maastricht-Kriterien.
Dennoch können Gläubiger-Schuldner-Beziehungen scheitern. Sie können *erstens* monetär noch aufrechterhalten werden, indem Geld nicht durch den direkten Vermögensverlust entwertet wird, sondern durch inflationäre Prozesse. In deren Verlauf findet eine reale Umverteilung zu Gunsten der Schuldner und zu Lasten derjenigen statt, die geringe Chancen der Umwandlung von Geldvermögen in Realvermögen besitzen oder deren Kontrakteinkommen nicht an die Inflationsrate angepaßt werden. *Zweitens* können Geldvermögen aus einer abwertungsverdächtigen in eine stabilere Währung getauscht werden. Diese Möglichkeit ist um so größer, je weiter die Globalisierung der Finanzen fortgeschritten ist und je einfacher Geldvermögen zu mobilisieren sind. Die Möglich-

---

[66] So heißt es in *Der Spiegel* (7/1996: 98): „Das Kapital sucht rund um den Globus nach Anlagemöglichkeiten. Wer für die Investoren interessant sein will, darf, wie Schrempp, nur ein Ziel verfolgen: 'Profit, Profit, Profit'. Wer als Unternehmer zuviel soziales Engagement zeigt, wird dagegen mit Kapitalentzug bestraft."

keiten nutzen zu können, ist einer der Anlässe für die Finanzinnovationen auf den globalisierten Finanzmärkten[67]. Wegen dieser Möglichkeiten befinden sich Währungen in einem Stabilitätswettlauf, dessen Regeln die Geldpolitik strikt zu beachten hat. Währungen müssen ihre Funktion der Wertsicherung von Geldvermögen bewahren, dies ist der wichtigste Imperativ. Da die Wertfundierung nicht substanziell durch den Goldgehalt erfolgen kann, müssen die Zentralbanken entsprechende institutionelle Vorkehrungen als „lender of last resort" treffen, um Finanzbeziehungen zu stabilisieren.

Drittens kann die Substanz von Schuldnern aufgezehrt werden, wenn der Schuldendienst aus den „flows" der realen Einkommen nicht mehr vollständig abgezweigt werden kann, weil die produzierten Überschüsse für den Zinsendienst unzureichend sind. Wie sehr Geld als Geld über die realen Lebensbedingungen herrscht, hat nicht zuletzt die Schuldenkrise der 80er Jahre gezeigt, in die fast alle Länder der Dritten Welt geraten sind. Auch die schwere Finanzkrise der 90er Jahre in Asien, Rußland, Lateinamerika ist Ausdruck der Herrschaft des Geldes über die reale Ökonomie und die Lebensbedingungen der Menschen. Die monetäre Akkumulation ist auf der einen Seite von der realen Akkumulation rücksichtslos entkoppelt – ein Ausdruck des „disembedding total". Dieser Prozeß ist schon oft beschrieben worden, zum Beispiel von Keynes: „Spekulanten mögen unschädlich sein als Seifenblase auf einem steten Strom der Unternehmungslust. Aber die Lage wird ernsthaft, wenn die Unternehmungslust die Seifenblase auf einem Strudel der Spekulation wird ..." (Keynes 1936/1964: 159; deutsch 1936/1966: 134)[68].

Das Verständnis dieses Aspekts des „disembedding" ist, auch wenn er nicht selten negiert wird, gleichwohl zentral. Die Entkoppelung der monetären von der realen Akkumulation geht nur so weit, wie es die arbeitsgesellschaftliche Wertfundierung des Geldes zuläßt. Denn Schuldner haben den Preis des Geldes (Zinsen) an die Geldvermögensbesitzer zu entrichten, und daher müssen sie bei der Verwendung des Geldes kapitalistisch vorgehen und einen ausreichenden Profit produzieren (lassen), um die Zinsen geliehenen Geldes zu bedienen. Zinsen werden aus den produzierten Überschüssen beglichen, sie sind, sofern ihnen eine reale und nicht nur monetäre Größe zukommt, ein Teil des (globalen)

---

[67] Allerdings können gemäß einer Umfrage unter US-amerikanischen Firmen nur 13% der kleineren Firmen (Wertschöpfung unter 50 Mio. US$) diesen Ausweg nutzen; unter den großen Firmen (Wertschöpfung über 250 Mio. US$) sind es dagegen 65% (nach: The Economist vom 10.2.1996: Survey 5).

[68] In seinen „Bemerkungen über den Merkantilismus" verweist Keynes sogar auf John Locke, der in einem „Brief an einen Freund über den Wucher" schreibt: „'Hohe Zinsen schädigen den Handel. Der Vorteil aus Zinsen ist größer als der Gewinn aus dem Handel, was die reichen Kaufleute veranlaßt, aufzuhören und ihr Kapital auf Zinsen zu legen, und die kleineren Kaufleute ruiniert'" (Keynes 1936/1964: 344; deutsch 1936: 291).

Mehrwerts, der im Zuge der Arbitragetätigkeiten auf den globalen Finanzmärkten umverteilt wird. Das ist – unter den gegebenen gesellschaftlichen Bedingungen – normal. Normal ist es auch, daß Gläubiger zu Schuldnern werden und umgekehrt Schuldner sich in Gläubiger verwandeln können, oder wenn die Schuldner Kapitalisten sind, die aus dem produktiv eingesetzten Kapital einen die Zinsen abdeckenden Profit herausholen können. Hier freilich sind die Verteilungsverhältnisse zwischen Kapital und Arbeit eingeschlossen, also das Lohnverhältnis ebenso wie das Arbeitsverhältnis. <u>Zinsen *erzwingen* Produktivitätssteigerungen im Produktionsprozeß und sie begrenzen die Möglichkeiten zur Veränderung der Verteilungsrelationen des produzierten Einkommens zwischen Lohnarbeit und Kapital.</u> Nicht normal jedoch ist eine soziale Lage, in der kein Stellenwechsel zwischen Schuldnern und Geldvermögensbesitzern stattfindet und die Schuldner keine erfolgreichen Unternehmer sind und dann eine einseitige soziale und ökonomische Beziehung entsteht, die durch ständige Zinsflüsse von Schuldnern zu Geldvermögensbesitzern – spiralförmig – reproduziert wird.

Schaubild 5.1: Entkoppelung von monetärer und realer Akkumulation

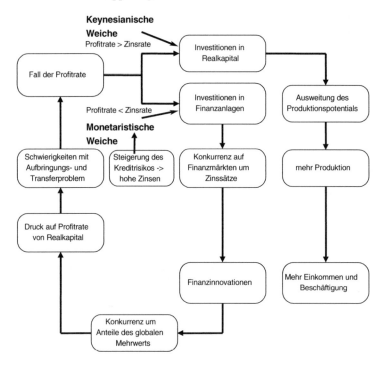

5.1.3 Die Folgen hoher Realzinsen für Schuldner und Bezieher von Arbeitseinkommen

Die Zinsen können zu hoch sein – im Vergleich zur Rentabilität produktiver Investitionen und zur Wachstumsrate des Sozialprodukts. Dann reichen die Überschüsse nicht mehr, um die Zinsen abzudecken, so daß die Zahlungen nur noch erfolgen können, wenn die Vermögenssubstanz von Schuldnern zum Einsatz gelangt. Daher ist die von Alain Minc so bezeichnete „Revolution" (Minc 1997: 1. Kapitel) historisch so entscheidend, als gegen Ende der 70er/Anfang der 80er Jahre die realen Wachstumsraten des Bruttoinlandsprodukts unter die langfristigen Realzinsen (Nominalzinsen abzüglich Inflationsrate) gesunken sind. Das *Schaubild 5.1* zeigt die „Revolution" der Umkehrung des Verhältnisses von einer „schuldnerfreundlichen" Situation hoher realer Wachstums- und vergleichsweise niedriger Realzinsen zu einer für Geldvermögensbesitzer freundlichen Konstellation hoher Realzinsen, an die aber die realen Wachstumsraten nicht mehr heranreichten (vgl. *Tabelle 5.1*).

Tabelle 5.1: Reale Wachstumsraten und langfristige Realzinsen in Industrieländern 1960 bis 1995

	Reales Bruttoinlandsprodukt (Jahresdurchschnittliche Zuwachsraten in vH)					**Langfristige Realzinsen** (in vH per annum)				
	60-73	74-79	80-89	90-95	60-95	60-73	74-79	80-89	90-95	60-95
USA	4,0	2,6	2,4	1,9	2,9	1,5	-0,5	4,9	4,4	2,6
Japan	9,7	3,5	3,8	1,9	5,5	..	-0,2	4,3	3,9	..
Deutschl	4,3	2,4	2,0	2,0	2,9	2,6	3,1	4,8	3,8	3,5
Frankr.	5,4	2,7	2,1	1,3	3,3	1,9	-0,3	4,7	5.9	3,0
GB	3,1	1,5	2,4	1,0	2,3	..	-2,0	3,5	4,7	..

Quelle: OECD: *Historical Statistics 1960-1995*, Paris 1997: 50, 108

Niedrige externe Zinsen im Vergleich zum „internen Zins" (Profitrate) kennzeichnen das „golden age" der „Wirtschaftswunder" mit hohen Wachstumsraten des Sozialprodukts in den ersten beiden Jahrzehnten nach dem Zweiten Weltkrieg; von 1960 bis zur „Ölkrise" 1973 lagen die Realzinsen in den USA um 2,5%, in Deutschland um 1,8% und in Frankreich um 3,5% unterhalb der realen Wachstumsrate des BIP. In der zweiten Hälfte der 70er Jahre betrug in den USA die Differenz 3,1%, in Deutschland bereits -0,7%, in Frankreich 3,0%. In den 80er Jahren aber liegen die Realzinsen in den USA um 2,5%, in Deutschland um 2,8%, in Frankreich um 2,6% über der Wachstumsrate, und diese Tendenz setzt sich in den 90er Jahren fort. Sie läßt sich auch in anderen

Industrieländern nachweisen (OECD 1997a: 50, 108; IMF 1999: 93). Erst recht ist dies in den Ländern der sogenannten „Dritten Welt" der Fall, für die die Realzinsen Anfang der 80er Jahre in einem Ausmaß steigen, daß sie unfähig werden, den Schuldendienst zu leisten: Die Schuldenkrise der „Dritten Welt" bricht aus. Wenn die Realzinsen in einer längeren Periode oberhalb der realen Wachstumsrate des Bruttoinlandsprodukts liegen, ergeben sich regressive Verteilungseffekte. Schuldner verarmen und gleichzeitig nimmt der Reichtum von Geldvermögensbesitzern extrem zu. Alle versuchen nun, Geldvermögen zu mehren und dies hat zur Folge, daß finanzielle Akkumulation gegenüber der realen Akkumulation attraktiver wird, daß die historische Form des Kapitalismus sich in einen Casino-, in einen Arbitrage- oder Derivatenkapitalismus wandelt. Es geht um die Ausnutzung von Differentialen in Raum und Zeit auf dem Globus und nicht so sehr um die Produktion eines Überschusses.

Geld ist zwar ein stimulierendes Getränk, doch müssen wir, so Keynes, gewahr sein, „that there may be several slips between the cup and the lip" (Keynes 1936/1964: 173). Im nationalen Rahmen („keynesianische Weiche") lassen sich Realinvestitionen und daher auch Produktion, Einkommen und Beschäftigung stimulieren, wenn die Zinsen unter die erzielbare Profitrate gedrückt werden. „...Thus it is to our best advantage to reduce the rate of interest to that point relatively to the schedule of the marginal efficiency of capital at which there is full employment" (ibid.: 375). Es sind allerdings viele weitere Hürden zu überwinden, bis monetäre Investitionen sich tatsächlich in Beschäftigung umsetzen (vgl. dazu Altvater/Mahnkopf 1993: 41). Die „monetaristische Weiche" in dem seit Anfang der 80er Jahre üblichen Fall, daß Zinsen höher liegen als die Rentabilität von Realinvestitionen, kann pathologische Wirkungen für Ökonomie und Gesellschaft zeitigen. Wenn nämlich Schuldner nicht in der Lage sind, die Schulden ordentlich zu bedienen, steigen die Kreditrisiken. Da sich Kreditgeber nur zu Ausleihungen bewegen lassen, wenn das Risiko abgegolten werden kann, erhöht sich das globale Zinsniveau um die höhere Risikokomponente; auf den Basiszins (den LIBOR oder die Prime Rate) wird ein „Spread", ein „Malus" aufgeschlagen, der beträchtlich, also ein Vielfaches des Basiszinses sein kann. So werden Finanzinvestitionen an Stelle von Realinvestitionen möglicherweise noch attraktiver – bis zu dem „Augenblick der Wahrheit", an dem sich herausstellt, daß in der Konkurrenz um Anteile am globalen Mehrwert zu wenig „Masse im Topf" ist, als daß alle inzwischen entstandenen und abgeleiteten Forderungen ordentlich bedient werden könnten. Die Finanzkrise bricht aus.

Hohe Zinsen sind nicht nur im Vergleich mit der realwirtschaftlichen Wachstumsrate problematisch, sondern auch im Hinblick auf die Funktionsweise von

Finanzmärkten. Je höher die Zinsen, desto größer das Risiko des Kredits. Denn Kreditnehmer können nur Projekte in Angriff nehmen, die in der Regel auch risikoreicher sind als Projekte mit niedrigerer Rendite. Folglich sind die Renditen sicherer Bundesschatzbriefe niedriger als die Renditen mancher Unternehmensanleihen oder Investmentfonds, deren Risiko für den Investor höher liegt. In einer Situation hoher Zinsen kann es zu „credit rationing" kommen, d.h. Banken stellen gerade dann kein zusätzliches Geld zur Verfügung, wenn Schuldner es am notwendigsten brauchen, da sie das Risiko als zu hoch einschätzen. Leihen sie trotzdem, dann erhöht sich dementsprechend der Schuldendienst des Schuldners. Dieser Fall ist bereits von Marx als „Umschlag des Kredit- ins Monetarsystem" beschrieben worden (Marx, MEW 13: 123). Verantwortlich für Kreditrationierung kann ein plötzlicher Vertrauensverlust aufgrund externer Ereignisse, von Informationsdefiziten oder – umgekehrt – von verbesserten neuen Informationen sein, die neue Risiken erkennen lassen, die bis dato unbekannt waren. Dann kann es zu einer „adverse selection" von Krediten kommen, durch die die Effizienz der Märkte negativ beeinflußt wird (Griffith-Jones 1998: 12-17). Obendrein werden steigende Zinsen bei offenen Finanzmärkten als untrügliches Zeichen einer bevorstehenden Abwertung der Währung interpretiert. Der Versuch, mit einer Anhebung der Zinsen eine Abwertung zu verhindern, wird unvermeidlich zur „self fulfilling prophecy" (Kelly 1995: 217).

Die Konsequenzen sind nicht nur für Schuldner prekär, sondern auch für die mittel- und längerfristige Wirtschaftsentwicklung, die ja von *realen* Investitionen bestimmt wird. An einem Beispiel kann dies verdeutlicht werden. Wenn von einem Bruttoinlandsprodukt in der Höhe von 100 drei Viertel (also 75) an die Lohneinkommensbezieher gehen und konsumiert werden, bleibt ein Viertel (25) den Profitbeziehern. Von den 25 werden 5 zu 10% auf internationalen Finanzmärkten angelegt. 20 Einheiten werden investiert, die bei einem Kapitalkoeffizienten von 4 einen Zuwachs des BIP von 5% erbringen. Mit den Zinsen von 0,5 (10% von 5) wächst also das BIP von 100 auf 105,5. Angenommen, daß bei gleicher Verteilung zwischen Lohneinkommen und Profiten nun statt 5 Einheiten 20 Einheiten zu 10% auf Finanzmärkten angelegt werden und nur noch 5 Einheiten real investiert werden, verändert sich das Bild. Der Zuwachs beträgt nur noch 2 (10% von 20) zuzüglich 1,25, also insgesamt 3,25. Das BIP steigt unter sonst gleichbleibenden Annahmen auf gerade 103,25. Dieser negative Effekt auf die Wachstumsraten könnte konterkariert werden, indem von den Lohneinkommen Beträge zur Realinvestition umverteilt werden. Wenn die Arbeitnehmer statt 75 nur noch 65 erhalten und die Differenz von 10 investiert würde, könnte die Wachstumsrate um 2,5% zunehmen, so daß trotz Umlenkung von Akkumulationsfonds auf die globalen Finanzmärkte das BIP auf 105,75 ansteigen würde[69]. Das höchst vereinfachte und mechanische Beispiel zeigt jedenfalls, daß durch den Anreiz, auf Finanzmärkten anstatt in der realen Ökonomie zu investieren, der Druck auf die Masseneinkommen wächst, wenn es geboten erscheint, eine bestimmte Wachstumsrate aufrechtzuerhalten.

So haben hohe reale Zinsen nicht nur einen beträchtlichen Druck auf Schuldner zur Folge, die sich in ihrer globalen Gesamtheit nicht vor Verlusten der Vermögenssubstanz schützen können. Es ist nur eine Frage der Funktionsweise der globalen Kreditmärkte, welche Schuldner und welche Weltregion es jeweils trifft: Nach der Schuldenkrise der „Dritten Welt" in den 80er Jahren folgte 1994 die Mexiko-Krise, 1997 die Asienkrise, 1998 die Rußlandkrise, 1999 die Brasilienkrise. Immer hatten diese Krisen Auswirkungen auf andere Regionen und Märkte. Kreditgeber haben bislang wenig Verluste hinnehmen müssen, da die Schuldner mit Hilfe politischer Instanzen zahlungsfähig gehalten wurden. Einen erleichternden und wohl regulierten Bankrott, der im nationalen Rahmen durchaus üblich ist, hat es bislang nicht gegeben. Der Schuldendienst und die Umschuldungsmaßnahmen der 80er Jahre haben in keinem Fall gereicht, um den Schuldenstand in den 90er Jahren wirksam zu reduzieren: Die öffentlichen Schulden sind in nahezu allen – hoch entwickelten wie weniger entwickelten – Ländern gestiegen, und wenn der Anstieg nur gering oder – wie in den USA – zeitweise sogar negativ war, ist dies durch hohe externe Verschuldung kompensiert worden.

Besonders betroffen sind die verschuldeten Länder der „Dritten Welt" und eine Reihe von „Schwellenländern", denen der Ruf von „emerging markets"[70] viel Kapital und daher hohe externe Schulden beschert hat, deren Bedienung an Grenzen gestoßen ist. Die Strategien der Geldvermögensbesitzer, insbesondere der „institutional investors", folgen vor allem dem Ziel der höchstmöglichen Verwertung der Vermögen, aber auch ihrer Sicherung gegen die Gefahren der Entwertung (Inflation) und Abwertung (der Anlagewährung). Der massive Abzug von Kapital, wie in Mexiko 1994, in Asien 1997/98, in Rußland 1998, in

---

[69] An diese simple Mechanik werden höchst komplexe Systeme der Regulation von Lohneinkommen geknüpft, beispielsweise Investiv- und Produktivlöhne. Damit sollen die Lohnabhängigen an der „Sparbildung" beteiligt werden, die zur Steigerung der Wachstumsrate mit den erwarteten positiven Beschäftigungswirkungen beitragen soll. Ob dieses Resultat jedoch eintritt, ist höchst zweifelhaft.

[70] Der Begriff des „emerging market" ist in den 80er Jahren erfunden worden: „In the mid-1980s the International Finance Corp. of the World Bank was trying to drum up support for a Third World investment fund, when one listener complained about the terminology. 'No one wants to put money into the Third World investment fund' the man protested. 'You'd better come up with something better'. – So just in a few days officials dreamed up an alternative – 'emerging markets' – and it proved a winner … Emerging markets quickly produced emerging gurus…" (Kristoff/Wyatt 1999).

Brasilien 1998/99, hinterläßt Länder, Gesellschaften und ihre Ökonomien in chaotischem Zustand. Das mobile Kapital sucht sich in anderen Ländern, auf anderen Märkten rentable Anlagen und wartet so lange, bis die internationalen Finanzinstitutionen, in erster Linie der IWF, eine „Sanierung" der von der Finanz- und Währungskrise betroffenen Länder erreicht haben, die sie wieder für global operierende Geldvermögensbesitzer attraktiv macht. Freilich sind die sozialen und politischen Kosten der Sanierung durch Strukturanpassungsprogramme außerordentlich hoch. Doch das muß die Geldvermögensbesitzer nicht unglücklich stimmen, denn die Anpassungslasten haben in der Regel nicht die, die Geld für sich „arbeiten" lassen können, sondern diejenigen zu tragen, die gezwungen sind, ihre Arbeitskraft zu verkaufen. Der Trost, daß durch die Internationalisierung der Kapitalbeziehungen die Allokation der Ressourcen verbessert und daher der Wohlstand insgesamt gesteigert wird, ist dabei nur gering.

Die Verstaatlichung der Schulden und die mit obigem Schema angedeutete Veränderung des Akkumulationsregimes haben aber eine weitere Folge: Der Druck auf die Organisationen der Arbeit steigt, sich mit einem geringeren Anteil des BIP zufriedenzugeben, um die Renditeansprüche der großen Geldvermögen erfüllen und zugleich die realen Investitionen stimulieren zu können. Sollten sich die Gewerkschaften auf dieses Ansinnen, das allenthalben als der ökonomischen Weisheit unwiderlegbarer Ausfluß präsentiert wird, einlassen, haben sie gleich an zwei Fronten verloren: Sie müssen sich auf eine Stagnation oder gar Senkung der Reallöhne und auf jeden Fall auf eine Umverteilung zu Gunsten des Kapitals einlassen, und sie können sicher sein, daß der so geförderte weitere Anstieg von Geldvermögen, die ja quantitativ immer weiter steigende Renditeansprüche generieren, die Krisenhaftigkeit des globalen Finanzsystems enorm steigern. Und eine Finanzkrise, dies zeigen alle Beispiele der vergangenen 20 Jahre, bedeutet immer: mehr Ungleichheit in der Welt, mehr Armut, weniger formelle Arbeitsplätze, mehr Kriminalität.

5.2 Historische Formen der Wertfundierung des Geldes

5.2.1 Vom materiellen Gold zum virtuellen Cybermoney

Die Geldform, so Marx, kann begrifflich aus der Waren- und Wertform entfaltet werden. Schon in der Ware, die ja nicht nur Ding, sondern Element eines gesellschaftlichen Verhältnisses ist, steckt eine Beziehung der Äquivalenz, deren angemessenster Ausdruck die Geldform ist: Alle einzelnen Waren verwandeln sich in besondere Waren der „ungeheuren Warensammlung", als die sich der „Reichtum von Nationen" mit kapitalistischer Produktionsweise darstellt. Waren beziehen sich auf das allgemeine Äquivalent des Geldes. Dies ist bereits dann der Fall, wenn nur zwei Waren ins Verhältnis gesetzt werden. Die Form des Geldes ist im Prinzip schon verstanden, das „Geldrätsel gelöst"[71], wenn man die Warenform als ein gesellschaftliches Verhältnis, das der äußerlichen Erscheinung in einem Wertäquivalent bedarf, erkannt hat. Das ist schwierig genug, wie die Diskussion über die Marxsche Wertformanalyse (vgl. z.B. Backhaus 1969; de Vroey 1981; Ganßmann 1983; Backhaus/Reichelt; Heinrich 1999) und die seit Aristoteles anhaltenden philosophischen Auseinandersetzungen um die Frage, was Geld eigentlich ist, zeigen. Geld vereinheitlicht Gesellschaften, indem es alle substanziellen Verschiedenheiten in seiner formalen Qualität des gemeinsamen Zeichens aufgehen läßt: Es ist das „wahre Gemeinwesen" (Marx), das „moneytheistische" Korrelat des Monotheismus von Judentum, Christentum und Islam[72]:

„… Alles ist zu haben für 'bar Geld', das selbst als etwas äußerlich existierendes von dem Individuum is to be catched by fraud, violence etc. Es ist also alles aneigenbar durch alle, und es hängt vom Zufall ab, was das Individuum sich aneignen kann oder nicht, da es abhängt von dem Geld in seinem Besitz. Damit ist das Individuum an sich als Herr von allem gesetzt. Es gibt keine absoluten Werte, da dem Geld der Wert als solcher relativ. Es gibt nichts Unveräußerliches, da alles gegen Geld veräußerlich. Es gibt nichts Höhres, Heiliges etc., da alles durch Geld aneigenbar. Die 'res sacrae' und 'religiosae', … die eximiert sind vom 'commercio hominum', existieren nicht vor dem Geld –, wie vor Gott alle gleich sind. Schön wie die römische Kirche im Mittelalter selbst Hauptpropagandist des Geldes." (Marx, Grundrisse 1953: 723)

Wenn Geld eine soziale Beziehung konstituiert, für die es lediglich ein *Zeichen* ist, dann ist es kein Wunder, daß sich das Geld in seiner Geschichte von der lästigen materiellen Substanz befreit, die hohe Produktions- und Transaktionskosten verursacht. Die Entkopplung des Geldes von der realen Ökonomie ist schon in der Geldform angelegt und demnach nichts Neues. An die Stelle des Goldes sind im Geschäftsverkehr schon sehr früh „wertlose" Papiere (Schecks, Wechsel, Banknoten) getreten. Die Frage war immer die nach der Wertfundierung des Geldes, wenn diese nicht mit dem Wert des Materials gegeben ist, sondern in der sozialen Beziehung, die das Geld konstituiert, geregelt werden

---

[71] Hajo Riese (1995) wirft der klassischen politischen Ökonomie vor, die Verbindung von Geld- und Gütersphäre nicht verstanden zu haben. Da hat er Recht, allerdings nur, sofern Marx von dem Vorwurf ausgenommen wird. In der Marx'schen Wert- und Geldtheorie ist nämlich längst das überzeugender geleistet, was Riese in Auseinandersetzung mit der klassischen, neoklassischen und keynesianischen Ökonomie anstrebt: nämlich zu verstehen, wie reale und monetäre Welt unter Bedingungen der kapitalistischen Vergesellschaftung formspezifisch zusammenhängen. Es soll hier nicht Marx gegen Riese und andere verteidigt werden. Allerdings ist es notwendig, auf den Reichtum der Marx'schen Geldtheorie zu verweisen, da moderne Geldtheoretiker meinen, sie in ihren Analysen nicht zur Kenntnis nehmen zu müssen. Dies ist mit bedauerlichen Konsequenzen für den theoretischen Gehalt und die Reichweite verbunden.

[72] „Money could be depicted as a kind of supernatural deity…" (Leyshon/Thrift 1997: 1)

muß. Die Frage nach der Bindung von Geldwert und Realwert, nach dem Verhältnis von monetärer und realer Wirtschaft war leicht und eindeutig unter dem Goldstandard zu beantworten; letztlich bestimmte der *Metallwert* des Goldes den Geldwert. Der Metallwert war abhängig von der zur Extraktion und Raffinierung des Goldes benötigten Arbeitszeit. Nach Aufhebung des Goldstandards[73] ist die Wertfundierung des Geldes in der Zentralbank institutionalisiert: Sie muß das Geld *institutionell* knapphalten, um den Wert nach innen und außen (in der Währungskonkurrenz) zu sichern[74]. Erst mit dem Ende des Goldstandards beginnt also die große Zeit der Zentralbanken.

Das gilt so lange, wie es um die Wertsicherung nationaler Währungen geht, um die Stabilität von Dollar, Mark oder Franc etc. Nach dem Kollaps des Währungssystems von Bretton Woods, das den Goldanker des Weltgeldes Dollar kannte, sind allerdings die Weltwährungs- und -finanzmärkte so sehr dereguliert worden, daß die Macht selbst der großen und starken Zentralbanken zur institutionellen Wertfundierung nationaler Währungen höchst begrenzt ist. In Zeiten verschärfter Währungskonkurrenz kommt es daher zu neuen supra- und transnationalen Formen der Kooperation, etwa im „Euroland" oder durch Einflußnahme des IWF zur Stabilisierung nationaler Währungen. Die Wertfundierung des Geldes in der globalen Zirkulation ist also ein im Vergleich zum Goldstandard höchst komplexer sozialer, ökonomischer und politischer Prozeß. Der Wert des Geldes ist keine abhängige Variable der zu seiner Extraktion und Produktion aufgebrachten Arbeit, sondern die Resultante von ökonomischer Effizienz in der globalen Konkurrenz, politischer Aushandlung gegensätzlicher Interessen (z.B. von Export- und importorientierten Wirtschaftszweigen), sozialer Konflikte um eine akzeptable Inflationsrate und um die Verteilung des „Reichtums der Nationen" etc. Die für die Wertfundierung verantwortliche Institution der Zentralbank ist dazu aufgerufen, vor allem dem Ziel der Stabilität nach innen und außen Aufmerksamkeit zu widmen. Nun wird deutlicher als im Falle des Goldgeldes, was es bedeutet, daß „money ... a social process" (Leyshon/ Thrift 1997: 1) ist.

---

[73] Dies geschah im Verlauf des Ersten Weltkriegs und – nachdem er von Großbritannien kurzfristig 1922 wiederhergestellt worden war – endgültig in der Weltwirtschaftskrise 1931 (Aldcroft 1977; Ziebura 1984; Polanyi 1944/1978). Die Goldfundierung der Weltwährung US-Dollar wurde im Jahre 1971 durch die Nixon-Regierung offiziell aufgegeben.

[74] Daher ist es eine verkürzte Interpretation, der Marxschen Geldtheorie zu unterstellen, sie würde „dealing with a system of commodity money" (Foley 1989; Leyshon/Thrift 1997: 55). Allerdings hat Marx selbst zu Beginn des „Geldkapitels" im „Kapital" geschrieben, er meine immer das Gold, wenn er im folgenden von Geld schreibe (Marx, MEW 23: 109). Es ist jedoch möglich, eine andere, nämlich institutionelle Wertfundierung anstelle der metallischen im Goldstandard zu unterstellen. Die Marxsche Geldtheorie ist mit dieser – allerdings notwendigen – Unterstellung in Verbindung mit anderen modernen, auf Keynes aufbauenden geldtheoretischen Ansätzen außerordentlich nützlich.

Im Zuge der Entmaterialisierung löst sich das Geld aus den Regeln, denen es als „öffentliches Gut" unterworfen ist. Es wird zunächst von der Goldbindung befreit; das ist inzwischen Geschichte. Es wird im bargeldlosen Geschäftsverkehr vom realen Bargeld, von den Geldzeichen der jeweiligen Zentralbank unabhängig. Das ist heute in der Welt von Schecks und Kreditkarte normal. In der Tendenz aber wird das Geld auch von der Geldmengensteuerung der Zentralbanken dadurch unabhängig, daß private Institutionen Geld „produzieren", Geld „schöpfen": Das ist vor allem beim Computergeld der Fall. Geld wird daher privatisiert; dies ist die Utopie des liberalen F.A. von Hayek (1978)[75]. Daß es so seinen Charakter als öffentliches Gut teilweise einbüßt, ist ein Aspekt der monetären und finanziellen Innovationen. Die Entmaterialisierung des Geldes erlebt also einen Höhepunkt, wenn „bits" und „bytes" in programmierter Kombination als Geldzeichen Verwendung finden.

In diesem Kontext ist das digitale Geld als Zirkulationsmittel zu sehen, das prinzipiell zwei technische Formen annehmen kann: online und offline. Online-Geld wird in Computer-Netzwerken genutzt, z.B. beim „shopping" im Internet („Netzgeld"); während offline-Geld die Form der moneycard (z.B. Kreditkarte mit persönlicher PIN-Nummer) oder der mehrere Funktionen vereinenden *Multicard* annimmt, die „prepaid" ist, also „mit Geld aufgeladen" wird und daher offline funktioniert. Die deutschen Banken sind inzwischen gehalten, monatlich über ihre „Geldkarten-Aufladungsgegenwerte" zu berichten. Die elektronische Geldbörse trägt das digitale Geld sozusagen in sich, und dieses ist so gut wie Zentralbankgeld, da die Karte ja von einem Konto aufgeladen und im Geschäftsverkehr „entladen" wird, indem die fälligen Beträge wie bei einer Telefonkarte chip-gesteuert abgebucht werden.

Mit der elektronischen Geldkarte können auch Kleinstumsätze abgewickelt werden. Schätzungsweise ein Fünftel aller Bargeldumsätze, die weltweit von VISA mit mehr als 8.000 Milliarden US-Dollar angegeben werden, betragen weniger als zehn US-Dollar. Offenbar ist hier ein beträchtliches Potential für die elektronische Geldbörse gegeben, also für den Zugriff der großen Banken – die die Funktion des Zirkulationsmittels rationalisieren wollen – auf die alltagsweltlichen und weitgehend routinisierten Geldausgaben. Während die Kreditkarte für höhere Beträge genutzt wird, werden mit den Debitkarten kleinere Umsätze abgewickelt, so die Deutsche Bundesbank in ihrem *Monatsbericht* vom Juni 1999.

---

[75] Es wird eine gewisse Ironie provoziert, wenn selbst Mitglieder des Direktoriums der Europäischen Zentralbank ein Loblied auf Hayeks Idee eines privaten Geldes, das durch Stabilität zum öffentlichen Gut wird, singen (vgl. 1999: 9ff).

Anders als bei der „single purpose card", wie die nichtaufladbare Telefonkarte der Telecom, sind bei der elektronischen Geldbörse die Ausgabe-Institution (issuer) und die Institution, die die Dienstleistung bzw. Ware liefert, die elektronisch bezahlt wird, nicht identisch. So wird also Zentralbankgeld lediglich substitutiert, aber im Prinzip kein neues Geld geschaffen – und doch dürften sich durch die Digitalisierung der Geldzirkulation die Zahlungsgewohnheiten verändern. Im Grundsatz kann die Karte für alle Beteiligten von Nutzen sein; andernfalls wären die Chancen ihrer Durchsetzung ohnehin gleich null. So verdient die ausgebende Institution ihrerseits an den Umsätzen mit der elektronischen Geldbörse. Und die Geschäfte, die die Karte akzeptieren, müssen nun nicht mehr mit Bargeld umgehen. Sie könnten daher Kosten sparen, doch so weit sind wir noch nicht. In einer neueren Studie des Rheinisch Westfälischen Instituts (auf die sich die Bundesbank in ihrem *Monatsbericht* vom Juni 1999: 45 bezieht) wird vorgerechnet, daß die Gesamtkosten der Barzahlung 1%, die der Zahlung mit Geldkarte aber 1,7% des Umsatzes ausmachen. Das kann sich freilich ändern. Die Kosten einer Transaktion am Bankschalter werden gemäß *Time* (26. Juli 1999) mit 2 US$, die am „Bankautomat" (Automatic Teller Machine) mit 80 cents und die im Internet mit 30 cents oder weniger angegeben. Weitere Vorteile des elektronischen Geldes kommen hinzu. Geschäfte, die Geldkarten akzeptieren, finden häufig Kunden vor, die stärker von der „Geldillusion" befallen sind, als wenn sie es mit barem Zentralbankgeld zu tun hätten: Sie neigen zu sonst weniger leicht fallenden Kaufentscheidungen mit Geld, das sie scheinbar aus dem Computer holen für Waren, die sie nicht benötigen, um Leuten zu gefallen, die sie nicht leiden können. Die Konsumenten spüren die Budget-Restriktionen des Geldes nicht sofort und sind obendrein noch in der Lage, Transaktionskosten zu senken; sie müssen nicht immer zur Bank laufen, um von einem Konto Zentralbankgeld für die kleinen Käufe abzuheben. Gefährdungen durch Raub und Diebstahl sind verringert.

Die Zeitersparnis kann für alle Beteiligten beträchtlich sein. Das Verbreitungspotential des elektronischen Geldes (offline und online) ist daher groß, sofern es *erstens* gelingt, die Gebühren für die Nutzung gering zu halten, *zweitens* Kompensationen für Verlust oder Fehlfunktionen der Karte zu finden, *drittens* die technischen Möglichkeiten des Umgangs mit ihr zu vereinfachen und sie *viertens* gegen jeden Mißbrauch abzusichern. Dann kommt aber *fünftens* die schwierigste zu überwindende Hürde hinzu: das Verhalten der Menschen, die seit Generationen an das papierene und metallische Material des Geldes gewöhnt sind und Hemmschwellen überwinden müssen, wenn sie mit elektronischem („virtuellem") und nicht mehr materiellem („reellem") Geld umgehen müssen. Im sinnlich vorhandenen Geld kann man wie Onkel Dagobert „schwimmen". Mit Computergeld kann man allenfalls im Internet „surfen". Digitales Geld erfordert soziale Abstraktionsleistungen, die keineswegs selbstverständlich sind. Und es schließt im Prinzip fremde Kontrolle über Ausgabeverhalten usw. nicht aus, kann also ein Mittel sein, um den „gläsernen Bürger" zu erzeugen.

Dennoch könnte die elektronische Geldbörse den Umlauf von Zentralbanknoten und Münzen in der Zukunft zu einem Teil ersetzen. In Deutschland ist der Anteil der Kartenzahlungen nach Angaben der Deutschen Bundesbank (*Monatsbericht* vom Juni 199: 43) am unbaren Zahlungsverkehr mit 4,1% im Jahre 1997 besonders niedrig (in den USA 23%, in Frankreich 22%, in Dänemark fast 63%); da sind also beträchtliche Steigerungspotentiale gegeben. Damit sind aber eine Reihe von neuen Problemen verbunden: Mit der Erleichterung des Zahlungsverkehrs und des kurzfristigen Kredits wird für die privaten Kreditnehmer Geld leichter verfügbar. Der Konsumentenkredit hat schon seit seiner Erfindung in der Frühphase des „Fordismus" in den 20er Jahren dazu beigetragen, daß die privaten Haushalte ihre Verschuldung für Konsumzwecke erhöht haben. Es hängt von den in der realen Ökonomie erwirtschafteten Einkommen ab, ob der durch die Verschuldungsmöglichkeit gewonnene Spielraum infolge der Zins- und Tilgungsleistungen zu einer Strangulierung in der Zukunft führt. Auch das „Cybermoney" wird nichts daran ändern, daß die Funktionsweise von Vermögensmärkten von den realökonomisch erzeugten Einkommensflüssen abhängt[76]. Zwar wird die elektronische Geldbörse vom Konto des Benutzers im voraus aufgeladen, aber sofern dieses mit einem Überziehungskredit ausgestattet ist, erleichtert die Karte das „Rausschmeißen" von Geld. Problematisch ist dabei ja, daß dies sehr wohl im Interesse der die Karten ausgebenden Institutionen sein kann.

Die Frage der Sicherheit von Computergeld ist daher keineswegs eine vor allem technische, sondern in erster Linie eine ökonomische und soziale. Denn Konten können zwar geplündert werden, weil Hacker unberechtigt Zugang finden – eine Möglichkeit, die sich durch technische (kryptologische) Maßnahmen der

---

[76] Jedenfalls gibt es genügend Evidenzen für die Überschuldung von Haushalten, weil die Kreditkarte, Überziehungs- und Konsumentenkredite die „harte Budgetrestriktion" des Geldes versüßen. 1991 betragt die Verschuldung für Konsum in Frankreich 20%, in Großbritannien 31%, in Japan 20%, in den USA 24%, in Deutschland 17% des verfügbaren Einkommens (Deutsche Bundesbank, Monatsberichte, April 1993: 29). In den USA ist der Anteil der „revolving credits", d.h. der Kredite zur Finanzierung aufgenommener Kredite der Haushalte von 22% im Jahre 1984 auf 36% im Jahre 1993 gestiegen (Ritzer 1995: 64). Die mit Kreditkarten aufgehäuften Schulden sind inzwischen „the most common form of financial liabilities. A larger percentage of people now have credit card debts (39,9%) than have home mortgages (38,7%), car loans (35,1%) and other kinds of debt" (ibid.). Auch in Japan, ein Land mit traditionell hoher Sparquote, hat die Konsumentenverschuldung zugenommen und zwar in der Dekade vor 1993 mit jährlich an die 13 vH. Das ist ein mehr als doppelt so hohes Wachstum wie in den USA (5,6 vH) (Financial Times, 13.2.1996: Japanese drown in sea of easy credit).

Verschlüsselung weitgehend ausräumen läßt. Naheliegender ist es, daß Konten zusammenbrechen, weil – etwa infolge Arbeitslosigkeit oder einer Firmenpleite – Einkommensströme geringer werden oder gar ausbleiben und daher der Computerkredit (der vom „Issuer" gewährte ungedeckte Startkredit auf einem virtuellen Konto, der Kunden den Einstieg ins online-shopping erleichtern soll) nicht mehr gedeckt ist oder die Aufladung der Geldkarte an Terminals verweigert wird. Gegen beide Risiken, die technischen wie die ökonomischen, müssen Sicherheitssysteme entwickelt werden.

Wie beim Papiergeld der Zentralbank kann der Geldwert von Cybermoney durch *institutionell geregelte Knappheit*, also durch eine Steuerung der Menge des Geldangebots gesichert werden. Doch es ist nicht gewährleistet, daß Zentralbanken Cybermoney in der „virtuellen Welt" des Internet oder von elektronischen Zahlungsmitteln („e-cash") noch kontrollieren können. Private „moneyprovider" treten teilweise an ihre Stelle. Diese müssen ihrerseits dafür sorgen, daß das von ihnen emittierte Geld *erstens* überhaupt zirkulieren und *zweitens* nicht kopiert werden kann. Die erste Bedingung ist nicht selbstverständlich erfüllt. Denn der Akt der Übertragung eines Geldbetrags setzt eine gehörige technische Infrastruktur voraus: vom Internetzugang zum PC oder einem Kartenlesegerät. Dies alles mag heute in den Metropolen selbstverständlich vorhanden sein, ist aber im ländlichen Raum oder in weniger entwickelten Regionen keineswegs selbstverständlich. Die Entmaterialisierung des Geldes kann also materiell für jene spürbar werden, die aus der digitalen Welt des virtuellen Geldes ausgeschlossen sind. Für sie bleibt es bei den tradierten Formen des Zahlungsverkehrs: bar und per Transfer zwischen Konten. Allerdings ist diese Spaltung konsequenzenreich. Denn wenn nationale Währungen mit der Verbreitung von Cybermoney an Bedeutung verlieren, wird nicht nur die Geldpolitik institutionell gesicherter Knappheit des Geldes unterlaufen, sondern auch die Erhebung von Steuern erschwert. Auch der Steuerstaat ist durch das geographische Territorium umgrenzt, während sich die Zirkulation des Cybermoney im *entterritorialisierten Cyberspace* abspielt (Kobrin 1997).

Die technische Sicherheit ist Voraussetzung für die ökonomische Wertbeständigkeit. An technischen Verbesserungen arbeiten natürlich die „elektronischen Banken", die Chipkarten- und Netzgeld-Issuer, mit höchster Intensität. Dabei sind sie nicht nur an der Sicherheit der Karte für die Kunden, sondern gerade auch an ihrer eigenen Sicherheit gegen ungedeckte Karten und daher an der Solvenz der Kunden interessiert. Dies ist ein mächtiger Anreiz für die elektronische Durchleuchtung der Chipkarten-Nutzer. Doch gegen diese Versuchungen können Barrieren errichtet werden. Diese liegen paradoxerweise ebenso wie die Durchleuchtung der Nutzer im Interesse der Karten-issuer, da nur so die Akzeptanz des elektronischen Geldes erhöht und erhalten werden kann. Die Anonymisierung des Cybermoney, also die Unmöglichkeit, daß die elektronische Note zu demjenigen zurückverfolgt werden kann, der sie zuletzt „ausgegeben" hat, ist weitgehend gewährleistet. Zur Unterbindung der Vervielfältigung elektronischer Geldzeichen dienen kryptographische Verfahren, die aber derzeit noch den Nachteil haben, einer leichten und universellen Nutzung des Cybergeldes entgegenzustehen und die Gefahr nicht ausschließen, daß bei immer engerer Vernetzung verschiedener Märkte (sowohl räumlich als auch zeitlich hinsichtlich der Fristenstruktur) Risikofälle nur noch schwer isoliert werden können. Mit der Unterminierung der Sicherheit des Geldes würde die Funktion des Zirkulationsmittels und in der Konsequenz auch die des Kredits gestört.

Auch die Frage der Rechtssicherheit bei elektronischen Kaufverträgen einschließlich der Frage, wann und wie wechselseitige Verpflichtungen auf dem „elektronischen Marktplatz" generiert werden und wann und wodurch sie erlöschen, bedarf einer eindeutigen Beantwortung. Entgegen der lockeren Rede von der „Virtualisierung" der Ökonomie und von der Bedeutungslosigkeit von Raum und Zeit erfordern auch elektronische Verträge Angaben über wechselseitige Leistungen in einem zeitlich-räumlichen Koordinatensystem. Wichtig ist auch die Kompatibilisierung verschiedener Systeme, inbesondere wenn Zahlungen von einem System ins andere erfolgen, solange noch kein einheitlicher Standard vereinbart worden ist. Die Normung befindet sich ebenso in den Anfängen wie das Clearing zwischen verschiedenen Cyber-„Währungen", die verschiedene Banken oder andere Issuer ausgegeben haben. Auch die statistische Berichterstattung muß an die Innovationen des Geldes international angepaßt werden, um die Transparenz über den Geldumlauf zu behalten. Es würde nämlich einem Zerfall der Gesellschaft nahekommen, wenn über das „wahre Gemeinwesen", als das Karl Marx das Geld charakterisiert, nur unzureichende oder gar keine Informationen vorliegen würden. Mangelnde Transparenz ist freilich auf den Finanzmärkten, auf denen es um die Millionen und Milliarden von Transfers geht, bedeutsamer als in der Welt der Kleingeschäfte mit dem Geld in seiner Funktion als Zirkulationsmittel.

Trotz aller Innovationen bleibt die Funktion des Zentralbankgeldes als das Geld erhalten, in dem letztlich Kontrakte erfüllt werden. Zentralbankgeld wird zwar substituiert, aber es verliert dabei nicht seine Geldfunktion. Die Zentralbank muß aber über das Knapphalten hinaus neue Regeln der technischen und ökonomischen Sicherung entwickeln, damit nicht Computergeld unendlich schnell und in unendlicher Menge – technisch im Prinzip in Bruchteilen von Sekunden – vervielfältigt werden kann. Über die Sicherheit von Geld und Geldsurrogaten zu wachen, könnte als eine neue Aufgabe der Zentralbank neben der der Sicherung der Geldwertstabilität und der Unterstützung von Banken „im Falle eines Falles" („lender of last resort") bezeichnet werden. Otmar Issing bezeichnet es daher als eine Aufgabe der Europäischen Zentralbank, „issuers of electronic money" zu beaufsichtigen („prudential supervision"), für transparente gesetzliche Regeln der Geldausgabe, der technischen Sicherheitssysteme, des Schutzes vor kriminellen Machenschaften und dafür zu sorgen, daß die issuer von elektronischem Geld dieses jederzeit in Zentralbankgeld umtauschen können. Außerdem sollten die Zentralbank das Recht erhalten, die Haltung von Mindestreserven der Ausgabeinstitutionen von elektronischem Geld zu verlangen (Issing 1999: 15). Denn mit der Unterminierung der Sicherheit des Geldes würde die Funktion des Zirkulationsmittels und in der Konsequenz auch die des Kredits gestört. Daher widmen sowohl die Deutsche Bundesbank als auch die Europäische Zentralbank und die Bank für Internationalen Zahlungsausgleich in Basel den elektronischen Geldinnovationen gehörige Aufmerksamkeit. Die Zentralbanken müssen also ein dem Computergeld angepaßtes Regelwerk von „externem" bankenaufsichtlichem Risikomanagement entwickeln; es existiert derzeit erst in Ansätzen. Besonders dringlich ist die Aufsicht im Internet, zumal auch Nichtbanken elektronisches Geld ausgeben, ohne der gleichen strikten Kontrolle der Bankenaufsicht zu unterliegen wie Banken. Die Zentralbanknote ist ja sicher, wenn eine Fälschung sichtlich auffällt. Daher sind die spezifischen Merkmale der authentischen Note sichtbar auf dem Papier angebracht. Ganz anders beim Computergeld. Die Codes, die es sicher machen, müssen unsichtbar und für Unbefugte nicht zu entschlüsseln bleiben. Denn nur dann sind sie nicht zu knacken. Auch dies ist ein Element der intellektuellen Abstraktion und emotionalen Entsinnlichung des Geldes.

Noch wichtiger für die Zentralbank ist aber der Sachverhalt, daß Computergeld – gleichgültig ob online oder offline – Zentralbankgeld substituiert, auch wenn letzteres, wie bereits betont wurde, keineswegs verschwindet. Damit verändern sich die Zahlungsgewohnheiten, und daher wiederum die Umlaufgeschwindigkeit des Geldes, die eine Basisgröße zur Bestimmung der Geldmenge darstellt. Somit könnte mit dem Bedeutungszuwachs von digitalem Geld die Kontrolle der Zentralbank über die Geldmenge schwieriger werden. Dies wird denn auch immer wieder von den Zentralbanken als entscheidendes Problem hervorgehoben. Denn wegen der radikal reduzierten Transaktionskosten steigt die Volatilität (die „Flüchtigkeit") der Geldanlagen – vom PC aus werden im Wohnzimmer von einer Bank zur nächsten Geldsummen umgebucht –, und zwar unterstützt von Computerprogrammen, die angeblich das private Portefeuille optimieren, dabei aber das „Systemrisiko" („... the danger that disturbances in one financial institution, market or country will generalize across the whole financial system..." – Griffith-Jones 1998: 6; vgl. auch Kelly 1995: 223) so sehr steigern, daß ein crash nicht ausgeschlossen werden kann. Die Umlaufgeschwindigkeit des Geldes kann zunehmen.

Obendrein verliert die Zentralbank das Monopol der Geldausgabe, da auch private Institutionen Geld emittieren. Daraus ergeben sich zumindest zwei Effekte: Zum einen vermindert sich so der Seignoragegewinn der Zentralbank – also die Differenz zwischen realem und nominellem Geldwert – bei der Ausgabe von eigenem Geld, wenn immer mehr Computergeld in den Umlauf gerät. Dieser Effekt ist – zumindest in der Bundesrepublik – allerdings derzeit nicht bedeutend, da trotz der Zunahme des bargeldlosen Geschäftsverkehrs der Bargeldumlauf steigt – nämlich von unter 195 Milliarden Mark im Jahre 1990 auf etwa 241 Milliarden Mark im April 1999. Im Einzel- und Großhandel, so resümiert erleichtert die Deutsche Bundesbank, dominiert immer noch die Verwendung von Bargeld[77]. Der zweite Effekt ist möglicherweise gravierender: <u>Mit der Zunahme des privat geschaffenen Computergeldes vermindern die Geschäftsbanken ihren Refinanzierungsbedarf bei der Zentralbank, der sich bisher sowohl aus der notwendigen Beschaffung von Bargeld für die Kunden als auch aus der Pflicht zur Erfüllung der Mindestreserve ergibt. Die Bilanz der Zentralbank verkürzt sich</u> (wohingegen sich die der Kartenherausgeber verlängert); <u>die Zinseinnahmen der Bundesbank und folglich der Zentralbankgewinn sinken</u> (Friedrich 1996: 26). Die Möglichkeiten, über den Diskontsatz die Refinanzierung und daher die Geldmenge zu beeinflussen, werden auf diese Weise unterminiert. Ob statt dessen die Mindestreserven angehoben werden können, ist aber dann fraglich, wenn sich Banken auf weitgehend deregulierten internationalen Märkten einfach und günstig refinanzieren können. Kurz: Der schon im Zuge der Internationalisierung von Finanzmärkten seit den 70er Jahren beklagte „<u>Verlust der (nationalstaatlichen) Zinssouveränität</u>" wird noch gesteigert, sollte sich das digitale Geld als Zirkulationsmittel ausbreiten. Insofern ordnet sich die Erzeugung von digitalem Geld in die generellen Tendenzen der Finanzinnovationen, der Dematerialisierung des Geldes auf dem Weltmarkt ein. Das Computergeld könnte ein Beitrag zur endlichen Realisierung der ultraliberalen Hayekschen Utopie sein, in der Geld als öffentliches Gut zugunsten des Geldes als privates Gut und einer Konkurrenz vieler privater Geldausgeber um das „beste", das ist das wertbeständigste, Geld verschwindet.

Die Tendenz der Privatisierung des öffentlichen Gutes Geld paßt sich nahtlos in jene der finanziellen Globalisierung ein: in eine Realität, die als „Derivatenkapitalismus" bzw. als „Arbitragekapitalismus" bezeichnet werden kann. Denn am Ausgang des Jahrhunderts ist anders als zu Beginn dieses Jahrhunderts weniger Produktion und Arbeit, Konzentration und imperialistische Expansion das

---

[77] Der Zuwachs des Bargeldumlaufs von D-Mark ist aber auch eine Folge der Nutzung der DM als Zahlungsmittel in einer Reihe ost- und südosteuropäische Länder.

Thema als die Innovation von Finanzinstrumenten (Derivate) und die Ausnutzung kleinster Differentiale bei Kursen und Zinsen (Arbitrage). <u>Unter kapitalistischen Verhältnissen sind aber Marktbeziehungen, so technologisch ausgereift sie auch sein mögen, immer instabil.</u> Und diese Instabilität hat globale Reichweite, da es sich um globale Finanzbeziehungen handelt. Wenn Schuldner nicht zahlen können, wird die Schuldverpflichtung sozialisiert; die Privatisierungstendenz des Geldes beschränkt sich also auf die Aktivseite der Bilanz; sie gilt nicht für deren Passivseite. Hier wird deutlich, daß die Probleme der elektronischen Sicherheit bei digitalem Geld nur ein Aspekt sind, ein anderer sind die Probleme der ökonomischen Sicherheit. Sie hat etwas – und damit verlassen wir den virtuellen Raum – mit den realen Möglichkeiten von Schuldnern zu tun, Zahlungen aus Einkommensströmen zu leisten. Eine Ökonomie ist auch im digitalen Zeitalter ein Raum des rentablen Produzierens, also der konkreten Produktion eines Überschusses. Wenn diese rentable Produktion nicht möglich ist, können auch Geldbeziehungen scheitern, gleichgültig wie innovativ sie organisiert sind. Wie eine Finanzkrise im Internet aussieht, wissen wir heute noch nicht; aber wir werden es wohl erfahren.

Schaubild 5.2: Die historische Wertfundierung des Geldes

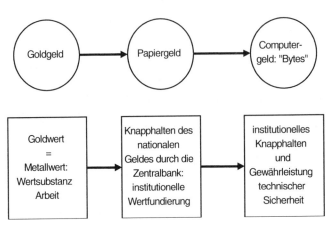

„*Die Geschichte des Geldes ist die seines Verschwindens*"
(Thomas Jahn, in: Die Zeit, 1.12.1995)

Die neuen Online- und Offline-Kreationen des digitalen Geldes oder die derivaten Finanzinstrumente sollten also nicht darüber hinwegtäuschen, daß sie die

Geldform und die Geldfunktionen nicht aufheben und daher den gleichen Restriktionen unterliegen wie das traditionelle Geld vom Groschen und dem Goldbarren bis zum Tausendmarkschein und dem Girokonto. Sie sind allerdings – und damit wird eine dem Geld als abstraktem Medium eigene Tendenz fortgesetzt – Ausdruck der Entmaterialisierung und der Privatisierung des Geldes. Dabei stellt sich die gleiche Frage wie bei jeder Währung auch: die nach der Wertfundierung des Geldes, über das Geldvermögensbesitzer verfügen, – und das Schuldner zu zahlen haben.

Geld emanzipiert sich also im Verlauf der historischen Entwicklung von der Gold-Substanz. Was jenseits seiner papierenen und elektronischen Existenz bleibt, ist das *Zeichen* realer Verhältnisse, die fetischhafte Mittlerfunktion einer sozialen Beziehung. Es wäre auch möglich, die Entmaterialisierung des Geldes als innovativen Prozeß zu deuten. Worauf aber zielen die Innovationen? Bei Produktionsmitteln erwarten wir von technischen Innovationen höhere Effizienz und Produktivitätsgewinne. Bei Konsumgütern sollen das Design verbessert, die Leistungsfähigkeit gesteigert, der Preis gesenkt werden etc. Die Innovationen des elektronischen Geldes in seiner Funktion als Zirkulationsmittel zielen *erstens* auf den „Seignoragegewinn", also auf die Differenz zwischen realem und nominellem Geldwert. Darüber hinaus können *zweitens* Transaktionskosten und die Bargeldhaltung gesenkt werden. *Drittens* wird die „Geldillusion" gestärkt, die das Publikum zu sonst weniger leicht fallenden Kaufentscheidungen veranlassen kann. Dazu werden Marketing-Strategien entwickelt, die explizit an die Geldkarte oder an andere Formen von elektronischem Geld gebunden sind: Kundenbindung durch Bonuspunkte, verbesserte Dienstleistungen oder durch die Methode des „Anfütterns" von Kunden mit ungedeckten Startkrediten auf einem virtuellen Konto (das ja den issuer kein Zentralbankgeld kostet – vgl. *„Der Spiegel"* 30/1996: 140). Computergeld (on-line wie offline) bezieht sich derzeit vor allem auf Geld in seiner Funktion als Zirkulationsmittel.

Anders ist dies beim Geld in seiner Funktion als Kredit. Die Innovationen des „zinstragenden Kapitals" sind darauf aus, die Mobilisierbarkeit von Beständen zu erleichtern und die Flexibilität der Anlagen zu erhöhen, um *erstens* die zinstragenden Anlagemöglichkeiten im globalen Raum oder die Wechselkursbewegungen in der Währungskonkurrenz und die Zonen niedriger Regulationsstandards optimal ausnutzen (Spekulation), *zweitens* an den globalen Einkommensflüssen (aus der „realen Wirtschaft") möglichst weitgehend durch Ausnutzung aller Unterschiede von Zinsen und Profitraten teilhaben (Arbitrage) und um dabei *drittens* Risiken durch Risikotransformation mindern zu können (hedging). Dies ist in der Regel gemeint, wenn von „Finanzinnovationen" im Zusammmenhang mit der „Globalisierung" die Rede ist. Hier tut sich die „neue

Welt" der Finanzderivate auf. Sie sind die heute spektakulärste Finanzinnovation, die sich selbstverständlich der modernen Informationstechniken bedient. Die informationstechnischen Innovationen sind mit den Innovationen des Geldes als Zirkulationsmittel homolog.

Gemeinsam ist Computergeld und Innovationen des Kredits die Dematerialisierung des Geldes. Geld vereinheitlicht Gesellschaften, indem es alle substanziellen Verschiedenheiten in seiner formalen Qualität des gemeinsamen Zeichens aufgehen läßt; Geld ist sozusagen ein *sozial konstruiertes substanzloses Nichts*. Ohne dieses Nichts freilich gilt niemand etwas; der „Name der Rose" zählt, die Rose wird vergessen. Die darin angelegte, scheinbar neutrale „hard budget constraint" entsteht aus der Knappheit des Geldes, aus der institutionellen Begrenzung von Liquidität.

5.2.2 Arbitrage- und Derivatenkapitalismus

Das ist im Prinzip nicht neu. Doch haben sich in den vergangenen Jahrzehnten der „finanziellen Deregulierung" mehrere Veränderungen vollzogen, die zusammengenommen eine grundlegende Transformation, wenn nicht gar eine Revolutionierung der Finanzmärkte bewirkt haben (vgl. Griffith-Jones 1998: 22ff): *erstens* die zunehmende Integration von bislang nationalen Finanzmärkten zu einem globalen Finanzsystem; diese Tendenz wird mit den Daten der *Tabelle 5.2* indiziert, in der die grenzüberschreitenden Finanzbeziehungen zusammengefaßt sind. Makroökonomische geld- und fiskalpolitische Instanzen haben es nun schwer, die Finanzströme zu regulieren. Die Souveränität der Wirtschaftspolitik geht also verloren.

Die Folge ist *zweitens* ein ungestümes Wachstum der Finanzmärkte, das die Expansion von Welthandel oder Weltproduktion bei weitem in den Schatten stellt. Das internationale Finanzsystem entwickelte sich in den vergangenen Jahrzehnten sprunghaft, geradezu spektakulär. Die Welthandelsumsätze haben sich von den 80er Jahren zu den 90er Jahren etwas mehr als verdoppelt (von US$ Mrd. 2,680 im Zehnjahresdurchschnitt 1980/89 auf US$ Mrd. 5,675 im Durchschnitt 1990/99 – IWF 1998c: 200). Die Umsätze auf Devisenmärkten aber haben sich von 1986 bis 1995 von täglich US$ Mrd. 188 auf US$ Mrd. 1,190 mehr als verfünffacht (IMF 1998a: 190). Der Nennwert von Kontrakten über finanzielle Derivate belief sich Ende März 1995 auf US$ Mrd. 48,000, die Umsätze erreichten im Jahre 1997 US$ Mrd. 360,000 (IMF 1998a: 97). Für die Zirkulation des Welthandels bei einem jährlichen Volumen (Weltexporte von Gütern und Dienstleistungen 1997) von Mrd. US$ 6,801 (IMF 1998b: 97) würden bei 250 Arbeitstagen im Jahr täglich rund 27 Mrd. US$ ausreichen. Die Finanztransaktionen haben also nur noch sehr wenig mit dem Welthandel zu tun, das Geld fungiert nur noch – wenn man es quantitativ ausdrücken möchte – zu etwa 2 vH als Zirkulationsmittel, zu 98 vH als Zahlungsmittel als Kredit.

Tabelle 5.2: Öffentliche Schulden in der Hand von Nicht-Inländern (in vH der gesamten öffentlichen Schulden) und Grenzüberschreitende Transaktionen von Wertpapierem (in vH des BIP)

Jahr	USA		Deutschland		Japan	
	Öffentliche Schulden in der Hand von Nicht-Inländern	Grenzüberschreitende Transaktionen von Aktien und Wertpapieren	Öffentliche Schulden in der Hand von Nicht-Inländern	Grenzüberschreitende Transaktionen von Aktien und Wertpapieren	Öffentliche Schulden in der Hand von Nicht-Inländern	Grenzüberschreitende Transaktionen von Aktien und Wertpapieren
1975	...	4	..	5	...	2
1985	15,2	35	16,3	33	3,7	62
1990	20,1	89	20,9	57	4,4	119
1995	28,3	135	28,2	172	4,3	65
1996	35,0	160	29,3	199	4,3	79
1997	40,1	213	...	253	...	96

Quelle: IMF: *International Capital Markets*, September1998: 187, 190

Drittens sind komplexe private Institutionen entstanden, die sowohl traditionelle Bankgeschäfte als auch neue Wertpapier- und Investitionsgeschäfte integrieren. Die global operierenden Banken sind sowohl hinsichtlich ihrer Größe (etwa gemessen am Umsatz, an der Bilanzsumme oder an der Zahl der Zweigstellen) als auch mit Bezug auf den Umfang der Geschäftstätigkeit nicht mehr mit den traditionellen Bankhäusern bis zur Mitte der 70er Jahre zu vergleichen. Ein Aspekt dieser Veränderungen ist der globale Konzentrationsprozeß des Finanzsektors, aus dem riesige Institutionen hervorgegangen sind, die mit traditionellen Banken als Mittlern zwischen Sparern und Investoren nicht mehr viel zu tun haben. Sie sind in globaler Konkurrenz darauf aus, alle möglichen Finanzinstrumente an die zu verkaufen, die über Liquidität verfügen. Denn daran verdienen sie mehr als an der traditionellen Marge zwischen Soll- und Habenzinsen.

Viertens also sind neue Finanzinstrumente entwickelt worden, die sogenannten Derivate. Dabei werden die Elemente von Finanzkontrakten – die vereinbarten Zinsen, die Laufzeit, die Währung, die Modalitäten der Rückzahlung, die Form der Verbriefung („securitization") – in neuer, bisher ungewohnter Weise kombiniert („unbundling" und „repackaging"). Finanzderivate sind „aus einem anderen Finanzprodukt (Basiswert) abgeleitete Finanzmarktinstrumente (zum Beispiel

Swaps, Financial Futures, Optionen); können zur Absicherung bestehender Positionen, zur Arbitrage oder für Spekulationszwecke eingesetzt werden" (Deutsche Bundesbank, Monatsberichte, Oktober 1993: 63). Financial Futures sind Finanzterminkontrakte, denen insbesondere verzinsliche Wertpapiere beziehungsweise Zinssätze (Zins-Futures) oder Fremdwährungen (Currency-Futures) zugrundeliegen. Optionen sind das Recht, aber keine Verpflichtung, eine bestimmte Menge eines Basiswerts (Underlying) entweder zu einem bestimmten Zeitpunkt (europäische Option) oder während eines bestimmten Zeitraums (amerikanische Option) zu einem vorher vereinbarten Preis zu kaufen (Call-Option) oder zu verkaufen (Put-Option). Basiswerte können Aktien (Aktienoptionen), Aktienindices (Indexoptionen) festverzinsliche Wertpapiere (Zinsoptionen), Fremdwährungen (Devisenoptionen), Finanz-Swaps (Swaptions) und wiederum Optionen (Optionen auf Optionen) sein. Optionen können zur Absicherung risikohaltiger Finanzoperationen dienen, aber auch als Spekulationsinstrument – wie Futures auch – eingesetzt werden. Sie werden entweder standardisiert an der Börse oder „maßgeschneidert" außerbörslich, „over the counter" (OTC) gehandelt (nach Deutsche Bundesbank, *Monatsberichte*, Oktober 1993: 63). OTC-Verträge unterliegen anders als die standardisierten an der Börse gehandelten Papiere fast keiner Kontrolle. Ihre Zunahme ist in den vergangenen 15 Jahren daher noch größer als die der Derivate insgesamt. Allerdings ist das Risiko für Anleger entsprechend hoch; es wird so lange in Kauf genommen, wie hohe Renditen winken. Einzelne Anleger sind sich freilich des Systemrisikos nicht bewußt, das mit der ungestümen Zunahme der OTC-Kontrakte steigt.

Die innovativen Finanzderivate wären ohne „financial disintermediation, financial market integration, financial capital centralisation and financial reregulation" (Leyshon/Thrift 1997: 205) nicht möglich geworden. Daher ist das Urteil tatsächlich gerechtfertigt, daß die Globalisierung ein Effekt politischer Dezisionen ist, daß die Staaten (und deren Regierungen) nicht von der Wucht der ökonomischen Prozesse überrascht und überrollt worden sind, sondern diese aktiv befördert haben. Die Finanzinnovationen, die für das spektakuläre Wachstum der Derivate und die Konzentrationstendenzen im globalen Finanzsektor verantwortlich sind, hätten ohne volle Konvertibilität der Währungen und ohne Deregulation des Finanzsektors keine Rolle spielen können.

Mit finanziellen Innovationen kann also die Flexibilität der Reaktionsmöglichkeiten von Kreditgebern und -nehmern gesteigert werden. Jeder bekommt die Ausgestaltung des Instruments, die den jeweiligen Interessen am nächsten kommt. Illiquides Kapital wird liquid und flexibel handelbar. Auf diese Weise werden auf Dauer gestellte Produktionsverhältnisse in der Tendenz „liquidiert". Die „Entkoppelung" der monetären von der realen Akkumulation hat daher nicht nur den quantitativen Ausdruck überschießender Finanzkontrakte über realwirtschaftliche Umsätze, sondern die qualitative Wirkung einer Unterwerfung der realen ökonomischen und sozialen Verhältnisse unter das Finanzsystem. Die finanzinnovatorische Liquidierung von Vermögensbeständen erleichtert die im Rahmen der neoliberalen Deregulierung geforderte Flexibilisierung an den „Standorten". So ist es möglich, die Produktionsstandorte weltweit gegeneinander auszuspielen. Die Verlagerung von Kapital ist nun keine leere Drohung mehr, sondern eine reale Möglichkeit, die von den neuen Finanzinstrumenten gestützt wird. Freilich verweist auch diese Facette der Entkoppelung auf Grenzen. Die Volatilität der Finanzanlagen ist unterschiedlich. Sie ist am höchsten bei kurzfristigen Krediten und am niedrigsten bei langfristigen Bankkrediten. Portfolio-Investitionen sind daher „heißer" als Direktinvestitionen (Griffith-Jones 1998: 34ff.), und geschlossene Investitionsfonds sind „kälter" als „offene" Fonds. Denn die Manager von Fonds, die Anleger schnell verlassen und die neue Anleger ebenso schnell auswählen können, müssen hohe Renditen in kurzer Frist erwirtschaften und daher immer auf dem Sprung sein, das Fondskapital irgendwo auf der Welt anzulegen, wo es gerade die höchsten Erträge bringt. Offene Fonds steigern also die Volatilität, die insbesondere für Entwicklungsländer, die langfristig gebundenes Kapital benötigen, sehr schädlich ist (ibid.: 84).

Damit sind wir bei dem *fünften* Trend der tiefgreifenden Formveränderung des globalen Kreditsystems: bei der sophistizierten Institutionalisierung der Kapitalsammelstellen, bei den *institutional investors*. Sie sammeln Spargelder von privaten Haushalten, aber auch liquide Fonds von Unternehmen, um sie inzwischen weltweit anlegen zu können. Pensionsfonds sammeln ähnlich wie Versicherungen, die sich ebenfalls mehr und mehr an globalen Finanzgeschäften beteiligen, das Kapital von Individuen, die im funktionierenden Sozialstaat ihre Alterssicherung durch die Solidarleistungen der Sozialversicherung (im Umlageverfahren) gefunden hatten. In der Krise des Sozialstaats und als Folge der Individualisierung sind an die Stelle der sozialstaatlichen Solidarität private Fonds getreten, (die nach dem Kapitaldeckungsverfahren funktionieren). Die „intergenerationelle Solidarität" wird durch die monetären Transfers globalisiert. Denn die Mittel von Pensionsfonds mit lokalem und nationalem Charakter werden – häufig durch Einschaltung von Hedge Fonds – auf globalisierten Märkten kurzfristig angelegt. Die Erträge der Fonds stammen aus den Zinsen von „emerging markets"[78], die dabei in den späten 90er Jahren hoffnungslos überfordert wurden. So ist – gemäß einer Darstellung der „*New York Times*" (vgl. Kristof/Wyatt 1999) – „Salamet, the Rickshaw Man" aus einem abgelege-

---

[78] Daten über die Investitionen von Pensionsfonds sind rar. Nur für die britischen Pensionsfonds gibt es Aufstellungen über das Engagement auf „emerging markets". Stephany Griffith-Jones (1998: 97) zitiert Quellen, nach denen 1995 britische Fonds 0,55% ihrer Investitionen in Brasilien, 9,79% in Korea, 25,90% in Malaysia, 18,28% in Thailand angelegt hatten.

nen Ort Indonesiens, ein Schuldner, der über viele finanzielle Mechanismen vermittelt für die Rendite von Pensionsfonds sorgt, aus denen die Farmer Mary Jo und George Paoni aus „Cantrall III, a farm town about 130 miles southwest of Chicago", ihre Pension beziehen. Die Auflösung der gesellschaftlichen und daher territorial gebundenen Solidarität wird durch die Globalisierung der Fonds unwiderstehlich vorangetrieben. Doch die Finanzkrise Asiens hat auch gezeigt, daß hier harte Grenzen existieren. Nun müssen doch öffentliche Gelder (des IWF) in die ausgepowerten asiatischen „emerging markets" gepumpt werden, damit dieses private System der Umverteilung von monetärem Reichtum nicht zusammenbricht. Dem IWF geht es freilich nicht um die Verbesserung der Lage von Schuldnerländern, sondern um die Wertsicherung von Gläubigervermögen. Auf diese Weise wird eine Finanzkrise bereinigt, indem eine neue mit tödlicher Sicherheit vorbereitet wird.

Mutual funds sammeln Beträge, mit denen weltweit Erträge erwirtschaftet werden, an die ein einzelner privater Investor wegen der geringen Summen und der unzureichenden Professionalität nicht heranreichen kann. Hedge-funds konzentrieren Beträge von Pensions- und Mutual funds und können auf diese Weise schon wegen ihres Gewichts unter bestimmten Bedingungen Märkte beeinflussen, beispielsweise Währungen in einen Abwertungsstrudel treiben. Eine weitere Quelle der weltweiten Geschäfte mit Wertpapieren sind die transnationalen Konzerne, deren mobilisierbares Vermögen auf 13.000 Mrd. US$ geschätzt wird. Stephany Griffith-Jones rechnet vor, daß Ende 1993 Pensionsfonds über insgesamt 6.500 Mrd. US$, Privatpersonen über 28.900 Mrd. US$, Versicherungen über 6.800 Mrd. US$ verfügen konnten (Griffith-Jones 1998: 53). Diese Vermögenswerte, die in aller Regel kurzfristig mobilisierbar sind, entfalten eine beträchtliche Wucht, zumal wenn sie auf der Suche nach höchster Rendite für ihre Kunden wie eine Herde („herding") in einer „stampede" in bestimmte Märkte (z.B. in die von internationalen Institutionen und professionellen Beraterfirmen empfohlenen „emerging markets") einbrechen, um diese genau so schnell und massenhaft wieder zu verlassen, wenn das Risiko zu hoch scheint oder auf Märkten anderer Weltregionen höhere Renditen winken.

Damit können wir einen *sechsten* Trend identifizieren. „Die erste Finanzkrise des 21. Jahrhunderts" – so Michel Camdessus vom IWF über die Mexiko-Krise von 1994/95 – ist zwar gemeistert worden, aber um den Preis der Vertiefung der sozialen und politischen Krise Mexikos. Auch im Falle der Fast-Pleite des großen Hedge-Fund „Long Term Capital Management (LTCM) kündete sich die Art und Weise des Umgangs mit „Finanzkrisen des 21. Jahrhundert" an: Die New York Federal Reserve Bank vereinte in kürzester Frist 14 international operierende Banken, die in wenigen Tagen nach dem 21. September 1998 US$ Mrd. 3.6 aufbrachten, um den Fonds zu retten. Hier kam eine neue Form von

„private-public-partnership" (PPP) zur Geltung – moderiert und fazilitiert von einer öffentlichen Institution, substanziell getragen von privaten Institutionen zur Abwendung einer größeren, weil global wirkenden finanziellen Systemkrise, von der nicht nur Schuldner, sondern auch Gläubiger betroffen wären. So ergibt sich das paradoxe Resultat, daß die neuen Finanzinstrumente und institutionellen Formen des globalen Kreditsystems, die der Absicht ihrer Betreiber nach Risiken mindern sollten, die Fragilität der Finanzmärkte weltweit bis zur Finanzkrise gesteigert haben. Die „Finanzinnovationen" haben es ermöglicht, daß das Kapital in Geldform seine Mobilität und Flexibilität enorm steigern konnte. So ist überhaupt der „Globalisierungsschub" des vergangenen Jahrzehnts zustandegekommen, und so hat sich auch eine neue finanzielle Geographie herausbilden können (dazu auch Leyshon/Thrift 1997: 225ff). Die kleinen Cayman Islands in der Karibik (1992) bergen mit 393,17 Mrd. US$ Auslandsguthaben der Banken, bei 388,66 Mrd. US$ Auslandsverpflichtungen (IMF 1994c: 61f) in ihrem „tax haven" wesentlich mehr Kapital als das nahegelegene viel größere Mexiko. Dort halten die Banken nur 6,02 Mrd. US$ (1993: 6,88 Mrd. US$) Auslandsguthaben, haben aber Auslandsverpflichtungen von 45,00 Mrd. US$ (1993: 53,16 Mrd. US$), die kurzfristig abgezogen werden können – wie Ende 1994 mit desaströsen Auswirkungen für die sozialen Verhältnisse und die politische Stabilität Mexikos geschehen.

Von den im Jahre 1997 gezählten 1115 Hedge Funds operieren 569 (ca. 51%) von den USA aus. Aber von den Off shore Bankzonen auf den British Virgin Islands 185 (17%), auf den Cayman-Islands 148 (13%) und auf Bermuda 101 (9%) in der Karibik operiert, wenn man die Bahamas (53 oder 5%) und die Niederländischen Antillen (19 oder 2%) hinzuzählt, die andere Hälfte der Hedge Funds (IMF 1998d: 31). Der Grund für die Attraktivität der Karibik: „Hedge funds are operated off-shore, so as to be exempt from most types of regulatory oversight and restraints …" (Kelly 1995: 220). Die Deutsche Bundesbank gibt sogar die Zahl der Hedge Fonds mit gut 5.500 Ende 1997 an (*Monatsberichte*, März 1999: 34). Die Hedge Funds der Karibik managen 1997 67,4 Mrd. US$ Vermögensanlagen (von insgesamt rund 110 Mrd. US$). Auch hier liegen die Zahlen der Deutschen Bundesbank höher, nämlich bei ungefähr 300 Mrd. US$ (ibid.: 36). Wegen der Hebelwirkung, mit der aus den Vermögensanlagen das Mehrfache an Beträgen gemacht werden kann, mit denen die Fondsmanager auf den Märkten „spielen", sind die Beträge in ihrer Wirkung zu multiplizieren (IMF 1998d: 35); die Bundesbank gibt an, daß ca. 30% der Hedge Funds kein „leverage" haben, etwa 54% ein leverage unter 2 und 15,6% eine Hebelwirkung von mehr als 2:1. Dies ist eine vorsichtige Schätzung, denn der IWF zeigt in einer erklärenden Box zur Frage des leverage, wie aus einer *equity base* von nur 1 US$ ein *notional value* von 1.000 US$ werden kann (IMF

1998b: 52), mit dem auf den internationalen Finanzmärkten spekuliert wird. „The trouble comes when they get it wrong. Then they face margin calls – that is, they are forced to put up more of their money because the contract becomes more expensive to deliver. They also face a tactical problem. They can hope for a change in the market or get out – knowing that in doing so they are adding to the selling pressure against their own original positions and thus fuelling their losses" (Kelly 1995:220). Spekulanten können also durch ihre Spekulation gezwungen sein, auf den Märkten so zu verfahren, daß exakt das Ereignis eintritt, das sie zu vermeiden suchen: große Verluste.

Etwa 50% der Hedge Funds sind „global players", die sich vor allem auf „emerging markets" engagieren, weitere 7% werden als „Macro players" klassifiziert, die je nach makroökonomischer Lage das Fondsvermögen in aller Welt anlegen (IMF 1998d: 7; *Monatsberichte*, März 1999: 34ff.). Nur rund ein Viertel der Hedge Funds wird als „marktneutral" eingeschätzt; sie werden am ehesten dem Namen der Fonds gerecht, nämlich zu „hedgen", Kapitalanlagen gegen Risiken der Spekulation „einzuzäunen". <u>Hedge Funds sind wegen ihrer Strategie, hohe Risiken einzugehen, um ebenso hohe Renditen abzuschöpfen, zu den wichtigsten Verursachern des steigenden Systemrisikos auf Finanzmärkten geworden.</u> Anstelle der Erfüllung positiver Erwartungen – effizientere Allokation und mehr Wohlstand – werden Krisenprozesse ausgelöst, die keineswegs auf die Finanzmärkte beschränkt bleiben, sondern die reale Ökonomie und die Gesellschaft in Mitleidenschaft ziehen.

Die Treibräder des Prozesses der Herauslösung von Markt und Geld aus den sozialen und politischen Bindungen, der Entkopplung von der „real-ökonomischen" Sphäre, sind in den Knotenpunkten des globalen Finanznetzes lokalisiert, dort wo politische Kontrolle schwach und soziale Bindungen im „off shore" zu vernachlässigen sind. Wie groß die Macht des Geldes ist, erschließt sich andeutungsweise, wenn man in Rechnung stellt, daß die Bestände an finanziellen Forderungen Zinsansprüche generieren. Die Forderungen der Banken, die an die BIZ berichten, summierten sich im Juni 1998 auf US$ 1.184 Mrd. (IMF 1998b: 42). Man kann getrost diese Summe erhöhen, denn Globalisierung und Deregulierung haben die Transparenz des globalen Finanzsystems verschlechtert, so daß Schulden ebenso wie Geldvermögen systematisch unterschätzt werden. Daher entsteht die Forderung nach mehr Transparenz des globalen Kreditsystems, die insbesondere nach den Finanzkrisen in Asien und Lateinamerika verstärkt erhoben worden ist. Die Intransparenz der Bankbilanzen wurde in Südkorea im Verlauf der Finanzkrise 1997/98 deutlich, als Schulden von Unternehmen bekannt wurden, von denen selbst die Zentralbank oder der IWF keine Ahnung hatten. Die Forderungen („claims") üben immer dann eine fatale Rolle aus, wenn die Zinsen höher liegen als die reale Wachstumsrate (oder die Rentabilität von kreditfinanzierten Investitionsobjekten). Dies ist aber, wie gezeigt worden ist, seit Beginn der 80er Jahre der Fall. Die Aufnahme von Schulden ist daher immer ein risikoreiches Spiel, das als Kollaps enden kann. Aber selbst ohne Bezug auf die reale wirtschaftliche Wachstumsrate steigern hohe Realzinsen das Risiko der Kredite und verringern die allokative Effizienz von Finanzmärkten.

Obendrein entsteht die Gefahr, daß sich Unsicherheit und Instabilität von Finanzmärkten zur Finanzkrise zuspitzen. Eine Finanzkrise kann, wenn man den Bezug zur realen Ökonomie unberücksichtigt läßt, als „non linear disruption to financial markets in which adverse selection and moral azard problems become much worse, so that financial markets are unable to efficiently channel funds to those who have the most productive investment opportunities" (Mishkin, zit. In Griffith-Jones 1998: 15) umschrieben werden. Dies ist eine etwas harmlose Charakterisierung, da lediglich die negative allokative Konsequenz von „adverse selection" in Rechnung gestellt wird. Viel wichtiger ist die zerstörerische Wirkung der Kapitalvernichtung, die die Gesellschaft in ihren Strudel reißt; in der Finanzkrise wird schmerzlich erfahrbar, daß Geld das reale Gemeinwesen ist, weil die Krise des Geldes das Gemeinwesen auch in die Krise stürzt.

Eine Finanzkrise bricht aus, wenn vertragliche Verpflichtungen auf den Derivatenmärkten (aus Futures oder Options) nicht eingelöst werden können, weil beispielsweise unerwartete Zins- und daher Kursbewegungen der Wertpapiere eintreten, die den Derivaten zugrunde liegen. Verträge können platzen und das Kartenhaus der Derivate zum Einsturz bringen. Ursprünglich als Innovationen entwickelt, um Risiken abzusichern („hedgen"), sind die Derivate immer mehr selbst zu einem Gegenstand der Spekulation geworden[79], zum „Börsenspiel der Bankokraten" (Marx, MEW 23: 783). Dies hat sich beim Fast-Bankrott des LTCM-Fonds (Long Term Capital Management-Hedge Fund) gezeigt, der mit extremer Hebelwirkung (leverage) aus einem geringen Basiswert das Vielfache an Nennwert erzeugte, mit dem nun computer-gesteuert spekuliert werden konnte (vgl. zur Darstellung IMF 1998b: 51ff; IMF 1998d). Fatal wurde für den Fonds, daß in den Computerprogrammen die Asienkrise nicht vorgesehen war

---

[79] Der „Economist" (vom 10. 2. 1996) hat eine Liste der Verluste auf den Derivatenmärkten angegeben, die zwar nicht vollständig ist, aber doch einen Eindruck von der Brisanz vermitteln kann. Die größten Verluste hatten seit 1993 Showa Schell Sekiyu (1,4 Mrd. US$), Metallgesellschaft (1,3 Mrd. US$), Kashima Oil (1,5 Mrd. US$), Orange County (1,7 Mrd. US$) und die Barings Bank (1,4 Mrd. US$) zu tragen. Die Barings Bank ist daran bekanntlich bankrott gegangen. Von Singapur aus mit Prokura der Baring Bank operierend hat der Börsenjobber Nick Leeson Derivate auf den Nikkei-Index in der Erwartung angeboten, daß die Kurse steigen. Die Finanzkrise Japans und vor allem das Erdbeben von Kobe haben zu einem Kursverfall des Nikkei geführt. Die beträchtlichen Verluste waren nun von Baring zu tragen – und führten zum Bankrott des Bankhauses. Von dem Bankhaus Trinkaus & Burkhardt berichtet *Der Spiegel*, die Händler seien „stolz darauf, wenn ihr Haus als Deutschlands größtes Wettbüro bezeichnet wird" (*Der Spiegel* 7/1996: 94).

und nun nicht nur Verluste eintraten, sondern riesige Kontraktsummen aufgebracht werden mußten, die dem Fonds nicht zur Verfügung standen. Der Fonds konnte sich dem Risiko nicht nur nicht entziehen; er mußte es – mit Maßnahmen, die auf eine Taktik der „self fulfilling prophecy" (siehe oben) hinausgelaufen sind – sogar steigern – bis zum Fast-Zusammenbruch. Auch der Fonds des George Soros ist dafür ein Beispiel. Er hat zwar viel gewonnen und auf diese Weise anderen, z.B. der Bank of England erhebliche Verluste beschert, aber in Spekulationsgeschäften gegen den Yen auch beträchtliche Beträge verloren (Kelly 1995: 220f). <u>Die privaten Investment Fonds sind so mächtig geworden, daß öffentliche Institutionen wenig dagegen ausrichten können.</u> Öffentliche Institutionen und öffentliche Mittel werden für private Spekulationsgeschäfte mobilisiert.

Das Zerstörungspotential von Finanzkrisen kommt aber erst recht zur Geltung, wenn die reale Ökonomie und die Gesellschaft betroffen werden, wenn Unternehmen zusammenbrechen, weil sie finanzielle Verpflichtungen nicht mehr zu bedienen vermögen. Dies kann daran liegen, daß Zinsen steigen, z.B. weil die geldpolitischen Instanzen den Versuch unternehmen, eine Währungsabwertung mit Hilfe einer Anhebung der Leitzinsen zu verhindern. Dies kann auch daran liegen, daß die Realrenditen, also die Profitraten von Unternehmen im zyklischen Verlauf sinken. Die Folge ist in jedem Fall ein Verlust von Arbeitsplätzen mit den entsprechenden sozialen Begleiterscheinungen. In der Finanzkrise Asiens, Rußlands, Lateinamerikas in der zweiten Hälfte der 90er Jahre ist die Arbeitslosigkeit gestiegen, hat die Armut zugenommen, ist der informelle Sektor größer geworden (vgl. Dieter 1999; selbst der IMF 1998b; IMF 1998e kommt nicht umhin, auf die sozialen Folgen der Finanzkrise einzugehen). Eine Finanzkrise bleibt also nicht auf das finanzielle System beschränkt, sie zieht reale Ökonomie und Gesellschaft in Mitleidenschaft. Großenteils handelt es sich beim Derivatenhandel und bei den damit verbundenen Forderungen zwar um Nullsummenspiele. Sie haben also auf die reale Welt der Wirtschaft keine oder nur geringe Auswirkungen. Probleme ergeben sich aber sofort dann, wenn offene Positionen nicht termingerecht geschlossen werden können. Dann ist eine Kettenreaktion möglich, und die unter „normalen Umständen" fiktive Summe von Zins-, Gebühren-, Prämienforderungen erweist sich auf einmal in „nicht normalen Zeiten" als unangenehm real. Dann kann es zu Verlusten kommen, die auch die reale Welt der Ökonomie mit Produktionsanlagen und Arbeitsplätzen in Mitleidenschaft ziehen. Die Finanzkrise, die zuerst Mexiko 1994, dann die südostasiatischen Länder 1997, Rußland 1998 und Brasilien 1999 geschlagen hat, zeigt unmißverständlich, daß zu den Innovationen des Finanzsystems, von denen bislang die Rede war, auch die „Innovation" der Globalisierung der Finanzkrise gehört. Es wäre ein fataler Fehlschluß zu meinen, es handele sich bei den nach Ländern bezeichneten Krisen um nationale oder lokale Krisen. Sie sind der *lokale* Ausdruck einer *globalen* Finanzkrise. Die Strategien der Ausnutzung von höheren Renditen im Ausland oder das Bestreben, Risiken zu vermindern, Beschränkungen durch Regulation oder Steuern zu vermeiden, haben zur Internationalisierung und dann Globalisierung der Finanzmärkte, aber auch – dies ist die unvermeidbare Begleiterscheinung – zur Fiskalkrise der Nationalstaaten beigetragen, obwohl die Nationalstaaten selbst alles getan haben, um diese Art der Globalisierung durch Deregulierung zu unterstützen. Die Akteure in diesem Finanznetz sind der personifizierte Ausdruck des „disembedding": Sie haben sich aus der Gemeinschaft der Steuerbürger verabschiedet, brauchen auch die Solidarleistungen eines Wohlfahrtsstaats in der Regel nicht, da sie sich diese privat kaufen können. Sie bewohnen abgeschirmte Ghettos, sind aus der Gemeinschaft selbstentbunden und statt dessen mit ihresgleichen *verclubt*. Sie haben als Geldvermögensbesitzer, wie Edward Luttwak (1994), John Kenneth Galbraith (1992), Robert Reich (1993) für die USA oder Jens Petersen (1995: 128ff) für Italien feststellen, großes Interesse an stabilem Geld – denn davon hängt der Realwert ihrer Vermögen ab –, aber fast kein Interesse an staatlichen Leistungen zur Sicherung der Infrastruktur und der sozialen Stabilität durch sozialstaatliche Ausgaben für Zwecke, die nicht der kurzfristigen Geldwert- und Wechselkursstabilisierung dienen. Die Gesellschaft verwandelt sich tendenziell in *„verclubte communities"* auf der Sonnenseite und *exkludierte Ghettos* auf ihrer Schattenseite. Die Vermeidung der Beteiligung an den Kosten des Gemeinwesens ist dann nicht mehr asozialer oder gar krimineller Akt, sondern normale Reaktionsweise. Daher sind moralische Skrupel oder gar Schuldgefühle bei Steuervermeidung[80] nicht zu erwarten, und selbst in der Öffentlichkeit werden Delikte dieser Art weniger kritisch behandelt als ein kleiner Ladendiebstahl, dem immer etwas Armseliges und nicht das Großartige des großen Geldes anhängt (vgl. zur kriminellen Seite der Finanzwelt auch Strange 1999: 123-138).

5.3 Die globale Finanzkrise

5.3.1 Last der Schulden ohne Erleichterung durch Bankrott
Die Kehrseite der Akkumulation von Finanzaktiva durch Geldvermögensbesitzer ist die Aufhäufung von Schulden. Geldvermögen werden ja vorwiegend in harten Währungen – in Weltgeld, das die Standards vorgibt (also vor

---

[80] Ulrich Beck faßt sehr schön zusammen: „Die Unternehmer haben den Stein der Reichen entdeckt. Die neue Zauberformel lautet: Kapitalismus ohne Arbeit plus Kapitalismus ohne Steuern. ... Viele Unternehmer werden zu virtuellen Steuerzahlern („Kapitalismus ohne Arbeit", in: Der Spiegel, 20/1996, 13.5. 1996).

allem in US$, in EURO-Wärungen, Yen) – gehalten, in denen in der Regel auch der Schuldendienst zu leisten ist. Auch wenn mit den externen Krediten lokale Investitionsprojekte oder Konsumausgaben finanziert worden sind – der Schuldendienst in harter Währung zeigt unerbittlich, daß auch lokale Schuldner den Regeln des globalen Raums zu gehorchen haben. <u>Die Stabilität der Währung von Schuldnern ist also schon wegen der Denomination der Schulden in harter Währung ein wirtschaftspolitisches Ziel ersten Ranges.</u> Denn eine Währungsabwertung erhöht die Last des Schuldendienstes um den Abwertungssatz.

Der Strukturierung der Weltgesellschaft durch Gläubiger-Schuldner-Verhältnisse fehlt jede Dramatik, solange Schuldner in der Lage sind, ihre Schulden zu bedienen. Dies wird aber nur möglich sein, wenn die Verpflichtungen aus dem Schuldendienst die in der realen Ökonomie (im Produktionsprozeß) erzielbare Rentabilität nicht übersteigen. Schulden erzwingen mithin eine den Zinsverpflichtungen angemessene Rentabilität und daher die entsprechende erwerbswirtschaftlich-rationale Gestaltung des Produktionsprozesses, also die Übernahme und Vervollkommnung der „Kapitalrechnung" (Weber 1976: 48ff), die adäquate Technikwahl und eine Verteilung zwischen Löhnen und Profiten, die die Aufbringung der Zinsen ermöglicht. Dieser Zwang als solcher ist nicht neu. Er hat in den großen Religionen und philosophischen Systemen Abwehrreaktionen ausgelöst: das islamische oder das kanonische Zinsverbot[81]. Der Zwang, dem Schuldner ausgesetzt werden, kann so gewaltig sein, daß ihre Vermögen aufgezehrt und ihre Existenz zerstört werden. Die sozialen Folgen einer Überschuldung sind zersetzend. In früheren Zeiten drohten Schuldknechtschaft und Schuldturm, heute andere, rationalisierte Formen der Abhängigkeit und der Einengung von Handlungsspielräumen. Daher hat es in der Geschichte immer dann, wenn die Schulden überhand genommen haben, den Bankrott von Schuldnern oder den geregelten Schuldenerlaß, wie z.B. unter Solon in Athen im Jahre 594 v. Chr., gegeben[82]. In der Regel konnte nach dem Schuldenerlaß ein neuer Schuldenzyklus beginnen (dazu vgl. Löschner 1983). Der Bankrott verschafft also Erleichterung, die wegen der Kettenraktion, die der Bankrott großer Schuldner im globalisierten Finanzsystem auslöst, nicht zu haben ist.

---

[81] Auf dem Zweiten Lateranischen Konzil von 1139 wurden Wucherer, d.h. Leute, die Zinsen nahmen, mit harten weltlichen und göttlichen Strafen bedroht: Ihnen sollte die Beichte, ja das christliche Begräbnis verwehrt bleiben. Später wurde diese drakonische Regel abgewandelt; Kreditgeber kamen nicht in die Hölle. Für sie wurde das „Fegefeuer" erfunden, in dem sie eine gewisse Zeitperiode zur Reinigung von der Sünde des Zinsschneidens schmoren sollten, um danach aber unbedingten Zugang zum Himmel zu erhalten (Le Goff 1988).

[82] Aristoteles hat in seiner Darstellung der Geschichte der Verfassung von Athen die Leistungen Solons dahingehend zusammengefaßt, daß die „Abschaffung der Schuldknechtschaft" noch vor der Möglichkeit der gerichtlichen Wahrnehmung der Interessen und der Einführung der Berufung vor einem Volksgerichtshof an erster Stelle rangierte (Finley 1976: 30).

Folglich treten in den modernen Finanzkrisen die Institutionen der Gläubiger auf den Plan, um Schuldner zahlungsfähig zu halten oder zu machen. Die Folge ist eine weitere Belastung mit Schulden und Schuldendienst, auch wenn dieser auf einen späteren Zeitpunkt verschoben werden sollte. Die Schuldenlast steigt also mit der Restrukturierung von Schulden. Dies war bereits während der Schuldenkrise der 80er Jahre so und hat sich auch in den globalen Finanzkrisen der 90er Jahre nicht geändert.

Die politische Regulierung der fragilen Gläubiger-Schuldner-Beziehungen ist also vor allem dem Ziel verschrieben, die (in der Regel) privaten Geldvermögen durch Aufrechterhaltung der Zahlungsfähigkeit von Schuldnern zu stützen. Die Erleichterung des geregelten Bankrotts gibt es nicht. Die Folge aber ist mit dem Anstieg der Geldvermögen (die ja mit den Zinsen wachsen) auch ein Anstieg der Schulden und, sofern die realen Zinsen nicht abgesenkt werden, auch ein Anstieg des Schuldendienstes.

Das Zinsverbot war ein Ausdruck der beschränkten realen Möglichkeiten in Gesellschaften, die mit biotischer Energie operierten und daher nur sehr niedrige ökonomische Wachstumsraten zustandebringen konnten. Dagegen steht scheinbar die andere Erfahrung, daß Zinsen, wenn sie in vorkapitalistischen Zeiten genommen wurden, zum Teil exorbitant hoch waren. Der Grund liegt darin, daß sich noch kein Kapitalmarkt ausgebildet hatte, der einen passablen Preis für geliehenes Geld zu bilden vermocht hätte. Sowohl bei einem Zinssatz von Null als auch bei extrem hohen Zinsen stieß kapitalistisches Erwerbsstreben schnell an Grenzen, entweder an die der physischen Leistungsfähigkeit oder an jene der ökonomischen Rationalität und Rentabilität. Schatzbildung hingegen war in vielen Kulturen zweifelsfrei positiv besetzt, nicht aber die Verwandlung des Schatzes in ausleihbares Erwerbskapital. Daher gibt es nicht wenige Kulturen, in denen Schätze regelmäßig in feierlichen Zeremonien entweder durch Vernichtung, kollektive Konsumtion oder Umverteilung „sozialisiert" worden sind (z.B. durch den „Potlatch" der Kwakiutl, ein Volk an der kanadischen Westküste). <u>Erst nachdem sich kapitalistische Verhältnisse herausgebildet hatten und als die Produktivität im Zuge der industriellen Revolution und aufgrund des Einsatzes fossiler Energieträger beträchtlich erhöht werden konnte, war es möglich, die Regelgröße heraufzusetzen und Zinsen nicht nur zuzulassen, sondern als positive Stimuli zur Erzwingung des Überschusses der realen Produktion einzusetzen.</u> Es muß also im Prinzip möglich sein, den Produktionsprozeß als Verwertungsprozeß von Kapital zu organisieren, damit Zinsen von Schuldnern, ohne ihre Substanz aufzuzehren, gezahlt werden können.

<u>Geld, fossile Energieträger und kapitalistische Produktionsverhältnisse gehen einen „Dreierbund" ein (dazu Altvater 1994), der die Welt so radikal wie noch niemals zuvor in der Menschheitsgeschichte verändern sollte.</u> So erklärt es sich,

daß in der katholischen Kirche das Zinsverbot „trotz seiner biblischen und durch päpstliche Dekretalen festgelegten ewigen Geltung dennoch faktisch außer Kraft gesetzt" (Weber 1976: 340) worden ist. Die Zinsforderungen der Geldvermögensbesitzer gegenüber Schuldnern sind nun nicht mehr an ethischen Geboten zu bemessen, sondern in Relation zum Wachstum des Bruttoinlandsprodukts, zur Produktivitätssteigerung und zur Profitrate auf Produktivkapital zu sehen.

Der Übergang zum Derivaten- und globalen Schuldenkapitalismus ist gleichbedeutend mit einer monetären Indienstnahme der öffentlichen Hände, ablesbar an der Zunahme der Staatsverschuldung in nahezu allen Länder. Der Privatisierung des Geldes durch Deregulierung und finanzielle Innovationen entspricht also durchaus eine Sozialisierung der Schulden. Die makroökonomische Wirkung des Transfers aus öffentlichen Kassen zu privaten Geldvermögensbesitzern hängt davon ab, wie die aufgenommenen Kredite verwendet worden sind: konsumtiv oder investiv zur makroökonomischen Steigerung der Produktivität. Steigt nämlich die makroökonomische Produktivität (beispielsweise als Folge von Investitionen in die Infrastruktur), dann wächst auch das soziale Mehrprodukt. Profite steigen und mit ihnen die Akkumulation von Kapital, so daß mit der Beschäftigung auch Lohneinkommen zunehmen. Dies alles erhöht die Staatseinnahmen, so daß die Bedienung der Schulden keine Probleme bereiten sollte. Die Verschuldung der öffentlichen Haushalte hat demzufolge nicht als solche eine negative Wirkung.

Dies ist jedoch anders, wenn *erstens* von öffentlichen Institutionen aufgenommene Kredite nicht produktiv verwendet worden sind. Dann kann der Schuldendienst nur aus den laufenden Einnahmen des (National-)Staates (als „Steuerstaat") gezahlt werden, ohne daß diese infolge der produktiven Wirkung von investiven Staatsausgaben gestiegen wären. Auch wenn *zweitens* die Zinsen über den Profiterwartungen (und tatsächlich erzielbaren Profiten) liegen, sind die im privaten Sektor produzierten zusätzlichen Einkommen unzureichend zur Steigerung des Steueraufkommens, aus dem die Schulden bedient werden müssen. Verschärft wird eine solche Situation *drittens*, wenn gerade aus diesem Grund Geldkapital vermehrt in Finanzanlagen anstatt in produktive Investitionsprojekte fließt, weil nun die Zinsansprüche im Vergleich zu den real produzierten Profiten steigen. Dies sollte eigentlich zu einem Absinken der Zinsen führen, so daß die „schedule of the marginal efficiency of capital" (also die Profitrate) attraktiv für Kapitalanleger wird. Die Mechanismen des Marktes sollten also zu einer Selbstkorrektur der Relation von Zinsen, Produktivität, Profitrate, Staatseinnahmen führen.

Jedoch bleibt diese Reaktion aus, wenn attraktive Möglichkeiten für Finanzanlagen „jenseits der Grenzen" des Nationalstats auf globalen Märkten aufgetan werden können. Die Bemerkungen Keynes über die „slips between the cup and the lip" wären heute demnach um die leichten Ausweichmöglichkeiten von liquidem Geldkapital über die Grenzen eines Landes bei freier Währungskonvertibilität zu ergänzen. Es ist also gerade die Globalisierung, die den traditionellen Zusammenhang von Zinsrate und Profitrate, von monetärer Sphäre und realer ökonomischer Sphäre auflöst. Der Preis des Geldes und die harte Budgetrestriktion erzwingen im Derivatenkapitalismus nicht mehr die *Produktion* eines wachsenden Mehrprodukts (und daher Mehrwerts); der Eindruck entsteht, als ob mehr Realvermögen und -einkommen aus der Spekulation mit Finanzmitteln „gewonnen" werden könnten. Der moderne, globalisierte Kapitalismus scheint also eine Art *perpetuum mobile* zu sein. Die Zinsansprüche richten sich auf globalen Märkten, insbesondere wenn öffentliche Institutionen involviert sind, auf das *bereits produzierte Mehrprodukt*. Es sind weniger die Nationalstaaten, die da in Konkurrenz gegeneinander treten, als die Geldvermögensbesitzer (Banken, Kapitalsammelstellen, Pensionsfonds, Finanzdienstleister), die sich des im globalen (Währungs-)Raum produzierten Mehrwerts monetär bemächtigen. Freilich sind dabei die nationalen Staaten aus zwei Gründen funktionell unerläßlich. Insofern ist es gerechtfertigt, von den Nationalstaaten als Subjekten in diesem globalen Umverteilungskampf zu sprechen.

Denn private Geldvermögen müssen durch öffentliche Einrichtungen bedient werden. Die öffentliche Verschuldung ist die Kehrseite ungenügender realer Investitionen (also Investitionen, die nicht in Geldanlagen gehen), das Symptom einer tiefen Verwertungs- und Überakkumulationskrise. Die öffentlichen Schulden sind eine Antwort auf die Überakkumulation von Kapital und verhindern zugleich die Bereinigung, die Entwertung. Der Preis ist hoch: die Fiskalkrise der Staaten, die sich zwischenzeitlich zur Krise der sozialen Regelungssysteme zugespitzt hat, und zwar weltweit. Allerdings ist die Zunahme der öffentlichen Verschuldung begrenzt, nicht nur weil sie ab einem bestimmten Ausmaß (im Vergleich zum Sozialprodukt) kontraproduktiv und ökonomisch destabilisierend wirkt[83], sondern auch negative soziale Auswirkungen auf den politischen Konsens und auf die gesellschaftliche Stabilität ausübt.

---

[83] Daher beispielsweise die „Maastricht-Kriterien", die eine Rückführung der Schulden auf höchstens 60% des BIP und der Neuverschuldung auf höchstens 3% des BIP verlangen. Das sind willkürliche Werte, die aber die Annahme implizieren, daß bis zu diesen durch die Kriterien festgelegten Größenordnungen die öffentliche Verschuldung zu managen ist, ohne entweder inflationistischen Tendenzen nachzugeben oder an anderen Staatsausgaben für investive und soziale Zwecke zu stark schneiden zu müssen, um den Schuldendienst leisten zu können. Die Bedeutung des Schuldendienstes für die öffentlichen Haushalte zeigt sich beispielsweise in Italien, wo das „Primärdefizit" (Öffentliches Defizit ohne Schuldendienst) fast bei Null, unter Einschluß des Schuldendienstes aber knapp unter 10%, also weit über dem Konvergenzkriterium von 3% des BIP liegt.

Hohe öffentliche Schulden gefährden den inneren und äußeren Geldwert, wenn nicht an anderer Stelle als beim Zinsendienst die Staatsausgaben gesenkt werden. Die Staaten haben also *zweitens* dafür zu sorgen, daß das Geld, in dem die Geldvermögen und daher die Ansprüche an Teile des globalen Mehrwerts denominiert sind, wertvoll ist und bleibt, möglichst aufgewertet wird und den Geldvermögensbesitzern einen Zuwachs beschert, auch wenn sie keinen realökonomischen Profit erwirtschaftet haben. So wird die Sicherung der monetären Stabilität die erste und vorrangige Staatsaufgabe. *Die monetäre Konkurrenz der privaten Geldvermögensbesitzer transformiert sich in die Konkurrenz von Währungen der Nationalstaaten (bzw. von Wirtschaftsblöcken)*[84]. Dadurch erhält die Weltmarktkonkurrenz eine politische Dimension. Gleichzeitig tun sich in der Währungskonkurrenz neue Möglichkeiten der Kapitalanlagen von privaten Geldvermögensbesitzern auf; sie können nämlich spekulativ erwartete Veränderungen von Wechselkursen ausnutzen und so nochmals auf die Staatsbudgets Zugriff nehmen. Denn die Abwertungsverluste trägt in erster Linie die öffentliche Hand. So ist es im Verlauf der Finanzkrisen in Asien, Rußland und Osteuropas und Lateinamerikas geschehen: Spekulanten verschulden sich in einer abwertungsverdächtigen Währung, tauschen diese in Dollar und zwingen die Zentralbank so zu Stützungskäufen der eigenen Währung. Wenn die Devisenreserven der Zentralbank aufgebraucht sind, kann der Kurs der nationalen Währung nicht gehalten werden. Nach der Abwertung kaufen die Spekulanten mit einem um den Abwertungssatz niedrigeren Betrag die Währung zurück und lösen so ihre Schulden mit einem schönen Spekulationsgewinn ab (Köhler 1998; Dieter 1998; Griffith-Jones 1998: 19f). Zwischen Juni 1997 und Juni 1998 wurden die Währungen Indonesiens um 83.5%, Malaysias um 36.2%, Thailands um 38.4%, Südkoreas um 35.7% abgewertet. Nur Singapur und Taiwan kamen mit einer Abwertung von 13.9% bzw. 18.9% besser weg (*The Economist*, 27.6.1998: 124). Schon 1994 hatte Mexiko eine Abwertung des Peso von etwa 50% hinnehmen müssen (Griffith-Jones 1998: 106). Im Januar 1999 war auch der Kurs des brasilianischen Real nicht mehr zu halten; er sackte in nur wenigen Tagen um mehr als 30% ab.

Die öffentlichen Institutionen verlieren also nicht nur die Souveränität der wirtschaftspolitischen Steuerung, sie werden obendrein in die Pflicht genommen, für den Schuldendienst zu garantieren, durch den allein der Wert der privaten Geldvermögen erhalten bleibt. Wenn private Schuldner nicht in der Lage sein

---

[84] In der Währungskonkurrenz zählen eigentlich nicht die Nationalstaaten als politische Einheiten, sondern die Währungsgebiete. Die Nationalstaaten sind daher eher ein Territorium, das mit einem Währungsgebiet deckungsgleich ist. Die Deutsche Mark ist daher im Zuge der deutschen Einigung wichtiger gewesen als die deutsche Flagge. Mit dem EURO ist am 1. Januar 1999 zugleich „Euroland" entstanden.

sollten, Zinsen und Amortisationen aufzubringen, ist die öffentliche Hand gefordert. Entweder tritt ein „normaler" Bürgschaftsfall ein oder die Drohung eines finanziellen Krachs erfordert das öffentliche Eingreifen, um die negativen Begleiterscheinungen zu vermeiden. So kommt es, daß in Argentinien der Anteil der öffentlichen Schulden an der gesamten Außenverschuldung von 1980 bis 1989 von 60,7% auf 96,6% gewachsen ist, in Mexiko erfolgte der Anstieg im gleichen Zeitraum von 82,2% auf 95,0%, in Chile von 50,3% auf 77,5% und in Brasilien von 10,6 auf 94,4% (Fundap 1993: 25). Auch in Asien war vor Ausbruch der „Asienkrise" 1997 der größte Teil der Schulden privat. Doch auch hier mußten die Staaten mit hohen Krediten eingreifen, um private Schuldner vor der Pleite zu retten oder – wie in Südkorea, in Japan und Indonesien – Banken teilweise verstaatlichen oder aber einen Teil der finanziellen Konsequenzen von Abwertung der Währung, Inflation und Arbeitsplatzverlusten übernehmen. Nun setzt ein Prozeß der öffentlichen Verschuldung ein, der durch internationale Institutionen, in erster Linie durch den IWF ermöglicht wird. Indonesien hat als Folge der Krise von internationalen Gebern Finanzhilfen in der Größenordnung von 36.6 Mrd. US$, Südkorea 58.2 Mrd. US$, Thailand 17.1 Mrd. US$ erhalten (Dieter 1998: 78). Die Zunahme der öffentlichen Verschuldung hat nichts mit dem von der Neoklassik in den 70er Jahren beklagten *„crowding out"* der privaten Märkte durch öffentliches Schuldenmachen zu tun. Im Gegenteil, die öffentlichen Schulden sind nichts als die saldenmechanische Kehrseite der privaten Geldvermögen. Sie haben die Stelle der privaten Schuldner, d.h. der Unternehmen eingenommen, die sich zu wenig verschulden, weil sie zu wenig investieren. Und sie investieren zu wenig, weil die Rendite realer Investitionen im Vergleich zu Zinsen für Finanzanlagen zu gering ist. Infolge der Herauslösung der finanziellen Beziehungen aus sozialen Bindungen entsteht hier ein Einfallstor für kriminelle Aktivitäten, vor allem für Geldwäsche von Geld, das mit realen Geschäften erworben worden ist, denen aber die gesellschaftliche Legitimität und häufig auch die legale Grundlage fehlen: Prostitution, Drogen- und Waffenhandel, Erpressung, Hehlerei etc.[85]
Geldvermögen werden also dadurch gesichert, daß der Schuldendienst aus der Regulierung der Marktkräfte in die hoheitliche Domäne überführt wird. Die Globalisierung bringt es mit sich, daß sich Schuldner auf externen Märkten ver-

---

[85] Dies ist ein Thema, das im Rahmen dieses Buches nicht angemessen behandelt werden kann. Vgl. zum verborgenen Weltmarkt das inzwischen ältere Werk von Couvrat/Pless 1993. Die „Entbettung" der Ökonomie aus der Gesellschaft kann so weit gehen, daß sie sich auch der legalen Bindungen entledigt. Das kann vordergründig „harmlos" sein, wie bei der Mißachtung des Ladenschlußgesetzes bei der Öffnung von Kaufhäusern an Sonntagen im Sommer 1999. Das kann aber bis zum Schmuggel mit spaltbarem Material und daher bis zur Gefährdung von Menschenleben reichen.

schulden[86]. Die Zinsen, so hieß es, sind wie eine „Steuer auf die Produktion". Nun zeigt es sich, daß die Zinsen tatsächlich durch die hoheitliche Erhebung von Steuern aufgebracht werden müssen. Dies ist sozial und ökonomisch außerordentlich kostspielig, da die Leistungen für den Schuldendienst (im Sekundärbudget), den Spielraum für staatliche Politikgestaltung (im Primärbudget) einschränken. Finanzminister erwerben sich politischen Glanz, indem sie harte Sparpakete schnüren, in denen der Schuldendienst politisch unhinterfragbares extern fixiertes Datum ist. Problematisch ist dabei, daß mit den öffentlich garantierten Zinszahlungen nicht nur Sozialleistungen unter Druck geraten, sondern daß auf diese Weise – positiver Rückkopplungseffekt – die Geldvermögen weiter steigen und mit ihnen – wenn die Realzinsen nicht sinken – die Zinsansprüche. Hinzu kommt, daß in vielen Ländern Zinseinkünfte gar nicht oder geringer besteuert sind als andere Einkünfte. Die Bezieher von Kontrakteinkommen finanzieren folglich einen wachsenden Teil der Staatsaufgaben.

5.3.2 Globale Währungskonkurrenz oder der Autoritarismus der Finanzmärkte

In der globalen Konkurrenz um Teile des Mehrwerts mindert die Währungsabwertung den Anspruch von „claims" in der betroffenen Währung auf Teile des global erzeugten Mehrwerts, während die Ansprüche der spiegelbildlich aufgewerteten Währungen steigen. Bislang profitieren also die Länder mit starker Währung von der Finanzkrise, und zwar mehrfach: durch billigere Importe von Waren und Diensten und durch günstige Kapitalanlagen in den von der Abwertung betroffenen Währungsgebieten. Diese Vorteile können vor allem jene wahrnehmen, die über Geldvermögen verfügen. Jene aber, die auf den Verkauf ihrer Arbeitskraft angewiesen sind, haben Nachteile zu gewärtigen. Die steigenden Exporte aus Abwertungsländern – die Handelsbilanz aller von der Finanzkrise betroffenen Länder ist stark überschüssig geworden – drücken die Preise und in der Folge auch die Kosten. Der Wertverlust von Währungen wirkt also paradoxerweise deflationär. So zeigt es sich, daß die Finanzkrise, auch wenn wirtschafts- und gesellschaftspolitische Fehler im „crony capitalism" eine

---

[86] Externe Schulden können auf dreifache Weise definiert werden: erstens entsprechend dem Ort der Ausgabe von Schuldtiteln, zweitens entsprechend dem Wohn- bzw. Firmensitz der Gläubiger, drittens entsprechend der Währung, in der die Schuld zurückzuzahlen und zu bedienen ist. Das erste Kriterium ist angesichts der Globalisierung der Finanzmärkte nicht mehr brauchbar, das zweite ist wichtig, aber nicht entscheidend. Das dritte Kriterium ist daher zentral. Je nach der Wahl des Kriteriums können die Außenschulden eines Landes variieren. Wenn das dritte Kriterium angewendet wird, sind beispielsweise Schuldtitel eines Landes, die nicht in der eigenen Währung denominiert sind, Teil der Außenschuld. Dies ist beispielsweise der Fall bei den mexikanischen „Tesobonos", also Staatsschuldscheinen, die in US-Dollar indexiert sind.

Rolle gespielt haben mögen (IMF 1998c: 82-105; Dieter 1998: 56ff), der monetäre Ausdruck einer tiefgreifenden Überakkumulationskrise ist.
In der Währungskonkurrenz von 174 Währungen[87] auf dem Weltmarkt können weniger als zehn Währungen als „stark" eingeschätzt werden. Andere Währungen weisen entweder eine eingeschränkte Konvertibiliät auf oder sie können sich Stärke „leihen", indem sie den Kurs der nationalen Währung an eine starke Währung binden. So haben sich ein Dollarblock, ein Euroblock und – in geringerer Ausprägung – ein Yenblock gebildet. Die Bindung gelingt freilich nur dann, wenn die schwache Währung durch hohe Realzinsen attraktiv gemacht wird. So ist es in vielen Entwicklungs- und Schwellenländern geschehen (in Südostasien, in einigen lateinamerikanischen Ländern wie Mexiko, Brasilien oder Chile). Es entstanden schnell expandierende „emerging markets" mit beträchtlicher Sogwirkung auf kurzfristige Gelder von „institutional investors", die mit hoher Volatilität in die Märkte wegen der attraktiven Zinsen drängten und diese sehr schnell verlassen konnten, wenn sie eine Währungsabwertung erwarteten.

Nach dem „verlorenen Jahrzehnt" der Schuldenkrise in den 80er Jahren sind die Entwicklungsländer, und dabei insbesondere lateinamerikanische und asiatische Länder, in der ersten Hälfte der 90er Jahre mit neuen Kapitalzuflüssen bedacht worden, die freilich wegen der leichten Mobilisierbarkeit so schnell wieder abgezogen werden können, wie sie vom jeweiligen „emerging market" attrahiert worden sind. Räumliche und zeitliche Bindungen werden möglichst vermieden, Standorte werden im abstrakten funktionalen Raum der monetären Ertragsraten unter Berücksichtigung der (erwarteten) Wechselkursentwicklung verglichen. Die Attraktivität eines Landes oder einer Region ergibt sich daher unter Beachtung der Position in der Währungskonkurrenz, nicht mehr in erster Linie als Folge der Faktorausstattung oder der politisch-geographischen Lage, es sei denn, diese reflektieren sich in der Währungsstärke. Daher konnte es geschehen, daß ein Land wie Mexiko in den 90er Jahren beliebtes Anlageland für Kapital wurde (reiches Ölland, NAFTA- und OECD-Mitgliedschaft, scheinbar erfolgreiche neoliberale Stabilisierung unter Präsident Salinas), bis die monetären Renditen komparativ absackten und die kurzfristigen Anlagen des international operierenden Kapitals Hals über Kopf abgezogen wurden. Dafür waren sowohl interne als auch externe Gründe maßgebend: Die Ermordung des Kandidaten zur Präsidentschaft Colosio im April 1994, die Ermordung des Generalsekretärs des PRI (Partido de la Revolucion Insitucionalizada) Massieu im September des

---

[87] Diese Zahl ergibt sich aus Angaben der International Organization for Standardization; Deutsche Bundesbank: Devisenkursstatistik, Statistisches Beiheft zum Monatsbericht, Nr. 5, Mai 1995.

gleichen Jahres und vor allem die Chiapas-Revolte „verunsicherten" die Investoren. Obendrein erhöhten die USA im Frühjahr 1994 das Zinsniveau, wodurch beträchtliche Turbulenzen auf den globalen Finanzmärkten ausgelöst wurden (Griffith-Jones 1998: 42). So kam es, daß die in Peso denominierten mexikanischen Staatsschuldscheine (CETES) gegenüber den am Dollar indexierten (Tesobonos) an Attraktivität verloren, ein untrügliches Zeichen für eine heraufziehende Pesokrise. Diese brach dann als „Weihnachtsgeschenk" in den ersten beiden Dezemberwochen 1994 aus. Der mexikanische Peso verlor im Verlauf von nur einer Woche dieses „schwarzen" Dezember 40% seines Wertes; die offizielle Abwertung erfolgte am 20.12.94 (vgl. IMF 1995b). Die Kapitalflucht aus Mexiko wurde mit Krediten der USA, Kanadas, anderer OECD-Länder und des IWF von etwa 50 Mrd. US$ finanziert, um das Schuldnerland Mexiko vor der Zahlungsunfähigkeit zu bewahren, die vor allem institutional investors in den USA Schaden zugefügt hätte. So mußten die Mexikaner erleben, daß zum ersten Mal in zehn Jahren 1994 die Außenschulden wieder anstiegen, und zwar von 128,8 Mrd. US$ auf 153,00 Mrd. US$. Der Betrag blieb 1995 de facto konstant, aber nur deshalb, weil inzwischen ein vom IWF vergebener „Stabilisierungsfonds" von fast 18 Mrd. US$ Teile der Außenschuld neutralisierte. Der Preis dafür ist ein beträchtlicher Anstieg der Tilgungen der externen Schulden seit 1998 (zur Mexiko-Krise vgl. Griffith-Jones 1998: 100-136).

Die Asienkrise hat gezeigt, wie verletzlich selbst jene Länder sind, die lange Zeit als die Paradebeispiele für erfolgreiche Entwicklung präsentiert worden sind. Daran haben sich nicht nur die internationalen Institutionen, sondern auch viele Sozialwissenschaftler beteiligt, die in den asiatischen Ökonomien *erstens* den Beleg vorzufinden glaubten, daß auch unter kapitalistischen Bedingungen „nachholende" Entwicklung möglich ist, und *zweitens* daraus den Schluß gezogen haben, daß es eine „Dritte Welt" nicht gäbe. Die behauptete Fragmentierung der Welt hat sich als eine schlichte Fehleinschätzung herausgestellt. Denn durch das Geld, also die globalen Finanzen, wird die Einheit immer wieder hergestellt, aber als Krise. Wenn die Bedingungen der globalen Finanzmärkte nicht erfüllt werden können, sucht sich das mobile Kapital andere Anlagen. Die Währungen geraten unter Abwertungsdruck, Importe verteuern sich und Exporteinnahmen gehen selbst bei mengenmäßiger Steigerung zurück (vgl. die Daten in IMF 1998b: 72). Einkommen sinken und Beschäftigungschancen schwinden. Die Armut steigt (zu den Finanzkrisen Lateinamerikas und Asiens vgl. die Beiträge in: Teunissen 1998). Dies muß nicht unbedingt dazu führen, daß ein Land in der Weltwirtschaft marginalisiert wird. Aber innerhalb eines Landes werden Menschen aus den formellen Bereichen exkludiert. Die Fragmentierung wird zu einer innergesellschaftlichen Charakteristik. Sie bedeutet Gesellschaftsspaltung in arm und reich, formell und informell, und in vielen Ländern haben die durch

die globale Finanzkrise erzeugten Gegensätze auch eine regionale Komponente, so daß Regionalismen und Separatismen Auftrieb erhalten.
Afrika ist für das international operierende Kapital kein attraktiver Kontinent; die Region südlich der Sahara ist marginalisiert, ein Opfer der Fragmentierungstendenzen (vgl. 4. Kapitel). Im Gegensatz zu allen anderen Kontinenten weist Afrika auch in der ersten Hälfte der 90er Jahre (und nicht nur während des „verlorenen Jahrzehnts" der 80er Jahre) einen Netto-Kapitalabfluß auf. Dies ist ein Indiz dafür, daß die global operierenden Geldvermögensbesitzer auf dem schwarzen Kontinent nicht heimisch sind und nicht heimisch werden wollen. Natürliche und kulturelle Reichtümer zählen in der Währungskonkurrenz nicht viel. Daß mit billigen Rohstoffen in den Industrieländern Wettbewerbsvorteile erzielt und so die Währung gestärkt werden kann, ist allein von Belang. Die monetäre Vereinheitlichung ist demzufolge die Kehrseite einer tiefen Gesellschaftsspaltung mit globaler Dimension. Die verfügbaren Daten sprechen eine deutliche Sprache: Die Ungleichheit der Verteilung des monetär bewerteten Reichtums in der Welt ist größer geworden (vgl. UNDP 1998).
Das Geld ist also im globalen System nicht nur ein „drink which stimulates the system to activity" (Keynes 1936/1964: 173), sondern „troublemaker" par excellence. Es transportiert und steigert die in einer kapitalistischen Ökonomie angelegten Instabilitäten und macht es möglich, daß sie von Börsenplatz zu Börsenplatz, von Währungsgebiet zu Währungsgebiet, von Standort zu Standort übertragen werden. In der Mexiko-Krise war vom „Tequila-Effekt" die Rede, d.h. den Auswirkungen auf andere lateinamerikanische Märkte. Seit der „Asienkrise" widmet der IWF dem *„contagion-effect"*, d.h. der Ansteckung, die von der lokalen Finanzkrise ausgeht, größte Aufmerksamkeit (vgl. IMF 1998a: 71ff). Um den gleichen monetären Ansprüchen zu genügen, werden reale Unterschiede und Gegensätze erzeugt. Es ist unvermeidlich, daß sich die monetären und realen Verhältnisse auseinanderentwickeln, und nicht nur in quantitativer Hinsicht. Die Regeln der monetären Globalisierung erzwingen ein „Gemeinwesen" von Zahlen und Nicht-Zahlen, das Gemeinschaftlichkeit ausschließt, es sei denn, sie ließe sich instrumentalisiert als Ressource nutzen, um den Sachzwängen des „ubiquitären Geldfetisch" Tribut zu zollen. Doch da die Fundierung des Geldwerts arbeitsgesellschaftlich passiert, sind der Entkoppelung der monetären von der realen Sphäre Grenzen gesetzt. Diese machen sich als Währungs- und Finanzkrisen auch im Kapitalismus des 21. Jahrhunderts geltend. Zur Sicherung der Stabilität des Geldes werden nun von internationalen Institutionen strukturelle, real-ökonomische Reformen in Angriff genommen. Das „Trilemma", daß ein Land nicht gleichzeitig eine unabhängige Geldpolitik (Zinspolitik), stabile Wechselkurse und freie Konvertibilität des Kapitalverkehrs haben könne, wirkt als eine Art „iron law of international finance"

(Krugman 1999: 61) auch in den 90er Jahren. Die Zins- und Wechselkurssouveränität ist aufgehoben und eine den je nationalstaatlichen Bedingungen Rechnung tragende Wirtschafts- und Beschäftigungspolitik somit ausgeschlossen, wenn in der Währungskonkurrenz die Abwertung vermieden werden soll. Während in den 30er Jahren ein „Abwertungswettlauf" mit desaströsen Folgen für die weltwirtschaftliche Entwicklung, die politische Stabilität und letztlich den Weltfrieden stattfand, findet heute in der Währungskonkurrenz ein Stabilitätswettlauf um Realzinsen und Wechselkurse statt, um das infolge der Finanzinnovationen auf globalisierten Märkten hochgradig flexible Kapital zu attrahieren.

5.4 Der Ruf nach Regulation fragiler Finanz- und Währungsmärkte

5.4.1 Die Institutionen des Geldfetischs: IWF und Weltbank

Am Ende des Zweiten Weltkrieges wurde ein weltwirtschaftliches Institutionensystem geschaffen, das eine krisenhafte Desintegration der Weltwirtschaft wie in den 30er Jahren ausschließen sollte: die Rückkehr zur „nationalen Selbstgenügsamkeit" (Keynes 1933/1985), die regressive Wende zur Autarkiepolitik (Fried 1939) oder die verzweifelte Einleitung eines desaströsen Abwertungs- und Stabilitätswettlaufs der Währungen, wie er am Ende der 90er Jahre tatsächlich drohen könnte. Daher sollte der IWF als Institution des Weltwährungssystems „promote exchange stability (and) maintain orderly exchange arrangements among members and ... avoid competitive exchange depreciations" (Artikel 1 der IWF-Vereinbarung). Die Weltbank hingegen oder – wie sie formell heißt: die „Internationale Bank für Wiederaufbau und Entwicklung" – war ursprünglich dafür vorgesehen, den ökonomischen Wiederaufbau des kriegszerstörten Europa nach dem Ende des Zweiten Weltkrieges zu finanzieren. Sie sollte

„assist in the reconstruction and development of territories of members by facilitating the investment of capital for productive purposes including the restoration of economies destroyed or disrupted by war, the reconversion of productive facilities to peacetime needs and the encouragement of the development of productive facilities and resources in less developed countries" (Artikel 1 der Vereinbarung über die Weltbank).

Im Vergleich mit anderen Hilfsprogrammen, die nach Beginn des „Kalten Krieges" von den USA aufgelegt wurden (in erster Linie der Marshall-Plan), war die Rolle der Weltbank in Europa eher bescheiden. Zu jener Zeit spielte auch die „Dritte Welt" keine Rolle; ja, der Begriff existierte noch nicht, er geriet erst in die politische Diskussion im Zusammenhang mit der Bandung-Konferenz der Blockfreien von 1955[88]. Der „Kalte Krieg" wirkte im übrigen wie ein frischer

---

[88] Hobsbawm bemerkt, daß der Begriff der „Dritten Welt" zum ersten Mal 1952 auftauchte und den Kontrast zur „ersten" (westlich-kapitalistischen) und „zweiten" (realsozialistischen) Staatenwelt unterstreichen sollte (Hobsbawm 1995: 448). Die Datierungen widersprechen sich

Wind für die Institutionen von Bretton Woods. Der IWF war nun auf einmal notwendig zur Stabilisierung von Währungen in der „freien Welt". Die Weltbank wurde mehr und mehr benutzt, um das von Präsident Truman 1948 gegebene Versprechen der „westernization" und „americanization" aller Weltregionen, sofern sie sich nur der freien Welt anschlossen, finanziell zu unterstützen. Die Institutionen von Bretton Woods wurden auf diese Weise wichtige Schachfiguren (der „weißen", westlichen Seite) im „Kalten Krieg" gegen das „Reich des Bösen".

Das Dilemma zwischen Verfügbarkeit und Sicherheit des Weltgeldes Dollar
Jedoch erzeugte die Befolgung der Regeln der Institutionen von Bretton Woods ein Dilemma. Dieses ist später als „Triffin-Dilemma" benannt worden. Da das Währungssystem von Bretton Woods nicht mehr, wie die historischen Währungssysteme (der „Goldstandard") zuvor, direkt an das Gold, sondern direkt an den US-Dollar und indirekt ans Gold (wegen der Goldbindung des Dollar bis zum Jahre 1971) gebunden war, hing sein Funktionieren einerseits von der *Verfügbarkeit* von Dollar zur *Zirkulation* der Waren und zur Bewältigung der zunehmenden Kapitalbewegungen (Geld als Zirkulationsmittel und als Zahlungsmittel) ab, mußte aber andererseits institutionell *knapp* gehalten werden, um als Anlagewährung sicher zu bleiben und den festgelegten Dollarpreis des Goldes (35 US$ je Feinunze) zu halten. Diese Bindung war so etwas wie ein „Stabilitätsanker" des Systems. In einer Goldwährung ist die Knappheit und mithin die Geldwertstabilität durch die im Gold selbst materialisierte Wertsubstanz der Arbeit garantiert, die bei der Extraktion und Verarbeitung des Erzes aufgebracht werden muß. Die monetär vermittelte Gesellschaftlichkeit hat demnach tatsächlich eine materielle Substanz in der Gestalt des Goldes. In einer Devisenwährung hingegen ist die Gesellschaftlichkeit nicht mehr substanziell durch Arbeit, sondern ausschließlich monetär durch das Geld hergestellt. Die Knappheit des Geldes kann daher nur institutionell gewährleistet werden: durch die jeweilige Zentralbank des Währungsgebiets. Zentralbanken sind Geschöpfe des ausgehenden 19. oder erst des 20. Jahrhunderts. Es war folglich auch notwendig, auf internationaler Ebene Institutionen der Regulation des Geldes zu schaffen, nachdem das Weltgeld nur höchst vermittelt – über den Dollar nämlich – an das „edle Metall" gekoppelt war. Die ökonomisch-funktionale Notwendigkeit der politischen Verknappung des Weltgeldes verlangte die Etablierung von Regeln, Normen, Institutionen, also die Bildung eines *Regimes* auch auf der internationalen Ebene.

---

aber nicht, da die Bandung-Konferenz erster Höhepunkt eines schon zuvor eingeleiteten Prozesses war, das politische Gewicht der Blockfreien, der „dritten Welt" zu erhöhen.

Der Widerspruch zwischen Verfügbarkeit und Knappheit der Dollarwährung im Bretton Woods-System konnte entweder nach der einen oder nach der anderen Seite hin aufgelöst, niemals aber durch einen Spagat zwischen den beiden Seiten überwunden werden. Zu Beginn der 50er Jahre verfügten die USA über 68,3% der Goldreserven der westlichen Welt, im Jahre 1970 waren es nur noch 29,9% (Guttmann 1994: 138). Der Dollar, der ursprünglich nach dem Zweiten Weltkrieg „so gut wie Gold" gewesen ist (oder sogar besser als Gold, da seine Bestände den Eigentümern Zinsen einbrachten und geringere Transaktionskosten als das Gold verursachten), geriet seit Beginn der 60er Jahre unter zunehmenden Druck. Ein Fixkurssystem, wie es in Bretton Woods beschlossen worden war – mit dem Fixstern Dollar in der Mitte, um den die anderen Währungen wie Planeten kreisen –, ist tatsächlich nur aufrecht zu erhalten, wenn der Fixstern genügend Gravitationswirkung auszuüben vermag, nicht aber dann, wenn die Repulsionskräfte in Richtung Abwertung dieser Währung überwiegen. Zwar versuchten seit Ende der 50er Jahre die großen Industrieländer, zu denen in der Zwischenzeit auch die Verliererstaaten des Zweiten Weltkrieges gehörten, das Fixkurssystem zu stabilisieren. Das war nach Herstellung der Konvertibilität der Währungen der Industrieländer und dem Entstehen internationaler Kapitalmärkte (Euro-Dollar-Markt) in den 60er Jahren schwierig geworden. Doch wurden zu diesem Zweck das „General Arrangement to Borrow", die Bildung eines gemeinsamen Goldpools, eine Reihe von bilateralen Swap-Abkommen zwischen den Zentralbanken beschlossen, allesamt mit der Maßgabe, das System durch Verfügbarkeit von Liquidität funktionsfähig und gleichzeitig das Weltgeld Dollar wertbeständig zu halten. Dies gelang im Prinzip auch, zumal kein großes Industrieland dem französischen Beispiel aus dem Jahre 1965 folgte, die Dollarbestände der Zentralbank in den USA zum Festkurs gegen Gold einzutauschen. Es war allen bewußt, daß das System zum Einsturz gebracht werden konnte, wenn alle Teilnehmer „Free Rider-Verhalten" an den Tag legten. Denn die USA verfügten ja gar nicht mehr über genügend Goldreserven, um die Dollarverpflichtungen gegenüber dem Ausland einzulösen, sie führten sogar ganz entgegen der liberalen Doktrin zeitweise Kapitalverkehrskontrollen ein (Guttmann 1994: 137ff) um ihre Währung zu verteidigen – nicht mehr mit marktmäßigen, sondern mit administrativen Mitteln. Doch trotzdem wurden Währungsab- und -aufwertungen häufiger, bis im Jahre 1971 die Nixon-Regierung die Dollar-Konvertibilität aufgeben mußte und im März 1973 endgültig das System fixierter Wechselkurse scheiterte. Nun begann die Zeit der heftigen Währungsschwankungen, der zunehmenden „volatility". Die monetären Instabilitäten, die gemäß neoliberaler Doktrin durch die Flexibilisierung der Wechselkurse behoben werden sollten, wurden seitdem beträchtlich gesteigert.

5.4.2 Von der nationalstaatlichen Regulation zur Autonomie der Märkte
Auch die Bretton Woods-Institutionen waren von der krisenhaften monetären Globalisierung betroffen. Sie wurden nun zu politischen Vollzugsorganen der ökonomischen „harten Budgetrestriktion". Instrumente waren die Programme der Strukturanpassung („structural adjustment programs"), die mit ihrer (in bezug auf soziale und politische Belange) gnadenlos monetaristischen Strenge berüchtigt wurden. Dies wird freilich erst in den 80er Jahren zu einem Thema. Die 70er Jahre sind Zeugen des Endes des Bretton Woods-Systems fixierter Wechselkurse, des „Ölpreisschocks", der ersten großen Weltwirtschaftskrise der Nachkriegszeit und auch des Übergangs in großen Teilen der „Dritten Welt" von der öffentlichen Entwicklungsfinanzierung zur Aufnahme externer Schulden auf privaten Kapitalmärkten. Mit speziellen „Fazilitäten" des IWF wird lediglich der Versuch gemacht, die „Schocks" von Ölpreiserhöhung und Wirtschaftskrise in den Industrieländern für die Entwicklungsländer erträglicher zu machen. Die löblichen Absichten scheiterten spätestens zu Beginn der 80er Jahre, als die Entwertung des US-Dollar mit monetären Mitteln, also mit extremen Zinssteigerungen abgewehrt wurde. Für die extern, d.h. in US-Dollar oder DM verschuldeten Länder stellte sich diese Politik als „Zinsschock" dar, für die Industrieländer ist dies die „Revolution" von Zinssätzen, die über die reale Wachstumsrate des BIP steigen.

Infolge der steigenden Zinsen auf den Weltmärkten und der gleichzeitig sinkenden „terms of trade" für Rohstoffe produzierende Länder geraten die verschuldeten Länder zu Beginn der 80er Jahre in eine Krise; die externen Schulden können nicht mehr „ordentlich" bedient werden. Die Schuldenkrise bricht mit der Zahlungsunfähigkeit Polens im Dezember 1981 aus (dadurch wird der Jaruzelski-Militärputsch mit ausgelöst), wird mit der Zahlungsunfähigkeit Mexikos im August 1982 und Brasiliens im November 1982 fortgesetzt. Seitdem ist nahezu kein verschuldetes Land von der zumindest temporären Zahlungsunfähigkeit und daher der Notwendigkeit verschont geblieben, Kredite umzuschulden. In diesem Zusammenhang erlangen die Institutionen von Bretton Woods eine Bedeutung, die sie weder vor 1971 noch in dem Jahrzehnt danach gehabt hatten. Während der Internationale Währungsfonds bis 1973 das Geld im wesentlichen in seiner *Funktion als Zirkulationsmittel* (Aufrechterhaltung des Systems fixierter Wechselkurse) regulierte, muß er zusammen mit der Weltbank in den 80er Jahren das Geld in seiner *Funktion als Zahlungsmittel und Kredit* stabilisieren. Diese Aufgabe dient in allererster Linie zur Sicherung der Geldvermögen der international operierenden Geldvermögensbesitzer, also in erster Linie der großen institutionellen Anleger, der Pensions-, Investment- oder Hedge-Funds. IWF und Weltbank bekamen nun die zentrale Aufgabe, verschuldete Länder zu befähigen, trotz aller Schwierigkeiten den Schuldendienst zu leisten und – wie wir im vorangegangenen Kapitel gesehen haben – als Fraktionen der globalen Wirtschaft zu fungieren. Während die Bretton Woods-Institutionen einzelne Gläubigerbanken davon abzuhalten versuchen, aus dem „Syndikat" der internationalen Kreditgeber auszuscheren (Verhinderung von „bail out"-Strategien), taten sie alles, um die Bildung eines Schuldnerkartells auf jeden Fall zu verhindern. Die Strategie der Umschuldung ohne substanzielle Schuldenstreichung hat dazu geführt, daß die Schulden sich seit Ausbruch der Schuldenkrise fast verdreifacht haben. Zwar ist der Schuldendienst, gemessen an den Exporterlösen, für eine Reihe von Ländern vorübergehend gesunken, jedoch zu einem hohen Preis: Die Einschränkung der Importe und die Versuche, Dollareinnahmen für die Exporte zu erzielen, haben dazu geführt, daß erstens der Druck auf die Preise der Exportprodukte (im mineralischen und agrarischen Rohstoffsektor) erhöht wurde, der zum Verfall der terms of trade beigetragen hat, und daß zweitens der intraregionale Handel zugunsten des Handels mit den Industrieländern eingeschränkt werden mußte. Daß obendrein auf die von IWF und Weltbank präferierte Weise der Lösung von Schuldenproblemen die Schuldenkrise keineswegs überwunden wird, haben die vergangenen Jahre gezeigt. Schuldner in Asien, Osteuropa und Lateinamerika wurden zahlungsunfähig, die als „dynamic economies" und „emerging markets", also als real-ökonomisch und finanziell robust von öffentlichen Institutionen (IWF, OECD) und privaten „rating agencies" (Moody's; Standard & Poor etc.) eingestuft worden sind.

Für die von IWF und Weltbank verfolgte Strategie hat sich die Bezeichnung „Konsens von Washington" eingebürgert (zur Entstehung des Begriffs vgl. Krugman 1995: 28-29). Der Begriff des Konsenses deutet auf das Einverständnis nicht nur der Institutionen von Bretton Woods, sondern auch der in Washington ansässigen privaten Banken, der großen Wirtschafts- und Politikberatungsinstitutionen und natürlich der US-Regierung hin. Auch die verschuldeten Länder sind am Konsens beteiligt: Sie müssen, um Strukturanpassungs- oder Umschuldungskredite zu erhalten, ihr Einverständnis mit den IWF-Maßnahmen deklarieren („letter of intent"). Der Wirkungszusammenhang des Konsenses von Washington läßt sich anhand des *Schaubildes 5.3* erläutern: Das unter dem Etikett „Konsens von Washington" beschriebene Maßnahmenbündel ist darauf gerichtet, einen Überschuß der Leistungsbilanz eines Landes herbeizuführen, mit dem der externe Schuldendienst finanziert werden kann. Der Nationalstaat muß in der globalen Geldökonomie den Verpflichtungen des Schuldendienstes nachkommen, also Dollardevisen einnehmen. Diese werden für den Schuldendienst verwandt. Nur teilweise können die Deviseneinnahmen zur Stabilisierung der nationalen Währung verwendet werden, indem Devisenpolster aufgebaut werden. Dort wo dies geschehen ist – in Asien, in Brasilien – sind die Devisenreserven während der spekulativen Attacken sehr schnell aufgebraucht worden. Sie haben also keine wirksame Verteidigung des jeweiligen Wechselkurses ermöglicht.

Schaubild 5.3: Der Konsens von Washington: Lösung des Aufbringungs- und Transferproblems

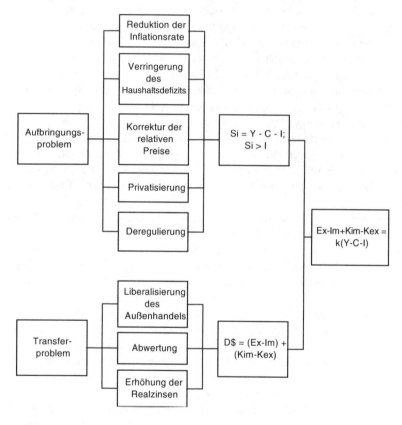

Die Maßnahmen müssen zur Lösung des Aufbringungs- und Transferproblems geeignet sein. Die Unterscheidung zwischen den beiden Problemen verdankt sich Keynes' Analyse des deutschen Reparationsproblems aus dem Jahre 1929 (dazu Keynes 1929; Ohlin 1929). Die interne Ersparnis S_i muß größer als die Investitionen sein, um einen transferierbaren Überschuß zu erzielen und zwar durch eine Reduktion des Budgetdefizits, der Inflationsrate, durch Korrektur der relativen Preise, Privatisierung öffentlicher Einrichtungen, Deregulierung. Der

Transfer in einen Devisenüberschuß *D$* erfolgt durch Liberalisierung von Handel und Kapitalbewegungen und durch eine Erhöhung der Realzinsen (vgl. *Schaubild 5.3).*

Die Maßnahmen des „Konsenses von Washington" sollen eine Umlenkung von Ressourcen des verschuldeten Landes zugunsten der Geldvermögensbesitzer des Auslands bewirken, sind also im Kontext der globalen Umverteilung des Mehrprodukts durch Wirkung des Finanzsystems zu beurteilen. Die Umlenkung ist – wie Keynes in seiner Analyse des deutschen Reparationsproblems sehr klar gesehen hat – nicht ohne soziale Konflikte in den Schuldnergesellschaften und in den Gläubigergesellschaften möglich. Der Druck auf die Löhne, die Verringerung der Staatsausgaben, insbesondere im sozialen Bereich, Privatisierung und Deregulierung, hohe Zinsen, die für die Beschäftigung nachteilige Wirkungen ausüben, führen in vielen Fällen zu sozialem Unfrieden. Dies läßt sich in allen verschuldeten Ländern beobachten, sei es als explizite „IWF-Riots", als Hungerrevolten oder als Aufstand, wie im Bundesstaat Chiapas von Mexiko, der sich explizit gegen den „Neoliberalismus" wendet, oder in Indonesien nach Ausbruch der Finanzkrise 1997. In den Gläubigerländern erhöht sich durch den Zwang zum Export um jeden Preis, dem Schuldner ausgesetzt sind, die Konkurrenz – die „Standortkonkurrenz". Aber auch abgesehen von den negativen Konsequenzen für die soziale Kohäsion einer Gesellschaft kann die Befolgung der Regeln des „Konsenses von Washington" durchaus kontraproduktiv wirken. Die Privatisierung von Staatsunternehmen und staatlichen Einrichtungen ist nur einmal möglich. Zu einem späteren Zeitpunkt fehlen möglicherweise die privatisierten Einrichtungen als Institutionen der politischen Regulation in ökonomisch schwierigen Zeiten (dazu auch WWF 1996).

Auch das Transferproblem ist nicht einfach zu lösen. *Erstens* ist nicht gewährleistet, daß ein interner Sparüberschuß auch wirklich extern transferiert werden könnte. *Zweitens* hängt die Lösung des Transferproblems nicht nur von der Politik nationaler Regierungen verschuldeter Länder ab, sondern von den Weltmärkten für Kapital und für Waren. Steigen die Zinsen auf globalen Finanzmärkten und sinken die internationalen Rohstoffpreise, dann wird der Transfer von Ressourcen immer größere reale Leistungen verlangen bis zur Strangulierung der verschuldeten Länder bzw. bis zur Verelendung oder Marginalisierung und Peripherisierung von Teilen der jeweiligen Gesellschaft. Die Politik von Weltbank und IWF hat dazu beigetragen, daß in großen Teilen der „Dritten Welt" Segmente der Gesellschaft und der Ökonomie aus der formellen Ökonomie *exkludiert* worden sind und inzwischen den sich ausdehnenden informellen Sektor prekärer Arbeit und Lebensbedingungen bilden (vgl dazu 5. und 7. Kapitel). Auch der IWF beschäftigt sich bei dem Versuch, die sozialen Kosten der Finanzkrise zu mildern, mit diesem Problem: In Indonesien und Thailand, so eine

IWF-Untersuchung „job losses in the formal sector would force skilled workers to move to the agricultural and informal sectors" (*Finance & Development*, Sept. 1988: 19). Zwischen 7 und 12% der Haushalte Indonesiens, Thailands, Südkoreas sind nach dieser Untersuchung direkt von der Finanzkrise betroffen.
Es ließe sich also schlußfolgern: In den 80er Jahre haben die beiden Institutionen von Bretton Woods im wesentlichen die Schuldenkrise reguliert, indem sie Schuldnerländer durch Struktur- und Sektoranpassungsprogramme zum Weltmarkt geöffnet und zur Bedienung von Schulden befähigt haben – freilich mit sozialen, ökologischen und politischen Kosten, die Hunderte von Millionen Menschen heute noch zu tragen haben (vgl. Chossudovsky 1997). Der Erfolg dieser Strategie ist darin zu sehen, daß die prekären globalen Finanzbeziehungen durch diese Politik zunächst stabilisiert werden konnten. In den 90er Jahre jedoch hat es sich gezeigt, daß sich die Institutionen von Bretton Woods, sofern sie eine Rolle als global regulierende Institutionen spielen wollen, den international operierenden Geldvermögensbesitzern, d.h. in erster Linie den internationalen Banken, zuwenden und neue Regeln nach der „Deregulierung" der vergangenen zwei Jahrzehnte entwickeln müssen. Ohne Kontrolle der internationalen Kapitale wird eine einigermaßen stabile kapitalistische Entwicklung unmöglich sein. Denn die Internationalisierung der Finanzmärkte hat eine neue Ära eröffnet, in der sich ganz offensichtlich die monetäre und die realökonomische Sphäre gegeneinander verselbständigt haben, in der die Welt des Geldes (die von uns so bezeichnete „Clubgesellschaft" der Geldvermögensbesitzer) und die Welt der Arbeit einen Gegensatz bilden. Die Schuldenkrise hat gelehrt, daß es nicht möglich ist, nur die eine Seite des Verhältnisses, die Schuldner nämlich, die Restriktionen des Geldes fühlen zu lassen, indem man sie dem Maßnahmenpaket des „Konsenses von Washington" unterwirft und zwingt, aus der Arbeit mehr und mehr herauszuholen. Es ist kaum zu legitimieren, wenn gegenüber den internationalen Gläubigern die These von der unantastbaren Freiheit und prinzipiellen Stabilität des privaten Sektors vertreten wird. Es macht also einen Unterschied, ob die internationalen Institutionen das Geld als Zirkulationsmittel oder aber das soziale Verhältnis zwischen Schuldnern und Gläubigern regeln. Die von Hayek (1978) propagierte These von der Privatisierung des Geldes ist auf der Welthälfte der Gläubiger weitgehend realisiert, auf der Welthälfte der Schuldner hingegen findet eine Sozialisierung der sozialen und ökologischen Kosten, die die Schulden verursachen, statt.
Schuldner werden als „Fraktionen" des Weltkapitals behandelt und müssen harte Anpassungsleistungen erbringen, um wieder „attraktiv" für Kapitalanlagen zu werden. Gläubiger müssen dies nicht. Diese Logik der Ungleichbehandlung von Gläubigern und Schuldnern im globalen System ist von Keynes während der Verhandlungen um das internationale Währungssystem 1944 kritisiert worden.

Sein damaliger „Keynes-Plan" sah ja die Notwendigkeit auch für Überschuß- und daher Gläubigerländer vor, ihre Wirtschaftspolitik so zu gestalten, daß die Überschüsse abgebaut werden. Dieser Plan ist damals verworfen worden; nur Schuldner sollten ihre Wirtschaftspolitik anpassen müssen. Freilich war es 1944 nicht vorstellbar, daß sich im Verlauf der folgenden Jahrzehnte ein höchst einseitiger sozialer Gegensatz zwischen Schuldnern und Gläubigern in der Weltwirtschaft herausbilden und nicht nur einzelne Länder, sondern ganze Ländergruppen, ja Kontinente vom Schuldendienst überfordert sein würden. Der „Konsens von Washington" bietet in dieser Situation keine Lösung, er wird daher inzwischen von den Repräsentanten der Bretton Woods-Institutionen in Frage gestellt. Zu dieser Einschätzung ist auch Josef Stiglitz, Chefökonom und Vizepräsident der Weltbank, gelangt: Mehrfach hat er kritisiert, daß die vom „Washington Consensus" erzwungene Konzentration auf Inflationsbekämpfung und auf die Liberalisierung der Finanzmärkte „zu gesamtwirtschaftlichen Politiken geführt hat, die wohl nicht die beste Unterstützung für langfristiges Wachstum darstellen". Hyperinflation muß freilich unbedingt vermieden werden; ein „maßvolles Inflationsniveau" könnte hingegen den wirtschaftlichen Ergebnisse zugute kommen. Stiglitz hinterfragt aber auch andere zentrale Elemente der seiner Meinung nach allzu „simplen" Doktrin: die Fixierung auf den Abbau von Haushaltsdefiziten, die vielfach unterschätzten Kosten und die ebenso häufig überschätzten Vorteile von Privatisierungen und nicht zuletzt die Propaganda eines „minimal state". Ein „Post-Washingtoner Konsens", so die Botschaft, habe *erstens* anzuerkennen, daß Wirtschaftswachstum allein durch makroökonomische Stabilisierung, Handelsliberalisierung und Privatisierung nicht zu erreichen sei und daß es *zweitens* um mehr geht als um Wirtschaftswachstum und die Steigerung des Bruttosozialprodukts – um verbesserte Gesundheit und Bildung, die Erhaltung der natürlichen Ressourcen und einer gesunden Umwelt, eine gerechte und demokratische Entwicklung, „was einschließt, daß alle Gruppen der Gesellschaft die Früchte der Entwicklung genießen, nicht nur einige an der Spitze" (Stiglitz 1998).

Eine Schlußfolgerung aus der asiatischen, russischen und lateinamerikanischen Finanzkrise lautet daher: Die IWF-Politik ist gescheitert (so sogar Stiglitz 1998; vgl. auch Dieter 1998). Mit Hilfe der Strukturanpassungsmaßnahmen wird die reale Ökonomie – die Arbeitsgesellschaft – den Funktionsbedingungen der Geldgesellschaft unterworfen und hoffnungslos überfordert. Strukturanpassung à la IWF verschärft also das Problem, weil nun nicht mehr nur die finanzielle Sphäre, sondern die reale Ökonomie negativ betroffen ist. Die Chancen der Bewältigung der Krise werden durch den IWF als Krisenmanager verringert, weil plötzlich ausbrechende Finanzkrisen, die zu kurzfristigen Kapitalbewegungen Anlaß geben, langfristig-strukturelle Auswirkungen haben. Der Ruf nach Regulierung der schädlichen Finanzbeziehungen wird lauter. Ein neues Regelsystem zur Bändigung des „ubiquitären Geldfetischs" kann sich nicht nur auf die Schulden beziehen, es muß auch die Vermögen und daher den Kapitalverkehr einbeziehen.

5.4.3 Der Ruf nach Regulierung von „Finanzkrisen des 21. Jahrhunderts"

Selbst die Institutionen des ubiquitären Geldfetischs scheinen durch die Heftigkeit und Unvorhersehbarkeit der Finanzkrisen dieses Jahrzehnts irritiert, zumal ihre sozialen, ökonomischen und politischen Auswirkungen wie ein Erdbeben die regionale Stabilität Lateinamerikas und Asiens gefährden. Folglich wird nach einer „neuen Finanzarchitektur" gesucht, die die instabilen Finanzmärkte stabilisieren könnte. Dabei stellt sich sofort die Frage, auf welcher Ebene Stabilisatoren einzubauen wären: in den Nationalstaaten, deren Souveränität durch die Globalisierung der Finanzen Schaden genommen hat, in regionalen Wirtschaftsblöcken, die ja in allen Weltregionen im Verlauf der „zweiten Welle" der regionalen Blockbildung (vgl. 9. Kapitel) entstanden sind, oder im globalen Raum. Man könnte sich neue Institutionen wie einen „asiatischen Währungsfonds", der nach Ausbruch der asiatischen Finanzkrise 1997 kurzzeitig im Gespräch war, vorstellen. Man könnte an den Ausbau bestehender Institutionen denken oder an global akzeptierte Regeln mit mehr oder weniger großem Grad an Verpflichtungen für Akteure auf Finanzmärkten: für Zentralbanken, private Investoren und Regierungen. Trotz Souveränitätsverlustes nationaler Regierungen sind Kontrollen von Kapitalbewegungen denkbar; sie sind nach den internationalen Bestimmungen auch zulässig und sind von Chile, Malaysia und China durchgeführt worden. Diese nicht-marktkonformen Maßnahmen wurden von den Akteuren auf Finanzmärkten mit Erleichterung beobachtet, weil dadurch die in der akuten Krise überreagierenden Märkte beruhigt werden konnten.

(1) Manchmal wird zur Begründung dafür, daß grundlegende Reformen überflüssig seien, auf *politische Fehler und strukturelle Unzulänglichkeiten* in den von der Finanz- und Währungskrise am meisten betroffenen Ländern verwiesen. Erklärungen der asiatischen oder russischen Finanzkrise enthalten daher in der Regel den Vorwurf des Mißmanagements durch Regierungen und Finanzbehörden, der Korruption im „Crony Capitalism" Indonesiens, der Philippinen oder Thailands, der mafiösen Strukturen in Rußland oder der Reformunfähigkeit im Sinne der Auflagen des IWF in Mexiko oder Brasilien (IMF 1998a, 1998b, 1998c; Wapenhans 1999). Dieses Argument ist nicht ganz seriös, da bis zum Ausbruch der Krise gerade die am meisten betroffenen „emerging markets" Asiens als Muster einer dynamischen Entwicklung galten.

(2) Das Einverständnis über eine „neue Architektur" des Finanzsystems ist dort am größten, wo die Maßnahmen der Regulierung am wenigsten an der Funktionsweise der Finanzmärkte verändern. Daher steht am Anfang der Reformvor-

schläge der Vorschlag, die *Transparenz* des Systems zu erhöhen. Das „Systemrisiko" soll dadurch gemindert oder gar ausgeschaltet werden, d.h. das unkontrollierbare Überschwappen der Finanzkrise auf andere Länder (Contagion-Effekt). Im Rahmen der Gruppe der 10 (G 10) und in der Bank für Internationalen Zahlungsausgleich sind Bestimmungen der Bankaufsicht vereinheitlicht worden (IMF 1998f), die aber nicht sehr weit reichen. Denn die Aufsicht erfaßt keine Transaktionen, die zwischen verschiedenen Marktsegmenten durchgeführt werden. Dies soll das „Financial Stability Forum" leisten. Vorgeschlagen vom ehemaligen Bundesbankpräsidenten Tietmeyer soll es die verschiedenen regulierenden Institutionen zusammenbringen und vor allem den Offshore-Finanzzentren, den kurzfristigen Kapitalbewegungen und den Institutionen mit großer Hebelwirkung (im Derivatenhandel) Aufmerksamkeit widmen. Darüber hinaus sollen – positiv – „good practices" gefördert werden.

(3) Es wäre wohl naiv, von diesen Maßnahmen der verbesserten Transparenz eine Stabilisierung instabiler Finanzmärkte zu erwarten. Allenfalls wird das Frühwarnsystem kalibriert, so daß eher und vielleicht auch angemessener auf sich abzeichnende akute Krisen reagiert werden könnte (vgl. Huffschmid 1999). Daher sind auch weitergehende Reformvorschläge im Gespräch, die auch den Verbindungen zwischen Finanz- und Devisenmärkten (Akyüz 1995) Rechnung tragen und nicht nur Schuldner, sondern auch Gläubiger in die Verantwortung zu nehmen versuchen. Ulrich Cartellieri hat ja in Erinnerung gerufen, daß nach dem Zweiten Weltkrieg „noch keine internationale Regierungsanleihe geplatzt ist. Dies macht die Anlage in solchen meist hochverzinslichen Papieren der Drittweltländer für eine immer größere Zahl international operierender Anleger attraktiv" (Cartellieri 1999: 11). Die bislang in den Finanzkrisen verfolgte Politik des IWF hat eine *Verstaatlichung der Schulden* bewirkt. So wurde der Zweck erreicht, die *privaten Vermögen der Gläubiger zu retten*. Inzwischen hat sich aber auch für den IWF ersichtlich herausgestellt, daß dies eine kontraproduktive Politik ist, durch die öffentliche Schulden mit den privaten Geldvermögen wachsen. Also ist die Frage aufzuwerfen, ob nicht in Finanzkrisen *erstens* Schuldner geregelt Bankrott anmelden und Gläubiger auf diese Weise einen Teil ihrer Aktiva verlieren sollten oder ob nicht *zweitens* „internationale Anleihegläubiger zur Beteiligung an allfälligen Schuldenkonsolidierungen ... gezwungen werden können und sollen" (ibid.) oder ob nicht *drittens* international operierende Investoren verpflichtet werden sollten, ihre Kredite zu versichern (Soros). Auf diese Weise würden sie einerseits teurer, andererseits aber auch unter Umständen eine freundliche Einladung zu riskanten Geschäften bedeuten, sofern nicht *viertens* Regeln der Risikokalkulation verbindlich erlassen und in ihrem Rahmen bestimmte zu risikoreiche Geschäfte untersagt werden. Auch Cartellieri plädiert zwar nicht für Verbot, aber doch für einen

„Verzicht auf... Put-Optionen in internationalen Anleiheverträgen. Diese Optionen sind extrem sinnwidrig. Sie erlauben dem Gläubiger den Abzug seines Geldes just dann, wenn der Schuldner es am meisten braucht" (Cartellieri 1999: 12).

Alle diese Maßnahmen würden dazu beitragen, daß „adverse selection" oder „credit rationing" (siehe oben) in prekärer Lage vermieden werden könnten. Das würde möglicherweise ein Beitrag zur Stabilisierung der Finanzmärkte sein, könnte aber die Krisen kaum verhindern. Dazu bedarf es mehr: nämlich einer raum-zeitlichen Entzerrung der Märkte, einer grundlegenden Reform der regulierenden Institutionen und vor allem: einer Politik, die darauf zielt, die realen Zinsen unter die reale Wachstumsrate zu senken. Eine raum-zeitliche Entzerrung der Finanz- und Währungsmärkte ist auf zwei Weisen möglich: zum einen durch eine Integration von Währungsgebieten, so daß auf diese Weise die Spekulation zwischen Währungen unterbunden würde. Dies ist in Westeuropa mit der Bildung der Europäischen Währungsunion geschehen. Argentinien hat in der Finanzkrise der 90er Jahre den verzweifelten Vorschlag unterbreitet, die argentinische Währung nicht nur wie seit 1996 fest an den Dollar zu binden, sondern durch den Dollar zu ersetzen. Es wäre lehrreich, die Erfahrungen der deutsch-deutschen Währungsunion von 1990 zu reflektieren, was es bedeuten kann, wenn ein weniger produktives Land sich in den Währungsraum eines im Schnitt produktiveren Landes begibt. Die Integration von Währungsgebieten zur Vermeidung von Finanzkrisen kann also nur unter besonderen Umständen empfohlen werden, und auch dann ist die Spekulation auf Aktien- und Wertpapiermärkten keineswegs ausgeschlossen.

Die Segmentation der Märkte wäre die Alternative zur Integration. Die Entzerrung der Finanzmärkte würde sich, so die Erwartung, dann ergeben, wenn kurzfristige Transaktionen verteuert würden. Dies ist die Grundidee hinter der Tobin-Steuer auf grenzüberschreitende Transaktionen. Der Steuersatz könnte niedrig sein, da er sich bei kurzfristiger Anlage kumuliert und, so die Annahme, sehr schnell über die nicht sehr hohen Margen von Arbitragegeschäften steigt, so daß diese unrentabel werden und folglich unterbleiben. Nun haben aber die Abwertungen des mexikanischen Peso 1994/95 von an die 60%, der Rupiah von an die 80%, des Real von etwa 50%, des Rubel in ähnlicher Größenordnung gezeigt, daß ein kleiner Steuersatz – weniger als 1% sind im Gespräch – die kurzfristige Spekulation überhaupt nicht hindern würde, aus der Währung auszusteigen. Die Tobin-Steuer wäre also nur eine „Gut-Wetter-Steuer" und ungeeignet, die in der Finanzkrise aufgepeitschten Wogen zu glätten. Obendrein wäre es naiv, von einer Tobin-Steuer die Stabilisierung des Kapitalismus zu erwarten. Denn auch innerhalb eines Währungsraums ohne grenzüberschreitende Transaktionen finden spekulative Kapitalbewegungen statt.

Trotz dieser Defizite des Konzepts der Tobin-Steuer ist diese erstaunlicherweise zur Forderung von sozialen Bewegungen avanciert: von ATTAC, der „Association for the Taxation of financial Transactions for the benefit of Citizen" in Frankreich, die auch in anderen europäischen Ländern korrespondierende Partner gefunden hat. Die Tobin-Steuer ist ein Symbol dafür, daß die Transaktionen auf Finanzmärkten normale Bürger etwas angehen. Die Erfahrung mit dem „teuflischen Mechanismus" (Polanyi) deregulierter Märkte, die Kenntnis von den verheerenden Wirkungen der Finanzkrise auf die Lebensbedingungen in den betroffenen Ländern und die Ahnung, daß die Menschen in den Gläubigerländern möglicherweise nicht ungeschoren davon kommen, haben den Protest, die Gegenbewegung gegen die ungesteuerten Finanzmärkte provoziert. Die Bewegung ist schwach, und ob eine Tobin-Steuer überhaupt die in sie gesetzten Erwartungen erfüllen kann, ist eher zweifelhaft.

(4) Auch die Demokratisierung der globalen Institutionen der Regulierung des Finanz- und Währungssystems ist unrealistisch. In Mammons Welt gibt es erstens keine egalitären Zugänge; sie sind nach der Größe von Geldvermögen gestaffelt. Zweitens herrschen Sachzwänge des „anti-social fetish", die innerhalb des Institutionensystems der Finanzwelt nicht aufzuheben sind. Möglich erscheint allenfalls mehr Transparenz dadurch, daß Organisationen der Zivilgesellschaft in die Kreditvergabe einbezogen oder Zentralbanken den Regierungen gegenüber rechenschaftspflichtig werden (Berman/McNamara 1999), also nicht wie die Deutsche Bundesbank oder die Europäische Zentralbank auf völlige Unabhängigkeit von gewählten Parlamenten pochen. Es ist allerdings fraglich, ob durch Demokratisierung der Entscheidungen in Zentralbanken, im IWF und anderen globalen Finanzinstitutionen viel gewonnen werden kann. Denn eine Bank muß als Bank funktionieren, also den Gesetzen einer monetären kapitalistischen Ökonomie im globalen Raum Folge leisten – ob die Entscheidungsstrukturen demokratisch sind oder nicht. Berman/McNamara (1999) stützen ihr Postulat denn auch mit der Beobachtung, daß demokratische Strukturen nicht unbedingt die Partizipation verbessern, wohl aber die Effizienz.

Die eklatante Zuspitzung der finanziellen Krise ist jedoch eine Folge der hohen Realzinsen, die, wie im Verlauf dieses Kapitels dargestellt worden ist, seit zwei Jahrzehnten die reale Wachstumsrate des BIP übersteigen. Schuldner werden also ausgebeutet, ob die Gremien der Zentralbank demokratischen Regeln folgen oder nicht. Im nationalen Rahmen hatte Keynes den einsichtigen Vorschlag parat, die Zinsen unter die Profitrate für real investiertes Kapital zu drücken, um so Investitionen zu stimulieren und Arbeitsplätze zu schaffen. Auf globaler Ebene kann so nicht verfahren werden, da die Prozesse der Zinsbildung „den Märkten" überlassen wurden und die Zentralbanken nur einen geringen Einfluß auszuüben vermögen, es sei denn sie operieren einheitlich. Doch genau dies ist wegen der Währungs- und Stabilitätskonkurrenz nicht zu erwarten. Ob sie demokratisch kontrolliert und legitimiert werden oder nicht – die Zentralbanken operieren auf den globalen Märkten gegeneinander und nur in seltenen Fällen (im Rahmen der G7-Abkommen) miteinander.

Die Zinsen werden nur sinken können, wenn die Risiken der globalen Finanztransaktionen geringer werden. Diesen Effekt können die bislang aufgeführten Maßnahmen haben, so daß die Risikokomponente im Zins (der Spread) reduziert werden kann. Doch bleibt dies eine marktkonforme Maßnahme. Die erleichternde Zinssenkung unter die reale Wachstumsrate kann so nicht erreicht werden. In Zeiten der „great transformation" des vergangenen Jahrhunderts haben Schuldnerbankrotte die Bereinigung und die Senkung der Zinsen bewirkt. Das Problem heute ist darin zu sehen, daß von den internationalen Institutionen eine Kapitalvernichtung (Entwertung von Geldvermögen) verhindert wird.

6. Kapitel
Die falschen Versprechen des Freihandels

Internationaler Handel, wenn er denn von politischen Beschränkungen befreit werde, führe zu vertiefter Arbeitsteilung, stimuliere daher die Produktion von mehr Gütern, habe höheres Wachstum und eine Zunahme von Wohlstand und Beschäftigung zur Folge. So lauten, in knapper Zusammenfassung, die Versprechen derjenigen, die dem Prinzip des Freihandels und der Deregulierung das Wort reden. Die politische Beseitigung von tarifären und nicht-tarifären Handelshemmnissen sei daher geboten und die Geschichte der Zollsenkungen in der Nachkriegszeit sei Beleg für die Sinnhaftigkeit des Freihandelsimperativs[89]. Von der zum Abschluß der „Uruguay-Runde" im Frühjahr 1994 vereinbarten Zollsenkung und von dem Abbau nicht-tarifärer Handelshemmnisse werden Handelsgewinne in der Größenordnung von insgesamt 274,8 Mrd. US$ bis zum Jahr 2004 erwartet. Davon sollen zwar mehr als ein Viertel auf die EU, auf die OECD insgesamt mehr als zwei Drittel entfallen. Das restliche Drittel „teilen sich" die Länder Afrikas, Lateinamerikas, Asiens (ohne Japan) und Ost- und Mitteleuropas (vgl. UNDP 1994: 63; Schott/Buurman 1994: 16ff). Danach sollen die Handelsgewinne im Jahre 2002 (in US$ von 1992) in den Transformationsstaaten Ost- und Mitteleuropas 0,1%, in Westeuropa (EU und EFTA) aber 1,4% (Japan 0,9%, USA 0,2%) des in absoluten Größen höchst unterschiedlichen BIP betragen (vgl. auch zu anderen Berechnungen der Einkommenseffekte der Uruguay-Runde die Synopse in: IMF 1994a: 86ff). <u>Also profitieren vom Freihandel vor allem jene Handelsnationen, die schon jetzt den allergrößten Teil des Welthandels untereinander abwickeln.</u>

Doch den kalkulierten Gewinnen als Folge der Expansion des Welthandels stehen erhebliche Verluste gegenüber, die vor allem die Entwicklungsländer zu tragen haben. Die „Terms of Trade" haben sich vor allem wegen des Preisverfalls von Rohstoffen fast ständig verschlechtert (UNDP 1997: 102; UNDP 1998: 172). Darüber hinaus sind es nicht zuletzt die *unfairen* Regeln des internationalen Freihandels, welche die Asymmetrien der Globalisierung verstärken:

---

[89] Im Rahmen des GATT sind die Zölle seit 1947 im Verlauf von insgesamt acht Zollsenkungsrunden so weit gesenkt worden, daß sie (zumindest in den Industrieländern) kaum noch eine kommerzielle Bedeutung haben. Die durchschnittliche Zollsenkung betrug im Verlauf der „Kennedy-Runde" (1964-67) 35%, während der Tokio-Runde (1973-79) 34%, in der Uruguay-Runde (1986-93) 40%. Allerdings sind in der gleichen Zeit die nicht-tarifären Handelshemmnisse kompensatorisch größer geworden (vgl. Hauser/Schanz 1995; Stiftung Entwicklung und Frieden 1994). Die durchschnittliche Zollsenkung, die in der Uruguay-Runde vereinbart wurde, beträgt für die Industrieländer (mit dem Handelsvolumen gewichtet) 38%, in den Entwicklungsländern 20%, in den Transformationsländern Ost- und Mitteleuropas 30% (vgl. Schott /Buurman 1994: 61).

Im Rahmen der Uruguay Runde wurden zwar die Zölle für Waren aus Industrieländern um bis zu 45% gesenkt, bei Produkten, die das größte Exportpotential der am wenigsten entwickelten Länder bilden (etwa Textilien, Leder, Agrarerzeugnisse), belief sich die Zollsenkung hingegen nur auf 20-25%. (UNDP 1997: 103). Auch die nicht-tarifären Handelshemmnisse, deren Zahl sich zwischen 1989 und 1995 verdoppelt hat, richten sich besonders gegen Exporte aus Entwicklungsländern (etwa Stahl, Spielzeug, Farbfernseher). Hinzu kommen die Devisenverluste, die Länder des Südens als Folge der Subventionierung landwirtschaftlicher Erzeugnisse insbesondere in der EU und in den USA und aufgrund der Exportkontingentierung im Rahmen des Multifaser-Abkommens in der Textil- und Bekleidungsindustrie hinnehmen müssen, also in jener Branche, die am Ende des 20. Jahrhunderts ebenso wie am Ende des 18. Jahrhunderts den Ausgangspunkt für die Industrialisierung eines Landes bildet[90]. Entgegen den Interessen der Entwicklungsländer wurde die Geltungsdauer für Patente und andere Urheberrechte nicht verkürzt, im Rahmen der WTO wurde der Schutz von „Intellectual Property Rights" sogar noch verstärkt; dies hat zur Folge, daß die Kosten für Technologietransfer in Zukunft eher noch steigen dürften (ibid.: 102ff). „Der Verlust, der den Entwicklungsländern durch den ungleichen Zugang zu Handel, Arbeitsmärkten und Finanzmitteln entsteht, wurde vom *Bericht über menschliche Entwicklung 1992* auf 500 Milliarden Dollar pro Jahr geschätzt; dies ist das Zehnfache der ausländischen Entwicklungshilfe, die sie jährlich erhalten" (ibid.: 105, Hervorh. i. O.). Die OECD stellt in diesem Kontext die rhetorische Frage: „Kommt der Protektionismus durch die Hintertür zurück"? (OECD 1999: 232) – durch die Hintertür der nicht-tarifären Handelshemmnisse.

Doch gemäß der These vom „trickle down", die von John Kenneth Galbraith ganz profan als „Pferdeäpfel-These" bezeichnet worden ist, weil sie besagt, daß man die Pferde füttern müsse, damit die Spatzen auch etwas abbekommen, sind alle Teilnehmer am Welthandelssystem nach der Deregulierung des Welthandels besser dran als zuvor, wenn es den reichen Ländern gut geht. Ähnlich argumentiert auch der „Cecchini-Bericht" von 1988 über die Kosten der Nicht-Integration Westeuropas (Cecchini 1988). Damit wollte die Kommission der Europäischen Gemeinschaften begründen, daß der Fortfall von EG-internen Handelsgrenzen einen beträchtlichen Wohlstandsgewinn bringen werde: weniger Inflation (-6,1%) und Arbeitslosigkeit (-1,5%), eine Reduzierung der Budgetdefizite der Staaten (2,2%ige Entlastung des BIP) und eine Verbesserung der

---

[90] In der Uruguay Runde wurde zwar eine Absenkung der Durchschnittszölle für Textilien und Bekleidung auf 12% vereinbart, doch liegt dieser Satz noch immer dreimal so hoch wie der durchschnittliche Zollsatz auf Importe aus Industrieländern (UNDP 1997: 104).

außenwirtschaftlichen Position (+1% des BIP). Das Wachstum des BIP könne um 4,5% infolge der durch Deregulierung ausgelösten makroökonomischen „Kettenreaktion" gesteigert werden. Immerhin gestehen die Autoren des Berichts eine Unsicherheitsmarge von +/-34% zu (Cecchini 1988: 15; 131f).

Es ist angesichts dieser Versprechen des freien Handels nicht verwunderlich, daß jenes von David Ricardo aufgestellte Theorem von den „komparativen Kostenvorteilen" zu den am wenigsten hinterfragten Sätzen der ökonomischen Theorie gezählt werden kann. Es steht am Anfang eines jeden Lehrbuchs über „international economics" (eine gute Darstellung findet sich bei Ethier 1995) und begründet den freien Welthandel als ein universelles Prinzip. So meint etwa Jagdish Bhagwati, der Guru des Freihandelsprinzips in einem Interview: „Es gibt überhaupt keinen Grund, warum ein Land erst reif für Handel gemacht werden muß. Ich könnte vom Mars kommen, und wir könnten problemlos Freihandel treiben…" (in: *Wirtschaftswoche* Nr. 9 vom 23.2.1995: 30). Je weniger Handelshemmnisse, je weniger Diskriminierung, je klarer die Befolgung der Meistbegünstigungsregel[91], desto mehr internationaler Handel und desto höher folglich die Wohlfahrt.

6.1 Komparative Kostenvorteile

Die Argumente für das Freihandelsprinzip sind schon in dem klassischen Plädoyer von Adam Smith für eine vertiefte Arbeitsteilung in der nationalen Gesellschaft und für die Arbeitszerlegung in der Fabrik enthalten. So werden die Motoren der Produktivkraftsteigerung zur Steigerung des „wealth of nations" angeworfen. Seine „Inquiry into the Nature and Causes of The Wealth of Nations" beginnt daher mit dem Satz:

„The greatest improvement in the productive powers of labour, and the greatest part of the skill, dexterity, and judgement with which it is any where directed, or applied, seem to have been the effects of the division of labour" (Smith 1776/1976: Vol I, 5).

Adam Smith stellte sich die vertiefte Arbeitsteilung zuvörderst in der einzelnen Fabrik (als Arbeitszerlegung) und innerhalb der nationalen Ökonomie (marktvermittelte Arbeitsteilung) vor. Anhand des Beispiels der arbeitsteiligen Her-

---

[91] Nach Art. I des GATT besagt diese, daß die Zollvergünstigungen, die ein Land einem anderen Land gewährt, automatisch allen anderen Handelsnationen (sofern sie Mitglied von GATT oder WTO sind) zugute kommen sollen. Damit war und ist die Absicht verbunden, eine „Balkanisierung" der Weltwirtschaft in Präferenzzollgebiete zu verhindern. Außerdem hat der Grundsatz der Nichtdiskriminierung eine binnengerichtete Dimension. Nach Art. III müssen nach Überschreiten der Zollgrenze ausländische Produkte wie inländische behandelt werden. Damit sollen protektionistische Maßnahmen verhindert werden. Daß dies nicht gelungen ist, belegt die steigende Bedeutung von nicht-tarifären Handelshemmnissen.

stellung von Stecknadeln zeigt er mit geradezu enthusiastischen Worten, wie durch Spezialisierung der einzelnen Tätigkeiten der Überschuß gesteigert werden kann. Die „invisible hand" des Marktes ihrerseits sorgt dann dafür, daß das infolge der Zerlegung (und effizienteren Kombination) von Arbeitsgängen erzeugte Mehrprodukt auch an jene Konsumenten (Unternehmen und Verbraucher) gelangt, die die beste Verwendung dafür haben, weil sie den höchsten Preis zu zahlen vermögen. Den Begriff der „invisible hand" benutzt Adam Smith im übrigen nur einmal, um deutlich zu machen, daß nicht gute Absicht zum guten Ergebnis des „Wohlstands der Nationen" führt, sondern die Verfolgung des Eigeninteresses:

„Every individual... intends only his own gain, and he is in this, as in many other cases, led by an invisible hand to promote an end which was no part of his intentions" (ibid.: Vol I, 477).

Die „invisible hand" erwirkt im Spiel der freien Marktkräfte allerdings nur dann das beste, wenn die Akteure nicht auf Kosten der anderen einen Überschuß der Handelsbilanz anstreben. Für die merkantilistische Lehre vor dem Siegeszug der klassischen politischen Ökonomie war der internationale Handel in erster Linie Mittel zum Zweck der Akkumulation von Gold und Silber in den Händen (bzw. Tresoren) des Souveräns. Die Handelsbilanz mußte positiv sein: Ware gegen Geld, Verkauf ohne Kauf. Der Außenhandel sollte der Nation, und die war gleichgesetzt mit dem souveränen Herrscher, einen bereits vergoldeten Überschuß erbringen. Diese vor-klassische Sichtweise der Überschußproduktion, die merkantilistische Schatzbildung, lehnte Adam Smith strikt ab:

„The importation of gold and silver is not the principal, much less the sole benefit which a nation derives from its foreign trade. Between whatever places foreign trade is carried on, they all of them derive two distinct benefits from it. It carries out that surplus part of the produce of their land and labour for which there is no demand among them, and brings back in return for it something else for which there is a demand" (ibid.: Vol I, 468f).

Die Entdeckung Amerikas, so Adam Smith, war für Europa daher auch weniger wegen der geplünderten Gold- und Silberbestände von Bedeutung als wegen der „opening up of a new market which improved the productive powers of labour" (ibid.: Vol I, 470).

Nach Adam Smith sollte also die trans- und internationale Ausdehnung der Märkte einen Beitrag zur Vertiefung der Arbeitsteilung und *daher* zur Steigerung des Wohlstands aller Nationen leisten. Die Teilnahme am freien Welthandel bedeutet einen sicheren Gewinn, da nur „Positivsummen-Spiele" auf dem Programm des freien, nicht regulierten und daher unverfälscht wirkenden Weltmarkts stehen. Für Smith ist der Weltmarkt also ein Vehikel der Produktivkraftsteigerung und daher Medium der Stimulierung und Realisierung von Überschüssen. Hier fallen zwei Argumente zusammen, die auch heute noch

Gültigkeit beanspruchen: *erstens* der Hinweis auf positive *Skaleneffekte* („economies of scale"), weil der Markt größer wird und daher optimale Losgrößen der Massenproduktion realisiert werden können, und *zweitens* die Betonung der Kostenvorteile als Folge einer *Steigerung der Produktivkräfte*, die sich der vertieften Arbeitsteilung verdankt.

Die Wohlstandswirkung des Handels, zumal des Fernhandels, scheint so überwältigend, daß sie von Fernand Braudel in seiner Sozialgeschichte des 15. bis 18. Jahrhunderts als ein „Wunder" bezeichnet wird:

> „Eine unabdingbare Voraussetzung für jedweden Kapitalismus, ja, auf den ersten Blick möchte man fast sagen, überhaupt die einzige, ist die Zirkulation, die im übrigen um so mehr Gewinn abwirft, je größere Räume sie überbrückt. Dieser elementare Determinismus gilt überall..." (Braudel 1986a: 645).

Der Handel ist demnach *erstens* nichts anderes als Bedingung und Begleiterscheinung der Arbeitsteilung, deren Vertiefung notwendig ist, wenn die Produktivität der Arbeit und mithin die Menge zu produzierender und zu verteilender Gebrauchswerte, wenn also der „Reichtum" steigen sollen. Es ist wichtig zu vermerken, daß die Arbeitsteilung auf die *Produktion* wirkt. Internationaler Handel aber ist *zweitens* der Austausch zwischen unterschiedlichen Gesellschaften, die ihre je eigenen Systeme der Arbeitsteilung herausgebildet haben (hinsichtlich Produktivität und Intensität der Arbeit, Höhe der direkten und indirekten Löhne, der wohlfahrtsstaatlichen Einrichtungen, hinsichtlich des Geschlechterverhältnisses). Diese Unterschiede sind kostenwirksam und sie spiegeln sich daher im Wechselkurs der Währungen. Auch und gerade der Austausch zwischen „Standorten" mit unterschiedlichen Kosten kann günstig sein, wie Ricardo mit seinem Theorem der komparativen Kostenvorteile und Marx mit seinem Theorem von der modifizierten Wirkungsweise des Wertgesetzes auf dem Weltmarkt gezeigt haben. Jedoch ergibt sich bei einer Intensivierung des internationalen Austausches ein beträchtlicher Druck auf die Reproduktionsbedingungen der Arbeitskraft, vor allem auf die Individual- und Soziallöhne, um die Lohnstückkosten an den je konkurrenzfähigsten Stand auf dem Weltmarkt anzugleichen; die Arbeitsteilung hat also Konsequenzen für die *Verteilung* des produzierten Überschusses.

Drittens klingt in der zitierten Feststellung Braudels die Moderne des ausgehenden 20. Jahrhunderts an. Denn auch in Zeiten des „Arbitrage- oder Derivatenkapitalismus", von dem im vorangegangenen Kapitel die Rede war, wirft die „Zirkulation... um so mehr Gewinn (ab), je größere Räume sie überbrückt" (Braudel 1986a: 645). Wir könnten hinzufügen: Und je kleiner die Zeitintervalle sind, die sie auszunutzen vermag. Die Weitung des Raums, die Globalisierung also, ist für das Handelskapital gewinnträchtig, weil sich die Möglichkeiten, in der *Zirkulationssphäre* Arbitragegewinne zu machen, vermehren. Die

Konsequenzen für Produktion und Verteilung sind beträchtlich, schon lange bevor von Globalisierung die Rede gewesen ist. Der Zirkulationsgewinn wird jedoch nicht in der Zirkulation produziert, sondern in der Produktion. Die Formen, in denen in der Zirkulation der produzierte Gewinn angeeignet und verteilt wird, haben sich im historischen Verlauf radikal verändert.

Bei der Abwägung der Wirkungen von internationalem bzw. Fernhandel auf Arbeitsteilung, Produktivität und Wohlstand, Distribution und Zirkulation aber sind die Transportkosten von Bedeutung. Die Intensivierung der internationalen Arbeitsteilung und der positive Effekt auf den „Wohlstand der Nationen" sind *viertens* ein Ausdruck der Kompression physischer Distanzen. Adam Smith hat den Transportkosten keine systematische Beachtung geschenkt. Doch offensichtlich sind Transportkosten, zumal des Fernhandels, da ja große Distanzen zu überwinden sind, nicht zu vernachlässigen. Die Transportkosten sind abhängig von (a) den technischen Systemen des Transports, (b) von den Lohnkosten im Transportsektor, (c) vom Preis der Energieträger und (d) von Transaktionskosten wie Zöllen, Gebühren, Versicherungen etc.; im Abschnitt 6.3 kommen wir darauf zurück.

David Ricardo ging in seiner Untersuchung der Wohlstandswirkungen des Freihandels einen Schritt weiter als Adam Smith. Er machte die explizite Annahme, daß verschiedene Nationen unterschiedliche Niveaus der Arbeitsproduktivitäten und der Löhne aufweisen. Daher kann es sein, daß eine Nation bei der Produktion aller auf dem Weltmarkt gehandelten Güter weniger Arbeitszeit benötigt als die Konkurrenten. Diese Nation ist in *absoluten* Größen wettbewerbsfähiger. Da die Anbieter aus diesem Land kostengünstiger produzieren und daher billiger anbieten können als die Konkurrenten, käme der Handel sehr bald mangels Kaufkraft des niederkonkurrierten Landes zum Erliegen: „No country can long import, unless it also exports, or can long export, unless it also imports", so David Ricardo in seinen „Principles of Political Economy and Taxation" von 1817 (Ricardo 1927: 248f). Das ist eine Paraphrase jenes Sir Thomas Smith zugeschriebenen Satzes aus dem Jahre 1549, den Braudel als die Zusammenfassung des „Wesentlichen, was man über die Bilanz wissen muß" (Braudel 1986a: 217), bezeichnet: „Wir müssen stets darauf achten, daß wir den Ausländern nicht mehr abkaufen, als wir ihnen verkaufen" (nach Braudel 1986a: 217). Dieser Satz gilt umgekehrt natürlich auch, es sei denn, eine Nation verwandelt sich auf Dauer in eine Gläubigernation und andere in Schuldner; daß dies auf Dauer nicht gutgehen kann, ist im vorangegangenen Kapitel gezeigt worden. Die von Braudel zitierte merkantilistische Befürchtung eines Abflusses von Edelmetallen (mit deflationären Effekten), wenn zu viel gekauft wird, ist jedoch unbegründet. Denn es kann, so Ricardo, selbst unter Bedingungen absoluter Kostenvorteile bei der Produktion sämtlicher Produkte eines Landes im Vergleich zu einem anderen Land von Vorteil sein, sich arbeitsteilig auf die *komparativ* günstig zu erzeugenden Produkte zu spezialisieren und andere, komparativ nicht so vorteilhaft zu produzierende Produkte statt dessen einzuführen.

„... No extension of foreign trade will immediately increase the amount of value in a country, although it will very powerfully contribute to increase the mass of commodities, and therefore the sum of enjoyments" (Ricardo 1927: 108).

Ricardo exemplifiziert seine Überlegungen am bekannten Beispiel Englands und Portugals. Beide Länder erzeugen Wein und Tuch. Portugal hat bei beiden Produkten absolute Vorteile im Vergleich mit England, und dennoch lohnt es sich für Portugal, mit England Handel zu treiben, so lange die Kostenrelationen zwischen Tuch und Wein unterschiedlich sind. Portugal verzichtet auf den Export von Tuch. Die auf diese Weise freigesetzte Arbeit kann nämlich effektiver bei der Herstellung von Wein eingesetzt werden. Portugal verschifft also den zusätzlichen Wein nach England und erhält in England im Austausch für den Wein eine größere Quantität Tuch (und, wie Ricardo hinzufügt, in besserer Qualität) als sie in Portugal hätte hergestellt werden können, wäre die Arbeitskraft nicht von der portugiesischen Tuchproduktion in den Weinbau umgeleitet worden. Die Engländer wiederum stellen weniger Wein her und verlegen sich auf die Produktion von Tuch. Denn das Tuch in Portugal gegen Wein einzutauschen, ist hinsichtlich der Quantität (und Qualität) nur vorteilhaft. Durch diese Spezialisierung wird die Herstellung von Tuch und Wein mit der gleichen Menge Arbeit insgesamt gesteigert. Die Produktivität der Arbeit (Produktmenge je Arbeitsstunde) hat in beiden Ländern durch die Ausweitung der Arbeitsteilung zugenommen. Die Wohlfahrt beider Nationen steigt, obwohl bei ausgeglichener Handelsbilanz wertmäßig keine Veränderungen eingetreten sind, wohl aber bei der Quantität und Qualität der Gebrauchswerte.

Der Hintergrund des von Ricardo gewählten Beispiels (Portugal, England; Wein und Tuch) ist der Handelsvertrag zwischen England und Portugal aus dem Jahre 1703, durch den der portugiesische Markt für englische Wolle und Wollartikel geöffnet wurde und der Portugal im Gegenzug Weinlieferungen nach England ermöglichte. Der Vertrag ist von Lord Methuen (daher „Methuen-Vertrag") auf britischer Seite ausgehandelt worden. Er öffnete Portugals Wirtschaft dem britischen Einfluß. Dieser erstreckte sich auch auf das Kreditwesen, das in Lissabon einen Aufschwung nahm, weil der Brasilien-Handel finanziert werden mußte. „Die Engländer übernehmen", so Fernand Braudel in seiner Studie über den Handel, „in Lissabon die gleiche Rolle wie einst in Sevilla die Holländer: Sie liefern die Waren für Brasilien *auf Kredit"* (Braudel 1986a: 226). Als Schuldendienst fließt dann das brasilianische Gold via Portugal nach England. Portugal wehrt sich gegen den Goldabfluß, indem es statt Gold- Silbermünzen prägen läßt, deren Wert in England gering ist. Doch kann die Einseitigkeit der Wirtschaftsausrichtung (Exporte von Port-Wein, um den britischen Kredit zu bedienen) nicht korrigiert werden. Die Folge des Vertrags war die Vernichtung des portugiesischen Woll- und Tuchgewerbes. Friedrich List hatte einen richtigen Punkt in seiner Kritik an „der Schule", wie er die klassische politische Ökonomie abschätzig zu bezeichnen pflegte, erhascht:

„Es ist eine gänzliche Verkennung der Natur der nationalökonomischen Verhältnisse von seiten der Schule, wenn sie glaubt, daß dergleichen Nationen durch den Tausch von Agrikulturprodukten gegen Manufakturwaren ebensowohl ihre Zivilisation, ihren Wohlstand und überhaupt die Fortschritte in den gesellschaftlichen Zuständen befördern könne, wie durch die Pflanzung einer eigenen Manufakturkraft..." (List 1841/1982: 195).

Das von Ricardo gewählte Beispiel beschränkte sich auf den Warenaustausch. Denn zu jener Zeit spielten Arbeitsmigration oder Kapitaltransfer zwischen den Handel treibenden Nationen[92] eine nur untergeordnete Rolle. Es lohnt, Ricardos Begründung für die Vernachlässigung von Kapitalbewegungen zur Kenntnis zu nehmen:

„Experience... shows, that the fancied or real insecurity of capital, when not under the immediate control of its owner, together with the natural disinclination which every man has to quit the country of his birth and connections, and entrust himself, with all his habits fixed, to a strange government and new laws, check the emigration of capital. *These feelings, which I should be sorry to see weakened, induce most men of property to be satisfied with a low rate of profits in their own country, rather than seek a more advantageous employment for their wealth in foreign nations"* (Ricardo 1927: 117; Herv. EA/BM).

Aus diesem Zitat Ricardos geht besonders klar hervor, daß es den klassischen politischen Ökonomen auch auf die *Kultur* des Kapitalismus angekommen ist. Jedenfalls wußten sie darum, daß die „zeitlosen Gesetze", die abstrakten „Theoreme" in einer historischen Gesellschaft wirksam sind. Eine so „bodenständige" Position, wie die Ricardos ist in den Verhältnissen des modernen Casino-Kapitalismus der Finanzderivate nicht mehr zeitgemäß. Mit der im vorangegangenen Kapitel beschriebenen Entmaterialisierung des Geldes sind auch lokale Bindungen schwächer geworden. Die sozialen Beziehungen, die durch Warentausch und Geld hergestellt werden, verlieren im globalen Raum ihre Verankerung am Ort. Jedoch haben die Finanzkrisen der jüngsten Zeit auch die Diskussion über die Folgen von freiem Kapitalverkehr belebt. Bhagwati (1998) hat ganz im Sinne Ricardos auf den Unterschied zwischen freiem Handel von „widgets" und von Dollars aufmerksam gemacht und im Interesse von free trade für gewisse Kapitalverkehrskontrollen plädiert.

---

[92] Die Migration in die Siedlungskolonien der beiden Amerikas, Australiens oder Afrikas und Asiens ist in diesem Argument nicht berücksichtigt.

6.2 Globale Zirkulations- und nationale Produktionsbedingungen oder: Die Auseinandersetzung um Sozial- und Umweltklauseln

Anders als Ricardo untersucht Marx die Produktionsbedingungen von Waren, bevor die Frage nach den Austauschbedingungen auf dem Weltmarkt aufgeworfen wird. Er nahm an, daß *innerhalb* einer Nation Produktivität und Intensität der Arbeit einem Durchschnitt zuneigen, der niemals erreicht werden kann und sich obendrein im langfristigen historischen Prozeß verschiebt. Diese Annahme ist Ausdruck des Marxschen Verständnisses von Gesellschaft. Sie kommt ja nicht durch Rationalentscheidungen einzelner Individuen (gemäß der Marginalkalkulation) oder durch einen Gesellschaftsvertrag zustande, sondern wird bereits von den Individuen „vorgefunden" und durch ihre Aktivitäten (als Prozeß der Vergesellschaftung bzw. der „Strukturierung") reproduziert. Wenn die Nationen (besser: die Unternehmen der durch jeweilige Durchschnittsbedingungen charakterisierten „Nationalökonomie") Handel treiben, vergleichen sie also die Produkte von unterschiedlichen und daher „eigentlich" nicht vergleichbaren Arbeiten. Das gilt für absolute, relative oder komparative Kostenunterschiede gleichermaßen. Der Ausgangspunkt der Betrachtung ist also der widersprüchliche Zusammenhang von Produktion und Zirkulation. In der Produktion von Waren (Gütern und Diensten), die immer lokal situiert ist[93], existieren zwischen den Nationen und Standorten zum Teil beträchtliche Unterschiede hinsichtlich der Produktivität und Intensität, der Zeitdauer und Qualifikation und der Entlohnung der Arbeit – von der Kultur, der materiellen und institutionellen Infrastruktur an dieser Stelle abgesehen. In der Zirkulation auf dem Weltmarkt können sich die Unterschiede aber nur als quantifizierbare Kosten bei gegebenem Weltmarktpreis ausdrücken. So werden in der Weltmarktzirkulation individuelle, im nationalen Raum produzierte Waren *„like products"*, die bestimmte Standards (Kosten, Qualität, Design) erfüllen müssen, um so die Privilegien des

---

[93] Dies gilt für die Transportindustrie nicht. Denn deren Produkt ist gerade die Überwindung von Distanzen. Der größte Teil der Transportarbeit (wenn man von Spedition, Lagerhaltung, Verwaltung etc. absieht) findet also nicht am Ort, sondern auf der Strecke zwischen zwei Orten statt. Marx hat sich sehr intensiv im 2. Band des „Kapital" mit der Transportindustrie auseinander gesetzt. Er schreibt: „Was aber die Transportindustrie verkauft, ist die Ortsveränderung selbst. Der hervorgebrachte Nutzeffekt ist untrennbar verbunden mit dem Transportprozeß, d.h. dem Produktionsprozeß der Transportindustrie. Menschen und Ware reisen mit dem Transportmittel, und sein Reisen, seine örtliche Bewegung, ist eben der durch es bewirkte Produktionsprozeß. Der Nutzeffekt ist nur konsumierbar während des Produktionsprozesses; er existiert nicht als ein von diesem Prozeß verschiednes Gebrauchsding, das erst nach seiner Produktion als Handelsartikel fungiert, als Ware zirkuliert. Der Tauschwert dieses Nutzeffekts ist aber bestimmt, wie der jeder andern Ware, durch den Wert der in ihm verbrauchten Produktionselemente (Arbeitskraft und Produktionsmittel) plus dem Mehrwert, den die Mehrarbeit der in der Transportindustrie beschäftigten Arbeiter geschaffen hat" (vgl. Marx, MEW 24: 60-61).

Freihandels, wie sie im GATT-Vertrag oder in der WTO niedergelegt sind, beanspruchen zu können. In der Konkurrenz zwischen Standorten geht es deshalb nicht nur darum, möglichst viele Waren abzusetzen, sondern die Standards zu setzen. Das muß sich nicht ausschließen, denn zumeist werden die Standards von den Anbietern mit dem größten Marktanteil bestimmt. Dies bedeutet aber auch, daß die häufig zum Beleg der Aussage, daß die Globalisierung nichts Neues sei, herangezogenen Statistiken über die internationale Handelsverflechtung wenig aussagekräftig sind. Von Globalisierung läßt sich erst dann sinnvoll sprechen, wenn die standardisierten *„like products"* der Zirkulation die *Standards der Produktion* und *„benchmarks"* (Sklair 1998a) der Rentabilität des investierten Kapitals am Standort vorgeben[94]. Da aber im fertigen Produkt der Prozeß „erloschen" ist, spielt es, der Philosophie des Freihandels folgend, keine Rolle, unter welchen Umweltbedingungen oder sozialen Verhältnissen die Produktion durchgeführt wird. Im fertigen Produkt erlöschen alle Unterschiede der Qualifikation, der Arbeitsintensität, der Lohnhöhe oder der Produktivität. Man sieht es dem Automobil nicht an, welchen Stundenlohn der Arbeiter in den Fabriken von São Paulo, Wolfsburg, Seoul oder Tokio und Detroit erhalten hat, wie lang die tarifliche Arbeitszeit ist und wie intensiv gearbeitet werden mußte. Es ist in der Regel auch nicht möglich, am Produkt zu erkennen, mit welchen ökologischen Effekten (Externalisierung von Umweltkosten) es produziert worden ist und ob bei der Produktion Arbeits- und Menschenrechte verletzt worden sind.

Für eine bestimmte Ware kann es also – von den Transport- und anderen Transaktionskosten abgesehen – auf dem Weltmarkt nur einen Preis geben, obwohl die Elemente der Warengattung zu ganz unterschiedlichen Arbeits- und Produktionsbedingungen hergestellt sein mögen. Die „gleichzeitige Verschiedenheit nationaler Arbeitslöhne" ergibt sich nach Marx daraus, daß „Preis und Umfang der natürlichen und historisch entwickelten ersten Lebensbedürfnisse, Erziehungskosten des Arbeiters, Rolle der Weiber- und Kinderarbeit, Produktivität der Arbeit, ihre extensive und intensive Größe" (Marx, MEW 23: 583) von Land zu Land (und manchmal innerhalb eines Landes) so verschieden sind, daß die Annahme homogener Arbeit und von gesellschaftlich-durchschnittlichen Bedingungen auf dem Weltmarkt unrealistisch wird. Daher wirkt das „Wertgesetz" auf dem Weltmarkt nur in modifizierter Weise. Die verschiedenen nationalen Durchschnittsarbeiten bilden sozusagen eine „Stufenleiter" unterschiedlicher Intensitäten und Produktivitäten, „deren Maßeinheit die Durchschnittsein-

---

[94] Daher macht es einen Unterschied, ob die europäischen Länder aus der „Dritten Welt" exotische „Kolonialwaren" importieren oder durch die EU genormte Bananen oder südafrikanischen und chilenischen Wein einführen. Die Kolonialwaren sind nämlich kein „like product", die EU-Importe von Bananen und Wein jedoch sehr wohl.

heit der universellen Arbeit" (Marx, MEW 23: 584) ist. Diese Maßeinheit ist kein Rationalkonstrukt, sondern sie findet ihren Ausdruck im Weltgeld vor, in dem die unterschiedlichsten Qualitäten von Arbeit und die unterschiedlichsten Quantitäten von Arbeitszeit, die in den Produkten (aufgrund unterschiedlicher Arbeitsproduktivität) enthalten sind, auf einen gemeinsamen Nenner gebracht werden. Die doppelt so produktive Arbeit eines Landes im Vergleich zu einem anderen Land zählt auf dem Weltmarkt als doppelt so intensive Arbeit, so als ob die Arbeiter in der gleichen Zeiteinheit (z.B. 7 Stunden) die doppelte Menge Waren herstellen, die sich in die doppelte Summe Weltgeld verwandeln lassen. So werden sie, obgleich wegen der unterschiedlichen Produktivität (im nationalen Raum) eigentlich qualititativ unvergleichbar, doch wieder im internationalen Austausch gleichgesetzt. Die erwähnten „like products" machen also im Tausch auf dem Weltmarkt Arbeiten „like", obwohl sie in vieler Hinsicht ganz verschieden sind[95].

Diesem Prinzip folgt der GATT-Vertrag mit seinem Artikel XX. Danach dürfen nationale Verhältnisse gegen die Weltmarktkonkurrenz geschützt werden, sofern es um „Maßnahmen der öffentlichen Sittlichkeit, Maßnahmen zum Schutz des Lebens und der Gesundheit von Menschen, Tieren und Pflanzen..., Maßnahmen zur Erhaltung erschöpflicher Naturschätze..." (Art. XX, a, b, g) geht. Aber dabei sind zwei Einschränkungen zu beachten. *Erstens* konkurrieren Produkte und es ist unerheblich, mit welchen Produktionsmethoden (auch unter welchen Arbeitsbedingungen und mit welchen ökologischen Effekten) sie erzeugt worden sind. *Zweitens* können Produktstandards nur dann angewandt werden, wenn sie auch für im Inland erzeugte Waren gelten. Mit anderen Worten: In der Konkurrenz der Weltmärkte sind im Prinzip alle Waren gleich und die Produktionsmethoden (ökologische und soziale Standards) sind ein für die Welthandelsordnung weniger wichtiger Faktor, der handelspolitisch nicht geregelt werden müßte. Erst in der WTO hat sich dies geändert. Ökologische Handelsklauseln stehen auf der Agenda.

---

[95] Wegen der international verschiedenen Produktivitäten ist es möglich, unterschiedliche Löhne zu zahlen, ohne dadurch an Konkurrenzfähigkeit zu verlieren. Das weniger produktive Land hat ein im nationalen Durchschnitt niedrigeres Lohnniveau als das produktivere Land. Es zählen also immer die *Lohnstückkosten* im internationalen Vergleich, nicht Produktivitäten oder Löhne für sich genommen. So ist es auch möglich, daß zwei Länder unterschiedlicher Produktivität und unterschiedlicher Löhne gleicherweise hohe Durchschnittsprofitraten aufweisen: das eine Land wegen hoher Arbeitsproduktivität, das andere wegen niedriger Löhne. Die Kapitale des einen Landes erzielen Extraprofite, die Unternehmen des anderen Landes eine vergleichsweise hohe Mehrwertrate. Dieser Tatbestand ist zur Erklärung des Nachkriegsbooms der Industrieländer bis in die 60er Jahre von beträchtlicher Bedeutung (Altvater/Hoffmann/Semmler 1979).

Der „freie Handel" bringt nicht nur die komparativen Kostenvorteile für Käufer der auf dem Weltmarkt gehandelten Waren (für die Konsumenten), sondern zeitigt folglich auch für die Produzenten der Waren Konsequenzen. Diese können für manche Länder vorteilhaft sein, wenn auf den größeren internationalen Märkten Skaleneffekte realisiert werden, die die Produktivität erhöhen und so den Spielraum für Lohnsteigerungen ausweiten. Auch die infolge der modifizierten Wirkungsweise des Wertgesetzes anfallenden Extraprofite haben diese Wirkung, weil sich der Verteilungsspielraum (bei Leistungsbilanzüberschüssen) zwischen Lohnarbeit und Kapital vergrößert. Es kann aber auch geschehen, daß die Arbeits- und Lohnverhältnisse unter Druck geraten, weil die Produktionskosten und Warenpreise (nach unten) an die Weltmarktbedingungen angepaßt werden müssen. Produktivitätsrückstände werden dann durch gesteigerte Arbeitsintensität und niedrigere Löhne ausgeglichen. Die Ricardosche *Markt*analyse muß daher um die Analyse der *Produktions*bedingungen der Waren ergänzt werden, um die Effekte des internationalen Handels auf „Wohlstand" oder „Mißstand" der Nationen, die ja nicht nur als Nationen von Konsumenten, sondern zugleich als Nationen von Produzenten verstanden werden müssen, identifizieren zu können.

Dieser Sachverhalt ist der Hintergrund der Debatte um „Sozialklauseln" und „Umweltklauseln" im internationalen Handel. Gemäß der Charta der International Labour Organisation (ILO) von 1919 sind Sanktionen zur Verteidigung von Arbeitnehmerstandards erlaubt. Allerdings sind diese immer in Frage gestellt worden und in ihrer Wirksamkeit gegenüber der Freihandelsregel begrenzt. Tatsächlich ist die Annahme naiv, daß nationale Schutzrechte, die die ILO schon seit ihrer Gründung vorsieht, nicht in der Konkurrenz des Weltmarkts ausgehebelt werden können. Das muß nicht unbedingt zu der von Afheldt (1994) befürchteten Absenkung der Löhne bis zu dem entwürdigenden Zustand führen, daß „Arbeit so billig wie Dreck" wird. Die Wirkungskette führt aber, wie Dahrendorf (1995) richtig erkannt hat, weiter: zur Anpassung der wohlfahrtsstaatlichen Regeln und Institutionen, zu einer Auflösung der – in einer (in der Regel) nationalen Tradition von Konflikten entstandenen – tariflichen Verhandlungssysteme im Säurebad der globalen Konkurrenz. Schließlich müssen sogar die Konsumstandards der Produzenten abgesenkt werden, da die Meßlatte von den „Standorten" mit dem niedrigsten Niveau vorgegeben wird. Wenn dies geschieht, erweisen sich die grandiosen Versprechen des freien Handels sogar für die Masse der Konsumenten als hohl und falsch.

In freien Industriezonen, „Export Processing Zones" (EPZ) oder Maquiladoras sind die Arbeitsbedingungen häufig besonders schlecht, um die lokale Arbeit für TNU zu verbilligen. EPZ sind nicht erst in den 90er Jahren in Ländern der sogenannten „Dritten Welt" entstanden. Sie haben eine längere Geschichte, die in die 60er Jahre zurückreicht[96]. In den 70er Jahren werden EPZs in Indien und anderen asiatischen Ländern errichtet, später auch in Lateinamerika (vor allem Zentralamerika: Guatemala, El Salvador, Mexiko, Haiti) und in Afrika (vorzugsweise Mauritius und Zimbabwe) und seit 1989 in einigen ehemals realsozialistischen Ländern (Rußland, China, Bulgarien, Rumänien). In einigen Fällen ist das ganze Land eine Art EPZ (z.B. Vietnam). Die Regierungen unterstützen die Errichtung von EPZs durch Steuerbefreiung, günstige Zollsätze, lockere Umweltvorschriften und niedrige Löhne (ICFTU 1998) in der Hoffnung, auf diese Weise Arbeitsplätze zu schaffen. Auch wenn es zumeist lokale Unternehmen sind, die in den EPZ produzieren, „without the multinationals wouldn't be any export zone" (ibid.: 10). Denn die lokalen Unternehmen sind zumeist Zulieferer großer TNU, die die Konditionen von Preis, Menge und Qualität setzen, an denen sich die lokalen Anbieter ausrichten. In einer Erhebung der Arbeitsbedingungen in sieben TNU der Bekleidungs- und Sportartikelindustrie (Nike, H&M, Levi Strauss, Otto Versand, C&A, Walt Disney, Adidas) durch die „Clean Clothes Campaign" (CCC 1998), die für die Verhandlungen des „Permanent Peoples' Tribunal" der „International Lelio Basso Foundation for the Right of Peoples" Ende April/ Anfang Mai 1998 in Brüssel vorbereitet worden war, wurde eine Fülle von Verstößen gegen die Rechte von Arbeiterinnen und Arbeitern, gegen die Menschenwürde und demokratische Grundfreiheiten dokumentiert[97]. Sie reichen vom Verbot oder der Behinderung von Gewerkschaftsarbeit, überlangen Arbeitszeiten, Formen der Zwangsarbeit, Gewalt gegen Frauen, der Ausübung von Druck von TNU auf „subcontractors", die den Druck an die Arbeitskräfte weitergeben, bis zur politischen Repression durch staatliche Gewaltorgane aus Gründen der Exportförderung (Wick 1998; Wichterich 1998; Talpade Mohanty 1998; Kernaghan 1998; vgl. auch Altvater 1999b).

Menschenrechte, auf die sich die Staatengemeinschaft im Rahmen der UNO 1948 verständigt hat und die inzwischen durch die Aufnahme sozialer und ökologischer Rechte weiterentwickelt worden sind, und die gewerkschaftlichen Rechte, die in der ILO-Charta und in vielen anderen Dokumenten niedergelegt

---

[96] Die erste EPZ entsteht mit Unterstützung von UNIDO und UNCTAD und anderen UN-Organisationen, also öffentlich gefördert, in Shannon (Irland), nachdem die Entwicklung des modernen Düsenflugzeugs die Zwischenlandung vor der Atlantiküberquerung auf dem westlichsten europäischen Flughafen überflüssig gemacht hatte. Um die Arbeitslosigkeit in einer strukturschwachen Region zu bekämpfen, wurde eine EPZ eingerichtet.

[97] Die Literatur über die Verletzungen von Menschen- und Arbeitsrechten durch TNU ist viel zu umfangreich, als daß sie hier gewürdigt werden könnte. Vgl. die „klassische" Studie von Fröbel/Heinrichs/Kreye 1977; Kasch et al. 1985 sowie die jüngeren Veröffentlichungen von Custers 1997; Talpade Mohanty 1998; Kernaghan 1998; ICFTU 1998.

sind[98], werden vielfach gebrochen. Nur die Ausübung von politischem Druck auf internationaler Ebene kann dabei helfen, Überausbeutung und Entrechtung zu verhindern: durch Kampagnen gegen repressive Regierungen und gegen TNU, die ökonomisch von den Rechtsverletzungen profitieren[99]. Da die sozialen Klauseln der ILO nur schwaches Recht gegenüber den Regeln des Freihandels konstituieren, werden „codes of conduct" eine „zweitbeste" Alternative (vgl. Scherrer et al. 1998). Damit sie wirksam werden und wirksam bleiben, müssen sich NGOs und Gewerkschaften zu ihrer Ausgestaltung und Verteidigung engagieren.

Ähnliches gilt für Umweltklauseln. In der „Deklaration von Rio de Janeiro" auf der UNCED-Konferenz von 1992 und in der „Agenda 21" sind Leitlinien für eine Verbesserung von Umweltstandards festgelegt. Die Entwicklung von Umweltklauseln ist auch – im Unterschied zu Sozialklauseln – auf der Agenda der WTO. Doch ist die Festlegung von umweltfreundlichen Produktionsverfahren der Regel des „like product" nachgeordnet (Chahoud 1998). Nur „weiche" Bestimmungen wie eine Harmonisierung von Umweltstandards, die Entwicklung von „ecological labels" oder die Unterstützung von Umweltmanagementsystemen (in Anwendung der Bestimmungen von ISO 14000) sind in der WTO am Ende des Jahrhunderts realistisch. Mit diesen schwachen Maßnahmen werden die negativen Auswirkungen des Freihandels auf die Umwelt nicht abgewehrt. Diese sind:

„1. Free trade hampers environmental quality by emphasizing the competitive advantage of those countries which do not internalize environmental costs… Free trade therefore works against government efforts to foster environmentally benign economic development.
2. Free trade also contributes to uncertainty and to the uncontrolled growth in scale of the global economy, which must be limited as the most important step toward sustainability.
3. Free trade is bad for the coheviveness of human communities and for society's ability to provide for its members…" (Perkins 1998: 51).

Die Schlußfolgerung, die sich an Dalys Kritik des Freihandelstheorems orientiert (Daly 1993), kann noch radikalisiert werden. Wenn Freihandel Entwicklung stimuliert, dann muß die Frage nach der Art der Entwicklung gestellt wer-

---

[98] Vgl. die Auflistung in der „Charter on Industrial Hazards and Human Rights" des „Permanent Peoples' Tribunal" und im Urteil des „Permanent Peoples' Tribunal" über „Workers and Consumers Rights in the Garment Industry", Brüssel 5.5.1998, abzurufen im Internet unter der Adresse: http://www.grisnet.it/filb
[99] Das hat auch Shell in Nigeria getan, bevor es in der Nordsee das Brent Spar-Desaster erleben mußte und durch den Mord des von Shell gestützten Militärregimes an Ken Saro Wiwa in Erklärungsnotstand gegenüber der sensibilisierten Öffentlichkeit in den Industrieländern geriet. Inzwischen hat auch Shell einen „Code of Conduct", in dem die Beachtung der Menschenrechte und der Natur hohe Priorität besitzen.

den. Ricardo und die Verfechter des Theorems der komparativen Kostenvorteile gehen ja wie selbstverständlich von der Steigerung der Wohlfahrt aus. Da aber die Bedingungen des Produktionsprozesses, in dem die gehandelten Produkte produziert werden, aus der Betrachtung und aus der Regulierung durch das Handelsregime ausgeschlossen werden, sind die Wirkungen des Freihandels nur positiv, wenn von den Produktionsprozessen keine negativen Wirkungen ausgehen. Diese Annahme jedoch ist fragwürdig, wenn die Wettbewerbsfähigkeit verbessert werden kann, indem Umweltkosten externalisiert und die Arbeitskraft überausgebeutet werden. Es läßt sich empirisch belegen, daß „the costs of global trade will overwhelm any ... beneficial effect" (Lofdahl 1998: 351). Lofdahl untersuchte die Effekte von Bevölkerungswachstum, Wachstum des Pro-Kopf-Einkommens und Handel auf die Abholzung bzw. Wiederaufforstung von Regenwäldern:

„Given that GNP and trade have both been shown to decrease forest area, and give that forests are a reasonable measure of environmental health, Bhagwatis statement (on the welfare effects of free trade – EA/BM) appears to be false: environmentalists do have reason to fear trade and growth..." (ibid.: 351).

Darüber hinaus werden durch den Handel selbst bei steigender Effizienz energetische Ressourcen gebunden. Da der globale Handel in dem halben Jahrhundert seit 1950 mit etwas mehr als 6% pro Jahr – verglichen mit dem etwa 4%-igen Wachstum des weltweiten Sozialprodukts – zugenommen hat (Adams 1998b: 180), dürfte auch der Energieverbrauch relativ gestiegen sein. Der Energieverbrauch in der Industrie und in den Haushalten ist seit der „Ölkrise" 1973 rückläufig, im Transportsektor allerdings hat er zugenommen (vgl. Glyn 1995: 48-53). Die überdurchschnittliche Zunahme des globalen Handels hat also durchaus beachtliche Umweltwirkungen.

Der freie Handel von Waren kann daher nicht ohne die Konsequenzen für die Produktionsprozesse betrachtet werden[100]. An dieser Stelle geraten Handels-

---

[100] Welche Konsequenzen sich aus der Ausblendung des Produktionsprozesses ergeben, wurde am Beispiel der Thunfisch-Delphin-Kontroverse zwischen den USA und Mexiko sehr deutlich. Die USA versuchten, die Einfuhr von Thunfisch aus Mexiko zu verhindern, weil infolge der Fangmethoden des Thunfischs auch Delphine ins Netz gerieten. Letztere stehen aber als Meeressäuger in den USA unter besonderem Schutz. Vor dem GATT dispute settlement panel kamen die USA mit ihrer Argumentation nicht durch. Denn *erstens* wurde nicht akzeptiert, daß die Schutzvorschrift der USA für Delphine „extraterritorial" angewendet werden sollte. *Zweitens* ging es in dem Streit nicht um ein Produkt (Thunfisch), sondern um den Prozeß (Fangmethoden). „Gemäß Panel-Bericht rechtfertigen unterschiedliche Produktionsmethoden keine Diskriminierung mexikanischen Thunfischs durch die USA, da trotz abweichender Produktionsverfahren, d.h. Fangmethoden, das Produkt identisch sei und daher nicht diskriminiert werden dürfe" (Hauser/Schanz 1995: 266). Inzwischen hat sich in der WTO eine andere Sichtweise ergeben. In einem Streitfall zwischen den USA und Indien, Pakistan, Thailand und Malaysia wegen der Importverbote bestimmter Krabbenprodukte, weil bei deren

klauseln – Sozialklauseln und ökologische Klauseln – auf die Agenda und in den Streit. Denn ohne Zweifel sind sie Elemente der Protektion sozialer und ökologischer Standards, auch gegen Konkurrenten, die sich ihrerseits gegen den sozialen und ökologischen „Protektionismus" zur Wehr setzen. Umgekehrt werden die Konkurrenten mit niedrigen sozialen und ökologischen Standards des „Sozial- und Ökodumpings" beschuldigt. Im *nationalen* Rahmen existieren eine Fülle von Handelsklauseln, die sich auf die Prozesse der Produktion beziehen: Sozialpolitik und ökologische Politik wäre gar nicht denkbar ohne ihre Manifestation in Form von „Klauseln". Daß diese im globalen System so strittig sind und bis heute nicht als wirksame Regeln existieren, kann daher als ein sehr starkes Indiz dafür genommen werden, daß es zwar unbezweifelbar den Weltmarkt, aber ebenso unbezweifelbar keine Weltgesellschaft gibt. Die auf dem Weltmarkt gehandelten „*like products*" werden nicht als Resultate eines (welt)gesellschaftlichen Produktionsprozesses verstanden, sondern als Waren, die mit einem Preis ausgestattet vom Himmel, oder wie Bhaghwati präzisieren würde: vom Mars gefallen sein könnten.

Es sind also nicht die *komparativen*, sondern die *absoluten* Kostenvorteile (einschließlich jener, die durch Externalisierung von sozialen und ökologischen Kosten erzielt werden können), die die Handelsströme und deren Richtung bestimmen. Die Kosten enthalten auch Umwelt- und Sozialkosten, wenn diese den Regeln entsprechend am „Standort" internalisiert werden müssen, und sie enthalten sie nicht, wenn am „Standort" deren Externalisierung zugelassen wird. Damit ist aber die theoretische Begründung für die segensreichen Wirkungen des freien Handels für alle beteiligten Nationen hinfällig; die einen gewinnen viel, die anderen wenig, und dritte dürften sogar effektiv verlieren. Die oben zitierten Berechnungen der Handelsgewinne für Ländergruppen durch die Deregulierung im Zuge der Uruguay-Runde sind daher ebenso fragwürdig wie die von Cecchini (1988) vorgelegten geschönten Bilanzen, in denen zwar die Kosten der Nicht-Deregulierung im europäischen Integrationsraum ausgerechnet wurden, nicht aber die Kosten der Deregulierung oder die Vorteile der Regulierung. Nur so aber ließe sich eine Bilanz erstellen, die ein Abwägen von Vorteilen und Nachteilen des Freihandels ermöglicht. Dieses Argument spricht natürlich nicht gegen den internationalen Handel, wohl aber gegen die Annahme von seinen segensreichen Wirkungen für *alle* Beteiligten. Wir haben darauf bereits zu Beginn dieses Kapitels aufmerksam gemacht.

Fang auch seltene Meeresschildkröten ins Netz geraten, entschied der Appelate Body der WTO in der Sache zugunsten der USA und des Schutzes von Meeresschildkröten mit dem Verweis auf den Artikel XX (a-j) des GATT, die Artenschutzkonvention (CITES) und die WTO-Präambel, in der es heißt: „... allowing for the optimal use of world's resources in accordance with the objective of sustainable development ..." (WTO 1998).

6.3 Reduktion der Transportkosten und von räumlichen und zeitlichen Distanzen

Auch heute verdankt sich ein Teil der Faszination des Freihandels-Theorems zwei Sachverhalten: *Erstens* ist die ganze Welt dem Rationalprinzip des Äquivalententausches (in Weltgeld – US$, Yen, DM oder Euro) unterworfen; der „Reichtum der Nationen" wird zumeist in Dollar, teilweise auch in den anderen „großen" und starken Triadenwährungen gemessen. *Zweitens* sind die Transportkosten heute noch mehr als zu Ricardos Zeiten zu vernachlässigen, und dies sowohl zwischen weit entfernten Weltregionen wie für komplexe Industriegüter, also nicht nur für Stapelgüter wie Tuch oder Wein, Weizen und Biberfell (vgl. dazu Bologna 1998: 152ff). Distanzen in Raum und Zeit sind ökonomisch unerheblich, jedenfalls jene zwischen den Welthandelszentren, die an den Knotenpunkten des Netzes von Transport- und Kommunikationsbahnen liegen. Jene Orte, die abseits der Routen liegen, sind freilich auch (also nicht nur) wegen hoher Transportkosten abgekoppelt. Das Ausmaß des Welthandels ist von technischen Bedingungen, die auf die ökonomische Bedeutung von Distanzen Einfluß haben, und von den Preisen der Energieträger, mit denen die Ortsveränderungen von Waren und Menschen vollzogen werden, abhängig, wenn an dieser Stelle der Einfluß von Zöllen und nicht-tarifären Handelshemmnissen vernachlässigt wird[101].

Im Beispiel Ricardos ging es um Wein und Tuch, also um vergleichsweise leicht transportierbare Stapelgüter, und um England und Portugal, zwei Länder also, die nicht so weit voneinander entfernt liegen, daß der Seetransport und andere Transaktionskosten von entscheidender Bedeutung sein könnten. Tatsächlich war der Seetransport beispielsweise nach oder von Portugal zu seiner Zeit schneller als der Landtransport über kürzere Entfernungen in England selbst (Weber 1990, Fried 1939: 59ff; Sombart 1916/1987). Für die Minderung der Zeiten und Kosten bei der Durchmessung räumlicher Distanzen sprechen auch die Daten über die Reichweite britischer Importe von Massengütern. Zwischen 1830 und 1914 ist die durchschnittliche Entfernung der Gebiete, aus denen England seinen Weizen importierte, von 3850 km auf 9500 km angestiegen.

---

[101] Die Unerheblichkeit von Distanzen ist beileibe keine Selbstverständlichkeit. Krugman (1995: 339f) zitiert eine kanadische Studie, aus der hervorgeht, daß die kanadischen Provinzen untereinander weit intensiver Handel treiben als mit bevölkerungsreicheren und hinsichtlich der geographischen Distanzen vergleichbaren US-amerikanischen Regionen. Ontario exportiert beispielsweise dreimal mehr Waren nach British Columbia als nach Kalifornien, obwohl Kalifornien mit 30 Mio. Einwohnern ein zehn mal größerer Markt ist als British Columbia mit 3 Mio. Einwohnern. Diese Resultate können nicht mit Zöllen oder Sprach- und Kulturdifferenzen oder geographischen Distanzen erklärt werden; sie verweisen auf das erhebliche Gewicht, das politischen Grenzen auch zwischen befreundeten Nationen zukommt.

„Diese beträchtliche Wegverlängerung wurde aber in England nicht preiswirksam, weil in der gleichen Periode die Seefrachten auf ein Drittel sanken" (vgl. Ritter 1994: 34). Der mediterrane Weltkreis des Cicero und der Weltkreis zu Ricardos Zeiten am Beginn des 19. Jahrhunderts waren beide in etwa 40 bis 60 Tagen zu durchmessen. So macht sich die „Verkürzung von Raum und Zeit" (Weber 1990) durch den technischen und organisatorisch-logistischen Fortschritt geltend. Mit der Verbilligung der Transportkosten wird die „penetrative power of the price system" (Innis 1995: 66) gesteigert; Preissignale stimulieren den Handel zwischen der „alten" und der „neuen" Welt, indem sie aus dem „internal trade" den „external trade" hervorgehen lassen.

„Wenn einerseits mit dem Fortschritt der kapitalistischen Produktion die Entwicklung der Transport- und Kommunikationsmittel die Umlaufzeit für ein gegebenes Quantum Waren abkürzt, so führt derselbe Fortschritt und die mit der Entwicklung der Transport- und Kommunikationsmittel gegebne Möglichkeit – umgekehrt die Notwendigkeit herbei, für immer entferntere Märkte, mit einem Wort, für den Weltmarkt zu arbeiten. Die Masse der auf Reise befindlichen und nach entfernten Punkten reisenden Waren wächst enorm" (Marx, MEW 24: 254).

Die Logistik, in neuerer Zeit die transkontinentalen Eisenbahnnetze, Supertanker und Containerschiffe, die extreme Ausweitung des Lufttransports, vor allem seit der Indienstnahme des Jumbo-Jets Ende der 60er Jahre, stimuliert die Marktausweitung. Doch zugleich zeigt es sich auch, daß der Markt der institutionellen Einbettung bedarf. Raumübergreifende, globale Strukturen und Institutionen, die die Marktprozesse zu regulieren beanspruchen, werden erzeugt: vom Welttelegraphenverein 1865 über den Weltpostverein 1874, die Weltausstellungen seit 1851, Systeme und Standards der technischen Normierung bis zu der Vielfalt von regulierenden Institutionen der gegenwärtigen Weltwirtschaft und Weltgesellschaft.

Es gibt es eine Reihe von Gründen dafür, daß Transportkosten im Vergleich zu anderen Kostenbestandteilen des Produktpreises niedrig sind. Alfred Weber hat zu Beginn dieses Jahrhunderts in seiner Standortlehre (Weber 1909) ubiquitäre Güter („Ubiquitäten") von lokalen Gütern unterschieden. Erstere sind die überall vorkommenden Güter wie Erde, Holz, Kalk etc., letztere sind für einen je gegebenen „Standort" spezifisch: regionale Früchte, lokale Dienstleistungen, national spezifische Modeartikel, die jenseits der jeweiligen Grenzen wenig Zuspruch finden. Weber hat sich kaum vorstellen können, daß am Ende des Jahrhunderts viele der industriell in Massenproduktion für den Massenkonsum erzeugten Produkte *weltwirtschaftliche „Ubiquitäten"* geworden sind, weil Transport- und Transaktionskosten „Konkurrenzgrenzen" zum Verschwinden gebracht haben, weil sich die lokalen Moden zu einer globalen „alta moda" konzentriert haben, weil lokale Geschmacksrichtungen in „McWorld" (Barber

1995) vereinheitlicht wurden, weil die Kommunikationsbahnen einen Höchstgeschwindigkeitsaustausch zwischen entfernten Orten zulassen.
Auch neue *Produktions*technologien haben der räumlichen Bindung und daher den Transportkosten ihre Bedeutung genommen. Elektrostahlwerke können an Orten errichtet werden, wo Transportkosten für Kohle sehr hoch angesetzt werden müßten. Sie verbrauchen nämlich keine Kohle und sie können auch Schrott verarbeiten, weil Gas als Reduktionssubstanz benutzt und Prozeßwärme mit Elektroenergie erzeugt werden kann. Sie sind also auch unabhängig vom Extraktionsort des Eizenerzes. Die räumliche Organisation des Produktionsprozesses folgt dem Prinzip der Minimierung von Transportkosten und nicht den natürlichen Vorkommen von Primärgütern. Die Produktionsketten können aufgespalten werden. Produktionsprozesse werden räumlich desintegriert. Nicht nur Transport-, sondern auch Produktionstechnologien entschärfen also das Problem der Transportkosten. Die Arbeitsteilung im Raum kann mit den Produktions- und Transporttechnologien flexibler denn je gehandhabt werden.
Die „alten" Standorttheorien von Heinrich von Thünen aus dem Jahre 1826, von Alfred Weber (1909) oder Wolfgang Christaller (1933) enthalten die Annahme, daß Transportkosten (abhängig vom Gewicht pro Strecke) und daher die Distanz zwischen Extraktions-, Produktions- und Konsumtionsort eine wesentliche Rolle bei der Optimierung der Lokation eines Unternehmens zwischen Rohstofflagern, Produktionsort und Abnehmermärkten spielen. Je höher die Transportkosten eines bestimmten Rohstoffs (Preis je Tonnenkilometer), desto näher mußte das Verarbeitungsunternehmen an den Lagerstätten des Rohstoffs errichtet werden; es sei denn, es tritt im Zuge der Verarbeitung kein Gewichtsverlust auf (denn dann ist es gleichgültig, ob das Produkt in der Nähe des Materialfundorts oder in der Nähe des Abnehmermarktes gefertigt wird). So kann erklärt werden, warum sich die deutsche Eisen- und Stahlindustrie in der zweiten Hälfte des 19. Jahrhunderts nahe der Kohle im Ruhrgebiet konzentriert hat, warum Oberschlesien oder Lothringen zu Industriegebieten wurden oder wie sich landwirtschaftliche Produktionszonen („Thünen'sche Kreise") um große Verbrauchszentren (Städte) gebildet haben. Das Modell der Thünenschen Kreise ist sogar auf die Weltwirtschaft insgesamt angewandt worden (Fried 1939); allerdings macht es nur Sinn, wenn die Welthandelsgüter zu einem bedeutenden Teil aus Agrarprodukten bestehen; und auch dies ist fragwürdig geworden, wenn selbst frisches Obst, Gemüse, Fleisch und Fisch um die halbe Welt transportiert werden, um zu den kaufkräftigen Verbrauchszentren in den Industrieländern gebracht zu werden: Schnittblumen aus Israel, Kenia oder Kolumbien für den westeuropäischen oder US-amerikanischen Markt, Trauben aus Südafrika, Fisch aus dem Pazifik, grüne Bohnen aus Ägypten. Mit dem Instrumentarium der Thünenschen Kreise kann man nicht erklären, warum sich moderne

Industrien in Baden-Württemberg angesiedelt haben, warum an den Erdölquellen des Nahen Ostens keine petrochemische Industrie entsteht, warum in Silicon Valley die Electronics Industrien konzentriert sind oder Daimler Benz das Swatch-Auto in Lothringen produzieren läßt.

Sombart hat ein „Standortschema" erarbeitet, das „rationale" Standortentscheidungen nach qualitäts- und kostenbestimmten Erwägungen untergliedert. Letztere können konsum-, produktionsmittel- oder arbeitsbestimmt sein. Unter den qualitätsbestimmten Vorteilen sind Fühlungsvorteile besonders wichtig, auf die ja auch Alfred Marshall (1898/1964) hinweist. Konsumbestimmte Entscheidungen folgen der Nähe zum Absatzmarkt, kostenbestimmte entweder der Qualität und den Kosten der Arbeit oder den Kosten von Produktionsmitteln (Sombart 1916/1987: Bd. II, 902). Nur die Energiekosten spielen in diesem Schema keine Rolle: Doch sie sind tatsächlich entscheidend.

Die *Preise für fossile Energieträger*, also für die Antriebsmittel der Transportsysteme der Neuzeit, sind sehr niedrig (zu niedrig, wenn die ökologischen Folgen berücksichtigt werden), so daß ihr Effekt auf die Transportkosten derzeit gering ist. Nach dem Preissprung von 1973 von 2,81 US$ auf fast 11 US$[102] und nach dem Höhepunkt 1982 mit 33,9 US$ pro Barrel Rohöl sind die Preise 1993 auf 17,00 US$ und 1998 auf einen neuen Tiefpunkt von 13,50 US$ gesunken; im Dezember 1998 wurde mit gerade einmal 9,68 US$ das geringste monatliche Niveau seit rund 20 Jahren registriert. Die Preise für Konsumgüter sind im OECD-Durchschnitt von 1973-79 um 10,7%, von 1979-1989 um 8,9% und von 1989 bis 1995 um 5,4% jährlich gestiegen (OECD 1997a: 91). Trotz der Preisschwankungen des Rohöls, die Anfang der 80er Jahre eine „zweite Ölkrise" auslösten, deutet also der längerfristige Trend der vergangenen Jahrzehnte auf eine relative Verbilligung des Rohstoffs Erdöl hin. Massarrat (1993: 127ff) zeigt, daß diese Entwicklung nicht erst in den 70er Jahren dieses Jahrhunderts einsetzt, sondern schon seit den 80er Jahren des vorigen Jahrhunderts die Ölmärkte bestimmt.

Kein Wunder also, daß die Energiekosten des Transports trotz der ökologischen Krise, die von den Emissionen aus den Verbrennungsprozessen der fossilen Energieträger herrühren und durch die hohe soziale und ökologische Kosten entstanden sind, relativ gesunken sind. Obendrein hat sich der Anteil des Straßenverkehrs innerhalb des Transportsektors der OECD-Länder erhöht, so daß

---

[102] Dieser Preissprung ist sogleich als „Ölkrise" in die Geschichte eingegangen. Tatsächlich traf er die industrialisierten Länder unvorbereitet. Die Preiserhöhung war freilich eine Folge der internen und externen Entwertung des US-Dollar, also der Währung, in der der größte Teil des Ölhandels fakturiert worden ist. Der israelisch-ägyptische Krieg vom Oktober 1973 bot die Gelegenheit zur radikalen Preiserhöhung, die, hätte sie sich mit der Dollarentwertung schrittweise vollzogen, nicht als Schock wahrgenommen worden wäre.

im Jahre 1998 auf den Straßenverkehr in den OECD-Ländern 48% des Endverbrauchs von Öl entfielen; 1970 waren es noch 34% gewesen. Der einzige Sektor, der nach den Reduktions-Beschlüssen der Klimarahmenkonvention von Rio de Janeiro 1992 einen steigenden CO_2-Ausstoß aufweist, ist der Transport – sicherlich auch eine Folge der niedrigen Energiepreise. Diese stimulieren den Handel und transportintensive Logistik-Konzepte („just in time")[103], die ökologisch in der Regel nicht verträglich sind:

„… More trade means that more goods are transported around the world, which means more energy use and pollution. Transporting just the 4 billion tons of freight sent by ship in 1991 required 8,1 exajoules of energy, as much as was used in Brazil and Turkey combined. The 17 miliony tons sent by plane used 0,6 exajoules, equal to the total annual energy consumption of the Philippines …" (French 1993: 169).

Der Energieverbrauch ist auf den Tonnenkilometer berechnet für Gütertransporte in der Luft und auf der Straße am höchsten und in der Seeschiffahrt am niedrigsten. Dies ist kein Hindernis dafür, daß in den vergangenen Jahren insbesondere Luft- und Straßenverkehr expandierten.

Ein Grund für diese Entwicklung sind *erstens* moderne *Logistik-Konzepte*: Containertransport, Luftfracht, die kontinentalen Straßensysteme, Hochgeschwindigkeitszüge, transkontinentale Pipelines und Elektrizitätsnetzwerke in Verbindung mit elektronischen Kommunikationsmedien. Letztere haben es vermocht, Transportrouten weltweit zu optimieren, also auch das Problem der Leer- und Rückfracht zu verringern. Freilich verändert sich dabei auch die Geographie. Die Transportrouten verbinden nur mehr bestimmte Zentren und lassen andere Regionen „links liegen", die für die Rentabilität des im Transportsektor angelegten Kapitals uninteressant oder gar negativ sind. Das fängt bei der Rekomposition der europäischen Eisenbahnnetzwerke unter Bedingungen der Privatisierung und Deregulierung an und hört bei den Flugverbindungen nicht auf, die ganze Weltregionen nicht mehr direkt, sondern nur noch per Umweg über einen „hub" in den Industrieländern verknüpfen[104]. Auch bei der logistischen Optimierung des Freihandels wirkt das Prinzip der Inklusion und Exklu-

---

[103] Wenn die Transportkosten gering, die Zinskosten aber hoch sind und daher die Lagerhaltung (wegen des darin gebundenen Kapitals) teuer ist, lohnt es, die Lagerhaltung auf die Straße zu verlagern. Der Antransport von Vor- und Zwischenprodukten muß „just in time" erfolgen, um die Kontinuität des Produktionsprozesses zu ermöglichen und zugleich auf die Puffer der Lagerhaltung verzichten zu können. Die Höhe der Zinskosten ist also nicht nur für Investitionsentscheidungen (und daher für Arbeitsplätze) von Belang, sondern auch für ökologisch relevante strategische Management-Optionen.

[104] Daher ist es möglich, aus Art und Zahl der internationalen Flugverbindungen, über die eine Stadt verfügt, Rückschlüsse auf ihre Position im nodalisierten Raum zu ziehen: Daß beispielsweise Berlin zwar über eine Direktverbindung nach Ulan Bator, nicht jedoch nach New York verfügt, kann als Indiz dafür gewertet werden, daß Berlin keine „global city" ist.

sion. Die Netze zwischen bestimmten Weltregionen werden immer dichter gespannt, andere Weltregionen werden davon abgekoppelt. Ein Blick in die Karten des See- und Luftverkehrs in irgendeinem Atlanten genügt, um an der Dicke der Transport- und Kommunikationslinien Richtung und Dichte der Verbindungen erkennen zu können.

Ein *zweiter* Grund ist in den deprimierenden *Arbeits- und Lohnverhältnissen* im internationalen Transportsektor zu sehen. Während im nationalen Rahmen die Löhne – trotz aller regionalen, qualifikatorischen und geschlechtsspezifischen Differenzen und Diskriminierungen – auch zwischen den Sektoren vergleichbar sind, ist dies im globalen Raum nicht der Fall. Hier wiederholt sich eine Entwicklung, die für das 19. Jahrhundert kennzeichnend war: ein ungeschützter Arbeitsmarkt, auf dem sich die Arbeitgeber mit Leichtigkeit durchzusetzen vermochten, – bis sich die Arbeiter in Gewerkschaften organisierten und damit den Anstoß für die Herausbildung der industriellen Beziehungen gaben. Deren Regulierungsdichte und -tiefe war zwar zwischen den Nationalstaaten unterschiedlich. Auf den globalisierten Arbeitsmärkten des Transportsektors herrscht hingegen ein weitgehend dereguliertes System von Angebot und Nachfrage. Wenn die Märkte nicht reguliert, also ihre Entbettungsmechanismen nicht moderiert werden, setzt sich immer das billigste Angebot bei rational entscheidenden Nachfragern durch. Die billigsten Arbeitskräfte bekommen also den Zuschlag, und die teuren Arbeitskräfte haben das Nachsehen.

Diese Regel globalisierter Arbeitsmärkte ist im Seetransport besonders fortentwickelt, freilich nicht ohne eine doppelte staatliche Unterstützung. Zunächst haben die Nationalstaaten in allen Weltregionen mit Subventionen Werften und Schiffbau gefördert und auf diese Weise dazu beigetragen, daß Überkapazitäten aufgebaut worden sind, zumal die Zuwachsraten des Welthandels hoch, aber doch in der Tendenz der vergangenen Jahrzehnte abnehmend sind. Die Reeder wurden infolge der Überkapazitäten veranlaßt, die Preiskonkurrenz zu verschärfen. Nun wurde für den Staat die Wettbewerbsfähigkeit der Seeschiffahrt zum Problem, das mit der Schaffung eines rechtlichen Rahmens zur Einsparung von Lohnkosten zu lösen versucht wurde (zu den rechtlichen Aspekten vgl. Däubler 1988). Die Lohnkosten freilich waren nur zu senken, wenn sich die Reeder aus den sozialen Regulationsräumen verabschiedeten, also die Flotten unter „Billigflaggen"[105] fahren ließen. Mit der Flagge wird auf hoher – der nationalstaatli-

---

[105] Dabei handelt es sich nicht nur um die Flaggen Liberias oder Panamas – unter denen etwa ein Viertel der world gross tonnage registriert ist, sondern auch um die des EU-Mitglieds Luxemburg: „… die zur traditionsreichen August-Bolten-Gruppe (TT-Line; Olau-Line) gehörende Reederei (hatte) im vergangenen Dezember ihre beiden Fähren kurzerhand unter die Billigflagge von Luxemburg gestellt" (*taz* vom 5.2.1993). Dafür sind insbesondere steuerliche Gründe maßgeblich, die durch ein Gesetz 1990 geschaffen worden sind (*Banque Générale du*

chen Hoheit nicht unterworfener – See der „Standort" Seeschiff einem bestimmten Staat und dessen Rechtssystem zugeordnet. Die Flagge ist das Symbol für die Beziehung von Schiff und Staat. Die Auswahl der Flagge ist daher zugleich Auswahl staatlicher Regulationsräume, also von Steuersystem und -höhe, Gebühren, Umweltstandards, Sozialregeln, Lohnhöhe, Sicherheitsvorschriften, gewerkschaftlichem Organisationsgrad etc.

Das Ausflaggen ist allerdings immer auch mit dem Verlust von rechtlichem Schutz durch den Staat verbunden, in dem die Schiffseigner ihren „Standort" haben. Die Entscheidung muß also abgewogen werden. Je heftiger die Konkurrenz, desto größer der Drang zum Ausflaggen. Dies ermöglicht in Westeuropa die Anheuerung von „Billigseeleuten" (*Frankfurter Rundschau* vom 19.3.1993), vorwiegend aus Südostasien oder dem Baltikum, die bereit sind, die schlimmsten Arbeitsbedingungen zu akzeptieren. Der Schutz der Gewerkschaften des Heimatlandes der Reederei greift hier nicht, da sie die Billigseeleute nicht organisieren (können). Bei einem 30.000 BRT-Container-Schiff kostet eine Mannschaft, die in Deutschland nach Tarif bezahlt würde, etwa 2 Mio. DM jährlich, eine Mannschaft, die geheuert werden kann, wenn das Schiff ausgeflaggt worden ist, aber nur noch ca. 800.000 DM (*taz* vom 10.2.1989). Oder: Der Arbeitsplatz unter deutscher Flagge kostet jährlich rund 100.000 DM, derjenige unter fremder Flagge 50.000 DM. Im zweiten Register betragen die Kosten 70.000 DM (*Die Welt* vom 11.1.1995). Bei diesen Differenzen der Lohnkosten ist Ausflaggen eine rationale Entscheidung. Daher führten Ende 1993 nur noch 287 Seeschiffe von in Deutschland operierenden Reedereien die schwarz-rotgoldene Flagge[106], Mitte der 80er Jahre waren es noch 691 gewesen (*Frankfurter Rundschau* vom 26.10.1994).

Als Gegenmaßnahme gegen das Ausflaggen ist in Deutschland 1989 das zweite Schiffsregister eingeführt worden, das das Heuern zu Billiglöhnen auch unter deutscher Flagge möglich macht: „Für Seeleute ohne Wohnsitz in der Bundesrepublik können Tarifverträge mit den Heimatland-Gewerkschaften abgeschlossen werden. Da sie die dort geltenden Bedingungen zugrundelegen werden

---

Luxembourg, Notes Financières, Nr. 39, Mai/Juni 1993). Durch Deregulierung kann Luxemburg nicht nur Finanzmacht, sondern auch Seemacht werden. Die natürliche geographische Lage ist dabei fast unerheblich.

[106] In einem Interview mit der Zeitschrift *Die Woche* teilte der Hapag-Lloyd-Chef Bernd Wrede mit: „Die Flagge darf für uns kein Kriterium mehr sein. Wenn wir bei einem Schweizer Chemiekonzern oder einer thailändischen Mikrowellenherd-Fabrik Transportaufträge akquirieren, geben sich immer die gleichen Konkurrenten die Klinke in die Hand: Koreaner, Japaner, Taiwanesen. Da geht es dann nicht um die deutsche Flagge, sondern um Preise und Produktqualität. Die Flagge ist eine Frage der Zweckmäßigkeit und nicht des Sentiments. Übrigens wie wir fahren unsere größten – auch asiatischen- Konkurrenten unter fremder Flagge" (*Die Woche* vom 10.11.1995).

('Heimatheuern'), sind erhebliche 'Einsparungen' bei den Personalkosten für den Schiffsbetrieb möglich" (Däubler 1988: 7)[107]. Das zweite Schiffsregister ist Anfang 1995 vom Bundesverfassungsgericht für rechtmäßig erklärt worden. Schiffe unter deutscher Flagge werden obligatorisch ins erste Schiffsregister eingetragen. 90 Prozent sind obendrein im zweiten Register registriert. Mit dem Zweitregister soll eine nationale Handelsflotte auch unter Konkurrenzbedingungen erhalten werden. Dies gelingt freilich nur, indem die Lohn- und Betriebskosten auf ein niedriges, „konkurrenzfähiges" Niveau gesenkt werden. Daß sich dadurch aber auch die Sicherheitsstandards verschlechtert haben, wird nicht nur von Gewerkschaftsseite immer wieder betont, sondern beschäftigt auch die Öffentlichkeit, insbesondere nach spektakulären Schiffs- und Flugzeugunglücken[108].

Das Ziel der Erhaltung einer nationalen Handelsflotte in Zeiten der Globalisierung hat nicht nur den Zwitter des zweiten Schiffsregisters hervorgebracht, der sich gegenüber der Radikallösung Billigflagge wohl nicht durchsetzen wird, sondern auch eine großzügige Subventionspolitik begründet, mit der Werften und Reedereien gefördert worden sind. Gegen diese Politik der Industriestaaten halten Billigflaggenländer wie Panama oder Liberia mit niedrigen Gebühren und Steuern. Die Folge: Auch von dieser Seite her ist die Tendenz zur Senkung der Transportkosten überwältigend[109].

---

[107] Innerhalb der OECD wird schon seit Ende der 70er Jahre eine Debatte darüber geführt, ein zweites OECD-Schiffsregister einzuführen. Auch in der EG/EU wird diese Debatte geführt, die bislang zu keinem greifbaren Ergebnis geführt und daher – nach eigener Rechtfertigung – Luxemburg dazu veranlaßt hat, als Nicht-Küstenstaat ein zweites Schiffsregister einzuführen.

[108] Im Zeitraum 1982-1985 waren 1.003 Schiffe in Unfälle verwickelt mit insgesamt 353.702 Bruttoregistertonnen. Allein 485 Schiffe mit 240.909 BRT liefen unter den Billigflaggen von nur vier Ländern: Panama, Griechenland, Zypern, Südkorea (zit. nach Bunde 1991: 105). Auch im Flugverkehr hat die Neigung von Touristikveranstaltern, Billigflieger zu nutzen, die Sicherheitsstandards beträchtlich abgesenkt. Vgl. die Debatte nach dem Absturz des Jets von Birgenair in der Karibik (*Die Zeit* vom 15.2.1996; *Der Spiegel* vom 12.2.1996; *Die Woche* vom 15.2.1996)

[109] „Ausflaggen" ist nicht nur auf hoher See möglich, sondern auch bei den Schlepperdiensten in den Häfen. Im „Schlepperkrieg" im Hamburger Hafen bietet eine holländische Reederei ihre Leistungen um 30% bis 40% billiger als die deutschen Schleppreedereien an. Dies ist im Rahmen der EU nach Herstellung des Gemeinsamen Marktes möglich. Dieser Fall ist ein nettes Beispiel für die Idiotie der Standortkonkurrenz. Zunächst rückt nach der deutschen Einigung 1990 dem Rostocker Hafen die Hamburger Konkurrenz zu Leibe. Die holländische Reederei verdingt arbeitslose Rostocker Seeleute, um in Hamburg billigere Schleppdienste als die Hamburger Konkurrenz anbieten zu können (vgl. die Tagespresse Januar/Februar 1996). Statt der üblichen Dreierbesatzung auf Schleppern arbeitet die niederländische Reederei mit Zwei-Mann-Besatzungen, die 360 Stunden monatlich an Bord verbringen, während nach Tarif 210 Stunden vorgesehen sind. Ein Kapitän verdient bei den Niederländern 5.000-5.500 DM monatlich, tariflich sind 7.500 DM ausgemacht (*Neues Deutschland vom 4.4.1996*).

Ein *dritter* Grund für die niedrigen Transportkosten sind die Subventionen, mit denen der Energieverbrauch gefördert wird. Zarsky beziffert die Energiesubventionen in den USA auf 5 Mrd. US$ bis zu 36 Mrd. US$ (Zarsky 1997: 35). Auch die Subventionen für Kohle sind sehr hoch, in Deutschland 109 US$, in Japan 161 US$ pro Tonne (Adams 1997b: 186). Es gibt viele Gründe für diese Subventionen, vor allem die Sicherung von Arbeitsplätzen, und es gibt noch mehr Gründe dagegen, vor allem ökologische. Aber zugleich wird mit den Subventionen eine paradoxe Wirkung erreicht. Da so die Verringerung von Distanzen subventioniert wird, verschwinden auch die „Konkurrenzgrenzen" (Schneider 1958: 77-85), die Standorte traditionell voneinander getrennt haben. Es wird also die Standortkonkurrenz verschärft, die durch die Subventionen eigentlich entschärft werden sollte.

6.4 Von „Like Products" zu „Like Places"

Da die Transportkosten und daher Distanzen aus den dargelegten Gründen fast unbedeutend sind, ist das Vorhandensein von Rohstofflagerstätten als Standortfaktor für industrielle Unternehmen von so zweitrangiger Bedeutung wie die Lage der Tankstelle für die Autofahrer in einer gut versorgten Stadt. Oder wie es in einer schon älteren wirtschaftsgeographischen Schrift heißt: „Es ist ... nicht zu verkennen, daß viele Fertigwaren- und Qualitätsindustrien in der Wahl ihres Standorts große Freiheit erlangt haben, und zwar, weil die Transportkosten, besonders im Automobilzeitalter, keinen entscheidenden Anteil an den Gesamtkosten mehr haben" (Kraus 1966: 557). Die Ressourcen werden aus „aller" Herren Länder herangeholt, um dort verarbeitet zu werden, wo die Faktoren zu finden und zu konzentrieren sind, deren Ensemble die *„systemische Wettbewerbsfähigkeit"* von Standorten ausmacht. In diesem Ensemble aber sind Transportkosten, die ja eine gewisse Erinnerung der „disembedded economy" an die traditionelle Territorialität des Wirtschaftens wachrufen, nur marginal. Lokal und national spezifische Güter werden tendenziell zu „Ubiquitäten" – und die „Standorte", wo sie produziert werden, auch.

Das GATT kannte nur *„like products"*, nun aber werden in der globalen Konkurrenz Standorte zu *„like places"*, die angetreten sind, um im globalen „rating" Punkte zu sammeln. Nun werden ganz andere Standortfaktoren für die Lokalisierung von Unternehmen wichtig, als sie von Thünen, Weber und anderen herausgearbeitet worden sind. Denn wenn Transport- und andere Transaktionskosten keine Rolle spielen, rücken Arbeitskosten und alle jene Faktoren ins Zentrum, die die Produktivität der Arbeit verbessern oder beeinträchtigen.

6.4.1 Die Spezialisierungsfalle oder die Entwicklungsbahn der Abhängigkeit von Extraktionsökonomien.
Für die Entwicklung zum „like place" ist es von großer Bedeutung, ob am Standort Rohstoffe extrahiert oder Industriegüter produziert werden. Die zentrale Frage der traditionellen Entwicklungstheorie zielte auf die Möglichkeiten von Extraktionsökonomien, industrielle Produktionsstrukturen zu entwickeln. Der Weg zur Industriewirtschaft führt über den Export der Rohstoffe, um aus dem Erlös die Industrialisierung zu finanzieren. Nach dieser ersten Phase der Entwicklung sollten die industrialisierten Ökonomien in der Lage sein, am vorteilhaften (nationalen und internationalen) Handel mit Industrieprodukten teilzunehmen und Abhängigkeiten zu überwinden. Also ist die Frage aufzuwerfen, ob der Handel mit Rohstoffen einem Rohstoffland aus der Abhängigkeit verhelfen kann. Das Freihandelstheorem verspricht Handelsgewinne für alle Teilnehmer am Welthandel, solange sie Produktion und Handel auf jene Produkte konzentrieren, für die sie komparative Kostenvorteile aufweisen. Länder, die mit reichen landwirtschaftlichen, mineralischen und energetischen Rohstoffen ausgestattet sind, sollten demnach ihre ökonomischen Aktivitäten auf deren Extraktion konzentrieren. Die Gesetze des Welthandels konservieren also den Status des Rohstofflandes, während die politische Entwicklungsstrategie darauf abzielt, das Rohstoffland in ein Industrieland zu verwandeln. Anders gefragt: Ist es möglich, von der ersten Phase des Austausches zwischen Rohstoffen und Industriegütern zur zweiten Phase des arbeitsteiligen Handels diversifizierter Industriegüter überzugehen?
Die Spezialisierung auf die Extraktion von Rohstoffen hat negative Wirkungen auf die gesellschaftliche Entwicklung, politische Stabilität, ökologische Nachhaltigkeit und sogar auf ökonomische Effizienz; dies ist umfänglich am Beispiel des rohstoffreichen Amazoniens gezeigt worden (vgl. Bunker 1985; Altvater 1987). In den meisten Fällen werden die größeren Anteile des natürlichen Reichtums in die Industrieländer transferiert, wo die Ressourcen zu Industrieprodukten „veredelt" werden. Dies ist aber nur eine Seite des Prozesses. Die andere Seite wird beleuchtet, wenn wir der Inwertsetzung extrahierter Ressourcen folgen (vgl. dazu das 4. Kapitel). Sie beginnt am Ort der Förderung bzw. des Anbaus von Rohstoffen, kann aber nur im globalen Raum vervollständigt werden und in harten Devisen die Erfüllung finden. <u>Im Verlauf der „Inwertsetzungskette" werden die Ressourcen von einem konkreten geographischen Ort (wo die Ressource vor allem Gebrauchswert ist) in den ökonomischen Raum, zum Weltmarkt (wo die Ressource vor allem Tauschwert ist) transloziiert.</u>
Die Inwertsetzung der Rohstoffe auf dem Weltmarkt wird von all jenen Faktoren beherrscht, die die „Terms of Trade" oder die Kapitalkosten (Zinsen und Wechselkurse) beeinflussen. Doch haben diese marktmäßigen Bestimmungs-

faktoren politische Dimensionen. Gerade im globalen Rohstoffsektor sind *geopolitische* Interessen (allerdings im Rahmen der Funktionsweise der kapitalistischen *Geoökonomie*) von Bedeutung. Denn *erstens* eröffnen die Verbindungen vom lokalen Ort zum globalen Raum die Möglichkeit, die gegenläufigen monetären Flüsse vom Raum zum Ort „anzuzapfen". Es entstehen Rentiersklassen („rent seeking classes"), die mit TNU, die im globalen Raum operieren, zusammenarbeiten. Bestechung, Erpressung und die politische Absicherung von bloßen Renteneinkommen werden unter diesen Bedingungen bedeutsam und stärken Gruppen, die an der Überwindung dieses Zustand kein Interesse haben. *Zweitens* üben die Veränderungen der Position von Orten im nationalen (und globalen) Raum einen beträchtlichen Einfluß auf die lokale oder regionale Identität der jeweiligen Bevölkerung aus. Außerdem spielen ökologische Faktoren eine bedeutsame Rolle. Die Extraktion landwirtschaftlicher und mineralischer Ressourcen hat sehr häufig die Verschlechterung der Umweltbedingungen und daher der Lebensverhältnisse der am Ort lebenden Bevölkerung zur Folge. In manchen Fällen entsteht dadurch sogar der Zwang zur Migration, wie in Teilen des brasilianischen Amazonien, in Zentralafrika oder in manchen zentralasiatischen Staaten (vor allem im Zusammenhang mit der Vernichtung des Aralsees und der nuklearen Verseuchung des östlichen Kasachstans). *Drittens* dient die einmal errichtete Transportinfrastruktur für den Export der natürlichen Ressourcen nun auch dem Import von Waren aus den wettbewerbsstarken Produktionsökonomien. Der bereits erwähnte „demonstration effect" – zusammen mit niedrigen Produktionskosten, ein gut funktionierendes logistisches Netzwerk, durch das Transportkosten minimiert werden – und obendrein *viertens* eine überbewertete Währung infolge des Exportbooms der natürlichen Ressourcen haben einen verheerenden Effekt auf lokale Anbieter von Produkten des verarbeitenden Gewerbes in einer Extraktionsökonomie. In einer offenen und nicht geschützten Ökonomie haben sie in der Regel keine Chancen gegen Wettbewerber aus Produktionsökonomien.
Fünftens und entscheidend ist freilich der Sachverhalt, daß Rohstoffe auf einem konkreten Territorium erzeugt oder extrahiert werden müssen; nur in bescheidenen Grenzen lassen sie sich in „space labs" oder in Treibhäusern klima- und ortsungebunden produzieren. Daher verlangt deren Inwertsetzung unbedingt nach machtpolitischer Besetzung (darauf verweist in geostrategischer Absicht Brzezinski 1997) und einer Transportinfrastruktur, die die Rohstoffe dem Weltmarkt verfügbar macht. Die Infrastruktur ist ans Territorium gebunden: Straßen, Häfen, Pipelines, Flughäfen. Das Territorium ist aber selbst in Zeiten der Geoökonomie und der Globalisierung immer noch eine entscheidende politische *Machtressource* der Staaten. Auch wenn die politische Souveränität von Staaten über das demarkierte Territorium anerkannt wird, können politische und

wirtschaftliche Interessen um die Ausbeutung von Ressourcen, streiten, zumal dort, wo die „Claims" durch „Clans" nicht definitiv abgesteckt sind, z.B. in Zentralasien und in der Kaukasusregion oder in Teilen Afrikas. Dort können sich sehr leicht ökonomische Interessen an der Inwertsetzung in politische Gegensätze transformieren, die sich bis zum bewaffneten Konflikt zuspitzen. Die Frage der Trassierung von Pipelines etwa hat in den jüngsten Konflikten in der Kaukasusregion und in Zentralasien eine wichtige Rolle gespielt (Kreikemeyer 1998). In Extraktionsökonomien ist also der Optimismus Luttwaks (1994), daß in der „Geoökonomie" ohne Grenzen Konkurrenz zwar zunehme, aber Konflikte und Kriege dysfunktional würden, keineswegs angebracht. Denn Rohstofflager haben konkrete territoriale Koordinaten des Ortes, und ein Territorium kann nur mit politischer und im Zweifelsfall militärischer Macht beherrscht werden – trotz aller Tendenz der „de-territorialization" (Ruggie 1993). Das bezeugen die unzähligen Opfer der Bürgerkriege in Angola, Liberia, Sierra Leone oder im Kongo, in denen es ja um nichts geringeres als die Nutzungsrechte für strategische Rohstoffe (Gold, Diamanten, Eiden, Kupfer, Kobalt, Mangan, Uran) geht. Ein dichtes Beziehungsnetz zwischen in- und ausländischen Bergbauunternehmen, nordamerikanischen Börsen oder französischen Banken, paramilitärisch organisierten „Dienstleistungsunternehmen", die ihre Söldner mit Schürfrechten bezahlen (welche diese dann wieder an spezialisierte Unternehmen veräußern) und korrupten Politikern haben den Rohstoffreichtum vieler afrikanischer Länder zu einer der Hauptquellen von Krieg, Gewalt und Armut werden lassen.

6.4.2 Produktionsökonomien oder: „like places" zwischen lokaler Wettbewerbsfähigkeit und Informalisierung

Die Unterschiede von Extraktions- und Produktionsweisen zeigen sich auch dann, wenn die Form der Konkurrenz analysiert wird (vgl. *Schaubild 6.1*). Die sogenannten „like products" haben ganz unterschiedliche Charakteristika in Extraktions- und Produktionsökonomien: Extrahierte mineralische und energetische Rohstoffe sind fast immer und landwirtschaftliche Rohstoffe in der Regel ihrer naturgegebenen physischen und chemischen Eigenschaften wegen „like products". Die natürlichen Eigenschaften von Eisen beispielsweise mögen von Extraktionsort zu Extraktionsort hinsichtlich der Konzentration, der Reinheit, der Zugänglichkeit der Mine oder ihrer Reichhaltigkeit differieren. Doch wenn die Mineralien einmal extrahiert sind, hat das „like product" auf dem Weltmarkt einen einheitlichen Preis („single" und „spot" price). Dies ist die Grundlage für die globale Strategie der Industrieländer, möglichst viele Anbieter auf den Weltmarkt zu drängen, um die Versorgung der Nachfrager in jeder denkbaren Situation sicherzustellen. Die Wettbewerbsfähigkeit von Extraktionsgebieten ist also eine Konsequenz natürlicher Faktoren (des Ortes) und von Faktoren der Preisbildung (im globalen Raum). Doch letztere ist keineswegs Resultat unschuldiger Marktkräfte, sondern von Machtpolitik.

Schaubild 6.1: Raum-Zeit-Regime von Extraktion, Produktion und Arbitrage

	Extraktion	**Produktion**	**Arbitrage**
Grundsätzliche Charakteristik	natürliche Ausstattung mit Ressourcen	Wettbewerbsfähigkeit künstlicher Standorte	Ausnutzung von Differentialen in der Zirkulation
Raum-Zeit-Regime	natürlicher Ort und globaler Raum; Schaffung von „*like products*" in globaler Konkurrenz	künstlicher Ort, globaler Raum und Zeit: Herstellung von „*like places*"	„Vernichtung", also *tendenzielle Reduktion von Ort, Raum und Zeit auf Null*

Anders als für Extraktionsökonomien sind für Produktionsökonomien Ort und Raum weniger wichtig als die Möglichkeit und Fähigkeit, die Ökonomie der Zeit am Ort zu verbessern, um im globalen Raum absolute Kostenvorteile zu erringen. Während in einer Extraktionsökonomie die Vorkommen von Ressourcen eine natürlich definierte Lokation haben, die nicht verändert werden kann[110], hängt die Lokalisierung von Produktionsanlagen von einer Reihe von künstlichen Faktoren ab. Alle Investitionen werden unter dem Gesichtspunkt verglichen, inwieweit sie zur Verbesserung der Ökonomie der Zeit beizutragen vermögen. Die Zeitverringerung zählt als Anstieg der Produktivität und – ceteris paribus – der *Profitrate auf Kapitalanlagen*, orientiert sich also am „*benchmarking*" in der globalen Konkurrenz (vgl. dazu auch das 7. Kapitel). Ort- und Zeitregimes sind von den führenden Ökonomien bestimmt, die die Macht haben, Standards auf dem Markt zu setzen. Der *künstliche* soziale, politische und ökonomische Ort ist den Funktionsbedingungen der globalen Konkurrenz angemessener, weil er die notwendigen Verbesserungen der Ökonomie der Zeit, die durch die globale Konkurrenz erzwungen werden, eher gestattet als der natürliche Raum. Hier setzen moderne Theorien der „Wettbewerbsfähigkeit" an (vgl. Messner 1995; Porter 1990; Adam 1997a). Der künstliche Ort im globalen Raum wird durch *Nachfragefaktoren* (Marktnähe), durch *Angebotsfaktoren* (Verfüg-

---

[110] Eine Mine kann aufgegeben, die landwirtschaftliche Produktion eingestellt werden, wenn konkurrierende Lokationen „like products" billiger anbieten. Die Lokation der Rohstoffextraktion kann aber in aller Regel nicht so transloziiert werden wie eine Fabrik, die im Zuge von „Kapitalflucht" von einem Ort zu einem anderen verlagert wird.

barkeit von Humankapital, Wissenschaft und Technologie), durch *Agglomerationsfaktoren* (Intensität von „industrial clusters", die Erzeugung „externer Ersparnisse") konstituiert. Metaökonomische Faktoren und *politische Kompetenz* spielen für die „künstliche" Gestaltung eines Standorts eine große Rolle. Das Ensemble aller dieser Faktoren ist als „Sozialkapital" bezeichnet worden (vgl. Putnam 1993), weil dazu nicht nur monetär bewertetes Kapital von Unternehmen zählt, sondern das Netzwerk gesellschaftlicher Einflußfaktoren auf die Wettbewerbsfähigkeit. Die Qualität und Verfügbarkeit des „Sozialkapitals" ist ein außerordentlich wichtiger Faktor für private Akkumulationsstrategien. Die natürliche Ausstattung eines Standorts ist folglich weniger bedeutend als die künstliche Strukturierung des Standorts mit dem Ziel einer Verbesserung der Ökonomie der Zeit. Da externe Sachzwänge für eine erfolgreiche Produktionsökonomie eherne Verbindlichkeit besitzen, geht es darum, jene Variablen zu identifizieren, die von ökonomischen, sozialen und politischen Akteuren am Standort beeinflußt werden können. Dies sind alle jene Verhältnisse und Faktoren, die auf die Lohnstückkosten wirken, also die Produktivität der Arbeit und die Arbeitslöhne (einschließlich Lohnnebenkosten). Sie werden eine wichtige Bedingung bei der Herstellung und Sicherung der „systemischen Wettbewerbsfähigkeit".

Das monetäre *„interface"* jedoch ist nicht in der autonomen Verfügung der Standorte. Der Wechselkurs ist unter den Bedingungen eines Regimes flexibler Wechselkurse bei voller Konvertibilität der Währungen und deregulierten Kapitalmärkten im Arbitragekapitalismus kaum durch Entscheidungen nationaler Autoritäten am Standort beeinflußbar. Das *„interface"* zwischen der nationalen (lokalen und regionalen) Ökonomie und dem Weltmarkt, also die Entwicklung der Zinsen und Wechselkurse, ist in Zeiten finanzieller Krisen (also hoher kurzfristiger Volatilität) möglicherweise wichtiger für die aktuelle Wettbewerbsfähigkeit eines Produktionsstandorts als die Lohnkosten, die Inflationsrate und die Produktivität, deren langfristige Bedeutung unbestritten ist. Diese Erfahrung müssen Arbeiter machen, die von der Wettbewerbsfähigkeit ihres Unternehmens überzeugt sein können und trotzdem Arbeitsplätze verlieren oder zu Lohnzugeständnissen gezwungen sind, weil die Entwicklung des Wechselkurses die Produkte auf globalen Märkten zu teuer werden läßt, als daß sie konkurrieren könnten. Um die Geschwindigkeit der Anpassung an Signale des Weltmarkts zu steigern, werden *erstens* lokale und nationale Märkte liberalisiert, dereguliert, flexibilisiert. *Zweitens* ist es besonders wichtig, die Kontinuität des Produktions- und Zirkulationsprozesses zu sichern, also kostspielige Unterbrechungen von Produktion, Transport und Zirkulation der Waren im Interesse der Ökonomie der Zeit zu vermeiden.

Ort und Raum sind also in Produktionsökonomien ein Hindernis der kurzfristigen Anpassung von Bedingungen der lokalen Kapitalverwertung an den Weltmarkt. In Extraktionsökonomien stammen die natürlichen Ressourcen von einem natürlichen Standort her. Ohne Berücksichtigung der Verhältnisse des Ortes kann das in der Ressourcenextraktion angelegte Kapital gar nicht verwertet werden. In Produktionsökonomien können sich die (natürlichen und sozialen) Eigenschaften des Ortes als Schranke für die Reduktion der Produktionszeit, für Kontinuität und Beschleunigung von Produktion und Zirkulation, das heißt für den Anstieg der Produktivität und der Profite erweisen. <u>Strategien der Steigerung „systemischer Wettbewerbsfähigkeit" laufen letztlich darauf hinaus, eine Verbesserung der Ökonomie der Zeit in einem zu diesem Zweck angepaßten künstlichen ökonomischen Raum herbeizuführen, indem Hindernisse des natürlichen Raumes</u> beseitigt werden.

Allerdings ist es ausgeschlossen, den konkreten natürlichen und sozialen Ort gänzlich im Interesse einer abstrakten Ökonomie der Zeit auszulöschen. *Erstens* können die existierenden Pläne („maps") von Ort und Raum in den Köpfen der Menschen nicht einfach ausgelöscht und ausgetauscht werden. Dafür sind nicht nur die natürlichen Bedingungen des Ortes ausschlaggebend. Die Substitution des natürlichen Orts (der so entscheidend für eine Extraktionsökonomie ist) durch den künstlich erzeugten sozialen, ökonomischen und politischen Raum ist ein komplexer Prozeß, zumal wenn bereits eine gesellschaftliche, ökonomische und politische, zumeist gefühlsbeladene und identitätsvermittelnde Landkarte aus der Vergangenheit überliefert ist. Die Erstellung einer neuen Landkarte ist niemals nur ein intellektuelles, und erst recht kein ökonomisches Unternehmen. Probleme von Verteilung und sozialer Gerechtigkeit sind darin impliziert, die Destruktion und Konstruktion von Identitäten. Folglich ist es das eine, die Bedingungen des Anstiegs der Wettbewerbsfähigkeit *normativ* zu identifizieren. Das andere sind die *analytischen* Studien, die sich mit den Restriktionen auseinandersetzen, die der Realisierung des normativ gesetzten Raum-Zeit-Regimes entgegenstehen.

Zweitens kommt ein Sachverhalt hinzu, der schon im Zusammenhang mit Extraktionsökonomien diskutiert wurde: Die Schaffung eines an die Herausforderungen und Bedingungen des globalen Raums angepaßten Standorts – vergleichbar der Extraktionsökonomie – erleichtert auch den „Einfall" auswärtiger Wettbewerber. Es ist ja keineswegs möglich, die Ausnutzung positiver Wirkungen der Ökonomie der Zeit lokalen Unternehmen vorzubehalten und auswärtige Wettbewerber davon abzuhalten, diese zu ihrem Vorteil zu nutzen, wenn erst einmal die Ökonomie gegenüber dem Weltmarkt geöffnet worden ist. Der „spacial fix" ist daher der Preis einer Eliminierung von räumlichen Grenzen (vgl. Harvey 1996: 412) und des Anstiegs der Ökonomie der Zeit. In einer offenen Weltwirtschaft wird auf diese Weise die Standortkonkurrenz verschärft.

Die Folge ist, daß Sektoren der territorialen Wirtschaft, welche die bei einer erfolgreichen Integration in den Weltmarkt einzuhaltenden benchmarks der Wettbewerbsfähigkeit nicht erfüllen, entweder ökonomisch untergehen oder die ökonomischen Aktivitäten auf andere Standards als die des Weltmarkts auszurichten gezwungen sind. Es entsteht der sogenannte „*informelle Sektor*". Dieser spielt inzwischen in allen am Weltmarkt beteiligten Ländern eine beträchtliche Rolle (vgl. ausführlich 8. Kapitel); er ist Ausdruck der *Fragmentierung* (vgl. 4. Kapitel; Mingione 1991, 1997) von modernen Gesellschaften unter dem Druck, den globale Standards ausüben. Der „like place" kommt also nur zustande, indem Teile des konkreten Ortes sich dem durch den globalen Handel und Kapitaltransfer erzwungenen Vergleich entziehen. Das Normalarbeitsverhältnis ist räumlich und zeitlich festgelegt. Diese Festlegung definiert „Normalität". Unter dem Druck der Globalisierung aber löst sich mit der Reduktion räumlicher und zeitlicher und daher auch sozialer Distanzen die spezifische Normalität eines Ortes auf; „normal" ist nun, was in der globalen Konkurrenz Bestand hat. Anpassungen an die Bedingungen der Globalisierung werden erwartet, vor allem die Flexibilisierung von Arbeit und Arbeitsorganisation, um mit der Flexibilisierung und Mobilität des Geldes mithalten zu können. Sektoren, die diesen Weg erfolgreich gehen können, bleiben Akteure in der globalen Konkurrenz der „like places"; Akteure, die dies nicht schaffen, werden „exkludiert". Sie produzieren für lokale und regionale Märkte zu Arbeitsbedingungen, die sich so weit von der Norm fortbewegen, daß von *Informalität* gesprochen werden kann. Die Ausweitung des globalen Handels hat also eine paradoxe Folge. Weil auch die Standards der Konkurrenz globale Wirkung haben, diese aber an den Standorten nicht von allen Akteuren erfüllt werden können, entsteht mit der normbildenden Kraft der Globalisierung auch lokale Informalität. Die „like places" gleichen sich also auch darin, daß sie einen im Zuge der Globalisierung wachsenden informellen Sektor hervorbringen. Dieser nimmt sich zahlenmäßig gegenüber den gewaltigen Handelstransaktionen und Kapitalbewegungen auf globalen Märkten sehr bescheiden aus. Informalität betrifft aber eine große Zahl von Menschen; in einigen Weltregionen ist die übergroße Mehrheit auf die eine oder andere Weise „informalisiert". Dieser Thematik wenden wir uns ausführlicher 8. Kapitel zu.

6.5 Handel mit Dienstleistungen

Nicht aller Welthandel ist transportintensiv. Der Weltmarkt ist, dies kommt in den neuen Tendenzen der Welthandelsbeziehungen zum Ausdruck, nicht mehr nur Weltmarkt für materielle Waren, sondern für nicht-materielle Dienstleistungen. Entfiel noch 1975 ein Viertel des Welthandels auf den Dienstleistungsverkehr („non-factor-services") und Erwerbs- und Vermögenseinkommen („investment incomes"), so ist dies Mitte der 90er Jahre bereits ein Drittel (OECD 1994b: 45). Der reale Hintergrund dieser veränderten Relationen ist komplex. Zu den „Dienstleistungen" zählen der Reiseverkehr, Transportleistungen, Erträge aus dem Transithandel, Versicherungs- und Finanzdienstleistungen, Patente und Lizenzen, Forschung und Entwicklung, Ingenieur- und sonstige technische Dienstleistungen, EDV, Bauleistungen, Montagen, Ausbesserungen, Regiekosten, also Zahlungen zwischen verbundenen Unternehmen als Konzernumlagen, Postdienste, Werbe- und Messekosten, Regierungsleistungen einschließlich der Einnahmen ausländischer militärischer Dienststellen. In der Tradition der ökonomischen Theorie werden Dienstleistungen als immaterielle Produkte verstanden, bei denen Produktions- und Konsumtionsprozeß („uno actu") zusammenfallen, und zwar entweder am Ort des Dienstleistungsanbieters („domestic-establishment trade") oder am Ort des Konsumenten („demander-located services"). Unter die erste Kategorie fallen beispielsweise Tourismusangebote, Ausbildungsleistungen, medizinische Versorgung. Zur zweiten Kategorie gehören Montagetrupps, Unternehmensberater, Wirtschaftsprüfer etc. Am expansivsten sind inzwischen die „long distance"-Dienstleistungen, die ohne die Mobilität von Anbietern oder Nachfragern, von Produzenten und Konsumenten auskommen. Zu dieser Gruppe zählen Transportdienstleistungen, telekommunikativ vermittelte Finanz- und Versicherungsdienstleistungen, Consulting-Leistungen jeglicher Art, aber auch die in einem Industrieprodukt (einer Diskette, einer CD-ROM oder im Internet) „verkörperte" Software.

Neben diesen „non factor services", deren Nettowert (Exporte abzüglich Importe) in der OECD von 16,3 Mrd. US$ 1981 auf 70,9 Mrd. US$ im Jahre 1998 (OECD 1999: 297) angestiegen ist, werden auch die „investment incomes" zum internationalen Handel gerechnet, die daher auch in der Leistungsbilanz erscheinen. Das ist eine Kategorisierung, die erst einleuchtet, wenn wir bedenken, daß in der ökonomischen Theorie die Faktoreinkommen (von Arbeit und Kapital) als Entgelt für „Dienstleistungen", die diese Faktoren erbringen, interpretiert und daher nicht in der Kapital-, sondern in der Leistungsbilanz ausgewiesen werden. Auch in dem wachsenden Anteil der Vermögenseinkommen (Kapitalertragseinnahmen) spiegelt sich die Tendenz, daß Direktinvestitionen in hohem Maße produktionsorientierte Dienstleistungen (Architekten-, Designer-, Ingenieursdienstleistungen, Marketing, EDV etc.) enthalten und „investment incomes" daher zahlungsbilanzstatistisch zu einem nicht genau aufzuschließenden Anteil als Dienstleistungen gelten können. Die Grenzen zum produktiven Sektor werden fließend.

„Hence, the definition of the service sector becomes a function of the boundaries given to the secondary sector. For example, construction repair activities (of cars, household appliances, shoes) and public utilities (electricity, gas and water supply), sometimes are classified as belonging to the secondary sector, sometimes not. (...) Indeed, as interlinkages among economic activitites increase and as production becomes more complex, the boundaries among economic sectors become more and more blurred" (UNCTAD/World Bank 1994).

Im Jahrzehnt von 1982 bis 1992 ist der Dienstleistungshandel jahresdurchschnittlich mit 9,5%, also beträchtlich mehr als der Warenhandel gewachsen (Hoekman/Souvé 1994: 5); diese Tendenz hat sich auch in den 90er Jahren fortgesetzt. Infolgedessen hat sich die Struktur des internationalen Handels in den vergangenen Jahrzehnten verändert. Die *relative* Bedeutung des Warenhandels nimmt ab, und die *relative* von Dienstleistungsverkehr und Vermögenseinkommen nimmt zu. Zugleich tritt aber die Ungleichmäßigkeit dieser Entwicklung deutlich hervor. Für die USA ist die Abnahme des Anteils des Warenhandels an der Leistungsbilanz weniger dramatisch als für Japan und Westeuropa (vgl. OECD 1994b: 45).

Stärker noch als beim Warenhandel treten beim Handel mit Dienstleistungen die bekannten Ungleichgewichte zwischen Entwicklungs- und Industrieländern zutage: 87% des grenzüberschreitenden Dienstleistungshandels spielt sich zwischen den Industrieländern ab, etwas mehr als 7% entfallen auf die asiatischen (Schwellen)Länder mit den Dienstleistungsmetropolen Singapur und Hongkong; der große „Rest" der Welt ist mit knapp 6% am expandierenden weltweiten Geschäft mit Dienstleistungen beteiligt (UNCTAD/World Bank 1994: 14). Wichtiger noch als die Expansion des Dienstleistungshandels sind die Veränderungen, die sich in der Zeit von 1970-1990 bei der Zusammensetzung des grenzüberschreitenden Handels mit „kommerziellen Dienstleistungen" ergeben haben: Der Anteil von Transportdienstleistungen ist von etwa 40% Anfang der 70er Jahre auf etwa 30% in den 90er Jahren zurückgegangen. Im Vergleich dazu ist der Anteil der „sonstigen Dienstleistungen und Einkommen" von etwa 25% auf 40% gestiegen. Mit anderen Worten: Management, Finanzierung, Versicherung, professionelle und technische Dienstleistungen, mediale und Beratungsdienste aller Art sind die am *stärksten wachsende* Komponente bei den internationalen Transaktionen im Dienstleistungsverkehr. Allerdings zeigen sich auch hier bedeutsame Unterschiede zwischen Entwicklungs- und Industrieländern: Auf der Importseite spielen die „sonstigen Dienstleistungen" in beiden Ländergruppen die wichtigste Rolle. Hingegen erzielen die Entwicklungsländer einen größeren Teil ihrer Exporterlöse aus dem internationalen Dienstleistungshandel im Tourismusgeschäft; in einigen dieser Länder entstammen mehr als die Hälfte der Einnahmen aus dem Dienstleistungsexport dieser Quelle. In der Bilanz der „sonstigen Dienstleistungen und Einkommen" weisen die Entwicklungsländer hohe Defizite auf (UNCTAD/Weltbank 1994:

13). Schätzungen der UNCTAD zufolge hat sich der Dienstleistungsanteil am weltweiten Direktinvestitionsbestand in der Zeit von 1970-1990 von 25% auf 50% verdoppelt (UNCTC/UNCTAD 1993: 61). Vor diesem Hintergrund und mit der zunehmenden Handelbarkeit von Daten und datenbezogenen Dienstleistungen werden die nicht-tarifären, aus nationalen Regulierungen resultierenden Hemmnisse des Dienstleistungsverkehrs für die „global players" zum Ärgernis. Unterschiedliche technische Standards und nationalstaatliche Normen, Auflagen, Vorschriften, Besteuerungen, Paßkontrollen etc. werden nur noch als „künstliche" Handelshemmnisse wahrgenommen, als Kern eines „neuen Protektionismus"[111]. Dies ist der Grund, warum im Verlauf der Uruguay-Runde des GATT die Regelung des Dienstleistungsverkehrs, der „Trade Related Investment Measures" (TRIMS) und der „Trade Related Property Rights" (TRIPS) im Zentrum standen und warum 1994 neben dem GATT bzw. der Welthandelsorganisation das „General Agreement on Trade in Services" (GATS) gegründet wurde, dessen Initiator und Motor die USA waren. Die Liberalisierung im Rahmen des GATT wird nun auf die Dienstleistungen und Erträge auf Kapitalvermögen – dazu zählen auch „intellectual property rights" – ausgedehnt. Ein besonders starker Liberalisierungsdruck lastet seither auf jenen Dienstleistungsbereichen, die wegen ihres infrastrukturellen Charakters bisher durch nationalstaatliche Regulierungen geschützt und stark von nationalen Anbietern dominiert waren, d.h. insbesondere auf Telekommunikationsunternehmen, Banken und Versicherungen. Nach der bereits weitgehend abgeschlossenen Deregulierung und Globalisierung der Finanz- und Kapitalmärkte geht es heute vor allem um die Telekommunikations- und Medienmärkte – genauer: um Zugangsmöglichkeiten einer kleinen Zahl von „global players" aus den USA, Japan und Westeuropa zu bislang national geschützten Informations- und Kommunikationssystemen. Dies ist natürlich nur möglich im Zuge der Privatisierung öffentlicher Unternehmen. Die technischen Fazilitäten des zukünftigen „Cyberspace" gelangen so in private Hände. Mit der Privatisierung werden die Netze die öffentlichen Verpflichtungen los, die staatliche Institutionen noch hatten, z.B. die Verpflichtung zur flächendeckenden Versorgung mit Postdienstleistungen. Dies ist gleichbedeutend mit einem Verfall der öffentlichen Dienste. Erlaubten es die bisherigen staatlichen Monopole den Betreibern telekommunikativer Dienste, defizitäre, aber sozial erwünschte Dienste mit Mitteln aus rentablen Geschäftsbereichen zu finanzieren, so wird es zukünftig eine Aufteilung der Märkte geben: in jene für zahlungskräftige Privat-

---

[111] Dabei gab es noch bis in die 40er Jahre in Englands Städten Stromnetze mit verschiedenen Spannungen. In den USA sind die Normen des Bankgeschäfts in den einzelnen Bundesstaaten erst vor wenigen Jahren vereinheitlicht worden. In der BRD gilt der Föderalismus des Bildungswesens als demokratische Errungenschaft – zu Recht.

kunden und in jene für „Sozialfälle", die auf eine marktunanhängige Grundversorgung angewiesen sind.

Die in der Uruguay-Runde vereinbarten Formen der Liberalisierung und Deregulierung haben eine neue Art der Vermögenswerte (eben die intellektuellen Eigentumsrechte) *konstituiert*, um sie als Waren handelbar zu machen. Darin ist eine Fülle von Restriktionen enthalten, beispielsweise für den freien Zugriff auf öffentliche Güter, die von mächtigen TNU unter diesem Regime monopolisiert werden können. Das gilt für Computerprogramme ebenso wie für gentechnologische Patente[112]. Angesichts der „Informations- und Kontrollmacht", die schon heute einige finanzstarke, global agierende Unternehmen ausüben, ist es jedenfalls mehr als wahrscheinlich, daß der größte Teil der weltweiten Produktion von „Zeichen" auch weiterhin im Norden konzentriert bleibt „oder in 'Laboratorien' hergestellt (wird), die von ihm kontrolliert werden bzw. seinen Normen und Verfahrensweisen unterworfen sind" (Latouche 1994: 30). Damit droht einerseits ein neuartiger „Imperialismus" der Bilder und Worte, der „frei transportierten" moralischen Werte, der rechtlichen Normen, politischen Verhaltensregeln und Kompetenzkriterien. Drei Viertel der wichtigsten globalen Telefonnetze sind in der Verfügung von Gesellschaften aus Ländern, in denen nur 15% der Weltbevölkerung lebt. Der südlich der Sahara gelegene Teil des afrikanischen Kontinent ist nicht nur ökonomisch, sondern auch informationstechnologisch marginalisiert: Mehr als die Hälfte der afrikanischen Bevölkerung hat noch nie im Leben ein Telefongespräch geführt, geschweige denn über einen eigenen Telefonanschluß verfügt. Während 100 US-Amerikaner im Durchschnitt über 65-70 Fernsprecher verfügen, müssen sich in Afrika südlich der Sahara (ohne Südafrika) 100 Menschen ein halbes Telefon teilen; etwa 1.000 Menschen kommen im Nahen Osten, in Asien (einschließlich der Nachfolgestaaten der Sowjetunion) in Lateinamerika und Afrika auf einen Internetanschluß; in den USA, in Australien und in den skandinavischen Ländern verfügen etwa 1.000 Personen über 10-18 Anschlüsse. Kurzum: Für viele Menschen hat die Globalisierung der Kommuni-

---

[112] Letztere sind eine besonders absurde Ausprägung der Deregulierung, wird mit ihnen doch innerhalb eines in seiner Komplexität völlig unbekannten Evolutionsprozesses ein Miniabschnitt des Lebens der Verfügungsmacht und Veräußerungsfähigkeit privater Besitzer von „property rights" zu Verwertungszwecken übereignet, also zur Realisierung einer dem Evolutionsprozeß des Lebens fremden und feindlichen Logik. Aber auch ökonomisch sind die Folgen problematisch. Denn es werden nur jene ökonomischen Interessen geschützt, die es sich mit entsprechendem Kapitalaufwand leisten können, sich von den Naturbedingungen (scheinbar) zu emanzipieren. Die einfachen Bauern in Indien und Afrika besitzen das notwendige Kapital nicht und werden daher von den großen Konzernen abhängig, wenn ihnen die Möglichkeit genommen wird, nach ihren überlieferten Methoden Saatgut, dessen genetische Codes inzwischen patentiert sind, zu gewinnen.

kation nicht stattgefunden[113]. Doch selbst wenn die Welt zukünftig voll verkabelt wäre, bliebe das Verhältnis von Zentrum und Peripherie erhalten. Auch dann gäbe es noch immer die „Schaltzentralen" des „industriell-informationellen Komplexes", der „nicht mehr nach den Maßstäben der Geometrie des Raumes, sondern nach denen der Geometrie der Macht" (Virilio 1993: 34) und – so müßte hinzugefügt werden: des Geldes – Entscheidungen trifft.

Auch das „Multilateral Agreement on Investment" (MAI) gehört in diesen Kontext der Liberalisierung zu Gunsten der großen global operierenden Unternehmen. Auch wenn das MAI im Rahmen der OECD ausgehandelt worden ist[114], betrifft es die Welthandelsordnung so sehr, daß es vom Generaldirektor der WTO Ruggiero als ein „wirtschaftliches Grundgesetz" der Globalisierung bezeichnet worden ist. Der MAI-Entwurf, der zunächst blockiert wurde, weil er durch Gewerkschafter in OECD-Gremien und durch NGOs an die Öffentlichkeit geriet und eine internationale Protestwelle auslöste, sah eine weitgehende Freiheit von TNU gegenüber „Gastländern" ihrer Investitionsprojekte vor. Das MAI folgte in extremer Weise der Logik von GATT und WTO, die Freiheit der ökonomischen Akteure gegenüber politischer Regulierung und Kontrolle zu stärken. Selten ist es so deutlich geworden, was Globalisierung tatsächlich bedeutet: die Gewährung voller Rechte für die Akteure im *globalen Raum* und die spiegelbildliche Einschränkung der Rechte von Akteuren am *lokalen (regionalen oder nationalen) Ort*. Staatsbürger sollten im politischen Prozeß, sofern er Interessen von transnationalen Investoren berührte, nichts zu sagen haben; auch die Rechte von Wirtschafts- und Sozialbürgern im System der industriellen Beziehungen sollten nicht zur Geltung kommen können. Die Verfassungsrechte (und wenige Pflichten) sollten den ökonomischen Akteuren im globalen Raum zukommen.

TNU sind häufig ökonomisch und politisch viel mächtiger als nationale oder regionale Regierungen. Die in demokratischen Gesellschaften nach innen (und innerhalb der internationalen Beziehungen auch nach außen) legitimierte politi-

---

[113] Unter dem Liberalisierungsdruck, der mit dem GATT auf eine neue Ebene gehoben wurde, sehen sich die Länder des Südens aufgefordert, auf ihr Monopol im Telekommunikationsbereich zu verzichten und ihren Markt für die Produkte und Dienstleistungen der „global player" zu öffnen. So ergibt sich die paradoxe Situation, daß das Internet, „dessen Entwicklung im Norden mit öffentlichen Geldern gefördert wurde – vor allem in den USA, wo die National Science Foundation für die großräumige Infrastruktur sorgte – in den ärmsten Ländern privat finanziert werden (soll). So jedenfalls scheint es das Programm InfoDev der Weltbank vorzusehen, wenn es davon spricht, 'daß man den Entwicklungsländern helfen muß, den Informationssektor völlig in die Wirtschaft einzubinden'"(Renaud/Torrès 1996).

[114] Einen entscheidenden Grund dafür, das MAI nicht im Rahmen der WTO zu verhandeln, sieht Jagdish Bhagwati darin, daß die WTO ein „single undertaking" sei, an dem alle WTO-Mitglieder mitwirken. „... with IPP and MAI both in, it would be hard to refute the charge that what is good for 'capital' at the WTO is not good for 'labour' or for 'nature'" (Letter to the Editor, *Financial Times*, 22.10.1998: 12).

sche Souveränität wird durch ökonomische Souveränität abgelöst. Diese muß sich nicht vor dem Staatsvolk oder der Öffentlichkeit legimieren, sondern allenfalls vor Aktionären („shareholders"), zumeist nur vor den Mitgliedern eines elitären Aufsichtsrats. Das MAI ist daher tatsächlich, wie Kritiker geschrieben haben, der Ausdruck einer „Refeudalisierung" der Weltherrschaft (Wolter 1998: 54). „Good governance" kann nicht darin bestehen, den Freiraum für TNU auszuweiten, sondern sie durch Regeln einzubinden. Die *Globalisierung als Regel der Regellosigkeit*, wie sie im MAI-Entwurf festgehalten war, hat den Bogen überspannt und Widerstand provoziert (vgl. auch Wiseman 1998: 122f).

6.6 Transnationale Konzerne und Direktinvestitionen

Im großen und ganzen entspricht die regionale Konzentration von Direktinvestionsströmen der geographischen Verteilung der Handelsströme. Nach Angaben des World Investment Report 1998 entfallen ca. 60vH der Zuflüsse und ca. 85vH der Abflüsse von ausländischen Direktinvestitionen (ADI) auf die entwickelten Industrieländer und dementsprechend ca. 40 vH der Zuflüsse und ca. 15vH der Abflüsse auf Entwicklungsländer. Unter den „Entwicklungsländern" vereinigen die südost- und ostasiatischen Länder den Löwenanteil auf sich. Auf den gesamten afrikanischen Kontinent entfielen 1997 1,2 vH der Zuflüsse und 0,3 vH der Abflüsse (vgl. UNCTAD 1998a). Diese extreme Ungleichverteilung spricht für die These von der globalen Fragmentierung; nur ist diese Ausdruck und nicht Negation der Globalisierung. Auch wenn wir die Bestände an Direktinvestitionen untersuchen, bietet sich das gleiche Bild. Wie schon in den 80er Jahren nehmen gegenwärtig die USA und der EU-Raum sowohl bei den Beständen ausländischer Direktinvestitionen im Inland (insgesamt ca. 70 vH der weltweiten Bestände) wie bei Direktinvestitionen im Ausland (ca. 90 vH der weltweiten Betände) die Spitzenstellung ein *(vgl. Tabelle 6.1)*.

Bei Betrachtung der Größenordnungen jedoch haben die ADI für den Prozeß weltwirtschaftlicher Verflechtung eine größere Bedeutung als der Weltexport von Gütern und Dienstleistungen. In der Zeit von 1960 bis 1992 sind die Bestände der ADI von 67,7 Mrd. US$ auf 1,95 Billionen US$ gestiegen; 1997 lagen sie bei 3,5 Billionen US$ (vgl. zu den nachfolgenden Zahlenangaben: UNCTAD/World Bank 1994 sowie UNCTAD 1998a)[115]. In der zweiten Hälfte

---

[115] Die Daten sind mit Vorsicht zu genießen. Sie stammen zwar aus seriösen Quellen, doch diese widersprechen sich in der Regel (und nicht in der Ausnahme). Sie werden hier auch nur wiedergegeben, um Tendenzen zu verdeutlichen. Die mangelhaften Daten über die Transnationalisierung der Produktion können, wie schon im Falle der Internationalisierung des Finanzsektors (vgl. 5. Kapitel) als ein Ausdruck des „disembedding" interpretiert werden. Die mangelhafte statistische Berichterstattung ist Folge der mangelnden sozialen und politischen

der 80er Jahre stiegen die ADI (inländische Direktinvestitionen im Ausland) jährlich um 27,1%, mithin fast dreimal so schnell wie der Export (11,1%) und das Weltsozialprodukt (9,8%); während der ersten Hälfte der 90er Jahre verlangsamte sich der Anstieg zwar zunächst auf jährlich 15,1%, erreichte im Jahr 1997 aber wiederum 27,1% (vgl. *Tabelle 6.2*).

Tabelle 6. 1: Regionale Verteilung der Bestände an ausländischen Direktinvestionen im In- und Ausland, 1985 bis 1997 (in vH)

	Ausländische Direktinvestionen im Inland (Bestände)				Ausländische Direkinvestionen im Ausland (Bestände)			
Region/ Land	1985	1990	1995	1997	1985	1990	1995	1997
Industrieländer	72.3	79.3	70.6	68.0	95.7	95.6	91.5	90.2
Westeuropa	33.6	44.1	39.1	36.9	44.4	50.8	51.1	50.4
Europäische Union	31.2	41.5	36.3	34.6	40.6	46.6	45.1	45.1
andere westeuropäische Länder	2.3	2.7	2.8	2.3	3.8	4.5	5.9	4.3
USA	24.4	22.7	20.5	20.9	36.4	25.5	5.6	25.6
Japan	0.6	0.6	1.2	1.0	6.4	11.8	8.5	8.0
Entwicklungsländer	27.7	20.6	28.1	30.2	4.3	4.4	8.4	9.7
Afrika	3.1	2.2	2.1	1.9	0.9	0.7	0.5	0.5
Lateinamerika/ Karibik	10.1	7.1	10.2	10.9	1.1	0.7	0.9	1.0
europäische Entwicklungsländer	0.1	0.1	0.1.	0.1	–	–	–	–
Asien	14.3	11.1	15.6	17.2	2.3	2.9	6.9	8.2
Westasien	5.7	2.8	2.1	1.7	0.3	0.4	0.3	0.3
Zentralasien	–	–	0.1	0.2	–	–	–	–
Süd-, Ost- und Südostasien	8.6	8.3	13.4	15.3	2.0	2.6	6.4	7.9
Pazifik	0.2	0.1	0.1	0.1	–	–	–	–
Mittel- und Osteuropa	–	0.1	1.3	1.8	–	–	0.1	0.2
Welt	100	100	100	100	100	100	100	100

Quelle: UNCTAD (1998a): World Investment Report 1998: Trends and Determinants, Tabelle 3:5

Kontrolle ökonomischer Akteure im globalen Raum und der daher unzureichenden Transparenz.

Tabelle 6.2: Ausgewählte Indikatoren von ausländischen Direktinvestitionen und internationaler Produktion, 1986-1997 (in Mrd. US$ und vH)

	Werte zu laufenden Preisen (in Mrd. US$)		Jährliche Wachstumsraten (in vH)			
	1996	1997	1986-1990	1991-1995	1996	1997
Ausländische Direktinvestitionen im Inland (Zuflüsse)	338	400	23,6	20,1	1,9	18,6
Inländische Direktinvestitionen im Ausland (Abflüsse)	333	424	27,1	15,1	-0,5	27,1
Ausländische Direktinvestitionen im Inland (Bestände)	3065	3456	18,2	9,7	12,2	12,7
Inländische Direktinvestitionen im Ausland (Bestände)	3115	3541	21,0	10,3	11,5	13,7
Grenzüberschreitende Fusionen (Mergers & Acquisitions)[a]	163	236	21,0[b]	30,2	15,5	45,2
Umsätze ausländischer Niederlassungen	8851[c]	9500[c]	16,3	13,4	6,0[c]	7,3[c]
Bruttoproduktionswert ausländischer Niederlassungen	1950[c]	2100[c]	16,6	6,2	7,7[c]	7,7[c]
Anlagevermögen ausländischer Niederlassungen	11156[c]	12606[c]	18,3	24,4	12,0[c]	13,0[c]
Nachrichtlich						
BIP zu Faktorkosten	28822	30551[d]	12,1	5,5	0,8	6,0[d]
Bruttokapitalbildung	5136	5393[d]	12,5	2,6	-0,1	5,0[d]
Einnahmen von Royalties und anderen Gebühren	53	61[d]	21,9	12,4	8,2	15,0[d]
Exporte von Gütern und Nicht-Faktor-Dienstleistungen	6245	6432[d]	14,6	8,9	2,9	3,0[d]

Quelle: UNCTAD (1998a): World Investment Report 1998: Trends and Determinants, Tabelle : 2

a) nur Erwerb von Mehrheitsbeteiligungen; b) 1987-1990
c) Projektion auf der Basis der Daten von 1995; d) Schätzungen

In den 60er Jahren waren es vor allem US-amerikanische Unternehmen, zu Beginn der 90er Jahre sind es verstärkt auch europäische und japanische Unternehmen, die ihre Produktion grenzüberschreitend organisieren. Über 90% der in *Tabelle 6.2* ausgewiesenen Abflüsse von ADI aus den USA wurden in Form von „mergers & aquisitions" getätigt. In der pharmazeutischen und in der Automobilindustrie, in der Rüstungsbranche, im Bereich Telekommunikation und nicht zuletzt im Finanzsektor sind in den letzten Jahren auf globaler Ebene gigantische Unternehmen entstanden und noch ist kein Ende der „Mega-mergers" in Sicht:

„The total number of major automobile makers may well decline to 5-10 by 2010, from its current number of 15. In the pharmaceutical industry many markets are now controlled by a smaller number of firms, with 7 firms having sales over US$ 10 billion each, accounting for about a quarter of the US$ 300 billion market" (UNCTAD 1998a).

Also ist zumindest in den Industrieländern der Anteil der ausländischen Tochterunternehmen an der jeweiligen Industrieproduktion tatsächlich größer geworden. Er ist in den USA von 7,0 vH im Jahre 1981 auf 15,7 vH im Jahre 1995 gestiegen. Auch in anderen Ländern ist ein Anstieg zu verzeichnen, in Deutschland allerdings eine Abnahme von 16,7 vH auf 12,8 vH und in Japan gar von niedrigen 4,7 vH auf 2,5 vH (OECD 1999: 243). Trotz der gemeinsamen Tendenz einer wachsenden Bedeutung von Direktinvestitionen, ist deren Gewicht auf nationalen Märkten wegen unterschiedlicher Grade der Offenheit verschieden.

TNU aus Entwicklungs- und Schwellenländern sind im Jahre 1997 dagegen mit gerade einmal 9,7 Mrd. US$ an den internationalen Direktinvestitionen in der Höhe von 424 Mrd. US$ beteiligt. Obwohl seit Ende der 80er Jahre die Zahl der Ursprungs- und der Zielländer von ausländischen Direktinvestitionen deutlich größer geworden ist – dies insbesondere durch die Kapitalexporte Japans und anderer asiatischer Länder, darunter in jüngster Zeit mit kräftigen Zuwächsen auch China – entfällt der größte Teil der weltweit getätigten ADI also auf die Triadenmächte. Die Zuflüsse in die Entwicklungsländer sind gering (UNCTAD 1998b), nicht höher sind die in die Transformationsländer Mittel- und Osteuropas. 1997 waren es in absoluten Werten 19 Mrd. US$. Der Anteil an den weltweiten Beständen im jeweiligen Inland ist 1997 1,8vH, an den Beständen im Ausland sogar nur 0,2vH. Auch diese Weltregion ist von einer Gleichverteilung der sowieso niedrigen Bestände weit entfernt. Drei Viertel entfallen auf die Russische Föderation, Polen, Ungarn und die Tschechische Republik (UNCTAD 1998c).

Zu Beginn der 90er Jahre kam es in einer Reihe von Ländern der „Dritten Welt" zu einem regelrechten Investitionsboom, in erster Linie in den „emerging markets" Asiens und Lateinamerikas. In den später von der Krise am meisten betroffenen Länder (Indonesien, Korea, Malaysia, Thailand und die Philippinen) sind noch 1996 netto mehr als 60 Mrd. US$ angelegt worden, darunter fast 10 Mrd. US$ in Form von Direktinvestitionen. Daß dieser Boom auf Sand gebaut war und in der schweren Finanzkrise zunächst in Mexiko 1994, dann in Asien 1997 und in Rußland 1998 und Brasilien 1999 einbrach, ist im vorangegangenen 5. Kapitel dargestellt worden. Seit 1997 verzeichnen die asiatischen Krisenländer Nettokapitalabflüsse von ca. 20 Mrd. US$ 1997, mehr als 45 Mrd. US$ 1998 und rund 26 Mrd. US$ 1999. Die Direktinvestitionen haben sich von 1997 auf 1998 von 12,1 Mrd. US$ auf 4,9 Mrd. US$ mehr als halbiert. Das ist, wenn auch nicht so dramatisch ausgeprägt, in anderen Weltregionen nicht anders. Die Zuflüsse von Direktinvestitionen in „emerging market economies" sind weltweit vom Höhepunkt 1997 mit 142,7 Mrd. US$ auf 116,7 Mrd. US$ 1999 rückläufig (IMF 1999: 40). Allerdings haben US-amerikanische und europäische Unternehmen die Finanzkrise in Asien dazu genutzt, sich bei abgewerteter lokaler Währung in einigen Sektoren (Dienstleistungen, insbesondere Banken, Versicherungen und im Telekommunikationsbereich) der krisengeschüttelten Länder günstig „einzukaufen" (UNCTAD 1998d, 1998e).

Im Verlauf der asiatischen Krise hat sich die Geographie der globalen Investitionsströme verschoben. Ein Aspekt der globalen Transformationen ist die Attraktion, die nun von China ausgeübt wird. Nach UNCTAD-Angaben hat China im Jahre 1997 fast ein Drittel (nämlich rund 45 Mrd. US$) der weltweiten Direktinvestitionen in Entwicklungsländern (149 Mrd. US$) angezogen. Bezogen auf die Größe des Landes ist das kein großer Betrag. Doch verglichen mit den 6,4 Mrd. US$, die Afrika insgesamt im Jahre 1997 attrahierte (ohne die Republik Südafrika und Nigeria sind es 3,7 Mrd. US$), ist dies ein Zeichen für Verschiebungen in der globalen Arbeitsteilung (UNCTAD 1998e).

Die afrikanischen Länder, insbesondere jene südlich der Sahara, wurden also in den letzten Jahren keineswegs in den Weltmarkt integriert, sondern zunehmend „marginalisiert" (vgl. Collier 1995). Ihr Anteil an den Weltexporten ist kontinuierlich gesunken: Während die Exporte aus Afrika in der Zeit von 1979-1980 noch um jährlich 2,8% stiegen, ist das afrikanische Exportwachstum in dem darauf folgenden Jahrzehnt auf jährlich 2,4% gesunken, derweil die südostasiatischen Länder einen jährlichen Anstieg von 6,8% verzeichnen konnten. Hinzu kommt, daß zu Beginn der 90er Jahre, nicht anders als in den 70er Jahren, zu drei Vierteln Güter des Primärsektors exportiert wurden; trotz sinkender Rohstoffpreise entfielen Ende der 80er Jahre allein 40% aller Exporte auf Kaffee und Kakao. Ins Bild der weltwirtschaftlichen Marginalisierung eines ganzen Kontinents paßt außerdem, daß der Anteil der im formellen Sektor tätigen Arbeitnehmer an allen Beschäftigten – anders als in den meisten anderen Entwicklungsregionen – in Afrika während der letzten zehn Jahre von ohnehin bescheidenen 12% auf 9% gesunken ist. Die internationale politische Einbindung vieler afrikanischer Staaten erfolgt eher über die Hilfsprogramme der Weltbank und Kontakte mit den Entwicklungshilfeministerien der Industrieländer denn über die WTO und Wirtschaftsbeziehungen mit anderen Ländern (Collier 1995: 541). Außer durch die Transfers der internationalen Entwicklungshilfe sind einige dieser Länder heute vornehmlich durch die Überweisungen der Arbeitsmigranten mit der Weltwirtschaft verbunden[116].

Parallel zur Entwicklung der Direktinvestitionen von TNU wächst jener Teil des internationalen Handels, der innerhalb von TNU abgewickelt wird – nach OECD-Angaben ca. 30%. Unter den inzwischen 53.000 TNU mit ihren weltweit 450.000 Niederlassungen (UNCTAD 1998a: 1) gibt es Konzerne, deren Umsatz größer ist als das Bruttosozialprodukt mittlerer Staaten. Im Besitz der TNU befindet sich etwa ein Drittel des weltweiten produktiven Anlagekapitals. Schon 1992 brachten es die 100 größten TNU, unter deren Kontrolle sich zu dieser Zeit Anlagekapital in Höhe von 3.400 Mrd. US$ konzentrierte, auf einen Jahresumsatz von 5.500 Mrd. US$, was in etwa dem Bruttosozialprodukt der USA entsprach (UNCTC/UNCTAD 1993). Im Jahr 1997 ist das Anlagevermögen der TNU auf 12.606 Mrd. US$ angestiegen und ihr Weltumsatz ist mit 9.500 Mrd. US$ größer als der Welthandel mit 6.400 Mrd. US$ (vgl. *Tabelle 6.2*). Die Differenz erklärt sich daraus, daß natürlich ein Teil des Umsatzes der TNU innerhalb der jeweiligen Länder getätigt wird und folglich nicht in der Welthandelsstatistik erscheint. Auch internationale Handelskredite sind in bedeutendem Maße Kredite innerhalb von TNU. Das Volumen der internationalen Handelskredite zwischen verbundenen Unternehmen ist in den letzten Jahrzehnten ständig gewachsen. Dabei sind die Grenzen zwischen reinen Handelskrediten, die mit Abwicklung des Handelsgeschäfts getilgt werden, und Direktinvestitionen nicht klar und eindeutig zu ziehen.

In den Jahrzehnten vor dem Ersten Weltkrieg wurden ausländische Direktinvestitionen vor allem (aber nicht nur, vgl. Hilferding 1955: 462ff) zur Ausbeutung natürlicher Ressourcen in den Kolonialstaaten getätigt. Damals verfolgten die großen Konzerne mit ihrer Internationalisierung eine „ethnozentrische" Strategie (Perlmutter 1972): Die Festlegung der Firmenpolitik fand in der Zentrale des Stammlandes statt, die fremden Märkte waren, genau genommen, nur ein Anhängsel der inländischen. Die Globalisierung wurde als Expansion vom nationalen Territorium aus betrieben. Die Zielsetzungen heutiger TNU haben auch wenig gemein mit den – im Prinzip national ausgerichteten – Internationalisie-

---

[116] In manchen Entwicklungsländern, beispielsweise in Indien, Jemen, Pakistan, Marokko, Tunesien und in der Türkei, übersteigen die jährlichen Überweisungen von Auswanderern und Wanderarbeitern die jährlichen Überweisungen der öffentlichen Entwicklungshilfe um ein Drittel und mehr (UNDP 1994: 72).

rungsstrategien der Unternehmen in den ersten Jahrzehnten nach dem Zweiten Weltkrieg. Damals wurden in ausländischen Niederlassungen, die von den Muttergesellschaften operativ unabhängig waren, Güter und Dienstleistungen fertiggestellt, die in einer früheren Phase des Produktzyklus in den jeweiligen Herkunftsländern der Unternehmen produziert worden waren. Charakteristisch für die „polyzentrische" oder „multinationale" Organisationsform dieser Periode war, daß in fremden Industrienationen ähnliche Fertigungsstätten wie in den Herkunftsländern der Unternehmen errichtet wurden (z. B. die Werke von Opel oder Ford in Deutschland oder von VW in Brasilien und Mexiko). Die Zentralen legten nur grobe Richtlinien der Geschäftspolitik fest und überließen es ihren Tochterunternehmen, die Geschäfte in eigener Regie zu führen, was auch den Rückgriff auf lokale Zulieferer mit einschloß.

Heute verfolgen die Unternehmen mit ihren Auslandsaktivitäten weitaus komplexere Ziele. Das zeigt sich nicht zuletzt in den „*global grid*" und „*global matrix*"-Strukturen: Wo früher ein strikt hierarchisches Verhältnis zwischen Zentrum und Peripherie, zwischen Mutter- und Tochterunternehmen die Aufgabenteilung im Konzern regelte, gibt es heute mehrere Zentren. Im Extrem übernimmt jede Niederlassung eine bestimmte strategische Rolle innerhalb des globalen Netzwerkes – für bestimmte Produkte, Funktionen und/oder Regionen (Kogut 1985). Selbstverständlich geht es mit Blick auf große Länder wie China, Indien oder Rußland noch immer um die Eroberung und Durchdringung von großen nationalen Märkten. Doch mehr noch zielen TNU mit den seit Mitte der 80er Jahre sprunghaft gestiegenen ausländischen Direktinvestitionen darauf ab, eine führende Position auf dem Weltmarkt zu besetzen:

„to restructure or rationalize existing investments to capitalize on the benefits of global or regional economic integration, or to acquire additional technological, organizational or marketing assets to more effectively pursue, maintain or advance a global competititve position" (Dunning 1993: 299).

Im Gegensatz zu den beiden früheren Phasen der Internationalisierung von Produktionsprozessen beschränkt sich die in den letzten zwei Jahrzehnten stattfindende Transnationalisierung der Unternehmen nicht auf die Errichtung von Endfertigungsstätten in anderen Ländern, handele es sich dabei um Industrie-, Schwellen- oder Entwicklungsländer. Vielmehr bezieht die Strategie den gesamten Prozeß der Wertschöpfung und das gesamte System der Zulieferindustrien in die tendenziell globale Restrukturierung der Unternehmensorganisation mit ein. Unternehmen, die beispielsweise ein Viertel ihrer Produkte in den USA verkaufen wollen, werden dies weniger durch den Export zu realisieren versuchen, sondern durch eine Internationalisierung der Wertschöpfung. Tendenziell müßte ein Viertel der Produktion dorthin verlagert werden, wo sich die Ab-

satzmärkte befinden. In der Folge verlieren ganze Industriezweige ihren spezifisch nationalen (US-amerikanischen, deutschen, englischen) Charakter.
Genau genommen führt selbst noch der Begriff „ausländische" Direktinvestitionen in die Irre, denn er legt den Eindruck nahe, als seien die Direktinvestitionen, die ein TNU in irgendeinem Lande tätigt, in ökonomischen Aktivitäten des Ursprungslandes „verwurzelt". Im geozentrischen Unternehmen verfügen wichtige Strategieeinheiten über eigene Investitionsprogramme, die von den strategischen Planungen der Unternehmenszentrale durchaus abweichen können. Über die auf dem Weltmarkt überaus erfolgreichen schwedischen TNU schreibt Mats Forsgren prägnant: „Nowadays, many of these are so large, so highly internationalized and operationally diversified that one can talk about several rings and several peripheries within the same firm" (Forsgren 1990: 266).
Lohnkostenüberlegungen spielen bei vielen Auslandsinvestitionen bei weitem nicht die zentrale Rolle, die ihnen in der öffentlichen Diskussion beigemessen wird. Steuer- und Abgabensysteme, die den Unternehmen „wohlwollen", ziehen ausländische Direktinvestitionen ebenso häufig an. Marktsicherung und Markterschließung spielen als Investitionsmotive zumeist eine weit größere Rolle. Gleiches gilt für das Bestreben, durch Marktpräsenz in den Territorien wichtiger (neuer) Konkurrenten Handelsbarrieren zu überspringen oder sich vor protektionistischen Tendenzen in den neuen Großwirtschaftsräumen der Triade zu schützen. Von wachsender Bedeutung war in den letzten Jahren vor allem das Motiv, die Risiken von Wechselkursschwankungen dadurch zu verringern, daß Kosten und Erlöse in der gleichen Währung erzielt werden. In der Regel spielen die Kostenmotive bei ADI in der Verarbeitenden Industrie allerdings eine vergleichsweise größere Rolle als im tertiären Sektor. Als Schlüsselfaktor für die Investionsentscheidungen von TNU erweist sich aber inzwischen der Zugang zu „künstlichen" oder „hergestellten" Standortvorteilen („created assets") und die Agglomerationsvorteile, die sich aus ökonomischen „clusters" ziehen lassen:

„To attract such competetiveness-enhancing FDI, it is no longer sufficent for host countries to posses a single locational determinant. TNUs undertaking such FDI take for granted the presence of state-of-art FDI frameworks that provide them with the freedom to operate internationally, that are complemented by the relevant bilateral and international agreements, and that are further enhanced by a range of business facilitation measures. When it comes to economic determinants, firms that undertake competetivenessenhencing FDI seek not only cost reduction and bigger market shares, but also access to technology and innovative capacity ... In addition, the new configuration also includes agglomeration economies arising from the clustering of economic acitivity, infrastructure facilities, access to regional markets and, finally, competetive pricing of relevant resources and facilities" (UNCTAD 1998a: 34).

Jedenfalls kann die „beklagenswerte Entwicklung" der durchschnittlichen Löhne, die in den letzten Jahren vor allem in den USA, aber auch in anderen Industrieländern zu verzeichnen war, nach Ansicht von Paul Krugman (1994) nicht auf Nettokapitalflüsse in die „Dritte Welt" zurückgeführt werden, zumal diese ja erst seit Beginn der 90er Jahre Kapitalzuflüsse in nennenswertem Umfang erfahren hat. Dieses Urteil deckt sich mit unseren Feststellungen, daß es eher die finanziellen Dimensionen der Globalisierung, die Gesellschaftsspaltung in Arbeits- und Geldgesellschaft sind, welche die negativen Wirkungen auf die Beschäftigung ausüben. Dieser Einwand gegen allzu simple Schlußfolgerungen, die von der „Billiglohnkonkurrenz" auf die Zahl der Arbeitsplätze und die Höhe der Löhne in den kapitalexportierenden Industrieländern gezogen werden, ist auch im Zusammenhang mit der Debatte um den „Standort Deutschland" von einigem Gewicht (vgl. dazu ausführlich Mahnkopf 1999). Ein ganzes Land, zumal eines wie die Bundesrepublik Deutschland, die noch immer zweitgrößte Exportnation der Welt ist, wird selbstverständlich nicht nur durch einen direkten „Arbeitsplatzexport" bedroht. Der Prozeß der Globalisierung bezieht jedoch immer mehr Menschen in die weltweite Arbeitsteilung ein und damit auch in den beschleunigten Strukturwandel. Das verstärkt die Kraft der „Produktivitätspeitsche". Die Folgen sind bekannt: Es steigt die Arbeitsproduktivität schneller, als die (Industrie)Produktion ausgeweitet wird.

Anders als bei Unternehmensinvestitionen, die zum Aufbau von Produktionskapazitäten im Ausland führen, kann bei den „mergers & acquisitions" davon ausgegangen werden, daß sie *unmittelbare* negative Beschäftigungswirkungen haben. Denn andere Unternehmen werden mitsamt ihren Arbeitskräften, Kunden, mit ihrer technischen und „knowledge"-Infrastruktur und mit ihrer spezifischen „Unternehmenskultur" zumeist dann auf dem Markt gekauft, wenn „der innere Wert der Unternehmen den Kurswert erheblich übersteigt". Für die Arbeitnehmer der betroffenen Unternehmen bedeuten Zusammenschlüsse dieser Art in aller Regel Entlassungen, vor allem dort, wo ihre Rechte schlecht geschützt sind. Daher bleibt das Beschäftigungswachstum in international operierenden Unternehmen weit hinter dem Wachstum der ADI zurück (Parisotto 1995: 72).

Von Direktinvestitionen wird die Beschäftigungs- und Qualifikationsstruktur maßgeblich beeinflußt. Komplexe, international integrierte Produktions-, Marketing- und Gewinnstrategien von TNU haben eher für eine Umverteilung bereits vorhandener als für die Schaffung neuer Arbeitsplätze gesorgt. Zwar lassen sich in der Tat in einigen Entwicklungsländern Nettobeschäftigungsgewinne von FDI feststellen, nicht zuletzt, weil vor allem arbeitsintensive Aktivitäten ausgelagert wurden. Doch die Zuwächse konzentrieren sich auf wenige Länder (in Süd/Ostasien, auf Mexiko und vor allem China). In Afrika, im sonstigen

Lateinamerika und in Westasien ist die Beschäftigung nur wenig gewachsen oder sogar rückläufig. Die Auslandsaktivitäten TNU befördern eher den Trend zu kapitalintensiver Produktion und arbeitssparenden Techniken. Sie unterscheiden sich in dieser Tendenz nicht von anderen Unternehmen, sie sind folglich ebenso wie diese „Exekutoren" grundlegender Tendenzen kapitalistischer Entwicklung. Arbeitsplätze, die in den Industrieländern verloren gehen, tauchen nicht in *gleichem* Umfang in den ärmeren Ländern des Südens wieder auf.

Neben den schwer kalkulierbaren *direkten* Beschäftigungseffekten internationalisierter Produktion ist auch mit *indirekten* Wirkungen zu rechnen. Wenn ausländische Investoren lokale Vorprodukte und Dienstleistungen nachfragen, kann es bei den vertikal mit transnationalen Unternehmen verknüpften Zulieferern, subcontractors, Beratern und Kunden zu positiven Beschäftigungseffekten kommen. Selbstverständlich sind solche ökonomischen Verflechtungen aber nicht, denn neben Investitionen benötigt ihr Aufbau Zeit und personelle und organisatorische Energien. Daher werden sie von den ausländischen Investoren nur dann angestrengt, wenn im Gastland entweder deutliche Kostenvorteile gegenüber bestehenden Kooperationsbeziehungen bestehen oder dessen Regierung „local content"-Auflagen macht. Bei denjenigen Firmen des Gastlandes, die mit TNU konkurrieren, sind sowohl negative als auch positive Beschäftigungseffekte möglich: Sie können vom Markt gedrängt werden; es kann aber auch zu „spillover"-Effekten und zu einer Effizienzsteigerung kommen, die zumindest mittelfristig auch Beschäftigungszunahmen nach sich zieht (Lall 1995). Da sich mit den Tendenzen zur Globalisierung der Produktion neue Muster ökonomischer Abhängigkeit und neue Beziehungen zwischen nationalen Arbeitsmärkten verbinden, werden Arbeitsplätze – sowohl hinsichtlich ihrer Quantität wie ihrer Qualität – mehr denn je zur abhängigen Variable der unterschiedlichen Produktionsstrategien grenzüberschreitend operierender Unternehmen.

Was die *Qualität* der Beschäftigung anbelangt, so hat das „Herkunftsland" eines TNU – im Gegensatz zu den herkömmlichen (postfordistischen) Annahmen – nicht mehr das selbstverständliche „Monopol" auf die Arbeitsplätze mit den höchsten Qualifikationsanforderungen. Wohin die „guten Jobs" gehen, hängt eher vom „Wert eines Standortes" ab, wie ihn das Management in den globalen Unternehmensstrategien einschätzt. Dieser Wert ergibt sich aber immer weniger aus traditionellen Faktoren – z. B. aus der Nähe zum Markt oder durch komparative Kostenvorteile – sondern durch bestimmte kombinierte Eigenschaften eines Standortes, die neu erzeugt werden können, durch „'local' assets that can be created, such as a workforce with appropriate skills and a developed telecommunication infrastructure" (Campbell 1994: 194). Insbesondere elektronische Dienstleistungen können als „footloose industries" nahezu überall erbracht werden, wo entsprechend qualifizierte Arbeitskräfte und die benötigte Infrastruktur vorhanden sind. Da diese Voraussetzungen heute schon in einer Vielzahl von Ländern wie Brasilien, China, Indien, Mexiko, Korea oder den Philippinen gegeben sind, deutet sich hier ein dramatischer Wandel an: die Möglichkeit eines „alte Hierarchien" zwischen Industrie- und Entwicklungsländern mißachtenden totalen, den gesamten Globus einbeziehenden Wettbewerbs.

Es verstärkt sich die *Interdependenz* von nationalen Arbeitsmärkten und die neuartige „Herstellbarkeit" von wichtigen (harten und weichen) Standortfaktoren, die für die Produktions- und Investitionsentscheidungen der Unternehmen Bedeutung haben. Dadurch gewinnen die Widersprüche der Globalisierung eine neue Qualität. *Einerseits* befördert der Prozeß internationaler Produktionsintegration durch ADI die Spezialisierung von nationalen Arbeitsmärkten – weil die strategischen Standortvorteile eine größere „Humankapital"-Komponente[117] enthalten und weil lokale Standorte nicht mehr die ganze Bandbreite von physischen und sozialen Infrastrukturvorteilen aufweisen müssen, um ausländische Direktinvestitionen anzuziehen. *Andererseits* werden gerade durch die Spezialisierung lokaler Standorte innerhalb der Wertschöpfungskette von TNU spezielle Segmentationsmuster, die auf der Ebene der nationalen Arbeitsmärkte existieren, verstärkt und neue geschaffen. Damit verschärfen sich auch die Ungleichheiten zwischen den relativ sicheren und gut bezahlten „Kernarbeitsplätzen" und den im globalen System der Unternehmen weit verstreuten peripheren Jobs. Zugleich kann es innerhalb einiger Branchen und Tätigkeitsfelder durchaus zu einer grenzüberschreitenden Konvergenz von Löhnen und/oder anderen Elementen des Beschäftigungsverhältnisses kommen:

„In other words, one point of intersection between the global labour market and national labour markets encourages the convergence of conditions in one cross-border labour market niche, which is set against a national pattern of increasing labour market segmentation" (Campbell 1994: 200).

Mit der wachsenden Interdependenz von nationalen Arbeitsmärkten expandieren die ökonomischen Aufgaben des Staates oder der Region innerhalb der „Geo-Ökonomie": Es wächst der Druck auf die einzelnen Staaten, den „global players" die besten Konditionen im „Wettbewerb der Standorte" zu bieten und dies bedeutet ja nichts anderes, als den Unternehmen (jeweils branchenbezogen) eine im internationalen Vergleich relativ hohe Profitrate zu ermöglichen (Marchlewitz 1997: 776). Es ist das Ensemble aller Faktoren, die einzelnen Unternehmen ent-

---

[117] Wir benutzen den Begriff des „Humankapitals" ungern. Denn mit ihm wird die Formbestimmung der Bildung als Eigenschaft des zur Erwerbsarbeit verpflichteten Lohnabhängigen verdunkelt. Der Begriff hat die gleiche Qualität, wie wenn man „die Substanz des Auges das Kapital des Sehns" (Marx 1953: 200) nennen würde. Nur aus Gründen der Konvention verwenden wir also den Begriff.

scheidende „Fühlungsvorteile" bringen. Auch viele sogenannte Billiglohnländer müssen heute erfahren, daß sie vor einem Verdrängungswettbewerb keineswegs geschützt sind. Daher rührt der in vielen Ländern Asiens bereits eingeleitete Versuch, die Konkurrenzvorteile, die sich aus der Verfügbarkeit billiger Arbeitskräfte ergeben, nunmehr mit einem „upgrading" der Qualifikationen zu verteidigen – oder sich aus dem „formellen" Weltmarkt zu verabschieden.

TNU können aus drei Gründen als „Hauptprotagonisten" der wirtschaftlichen Globalisierung bezeichnet werden. Ihre Rationalisierungspraktiken führen zur Herausbildung eines „international integrierten Produktionssystems" mit neuen Managementpraktiken (vgl. 7. Kapitel) und sie forcieren den sektoralen Strukturwandel der Weltwirtschaft, den Wandel der Beschäftigungsstruktur und des Verhältnisses der Geschlechter (vgl. 8. Kapitel). Darüber hinaus sind sie Akteure, die in der Krise die Geographie der Weltarbeitsteilung verändern. Sie sind also Promotoren der globalen Transformationen. Eines aber sind TNU mit Sicherheit nicht: Motoren eines weltweiten Beschäftigungswachstums. TNU sind in dieser Hinsicht nicht anders als lokale und nationale Unternehmen, sie folgen dem Druck der Konkurrenz.

6.7 Dumping, „Countertrade", informelle Handelsbeziehungen

Die glühenden Verfechter einer Freihandelsordnung mit eingerissenen Konkurrenzgrenzen scheinen den eigenen Versprechen nicht ganz zu vertrauen. Denn die Zahl der Anti-Dumping-Maßnahmen hat vor allem in den Industrieländern (in den USA und in der EU) zugenommen, und zwar im Zeitraum von 1991 bis 1994 von 143 „measures in force" auf 157 im Falle der EU, von 209 auf 306 in den USA, von 71 auf 83 in Kanada, von 20 auf 85 in Australien (OECD 1995a). Betroffen sind vor allem die konkurrierenden aufstrebenden Industrieländer in Asien und einige osteuropäische Länder. Die südkoreanischen Exporte in die EU waren 1994 zu 18,3% von Antidumping-Maßnahmen (ADM) betroffen; in den Warengruppen mit ADM waren es sogar 34,7%. Georgische Exportprodukte in die EU waren zu 43,7, kasachische zu 66,0% betroffen. Dabei handelte es sich vor allem um Textilprodukte, Düngemittel, Elektronik und Steine und Erden sowie Zement (nach DIW, *Wochenbericht* 7/1996 vom 15.2.1996). Die protektionistischen Maßnahmen sollten offensichtlich eher traditionelle als High-Tech-Industrien schützen. Innerhalb der WTO waren Ende Juni 1995 805 Anti-Dumping-Maßnahmen gemeldet, davon wurden 60% von den USA und der EU eingeleitet, die meisten gegen China und Südkorea (*Financial Times* vom 14.12.1995). Die bislang im Rahmen der Welthandelsordnung zurückgestellte Regelung von Sozial- und Umweltstandards wird also doch auf dem Umweg über Anti-Dumping-Maßnahmen zum Politikum.

Daß die Versprechen des freien Handels obendrein nicht immer zu erfüllen sind (dies ist auch Thema der OECD 1999: 231ff), zeigt auch die große Bedeutung von Kompensationsgeschäften, bilateralen Zahlungsabkommen, einfachem Produktentausch („barter"), Lieferungen auf Gegenseitigkeit usw. – alles dies Austausch von Waren gegen Waren ohne Dazwischentreten von Geld oder Austausch auf Verrechnungsbasis. Der IMF gibt an, daß zwischen 10% und 25% des gesamten Welthandels auf Basis von „barter" und „countertrade"-Abkommen abgewickelt werden (IMF 1995a: 27). In Untersuchungen, die noch aus den 80er Jahren stammen (vgl. Jalloh 1995: 365ff), geht die OECD von 5% aus, das GATT von 8%. Insbesondere in den mittel- und osteuropäischen Ländern spielen Kompensationsgeschäfte eine bedeutende Rolle, zumal noch „alte" Lieferbeziehungen bestehen bzw. wiederbelebt worden sind, als deutlich wurde, wie sehr unter Bedingungen des „freien Handels" die Konkurrenzfähigkeit hinter den Konkurrenten herhinkte. Im Jahre 1992 sollen nach IMF-Angaben 40% der russischen Exporte auf barter-Basis erfolgt sein, 1993 noch immerhin 11%. In mehr als 100 Ländern, so der IMF (IMF 1995a: 25ff) weiter, sind Geschäfte auf Gegenseitigkeit, also nicht unter den Bedingungen der freien Konkurrenz, die Regel. Der Grund für die beträchtliche Bedeutung des „countertrade" ist im Weltgeld zu suchen: Nur Unternehmen, die über Devisen verfügen oder die Chance haben, im Austausch an Devisen heranzukommen, können sich am freien Welthandel beteiligen. Andere nicht. Daher kann getrost davon ausgegangen werden, daß die Finanzkrisen der zweiten Hälfte der 90er Jahre dem barter-trade Auftrieb gegeben haben. Unternehmen und Länder, deren Devisenreserven unzureichend sind, müssen auf Geschäfte nach dem Prinzip der Kompensation und der Gegenseitigkeit zurückgreifen. „Countertrade", so Jalloh (1995: 374), „is not a stone age method of conducting business but viable alternative to conventional trade in cash-poor, underdeveloped or high risk markets such as the African markets..." Das Beispiel des countertrade zeigt noch einmal schlüssig, daß das Prinzip des Freihandels keineswegs die ewige, zeit- und raumlose Geltung beanspruchen kann, wie seine Verfechter meinen.

Also ist zu berücksichtigen, daß – ebenso wie bei der Arbeit und im Produktionsprozeß – zwischen der formellen und der informellen Seite unterschieden werden muß. Auch der Weltmarkt hat neben der bislang dargestellten formellen und daher sichtbaren Seite ein informelles, verborgenes Gesicht. Dieses ist den illegalen Geschäften der Rüstungsexporteure, der „Drug-connection" vom goldenen Dreieck nach Westeuropa oder von Bolivien in die USA, den Geldwaschanlagen der Mafia in „safe havens" freundlich zugewandt. „Die Drogenwirtschaft ist im Prozeß der Globalisierung, der die gegenwärtige Ökonomie kennzeichnet, eingeschrieben" (Morel/Rychen 1995: 11). Der Jahresumsatz der Rauschgifthändler wird auf 300 bis 500 Mrd. US$ geschätzt. „Damit wäre der Drogenhandel nach dem Waffengeschäft und vor Erdöl weltweit die Nr. 2 nach Umsatz, auf jeden Fall aber die Nr. 1 nach Gewinn" (Buss 1996, in: *Das Parlament* vom 4.4.1996). Denn die Spannen zwischen den Verarbeitungsstufen sind enorm. Der bolivianische Coca-Bauer erhält für 200 kg Blätter, aus denen ein Kilogramm Kokain gewonnen werden kann, etwa 200 US$. Auf den Straßen der großen Städte kostet das Kilogramm zwischen 80.000 und 120.000 US$. Die enormen Einnahmen der Drogenmafia auf den verschiedenen Verarbeitungs- und Handelsstufen werden auf den internationalen Finanzmärkten plaziert und gewaschen. Ohne die Globalisierung und die (im vorangegangenen Kapitel dargestellten) „Innovationen" im Finanzsektor, ohne die Deregulierungswoge seit Anfang der 80er Jahre, die die staatlichen Kontrollmöglichkeiten hinwegspülte, wäre der Drogenmarkt längst nicht so attraktiv. Und er wird mit Nachschub versorgt. Denn die Tendenzen der Globalisierung haben eine internationale Arbeitsteilung hervorgebracht, in der den 1,5 Millionen Peruanern, Kolumbianern und Bolivieren, die ihren Lebensunterhalt im Rauschgiftgeschäft verdienen, auch keine Alternative des formellen, legalen Erwerbs geblieben ist. Auch die Regierungen sind am Drogengeschäft trotz spektakulärer Aktionen gegen die Drogenmafia nicht uninteressiert. Die strukturellen Leistungsbilanzdefizite können in einer Reihe von Fällen, sowohl in Lateinamerika als auch in Asien, nur durch informelle Transaktionen, vor allem durch Einnahmen aus dem Drogenhandel, verringert werden (Morel/Rychen 1995: 70ff). Die Größenordnung des informellen Weltmarkts ist beträchtlich, wenn auch nur indirekt zu messen, z.B. an dem globalen Defizit der Leistungsbilanzen. In dem geschlossenen System des Weltmarktes müßten sich Überschüsse und Defizite zu Null saldieren. Dies ist jedoch nicht der Fall; die Welt weist ein Leistungsbilanzdefizit von jährlich mehr als US$ 100 Mrd. auf (OECD, *Economic Outlook*, verschiedene Jahrgänge). Zu einem Teil lassen sich die Defizite durch die unterschiedliche Berechnung von Exporten („fob", free on board) und Importen („cif", cost, insurance, freight) erklären. Auch die unterschiedliche Terminierung von Exportlieferungen im Jahr x und Zahlung im Jahr x +1 (manchmal auch x-1) mag für das Defizit ausschlaggebend sein, obwohl es sich über die Jahre ausgleichen müßte. Es spielen aber auch andere, weniger harmlose Faktoren eine Rolle. Dazu gehören vor allem viele Zahlungen, die als Ausgänge, aber nicht als Einnahmen verbucht werden, um auf diese Weise Steuern zu vermeiden, Geld zu waschen, Bestechungsgelder zu vertuschen (dazu Couvrat/Pless 1993). Den informellen Weltmarkt bestimmen andere Regeln als die des freien Handels und der damit zu erzielenden komparativen Kostenvorteile. Der große Umfang „informeller" Handelsbeziehungen in manchen Weltregionen zeigt, daß die geographische Ausdehnung des Freihandelsprinzips auch am Ende des 20. Jahrhunderts noch beschränkt ist.

Dritter Teil
Kapital und Arbeit

In den vorangegangenen Kapiteln haben wir die Globalisierung des Geldes, danach die Wirkungen des freien Handels auf den Wohlstand der Konsumenten und die Arbeits- und Lebensbedingungen der Produzenten untersucht und herausgefunden, daß die Versprechen des freien Handels einerseits nicht alle leer sind, aber andererseits auch nicht jenen Wohlstandszuwachs für alle Welthandelspartner bringen, den die auf dem Theorem der komparativen Kostenvorteile aufbauenden Modelle vorsehen. In diesem Teil wird es darum gehen, die Konsequenzen der Globalisierung für die Unternehmen und das Management aufzuzeigen. Die Internationalisierung der Produktion hat eine lange Geschichte, die bis in die Frühzeit des Kapitalismus zurückverfolgt werden kann. Dies wollen wir hier nicht tun; wir wollen aber für den Bereich der Realökonomie – wie zuvor für die monetären Prozesse – nachzeichnen, wie sich die Beschleunigung und die Enträumlichung wirtschaftlicher Aktivitäten für die Akteure und die Akteurssysteme des globalen Wettbewerbs auswirken und mit welchen Widersprüchen und schwer zu lösenden Problemen unter den Bedingungen eines verschärften „Zeitwettbewerbs" zu rechnen ist.

Im 7. Kapitel werden wir zunächst die paradigmatischen Veränderungen in den Organisationsstrukturen von transnationalen Unternehmen (TNU) betrachten, jenen „Motoren der Globalisierung" – so eine Formulierung der UNCTAD –, die sowohl Treiber als auch Getriebene zunehmender weltwirtschaftlicher Verflechtungen sind: An die Stelle hierarchisch-bürokratischer Beziehungen in zentral gesteuerten Organisationen des „tayloristisch-fordistischen" Typs treten Produktionssysteme, die dadurch charakterisiert sind, daß sie räumlich zum Teil weit verstreute, hinsichtlich ihrer Größe, Existenzdauer und Aufgabenbearbeitung flexibel operierende Unternehmenseinheiten zu mehr oder weniger eng verknüpften Netzwerken integrieren; dabei erhalten die dezentralen Einheiten weitreichende Dispositionsbefugnisse und müssen als „cost" oder „profit center" einen Großteil der Ergebnisverantwortung übernehmen, die früher auf der Ebene von Unternehmenszentralen oder dicht darunter angesiedelt waren. Dieser organisationsstrukturelle Wandel geht einher mit Prozessen unternehmensinterner Vermarktwirtschaftlichung: Austauschbeziehungen in der Wertschöpfungskette werden in Kunden-Lieferanten-Beziehungen transformiert und durch interne Verrechnungspreise koordiniert. An die Stelle direkter Überwachung und Steuerung durch Vorgesetzte tritt in grenzüberschreitenden Unter-

nehmensnetzwerken (freilich nicht nur dort) die Kontrolle durch elektronische Märkte und Informationsflüsse. Direkte Kontextsteuerung durch Unternehmenszentralen wird ersetzt durch das „benchmarking", den ständigen Leistungsvergleich von allem, was sich datenmäßig quantifizieren läßt.
Die neuen Informations- und Kommunikationstechnologien sind Voraussetzung und zentrales Medium dieses organisationsstrukturellen Wandels. Dieser ist darauf gerichtet, die Zeiträume, in denen wirtschaftliche Entscheidungen sich rechnen müssen, so weit wie möglich zu verkürzen, und das heißt dann: Rationalisierung aller Geschäftsprozesse und Produktivitätssteigerung bei gleichzeitiger Kostensenkung. Realisiert werden diese Ziele über das „subcontracting" aller Funktionen, die nicht zum „Kerngeschäft" der Unternehmen gehören, durch massiven Arbeitsplatzabbau, die Ausdünnung des unteren und mittleren Managements und durch eine Flexibilisierung der Arbeitszeiten und Beschäftigungsverhältnisse.
Allerdings sind in den neuen Unternehmens- und Managementkonzepten, die sich über Prozesse des „institutionellen Wettbewerbs" und die weltweite Suche nach „best practices" durchsetzen und nationalspezifischen Modellen der industriellen Beziehungen den Boden entziehen, auch Widersprüche enthalten, die sich leicht zu kontraproduktiven Effekten entwickeln können. Es sind dies Widersprüche im Inneren jener „Motoren der Globalisierung", die auf Grenzen der Beschleunigung wirtschaftlicher Aktivitäten aufmerksam machen: Die Stimulierung von Konkurrenz im Innen- und Außenverhältnis der Unternehmen erzeugt einen „strukturellen Egoismus" der dezentralen Einheiten, der den Zusammenhalt der Unternehmen gefährden kann. Deshalb wird, parallel zur Vermarktwirtschaftlichung der Austauschbeziehungen in den Unternehmen und in deren Außenbeziehungen, der Bedarf an sozialer Kohäsion größer. Diese läßt sich aber immer schwerer herstellen, weil *erstens* die Flexibilisierung von Beschäftigungs- und Kooperationsbeziehungen in Verbindung mit einem harten betrieblichen Zeitregime und den auf Dauer gestellten Leistungsvergleichen längerfristige Bindungen unterminiert, weil dadurch *zweitens* soziale und qualifikatorische Erwartungssicherheiten systematisch enttäuscht werden müssen und weil schließlich *drittens* im Zuge des organisationstrukturellen Wandels herkömmliche Mittel der sozialen Kohäsion (wie Statusprivilegien oder innerbetriebliche Aufstiegsmöglichkeiten) knapp werden. Selbst diejenigen, die in der Regel zu den „Gewinnern" der Globalisierung rechnen – die von Robert Reich so treffend bezeichneten „Symbolanalytiker", die im folgenden auch „*Flexecutives*" genannt werden – müssen einen hohen Preis dafür bezahlen, daß ihre Beschäftigungs- und Einkommenschancen mit der Globalisierung wirtschaftlicher Aktivitäten überproportional gestiegen sind: hochqualifizierte technische Experten, „free lancer" in der Unternehmensberatung, Angehörige des

mittleren Managements, die über eine hohe berufliche und geographische Mobilität verfügen und die es gewohnt sind, ihre Leistungen ganz selbstverantwortlich (permanent) zu steigern, geraten in eine subjektiv schwer aushaltbare Spannung von Arbeit und Privatleben (vgl. dazu insbesondere 7. Kapitel, 7.2.2).

Grundlage der gerade einmal begonnenen Restrukturierung von Unternehmen in Richtung auf elektronisch vernetzte, grenzüberschreitende Kooperationsverbünde mit dezentralen Organisationsstrukturen und einem wachsenden Anteil an „atypischen" Beschäftigungsverhältnissen ist, wie bereits mehrfach erwähnt, die Informationstechnologie.

Die zentrale Rolle von elektronischen Netzen und wissensgestützten Produktions- und Dienstleistungsprozessen wird in der laufenden Debatte nicht selten zu der These einer „Virtualisierung der Ökonomie" verdichtet. In kritischer Auseinandersetzung mit dieser These stellen wir zu Beginn des 8. Kapitels heraus, daß es viele der (elektronisch vermittelten) Dienstleistungen, von denen neue Wachstumsimpulse und eine Verringerung der Arbeitslosigkeit erwartet werden, ohne Bezug zur industriellen Produktion schlichtweg nicht geben kann. Globalisierung und Tertiarisierung von Ökonomie und Beschäftigung sind zweifellos aufs engste miteinander verwoben. Doch stellt sich der Eintritt in ein „postindustrielles" Zeitalter in vielerlei Hinsicht anders dar, als es enthusiastische Verkünder einer alles (Qualifikationsanforderungen, Arbeitsmärkte, Beschäftigungsformen etc.) verändernden „Informationsgesellschaft" sehen. Weder ist mit ökologischen Gratiseffekten einer „informationellen Ökonomie" zu rechnen, noch ist es *nur* eine gute Nachricht, daß die Tertiarisierung „eine Chance für Frauen" darstellt. Frauen gehören zu den „Gewinnerinnen" des Strukturwandels, soweit sich dadurch ihre Qualifikations- und Beschäftigungschancen verbessern. Genau dies ist allerdings nur für eine (zweifellos wachsende) Minderheit von Frauen der Fall. Denn überall – in den reichen Industrieländern ebenso wie in den verarmten Transformationsländern MOE und in den Ländern der „Dritten Welt" – meint das Schlagwort von der „Feminisierung der Beschäftigung" eben nicht allein die im Zuge von Globalisierung und Tertiarisierung wachsenden Beschäftigungschancen von Frauen auf dem Arbeitsmarkt (die in einigen Ländern in der Tat von einer sinkenden Erwerbsquote bei den Männern begleitet werden), sondern auch die Ausbreitung von nichtexistenzsichernden, sozial und rechtlich nicht oder schlecht geschützten Arbeitsverhältnissen.

Wir haben dieser „anderen Seite der Globalisierung", nämlich der Erosion des „Normalarbeitsverhältnisses" und der Ausbreitung informeller Arbeit anders als in den ersten Ausgaben dieses Buches im 8. Kapitel viel Platz eingeräumt. Gezeigt werden soll, daß die „Feminisierung der Beschäftigung", die Informalisierung der Arbeit und die Arbeitsmigration in engem Zusammenhang mit der ökonomischen Globalisierung zu analysieren sind. Die mit der Informalisierung von wirtschaftlichen Aktivitäten einhergehende Spaltung der Gesellschaften hat etwas mit der Herstellung von Wettbewerbsfähigkeit, insbesondere des „Produktionsfaktors Arbeit", zu tun, genauer: mit Arbeit, die geltende Normen unterschreitet, weil sie nicht wettbewerbsfähig ist. Denn bei einer erfolgreichen Integration in den Weltmarkt sind bestimmte „benchmarks" einzuhalten. Unternehmen und Branchen, denen dies nicht gelingt, sind entweder zum ökonomischen Untergang verurteilt oder sie sind gezwungen, ihre Aktivitäten an anderen (lokalen und regionalen) Standards auszurichten. So gesehen ist die Entstehung eines „informellen Sektors" der territorialen Ökonomie und der große Stellenwert, den in einigen Gesellschaften die (legale und die illegale) „Schattenwirtschaft" einnimmt, ein Indikator für die Wettbewerbsfähigkeit von ökonomischen Akteuren. Allerdings lassen sich „formelle" und „informelle" Arbeit nicht in jedem Fall sauber voneinander trennen: Wie bei der autonomen Arbeit auf eigene Rechnung (der Schwarzarbeit und der Schwarzwirtschaft) oder bei der urbanen oder rualen Produktion in Klein- und Kleinstbetrieben geht es ja auch beim „subcontracting" oder bei der „prekären" Arbeit eines Scheinselbständigen, die dem Bereich der formellen Ökonomie angehören, um das Unterschreiten geltender Normen wegen mangelnder Wettbewerbsfähigkeit und um die Vermeidung von Umverteilungssystemen (Steuern, Sozialabgaben).

Daher ist auch die für heuristische Zwecke sinnvolle Unterscheidung der territorialen Ökonomie in einen wettbewerbsfähigen Teil und einen anderen, der die „constraints" und „benchmarks" des globalen Wettbewerbs nicht erfüllen kann und sich daher auf geschütze Märkte zurückziehen muß, keineswegs trennscharf genug. Zumal als Folge der im 7. Kapitel beschriebenen neuen Unternehmensstrategien immer häufiger „formell-informelle Partnerschaften" zwischen TNU und abhängigen Zulieferern (zumeist in sogenannten „Billiglohnländern") geschlossen werden, deren hauptsächlicher Zweck darin besteht, die Vorteile, die sich aus der Existenz eines großen „informellen Sektors" ziehen lassen, bei der „Standortarbitrage" ins Spiel zu bringen: niedrige Löhne und Sozialkosten, schwache Gewerkschaften und/oder fehlende rechtliche Sicherheiten für Arbeitnehmer. Als eine Konsequenz der dualen Wirtschaftsstrukturen, die sich im Gefolge von Globalisierung und gleichzeitiger Informalisierung von Arbeit herausbilden, entstehen dann „fragmentierte Gesellschaften" (Mingione 1991), von denen bereits im 4. Kapitel die Rede war: <u>Teile der territorialen Gesellschaft werden formell in Prozesse der Vergesellschaftung durch Arbeit und durch Geld eingeschlossen (*Inklusion*), andere Teile, darunter viele Frauen, Arbeitnehmer mit geringen beruflichen Qualifikationen und ein Großteil der neuen Migranten, werden aus den formellen Strukturen der Vergesellschaftung ausgeschlossen (*Exklusion*)</u>.

7. Kapitel
Transnationale Unternehmen im Zeitwettbewerb

Unter den Bedingungen deregulierter, liberalisierter Märkte und verkürzter Innovationszyklen (bei wachsenden Anteilen der Entwicklungskosten an den Kosten während der Produktlebenszeit) wird „Zeitwettbewerb" zur kritischen Größe des unternehmerischen Erfolgs. Es herrscht das Gesetz der „Ökonomie der Zeit", auf das wir im vorangegangenen Kapitel bei der Diskussion der „like places" bereits eingegangen sind. Die Zeiten, in denen die Produktionsapparate inaktiv sind, erweisen sich als entscheidende Kostenfaktoren – und müssen daher tendentiell auf Null gebracht werden. Die von Marx im zweiten Band des „Kapital" (Marx, MEW 24) analysierte Tendenz der Beschleunigung des Zirkulationsprozesses des Kapitals wirkt also auch heute fort, und sie gewinnt im Zuge der Globalisierung bei der Herstellung von „like places" eine neue Qualität. Demgegenüber fallen die Arbeitskosten, die zur Produktion von Gütern und Dienstleistungen aufgewandt werden, immer weniger ins Gewicht. Immer weniger Menschen stellen in Industrie, Dienstleistungssektor und Landwirtschaft in kürzeren Zeiträumen immer mehr Produkte her, vermarkten und verkaufen sie – oder auch nicht.

Kognitive Leistungen lassen sich heute informationstechnisch abwickeln. Statistiken, technologische Entwicklungsmuster, Datensätze, Programme, Informationen und Wissen aller Art werden nahezu in Echtzeit an jeden Ort des Globus „transportiert" und Distanzen verlieren mit der Beschleunigung der Raumüberwindung ihre einstmalige Bedeutung. Paul Virilio (1996) qualifiziert diese Vorgänge einer „Globalisierung von Zeit" als pathologisierend. Denn zum einen werden menschliche Maßstäbe verzerrt: Menschen, die in der Regel zwischen eineinhalb und zwei Metern groß sind, „bewegen" sich in einer Welt, die einen Umfang von mehr als vierzigtausend Kilometern hat. Kein Lebewesen in der Erdgeschichte hat dies je vermocht. „speed" ist zwar der „axiomatische Generator jener gesellschaftlichen Topographie, die wir Moderne nennen" (Illich 1997: 204), doch ist die Erfahrung, daß die Geschwindigkeit den Raum „auffrißt" und sich die Welt schon bald als „zu klein" erweisen könnte, eine neue Erfahrung. „Nicht die Bevölkerungsexplosion wird diese grauenhafte Enge herbeiführen, sondern die Reduzierung der Distanzen und Fristen" (Virilio 1996). Pathologisierend wirkt die Beschleunigung des Wandels aber auch deshalb, weil sie die Synchronisationsprobleme in der Gesellschaft vergrößert. Die hohen Geschwindigkeiten der Veränderung stoßen auf Rezeptionsprobleme. Sie provozieren Abwehrreaktionen, etwa gegen die Zumutungen des lebenslangen Lernens, weil damit keinerlei Sicherheit der Lebensplanung und des Arbeitsplatzes gewonnen werden kann. Die hohe Innovationsgeschwindigkeit von technischen Neuerungen hat auch allzu viele negative Folge- und Begleiteffekte – etwa bei der Haltung von Nutztieren, deren Reifezeit sich mit Hilfe chemischer und biochemischer Mittel verkürzen läßt; die Folgen der Massentierhaltung sind bekannt.

In der Alltagskommunikation moderner Gesellschaften ist der Begriff der Geschwindigkeit positiv besetzt. Allerdings wissen wir aus der Physik des Alltagslebens, daß, wer im Straßenverkehr zu schnell ist, aus der Kurve getragen wird. Mit zunehmender Geschwindigkeit eines Systems wird auch seine Steuerung schwieriger. Diese Regel kann auch in der Welt der Ökonomie nicht außer Kraft gesetzt werden. Die Beschleunigung sozioökonomischen Strukturwandels folgt jener ökonomischen Logik, wonach das in Anlagen, Material und in Arbeitsplätzen gebundene Kapital möglichst schnell wieder frei werden soll für einen erneuten Einsatz, sei es in Produktions- und Dienstleistungsprozessen, sei es – was heute wahrscheinlicher ist – auf den globalen Finanzmärkten. Dabei tendiert diese ökonomische Logik dazu, individuelle Eigenzeiten der Menschen ebenso zu vernachlässigen wie die systemspezifischen Zeiten von demokratischen Verfahren – Demokratie ist zeitintensiv – oder die Eigenzeiten ökologischer Systeme. Daher muß mit „crashs" als Folge zu großer Beschleunigung nicht allein im Straßenverkehr gerechnet werden, sondern auch im Bereich von „global finance", und bei dem sogenannten „subjektiven Faktor", ohne den die Prozesse ökonomischer Globalisierung aller Virtualisierung zum Trotz nicht auskommen. Wenn Individuen schneller mit informationellen Reizen bombardiert werden, als das körperliche und psychische Immunsystem sich darauf einstellen kann, bleiben Krankheiten nicht aus. Wenn die Kluft zwischen den Schnellen, besonders Anpassungsfähigen und den Langsamen wächst, und der Abstand die Gestalt einer sich öffnenden Einkommensschere annimmt oder zur Aufkündigung des Generationenvertrages führt, belastet dies eine Gesellschaft mit schwer lösbaren Konflikten. Wenn der Verbrauch von natürlichen Ressourcen schneller wächst, als diese zu ihrer Neubildung benötigen, sind die Grundlagen menschlicher Existenz auf dem Globus bedroht (vgl. dazu Reheis 1996).

Hinzu kommt, daß durch rücksichtslose Verkürzung von Reflexionszyklen der Zeithorizont auf die Bezugsgröße der „gedehnten Gegenwart" (bzw. der „Präsentation" von Zukunft und Gegenwart, wie Anders (1972: 123) dies nannte), schrumpft und Problemaspekte in mittlerer und ferner Zukunft ausgeblendet werden. Steigende Unsicherheit ist die Folge. Diese läßt sich durch eine beschleunigte Hervorbringung von Wissen (und Innovationen) keinesfalls verringern. Ganz im Gegenteil: Einerseits müssen immer größere Mengen von Information und Wissen in einer gegebenen Zeiteinheit verarbeitet werden, andererseits wird das exponentielle Wachstum des Wissens von einem beschleunigten Veralten älterer Wissensbestände begleitet. Bekanntlich gehört zum neuen

Selbstverständnis einer „reflexiven Modernisierung" (Giddens 1995; Beck 1997) die Einsicht, daß Wissenserwerb und Wissensproduktion zugleich neue Formen und Bereiche des Nichtwissens erzeugen. Diese Wahrscheinlichkeit wächst in dem Maße, wie die Spezialisierung des Expertenwissens fortschreitet, denn dabei wird das Verständnis der Gesamtzusammenhänge konfus. Darüber hinaus erhöht die wachsende Intensität des weltweiten Wettbewerbs den Anpassungsdruck auf soziale und ökonomische Strukturen und daher auf das Handeln sozialer und ökonomischer Akteure. Diese Reaktion wiederum gibt der Beschleunigung des Wandels neue Nahrung, so daß sich die Gesellschaften daran erneut und beschleunigt anpassen müssen, „thus reducing our degrees of freedom in time and hence the number of options that can be selected" (Lutz 1994: 99). Mit der Beschleunigung wächst schließlich auch der Abstand zwischen den Langsamen und den Schnellen. In einer „knowledge based economy" ist dies der Abstand zwischen jenen „Humanressourcen", die von modernen Unternehmen nachgefragt werden, und den „niederen" Humanressourcen, die durch die Arbeitsergebnisse der mit begehrten Humanressourcen ausgestatteten „knowledge worker" überflüssig werden. Mit dem wachsenden Abstand zwischen diesen beiden Sorten von Humanressourcen weiten sich die Einkommensunterschiede zwischen den niedrig und den höher qualifizierten Beschäftigten, es verbinden sich damit Prozesse der sozialen Desintegration in nationalstaatlich verfaßten Gesellschaften; davon handelt insbesondere das 8. Kapitel. Zunächst soll ein Blick auf die TNU geworfen und erläutert werden, wie sich die wachsende Bedeutung des *Zeitwettbewerbs* innerhalb der „Motoren der Globalisierung" Geltung verschafft und welche Widersprüche damit verknüpft sind.

7.1 Organisationsmuster einer neuen Ökonomie der Zeit

Das Größenwachstum der Unternehmen und vor allem die organisationsstrukturellen Wandlungen, die sie durchlaufen, verweisen darauf, daß Zeit zu einer „Waffe im Wettbewerb" (Wildemann 1998) geworden ist; so heißt es jedenfalls in der martialischen Sprache der Betriebswirtschaftslehre. Die Verkürzung der Durchlaufzeiten in der Wertschöpfungskette wird vorrangiges Ziel betrieblicher Rationalisierungsbemühungen. Um dieses Ziel zu erreichen, werden *erstens* in sämtlichen Geschäfts- und Produktionsprozessen Zeitpuffer abgebaut. Gleich ob es sich dabei um die Reduzierung von Lager- oder Personalbeständen handelt, in jedem Fall werden Redundanzen und Sicherheitstatbestände verringert, die fehlerfreundlich sind. *Zweitens* werden die Arbeitsgeschwindigkeiten in allen Geschäftsbereichen erhöht, in Produktion, Logistik und Dienstleistungserstellung ebenso wie in der Forschung und Entwicklung. Dies geschieht durch den Einsatz moderner Informations- und Kommunikationstechnik (von Tools, Datenbanken, CAD etc.), die dafür sorgt, daß betriebswirtschaftliche und technische Funktionen integriert und der Arbeitsrhythmus von der Technik vorgegeben wird. Es erfolgt *drittens* eine intensivere Nutzung von Zeit – beispielsweise durch integrierte Qualitätssicherung, automatisierte Kontrolleinrichtungen, zeitparallele Bearbeitung („simultanious engineering") oder produktionssynchrone Beschaffung. Dadurch kommt es zu einer Ausweitung der effektiven Betriebszeiten. *Viertens* schließlich sollen die Organisationen zum „Lernen" befähigt werden – durch eine Verkürzung von Informations- und Kommunikationswegen und durch Zeitcontrolling.

7.1.1 „Virtuelle Unternehmen" im Geschwindigkeitsraum

Unternehmen reagieren auf beschleunigten Wandel mit Flexibilisierungsstrategien. Wie der Begriff der Beschleunigung so ist auch der der Flexibilität positiv besetzt; er steht für Progressivität. „Inflexibel" will freiwillig kein Unternehmen und auch kein Mensch sein, selbst diejenigen nicht, die die Kosten der Flexibilisierung zu tragen haben. Bezeichnenderweise wird ja selten darüber diskutiert, „ob es nicht möglich und vorzuziehen ist, die Bedingungen, unter denen die Mikroeinheiten operieren, zu stabilisieren, anstatt sie mit Anpassungskosten zu belasten" (Ganßmann/Haas 1999: 58)[118]. Anpassung an den durch die Globalisierung beschleunigten Wandel geschieht auf unterschiedliche Weise, nämlich zum einen über die Flexibilisierung des Erwerbs- und Beschäftigtenstatus von gering qualifizierten Randbeschäftigten der Unternehmen. Diese Variante „numerischer Flexibilisierung" zielt auf eine höhere Ersetzbarkeit von Arbeitskräften; sie geht mit einer Verkleinerung von Stammbelegschaften einher, mit z. T. hoher zeitlicher Flexibilität von Randbeschäftigten, mit einem relativ niedrigen Qualifikationsniveau von leicht ersetzbaren Mitarbeitern; sie eignet sich insbesondere für routinisierbare und standardisierbare Arbeitsprozesse (vgl. Flecker 1998). Ihre Verbreitung in vielen Unternehmen der Dienstleistungsbranche hochentwickelter Industrieländer (Einzelhandel, Gastgewerbe, Banken, „call centers") verdankt diese Spielart der Flexibilisierung einerseits der hohen und dauerhaften Arbeitslosigkeit und andererseits der fortgeschrittenen Deregulierung des Arbeitsmarktes (also jenen rechtlichen Bestimmungen, welche die Zumutbarkeit der Arbeitsplätze betreffen oder Möglichkeiten des Zuverdienstes

---

[118] „Damit zusammen hängt ein weiterer Streitpunkt: Wer oder was soll flexibel sein? Da Flexibilität – neben ihrem offensichtlichen Nutzen – Kosten verursacht, stellt sich die Frage, wer diese Kosten trägt oder tragen soll. Diese Frage ist weder empirisch noch einfach normativ zu beantworten. Wichtig ist aber festzuhalten, daß sich Flexibilitätskosten in der Verteilung von Ressourcen und Einkommen abbilden, daß demgemäß hinter den Forderungen nach Flexibilität unvermeidlich auch Verteilungsfragen stecken" (Ganßmann/Haas 1999: 58).

bei Bezug von Arbeitslosen- und Sozialhilfe regeln). Darin unterscheidet sich die „numerische" von der „funktionalen Flexibilisierung", denn diese hat zur Voraussetzung, daß bestimmte „Rigiditäten" in der Regulierung von Arbeitsbeziehungen und Arbeitsmarkt (beispielsweise der Kündigungsschutz oder tarifvertragliche Regelungen zum Abschluß von Sozialplänen) fortbestehen (ibid.). In den westeuropäischen Industrieländern ist dies insbesondere in Industriebranchen mit einem relativ hohen gewerkschaftlichen Organsiationsgrad der Beschäftigten (noch) der Fall. Diese zweite Flexibilisierungsvariante kombiniert größtmögliche Einsatzflexibilität von mehrfachqualifizierten und mobilen Fachkräften mit variablen Arbeitszeiten für Stammbeschäftigte und einer Reduzierung des Zugangs für Niedrigqualifizierte und Teilzeitkräfte. Paradigmatisch hierfür ist das von der VW AG angestrebte „atmende Unternehmen".
Zukunftsweisend, weil den Anforderungen des „Zeitwettbewerbs" noch besser entsprechend, aber dürfte vor allem eine dritte Variante der Flexibilisierung sein: elektronische Vernetzungen von Freischaffenden („free lancer") und (Kleinst-)Firmen, die sich auf Zeit zu „virtuellen Unternehmen" vereinigen, um bestimmte Entwicklungs-, Produktions-, Vermarktungs- und Vertriebsaufgaben zu übernehmen, die zuvor durch dauerhaft bestehende Unternehmen erledigt wurden (vgl. u. a. Malone/Laubacher 1999). In solchen netzwerkförmigen Gebilden sind dauerhafte Beschäftigungsverhältnisse die Ausnahme; eine Koordinierung der durchgängig in Projekten organisierten (in der Regel hochqualifizierten) Mitarbeiter erfolgt über interne und externe Marktprozesse. Moderne Informationstechnologie steht im Zentrum dieser Flexibilisierungsvariante, die auf eine Neustrukturierung von Zeit gerichtet ist; sie ist die Basis der Kooperation, Voraussetzung dafür, daß räumlich getrennte Arbeitsplätze entstehen und zugleich dafür verantwortlich, daß sich Prozesse der Entscheidungsfindung innerhalb und zwischen den Unternehmen verkürzen.
Allerdings erhöht sich mit der Beschleunigung von Entscheidungen zugleich der Grad an Unsicherheit, verkürzen sich die Perioden scheinbarer Sicherheit. Nirgends kommt dies deutlicher zum Tragen als bei der beschleunigten Zirkulation von Geldkapital, von der im 5. Kapital die Rede war. Neue Finanzinstrumente stellen im Grunde genommen nichts anderes dar als Innovationen zur Bewirtschaftung von Zeit in der monetären Sphäre. Für den Bereich der Realökonomie formuliert der neuere Managementdiskurs unter dem Schlagwort vom „virtuellen Unternehmen" die Herausforderungen an eine neue Ökonomie der Zeit. In Adaption von Versatzstücken aus der Theorie nicht-linearer Systeme wird die Umwelt von Unternehmen dargestellt als

„multiple, complex and fast-moving, and therefore as „ambiguous", „fuzzy" or „plastic" ... Second, (it) is seen as attempting to form an island of superior adaptability in this fast-moving environment. ... Third, ... (it) must therefore be framed as a flexible entity, always in action, ... stumbling or blundering along in ways which will allow to survive and prosper, most particularly through mobilizing a culture which will produce traditions of learning ... and extensive intra- and inter-firm social network ... Fourth, the business organization is seen ... as a cultural entity, which is ... increasingly built on a refusal to accept established knowledge. Fifth, the business organization must be made up of willing and willed subjects" (Thrift 1998: 40-41).

Mit verkürzten Perioden der Planungssicherheit muß vor allem beim Management eines international „komplex integrierten" Produktionssystems (vgl. dazu UNCTAD 1994, 1998a) gerechnet werden; dies gilt für die strategische Ebene ebenso wie für die operationale, weil zunehmend monetäre „constraints" bei Investitionsentscheidungen eine zentrale Rolle spielen. Auch bei Prozessen der organisatorischen Restrukturierung von Unternehmen, die auf eine Dezentralisierung der Produktion und vieler anderer Unternehmensfunktionen zielen, geht es letztlich darum, durch horizontale (anstelle von vertikalen) Informationsflüsse jene Grenzen einzureißen, die bisher Entscheidungen zwischen den beteiligten Kooperationspartnern zeitaufwendig machten. Damit sind Widersprüche verbunden, die in den TNU selbst einige Grenzen der Globalisierung erkennen lassen.

Maßnahmen nationaler oder regionaler Politik, die darauf gerichtet sind, Markthemmnisse zu beseitigen, begünstigen jenen Typus von internationaler Produktionsintegration, der in den Schriften der UNCTAD mit dem Begriff der „einfachen" oder „flachen" Integration belegt ist. Die Öffnung von Märkten und deren Liberalisierung regen TNU dazu an, auf wachsende Unsicherheiten defensiv zu reagieren: Indem sie der finanziellen „performance" gegenüber einer kreativen Produktpolitik ein übertriebenes Gewicht beimessen, ökonomische Risiken und soziale Kosten auf eine größer werdende Peripherie von kleinen (Sub)Unternehmen und deren Beschäftigte verlagern und ansonsten voll auf Kosteneinsparung und technologischen Wandel in den vorgezeichneten Bahnen setzen. Die Strategie „flacher" Integration (vgl. linke Seite des *Schaubilds 7.1*) kommt vor allem in Branchen zur Anwendung, die weltweit homogene Marktsegmente bedienen, etwa in der Automobilindustrie oder in der Unterhaltungselektronik. Hier geht es nach wie vor um die „economies of scale" und diese lassen sich – wenn Produktion und Produkte nahezu weltweit standardisiert und Entscheidungen und Funktionen weitestgehend zentralisiert werden – am besten durch das mittlerweile klassische Repertoire von „lean production" erreichen. Es geht also um eine schlanke Version von Massenproduktion, nicht um deren Ende.

Längerfristig dürfte jedoch die transnationale Unternehmensstrategie bedeutsamer sein, die auf eine umfassende Herstellung transnationaler Wertschöpfungsketten zielt (vgl. dazu die rechte Seite von *Schaubild 7.1* sowie die ausführliche und instruktive Typologisierung bei Hirsch-Kreinsen 1998a). Im Kern geht es bei dieser Variante um die Erschließung neuer Rationalisierungspotentiale an den Schnittstellen zwischen unterschiedlichen Unternehmen und um die Eroberung neuer Geschäftsfelder und Kunden. Die organisations- und grenzüberschreitende Integration erfolgt dabei weniger durch Zentralisierung von Verantwortung als durch Kooperation und Allianzen zwischen formal eigenständigen Unternehmen, deren Geschäftsaktivitäten durch „indirekte Kontextsteuerung" (Teubner 1990) koordiniert werden. Wichtigstes Merkmal dieser Internationalisierungsstrategie ist eine <u>Dezentralisierung in kleine, „schlagkräftige" flexible Unternehmensteile – die nicht nur operativ, sondern auch strategisch weitgehend selbständig agieren.</u> Periphere Einheiten sollten bei Verfolgung dieser Internationalisierungsvariante gar nicht erst entstehen, denn jeder Niederlassung wird eine strategische Rolle (für bestimmte Funktionen, Produkte und/oder regionale Märkte) zugewiesen.

Schaubild 7.1: Weltmarktstrategien der Unternehmen

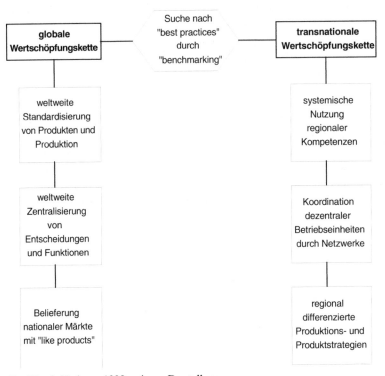

Quelle: Hirsch-Kreinsen 1998a; eigene Darstellung

Allerdings gibt es in Unternehmen mit einer matrixförmigen Organisationsstruktur, die so produkt- bzw. marktbezogene und regionale bzw. länderbezogene Zuständigkeiten in transnationalen Wertschöpfungsketten kombinierten, nach wie vor ökonomische und technologische Hierarchien zwischen „Führungszentren" und nachgeordneten Standorten. Diese unterschiedlichen hierarchischen Positionen resultieren beispielsweise aus spezialisiertem know how und Serviceleistungen, die von anderen Unternehmensteilen oder von externen Nachfragern benötigt werden: Es sind gerade diese Abstufungen in den regionalen Kompetenzen, die bei der genannten Produktionsstrategie die erwünschten Synergieeffekte und die „economies of scope" – Vorteile durch Spezialisierung – hervorbringen.

Worum geht es bei Joint-Ventures, Fusionen und Unternehmensaufkäufen im „high-tech"-Bereich, bei den grenzüberschreitenden Allianzen in der Forschung und Entwicklung, die in den frühen 90er Jahren eine rasche Ausbreitung erfuhren? Weshalb werden Kooperation und Konkurrenz innerhalb und zwischen Unternehmen zugleich praktiziert? Weshalb werden die eindimensionalen Austauschbeziehungen zwischen Unternehmen und ihren Kunden, Zulieferern und Wettbewerbern durch multidimensionale (Wertschöpfungs-)Netzwerke ersetzt (Dunning 1993: 292)? Was haben formelle und informelle, vertikale und horizontale Verbindungen gemeinsam, warum werden Produktions-, FuE-, Marketing- und Zuliefernetzwerke geknüpft – manchmal projektbezogen und für begrenzte Zeit mit Konkurrenten, ein anderes Mal mit Zulieferern oder mit Kunden? In der prägnanten Sprache der Marxschen Theorie ließe sich die Antwort auf diese Fragen wie folgt formulieren: In Zeiten beschleunigter technologischer Innovationen steigt die organische Zusammensetzung des Kapitals. Das drückt auf die Profitrate; deren Fall kann jedoch gebremst werden, wenn der Kapitaleinsatz ökonomisiert, die Zirkulationskosten gesenkt und die Mehrwertrate erhöht werden. Dies läßt sich durch eine Verkürzung der Umlaufzeiten des Kapitals erreichen, also dadurch, daß die eigentliche Periode der Werteerzeugung und/oder die Zirkulationsphase der produzierten Waren verkürzt werden (Marx, MEW 25: 221-277).

Generell unterscheiden sich grenzüberschreitende Verbindungen von traditionellen zwischenbetrieblichen Arrangements auf nationalen Märkten dadurch, daß sie abgeschlossen werden, um eine *globale* Strategie der beteiligten Firmen voranzutreiben (Perlmutter 1993; Hedlund/Kogut 1993; Barlett/Ghoshal 1993a; Doz/Prahalad 1993; Hedlund 1996). Dieses Motiv hat zu verstärkten Unternehmenszusammenschlüssen über die nationalen Grenzen hinweg beigetragen (Dunning 1993: 192-193), insbesondere im Falle von

Unternehmen aus Branchen, in denen mit hohen Markteintrittskosten zu rechnen ist, wo hohe skalenökonomische Vorteile („economies of scale") locken und zugleich hohe Risiken bei der raschen Realisierung des technischen Fortschritts zu erwarten sind. Einerseits steigen sowohl die Kosten wie die Risiken bei FuE; andererseits bleibt immer weniger Zeit, um den „first mover"-Vorteil für Investitionen einstreichen zu können. Je intensiver dieser Wettbewerb tobt, desto kürzer werden folglich die „Halbwertzeiten" von technologischen Innovationen. Daraus resultiert die Notwendigkeit, die Neuerungen schnellstmöglich zu vermarkten. Zur Unsicherheit im Hinblick auf eine erfolgreiche Kommerzialisierung der Innovationen kommt die wachsende Verzahnung von Produkt- und Prozeßtechnologien, die die Unternehmen dazu zwingt, verschiedene, aber komplementäre Technologien zu beherrschen. Also geht es auch darum, Schlüsseltechnologien gemeinsam mit strategischen Bündnispartnern schneller als die Konkurrenz in eine neue Generation von Produkten einfließen zu lassen und verbindliche Standards für die Konkurrenten zu setzen. Dies ist eine Strategie, die in der „Triadenkonkurrenz" staatlich gestützt wird, wie im „Weißbuch" der Kommission der EU nachzulesen ist (Weißbuch 1993). Dazu kommt der Zwang, in einer sich wandelnden Umwelt die einmal erreichte globale Konkurrenzposition zu halten oder auszubauen. Global zu agieren ist damit für viele Unternehmen eine Frage des Überlebens geworden. Mehr noch: Unternehmen, die „global players" werden oder bleiben wollen, müssen in verschiedenartigen Produktionsbereichen und Märkten präsent sein. Dies verursacht wegen der hohen Konzentration des Kapitals, der finanziellen Instabilitäten und beträchtlichen regionalen Asymmetrien des Weltmarkts hohe Kosten für die Unternehmen. Auf alle diese Probleme antworten diese mit *produktionstechnischen* und *organisationsstrukturellen* Änderungen, die weitreichende Konsequenzen für die Organisation von Arbeitsprozessen haben.

7.2.1 Die produktionstechnische Seite der neuen Ökonomie der Zeit

Im Bereich der Fertigungstechnik löst die Entwicklung einer neuen Generation hochleistungsfähiger Chips und der Preisverfall von Software und sonstiger Hardware eine neue Automatisierungswelle aus. Schon heute arbeiten japanische Unternehmen (Hitachi und Toshiba) gemeinsam mit einer amerikanischen Universität (Berkeley) und dem Stuttgarter Fraunhofer Institut für Produktionstechnik und Automatisierung an einem „intelligenten" Herstellungssystem für die Fabrik des 21. Jahrhunderts. Ziel ist die Entwicklung von jederzeit programmierbaren und rekonfigurierbaren Fertigungssystemen, die „mass-customization" erlauben, die Herstellung von Hunderten von Produktvarianten auf ein und derselben Produktionslinie[119]. Konkrete Arbeitsprozesse werden zukünftig in „Scheinwelten" stattfinden können. Als ein auf Verwertung der eingesetzten Ressourcen ausgerichteter Funktionszusammenhang bleibt zwar die international integrierte Ökonomie an höchst materielle Voraussetzungen gebunden; selbstverständlich handeln ihre Akteure nach wie vor in sozio-kulturell differenten Lebens- und Kommunikationsräumen. Aber um der Verfolgung ihrer ökonomischen Ziele willen bewegen sich einige dieser Akteure in simulierten Wirklichkeiten. Der Monitorhelm, dessen Display dreidimensionale Bilder erzeugt, in denen man sich bewegen kann und der mit einem Computer verbundene Datenhandschuh ermöglichen eine visuelle, auditive und – das unterscheidet diese Technik von allen anderen Erfindungen des industriellen Zeitalters – erstmals auch taktile Integration des Menschen in computergenerierte Umgebungen. Paul Virilio hat die paradoxe Erfindung der „Berührung in der Distanz", den damit erreichten Telekontakt in der Echtzeit, einen zutiefst beunruhigenden Vorgang der „Desorientierung" genannt, der zur Deregulierung des Sozialen und der Finanzmärkte hinzukommt und sie vollendet. Die neue Qualität der Gefahr besteht darin, daß die „Weltzeit" von Cyberspace und Multimedia die lokalen Zeiten des Alltagshandelns dominiert und daß Formen des Realitätsbezuges, wie sie in wissenschaftlichen und technischen Simulationsverfahren erzeugt werden, zum Muster und Vorbild dienen können, wenn es um die Erzeugung komplexer Strukturen der sozialen Realität geht (Hack 1988: 236).

Die „virtual reality" spielt vor allem im Rahmen des militärischen Trainings und bei der Simulation prototypischer Systeme für den „Informationskrieg" eine große Rolle. Auch in der Stadtplanung, bei der Restaurierung alter und beim Bau neuer Gebäude, in Ausbildung und Lehre und bei der chirurgischen Simulation werden den neuen Techniken – die letztlich Methoden der aktiven und systematischen Bearbeitung von Zeit sind –, große Zukunftschancen vorausge-

---

[119] Technische Basis dieses neuen Produktionssystems ist die Verbindung von ultraschnellen Rechnern mit Hochgeschwindigkeitskameras, die beispielsweise nach der „Fuzzy-Logik" funktionieren, d. h. nach Regelungssystemen, die unscharf formulierte Regeln wie „etwas mehr" oder „nahe" befolgen und dennoch präzise „arbeiten". Um selbstgesteuerte Problemlösungen, Fehleridentifizierung und -korrektur geht es auch bei neuronalen Netzen oder bei kombinierten Neuro-Fuzzy-Systemen, die – wie das menschliche Gehirn – Daten über sogenannte Synapsen von Verarbeitungseinheit (Neuron) zu Verarbeitungseinheit weiterreichen (dazu Rojas 1994). Durch spezielle Lernverfahren werden diese Netze dazu gebracht, über Vergleiche mit gespeicherten Mustern selbst komplexe funktionale Zusammenhänge zwischen physikalischen, chemischen und wirtschaftlichen Größen zu erkennen und die Informationen auf jeder Stufe selbständig zu bearbeiten und zu gewichten. Ziel des Einsatzes solcher Systeme ist es, die Rechner durch den Umgang mit unpräzisen Informationen zu assoziativem und schöpferischem „Denken" und zugleich zu schnellen, präzisen und flexiblen Entscheidungen zu befähigen. Auch bei Simulationsverfahren und beim Einsatz von Expertensystemen, die selbständig Fehler diagnostizieren und Prognosen abgeben, geht es letztlich darum, daß technische Systeme innerhalb von Millisekunden selbständig Lösungsvorschläge generieren.

sagt. Zur Anwendung gelangen die neuen Simulationstechniken, wenn auch vorerst nur im Experimentierstadium, vor allem in der Automobilindustrie.[120] Daß es die Automobilindustrie und ihr industrielles Umfeld – also die alten Leitbranchen des fordistischen Industrialismus – sind, in denen die Simulationstechniken der wissens- und informationsgestützten „neuen" Ökonomie ihre erste Erprobung erfahren, ist weder zufällig noch ohne Gewicht: In der Automobilbranche ist eine *globale* Produktionsstrategie längst Wirklichkeit; weltweit homogene Marktsegmente werden auf dem Wege einer tendenziell weltweiten Standardisierung von Produkten und Produktionsverfahren „erobert" und „verteidigt". Der Einsatz modernster Technik der Simulierung dient also vor allem der Beschleunigung. Interaktive Arbeitsprozesse in einer computergenerierten Welt sind Ausdruck einer „Institutionalisierung von Innovation", die den Prozeß der Flexibilisierung verstetigen und zugleich beschleunigen soll.

7.1.3 Die organisationsstrukturelle Seite der neuen Ökonomie der Zeit
Heute ermöglichen leistungsfähige Infrastrukturen eine informationstechnische Integration von allen (auch räumlich weit verstreuten) Unternehmenseinheiten, die an der Produktion und Distribution von Gütern und Dienstleistungen beteiligt sind. Durch die informationelle Verknüpfung entstehen im Extremfall „virtuelle Unternehmen" (Davidow/Malone 1993; Malone/Laubacher 1999), in denen – zumindest im Prinzip – eine von individuellen Kundenwünschen gesteuerte Produktion und simultane Distribution zum Zeitpunkt der Nachfrage möglich ist. Organisatorisch handelt es sich um Zusammenschlüsse, die zwar aus der Sicht einzelner Kunden als ein Unternehmen erscheinen, intern jedoch auf temporären, projektabhängigen, horizontal und/oder vertikal organisierten und Standort übergreifenden Beziehungen zwischen gänzlich oder weitgehend selbständigen Einheiten basieren. Solche Kooperationsbeziehungen können durch formale Verträge oder durch informelle Organisationsprinzipien geregelt sein. Das Ausmaß der Autonomie bei der Leistungserstellung variiert mit dem Grad der wirtschaftlichen Abhängigkeit der Kooperationspartner, und die Kooperati-

---

[120] Beim „mechanical engineering" werden virtuelle Maschinen konstruiert, montiert, erprobt und auf Demontagemöglichkeiten in einem späteren Recyclingprozeß geprüft. Ziel ist die nahtlose Verkopplung der drei großen Verfahrensketten eines Produktionsprozesses: Fachleute aus der Auftragsabwicklung, der Produktentwicklung und der Produktherstellung sollen über Abteilungs-, Unternehmens- und auch Ländergrenzen hinweg parallel und synchron, obwohl räumlich distanziert, zusammenarbeiten. Voraussetzung dafür ist allerdings ein (keineswegs leicht zu erstellendes) „integriertes Produktdatenmodell", auf das alle an der Entwicklung eines Fahrzeugs beteiligten Akteure problemlos zugreifen können. Nicht nur die Fahrzeuge selbst, auch die Werkzeuge, mit denen die Autos produziert, und die Fabriken, in denen sie gebaut werden sollen, lassen sich dem Prinzip nach auf dieselbe Weise planen, einrichten und herstellen.

onstiefe ist abhängig vom Komplexitätsgrad der Aufgaben. Weil kapitalintensive Innovationsprozesse nur noch im Zusammenspiel mehrerer Akteure möglich sind, bilden Unternehmensnetzwerke neuartige Kooperationsverbindungen zwischen Partnern, die aber zugleich Wettbewerber sind (vgl. dazu Schaubild 7.2).

Schaubild 7.2: „Virtuelle Integration" im Halbleiterbereich

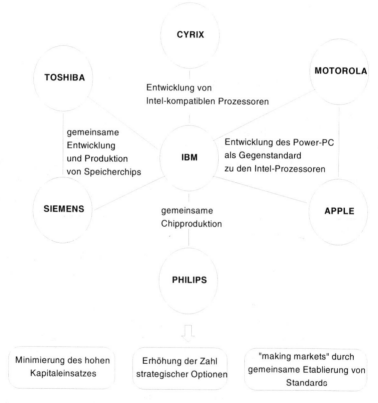

Quelle: Vosskamp/Wittke 1994; eigene Darstellung

In dem Maße, in dem sich ökonomische Prozesse weltweit in „Echtzeit" abspielen und der geographische Raum als ein technologischer „Geschwindigkeitsraum" erscheint, wird aus der „virtuellen Organisation", die zunächst nur eine rhetorische Figur im neuen Managementdiskurs ist (Thrift 1998), reale Unternehmenspraxis. Dem Prinzip nach ist es sehr wohl möglich, daß die ganze

Welt zu einer riesigen virtuellen Einkaufspassage wird, in der Unternehmen sich aussuchen, was sie an Wissen oder Fertigungskomponenten benötigen[121]; selbst ein Auto, „das Urbild eines industriellen Produkts" (Malone/Laubacher 1999) läßt sich im Prinzip in einem grenzüberschreitenden Netzwerk von elektronisch miteinander vernetzten Ingenieuren und Designern konstruieren. Die Netze heben Zeitschranken auf, so daß Arbeit – wenn auch nicht jede gleichermaßen – über die Welt verteilt rund um die Uhr geleistet werden kann. Dadurch erhalten die (Stand)Orte der Produktion von Gütern und Dienstleistungen einen immer nur vorläufigen Charakter. Das moderne Unternehmen mutiert zu einem temporären, ständig wechselnden, mehr oder weniger lockeren Verbund von Teams, Telearbeitern, Zuarbeitern und Zulieferern, deren rechtlicher Status sich im Verlauf der Zeit ändern kann. Die eigentlichen „Standorte" der Unternehmen sind die *Netze*, und daher werden die Knotenpunkte, die Handels-, Verteilungs-, Verkehrsnetze, die Informations- und Beziehungsnetze zusammenführen und verbinden, weiter an Bedeutung gewinnen. Dies ist bereits bei der Analyse der Weltfinanzbeziehungen (vgl. 5. Kapitel und zur „Nodalisierung" auch 3. Kapitel) gezeigt worden. Der Betrieb, den Theodor Geiger einst als den „kardinalen Ort" bezeichnete, „an dem der Gegensatz der Wirtschaftsgesinnungen aktuell wird" (Geiger 1929: 766), scheint sich in ein transnationales Netzwerk zu transformieren, in dem Menschen und Organisationen zeitlich befristet miteinander kooperieren. Der konkrete Arbeitsprozeß selbst wird dadurch zumindest teilweise „*ent-sozialisiert*". Daß dieser Wandel neue Widersprüche erzeugt, liegt auf der Hand.

7.1.4 Standortwettbewerb durch „benchmarking"

Die freundliche Seite „virtueller Integration" läßt sich als Entflechtung der ökonomischen Entscheidungskompetenz und Gesamtverantwortung von Unternehmenszentralen beschreiben, als Verlagerung von Dispositionsbefugnissen und Ergebnisverantwortung auf hierarchisch nachgelagerte Einheiten, kurzum: als Verdrängung von „Bürokratie" durch „Adhoc-kratie" (Minzberg 1979;

---

[121] „Die kalifornische Spielwarenfirma Lewis Galoob Toys, Inc. könnte dabei zum Modell werden. Mit nur knapp 200 festangestellten Mitarbeitern erzielt Galoob einen Jahresumsatz von fast 200 Millionen Dollar. Während sich die Erlöse seit 1985 mehr als verdreifachten, hat sich die Belegschaft in diesem Zeitraum lediglich verdoppelt. Der Grund: Galoob kauft die Produktionsideen unabhängiger Erfinder ein und beauftragt selbständige Ingenieursbüros mit der Entwicklung. Produziert wird bei Subunternehmen in Hongkong, die sich ihrerseits chinesischer Zulieferer versichern. Die fertigen Spielwaren werden in die USA geschickt und dort über freiberufliche Vertragsrepäsentanten vertrieben. Sogar Verwaltungsfunktionen wie Factoring und Buchhaltung hat Galoob an externe Dienstleister ausgelagert" („Fit für den Weltmarkt", in: digits No. 1(1996): 15; vgl. auch „Marktplatz Internet" in *DIE ZEIT* vom 10.5.1996).

Deutschmann 1990). Gemeint ist damit der Übergang hierarchisch-bürokratischer Beziehungen, die – wenn auch um den Preis von Reibungsverlusten und vielen Starrheiten – bestenfalls für Routineaufgaben geeignet sind, in eine flexible Organisationsstruktur. Deren Kennzeichen ist, daß dezentrale, nur für die Dauer bestimmter Projekte zusammenarbeitende kleine Einheiten „ad hoc" Probleme lösen – in konsequenter Selbstorganisation und mit dem Ziel permanenter Selbstoptimierung und -veränderung. Doch auch die rauhe und unfreundliche Seite des gegenwärtigen Wandels von Produktions- und Arbeitsbeziehungen hat viel mit den technischen Möglichkeiten moderner Kommunikationsmedien zu tun. Durch deren Einsatz verschieben sich die Austauschbeziehungen zwischen den einzelnen Stufen der Wertschöpfungskette: weg von hierarchischen Ordnungen und hin zu „elektronischen Märkten". Unter den Bedingungen marktförmiger Koordination erfolgt die Abstimmung zwischen unterschiedlichen Unternehmen(seinheiten) über Angebot und Nachfrage – ad hoc, in „Echtzeit" und rund um den Globus.[122] Hier tritt an die Stelle der fordistisch-tayloristischen Überwachung und Steuerung der konkreten Leistungsverausgabung durch die hierarchisch Vorgesetzten die Kontrolle durch Informationsflüsse auf Märkten. Jedoch ist dadurch das Problem aufgeworfen, daß elektronische Kommunikation soziale Kohäsion im Unternehmen gar nicht erst entstehen läßt und letztlich soziale Entropie fördert[123].

Das Integrationsprinzip der „indirekten Kontextsteuerung" zielt in erster Linie auf die Verdrängung bürokratischer Mechanismen durch marktförmige: Kooperation und Austauschbeziehungen zwischen dezentralen „wertschöpfenden" Unternehmenssegmenten und Dienstleistungsbereichen werden in Kunden-Lieferanten-Beziehungen transformiert und vertragsförmig geregelt. Zwischen Konzernspitze und Profitcentern wird eine Art Kapitalmarkt simuliert (Teubner 1992: 201). Zur „virtuellen" oder „Quasi-Integration" von wirtschaftlichen Aktivitäten gehört also stets die andere Seite der Koordination: die gleichzeitig

---

[122] In den miteinander vernetzten Forschungszentren des Elektronik- und Verkehrstechnikkonzerns ABB beispielsweise wird rund um die Uhr geforscht (Piper 1995; vgl. zu ABB auch ausführlich: Hirsch-Kreinsen 1998b· 22ff). Bei VW sind rund 16.000 Beschäftigte des Mutterkonzerns ständig für andere Standorte irgendwo auf der Welt tätig. Sie entwickeln neue Produkte und Investitionsstrategien, schulen Mitarbeiter, optimieren das konzerneigene Intranet und überprüfen Qualitätsstandards. Geplant ist ein weltweiter Forschungs- und Entwicklungsverbund an den Standorten Wolfsburg, São Bernardo (Brasilien) und Shanghai, um die Entwicklungszeiten entscheidend zu verkürzen (Kempe 1998: 7).

[123] Denn aus der traditionellen Organisationsforschung ist bekannt, daß ohne die face-to-face-Kommunikation wichtige Kontextinformationen wegfallen, die für jede fachliche Kooperation unentbehrlich sind (vgl. Simon 1981) – ganz abgesehen davon, daß keine Organisation ohne informelle persönliche Beziehungen, ohne wechselseitige „Freundschaftsdienste" unter Umgehung offizieller Informations- und Beschaffungskanäle, ohne das Aushandeln von informellen Koalitionen und ohne die direkte soziale Kontrolle längerfristig funktionsfähig ist.

wirksame Tendenz zur „Vermarktlichung" vormals hierarchisch strukturierter Beziehungen innerhalb eines Unternehmens. Dies ließe sich auch so formulieren: Die „Netzwerke" sind die (neuen) Erscheinungsformen der unternehmensinternen „Vermarktlichung", gleichsam der „Preis" des Hierarchieabbaus. Daraus resultieren einerseits das gegenwärtig zu beobachtende konsequente, z. T. globale „outsourcing" aller Funktionen, die nicht zum Kerngeschäft gehören[124] und deshalb andererseits die Koordination unternehmensinterner Austauschbeziehungen auf Basis von internen Verrechnungspreisen. Diese stellen die organisatorische Verankerung eines netzwerkinternen Wettbewerbsprinzips in den sich selbst steuernden Produktionseinheiten dar. Aus dieser Struktureigenschaft von Unternehmensnetzwerken – einer faktischen Integration bei formaler Desintegration verschiedener Stufen der Wertschöpfungskette (Sydow/Windeler 1994: 10) – erwächst eine Dynamik, welche im Innern der „Globalisierungsmaschinen", in den TNU ihren Ursprung hat.

Weil bei der marktförmigen Kooperation Entscheidungskompetenzen und Entscheidungsautonomie „nach unten" wandern, kann die Zwischenschicht des mittleren und unteren Managements „dünner" werden. Das geht einerseits mit tiefgreifenden Einschnitten in die Kompetenzen, Karriere- und Berufschancen der ursprünglichen „Betreiber" der industriellen Reorganisationsprozesse einher; aus den Führungskräften werden zunehmend „Betroffene", die mit einem komplexen Umbau der Rollenanforderungen, mit einem Abbau von Stellen und mit einer verschärften internen und externen Arbeitsmarktkonkurrenz zurechtkommen müssen (Deutschmann et al. 1995: 436, 440; Faust et al. 1994). Mit der Übernahme von Aufgaben, die früher in den mittleren Stabspositionen und Abteilungen konzentriert waren, durch kleine, sich selbst steuernde „Wertschöpfungseinheiten" entstehen „Unternehmen im Unternehmen". An deren Spitze stehen „*intrapreneurs*", angestellte „*allround-Manager*", von denen funktionsübergreifendes, betriebswirtschaftliches Denken und Handeln erwartet wird. Aber die erweiterte Autonomie ist keineswegs kontrollfrei, im Gegenteil: Innerhalb des Handlungsrahmens, den das zentral festgelegte Budget im Hinblick auf Aufwands- und Kostenstrukturen sowie Investitionsvolumina für die Subeinheiten absteckt, erfolgt die unternehmensweite Koordinierung und Kon-

---

[124] Das kann so weit gehen, daß im Extrem (wie beim italienischen Bekleidungskonzern Benetton) nur die Entwicklung, das Design und der Vertrieb beim „Stammunternehmen" verbleiben oder die Konzernmütter in der Automobilindustrie nur noch für Montage und Vertrieb zuständig sind. Über die elektronischen Märkte wird es selbst für Kleinunternehmen möglich, im internationalen Maßstab projektbezogenes „Knowhow", Dienstleistungen oder Produkte einzukaufen oder gemeinsame Planungs- und Beratungsprojekte (z. B. Design- oder Softwareprojekte) in globalen Kooperationen durchzuführen, ohne daß zuvor eine zeitraubende Recherche durchgeführt oder eine aufwendige internationale Einkaufsorganisation aufgebaut werden muß (Bullinger et al. 1995: 384).

trolle durch ein ausgetüfteltes, computergestütztes System der Informationssammlung und Setzung von Standards („benchmarking"). Gerade die international integrierten Unternehmen neuen Typs

„sammeln konzern- und netzwerkübergreifend Daten über Auftragseingang, Umsatz, kundengerechte Lieferung, Kundenzufriedenheit, Durchlaufzeiten, Qualitätssicherung, über die Rentabilitätsentwicklung, die (Lohn)Kostenstruktur und über Arbeitszeitregelungen. Dem Prinzip nach können solche Daten länderspezifisch, standortspezifisch und bezogen auf einzelne Profitcenter erstellt, abgefragt und verglichen werden" (Hirsch-Kreinsen 1995: 427).

Ziel der Sammlung und Aufbereitung dieser Daten, die einen genauen Leistungsvergleich der ökonomischen Einheiten ermöglichen (vgl. Sklair 1998a), ist die permanente „Selbstkontrolle" und „Selbstbeobachtung" der jeweiligen Unternehmenseinheiten – mit der Zentrale im Hintergrund (vgl. *Schaubild 7.3*).

Schaubild 7.3: Benchmarking in Unternehmensnetzwerken

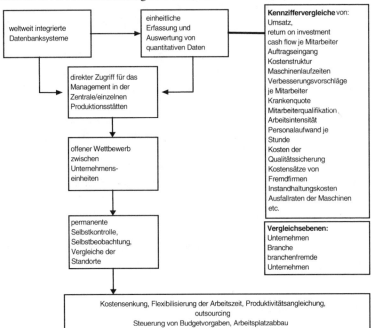

Der „offene" Wettbewerb, genauer: der organisierte, ständige Leistungsvergleich zwischen den Unternehmenseinheiten ist dort leichter durchzuführen, wo mit identischen Technologien vergleichbare Produkte hergestellt werden. Doch

selbst unter den Bedingungen einer hoch spezialisierten, international integrierten Produktion kann „benchmarking" betrieben werden und seine wichtigste Anreizfunktion erfüllen. Diese besteht darin, das Management und vor allem die Arbeitnehmer in den verschiedenen Niederlassungen eines TNU zur Übernahme von Leistungszielen („best practice") zu bewegen, die an irgendeinem anderen Standort, unter welchen konkreten Umweltbedingungen auch immer, erzielt worden sind. Selbst wenn zentrale (Des)Investitionsentscheidungen durch strategische Überlegungen motiviert sind, die nicht als rein „logische Konsequenz" aus dem Vergleich unternehmensweiter Leistungsdaten resultieren, spielen die Vergleichsmethoden im Standortwettbewerb eine große Rolle. In aller Regel genügt schon das Wissen um die Datenerhebung und das unternehmensweite „ranking", um Arbeitnehmer und betriebliche Interessenvertreter zu Lohn- und Arbeitszeitkonzessionen zu bewegen oder den Widerstand gegen eine Veränderung der Arbeitsorganisation zu schwächen.

Nur auf den ersten Blick scheinen die komplexen Internationalisierungsstrategien „neuen Typs" den durchaus erwünschten strukturellen Wandel hin zum „post-fordistischen Unternehmen" zu repräsentieren: Weil sie nämlich mit einer (betriebsinternen) Dezentralisierung auf der operativen Ebene verbunden sind. Auf den zweiten Blick ist gegenüber allzu optimistischen Einschätzungen des „partizipativen" und „beteiligungsorientierten" Potentials dieser neuen Rationalisierungsmuster Skepsis angebracht. Im Rahmen von „lean management"-Konzepten beispielsweise werden zwar Hierarchien ebenso abgebaut wie Lagerbestände und Personalressourcen, geht es doch darum, Organisationsstrukturen zu vereinfachen und Kosten zu senken. Auch lassen sich – wenn auch in einem quantitativ geringeren Maße als noch vor einigen Jahren prognostiziert – post-tayloristische Muster der Arbeitskräftenutzung bei der Aufgabenintegration, bei der Rückverlagerung der Qualitätskontrolle in ausführende Bereiche oder bei der Einführung von Team- und Gruppenarbeit beobachten. Aber es läßt sich nicht übersehen, daß alle diesen Maßnahmen primär darauf gerichtet sind, die wirtschaftliche Effizienz des „shopfloor" zu erhöhen. Noch wichtiger ist, daß als Bezugspunkte „systemischer Rationalisierung" (Altmann et al. 1986) heute nicht mehr einzelne Produktions- und Arbeitsschritte, sondern die Produktions- und Wertschöpfungsketten als ganze ins Visier geraten – von der Entwicklung der Produkte über ihre Herstellung bis zur Vermarktung. Betriebsübergreifende, konzernweite und zugleich grenzüberschreitende Informations- und Kommunikationssysteme ermöglichen die umfassende Zerlegung aller Teilprozesse und deren Neuordnung zu einem flexiblen Gesamtsystem. Restrukturiert werden nicht nur der unmittelbare Fertigungsprozeß, sondern auch die vor- und nachgelagerten Prozesse. Vor allem die Forschung und marktnahe und fertigungsgerechte Entwicklung, eine prozeßorientierte Qualitätssicherung und eine differenzierte, aufwendige Logistik entwickeln sich zu den entscheidenden Medien der Steuerung des Gesamtprozesses in der Kette (Sauer/Döhl 1994: 204). Mit den neuen Informations- und Kommunikationstechnologien ist es möglich, die Schnittstellen zwischen den genannten Segmenten zu beherrschen. Dadurch werden Handlungsspielräume der „Rationalisierungsgewinner", die von der flexiblen Automation profitieren, eingeschränkt. Wenig spricht dafür, daß mit der „von unten" und „von oben" her erfolgenden Auflösung des historisch obsoleten fordistischen Großunternehmens die „Wirtschaft in die Gesellschaft" und der „Mensch in die Fabrik" zurückkehren (Sabel 1994). Die Befunde neuerer industriesoziologischer Untersuchungen (Schumann et al. 1994; Faust et al. 1994; Dörre/Neubert 1995; Kern/Schumann 1996) vermitteln wenig Hoffnung, daß technikzentrierte Produktion durch „menschenzentrierte" ersetzt werden könnte; ganz im Gegenteil: Bei der Technik- und Arbeitsgestaltung deutscher Unternehmen haben Industriesoziologen eine „Amerikanisierung des Denkens" feststellen können. In der Technikgestaltung wird eine Rücknahme der Automatisierung und damit zugleich der ergonomischen Fortschritte aus den 80er Jahren erwartet; zumindest in der deutschen Automobilindustrie scheint auch eine Renaissance der klassischen Bandarbeit und der Einsatz von Arbeitskräften mit „Jedermanns-Qualifikationen" nicht mehr ausgeschlossen zu sein.

Die Verbreitung von sich selbst steuernden „Wertschöpfungseinheiten", von Cost- und Profitcentern, zielt auf eine Verkürzung der Zeiträume, in denen Entscheidungen und Maßnahmen „sich rechnen" müssen. Auch die Ausweitung der Funktionen Forschung und Entwicklung, Qualitätssicherung und Logistik zu Querschnittsfunktionen ist einer verschärften Ökonomie der Zeit geschuldet. In den Worten des für Europa zuständigen ABB-Managers Eberhard von Korber kommt die neue Prioritätensetzung zum Ausdruck: „Im globalen Wettbewerb fressen nicht die Großen die Kleinen, sondern die Schnellen die Langsamen" (in *DIE ZEIT* vom 15.12.1995). Beschleunigter Wandel, der sich in höheren Gewinnspannen ausdrückt, hat zur Voraussetzung, daß Entscheidungen im Unternehmen möglichst schnell und am besten einvernehmlich getroffen werden. Der Absicht einer sozialintegrativen „Vereinheitlichung von Zielen und Orientierungen der Akteure im Netzwerk" (Hirsch-Kreinsen 1995: 427) dienen, um den „Zentrifugalkräften" in einem dezentralisierten Unternehmen entgegenzuwirken, die neuen Leitbilder des Personaleinsatzes und des Rollenverständnisses auf der Managementebene: das Prinzip der Personalunion, nach dem eine Person zentrale Funktionen in verschiedenen Positionen des Unternehmens besetzt, und die Rotation zwischen Managementpositionen nach spätestens fünf Jahren. Stärker als bürokratisch-hierarchischen Unternehmen der traditionellen Art sind „heterarchische" Unternehmensnetzwerke und Konzerne – zumal wenn sie weltweit agieren – auf die sozial kohäsiven Kräfte gemeinsamer kultureller und sozialer Wert- und Verhaltensorientierungen ihrer Organisationsmitglieder angewiesen. Doch schließt das Konstruktionsprinzip dieser Netzwerke eine Dynamik ein, welche die gerade erwünschte soziale Integration ständig von innen bedroht und eher unwahrscheinlich macht. Denn Überschaubarkeit, Berechenbarkeit und damit Sicherheit sind in einer virtuellen Organisation aufs äußerste gefährdet.

„Überhaupt hat die virtuelle Organisation, gemessen mit dem Richtmaß Überschaubarkeit, nur noch wenig von einer 'richtigen' Organisation. Statt irgend etwas gemeinsam herzustellen und zu verkaufen – wo dann jeder genau weiß, was bei seiner Arbeit für ihn herausspringt –, verbringen die Mitglieder einer virtuellen Organisation die meiste Zeit mit etwas anderem: auszuhandeln, worin ihr Anteil an der Wertschöpfung und die Art ihrer Beziehungen zu den übrigen Mitspielern bestehen soll – das gilt für Kunden genauso wie für Zulieferer, die fortgesetzt zur virtuellen Welt des Unternehmens stoßen oder sie verlassen" (Stevenson/Moldoveaunu 1996: 10).

Doch bei den Beschäftigten wird sich Folgebereitschaft und Arbeitsmotivation ohne dauerhafte Bindungen nur schwer stabilisieren lassen. Auch Kreativität braucht die Zeit des Umwegs und vor allem fehlerfreundliche Organisationsstrukturen. Andernfalls zehren Rückrufaktionen für fehlerhafte Produkte, wie sie immer wieder (nicht allein in der Automobilindustrie) nötig geworden sind, weil die Kompression der Zeiten bei der Forschung und Entwicklung zu weit getrieben wurde, die „gewonnene Zeit" im Wettbewerb wieder auf.

7.2 Systemspezifische Widersprüche dezentraler Organisation

Mit der wachsenden Bedeutung inter- und intraorganisatorischer Beziehungen wird das Management dieser Beziehungen zu einer wichtigen „strategischen Ressource" im Wettbewerb. Gelingt es, das dynamische Spannungsverhältnis von marktvermittelten und hierarchischen Beziehungen im Netzwerk oder im transnationalen Konzern in eine Balance zu bringen, resultieren daraus Synergieeffekte. Sie sind keineswegs leicht zu erzielen, denn die kooperativen Arrangements sind mit vielen Risiken behaftet: Kulturelle Differenzen und partikulare Interessen können die erwünschten Synergieeffekte ebenso zunichte machen wie 'opportunistisches' Verhalten, das sich nie ausschließen läßt. Strategische Allianzen sind alles andere als „Liebesaffären" (so Daimler-Benz-Chef Jürgen Schrempp). Daher greifen die Unternehmen gerade bei technologiebasierten Allianzen zu Maßnahmen, welche die inhärenten Risiken minimieren sollen: Es werden „property rights" an geistigem Eigentum definiert und Absprachen getroffen, wonach die durch die Kooperation erzielten technologischen Vorteile zwar mit dem jeweiligen Partner, nicht aber ohne dessen Zustimmung mit Dritten geteilt werden dürfen – was dann in vielen Fällen gegen nationale oder regionale (beispielsweise europäische) Anti-Kartell-Regelungen verstößt. Es werden Begrenzungen des Technologietransfers vereinbart, um sicherzustellen, daß Netzwerkpartner nur zu den Qualifikationen, Informationen und technischen Apparaturen Zugang haben, die für die Kooperation unbedingt erforderlich sind. Bei der Wahl spezifischer Rechtsformen achten die Unternehmen darauf, daß Kontrolle und Verantwortung geteilt werden; sie stellen ferner bei der Detailplanung der Allianz sicher, daß Rechte und Pflichten für alle Beteiligten antizipierbar und in sich widerspruchsfrei sind. Im Prinzip sollte nichts, was sich formalisieren läßt, dem wechselseitigen Vertrauen überlassen bleiben. „At the same time trust and forbearance are critical ingredients of any successful alliance if conflicts of interest to do with the use of the participating firms' core competences are to be avoided" (Dunning 1993: 207).

Nun setzen Vertrauen, Übereinstimmung und Kompatibilität bei Mittel- und Zielwahl eine gewisse Stabilität und Langfristigkeit der Kooperationsbeziehungen voraus. Fehlen diese Bedingungen, dann lassen sich die zentrifugalen Kräfte, die insbesondere in großen Unternehmen mit geographisch weit verstreuten Produktionsstätten und Geschäftsstellen am Werke sind, schwer unter Kontrolle halten. Stabilität und Langfristigkeit der Kooperationsbeziehungen sind beispielsweise immer dann bedroht, wenn die Verhandlungspartner häufig wechseln – etwa weil die Eigentumsverhältnisse sich in Folge von Fusionen oder Unternehmenskäufen verändern oder weil radikale Innovationen die Markt- und Branchengrenzen (im Telekommunikations- oder Multimediabereich) verschieben.

7.2.1 „High performance"-Unternehmen im Zielkonflikt von Flexibilität und Stabilität

Im Vergleich zu traditionellen Unternehmen weisen Netzwerke von Unternehmen größere Flexibilität auf. Genau diese kann im Hinblick auf interne Stabilitätserfordernisse zum Problem werden[125]. Einerseits zwingt die Konkurrenz im Innen- und im Außenverhältnis alle Beteiligten zu permanenten Leistungssteigerungen. Die flexiblen Organisationsstrukturen sind eine wesentliche Voraussetzung dafür, daß Rationalisierungsziele in der Produktion und eine Anpassung an die Marktbedingungen in der Zirkulation schnellstmöglich erreicht

---

[125] „Using high-powered, market-based incentives such as stock options and attractive bonuses, a virtual company can quickly access the technical resources it needs, if those resources are available. But the incentives that make a virtual company powerful also leave it vulnerable. As incentives become greater and risk taking increases, coordination among parties through the marketplace becomes more and more difficult, precisely because so much personal reward is at stake ... In contrast, integrated, centralized companies do not generally reward people for taking risk, but they do have established processes for settling conflicts and coordinating all the activities necessary for innovation" (Chesborough/Teece 1996: 66).

werden. Andererseits läßt sich nicht vorher bestimmen, wieviel Unsicherheit und Unkalkulierbarkeit die Kooperationsbeziehungen aushalten, ohne daß es zu kontraproduktiven Effekten kommt oder umgekehrt: welches Maß an Sicherheit und Berechenbarkeit unabdingbare Voraussetzungen dafür ist, daß Arbeitnehmer und/oder Netzwerkpartner wirklich Eigeninitiative entfalten und zur Übernahme von Risiko bereit sind. Außerdem muß die Flexibilisierung der Organisationsstruktur im Zusammenhang mit dem Problem verschwimmender Grenzen zwischen Unternehmen und „Umwelt" und mit dem spannungsreichen Verhältnis von Konkurrenz und Kooperation gesehen werden. Die Grenzen zwischen den Unternehmen und ihrer „Außenwelt" werden in dem Maße dünner und poröser, wie Marktmechanismen die Organisationsstrukturen durchsetzen (Peters 1988). Die Unternehmen verlieren ihre örtliche und territoriale Bindung.

Anders als im „tayloristisch-bürokratischen Zeitalter" garantiert der „Arbeitsplatz" nicht mehr, die Mitarbeiterin immer am gleichen Ort zu finden. Die „Stellen" sind auch nicht mehr identisch mit ihrer jeweiligen Lokalisierung von Funktionen im Unternehmen. Die „Firma" ist etwas anderes als das Gebäude, in dem produziert wird (Kühl 1995: 87). Mit der räumlichen und zeitlichen Diffusion löst sich die allseitige Erwartungssicherheit auf. Genau das kann aber zu ganz erheblichen Belastungen führen. Wenn beispielsweise Unternehmen, die nach einer erfolgreichen globalen Restrukturierung ihrer Produktionsprozesse, nach einer entsprechenden „Verschlankung" ihres Personalbestandes und nach dem Umbau ihrer Fabriken zu „centers of excellence" mit einer sehr geringen Fertigungstiefe feststellen, daß sie bei der rationalisierungsgetriebenen „Reduzierung aufs Kerngeschäft" zu weit gegangen sind, lautet die Devise „insourcing" statt „outsourcing".[126] Damit werden aber bisherige Netzwerkpartner schlagartig zu externen Konkurrenten, die am Markt durch günstigere Angebote ausgestochen werden, – eine Tendenz, die sich gegenwärtig in den „verschlankten" deutschen Automobilwerken beobachten läßt[127]. Gerade TNU, die Konkurrenzvorteile aus spezifischen nationalen oder regionalen Standortdifferenzen ziehen, verlieren durch die Aufkündigung von (z. T. langjährigen) Lieferbeziehungen mit lokalen Anbietern aber möglicherweise mehr als nur einen

---

[126] Offensichtlich gilt das in vielen bundesdeutschen Unternehmen für die Vertriebslogistik, mit der sich – wenn sie mit zusätzlichem Service oder mit Strategien zur Kundenbindung kombiniert wird – am Markt Wettbewerbsvorteile gegenüber externen Anbietern erzielen lassen. Mit der Entwicklung telekommunikativer Netzwerke scheint auch die Verfügung über unternehmensinternes EDV-Knowhow in manchen Unternehmen wieder in den Rang einer Kernkompetenz zu rücken (Deutsch 1995).

[127] Zusammen mit Porsche baut das Mercedes-Werk in Hamburg Dachsysteme für sich selbst und für andere Hersteller; das Werk Bad Homburg produziert Ventile, die es auch an BMW verkauft (Deutsch 1995).

bislang zuverlässigen Partner: Mit ihrer Entscheidung verletzen sie zumeist auch Interessen innerhalb des „non-business"-Feldes ihres Netzwerkes, Interessen von relevanten „stakeholders", auf deren Kooperation die Niederlassungen ausländischer Konzerne in anderer Hinsicht oder zu einem späteren Zeitpunkt möglicherweise angewiesen sind.

„These actors do not take part directly in the current economic transactions of the industrial network like suppliers, customers and competitors. They affect economic transactions through official permissions or other positive or negative sanctions, granting or withdrawing legitimacy. To the subsidiary these non-business interactions may be as significant as the relationships with suppliers and customers at home" (Forsgren 1990: 265).

Um solche Beziehungen in das nähere Umfeld von Regierungsstellen, Kommunalverwaltungen, zu den Gewerkschaften, zu Industrie- und sonstigen Interessenverbänden zu integrieren, braucht es zum Teil eine lange Zeit und Ressourcen vielfältiger Art[128]. Doch diese Beziehungen, die als wichtige „assets" verstanden werden (als „Sozialkapital", vgl. Putnam et al. 1993), sind störempfindlich und können nachhaltig erschüttert werden. Der globale Wettbewerb mit ökonomischen Akteuren innerhalb und außerhalb des jeweiligen Netzwerkes ist auf nicht-ökonomische Ressourcen des lokalen, nationalen oder regionalen Umfeldes angewiesen (Mahnkopf 1994) – und gleichzeitig stellt seine Dynamik eine permanente Gefährdung dieser Ressourcen dar.

Ein zweites, nicht weniger folgenreiches Problem erwächst aus dem unlösbaren Spannungsverhältnis zwischen jenen Koordinationsmechanismen im Netzwerk, die Kooperation stiften und dezentrale Autonomie gewährleisten, und jenen anderen, die dauernde Konkurrenz erzwingen und zugleich wirkungsvolle Kontrolle sicherstellen. Schlüsselproblem aller Unternehmensnetzwerke ist der „absichtsvoll" in seine Strukturen eingebaute und durch die indirekte Kontrolle des Kennziffernvergleichs (benchmarking) auf Dauer gestellte „strukturelle Egoismus" der einzelnen Unternehmenseinheiten (Deutschmann et al. 1995: 445; Hirsch-Kreinsen 1995: 430). Er verleitet dazu, die zentral vorgegebene Rahmensteuerung zu unterlaufen, strategische Entscheidungen des „headquarters" zu mißachten, Daten zu „produzieren", welche die wirtschaftliche Lage der Einheit beschönigen oder organisatorische und technologische Innovationen, die aus anderen Unternehmensteilen kommen, zu blockieren[129]. Generell kann

---

[128] Daß diese Beziehungsnetzwerke zu konservierenden „Seilschaften" werden können, sei hier nur angemerkt. Wenn eine regionale Ökonomie zerschlagen werden soll, muß man Seilschaften auseinanderreißen. Alles andere ergibt sich von selbst, wie das Beispiel der neuen Bundesländer nach der Währungsunion so trefflich zeigte.

[129] Diese Charakteristik ist aus der Debatte über die Ineffizienz von Plansystemen im real existierenden Sozialismus bekannt.

davon ausgegangen werden, daß alle Beziehungen, die eine Niederlassung mit Akteuren außerhalb des Unternehmensnetzwerkes aufbaut, als Machtressource gegenüber der Zentrale eingesetzt werden können. Je mehr alle anderen Unternehmensteile von den „guten Beziehungen" einer Niederlassung zu ihrem politischen Umfeld abhängig sind – weil diese beispielsweise den Zugang zu einem großen Markt ermöglichen –, desto größer ist auch das Gewicht, das diese Niederlassung im Gesamtunternehmen geltend machen kann. Es wird, weil es das Investitionsverhalten im Unternehmensverbund und damit auch die Beschäftigungsentwicklung nachhaltig beeinflussen kann, selbst zu einem „stakeholder". Unter den internen Konkurrenzbedingungen in TNU kommen also die synergiestiftende Zusammenarbeit und der Austausch von Informationen, technischem und organisatorischem Wissen und nicht zuletzt von qualifiziertem Personal nur mühsam in Gang. Häufig sind für den Austausch gerade solche Leistungen gefragt, die zwar die Gesamtrentabilität des Unternehmens verbessern, bei den Unternehmenseinheiten, die sie liefern sollen, die „Bilanz" aber eher verschlechtern – weil hier vor allem die Kosten der Leistungserstellung anfallen. Die längerfristigen Auswirkungen von Rationalisierungszielen, die von der Zentrale verbindlich festgelegt wurden, lassen sich in ihrer Tragweite häufig nicht übersehen. Weil Beschleunigung das Prinzip ist, wird es für den einzelnen Manager und mehr noch für den einzelnen Arbeitnehmer, der zu Höchstleistungen motiviert werden soll, immer schwieriger abzuschätzen, ob ein bestimmter Ausgang ihrer Mühen sie nun zu Gewinnern oder Verlierer machen wird. Mancher Bereichsleiter großer Unternehmen weiß nicht, „ob sein Geschäftsbereich nun belohnt oder dichtgemacht wird, wenn das gesteckte Kostenziel erreicht ist" (Stevenson/Moldoveanu 1996: 9). Daraus erwächst insbesondere für technologieintensive Unternehmen ein spannungsreiches Problem. Denn in der bereichs- und standortübergreifenden Koordination von FuE ist ein Zielkonflikt zwischen „Autonomie" und „Integration" nicht zu vermeiden: Die globale Ausrichtung von Geschäftätigkeiten verlangt einerseits, FuE-Kompetenzen zentral an einem Ort zu bündeln; andererseits müssen global operierende Unternehmen aber auch den weltweiten Zugang zu lokalen, strategisch bedeutsamen Quellen von Innovation und Wissensressourcen suchen. Sie sind daher in einer Zwickmühle: Auf der einen Seite sollen kostenintensive Doppelarbeiten auf jeden Fall vermieden werden, dazu verhilft das „benchmarking"; diese Präferenz führt auch dazu, FuE möglichst in der Nähe des „head quarters" anzusiedeln und sie einer strikten Kontrolle zu unterwerfen. Auf der anderen Seite wollen die Unternehmen aber von den internationalen „Innovationszentren" in Ländern mit relevantem technologischen und wettbewerblichen Vorsprung „lernen" – und gerade dies wird durch zu viel direkte Kontrolle oder durch die Etablierung von unternehmensinternen Märkten resp. durch Leistungsvereinbarungen für den internen Austausch von Leistungen blockiert (vgl. Gerybadze/Meyer-Krahmer/Reger 1997). Versuche der Zentrale, den Verselbständigungstendenzen der dezentralen Unternehmenseinheiten durch Kontrollmaßnahmen entgegen zu steuern, scheinen die Probleme, die aus der desintegrierenden Wirkung der internationalen Konkurrenz im Unternehmensnetzwerk erwachsen, eher noch zu verschärfen. Das gilt zuvorderst für die aufwendigen Kommunikationsprozesse im Management, den hohen Gesprächs-, Reise- und Zeitaufwand für die beteiligten Manager, der zu einem Hauptproblem dezentralisierter Unternehmen zu werden droht (Hirsch-Kreinsen 1995: 432). Einerseits ist der dezentrale Unternehmensverbund, zumal in seiner international integrierten Variante, wegen der in ihm wirkenden zentrifugalen Kräfte auf wechselseitige Anpassung durch Alltagskommunikation und persönliche Beziehungen angewiesen; seine zunehmende Komplexität verlangt also selbst dort, wo harte Budgetrestriktionen walten, nach sozialer Integration – durch den Erwerb gemeinsamer kultureller Orientierungen, durch Sozialisation (insbesondere des Führungspersonals), durch unspezifische Loyalität der Organisationsmitglieder mit den Unternehmenszielen. All dies läßt sich durch Kommunikation im Internet nicht ersetzen. Andererseits sorgt der auf Dauer gestellte innerorganisatorische Wettbewerb und das damit verknüpfte Prinzip der „Selbstoptiminierung" dafür, daß Bindungen nur als temporäre gelebt werden können.

7.2.2 Die überforderten „Flexecutives"
Das „Kommunikationsproblem" erweist sich in der Tat als zentral. Dies läßt sich an jener Teilgruppe der – von R. Reich (1995) so genannten – „*Symbolanalytiker*" verdeutlichen, die an den Schnittstellen in den Unternehmen und zugleich an den Knotenpunkten sitzen, welche diese mit ihren jeweiligen Umwelten verbinden. Gerade TNU, die innovatives Wissen generieren und sich zu einer „intelligenten Organisation" (Quinn 1992) entwickeln wollen, sind darauf angewiesen, daß das individuelle Wissen von Managern und Experten, also das von Michael Polanyi (1967: 20) so bezeichnete „tacit knowledge", zu dem auch vielfältige soziale und kommunikative Kompetenzen gehören, in „explicit knowledge" überführt wird, so daß es routinisierte Prozesse anleiten kann. Grundlage solcher Prozesse sind rekursive „rounds of meanful dialogue" (Nonaka 1994: 20 zit. in Wilke 1998: 165).
Aus der Organisationsforschung ist bekannt, daß marktmäßige Steuerungsmechanismen zwar funktionieren, wenn lediglich Informationen weiterzugeben sind. Bei hoher Unsicherheit und dann, wenn es um neues, noch nicht kodifiziertes Wissen geht, das in „explizites Wissen" überführt werden soll, erweisen sich dieselben Steuerungsmechanismen indes als wenig brauchbar (Nonaka/

Tauechi 1995). Der Bedarf an vertrauensbildenden Maßnahmen in den „high speed"- und „high performance"-Unternehmen, die ihre Wettbewerbsfähigkeit auf dem Weltmarkt immer wieder aufs Neue sichern müssen, ist gewaltig. Davon lebt eine große und wachsende Branche: die der Unternehmensberatung. Ihre Produkte versprechen etwas nahezu Unmögliches: daß es gelingen kann, Vertrauen in Organisationen aufzubauen und zur gleichen Zeit „down-sizing" und „re-engineering" zu betreiben. Nicht allein ArbeiterInnen, die um ihre Arbeitsplätze fürchten müssen, können dem neuen Managementdiskurs, der ökonomische Beschleunigung und persönliche Unsicherheit als vereinbare und zudem wünschenswerte Ziele propagiert, nur wenig abgewinnen. Auch hochqualifizierte Beschäftigtengruppen und betriebliche Führungskräfte vermögen dem „Unternehmersein im Unternehmen" (intra-preneurship) nicht viel abzugewinnen, wenn die betriebsorganisatorische Segmentierung in „profit-centers" und Kostenstellen keinen Zuwachs an Autonomie und keine neuen unternehmerischen Herausforderungen, sondern eine Erhöhung des Arbeitsdrucks und der Leistungsverdichtung mit sich bringt (vgl. Baethge et al. 1995; Kotthoff 1996). Daher trifft Nigel Thrift wohl ins Schwarze, wenn er lakonisch feststellt: „Most of the *angst* in the new managerialist discource is produced by and for the middle class, not the working class" (Thrift 1998:60).

In dem Maße wie Hierarchiestufen verschwinden und Führungsaufgaben in selbstorganisierte und gegeneinander konkurrierende kleine Unternehmenseinheiten wandern, werden die herkömmlichen Mittel der Integration einer strategisch wichtigen Akteursgruppe knapp: Das sind die Besitzstände in Form von herausgehobenen Positionen, Statusprivilegien und Symbolen der Exklusivität, vor allem aber das Aufstiegsversprechen als entscheidendes Bindemittel, mit dem die Unternehmen die in ihrer Tätigkeit schwer kontrollierbaren „high performance"-Angestellten zu Engagement und Loyalität bewegen wollen (Baethge et al. 1995: 19, 24). Auch der beschleunigte Wissensumschlag und die beschleunigte Entwertung von beruflichen Erfahrungen und technisch-wissenschaftlichen Kenntnissen sind bestens geeignet, das tradierte Karrieremodell und die dazu gehörigen Orientierungen von Führungskräften zu erschüttern. Hinzu kommen die neuartigen Belastungen, die mit der „*intrapreneur*"-Rolle betrieblicher „Leistungsträger" verbunden sind. In den räumlich verstreuten Betriebsstätten der TNU ist von ihnen gefordert, „global" zu denken und gleichzeitig „lokal" handlungsfähig zu bleiben. Sie müssen also die partikularen Interessen, die in ihren Verantwortungsbereich fallen, mit den Zielen und Erfordernissen des Gesamtunternehmens in Einklang bringen.

Die institutionellen Grenzen zwischen traditionellen, ehemals zentralen Orten der Wissenserzeugung (Universitäten und staatlichen Forschungsstätten) und Industrielabors und global operierenden Forschungsnetzwerken verwischen

(Thrift 1998: 29). Dies geschieht in dem Maße, in dem bei der Wissensproduktion disziplinäre Grenzen überschritten werden, so daß der Kreis der Beteiligten zunehmend heterogener wird und Wissen immer häufiger im Kontext der jeweiligen Anwendungen entsteht – und nicht als Teil einer linearen Sequenz von der Grundlagenforschung zur Anwendung. Dies ist auch eine „Konsequenz des Globalisierungsprozesses, welcher dafür sorgt, daß sich der Kreis jener Länder, in dem wissenschaftlich-technisches Wissen und 'know how' vorhanden sind, deutlich erweitert" (Nowotny 1996; Gibbons et al. 1994). Als Folge dieser Entwicklungen werden hochqualifizierte Experten für Unternehmen mit „fließenden Hierarchien", insbesondere in transnationalen Unternehmen, die „virtuell" integriert sind, zum „*gatekeeper*" für Informationen. Allerdings können entsprechend hochqualifizierte Mitarbeiter aufgrund höherer Freiheitsgrade in ihrer beruflichen Mobilität auch zu Risikofaktoren der Unternehmensentwicklung werden: „Das Humankapital, das in Zukunft zunehmend wettbewerbsentscheidend sein wird, kann im Gegensatz zum Sachkapital 'davonlaufen'" (Bullinger et al. 1995: 384f). Konstitutiv für Expertentum ist eine doppelte Bindung an die ökonomischen Rationalitätskriterien des Betriebes und an die normativen Standards derjenigen wissenschaftlichen Gemeinschaft oder Berufsgruppe, der er/sie sich aufgrund der Ausbildung zugehörig fühlt (Zündorf 1995: 252). Die in außerbetrieblichen professionellen Expertenkulturen geformten „wertrationalen" Orientierungs- und Handlungsmuster können leicht mit den in den Unternehmen geltenden „zweckrationalen" Standards in Konflikt geraten[130]. Nicht nur die erwähnten sozialwissenschaftlichen Studien, sondern auch Befunde aus der betriebswirtschaftlichen Führungskräfteforschung (von Rosenstiel 1992) deuten darauf hin, daß Experten und Manager einen wachsenden Druck verspüren, ihre berufliche Funktion und ihre gesellschaftliche Bedeutung im Horizont eines industrie- und ökologiekritischen Diskurses legitimieren zu müssen.
Darüber hinaus zeigen neuere sozialwissenschaftliche Studien (Faust et al. 1994; Deutschmann et al. 1995; Baethge et al. 1995; Pahl 1995), daß die Anforderungsprofile für viele Führungskräfte mit gravierenden physisch-mentalen Belastungen verbunden sind: mit überlangen Arbeitszeiten, mit Streßerfahrungen, mit dem „Gefühl, nicht mehr abschalten zu können" und mit den „vielfach

---

[130] In ihren Überlegungen zu gegenwärtigen Umstrukturierungen des Wissenschaftssystems betont Helga Nowotny allerdings, daß mit der zunehmenden „Einbettung" der Wissensproduktion „in gesellschaftliche Voraussetzungen, in denen die Finanzierbarkeit, die gesellschaftliche Akzeptanz von Wissenschaft und Technik und die Forderungen der Öffentlichkeit nach Rechnungslegung und Partizipation ausgehandelt werden müssen", auch ein „Verlust der herkömmlichen Qualitätskontrolle durch stabile, fachlich organisierte wissenschaftliche Eliten" einhergehe (Nowotny 1996). Über Folgen einer solchen Entwicklung für das hier interessierende Spannungsverhältnis der Berufsmoral von Experten und ihren betrieblichen Funktionen ließe sich bestenfalls spekulieren.

unterschätzten zeitlichen und emotionalen Belastungen durch die anhaltende *Politisierung der Unternehmen* im Restrukturierungsprozeß (Deutschmann et al. 1995: 447). Im Vergleich zu ihrer Elterngeneration erfahren und erwarten die „*Flexecutives*" – mit diesem treffenden Begriff wird die neue Managergeneration in einer Anfang des Jahres 1999 im „Guardian" (vgl. *The Guardian vom 4.2.1999*) erschienenen Artikelserie belegt – ein sehr viel geringeres Maß an Sicherheit. Daher sind ihre Ambitionen eher in die Horizontale – auf jeweils neue Aufgaben, Arbeitsplätze, Arbeitsorte – denn in die Vertikale, also auf den Aufstieg – in einem Unternehmen oder in der Statushierarchie – gerichtet. Zu einer hohen beruflichen und geographischen Mobilität müssen Multiqualifikationen, kommunikative und reflexive Fähigkeiten und eine generelle Leistungsbereitschaft hinzukommen, d. h. die Bereitschaft, sich Anforderungen welcher Art auch immer zu fügen und wie ein „Unternehmer der eigenen Biographie" alle sich bietenden Gelegenheiten nutzen und sich allen Umständen anpassen zu können[131]. Dies verlangt selbstverständlich, daß die eigene „Humanressource" durch wiederholte Weiterbildung und auf eigene Kosten „fit" gehalten wird, um dem beschleunigten Veralten von Wissen und der permanenten Entwertung von Erfahrungen etwas entgegensetzen zu können; dies kann unter Umständen aber auch bedeuten, daß parallele Jobs mit unterschiedlichen Qualifikationsanforderungen und unterschiedlichem sozialen Status ausgefüllt werden müssen. Weil von den „Flex-Exe", jenen paradigmatischen Figuren der 90er Jahre, die in Sonderheit in modernen Branchen und Unternehmen – in der IT- und in der Medienindustrie, vor allem aber im Finanzsektor – anzutreffen sind, ständige Umorientierung verlangt ist können sie sowohl in der Selbst- wie in der Fremdwahrnehmung als „broader person" erscheinen, die sich gegenüber anderen, die nur ein einziges Ziel verfolgen, überlegen fühlen. Indes gibt es Hinweise aus der soziologischen Forschung, daß jener „neue Menschentyp", der von der sozioökonomischen Flexibilisierungswelle erzeugt wird, viel Ähnlichkeit mit einem Chamäleon hat (Mittendorfer 1998), einem Wesen, das sich an seine Umwelt anpaßt, so häufig wie diese sich wandelt.

<u>Weil aber der Mensch kein Chamäleon ist, gefährdet wiederholte Anpassung an beschleunigt sich wandelnde Verhältnisse seine Identität</u>: Viele Facetten des Lebensstils von „Flex-Exe" sind dafür verantwortlich. Nicht selten verbinden sich bei diesen „high performance"-Arbeitskräften ein dramatischer Zeitnotstand und hoher Leistungs- und Erfolgsdruck zu einem nahezu „pathologischen

---

[131] Flexibilität bedeutet hier also „Biegsamkeit", die selbstverleugnende Unterwerfung unter fremdgesetze Ziele und „höhere Mächte", Gehorsam gegenüber sogenannten Sachzwängen einer von Menschen geschaffenen Realität, also das Gegenteil dessen, was im herkömmlichen Sinne unter „Autonomie" verstanden wird (Flecker 1998); „der flexible Mensch ist ein autoritärer Mensch" (Kurnitzky 1999, vgl. auch Sennett 1998).

Anwesenheitsdrang", einer „eigenartigen Mischung aus Fremd- und Selbstausbeutung", so Ulf Kadritzke (1998) in Anlehnung an die Befunde französischer Arbeitsmediziner[132]. Diese Mischung ist das Produkt eines starken Eigeninteresses an professioneller Leistungsentfaltung (vgl. Baethge et al. 1995) und einer betrieblichen Zeitpolitik, die Mitarbeiter dazu antreibt, Arbeitszeitkonten anzufüllen, doch nie ganz zu leeren. Das Amalgam kommt allerdings nur deshalb zustande, weil in der von männlichen Selbstbehauptungsmustern geprägten Geschäftswelt überlange Anwesenheiten (von 50-60 Stunden pro Woche) noch immer als Beweis der eigenen Unentbehrlichkeit und als Zeichen der Wertschätzung interpretiert werden, nicht aber – was eigentlich viel näher liegt – als Ausdruck einer ineffizienten Arbeitsorganisation. Kaum weniger problematisch ist die erzwungene Synchronisierung aller Lebensbereiche nach dem betrieblichen Zeitregime. Denn in der Regel geht dies mit einem Rückzug aus allen „nicht-produktiven" Tätigkeiten und mit einer noch schärferen Trennung von öffentlichem und privatem Leben einher. Erfolge in der Erwerbsarbeit müssen dann für alles andere Kompensation bieten, nicht zuletzt für eine geringe soziale und qualifikatorische Sicherheit. Denn mit dem Wissen um die „Halbwertzeit" des eigenen Wissens steigt nicht unbedingt auch die Fähigkeit, Anschluß an die in einigen Fachgebieten rasante Entwicklung zu halten. Angst vor Versagen und Fehlentscheidungen werden daher zu handlungsleitenden Motiven. <u>In der Tat werden aber Fehlentscheidungen, die hohe Kosten verursachen, um so wahrscheinlicher, je konsequenter Redundanzen und Sicherheitstatbestände in den Betrieben abgebaut wurden.</u> Kein Wunder, daß all dies mit Belastungen bis zur physischen und psychischen Grenze – und darüber hinaus – verbunden ist; ihren Niederschlag finden diese in der Zunahme von Herz- und Kreislauferkrankungen, psychosomatischen Störungen, Spielsucht, Alkohol- und Drogenmißbrauch. Doch auch die Zunahme von Veruntreuung, Betrug und Unterschlagung durch Beschäftigte (darunter befinden sich auch viele Führungskräfte) scheint in engem Zusammenhang mit persönlichen Enttäuschungen, sinkendem Familieneinkommen und der Angst vor dem Verlust der eigenen Stelle zu stehen (so jedenfalls die Befunde einer Untersuchung der Wirtschaftsprüfungs-

---

[132] „Angesichts unsicherer, ständig wechselnder Leistungsvorhaben, deren Bewältigung in undeutlichen Beurteilungsgesprächen mit Zensuren belegt wird, zieht sich der verunsicherte Spezialist oder der mittlere Manager auf ein vertraut erscheinendes Gelände zurück: Weil die tatsächlichen Anforderungen und Erfolgsmaßstäbe im betrieblichen Organisationsklima häufig unklar bleiben, gilt ihm die vom Vorgesetzen mit inszenierte Anwesenheitsdauer als einzig sicherer Anhaltspunkt für sein Leistungsvermögen. Die im Betrieb verbrachte Zeit steht dann für alles: für vermeintliche Effizienz und Produktivität, für Loyalität und Identifikation mit dem Unternehmen, für die eigene Unentbehrlichkeit; nicht zuletzt ist sie auch ein Bedeutungsnachweis gegenüber Partnern und Familie" (Kadritzke 1999:3).

gesellschaft KPMG Deutsche Treuhandgesellschaft in 1000 deutschen Großunternehmen (vgl. *Frankfurter Rundschau* vom 7.4.1999 und vom 27.4.1999). Notwendige Folge dieser Art von Arbeitsverständnis sind diskontinuierliche und kurzzeitige soziale Beziehungen und eine oberflächliche Identifikation mit Referenzengruppen. Sofern überhaupt Kinder da sind (was eher unwahrscheinlich ist, weil sich „postmodernes Zigeunertum" mit der Betreuung und Erziehung von Kindern nicht verträgt), sind Probleme mit den Heranwachsenden gleichsam vorprogrammiert. Denn sozial geteilte Zeit ist knapp bemessen. Daher müßten die im Privatleben erwachsenden Belastungen, die ja ebenfalls zugenommen haben – weil sich aufgrund eines veränderten Selbstbildes von Frauen in gewissen Sinne auch die häusliche Sphäre „flexibilisiert" – in den „Auszeiten", an Wochenenden oder an den seltenen freien Tagen zwischen zwei Projekten, „abgearbeitet" werden. Probleme (von Kindern) oder Konflikte (mit Partnern), die sich nicht in diesen vom betrieblichen Zeitdiktat offengelassenen „Freiräumen" lösen lassen, werden dann zu einer eigenständigen Quelle von Streß. Es besteht die Gefahr, daß die Identität dieser „high performance"-Arbeitskräfte notwendigerweise eine punktuelle – gegenwartsbezogene, ohne historisches Gedächtnis und in die Zukunft weisende Utopien – wird: Wer einen kurzen Planungshorizont hat, wird auf Kontinuität mit der Vergangenheit keinen großen Wert legen, kann Perspektiven und Standpunkte ständig wechseln, muß sich nicht anstrengen, einen Lebensentwurf auch gegen Widrigkeiten durchzuhalten. Weil mit den wechselnden Arbeitsaufgaben und -orten immer wieder neue Bezugsgruppen – für kurze Zeit – Bedeutung erlangen, kann eine solche Person ihre Vergangenheit neu erfinden – und dabei einen Akt passiver Anpassung zum Ausdruck aktiver Autonomie uminterpretieren. Eine durchgängige, identitätsstiftende Erzählung, die man gemeinhin eine Biographie nennt, ist auf diese Art und Weise nur schwer zu realisieren (Mittendorfer 1998). Wenn Wandel zur einzigen Konstante wird, erweist sich die Herausbildung von sozialer und persönlicher Identität als schwierig. Gerade dies treibt aber die Nachfrage nach Therapeuten, nach „self-management"-Literatur und nach Angeboten spezialisierter Bildungseinrichtungen an (ibid.), nach „Lebenshilfe", die eine möglichst friktionslose und „schmerzfreie" Anpassung des Ich an den jeweiligen Job verspricht.

Vordergründig scheint der im Entstehen begriffene Sozialcharakter des „Flexecutive" für die Unternehmen ein Gewinn. Sie erhalten Mitarbeiter, die in völliger Hingabe an die Arbeit unter den Bedingungen eines globalen Marktes für „knowledge workers" existieren, aber dennoch austauschbar sind. Doch ein zweiter Blick läßt systemspezifische Widersprüche des Managements von dezentralen „high performance"-Organisationen zutage treten: *Erstens* werden von Führungskräften, insbesondere von denjenigen, die in grenzüberschreitend tätigen Unternehmen arbeiten, soziale Kompetenzen und kommunikative Fähigkeiten verlangt. Diese sind vor allem dort wichtig, wo es um die Transformation von „implizitem" in „explizites" Wissen geht (Reger 1997); doch auch für die Interaktion mit Partnern im „non business"-Bereich der Unternehmen, also mit Universitäten, Forschungseinrichtungen, lokalen und nationalen Regierungsstellen und anderen „stakeholdern", sind Selbstreflexion, Selbstkontrolle, Motivation, Empathie und soziale Kompetenzen unentbehrlich. Gleichzeitig werden die Führungskräfte aber – zumal wenn die Einsatzorte im In- und Ausland wechseln – in eine Lebenssituation gedrängt, die zu einer Verkümmerung der geforderten Persönlichkeitsmerkmale beiträgt. Jedenfalls bleibt völlig ungeklärt, wo diese örtlich entwurzelten, kosmopolitischen Experten, die weder über die Schulprobleme von Kindern noch über Machtspiele in kommunalen Politikgremien, als Hobbygärtner oder durch die Mitgliedschaft in einer Bürgerinitiative in *verpflichtende* soziale Beziehungen eingebunden sind, die geforderten *„soft skills"* und die diversen Spielarten der sozialen Kompetenz erwerben könnten, die für die Kommunikation in Unternehmen benötigt werden, um in kulturell differenten Umwelten mit ihren jeweils lokal und regional gebundenen *„stakeholders"* zurechtzukommen.

Zweitens geht es unter den Bedingungen globalen Wettbewerbs den Unternehmen nicht zuletzt um die Erschließung von Kreativitätsressourcen. Kreativität, Eigeninitiative und die Bereitschaft zur Risikoübernahme (beispielsweise bei der Produktentwicklung) setzen aber fehlerfreundliche Systeme und Sicherheiten an anderer Stelle voraus. Doch gerade diese werden im Interesse des eingangs beschriebenen „Zeitwettbewerbs" abgebaut, wo immer möglich. „Angst am Arbeitsplatz" und „Angst um den Arbeitsplatz" sind jedenfalls denkbar ungeeignet, um Kreativität und Phantasie freizusetzen. Die Unternehmen müßten jedoch eigentlich ein Interesse daran haben, daß eine Synchronisierung der Zeiten der Marktökonomie mit den Zeiten der sozialen und individuellen Lebenswelt wieder möglich wird und Mitarbeiter nicht in „temporäre Identitäten" hineingepreßt werden. Denn nur von Mitarbeitern, die auch jenseits der Anpassung an äußere Zwänge ein sinnvolles Leben führen können, ist Kreativität, Phantasie und dauerhaftes Engagement für komplexe Arbeitsaufgaben zu erwarten. Dazu gehört die Förderung von Tugenden wie geistige Unabhängigkeit und kritische Distanz auch zum Unternehmen und seinen Zwecken; diese Tugenden erwirbt man aber eher außerhalb derselben – bei der Lektüre eines Romans, beim zeitintensiven Engagement in einer Bürgerinitiative, in der Gewerkschaft oder im Umgang mit Kindern.

Drittens finden auch die Innovationsprozesse in den Unternehmen heute unter der Dominanz der im 5. Kapitel ausführlich beschriebenen monetären Zwänge statt. Die Zeiten, die für die Produktentwicklung zur Verfügung stehen, werden immer häufiger von Marketing- und Finanzexperten vorgegeben, und nicht selten ist der vorgegebene Zeitrahmen viel zu eng kalkuliert. Zeitmangel verleitet aber zu kontraproduktiver Hyperaktivität bei der Produktentwicklung und beim Marktzugang. Deren Folgen lassen sich an den Rückrufaktionen in der Automobilindustrie ebenso studieren wie an den Verkaufsverboten für Lebens- und Arzneimittel, die zu voreilig auf den Markt geworfen wurden. Beschleunigung kann sich also selbst im betriebswirtschaftlichen Kalkül als gewinnmindernd erweisen oder umgekehrt: „auch Warten kann eine Produktivkraft sein" (Geißler 1999), denn der richtige Zeitpunkt für den Marktzugang muß nicht unter allen Umständen der frühestmögliche sein.

Viertens ist eine Facette des sozioökonomischen Strukturwandels in Erinnerung zu rufen, die von der einschlägigen Managementliteratur ebenso ignoriert wird wie von den Personalverantwortlichen in TNU und von den (heute noch jungen und) dynamischen Experten und Führungskräften in „high performance"-Organisationen: Weil der Anteil der End-20er bis Mitt-30er an den Erwerbstätigen in den nächsten 50 Jahren in den alten Industrieländern stark sinken wird, muß der Strukturwandel hier durchweg mit älteren Menschen bewerkstelligt werden. Zwar mögen junge Menschen den Zumutungen „postmodernen Zigeunertums" noch einiges abgewinnen – wenn schon keine identitätsverbürgende Erwartungssicherheit, so doch wenigstens die Fiktion von beruflicher Autonomie. Menschen im fortgeschrittenen Alter dürften denselben Zumutungen indes mit Abwehrreaktionen begegnen. Das gilt vor allem für die Zumutungen des „lebenslangen Lernens", wenn damit keinerlei Sicherheit der Lebensplanung und des Arbeitsplatzes gewonnen werden kann. Permanente Leistungssteigerung nach der Devise „Wer nicht täglich besser wird, ist bald nicht mehr gut" beschleunigt ja letztlich auch die Erfahrung des Leistungsversagens selbst bei hochqualifizierten und hochmotivierten Mitarbeitern. Diese mögen zwar immer besser geworden sein, doch nach den Spielregeln des „rat race" werden sie zu Verlierern, weil andere – hinter den hohen Bergen, bei den Sieben Zwergen – noch schöner und besser waren.

Diese Widersprüche stützen die Vermutung, daß viele Unternehmen vielleicht besser damit fahren würden, wenn sie ihr „human resource management" nicht auf die Förderung von „Flexecutives" ausrichten würden. Während permanenter Leistungswettbewerb und die Konsequenzen des betrieblichen Zeitregimes dazu tendieren, soziale Bindungen zu schwächen und mit einer geringen Berechenbarkeit von Folgen des eigenen Handelns einhergehen – also Unsicherheit erhöhen – sind netzwerkförmig organisierte Unternehmen zugleich auf längerfristige Bindungen und eine gewisse Erwartungssicherheit im Innen- und im Außenverhältnis angewiesen. Daher ist es selbst aus der Perspektive der ökonomischen Mikroeinheit eines Unternehmens sinnvoll, Institutionen und Regulierungen (etwa des individuellen und kollektiven Arbeitsrechts und solche, die die Flexibilisierung auf dem Arbeitsmarkt begrenzen) nicht als Hindernisse, Rigiditäten, Blockaden für Wandlungsprozesse zu betrachten. Im Sinne des aufgeklärten Selbstinteresses von Unternehmen zwingen sie zu Strategien bei der Personalentwicklung wie der bei Produktentwicklung, die eher längerfristig orientiert sind.

Aller Beschleunigungsmethaphorik zum Trotz ist Umdenken angesagt: Um im globalen Wettbewerb mithalten zu können, kann in vielerlei Hinsicht ein längerer Atem Vorteile bringen und können dauerhafte Beziehungen sich gegenüber dem „Regime der kurzfristigen Zeit" (Sennett 1998) als überlegen erweisen. Die Lösung des zentralen Integrationsproblems in dezentralisierten, netzwerkförmigen Unternehmen mit einem hohen Anteil an hochqualifizierten, aber „von der Zeit getriebenen" Mitarbeitern wäre – wie in der Gesellschaft als ganzer – durch „mehr Demokratie", durch mehr Partizipationsmöglichkeiten zu erreichen, es sei denn, es wird der Weg zurück zum zentralisierten Unternehmen alten Typs eingeschlagen. Beide Entwicklungen setzen jedoch der dominanten Form der Globalisierung Grenzen.

7.3 Konvergenz der Arbeitsstrukturen durch institutionellen Wettbewerb

Der Wandel multinationaler, polyzentrisch organisierter Unternehmen zu transnationalen, geozentrisch ausgerichteten *„global players"*, in denen alle Unternehmensteile in eine weltweite Strategie integriert sind, provoziert die folgenreiche Frage, ob TNU zunehmend „heimatlos" werden und die alten Bindungen an nationale und regionale Kulturen und institutionelle Arrangements verlieren (Dicken 1992; Carnoy 1993 und pointierter: Dunning 1993; van Liemt 1992; Ohmae 1992; Thurow 1996). Gegen diese These wird mit dem Verweis argumentiert, es ließen sich nach wie vor länderspezifische Unterschiede in den Produktionsmethoden, den industriellen Beziehungen ebenso wie bei den Steuersystemen oder den wirtschaftspolitischen „Stilen" ausmachen – von einer „vollständig integrierten Weltwirtschaft" könne deshalb keine Rede sein (Boyer 1996: 13; Hirst/Thompson 1996; Ruigrok/van Tulder 1995). Häufig wird im selben Kontext die Konzentration weltweiter ökonomischer Aktivitäten auf die „Triade" als Indiz dafür gewertet, daß die Blockbildung der Industrieländer gegen die Globalisierung spräche (Hirst/Thompson 1996). Beiden Argumenten liegt – in neoklassischer Denktradition – die Vorstellung zugrunde, daß Globalisierung alle Weltregionen (und alle Nationen und sozialen Klassen und Schichten) gleichmäßig einbeziehen, also eine vollständig integrierte Weltökonomie hervorbringen müßte und notwendigerweise mit globaler Konvergenz verbunden sei, nicht aber neue Divergenzen hervorbringe. Eine solche Vorstellung rechnet also nicht mit der grundsätzlich asymmetrischen Struktur der kapitalistischen Produktionsweise. Selbstverständlich operieren TNU nicht in jedem Land der Erde, selbstverständlich verschwinden auch nicht überall auf der Welt alle Arten von Grenzen und nachweislich sind Welthandel und die Investitionsströme der Unternehmen durch eine hohe räumliche Konzentration auf die sogenannten Triadenmächte gekennzeichnet. Die These einer zunehmenden De-Lokalisierung von Produktion und Dienstleistungserstellung besagt auch nicht, daß die konkreten „Standorte" nichts mehr zählen würden, ganz im Gegenteil: Globalisierung und Lokalisierung bedingen einander.

Der Globalisierungstrend sorgt dafür, daß inzwischen alle Stadien der Wertschöpfung – angefangen bei Forschung und Entwicklung über die Herstellung, das Rechnungswesen, Marketing, Vertrieb bis zum Produktdesign oder Rechts- und Finanzdienstleistungen – einem Prozeß von *„global sourcing"* unterworfen sind. Das Management und insbesondere der Arbeitsmarkt für höherqualifizierte Tätigkeiten internationalisieren sich – mit der Folge, daß nationale Arbeitsstandards an Bedeutung verlieren. Da zudem mit der Verbreitung neuer und billiger Kommunikations- und Transportmittel eine gewisse Homogenisierung und Standardisierung von Konsumgewohnheiten und Produktmärkten (das gilt zumindest im Hinblick auf Märkte für langlebige Konsumgüter und in zunehmendem Maße auch für Lebensmittel und Bekleidung) verbunden ist, sind die Unternehmen bestrebt, Produktionsorganisation und Personaleinsatz, Werbungs- und Marketingstrategien so weit wie möglich zu vereinheitlichen. Auf der Suche nach den *„new best practices"* kommen Technologien, Organisations- und Managementmethoden grenzüberschreitend zur Anwendung – innerhalb des transnationalen Unternehmens(verbundes) wie auch bei den Zulieferbetrieben (Grahl/Teague 1991; Grootings et al. 1989; Schultz-Wild 1998: 158).

„If the institutional framework in which the enterprise operates is no longer that of one country but of several, it is inevitable that a process of homogenization is at work. As the firm becomes multi-national in behaviour, if not in outward appearance, capitalisms are set to converge more than to diverge. The process can only be hastened by the growing practice of joint ventures and strategic alliances between two or more enterprises of different formal nationality" (Strange 1997: 190).

Gegen die vielfach diagnostizierte Tendenz, daß der Rationalisierungswettbewerb mehr und mehr auf globaler Ebene ausgetragen wird, sind indes auch eine ganze Reihe von Einwänden und relativierenden Vorbehalten formuliert worden: Nachweislich operieren vor allem US-amerikanische und japanische, jedoch weniger europäische Unternehmen im globalen Raum (Dikken 1992) – von Unternehmen aus anderen Regionen der Welt ganz zu schweigen. Immer wieder wird in diesem Zusammenhang auch auf die uneinheitliche Verbreitung japanischer Managementmethoden in den Ländern der Triade verwiesen, nach wie vor existierende Unterschiede in den US-amerikanischen, japanischen und europäischen „best practices" von Unternehmen gelten als Beleg dafür, daß eine Konvergenz nationaler Innovationsregime nicht stattgefunden habe. Auch lassen sich Unterschiede im Globalisierungsgrad identifizieren, die mit den technologisch-organisatorischen Gegebenheiten der jeweiligen Branche, mit der historischen Entwicklung der Unternehmen, mit ihrer Größe oder mit spezifischen Geschäftspraktiken und institutionellen Rahmenbedingungen in den Herkunftsländern zusammenhängen (vgl. Hirsch-Kreinsen 1998a). Nicht überall sind die „re-engineering"-Prozesse hin zu einem international integrierten Produktionssystem so weit fortgeschritten wie in der Chemieindustrie, in der Automobilproduktion, in der Unterhaltungselektronik und in bestimmten Bereichen des Dienstleistungssektors. Mag der Trend auch nicht einheitlich sein, er bleibt doch beherrschend. Sogar die Nahrungsmittelindustrie mit ihren nationalen Besonderheiten macht keine Ausnahme (Flecker/Krenn 1994: 19) und in Reaktion auf den Konkurrenzdruck aus sogenannten Niedriglohnländern ist es vor allem in traditionellen Branchen wie der Bekleidungs- oder der Möbelindustrie zu massiven Auslagerungen betrieblicher Funktionen in ausländische Tochterunternehmen bzw. in rechtlich selbständige Subunternehmen gekommen – und zu einer grenzüberschreitenden Reintegration der Wertschöpfungskette.

Umstritten, weil empirisch schwer nachzuweisen, ist jedoch nicht allein der quantitative Umfang, den die gezielte Zersplitterung der Produktion über Landes-, Unternehmens- und Branchengrenzen hinweg bis heute erreicht hat. Zentrales Problem bleibt darüber hinaus die Qualität dieses Wandels. Von einem wirklich neuartigen, globalen Charakter der Produktionsstrukturen läßt sich sinnvollerweise erst dann sprechen, wenn nicht nur einfache Herstellungsfunktionen globalisiert werden, sondern zugleich eine weltweite Dezentralisierung von Forschungs- und Entwicklungsaktivitäten und eine entsprechende Neuverteilung zentraler Kontrollfunktionen stattfinden. Gerade in diesem Punkte gehen die Einschätzungen weit auseinander: Während einige Autoren (Lane 1995: 95 im Anschluß an Dicken 1992: 199) bezweifeln, daß auch die Produktionsfunktionen mit hoher Wertschöpfung von dem Verlagerungssog erfaßt werden, haben andere (Chesnais 1988; Dunning 1993; Gerybadse/Meyer-Krahmer/Reger 1997; Hack 1998) eine auch empirisch nachweisbare Tendenz zur Dezentralisierung, vor allem von Forschungs- und Entwicklungsaufgaben festgestellt. Die „Globalisierung der Forschungsorganisation" bedeutet nicht, daß Forschung im engeren Sinne weltweit gleichmäßig gestreut wird.[133] Eher konsolidiert und

---

[133] „Global ausgerichtet werden ggf. die Forschungs- und Entwicklungsorganisationen insgesamt. Ausgebaut werden zunehmend weltweite Netze von Entwicklungseinrichtungen, teil-

bündelt die zunehmende Globalisierung von Forschung, Produktentwicklung und Innovation weltweit verteilte Aktivitäten; sie geht mit einer stärkeren Konzentration der Aktivitäten auf wenige Spitzenzentren einher (Gerybadze/Meyer-Krahmer/Reger 1997). Globale Netze großindustrieller Forschung – wie Lothar Hack in einer Studie über den Siemenskonzern zeigen kann – entstehen nicht in erster Linie deshalb, weil Kenntnisse und wissenschaftliche Fähigkeiten, die ein Unternehmen an seinem „Stammsitz" zur Verfügung stehen, auf anderen Kontinenten billiger zu haben wären. Anders als in den 80er Jahren, als in der Tat vor allem Angebots- und Kostenstrukturen die Suche nach ausländischen Forscher- und Talentpools angetrieben haben, stehen heute *erstens* wertbildende Effekte transnationaler Lernprozesse entlang der gesamten Wertschöpfungskette im Vordergrund. *Zweitens* erfolgt die Bündelung der FuE-Aktivitäten dort, wo wichtige Kunden und besonders günstige Bedingungen für die Durchführung und die Finanzierung der Innovationsaktivitäten zusammentreffen. Diese Konstellation wird *drittens* zur Ursache harten Wettbewerbs innerhalb der Unternehmen. Dabei geht es darum, welcher Standort oder welcher Bereich als weltweites „leading house" für eine bestimmte Produktgruppe festgelegt wird (und dabei kommt selbstverständlich wiederum „benchmarking" zum Einsatz). *Viertens* sind vor allem die unterschiedlichen Wissensformen und nationalen resp. lokalen Wissensbestände von Bedeutung. Daher stehen „den Prozessen der Angleichung durch Wissenstransfer immer wieder Abläufe gegenüber, durch die spezifische Kenntnisse an speziellen Orten bahnbrechend aufgebaut werden" (Hack 1998: 17). Im Zuge der fortschreitenden Tertiarisierung und Globalisierung wirtschaftlicher Aktivitäten fließt der Nutzen der öffentlichen Ressourcenallokation in den Bereichen Forschung, Wissenschaft und Bildung eben nicht mehr unbedingt den nationalen Volkswirtschaften zu. Es geht heute nicht mehr allein um die *Anwendung* national generierten Wissens, sondern immer stärker um das grenzüberschreitende Zusammenführen unterschiedlicher Arten von Wissen und Informationen. Die *Absorption* weltweit entstandenen Wissens wird ebenso wichtig wie die Förderung der Wissensproduktion im eigenen Land (vgl. Gerybadze/Meyer-Kramer/Reger 1997). Durch den Einsatz von Informations- und Kommunikationstechnologien wird es leichter, zumindest Teile des (technischen) Wissens zu kodifizieren und über nationale Grenzen hinweg zu übertragen. Deshalb dürfte ein innovations- und qualifikationsgetriebener Wettbewerb nur dann zum „Erfolg" führen, wenn Produkt- und

---

weise in Kooperation mit anderen Industrieunternehmen. Diese Laboratorien und Kompetenzzentren dienen auch der Organisation der Fertigung und der regionalen Geschäftstätigkeit. Stärker auf die wichtigen Forschungszentren der Industrieländer ausgerichtet sind die zahlreichen Verträge und Vereinbarungen mit Universitäten und öffentlichen Forschungseinrichtungen" (Hack 1998: 17-18).

Prozeßinnovationen mit einer Senkung der Kosten einhergehen. Daher gibt es gar keine Alternative, die lauten würde: Innovations- *oder* Kostensenkungswettbewerb. Das eine macht ohne das andere keinen Sinn. Auch die Antworten auf die wichtige Frage, ob es in Folge globaler Produktionsstrategien zu einer Konvergenz von Arbeitsstrukturen kommt oder ob die nationalspezifischen *„business systems"* (Whitley 1990; 1992; Lane 1989) ihre national spezifische soziale Geltung behaupten werden, wird kontrovers diskutiert (Lane 1995; Müller 1994; v. Behr 1998). Die Diffusion von Methoden des Technik- und des Personaleinsatzes über Unternehmens-, Branchen- und Landesgrenzen hinweg verweist auf Prozesse *gesellschaftlicher* Globalisierung. Die Typen der Verhaltenskontrolle durch das Management variieren bekanntlich in einem beträchtlichen Umfang und dies nicht allein im Vergleich zwischen fernöstlichen und westeuropäischen Managementstilen, sondern selbst innerhalb Westeuropas. Sichtweisen, Normen und Methoden des Managements werden zwar durch eine gezielte Rekrutierung des Personals im Hinblick auf unternehmenstypische Werte und Zielsetzungen sowie durch entsprechende Personalentwicklungsmaßnahmen vereinheitlicht. Sie dienen der Akkulturation zentraler Entscheidungsträger an die von der Zentrale präferierten Managementtechniken[134]. Global orientierte Unternehmen können mit dieser Strategie das Personal für ausländische Standorte nach solchen Persönlichkeitseigenschaften auswählen, die am besten zu den jeweiligen „Geschäftskulturen" passen. So ist das Unternehmen IBM dafür bekannt, daß es Personalpolitik nach weltweit identischer Leitlinie betreibt: Es werden einheitliche Entgeltsysteme angewandt und wo immer die lokalen Bedingungen dies erlauben, wird den ausländischen Niederlassungen gegenüber den Gewerkschaften dasselbe Verhalten (in dem konkreten Fall: die Schwächung gewerkschaftlicher Vertretungsmacht) verbindlich vorgeschrieben.

„The implication is that such carefully selected production workers or managers will be able to understand and apply the systems and practices that the corporation wishes to disseminate internationally" (Ferner/Edwards 1995: 241).

---

[134] Gut dokumentiert ist der Stellenwert von Sozialisation durch Maßnahmen der Personalrekrutierung für die japanischen „transplants" in Europa und in Nordamerika. Japanische Unternehmen suchen in ihren ausländischen Niederlassungen sowohl das lokale Management wie die Arbeitnehmer danach aus, ob sie Persönlichkeitseigenschaften aufweisen, die eine erfolgreiche Adaption an die importierten Managementtechniken erwarten lassen: geringe Ichbezogenheit, hohe Frustrationstoleranz, „ehrerbietiges", also autoritäres, devotes Verhalten gegenüber Vorgesetzten und – dies bezieht sich auf Nissan-Werke in Großbritannien – keinerlei Vorerfahrungen mit traditionellen Methoden der Autoproduktion qualifizieren demnach am ehesten für einen Job bei einem japanischen „global player" (Winfield 1994 zit. in Ferner/Edwards 1995: 241).

Die Strategien bleiben aber widersprüchlich. So wenig wie über Maßnahmen der „milieugerechten" Personalrekrutierung kann durch die internationale Mobilität von Managern sichergestellt werden, daß die geplanten „best practices" tatsächlich in allen in- und ausländischen Unternehmensteilen realisiert werden. Aus diesem Grunde dürfte auch die Figur des „globalen Managers", dessen Existenz „die Bedeutung gesellschaftlicher Globalisierung für die Konvergenz oder Divergenz von Arbeitsstrukturen belegen würde (...) in der Diskussion über Globalisierung wesentlich verbreiteter sein als in der wirtschaftlichen und gesellschaftlichen Realität" (Flecker/Krenn 1994: 14). Dafür spricht auch die aus empirischen Untersuchungen vertraute Klage über einen Mangel an „Euromanagern" und „expatriate failure", also über das Mißlingen von Auslandseinsätzen. Selbst dort, wo Kriterien für die „performance" eines Unternehmens(teils) grenzüberschreitende Verbindlichkeit haben, behalten (national)spezifische kulturelle Milieus für das Verhalten von Management und Belegschaften eine große Bedeutung.

Dem Management bleibt es ohne Zweifel an den einzelnen Standorten überlassen, unternehmensweite Rationalisierungsprojekte *en detail* autonom umzusetzen. Wenn mit dieser Feststellung vom Gewicht „sozialer Effekte" jedoch die weitergehende Annahme verknüpft wird, Unternehmen *müßten* sich, um die zentral vorgegebenen Rationalisierungsziele bezüglich Kosten, Produktivität oder ein bestimmtes Auftragsvolumen zu erreichen, in erster Linie an das sie umgebende gesellschaftliche Profil anpasssen (Sorge 1991), handelt es sich eher um bloßes *„wishful thinking"*. Die zumeist in matrixförmige (oder eine Holding-)Struktur eingebundenen Teile eines transnationalen Unternehmens sind nicht so autonom, daß sie Entscheidungen über Investitionen und Beschäftigung ohne Zustimmung der Zentralen treffen können. In der Regel werden sie auch keine eigenständige Absatzstrategie verfolgen können oder bei der Wahl ihrer Lieferanten gänzlich freie Hand haben, weil der gestiegene Konkurrenzdruck auf den Weltmärkten zu einer schnellen Übernahme neuer Organisation und Technik zwingt; weil internationale Unternehmen und Firmennetzwerke ihren Einflußbereich ausdehnen, innerhalb dessen Methoden von einem Standort auf andere übertragen werden; weil die grenzüberschreitende Integration von Produktionsprozessen Kompatibilität erfordert und weil die Steuerungsformen in internationalen Unternehmen lokale Manager unter Druck setzen, internationale Standards zu übernehmen (Flecker/Krenn 1994: 18; UNCTAD 1994: 271).

7.4 Standortarbitrage und „exit"-Optionen der Unternehmen

Die Bedingungen der Arbeit nähern sich auch da einander an, wo sie von einer Vielzahl historischer, institutioneller, sozio-kultureller und regionalökonomischer Besonderheiten beeinflußt waren und sind. In den Kalkülen der Unternehmenszentralen entsteht das Bild eines globalen Arbeitsmarktes mit der Folge, daß die Höhe der Arbeitskosten, das Qualifikationsniveau der Arbeitnehmer oder ihre jeweilige Produktivität als Ausdruck typischer Regulationsmuster behandelt werden, die von der Unternehmenspolitik zu optimieren sind. In dieser Sichtweise läßt die „Flexibilität" des einen Arbeitsmarktes andere Arbeitsmärkte als ausgesprochen „rigide" erscheinen. Die stereotype Antwort der TNU auf den wachsenden Wettbewerbsdruck lautet: Anpassung nationalspezifischer Regelwerke, Normen und Gesetze – dazu gehören in erster Linie Tarifvertragssysteme, Systeme der sozialen Sicherheit, doch letztlich ebenso (zumindest Teilelemente der) Bildungssysteme – an die wirtschaftliche und monetäre Dynamik des globalen Marktes.

„International trade creates arbitrage in the markets for goods, services, labor, and capital. The tendency for prices to converge as a result is the source of the gains from trade. But trade often exerts pressure toward another kind of arbitrage as well: arbitrage in national norms and social institutions. This does not happen directly, through trade in these 'norms' or 'institutions', as with goods and services, but indirectly, by raising the social costs of maintaining divergent social arrangements. This is a key source of tension in globalization" (Rodrik 1997: 29).

Von der Politik werden „institutionelle Reformen" erwartet, und zwar insbesondere solche, die überkommene institutionelle Arrangements der Arbeitsmärkte betreffen, die für ihre „Rigidität" verantwortlich gemacht werden. Erfolgt die Anpassung nicht, dann wird mit Kapitalflucht gedroht. Der „institutionelle Wettbewerb" wird zunehmend durch „Abwanderung und Widerspruch" gesteuert oder anders formuliert: Das Kapital geht dorthin, wo die Liberalisierung des Arbeitsmarktes und sozialrechtliche Regelungen die Wettbewerbsfähigkeit der Unternehmen, also deren „shareholder value" zu heben versprechen. In der Sichtweise des ökonomischen *mainstream* wird diese Form des Wettbewerbs einer politisch vermittelten institutionellen Integration vorgezogen; Jan Tinbergen hat dafür schon in den 50er Jahren den Begriff der „negativen Integration" vorgeschlagen. Dies gilt selbst in den Fällen, wo die mit dem Systemwettbewerb verbundene Gefahr eines „systemdestabilisierenden sozialen Arbitrageverhaltens" (Demmer 1994) durchaus gesehen wird. In letzter Konsequenz verlangt der „institutionelle Wettbewerb", daß Regulierungen der Arbeitsmärkte auf das ordnungspolitisch notwendige und das wettbewerbspolitisch erforderliche Maß reduziert werden.

Die institutionellen Bedingungen (beispielsweise des regionalen Arbeitsmarktes) in einzelnen Ländern sind keine unveränderlichen Elemente einer gegebenen „nationalen Kultur", sondern „'Sediment' von Interessen, Machtverhältnissen und Konfliktlösungen" zwischen den gesellschaftlichen Akteuren (Flek-

ker/Krenn 1994: 21). Die durch Globalisierungs- und Internationalisierungsprozesse ausgelöste Konvergenz von Arbeitsstrukturen muß also keineswegs *alle* Unterschiede in der Gestaltung der betrieblichen Organisation beseitigen. Geographie und Geschichte sind auch weiterhin wichtig. Raum und Zeit werden nicht jeden Einfluß auf die weltweiten Produktions- und Beschäftigungsbedingungen verlieren. Auch in TNU ist mit eingeschliffenen Routinen und kulturellen Selbstverständlichkeiten zu rechnen, die etwas mit der spezifischen Herkunft des Topmanagements zu tun haben. Leicht zu beantworten ist daher auch die Frage (von Hirst/Thompson 1996), warum – wenn denn die Globalisierungstendenz so unaufhaltsam und so umfassend sein soll – Unternehmen mit einer weltweiten Geschäftätigkeit ihre Heimatbasis aufrechterhalten. Ein Teil der Antwort lautet: TNU belassen ihre „headquarters" deswegen in den metropolitanen Zentren, weil sich strategische Allianzen in die „Subsysteme" Politik und Wissenschaft hinein – aufgrund gemeinsamer kultureller Orientierungen und deutlich geringerer Opportunitätskosten – leichter in den Herkunftsländern knüpfen lassen. Wenn transnational agierende Unternehmen ihre „home bases" beibehalten, so ist dies keineswegs als Beleg für ihre unverändert „nationale Bindung" oder gar als Beweis für den rein ideologischen Charakter der Globalisierungsdebatte zu interpretieren. Der Sachverhalt verdeutlicht zum einen, daß Unternehmen, die sich einmal in eine spezifische „nationale Kultur" und Infrastruktur „eingeklinkt" haben, so lange an herkömmlichen Standorten verbleiben, wie sich daraus Wettbewerbsvorteile im globalen Raum erzielen lassen. Zum anderen ist hier das „Gesetz der antizipierten Reaktion" (Marchlewitz 1997: 776) in Rechnung zu stellen: Wenn infolge der weit vorangeschrittenen internationalen Verflechtungen die Transaktionskosten für die Unternehmen unter eine bestimmte Schwelle gesunken sind und zuvor relativ geschützte nationale Arbeitsmärkte voneinander abhängig werden, sorgt allein der Wettbewerbsdruck dafür, daß die Arbeitnehmer (an zwei oder auch mehreren Standorten) „exit"-Bewegungen eines Unternehmen antizipieren und darauf mit einer Lohnsenkungsstrategie reagieren, so „daß es für Unternehmen in der Folge gar nicht mehr nötig ist, tatsächlich zu verlagern, da sich die Bedingungen am historischen Stammsitz entsprechend zu ihren Gunsten verändert haben" (ibid.). Mit Recht verweist Gilbert Marchlewitz darauf, daß sich demzufolge „in den Zahlen bezüglich der grenzüberschreitenden Investitionen systematisch zu wenig Information über das Ausmaß der tatsächlich stattfindenden Globalisierung" (ibid.) finden lassen (vgl. auch 2. Kapitel).
Auch in Zukunft werden unternehmens- und branchenspezifische Vorteile im globalen Wettbewerb entscheidend von der strategischen Beeinflussung der „weichen", also der herstellbaren und veränderlichen Bedingungen in der lokalen und regionalen „Umwelt" der TNU abhängen. Dies gilt selbst für den Fall,

daß die Kapitalmobilität durch Maßnahmen nationaler oder regionaler Politik noch weiter erleichtert würde. Gerade die „neuen Technologien" können ironischerweise dieser Mobilität auch entgegenwirken:

„In this respect, recent technological changes have, if anything, *reinforced* the importance of location to many production tasks and, in some cases, rapid technological change, including organizational innovations, such as lean production, where trust and reliability are at a premium, appears to reinforce geographical differences" (Kozul-Wright 1995: 161 – Herv. EA/BM).

Freilich gibt es unter den Bedingungen einer zunehmend international integrierten Produktion, welche die „exit-Optionen" der Unternehmen im Hinblick auf nationalstaatliche oder auch regionale Arrangements vergrößert, keinerlei Garantie, daß Investitionen in die Verbesserung der Unternehmensprofile – was gemeinhin als „Standortpolitik" bezeichnet wird – für die nationale oder die regionale Ökonomie längerfristige Vorteile mit sich bringen. Dem Standortwettbewerb kommen die Qualität des Bildungssystems, staatliche Infrastruktur- und Umweltsanierungsmaßnahmen, Steuervorteile und günstige Abschreibungsmöglichkeiten für Investoren, eine Absenkung der Lohnnebenkosten, der freiwillige Verzicht der Arbeitnehmer auf Arbeitgeberbeiträge zur Kranken- und Altersversorgung, Streikverzichtsklauseln, eine für Arbeitnehmer deutliche Verschlechterung von Kündigungsschutz- und Sozialplanregeln, Ausnahmegenehmigungen für umweltschädliche Produktionsverfahren und vieles mehr (Altvater/Mahnkopf 1993, 1995) zugute. Es ließen sich unzählige Beispiele für eine Wirtschaftspolitik benennen, die mit diesen Faktoren *„Standortarbitrage"* betreibt. Ob die getätigten „Investitionen" in den Standort sich am Ende auszahlen werden, entzieht sich der Macht regionaler und nationaler Akteure. Denn die Determinanten „systemischer Wettbewerbsfähigkeit" werden von der globalen Wirtschaft vorgegeben. Selbst wenn TNU (noch) eine nationale Basis haben, sind ihre Aktivitäten doch darauf gerichtet, ihre internationale Wettbewerbsposition zu verbessern. Daher reflektieren ihre Investitions- und Produktionsentscheidungen nicht unbedingt spezifische nationale und lokale Bedingungen, selbst wenn diese besser an die Marktbedingungen „angepaßt" wurden. Erst im globalen Vergleich erweist sich, wie hoch die Rendite aus produktiven Investitionen sein muß, wie niedrig die Löhne, wie hoch die Produktivitätsgewinne ausfallen müssen – damit ein Standort gehalten wird.

Standortarbitrage ist ein höchst riskantes „Geschäft". So kann eine Politik der Steuergeschenke ausländische Direktinvestitionen ins Land locken. Doch weil die verringerten Staatseinnahmen die Qualität öffentlich finanzierter Dienstleistungen und Infrastruktureinrichtungen negativ beeinflussen, kann dieselbe Politik schon in mittlerer Frist die Attraktivität eines entsprechend den kurzfristigen Unternehmensinteressen gerade „verbesserten" Standortes erheblich ver-

schlechtern (Cerny 1996b: 93-94). Gleiches gilt für Maßnahmen der Deregulierung von Arbeitsmärkten, die kurzfristig Unternehmen zur Ansiedlung „verlokken" mögen. Was den „Investoren" nutzt, kann nicht nur einer nationalen oder regionalen Ökonomie insgesamt Schaden zufügen; es kann unter Umständen nicht einmal für ein international integriertes Produktionssystem von Nutzen sein: Wer in einem solchen System mithalten will, muß heute vor allem in kapitalintensive Technologie investieren und bestrebt sein, gleichzeitig auf viele Märkte vorzudringen, weil sich die Produktzyklen verkürzen. Dies verlangt gewaltige Investitionen in Forschung und Entwicklung, in die Modernisierung von Organisationsstrukturen und in die Qualifikationsprofile der Beschäftigten. Gerade diese Arten der Investitionen sind dadurch bedroht, daß die Deregulierung der Finanzmärkte kurzfristige und oft auch spekulative Gewinnchancen in Aussicht stellt. Wie die seit Mitte der 80er Jahre wachsenden Anteile von Fusionen und Unternehmensaufkäufen an Direktinvestitionen zeigen[135], können beispielsweise Direktinvestitionen, die lediglich getätigt werden, um das Wechselkursrisiko zu verringern, für die Herausbildung eines integrierten internationalen Produktionssystems kontraproduktive Effekte haben: In vielen Fällen zeigte sich, daß durch *„mergers & aquisitions"* erworbene Unternehmen sowohl räumlich wie funktional vergleichsweise schlecht in integrierte TNU einzubinden sind. Mehr als 60% aller Fusionen scheitern an den sogenannten „postmerger-Integrationsproblemen", an Unterschieden in den Kooperationsstilen, Kostenrechnungssystemen und Sprachen, an einer wuchernden Bürokratie und an der eingeschränkten Steuer- und Kontrollierbarkeit, an mangelhafter Planung und schlechter Durchführung, mithin an Prozessen, die darauf aufmerksam machen, daß wirtschaftliche Kalküle auch in „Motoren der Globalisierung" – in den TNU – sozial, technologisch und auch psychisch „eingebettet" sind.
Konzentration und Zentralisation gehören zu den Grundmechanismen kapitalistischer Entwicklung, verändert haben sich jedoch die Motive für „mergers & aquisitions". Selbstverständlich sind Kosteneinsparungen ein traditioneller und immer noch zentraler Beweggrund. Doch in erster Linie geht es um größere Märkte für einzelne Erzeugnisse und um Marktmacht, um der globalen Konkurrenz die Standards vorgeben zu können. <u>Obendrein ist seit Beginn der 80er Jahre die reale Ökonomie ein Spielball der monetären Ökonomie</u>. Der Vorgang

---

[135] Ende der 80er Jahre lag der Anteil der „mergers & aquisitions" an den Direktinvestitionsströmen bei 65% und mehr; Anfang der 90er, als die Fusionswelle ein wenig schwächer wurde, lag der Anteil der „mergers & aquisitions" an den gesamten inward-Direkinvestitionen in einigen Ländern, darunter Deutschland, Italien, Niederlande, Großbritannien und die USA, dennoch bei mehr als 50%; auch in Frankreich, Spanien, Österreich, Schweden und Kanada war ihr Anteil mit 25-50% sehr hoch (Härtel/Jungnickel 1996: 54, unter Verwendung von Daten der UNCTAD 1995).

wird auch als Siegeszug des „shareholder"-Kapitalismus über den „stakeholder"-Kapitalismus bezeichnet: Renditeorientierte Interessen von Kapitaleignern gewinnen die Oberhand gegenüber Verpflichtungen und Verantwortlichkeiten, die große Unternehmen gegenüber „stakeholders" haben, also gegenüber den von Unternehmensentscheidungen positiv oder negativ „Betroffenen" – den Arbeitnehmern, Zulieferern, Kunden und einer lokalen oder regionalen Öffentlichkeit. Das „Diktat der Kapitalmärkte" führt dazu, daß sich die Unternehmen stärker durch die „Brille der Börsen" wahrnehmen müssen. In ihren Zielbildungs- und Steuerungsprozessen rückt eine Erhöhung des Marktwerts dem „inneren Wert" des Unternehmens folgend auf der Prioritätenliste nach vorn; Kosten- und Erlösrechnung werden entsprechend gestaltet. Um den ökonomischen Interessen der Anleger auch unter den gegebenen Bedingungen einer anhaltenden Nachfrageschwäche gerecht werden zu können, bleibt dann nur die Konkurrenz um die Kosten der Produktion: Aus der abhängigen Variable der Löhne wird eine, letztlich sogar *die* zentrale Eingriffsvariable gemacht, und die institutionellen Mechanismen der Lohnbildung – also die etablierten Tarifvertragssysteme – geraten unter erheblichen Druck. So ist unter den Bedingungen globalen Wettbewerbs selbst das robuste „deutsche Modell" in eine existenzielle Krise geraten. Soziale Institutionen, die den (west)deutschen Arbeitsmarkt lange Zeit in Schutz- und Umverteilungsvereinbarungen „eingebettet" hatten, gelten heute als konservative und kollektivistische Überbleibsel; sie scheinen einer beschleunigten Anpassung an die Erfordernisse der internationalen Märkte entgegenzustehen (vgl. dazu ausführlich Mahnkopf 1999).
Die Schnellen fressen die Langsamen, so hieß es. Doch die Beschleunigung der ökonomischen und sozialen Prozesse ist nicht ungefährlich. Sie endet, wie wir dargelegt haben, mit einem „crash". Management im Geschwindigkeitsraum verwandelt sich im globalen Wettbewerb in Management im *Geschwindigkeitsrausch*. Da kann es auch geschehen, daß die Schnellen zu schnell werden und Langsamkeit eine vernünftige Managementstrategie sein könnte.

8. Kapitel
Tertiarisierung, Feminisierung, Informalisierung oder: Gewinner und Verlierer der Globalisierung

Müssen die in den Leistungsbilanzen der entwickelten Industrieländer nachweisbaren Gewichtsverschiebungen hin zum grenzüberschreitenden Handel mit Dienstleistungen und der entsprechende Anstieg des Dienstleistungsanteils an den ausländischen Direktinvestitionen als Anzeichen für den Übergang zu „postmodernen Dienstleistungsgesellschaften" interpretiert werden? Ist dieser Prozeß als „Entstofflichung" oder gar als „Virtualisierung der Ökonomie" angemessen gedeutet? Die These von einer bevorstehenden oder (etwa im Falle der USA) bereits erfolgreich vollzogenen Transformation entwickelter Industrieländer zu multimedial vernetzten „Dienstleistungsgesellschaften", in denen die Ökonomie „ent-materialisiert" wird, erfreut sich wachsender Beliebtheit. Nicht allein die Apologeten des Cyberspace verkünden in ihrer 1994 veröffentlichten „Magna Charta for the Knowledge Age" den „Sturz der Materie", soll heißen: die wachsende wirtschaftliche Irrelevanz materieller Faktoren und den Sieg der „Kräfte des Geistes" über die „rohe Macht der Dinge". Im Anschluß an Daniel Bells (1975/1979) Vorhersage der Entstehung einer „postindustriellen Dienstleistungsgesellschaft", in der das theoretische Wissen zum „axialen Prinzip" werde, vertreten auch sonst eher nüchterne Sozialwissenschaftler die Überzeugung, der Faktor „Information" – auch „Wissen" oder „Kommunikation" werden genannt – lasse die materiell orientierte und gesteuerte Wirtschaft irrelevant werden. Die alte Produktionsweise werde durch eine Ökonomie „immaterieller Ströme" verdrängt, in der das Wissen die Rolle der klassischen Produktionsfaktoren übernimmt und die Geldwirtschaft durch eine „symbolische Ökonomie" ersetzt wird. Häufig wird diese positive Utopie mit der negativen Utopie für jene verbunden, die in der immateriellen, virtuellen Ökonomie des Wissens fatalerweise immer noch von Arbeit abhängig sind. Wer nicht über Geldvermögen oder „Humankapital" verfügt und auf Arbeitseinkommen angewiesen ist, hat in der globalisierten Gesellschaft schlechte Karten (Zukunftskommission 1998). Im folgenden gehen wir zunächst auf die Prozesse der Tertiarisierung von Ökonomie und Beschäftigung ein, um danach zu diskutieren, auf welche Weise diese Prozesse mit den Tendenzen der Globalisierung und der Informalisierung verknüpft sind.

8.1 Dienstleistung – die „software" industrieller Produktion

Der sachliche Kern, der allen Vorhersagen einer wissensgestützten „Dienstleistungsgesellschaft" (Bell 1975/1979), einer „Wissensgesellschaft" (Gibbons et al. 1994; Stehr 1994) oder der in den letzten Jahren propagierten „Informationsgesellschaft" und der „informationellen Ökonomie" (Castells/Hall 1994) gemeinsam ist, besteht in einer Eigentümlichkeit der „dritten Phase der Industriellen Revolution": Tatsächlich leitet die immer enger werdende Verknüpfung von Wissenschaft und Industrie einen Strukturwandel ein, der sich auch als „Verwissenschaftlichung der Industrie" und als „Industrialisierung der Wissenschaft" beschreiben läßt[136]. Demnach findet eine Verlagerung des Schwergewichts von materialintensiver Produktion – von der *„hardware"* – zu wissens- und informationsintensiven Produktionsprozessen statt, aus den Werkshallen in Forschungs- und Entwicklungslabors, in die Arbeitsprozeßplanung, in Informations- und Serviceabteilungen, in die Bereiche von Marketing und Finanzierung. Die *„software"* von Wissen und Information wird also immer wichtiger. Tertiarisierung ist eine historische Tendenz, deren Ausdrucksformen freilich höchst differenziert sind.

Weltweit sinkt der Anteil des primären Sektors (Erzeugung von Rohstoffen) am Bruttoinlandprodukt (BIP). Der Anteil des sekundären Sektors (hauptsächlich Industrieproduktion) ist in den vergangenen zwei Dekaden in einigen Ländern (beispielsweise in Japan) gewachsen, in anderen Ländern hingegen konstant oder rückläufig. Doch selbst wo der Industrialisierungsprozeß relativ spät, dann allerdings mit hohem Tempo wie in den ostasiatischen Schwellenländern der ersten Generation einsetzte, „hat die Industrie bereits den Zenit ihrer relativen Bedeutung überschritten" (Menzel 1996: 32). Auch wenn der tertiäre Dienstleistungssektor außerhalb der OECD nur in Ausnahmefällen (so in Mexiko Ende der 80er Jahre) einen Beitrag zum BIP von mehr als 50% erzielt, läßt sich doch weltweit eine Verlagerung wirtschaftlicher Tätigkeiten in diesen Sektor feststellen. Allerdings verbergen die hochaggregierten Daten, auf die sich beispielsweise die ILO bei ihrer Projektion der Beschäftigungsentwicklung in der Zeit von 1950-2000 und die Weltbank in ihren Weltentwicklungsberichten stützen, daß es – abhängig vom Entwicklungsstand der einzelnen Ökonomien – sehr *unterschiedliche* Dienstleistungsbereiche sind, die für das Wachstum des tertiären Sektors verantwortlich sind. Die Nachfrage nach *produktionsbezogenen Dienstleistungen* expandiert in dem Maße, in dem die Produktion und Produktionsverfahren komplexer und spezialisierter werden – ihr Anstieg korreliert sehr hoch mit dem Niveau und Wachstum des Pro-Kopf-Einkommens. Daher ist die Expansion des tertiären Sektors in den Industrieländern in einem weit stärkeren Maße vom Zuwachs bei den intermediären (produktionsbezogenen) Dienstleistungen getragen als dies in den Entwicklungsländern der Fall ist.

---

[136] So interpretiert Lothar Hack (1988) die Tendenz in Anlehnung an den Physiker Lew Kowarski, der seinerseits Überlegungen von John D. Bernal (1946) aus den 40er Jahren aufgegriffen hatte.

Für eine Gruppe von 9 Industrieländern (Australien, Belgien, Kanada, Frankreich, Japan, Spanien, Schweden, Großbritannien, USA) und eine recht heterogene Gruppe von 12 „Entwicklungsländern" kommt eine Studie der ILO (Wiezorek 1995) zu folgenden Befunden: Seit Beginn der 70er Jahre ist der Anteil der in der Landwirtschaft beschäftigten Arbeitskräfte in den Industrieländern um 60% gesunken, die Zahl der Beschäftigten in der verarbeitenden Industrie um etwa ein Viertel, so daß diese im Jahr 1993 noch etwa 20% aller beschäftigten Arbeitnehmer stellte. Daß in den Industrieländern – spätestens zu Beginn des nächsten Jahrtausends – höchstens ein Fünftel aller Beschäftigten in der Verarbeitenden Industrie ihr Auskommen finden werden, scheint heute eine überaus plausible Prognose. Auch in der sehr viel weniger homogenen Gruppe der Entwicklungsländer ist der Anteil der in der Landwirtschaft Beschäftigten deutlich gesunken. Wenn man das immer noch riesige Agrarland China ausgeklammert, ergibt sich für die Entwicklungsländer, daß knapp 22% der weltweiten Beschäftigung auf die Landwirtschaft und andere Extraktionsindustrien, je 10% auf die Leicht- und auf die Schwerindustrie[137], knapp 14% auf Infrastrukturbereiche und ganze 46% auf den residualen Bereich „Tertiäres" entfallen (Wiezorek 1995: 213). Das entspricht einem auch von der OECD (1993) und der UNIDO (1992) ermittelten Trend, wonach die Beschäftigung in der Landwirtschaft – unabhängig vom Pro-Kopf-Einkommen und von der geographischen Lage – weltweit sinkt; diese Entwicklung wird von Eric Hobsbawm als eine „soziale Revolution" interpretiert (Hobsbawm 1995); zum ersten Mal in der Menschheitsgeschichte arbeitet weniger als die Hälfte der Menschen auf dem Land (vgl. dazu auch 11. Kapitel).

Im statistisch ermittelten „Tertiarisierungsgrad" einer Volkswirtschaft bleibt in der Regel verborgen, daß auch in industriellen Branchen Dienstleistungsberufe ausgeübt werden. So weist beispielsweise die BRD eine „Dienstleistungslücke" gegenüber den USA auf[138]. Wird indes der Anteil der Beschäftigten mit dienstleistungsbezogenen Berufen ermittelt, füllt sich die „Dienstleistungslücke" sehr schnell. Mehr als 40% der Tätigkeiten im Verarbeitenden Gewerbe der BRD sind Dienstleistungstätigkeiten; hochgerechnet auf alle Erwerbstätigen ergibt sich für die BRD wie für die USA ein Dienstleistungsanteil von über 70% (vgl. DIW 1996; Klodt et al. 1996: 156ff). Mit ähnlichen Tendenzen ist in allen OECD-Ländern zu rechnen. Durch eine Aufgliederung des tertiären Sektors in

---

[137] Folglich läßt sich der Rückgang industrieller Arbeitsplätze in den Industrieländern mit der „Auswanderung der Arbeitsplätze in Billiglohnländer" keineswegs hinreichend erklären.
[138] Im Jahr 1993 waren in Deutschland nur 59% aller Beschäftigten in Dienstleistungsbranchen beschäftigt, in den USA hingegen 72% (DIW 1996). Nur 40% des Volkseinkommens wurde in Deutschland in den Dienstleistungssektoren erzielt, in den USA waren es schon mehr als zwei Drittel.

seine wichtigsten Komponenten läßt sich zeigen, daß vor allem Dienstleistungen wie Finanzierung, Versicherung, Immobilien-, Wirtschafts,- Rechts- und Steuerberatung, Wirtschaftsprüfung, Design, Marktforschung, Medienproduktion oder Werbung überdurchschnittliche Wachstumsraten aufweisen. Diese Tendenz wird als Beleg für die Herausbildung eines „quartären", im eigentlichen Sinne „postmodernen Sektors" gedeutet (Menzel 1996: 33). Freilich läßt sich dieselbe Entwicklung auch als wachsende Interdependenz von Güterproduktion und Dienstleistungserstellung verstehen. Die Nachfrage nach intermediären Dienstleistungen steigt in dem Maße, wie die Produktion spezialisierter und komplexer wird und die horizontale Integration Branchengrenzen überschreitet. In dieser Perspektive ist der Zuwachs an wissens- und informationsintensiven Dienstleistungsjobs gerade die Folge jenes Restrukturierungsprozesses, den die großen und mittleren Unternehmen in den USA und Europa seit den frühen 90er Jahren durchlaufen: „Outsourcing", „rightsizing" und „downsizing" oder „re-engineering" haben dazu geführt, daß viele Funktionen und Kompetenzen, die früher innerhalb großer Unternehmen konzentriert wurden, auf rechtlich selbständige Betriebseinheiten, Zulieferer, Existenzgründer und angestellte „Wissensarbeiter" verlagert werden, die in einem SOHO (Small Office/Home Office) arbeiten.

Längst sind es nicht mehr allein die Daten- und Texterfassung, Sachbearbeiteraufgaben im Verwaltungs- und Rechnungswesen oder Übersetzungen, die ausgelagert werden. Mit dem entsprechenden Equipment und der richtigen Organisation lassen sich auch die Aufgaben von Architekten, Programmierern, Forschern und Servicetätigkeiten wie Wartung und Vertrieb außerbetrieblich durch autonome Einheiten erledigen. In vielen Unternehmen fällt immer häufiger die „buy"-Entscheidung zugunsten „humankapitalintensiver" Dienstleistungen und gegen die Selbsterstellung benötigter produktionsnaher Dienstleistungen, weil die technologischen Fortschritte bei den Transport- und bei den Kommunikationsmitteln die Transaktionskosten erheblich gesenkt haben. Um die wissens- und informationsintensive Dienstleistung eines New Yorker Anwaltsbüros in deutschen Zweigwerken oder von Netzwerkpartnern eines transnationalen Unternehmens (mit Hauptsitz in den USA) konsumieren zu können, müssen die kommunikationstechnischen Bedingungen gegeben sein und die Kosten von Transport und Kommunikation dürfen nicht ins Gewicht fallen. Statistisch gesehen erscheinen die Folgen des weltweiten „outcontracting" von produktionsbezogenen Dienstleistungen, auf das die Unternehmen zurückgreifen, um Transaktionskosten zu senken, als Schrumpfen der Industriebeschäftigung und als Wachstumsschub bei den Dienstleistungen – obwohl sich an der Art der Tätigkeiten vergleichsweise wenig geändert hat. Wenn also aus Industriearbeit (lohnabhängige oder selbständige) Dienstleistungsarbeit wird, kann aus dieser

Transformation nicht ohne nähere Analyse auf eine Verwandlung der Industrie- in Dienstleistungsgesellschaften geschlossen werden.

Zu Beginn des 19. Jahrhunderts hat Jean Baptiste Say (1829), dem audivisuelle Medien unbekannt waren und der folglich Musik nur unoactu im Konzert genießen konnte, die bis in die Gegenwart nachwirkende These aufgestellt, wonach Dienstleistungen immateriell seien, deshalb auch weder gelagert noch transportiert werden könnten. Seitdem werden Merkmale wie die Immaterialität des Produkts, die Resistenz von Dienstleistungen gegenüber technischem Fortschritt (Fourastié 1954: 79-80), oder das postindustrielle „Spiel zwischen Personen" in Abgrenzung zum industriegesellschaftlichen „Spiel gegen die Natur" (Bell 1975/1979: 168) und die Gleichzeitigkeit (uno actu) von Produktion und Konsumtion hervorgehoben. Doch können sich jene scheinbaren Invarianten verflüssigen. Denn

„kommunikative Leistungen, das Paradebeispiel für das uno-actu-Prinzip der Dienstleistungstätigkeit, werden in Form von Industriegütern (CDs, Videos, Sprachkassetten) konsumiert. Aus Konsumdienstleistern werden Angestellte in produktionsorientierten Dienstleistungen und aus Unterhaltungskünstlern ... werden Mitarbeiter von internationalen Konzernen, Produzenten von stofflichen Gütern, d. h. ihre sektorale Verortung wandelt sich" (Häußermann/Siebel 1995: 144-145).

Kurzum: personengebundene Dienstleistungen sind häufig nur ein „kommerzielles Zwischenstadium" auf dem Weg zu einer erneuten „Industrialisierungsrunde", und diese kann wieder zur Folge haben, daß Teilprozesse, die noch nicht industrialisierbar sind, ausgegliedert und als „Dienstleistung" kommerzialisiert werden können. Überdies spricht vieles dafür, daß die Veränderungen, welche die Landwirtschaft durch ihre Verschmelzung mit der Computer- und Biotechnologie erfährt, um vieles dramatischer sind als die absehbare Verflüssigung von Grenzen zwischen Industrie- und Dienstleistungsbereichen.

8.1.1 Globale Kommunikationsnetze: technische Utopie und ökonomisches Kalkül

Wie die öffentliche Infrastruktur von Energie- und Versorgungsleistungen, Straßen und Schienen das Potential der Manufakturen und Fabriken der ersten Phase der Industriellen Revolution erst zur Entfaltung gebracht hat, so läßt sich erst mit der Infrastruktur von globalen Kommunikationsnetzen mit hoher Leistung das Potential der mikroelektronischen Revolution mobilisieren. Mit der Verbreitung dieser Netze werden Kommunikationsprozesse, die tradierte soziale und räumliche Grenzen überschreiten, zugleich zeitlich beschleunigt und räumlich verdichtet. Telekommunikative Netze bilden insofern die technologische Infrastruktur einer „informationellen Ökonomie". Die Verschmelzung von Telekommunikation und Computern stellt eine ebenso elementare Vorausset-

zung für die Globalisierung der Ökonomie dar, wie die Eisenbahn eine Voraussetzung für die Herausbildung nationaler (und internationaler) Märkte im Prozeß der Industrialisierung gewesen ist. Doch so wenig Dampf und Elektrizität automatisch – das war eine Utopie Saint-Simons und seiner Schüler – dem gesellschaftlichen Fortschritt zugute kamen, so wenig kann auf die wundertätigen Kräfte telematischer Netze vertraut werden. Seit Lewis Mumford Mitte der 30er Jahre die Rundfunknetze als geeignete Mittel identifiziert hatte, um wieder an die Idee der griechischen *agora* anzuknüpfen und Marshall McLuhan in den frühen 60er Jahren die Bildröhre als diejenige Technik kennzeichnete, mit deren Hilfe ein „globales Dorf" hier und jetzt zu verwirklichen sei, wird von technologischen Neuerungen, die eine Intensivierung von Verkehr und Kommunikation ermöglichen, immer wieder aufs Neue die Förderung von universeller Gleichheit und Demokratie erwartet, – gleichsam als Ersatz für die nachlassende Bindefähigkeit religiöser Überzeugungen und sozialer Traditionsbestände. Als prominenter Verfechter einer solchen technischen Utopie wird gern der amerikanische Vizepräsident Al Gore zitiert. Auf der ersten Weltkonferenz über „Telecommunication Development", die Anfang 1994 in Buenos Aires stattfand, verknüpfte er sein Plädoyer für den Aufbau einer „globalen Informationsinfrastruktur" (Gore/Brown 1995) mit der Vision, in der „virtuellen agora" könnte jeder Bürger, wo auf der Welt er auch lebe, an einer neuen, unmittelbaren Willensbildung teilnehmen. Demselben Diskurs entstammt auch der (un)sinnige und zugleich ambivalente Begriff der „Datenautobahn", der zur populären Metapher für jene datentechnische Infrastruktur geworden ist, welche die weltweite Kommunikation in Echtzeit ermöglichen soll. Er verbindet sich mit der Hoffnung auf eine libertäre „Informationsgesellschaft", die von mündigen „*netoyens*" bevölkert wird, für die traditionelle Identitätsmuster wie Nationalität, ethnische Zugehörigkeit, Geschlecht oder regionale Verwurzelung zur Vergangenheit zählen. Zumindest theoretisch vergrößert sich mit der Verbreitung einer „populären transnationalen Medienkultur" zugleich die Chance, daß „immer mehr Menschen ... ein Gefühl der Identifizierung mit der Menschheit als Ganzer entwickeln" (de Swann 1995: 111). Denn es wächst nicht allein das Wissen um ferne Ereignisse, Lebensweisen und Lebensbedingungen – wodurch der „kulturelle Relativismus" gewissermaßen zur Lebenspraxis der „kleinen Leute" werden müßte. Mit zunehmender Weltoffenheit können die Relevanzstrukturen genuin internationaler, aber bislang elitärer Gemeinschaften wie der „scientific community" auch den „Massen" zugänglich werden.
In der freundlichen Vorstellung von der Simulationsfähigkeit politischer Prozesse geht indes verloren, was die mediale Öffentlichkeit – des Internet beispielsweise – von überkommenen Formen von Öffentlichkeit, dem Marktplatz, der Eckkneipe oder dem Gemeinderat unterscheidet: Die „virtuelle agora" wird

von Meinungsträgern „bewohnt", die körperlich nicht präsent sind. Der soziale Raum, der hier durch Kommunikation entsteht, ist also weder durch physische Eigenschaften noch durch symbolische Bedeutungen, beispielsweise durch ein orientierendes Netz aus Vertrauen, Vertrautheit, Solidarität und Sicherheit umschrieben. Es zeichnet sich zum einen eine qualitativ neue Stufe der Steigerung von Kommunikation durch Entkopplung von Kommunikation und körperlicher Anwesenheit ab und damit zugleich eine weitere Entkopplung von Mitteilung und Verstehen. Anders als in der „heilen Welt der Gutenberg-Galaxis" kann der Empfänger einer Nachricht nicht sicher sein, daß die Signale auf dem Bildschirm identisch sind mit dem, was ein Absender mitzuteilen versucht hat. Ohne körperliche Präsenz werden Ernsthaftigkeit und Verbindlichkeit eines Diskurses schwer überprüfbar. Gerade der nicht-verbale Ausdruck von Anerkennung oder Mißachtung, Respekt oder Gleichgültigkeit gegenüber dem Kommunikationspartner bildet die Voraussetzung dafür, daß Menschen einander als Subjekte wahrnehmen und als politische Wesen wechselseitig in die Pflicht nehmen können. Die weltweite mediale Kommunikation, welche politische Prozesse simulieren wollte, wäre darum mit dem Problem konfrontiert, daß ein Konsens sich auf diesem Wege schwerlich herstellen ließe und der Dissens womöglich noch nicht einmal bemerkt würde. Im Internet, so eine bekannte Formel, findet man tausend Antworten auf eine nicht gestellte Frage.

Durch Verräumlichung, so Georg Simmel (1992: 699), erhalten „soziale Begrenzungsprozesse" eine „unvergleichliche Festigkeit und Anschaulichkeit". Die Grenze ist ein „seelisches" und gleichzeitig – im Verständnis Simmels – soziologisches Geschehen. Durch dessen Projektion in eine sinnlich wahrnehmbare Gestalt – eine Linie im Raum – gewinnt das Gegenseitigkeitsverhältnis Klarheit und Sicherheit; fällt freilich oft auch in Erstarrung. Die Verräumlichung sozialer Beziehungen sorgt für die Einhaltung von Normen, Werten und Moralvorstellungen; es entsteht also soziale Ordnung. Mit der Ablösung der räumlichen Verkörperung des politischen Gemeinwesens wird der Bürger deshalb gewissermaßen „entwurzelt". Entterritorialisierte, „entbettete" Beziehungen, die im medialen Bewegungsraum der Beliebigkeit geknüpft und nahezu folgenlos auch wieder aufgekündigt werden, sind der Struktur nach punktuell und daher auch zeitungebunden. Es sei zweifelhaft, so Jürgen Habermas (1995), daß „weltweite, territorial entwurzelte und voneinander segmentierte Öffentlichkeiten, globale Dorfgemeinschaften oder Kommunikationsinseln", die beispielsweise durch den Informationsaustausch über das Internet entstehen, das öffentliche Bewußtsein kosmopolitisch erweitern könnten. Er bescheinigt den weltweit ausdifferenzierten Netzwerken der elektronischen Massenkommunikation einen „zersplitternden" Effekt auf das lebensweltlich zentrierte Bewußtsein. Während sich die naive Vision eines „neuen athenischen Zeitalters der

Demokratie" auf die de-zentralisierenden und de-konzentrierenden kommunikativen Kräfte weltumspannender telematischer Netze stützt, geht es in der schnöden Wirklichkeit zunächst und in erster Linie um das „größte Geschäft auf dem wichtigstem und lukrativsten Markt des 21. Jahrhundert" (Al Gore). Auch die wissensgestützte Informationsgesellschaft folgt dem Imperativ der Kapitalverwertung, des „shareholder value".

Anders als in der Idealwelt der dialogisch zustande kommenden „virtuellen agora" herrscht auf den Märkten für Information und Medien harter Wettbewerb; denn der erwartete Gewinn ist hoch. Daran ist eine Vielzahl von Akteuren beteiligt. Bündnisse zwischen kleinen und großen Netzbetreibern, Allianzen zwischen Medienkonglomeraten und Telekommunikationsunternehmen, Kooperationen zwischen Firmen, die Kabelfernsehen anbieten, und Telefongesellschaften; Bündnisse zwischen Energieerzeugern, Banken, Elektronikherstellern oder Joint Ventures zwischen Software-Unternehmen, Computerfirmen und dem Kabel-TV sind dabei, den Markt unter sich aufzuteilen. Dieser ist sehr dynamisch, denn nicht nur die Betreiber der Kommunikationsinfrastruktur und -dienste sind zahlreich. Ebenso zahlreich sind die möglichen Anwendungsgebiete multimedialer Dienste: In den Unternehmen können sie zur Fernwartung teurer Anlagen eingesetzt werden, perfekte just-in-time-Steuerung und -Produktion gewährleisten, Dienstreisen reduzieren, den schnelleren Informationsfluß zwischen Abteilungen und eine größere Einsatzflexibilität der Arbeitnehmer garantieren, und nicht zuletzt die Dezentralisierung der Unternehmensorganisation weiter vorantreiben. In Banken und Versicherungen machen Vernetzung, online-Dienste und -Beratung Personal überflüssig – und das Papiergeld auch. Im Handel können Lagerhaltung, Transport und Vertrieb weitgehend elektronisch gesteuert werden. Durch den Einsatz von Strichcodes und Scannern wird die Arbeit von Kassiererinnen beschleunigt und daher in der Tendenz substituiert und durch den Einsatz von Verkaufsrobotern sogar vollständig ersetzt. In der Medizin lassen sich aus der Ferne Diagnosen erstellen und Patienten überwachen, es wird die Krankengeschichte elektronisch verfügbar. In der Forschung können teure Technik und Hochleistungscomputer im Verbund genutzt werden. In der Verkehrsüberwachung werden Leit- und Informationssysteme eingesetzt. Was Menschen sonst noch benötigen oder tun wollen, das sollen sie zukünftig von ihren Wohnungen aus tun können: Telearbeit verrichten, die Angebote des Telebanking nutzen, „preiswert und individuell" am Bildschirm einkaufen (Teleshopping), „ein Leben lang lernen", bei Bedarf auf öffentliche Verwaltungsdienste elektronisch zugreifen oder im Falle von Alter, Krankheit und Behinderung den multimedialen Kontakt mit einem sozialen Dienstleister suchen. Vor allem aber sollen die Menschen sich unterhalten – durch interaktive (Spiel)Angebote, „video on demand" in großer Auswahl für den individuellen Bedarf. Die Rückentwicklung der sozialen Individuen zur Leibnizschen Monade in der modernen Welt ist nicht gänzlich ausgeschlossen (vgl. 2. Kapitel; Harvey 1996: 75)

„Integration" lautet das technische Schlagwort: Es geht um die Integration der Entwicklung (von Produkten und Dienstleistungen), der Produktion dieser Produkte und ihrer Konsumtion in „Konsumräumen". Auch einstmals getrennte Tätigkeitsfelder werden integriert. In Neologismen wie den „advertorials" (aus „advertising" und „editorials"), „informercials" (aus „information" und „commercials") „infotainment" (aus „information" und „entertainment") oder „edutainment" (aus „education" und „entertainment") ist die Verschmelzung von Kommerzialisierungsstrategien, Unterhaltungsabsicht und Kommunikationstechnologien auf den Begriff gebracht. Neben der Schaffung von neuen Arbeitsplätzen verspricht die Integration von Informations-, Kommunikations- und Telekommunikationstechnik mehr Aktualität, mehr Interaktivität und vor allem mehr Partizipationsmöglichkeiten. Schnellere und umfassende Information gilt gemeinhin als Versprechen einer Steigerung der technischen Rationalität. Doch ist diesem Versprechen zu mißtrauen. Wenn Massenmedien und Medien der Individualkommunikation nicht mehr zu unterscheiden sind, wird die Selektion aus der Fülle der angebotenen Informationen zu einem ernsthaften Problem. Denn wenn sich parallel zur Individualisierung der Informationsgewinnung auch die Selektions- und Identifikationskriterien von fragmentierten „Öffentlichkeiten" vervielfältigen, wird sozialer Kohäsion und darauf bezogener Politik der Boden entzogen. Nicht Rationalitätssteigerung dürfte die Folge sein, sondern Steigerung von Unübersichtlichkeit und Entropie in der Gesellschaft und folglich ein sozial erheblicher individueller Orientierungsverlust. Die zentrale Frage, wie denn soziale Ordnung noch möglich ist, wenn der soziale Raum, in dem Gesellschaft sich entfaltet, nicht mehr mit unseren territorialen Erfahrungen übereinstimmt, wie das Verhältnis von Einheit und Differenz einer Gesellschaft gestaltet werden kann, wenn die Vielfalt der Kommunikationsformen dermaßen explodiert, daß alle differenten Töne im allgemeinen Informationsrauschen der Megabytes von Internet on-line und CDc etc. off-line verschwinden, bleibt unbeantwortet.

8.1.2 Das Märchen von den ökologischen Gratiseffekten der „Entmaterialisierung der Ökonomie"

Vertreter eines „ökologischen Postindustrialismus" rechnen mit „ökologischen Gratiseffekten" einer „Entmaterialisierung" der Wirtschaft (Wuppertal Institut 1995). Diese ergäben sich aus dem sektoralen Wandel der Weltwirtschaft und aus der intensiven Nutzung des „Rohstoffs Information". Doch lassen sich weder der sektorale Wandel der Weltwirtschaft in Richtung Tertiarisierung noch der Übergang zu einer globalen Informationsgesellschaft als Einleitung einer Entwicklungsbahn der „entstofflichten Ökonomie", einer „Ökonomie immaterieller Ströme" begreifen. *Erstens* folgt auch der weltweite Dienstleistungsverkehr einem aus der Güterproduktion vertrauten Prinzip: Prozesse organisatorischer Rationalisierung bereiten eine weitgehende Standardisierung der Dienstleistung vor. Diese wird in einem nächsten Schritt technisch unterstützt oder durch Technik substituiert. An der „Stofflichkeit" von Systemen der Informationsverarbeitung, von voice-mail-Systemen, Kassenautomaten und Chipkarten, die an die Stelle einstmals personengebundener Bankdienstleistungen treten und diese zu einer rund um den Erdball handelbaren „Ware Information" machen, wird spätestens zum Zeitpunkt der Entsorgung des Elektronikmülls kein Zweifel möglich sein.

Hinzu kommt, daß der Output des Informationssektors, der erheblich stärker als der Produktionssektor wächst, nur zum geringeren Teil in Haushalten und zum größeren Teil in der Industrieproduktion Verwendung findet. Die hardware und die software der entmaterialisierten Informationstechnologien dienen folglich zu einem beträchtlichen Teil der materiellen Produktion. Zugleich zeigt es sich, daß industriell erzeugte Produktionsmittel für den Informationssektor den am stärksten wachsenden Warenstrom bilden (Jonscher 1983 zit. in Schmiede 1996: 16-17). In dieses Bild paßt auch, daß *Silicon Valley*, das als Paradigma einer „informationstechnischen Dienstleistungsgesellschaft" herhalten muß, „ein international erstrangiger Standort für die industrielle Fertigung informationstechnischer Geräte und Systeme" ist (Lüthje 1998: 557), wo weder die Arbeitsprozesse noch die Strukturprinzipien der „industrial relations" dem Mythos vom Verschwinden industrieller Arbeit in einer „informational economy" (Carnoy et al. 1993; Castells 1996) entsprechen.

Noch aus anderen Gründen ist die Entkopplung von Produktion und Dienstleistungs"hülle" nicht mit einer „Entmaterialisierung der Ökonomie" gleichzusetzen. Die behauptete Verflüchtigung der Materie, ihre scheinbare Auflösung in Kommunikation und Information hat nämlich *zweitens* höchst materielle Voraussetzungen und ebensolche Folgen: Noch immer bilden diejenigen Dienstleistungen den größten Anteil, die für die Mobilität von Waren und Menschen sorgen. Diese Dienstleistungen sind mit einem beträchtlichen Energieaufwand verbunden, der ökologisch, d. h. für die natürlichen Systeme der Erde höchst materielle Konsequenzen hat. Informationstechnische Infrastrukturen und Dienste werden aller Voraussicht nach nicht zu einer Substitution physischen Transports durch immaterielle Ströme führen, sondern bestenfalls zu einer Effizienzsteigerung des automobilen Verkehrs; daran arbeiten vor allem die Forschungs- und Entwicklungsabteilungen der großen Automobilkonzerne. Ins Reich der Wünsche gehört auch die Vorstellung, der Verkehr ließe sich durch eine Verlagerung von Dienstleistungen auf die „Datenautobahnen" erheblich reduzieren, wenn nicht gar ersetzen. In jenen schlichten Modellen, die eine prognostizierte Zahl von Telearbeitsplätzen in eine Verringerung des Berufsverkehrs und diese in eingesparten Kraftstoff umrechnen, um daraus Schlüsse auf eine Verringerung des CO_2-Ausstoß zu ziehen, werden die ökologischen Vorteile, die mit der Verlagerung von Arbeitsplätzen in Privatwohnungen, wohnortnahe Gemeinschaftsbüros oder mobile Büros verbunden sind, deutlich überschätzt. Mehr Telearbeitsplätze dürften zwar zu einer Verringerung des Berufsverkehrs und damit zu einem Abbau der Verkehrsspitzen führen, nicht aber zu einem insgesamt geringeren Verkehrsaufkommen. Denn wer seltener zu einem betrieblichen Arbeitsplatz fahren muß, der kann weiter von den städtischen Zentren entfernt wohnen und längere Wege in Kauf nehmen.

Drittens dienen Dienstleistungen vor allem der Beschleunigung des Zirkulationsprozesses von Kapital. Ein Abschnitt der Zirkulation aber ist gerade die Produktion materieller Güter. Wenn die Zirkulation beschleunigt wird – sie dient ja der Steigerung der Produktivität – dann auch die Produktion (unter Berücksichtigung der nicht zur Gänze ausschaltbaren natürlichen Bedingungen). Eine höhere Geschwindigkeit von Produktions- und Transportprozessen ist aber gleichbedeutend mit höherem Energie- und Mengenverzehr, so daß gerade aufgrund „virtueller" Leistungen in gleicher Zeit mehr Stoff und Energie ganz materiell umgesetzt werden können. „Entmaterialisierung" des Welthandels senkt die Transportkosten je (Wert)Einheit. Wenn dieser Effekt jedoch im Sinne einer ökologisch wünschenswerten Entmaterialisierung und Virtualisierung der Ökonomie interpretiert wird, gerät in Vergessenheit, daß Welthandel – dies ist die Botschaft des Freihandels-Theorems – die ökonomischen Aktivitäten anregt, also auch zu mehr Stoff- und Energieverbrauch beiträgt (vgl. 6. Kapitel).

Bezeichnenderweise sind *viertens* jene Länder, die reich an technischem Wissen sind, zugleich jene, die sich mit einem hohen Aufwand an politischer und militärischer Energie einen privilegierten Zugang zu den materiellen (und ökologischen) Ressourcen des Globus gesichert haben. Die informationelle Ökonomie ist also vom Militär abhängig – und umgekehrt. Das gilt zuvörderst für die USA. Ihre auf dem Weltmarkt führende Rolle verdankt die US-amerikanische Halbleiter- und Mikroelektronikindustrie einer massiven staatlichen Förderung aus dem Verteidigungsetat; und auch wenn Forschung und Entwicklung der Informations- und Kommunikationstechnologien heute nicht mehr unmittelbar – wie zu Zeiten des Kalten Krieges – von staatlich-militärischem Interesse beeinflußt werden, so haben sich die Verbindungen zwischen Informationstechnik (bzw. Mikroelektronik) und Rüstung doch keineswegs gelockert. Ganz im Gegenteil: Im Zeitalter der high-tech-Kriegsführung bestehen „Auge, Ohren, Gehirn und Nervensystem" militärischer Systeme im wesentlichen aus Mikroelektronik; nahezu jedes Waffensystem ist auf mikroelektronische Komponenten angewiesen. „Information" – neben Raum, Zeit, Materie und Energie stets zentrale Basisgröße militärischen Denkens – hat kriegsentscheidende Bedeutung erlangt; Information ist – im Golfkrieg, in der Daueraggression gegen den Irak, in Jugoslawien – zu einer Waffe geworden. Daher besteht das Interesse der Militärs in erster Linie darin, zivile Ressourcen für militärisch nützliche Entwicklungen im Bereich der Informations- und Kommunikationstechnologien zu nutzen. Vom Militär angeeignet und möglicherweise verwendet aber dienen Informationen ebenso wie Informations- und Kommunikationstechnologien der Zerstörung – von gegnerischen Waffensystemen, aber auch von Menschen und von Natur.

Wissen kann, so Panajotis Kondylis (1995), erst in einer materiell hochtechnisierten Gesellschaft zum wesentlichen Faktor des gesellschaftlichen Reproduktionsprozesses werden. Es hat also eine unentbehrliche Basis, nämlich Rohstoffe für die Produktion. Diese können durch Austausch auf dem Weltmarkt bezogen werden (vgl. 6. Kapitel), doch ist dies nicht selbstverständlich. Anstehende Verteilungskämpfe um materielle und ökologische Ressourcen zwischen reichen und armen Ländern und innerhalb der reichen Länder werden „die Grenzen, die die globale Informationsflut verwischen soll, neu errichten, gleichviel, wo die Trennungslinien nun verlaufen werden. Bei der Güterverteilung ist man noch weniger großzügig als beim Informationsaustausch. Und bei der Verteilung von lebenswichtigen materiellen Ressourcen – einschließlich Luft und Wasser – hört der Cyberspace vollends auf" (Kondylis 1995). Dem wäre nur hinzuzufügen: Wehe dem Land, das den Zugang zu den materiellen Ressourcen (z. B. Erdöl) der „informationellen Ökonomie" verstellt oder deren Preis in die Höhe treiben will. Es wird, wie das Beispiel des Golfkriegs gezeigt hat, in einen „Informationskrieg" gezogen, dessen Folgen für Materie, Menschen und die natürliche Umwelt keineswegs virtuell bleiben.

8.2 Tertiarisierung – eine Chance für Frauen?

Prozesse wirtschaftlicher Globalisierung und sektoralen Strukturwandels beeinflussen sich gegenseitig. Mit der Verschiebung der Beschäftigung hin zu Dienstleistungstätigkeiten verbessern sich die Arbeitsmarktchancen von Frauen, auch wenn es fraglich bleibt, ob sich dadurch die Ungleichheit zwischen den Geschlechtern verringert. Der strukturelle Wandel zugunsten von Dienstleistungstätigkeiten hat zu einer „Feminisierung" des Arbeitskräftepotentials geführt und dies nicht allein in den OECD-Ländern. Obwohl Frauen überall in der Welt deutlich mehr unbezahlte Arbeiten im Haushalt und für die Gemeinschaft verrichten als Männer (UNDP 1995), hat ihre Erwerbsquote in den letzten zwei

Jahrzehnten deutlich zugenommen. Dies gilt nicht zuletzt auch für die Länder der Europäischen Union, in denen die Frauenerwerbsquote 1975 noch unter 40% gelegen hat, Anfang der 90er Jahre aber auf knapp 50% angestiegen ist (Bulletin on Women and Employment in the EU 1996). Heute stellen die Frauen rund 40% aller Arbeitskräfte in der EU und alles deutet darauf hin, daß der Trend einer Ausweitung der Frauenerwerbstätigkeit – und der parallele Trend einer rückläufigen Erwerbsquote von Männern im „prime age"[139] (Europäische Kommission 1994: 49) sich auch in Zukunft fortsetzen wird. Dieser Trend ist wesentlich dem Wachstum des Dienstleistungssektors geschuldet. Darin sind 65% aller (fast 97 Millionen Menschen) und annähernd 80% der weiblichen Erwerbstätigen beschäftigt (Eurostat 1998). In allen europäischen Ländern geht die steigende Beschäftigungsquote der Frauen allerdings auch mit einer steigenden Arbeitslosenquote einher; außerdem gibt es nirgendwo Hinweise darauf, daß die steigende Erwerbsquote der Frauen von einer Veränderung der Verteilung von bezahlter und unbezahlter Arbeit zwischen Männern und Frauen begleitet würde.

Der „Weg in die Dienstleistungsgesellschaft" ist also, so könnte man schlußfolgern, auch der „Weg der Frauen in das Beschäftigungssystem" – zumindest in Europa. Doch können Frauen darauf vertrauen, daß sie zu „Gewinnerinnen" des ökonomisch-technologischen Strukturwandels werden? Befördern eine Tertiarisierung der Wirtschaftsstrukturen, damit verknüpfte Prozesse der Höherqualifizierung von Arbeitskräften und der Einsatz moderner Informations- und Kommunikationstechnologien den Abbau geschlechtsspezifischer Ungleichheiten auf dem Arbeitsmarkt? Könnte diese Entwicklung womöglich dadurch unterstützt werden, daß neue Anforderungen des Arbeitsmarktes im Hinblick auf „andere", scheinbar „weichere" Führungsmethoden eine weitgehende Dekkungsgleichheit mit Qualifikations- und Kompetenzprofilen aufweisen, die in einer einflußreichen Debatte als spezifisch „weibliche Kulturmuster" ausgemacht wurden[140]? Ein solches Vertrauen in den Selbstlauf der ökonomisch-sozialen Entwicklung wäre fatal. Denn die angesprochenen Tendenzen beseitigen geschlechtsspezifische Ungleichheiten auf dem Arbeitsmarkt nicht; sie lassen diese nur in „neuen" Formen zu Tage treten.

---

[139] In der Europäischen Gemeinschaft war die Erwerbsquote der Männer im Haupterwerbsalter 1992 auf 94%, in den ehemaligen EFTA-Ländern sogar auf 92% gesunken; sie lag damit etwa auf demselben Niveau wie in den USA (mit 91%) (Europäische Kommission 1994: 49).

[140] Vgl. zur Kritik der dichotomischen Gegenüberstellung von „Weiblichkeit" und „Männlichkeit" in der Debatte um Differenz und Gleichheit u.a. Lorber/Farell 1991; Gildemeister/Wetterer 1992; Gottschall 1997).

An der Geschlechtersegregation auf den Arbeitsmärkten hat die mit der Globalisierung einhergehende Tertiarisierung wenig geändert[141]. Nur eine kleine Minderheit von Frauen ist in jene Segmente der neuen „Dienstleistungsökonomie" vorgedrungen, in denen die Einkommen höher, die Aufstiegschancen besser und die Qualifikationsanforderungen größer sind. Vor allem mittlere und gehobene Führungspositionen in der kapitalintensiven Informations- und Kommunikationstechnologie oder in der Biotechnologie sind nach wie vor Männern vorbehalten. Selbst dort, wo Frauen in neue qualifizierte Tätigkeitsfelder vordringen konnten (im Bereich der kaufmännisch-admistrativen Tätigkeiten bei Banken- und Versicherungen), haben sich ihre Chancen keineswegs durchgängig verbessert. Die Restrukturierungsprozesse im Banken- und Versicherungssektor haben neue Aufgabenfelder und Karrierechancen für Frauen im unteren und mittleren Management eröffnet, aber nicht dazu geführt, daß die „glass ceiling" (Morrison et al 1987; ILO 1997/1998) an der Schwelle zum höheren Management durchbrochen worden wäre. Die Feminisierung von Managementfunktionen im personalintensiven, daher kostenlastigen (inländischen) Mengengeschäft trägt dazu bei, daß Frauen von den lukrativen Geschäftsfeldern (Vermögensverwaltung für wohlhabende Kunden, Merchant- und Investmentbanking, Organisation von „mergers & aquisitions" auf regionaler und internationaler Ebene) ferngehalten werden (Bird 1990; Tienari/Quack/Theobald 1998). In der Regel erhalten selbst hochqualifizierte Frauen sehr viel seltener als gleichqualifizierte Männer jene betrieblichen Weiterbildungschancen, die notwendig sind, um in verantwortliche Managementpositionen im internationalen Finanzgeschäft aufsteigen zu können. Die Welt der „global finance", der expandierende Bereich der Merchant- und Investmentbanken in den wichtigen internationalen Finanzzentren (Sassen 1999), weist nach wie vor einen höheren Grad geschlechtsspezifischer Segregation auf als der Bankensektor insgesamt[142].

Die weltweite Liberalisierung und Globalisierung der Finanzmärkte haben den Wettbewerb zwischen den Kreditinstituten intensiviert und eine neue Welle der

---

[141] In der EU beispielsweise konzentrieren sich die Frauen in lediglich drei Dienstleistungssektoren: im Bildungsbereich (65,8%), in den Gesundheits- und Sozialberufen (75,7%) und im Bereich der personennahen Dienstleistungen (89,7%) (Eurostat 1998).

[142] Dafür sorgen nicht zuletzt auch kulturelle und soziale Praktiken des „occupational gendering": In den höheren Segmenten des internationalen Kreditgewerbes sind Personen gefragt, die qualifiziert, flexibel und mobil sind. Frauen, die diese Anforderungen erfüllen – weiße Frauen aus der Mittelschicht, mit einer guten bis sehr guten Ausbildung, unter 40 Jahren und kinderlos – finden sich indes sehr viel häufiger als ihre männlichen Kollegen mit „back-office"-Funktionen (in der Forschung oder im Personalmanagement) betraut. Vgl. dazu die Arbeiten von Linda Mc Dowell und Gillian Court (1994; sowie McDowell 1997) über das „sex-typing" in der kompetitiven Atmosphäre der „City of London".

Konzentration und der Automatisierung ausgelöst. Mit der Automatisierung von Routinearbeiten, der Verlagerung von Tätigkeiten und ganzen Abteilungen in „off-shore"-Büros und mit der Einführung neuer Managementmethoden – beispielsweise der ertragsorientierten anstelle der mengenorientierten Personalbemessung – dürfte sich die „gender composition" der Branche erheblich verändern. Auch im Handel führt die Rationalisierung mit Hilfe von TIME-Technologien (Telekommunikation, Informationstechnik, Medien, Elektronik) zu Arbeitsplatzverlusten. Bei den Tätigkeiten in Büro und Verwaltung, die während der 80er Jahre mit über 40% den größten Beitrag zur Ausweitung der Frauenbeschäftigung in der Europäischen Gemeinschaft geleistet hatten (Europäische Kommission 1994: 175), sind schon seit Beginn der 90er Jahre deutliche Beschäftigungsrückgänge zu verzeichnen. Also werden sich die Frauen in Europa vor allem in jenen Bereichen konzentrieren, auf die schon in den 80er Jahren die Hälfte der „Frauen"-Arbeitsplätze entfielen: auf die sozialen Dienstleistungen (in der Kinder- und Altenbetreuung, im Pflege-, Gesundheits- und Bildungsbereich) und auf die „einfachen", konsumbezogenen Dienste (z.B. in der Gastronomie und in der Gebäudereinigung).

Mit der in allen europäischen Ländern eingeleiteten Privatisierung von Dienstleistungsfunktionen des öffentlichen Sektors (insbesondere im Bereich der Gesundheitsdienste) verliert die wichtige Integrationsrolle, die der öffentliche Sektor in der Vergangenheit für die Erwerbsbeteiligung der Frauen hatte, an Bedeutung[143]. Frauen sind von den Sparmaßnahmen der öffentlichen Hand doppelt betroffen: Zum einen entfallen oder verringern sich Betreuungsangebote für Kinder und ältere Familienangehörige. Damit wird eine wesentliche Voraussetzung der Berufstätigkeit von Frauen zerstört. Zugleich fallen aber auch Arbeitsplätze weg, die fast ausschließlich von Frauen eingenommen wurden. Wenn Staatsausgaben durch eine Drosselung der Personalausgaben im Bereich der sozialen Dienste reduziert werden, kann sich die Nachfrage nach sozialen, pflegerischen und erzieherischen Tätigkeiten – welche sowohl Folge als auch Voraussetzung von vermehrter Frauenerwerbstätigkeit ist – nur dann erhöhen, wenn der Preis für diese Dienstleistungen deutlich sinkt. Wirtschaftspolitische Vorschläge, die zur Überwindung der Beschäftigungskrise auf eine ver-

---

[143] Allerdings war früher eine höhere Integration der Frauen in den Arbeitsmarkt auf dem Wege staatlicher Aufgabenexpansion mit einer höheren beruflichen Segregation erkauft worden und kontinuierliche Beschäftigungsgewinne im öffentlichen Sektor (beispielsweise im frauenpolitischen „Musterland Schweden" oder in Dänemark) gingen zumeist „auf Kosten der relativen Einkommensvorteile gegenüber dem privaten Sektor: In Deutschland, wo Frauen im öffentlichen Dienst verglichen mit dem privaten Sektor kaum zurückgefallen sind, waren auch die Beschäftigungszuwächse im Vollzeitbereich sehr klein, zumindest verglichen mit Dänemark und Schweden, wo die relativen Verdienste im öffentlichen Sektor sich eindeutig verschlechterten" (Schmid 1991: 29-30).

stärkte Ausweitung jener Dienstleistungsbereiche setzen, in denen bereits heute vor allem Frauen beschäftigt sind, zielen also im Kern auf die Verfestigung eines (geschlechtsspezifischen) Segments von Niedriglohnarbeit. Aus der Perspektive jener Familien der oberen Mittelschicht, die Kindermädchen, Putzfrauen und Krankenpflegerinnen nachfragen (sollen), müßte gewährleistet sein, daß die marktförmig erbrachten Dienstleistungen nicht mehr kosten als die Zusatzeinnahmen erbringen, die Mütter, Töchter und Ehefrauen erzielen, weil sie von *unbezahlter* Hausfrauenarbeit „befreit" werden.

Anders als in den vornehmlich von Männern besetzten Positionen im Bereich der Unternehmens- und Finanzdienstleistungen, wo ein *sinkender* Bedarf an gering qualifizierten und eine anhaltende Nachfrage nach (hoch)qualifizierten Arbeitskräften besteht, gibt es in jenem Segment des tertiären Sektors, in dem vor allem Frauen beschäftigt sind – bei den konsumorientierten und personennahen Dienstleistungen – einen *wachsenden* Bedarf an „gering qualifizierter" Arbeitskraft. Wohlgemerkt: Das geringe Qualifikationsniveau dieser Tätigkeiten ist eine *Folge* des empirischen Sachverhalts, daß es vornehmlich Frauen sind, die diese Tätigkeiten ausüben. Ihnen wird unterstellt, sie hätten die für die Ausübung der Tätigkeit (die Pflege alter und kranker Menschen, die Erziehung und Betreuung von Kindern) notwendigen Qualifikationen durch Sozialisationsprozesse erworben. Als „qualifiziert" gelten aber nur jene Tätigkeiten, die durch eine förmliche Ausbildung erlernt wurden[144]. Doch gerade im Falle der Reproduktionsarbeit liegt in der Qualifizierung nicht die Lösung, sondern das Problem selbst. Die scheinbare Aufwertung „weiblicher Reproduktionsarbeit" im Prozeß ihrer Professionalisierung im 19. Jahrhundert hat zwar Frauenberufe (Lehrerin; Krankenpflegerin etc.) hervorgebracht. Diese waren in der Skala der Wertschätzung und in der Hierarchie weniger gewichtig als Männerberufe, eben weil es sich um Reproduktionstätigkeiten handelt, die keine „Werte" erzeugen.

An der Expansion der Dienstleistungen in der Europäischen Gemeinschaft waren also niedrig bezahlte, formal gering qualifizierte Tätigkeiten deutlich stärker beteiligt als hochwertige, gut bezahlte. Von *diesem* Tertiarisierungstrend haben die Frauen „profitiert", nicht aber von der parallelen Entwicklung hin zu anspruchsvollen und besser bezahlten Arbeitsplätzen (beispielsweise im Bereich der Unternehmens- und Finanzdienstleistungen). Die Expansion der niedrig entlohnten neuen Pflege- und Freizeittätigkeiten trägt auch nichts zur Beseitigung der geschlechtsspezifischen Ungleichheiten bei – „as these jobs sectors currently embody all the main elements of gender inequality – low pay, insecu-

---

[144] Wie sich am Beispiel der Krankenpflegeberufe zeigen läßt, sind die Chancen zu einer Neudefinition der Qualifikationsanforderungen von „Jeder-Frau-Tätigkeiten" u. a. davon abhängig, ob bestimmte Aspekte der beruflichen Tätigkeit durch vermehrten Technikeinsatz ein „Spezialisierungsprofil" erhalten – und gerade dadurch auch für Männer interessant werden.

re employment, poor promotion prospects etc. ..." (Rubery/Maier 1995: 529). Viele der als „atypisch", „flexibel", „prekär" oder „ungeschützt" klassifizierten Beschäftigungsformen sind in der Regel ungeeignet, ökonomische Unabhängigkeit mit dem als Entgelt für die Arbeit bezogenen Einkommen zu gewährleisten. Wenn die übergroße Mehrzahl der Neueinstellungen junger Frauer unter 30 Jahren unter „atypischen" Bedingungen erfolgt, wird die Atypik zur Norm. Dies ist ein Hauptcharakteristikum der „Feminisierung der Beschäftigung".

Weniger ausgeprägt ist der Feminisierungstrend im Falle geringfügiger Beschäftigung und befristeter Beschäftigungverhältnisse, denn in vielen europäischen Ländern (insbesondere in Spanien, Griechenland, Portugal und Finnland) müssen auch junge Männer, die einen Einstieg in den Arbeitsmarkt suchen, mit befristeten Beschäftigungsverhältnissen vorlieb nehmen (Europäische Kommission 1997: 51). Auch die neuen „hybriden" oder „intermediären" Beschäftigungsformen, die nicht durch einen Arbeitsvertrag, sondern durch einen handelsrechtlichen Vertrag bestimmt werden und sozial kaum abgesichert sind, weisen keinen eindeutigen Geschlechter-„bias" auf. Die Unternehmen greifen in Reaktion auf den verschärften globalen Wettbewerb in verstärktem Maße auf befristete Arbeitsverträge oder Leiharbeit zurück; so können sie die Flexibilisierung von Entscheidungsabläufen und Leistungen erhöhen. Sie nutzen bevorzugt billige (entweder sozialversicherungsfreie oder aus öffentlichen Mitteln bezuschußte) Arbeit oder sie externalisieren bestimmte Unternehmensfunktionen und übertragen diese auf bestehende oder neu entstehende „Selbständigkeit". Durch die stärkere Einbindung „atypischer" Beschäftigungsformen in die betrieblichen Normalabläufe – beispielsweise in der Form des integrierten Fremdfirmeneinsatzes oder der Arbeitnehmerüberlassung – wird es zunehmend schwieriger, den Arbeitsmarkt in eine „normale" Kernzone und in periphere Tätigkeitsbereiche zu untergliedern. Mit der „Verschlankung" und Dezentralisierung der betrieblichen Organisation verläßt die Arbeit den Betrieb; der Betrieb als ein abgrenzbarer sozialer Ort der Arbeit löst sich auf. Nicht nur Lagerbestände werden abgebaut, auch Personalbestände sind betroffen. Material und Arbeitskräfte werden „just-in-time" abgerufen und angeliefert.

Mit der Expansion prekärer Beschäftigungsverhältnisse, kleinunternehmerischer Existenzen und „Ein-Personen-Selbständigkeit" (insbesondere im Dienstleistungssektor) steigt der Anteil der Frauen. Dabei sind die Grenzen zur (informellen) Heimarbeit, die in vielen europäischen Ländern wichtiger Bestandteil ökonomischer Umstrukturierungsprozesse ist, fließend. Die am wenigsten durch die sozialstaatlichen und tarifvertraglichen Institutionen und Regeln geschützte Heimarbeit hat eine lange Tradition, die in die Frühphase der Industrialisierung zurückreicht. Heute erlebt sie eine Renaissance. Heimarbeit kommt heute längst nicht mehr nur in traditionellen gewerblichen Industriezweigen wie der Bekleidungs- oder der Schuhindustrie zur Anwendung, wo vornehmlich Migranten eingesetzt werden (z.b. in London, Paris, Amsterdam oder Rom – vgl. Morokvasic/Phizacklea/Waldinger 1990; Morokvasic 1991). Sie hat sich (vor allem in Großbritannien und in Frankreich) in moderne Sektoren wie in die Feinmechanik- und Elektroindustrie ausgedehnt. Die „atypische" Beschäftigungsform der Heimarbeit hat also keineswegs marginale Bedeutung. Selbst dort, „wo die Heimarbeit noch traditionell ist, wie z. B. in der Bekleidungsindustrie, muß ihre Zunahme in jüngster Zeit als ganz wesentlicher Bestandteil völlig neuer Entwicklungsmuster gesehen werden, die mit der Annahme neuer Technologien, neuer Kontrollmethoden und neuer Verkaufsstrategien im Zusammenhang stehen" (Europäische Kommission 1995: 84). Und wie in anderen Teilen der Welt ist Heimarbeit auch in der Europäischen Union vornehmlich Frauenarbeit und leistet somit einen Beitrag zur geschlechtsspezifischen Diskriminierung auf dem Arbeitsmarkt.

Dies scheint für manche moderne Formen von Heimarbeit nicht zuzutreffen. Heimarbeit läßt die Assoziation weltoffener Kommunikation in einer „Informationsgesellschaft" zu, wenn sie auf der Basis elektronischer Medien betrieben wird. An die Nutzung der neuen Multimedia-Angebote in privaten Haushalten und Kleinstbetrieben werden obendrein nahezu „sagenhafte" Beschäftigungserwartungen geknüpft. Zumindest auf den ersten Blick haben produktionsnahe Dienstleistungen, die fern von den mehr oder weniger bürokratischen Großunternehmen in einem „Wohnzimmerbüro" erbracht werden können, hohe Attraktivität. Mit den Dienstleistungstätigkeiten, die statt an einem Bildschirmarbeitsplatz in einem Büro an einem Heimterminal erledigt werden, scheint der Ort der Arbeit an den Ort des Lebens zurückzukehren. Das macht die freundliche Seite des grenzüberschreitenden „outsourcing" von betrieblichen Arbeits-Inputs aus. Zugleich scheint der Ort des Lebens – auch dies nur auf den ersten Blick – weltoffen, und dies ganz unabhängig von der Provinzialität der realen Umgebung. Denn die ganze Welt ist über multimediale Steckdosen im Haus erreichbar.

Doch Vor- und Nachteile von datentechnisch vernetzten, ortsunabhängigen Dienstleistungen scheinen ein Geschlecht zu haben. Auch bei Tele- und Heimarbeit ist der Arbeitsmarkt zweigeteilt: Im primären Segment finden sich die mobilen Männer, meist mit hohen Spezialqualifikationen ausgestattet und größtenteils in der gesicherten Position von Gehaltsempfängern. Freiheits- und Flexibilitätszugewinne verbuchen also die vornehmlich männlichen Fachkräfte und Spezialisten, die dank neuer Informations- und Kommunikationstechnologien ihre Arbeit in einem innerstädtischen Single-Appartment, einem Häuschen im Grünen, einem Hotelzimmer oder bei einem Kunden erledigen. In einem sekundären Segment ist die periphere Telearbeit von Frauen lokalisiert. Mehrfachbelastung durch Kinderbetreuung, Haushalt und EDV-Job ist die überwiegende Erfahrung weiblicher „Datenkulis". Überdies könnte Tele- und Heimarbeit bestens dazu geeignet sein, einer verstärkten Einbeziehung der Männer in häusliche Pflichten entgegenzuwirken. In der Regel sind es auch keine Spezialqualifikationen, die die Tele-Heimarbeit für Frauen „attraktiv" erscheinen läßt, sondern der Zwang familiärer Verpflichtungen und die daraus resultierende verringerte Mobilität und ein regionaler Arbeitsmarkt, der keine alternativen Beschäftigungsmöglichkeiten bereit hält. Jedenfalls deutet gegenwärtig wenig darauf hin, daß Frauen zu „Gewinnerinnen" der sogenannten „informationstechnischen Revolution" werden könnten.

Kurzum: <u>Unter den Imperativen des Weltmarktes verliert das auf männliche Erwerbskarrieren zugeschnittene „Normalarbeitsverhältnis" der fordistischen Nachkriegsperiode an Bedeutung. Nur ist aus dessen Schwächung und der fortschreitenden „Verweiblichung" des männlichen Erwerbsverlaufs – er wird diskonstinuierlicher und abhängiger vom Erwerbsschicksal anderer – keine Gleichheit der Geschlechter auf dem Arbeitsmarkt und in den Arbeitsstätten erwachsen.</u> In der „individualisierten Erwerbsgesellschaft", in der jede(r) als Unternehmer der eigenen Arbeitskraft behandelt wird und die Verkopplung von Beschäftigung und existenzsicherndem Einkommen nicht länger selbstverständlich sind, erweist sich die Idee ökonomischer Unabhängigkeit – „die condition sine qua non ... jener 'exit-Optionen', auf die der Feminismus der letzten Jahre so sehr pochte" – als ein „elitäres Projekt" (Ostner 1999: 74-75). Es polarisieren sich „die Erwerbs- und Aufstiegschancen in der Gruppe der Männer und in der der Frauen. Einer wachsenden Zahl prekär beschäftigter Männer und (nach wie vor) Frauen steht nun eine nach wie vor große Gruppe von Gewinnern, von männlichen und (zunehmend) weiblichen Normalarbeiter(innen) gegenüber" (ibid.). Aus der Sicht der Unternehmen geht es bei allen Maßnahmen zur Flexibilisierung der Arbeit – gleichgültig ob diese durch eine Ausdehnung von Teilzeit- auf Kosten von Vollzeitarbeitsplätzen erfolgt, ob sie durch den Rückgriff auf legale und illegale Leiharbeit oder auf Tele- und Heimarbeit erreicht wird – um eine Verringerung der Lohn- und Sozialkosten und um die Anpassung des Arbeitskräfteeinsatzes an eine auf den Weltmärkten schwankende Nachfrage. Soweit diese unternehmerischen Strategien mit einer Absenkung von geltenden sozialen und arbeitsrechtlichen Schutzbestimmungen einhergehen, können Maßnahmen zur Flexibilisierung von Arbeitsverhältnissen auf dem formellen „primären" Arbeitsmarkt von einer Informalisierung der Beschäftigung nicht eindeutig unterschieden werden. Ob eine konkrete Beschäftigungsform, beispielsweise die Tele- und Heimarbeit, unter die eine oder die andere Kategorie fällt, ist von dem jeweiligen gesetzlichen Rahmen und vor allem von seiner mehr oder weniger großzügigen Auslegung abhängig: Genügt ein

Beschäftigungsverhältnis zwar offiziell geltenden Bestimmungen des Vertrags- und Rechtsschutzes, werden aber die Mindestbedingungen nicht streng durchgesetzt, verbleiben die Tätigkeiten in einem informellen Bereich.

8.3 Globalisierung und Informalisierung – zwei Seiten einer Medaille

Nach Jahrzehnten einer wohlfahrtsstaatlich abgefederten Regulierung des Verhältnisses von Kapital und Arbeit – im Horizont des „fordistischen Normalarbeitsverhältnisses" und jenes „gender contract", der Konstitutionsbedingung der nationalspezifischen „Wohlfahrtsregime" in den westeuropäischen Industrieländern war –, ist die Informalität auch in die Zentren der entwickelten Industrieländer zurückgekehrt. Sie macht sich geltend als Trend zur verstärkten Inanspruchnahme ungeschützter und ungeregelter Arbeitsverhältnisse in einer Vielzahl von Branchen, in der Ausbreitung von unfreiwilliger Teilzeit-, Gelegenheits-, Heim- und Schwarzarbeit und nicht zuletzt auch in der Expansion von „sweat-shops". Die überwiegende Zahl der Haushalte – nicht allein in den „alten" Industrieländern" – lebt heute in Städten. Das Haushaltseinkommen kann daher nicht wie in früheren Kontraktions- und Krisenphasen der kapitalistischen Weltwirtschaft durch eine Erhöhung der landwirtschaftlichen Subsistenzproduktion kompensiert werden. Daher sehen sich immer mehr Menschen gezwungen, den Wegfall formeller Lohneinkommen und die rückläufigen Sozialleistungen des Staates durch informelle Wirtschaftstätigkeiten auszugleichen.

8.3.1 Informelle Arbeit – im Schatten der Wettbewerbsfähigkeit

Daß der „informelle Sektor" zu Beginn der 70er Jahre „entdeckt" wurde (vgl. Hart 1973; Sethuraman 1976), ist kein Zufall. Auch wenn dies mit Blick auf die städtischen Randzonen afrikanischer Gesellschaften geschieht, läßt sich der „fordistische Wohlfahrtsstaat" doch unschwer als Referenzfolie ausmachen. Es war die Zeit, in der die „fordistische Modernisierung" der Nachkriegsepoche in eine Krise zu geraten beginnt und sich herausstellt, daß dieses Entwicklungsmodell nicht global werden und sich nicht alle Welt nach dem Vorbild des „american way of life" entwickeln kann. In den Ländern des Südens ist diese Einsicht unter dem Schlagwort vom „Scheitern nachholender Industrialisierung" reflektiert worden. Eine vergleichbare Einsicht wird mit Blick auf die Transformationsprozesse in den mittel- und osteuropäischen Ländern, die zum Teil ganz erheblich von dem sogenannten „OECD-Profil" abweichen, in der Formel kondensiert, in MOE entwickelten sich „Hybridformen" des Kapitalismus (dazu mehr im 10. Kapitel). Doch auch innerhalb der einst wohlgeordneten „OECD"-Welt reflektiert die sozialwissenschaftliche Debatte seit Mitte der 70er Jahre Prozesse der Auflösung von Formen der Vergesellschaftung durch Arbeit und Geld, ohne daß schon trennscharfe und eindeutige Begriffe herausgebildet worden wären, mit denen sich erfassen ließe, welche neuen Formen und Normen aus den Bruchstücken der alten, lange Zeit dominanten Formen der Vergesellschaftung und der sie stützenden sozialen und kulturellen Normen entstehen könnten. Der Begriff der „Informalisierung", mit dem umschrieben wird, daß tradierte Vergesellschaftungsmodi „de-formalisiert" werden, also ihre bisherigen Konturen und vor allem ihre generelle Gültigkeit verlieren, ist insoweit nicht mehr als ein behelfsmäßiges Konstrukt, begrifflicher Ausdruck jener „Zwischenzeit", die es (ein wenig hilflos) charakterisieren soll.

Schaubild 8.1: Globalisierung und Informalisierung von Arbeit

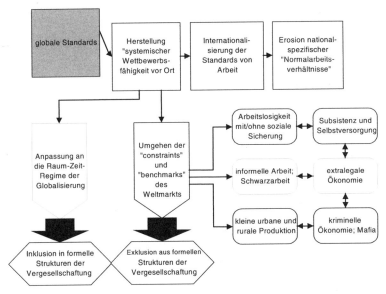

Die „Renaissance der Informalität" verweist einerseits auf spezifische Muster der industriellen Restrukturierung unter den Bedingungen weltweiten Wettbewerbs von Unternehmen, und sie ist andererseits Folge der beschriebenen Expansion des Dienstleistungssektors. In der im 4. Kapitel dargelegten Begrifflichkeit entsteht und wächst der informelle Sektor, weil nicht die gesamte Ökonomie eines Landes den Restriktionen bzw. „Sachzwängen" des Weltmarkts Rechnung tragen kann. Die Herstellung ökonomischer Kohärenz, um am Standort wettbewerbsfähig zu werden oder zu bleiben, gelingt nur zum Preis der Abdrängung (Exklusion) von nicht benötigter Arbeit in die Arbeitslosigkeit und in die Informalität prekärer, atypischer Beschäftigung. Wir haben bereits im 6. Kapitel gesehen, daß wettbewerbsfähige Produktionsökonomien und informelle Sektoren die Kehrseiten der gleichen Medaille sind: der Verwandlung von jeweils singulären Standorten in „like places" (vgl. dazu auch Schaubild 8.1). Prozesse der „Informalisierung" sind als Ausdruck von Fragmentierungsprozessen innerhalb und zwischen nationalstaatlich verfaßten Gesellschaften zu verstehen. Es handelt sich dabei um Prozesse, die parallel zu den von der ökonomischen Globalisierung bewirkten Vereinheitlichungsprozessen stattfinden. Wie bereits mehrfach ausgeführt, steht der Begriff der Globalisierung für eine Verallgemeinerung von Standards: bei den Preisen (von Geld, Währungen und Waren), im Hinblick auf Technik und Design; und nicht zuletzt geht es dabei auch um die Verallgemeinerung eines spezifischen (nämlich des westlichen) Produktions- und Konsummodells. In diesem Sinne ist die Globalisierung gleichbedeutend mit der Auflösung nationalspezifischer Standards: Wenn die Herstellung von Konkurrenzfähigkeit auf dem Weltmarkt überwölbendes Ziel der Politik wird, verlieren überkommene soziale, kulturelle, historische Eigenarten an Verbindlichkeit. Allerdings hat die zunehmende *Inklusion* nationaler Ökonomien in eine „Geoökonomie" eben auch eine Kehrseite: Es ist dies die *Exklusion* der nicht wettbewerbsfähigen Elemente – seien dies Menschen, Unternehmen, Branchen oder ganze Regionen – aus den formellen Strukturen der Vergesellschaftung durch Arbeit und Geld. In diesem Sinne meint „Informalisierung", also die Gleichzeitigkeit von *Vereinheitlichung* – durch die Befolgung jener Standards, die Wettbewerbsfähigkeit auf globalen Märkten ermöglichen – und *Fragmentierung*, also die Abspaltung von Menschen, Unternehmen und ganzen Branchen, die sich nur durch ein Umgehen und/oder Unterschreiten von Weltmarktstandards behaupten können – durch den Rückzug auf lokale und regionale Märkte. Demzufolge ließe sich empirisch unterscheiden zwischen *erstens* den „global playern", die tatsächlich Renditen global vergleichen und Produktionsbedingungen, Managementpraktiken und Unternehmensleitbilder nach weitgehend einheitlichen Standards ausrichten und *zweitens* Unternehmen, die international präsent sind, doch keine Möglichkeiten haben, sich der Konkurrenz der Währungsräume zu entziehen, und für die daher realwirtschaftliche, soziale und kulturelle „Standortfaktoren" sowie der Wechselkurs der Währung von ausschlaggebender Bedeutung sind, und *drittens* jenen Unternehmen, die nur von regionaler oder nationaler Bedeutung sind, weil sie international nicht handelbare Güter produzieren oder anbieten und/oder nicht in der Lage sind, „systemische Wettbewerbsfähigkeit" zu erlangen. Wie bereits im 4. Kapitel ausgeführt, handelt es sich dabei aber nicht um stabile Größen, denn der ökonomische Raum kann sich durch interne und externe Einflüsse in einen anderen Zustand verändern.

Hinzu kommt, daß die in den ersten Abschnitten dieses Kapitels erörterte Tertiarisierung von Ökonomie und Beschäftigung gleich in mehrfacher Weise eine Ausdehnung informeller Wirtschaftstätigkeiten befördert (Parnreiter 1998): *Erstens* bieten sich im Bereich der rasch wachsenden produktionsnahen Dienstleistungen, die im Kern des internationalisierten Sektors der Ökonomie angesiedelt sind – bei den Finanz-, Versicherungs- und Wirtschaftsdienste, – neue Möglichkeiten zur Umlenkung einkommensschaffender wirtschaftlicher Aktivitäten an staatlichen Regulierungen (z.B. nationalen Steuergesetzen) vorbei (vgl. Waldinger/Lapp 1993: 22). Steuervermeidung ist eine weitverbreitete Strategie von Geldvermögensbesitzern, die wie die „Schwarzarbeit" gesetzliche Normen des nationalen Steuerstaates mißachtet. *Zweitens* ist ein Großteil der Beschäftigungsdynamik im tertiären Sektor auf die Ausweitung von personennahen Dienstleistungen (im Handel, Reinigungs-, Gaststätten- und Cateringgewerbe) zurückzuführen, die arbeits- und damit potentiell lohnintensiv sind und sich nicht in Niedriglohnregionen auslagern lassen. Gerade deshalb sind sie einem anhaltenden Druck zur Informalisierung ausgesetzt, d. h. zu Arbeitsverhältnissen gezwungen, die hinsichtlich der Leistungen und Entlohnung den jeweiligen gesellschaftlichen Normen und Gesetzen nicht oder unvollständig entsprechen. Auch läßt die wachsende Nachfrage nach komplexen und spezialisierten Dienstleistungen die Verdienste von Beschäftigten im Bereich der Finanz- und Wirtschaftsdienstleistungen sowie unter den Angehörigen der freien Berufe überproportional steigen; dies aber schlägt sich in einer sinkenden Nachfrage der „urban professionals" nach industriell hergestellten Massengütern und ihrer steigenden Nachfrage nach personennahen Dienstleistungen nieder. Im Gegensatz zu den gleichmacherischen Tendenzen fordistischer Massenproduktion und fordistischen Massenkonsums ist eine starke Polarisierung in der monetären Bewertung verschiedener Tätigkeiten und Leistungen für die „postfordistische" Dienstleistungsökonomie konstitutiv. Eine vergleichsweise geringe Zahl von hochproduktiven Arbeitskräften und von wettbewerbsfähigen Unternehmen erfährt eine starke Aufwertung, andere Leistungen hingegen werden – auch wenn es sich dabei um unverzichtbare Leistungen der sozialen Reproduktion handelt – monetär abgewertet. Dies hat zur Folge, daß der Anteil derjenigen Arbeitskräfte wächst, denen eine vollständige und dauerhafte Integration in die Gesellschaft verwehrt ist – über die Höhe des verfügbaren Haushaltseinkommens, die Stabilität ihres Erwerbsschicksals und ihre Arbeitsbedingungen. Wenn also auch in den Industrieländern „Niedriglohnzonen" und „Enklaven der Informalität" inmitten der dominanten formellen Ökonomie wachsen, so ist dies Ausdruck einer doppelten Tendenz. Einerseits verlangt die heftige Weltmarktkonkurrenz eine stetige Verbesserung der Wetttbewerbsfähigkeit, also die Steigerung der Arbeitsproduktivität in den Branchen, die der Weltmarktkonkurrenz ausgesetzt sind. Freisetzung von Arbeit in den formellen Sektoren ist die unvermeidliche Folge. Andererseits entstehen gerade im Zuge der Tertiarisierung Angebote informeller Beschäftigung, so daß die Informalisierung von Teilen der Ökonomie sowohl von der „push"-Seite als auch von der „pull"-Seite her gestützt wird. Die Folge der Dualisierung von Ökonomie und Gesellschaft in formelle und informelle Sektoren ist eine wachsende Einkommensungleichheit, durch die Konsummuster in Haushalten und Organisationsformen der Arbeit beeinflußt werden. Für die urbane Sozialstruktur in den Zentren der Weltwirtschaft – den „global cities" – hat Saskia Sassen herausgearbeitet, daß die Informalisierung der Arbeit nicht allein auf gewachsene Einkommensunterschiede

„and the concomitant restructuring of consumption in high-income and very low-income strata" zurückzuführen ist, sondern ebensosehr auf „the inability of providers of many of the goods and services that are part of the new consumption to compete for necessary resources in urban contexts, where leading sectors have sharply bid up the prices of commercial space, labor, auxiliary services, and other factors of production going partly or wholly informal is an option"(Sassen 1998: 154).

Informalität ist also das Resultat von ökonomischen und sozialen Strukturverschiebungen im Zuge von Globalisierung, Modernisierung, Tertiarisierung, Urbanisierung, in deren Verlauf nicht alle gesellschaftlichen Sektoren in die sich herausbildende neue Struktur inkludiert werden können. Exklusion, Armut und Marginalisierung, eine größere Einkommensdiskrepanz sind die Folge.

„Another way or reading the transition's critical currents comes from the fact that the minimum balance between utilization of potential labor and satisfaction of needs has broken down. The intensive balances leave a growing share of labor power in a state of idleness or underemployment and, in parallel, an increasing number of needs unmet in the sphere of poverty, marginalization and exclusion ... This widening imbalance is dictated by the 'iron' rules of the market economy in which working activities and needs are rigidly measured in monetary terms" (Mingione 1997: 25).

Die Informalisierung ist ein komplexer Prozeß, der deshalb höchst kontroverse Einschätzungen hervorgebracht hat (vgl. zum Überblick Moser 1994; Rakowski 1994; Hopfmann 1999). Die (auch von der Weltbank) verbreitete Auffassung Hernando de Sotos' (1989), daß Informalität Ausdruck der staatlichen Überregulierung, der Rigiditäten sozialstaatlich geschützter Arbeitsmärkte und daher ein intelligenter Ausweg findiger Unternehmertypen aus diesem Gestrüpp von hinderlichen Regeln und dem Sumpf öffentlicher Korruption und administrativer Unfähigkeit sei, ist nur auf den Nationalstaat bezogen und trägt den hier im Zentrum stehenden Tendenzen der Globalisierung und Tertiarisierung nicht Rechnung. Informalität ist Ausdruck der Fragmentierungstendenzen im Zuge der Globalisierung wirtschaftlicher Prozesse (vgl. 4. und 6. Kapitel). Auch zur Erklärung des hohen Anteils informeller Aktivitäten in entwickelten westlichen Gesellschaften wird häufig das Argument de Sotos' und anderer von der übermäßigen Besteuerung, der „Überregulierung", der „Überbürokratisierung" benutzt, so daß die dynamischen ökonomischen Akteure dazu „gezwungen" werden, jenseits der Grenzen der formellen (und legalen) Ökonomie in der informellen Ökonomie Beschäftigung zu suchen. Es wäre also leicht, die informelle Ökonomie zu formalisieren, indem man die Steuerlast reduziert und die „Überregulation" und „Überbürokratisierung" abbaut. Dies ist ein im neoklassischen Diskurs geläufiges Argument, das allerdings der Dynamik der informellen Ökonomien im globalen Raum nicht gerecht wird. Informelle Aktivitäten sind der Kontrolle durch lokale beziehungsweise nationale politische Systeme weitgehend entzogen.

Die informelle Wirtschaft ist in allen Weltregionen bedeutsam. In den meisten mittel- und osteuropäischen Ländern, in Lateinamerika und selbst in den Schwellenländern Asiens verdienen inzwischen mehr als ein Drittel aller Beschäftigten außerhalb der Landwirtschaft ihren Lebensunterhalt in den sogenannten Hinterland-, Hinterhof- und Straßenrandökonomien mit Tätigkeiten, die nach der Kategorisierung durch die OECD unter „concealed employment"[145] fallen oder dem entsprechen, was in den Schriften der ILO unter „clandestine employment" gefaßt wird (Weltbank 1995: 128; Portes 1995: 132f). In Mittel- und Osteuropa sind zwischen 50-70% der Haushalte auf mehrere Einkommensquellen angewiesen, dies schließt die Selbstversorgung ebenso ein wie schattenwirtschaftliche Aktivitäten (vgl. New Democracies Barometer zit. in Hopfmann 1999: 33). 1990 lebten in den afrikanischen Ländern südlich der Sahara mehr als 60% der städtischen Erwerbsbevölkerung von Einkommen aus dem „informellen Sektor"; dieser Bereich der Ökonomie nahm in der Zeit von 1980 bis 1985 75% der neu ins Erwerbsleben eintretenden Personen auf, der formelle hingegen nur 6%. In Asien schwankt der Anteil der im informellen Sektor beschäftigten Erwerbstätigen je nach Land zwischen 40 und 66% (UNDP 1995: 17; Cheng/Gereffi 1994). Er ist als Folge der Finanzkrise 1997 und danach geradezu explosionsartig gewachsen. Dieser Sachverhalt verweist auf den bereits angedeuteten engen Zusammenhang von globalen Restriktionen und Exklusionsprozessen am „Standort".

Doch auch in den Industrieländern kommt sowohl der Wirtschaftsleistung wie dem Umfang der Beschäftigung im „Schattenbereich" der formellen Ökonomie eine große und wachsende Bedeutung zu; der Anteil der „Schattenwirtschaft" am BIP der westlichen Industrieländer wird auf 10-25% geschätzt (vgl. für die USA: Castells/Mollenkopf 1991; Portes 1995: 212-218, für die EU: Williams/ Windebank 1995: 25). In Europa ist die nebenberufliche Schwarzarbeit zur Steuerver-

---

[145] Darunter versteht die OECD Beschäftigung „which, while not illegal in itself, has not been declared to one or more administrative authorities to whom it should be made kown, thereby two evasion of legal regulations, the evasion of taxes, or the evasion or a reduction of social security entitlements (OECD 1986: 67).

meidung der häufigste Typus informeller Beschäftigung, und es darf angenommen werden, daß diese Variante informeller Tätigkeit in den meisten Ländern vornehmlich von erwerbstätigen Männern mit einer *regulären* Beschäftigung ausgeübt wird. In Italien, dem Land mit der längsten und am besten dokumentierten Geschichte der „Schwarzarbeit" (Bologna/Fumagalli 1997; Mingione 1991), ist inzwischen etwa die Hälfte der Erwerbsbevölkerung (nämlich 11 Millionen Menschen) *auch* informell beschäftigt (Europäische Kommission 1995b). Die Zahl der sogenannten „autonomen Arbeiter" wird mit 5,8 Mio.. angegeben. Bei insgesamt 14,2 Mio. abhängig Beschäftigten beträgt der Anteil derjenigen, die weder „Arbeitnehmer" noch „Arbeitgeber" sind, 28,8%; sie befinden sich in einem Status „*in between*", sind in diesem Sinne „autonom", befinden sich in einem – wie wir es genannt haben – „hybriden", „intermediären" Beschäftigungsverhältnis. Ihre Aktivitäten haben großenteils einen informellen Charakter im Hinblick auf Arbeitsrechte, gewerkschaftlichen Schutz, Sozialversicherung etc. (vgl. Rapiti 1997: 173-192). Die große Zahl autonomer Arbeitskräfte in Italien belegt, daß der Arbeitsmarkt sehr viel flexibler ist als oftmals unterstellt.

Auch Frauen sind in Italien häufig mit sozialstaatlich und tarifvertraglich nicht geregelter Heimarbeit betraut, und zwar in jenen Branchen, die den Mythos des „*Terza Italia*" mitbegründet haben: in der Textil- und Schuhwarenindustrie, in der Strickwaren- und Lederwarenproduktion, bei den Zulieferern der Autoindustrie. In manchen Bereichen hat zu Beginn der 90er Jahre die irreguläre Beschäftigung einen Anteil von fast 70% erreicht. Ähnlich präzise Zahlen wie für Italien liegen für kein anderes europäisches Land vor. Schätzungen zufolge üben in Spanien, Griechenland und Portugal etwa 20% der Erwerbstätigen eine informelle Beschäftigung aus, in Frankreich, Belgien und Irland sind es zwischen 12 und 18% und in Westdeutschland, Dänemark, den Niederlanden, in Luxemburg und Großbritannien etwa 10% (Europäische Kommission 1995b: 86). Diese groben Schätzwerte dürften mit den Realitäten am Ende der 90er Jahre allerdings wenig gemeinsam haben; sie illustrieren vor allem, daß – anders als in den Entwicklungs- und Schwellenländern – informelle Arbeitsverhältnisse in Europa bislang kein Thema intensiver wissenschaftlicher Recherche waren. Dies gilt in besonderem Maße für die „neue Heimarbeit", die zwar in vielen Mitgliedsstaaten der Europäischen Union sehr verbreitet ist, die aber in der Forschung, in den Statistiken und Berechnungen zum Wirtschaftswachstum nicht annähernd so umfangreich berücksichtigt wird, wie dies in den Entwicklungsländern geschieht.[146] Unübersehbar ist jedoch der enge Zusammenhang zwischen wohl-

---

[146] Hinzu kommt, daß Beschäftigung auf Zeit, Gelegenheits- und Aushilfsarbeit, die Teilzeitbeschäftigung oder Saisonarbeit in Großbritannien z. B. als formelle Tätigkeiten gelten, die zwar gemeldet werden, doch von jeder Besteuerung ausgenommen sind; in Italien dagegen handelt es sich dabei um nicht registrierte und irreguläre Beschäftigungsformen. Auch die

fahrtsstaatlichem Sicherungsniveau und der Verbreitung eines „informellen Sektors" von Ökonomie und Beschäftigung: Die in allen europäischen Ländern feststellbare „Verbreitung verdeckter informeller Aktivitäten" wird „durch Armut und Erwerbslosigkeit, die ihre Ursache in Funktionsstörungen des Wohlfahrtsstaates haben, gefördert" (Europäische Kommission 1995b: 79).
Mit der Begriffsschöpfung „informeller Sektor" hatte die ILO Anfang der 70er Jahre auf die Entdeckung reagiert, daß offene Arbeitslosigkeit in den armen Ländern der Peripherie nur einen kleinen Teil des Beschäftigungsproblems ausmacht. Ohne Arbeitslosenversicherung kann sich niemand leisten, längere Zeit gänzlich erwerbslos zu bleiben. Die wichtigsten Komponenten des Beschäftigungsproblems in den Entwicklungsländern sind daher Beschäftigungsverhältnisse mit Einkommen auf dem Armutslevel oder darunter und saisonale Unterbeschäftigung[147]. Doch ist der Begriff der Informalität kein Synonym für Armut; er bezieht sich auf Produktionsverhältnisse. Die „arbeitenden Armen" (die „labouring poor" von denen Marx, MEW 23: 788 im Zusammenhang mit der „ursprünglichen Akkumulation" schreibt) erbringen Leistungen in der Produktion von Gütern und Dienstleistungen, die für die jeweiligen Gesellschaften unentbehrlich sind. Dennoch wird die Arbeit der Armen von öffentlichen Stellen weder anerkannt noch registriert, geschützt oder geregelt. Arbeit im informellen Sektor ist deshalb häufig Dienstleistungserzeugung und -verteilung außerhalb des Rahmens der Arbeitsgesetzgebung und der sozialen Sicherheit. Die Beschäftigungsverhältnisse sind höchst instabil. Weil der Zugang zum modernen Kapitalmarkt fehlt, müssen die unabhängigen Produzenten und ihre Familienangehörigen mit wenig Kapital auskommen und ihren Kreditbedarf anderweitig, häufig zu bedeutend ungünstigeren Bedingungen als auf dem Kapitalmarkt, decken. Gearbeitet wird mit anspruchslosen Techniken und Fertigkeiten; und folglich ist die Produktivität so gering, daß sie in der Regel nur den Bezug von sehr niedrigen und unregelmäßigen Einkommen zuläßt. Es verwischen auch die Grenzen von Privat- und Arbeitsleben und ebenso jene zwischen persönlichem und Geschäftsvermögen. Die Erwerbsarbeit setzt sich häufig aus vielen gleichartigen Beschäftigungsverhältnissen zusammen; die Existenzsiche-

---

Heimarbeit ist in einigen europäischen Ländern (Deutschland und Italien) Teil der formellen Beschäftigung, in anderen Ländern wiederum (Großbritannien, Griechenland) gehört sie zum Bereich der informellen Tätigkeiten.

[147] Doch seit den 80er Jahren haben die Verschuldungskrise, die von IWF und Weltbank verordneten Strukturanpassungsprogramme und Prozesse zunehmender Verstädterung in den Entwicklungsländern und seit Beginn der 90er Jahre dann zusätzlich die Folgen der ökonomischen Transformationsprozesse in Osteuropa dafür gesorgt, daß das Beschäftigungsproblem zu einem *universellen* geworden ist: Seither ist die Arbeitslosigkeit gerade in Ländern mit niedrigem und mittlerem Einkommen stärker angestiegen als in den Ländern mit hohem Einkommen (Weltbank 1995: 14).

rung wird insgesamt unsteter. Kein Wunder, daß Arbeit im informellen Sektor zu großen Teilen von Frauen (und Kindern) in den Bereichen Handel und Dienstleistungen erbracht wird. In vielen Ländern der „Dritten Welt" entfallen zwei Drittel oder ein noch höherer Anteil der gesamten Beschäftigung im informellen Dienstleistungs- und Handelssektor auf die Frauen. Mindestens die Hälfte aller beschäftigten Frauen ist vor allem deshalb im informellen Sektor tätig, weil sie arbeitslos oder unterbeschäftigt sind oder weil sie vom formellen Sektor ausgeschlossen sind –, dadurch, daß ihnen der Zugang zu Krediten oder anderen Produktionsmitteln erschwert wird (UNDP 1995: 44-45).

Schaubild 8.2: Formelle und informelle Arbeit

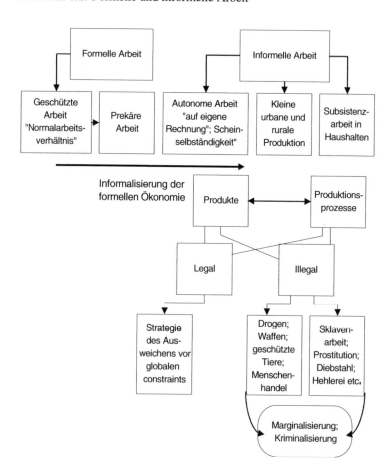

Die Grenzen zwischen der formellen und der informellen Ökonomie sind fließend (vgl. dazu *Schaubild 8.2*). Auch die Abgrenzung zwischen Subsistenzarbeit in Haushalten, informeller, krimineller und irregulärer Arbeit ist keineswegs klar. Thomas (1992) unterscheidet zwischen dem Charakter des Produkts und des Produktions- bzw. Distributionsprozesses und danach, ob dabei Markttransaktionen stattfinden oder nicht. In Haushalten sind Prozeß und Produkt legal, aber es finden keine Markttransaktionen statt. Irregulär ist Arbeit, wenn zwar das Produkt legal ist, nicht aber der Produktionsprozeß, z.B. weil soziale Standards, Umweltschutzbestimmungen, Steuerverpflichtungen gebrochen werden. Dabei handelt es sich um eine Variante der Informalisierung von Arbeit, deren Bedeutung in dem Maße wächst, wie staatliche Dienstleistungen und Subventionen (im Zuge von Strukturanpassungsprogrammen) abgebaut werden und die Kaufkraft der regulären Erwerbseinkommen schwindet. In Ländern ohne soziales Netz und ohne Arbeitslosenversicherung, so stellt die Weltbank in ihrem Weltentwicklungsbericht für das Jahr 1995 lakonisch fest, sind „Verschiebungen von formeller zu informeller Beschäftigung ein ebenso wichtiges Merkmal der Arbeitsmarktanpassung wie die Zunahme der Arbeitslosigkeit" (Weltbank 1995: 128). Neben-, Zusatz- und Quasi-Erwerbsarbeit in Dienstleistungsbereichen sind vor allem für die Frauen – in Entwicklungsländern, in den Transformationsländern, aber inzwischen auch in den Industrieländern – oft der einzige Weg, um für sich und abhängige Familienmitglieder den Lebensunterhalt zu sichern. Nicht selten kaschiert dabei der „Selbständigenstatus" den Übergang von formellen zu informellen Beschäftigungsbedingungen. Die Mehrzahl jener „arbeitenden Armen", deren Zahl seit Beginn der Rezessionsphase Anfang der 90er Jahre deutlich zugenommen hat, sind Frauen, die normalerweise nicht der einzige Lohnempfänger im Haushalt sind und deren Bezahlung unterhalb der Armutsgrenze durch die Gesamthöhe des Haushaltseinkommens überdeckt wird.

Kriminell ist ein ökonomischer Sektor, in dem sowohl der Prozeß als auch das Produkt illegal sind (z.B. in der Drogenwirtschaft, beim internationalen Frauenhandel, Waffenschmuggel etc.). Die informelle Ökonomie jedoch hat einen legalen Output und der Produktions- und Distributionsprozeß ist legal (vgl. Thomas 1992: 6). Da die Legitimität und Legalität informeller Aktivitäten durch die Natur der Informalität immer prekär sind, ist der Schritt in die Kriminalität nicht sehr groß. Der Anteil des globalen Inlandsprodukts, das im

kriminellen Sektor erzeugt wird, wird auf bemerkenswerte 2% geschätzt[148].
Im Gegensatz zur neoklassischen Argumentation begünstigen Deregulierung und Globalisierung diesen Schritt zur Kriminalität.
Informelle Tätigkeiten sorgen dafür, daß die Zahl der Arbeitslosen niedriger erscheint, als sie es ohne die Existenz eines informellen, im „Schatten" liegenden Bereiches von Ökonomie und Beschäftigung wäre. Sie zeichnen sich weiter dadurch aus, daß die zum Teil sehr hart arbeitenden wirtschaftlichen Akteure keinen Anspruch auf Sozialleistungen haben (freilich auch keine Sozialabgaben entrichten) und in der Regel unter Bedingungen extremer Rechtsunsicherheit agieren müssen. (Vgl. auch Altvater/Mahnkopf 1993: 134ff). Doch unterscheidet sich der informelle, wenn man diese Kriterien in Rechnung stellt, noch vom formellen Sektor? Möglicherweise sind nicht kategoriale, sondern nur graduelle Unterschiede von Belang: Das Produkt des informellen Sektors ist vielleicht legal, entspricht aber nicht den Standards der Weltmarktkonkurrenz und kann daher nur in regionalen, urbanen oder nationalen Kreisläufen „außerhalb der Konkurrenz" zirkuliert werden. Der Arbeits- und Produktionsprozeß ist ebenfalls legal, aber nicht alle Elemente des „Normalarbeitsverhältnisses" werden angewandt, und daher weist der informelle Sektor die bereits beschriebenen prekären, hybriden, atypischen Jobs in besonders hohem Maße auf.
Das konkrete Verhältnis von formellen und informellen Austauschverhältnissen ist entscheidend für den Typus von Gesellschaft, der sich herausbildet. In Gesellschaften mit einem großen Anteil informeller Aktivitäten läßt sich kein tief gestaffeltes System sozialer Sicherheit aufrechterhalten oder schaffen. Prozesse der Informalisierung gehen einher mit einer geringen Transparenz der ökonomischen Transaktionen. Schwache Marktteilnehmer werden nicht (mehr, so wie beispielsweise in tarifgebundenen Betrieben in Deutschland) von der größeren Organisationsmacht stärkerer Marktteilnehmer geschützt, sondern müssen versuchen, die Konkurrenz durch Unterbietung auszustechen. Die Rechtsbefolgung erhält einen eher situativen Charakter: Wenn der Markt, ein Auftraggeber oder die pure Not es gebieten, werden die Grenzen von legalen, informellen Absprachen und Entscheidungen zu illegalen ökonomischen Transaktionen überschritten. Dies wiederum wirkt als ein Hindernis der kollektiven Interessenorganisation selbst in jenen Fällen, wo jemand um seine Rechte (als Mensch,

---

[148] Luciano Violante, der Präsident des italienischen Parlaments und ehemaliger Präsident der italienischen Anti-Mafia-Kommisson sprach in einer Rede in Triest im Oktober 1997 über einen „vierten Weltkrieg", der gegen die verschiedenen Mafias geführt werden müsse. Das kriminelle Netzwerk bewege an die 500 Mrd. US-$ oder 2% des globalen Sozialprodukts (vgl. Il Manifesto vom 26.10.1997: 8). Das ist eine schlimme Übertreibung. Die Daten mögen stimmen. Aber einen „vierten Weltkrieg" zu führen, wäre für die Bürger fürchterlicher als die Effekte der „mala vita internazionale".

Arbeitnehmer oder Marktteilnehmer) gebracht werden soll. Darin wurzelt zugleich der desintegrative Effekt eines großen informellen Sektors für die Ausbildung einer „Zivilgesellschaft" und eines kompetenten Rechtsstaates. Schließlich erschweren fehlende oder unzureichende rechtliche Sicherheiten auch jegliche langfristige Planung – der Individuen wie größerer Kollektive –, und sie sind daher mit erheblichen Problemen kultureller und sozialer Integration verknüpft. Der informelle Sektor ist also zugleich eine Folge der Strukturanpassung von Standorten an den globalen Wettbewerb und eine Ursache dafür, daß das „Sozialkapital" zur Hebung der Wettbewerbsfähigkeit nur schwer akkumuliert werden kann.

Der informelle Sektor ist daher alles andere als ein Überbleibsel traditioneller Arbeits- und Lebensverhältnisse, und er ist vor allem kein Übergangsphänomen, das im Zuge der Modernisierung verschwindet. Im Gegenteil, er ist eine Frucht von Globalisierung und Modernisierung. Er gleicht einem gewaltigen „Arbeitskräfteschwamm" (IAA/ILO 1991), der über eine nahezu unbeschränkte Fähigkeit verfügt, die Arbeitskräfte aufzunehmen, die aus dem „modernen Sektor" der Ökonomie, d. h. aus den Unternehmen verdrängt werden, die auch ohne extreme Ausbeutung ihrer Arbeitskräfte wettbewerbsfähig sind. Mit dem modernen Sektor ist der informelle indes auf vielfältige Weise verbunden, er ist dessen „Schattenseite" – auf die sich jene flüchten, die im „Sonnenlicht" der formellen Ökonomie kein existenzsicherndes Auskommen finden.

8.3.2 „Subcontracting" als „formell-informelle Partnerschaft"

Zur informellen Ökonomie müssen auch jene Subunternehmen gerechnet werden, die für große (nicht selten transnationale) Firmen der formellen Ökonomie produzieren. Im Zuge des „global sourcing" der TNU sind „formell-informelle Partnerschaften" entstanden; sie treten an die Stelle der traditionellen „Weltmarktfabriken" in freien Industriezonen. Die exterritorialen Enklaven für die Exportproduktion erweisen sich als überflüssig, wenn im Zuge der fortschreitenden Handelsliberalisierung Import- und Exportzölle sinken, als Folge der Deregulierung Arbeitsrechte abgebaut werden oder wenn die Steuervergünstigungen für Gewinne aus Unternehmertätigkeit und Vermögen nicht mehr auf die Enklaven von EPZ (zu den „Export Processing Zones" vgl. 6. Kapitel) beschränkt bleiben. Die EPZ, so urteilt nüchtern Christa Wichterich, ist „ein Modell von gestern. Die Produktionsweise von heute ist informell" (1998: 44). Denn die globale Produktionsstrategie transnationaler Unternehmen nutzt in den Entwicklungsländern die Vorteile, die ein großer informeller Sektor bietet. Schätzungen zufolge sind rund 60% aller Arbeitnehmer in der indischen Automobil- und in der Elektronikindustrie mit der Herstellung von Komponenten und Ersatzteilen beschäftigt – hauptsächlich als unregistrierte Arbeiter(innen) im informellen Sektor. Die Dezentralisierung der Produktion und der Rückgriff auf Vertragsarbeiterinnen, die in kleinen Zulieferbetrieben des sozialstaatlich nicht geschützten und gewerkschaftlich nicht organisierten informellen Sektors arbeiten, ist heute gängige Praxis in einer wachsenden Zahl von Branchen der Verarbeitenden Industrie (in der Textil- und Bekleidungsbranche, in der Schuh- und in der Elektroindustrie). Auch ein großer Teil des „Agro-" und des „Aquabusiness" funktioniert nach demselben Prinzip, so beispielsweise die Krabbenfischerei und die Krabben verarbeitende Industrie in Mexiko oder die kolumbianischen Blumenfarmen, wo Frauen und Mädchen zu Niedriglöhnen tageweise oder für ein paar Monate unter gesundheitsgefährdenden Arbeitsbedingungen für den Export in die USA und nach Europa schuften. Nachweislich nutzt aber auch die moderne Computerindustrie des Sillicon Valley den informellen Sektor, um durch die Auslagerung von Fertigungs- und Programmierarbeiten flexibel auf Marktentwicklungen reagieren und zugleich die Preise niedrig halten zu können (Hossfeld 1990). Gemeinsam ist allen diesen Arbeitsplätzen, daß sie in weitgehend „gewerkschaftsfreien" Branchen und Betrieben angesiedelt sind und daß hier vornehmlich irreguläre oder saisonale Arbeit verrichtet wird. Tätigkeiten, bei denen weder eine ständige technische Überwachung noch genaue Qualitätskontrollen erforderlich sind, lassen sich in Kleinstbetrieben und häuslichen Produktionsstätten ausführen, unter Umgehung landesüblicher Arbeitsgesetze – von „unsichtbaren" Arbeitern und Arbeiterinnen, die in den offiziellen Arbeitsplatzstatistiken nicht registriert werden und die keinen (gewerkschaftlichen) Schutz genießen. Das hohe Maß an „subcontracting" (Rowbotham/Mitter 1994) hat zur Folge, daß selbst führende Markenfirmen heute oftmals „hohle Unternehmen" sind, die keine eigenen Fabriken haben, sondern designen, produzieren und vermarkten lassen. Hersteller in der Textil- und in der Elektrobranche werden zunehmend zu Händlern, die eigentliche Produktion findet in dezentral aufgespaltenen Klein- und Kleinstbetrieben statt. Der ICFTU schätzt die Zahl derjenigen Menschen, die weltweit in den Zulieferbetrieben von TNU arbeiten, auf 200 Millionen (ICFTU/IBFG 1996); demgegenüber arbeiten lediglich 4,5 Millionen in den EPZs[149].

Seit dem Ende hoher Wachstumsraten in den „alten" Industrieländern sind die Unternehmen gezwungen, den Wettbewerb vor allem über die Kosten und über die Erschließung neuer Märkte auszutragen (Chandler, Jr./Hikino 1997: 54); zugleich macht der Einsatz neuer Produktions-, Kommunikations- und Transporttechnologien kleine Produktionsstätten sehr viel rentabler als früher. Dies wiederum erleichtert die Koordination räumlich getrennter Unternehmensteile,

---

[149] Es müssen aber noch etwa 20 Sonderwirtschaftszonen in China mit (geschätzten!) 14-40 Millionen Beschäftigten hinzugezählt werden.

die Dezentralisierung von Unternehmensaktivitäten bei gleichzeitiger zentraler Kontrolle, die Auslagerung von internen Funktionen an Zulieferer, die Verbreitung von just-in-time-Systemen und die Senkung von Exportkosten. Die seit den 70er Jahren stark gestiegene Zahl von TNU und die Zunahme von ausländischen Direktinvestitionen sind Ausdruck dieser Entwicklungen (vgl. dazu 6. und 7. Kapitel).

Für viele Volkswirtschaften, insbesondere für die Schwellenländer Südostasiens und für viele mittelamerikanische Länder, erwies sich „billige Frauenarbeit" in der Exportproduktion gleichsam als „Sprungbrett in den Weltmarkt". „Billig" ist die Frauenarbeit in der Ersten wie in der „Dritten Welt", am Anfang wie am Ende dieses Jahrhunderts jedoch vor allem deswegen, weil ein „störrisch überlebender Mythos" (Wichterich 1998: 17) vom Komplementäreinkommen der Frauen die Rechtfertigung für Lohneinkommen liefert, die z. T. weit unter den realen Lebenshaltungskosten liegen (Mitter 1986: 46-47; Standing 1989; Custers 1997: 105ff; Köpke 1998: 74ff). Am Beispiel der lateinamerikanischen Länder läßt sich indes studieren, daß ihrer Weltmarktintegration seit Beginn der 80er Jahre – über den Aufbau von Fertigungskapazitäten für den Export von halbfertigen und fertigen Industriegütern – *erstens* ein Verdrängungsprozeß der Frauen aus den modernen Sektoren der Ökonomie vorangegangen ist und daß *zweitens* Produktionsverlagerungen in die sogenannten „Export Processing Zones" (EPZ) mit einer Ausweitung informeller Arbeitsverhältnisse einher gingen. Verantwortlich dafür waren zwei Entwicklungen: die anhaltende Land-Stadt-Wanderung, welche dafür gesorgt hat, daß am Ende der 80er Jahre nahezu drei Viertel aller Erwerbstätigen Lateinamerikas (in Afrika und Asien liegen die Zahlen etwas niedriger) in den Städten konzentriert sind, und die steigende Erwerbstätigkeit der Frauen, ausgelöst durch den Verarmungsschub, den die Kürzung der Sozialleistungen für viele Haushalte bewirkt hatte (Infante 1995: 160). Zum anderen gingen der Arbeitsplatzabbau in den Großunternehmen des privaten Sektors und die massiven Personaleinsparungen im öffentlichen Sektor – von dem gerade qualifiziertere Frauen betroffen waren – mit einer drastischen Absenkung der Löhne einher: In der Verarbeitenden Industrie Lateinamerikas sanken die Löhne durchschnittlich um 13,2%, im Baugewerbe um 15,2%, in der Landwirtschaft um 29,9, im öffentlichen Sektor sogar um 30% (PREALC 1991, 1992, 1993 zit. in Infante 1995: 164). Dennoch lag die Arbeitslosenquote am Ende des als Folge der Schuldenkrise „verlorenen Jahrzehnts" der 80er Jahre in der Region bei wenig über 6% – eine Folge dessen, daß insbesondere die Frauen als *„shock absorbers"* fungierten. Am Ende der 80er Jahre sind es nicht allein die sehr armen, die alten, alleinstehenden und ungebildeten Frauen, die vom „Arbeitskräfteschwamm" des informellen Sektors aufgenommen werden, sondern auch viele verheiratete Frauen und Mütter, die durch informelle

Dienstleistungs- und Handelsaktivitäten für eine Stabilisierung der zum Teil unter die Armutsgrenze gefallenen Haushaltseinkommen sorgen. In den „Export Processing Zones" sind vor allem junge, unverheiratete Frauen mit einer abgeschlossenen Schulausbildung, doch ohne Kinder als billige Arbeitskräfte gefragt; sie verfügen zwar über geringe berufliche Erfahrungen, doch sind sie, anders als viele berufserfahrene Männer, „frei" von gewerkschaftlichen Bindungen. Wie schon so häufig in der Geschichte des kapitalistischen Industriesystems werden Frauen in die Rolle der „Schmutzkonkurrenz" gegenüber gewerkschaftlich besser organisierten männlichen Arbeitnehmern gedrängt. Neu ist allerdings, daß parallel zum Anstieg der Frauenbeschäftigung der Anteil der Männer an der wirtschaftlich aktiven Bevölkerung sinkt und in einigen Ländern die Arbeitslosenquote der Männer inzwischen über der der Frauen liegt (vgl. für einige lateinamerikanische Länder Safa 1994: 30f). Die jungen Frauen in den Betrieben der Exportfertigung arbeiten mit kurzzeitigen, auf Rotation angelegten Arbeitsverträgen und vor allem zu Löhnen, die häufig nicht einmal zwei Drittel der Männerlöhne ausmachen (vgl. zur Verletzung von Arbeits- und Menschenrechten in dieser „informell-formellen Partnerschaft" das 6. Kapitel). Auch moderne Dienstleistungstätigkeiten werden nach vergleichbaren Regeln ausgeführt. In Südostasien, in der Karibik (z. B. in „*digiport*" auf Jamaica), neuerdings auch in Irland, arbeiten vornehmlich Frauen zu niedrigen Löhnen in Satellitenbüros, die über modernste Telekommunikationseinrichtungen verfügen. Hier werden Daten und Texte für US-amerikanische und europäische Medienkonzerne, Versicherungsagenturen, Fluglinien, Banken und Bahngesellschaften erfaßt. Innerhalb der neuen „industriellen Reservearmee" einer transnational integrierten Ökonomie, unter den „*online Wanderarbeitern*", die ihre angestammten Wohnorte nicht mehr verlassen müssen, sind deutliche Muster geschlechtsspezifischer Arbeitsteilung zu erkennen: Niedrig qualifizierte und niedrig entlohnte Tätigkeiten – wie die Eingabe von großen Datenmengen – ohne angemessene Aufstiegsmöglichkeiten werden eher von Frauen als von Männern ausgeführt – in den „*teleports*" und Freihandelszonen in der Karibik, in Mexiko, Malaysia, auf den Philippinen, auf Sri Lanka oder in Indien. Wo es hingegen um die Bereitstellung „intelligenter Dienstleistungen" geht – bei der Produktion von Werbefilmen in Polen und Ungarn, beim Zeichnen von Bauplänen in Brasilien oder bei der Entwicklung von Software in Indien und auf den Philippinen – haben Männer noch allemal die besseren Einsatzchancen.

8.4 Soziale Exklusion auf globalen Arbeitsmärkten

Für die am höchsten und am geringsten qualifizierten, also auch für die am besten und am geringsten bezahlten Arbeitskräfte ist eine Art „globaler Arbeitsmarkt" entstanden. Diese Beschäftigtenkategorien befinden sich daher in unmittelbarer Konkurrenz über die Grenzen nationaler Arbeitsmärkte hinweg. Nationale Regulierungen des Arbeitsmarkts zielen hier ins Leere. Zwischen der formalen politischen Autorität der Nationalstaaten, innerhalb eines bestimmten Territoriums Normen zu setzen, Gesetze zu erlassen und Grenzen des Handelns festzulegen einerseits und der räumlichen Reichweite der heutigen Systeme von Produktion, Verteilung und Handel andererseits klafft ein Widerspruch, welcher die Wirksamkeit nationaler Wirtschafts-, Arbeitsmarkt- und Sozialpolitik beeinflußt. Unter den Bedingungen deregulierter Finanzmärkte und internationaler Märkte für Güter und Dienstleistungen verlieren die nationalen Instanzen ihre Souveränität über die eigenen Ressourcen – und dies trifft den Kern der „demokratischen Frage" (vgl. 12. Kapitel).

Aber nicht nur dies ist von Belang. Die Konkurrenz auf globalisierten Arbeitsmärkten hat *erstens* zur Folge, daß „nationale Wettbewerbsstaaten" auch die Qualifikationsstruktur der Beschäftigten zu verbessern streben. Die (im ersten Abschnitt dieses Kapitels dargestellte) Ausbreitung „informationeller", wissensbasierter industrieller Produktionssysteme erzeugt einen wachsenden Bedarf an hoch qualifizierten Arbeitskräften, der durch das Bildungssystem befriedigt werden muß. Nicht nur in den expandierenden Bereichen der tertiären Produktion, selbst in den schrumpfenden Bereichen der industriellen Produktion werden in erster Linie höherqualifizierte Arbeitskräfte nachgefragt. Daher wird, nicht allein in den reichen Industrieländern und insbesondere in Deutschland, auf die „Stärkung der Humanressourcen", also auf Bildung und Weiterbildung, und auf die Förderung „nationaler Innovationssysteme" gesetzt (vgl. dazu u. a. Zukunftskommission der Friedrich-Ebert-Stiftung 1998: 159ff), dies mit dem erklärten Ziel, „die Möglichkeiten der Globalisierung zu nutzen" (ibid.:160) oder aber: „um die Vorteile der Globalisierung langfristig zu sichern und in eine Steigerung der Realeinkommen umzuwandeln" (DIW 1997: 1419). Doch selbst wenn es durch eine langfristig angelegte Bildungs- und Arbeitsmarktpolitik – zumindest in den reichen Industrieländern – gelingen sollte, „das Arbeitsangebot mit den heute und in der Zukunft geforderten Qualifikationen auszustatten, damit der Faktor Arbeit auf dem Weltmarkt weiterhin konkurrenzfähig bleibt" (Klodt et al. 1996: 209) und das Qualifikationsniveau dadurch insgesamt angehoben werden könnte, so folgt daraus nicht unbedingt, daß die Bevölkerung mehrheitlich hinsichtlich der Einkommen oder des sozialen Status besser gestellt wäre (vgl. Castells/Aoyama 1994: 26). Das vielstimmige Plädoyer für „radikale Innovationen" wird in der Regel nicht einmal an die Bedingung geknüpft, daß es sich dabei um beschäftigungssichernde – und dies kann nur heißen weniger kapital- denn arbeitsintensive – Innovationen handeln müßte. Ganz im Gegenteil, es wird sogar explizit in Kauf genommen, daß eine weltmarktgerechte Strukturanpassung ganze Regionen, Branchen und bestimmte Arbeitnehmergruppen – allen voran Frauen sowie ausländische und geringqualifizierte Erwerbstätige – zu Verlierern der wirtschaftlichen Globalisierung macht. Denn eines ist klar: Keiner (neo)korporatistischen Industrie- und Strukturpolitik, in die staatliche Stellen, Gewerkschaften, Unternehmen und wichtige Meinungsträger der wissenschaftlichen und publizistischen Öffentlichkeit einbezogen sind, kann es gelingen, für alle potentiellen Investoren aller möglichen Industrie- und Dienstleistungsbranchen optimale Standortbedingungen zu schaffen. Forschungs- und kapitalintensive Branchen verlangen andere Anreizstrukturen, Ressourcen und materielle und immaterielle Infrastrukturen als Branchen und Unternehmen, die in Marktsegmenten zuhause sind, welche sich auf fortgeschrittene, doch eben nicht auf „Spitzentechnologie" stützen. Dies gilt erst recht für Betriebe, die im Bereich der *„low skill-low qualification"-Jobs* ihre Gewinne erzielen. Daher bedeutet das Plädoyer für Innovations- anstelle von Kostensenkungswettbewerb *erstens*, daß arbeitsintensive Produktionen und produktionsbezogene Dienstleistungen auf einem qualifikatorisch unteren und mittleren Niveau (mehr noch als dies in der Vergangenheit der Fall war) aus Ländern mit einem vergleichsweise hohen Lohnniveau (wie beispielsweise Deutschland) in Länder mit einem deutlich niedrigeren Lohnniveau (das kann für die eine Branche Bulgarien, für eine andere aber auch die USA sein) abwandern werden. Innerhalb der „Hochlohnökonomien" liefe dies auf eine weitere Verschärfung der sozialen Spaltungs- und Ausgrenzungsprozesse am Arbeitsmarkt hinaus[150].

Mit der technologisch ermöglichten Transnationalisierung von Dienstleistungsunternehmen und der Auslagerung von „high-skill"-Aufgaben in Entwicklungsbzw. in Schwellenländer stellt sich *zweitens* das Problem des *„brain drain"* in historisch veränderter Form: Nach wie vor fließt den Industrieländern – genauer: „ihren" TNU – „Humankapital" in Gestalt spezialisierten Wissens aus den Entwicklungsländern zu. Dessen Produktion muß nicht aus der Wertschöpfung der Industrieländer, die es nutzen, finanziert werden. Doch anders als in der Vergangenheit ist der „brain drain" kein einseitiges „Geschäft". Die in die weltweite Arbeitsteilung eingebundenen indischen Software-Ingenieure beispielsweise können infolge des „brain drain" eine Insel relativen Wohlstands

---

[150] Folgerichtig kreist die deutsche Debatte über „Wege zu mehr Beschäftigung" denn auch nicht um eine „nachholende Entwicklung" des schwedischen Modells der Ausweitung von Dienstleistungstätigkeiten (insbesondere für Frauen) in einem finanziell gut ausgestatteten öffentlichen Sektor, sondern um eine möglichst sozialverträgliche „Amerikanisierung" der Beschäftigungspolitik. Weil „der politische Steuerwiderstand" in Deutschland „schon zu stark geworden" ist, so Fritz W. Scharpf (1997), wird allenfalls der amerikanische Weg einer Ausweitung der Beschäftigung in den privaten Dienstleistungen erwogen, also die Zulassung eines Niedriglohn-Arbeitsmarktes für einfache Tätigkeiten mit niedriger Produktivität.

und relativer sozialer Sicherheit in einem Land mit extremer Armut und existentieller Unsicherheit für die Mehrheit der Bevölkerung[151] bilden. In den südostasiatischen Schwellenländern der „ersten Generation", in Indien und in China, und in vielen anderen Ländern „des Südens" richten sich Hoffnungen darauf, im Wettbewerb mit den „alternden" Ländern der „OECD-Welt" von dem Vorteil einer sehr viel größeren Zahl an jungen, gut ausgebildeten und vergleichsweise billigen Fachkräften zu profitieren und wachsende Anteile der informations- und wissensintensiven Dienstleistungsjobs ins Land zu ziehen. Allerdings ist es keineswegs sicher, daß die Konzentration auf hochqualifizierte Arbeiten eine ökonomisch erfolgreiche und sozial stabile Entwicklung einleitet, daß jene technologischen „Innovationsmilieus" entstehen, die geeignet sind, sowohl wissenschaftlich-technologische Synergien, ökonomische Produktivität und soziale Spielräume für breite Wohlstandseffekte hervorzubringen.

Zur Entstehung von „Technopoles" (Castells/Hall 1994: 8) – von neuen territorialen Zentren technologischer Innovation nach Art der historisch älteren „industrial districts"- gehört mehr als „venture capital" von TNU, eine gute Universität sowie steuerliche und andere (institutionelle) Anreize für „global players", einheimische Existenzgründer und kleinere, risikofreudige Unternehmen. Selbst wenn ein technologisch „innovatives Klima" gegeben ist, werden sich ohne die Möglichkeiten, fortgeschrittene Technologie im Lande selbst zu produzieren, und ohne eine breite Diffusion moderner Technologien in alle anderen Sektoren der Wirtschaft in der Regel keine „back-" und „forward-linkages" für einen nachhaltigen binnenwirtschaftlichen Entwicklungsprozeß herausbilden. Hinzu kommt, daß moderne „Technopoles" – orientiert am Leitbild von „Silicon Valley" – heute nicht in erster Linie in Schwellenländern des Südens entstehen. In vielen Regionen und Städten Europas, der USA (und in Japan) wird der Versuch unternommen, im Bereich der Kommunikations-, der Informations- und der Biotechnologien auf globaler Ebene mit „Innovationszentren" und „Technologieparks" konkurrenzfähig zu werden. Insbesondere geschieht dies in Regionen, die während der vergangenen Periode fordistischer Industrialisierung eher zur „Peripherie" (vielleicht sogar zu den „strukturschwachen Gebieten") gehörten oder aber durch den Niedergang alter Industriebranchen (Kohle, Eisen, Stahl, Schiffs- und Automobilbau) „deindustrialisiert" wurden. Beispiele sind überall, im französischen Sophia-Antipolis[152], im schottischen „Silicon Glen",

---

[151] Mit einem an US-amerikanischen Verhältnissen geschulten Blick fragt Jeremy Rifkin daher wohl zu recht, wie wohl „ein Land wie Indien die Belastung aushalten ... (könne), auf globalem Niveau konkurrenzfähige High-Tech-Enklaven ... mitten unter Hunderten von Millionen ihrer verelendeten Landsleute aufzubauen" (Rifkin 1995: 154).

[152] Das zwischen Nizza und Cannes gelegene Sophia-Antipolis, ein 1969 gegründeter Technologiepark, in dem alle „branchenfremden Störfaktoren" ausgeschaltet sind, gilt als Prototyp

in Irland und in Bayern oder in Gelsenkirchen im Ruhrgebiet, in Arizona, Texas und im mittleren Westen der USA zu finden.

„Yet it remains the case that without an innovative local society, supported by adequate professional organizations and public institutions, there will be no innovative milieu. And without an innovative milieu the development of high-technology industries will contribute to regional development only within the heavy constraints set by the business cycles of industries that are likely to be highly volatile. There will be no possibility of truly indigenous growth, and thus no escape from the state of dependency on another region, another region's companies, and another region's innovative individuals" (Castells/Hall 1994: 235).

Die ihrer Struktur nach globale „Informationsökonomie" des ausgehenden 20. Jahrhunderts muß indes nicht einmal notwendigerweise in den *neuen* „technologischen Innovationsmilieus" verankert sein. Die besten infrastrukturellen Voraussetzungen für jene Synergieeffekte, auf die eine informationsgestützte „postfordistische" Ökonomie angewiesen ist, bieten noch immer die metropolitanen Agglomerationsgebiete in den entwickelten Industrieländern: „global cities" (vgl. Sassen 1991; Keil 1993) wie New York, London, Tokio etc. In ihnen konzentrieren sich nach wie vor die zentralen Koordinations- und Kontrollfunktionen der Weltwirtschaft. Denn diese „strategischen Knotenpunkte" (vgl. zur Nodalisierung 3. Kapitel) im internationalen Netz der TNU und Finanzströme weisen viele Vorzüge auf: eine z. T. hochwertige urbane Infrastruktur, gut ausgebaute Kommunikations- und Verkehrsverbindungen, Zugang zu dem jeweiligen nationalen Finanzsystem und nicht zuletzt die räumliche Nähe eines differenzierten Spektrums von speziellen Institutionen und Dienstleistungen des tertiären Sektors. Zudem sind die „global cities" untereinander durch ein engmaschiges Kommunikations- und Transportsystem verknüpft. Mit einem Satz: Die Schalt- und Kommandozentralen der neuen Weltwirtschaft, die sich mit Hilfe moderner Informationstechnologie im „Geschwindigkeitsraum" entfalten, befinden sich an jenen Orten, wo die „metabolische" Geschwindigkeit radikaler als anderswo durch die „technologische" ersetzt wurde. Diese Struktur wird durch die Konkurrenz der Qualifikationen auf globalen Arbeitsmärkten kaum tangiert.

In den Industrieländern, die ihre Zukunft in einer informationellen „Dienstleistungsökonomie" sehen, werden nur Teilgruppen der Beschäftigten von dem prognostizierten Aufwärtstrend profitieren können. Zu den Gewinnern der Globalisierung von (Teil)Arbeitsmärkten gehören auf jeden Fall die neuen „Lei-

---

eines „Technopole" und als vorläufig letzter Höhepunkt der Stadtauflösung. In dörflicher Umgebung, inmitten von Golfparcours und Naturschutzreservaten arbeiten etwa 15.000 Menschen – in räumlicher, funktionaler und sozialer Segregation von den überlasteten Zentren großstädtischer Agglomerationsgebiete (vgl. Mönninger 1996).

stungsträger", jene hochmobile Beschäftigtenkategorie, die Robert Reich (1993) als „Symbol-Analytiker" bezeichnet hat. Das sind Menschen, die dafür bezahlt werden, Probleme zu identifizieren, zu lösen und Strategien zur Lösung von Problemen zu entwickeln – wo immer auf der Welt diese auftreten mögen: Wissenschaftler, Topmanager, Ingenieure, die mit Design, Softwareentwicklung, Bio- und Gentechnik befaßt sind, Bankdirektoren, Investmentbanker, Rechtsanwälte, Grundstücksmakler, Steuerberater, Wirtschaftsjournalisten, strategische Planer, Public-Relations-Manager etc. Für die große Gruppe der mit Routinearbeiten und -dienstleistungen betrauten Beschäftigten in den Industrieländern hingegen sieht die Zukunft auf dem Arbeitsmarkt eher (noch) schlechter aus als in Gegenwart und Vergangenheit. Auch wenn viele dieser Beschäftigten zur Zeit noch unter sozial halbwegs abgesicherten Bedingungen arbeiten, in der Regel gut qualifiziert sind und nicht schlecht verdienen, bläst der scharfe Wind des globalen Wettbewerbs doch vor allem ihnen voll ins Gesicht. Sie sind es, die die Folgen einer entgrenzten und aus gesellschaftlichen Regelungssystemen „entbetteten" Wirtschaft am stärksten zu spüren bekommen. Den wachsenden Konkurrenzdruck erfahren diese Arbeitnehmer zum einen als Zwang zur permanenten (Weiter)Qualifizierung; sie spüren ihn aber auch als eine Intensivierung der Arbeit, die durch die Integration von vorher getrennten Aufgabenbereichen entsteht. Aufgabenintegration bedeutet ja nicht nur den Abbau von Hierarchiestufen, die Delegation von Verantwortung „nach unten" und teamartige Kooperation, sondern eben auch die Übernahme von Routinetätigkeiten durch Hochqualifizierte und jede Menge unbezahlte Mehrarbeit. So werden die neuen Managementstrategien als Zwang erlebt, in einem nach wie vor lohnabhängigen Status quasi-unternehmerische Ziele – wie Kostenreduzierung, Effizienzsteigerung oder die Optimierung der finanziellen Leistungskraft der Unternehmenseinheit – verfolgen zu müssen.

Mit der Verschärfung des internationalen Wettbewerbs wird schließlich die in den westlichen Industriegesellschaften ohnehin schon starke Kopplung von Beruf, Einkommen und Bildung noch enger als früher. Folglich sinken die Chancen von ungelernten Arbeitskräften. Denn Qualifikation, Alter und in zunehmendem Maße auch andere *zugeschriebene*, also nicht (etwa durch Leistung) *erwerbbare* Eigenschaften nehmen innerhalb der Personalpolitik der Unternehmen einen großen Stellenwert ein. Hinzu kommt die Tendenz, daß einerseits nur noch die Qualifikationen entgolten werden, die unmittelbar zum Wertschöpfungsprozeß beitragen und andererseits geringer qualifizierte Arbeitstätigkeiten ins Ausland verlagert werden können, wo die Arbeitskosten niedriger sind. Die Verringerung der Lohn- und Sozialkosten und die Anpassung des Arbeitskräfteeinsatzes an eine auf den Weltmärkten schwankende Nachfrage ist die unternehmerische Absicht. Ihrer Realisierung dienen die bereits beschriebenen Maßnahmen zur Flexibilisierung der Arbeit, der Dezentralisierung und Auslagerung von arbeitsintensiven Bereichen der Produktionsprozesse in Subunternehmen und der Ausweitung von Tele- und Heimarbeit.

Der beschleunigte Wandel der Berufsstukturen und der Beschäftigungsformen läßt eine Spaltung zwischen „innen" und „außen" hervortreten, welche die alte Trennung von „oben" und „unten" womöglich überlagern könnte. Diese neue Spaltungslinie wird entlang der Qualifikation der Arbeitskräfte gezogen. Unter den Bedingungen globalen Wettbewerbs und der rapiden Diffusion neuer Informations- und Kommunikationstechnologien geht es vor allem darum, Wissenspotentiale zu steigern und zu diversifizieren. Folgerichtig erscheinen dann die durch die „Humanressourcen" eines Landes verkörperten Wissenspotentiale als wichtige Wettbewerbsfaktoren. Das „Humankapital" wird von der Wirtschaft organisiert, verwaltet, genutzt, qualifiziert, mobilisiert und nicht zuletzt freigesetzt. Bildung und Ausbildung haben folglich eine diskriminierende Funktion in diesem Prozeß. Wer mit „falschen" beruflichen Qualifikationen auf den Arbeitsmarkt tritt oder eine Entwertung des erworbenen Kompetenz- und Fähigkeitsprofils durch den Einsatz neuer Technologien erfahren muß oder wer gar ohne Erfahrungen im Umgang mit den „neuen Produktionsmitteln" Information und Kommunikation ist, der muß damit rechnen, aus dem Gratifikationssystem der Erwerbsarbeitsgesellschaft ausgeschlossen zu werden.

„In other words, the rapid diffusion of ICT (information and communication technology) has led – and continues to lead – to a substantial 'exclusion' of large parts of the labour force, either unskilled or wrongly skilled and incapable of training. This bias in the demand for labour, which has only emerged over the past 10 to 15 years, is likely to become much more pronounced in the rest of the 1990s" (Freeman/Soete/Efendioglu 1995: 600).

Ricardo Petrella (1994: 35) sieht angesichts dieser Tendenzen bereits ein „weltweites gesellschaftliches „Apartheidssystem" heraufziehen. All jene Humanressourcen, die als veraltet und daher wertlos gelten, weil sie den Bedürfnissen von virtuellen Unternehmen, Spitzentechnologiezentren, Technologieparks, digitalen Informations- und Kommunikationsautobahnen oder 'intelligenten Krankenhäusern' nicht genügen, werden der Entwertung und letztlich der Zerstörung überantwortet. Die Träger dieser „niederen" Humanressourcen, seien dies einzelne Menschen oder ganze Dörfer, Stadtviertel, Städte, Regionen, Länder oder selbst ein Kontinent wie Afrika, sind von neuen Lernprozessen bzw. Umschulungs- oder Fortbildungsmaßnahmen ausgeschlossen.

Anders als in früheren Zeiten fungieren auch Langzeitarbeitslose nicht mehr als eine „Reservearmee"; sie scheinen im ökonomischen Sinne „weder für den Bestand noch für die Reproduktion der herrschenden Wirtschaftsordnung in irgendeiner Weise 'nützlich'" (Ingrao/Rossanda 1995: 415) zu sein. Doch dieser

Eindruck täuscht. Die Angehörigen der „neuen Unterklasse", die in den städtischen Ballungszentren Europas oder in verlassenen Industriegebieten Nordamerikas leben, bilden eine „funktionelle Unterschicht" (Galbraith 1995: 44). Durch ihre Arbeit in der informellen Ökonomie ermöglichen sie, wie wir in den vorangegangenen Abschnitten gesehen haben, den Lebensstandard und den Komfort der sozial Gutgestellten. Weil die „Humanressourcen" in der „Wissenswirtschaft" so herausragende Bedeutung erlangen, sinken nicht nur die Arbeitsmarktchancen unqualifizierter Arbeitnehmer. Parallel zu dem Ausschluß breiter Bevölkerungsschichten aus jener bescheidenen sozialen Umverteilung, welche die formell geregelte Lohnarbeit ermöglicht und verlangt, und der Verdrängung vieler Menschen in die „Schattenwirtschaft" wächst zugleich die Zahl derer, die zu den Verlierern der Globalisierung und „Informatisierung" von Ökonomie und Beschäftigung gehören. Die US-amerikanische Gesellschaft bildet sowohl das negative Beispiel für eine zum äußersten getriebene soziale Spaltung, die in Europa bislang (noch) vermieden wurde, wie für die begründete „Angst der Mittelklasse vor dem Absturz" (vgl. Ehrenreich 1992). Beschäftigungsintensives Wachstum geht in den USA mit der Absenkung der (ohnehin nicht sonderlich hohen) Standards sozialer Sicherheit einher, mit der Erweiterung von Niedriglohnbereichen, vor allem aber mit einer Zunahme sozialer Ungleichheit, selbst unter denen, die einen Arbeitsplatz haben: In den USA der 90er Jahre ist weniger *„jobless growth"* so wie in Europa als *„wealthless growth"* das Problem.

„While competitiveness has been described as a 'dangerous obsession' (Krugman), growing inequality should also give cause for concern, whether it drives from globalization alone or in combination with technology, structural shifts or anything else. References to the transitory character of skill mis-matches are not very helpful, since 'transitory' can mean a whole generation or more" (Breitenfellner 1997: 538).

Die „meritokratische" Differenz von Einkommen, Bildung, Status zwischen einer „kosmopolitischen Elite" von Geldvermögensbesitzern, die auf globalen Märkten spekulieren, den hochqualifizierten Spezialisten des „Informationszeitalters", den um ihre ökonomische Sicherheit fürchtenden mittleren Angestellten und Arbeitern und einer wachsenden „funktionellen Unterschicht" wächst. Die eng miteinander verknüpften Prozesse der Deindustrialisierung, der Tertiarisierung, der (globalen) Konzentration des Kapitals und der meritokratischen Differenzierung haben eine soziale und räumliche Polarisierung bewirkt: Zwischen den „Zonen der Herrschaft und des Luxus", in denen die städtische Elite moderner, hochindustrialisierter Gesellschaften lebt und ihren wissensbasierten Tätigkeiten im gehobenen Dienstleistungsbereich nachgeht, wachsen die „Inseln der Armut" in den innerstädtischen Altbaugebieten oder in den randstädtischen Siedlungen des sozialen Wohnungsbaus. Dort leben diejenigen, die an den Rand des formellen Arbeitsmarktes gedrängt wurden, diejenigen, die von Transfereinkommen leben oder gänzlich auf illegale Erwerbsquellen verwiesen sind. Die Stadt, so Alain Touraine,

> „ist nicht länger das Symbol der triumphierenden Moderne, sondern der Zerrissenheit einer Gesellschaft, in der die Wirtschaft immer weniger gesellschaftlich ist", und er fügt hinzu: „Sie zu erhalten ist jedoch das Ziel jener, die sich gegen den wachsenden Abstand zwischen einer globalisierten Wirtschaft und einer in Auflösung begriffenen städtischen Gesellschaft wenden" (Touraine 1996).

Der Arbeitsmarkt, dessen informeller Sektor mit den jeweils zuletzt ins Land gekommenen Migranten aus den Entwicklungsländern immer wieder neu aufgefüllt wird und dessen oberstes Segment die Gratifikationen der Globalisierung und der Dienstleistungsgesellschaft voll in Anspruch zu nehmen in der Lage ist, ist mehrfach gespalten.

8.5 Die internationale Migration

Große Teile der Bevölkerung in Weltregionen, die in zunehmender Verarmung leben, verwandeln sich in potentielle Migranten. Dies ist freilich nur möglich, weil neben der ökonomischen Globalisierung auch „eine Wertehomogenisierung oder *kulturelle Integration* der Welt" stattgefunden hat, „die erst die Schichtung des internationalen Systems – und die damit bezeichnete Ungleichheit – im individuellen Bewußtsein ihren Niederschlag finden läßt" (Hoffmann-Nowotny 1989: 31). Die Zugehörigkeit zu der „einen Welt" findet darin ihren Ausdruck, daß der Anspruch auf soziale Mobilität ein universeller geworden ist.

Mit rund 125 Millionen Menschen, die Mitte der 90er Jahre im Ausland lebten, hat sich der Anteil der Migranten an der Weltbevölkerung seit Anfang der 70er Jahren zwar nicht wesentlich verändert (Weltbank 1995: 77ff); doch zum einen ist die Steigerung der absoluten Zahl relevant, und zum anderen unterscheiden sich die weltweiten Migrationsströme der Gegenwart in vieler Hinsicht von früheren Wanderungsbewegungen: Ein Großteil der heutigen Migranten kommt aus armen Ländern und wandert für eine eher kürzere Aufenthaltsdauer in ein anderes Entwicklungs- oder Schwellenland. Ein Großteil jener knappen Hälfte der Migranten, die insbesondere seit Beginn der 90er Jahre in die Industrieländer gewandert sind, ist nach den Schätzungen der ILO als Arbeitsmigration zu klassifizieren. Doch anders als im „golden age" des Kapitalismus (in den 50er und 60er Jahren), als in den reichen Ländern Europas und Nordamerikas von der Verarbeitenden Industrie eine starke Nachfrage nach (männlichen) „Gastarbeitern" ausging und die Migranten aus den ärmeren ländlichen Regionen in den industriellen Zentren des Nordens in relativ stabile Vollerwerbstätigkeit integriert wurden, sind die Arbeitsmigranten der 90er Jahre von den formellen Arbeitsmärkten weitgehend ausgegrenzt. Ein wichtiger Indikator für ihre Ausgrenzung ist die Arbeitslosenquote unter den „ausländischen Arbeitskräften", d. h. den legal Zugewanderten: In Frankreich, Deutschland, den Niederlanden und Schweden – also in Ländern mit unterschiedlichen Arbeitsmarktregimen und Einbürgerungspolitiken – lag sie 1991 jeweils doppelt so hoch wie bei den Inländern; bei jugendlichen Ausländern war sie dreimal so hoch (Werner 1993).

Ein wichtiger „push factor" für die neuen Wanderungsbewegungen ist die beschränkte Absorbtionskraft der Arbeitsmärkte in den Herkunftsländern für eine wachsende Zahl von Arbeitskräften mit einer höheren Qualifikation. Ein relativ hohes Ausgangsniveau der Schulbildung ist keine Garantie dafür, daß die vorhandenen „Humanressourcen" auch dort genutzt werden, wo öffentliche Investitionen für ihre Ausbildung aufgewandt wurden[153]. Die von allen internationalen Organisationen den Entwicklungsländern empfohlene „Humanressourcen"-Strategie erhöht also das Migrationspotential. Es wandern vor allem jüngere Menschen, die über ein mehr als durchschnittliches Ausbildungsniveau verfügen und selten den ganz armen sozialen Schichten angehören. Ihr Wanderungsmotiv besteht häufig darin, durch „Arbeit um jeden Preis" – auch wenn diese mit einem als vorübergehend gedachten Status- und Prestigeverlust in der Aufnahmegesellschaft zu bezahlen ist – auf mittlere Frist in der Herkunftsgesellschaft eine statusadäquate Beschäftigung finden zu können.

In den Zielländern treten Migranten als Wirtschaftsbürger, nicht als Sozialstaatsbürger oder politische Bürger auf den Plan. So wächst vor allem in den kapitalistischen Kernländern eine „nicht registrierte Unterklasse", die ihren Lebensunterhalt im Schatten der formellen Ökonomie bestreitet und der gegenüber „Standards der Zivilität prekär und vielfach durchlöchert, wenn auch nicht insgesamt suspendiert (werden)" (Offe 1994: 238). Ausgeschlossen von den Umverteilungswirkungen des nationalen Wohlfahrtsstaats müssen sie in die Öffnungen eindringen, die der Strukturwandel der Arbeitsmärkte geschaffen hat. Sie werden also in den Bereich der „bad jobs" abgedrängt. Migration verstärkt also den Informalisierungsdruck auf geschützte „normale" Arbeitsverhältnisse. Vor allem begünstigt die durch eine rigide Einwanderungspolitik erzwungene Illegalität vieler Wanderarbeiter ihre Einschließung in eine Zone „verdeckter"

---

[153] Beispiel dafür sind nicht allein die seit Beginn der 70er Jahre in die USA abgewanderten Mediziner und Wissenschaftler aus Indien, Philippinen, China und Korea. Auch viele Länder in Lateinamerika und der Karibik haben in den 80er Jahren bis zu 20% aller Universitätsabsolventen durch Auswanderung verloren. Nach Einschätzung der Vereinten Nationen machten sich die migrationsbedingten Produktivitätsverluste jedoch am stärksten für die afrikanischen Länder bemerkbar; sie verloren allein zwischen 1985 und 1990 schätzungsweise 60.000 mittel- und hochqualifizierte Manager (UNDP 1994: 75).

wirtschaftlicher Tätigkeit am Rande oder außerhalb des formellen Arbeitsmarktes. Die „pull factors" der Migration leiten sie also in erheblichem Ausmaß in den informellen Sektor.

In der Europäischen Union ist mit der Herstellung des Binnenmarktes einerseits die Freizügigkeit für Kapital, Waren, Dienstleistungen und (insbesondere die qualifizierten) Arbeitskräfte erleichtert worden[154]. Andererseits sind gerade wegen der erleichterten Migration innerhalb der EU die „Außengrenzen" (im Rahmen des Schengen-Abkommens) noch weniger durchlässig geworden. Die „Zuwanderungsrouten" von Migranten sind Sackgassen. Arbeitsmigranten aus Nicht-EU-Staaten (insbesondere jene von außerhalb der OECD) werden bei diesen „Regeln des Spiels" beim Grenzübertritt zu „Illegalen". In ihrer sowohl rechtlich wie ökonomisch unsicheren Position müssen sie mit Beschäftigungsmöglichkeiten in der „Grauzone" des Arbeitsmarktes vorliebnehmen. Dies unterscheidet die große Masse der Arbeitsmigranten von jener Gruppe von Arbeitskräften, deren grenzüberschreitende Wanderung sowohl politisch gewünscht als auch gefördert wird: von den hochqualifizierten *white collar workers*, zumeist männlichen Geschlechts, die auf gut dotierten und rechtlich gesicherten Management- und Expertenpositionen *innerhalb von Unternehmen* wandern. Für sie stellt sich die zeitlich terminierte Migration innerhalb eines Unternehmens als eine *qualifikationserhaltende* Maßnahme dar, nachgerade als ein karriereförderlicher Schritt. Mit größeren Integrationsproblemen ist diese Art der Migration nicht verbunden, denn einerseits verfügen diese Migranten über die notwendigen Sprachkenntnisse und andererseits bewegen sie sich auch in der Fremde innerhalb einer vertrauten Kultur (Salt 1992; Wolter 1997). Gemeinsam ist beiden Typen von Arbeitsmigration, daß sie zumeist von temporärem Charakter sind, nicht notwendigerweise zu einer Einwanderung führen und vornehmlich in die Dienstleistungssektoren einmünden.

Doch anders als die erwünschten „Wanderarbeiter" mit Schlips und Kragen muß die Masse der legalen und der illegalisierten Arbeitsmigranten damit rechnen, daß erworbene Qualifikationen nicht etwa auf-, sondern abgewertet werden. In der Europäischen Union gilt dies in weit stärkerem Maße für weibliche Migrantinnen (insbesondere aus MOE und aus Asien) als für männliche. Die „Feminisierung der Migration" (Castles/Miller 1993: 8ff) hat das Bild von der

---

[154] Dies geschieht durch die grenzüberschreitende Anerkennung von Berufs- bzw. Bildungsabschlüssen – wodurch insbesondere die Angehörigen der freien Beruf in die Lage versetzt werden, ihre Leistungen überall in der EU anzubieten –, durch mobilitätsfördernde Austauschprogramme (wie ERASMUS) für Studierende, aber letztlich auch dadurch, daß Nichterwerbstätige (Rentner) das Recht erhalten, sich in jedem Mitgliedstaat niederzulassen und dort auch Wohneigentum erwerben können.

Migration verändert: Der junge Mann, der allein oder auch mit einer Familie, die er zu versorgen hat, in einer großen Stadt fern der Heimat eintrifft, um ein besseres Leben als das zu suchen, welches er hinter sich gelassen hat, gibt heute keinen Idealtypus des Migranten mehr ab. Nach Angaben des UNDP (1994: 72) waren schon Anfang der 80er Jahre mehr als die Hälfte der Menschen, die im Ausland lebten, Frauen. Die meisten von ihnen wandern allein, ohne Ehemänner und ohne Kinder, obwohl viele der Migrantinnen bereits Kinder haben, die sie für die Dauer ihrer befristet oder rotierend geplanten Wanderung in der Obhut von Verwandten lassen[155]. Wie bei den männlichen Migranten finden sich auch unter den wandernden Frauen zahlreiche qualifizierte und hochqualifizierte Arbeitskräfte. In ihren Heimatländern waren sie häufig in geschlechtsspezifisch segregierten Arbeitsmärkten tätig – in „frauentypischen" Berufen, als Krankenpflegerin oder Lehrerin, und auch in den Aufnahmeländern reihen sie sich in einen geschlechtsspezifischen Arbeitsmarkt, zumeist für informelle Arbeiten ein[156]. Tätigkeitsfelder entstehen und Berufe kehren zurück, die bereits der technischen Revolution und der wohlfahrtsstaatlichen Demokratisierung zum Opfer gefallen waren: Es gibt wieder die Dienstbotin. Anders als die Dienstmädchen der Jahrhundertwende sind die „neuen Perlen" nicht jung, ledig, unqualifiziert, und sie stammen in der Regel auch nicht „vom platten Lande", sondern gehen mit einer abgeschlossenen Schul- und nicht selten mit einer qualifizierten Berufsausbildung in die Ferne, lassen häufig eigene Kinder in der Obhut von Verwandten im Herkunftsland zurück – und gelegentlich auch einen Ehemann. In den Zielländern ihrer Wanderung verhelfen sie dann Frauen und Männern der oberen Mittelschichten dazu, die erworbenen Bildungstitel auf dem Arbeitsmarkt zu verwerten – indem sie an ihrer Stelle die notwendige, aber monetär gering bewertete Reproduktionsarbeit übernehmen.

So eröffnet sich für eine wachsende Teilgruppe von Frauen in den Industrieländern die Möglichkeit, auf billige und zumeist ungeschützte Reproduktionsarbeit von zugewanderten Frauen aus den Entwicklungs- und Transformationsländern zurückgreifen zu können, eine „Karriere in den Grenzen von Ethnizität, Klasse und Geschlecht" (Friese 1995). Für einheimische Frauen, die zwar die qualifikatorischen Voraussetzungen mitbringen, um aus dem „*pink Ghetto*" nieder-

---

[155] In der Regel sind die „wandernden Frauen" sehr jung (zwischen 16 und 24 Jahren) und nicht verheiratet. Doch in die „Mega- Cities" der Entwicklungsländer, in die ein sehr viel größerer Migrantenstrom mündet als in die reichen Metropolen der „Ersten Welt" migrieren auch viele ältere Frauen, die als Witwen oder alleinstehende Frauen ihren Lebensunterhalt in den ländlichen Herkunftsregionen nicht (mehr) bestreiten können.

[156] In einigen Ländern, darunter vor allem auf den Philippinen, in Korea und Pakistan findet die Qualifizierung für den Krankenschwesternberuf sogar eher für den Weltmarkt als für den nationalen Markt statt; erkennen läßt sich dies an den Examensfragen und an den Krankheitsbildern, die Gegenstand der Ausbildung sind (Ball 1990 in: Christopherson 1994: 115).

wertiger Dienstleistungstätigkeiten auszubrechen, doch aus Rücksicht auf Familie und Kinder mit einer Teilzeitarbeit vorliebnehmen, bleiben die höheren Segmente der neuen Dienstleistungsjobs verschlossen. Reproduktionsleistungen werden vom Arbeitsmarkt nicht honoriert. Wer aufsteigen will, muß „wie ein Mann" regional mobil und zeitlich flexibel sein, darf Überstundenarbeit ebensowenig scheuen wie Arbeit zu „unsozialen Zeiten", muß seine Bereitschaft zu wiederholter beruflicher Weiterbildung dokumentieren und der Firma immer dann zur Verfügung stehen, wenn er/sie gebraucht wird. Wenn öffentliche Einrichtungen fehlen, die im Bereich der Familienarbeit Entlastung verschaffen, und wenn zugleich die Individualisierung der privaten Lebensführung eine Verlagerung der Reproduktionsaufgaben auf der „Generationsachse" in Richtung Eltern und Großeltern erschweren, wird die Kommerzialisierung dieser Aufgaben zur *conditio sine qua non* für die wachsende Erwerbsbeteiligung der Frauen.

Die Delegation von Teilen der Hausarbeit an ungeschützte Immigrantinnen und Wanderarbeiterinnen verweist auf eine neue internationale Arbeitsteilung zwischen Frauen verschiedener Herkunft, Ethnien und Generationen – und damit zugleich auf einen zwieschlächtigen Modernisierungsprozeß. Einerseits findet bei den Migrantinnen ein Prozeß der Entwertung weiblicher Bildung und der sozialen Deklassierung statt, andererseits ermöglicht die teilweise Freisetzung von Hausarbeit sozial privilegierten Frauen in Westeuropa und Nordamerika Karriereaussichten, die sie sonst nicht hätten. Beide Prozesse bedingen einander, sind aufeinander angewiesen und doch für beide Seiten nicht ohne Risiko. Denn das „ungeschützte Arrangement" zwischen Frauen ist noch unsicherer als die Sicherheit, die eine traditionelle Ehe dem Ehemann, der sich durch eine Heirat nahezu lebenslänglich von der Reproduktionsarbeit befreien konnte, und der Ehefrau garantierte, die „im Austausch" eine begrenzte soziale Sicherheit erhielt. „Es deutet sich ein ... grundlegender Wandel an, der bei mehr Gleichheit zwischen Männern und Frauen der Mittelschicht zu mehr Ungleichheit zwischen Frauen führt" (Friese 1995: 158). Auch im 19. Jahrhundert waren ländliche Arbeitsmigrantinnen eine Voraussetzung der „Freisetzung" von zuvor von Reproduktionsarbeit absorbierter Zeit bürgerlicher Frauen für Bildung und Beruf – und zugleich für die „Institutionalisierung der bürgerlichen Frauen als Erzieherinnen der Mägde". Die Modernisierung privater Lebensführung und die Realisierung von beruflichen Chancen, die der strukturelle Wandel von Ökonomie und Beschäftigung sozial privilegierten Frauen in den westlichen Industriegesellschaften eröffnet, bleibt also – solange die private Arbeit im Haushalt eine weibliche Realität ist – an historische Prozesse gebunden, „die in der Forschung als Relikte der Vor-Moderne abgelegt wurden": an die „Herausbildung eines weiblichen Dienstbotenpersonals" (ibid.: 160).

Daß es sich hier nicht um ein Relikt handelt, zeigt eine einfache Überlegung. Bei einer insgesamt alternden Bevölkerung in den kapitalistischen Industriestaaten werden Migrantinnen für Reproduktionsaufgaben eingesetzt, von der Erziehung der Kinder bis zur Pflege der Alten. Die gleiche Erziehungs- und Pflegearbeit wird in den Herkunftsländern überwiegend von den dort lebenden Frauen geleistet. Wenn man „zwischen produktiven Leistungen und reproduktiven Kosten bei den Zuwanderern" bilanziert, wird man feststellen, daß der Saldo „bei weitem günstiger aus(fällt) als bei der autochthonen Bevölkerung, deren reproduktive Kosten also von Zuwanderern teilweise mitgetragen werden" (Nauck 1994: 209). Die Modernisierungs- und Einkommensdifferenz zwischen der entwickelten und der weniger entwickelten Welt, mithin die soziale Ungleichheit, ist also eine Ressource der Kostensenkung bei der sozialen Sicherung in den Immigrationsländern. Doch die bestehende Ungleichheit zwischen Immigrations- und Emigrationsländern wird durch die „neue internationale Arbeitsteilung" bei den Reproduktionsaufgaben verstärkt.

Anders als sich neoklassische Ökonomen die Effekte der Migration vorstellen, kommt also kein Ausgleich von Einkommen zwischen verschiedenen Ländern und sozialen Schichten zustande. Die Mechanismen der globalen „Ungleichheitsproduktion" (Narr/Schubert 1994) bedienen sich der ökonomischen und sozialen Spaltungen: zwischen Branchen und Kapitalgruppen, zwischen formellen und informellen Sektoren, zwischen Qualifizierten und wenig Qualifizierten, zwischen Männern und Frauen, zwischen einheimischen und ausländischen Arbeitskräften. Die Globalisierung geht an den Arbeitsmärkten nicht vorbei – und produziert Gewinner und Verlierer.

Vierter Teil
Politik der Globalisierung

Globale Transformationen werden als „Denationalisierung", als „Entgrenzung der Staatenwelt", als „Erosion von Souveränität", als „Formwandel des Nationalstaats" und – nach den Erfahrungen des NATO-Kriegs in Jugoslawien – auch als „Entgrenzung des Kriegs" etc. gefaßt. Diese Formulierungen sind uns schon oft begegnet. Sie sind nicht falsch, es sei denn in ihrer Vereinseitigung sähe man das Falsche, das als solches die Analyse negativ tangiere. Denn zwei Aspekte der Globalisierung werden mit der genannten Charakterisierung so unterbelichtet, daß sie im Eclipsendunkel bleiben: *Erstens* der Sachverhalt, daß die Politik und ihre Subjekte, darunter auch die Nationalstaaten und deren Akteure (Parteien und Regierungen zumal) kräftig an der Beseitigung der Barrieren mitgewirkt haben, die den Globalisierungsstrom bislang gelenkt und dessen Über-die-Ufer-Treten behindert haben. Globalisierung ist folglich nicht naturgegeben oder schlichtes Resultat nicht zu beeinflussender ökonomischer Gesetzmäßigkeiten, sondern auch ein politisches Projekt, das aktiv verfolgt wird, vor allem von den Parteigängern der Deregulierung, den Ideologen des Neoliberalismus, den Adepten des Freihandelsprinzips, den Verkündern einer postmodernen globalen Libertinage. Die Mischung ist schwer zu goutieren, aber sie hat politisch der Globalisierung das Wort geredet und dazu beigetragen, daß die ökonomischen Mächte soziale, politische und ökologische Bindungen losgeworden sind.
Dabei ist *zweitens* ganz ohne Zweifel ein Wandel der Politik geschehen, ein Formwandel des Staates und ein Formwandel der Politik. Beides ist nicht identisch. Der *Formwandel des Staates*, etwa vom Interventions-, Entwicklungs- oder Planstaat der vergangenen Jahrzehnte zum „Wettbewerbsstaat"; die Veränderungen von Staat und Gesellschaft infolge der Beschneidung sozialstaatlicher Leistungen, die Verlagerung staatlicher Funktionen auf mikroregionale oder makroregionale Einheiten, ist nicht an der Oberfläche geblieben. Dies ist ein Grund dafür, daß die Globalisierungsprozesse so auffällig sind: Sie betreffen nämlich nicht allein den weitgehend privaten Bereich der Ökonomie, sondern den öffentlichen Bereich staatlicher Organisation und politischen Handelns.
Der *Formwandel der Politik* findet in „policy", „politics" und „polity" statt – um die traditionelle politikwissenschaftliche Unterscheidung zwischen Politkfeldern, Formen der Politikprozesse und Akteuren bzw. Akteursgruppen zu übernehmen. Mit der Globalisierung sind neue Politikfelder entstanden, z.B. globale Umweltpolitik, und andere im Zuge der Deregulierung weniger wichtig geworden, z.B. die Beschäftigungspolitik von Nationalstaaten. Die Politikpro-

zesse sind einerseits einfacher geworden, weil sich aus den Politikfeldern staatliche Akteure eher zurückgezogen haben, die vormals im Entwicklungs- oder keynesianischen Interventionsstaat eine wesentliche Rolle gespielt haben. Die Aushandlung von politischen Kompromissen ist gegenüber korporatistischen Arrangements vereinfacht. Politiker sind das große Problem der Legitimationsbeschaffung los, wenn sie die Resultate von Politikprozessen nicht mehr mitverantworten müssen, weil diese durch den Markt bewirkt und als Marktresultate auch legitimiert werden. Die wachsende Ungleichheit der Einkommen und Vermögen ist als Ergebnis der Wirkungsweise des neutralen Marktes weniger skandalös, als wenn Politik dabei offensichtliche Verantwortung trüge. Freilich gelingt diese Übertragung der Legitimierungslast nur bis zu einem bestimmten Grade; die erfahrbare „Gerechtigkeitslücke" darf nicht zu groß werden. Andererseits sind neue Ebenen der Politik, etwa infolge regionaler Integration (ein Thema, das uns in den nachfolgenden beiden Kapiteln beschäftigen wird), hinzugekommen. Politikprozesse sind nun komplexer als zuvor, da die Entscheidungsverfahren auf den verschiedenen Ebenen sowohl auf der input- als auch auf der output-Seite „verflochten" sind und die „Falle der Politikverflechtung" (Scharpf et al. 1976) droht. Unübersichtlichkeit im Verfahren und suboptimale Ergebnisse des politischen Prozesses sind die Folge, wenn Entscheidungen bis zur Nicht-Entscheidung zwischen den Ebenen hin und herverschoben werden. Und der Kreis der politischen Akteure hat sich ganz zweifellos geweitet. Es sind Nicht-Regierungsorganiationen im System der „Global Governance" dazugekommen, und es spielen die „unverfaßten Mächte" (Narr/ Schubert 1994) privater Unternehmen eine so zentrale Rolle, wie sich dies kein „Stamokap"-Theoretiker (also ein Theoretiker des Staatsmonopolistischen Kapitalismus) in den 60er und 70er Jahren, als die Theorie allenthalben *en vogue* war, hat vorstellen können. Die „global players" üben nicht nur Druck auf politische Organe durch traditionelles Lobbying aus; sie sitzen, wie wir am Beispiel der Rettung des LTCM-Hedge-Funds im 5. Kapitel gesehen haben, in den regulierenden Gremien an prominenter Stelle dabei, in einer neuen Form von „private public partnership". Selbst die NATO hat sich das Gipfeltreffen anläßlich ihres 50jährigen Bestehens Ende April 1999, während die Aggression gegen Jugoslawien auf vollen Touren lief, von Boeing, Coca-Cola, Microsoft, McDonalds und Motorola sponsern lassen (vgl. diverse Zeitungsberichte). Hier zeigt sich, daß „polity" und „politics" sich im Zusammenhang verändern und daß dabei ein neues Politikfeld erzeugt wird: die Durchsetzung der Menschenrechte mit nicht-menschenrechtlichen, nämlich militärischen Mitteln.

Der Formwandel von Staat und Politik ist das Thema der nachfolgenden Kapitel. Zunächst werden im 9. Kapitel die Tendenzen der regionalen Blockbildung nachgezeichnet. Zwischen Nationalstaaten und globalem System entstehen neue Strukturen, bestehend aus Handelsblöcken und Beziehungen zwischen ihnen. Dadurch hat sich die in den Jahrzehnten nach dem Zweiten Weltkrieg entstandene hegemoniale Organisation des kapitalistischen Weltsystems entscheidend verändert. Ob diese Veränderung als „Denationalisierung" oder als „Triadisierung" angemessen beschrieben wird, kann bezweifelt werden. Dieses Thema wird im nachfolgenden 10. Kapitel aufgegriffen und vertieft. In Europa ist nach der Einheitlichen Akte von 1986 und dem Vertrag von Maastricht sowie nach der unwiderruflichen Fixierung der Wechselkurse zum 1. Januar 1999 ein weltweit einmaliger Integrationsraum entstanden. Dessen Dynamik ist für die Entwicklung des globalen Systems von ausschlaggebender Bedeutung, zumal die Integration im Westen des europäischen Kontinents die häßliche Kehrseite der nicht immer friedlich verlaufenden Desintegration in Südost-, Ost- und selbst Mitteleuropa hat. Welche Chancen hat der Systemwechsel in den „Transformationsländern" und wohin wird er führen? Die Vorstellung einer schnellen Modernisierung Mittel- und Osteuropas (MOE) und dessen problemlose Integration in die Weltmärkte und das institutionelle System des westeuropäischen Integrationsraums sowie in die globalen Organisationen hat sich als eine Illusion herausgestellt, jedenfalls für MOE insgesamt. Die Transformationsprozesse verlaufen nicht direkt und so wie im Modell angenommen. Es bilden sich vielmehr Hybridformen des Kapitalismus; neben einem „rheinischen", „atlantischen", „ostasiatischen" Kapitalismus (Albert 1991) entsteht ein „osteuropäischer Kapitalismus" (Hopfmann 1999) mit durchaus eigenen Zügen. Die globalen Transformationen, die in ihrer Einheitlichkeit Thema von Held et al. (1999) sind, verlaufen differenziert, möglicherweise auch chaotisch. Auf die Frage nach der Zukunft MOEs gibt es keine eindeutige und einheitliche Antwort, da die Verortung von MOE in der Weltwirtschaft auch die Spielräume von Politik bestimmt.

Im 11. Kapitel wird gezeigt, wie im Zuge der „Entgrenzung" neue Grenzen errichtet werden, nämlich jene des Umweltraums. Die ökologische Frage kommt auf die Agenda, weil Globalisierung ja, wie wir mehrfach unterstrichen haben, Beschleunigung in der Zeit und Expansion im Raum bedeutet. Der Akkumulationsprozeß von Kapital resultiert in immer höherem Pro-Kopf-Einkommen, und daran bemißt sich auch der „Fortschritt der Menschheit" (vgl. 2. Kapitel, 2.2.2); doch dieser „Fortschritt" ist nichts anderes als extrem steigender Naturverbrauch, da ja mit dem steigenden Pro-Kopf-Einkommen obendrein die Zahl der „Köpfe" zunimmt[157]. An den Grenzen des Umweltraums läßt sich Globalisierung sozialwissenschaftlich befriedigend gar nicht mehr analysieren, wenn

---

[157] Wenn diese 4. Auflage des Buches über „Grenzen der Globalisierung" im Oktober 1999 erschienen ist, hat gerade kurz zuvor der sechsmilliardenste Erdenbürger das Licht der Welt erblickt. Herzliche Geburtstagsglückwünsche!

nicht die Grenzen von Umweltraum oder Tragefähigkeit der planetaren Ökosysteme explizit ins Konzept integriert werden.
Wenn man diesem Postulat Rechnung trägt, gerät – dies ist Thema des 12. Kapitels – eine doppelte Herausforderung für die „demokratische Frage" ins Blickfeld: einerseits die Entgrenzung der Staatenwelt und das „Ende der Territorien" (Badie 1995), also die mit der Globalisierung wachsende Schwierigkeit, zwischen Dazugehörigkeit und Nicht-Dazugehörigkeit zum formalen demokratischen Verfahren und vor allem bei der substanziellen Partizipation an gesellschaftlichen Gratifikationen unterscheiden zu können. Andererseits entstehen neue Grenzen, die in der Regel keine territoriale Zuordnung haben, die soeben dargestellten Grenzen des Umweltraums. Diese machen sich ja vielfach als Gebote und Verbote (ordnungsrechtlich) geltend oder/und führen zur Bildung neuer Allianzen von politischen Subjekten, die bislang wenig kooperierten, in Politikformen, die wenig erprobt sind, auf Politikfeldern, die durch die Grenzen des Umweltraums definiert worden sind. Die Definition ist nicht der Nachvollzug eines objektiven Sachverhalts, sondern Ergebnis eines diskursiv ablaufenden Prozesses. Auf die so unterstellten Freiräume politischer Gestaltung setzen ökologische Modernisierer neue Hoffnungen, die sich mit Sicherheit als neue Illusionen herausstellen werden, wenn nicht die ökologische Frage mit der Verteilungsfrage verknüpft wird.
Damit setzen wir uns im 13. und letzten Kapitel dieses Buches auseinander. Eric Hobsbawm (1995) hat das 20. Jahrhundert als Jahrhundert des Wachstums bezeichnet und vom 21. Jahrhundert gesagt, es müsse das Jahrhundert der Verteilung werden. Verteilung ist hier durchaus im Sinne von Umverteilung gemeint. Diese gelingt nur, wenn die globalen Transformationen der Ökonomie politisch moderiert werden, und zwar im Währungsraum, im Umweltraum und im Geschwindigkeitsraum. Es geht also um Alternativen der Regulierung des globalen Finanzsystems, um umweltpolitische Senkung des Verbrauchs von fossiler Energie und von Rohstoffen, also um die positive Ausbildung eines nicht-fossilen und nicht-nuklearen Energiesystems und um eine Neubestimmung des Verhältnisses von Arbeit, Leistung, Einkommen angesichts hoher Arbeitslosigkeit und einer „Informalisierung" der Arbeit, mit der wir uns als einem Aspekt der Globalisierung immer wieder in verschiedenen Zusammenhängen haben beschäftigen müssen. Mehr als Wegmarken sind diese abschließenden Bemerkungen nicht. Doch nach der Analyse der globalen Transformationen können politische Konzepte nur diskursiv weiterentwickelt werden, d.h. nicht *für* diejenigen, die Träger von Alternativen in der Gesellschaft sind, sondern *mit* ihnen.

9. Kapitel
Handelsblöcke zwischen Nationalstaat und globalem Markt

Die Integration zu supra-nationalen, regionalen Wirtschaftsräumen war in den ersten Jahrzehnten nach dem Zweiten Weltkrieg wenig aktuell. Denn das System der Nationalstaaten, das im Gefolge der Umwälzungen des Zweiten Weltkriegs entstanden war, bedurfte keiner Zusammenfassung zu supranationalen, makroregionalen (Cox 1987) ökonomischen Einheiten: zu Handels- und Wirtschaftsblöcken, zur Freihandelszone oder Zoll- und Währungsunion. Die Zweiteilung der Welt war Strukturierung genug. Das 1944 in Bretton Woods gegründete Weltwährungssystem verfügte über fixierte Wechselkurse, so daß die Bildung regionaler Währungsräume (wie später nach 1979 mit dem Europäischen Währungssystem in Europa) überflüssig war. Wo der Preis der Währung fixiert ist und obendrein Konvertibilitätsschranken für Kapitalbewegungen existieren, deren Umfang sich im Vergleich zu den heute tagtäglich gehandelten Massen geradezu lächerlich gering ausnimmt, ist die fatale Währungskonkurrenz weitgehend stillgestellt. Die Weltwährung US-Dollar war bis zu Beginn der 60er Jahre „so gut wie Gold", vielleicht sogar besser, da Dollarbestände im Gegensatz zu Goldreserven Zinsen brachten und kaum Kosten verursachten. Die USA waren die größte und auch produktivste, also wettbewerbsfähigste Nation; daher war die Kaufkraft des Dollars niemals gefährdet. Der Welthandel expandierte fast doppel so schnell wie die Weltproduktion, so daß die ökonomische Verflechtung im „golden age" des Kapitalismus auch ohne die Bildung von Freihandelszonen und Zollunionen, also von Integrationsblöcken, zugenommen hat. Paradoxerweise waren jene Jahrzehnte des regulierten Währungssystems, in denen man mit Fug und Recht von der Existenz von Nationalökonomien sprechen konnte, die Epoche, in der die globale Integration der Märkte in den vergangenen 100 Jahren am dynamischsten verlief. Außerdem besaßen die Nationalstaaten genügend wirtschaftspolitische Autonomie und Souveränität, um auch ohne den Schutz der supranationalen Integration wirtschaftspolitische Ziele, wie das der Vollbeschäftigung, verfolgen zu können. Der Keynesianische Interventionsstaat war Nationalstaat – ebenso übrigens wie der „Entwicklungsstaat" in der „Dritten Welt" und der „Planstaat" im „sozialistischen Lager".

Dennoch sieht das GATT-Abkommen aus dem Jahre 1947 Regelungen _„in between"_, auf der Ebene zwischen nationalstaatlichen und globalen Räumen vor. Im Artikel XXIV des GATT wird die Möglichkeit zur Bildung von regionalen Wirtschaftsblöcken, von Zollunion und Freihandelszone, „oberhalb" des traditionellen Nationalstaats und „unterhalb" des Weltmarkts im Prinzip ermöglicht. Damit wird dem historischen Sachverhalt Rechnung getragen, daß

Nationen sich in mehr oder weniger lockerer Form binden oder gar zusammenschließen können und daß die Konstellation einer gegebenen Anzahl von Nationalstaaten innerhalb eines globalen System keine unveränderliche Größe darstellt. Die Erfahrung zeigt ja, daß Nationalstaaten in den jeweiligen Grenzen nicht seit ewig und nicht für alle Ewigkeit existieren. Deutschland wurde 1871 aus einer Vielzahl von mehr oder weniger großen Fürsten- und Königtümern zu einer Nation und zu einem Wirtschaftsraum vereinigt. Ähnliches geschah mit Italien etwa zur gleichen Zeit während des Risorgimento. Selbst die USA gingen erst aus einem Bürgerkrieg als vereinte Nation und gemeinsamer Markt hervor. In den Jahren nach 1945 waren die Staatsgründungen nach dem Ersten Weltkrieg im Verlauf des Zerfalls der alten Imperien (Österreichs, des Osmanischen Reichs, Rußlands) in Erinnerung. Außerdem stand nach dem Zweiten Weltkrieg die „Entkolonialisierung" auf der Tagesordnung, also die Bildung neuer unabhängiger Staaten und daher auch neuer Wirtschaftsgemeinschaften. Die Logik dieser Zusammenschlüsse und Vereinigungen war natürlich eine politische; in der Unterscheidung der OECD (1995c) war sie „policy-led" und nicht in erster Linie „market-led". Nichtsdestotrotz zeigt sie, daß nicht von einem statischen Bestand von Nationalstaaten und Wirtschaftsräumen innerhalb des globalen Systems auszugehen ist. Diese Grundannahme in der Mitte dieses Jahrhunderts ist an dessen Ende nicht falsch; die Staatenbildung und Staatenauflösung in Mittel-, Ost- und Südosteuropa zeigen es.

9.1 Eine Stufenfolge von Integrationsschritten

In welcher Form kann die supranationale wirtschaftliche Integration gestaltet werden? Im Prinzip läßt sich eine Stufenfolge möglicher Integrationsarrangements unterscheiden: vom (1) „Preferential Trade Agreement" (PTA) mit Präferenzzöllen zwischen den Mitgliedern, die aber nicht auf Null reduziert werden, über eine (2) Freihandelszone mit einem vollständigen Zollabbau zwischen den Mitgliedern, aber unterschiedlichen Außenzöllen, einer (3) Zollunion, die außer dem vollständigen Zollabbau zwischen den Mitgliedsländern auch einen gemeinsamen Außenzolltarif vorsieht, einem (4) gemeinsamen Markt, auf dem auch Wirtschafts-, Finanz-, Sozial- und Steuerpolitik angeglichen werden, über die (5) Währungsunion, die durch eine gemeinsame Währung oder durch unwiderruflich fixierte Kurse zwischen den Währungen der Mitgliedsländer charakterisiert wird, bis zur (6) politischen Union, die die innere und äußere Souveränität des Nationalstaats auf supranationaler Ebene innerhalb des regionalen Integrationsblocks reproduziert (vgl. dazu Balassa 1962). Ein neuer Bundesstaat oder Staatenbund entsteht aus dem vorherigen Ensemble nationaler Staaten. Diese Stufenfolge (vgl. *Schaubild 9.1*), die keineswegs nur als eine aufstrebende Kadenz verstanden werden kann, ist ein Beispiel für die Wirkungsweise von Fraktalisierungstendenzen im globalen Raum (vgl. 4. Kapitel); Reproduktionsmodi von Gesellschaften duplizieren sich auf je neuer Ebene nach dem Prinzip der Selbstähnlichkeit. Sie sind auf supranationaler Ebene nicht dasselbe wie im nationalstaatlichen Raum – und auch nicht etwas gänzlich anderes.

Dabei ist es keineswegs sicher, daß sich Integrationsschritte gemäß dieser aufsteigenden Logik von Stufe zu Stufe nach oben bewegen. Sie können auch auf einer bestimmten Stufe innehalten, und es sind Rückschritte vorstellbar. Eine Reihe regionaler Integrationsarrangements in der Welt strebt „lediglich" Präferenzzölle oder die Bildung einer Freihandelszone an, andere (wie die EG/EU) sind seit dem 1.1.1999 dem Ziel einer Währungsunion, möglicherweise dem der politischen Union, sehr nahe. Aber es könnte passieren, daß die Stufe der Währungsunion sehr unbequem wird, wenn die politische Einigung mißlingt. Das *Resultat* von Integrationsschritten ist also bereits deren *Voraussetzung*. Unter den Bedingungen fortgesetzter und nicht-regulierter Währungskonkurrenz könnte es in diesem Falle sogar schwierig werden, die Rahmenbedingungen eines gemeinsamen Marktes zu sichern, zumal dann die Perspektive der engeren Kooperation und vertieften Integration verloren ginge und nationale bzw. mikroregionale (Cox 1987) Interessen stärkeres Gewicht gegenüber den supranationalen Projekten erhielten. Über die Logik einer *„market-led" Integration* könnte eine andere Logik, nämlich die der *„policy -led" Desintegration* Oberhand gewinnen. Die Stufenfolge ist demzufolge kein aufstrebender Automatismus.

Die Zollunion entspricht eher der „Philosophie" des GATT als die Freihandelszone, da durch ihre Bildung ein größerer Zollraum entsteht, der gegenüber Drittstaaten erneut das Prinzip der Meistbegünstigung anwenden kann.

„A Custom union (with 100% preferences) creates a wider trading area, removes obstacles to competition, makes possible a more economic allocation of resources and thus operates to increase production and raise planes of living. A preferential system (less than 100%) on the other hand, retains internal barriers, obstructs economy in production, and restrains the growth of income and demand ... A customs union is conducive to the expansion of trade on a basis of multilateralisation and nondiscrimination; a preferential system is not" (Clair Wilcox, zit. in Bhagwati 1993: 25).

Obendrein verringert sich die Anzahl der Akteure im globalen System, wodurch die Aushandlung von Zollsenkungen erleichtert werden könnte. „... And the integration in Europe facilitated rather than hindred the negotiations. The United States could deal with the EC as a single unit because the EC had a common external tariff" (de Melo/Panagariya 1992: 4). In einer Freihandelszone hingegen werden zwar die Zölle zwischen Mitgliedsländern reduziert oder im besten Falle nach einer Übergangsfrist ganz beseitigt, es bleiben aber die differenzierten Zölle gegenüber Nicht-Mitgliedern der Freihandelszone. Dies ist möglicherweise die einzig gangbare Lösung für Länder, die zwar gemeinsame Handelsinteressen verfolgen, dabei jedoch höchst unterschiedliche Voraussetzungen aufweisen (wie die Mitgliedsländer der NAFTA).

Schaubild 9.1: Stufenfolge der regionalen Integration

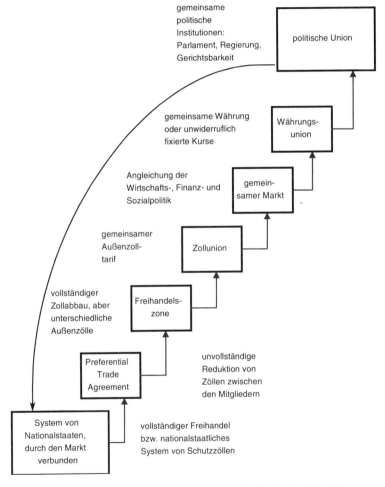

In einem Report für das GATT hat Fritz Leutwiler Ende der 80er Jahre unter 69 überprüften regionalen Handelsabkommen zwischen 1948 und 1989 nur vier von ihnen GATT-Kompatibilität bescheinigen können. Die Kriterien des Art. XXIV des GATT sind: Die Handelsbarrieren gegenüber Drittländern dürfen nicht erhöht werden (Art. XXIV, 5); die Vertragsparteien müssen unverzüglich und umfassend über die Bildung einer Zollunion oder Freihandelszone informiert werden (Art. XXIV, 7); beschränkende Handelsvorschriften müssen für „annähernd den gesamten Handel" (substantially-all-clause) beseitigt werden (Art. XXIV, 8). Allerdings ist da noch die Zeitstrecke, in der die 100 Prozent-Präferenz realisiert wird; je länger diese geplant wird, desto mehr wird natürlich die Regel des Art. XXIV unterlaufen (vgl auch Baghwati 1993: 27). Alle diese Bestimmungen waren nicht nur unscharf und schwer zu operationalisieren, sie waren auch politisch unpraktisch und spielten de facto keine große Rolle. *Erstens* zeigte es sich, daß erfolgreiche Wirtschaftsblöcke wie die Europäische Wirtschaftsgemeinschaft durchaus eine längerfristige Existenz anstrebten und nicht, trotz Freihandelsrhetorik, wie selbstverständlich in einer globalen Freihandelsordnung aufgingen. Später wurde dann im Kontext der WTO-Verhandlungen und der Bildung von Wirtschaftsblöcken in den 90er Jahren die Formel des „open regionalism" modisch; diese sollte demonstrieren, daß Integrationsblöcke keineswegs gegen das Freihandelsprinzip der WTO gerichtet seien. *Zweitens* sollte die Ausnahme in erster Linie für Entwicklungsländer gelten. Aber der erfolgreichste Wirtschaftsblock entstand, nicht gerade überraschend, im hochentwickelten Westeuropa. *Drittens* sollte, obwohl darüber im GATT-Vertrag explizit nichts gesagt wird, die Ausnahme von der globalen Freihandelsordnung die Form der Zollunion sein. Doch wurden dann in der 60er Jahren vor allem Freihandelszonen gebildet. In der Nachkriegsgeschichte des Welthandels zeigte sich also sehr bald, daß es die Ausnahme war, die zur Regel wurde.

9.2 Die „erste Welle" der regionalen Blockbildung oder die verschiedenen Anlässe für regionale Zusammenschlüsse

Ironischerweise ist der Artikel XXIV des GATT auf Initiative von Libanon und Syrien eingeführt worden, von Ländern also, die niemals in der Geschichte eine erfolgreiche Wirtschaftsunion zu bilden in der Lage waren und die sich auch politisch niemals vereinigen sollten – wenn man das Quasi-Protektorat, das Syrien über Libanon seit 1992 ausübt, nicht als Vereinigung qualifiziert. Beim Abschluß des GATT-Vertrags hat wohl niemand daran gedacht, daß sich unter seiner Regie so mächtige Gebilde wie die EWG (später: EG und seit 1993 EU) ausbreiten könnten, eher war an „natürliche" Handelsregionen wie die Benelux-Länder oder eben Syrien und Libanon gedacht. Doch später wurde der Artikel XXIV dazu benutzt, um die Bildung von regionalen Wirtschaftsblöcken in Europa, in Afrika und Lateinamerika (in Asien kamen Vereinigungen erst sehr viel später zustande) zu rechtfertigen: als Ausnahmen von der im globalen Währungs- und Handelssystem verankerten Regel des Freihandels.

Damit stellte sich auch die Frage danach, was überhaupt eine Region ist und welche Anstöße es sind, die zur regionalen Integration beitragen. In einer OECD-Studie (1995c) wird zwischen Markt- bzw. Politik-induzierter Integration unterschieden. Allerdings ist diese Differenzierung zu grob. Ursprünglich stellten sich die GATT-Architekten unter einer Wirtschaftsregion einen Zusammenschluß in der einen oder anderen Form zwischen benachbarten Staaten vor. Die *geographische Nähe* konnte also ein *erster* Grund sein, der im Falle Libanons und Syriens auf den ersten Blick so überzeugend scheint und dennoch praktisch unerheblich ist, insbesondere wenn man in Rechnung stellt, daß im Zuge der Globalisierung Distanzen immer weniger Bedeutung haben. Freilich spielten schon im Integrationsprozeß der EU *zweitens* politische Erwägungen (zunächst während des „Kalten Kriegs") eine wichtige Rolle, wie sie auch bei den regionalen Zusammenschlüssen des vorigen Jahrhunderts im Vordergrund standen. Dies ist nicht verwunderlich. Denn so lange der Nationalstaat der entscheidende Akteur auch in der Weltwirtschaft ist, ist die Herstellung regionaler Einheiten ein erstrangiges politisches Projekt, eventuell sogar gegen die ökonomische Logik[158].

Im Falle der (west)europäischen Einigung haben *drittens* die ökonomischen Anstöße – Intensivierung der Handelsbeziehungen, Direktinvestitionen, transnationale Konzentrationsprozesse, technologische Kooperation etc. – einen bedeutsameren Impuls ausgelöst als häufig angenommen wird. Transnationale, europaweite Konzentrationsprozesse von Kapital, die Verdichtung der Handelsbeziehungen zwischen den Ländern, die Strategien zur Ausnutzung der economies of scale, die europaweite Auftragsvergabe etc. haben eine wesentliche Rolle bei der Stärkung der *„market-led"*-Impulse der Einigung gespielt.

Inzwischen ist aber unter den Bedingungen der Währungskonkurrenz die Verteidigung der Stabilität der Währungen wirtschaftspolitisches Ziel höchster Priorität geworden. Die Bildung regionaler Blöcke erfolgt daher *viertens* auch, um in der globalen Währungskonkurrenz größere Chancen zu haben, eine „Stabilitätsgemeinschaft" zu erreichen. Nicht geographische Nähe oder politische Projekte und (real)ökonomische Kooperationsbeziehungen sind entscheidend, sondern die Chance der Verbesserung der Bedingungen für *monetäre* Stabilität.

---

[158] Dies war ganz ohne Zweifel so im Falle der deutschen Einigung 1990. Die ökonomische Integration der damals noch existierenden DDR in den DM-Währungsraum war lediglich ein Mittel, um ein politisches Ziel, die Einigung der beiden deutschen Staaten unter westdeutschem Vorzeichen zu erreichen. Die Mißachtung der ökonomischen Logik der Integration hat sich zwischenzeitlich als äußerst kostspielig herausgestellt. Allerdings sind dabei unnötigerweise so viele Fehler begangen worden, und zwar von denjenigen, die das politische Ziel mit Verve vertreten haben, daß die Frage berechtigt erscheint, ob nicht die „nationale Aufgabe" der Vereinigung bewußt für ganz private ökonomische Vorteile benutzt worden ist.

„What is a region? ... I think the components of the definition are changing. In the past, a region was geographically defined. Neighbourhood was very important ... it had to do with socio-cultural elements in common. But today new components are added such as the one given by Marfan: macroeconomic stability. I think this change in the definition of a region is important" (Aninat in: Teunissen 1995: 26-27)[159].

Allerdings haben sich die Bedingungen für monetäre Stabilität verändert. Bei der Bekämpfung der in den 80er Jahren in einigen lateinamerikanischen Ländern galoppierenden Inflation konnten regionale Zusammenschlüsse hilfreich sein: bei der kollektiven Lösung des kollektiven Problems der zu hohen Außenverschuldung, bei der Änderung wirtschaftspolitischer Konzepte von der Politik Importe substituierender Industrialisierung zu Konzepten systemischer Wettbewerbsfähigkeit, bei Handels- und Finanzverhandlungen, in denen die regional vereinigten Länder ein wesentlich größeres Gewicht aufzubringen vermochten als im Alleingang. In der zweiten Hälfte der 90er Jahre haben die globalen Finanzkrisen aber deutlich gemacht, daß auch regionale Blöcke ihre verheerende Wirkung nicht mindern können. Denn immer sind einzelne Währungen betroffen, die unter den Druck von Kapitalflucht und Spekulation geraten. Wegen der Abwertung der von der Krise betroffenen Währung werden in einem regionalen Handelsblock die internen Austauschverhältnisse von Warenhandel und Kapitalverkehr verändert. Dies ist eine kaum kontrollierbare Sprengkraft für die Marktbeziehungen in einem regionalen Wirtschaftsblock, die im Grenzfall das Integrationsbündnis zerstört[160]. Der andere Grenzfall wäre die Währungsunion. Unter der Drohung globaler Finanzkrisen gäbe es also keine Stufen der Integration, sondern nur die Alternative der Verteidigung des eigenen Währungsgebiets gegen spekulative Attacken oder den großen Schritt vorwärts zur Währungsunion. Doch wenn sich mehrere weiche Währungen auf einen gemeinsamen Nenner einigen, wird dieser nicht härter als die Bestandteile sein. Damit wird deutlich, daß die Anstöße, die Motive, aber sicherlich auch die Dynamik der Regionalisierung von den historischen Bedingungen beeinflußt werden,

---

[159] Es handelt sich um die Wiedergabe der „floor discussion" in einem Seminar über „Regionalism and the Global Economy. The Case of Latin America and the Caribbean", organisiert vom „Forum on Debt and Development" (Fondad) mit Unterstützung der CEPAL im März 1995 (Teunissen 1995). Augusto Aninat ist ein chilenischer Unternehmer, Manual Marfan ist (1995) der stellvertretende Finanzminister Chiles.

[160] Die Reaktion Argentiniens auf die Krise des brasilianischen Real im Frühjahr 1999 bewegte sich dieser Grenze zu, als der Vorschlag ernsthaft unterbreitet wurde, die argentinische Währung nicht nur im Rahmen eines „currency board" an den US-Dollar zu binden (d.h. daß die Geldmenge in Argentinien sich mit den Beständen an Dollardevisen ändert), sondern die eigene Landeswährung durch den Dollar zu ersetzen. Würde diese Absicht realisiert, würden die Handelsbeziehungen innerhalb des Mercosur (zwischen Argentinien, Brasilien, Uruguay, Paraguay, Bolivien und Chile) radikal verändert, da ja nun auch US-amerikanische Unternehmen auf den Markt drängen könnten.

unter denen sie stattfindet. Und weiter: Will man Regionalisierung verstehen, dann muß man sich von der so naheliegenden Vorstellung geographischer Nähe als dem wichtigsten Faktor der regionalen Blockbildung lösen.
Der Artikel XXIV des GATT ist immer Gegenstand heftiger Kontroversen gewesen. Ein Argument lautet, daß Freihandel nur unter zwei Konstellationen vorstellbar sei: entweder in einer globalen Geoökonomie ohne alle Grenzen mit möglichst vielen und möglichst gleich starken Akteuren oder mit einem sehr großen und möglichst die Weltwirtschaft umfassenden Handelsblock – Freihandel der Unternehmen in den Grenzen eines Weltstaats. Es fällt sofort auf, daß hier das Modell des polypolistischen Marktes Pate gestanden hat, wobei sich die beiden Alternativen als Scheinalternativen herausstellen. Dieser Argumentation entsprechend sind die komparativen Kostenvorteile des Welthandels am geringsten, wenn sich wenige Wirtschaftsblöcke bilden. Dies ähnelt schließlich der oligopolistischen Struktur von Märkten, deren allokative Fehlleistungen aus der Theorie der Märkte bekannt sind. Paul Krugman hat argumentiert, daß der Welthandel am wenigsten frei und daher die positiven Wirkungen für den Wohlstand der Nationen am geringsten sind oder sich sogar ins Negative verkehren, wenn der Weltmarkt in drei Blöcke zerfällt (nach de Melo/Panagariya 1992: 7). Also ist die „Triadisierung", von der schon die Rede war, die schlechteste aller möglichen Konstellationen. Es fragt sich freilich sofort, wie es kommen konnte, daß die theoretisch am schlechtesten bewertete Variante in den Jahrzehnten nach dem Zweiten Weltkrieg dennoch geschichtsmächtig geworden ist. Offensichtlich wirken in der Geoökonomie gerade unter den Bedingungen des freien Handels Kräfte, die seine Grundlagen unterminieren. Hobsbawm hat daher recht, wenn er schlußfolgert, daß den „globalen Freihandel ... Ökonomen gewöhnlich unkritischer betrachten als Wirtschaftshistoriker" (Hobsbawm 1995: 703).
Jacob Viner (1950) hat schon 1950 vorgeschlagen, Wirtschaftsblöcke danach zu beurteilen, ob sie „trade creating" oder „trade deviating" sind. Im ersten Fall können Einwände gegen die Bildung regionaler Wirtschaftsblöcke leicht abgewehrt werden, im zweiten Fall sollten die Präferenzzölle innerhalb eines regionalen Wirtschaftsblocks oder die Zollmauern um sie herum möglichst schnell beseitigt werden. Hinter dieser Unterscheidung, die bis in die Gegenwart zur Bewertung von Integrationsprojekten, wie Freihandelszonen oder Zollunionen, bemüht wird, ist die mächtige Gestalt des Adam Smith sichtbar, die da immer noch wie vor 200 Jahren ruft: Je mehr Handel, desto tiefer die Arbeitsteilung, desto größer die Arbeitsproduktivität, desto höher der Wohlstand der Nationen – und vice versa.
Die den Handel innerhalb von Wirtschaftsblöcken und von Wirtschaftsblöcken mit dritten Parteien positiv beeinflussenden Faktoren („trade creating factors")

sind im Prinzip: (1) die Höhe der Zölle vor Bildung des Handelsblocks; je höher die Zölle zuvor waren und je bedeutender daher der Abbau der Zölle ist, desto größer das Potential der Handelsausweitung. Dann spielt (2) natürlich eine Rolle, inwieweit die Länder, die einen Handelsblock bilden, tatsächlich in der Lage sind, Komplementarität und Komplexität der Arbeitsteilung durch Handel zu steigern, um mit den Produktivitätsfortschritten den Wohlstand zu erhöhen. Hier sind wir wieder mit dem bereits erörterten Problem konfrontiert, daß die Möglichkeiten zur Intensivierung des Handels mit dem Grad der Industrialisierung steigen. Rohstoffländer können sich zu einem Wirtschaftsblock zusammenschließen und damit kaum eine positive Wirkung auf den Umfang ihres Handels und die Vertiefung der Arbeitsteilung auslösen. Warum sollten Sojaproduzenten Soja gegenseitig austauschen? Das macht nur Sinn, wenn der Rohstoff in hochgradig diversifizierte Industrieprodukte transformiert worden ist. Schließlich spielt noch (3) der Außenzolltarif eine Rolle. Je geringer dieser ist, desto weniger dürfte unter den Annahmen der Freihandelsdoktrin der Handel abgelenkt werden. Doch in der Regel dürften beide Wirkungen, Handelsumlenkung und Handelsausweitung eintreten, und es dürfte sehr schwer sein, die beiden Wirkungen zu quantifizieren und zu isolieren.

Die Beweggründe für die Bildung der Europäischen Wirtschaftsgemeinschaft im Jahre 1957 waren zunächst politischer Natur, nämlich einen ökonomisch und politisch funktionierenden Block gegen das durch den „eisernen Vorhang" abgeschottete „sozialistische Lager" zu bilden und darin Westdeutschland politisch, weil ökonomisch einzubinden. Erstaunlicherweise jedoch löste die Bildung der Europäischen Wirtschaftsgemeinschaft in den 60er Jahren in Afrika und Lateinamerika eine „first wave of regional integration" (Anderson/ Blackhurst 1993) aus. „Many regional integration efforts are inspired by the experience of the European Union, the most economically integrated group of countries in the world ..." (IMF 1994b: 96). Es entstanden eine Reihe von Handelsblöcken, die freilich in den folgenden Jahren allesamt wenig erfolgreich waren, wenn die Zunahme des Intrablock-Handels und die Bedeutung in der Weltwirtschaft zum Kriterium erhoben werden. Dies läßt sich allerdings sinnvollerweise nur im Fall von „*market-led*" Integrationsprozessen tun; die „*politikinduzierten*" Integrationsschritte bemessen sich auch an dem Grad der Institutionalisierung von Entscheidungsprozessen, an der Bildung von „Gemeinschaftsbewußtsein", an dem Ausmaß der die Grenzen überschreitenden Kontakte, auch daran, inwieweit ein integrierter Wirtschaftsraum von Dritten als Einheit wahrgenommen wird. So betrachtet ist die „Festung Europa" ein Ausdruck für einen hohen Grad ökonomischer, politischer und auch kultureller Integration, den andere Integrationsräume nicht zu erreichen vermochten. Der Zusammenhang der verschiedenen Ebenen der Integration wird in *Schaubild 9.2* skizziert. „Market led"-Integration findet schlicht als negative Integration durch Ausweitung der Märkte und Deregulierung (Zollabbau) statt. „Negative Integration" in diesem Sinne ist das Hauptcharakteristikum der Globalisierung. „Positive Integration" verlangt aber politische Anstrengungen, die Errichtung von Institutionen zur Abstimmung der im größeren Integrationsraum erforderlichen Regulierung. Auch die Gesellschaft ist in den Integrationsprozeß einbezogen, als „de consensu-Integration". Allerdings ist dieser Prozeß sehr voraussetzungsvoll. Zunächst ist er auf die Eliten der an dem Integrationsprojekt beteiligten Länder beschränkt. Daß er aber auch Kreise der Zivilgesellschaft erfassen kann, läßt sich an der Geschichte der Europäischen Union studieren.

Schaubild 9.2: Integration: de facto, de jure, de consensu

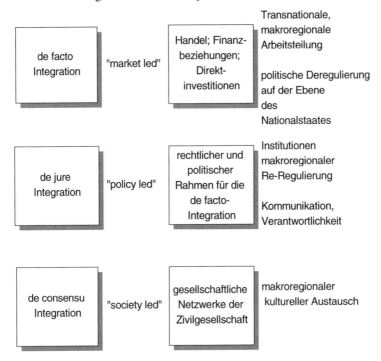

Die Gründe für Erfolg oder Mißerfolg der *wirtschaftlichen* Integration sind vielfältig und haben mit Entwicklungsstand und Entwicklungsstrategien der beteiligten Länder zu tun. Solange *erstens* die intraindustrielle Arbeitsteilung wenig entwickelt ist, wenn beispielsweise wie in vielen Drittweltländern der Außenhandel zu 90 und mehr Prozent mit einem oder wenigen Rohstoffen bestritten wird, macht der Zusammenschluß zu einem regionalen Block wenig Sinn. Auch wenn *zweitens* eine Strategie der Import substituierenden Industrialisierung verfolgt wird, ist regionale Blockbildung keine sich auszahlende Option, da es ja im wesentlichen auf die Mobilisierung der Kräfte des inneren Marktes durch den „Entwicklungsstaat" ankommt. Selbst in Lateinamerika, wo im Rahmen der LAFTA versucht wurde, Import substituierende Industrialisierung durch regionale Ausweitung des Marktes zu stimulieren, ist dieser Ansatz fehlgeschlagen. Die erste Lehre ist daher einfach und klar: Die regionale Ausweitung des Marktes durch Freihandelszone oder Zollunion bringt nur dann positive Effekte, wenn die materialen Bedingungen für eine Vertiefung der Arbeitsteilung gewährleistet sind, wenn also ein Minimum intra-industrieller Spezialisierung bereits erreicht ist und dieses perspektivisch fortentwickelt werden kann. Die entwicklungspolitische Zielvorgabe durch Schaffung regionaler Wirtschaftsblöcke erreichen zu wollen, ist illusorisch. Dazu ist, je nach historischer Konstellation, Faktorausstattung und bereits erreichtem Entwicklungsgrad, paradoxerweise entweder eine Freihandelsstrategie oder nationalökonomischer Protektionismus allemal eher geeignet.

Die Intensität und Diversifizierung des Austausches zwischen Industrieländern ist höher als zwischen weniger entwickelten Ländern. Dies bestätigen die Berechnungen des Intrablockhandels in der sogenannten „Dritten Welt"; die handelspolitische Integration weist in den vergangenen Jahrzehnten in einigen Integrationsräumen sogar eine abnehmende Tendenz auf. Eine Ausnahme bildete bis zum Ausbruch der Finanzkrise von 1997 ASEAN/AFTA, dies aber weniger wegen der förmlichen regionalen Integration als wegen der höheren Dynamik von Wirtschaftswachstum und internationalem Handel in der Region bis Mitte der 90er Jahre. Hier handelt es sich um einen eindeutigen Fall der „market-induced integration", auch wenn ASEAN in den 60er Jahren als politische Allianz zur Verhinderung des „Dominoeffekts" während des Vietnam-Kriegs gegründet worden ist. Wie in der Weltwirtschaft während des „golden age" der 50er und 60er Jahre insgesamt, verdichten sich die Handelsbeziehungen auch in Südostasien als Konsequenz dynamischen Wachstums. Wenn man allerdings den Handel Singapurs aus den Daten ausklammert, verringert sich der Anteil des Intrablockhandels auch im ASEAN/AFTA beträchtlich, nämlich auf überhaupt nicht spektakuläre, sondern enttäuschende 3-4%. Nur etwa 0,4% des intraregionalen Handels können auf die Einführung des Systems von Präferenzzöllen zurückgeführt werden (Blomquist 1993: 59).

Die Finanzkrise *Asiens* und der kompromißlose Druck, Überschüsse der Handelsbilanz zu erzielen, zwingt alle Länder, Abnehmer in anderen Weltregionen, d.h. außerhalb der Freihandelszone ASEAN/AFTA, deren Mitglied das Land ist, zu finden. Wenn die Importe der von der Finanzkrise betroffenen Länder reduziert und Exporte massiv gesteigert werden, dann ist der Effekt für regionale Integration negativ. Indonesien hat 1998 die Importe um fast 40% reduziert, Malaysia um etwa ein Drittel, die Philippinen um ca. 15%, Thailand um fast 40%, Singapore um etwa 20%. Die Export*werte* in den betroffenen Ländern sind ebenfalls zurückgegangen, wenn auch nicht so dramatisch wie die Importwerte. Diese Daten zeigen, daß die ASEAN/AFTA-Länder Absatzmärkte außerhalb des regionalen Blocks haben suchen müssen. In einigen Ländern sind allerdings die Export*mengen* stark angestiegen, so in Indonesien um fast ein Drittel, in Thailand um ca.15% (Daten nach IMF 1998b: 72). Die mengenmäßige Erhöhung der Exporte und die Verringerung der Exporteinnahmen sind eine direkte Folge der brutalen Abwertung der Währungen Indonesiens, Thailands und anderer Länder. Die Finanzkrise unterminiert also die regionalen Integrationsanstrengungen, auch wenn es möglicherweise im Rahmen regionaler Kooperation leichter fallen sollte, sich über Konzepte gegen die Krise zu verständigen. Allerdings kann dies nur funktionieren, wenn eine regionale Hegemonialmacht die Rolle der Koordinierung übernimmt. Und das kann in Asien nur Japan, möglicherweise in absehbarer Zukunft aber vor allem China sein.

Auch die *afrikanischen* Integrationsvereinbarungen ECOWAS, CEAO und UDEAC haben den Anteil des Intrablockhandels seit 1960 leicht erhöhen können. Er ist aber insgesamt unbedeutend und erreicht auf niedrigem Niveau des Handels der beteiligten Länder gerade einmal 10-12 Prozent des gesamten Außenhandels. Der Anteil des afrikanischen Kontinents am Welthandel hat sich in den vergangenen Jahrzehnten seit 1980 mehr als halbiert. Afrika ist, wie es manchmal zynisch, manchmal melancholisch lautet, von der Weltwirtschaft „zwangsabgekoppelt". Hier machen sich die bereits erörterten Tendenzen der *Fragmentierung* und der *Exklusion* geltend. Es ist klar, daß die Bildung von Wirtschaftsgemeinschaften im Falle Afrikas nicht nur zur Protektion gegen Weltmarkteinflüsse erfolgt, sondern auch als ein Weg der Handelsintensivierung gesehen wird, der auch ohne die Verfügung über Weltgeld beschritten werden kann. Hier spielen also Tendenzen des bereits diskutierten Handels auf Gegenseitigkeit (countertrade) und des Produktenaustausches ohne Geld (barter) eine entscheidende Rolle. Der Anteil des Schmuggels und illegaler und halblegaler Geschäfte in den Wirtschaftsbeziehungen zwischen den Ländern ist nur schwer einzuschätzen, er dürfte aber sehr hoch sein – wie im übrigen auch in Lateinamerika. Die offiziellen Daten verbreiten deshalb ein allzu trübes Bild der tatsächlichen Integration; allerdings folgt diese nicht den Regeln *formeller* Wirtschaftsbeziehungen, sondern denen des *informellen Marktes*. Dies bedeutet, daß unter Bedingungen der schwachen ökonomischen Entwicklung die „market led-integration" vor allem informelle Wirtschaftsbeziehungen stärkt, die jedoch weder exakt erfaßt werden können noch politisch leicht zu steuern sind.

In *Lateinamerika* hat sich in der „ersten Welle" der regionalen Integration der Intrablockhandel zunächst recht dynamisch entwickelt, ist dann aber in den Jahrzehnten danach abgesunken und fast bedeutungslos geworden. In Lateinamerika wurden die mit der LAFTA erwarteten Integrationsleistungen in den 80er Jahren nach unten korrigiert. Die Hoffnungen auf synergetische Effekte der Importe substituierenden Industrialisierung, wenn eine größere Region gebildet wird, haben sich nicht erfüllt. Dafür gibt es viele Gründe, ökonomische und politische gleichermaßen. Denn auch Prozesse der Desintegration können market- bzw. policy-induced sein. Die lateinamerikanischen Länder litten in den 70er Jahren mit wenigen Ausnahmen (Mexiko, Venezuela, Costa Rica) unter der Knute von Militärdiktaturen. Diese sind schon ideologisch für transnationale Integrationstendenzen verschlossen; sie werden daher im „bürokratisch-autoritären Staat" (O'Donnell 1979) eher die traditionellen Muster der nationalen Entwicklung (wie beispielsweise in Brasilien) oder eines brutal aufgezwungenen Freihandelsregimes (wie in Chile) verfolgen, als regionale Integrationsprozesse fördern. Diese würden ja auf jeden Fall ihrer politischen Kontrolle entgleiten und daher die Herrschaft über das Territorium des Nationalstaats unterminieren. In der Nachfolgeorganisation von LAFTA, in der LAIA, wurden daher nur mehr wirtschaftspolitische Koordinationsmaßnahmen zwischen den beteiligten Ländern angestrebt. Ansätze der regionalen Integration werden erst am Ende der „neoliberalen Dekade" der 80er Jahre verfolgt, als sich die nationalen Wege der Militärdiktaturen schon längst als obsolet herausgestellt hatten und der Übergang zu demokratischen Systemen vollzogen war. Obendrein war deutlich geworden, daß die ungeschützte, wenn auch mit Strukturanpassungsplänen des IWF begründete Öffnung zum Weltmarkt schwerwiegende ökonomische und politische Probleme bereitet, weil weder die Arbeitslosigkeit abgebaut, noch die Außenschulden wirksam reduziert werden, noch die Inflation unter Kontrolle gebracht werden können. Supranationale Integration kann, so die Hoffnung, jene intermediären Märkte zwischen einerseits zu kleinen und gegenüber den Innovationszwängen abgeschotteten nationalen Märkten und andererseits dem von den Industrieländern beherrschten, also nicht offenen, sondern „geschlossenen" Weltmarkt schaffen. Die Absicht ist löblich, durch Regionalisierung die angestrebte Steigerung der Wettbewerbsfähigkeit mit marktgängigen Industrieprodukten auf dem Weltmarkt zu beweisen. Doch dieser „open regionalism" findet eine neue Weltkarte vor, auf der Orientierung zu finden sehr schwierig ist. Nicht nur entstehen „unterhalb" der Globalisierung regionale Handels- und Wirtschaftsblöcke, sondern quer zu ihnen weltumspannende Unternehmensnetzwerke, die zum Teil durch harte Milliarden der Megafusionen zusammengeschweißt sind (vgl. Kapitel 6.6 sowie 7. Kapitel). Der Weltmarkt ist also durch ökonomische Machtkonglomerate strukturiert und beherrscht, die wenig Spielraum für „die Kleinen" lassen, ihre löbliche Absicht der Herstellung von Produktionsstrukturen systemischer Wettbewerbsfähigkeit zu realisieren.

9.3 Eine „zweite Welle" regionaler Blockbildung seit den 80er Jahren

In den 80er Jahren beginnt eine sogenannte „zweite Welle der regionalen Blockbildung". Diese wird wie in den 60er Jahren durch Integrationsfortschritte in Westeuropa nach der Überwindung einer Stagnationsperiode während der 70er Jahre ausgelöst. Westeuropa ist auch in der zweiten Hälfte des 20. Jahrhunderts ein Zentrum des Welthandels geblieben. Die Integrationsdynamik zeigt, daß Freihandelsrhetorik gut und schön, aber ein einigermaßen funktionierender Wirtschaftsblock besser und schöner ist. Die Schwerkraft, gemessen am etwa 40prozentigen Anteil Westeuropas am Welthandel, zwingt andere Regionen zu Anpassungsleistungen. Die Standards des Welthandels werden in der „Triadenkonkurrenz" gesetzt, in der Westeuropa kräftig mitmischt. Es ist die Gleichzeitigkeit der Erweiterung („*widening*") und der Vertiefung („*deepening*") der westeuropäischen Integration, die in anderen Weltregionen zur Nachahmung einlädt. In den 80er Jahren findet *erstens* die Süderweiterung statt, als Griechenland, Spanien und Portugal der EU beitreten, und es gelingt *zweitens* die Vertiefung der Integration, einmal mit dem Europäischen Währungssystem von 1979, dann aber mit der Verabschiedung der Einheitlichen Europäischen Akte 1986 und der deklarierten Absicht, den Gemeinsamen Markt und eine Währungsunion (Vertrag von Maastricht von 1991 und von Amsterdam 1996) noch vor dem Ende des 20. Jahrhundert herzustellen (vgl. dazu ausführlich Altvater/Mahnkopf 1993).

Die europäische Integration mag erneut Auslöser von ökonomischen Integrationsprojekten in anderen Teilen der Welt gewesen sein, erklären kann sie diese nicht. Die Hintergründe für die Anstrengungen regionaler Wirtschaftsintegration in allen Weltregionen sind gänzlich andere als jene aus den 60er Jahren. <u>Während sie vor drei Jahrzehnten auf dem Höhepunkt der Blockkonfrontation zwischen „freiem" Westen und „real-sozialistischem" Osten, in einer Phase der dynamischen Weltwirtschaftsentwicklung unter dem Schirm einer unangefochtenen US-amerikanischen Hegemonie stattfanden, sind sie in den 80er und 90er Jahren Antworten auf die Herausforderungen einer globalen Strukturkrise und auf die Verschärfung der globalen Konkurrenz, befördert durch die extrem gewachsenen Instabilitäten des globalen Finanzsystems. In den 90er Jahren kommt obendrein hinzu, daß die ausgleichende Wirkung der Bipolarität in der</u>

Welt mit dem Kollaps des real-sozialistischen Lagers verschwunden ist und folglich kapitalistische Prinzipien unmoderiert Wirksamkeit erlangen können. Der Kapitalismus kann sich sozusagen ungeschminkt den Völkern präsentieren. Kein „Systemwettbewerb" zwingt mehr zu sozialpolitischen Leistungen, die, wie Shonfield ausführte, die „Hektik" des Marktes im Zaum hielten (Shonfield 1968: 76). Die makroregionalen Integrationsanstrengungen sind also ein Element der globalen Transformationen (vgl. 1. Kapitel).

9.3.1 Das Ende der Blockkonfrontation
An erster Stelle sind das Ende der Blockkonfrontation und die Auflösung des „realsozialistischen Lagers" seit 1989, aber bereits eingeleitet durch die Perestrojka Gorbatschows ab 1985, zu erwähnen. Die weltpolitische und weltökonomische Situation verändert sich fundamental: Zum ersten Mal in der Geschichte wird nun jeder Flecken der Erde in den (kapitalistischen) Weltmarkt einbezogen. Nachdem der „Rat für gegenseitige Wirtschaftshilfe"[161] nahezu sang- und klanglos aufgelöst worden war, wird Mittel- und Osteuropa, das sich viele Jahrzehnte hermetisch abgeschlossen hatte, von heute auf morgen zu einer der offensten Handelsregionen in der Weltwirtschaft überhaupt. Zum ersten Mal in der Geschichte bilden alle funktionalen Formen des Kapitals, Waren, produktives Kapital, Finanzen und Arbeit („variables Kapital"), den Weltmarkt – und er umspannt mit seinen Austauschnetzen alle Regionen (vgl. dazu 3. Kapitel). Es gibt keine Ausnahmen, es gibt keinen „roten Block", an dessen Mauern der „freie" Weltmarkt endet. Die der ideellen Norm nach universellen Prinzipien der bürgerlich-kapitalistischen Gesellschaften können nun tatsächlich zum ersten Mal in der 500jährigen Geschichte seit den großen Entdeckungen den Anspruch der universellen Geltung reell und praktisch erheben. Dies geschieht auch in der Rede von der „neuen Weltordnung", auf den großen Konferenzen der UNO zu den Menschenrechten (Wien 1993), zur sozialen Lage der Menschen (Kopenhagen 1995), zum Zustand der globalen Umwelt (Rio de Janeiro 1992), zu den Rechten der Frauen (Beijing 1995), zu den Fragen der Bevölkerungsentwicklung (Kairo 1994), zu den Lebensbedingungen in Städten und Gemeinden (Istanbul 1996). Dabei stellt sich heraus, daß mit der Realisierung des Anspruchs einer neuen Weltordnung durch geographische Ausdehnung auf den gesamten Erdball und als Folge der politischen Öffnung aller Räume die universelle Norm immer wieder in Frage gestellt wird, etwa in fun-

---

[161] Dabei handelt es sich auch um einen regionalen Wirtschaftsblock, der allerdings nicht als Subsystem der Weltwirtschaft gebildet worden ist, sondern als Alternative dazu. Der RGW sollte die nationalen Pläne international koordinieren. Diese Absicht war von Anfang an problematisch, da ihre Realisierung von Verrechnungspreisen innerhalb des RGW abhing, die niemals stimmten und mit den Preisen auf dem Weltmarkt konfligierten.

damentalistischen Weltinterpretationen, die keineswegs nur aus dem islamischen Kulturkreis stammen, sondern auch aus den Seminaren der University of Chicago, woher die smarten Chicago-boys ihre fundamentalistische neoliberale Ideologie beziehen. Sie wird auch geostrategisch korrumpiert, da die Staaten der Erde keineswegs gleichbehandelt werden, sondern von der „einzigen Weltmacht" USA in verbündete Staaten, in „Schlüsselstaaten" („pivotal states"), in „Schurkenstaaten" (Brzezinski 1997; Rubin 1999) eingeteilt und dann der entsprechenden Behandlung unterzogen werden. Daß diese außerordentlich brutal sein kann, haben die NATO-Bombardements in Jugoslawien gezeigt.

Mit dem Verschwinden der „sozialistischen Alternative" geht also die Vision einer globalen Alternative überhaupt verloren. Nicht daß diese in der präsentierten Form der „realen Sozialismen" je realistisch oder wünschenswert war. Aber sie öffnete einen Aktionsspielraum für alternative Projekte, für eine sozialpolitische Bindung der kapitalistischen Dynamik. Die Existenz des „sozialistischen Lagers" bot einzelnen Ländern die Chance für Strategien der „nonalliance" und der „self-reliance", der Suche nach „afrikanischen", „lateinamerikanischen" oder „asiatischen" Entwicklungswegen. Die Debatte um das „Ende der Geschichte" zeigt sehr wohl, welche Bedeutung die Existenz des „realen Sozialismus" in der bürgerlich-kapitalistischen Welt gehabt hat: die Erinnerung daran, daß es jenseits des Marktes durchaus alternative Entwicklungswege geben kann, daß also die Geschichte offen und nicht „beendet" ist, daß die Gegenwart nicht nur eine Vergangenheit, sondern auch eine Zukunft hat.

Es ist der durch das Ende des „realen Sozialismus" verstärkte Impuls der Globalisierung, der keineswegs nur die alternativlose Akzeptanz des globalen Freihandelsprinzips zum Ergebnis hat, sondern auch eine Gegenbewegung auslöst. <u>Eine der Gegenbewegungen gegen die unmoderierte Globalisierung ist die regionale Blockbildung.</u> In den mittel- und osteuropäischen Staaten als den von der Auflösung des „realen Sozialismus" hauptbetroffenen Ländern beginnt sofort die Suche nach Wegen, auf denen möglichst schnell und unkompliziert die Mitgliedschaft in der in Europa hegemonialen Europäischen Union erreicht werden kann. Zwischenzeitlich werden Integrationsvereinbarungen getroffen, wie die CEFTA der Visegrad-Länder[162]. Es werden auch alte Traditionen von Integrationsräumen wiederbelebt, wie in Zentralasien die schon lange untergegangenen Kooperationsformen an der alten Seidenstraße (vgl. dazu Dieter (Hg.) 1996). Es ist also die nach 1989 alternativlose Globalisierung, die einen Anstoß der makroregionalen Blockbildung darstellt, und zwar auf allen Kontinenten.

---

[162] Dabei handelt es sich um Polen, Ungarn, die tschechische und slowakische Republik, Bulgarien, Slowenien. CEFTA ist das Akronym für Central European Free Trade Agreement.

9.3.2 Die Hegemoniekrise der „einzigen Weltmacht"
An zweiter Stelle ist die veränderte Rolle der USA in Weltpolitik und Weltwirtschaft zu nennen. Solange die Weltwirtschaft wächst, die Rohstoff- und Energieversorgung gesichert sind, die Währungskurse über die normalen Zyklen hinweg ausgeglichene Leistungsbilanzen der Handelspartner zulassen und die internationalen Kreditbeziehungen produktive Investitionen und den Welthandel finanzieren und nicht wie im Verlauf der Schuldenkrise der 80er Jahre blokkieren, war es für die USA ein Leichtes, das Vorbild eines offenen Landes zu bieten und für die Liberalisierung des Welthandels einzutreten. Dies liegt, solange der Weltmarkt dynamischer expandiert als die Weltproduktion, im Interesse aller Beteiligten, zumal wenn die monetären Verhältnisse wie im Bretton Woods-System (vgl. dazu 5. Kapitel) einigermaßen stabil geregelt sind. Alle können an den Gratifikationen des Systems teilhaben, wenn auch ungleichmäßig und ungleichzeitig und folglich niemals konfliktfrei. Davon zeugen die diversen Zollrunden im Rahmen des GATT, aber auch die Bildung der UNCTAD zu Beginn der 60er Jahre, weil die selbstbewußt gewordenen „blockfreien" Länder für den handels- und entwicklungspolitischen Dialog eine Institution brauchten, die anders als das GATT nicht unter der Vorherrschaft der Industrieländer stand.
Die Hegemonialmacht vermag, wenn ein Positivsummenspiel gespielt wird, einen „Seignorage"-Vorteil einzustreichen: Das nationale Geld ist zugleich als Weltgeld internationales Kaufmittel. Das ist ein blendendes Geschäft. Die Doppelfunktion des Dollars als nationales und als Weltgeld erlaubt es den USA, durch ihre Geld- und Kreditschöpfung Ansprüche auf das Wertprodukt anderer Volkswirtschaften zu „produzieren" bzw. „zu drucken": Sie können so den Kapitalexport finanzieren wie bis in die 70er Jahre und auf diese Weise die Transnationalisierung der US-Unternehmen bezahlen. Sie können sich aber auch ein riesiges Handelsbilanzdefizit leisten, ohne die Zahlungsunfähigkeit befürchten zu müssen – wie seit den 70er Jahren, und sogar ein hohes Leistungsbilanzdefizit durch einen externen Schuldenberg finanzieren, der am Ende der 90er Jahre an die 1.500 Mrd. US$ hoch ist, ohne den Schuldendienst besonders fürchten zu müssen. Denn die USA können ihn ja durch eine Währungsabwertung gegenüber den wichtigsten Gläubigerwährungen entwerten bzw. in den USA immobilisieren, da der Retransfer von Dollarforderungen in den heimischen Währungsraum unweigerlich hohe Kursverluste mit sich bringen würde, gegen die selbst die Absicherung auf den Derivatenmärkten wenig auszurichten vermag. Anders als die Länder der „Dritten Welt" können sich die USA also gegenüber dem Ausland entschulden; sie müssen nicht erst die harten Devisen erwerben, mit denen sie den Schuldendienst leisten, und um dies zu schaffen, Überschüsse der Handelsbilanz erzielen (wodurch die Inflation angeheizt wird) oder/und sich

das Testat des IMF besorgen, um neue Kredite zu erhalten. Die Optionen der USA sind allerdings nur so lange offen, wie der Dollar wirklich als Weltgeld, in dem die internationalen Kontrakte denominiert werden, akzeptiert wird. Verliert der Dollar seine Weltgeldfunktion an andere Währungen (an den Yen, an die DM oder inzwischen an den Euro), dann verlieren die USA ihre Möglichkeiten, die Seignorage-Vorteile zu akquirieren. Daher balanciert die Politik der geld- und fiskalpolitischen Instanzen der USA auf dem Grat zwischen Abwertungsoption, die Schuldenentlastung bedeutet, und Versuchen der Wertsicherung des Dollars, die die Seignorage-Vorteile der Hegemonialwährung erhält und das System insgesamt stabilisiert. Diese Ambivalenz ist der Grund dafür, daß Phasen der Abwertung mit Phasen der Auf- und Überbewertung des US-Dollars wechseln.

Zwar ist eines sicher: Die US-Ökonomie weist noch immer das im Durchschnitt höchste Produktivitätsniveau (sofern man überhaupt gesamtwirtschaftliche Produktivitätsniveaus vergleichen kann) auf, aber der Abstand zu den konkurrierenden Ökonomien hat sich in den vergangenen Jahrzehnten verringert. Dies hat zur Folge, daß die Wertfundierung des US-Dollars nicht aus der überlegenen Produktivität und daher Wettbewerbsfähigkeit stammt, sondern mit monetären Mitteln erzeugt werden muß: durch komparativ hohe reale Zinssätze in den USA. Unter den Bedingungen konvertibler Währungen, flexibler Kurse und internationalisierter Kreditmärkte werden infolge der Verschuldung der Hegemonialmacht USA auch die Zinssätze in anderen Währungsräumen nach oben gedrückt: Globale Tendenzen haben lokale Folgen und umgekehrt, ein Ausdruck der „*Glokalisierung*" (vgl. 2. Kapitel, 2.3). Die Wirkung ist durchaus ambivalent. Auf der einen Seite indiziert das Handelsbilanzdefizit nicht nur mangelnde Konkurrenzfähigkeit (beim gegebenen Wechselkurs des Dollars), sondern auch die Tatsache, daß die USA zu einem bedeutenden Absatzmarkt für viele Exportökonomien geworden sind, auch für jene, die eher eine neomerkantilistische Politik verfolgen, wie Japan oder die BRD. Zum anderen werden aber durch das hohe reale Zinsniveau in allen Weltregionen Investitionen in Produktivkapital verteuert und Anlagen in Finanzpapieren begünstigt. Infolge strukturell hoher Zinsen verkürzen sich die Planungszeiträume der Investoren; kurzfristige Anlagen werden zu Lasten langfristiger Projekte bevorzugt (zur „Myopie" vgl. Semmler 1990). Wie radikal diese Veränderungen sind, hat die Welle der „mergers and acquisitions" einschließlich der „feindlichen Unternehmensübernahmen" seit den 80er Jahren in den USA, teilweise auch in Europa, deutlich gemacht (vgl. 6. Kapitel, 6.6 und 7. Kapitel). Es zeigt sich so, daß durch den Hegemonieverlust der USA gravierende Veränderungen des monetären globalen Umfeldes ausgelöst werden, die ihrerseits die regionale Blockbildung beeinflussen.

Überdies hat der unbezweifelbare Terrainverlust der USA gegenüber Konkurrenten die Erosion des international institutionalisierten Regelsystems, das den so erfolgreichen ökonomischen Reproduktionsprozeß politisch organisierte und über mehrere Jahrzehnte einen „kooperativen" globalen Kapitalismus ermöglichte, bewirkt. Mit dem Verlust der internationalen Regulierungsleistungen der Hegemonialmacht ergeben sich aber in einem veränderten internationalen Umfeld neue Perspektiven der Nationalstaaten zwischen globalem Freihandel, nationalem Protektionismus und regionaler Blockbildung.

Die USA bleiben schon wegen ihrer geographischen Lage mit einer nach Westeuropa gerichteten Ostküste und der am „pacific rim" liegenden und nach Ost- und Südostasien gerichteten Westküste ein „global player", dessen Interesse an offenen Weltmärkten unbezweifelbar ist. Doch die USA sind wegen der geographischen Größe, der sozialen und politischen Homogenität und der Größe des inneren Marktes zugleich weniger als andere „player" im globalen System auf den Weltmarkt angewiesen. Dies ist auch der Hintergrund für die Entwarnung, die Paul Krugman (1994) gegen die raunenden Stimmen von der verlustig gegangenen Wettbewerbsfähigkeit gegeben hat. Nach dem Ende der Blockkonfrontation entfällt das Motiv, Nationen und Regionen durch Integration in den Weltmarkt auch politisch im System des „freien Westens" zu binden.

In einer solchen Situation divergieren Dominanz und Hegemonie, ja sie können sich sogar widersprechen: Die Dominanz der Supermacht innerhalb der Weltwirtschaft kann gerade dadurch erhalten bleiben, daß die materiellen Grundlagen des Konsenses, und damit die des hegemonialen Systems insgesamt, unterminiert werden. Dies geschieht, wenn die hegemoniale Macht potente Konkurrenten mit „unfairen Mitteln", beispielsweise mit protektionistischen Maßnahmen abwehrt. Die Strategie der Ausweitung der nationalen Exporte gerät in solch einer Situation zum *Nullsummenspiel*, bei dem der eine verliert, was der andere gewinnt. Erst in dieser Situation, in der die politisch-hegemoniale Protektion des freien Handels nicht funktioniert, verwandeln sich Politiken der Exportförderung und der Importbeschränkung von Nationalstaaten in Protektionismus; d.h. Protektionismus ist eine *situationsbedingte* nationalstaatliche politische Option, wenn die kooperative Protektion der Handelsbeziehungen durch ein hegemonial gesichertes internationales Institutionensystem an Grenzen stößt. „Reziprozität" in den Welthandelsbeziehungen, so wie vom GATT beabsichtigt, verkehrt sich in ein Prinzip der neomerkantilistischen Diskriminierung mit nicht-tarifären Schutzmaßnahmen oder „freiwilligen" Exportbeschränkungen oder in einen Wettlauf der Zinsen und dann wieder in eine Auseinandersetzung, in der die Keule der Abwertung eingesetzt wird. Das erinnert an den zerstörerischen (in traumatischer Erinnerung gebliebenen) Abwertungswettlauf der 30er Jahre. Gefährlicher als ein Abwertungswettlauf ist eine Wiederkehr von

„depression economics" (Krugman 1999) in der Form eines Stabilitätswettlaufs, zu dem möglicherweise Wirtschafts- und Währungsblöcke beitragen, weil Währungsstabilisierung in der Währungskonkurrenz zu einem vorrangigen wirtschaftspolitischen Ziel aufgestiegen ist.
Zugleich hat die „einzige Weltmacht" den Versuch gemacht, neben der globalen Karte und dem Trumpf nationalstaatlicher Protektion auch den Joker regionaler Blockbildung zu ziehen. Nach dem Ende der Blockkonfrontation haben die USA gezeigt, daß es für einen großen und mächtigen – wenn auch nicht unbedingt nach den Regeln der Hegemonialordnungen der vergangenen Jahrhunderte hegemonialen – Staat möglich ist, eine neue „unipolare" Weltordnung zu entwerfen (eine Interpretation auf der Grundlage von „realist theories" gibt Mastanduno 1997: 49-88: Brzezinski 1997). In der neuen Weltordnung wird aber nicht nur universellen Regeln für das Welthandels-, Weltwährungs- und Weltfinanzsystem, sondern auch der regionalen Blockbildung Bedeutung beigemessen. Darüber hinaus bleibt die geostrategische Karte im Spiel, als „predatory hegemon" (Susan Strange), als ein „diminished giant" (Jagdish Bhagwati), nationale Interessen auch auf Kosten anderer Nationen und Regionen auszuspielen. Zur gleichen Zeit, als Präsident Bush die „neue Weltordnung" verkündete und wie Cabot Lodge am Ende des Zweiten Weltkriegs von dem bevorstehenden „amerikanischen Jahrhundert" sprach (Kennedy 1993), stellte er seine „Enterprise for the Americas Initiative" (EAI) vor und betrieb die (auf dem „fast track") beschleunigte Verwirklichung der NAFTA. Teilweise war dies nichts als Verhandlungsmasse in den laufenden GATT-Verhandlungen der Uruguay-Runde, die in eine schwere Krise geraten waren. Zum Teil war dies aber auch eine Anstrengung, die Weltmärkte infolge der Erosion der ökonomischen Überlegenheit über die Konkurrenten in Westeuropa und Ostasien neu zu strukturieren. Daß diese Option der USA für alle Akteure der Weltwirtschaft größte Bedeutung hat, ergibt sich schon aus dem immer noch überwältigenden Gewicht der USA in den Weltwirtschafts- und Weltfinanzbeziehungen.

9.3.3 Die westeuropäischen Integrationsfortschritte
An dritter Stelle sind die Konsequenzen der westeuropäischen Integrationsfortschritte in den 80er Jahren für die Blockbildung in anderen Weltregionen zu nennen. Die westeuropäischen Integrationsimpulse, die mit der „Einheitlichen Europäischen Akte" von 1986, der Erweiterung der EG um die Mittelmeerländer in der ersten Hälfte der 80er Jahre und mit dem Vertrag von Maastricht 1991 ausgelöst wurden, veränderten die Konkurrenzsituation, und dies nicht nur innerhalb der „Triade". *Erstens* nämlich zeigte das europäische Beispiel, daß regionale Blockbildung erfolgreich und vorteilhaft für alle beteiligten Länder sein kann – jedenfalls gemessen an der Dynamik des Intrablockhandels, der

Verflechtung durch Direktinvestitionen, der Intensivierung des Dienstleistungsverkehrs und der Migration im Integrationsraum und an dem Gewicht der EU in der Weltwirtschaft. *Zweitens* führte die Integration dazu, daß die EG/EU in weltpolitisch und weltwirtschaftlich wichtigen Beratungen als Block auftreten konnte (Gemeinsame Außen- und Sicherheitspolitik), der nicht in allen, jedoch in vielen Fragen mit einer – wenn auch nicht immer mit überzeugender – Stimme sprach. Insbesondere die politische Haltung Westeuropas gegenüber dem ehemaligen Jugoslawien hat Kritik an der Perspektivlosigkeit der Balkanpolitik ausgelöst. Westeuropa ist nicht nur nicht unschuldig an der Tragödie, die sich auf dem Balkan bis zum Kosovo-Krieg zuspitzte, sondern hat sich dabei als treibende Kraft betätigt. Mit dem wachsenden Gewicht der EG in der Weltwirtschaft wird *drittens* der Marktzugang zu diesem Wirtschaftsblock, der von außen (nicht immer zu Recht) als eine „Festung Europa" wahrgenommen wird, wichtiger. Dies ist ein Gesichtspunkt, der für die Nachbarregionen Westeuropas zentral ist, also für den nordafrikanischen und nahöstlichen Raum, und vor allem für Mittel- und Osteuropa nach der Öffnung zum Weltmarkt (vgl. zur Frage der Öffnung auch OECD 1999: 231ff). Aber auch in Lateinamerika und in Asien entfällt ein beträchtlicher Teil der Importe auf westeuropäische Lieferungen, und Westeuropa ist als Absatzmarkt für eigene Exporte von herausragender Bedeutung – insbesondere infolge der Finanzkrise, die ja zur Steigerung der Exporte in Hartwährungsgebiete zwingt. Da kann es nur von Vorteil sein, wenn dem westeuropäischen Block nicht ein einzelnes Land mit vergleichsweise kleinem Markt in Verhandlungen gegenübertritt, sondern eine zu einem regionalen Block zusammengeschlossene Ländergruppe[163].

Wenn sich also innerhalb des globalen Marktes eine erfolgreiche Substruktur in Form eines regionalen Handelsblocks bildet, löst dies notwendigerweise auch Strukturbildung in anderen Regionen aus. Die Bildung eines regionalen Wirtschaftsblocks läßt sich innerhalb des Weltmarkts nicht vereinzeln, sie löst „Wellen der Blockbildung" aus, die zum Teil nach kurzer Zeit abebben, zum Teil das Schiffchen erfolgreicher Integrationsprojekte über eine längere Zeitstrecke schaukeln. Die EU tut im übrigen einiges dazu, daß die Tendenzen der Regionalisierung in anderen Weltregionen gestärkt werden. Die Abkommen mit dem MERCOSUR und die Lateinamerika-Strategie der EU oder die gemeinsamen Konferenzen mit den asiatischen Nationen („Asian European Meetings") verdeutlichen das Interesse der EU an regionalen Substrukturen unterhalb der Ebene des GATT bzw. der WTO. Die „freie" Welthandels- und Welt-

---

[163] Dies waren beispielsweise (neben anderen, wahrscheinlich wichtigeren) Beweggründe der mexikanischen Regierung unter Präsident Salinas de Gortari bei den Verhandlungen über die Bildung der NAFTA (vgl. Fishlow/Haggard 1992) oder bei der Gründung des MERCOSUR zu Beginn der 90er Jahre.

wirtschaftsordnung wird also mehr und mehr als eine regulierte Ordnung von regionalen Wirtschaftsblöcken strukturiert.

9.3.4 Die finanzielle Globalisierung und die finanziellen Instabilitäten

Damit sind wir bei der vierten und möglicherweise wichtigsten strukturellen Veränderung, die zur regionalen Blockbildung Anlaß gegeben hat: bei der finanziellen Globalisierung seit dem Ende des Bretton Woods-Systems zu Beginn der 70er Jahre. Die regionale Blockbildung ist natürlich einerseits in geographischem Raum und historischer Zeit verortet. Auf der anderen Seite jedoch beeinflussen die Kapitalströme und Kursbewegungen der papierenen (oder elektronisch verwalteten) Geldvermögen die reale Ökonomie sehr weitreichend, da *erstens* die Zinsansprüche real eingelöst, *zweitens* Verluste, so sie denn nicht abgewendet werden können, real gedeckt werden müssen und *drittens* von der finanziellen Attraktivität eines Währungsraums der Strom von Investitionen abhängt. Die Folgen der Liberalisierung der Kapitalmärkte und der „Finanzinnovationen" sind gerade für ökonomische Integrationsprozesse von sogenannten „emerging markets" beträchtlich. Es geht um die oben zitierte Absicht, mit der regionalen Wirtschaftsintegration die Bildung einer monetären „Stabilitätsgemeinschaft" zu erreichen. *Einerseits* werden die Integrationsprozesse erleichtert, wenn soziale und ökologische Besonderheiten in den Bewegungen auf elektronischen Konten international operierender Banken verschwinden, wenn die ökonomischen Unterschiede zwischen Weltregionen auf die simple Dimension von Kursbewegungen und Zinsdifferentialen reduziert werden können, wenn die komplexe soziale und wirtschaftliche Geographie eines Raumes auf die abstrakten Kriterien von Zinsen, Inflationsraten und Wechselkursen gebracht werden können. Wenn dies Codes der Kommunikation sind und nicht verschiedene Sprachen, kulturelle Eigenheiten, technische Standards, Produktionsweisen, die die Vereinheitlichung hindern, ist der Zusammenschluß erleichtert. Und er wird erzwungen, weil – wie wir bereits im 5. Kapitel gesehen haben – monetäre Stabilität zum Nonplusultra der Wirtschaftspolitik geworden ist. Was liegt angesichts dieses „Sachzwangs" näher, als eine „Stabilitätsgemeinschaft" in Form eines regionalen Wirtschaftsblocks zu bilden?

Doch werden wirtschaftliche Integrationsprozesse durch die monetäre Globalisierung *andererseits* überflüssig und zugleich erschwert. Denn ein Wirtschaftsblock hat eine territoriale Dimension, verfügt über eine je einzigartige Handels- und Produktionsgeographie, über eine Geschichte und raumwirtschaftlich gewachsene „Standorte". Die globalen Finanzbewegungen jedoch werden elektronisch fast ohne räumliche Bindung und in physikalischer Echtzeit exekutiert. Dabei werden die Territorialität, die soziale Charakteristik, die ökonomische Qualität im „rating" der Banken ignoriert. Die freihändlerische Position, daß regionale Wirtschaftsblöcke die Spezialisierung gemäß dem Theorem der komparativen Kostenvorteile verhindern und daher die erwartete Wohlfahrtssteigerung hemmen, wird durch die globalen Finanzmärkte unterstrichen. Sie bilden einen globalen funktionalen Raum, gegen dessen Gravitationskraft regionale Einheiten wenig Chancen besitzen – solange Konvertibilität und Flexibilität der Währungen kein Thema sind. Selbst in der mächtigen EG/EU ist es nicht gelungen, die Kurse des EWS gegen die Angriffe des monetären Kapitals aus dem globalen Raum zu verteidigen. Die Auflösung regulierender Prinzipien und Institutionen, die nach dem Zweiten Weltkrieg gebildet worden waren, hat eine globale monetäre Realität erzeugt, der gegenüber die Versuche, neue Grenzen durch regionale Blockbildung zu ziehen, außerordentlich schwer durchzusetzen sind.

Die finanzielle Internationalisierung erzeugt den Raum, in dem die Stärkung der Währung und monetäre Stabilität in der internationalen Konkurrenz wichtiger werden als die Ziele der „Nationalökonomie", nämlich Entwicklung der Produktivkräfte, Vollbeschäftigung, sozialer Ausgleich, ökologische Nachhaltigkeit. Denn die nationalen Grenzen können zwar gegen konkurrierende Waren, nicht aber gegen international flottierendes Kapital abgeschirmt werden. Die (monetäre) Geoökonomie hat über die (reale) Nationalökonomie den Sieg davongetragen. Nationale Ökonomien, die es selbstverständlich auch in der modernen Geoökonomie gibt, müssen sich in einem Raum mit vielen Attraktionspunkten bewähren, um attraktiv für flüchtiges Kapital zu bleiben. In der globalen Währungskonkurrenz können nicht alle 174 Währungsräume (die in der Regel, aber nicht immer, mit nationalstaatlichen Grenzen kongruent sind) Kapital attrahieren, ohne Kapitalflucht woanders auszulösen. Es gibt starke und schwache Währungen, und unter den 174 Währungen nur wenige (US-Dollar, DM, Yen, SFR und neuerdings der Euro), die ihre Stärke aus nicht-monetären Verhältnissen ableiten können: aus den Bedingungen der lokalen (bzw. regionalen, nationalen, in jedem Fall aber *verorteten)* Wettbewerbsfähigkeit infolge überlegener Produktivität, politischer Stabilität und militärischer Stärke oder des Gewichts von Handel und Direktinvestitionen in der Weltwirtschaft. Andere Währungen müssen sich ihre Stärke sozusagen „leihen", indem sie an stärkeren Währungen („Ankerwährungen") „vertaut" werden. Der Wechselkurs wird an den Dollar (im Falle Argentiniens oder Brasiliens) oder an die DM (im Falle der Niederlande, Österreichs, Estlands, Lettlands, der meisten Balkanstaaten etc.) angelehnt bzw. gekoppelt. Die realwirtschaftlichen Unterschiede (Produktivitätsentwicklung; Leistungsbilanz) werden monetär, d.h. mit komparativ hohen Realzinsen kompensiert. So kann tatsächlich Kapital attrahiert werden. Der Erfolg einer solchen Strategie hängt aber ganz und gar davon ab, ob das attrahierte Kapital lediglich kurzfristige Renditen sucht und sich immer auf dem

Sprung an andere Attraktionsorte mit höherer Rendite befindet oder ob langfristig in die Erweiterung und Verbesserung des produktiven Apparats investiert wird. Nur im letzten Fall dürfte die Chance bestehen, daß mit einer Strategie der „geliehenen Währungsstabilität", einer „Ankerwährung", eine Verbesserung der Position in der globalen Währungskonkurrenz erreicht wird. Doch Geldvermögen folgen Rentabilitätskriterien, die nur sehr vermittelt etwas mit der realen Welt zu tun haben. Es ist den Geldvermögensbesitzern gleichgültig, woher die Renditen stammen, Hauptsache ist, daß sie zustande kommen. Der bodenständige Kapitalist, den noch Ricardo zu Beginn des vorigen Jahrhunderts vor Augen hatte, existiert am Ende dieses Jahrhunderts nicht mehr. Die monetären Renditen in der Währungskonkurrenz vor Augen sind sie die letzten, die an einer Strategie der *realen* Wettbewerbsfähigkeit Interesse haben, solange die *monetären* Renditen nicht gefährdet sind. Das hat bereits Marx bei der Behandlung des zinstragenden Kapitals analysiert und den Grund des Desinteresses an den komplexen produktiven Vermittlungsgliedern zwischen monetärer Investition und monetären Erträgen im Fetischismus des Geldes gesehen. Dieser Fetischismus freilich kann fatal sein; wir haben bei der Diskussion der Tendenzen des „disembedding" (im 4. Kapitel) darauf verwiesen. Daher kommt es gerade bei offenen Finanzmärkten darauf an, die realwirtschaftlichen Wettbewerbsbedingungen politisch, auch gegen die globalen Finanzmärkte und deren „myopische" Verengung zu stärken. Die Globalisierung erzwingt demzufolge lokale Reaktionen. Ausdruck dieser Artikulation von Globalem und Lokalem sind auch regionale Wirtschaftsblöcke.

9.3.5 Strategien systemischer Wettbewerbsfähigkeit
An fünfter Stelle muß nun auf die Bedeutung der Steigerung von regionaler, nationaler, lokaler Wettbewerbsfähigkeit für ökonomische Integrationsprozesse verwiesen werden. Hier geht es um die lokalen Antworten auf die globalen Herausforderungen. Während letztere in erster Linie monetärer Natur sind, erfordern die Herstellung und Verbesserung von Wettbewerbsfähigkeit realökonomische und soziale Maßnahmen, die alle im Prinzip darauf abzielen, die Produktivität zu steigern und direkte und indirekte Lohnkosten zu senken. Es wurde bereits erwähnt, daß infolge der Reduktion von Transportkosten die „Konkurrenzgrenzen" zwischen (Produktions)Standorten eingerissen worden sind. Die finanzielle Globalisierung tut das Ihre, um diese Wirkung noch zu verstärken. Die Finanzinnovationen zielen ja im Kern darauf ab, irgendwie fixiertes Kapital (z.B. in Unternehmen gebundenes oder langfristig angelegtes Kapital) zu mobilisieren und flexibel weltweit transferierbar zu machen. So wird es Unternehmen möglich, in bislang nicht gekannter kurzer Zeit auch räumlich in

Produktionsmitteln gebundenes Kapital dann in andere Anlagen zu transferieren, wenn es der Rentabilitätsvergleich nahelegt. Auf diese Weise werden zwar nicht die Arbeitsplätze, wohl aber die Kapitalausstattung der Arbeitsplätze mobilisiert. Sie kann von einem „Standort" zu einem anderen transferiert werden. In der Folge gehen dann am einen „Standort" Arbeitsplätze verloren, die zu einem Teil am anderen „Standort" gewonnen werden. <u>Doch ist die Bilanz der Arbeitsplätze auf jeden Fall negativ, da ja der Transfer in Richtung jener Standorte erfolgt, an denen die Produktivität komparativ höher, also der Arbeitseinsatz pro Produkteinheit geringer ist.</u> Es ist illusorisch, diesen Tendenzen der Globalisierung mit Lohnsenkungen und anderen Zugeständnissen bei den Arbeitskosten entgegenwirken zu wollen. Damit wird nur erreicht, daß das Niveau der Lohneinkommen insgesamt abgesenkt wird, ohne daß dadurch die Konkurrenz stillgestellt werden könnte. Da das leicht mobilisierbare Kapital Renditen und Rentabilitäten weltweit vergleicht, müssen die globalen Mindestrenditen auch mit dem in Arbeitsplätzen gebundenen Kapital erzielt werden können.

Die „Standortkonkurrenz" wird durch das Medium der globalen Kapitalbeziehungen beträchtlich verschärft. „Strukturanpassungen" zur Hebung der Wettbewerbsfähigkeit werden zum Programm. Auch wenn der Druck der Standortkonkurrenz Partikular-Interessen gegenüber gemeinsamen Interessen stärkt, führen rationale Erwägungen doch zu Bestrebungen der regionalen Integration. Für Industrieländer werden im Weißbuch der EG-Kommission von 1993 die Gründe einsichtig zusammengefaßt (Weißbuch 1993): Hier geht es um die Verbesserung der sozialen, materiellen, institutionellen Infrastruktur, um allen Akteuren in Westeuropa in der „Triadenkonkurrenz" verringerte Transaktionskosten, höhere Produktivität als Resultat eines „Produktivitätspakts" und daher verringerte Lohnstückkosten zu bescheren. Zu diesem Zweck müssen korporatistische Arrangements getroffen werden, die auch die Gewerkschaften einbeziehen. In Europa kann dabei auf eine lange Tradition des keynesianisch-wohlfahrtsstaatlichen Korporatismus zurückgeblickt werden, auf die Kompromißbildung auf der soliden Grundlage eines gemeinsamen „Produktionsinteresses" von Lohnarbeit und Kapital. In Ländern der „Dritten Welt" existieren dafür die Voraussetzungen nicht. Dennoch verspricht die Makro-Regionalisierung jene „economies of scale", die die Voraussetzung dafür sind, daß sich moderne, fordistische Massenproduktion und post-fordistische flexible Qualitätsproduktion in der internationalen Standortkonkurrenz überhaupt durchsetzen lassen.

Ganz abgesehen von der inneren Widersprüchlichkeit der einzelnen Bedingungen von Wettbewerbsfähigkeit im allgemeinen Systemkontext (worauf hier nicht eingegangen werden kann), stellt sich sofort die Frage: Was ist das System, auf das sich die „systemische" Wettbewerbsfähigkeit bezieht (Porter 1990; Eßer et al. 1994; Messner 1995)? Es kann in großen und diversifizierten, hochgradig strukturierten Ökonomien *erstens* unterhalb der nationalstaatlichen Ebene zustande kommen, sozusagen als *mikroregionale* Wettbewerbsfähigkeit von „industrial districts", von „clusters" dynamischer Unternehmen vor Ort, von Agglomerationsräumen mit Fühlungsvorteilen. Das ist das Thema jener Untersuchungen, die den Gründen für die Markterfolge des „terza Italia", von Baden-Württemberg, Jütland, Southern Ontario, Silicon Valley etc. nachspüren. Es kann aber *zweitens* durchaus sein, daß Wettbewerbsfähigkeit lediglich auf *makroregionaler*, d.h. supranationaler Ebene durch Bildung eines regionalen Wirtschaftsblocks herstellbar ist. Dies gilt für bestimmte Hochtechnologieprodukte, die nur in transnationalen Netzwerken von modernen Unternehmen mit supra- und internationaler staatlicher Unterstützung wettbewerbsfähig erzeugt werden können. In Europa stehen dafür Airbus-Industries oder die im „Weißbuch" (1993) vorgesehenen trans-europäischen Netze in der Energiewirtschaft, im Transportwesen und in der Datenfernübertragung. Daher rühren *drittens* auch die Unternehmenskooperationen innerhalb der „Triade", die so viele Analytiker der Wettbewerbsfähigkeit auf dem Weltmarkt begeistert und zu Mahnungen veranlaßt hat (Seitz 1990), bei technologischen Kooperationen nicht zurückzubleiben (dazu auch Archibugi/Mitchie 1995). Es kann aber *viertens* sein, daß sich Mikroregionen unterhalb der Ebene des Nationalstaats zu *neuen Makroregionen* oberhalb des Nationalstaats zusammenschließen und auf diese Weise den Nationalstaat – noch mehr als bereits im Zuge der Globalisierung geschehen – seiner Souveränität berauben.

Manche nationale Ökonomien sind so klein und so schwach, daß sie als Marktökonomien (also nicht als Subsistenzökonomien) nur in einer größeren Einheit regionaler Wirtschaftsintegration jene „economies of scale" und „of scope" produzieren können, die „low level competitiveness" zulassen. Selbst innerhalb der EU ist die makroregionale Kooperation eine Notwendigkeit, um Produktivitätssteigerungen zu erzielen, die in der Konkurrenz Kostenvorsprünge ermöglichen. Daher ist die Warnung von Gert Rosenthal, Direktor der CEPAL, in Lateinamerika würden regionale Integrationsprojekte das Risiko in sich bergen, „that a small country may adjust its production structure to the conditions prevailing on the market of its main trading partner, instead of adapting them to more competitive conditions of the world market" (nach: *Financial Times* vom 11.2.1994), unangemessen. Die „more competitive conditions" auf dem Weltmarkt werden durch die Industrieländer gesetzt. Der Abstand der weniger entwickelten Länder ist auf vielen Märkten zu groß, als daß sie sich dieser Konkurrenz erfolgreich aussetzen könnten. Es kommt ja obendrein hinzu, daß die Währungskonkurrenz eine monetäre Stärkung der Währung verlangt, bevor noch die Währung auf „normalem Wege" durch eine wettbewerbsfähige Ökonomie und daher eine strukturell positive Leistungsbilanz gestärkt werden könnte. In diesem Fall könnte es schon aus Gründen der Währungsstabilisierung ratsam sein, den Handel zwischen Schwachwährungsländern zu vereinfachen, um den Druck auf die Leistungsbilanz zu reduzieren. Dies ist auch ein Grund dafür, daß der Anteil des countertrade und von bilateralen Zahlungsvereinbarungen in den ärmsten Regionen der Welt so groß ist.

In vielen Weltregionen sprechen die Notwendigkeit der Steigerung systemischer Wettbewerbsfähigkeit und die Aussichtslosigkeit, dies auf mikroregionaler oder nationaler Ebene ohne makroregionale Kooperation innerhalb des Weltmarkts realisieren zu können, für eine regionale Blockbildung. Anders als noch während der ersten Welle der Blockbildung in den 60er Jahren haben regionale Wirtschaftsblöcke nun eine Bedeutung (1) als mögliche „Konkurrenzgrenzen", die unter dem Freihandelssystem und unter dem Druck der globalen Finanzmärkte und infolge der Bedeutungslosigkeit von Transportkosten fast verschwunden sind, (2) als jene größeren Einheiten, in denen es Sinn macht, die Bedingungen der systemischen Wettbewerbsfähigkeit – gemessen am Stand der entwickeltsten Handelsnationen – zu erfüllen, (3) als Einheiten, mit denen auch der Währungskonkurrenz und den desaströsen Wirkungen von Spekulationsbewegungen gegen einzelne Währungen entgegengewirkt, also eine „Stabilitätsgemeinschaft" errichtet werden kann, (4) als ökonomisch untermauerte politische Zusammenschlüsse, „to enhance political cohesion among members" (OECD 1993a: 7), daher (5) als eine Maßnahme „for imposing and locking-in neoliberal reforms" (Grinspun/Kreklewich 1994: 36), und (6) schließlich, um in den internationalen Verhandlungen über das globale ökonomische Handels- und Währungsregime mehr Gewicht einbringen zu können:

„Countries must now create economic power to achieve positive results in their international negotiations. The basis of the regionalization strategy – and I would like to mention MERCOSUL here – is fundamentally linked to this new view of the ways in which nations may project themselves in economic terms. In the end, if the game is about reciprocity, one must have something to offer, and the market size is the first trump card" (Cardoso 1995: 7).

9.4 Vom GATT zur WTO

In der strukturellen Krise der Weltwirtschaft sind also eine Reihe von Kräften auszumachen, die alle als Anstoß zur Bildung regionaler Wirtschaftsblöcke wirken. Damit freilich ist keineswegs gesagt, daß diese Versuche auch von Erfolg gekrönt sein werden. Dennoch ist der Tendenz zur Bildung von Wirtschaftsblöcken in den Verhandlungen der „Uruguay-Runde" (1986-1994) zur Welthandelsorganisation (WTO) Rechnung getragen worden. Die Regelung der regionalen Integration enthält in der WTO eine ganze Reihe von Änderungen im Vergleich zum bereits diskutierten Artikel XXIV des GATT. Die Gründe für diese Änderungen sind genannt worden: das Ende des Kalten Kriegs und das Verschwinden des Sowjetblocks, die Schuldenkrise der 80er Jahre und der Zwang zur Öffnung geschützter nationaler Ökonomien, der Übergang zum neuen wirtschaftspolitischen Paradigma der „systemischen Wettbewerbsfähigkeit", die Hegemoniekrise der USA und nicht zuletzt der große Erfolg der Integrationsschritte in Westeuropa. Während vor mehr als 50 Jahren die Errichtung einer Welthandelsordnung scheiterte und die „Minimalversion" des GATT herauskam, sind 1994 die Verhandlungen um die Errichtung einer Welthandelsorganisation von Erfolg gekrönt.

Schaubild 9.3: GATT und WTO

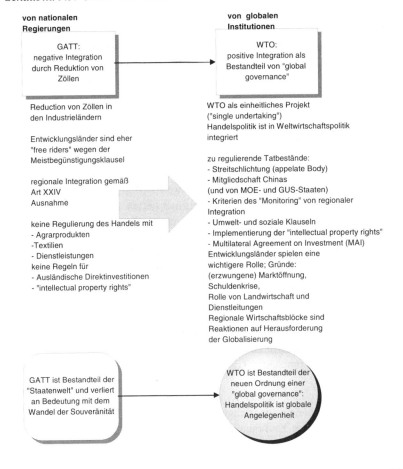

Das GATT war ein Abkommen in der Welt der Nationalstaaten, die WTO ist bereits Ausdruck eines globalen Wirtschaftssystems, das Institutionen benötigt, die die *Deregulierung regulieren* können. Die WTO ist demnach ein Ausdruck der globalen Transformationen des vergangenen Jahrzehnts. Denn es ist klar, daß auch der Freihandel, der das fundamentale Prinzip der WTO wie des GATT darstellt, der Regeln bedarf, über deren Einhaltung zu wachen ist. Die Unterschiede zwischen GATT und WTO, besonders im Hinblick auf die regionale Blockbildung, sind in *Schaubild 9.3* zusammengefaßt. Während das GATT noch den internationalen Handel zwischen nationalen Staaten und deren Ökonomien regelte, ist die WTO ein Element der sich herausbildenden globalen Regelmechanismen im Rahmen dessen, was als „global governance" bezeichnet wird. Regionale Integrationsabkommen werden in der WTO also nicht mehr als Ausnahme behandelt, sondern als eine Form des Umgangs mit der Herausforderung der Globalisierung. Die Rolle der WTO ist dabei vor allem, Diskriminierung durch regionale Integration zu verhindern. Daher sind die Mechanismen der Streitschlichtung so wichtig, auch wenn sie mehr von den reichen und mächtigen Handelsnationen und -blöcken in Anspruch genommen werden, als von den ärmeren Teilnehmern am globalen Handel. Offensichtlich aber steigern die versprochenen komparativen Vorteile nicht immer den „Wohlstand der Nationen", und dann ist es naheliegend, regionale Handelsblöcke zu bilden. Hinzu kommt der Sachverhalt der Entwicklung eines vergleichsweise engen Beziehungsgeflechts zwischen den Blöcken (vgl. Dieter 1998: 206-229), zumal zwischen der „Triade" in Westeuropa, Nordamerika und Ostasien (vgl. *Schaubild 9.4*). *Erstens* haben die Triadenmächte um sich jeweils „kleinere" Wirtschafts- und Handelsblöcke gruppiert, zum Teil mit formalisierten Abkommen (wie zwischen der EU und den AKP-Staaten im Rahmen der Lomé-Abkommen), Assoziationsverträgen (EU mit mittel- und osteuropäischen Staaten), Kooperationsbeziehungen (EU und NAFTA mit Mercosur). Darüber hinaus sind *zweitens* mehr oder weniger formalisierte und institutionalisierte Beziehungen der Konsultation entstanden (European-Asian meetings etc.). Eine wichtige, blockübergreifende Rolle spielen Organisationen der Kooperation und Konsultation wie OECD oder APEC, die zugleich wichtige Foren der Abstimmung über Regelungen der Globalisierung sind und mit ihrer Berichterstattung die Transparenz der globalen ökonomischen Beziehungen verbessern. Ob sich zwischen Nordamerika und Westeuropa eine „Transatlantic Free Trade Area" (TAFTA) bilden wird, ist unklar.

Der zeit- und raumkompakte Globus findet auch in der Verdichtung der ökonomischen und politischen Beziehungen einen Ausdruck. Auch hier ist die Bedeutung der modernen Kommunikations- und Transporttechnik für diese Entwicklung nicht zu unterschätzen. Doch auch die Globalisierung der Wirtschafts-

und Finanzbeziehungen ist dafür verantwortlich, daß sich makroregionale Integrationsblöcke und globale Regelwerke herausgebildet haben, die die zwischenstaatlichen Beziehungen ergänzen und zugleich in ihrer Bedeutung relativieren. Es handelt sich also um eine „Gegenbewegung" der erneuten Regulierung gegen die Deregulierung infolge der manchmal (vor allem gegenüber hoch verschuldeten Ländern, die die Konditionalität von IWF und Weltbank zu erfüllen haben) erzwungenen Öffnung. Es bilden sich also im Sinne der Fraktalisierung (vgl. 4. Kapitel) Institutionen, die das von der Fragmentierung bedrohte ökonomische und politische Weltsystem neu strukturieren – durch makroregionale Blockbildung.

Schaubild 9.4: Strukturierung des globalen Systems durch regionale Integrationsblöcke

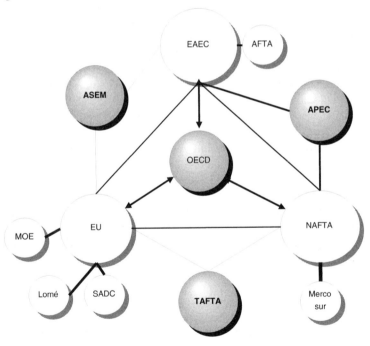

10. Kapitel
Integration in West- und Transformation in Mittel- und Osteuropa

Zwei Prozesse, einerseits gegenläufig, andererseits sich beeinflussend und manchmal sogar ergänzend, laufen auf dem europäischen Kontinent in den 90er Jahren ab: die Transformation in MOE und die Integration Westeuropas. Letztere hat eine lange Geschichte, auf die sogleich einzugehen sein wird, erstere ist, wie der Begriff[164] bereits andeutet, ein Bruch, ein Systemwechsel, radikaler als die Transformationen, von denen im Kontext der Globalisierung (vgl. 1. Kapitel) bislang gesprochen worden ist. Die Integration im Westen ist Ausdruck der Kontinuität, die Transformation im Osten Ausdruck der Diskontinuität. Von dem sich integrierenden Westeuropa wird gesagt, es bilde eine „Festung", schotte sich also trotz Freihandelsrhetorik gegenüber unerwünschten Effekten des Weltmarkts ab. Von MOE hingegen schreibt der IWF, es handele sich nach der Öffnung um eine der freiesten Wirtschaftszonen der Welt (IWF 1994b: 73). Die Transformation von der Planwirtschaft zur Marktwirtschaft ist gleichbedeutend mit einer Integration nationaler Ökonomien in den Weltmarkt, während die westeuropäische Integration auf regionale Blockbildung zielt. Zwar machen einige mittel- und osteuropäische Länder den Versuch, die wirtschaftliche Integration untereinander zu intensivieren (im Rahmen der CEFTA – Central European Free Trade Association), aber die Erfolge sind eher mäßig. Aus der globalen Perspektive sind Integration im Westen und Transformation im Osten also zunächst gegenläufig. Doch dürften sich die gegenläufigen Tendenzen in Zukunft vereinigen: Die meisten Länder MOEs streben die Mitgliedschaft in der oder einen Assoziierungsstatus mit der EU an. Von der Integration in die EU erhoffen sich die mittel- und osteuropäischen Länder eine Erleichterung der Transformation von Ökonomie, Politik, Gesellschaft und eine Unterstützung der Integration in den Weltmarkt. Integration im Westen und Transformation im Osten sind folglich interdependente Prozesse.

---

[164] Im englischsprachigen Raum wird anstatt von „Transformation" von „Transition" gesprochen. Programmatisch ist die kleine Zeitschrift, die die Weltbank zur Diskussion der Übergangsprobleme herausgibt, mit „transition" betitelt. Der Begriff „transition" unterstellt Klarheit sowohl über Herkunft als auch über Ziel und Verlauf des Prozesses. Wie das Scheitern der modernisierungstheoretischen Vorstellungen über „transition" zeigt, ist diese Unterstellung aber haltlos. Es ist nicht möglich, mittels der Freisetzung von Preisen, durch Privatisierung, Freigabe der Wechselkurse etc. schnell (durch einen „big bang") eine marktwirtschaftliche Ordnung herzustellen. Die „Transition" schließt vielmehr die Notwendigkeit des Wandels von gesellschaftlichen Formen ein. Dazu gehören Funktionsmodi, Institutionen, Denkformen, Regulationsweisen. Wegen der Komplexität des Formwandels ziehen wir für MOE den Begriff der Transformation vor.

10.1 Der lange Weg der westeuropäischen Integration

Der westeuropäische Integrationsprozeß hat, wie wir gesehen haben, regionale Blockbildung auf anderen Kontinenten ausgelöst, weil er so erfolgreich und über den europäischen Kontinent hinausgehend einflußreich gewesen ist. Seit dem 1. Januar 1999 ist sogar die im Vertrag von Maastricht aus dem Jahre 1991 vorgesehene Währungsunion verwirklicht worden. Die bereits realisierten bzw. vorgesehenen Integrationsschritte in Westeuropa sind in der Überblickstabelle 10.1 zusammengefaßt.

10.1.1 Die Vorgeschichte des Maastricht-Europa

Nach der im römischen Vertrag 1957 gesetzten 12-Jahres-Frist wurde die Integration zur Zollunion erreicht. Doch hatte sich inzwischen das globale Umfeld der europäischen Integration radikal im Vergleich zu den späten 50er Jahren geändert, nicht zuletzt infolge der Internationalisierung der Kapitalmärkte, der Zunahme und Ausbreitung finanzieller Instabilitäten, die dann 1971 zum Zusammenbruch des Bretton Woods-Systems beitrugen. Im Jahre 1971 verlor das Währungssystem seinen „Stabilitätsanker", als die Nixon-Regierung die Goldkonvertibilität des Dollars aufzuheben gezwungen war. 1973 scheiterten definitiv die noch 1971 gemachten Versuche, nach einem allgemeinen „Realignment" der Kurse („Smithonian Agreement") feste Relationen festzulegen und danach aufrechtzuerhalten (vgl. auch das 5. Kapitel, 5.4). Außerdem signalisierte die „Ölpreiskrise" ebenfalls 1973, daß das Antriebsmittel der beschleunigten Akkumulation nicht mehr unbegrenzt zum *Spottpreis*, sondern begrenzt zum Rotterdamer *spotprice* zur Verfügung steht. Dadurch wurden Anpassungsprozesse erzwungen, die besonders für jene Länder schwierig waren, deren Währungen unter Abwertungsdruck standen. Denn nun kam zur abwertungsbedingten Verteuerung der Importe noch die Erhöhung des Ölpreises hinzu. In Europa war insbesondere Italien hart betroffen; die schon hohe Inflationsrate wurde nochmals nach oben geschraubt. In diesem Umfeld flexibler Kurse und weltwirtschaftlicher Umstrukturierung war es schwierig, in Europa die Integration zu einem Gemeinsamen Markt fortzusetzen, ohne gleichzeitig die Kurse der am regionalen Integrationsprozeß beteiligten Währungen untereinander zu fixieren bzw. die Bandbreite der Schwankungen zu reduzieren. Diese Konsequenz wurde im Prinzip bereits auf dem Haager Gipfel 1969 gezogen. Die Kohärenz des Gemeinsamen Marktes sollte durch eine gemeinsame Währung, durch einen gemeinsamen Nenner aller Markttransaktionen in Westeuropa, gesteigert werden. Die Währungskonkurrenz sollte zumindest in Westeuropa ein Ende finden, die Transaktionskosten des innereuropäischen Handels sollten gesenkt werden.

Tabelle 10.1: Stufen der wirtschaftlichen und monetären Integration
in der EWG/EG/EU

Jahr	Wirtschaftliche Integration	Monetäre Integration
1952	Montanunion	
1957	Verträge von Rom; Gründung der EWG und von Euratom	
1958	EWG-Start	
1967	Bildung der EG aus EWG, Montanunion, Euratom	
1969	Haager Gipfel	Kontroverse zwischen Monetaristen und Ökonomisten in der Frage einer Währungsunion
1979		Beginn des EWS
1986/7	Einheitliche Europäische Akte/Grundsatzbeschluß über die Bildung der Wirtschafts-, Währungs- und Sozialunion	
1989		Delors-Bericht zur Schaffung der Währungsunion
1990		1. Stufe der Währungsunion; Freier Kapitalverkehr
1993	endgültige Herstellung des Gemeinsamen Marktes; Wegfall der Grenzkontrollen	
1994		2. Stufe der Währungsunion; Errichtung eines europäischen Währungsinstituts
1996		„Maastricht II"; EcoFin; Entscheidung über „Fahrplan";
1998		Entscheidung über Teilnahme der Länder an der WWU; Bildung der EZB
1999		3. Stufe der Währungsunion; Unwiderruflich feste Kurse
2002		einheitliches Eurogeld

Es war von Anfang an klar, daß mit der Realisierung einer Währungsunion ein qualitativ neuer Schritt über die bloße Marktintegration im Rahmen einer Zollunion hinaus getan würde. Denn eine Währungsunion würde *erstens* die real unterschiedlichen Wirtschaften mit einem einheitlichen Wertmaß (für ganz unterschiedliche soziale, ökonomische, technische und politische Systeme der Herstellung von Werten) monetär gleichmachen. Daran entbrannte nach den Haager Beschlüssen vom Dezember 1969 die Kontroverse zwischen „Ökonomisten" und „Monetaristen": Während die „Monetaristen" von einem fixierten europäischen Wechselkurssystem und später von einer Währungsunion einen wirksamen Druck in Richtung ökonomischer und sozialer *Konvergenz*, also eine Beschleunigung der realwirtschaftlichen Integration in Westeuropa erwarteten, gingen die „Ökonomisten" davon aus, daß die reale ökonomische Konvergenz unerläßliche *Voraussetzung* für monetäre Integration sei – die gemeinsame Währung solle den realökonomischen Integrationsprozeß abschließen und „krönen". Eine gemeinsame Währung ohne vorausgegangene Angleichung in Wirtschaft und Wirtschaftspolitik würde nur Inflationsprozesse auslösen und anstelle der erstrebten „Stabilitätsgemeinschaft" eine nicht gewollte „Inflationsgemeinschaft" erzeugen[165].

Eine Währungsunion hätte daher *zweitens* eine Koordinierung der Geld- und Fiskalpolitik, also den Verzicht auf volle wirtschaftspolitische Souveränität der Staaten und daher einen entschiedenen Schritt in Richtung einer politischen Union bedeutet. Das nationalstaatliche Instrument der Wechselkurspolitik wäre ganz und das der Zinspolitik weitgehend verlorengegangen. Auch der fiskalpolitische Spielraum wäre eingeengt worden. *Drittens* schließlich hätten Ausgleichsmechanismen etabliert werden müssen, finanzielle Transferzahlungen also, um die Niveauunterschiede bei den wichtigsten ökonomischen Indikatoren (Lohnstückkosten, Produktivität) zwischen den an der Währungsunion beteiligten Ländern monetär zu kompensieren und tendenziell tatsächlich zu verringern, um die Ausgleichszahlungen überflüssig zu machen[166]. Aber es ist fast ausgeschlossen, ein System der fiskalischen Umverteilung nur auf der Ausgabenseite zu begründen. Wenn es wirklich wirksam werden soll, müssen auch die Steuersysteme angeglichen werden, um die relative Belastung (Steuerquote) der Bürger in der Währungsunion einigermaßen ähnlich zu gestalten. Geschieht dies nicht, ist die fiskalische Umverteilung nicht legitimierbar und obendrein

---

[165] Vom damaligen Bundeskanzler Helmut Schmidt ist die „Krönungstheorie" als eine „Schnapsidee" bezeichnet worden.
[166] Auch in den Maastrichter Verträgen sind Ausgleichszahlungen aus einem „Kohäsionsfonds" vorgesehen; diejenigen EG-Länder sollen davon profitieren, die weniger als 90% des EG-weiten durchschnittlichen Pro-Kopf-Einkommens erzielen.

wird Steuerflucht begünstigt. Die Schwierigkeiten zu Beginn der 70er Jahre sind auch am Ende der 90er Jahre nicht behoben.

Angesichts dieser Probleme kam die Einführung des Europäischen Währungssystems im März 1979 eher überraschend, schien es doch mit seinen fixierten Kursrelationen zwischen den beteiligten Währungen das keine zehn Jahre zuvor zusammengebrochene Weltwährungssystem von Bretton Woods im regionalen Maßstab kopieren zu wollen und sich daher den gleichen Spannungen auszusetzen, die zum Zusammenbruch des Bretton Woods-Systems geführt hatten. Doch um den innereuropäischen Handel anzukurbeln und so die Integration dynamisch fortzusetzen, war die Stabilisierung der erratisch schwankenden Wechselkurse im gemeinsamen Markt von gemeinsamem Interesse. Die Herstellung einer „Stabilitätsgemeinschaft", die Kontrolle der Inflation, die Geldwertstabilität werden zur prioritären Aufgabe der Wirtschaftspolitik in Europa, freilich unter den bereits dargestellten Bedingungen der Instabilität internationalisierter Geld- und Kapitalmärkte. Auch Europa betreibt folglich – wie wir im vorangegangenen Kapitel gesehen haben – die regionale Integration, um eine Zone monetärer Stabilität zu erhalten. Der Funktionsmodus des Währungssystems sollte mit seinen verpflichtenden Regeln der externen Stabilisierung der beteiligten Währungen auch eine Politik der *internen Stabilisierung* durch die Zenralbanken unterstützen. Das EWS wirkte also wie ein harter externer Sachzwang gegen soziale Kräfte (vor allem gegen die Gewerkschaften), deren Interessen eindeutig gegen eine Politik der Stabilisierung gerichtet waren, weil sie *„austerity"*, also Einkommenseinbußen bedeutete.

Das EWS von 1979 gründet im wesentlichen auf drei Elementen, die Verhaltensregeln aufstellen, mit denen die angestrebte „Stabilitätsgemeinschaft" erreicht werden sollte: Das *erste Element* ist das System der in European Currency Unit (ECU) denominierten Leitkurse mit einer normalen Bandbreite der Wechselkursschwankungen von +/-2,25% gegenüber dem ECU. Ausnahmen mit größerer Bandbreite galten für Italien, Griechenland, Großbritannien und Spanien. Die Kurse mußten innerhalb der Bandbreiten von den jeweiligen Ländern mit entsprechenden Interventionen am Devisenmarkt verteidigt werden, wenn der „Abweichungsindikator" dies verlangt. Dieser löst die Interventionspflicht aus, wenn 75% der maximal möglichen Abweichung des Tageskurses vom ECU-Leitkurs erreicht werden[167].

---

[167] Da das Gewicht der Währungen im „Währungskorb", der den ECU bildet, unterschiedlich ist (die DM trägt 1992 mit 30,1% nahezu ein Drittel bei), sind die möglichen Abweichungen der einzelnen Währungen verschieden groß: Sie sind um so geringer, je größer das Gewicht der Währung im Korb, weil die jeweilige Währung gegenüber „ihrem" Korbanteil nicht schwanken kann.

Das *zweite Element* ist das Interventionssystem der Zentralbanken, mit dem die Stabilisierung der Kurse unterstützt werden sollte. Die zur Intervention bei einer Drift der Kurse an die oberen oder unteren Margen verpflichteten Zentralbanken befinden sich dabei in einer asymmetrischen Lage. Wenn der Kurs gegenüber den anderen beteiligten Währungen steigt (Aufwertungstendenz), kann die entsprechende Notenbank mit der von ihr emittierten *eigenen* Währung intervenieren, indem sie sie auf den Devisenmärkten verkauft. Sinkt jedoch der Kurs (Abwertungstendenz), dann muß die Zentralbank die eigene Währung kaufen, und zwar mit auf den Devisenmärkten nachgefragten, also starken Währungen, die *andere* Notenbanken emittieren. Die Zentralbank des Landes mit abwertungsverdächtiger Währung muß sich also bei Notenbanken mit starker Währung verschulden, sofern die eigenen Devisenreserven zur Intervention nicht ausreichen. Diese Asymmetrie hat schon im Weltwährungssystem von Bretton Woods eine letztlich fatale Rolle gespielt, da dadurch sich selbst verstärkende Mechanismen der Schwächung abwertungsverdächtiger (und der Festigung aufwertungsverdächtiger) Währungen in Gang gesetzt werden, durch die die Spannungen im System nicht vermindert, sondern vergrößert wurden. Es werden also positive und nicht negative „feed backs" ausgelöst: Wenn die Kurse der Währung auf den Devisenmärkten durch Interventionen verteidigt werden müssen, ist es dazu in der Regel bereits zu spät. Dann läßt sich das „realignment" nicht vermeiden. Die Wechselkursverteidigung beginnt mit der Stabilisierung des Geldwerts durch entsprechende rigide Geld- und Fiskalpolitik der Regierung – und eine Tarifpolitik der Gewerkschaften, die den Stabilitätserfordernissen Rechnung trägt. Letzteres bedeutet, daß den Gewerkschaften, sollten sie sich auf Stabilitätspolitik einlassen, nur „marktkonforme" Optionen bleiben. Die Beschränkung ihrer Politik darauf konfligiert aber ohne Zweifel mit den Mitgliederinteressen, es sei denn, die Mitglieder lassen sich darauf ein, nur noch die durch den Markt inkludierten, und nicht mehr die durch den Markt exkludierten Arbeitnehmer (Arbeitslose und Arbeitnehmer in prekären Beschäftigungsverhältnissen; den „informellen Sektor") zu vertreten.

Das *dritte Element* des EWS ist der Europäische Fonds für währungspolitische Zusammenarbeit, der einen nach Fristigkeit (von sehr kurz bis mittelfristig) und nach Konditionalität unterschiedenen Währungsbeistand vorsieht, wenn ein Land nicht über genügend Devisen verfügt, um den Währungskurs zu verteidigen. Infolge der oben dargestellten Asymmetrie werden in erster Linie Länder mit überbewerteter und daher abwertungsverdächtiger Währung die Beistandskredite in Anspruch nehmen. Jedoch sind durch die Schuldnerquote die Inanspruchnahme und durch die Gläubigerquote die Finanzierungsverpflichtung begrenzt. Daraus ergibt sich notwendigerweise, daß ein Land mit schwacher, abwertungsverdächtiger Währung entweder durch seine Wirtschaftspolitik dafür sorgen muß, daß bei dem festgesetzten Leitkurs ein Zahlungsbilanzausgleich (entweder in der Handelsbilanz durch Exportüberschüsse oder/und in der Kapitalbilanz durch Kapitalimporte) erfolgt, oder aber im Einverständnis der Partner des EWS die Währung tatsächlich den Marktgegebenheiten folgend abgewertet wird. Im Extremfall muß ein Land das System verlassen und die Bildung des Wechselkurses den Marktkräften überlassen. Dies ist im September 1992, im August 1993 und schließlich erneut im März 1995 geschehen, als das Interventionspulver zur Verteidigung von Pfund und Lira, von Escudo und Peseta verschossen war. Die Kapitalimporte richten sich nicht zuletzt nach dem komparativen Zinsniveau, so daß zur Vermeidung der Abwertung, wenn eine Währung unter Druck gerät, die Zinsen über das internationale Niveau angehoben werden – mit (*ceteris paribus*) negativen Wirkungen auf Investitionen und Beschäftigung und die öffentlichen Haushalte. Diese wiederum erzeugen mittelfristig eine reale ökonomische Struktur, die den eventuell nur kurzfristig entstandenen Abwertungstendenzen entspricht: nämlich eine tatsächliche Verschlechterung der realen Konkurrenzposition, die nur mit monetären Größen (Zinsen und Wechselkurse) kompensiert werden kann. Italien und Großbritannien sind nach Jahren eines komparativ hohen Zinsniveaus, um die international operierenden Vermögensbesitzer zur Anlage in Lira oder Pfund zu bewegen, Beispiele für eine monetär ausgelöste reale Veränderung ökonomischer Verhältnisse. Daß in Großbritannien das Heil der Konkurrenzfähigkeit in einer Strategie der Flexibilisierung der Arbeit und der niedrigen Löhne gesucht wird, daß Italien seine ökonomischen Erfolge der 80er Jahre auf einem sehr großen informellen Sektor, einer ausgedehnten Schattenwirtschaft („economia sommersa") aufbaute, hat auch mit der Wechselkurspolitik zu tun. Dies ist in der BRD nicht anders, wenn auch mit umgekehrtem Vorzeichen: Die harte, aufwertungsverdächtige, daher notorisch unterbewertete DM federte die Orientierung auf eine auf vergleichsweise hohen Löhnen basierende „diversified quality production" ab.

Eine Währungsunion, gleichgültig wie sie im einzelnen ausgestaltet ist, kann nur funktionieren, wenn sie über einen „Stabilitätsanker" verfügt, der es verhindert, daß die Währungen aus dem Hafen der Knappheit auf das offene Meer der inflationären Geldversorgung driften. Im Bretton Woods-System waren der Dollar und dessen fixierte Bindung an das Gold bis in die 60er Jahre Stabilitätsanker. In den 70er Jahren kam das System ganz ohne einen allgemein akzeptierten Stabilitätsanker aus; es war daher ein Jahrzehnt beträchtlicher monetärer Instabilitäten. Daß innerhalb des EWS die DM die Funktion des informellen Stabilitätsankers übernommen hat (ein formeller „Fixstern" im System der kreisenden Währungsplaneten war ja im EWS nicht vorgesehen) und daher auch von einem „DM-Club" die Rede ist, ist keine Konsequenz von Regelmechanismen des Systems (im Gegenteil, diese behandeln alle teilnehmenden Währungen, anders als im zu Beginn der 70er Jahre gescheiterten Währungssystem von Bretton Woods, formal gleich), sondern der Wirkungsweise von Marktkräften. Auch wenn Währungen durch ein Festkurssystem aneinander gebunden sind, konkurrieren sie so lange, wie Abwertungen und Aufwertungen nicht ausgeschlossen sind und daher die Akteure auf Kapital- und Devisenmärkten Erwartungen über Wechselkursbewegungen bilden und diese ihren Entscheidungen und Handlungen zugrunde legen. Die Währungskonkurrenz entsteht bei Konvertibilität, weil Geldvermögensbesitzer prinzipiell die Möglichkeit haben, ihre verfügbaren Geldvermögen in verschiedenen Währungen anzulegen. Sie werden, rationales Verhalten vorausgesetzt, dieses in jener Währung „parken", die entweder als vergleichsweise „sicher" gilt oder/und hohe Renditen als Kompensation für die Aufgabe der Liquidität einbringt. Auf dem Währungsmarkt werden demzufolge der „intermonetäre" und der „intertemporale" Preis des Geldes verglichen und über ihre Tendenzen Erwartungen und Prognosen für die Zukunft gebildet. Die Zukunft wird also „präsentiert" (vgl. 3. Kapitel).

Im Integrationsprozeß wirkt eine eigene Logik. Der Zollunion folgt die Währungsunion. Die Währungsunion drängt mit Macht zur politischen Union. Doch fatalerweise ist die jeweils höhere Integrationsstufe eine Voraussetzung für das Funktionieren der jeweils niedrigeren Integration. Ohne Währungsunion würde eine Wirtschaftsunion weniger dynamisch sein. Die geringen Erfolge der Blockbildung, über die im vorangegangenen Kapitel berichtet worden ist, sind auch darauf zurückzuführen, daß die Logik der Integration aus politischen und anderen Gründen blockiert wird. Eine Währungsunion ihrerseits mündet nicht automatisch in ein Projekt der politischen Einigung. Doch ohne sie dürfte eine Währungsunion über eine längere Zeitperiode keinen Bestand haben. In Maastricht ist der Versuch unternommen worden, diese durchaus widersprüchliche Dynamik in die Richtung des Gemeinsamen Europa zu kanalisieren.

10.1.2 Maastricht und das Lob der Deregulierung
Die Vorteile der Integration (EG-Kommission) bzw. die Nachteile der Nichtverwirklichung des Gemeinsamen Marktes (Cecchini 1988) werden weniger von der Integration nationaler Ökonomien zu einem gemeinsamen Markt als von der in ihrem Verlauf stattfindenden Deregulierung der Märkte abgeleitet. Tinbergen hat die Integration durch Beseitigung von Handelshindernissen als „negative Integration" bezeichnet. Im Cecchini-Bericht wird der *Marktausweitung* bei Wegfall der Regulierungen an den jeweiligen Grenzen nationaler Regulationsräume die Rolle des Vehikels der Wohlstandssteigerung zugewie-

sen[168]. Das ist ein gutes Smithsches Argument. Ähnliche Effekte werden auch auf die von der Deregulierug erwartete *Marktintensivierung* durch Stimulierung der Konkurrenz zurückgeführt. Beide Ansätze zusammen ergeben in der Konsequenz den ausgedehnten, größeren (west)europäischen Markt, der weniger reguliert ist als es die nationalen Märkte, jeder für sich und alle zusammen, je zuvor gewesen sind. Das neoliberale Projekt konzentriert auf „negative Integration" durch Deregulierung; seine Repräsentanten tun folglich alles, um eine „Re-Regulierung" auf supranationaler, europäischer Ebene auszuschließen. So könnte mit einer positiven „Kettenreaktion" (so Cecchini 1988: 131) gerechnet werden, an deren Ende eine Steigerung des BIP, eine Dämpfung der Inflationskräfte, eine Entlastung der öffentlichen Haushalte, eine Verbesserung der europäischen außenwirtschaftlichen Position und ein Rückgang der Arbeitslosigkeit zu vermelden wären (zu den quantitativen Schätzungen vgl. ibid.: 131ff) – also alle Bedingungen für die Vertiefung der Integration erfüllt sein könnten.

Doch ist die „Kettenreaktion" keineswegs sicher, jedes der aufgezählten Glieder könnte brechen: Ob die kalkulierten Kostensenkungen als Preissenkungen an die Verbraucher weitergegeben werden oder ob die zusätzlichen Gewinne nicht vielmehr in produktive Investitionen oder in Finanzanlagen auf internationalen Finanzmärkten fließen, hängt ja von dem Verhältnis von externem Zinssatz und erwarteter „Grenzleistungsfähigkeit des Kapitals", sprich Profitrate ab. Obendrein dürften die angenommenen Skaleneffekte europaweite Zentralisations- und Konzentrationsbewegungen implizieren, die eine Abschwächung der Preiskonkurrenz bewirken können. Der unterstellte positive Beschäftigungseffekt ist nur dann realistisch, wenn eine Wachstumsrate erreicht wird, die die Zuwachsrate der Arbeitsproduktivität beträchtlich übersteigt. Es müßte also die Umkehr eines seit Beginn der 70er Jahre in allen Industrieländern wirksamen Trends der „Entkoppelung von Wachstum und Beschäftigung" stattfinden – und dafür liefert die bloße Hochrechnung mikroökonomischer Effekte zu makroökonomischen Erfolgsmeldungen eine zu schwache theoretische und empirische Basis (vgl. dazu 13. Kapitel). Dabei ist noch gar nicht die ökologische Unmöglichkeit der Kompensation der negativen Beschäftigungswirkungen einer hohen Zuwachsrate der Produktivität durch hohe Wachstumsraten berücksichtigt.

Außerdem wird mit der „*ceteris-paribus-Klausel*" gearbeitet, so als ob es die Konkurrenz nicht gäbe. Nicht einkalkuliert wird beispielsweise, daß infolge der verbesserten Wettbewerbsposition und der steigenden Exporte Arbeitslosigkeit

---

[168] Der Cecchini-Bericht geht methodisch unsauber vor, da in ihm nur die Kosten der Nicht-Integration untersucht werden. Sie müßten aber den Kosten der Integration und den Benefits der Nicht-Integration sowie denen der Integration gegenübergestellt werden, um brauchbare Aussagen gewinnen zu können. Natürlich ergeben sich dabei höchst schwierige Bewertungsprobleme und Operationalisierungsfragen.

„externalisiert" wird, die aber zu einem schwer prognostizierbaren Teil als Immigration wieder zurückkehren dürfte. Der Wechselkursmechanismus zwischen der EG und ihren Handelspartnern würde Anpassungsprozesse des internationalen Handels in Gang setzen, wenn nicht sogar mit handelspolitischen Retorsionsmaßnahmen reagiert wird. Diese sind um so wahrscheinlicher, je mehr das Europa des Gemeinsamen Marktes zu einer „Festung Europa" in der „Triadenkonkurrenz" ausgebaut wird. So wird die Blockbildung in der Weltwirtschaft, wie sie im vorigen Kapitel beschrieben wurde, nicht zuletzt durch die westeuropäischen Integrationserfolge vorangetrieben.

Unter den Bedingungen der keynesianisch-fordistischen Regulationsweise hätte die europäische Integration nur vorangebracht werden können, wenn die realen ökonomischen, sozialen und politischen Verhältnisse zwischen den beteiligten Gesellschaften angeglichen worden wären. Insofern waren die „Ökonomisten" realistisch; ihr Projekt der Integration bezog sich eindeutig auf die fordistische Phase der Entwicklung, als der Staat noch auf dem Arbeitsmarkt und mit antizyklischer Nachfragepolitik auf den Gütermärkten intervenieren konnte. Diese Perspektive war auch in den Verträgen von Rom enthalten, und sie war bis in die 70er Jahre hinein vorherrschend. Mit dem EWS 1979 und der Einheitlichen Europäischen Akte 1986 und erst recht mit Maastricht 1991 hat sich aber ein Perspektivenwechsel vollzogen, weil sich zwischenzeitlich schleichende Veränderungen nicht nur im europäischen Akkumulationsregime vollzogen haben. Dieser Perspektivenwechsel zollt den radikalen Änderungen des globalen Systems Tribut: der Dominanz der Märkte gegenüber der nationalstaatlichen Politik. Der Knappheit des Geldes und der Konkurrenz der Währungen als harter Budgetrestriktion kommt nun größere Bedeutung innerhalb etablierter Regeln und Formen zu, die in den „Konvergenzindikatoren", die in Maastricht (Art 109g, Abs. 1, EUV) beschlossen worden sind, zum Ausdruck kommen.

Die Konvergenzindikatoren nennen sozusagen den Preis der Eintrittskarten in den Gemeinschaftsclub auf den drei Stufen bis zur vollständigen und endgültigen zur WWU. Das „magische Dreieck" (oder Viereck) der keynesianischen Epoche ist passé, denn es werden ausschließlich (monetäre) „Stabilitätsbedingungen" formuliert. Selten ist deutlicher formuliert worden, daß Marktökonomien in erster Linie Geldökonomien sind und sich zuallererst dem monetären Regelwerk, das demzufolge Deregulierung in anderen Bereichen des Wirtschafts- und Sozialebens verlangt, unterwerfen müssen. Der Währungsunion dürfen nur jene Länder angehören, die

- die Nettoneuverschuldung des Staates auf weniger als 3vH des BIP begrenzen;
- die gesamte Staatsschuld unter der Marge von 60vH des BIP halten;

- die jeweilige Inflationsrate nicht über einen Plafond von 1,5%-Punkten oberhalb der Inflationsrate der drei stabilitätsbesten Länder steigen lassen;
- die das nationale Zinsniveau weniger als 2% über das Niveau der drei stabilitätsbesten Länder gleiten lassen;
- denen es gelungen ist, den Wechselkurs zu stabilisieren.

Die Konvergenzindikatoren sind noch nicht einmal besonders sinnvoll gewählt. Der Indikator der Nettoneuverschuldung am BIP ist weniger aussagekräftig als es ein Indikator des Schuldendienstes wäre: beispielsweise die Zinszahlungen am Steueraufkommen. Damit würde dem Unterschied von Primär- und Sekundärdefizit Rechnung getragen. Es wäre also transparent, ob das Defizit des Budgets aus über die ordentlichen Steuereinnahmen hinausschießenden normalen Staatsausgaben gespeist wird oder eine Folge des Schuldendienstes ist. Auch wird nicht nach Staatsausgaben differenziert, macht es doch einen realökonomischen Unterschied, ob Staatsschulden zur Finanzierung von Investitionen oder zur Deckung von durch Rüstungsausgaben zustande gekommenen Staatsdefiziten gemacht werden. Doch die realökonomischen Implikationen der monetären Stabilität sind im Maastricht-Projekt konsequent ausgeklammert. Das „Europa der zwei Geschwindigkeiten" wirkt doppelt, nämlich integrativ und desintegrativ zugleich. Neben den monetären Stabilitätskriterien kommen andere wirtschaftliche und gesellschaftliche Ziele gar nicht zur Geltung: ökologische Nachhaltigkeit, demokratische Partizipation, Vollbeschäftigung und Verteilungsgerechtigkeit, alles Ziele, die einst zum Arsenal der Wirtschaftspolitik gehörten, als die globale Konkurrenz noch nicht die Kriterien vorgab, die im Maastricht-Vertrag übernommen und zu einer ehernen Regel geweiht worden sind.

Der Raum, der durch die Maastricht-Kriterien umschrieben wird, ist zu klein, als daß alle 15 EU-Mitglieder hineinpassen, selbst wenn die Indikatoren etwas weicher interpretiert werden sollten. Die EU ist, dies ist die Botschaft von Maastricht, weder eine soziale noch eine kulturelle, aber eine Stabilitätsgemeinschaft. Schäuble mit der CDU/CSU-Bundestagsfraktion und Balladur haben jeder auf seine Weise im Sommer 1994 kundgetan, daß die Integration Europas mit verschiedenen Tempi in „variabler Geographie" erfolgen wird. Die europäische Union ist durch die Maastricht-Kriterien tatsächlich neu definiert worden. Für die Integration sind weder geographische Nähe noch die Dichte der Handels- und Wirtschaftsbeziehungen oder gemeinsame politische Werte entscheidend, sondern die Erfüllung von monetären Stabilitätskriterien. Die wichtigste und alles entscheidende Eigenschaft der geplanten Union ist, daß sie *monetäre Stabilitätsgemeinschaft* ist und bleibt.

Die Europäische Gemeinschaft trägt also weniger zur Geburt und Stärkung des demokratischen Staats- und Weltbürgers in einer zivilen Gesellschaft bei als schlicht und ergreifend zur Anpassung der politischen Institutionen und Regelwerke an die Erfordernisse der Globalisierung der Unternehmen und Banken. Für ihre Expansion ist monetäre Stabilität tatsächlich wesentlich. Die rechtlich selbständigen Auslandsfilialen deutscher Banken haben in den Jahren von 1990 bis 1997 von 103 auf 165 (davon rund 80 in EU-Ländern) zugenommen. Das Geschäftsvolumen erhöhte sich im gleichen Zeitraum von rund 357 Mrd. DM auf gut 1837 Mrd. DM, also auf das Fünffache; die Relation zum Geschäftsvolumen der inländischen Kreditinstitue stieg von rund 7vH (1990) auf rund 20vH im Jahre 1997 (vgl. Deutsche Bundesbank, *Monatsberichte* Nr. 3, März 1998: 40 und 62f). Europa ist ein nützlicher, vielleicht notwendiger Brückenkopf im Triadenwettbewerb – so wie die NAFTA in Nordamerika oder ASEAN, APEC oder der „Asian Economic Caucus" in Asien.

Doch bedarf es dazu einer Währungsunion, reicht nicht die Integration zu einem Gemeinsamen Markt? Viele Ökonomen vertreten diese Auffassung, daß die ökonomische Integration nicht unbedingt eine Währungsunion voraussetze. Die ökonomische Integration solle im Sinne von Jacob Viners Kriterium für regionale Wirtschaftsräume „trade creating" sein, weil dadurch der Wohlstand gesteigert würde. Es ist freilich aus einer ganzen Reihe von Überlegungen fraglich, ob dieses freihändlerisch-liberale, auf Adam Smith und David Ricardo fußende Argument der Komplexität von Austauschbeziehungen bei finanziellen Instabilitäten gerecht wird:

Erstens müssen die Transaktionskosten in Rechnung gestellt werden, die um so höher sind, je mehr Währungen an Handelsbeziehungen beteiligt sind. Da Märkte Orte des geldvermittelten Austausches sind, bedarf deren vertiefte Integration schon aus Gründen der Reduzierung von Transaktionskosten (ganz abgesehen von der ökonomischen und sozialen Standardisierungsfunktion des Geldes) eines Geldes und nicht vieler Gelder, deren Kurse auf einem hochspekulativen Markt bestimmt werden. Termingeschäfte zur Vermeidung von Kursverlusten sind teuer und nicht gänzlich risikolos.

Zweitens kann ein gemeinsamer Markt schwer gestört werden, wenn finanzielle Instabilitäten und monetäre Spekulation ohne Bezug zu realen Prozessen (zu den sogenannten „fundamentals") intervenieren. Die Marktteilnehmer beschränken sich bei voller Währungskonvertibilität nicht auf den realökonomischen und handelspolitischen Integrationsraum. Sie beteiligen sich am Devisenhandel aus ganz anderen Motiven als dem, Handelsgeschäfte im europäischen Integrationsraum abzuwickeln. Die Unterscheidung zwischen autonomen und induzierten Kapitalbewegungen erweist sich hier als nützlich. Hätten wir es nur mit handelspolitisch induzierten Kapitalbewegungen zu tun, könnte auf eine Währungsunion tatsächlich verzichtet werden. Doch sind über 95% der Kapitalbewegungen auf Devisenmärkten autonom gegenüber der realen Ökonomie (vgl. 5. Kapitel) und dienen nur indirekt der Abwicklung von Handelsgeschäften.

Drittens müssen die Wirkungen der autonomen Kapitalbewegungen und der dadurch ausgelösten Volatilität der Währungen für die „Wettbewerbsfähigkeit" von „Standorten" in Betracht gezogen werden. Die Kurzfristigkeit und Volatilität von Währungsbewegungen, der Mangel an Erwartungssicherheit, die erratischen Schwankungen des intermonetären (Kurse) und intertemporären Preises (Zinsen) des Geldes und des Kapitals sind keine guten Voraussetzungen für die Ausbildung von ökonomischen, politischen, gesellschaftlichen Netzwerken stabiler nicht-marktmäßiger Beziehungen zwischen Marktakteuren. Da hilft auch keine Beschwörung einer „Angleichung der 'Finanzkultur'" (Deutsche Bundesbank 1993: 95), einer europäischen „Stabilitätskultur" (so der ehemalige deutsche Finanzminister Waigel auf dem Treffen von York im März 1998). Die stabilen Netzwerke aber wären entscheidend für die Erzeugung von Verhältnissen „systemischer Wettbewerbsfähigkeit" eines räumlich eingegrenzten Akkumulationssystems. Diese freilich kann durch autonome, von den realen Verhältnissen abgekoppelte Kapitalbewegungen mit ihren Einflüssen auf Zinsen und Wechselkurse unterminiert werden. Die handelspolitisch angestrebte realökonomische Wettbewerbsfähigkeit (und nur diese ist dauerhaft) ist unter Bedingungen der unregulierten Währungskonkurrenz monetär nur schwer abzusichern. Die Kursbewegungen folgen allenfalls in der langen Frist den Kaufkraftparitäten, in denen sich Produktivitätsdifferentiale, Inflation und die Kostenwirksamkeit von Systemen der industriellen Beziehungen widerspiegeln.

Wenn die „systemische Wettbewerbsfähigkeit" Westeuropas insgesamt – etwa durch die im „Weißbuch" der Kommission vom Dezember 1993 vorgesehene Errichtung transeuropäischer Netze und die anderen darin angesprochenen Maßnahmen – verbessert werden soll, dann wird kein Weg daran vorbeiführen, die Währungskonkurrenz zwischen den zum „System" gehörigen Währungsgebieten durch Bildung einer Währungsunion aufzuheben. Die Alternative wäre, entweder die Herstellung der „systemischen Wettbewerbsfähigkeit" auf die je existierenden nationalstaatlichen Währungsräume zu beschränken, also der integrationspolitischen Vertiefung in der EU eine Absage zu erteilen. Konsequenterweise argumentieren die Protagonisten der „systemischen Wettbewerbsfähigkeit" (Eßer et al. 1994) für den Nationalstaat als Einheit systemischer Wettbewerbsfähigkeit, also unter der impliziten Annahme, daß das mit den strukturellen Bedingungen der Wettbewerbsfähigkeit auszustattende „System" identisch mit dem nationalstaatlichen Währungsraum sei. Unter dieser rigiden Einschränkung können die standorttheoretischen Annahmen von den mikro-, makro-, meso- und metaökonomischen Bedingungen vergleichsweise problemlos diskutiert werden. Zwar sei der Wechselkurs „die strategische Variable, die darüber entscheidet, ob eine Volkswirtschaft in der Lage ist, die für die Errichtung international wettbewerbsfähiger Industrien erforderlichen makroökonomischen Rahmenbedingungen zu schaffen" (Eßer et al. 1994: 26), doch diskutieren die Autoren die wirtschafts- und integrationspolitischen Konsequenzen dieser eher beiläufigen Bemerkung nicht.

Viertens läßt sich die in der „zweiten Welle der regionalen Blockbildung" seit den späten 80er Jahren verstärkte Regionalisierung der Weltwirtschaft besonders deutlich auf dem Feld der Währungen zeigen, wo sich mittlerweile Yen-, D-Mark- und Dollarräume herausgebildet haben. Etwa 50vH des Welthandels werden in den 90er Jahren in US$ abgewickelt, ca. 5vH in Yen und mehr als 30vH in den Währungen der 15 EU-Mitglieder. Internationale Anleihen werden seit 1999 schon überwiegend in Euro-Währungen denominiert und nicht mehr in US-Dollar. Alle übrigen rund 180 Währungen der Welt teilen sich den kleinen Rest. Auf globalen Devisenmärkten wird die Währungskonkurrenz ausgetragen: innerhalb der Währungsblöcke ebenso wie zwischen ihnen. Hier kann der EURO, wenn er denn die Mehrzahl der 15 europäischen Währungen ersetzen sollte, mit dem US$, jedenfalls in quantitativer Hinsicht, gleichziehen. Doch damit ist zur Qualität der neuen Währung nicht viel ausgesagt. Der US$ ist trotz eines strukturellen Defizits der US-amerikanischen Leistungsbilanz wegen der Sicherheiten, die der Dollar in den Währungsturbulenzen scheinbar bietet, stabil. Hinzu kommen die Krisen in Ost- und Südost-Europa, die den Euro (bzw. die Euro-Währungen) belasten und den US-Dollar als „safe haven" erscheinen lassen. Der Krieg gegen Jugoslawien hat also als einen Nebeneffekt die Schwächung des Euros gegenüber dem US-Dollar.

In den Jahren 1992 und 1993 kam es zu heftigen Kursbewegungen, ja Krisen von europäischen Währungen, die das EWS zusammenbrechen ließen. An der Jahreswende 1994/1995 verlor der mexikanischen Peso etwa die Hälfte seines Wertes; Nordamerika war also Schauplatz heftiger Währungskrisen mit Auswirkungen in ganz Lateinamerika („Tequila-Effekt"). Drei Jahre später 1997/ 1998 ist die asiatische Region von der schwersten Finanzkrise der zweiten Hälfte des 20. Jahrhunderts betroffen. Kurze Zeit später bricht die Krise im Sommer 1998 über Rußland herein. Im Januar 1999 ist Brasilien betroffen. Alle drei Währungsräume, der Euro-, der Dollar- und der Yenraum sind also in diesem Jahrzehnt von schweren Währungskrisen mit globaler Ausstrahlung betroffen. Die zur Währungsstabilisierung jeweils bewegten Kredite der internationalen Institutionen sind von Krise zu Krise angestiegen. 1976 stellte der IWF kurzfristig 4 Mrd. US$ zur Verfügung, um das britische Pfund zu retten. In der mexikanischen Finanzkrise 1994/95 mußten fast 50 Mrd. US$ bewegt werden, um die Krise einzudämmen; inzwischen hat es sich herausgestellt, daß über 70 Mrd. US$ zur Rettung der Geldvermögen locker gemacht worden sind. In der

Asien-Krise 1997/98 erreichen die Kredite an Thailand, Süd-Korea, Indonesien an die 100 Mrd. US$. Die aufzubringenden Beträge zur Rettung der Weltfinanzen folgen also dem Prinzip der geometrischen Progression. Die Währungsräume sind weder in sich stabil, noch sichern sie stabile Kurse untereinander. Die „finanziellen Instabilitäten" können auch durch regionale Integration nicht völlig aufgehoben werden. Doch die Regionalisierung macht es einfacher, die Krisen kurzfristig durch schnelle und hohe Kreditvergabe zu dämpfen.

10.1.3 Der Klassencharakter des gemeinsamen europäischen Geldes
Damit eine Währungsunion funktionieren kann, muß, dies lehrt die Geschichte, ein Minimum an politischer Gemeinsamkeit in der mit einer Währung vereinheitlichten europäischen Gesellschaft gegeben sein. Damit das gemeinsame Geld reguliert werden kann, müssen Regeln und Verfahren der Legitimation einer europäischen Zentralbank etabliert werden, gerade wenn sie gemäß dem Modell Bundesbank gegenüber politischer Beeinflussung autonom und gegenüber den Anforderungen der Märkte responsiv sein soll. Das „unpolitische Geld", für das sich Bundesbankpräsident Tietmeyer stark macht, verlangt klare politische Regeln. In diesem Zusammenhang ist es fatal, daß der politische Konsens über die monetäre Integration lediglich als *monetäre Konvergenz* gemessen wird. Dabei wird in Kauf genommen, daß die Erzeugung monetärer Konvergenz mittels einer par force-Politik größere *politische und soziale Divergenzen* zwischen Ländern, aber vor allem zwischen Regionen Europas und sozialen Schichten der europäischen Bevölkerung bewirken. Das Resultat der Wirkungsweise der Währungsunion könnte ihre politischen Voraussetzungen unterminieren (vgl. Altvater/Mahnkopf 1993). Europaweite, ja globale Mobilität des Geldkapitals der Geldvermögensbesitzer, Unterschiede der Produktivitätsniveaus und Standortkonkurrenz mit Lohnkosten – das kann im platonischen ökonomischen Modell funktionieren, nicht aber in der europäischen Realität. Es wird Sprengstoff gelegt, der, wenn er zünden sollte, nationalistischen und regionalistischen Tendenzen eine neue Schubkraft verleihen und das europäische Projekt der Einigung erschweren oder gar zurückwerfen könnte. „Wer von Politik nicht reden will, soll vom Euro schweigen" (Jean Pierre Chevenement in *„Frankfurter Allgmeine Zeitung"* vom 1.1997). Denn es geht nicht nur um monetäre Kriterien, die für die Bildung der Währungsunion gesetzt werden, um ein Minimum an monetärer Konvergenz zwischen den Mitgliedern zu garantieren. Geld ist das „wahre Gemeinwesen", formulierte Marx, und eine europäische Währungsunion ist folglich immer auch Element der Konstituierung eines neuen europäischen Gemeinwesens.

Tabelle 10.2: USA, Japan und Europäische Union: Realökonomische und monetäre Indikatoren (in vH)

	USA	Japan	EU15
relative Ökonomische Größe			
Anteil am globalen BIP, 1996	20,7	8,0	20,4
Anteil an den Weltexporten (ex-intra- EU), 1996	15,2	6,1	14,7
relative Verwendung von Währungen, 1992			
Welthandel 1992	48,0	5,0	31,0
Anteil an den globalen Schuldverschreibungen, Sept. 1996	37,2	17,0	34,5
Anteil an den Schulden der Entwicklungsländer, Ende 1996	50,2	18,1	15,8
Währungstransaktionen, April 1995	41,5	12,0	35,0
Globale Währungsreserven, Ende 1995	56,4	7,1	25,8

Quelle: IMF, World Economic Outlook, October 1997: 71

In der Tarifpolitik ist dieser politische Charakter der Währungsunion überdeutlich: „Der Übergang zum europäischen Binnenmarkt wie auch die marktwirtschaftliche Öffnung MOEs ändern den Rahmen für die Tarifpolitik. Kapital wird mobiler, so daß sich die Tarifpolitik stärker als je zuvor in den Wettbewerb der Standorte eingebunden sehen wird" (JG 91/92: 196). Diese Formel, unmittelbar nach dem Maastricht-Vertrag ausgearbeitet, wird bis heute verwendet: Die „beachtlichen Unterschiede im Niveau der Arbeitsproduktivitäten der Länder (müßten) von den jeweiligen Tarifvertragsparteien respektiert werden" (JG 98/99: 195). Der herrschende „ökonomische Sachverstand" hat nur orthodoxe Antworten parat, die der politischen Dimension nicht Rechnung tragen: Die Arbeitsmärkte und Systeme der Lohnfindung müßten weiter „flexibilisiert" werden (ibid.: 197f), und wenn dies in Europa nicht „in ausreichendem Maße" geschehe, dann müsse man eben die Einführung der Währungsunion verschieben (Horst Siebert in *„Financial Times"* vom 13.2.1998). Da flexible Wechselkurse keine nationalen Währungsräume mit je nationalem Zins- und Preisniveau bilden und abgrenzen, werden Lohnkosten im Wettbewerb entscheidende strategische Variablen mikroökonomischer Unternehmensentscheidungen und makroökonomischer Politik. Die Wechselkurse gleichen nicht mehr wie eine „Schleuse" die wirtschaftlichen Niveaus verschiedener Länder aus. Daher erhalten die Lohn- und anderen Arbeitskosten die Schleusenfunktion – und die Gewerkschaften müssen die Rolle des Schleusenwärters übernehmen. Sie wären für das reibungslose Funktionieren des europäischen Binnenmarktpojekts (haupt)verantwortlich. Als „intermediäre Institution" müßten die Gewerkschaften zwischen Mitgliederinteressen und gesamtwirtschaftlichen Erfordernissen nun europaweit über die gewohnten und vertrauten nationalen Institutionen hinaus moderieren, auf einer Ebene also, auf der noch nicht einmal angemessene Organisationsformen etabliert sind, geschweige denn so etwas wie Routine entstanden wäre. Es ist inzwischen klar geworden, daß für die versprochene Stabilität des Euros der Preis einer harten Austerity-Politik zu zahlen ist. Davon ist kein Teilnehmer-Land ausgenommen. Die Konsequenz ist eine Entpolitisierung der Wirtschaftspolitik, da ihr nur bleibt, den Marktsignalen möglichst schnell und reibungslos zu folgen. Darin steckt eine beträchtliche Gefahr für die Demokratie. Denn demokratische Entscheidungsverfahren sind an das Territorium gebunden und sie brauchen ihre Zeit. Dieses Erfordernis ist mit dem Zeit- und Raumregime der Geld- und Kapitalmärkte jedoch kaum kompatibel.

Das EWS und die durch den Wechselkursmechanismus erzwungene Stabilitätspolitik ist ohne Zweifel mitverantwortlich für die hohe Arbeitslosigkeit in der EU; dieser Sachverhalt wird im übrigen vom Weißbuch der EU-Kommission (1993) bestätigt. Denn die verlangte Wechselkursstabilität bei mangelnder realökonomischer Konvergenz zwingt zu geldpolitischen Restriktionsmaßnahmen, die den ökonomischen Motor abwürgen können. Die Zwänge zur Stabilisierung der Währungen sind noch einmal durch die Maastricht-Indikatoren erhöht worden. Der Euro, so heißt es gebetsmühlenhaft, muß so stabil wie die DM sein. Warum eigentlich in Zeiten, die eher durch deflationäre Tendenzen als durch Inflationsgefahren gekennzeichnet sind? Die Antwort lautet: Auf den globalen Währungsmärkten entscheidet die Stabilität über die Güte der Ware Währung, über ihre Attraktivität für Geldvermögensbesitzer und daher über die Richtung der globalen Kapitalströme. Davon möglichst viel in die EWWU zu lenken, wird zum impliziten politischen Ziel. Der notwendige politische Basiskonsens bleibt auf der Strecke.

Wegen der entscheidenden Bedeutung der Kapitalbewegungen für die Wirtschafts- und Gesellschaftspolitik sehen die Konvergenz-Kriterien von Maastricht nur monetäre Größen vor. Da kommen ein Indikator wie die im äußersten Fall zu tolerierende Arbeitslosigkeit oder ein Kriterium, das sich auf ökologische Nachhaltigkeit bezieht, nicht vor. Dies liegt an der neoliberal inspirierten Hoffnung, daß stabiles Geld für das Funktionieren einer Marktwirtschaft ausschlaggebend sei und Märkte, so sie denn gut funktionieren, die besten Mechanismen zur Behebung der Arbeitslosigkeit oder zur Einhaltung ökologischer Konditionen bieten würden. Dem ist jedoch nicht so, und dafür sind die Konvergenz-Kriterien selbst verantwortlich. Zunächst ist die Entwicklung der Indikatoren im historischen Verlauf zu betrachten. Die Indikatoren der Verschuldung (Haushaltsdefizit und Stand der Verschuldung im Verhältnis zum BIP) sind besonders wichtig:

Tabelle 10.3: Öffentliche Bruttoverschuldung und Nettozinszahlungen (kursiv in Klammern) in vH des BIP (1981-1997)

	1981	1991	1995	1996	1997
USA	36,2 *(1,5)*	59,6 *(2,2)*	63,1 *(2,1)*	63,1 *(2,0)*	61,5 *(1,9)*
Japan	54,2 *(1,2)*	59,3 *(0,5)*	78,4 *(0,6)*	82,6 *(0,9)*	86,7 *(1,0)*
Deutschland	35,0 *(1,6)*	44,4 *(2,0)*	62,2 *(3,2)*	64,9 *(3,1)*	65,1 *(3,3)*
Frankeich	30,1 *(1,2)*	41,0 *(2,5)*	60,1 *(3,5)*	63,0 *(3,6)*	64,6 *(3,4)*
Italien	60,3 *(4,9)*	108,4 *(9,0)*	124,3 *(10,1)*	123,7 *(9,5)*	122,2 *(7,2)*
UK	54,5 *(3,3)*	40,6 *(2,1)*	59,7 *(3,0)*	61,2 *(3,0)*	60,8 *(2,6)*
Kanada	44,7 *(2,3)*	79,4 *(5,1)*	100,5 *(5,8)*	100,3 *(5,3)*	96,7 *(4,8)*
G7	42,3 *(1,8)*	59,6 *(2,5)*	71,4 *(2,5)*	72,7 *(5,3)*	72,6 *(2,6)*
EU	**43,7 *(2,5)***	**60,5 *(3,9)***	**77,0 *(5,0)***	**78,3 *(4,4)***	**77,7 *(4,1)***
OECD	41,7 *(1,8)*	58,4 *(2,6)*	70,0 *(3,0)*	71,1 *(2,7)*	70,7 *(2,6)*

Quelle: OECD Wirtschaftsausblick, Dezember 1997, A 36, A 37

Vor allem die Bruttoverschuldung (gemessen am BIP) steigt im historischen Verlauf. In der EU erreicht der Wert 1981 gerade 43,7vH. Im Jahr des Vertragsabschlusses von Maastricht sind es 60,5vH. Möglicherweise ist deshalb der Referenzwert von 60% gewählt worden, weil er den tatsächlichen Verhältnissen entsprach. Im Jahre 1997 aber hat sich die Verschuldung im Schnittt auf fast 80vH erhöht. Auch das Haushaltsdefizit steigt in beinahe allen Ländern im historischen Verlauf an. Die Frage muß natürlich gestellt werden, woran dies liegt. Denn nur dann wird es möglich sein, angemessene wirtschaftspolitische Anworten auf die Herausforderungen der Integration zur Währungsunion zu formulieren. Da den Schulden saldenmechanisch Vermögen entsprechen müssen, ergibt sich schon ein erster Teil der Antwort: Die gewachsenen öffentlichen Schulden (in Relation zum BIP) sind die Kehrseite der ebenfalls gewachsenen privaten Geldvermögen, vor allem im Bankensektor. Wenn man also die öffentlichen Schulden „nachhaltig" – also nicht nur auf ein Jahr bezogen, sondern dauerhaft – eindämmen will, müssen die privaten Geldvermögen abgebaut werden. Das ist eine Strategie, die fast einer Währungsreform entspricht. Dazu bieten sich zunächst zwei Wege an: *Erstens* könnte das private Geldvermögen besteuert werden, um es – auch aus Gründen der Verteilungsgerechtigkeit – zu reduzieren. Dieser Weg ist aber verschlossen, da ja unter Bedingungen der Konvertibilität der Währungen und der Deregulierung von Finanzmärkten Geldvermögensbesitzer sich auf dem Globus jene „safe havens" suchen können, in denen ihr Kapital sicher ist und zu profitlichen Anlagen ausschwärmen kann. Folglich findet auf den globalisierten Märkten und selbst innerhalb der EU ein Wettbewerb um eine möglichst niedrige Steuerbelastung für mobile Geldver-

mögen statt. *Zweitens* können Geldvermögensbesitzern attraktive Anlagen offeriert werden. Öffentliche Unternehmen werden also privatisiert. Dieser Weg wird in allen Ländern, in denen noch Reste öffentlichen Eigentums existieren, beschritten. Er ist aber eine Sackgasse, da bekanntlich „das Tafelsilber" nur einmal verscherbelt werden kann.
Wenn in einer solchen Situation äußere Restriktionen der Stabilisierung des Geldwerts durch Begrenzung der öffentlichen Verschuldung gesetzt werden, dann bleibt *drittens* nur der öffentliche Zugriff auf die Masseneinkommen und eine Reduzierung der Staatsausgaben. Die Steuern auf Geldvermögen können nicht erhöht werden, weil sonst Kapitalflucht mit negativen Effekten auf den Wechselkurs und die Inflationsrate (Maastricht-Kriterien) einsetzt. Die Zinsausgaben des Staates – diese betragen 1996 in der BRD immerhin 10,9vH der gesamten Staatsausgaben (Sachverständigenrat; nach Bundesbankangaben sind es 16,5%) – können nicht angetastet werden, da sonst Vertrauen in die Kreditwürdigkeit des Staates leiden würde. Folglich steigt der Anteil der Lohnsteuer am Steueraufkommen in der BRD von 32,5vH auf 34,5vH im Zeitraum 1991 (1. Vj) bis 1997 (3.Vj), während der Anteil der veranlagten Einkommensteuer von 6,3vH auf 0,75vH und der Anteil der Körperschaftssteuer von 4,6vH auf 4,0vH zurückgehen (Statistische Beihefte zu den Monatsberichten der Deutschen Bundesbank)[169].

Wenn also die Zwänge, die sich aus den Maastricht-Kriterien ergeben, akzeptiert werden, steht in der EU ein Umverteilungsprozeß an, der mit Sicherheit nicht ohne schwere soziale Konflikte verlaufen wird. Denn die Arbeitslosigkeit ist unter anderem als Folge der Stabilitätspolitik in fast allen europäischen Ländern gestiegen. Die Arbeitsbedingungen haben sich nicht selten verschlechtert. Wenn in dieser bereits zugespitzten Situation die öffentlichen Sozialleistungen gekürzt werden und gleichzeitig die Menschen merken müssen, daß diejenigen, die über Geldvermögen verfügen, noch begünstigt werden, dann klafft die „Gerechtigkeitslücke" weiter, und soziale Auseinandersetzungen werden provoziert.

---

[169] Da ist es absurd, wenn von neoliberalen Ökonomen Gebühren – etwa für das Studium – mit dem Argument der „sozialen Gerechtigkeit" begründet werden. Denn die Basisfinanzierung öffentlicher Einrichtungen liegt inzwischen zu einem größer werdenden Teil bei den Lohnabhängigen. Dies hat unter den Maastricht-Kriterien noch eine besondere Note, weil die Reduzierung des öffentlichen Defizits nur gelingen kann, wenn ein Überschuß im „Primärhaushalt" (ohne Bedienung der Staatsschuld) erzielt wird: also durch Senkung der Sozialausgaben und Erhöhung von Steuern auf Kontrakteinkommen oder Gebühren auf bislang kostenlose Leistungen oder durch Privatisierung und die Erlöse, die damit kurzfristig zu erzielen sind. So kann das Sekundärdefizit, also die Ausgaben für Zinsen und Tilgungen der Staatsschuld, finanziert werden.

10.1.4 Westeuropäische Industriepolitik zur Verbesserung „systemischer Wettbewerbsfähigkeit"?

Die Konkurrenz sitzt den europäischen Unternehmen im Nacken, und folglich werden Versuche unternommen, die Wettbewerbsfähigkeit des westeuropäischen Wirtschaftsraums zu stärken und in der „Triade" verlorenes Terrain wiederzugewinnen. Es geht also um eine Verbesserung der Bedingungen in der *monetären* Konkurrenz – dazu soll auch die Bildung der Währungsunion beitragen – und um die Stärkung der *realen* Wettbewerbsfähigkeit der „Standorte" im integrierten Europa. Die Standortberichte der deutschen Bundesregierung, das Weißbuch der EG-Kommission (1993) und die vielen anderen, schier unübersehbaren Beiträge zur „Standortdebatte" bemühen das probate Mittel der Dramatisierung, nicht zuletzt, um jene Kräfte zu überzeugen oder zu disziplinieren, die einer Modernisierung, wie sie der Kommission vorschwebt, mit Skepsis begegnen. Leicht macht es sich das Weißbuch, das im Herbst 1993 von der EG-Kommission vorgelegt worden ist, mit Negativabgrenzungen. Gleich zu Beginn wird protektionistischen Bestrebungen eine Absage erteilt und der Hoffnung auf einen (1994 stattgefundenen) erfolgreichen Abschluß der Uruguay-Runde des GATT Ausdruck verliehen. Hier hat sich im Weißbuch offensichtlich die freihändlerische „deutsche Position" gegen die eher interventionistische „französische Position" durchgesetzt, die ja aus Gründen der Beschäftigungssicherung protektionistische Maßnahmen gegenüber Drittländern durchaus akzeptieren würde.

Dem grundsätzlich freihändlerischen Credo des Weißbuchs entsprechend wird auch eine keynesianische expansive Geld- und Fiskalpolitik abgelehnt. Mit ihr würde ein Ausweg aus der Beschäftigungskrise nicht gefunden werden können. Die Argumente beziehen sich alle auf die durch aktive Interventionen herbeigeführte Überlastung der staatlichen Steuerungskapazität. Das Weißbuch setzt prinzipiell, d.h. nicht immer eindeutig, auf die „Selbstheilungskräfte" des Marktes. Für sozial unannehmbar und politisch unhaltbar erklärt die Kommission aber auch eine von mancher Seite geforderte „drastische Kürzung der Löhne" oder „tiefe Einschnitte in das System der sozialen Sicherung". Insofern wird der neoliberal gestützten Total-Deregulierung Einhalt geboten und auf die Erhaltung (und Einhaltung) sozialstaatlicher Minimalstandards gepocht. Obwohl die Logik von Maastricht mit dem Weißbuch gewissermaßen korrigiert wird, bleibt ihr die Kommission bei der Bestimmung der Akteure ihres politischen Projekts treu. Im Zentrum der Akteursarena stehen (a) die Regierungen der Mitgliedsländer, (b) die Kommission selbst, (c) große private Unternehmen, deren Partnerschaft und „strategische Allianzen" politisch unterstützt werden sollen, (d) kleine und mittlere Unternehmen, die der Kommission als Hoffnungsträger des technologischen Sprungs nach vorn gelten, und schließlich (e) private

Finanzinstitutionen, die bei der Finanzierung der geplanten Anschubprojekte bis zum Jahr 2000 behilflich sein müssen. Die europäischen Gewerkschaften oder andere „stakeholders" jedoch werden im Weißbuch nirgends als wirtschafts- und sozialpolitisch relevante Akteure erwähnt. Nur einige wenige Male wird von den „Sozialpartnern" gesprochen, da einzelne von der Kommission vorgeschlagene wirtschaftspolitische Maßnahmen zur Ankurbelung des Wachstums, zur Verbesserung der Wettbewerbsfähigkeit, zur Flexibilisierung des Beschäftigungssystems und bei der vorgesehenen Qualifikationsoffensive offensichtlich nicht durchgesetzt werden können, ohne die Akteure im System der industriellen Beziehungen in die Legitimationsbeschaffung und Konserserzielung einzubinden. Dies gilt insbesondere für die vielfältigen Maßnahmen, die allesamt auf eine Begrenzung der „Lohnkosten" hinauslaufen. Damit ist bereits das Ziel der Sozialpartnerschaft definiert: Mitwirkung bei den traditionellen Maßnahmen zur Verbesserung der Wettbewerbsfähigkeit, die bei den Kosten, speziell bei den Lohnkosten ansetzen. Diese Form der Einbindung ist mit der Institution der Tarifautonomie, dem Kern der sozialen Demokratie in der Industriegesellschaft, nicht vereinbar. Insofern folgt das europäische Integrationsprojekt vollständig der neoliberalen Logik, die wirtschaftlichen Entwicklungsziele durch die Märkte bestimmen zu lassen. Der Politik kommt dann nur die Aufgabe zu, alles zu tun, um auf „den Märkten" die Wettbewerbsfähigkeit zu stärken, nicht aber „alternative" wirtschafts*politische* Ziele wie das der Vollbeschäftigung oder ökologischer Nachhaltigkeit zu verfolgen. Folglich ist es kein Wunder, wenn die Gewerkschaften als Akteure keine Erwähnung finden. Sie sind in dem vorherrschenden Projekt schlicht dysfunktional.

In der „Triadenkonkurrenz", so die Diagnose des Weißbuchs, ist Europa in den vergangenen Jahrzehnten hinter seinen Möglichkeiten zurückgeblieben: Die Rate der Arbeitslosigkeit ist höher als bei den Konkurrenten, die Dynamik der Beschäftigungsentwicklung geringer, die Investitionsquote zu niedrig, die Ausgaben für Forschung und Entwicklung hinken hinter denen der Konkurrenten her, die Zahl der angemeldeten Patente ist in Europa wesentlich niedriger als etwa in Japan. Daher geben auf vielen Märkten nicht mehr europäische Firmen, sondern die Konkurrenten von jenseits der beiden Ozeane die Standards vor. Es gilt also, eine Aufholjagd einzuleiten, die auf der einen Seite die Wettbewerbsfähigkeit der europäischen Unternehmen erhöht, andererseits mit zusätzlichem und differenziert-selektivem Wachstum auch mehr Beschäftigung schafft. Die Chance schätzt die Kommission als vielversprechend ein. Denn Westeuropa muß nicht nur Nachteile gegenüber den potenten Konkurrenten bilanzieren, es kann auch auf Vorteile zurückgreifen: nämlich auf hochqualifizierte Arbeitskräfte, auf ein motivierendes Umfeld des Wettbewerbs, auf bereits bestehende grenzüberschreitende strategische Allianzen, eine gut ausgebaute materielle und

soziale Infrastruktur. Außerdem ist der gemeinsame Markt in Europa bereits existent, den die anderen Regionen der „Triade" noch zu errichten trachten. Zur Verbesssserung der Wettbewerbsfähigkeit in der „Triade" schlägt die Kommission ein Bündel von Maßnahmen vor, die allesamt auf die Erhöhung der Arbeitsproduktivität und eine Begrenzung der Lohnsteigerung abzielen. Denn letztlich sind es die Lohnstückkosten (Bruttoeinkommen aus unselbständiger Arbeit je beschäftigten Arbeitnehmer in Relation zum realen Bruttoinlandsprodukt je Erwerbstätigen), die im internationalen Kostenvergleich und zur Bestimmung der Konkurrenzposition zählen. Auch wenn im Weißbuch wenig scharf differenziert wird, lassen sich die vorgeschlagenen Maßnahmen entsprechend ihrer Wirkung auf die Produktivität und die Lohnkosten unterscheiden. Da Löhne (und Lohnnebenkosten) Kontrakteinkommen sind (entweder auf quasi-öffentlich-rechtlichen Tarifverträgen oder auf parlamentarisch legitimierten, wohlfahrtsstaatlichen Gesetzen basierend), geht es der Kommission in allererster Linie um die Einbindung der Kontraktpartner in einen sozialen Kompromiß, in eine Art europaweites „korporatistisches Bündnis", in einen europäischen Gesellschaftsvertrag (vgl. dazu 2. Kapitel, 2.4). Die Idee ist nicht neu, sie durchzieht die Geschichte der industriellen Beziehungen in modernen kapitalistischen Gesellschaften des 20. Jahrhunderts. Die Kommission schlägt innerhalb der EU eine „Art europäischen Sozialpaktes" vor, der „auf einem einfachen Grundsatz beruht, in seinen Modalitäten aber jeweils den Besonderheiten der einzelnen Staaten und der einzelnen Unternehmen anzupassen sein wird. Gemäß den Grundsätzen einer dezentralen und auf der *Subsidiarität* fußenden Wirtschaft werden die Gewinne aus dem Produktivitätszuwachs weitgehend Investitionen mit Zukunft und der Schaffung neuer Arbeitsplätze zugeführt". Der „Sozialpakt" bzw. die beschworene „Solidarität in der Wirtschaft" sind das soziale Vehikel, um den Produktivitätszuwachs in der Zeit bis zum Jahre 2000 vor allem den Gewinnen und nicht den Lohneinkommen zukommen zu lassen.
Da die Profitrate (Gewinne bezogen auf den Kapitaleinsatz) das Produkt von Gewinnanteil am BIP und Kapitalproduktivität ist, letztere aber seit Jahrzehnten in allen Industrieländern negative Zuwachsraten aufweist, kann die Profitrate nur gesteigert werden, indem die Lohnquote zugunsten der Gewinnquote gesenkt wird. Der Druck auf die Löhne hat also etwas mit den Strukturveränderungen des Produktions- und Akkumulationsprozesses zu tun. Die Zuwächse der Arbeitsproduktivität sollen den Gewinneinkommen zugute kommen in der Hoffnung, daß mit steigender Profitrate (Kapitalrentabilität) auch die Investitionen angeregt werden, also die Akkumulationsrate und mithin die Wachstumsrate der Wirtschaft angehoben werden kann. Dann, so die Erwartung der Kommission, könnte auch als letztes Glied in dieser Kausalkette die Beschäftigung steigen. Nur sind die Vermittlungsglieder zwischen Umverteilung der Produkti-

vitätsgewinne zugunsten der Gewinne und dem Anstieg der Beschäftigung wesentlich vielfältiger, als es normalerweise wahrgenommen wird. Daher sind auch die Interessen der sozialen Akteure widersprüchlicher als im Weißbuch angenommen. Der knappe Hinweis auf die notwendige Solidarität und den Sinn eines Sozialpakts reicht da nicht aus. Immerhin sind ja im vergangenen Jahrzehnt in allen europäischen Ländern die Lohn- und Gehaltseinkommen hinter den Einkommen aus Unternehmertätigkeit und Vermögen zurückgeblieben, ohne daß dadurch die Beschäftigungskrise hätte vermieden oder überwunden werden können – ein Beleg dafür, daß Umverteilung zu Lasten der Lohn- und Gehaltseinkommen für sich allein noch längst keinen positiven Beschäftigungseffekt garantiert.

Die regionale Integration des westlichen Europa kann also den Effekt einer sozialen Desintegration in den Euro-Ländern zeitigen. Die Verfolgung des vorwiegend monetären Integrationsprojekts hat einen hohen Preis, nämlich soziale Exklusion und Marginalisierung und soziale Konflikte, für die es anders als für die europäische Währung keine gemeinsamen Institutionen der Konfliktregulierung gibt.

10.1.5 Das Jahr 2002: Die EU an einem Scheideweg

Bislang war die Entwicklung der EWG, dann der EG und schließlich der Europäischen Union (EU), wie seit der Einheitlichen Akte von 1986 der Integrationsraum einheitlich in allen Sprachen bezeichnet wird, durch die Parallelität von Erweiterung (von ursprünglich sechs Mitgliedsländern auf um die Jahrhundertwende 15) und Vertiefung (von der Zollunion zum Gemeinsamen Markt und zur Währungsunion) charakterisiert. Der nächste Integrationsschritt jedoch führt für die einen zur vertieften Währungsunion, für die anderen bleibt es bei nicht fixierten Kursen nun auch gegenüber dem Euro-Block, der freilich eine Rolle spielen dürfte wie innerhalb des EWS die DM.

Die EU gerät also an eine Bifurkation. Darüber wird schon seit geraumer Zeit im Zusammenhang mit der Vertiefung bzw. Erweiterung der Integration räsonniert. In das durch die Maastricht-Indikatoren gebildete Viereck der Konvergenz passen nicht alle Währungsgebiete. Die Deutsche Bundesbank wollte mit möglichst harten Bedingungen eine Erfahrung wie mit der deutschen Währungsunion vom Juli 1990 wegen der zu erwartenden hohen finanziellen Transfers vermeiden; dies hatte sie bereits im Oktober 1990 kundgetan:

„Letzten Endes ist eine Währungsunion ... eine nicht mehr kündbare Solidargemeinschaft, die nach aller Erfahrung für ihren dauerhaften Bestand eine weitgehende Bindung in Form einer umfassenden politischen Union benötigt ... In der gesamten Gemeinschaft bestehen jedoch noch immer tiefsitzende und zum Teil sogar wieder zunehmende Divergenzen ... Die Ursachen hierfür liegen in den meisten Fällen nicht so sehr in vorübergehend wirksamen Faktoren, sondern vor allem in beträchtlichen Unterschieden in den institutionellen Strukturen, den wirtschaftlichen Grundorientierungen sowie den Verhaltensweisen der Tarifpartner ..." (Deutsche Bundesbank, *Monatsberichte*, Nr. 10, Oktober 1990: 41ff).

Die Bundesbank argumentierte unter integrationstheoretischen Aspekten „ökonomistisch": Eine Währungsunion sollte die ökonomische, soziale und politische Konvergenz „krönen". Der „monetaristische" Kraftakt, mit der Währungsunion die ökonomische Konvergenz zu erzwingen, hätte zu hohe Finanztransfers innerhalb der Gemeinschaft erforderlich gemacht. Die westeuropäischen Partnerländer hingegen machen den Versuch, mit der Übernahme der harten Bundesbank-Kriterien den Schritt zur Währungsunion zu erleichtern, um so politischen Einfluß auf die im westeuropäischen Währungssystem dominante währungspolitische Institution zu erlangen. Denn der nationalstaatliche, geldpolitische Spielraum ist durch die rigide Politik der Bundesbank für die Partnerländer so eingeengt, daß ihnen nur noch die „Flucht nach vorn" aussichtsreich erschien. Der Übergang zur Währungsunion kann als ein Schachzug gegen die in Europa seit Mitte der 70er Jahre dominante deutsche Zentralbank interpretiert werden.

Daß monetäre Nachhaltigkeit nur bei entsprechenden Verhältnissen der realen Ökonomie erreicht und bewahrt werden kann, wird in der ökonomischen Debatte zumeist verdrängt oder zu spät zur Geltung gebracht. Delors war klug genug zu erkennen, daß der Maastricht-Vertrag mit seinen ausschließlich monetären Indikatoren nicht ausreicht, um das Integrationsprojekt Europa zu vervollkommnen. Also ließ er zwei Jahre nach Maastricht im Jahre 1993 das „Weißbuch" folgen, in dem beschäftigungspolitische und sogar ökologische Maßnahmen gebündelt wurden. Doch entweder wurden sie erst gar nicht in Angriff genommen oder sie wurden verwässert. Die Wucht der rein monetären Integration ist zu groß und der 1997/98 ausgetragene Wettbewerb zwischen den europäischen Nationen um die Siegespalme bei der Erfüllung der Stabilitätskriterien zu heftig, als daß die Finanzminister, die ihre Stabilitätsmeldungen wie Sportsleute den Medien übergaben, daran Gedanken verschwendet hätten.

So kommt die Währungsunion schlecht vorbereitet. In dieser Situation gewinnen die Ökonomen, die heute und nicht schon 1992 vor der Währungsunion warnten (vgl. aber Altvater/Mahnkopf 1993), mit ihrem Vorschlag Beachtung, an das in ihren Augen *factum brutum* der Währungsunion die Lohnkosten durch Deregulierung und Flexibilisierung anzupassen. Nur so sei zu gewährleisten, daß der Euro so stabil wie die DM werde[170]. Doch der Mundellsche optimale

---

[170] In Deutschland haben 155 Ökonomen die von Chevenement angemahnte Politik des Euros auf bloße Politik der Konsolidierung der Staatshaushalte zurückgestutzt und festgestellt, daß die Haushaltskonsolidierung noch nicht „nachhaltig" genug, folglich der Start der Wäh-

Währungsraum kann nicht durch Sozialabbau errichtet werden. Im Gegenteil, soziale Auseinandersetzungen sind vorprogrammiert, die die Konkurrenzfähigkeit nicht gerade positiv beeinflussen und daher negative Folgen für die Leistungsbilanz und für den Euro in der globalen Währungskonkurrenz zeitigen. In der EWWU sind die realen und sozialen Divergenzen immer noch groß, und es ist anzunehmen, daß sie selbst im Falle zunehmender Wanderungen zwischen den Regionen der an der EWWU teilnehmenden Nationen nicht zusammenschmelzen. Diesem Sachverhalt kann nur mit einer *europäischen Sozialstaatlichkeit* begegnet werden. Diese aber gibt es zum Zeitpunkt der Errichtung der Währungsunion nur in Ansätzen. Doch der Euro wird im Jahre 2002 die nationalen Währungen nur ablösen können, wenn nicht nur ein Währungsraum und ein entsprechender ökonomischer Raum der weitgehenden Deregulierung hergestellt werden. Mindestens so wichtig sind die Demokratisierung der europäischen Institutionen und die Schaffung eines europäischen Sozialraums, wohlgemerkt aus Gründen der ökonomischen Effizienz. Dies ist kein normatives Postulat, sondern Schlußfolgerung einer Analyse der Funktionsbedingungen der EWWU. Sie kann scheitern, wenn diese Bedingungen negiert werden. Dies wiederum – und nun folgt eine normative Feststellung – kann nicht im Interesse einer demokratischen und friedlichen Entwicklung Europas liegen. Die EWWU ist zu weit vorangebracht, als daß sie ohne pathologische Rückfälle in nationalistische Positionen gestoppt oder gar vom Wege abgebracht werden könnte. Unmittelbar nach dem Vertrag von Maastricht war diese Option noch gegeben. Heute ist sie nur zu einem Preis zu realisieren, der zu hoch ist[171]. Der Euro ist von Anfang an als Weltwährung, als *Triadenwährung* ausgelegt. Er ist die europäische Antwort auf die Herausforderungen der Globalisierung. Seine Zukunft wird also davon abhängen, wie sich andere Weltregionen – in Nordamerika, in Asien, wie sich China und Indien, der lateinamerikanische Subkontinent und Afrika – im neuen Jahrhundert entwickeln und ob die Krisen der Weltfinanzmärkte durch neue Formen der Regulierung bewältigt werden können.

---

rungsunion zu verschieben sei, um den beteiligten Regierungen mehr Zeit zur Konsolidierung, also zum Abbau der öffentlichen Schulden und Defizite zu geben (*„Frankfurter Allgemeine Zeitung"* vom 9.2.1998; auch Hankel et al. 1998).

[171] Dies ist der Grund dafür, daß die Verfasser 1992/93 – heftige und böse Kritik provozierend – gegen den Maastricht-Vertrag und die EWWU argumentierten (z.B. Altvater/Mahnkopf 1993), im Jahre 1998 und 1999 aber die EWWU zu unterstützen auch gegen jene gezwungen sind, die sie in den Zeiten der Euro-phorie für das Nonplusultra einer europäischen Weltordnungspolitik ansahen. Politische Positionen haben ihre Zeit, und wer zu spät kommt, den bestraft bekanntlich das Leben.

10.2 Transformationsprozesse in Mittel- und Osteuropa

Für die westeuropäischen Länder sind nach 1989 neue Herausforderungen auf die historische Tagesordnung geraten, die der beabsichtigten „Vertiefung" des Integrationsprozesses eine überraschende Wende bereitet haben. Eine von einigen mittel- und osteuropäischen Staaten unmittelbar nach dem Systemwechsel von 1989 geforderte Ost-Erweiterung der EG/EU stößt auf das Hindernis der höchst unterschiedlichen ökonomischen (Produktivität) und sozialen bzw. politischen Entwicklungsniveaus zwischen dem „alten" Westen und dem „neuen" Osten. Obendrein könnte die fragile Machtbalance innerhalb der EU-Strukturen durch eine Ost-Erweiterung mehr gestört werden als in den bisherigen Fällen einer Erweiterung Anfang der 70er Jahre um Großbritannien, Irland und Dänemark (1973) oder in den 80er Jahren um Griechenland (1981), Spanien und Portugal (1986). Auch die „zweite Norderweiterung" zum 1.1.1995 um Finnland, Schweden und Österreich wirft schon deshalb weniger Probleme als eine „Osterweiterung" auf, weil die Entwicklungsniveaus der Beitrittsländer hoch genug sind, um von Anfang an die EU-„Konditionalität" einer vollen Mitgliedschaft, den *„acquis communautaire"*, übernehmen zu können. Obendrein handelt es sich bei diesen Ländern um „Nettozahler", so daß pekuniäre Konflikte mit den ärmeren EU-Mitgliedern eher ausgeräumt werden können.

10.2.1 Transformation als Integration in den Weltmarkt

Keine dieser Bedingungen jedoch wird von den Ländern MOEs erfüllt, obwohl der Europäische Rat in den Europa-Abkommen mit Polen, der Tschechischen Republik, Slowenien, Estland und Ungarn die Möglichkeit der Mitgliedschaft prinzipiell eröffnet hat. Doch der mittel- und osteuropäische Transformationsprozeß wird innerhalb einer offenen Weltwirtschaft nur erfolgreich sein, wenn die Transformationsstaaten *erstens* die Funktionsbedingungen einer Geldwirtschaft erfüllen. Dafür ist ein Leistungsbilanzüberschuß Voraussetzung; denn nur so könnte die nationale Währung durch ein Devisenpolster gehärtet werden[172]. Sonst werden infolge von Abwertungstendenzen (*ceteris paribus*) zwar

---

[172] Dieses Maßnahmenbündel ergibt sich aus der Dominanz der Kapitalmärkte, deren Preisbildungsmechanismus (Zinsen und Wechselkurse) politisch nicht gesteuert werden kann. Wie Riese apokryph schreibt: „Die Marktkonformität (der Einkommenspolitik – E.A./B.M.) schließt nicht den Vermögensmarkt als den markttheoretischen Kern mit einer auf profiterzielendem Kapitaleinsatz beruhenden Ökonomie ein" (Riese 1992: 9). Gemeint ist: In einer kapitalistischen Ökonomie wird die Mindestprofitrate durch die internationalen Kapitalmärkte vorgegeben. Um die Durchschnittsprofitrate zu gewährleisten, können und müssen die Lohnkosten politisch reglementiert werden, um den Marktbedingungen Rechnung zu tragen. Die Asymmetrie besteht darin, daß *Marktinkonformität* auf dem Arbeitsmarkt die Bedingung für *Marktkonformität* auf den Vermögensmärkten ist. Immerhin verweist Riese auf die Bedeutung

die Exporte für die ausländischen Importeure billiger – und daher dürften sie steigen –, aber die Importe aus dem Ausland werden im Transformationsland teurer. Beide Tendenzen verstärken inflationistische Impulse, die so ausgeprägt sein können, daß trotz nominaler Währungsabwertung eine reale Aufwertung eintritt. Dies ist in allen Transformationsstaaten in der ersten Hälfte der 90er Jahre geschehen (vgl. IMF 1994b: 70f). Wird diesen Tendenzen mit restriktiver Geldpolitik entgegengewirkt, werden Investitionen teurer, das Wachstum verlangsamt und (formelle) Beschäftigung abgebaut. Die Errichtung wettbewerbsfähiger Industriestrukturen wird erschwert oder gar verhindert. Dadurch werden soziale Konflikte provoziert, die sich bis zu dem Punkt politisch zuspitzen können, an dem die Transformation zum demokratischen und marktwirtschaftlichen System zur Disposition gestellt wird. Ein *circulus viciosus* mit gravierenden politischen Folgen für die Legitimation der Transformation zur Marktwirtschaft kann also ausgelöst werden, sofern es den mittel- und osteuropäischen Ländern nicht gelingt (und es ihnen nicht ermöglicht wird), eine positive Leistungsbilanz gegenüber den westeuropäischen Ländern zu erwirtschaften, ohne daß dieser Effekt mit einer monetären Politik der mit restriktiven Maßnahmen gekoppelten Währungsabwertung erreicht wird. Die Gefahr, in eine „Transformationsfalle" (Richard Portes) zu geraten, ist also sehr groß. In einer solchen, fast verzweifelten Situation einer monetär abgewerteten, aber real dennoch aufgewerteten Währung können obendrein Handelskonflikte entstehen.

Mit der Integration der mittel- und osteuropäischen Reformländer in den Weltmarkt erweitert sich der Markt für westeuropäische Waren also keineswegs; er könnte sich sogar um den Leistungsbilanzüberschuß der ost- und mitteleuropäischen Länder verengen, wenn der Weltmarkt nicht so wächst, daß das Leistunsgbilanzdefizit durch Exportsteigerungen in andere Weltregionen wettgemacht werden kann. Doch werden diese Aussagen im Konjunktiv gemacht. Denn das im „Weißbuch" der Kommission vom Dezember 1993 vorgestellte Projekt einer europäischen Wachstums-, Wettbewerbs- und Beschäftigungspolitik zielt, wie wir gezeigt haben, mit einer Mischung von Industriepolitik und neoliberaler Deregulierung auf eine Stärkung der westeuropäischen Konkurrenzposition – auch gegenüber MOE. Zwar ist der argumentative Bezugspunkt die „Triade" der Wirtschaftsräume in Westeuropa, Nordamerika, Ostasien, und weder MOE noch die „Dritte Welt" spielen im Räsonnement des Weißbuchs eine hervorgehobene Rolle. Doch sind die Folgen einer Verbesserung der Konkurrenzposition Westeuropas schon wegen der geographischen Nähe und der dichten Wirtschaftsbeziehungen vor allem in MOE fühlbar. Gegenüber der po-

---

der Profitabilität für Wettbewerbsfähigkeit, die in den Theorien zur „systemischen Wettbewerbsfähigkeit" regelmäßig unterschätzt wird.

sitiven Sichtweise vom wachsenden Markt und von der gelingenden Transformation spricht einiges für die eher negative Perspektive einer „Peripherisierung" großer Teile MOEs. André Gunder Frank sieht darin nur die Wiederherstellung eines jahrhundertealten Verhältnisses zwischen West- und Osteuropa, das nur während des „kurzen 20. Jahrhunderts" von 1917 bis 1989 unterbrochen worden ist (Frank 1992).

Ein Leistungsbilanzüberschuß könnte auch genutzt werden, um die Außenverschuldung der osteuropäischen Länder (1999 insgesamt 256,6 Mrd. US$ – IMF 1999: 200) zu reduzieren. Dann wären mehr Importe finanzierbar; MOE könnte mit den etwa 300 Mio. Einwohnern in diesem Fall tatsächlich die Markterweiterung für westeuropäische Anbieter herbeiführen, von der unmittelbar nach 1989 in den positiven Einschätzungen der Transformationsprozesse so optimistisch geredet wurde. Doch statt des Überschusses haben in den Jahren seit der Öffnung die Transformationsländer zum Teil hohe Leistungsbilansdefizite realisiert (OECD 1998b: 151ff). Die Defizite entstehen zu einem beträchtlichen Teil durch den Handel mit Westeuropa. Die Länder des Euro-Währungsraums exportieren etwa 10vH ihrer globalen Ausfuhren nach Mittel-, Ost und Südosteuropa, importieren aber nur ca. 8vH der globalen Einfuhren; das waren in absoluten Werten 1997 76,2 Mrd. ECU bei den Ausfuhren und 52,7 Mrd. ECU bei den Einfuhren. Die Transformationsländer hatten also allein gegenüber dem Euro-Gebiet ein Defizit von ca. 23 Mrd. ECU (Daten nach JG 98/99: 34). Da der Anteil Westeuropas am Außenhandel der mittel- und osteuropäischen Länder etwa 60vH ausmacht, ist das strukturelle Defizit ein Transformationshemmnis. Freilich haben die Transformationsländer geringe Chancen, das Defizit in einen Überschuß zu verwandeln.

Die gleichzeitige Erfüllung der monetär-ökonomischen Bedingung der Integration in die kapitalistische Geldwirtschaft und der real-ökonomischen Bedingungen der Herstellung wettbewerbsfähiger Industriestrukturen ist also im Prozeß der Transformation vom Plan- zum Marktsystem schwierig genug. Hinzu kommt aber *zweitens*, daß selbst die „entbettete" Ökonomie nicht ohne Politik auskommt. Ohne die Herstellung eines pluralistischen und demokratischen Systems im Reformland dürfte es ausgeschlossen sein, dem systemischen Charakter der Wettbewerbsfähigkeit Rechnung tragen zu können. Auch die Integration in den Weltmarkt hat eine politische Komponente. Denn sie impliziert die Übernahme von Regeln, die sich etwa aus der Mitgliedschaft in den Institutionen von Bretton Woods oder in der WTO ergeben, und die Integration in die makroregionalen politischen Bündnis- und ökonomischen Integrationssysteme sowie in ein durch den „siegreichen Westen" dominiertes und in vielen Jahrzehnten entfaltetes Zivilisationsmodell. Gerade wegen des „Eingebettetseins" des Transformationsprozesses in den globalen Kontext ergeben sich eine Fülle von Schwierigkeiten für die Erzeugung „moderner" und kohärenter Verhältnisse in einem Prozeß der (im Schumpeterschen Sinne) institutionellen Evolution. Die Probleme wurden spätestens in dem Augenblick offenbar, als die zur Abkürzung des Übergangs gedachten neoliberalen Schockkonzepte oder die vom IWF propagierten „Sequenzprojekte"[173] sich als unzureichend für die Bewältigung der komplexen ökonomischen und sozialen Probleme im regionalen, nationalen und globalen Kontext herausstellten. Denn diese Projekte mit ihrer „*case-by-case*" und „*country-by-country*"-Philosophie haben gerade nicht dem positionellen Charakter des Wettbewerbs und den Interferenzen zwischen westlichen und östlichen „Standorten" auf dem Weltmarkt Rechnung getragen. Sie haben auch ursprünglich nicht berücksichtigt, was heute den Ton neuerer IWF-Studien bestimmt: daß es bei der Transformation nicht allein um die Einführung von Marktmechanismen geht, sondern um einen gesellschaftlichen Umbau – der entsprechend komplexer und daher auch langsamer verläuft.

Die Kapitaltransfers könnten dabei helfen, auch wenn die Erfahrungen der Schuldenkrise der „Dritten Welt" nicht vergessen werden dürfen. Es wäre keine gute Alternative, der „Transformationsfalle" dadurch ausweichen zu wollen, daß die Länder in die „Schuldenfalle" geraten. Doch sind die Direktinvestitionen in MOE so gering, daß diese Gefahr kaum eintreten kann. Ende der 90er Jahre sind nach Angaben der UNCTAD (1998a) nur 1,8vH der weltweiten Bestände an Direktinvestitionen in den Transformationsländern angelegt. Die Gründe für die geringe Attraktivität der ost- und mitteleuropäischen „Standorte" für Direktinvestitionen haben mit den Faktoren der Wettbewerbsfähigkeit zu tun, die in den Transformationsökonomien nur unzureichend entwickelt bzw. im Verlauf der tiefen Transformationskrise abhanden gekommen sind. Technologien und Qualifikationen entsprechen nicht den Weltmarktstandards, die Dienstleistungsnetzwerke sind ebenso unzureichend wie die materielle Infrastruktur. Obendrein ist infolge der Auflösung tradierter Bindungen und der sozialen und politischen Krise das öffentliche Gut Rechtssicherheit in einigen Ländern und Regionen „knapp" geworden[174].

---

[173] Dabei stand die Frage im Vordergrund, mit welchen Maßnahmen die einzelnen Reformschritte eingeleitet und in welcher Reihenfolge sie realisiert werden sollten: mit der Privatisierung, der die Freigabe der Preise und eine Währungsabwertung folgten, oder mit einer Währungsreform und der Errichtung eines zweistufigen Banksystems. Es stellte sich aber heraus, daß diese vereinfachende, übersichtliche Abfolge von einzelnen Schritten der Komplexität des Transformationsprozesses, der Gleichzeitigkeit des Ungleichzeitigen und der Ungleichzeitigkeit des Gleichzeitigen nicht Rechnung getragen hat.

[174] In Rußland sollen im Jahre 1994 9,1 Mrd. US$ in kriminellen Machenschaften verloren gegangen sein. „Ninety-five percent of Moscow banks and their affiliates are controlled by criminal kingpins..." und daher gilt das Bankgeschäft als eines der gefährlichsten Unternehmen (Grigoriev/Kisunko 1996: 21). Dies ist noch nicht einmal Folge mafiöser Praktiken, sondern direktes Ergebnis der Transformation selbst: Der Deregulierung des Bankgeschäfts ent-

Der größte Teil der Direktinvestitionen wird in den drei mitteleuropäischen Ländern Polen, Ungarn, Tschechien angelegt. In der ersten Hälfte der 90er Jahren waren es mehr als zwei Drittel aller Anlagen in MOE einschließlich der ehemaligen Sowjetunion. In der zweiten Hälfte der 90er Jahre werden die Direktinvestitionen mehr gestreut, aber die genannten drei Länder bleiben die attraktivsten Regionen für westliche Anleger[175]. Nach UNCTAD-Angaben sind von den ca. 32 Mrd. US-Dollar Direktinvestition im Jahre 1996 und 1997, die nach MOE flossen, 8,6 Mrd. US$ in der russischen Föderation, ca. 9,5 Mrd. US$ in Polen, ca. 4 Mrd. US$ in Ungarn und 2,7 Mrd. US$ in Tschechien angelegt worden (UNCTAD 1998a). Das sind mehr als 70%, die sich auf vier Länder konzentrieren. In der großen Ukraine wurden beispielsweise nur etwa 1,2 Mrd. US$ investiert. Wie das Beispiel der ungarischen und tschechischen Telekommunikation und Energiewirtschaft zeigt, dienen Direktinvestitionen, ganz ähnlich wie in Lateinamerika, nur zu einem Teil der Errichtung neuer Kapazitäten und Arbeitsplätze; sie werden zur Arrondierung globaler Strategien von TNU aus Westeuropa getätigt.

Die Kapitaltransfers dürften also trotz lockender Niedriglöhne auch in Zukunft aus den erwähnten Gründen eine begrenzte Wirkung haben. Die Gleichzeitigkeit von industriepolitischer Vertiefung innerhalb eines Teils der EU und Ausweitung des handelspolitischen Integrationsraums nach MOE wird wohl in der absehbaren Zukunft auf dem europäischen Kontinent bestimmend sein. Nicht nur sind die Unterschiede der Produktivität zwischen Ost- und Mitteleuropa einerseits und Westeuropa andererseits beträchtlich, so daß mittel- und osteuropäische Länder Wettbewerbsnachteile nur mit entsprechend niedrigen Lohnkosten kompensieren können. Schon aus diesem Grunde können sozialstaatliche Sicherungssysteme oder Systeme der industriellen Beziehungen aus westlichen Ländern in MOE nicht einfach übertragen oder übernommen werden. Ohne soziale Absicherung ist aber ein funktionierendes demokratisches System schwer zu gestalten. Die Transformation vom Plan zum Markt, die in den neoliberalen Projekten nach 1989 so einfach schien, erweist sich als so schwer wie die Quadratur des Kreises. Daher haben sich die sozialen

---

sprach keine entsprechende Verbesserung der Bankenaufsicht, so daß Betrügereien nachgerade durch die Art und Weise der Privatisierung provoziert wurden. Das Heft der von der Weltbank herausgegebenen Zeitschrift „*Transition*", in der der hier zitierte Artikel zu finden ist, enthält auch eine Analyse der lettischen Bankenkrise. Das Bankensystem Lettlands verlor 1995 40% seines Aktivvermögens als Folge wilder Privatisierung und Deregulierung und mangelnder Aufsicht (Fleming/Talley 1996). Betrogene waren sehr viele einfache Sparer.

[175] Dies gilt auch für deutsche Direktinvestitionen. Von 1993 bis 1997 flossen 18,9 Mrd. DM nach MOE, davon 5,5 Mrd. DM nach Polen, 4,9 Mrd. DM in die tschechische Republik und 5,9 Mrd. DM nach Ungarn. Diese drei Länder haben also ca. 86vH aller deutschen Direktinvestitionen in MOE attrahiert (JG 98/99: 45).

Bedingungen der Menschen nicht generell verbessert. Die Gesellschaftsspaltung in arm und reich ist jedenfalls tiefer geworden. Das „serious problem... that social safety nets are not sufficiently focused on the truly needy" (IMF 1994b: 73) ist auch ein Jahrfünft nach dieser Feststellung nicht gelöst. In den mittel- und osteuropäischen Staaten ist die Zahl der Armen (weniger als 120 $ pro Monat zu Preisen von 1990) im Zuge der Transformationsprozesse von etwa 8 Millionen um 50 Millionen auf 58 Millionen angestiegen (ohne die Kaukasusstaaten und das ehemalige Jugoslawien und Albanien. Das sind bis zu 20% der Bevölkerung (Milanovic 1994).

10.2.2 Zeiträume der Transformation oder die Entstehung hybrider Formen

Die entwickelteren Gesellschaften „zeigen" den „Nachzüglern" ihr Konsum- und Produktionsmuster („*demonstration effect*" – Poznanski 1995), die jeweiligen Eliten in den weniger entwickelten Ländern ahmen nicht nur den westlichen Lebensstil nach, den sich freilich die breiten Massen in einem weniger entwickelten Land (in diesem Fall MOEs) in der Regel nicht leisten können. Dieser Demonstrationseffekt ist möglicherweise „the single most important destabilizer of communist countries" (ibid.: 21) gewesen. Dieses Argument ist wegen der räumlichen Nähe der mittel- und osteuropäischen Länder zu den reichen westeuropäischen „Konsumgesellschaften" nicht von der Hand zu weisen. Die geographische (und kulturelle) Nähe verstärkt somit den Demonstrationseffekt. Doch worin besteht er, was wird „demonstriert"? Es handelt sich offensichtlich von westlicher Seite in der Regel nicht um ein schlichtes „*window dressing*" (von der Rolle West-Berlins als „Schaufenster des Westens" während des kalten Krieges einmal abgesehen). Der Effekt kommt vielmehr mit Hilfe harter Marktmechanismen in der Konkurrenz zustande. Vor der Öffnung MOEs war schon seit Beginn der 80er Jahre offensichtlich, daß der in den 50er Jahren deklarierte „Systembewettbewerb" zugunsten der westlichen Welt ausgehen würde. Nach der Öffnung MOEs sind wettbewerbsfähige kapitalistische Unternehmen dabei, die Märkte MOEs zu erobern, und nutzen dabei nicht zuletzt das positive Bild der „westlichen Produkte", die überlegene Finanzkraft und Logistik, um Wettbewerber aus MOE beziehungsweise der ehemaligen Sowjetunion selbst auf „ihren" Märkten zu verdrängen. Aber nicht nur die Gleichzeitigkeit der westlich-kapitalistischen und östlich-real-sozialistischen Entwicklungsbahn und der stetige Vergleich im „Systemwettbewerb" ist von Belang. Die Öffnung MOEs ist ein Aspekt eines viel umfassenderen Prozesses, nämlich der (systemischen) Transformation und der Integration in einen Weltmarkt, der sich seinerseits im Zuge der Globalisierung transformiert (Held et al. 1999).

Wenn man diesen Prozeß analysieren will, können Raum- und Zeitkoordinaten nicht außer acht gelassen werden. *Erstens* wächst in den 90er Jahren der Welthandel nicht mehr in dem hohen Tempo wie während des *„golden age"* der Kapitalakkumulation bis zur Mitte der siebziger Jahre. Folglich sind die Märkte in den 90er Jahren mehr umkämpft als in den Jahrzehnten zuvor. Dies bedeutet, daß neue Wettbewerber aus Transformationsgesellschaften heute größere Schwierigkeiten haben als die neu-industrialisierten Länder (vor allem in Südost- und Ostasien) in den vergangenen Jahrzehnten, selbst wenn man unterstellt, sie seien technisch und hinsichtlich Design und Produktqualität, in der Produktionstechnik und beim Marketing auf der Höhe der Zeit.

Darüber hinaus bedeutet *zweitens* ein Regime flexibler Wechselkurse bei voller Konvertibilität der Währungen, daß sich Weltmarktschocks direkt in der nationalen Ökonomie bemerkbar machen. Der „Schutzmechanismus" des Wechselkurses kann seine Wirkung nicht entfalten; flexible Wechselkurse setzen bei voller Konvertibilität der Währungen und massiven und (gegenüber der Leistungsbilanz) autonomen Kapitalbewegungen nationalstaatliche Währungsräume erratischen Schocks des Weltmarkts aus. Die destabilisierenden Wirkungen der Arbitrage schlagen also voll auf die realwirtschaftlichen Prozesse durch. Unter den genannten Bedingungen überlagert die Notwendigkeit der Währungsstabilisierung alle anderen Politikoptionen, deren Verfolgung für ein Gelingen des Transformationsprozesses notwendig wäre. Gerade die Finanzkrisen in Mexiko 1994 und in Asien, Rußland und Brasilien mit ihren „Contagion"-Effekten haben gezeigt, daß die Befolgung der Regeln des *„free your markets and strengthen your money"* (Krugman 1995a: 28ff) einen wirtschaftspolitischen Erfolg keineswegs garantiert. Im Gegenteil. Die brutale Abwertung wichtiger asiatischer Währungen, des russischen Rubels und des brasilianischen Reals macht Anstrengungen zur Hebung der lokalen Konkurrenzfähigkeit in anderen Weltregionen zunichte, oder sie provoziert währungspolitische Antworten, also ebenfalls eine Abwertung der je nationalen Währung. Dies löst die Gefahr eines allgemeinen Abwertungswettlaufs und einer deflationären Spirale aus.

Drittens haben sowohl Deutschland als auch Japan in den 50er und 60er Jahren und später die „newly industrializing countries" (NICs) in Asien und Lateinamerika von den ökonomischen Konsequenzen der „kommunistischen Bedrohung", das heißt von der Konfrontation der Blöcke und der Bildung einer „heiligen Allianz des Antikommunismus" unter der Hegemonie der Vereinigten Staaten von Amerika, profitiert: beispielsweise durch Wirtschaftshilfe oder den erleichterten Zugang zu Märkten. Gerade diese besonders günstige Konstellation ist paradoxerweise durch die „samtene Revolution" in MOE und durch die Auflösung des sowjetischen Imperiums beendet worden. Das Ende der – tatsächlichen oder eingebildeten – sozialistischen Herausforderung für die kapitalistische Welt hat *viertens* die Verbreitung neoliberaler Denkmodelle beflügelt und daher zum Triumph einer Politik der Förderung des reinen und ungehemmten Marktmechanismus beigetragen. Dies hatte aber auch zur Folge, daß sich nationalstaatliche und supranationale oder internationale politische Institutionen aus der Regulation des globalen Wettbewerbs weitgehend zurückgezogen und einen deregulierten freien Weltmarkt geschaffen haben, auf dem die Rentabilität des Kapitals (der *„shareholder value"*) die *„benchmark"* für wirtschaftliche und politische Entscheidungen geworden ist und soziale, ökologische und politische Ziele der Entwicklung dahinter verblassen. Spielen aber nur Rentabilitätsüberlegungen für Ort und Fristigkeit von Kapitalanlagen eine Rolle, gehen gerade jene Regionen und Länder „leer" aus, d.h. sie werden von den internationalen Geldkapitalströmen gemieden, die sie für die Finanzierung von Entwicklungsprojekten besonders nötig hätten.

Neben den *„exogenen"* Bedingungen müssen *fünftens* auch eher *„endogene"* Faktoren berücksichtigt werden, die die Entwicklung im Sinne westlich-orientierter Modernisierung, also auch die Transformation behindern können. Unter Bedingungen „struktureller Heterogenität" können kohärente ökonomische, soziale und politische Verhältnisse, die die Voraussetzungen der Modernisierung bilden, nicht zustande kommen (vgl. 4. Kapitel, 4.3.2). Ganz ähnlich argumentierend hat die Regulationstheorie gezeigt, daß ein Mindestgrad dynamischer Kompatibilität gewährleistet sein muß – zwischen Wirtschaftszweigen, bei der Verwendung des Sozialprodukts für Konsum und Investitionen (um die zeitliche Kontinuität der Akkumulation zu gewährleisten), im Verhältnis von Produktivitätssteigerung und Lohnsteigerung, in der Verteilung zwischen Löhnen und Profiten, in der Zirkulationssphäre zwischen Geldnachfrage und Güterangebot, im gesellschaftlichen Verhältnis zur Natur –, damit die „fordistische Wachstumsmaschine" Tempo gewinnt und dieses in der Zeit zu halten vermag. Die Regulation des Geldes bestimmt obendrein die Position eines gegebenen Landes in der globalen Währungskonkurrenz. Da alle diese ökonomischen Beziehungen einen sozialen Gehalt haben und in einem Koordinatensystem von Raum und Zeit stattfinden, lassen sie sich nur realisieren, wenn ein sozialer und politischer Kompromiß zustande kommt. Dieser muß in den institutionellen Strukturen der Machtbeziehungen einer Gesellschaft sozusagen „eingeschrieben" sein, damit die Regulation reibungslos verläuft und im Akkumulationsprozeß nicht durch inkohärente soziale und ökonomische Verhältnisse Reibungen erzeugt werden.

Also kann Entwicklung als ein doppelter Prozeß von „endogener" Modernisierung und „exogener" Öffnung zu externen Märkten, das heißt als Integration in das kapitalistische Weltsystem verstanden werden. Was für Entwicklung allgemein gilt, trifft auch auf die Transformation in MOE zu: Unter den obwaltenden Bedingungen der Globalisierung – vor allem wegen der Bedeutung von Arbitrageaktivitäten auf globalen Finanzmärkten – ist die *transition* zu einer Gesellschaft mit „OECD-Profil" ausgeschlossen. Auf den möglichen Entwicklungspfaden kommen nur Hybridformen kapitalistischer Entwicklung zustande, deren „Gesicht" heute noch nicht klar erkennbar ist. Es war eine große Illusion zu glauben, durch eine Art „big bang" eines „heterodoxen Schocks" aus dem Hut des „*bad boys socialism*" einen „*good girls capitalism*" herauszuzaubern (vgl. Altvater 1998). Die „transition" vom „there" zum „here" stellt sich als Komplex von Transformationsprozessen (im Plural) sozialer, politischer und ökonomischer Formen heraus, von den Änderungen des individuellen Habitus, der Sozialkultur und des gesellschaftlichen Naturverhältnisses ganz abgesehen (Hopfmann 1998). Diese Prozesse haben teilweise unterschiedliche Zeitrhythmen, die miteinander konfligieren (Tatur 1998: 343). Dies war in der Geschichte des Kapitalismus niemals anders. Denn schon in Frankreich oder Deutschland und erst recht in Rußland vollzog sich die kapitalistische Entwicklung ganz anders als in England: unter Bedingungen des Protektionismus und nicht des Freihandels, mit aktiver staatlicher Förderung von „infant industries" etc. Warum soll dies im Fall der Transformationsprozesse in MOE anders sein? Hybridformen sind also wahrscheinlicher als die – versprochene und daher erwartete – „reine" Form westlicher Modernität. Nur eines haben die „big-bang"-Maßnahmen in MOE (beispielsweise von Balcerowicz in Polen oder von Gaidar in Rußland) bewirkt: Sie haben die Reformmaßnahmen unwiderruflich gemacht (also einen „lock-in effect" ausgelöst). Der Weg zurück ist also in überschaubaren historischen Zeiträumen ausgeschlossen. Wohin der Weg führt, ist jedoch auch am Ende des Jahrhunderts durchaus offen.

Sechstens finden Transformationsprozesse nicht im sozialwissenschaftlichen Labor statt, sondern im Gestrüpp der Residuen der Vergangenheit. Die Kooperationsbeziehungen aus dem vergangenen und zu transformierenden Plan- und Parteisystem erweisen sich im Vergleich zu den neuen Markt- und Geldbeziehungen oft als überlegen. Denn dabei handelt es sich um bekanntes Terrain, auf dem effiziente westliche Konkurrenten nicht operieren, und wenn sie es doch tun, müssen sie in der Regel zur Kooperation mit den „Pfadfindern" aus der alten *Nomenklatura* bereit sein. Daraus ergeben sich aber in vieler Hinsicht fatale Folgen: Märkte, Geld und die neu geschaffenen Eigentumsrechte dienen der Allokation zugunsten der alten Netzwerke („Seilschaften"), die gar kein Interesse und daher auch keine Kompetenzen (die vom IWF angesprochene „enterprise governance") entwickeln können, mit produktiven Investitionen Innovationen zu realisieren, durch die mittel- und längerfristig die Wettbewerbsfähigkeit gesteigert und der Verteilungsspielraum (auch zur Errichtung der „social safety nets") erweitert werden können. So kann teilweise erklärt werden, warum die soziale Ungleichheit in den Transformationsgesellschaften so sehr gestiegen ist

(Milanovic 1994). Der Weg „from plan to clan" (Stark 1991), also zu einer spezifisch *hybriden* Form informeller und für Außenstehende wenig transparenter Beziehungen und nicht zum weltoffenen formellen Markt ist naheliegend, wenn die Einführung der Markt- und Geldbeziehungen für viele Unternehmen entweder gewaltige Anpassungsleistungen einschließlich der Entlassung eines großen Teils der Belegschaft erfordert oder das Scheitern bedeutet. Die Kehrseite der Krise formeller ist also das Anwachsen informeller Wirtschaftsbeziehungen. Zugleich entwickeln sich neue *Hybridformen* zwischen formellem und informellem Sektor, die bereits vermuten lassen, daß die Transformationsprozesse in MOE keineswegs eine leichtgängige Modernisierung darstellen, wie viele Sozialwissenschaftler mit überraschender Naivität leichtfertig nach 1989 vermuteten.

10.2.3 Die Informalisierung der mittel- und osteuropäischen Transformation
Im Negativfall wird ein großer „informeller Sektor" aller derjenigen Produzenten erzwungen, die in der formellen Geldwirtschaft chancenlos sind. Wenn also im Verlauf der Transformation nicht die Errungenschaften der Geldgesellschaft erreicht werden können, dann verändert sich auch die Arbeitsgesellschaft. Unter dem Druck des Weltmarkts passen sich die Systeme der gesellschaftlichen Arbeit an, sie informalisieren sich, der Not gehorchend. Bis 1996 hat sich der offiziell gemessene Output in Transformationsländern mehr oder weniger stark verringert. In einigen Fällen beträgt die Verringerung mehr als 50% im Vergleich zu 1990. Posnanky (1995) prägt daher den Begriff der „postkommunistischen Rezession", um die Entwicklung in MOE und in den Nachfolgestaaten der Sowjetunion nach 1989 zu kennzeichnen. Diese Rezession kann als Fehlschlag bei der Schaffung vergleichsweise wettbewerbsfähiger Produktionsstrukturen interpretiert werden. Freilich ist der Rückgang des Bruttoinlandsprodukts in den mittel- und osteuropäischen Ländern weniger ausgeprägt als in den Nachfolgestaaten der Sowjetunion. Seit 1996 sind in vielen Ländern wieder positive Wachstumsraten zu verzeichnen. Allerdings ist das Defizit der Leistungsbilanz in nahezu allen mittel- und osteuropäischen Ländern und in der GUS angestiegen. Die externe Verwundbarkeit konnte also im Zuge der Transformation nicht reduziert werden. Dies ist ein deutlicher Indikator für die Gleichzeitigkeit der Transformation des Standorts (der jeweils nationalen ökonomischen Systems) und der Integration in den globalen Raum (in den Weltmarkt) und für die Schwierigkeiten, mit Hilfe der „Ökonomie der Zeit" die Wettbewerbsposition des Standorts „künstlich" zu verbessern. Eine defizitäre Leistungsbilanz und entsprechend hohe externe Verschuldung lösen kurzfristige Kapitalbewegungen aus, die – wie in Rußland und anderen Ländern MOEs – im Jahre 1998 eine schwere Finanzkrise verursacht haben. Die kurzfristige Arbitrage hat langfristig wirkende Effekte auf die Wettbewerbsfähigkeit von „Standorten".

Die Folge ist, daß, wie wir bereits dargelegt haben (vgl. 6. und 8. Kapitel), Sektoren der territorialen Wirtschaft, die die bei einer erfolgreichen Integration in den Weltmarkt einzuhaltenden „benchmarks" der Wettbewerbsfähigkeit nicht erfüllen, entweder ökonomisch untergehen oder die ökonomischen Aktivitäten auf andere Standards als die des Weltmarkts auszurichten gezwungen sind. Es entsteht der sogenannte „informelle Sektor". Daß dieser in Transformationsökonomien eine beträchtliche Rolle spielt, läßt sich bei näherer Betrachtung der Daten über das Wachstum des Bruttoinlandsprodukts ermessen. Die Daten der volkswirtschaftlichen Gesamtrechnung beziehen sich, wie könnte es anders sein, ausschließlich auf die formelle Ökonomie. Ein etwas genauerer Blick auf die Entwicklung von Produktion und Einkommen (in Preisgrößen) und ein Vergleich mit den Daten des Verbrauchs von Energie (in Mengengrößen) zur Produktion von Einkommen zeigt jedoch, daß in den meisten Transformationsgesellschaften der Verbrauch von elektrischer Energie nicht im gleichen Ausmaß zurückgegangen ist wie der monetär gemessene Output. Dies kann Ausdruck von Effizienzverlusten sein, der Elektrizitätsverbrauch kann in einer fordistischen (und daher „fossilistischen") Gesellschaft aber auch als Indikator der Entwicklung ökonomischer Aktivitäten benutzt werden[176]. Der tatsächliche Output muß also substantiell höher sein, als es die Daten ausweisen, wenn der Elektrizitätsverbrauch (Energieinput) weniger gefallen ist als der formell gemessene Output. In der Ukraine wird bei Berücksichtigung dieser Divergenz die Untergrund- oder Schattenökonomie mit 52% des offiziellen Bruttoinlandsprodukts angesetzt. In Rußland macht sie mindestens 40% des offiziellen Bruttoinlandsprodukts aus. In anderen mittel- und osteuropäischen oder GUS-Staaten (mit der Ausnahme von Usbekistan, dem einzigen GUS-Land, in dem – ausweislich der statistischen Daten – die Industrieproduktion von 1990-1996 angestiegen ist) hat der Umfang der „Schattenökonomie" vergleichbare Ausmaße (vgl. EBRD 1997).

Diese postsozialistische Entwicklung – die „Schattenökonome" (die „duale Ökonomie") unter der kommunistischen Herrschaft ist auf 15-25% des offiziellen Bruttoinlandsprodukts geschätzt worden (vgl. Feld/Kirchgäßner 1995) – kann daher *erstens* als ein Fehlschlag der durchgängigen Errichtung wettbewerbsfähiger Produktionssysteme interpretiert werden. Die Wettbewerbsfähigkeit von Unternehmen des Standorts wird durch Reduktion von Arbeitskosten (Niedriglöhne, Vermeidung von Sozialasten) und der Steuerbelastung erhalten, aber nicht durch produktive soziale Strukturen erzeugt. Dies ist ein verbreiteter

---

[176] Es ist durchaus kontrovers, ob die Länder MOE und der GUS als „fordistisch" bezeichnet werden können. Entsprechend den Analysen von Robin Murray (1990) ist in der ehemaligen Sowjetunion eine Art „halber Fordismus" realisiert worden. Die Zielsetzung der Etablierung eines fordistischen Regimes ist unbestritten (vgl. auch Altvater 1991).

Begründungszusammenhang, der den Argumenten von Hernandez de Soto (1991) oder der Weltbank folgt, die die Ausmaße des informellen Sektors jeweils mit zu hoher Steuerlast, Rigiditäten des Arbeitsmarktes, mangelnder Qualität der öffentlichen Verwaltung, der Regulierungsdichte etc. erklären.

Eine andere Argumentationslinie hebt *zweitens* die hohen Eintrittsbarrieren für die formelle Ökonomie hervor. Diese wird auch in den meisten Transformationsgesellschaften von Unternehmen beherrscht, die in der Lage sind, den Sachzwängen des Weltmarkts Rechnung zu tragen. Die Schattenökonomie oder der „informelle Sektor" hingegen produzieren für lokale und regionale Märkte, die vor dem Wettbewerb des Weltmarkts geschützt sind, oder sie fungieren als in hohem Grade abhängige Zulieferer für TNU, die gerade die niedrigen Lohnkosten auszunutzen bestrebt sind. Folglich werden Produktivkräfte für die lokale und regionale Produktion und nicht für wettbewerbsfähige Produktion zum Verkauf auf dem Weltmarkt genutzt. Hartwährungseinnahmen aus Exportüberschüssen bleiben aus. Da die Zentralbank mit harten Währungsreserven die interne monetäre Stabilität (inklusive stabiler Wechselkurse) absichern muß, hat das Ausbleiben der Hartwährungseinnahmen (des „Stabilitätsankers") einen negativen Einfluß auf die Wertfundierung der Währung und indirekt auf den Standort. Es ist obendrein sicher, daß Wettbewerbsfähigkeit, die auf niedrigen Löhnen basiert, nicht auf Dauer ist, weil so weder „Humankapital" gebildet werden kann, noch ein Anreiz zur *„quality production"* ausgeübt wird.

Drittens müssen jedoch die positiven Effekte informeller Aktivitäten in Rechnung gestellt werden, in erster Linie also die Beschäftigungswirkung. Aus der Perspektive der formellen Ökonomie werden die Arbeitskräfte, die in der Schattenökonomie beschäftigt sind, als „nichtformelle" Arbeitslosigkeit betrachtet. In Rußland ist die Anzahl von Menschen, die paradoxerweise „formell beschäftigungslos" und „informell beschäftigt" sind, auf zehn bis zwölf Millionen geschätzt. Die internationale Arbeitsorganisation geht davon aus, daß in einigen mittel- und osteuropäischen Ländern Arbeitskräfte „gehortet" werden, da die Reduktion des Output sehr viel dramatischer ausgefallen ist als die Reduktion der Beschäftigung. Folglich ist die Warnung des ILO-Berichts (1997/1998) ernst zu nehmen, daß in einigen Ländern der Region das Risiko einer „sozialen Explosion" besteht. Dieses Risiko ist weniger ausgeprägt, wenn der informelle Sektor Arbeitsplätze und daher Einkommensquelle ist, zumal in Krisenzeiten, wenn nicht nur Beschäftigungsmöglichkeiten zurückgehen, sondern auch angesparte Vermögen in der Finanzkrise verloren gehen.

Viertens muß berücksichtigt werden, daß informelle Aktivitäten nicht nur in der kleinen und mittleren Produktion für lokale und regionale Märkte von Belang sind; wie bereits im 8. Kapitel ausgeführt, gehören ja auch kriminelle wirtschaftliche Aktivitäten (Geldwäsche, Korruption, Bestechung, Drogenhandel, organisierte Prostitution und Menschenhandel) zum „informellen Sektor". Weil gerade diese Varianten der informellen Wirtschaft in MOE, insbesondere aber in den Nachfolgestaaten der GUS von zentraler Bedeutung sind, muß *fünftens* der negative Einfluß informeller ökonomischer Aktivitäten auf den öffentlichen Sektor (und den Staatsapparat) von Transformationsgesellschaften in Betracht gezogen werden. Die kriminelle Seite der Informalität übt einen desintegrativen Effekt auf die Gesellschaft aus, verhindert die Entstehung einer „zivilen Gesellschaft" und eines kompetenten Rechtsstaates. Ökonomische Informalisierung und politische Informalität unterminieren die sozialen und politischen Voraussetzungen der ökonomischen Wettbewerbsfähigkeit des Standortes im globalen Wettbewerb. Das Resultat ist *De-formation* anstelle von *Trans-formation* – der *In-formalisierung* der Wirtschaft und Politik wegen.

Das „verborgene Gesicht der Weltwirtschaft" (Couvrat/Pless 1994) illegaler, schwarzer, nicht erfaßter Geschäfte hat in den Reformstaaten Ost- und Mitteleuropas beträchtliche Ausmaße angenommen. Im Falle Rußlands wird der Anteil der „Schattenwirtschaft" auf etwa 40% des Sozialprodukts (*„Frankfurter Allgemeine Zeitung"* – Blick durch die Wirtschaft, vom 6. 9.1994), die russischen Fluchtgelder auf ausländischen Konten werden auf 40 Mrd. US$ geschätzt (*„Neue Zürcher Zeitung"* vom 2.9.1994). Die Gefahr eines *circulus vitiosus* gescheiterter ökonomischer Transformation zur effizienten Marktwirtschaft und mangelnder politischer Demokratisierung ist sehr groß. Denn der „informelle Sektor", der keine oder nur wenig Steuern zahlt, ist zwar wichtig für Subsistenzstrategien der aus den formellen Markt- und Geldbeziehungen infolge hoher Arbeitslosigkeit exkludierten Bevölkerung, aber auch mitverantwortlich für das staatliche Budgetdefizit. Dieses verlangt eine restriktive, die Investitionen hemmende Geldpolitik, führt dazu, daß der Staat seine Käufe bei Unternehmen nicht bezahlt, deren Verschuldung steigert und so Entlassungen herbeiführt. Die Folge ist das weitere Anwachsen des „informellen Sektors". In solcher Situation hilft die Einführung der formellen marktwirtschaftlichen Institutionen und Regeln („hard budget constraint"; zweistufiges Bankensystem, Eigentumsrechte), erfolge sie schockartig oder sequentiell, recht wenig. Denn die Informalität definiert sich nachgerade durch die Strategie, vor den harten Markt- und Geldrestriktionen auszuweichen und dabei hybride Mischformen von Marktbeziehungen und außermarktmäßigen Verhältnissen hervorzubringen. Es müßte über eine Steuerreform und eine Reform des Sozialsystems (also auch eine Linderung der Armut) zunächst der „informelle Sektor" „formalisiert" werden, um den Regeln der Markt- und Geldwirtschaft den zu regelnden Gegenstand zu verschaffen.

10.2.4 Enttäuschte Transformationserwartungen
Die „Designer" der Transformationsprozesse in MOE und der GUS haben hohe Wachstumsraten erwartet, wenn erst einmal die Marktkräfte durch die Errichtung privater Eigentumsrechte aus den Fesseln der staatlichen Planung befreit sind. Doch wie bereits gezeigt werden konnte, hat sich diese Erwartung in den Jahren nach 1989 als eine Illusion herausgestellt. Der Grund dafür liegt auch in dem komplexen Beziehungsgeflecht zwischen privatem Eigentum und systemischer (bzw. struktureller) Wettbewerbsfähigkeit einer Produktionsökonomie. Das einzelne Privateigentum ist jeweils in ein soziales Netz von zusammenwirkenden Faktoren eingebettet. Privates Eigentum (und daher privates Kapital) ist folglich Teil des „Sozialkapitals" einer Gesellschaft. In der Mehrzahl der Privatisierungsfälle werden aber jene sozialen Netzwerke, die das Sozialkapital konstituieren und die für die Verbesserung der Wettbewerbsfähigkeit gerade benötigt werden, zerschnitten. Die Zerstörung von Kollektiven durch Maßnahmen der Individualisierung hat nicht nur einen befreienden Effekt. Die Produktivität wird auch durch ökonomische und soziale Desintegration gemindert. Privates Eigentum konstituiert immer zwei Rechte: dasjenige der Appropriation und dasjenige der Exklusion. In Ostdeutschland ist die Zerstörung sozialer und ökonomischer Netzwerke so ausgeprägt gewesen, daß die „schöpferische" Seite der durchaus beabsichtigten Zerstörung der alten ererbten ökonomischen und sozialen Strukturen ausgeblieben ist, und eine nicht beabsichtigte tiefgreifende und weitreichende Deindustrialisierung stattgefunden hat. Der Übergang vom Plan zum Markt und zum „Clan", also zu einer Art politischem Kapitalismus (vgl. Stark 1991), könnte folglich als die gesellschaftliche Antwort auf die destruktiven Konsequenzen der Privatisierung angesehen werden, auch wenn diese Reaktion in keiner Hinsicht als optimal bezeichnet werden kann.
Die Plansysteme in MOE sind nicht nur wegen der mangelnden Allokationseffizienz unter real-sozialistischen Eigentums- und Regulationsverhältnissen gescheitert, sondern ganz wesentlich wegen der Erosion der Nationalstaaten, die ja auch in den westlich-kapitalistischen Industriegesellschaften („Krise des keynesianischen Interventionsstaates") und in den „südlichen" Ländern (Ende des „Entwicklungsstaates") beobachtet worden ist. Die notwendigen Transformationsprozesse müssen sich daher in einem nicht mehr durch den Nationalstaat definierten Raum von Markt und Geld vollziehen, also in dem weiten Horizont des globalen Systems: in der „Geoökonomie", die von den mächtigen Blöcken der Industriestaaten (in der „Triade") beherrscht und gestaltet wird. Wenn schon polemisch die Gefahr beschworen wird, die USA könnten auf das Niveau von „Drittwelt"-Staaten absinken (von Luttwak 1994), um wieviel mehr ist diese Gefahr für ost- und mitteleuropäische Transformationsgesellschaften

präsent! Die „Peripherisierung" der Transformationgesellschaften ist inzwischen eine breit verwendete Metapher (vgl. Frank 1992; Hopfmann 1998). Der im ersten Abschnitt diskutierte Gegensatz von „Vertiefung" und „Erweiterung" zeigt sich nun von einer neuen Seite. Die Transformationsprozesse in MOE sind ja infolge des Bedürfnisses nach Ausweitung des Horizonts, nach Öffnung geschlossener Systeme eingeleitet worden, können aber paradoxerweise nur erfolgreich durchgeführt werden, wenn es gelingt, am (Stand)Ort „systemische Wettbewerbfähigkeit" im positionellen, globalen Wettbewerb herzustellen. Während alle Welt, wie wir gesehen haben, dazu übergeht, sich in makroregionalen Wirtschaftsblöcken zu integrieren, machen die Transformationsländer zunächst einen Prozeß der Auflösung der (Ost)Blockstrukturen, also der Desintegration durch. Die Folge ist die Notwendigkeit einer gewissen territorialen Schließung von Produktionssystemen, um sie vor der Konkurrenz zu schützen. Die Frage ist, wie dies durchgeführt wird. Es gibt dazu verschiedene Möglichkeiten. Besonders naheliegend sind *erstens* protektionistische Maßnahmen. Doch welche Art von Protektionismus kann am Ende des 20. Jahrhunderts auf einem Weltmarkt gemeint sein, der so frei wie niemals zuvor in der Geschichte funktioniert?

„Theoretische Einsichten wie historische Erfahrungen zeigen, daß die Stabilisierung einer Ökonomie (wie generell die Etablierung einer stabilen Ökonomie) lediglich mit einer unterbewerteten Währung möglich ist: die theoretische Einsicht, daß die Konstitution einer stabilen Ökonomie gegen die Konkurrenz etablierter Ökonomien nur über einen marktkonformen globalen Protektionismus durchsetzbar ist, die historische Erfahrung, daß sich in der Nachkriegszeit die Bundesrepublik Deutschland und Japan auf diese Weise zu industriellen Großmächten entwickelten" (Riese 1994: 8f).

Mit „Marktkonformität" eines „globalen „Protektionismus" kann – im monetär-keynesianischen Kontext – nur die Konformität mit den von den globalen Vermögensmärkten diktierten Bedingungen gemeint sein. Mit „globalem Protektionismus" ist also die Protektion des „nationalen Währungsraums" in der Währungskonkrrenz gemeint. Es werden also nicht nationale „infant industries" geschützt, sondern in der globalen Konkurrenz wettbewerbsfähige Räume (industrie-, sozial- und vor allem geld- und währungspolitisch) erzeugt. Allerdings hat es sich schon in den entwickelten Staaten gezeigt, wie schwer die Realisierung einer solchen Strategie ist. Denn sie zielt auf Gewinne in einem Nullsummenspiel. Darin haben diejenigen natürlich bessere Chancen, die bereits mit einer starken Währung antreten, und jene schlechtere Karten, die mit abwertungsverdächtiger Währung das Spiel aufnehmen. Obendrein werden die effektivsten Protektionsbarrieren tarifärer und vor allem nicht-tarifärer Art von den starken Industrieländern und nicht von den schwachen Entwicklungs- oder Transformationsländern errichtet. Der IWF bemerkt in diesem Zusammenhang, daß die früher zentralisierten Systeme des ehemaligen RGW in kürzester Zeit „some of the most liberal import regimes in the world" errichtet haben (IMF 1994b: 73). Doch ist die gleichzeitige Herstellung einer wettbewerbsfähigen Wirtschaftsstruktur am „Standort" und die Härtung der Währung auf den Weltdevisenmärkten, um eine Strategie des „globalen Protektionismus" verfolgen zu können, unter den real-ökonomischen und gesellschaftlichen Bedingungen in den meisten Transformationsgesellschaften und angesichts der harten Weltmarktkonkurrenz schwer bis ausgeschlossen. Wir haben dies anhand der Handelsbeziehungen zwischen Euro-Raum und MOE diskutiert.

Zweitens ist die Emigration der „Überschußbevölkerung" ein Prozeß, der die Wettbewerbsfähigkeit erhöhen und die Armut lindern kann, solange die Migration keinen „brain drain" im Emigrationsland bewirkt. Aus Europa sind während der Industrialisierungsperiode im 19. Jahrhundert 55 Millionen Menschen ausgewandert (Ponting 1991: 117ff; Körner 1990: 27ff) und haben das europäische Produktionssystem (von der innereuropäischen Migration ganz abgesehen) von sozialen „Kosten" entlastet. Daher schlagen Layard et al. (1992: 49) vor, daß Westeuropa etwa 300.000 Immigranten pro Jahr aus Ost- und Mitteleuropa aufnehmen sollte, also ca. 0,1% der westeuropäischen Bevölkerung. Westeuropa hat sich aber im vergangenen Jahrzehnt gegenüber legalen Immigranten fast total abgeschottet, so daß es zu dieser Art der „Externalisierung" entweder nur auf illegalem Wege – mit hohen sozialen Kosten im Emigrations- wie im Immigrationsland – kommt, oder aber es findet keine Migration statt. Abgeschlossene Arbeitsmärkte aber sorgen dafür, daß die Wohlfahrtsunterschiede zwischen Regionen verfestigt werden – bis sie so groß werden, daß keine Schranken die Divergenzen einzudämmen und die konvergenten Prozesse zu stoppen vermögen (vgl. dazu 8. Kapitel, 8.5). Die Schließung der Arbeitsmärkte Westeuropas gegen Immigranten, nachdem für die Reisefreiheit so stark gefochten wurde (auf diesen Widerspruch weist Zolberg 1991 hin), ist ein Hindernis der Transformation zur und der Integration in die (Welt)Marktwirtschaft.

Drittens können sich „Standorte" als politische und ökonomische Einheiten aus den tradierten nationalstaatlichen Territorien lösen und neue Grenzen für neue territorial umschriebene Akkumulationsräume setzen. So werden neue politische Einheiten entlang projizierter wirtschaftlicher Opportunitätspfade in den Weltmarkt formiert. Sie basieren auf bestehenden „clusters" produktiver Einheiten, die dazu tendieren könnten, sich auch in politische Einheiten zu verwandeln. Slowenien erhoffte sich von der Separation vom Rest Jugoslawiens den leichteren Anschluß an das westliche Europa und löste (unterstützt von der EG-Außenpolitik – unter deutscher Dominanz) die Kettenreaktion der Jugoslawien-Kriege aus. Auch die Auflösung der UdSSR und die separatistischen Tendenzen in einer Reihe von Nachfolgestaaten folgen dieser Logik, deren Wirken eine erneute Rekomposition der europäischen politischen Landkarte zum Ergebnis haben wird. Der positionelle Charakter „systemischer Wettbewerbsfähigkeit" am Standort ist mitverantwortlich für separatistische oder zumindest autonomistische Tendenzen, die ja auch in Westeuropa (Italien, Belgien, Spanien, Frankreich) nicht unbekannt sind.

Dieses Problem wird noch dadurch gesteigert, daß die Ressourcenausstattung der ost- und mitteleuropäischen Länder höchst unterschiedlich ist. Anders als häufig dargelegt, ist der Ressourcenreichtum der großen Nachfolgestaaten der Sowjetunion (Rußland, Kasachstan) kein ökonomischer und politischer Vorteil. Eher profitieren die kleinen, ressourcenarmen mitteleuropäischen Länder von den Möglichkeiten, die die Weltarbeitsteilung offeriert, als die ressourcenreichen großen Flächenstaaten in Osteuropa und Zentralasien. Ressourcenreichtum kann sich als Vehikel der Deindustrialisierung und Entmodernisierung herausstellen, wenn ein – naheliegender – auf Rohstoffausbeutung zielender Entwicklungspfad gewählt wird. Die Herstellung „systemischer Wettbewerbsfähigkeit" mit all den oben erwähnten Aspekten wäre ein nicht nur kostspieliger, sondern auch nutzloser Umweg, um an Devisen auf dem Weltmarkt heranzukommen. Um die Folgen des „dutch disease" (dazu vgl. 4. und 6. Kapitel) zu vermeiden, müßte gerade die Kapazität der politischen Regulation gegen die Marktkräfte gestärkt werden. Sonst wird das Verhältnis von externen und internen „terms of trade" eine ökonomische Hypertrophie des Rohstoffsektors gegen eine industrielle Modernisierung und eine entsprechende Formierung sozialer Schichten und politischer Bewegungen begünstigen. Die Herausbildung systemischer und positioneller Wettbewerbsfähigkeit wird verhindert. Anstatt im produktiven Sektor zu investieren, bilden sich „rent seeking classes" in der Verbindung mit am konkreten „Standort" nicht interessiertem Finanzkapital. Die *Verbindung von Rente und Rendite* ist eine Gewähr dafür, daß die Entwicklung in Richtung einer modernen Gesellschaft blockiert wird. Am Ende stehen innerhalb eines Landes rohstoffreiche Regionen gegen andere Regionen, eine Tendenz, die für die Herausbildung kohärenter politischer, sozialer und ökonomischer Strukturen auf dem Weg zur Marktwirtschaft schädlich ist und sich zu Konflikten zwischen Begünstigten und Benachteiligten der Transformations- und Integrationsprozesse ausweiten könnte. Wenn es nicht gelingt, diesen Tendenzen eines integrationspolitischen Opportunismus (der sich der Methode der Externalisierung bedient, um die Problembearbeitung zu erleichtern) entgegenzuwirken, könnte tatsächlich die sarkastisch-pessimistische Prognose von der Peripherisierung großer Teile MOEs Wirklichkeit werden.

Diese Peripherisierung darf man sich durchaus nicht nur geographisch-räumlich vorstellen. Die ausgeprägte Entwicklung informeller Verhältnisse in Wirtschaft und Gesellschaft hat zur Folge, daß im Verlauf des Transformationsprozesses *viertens* Teile der Wirtschaft und daher Teile der Gesellschaft in den Weltmarkt und die globalen Geldkreisläufe integriert (Inklusion), andere Teile von Wirtschaft und Gesellschaft aber exkludiert werden. Eine Charakteristik der Transformationen ist daher Gesellschaftsspaltung. Daher ist es sehr wahrscheinlich, daß sich Hybridformen zwischen diesen Sektoren herausbilden, die weder modern im westlichen Sinne sind, noch eine bloße Wiederholung historischer Peripherisierungsprozesse oder ein simples Einschwenken auf die Entwicklungsbahn Lateinamerikas oder Afrikas bedeuten. (Hopfmann 1998)

10.3 Transformation, Integration, Desintegration

Die Transformation zu Marktwirtschaften und die Integration in einen historisch in der Nachkriegsphase strukturierten Weltmarkt ist also ein schwieriges Unterfangen. Insgesamt wird immer deutlicher und inzwischen auch vom IWF akzeptiert, daß die Transformation zur Markt- und Geldwirtschaft nicht schockartig in kürzester Zeit erfolgen kann, sondern viel Zeit benötigt. West- und Osteuropa müssen sich also auf eine lange Zeitspanne der Gleichzeitigkeit von Transformation und Integration einlassen. Die Transformationsprozesse können erleichtert werden, wenn sich der „vertiefte" westeuropäische Integrationsraum in Richtung MOE öffnet, wenn Kapitaltransfers geleistet werden und eine gewisse Migration zugelassen wird. Niedriglohnstrategien sind ein Hindernis für technologieintensive Produktion und sie haben zur Folge, daß sich die Bildung von „Humankapital" nicht lohnt. Ökologische Nachlässigkeit wird auch innerhalb der WTO zu Retorsionsmaßnahmen Anlaß geben, ganz abgesehen davon, daß es sich dabei um eine sehr kurzsichtige Strategie handelt, die allenfalls kurzfristig Entlastung bringt, aber mehr Probleme schafft als sie löst. Wenn die Emigration nicht zu einem „brain drain" führt, kann sie zwar ökonomische Entlastung bringen; aber dies setzt eine offene Einwanderungspolitik Westeuropas voraus, die weder heute noch in absehbarer Zukunft in Sicht ist. Es ist also auch bei Betrachtung der außenwirtschaftlichen Lage MOEs wahrscheinlich, daß sich Hybridformen der Transformation herausbilden.
Freilich könnte man von einer „List der Geschichte" sprechen. Denn die in Maastricht eingeleitete Vertiefung der westeuropäischen Integration hat zur Folge, daß der Geleitzug der 15 Nationen aufgebrochen wird. Nicht alle EU-Mitgliedsländer sind in der Lage oder bereit, die monetären Stabilitätskriterien der Währungsunion zu erfüllen. Die Bildung des „Eurolandes" bietet daher auch Chancen der Integration der osteuropäischen Länder in ein „Randeuropa", ohne den *„acquis communautaire"* vollständig erfüllen oder sich auf die monetären Stabilitätskriterien einlassen zu müssen, was sowieso ein hoffnungsloser Versuch wäre.

Diese Möglichkeit kann von kleinen Transformationsländern wahrgenommen werden, vor allem von den fünf Beitrittskandidaten zur EU (Estland, Polen, Slowenien, Tschechische Republik, Ungarn). Die anderen Transformationsländer Mittel-, Ost- und Südosteuropas sind in dieses Projekt nicht eingeschlossen, ja einige sind explizit ausgeschlossen, wenn sie nicht den Bedingungen einer „good governance" genügen oder wenn im Zuge der Staatsauflösung und Staatenbildung Konflikte sich bis zu bewaffneten Auseinandersetzungen zuspitzen wie im Falle Jugoslawiens. Die Desintegration Jugoslawiens, die sich zum Bürgerkrieg verschärfte, ist auch – also keineswegs nur – eine Folge der Integration des westlichen Europa. Slowenien löste sich aus dem jugoslawischen Staatsverband auch – erneut: keineswegs nur – deshalb, weil es ohne die weniger entwickelten Landesteile mehr Chancen einer Anbindung an die EU gesehen hat. Die Tendenzen der Desintegration sind vom integrierten Westeuropa aktiv befördert worden, wofür viele Gründe angeführt werden können; darauf kann hier nicht eingegangen werden. Doch erzwingt die faktische Interdependenz zwischen Integrationsregion und Transformationsregion Maßnahmen gegen die Auswirkungen der Desintegration. Diese sind im Falle Jugoslawiens mit universalistischen Prinzipien der Wahrung der Menschenrechte gegen deren Verletzungen begründet worden. Allerdings dürften für die Anwendung der Gewalt gegen Jugoslawien auch geostrategische Erwägungen eine Rolle gespielt haben: die exemplarische Abstrafung eines „Schurkenstaates" und der Ausbau einer Flanke, die nach dem NATO-Beitritt von Polen und Ungarn und der Tschechischen Republik über Griechenland und die Türkei auf die Kaukasus-Region und Zentralasien zielt. Angebote der NATO an Georgien (durch US-Verteidigungsminister Cohen bei seinem Besuch in Tiflis im Juli 1999) passen in dieses Konzept. Die geostrategischen Überlegungen wie sie etwa Brzezinski (1997) anstellt, passen so gar nicht in die Globalisierungsdebatte, in der anstelle der Geopolitik die Geoökonomie (Luttwak 1994) entdeckt worden ist. In demokratischen politischen Systemen setzen sich geopolitische Interessen nicht einfach durch, so daß kein Anlaß für neue geopolitische Verschwörungstheorien besteht. Allerdings hat der NATO-Krieg gegen Jugoslawien doch sehr deutlich gezeigt, daß ökonomische Globalisierung nicht die Abdankung von Politik und Militär bedeutet. Die Transformation der Politik schließt also eine neue „realistische", machtpolitisch ausgerichtete geostrategische Orientierung ein. Die NATO hat denn auch während des Gipfels im April 1999 „The Alliance's Strategic Concept" verabschiedet, in dem die geostrategische Linie vorgegeben wird:

„Alliance security interests can be affected by other risks of a wider nature, including acts of terrorism, sabotage and organised crime, and by the disruption of the flow of vital resources. The uncontrolled movement of large numbers of people, particularly as a consequence of armed conflicts, can also pose problems for security and stability affecting the Alliance..." (NATO Press Release).

Der erweiterte Begriff der Sicherheit erlaubt auch den Einsatz in Regionen, die nicht zum Territorium der NATO-Staaten gehören. Die Interdependenzen werden also vor allem unter dem Aspekt der Sicherheit für die westliche Staatenwelt gesehen. Der Desintegration im Verlauf von Transformationsprozessen wird mit Integrationsangeboten begegnet. Die reichen von der Sympathie mit den Transformationsanstrengungen bis zum Angebot des Beitritts in der EU, wenn die Konditionalität des „aquis communautaire" erfüllt werden kann. Doch wenn die Integrationsangebote ausgeschlagen werden oder die materiellen sozialen und politischen Voraussetzungen für ihre Annahme gar nicht gegeben sind und wenn strategische Interessen der westlichen Mächte berührt sind, kommt es auch zum militärischen Eingriff. Dies ist eine Botschaft der Bombardements in Jugoslawien und der faktischen Besatzung des Kosovo durch NATO-Truppen.

11. Kapitel
Ein Planet wird globalisiert

Wir haben in den vorangegangenen Kapiteln verschiedene Aspekte der Kompression von Raum und Zeit diskutiert und dabei festgestellt, daß der Tendenz der Globalisierung ökonomische, soziale, politische und nicht zuletzt ökologische Schranken gesetzt sind. Denn Globalisierung findet auf dem Planeten Erde statt, und dieser hat eine endliche Oberfläche, einen endlichen stofflichen Inhalt, ein begrenztes solares Energieangebot, eine nicht unendlich belastbare Biosphäre, und er ist auf ein Zusammenwirken von Energie- und Stoffkreisläufen in Atmosphäre, Hydrosphäre, Lithosphäre etc. angewiesen, das durch ökonomische Prozesse der Produktion, Konsumtion und Zirkulation gestört wird. „Globalization is altering the context of environmental problems at the local, national, regional, and global levels" (Jones 1997: 7). Wegen der Begrenztheit der ökologischen Tragfähigkeit des Planeten ist das Paradies auf Erden definitiv verloren. Das weiß die Menschheit schon sehr lange. Daß aber die Arbeit, mit der die Menschen die Natur für sich aneignen müssen, nach der Vertreibung aus dem Paradies nicht nur Mühsal bedeutet, sondern unter den Bedingungen der Moderne Naturzerstörung mit globalen Ausmaßen, ist eine Erfahrung, die erst seit wenigen Jahrzehnten breit zur Kenntnis genommen wird: seit den Berichten des Club of Rome zu Beginn der 70er Jahre, der Stockholmer Konferenz der UNO von 1972 über das „human environment", dem Report des Präsidenten Carter „Global 2000" aus dem Jahre 1976. Die Natur der Erde wird zum Gegenstand der gesellschaftlichen Reflexion und Auseinandersetzung, und mit der globalen Umweltkrise wird auch der ökologische Diskurs globalisiert.
Die Natur existiert ebenso wie die Naturzerstörung zugleich objektiv und subjektiv, „natürlich" und „gesellschaftlich". Für die Analyse der Mensch-Natur-Beziehungen ist folglich die gesellschaftliche Form der kapitalistischen Produktionsweise von entscheidender Bedeutung (Demirovic 1991: 294). Die Natur des Planeten Erde läßt sich ohne Rückgriff auf die Analyse der Globalisierung nicht beschreiben; die Dynamik und die Grenzen der Globalisierung ihrerseits bleiben unbegriffen, wenn die Naturverhältnisse außer Betracht bleiben. Die Natur existiert nicht außerhalb der Gesellschaft, und die Gesellschaft ist trotz der (vor allem im 3. Kapitel beschriebenen) Tendenzen der Entbettung auf die Natur angewiesen. Allerdings hat die ökonomische Globalisierung nicht nur globale Umweltprobleme zur Folge; auch lokale, regionale oder nationale Umweltprobleme können durch Tendenzen der Globalisierung verursacht worden sein. Die Feuer in den Regenwäldern Indonesiens oder Brasiliens sind regionale Umweltkatastrophen; wegen ihrer Häufung und Ausdehnung in dem vergangenen Jahrzehnt haben sie auch globale Reichweite. Doch selbst wenn sie nur lokale Bedeutung

hätten, könnten die ökonomischen Ursachen der Zerstörung der Regenwälder auf die Kräfte der Inwertsetzung und der Globalisierung zurückgeführt werden. Der globale Charakter der regionalen Zerstörung von tropischen Wäldern kommt auch in den Folgen zum Ausdruck: Global operierende Netzwerke von Umweltbewegungen haben sich gebildet. Die Frage der Territorialität nationaler Souveränität ist angesprochen, wenn Regenwälder als integraler Teil der „global commons" behandelt werden und für ihren Erhalt spezielle globale Institutionen (z.B. die „Global Environmental Facility", administriert von der Weltbank, UNDP und UNEP, oder das von der Gruppe der sieben Industrieländer aufgelegte „Pilotprogramm" G7 für das brasilianische Amazonien) gebildet werden.

Grenzen des Naturverbrauchs sind Thema öffentlicher Debatten. Sie sind inzwischen in vielen Untersuchungen quasi „objektiviert" worden (z.B. OECD 1997, 1998; 1998; UNEP 1997; Enquete-Kommission 1998). Die in der Bundesrepublik Deutschland wichtigste Studie über die Begrenztheit des „Umweltraums" ist 1996 vom Wuppertal Institut im Auftrag einer kirchlichen NGO (Misereor), die vor allem in der Entwicklungszusammenarbeit aktiv ist, und einer umweltpolitischen NGO (BUND) publiziert worden (Wuppertal Institut 1996). Auch wenn die Grenzen der Verfügbarkeit von *Ressourcen* – vor allem durch Maßnahmen der Substitution in den energie- und rohstoffhungrigen Industrieländern – noch hinausgeschoben werden können (Glyn 1995), sind die Grenzen der Tragfähigkeit der *Senken* für die gasförmigen, liquiden und festen Emissionen des Produktions- und Konsumtionsprozesses dramatisch näher gerückt: Treibhauseffekt, Ozonloch, Sommersmog, steigende Toxizität, Bodenerosion, Desertifikation, abnehmende Qualität des Trinkwassers etc. sind Warnzeichen an die Adresse der Verschmutzer, daß es so wie bisher nicht endlos weitergeht. Umweltraum wird in Anspruch genommen, der Lebensraum für Tiere und Pflanzen und natürlich für Menschen ist. Viele Arten werden verdrängt, sind inzwischen schon ausgestorben oder sind von der Auslöschung bedroht. Ein Zusammenbruch der Evolution ist nicht ausgeschlossen, noch bevor das letzte Barrel Öl aus der Erde geholt worden ist. Produktions- und Lebensweise der „modernen Industriegesellschaft" sind nicht naturverträglich. So simpel, aber auch in ihren Konsequenzen so unerbittlich ist die Botschaft. Globalisierung auf dem Planeten Erde ist ein zerstörerischer Prozeß – dessen Wahrnehmung allerdings beschränkt ist. Die *„clean pollution"* der Treibhausgase ist nicht zu sehen oder zu riechen, wir kennen sie nur wegen der Messungen, die wir anstellen. Die *„dirty pollution"* der verschmutzten Flüsse und Seen, der vermüllten Straßen und versmogten Städte können wir sehr wohl mit unseren Sinnen wahrnehmen. Die dirty pollution ist zumeist eine Folge von Armut und Ineffizienz, die clean pollution eine Folge des Lebensstils hoher Mobilität und wechselnder Moden. Armutsbekämpfung, ein Ziel der globalen Institutionen, richtet sich auch gegen

„dirty pollution" – und provoziert, sofern sie erfolgreich ist, „clean pollution". Die paradoxen Begriffe der „dirty" und „clean" pollution verweisen also auf den widersprüchlichen Zusammenhang von Armut und Reichtum im globalen Transformationsprozeß.

Die Globalisierung der kapitalistischen Produktionsweise hat nicht nur viele Umweltprobleme erzeugt. Wie wir schon gesehen haben, ist Globalisierung der Ökonomie von der Deregulierung der Politik begleitet, die auch die Umweltpolitik betrifft.

„Economic globalisation is fundamentally changing the nature of environmental management. On the one hand, globalisation heightens the influence of market forces... on the making and enforcement of environmental policy. On the other hand, it subjects national environmental policy to the discipline (or chaos) of international economic institutions. On both accounts, the most significant impact of globalisation is that it limits the unilateral policy-making capability of nation-states" (Zarsky 1997: 28).

Politische Deregulierung, ökonomische Globalisierung und ökologische Grenzen geraten also in eklatanten Widerspruch. Dieser hat eine diskursiv nicht auflösbare „objektive" Komponente. Doch hinsichtlich der Konsequenzen für den politischen Eingriff entwickelt sich die Auseinandersetzung um Hegemonie im Diskurs. Es ist keineswegs ausgemacht, wie auf Umweltprobleme und Globalisierung reagiert werden soll: mit dem Markt oder gegen den Markt, auf globaler oder eher lokaler Ebene, in gesellschaftlichen Protestbewegungen oder innerhalb der traditionellen Parteien eines demokratischen politischen Systems? Und obendrein ist die Frage nach der Priorität von Umweltproblemen offen. Für reiche Geldvermögensbesitzer mit hoher Mobilität ist diese anders als für arme Bauern oder für Slumbewohner von Städten, sie wird von Frauen anders gesehen als von Männern (Guha/Martinez-Alier 1997; Agarwal 1998).

Auseinandersetzungen um diskursive Hegemonie können Naturgesetze nicht in Frage stellen. Die Erde ist material (wegen des Meteoriteneinschlags: fast) vollständig geschlossen, energetisch aber offen (Georgescu-Roegen 1976; Murota 1998). Die Einstrahlung des Sonnenlichts und die Abstrahlung der „entwerteten" Wärme während des dunklen Nachthimmels ins Weltall sorgen für einen ständigen Energiestrom, der den Wasserkreislauf und die atmosphärischen Bewegungen (Wind und Wetter) in Gang hält, die Produktion der Biomasse erlaubt, von der alles Leben abhängt (vgl. zur Energiebilanz Dürr 1994). Das ist ein im Prinzip einfacher, doch unendlich komplexer Mechanismus, aufrechterhalten von der Biosphäre, von den „Lebenserhaltungssystemen" (Myers 1985: 12), so daß vom Planeten Erde wie von einem „lebendigen" Planeten, *Gaia*, gesprochen werden kann (Lovelock 1982)[177].

---

[177] Die Gaia-Hypothese hat den großen Vorzug, die Erde nicht als „Umweltraum" (dazu unten) anthropozentrisch, sondern als ein sich selbst organisierendes System zu begreifen: „Das

Freilich werden in der modernen, aus den natürlichen Systemen „entbetteten" kapitalistischen Marktwirtschaft die solaren Energieströme kaum genutzt, es sei denn zum Sonnenbaden der Touristen am Strand. Das kapitalistische System zieht seit der industriellen Revolution seine Antriebsenergie aus den fossilen Brennstoffen, die einen ganz entscheidenden Vorteil für die Inganghaltung der aus der Gesellschaft entbetteten Akkumulationsdynamik besitzen: Die in ihnen enthaltene Energiemenge kann verhältnismäßig leicht *konzentriert* und daher für den Antrieb komplexer Maschinensysteme der Massenproduktion flexibel genutzt werden. Sie kann auch in der Zeit *gespeichert* (Tanklager) und im Raum *transportiert* (Tankschiffe) werden. Sie eignet sich also besonders gut für die Realisierung der kapitalistischen Entwicklungslogik, die eine Dynamik der Befreiung aus den Bindungen von Raum und Zeit durch Beschleunigung und Expansion in Gang gesetzt hat; darauf wurde im 2. Kapitel hingewiesen.

Der Nachteil fossiler Energieträger besteht aber darin, daß sie *erstens*, anders als der ewige Strahlenfluß der Sonne, einem endlichen Bestand entnommen werden, also nicht ewig dauern, und daß *zweitens* die Verbrennungsprodukte (vor allem das CO_2) die Abstrahlung der Sonnenenergie ins Weltall hindern und so den Treibhauseffekt bewirken. Die Energiemenge des Bestands an fossilen Energieträgern ist nicht größer als die Energiemenge, die die Sonne in vier Tagen auf die Erde strahlt. Aber die Treibhausgase sind wie ein Filter, der verhindert, daß der größte Teil der Sonnenenergieeinstrahlung wieder abgestrahlt werden kann, um eine für das Leben auf Erden globale Durchschnittstemperatur zu halten.

Also ist die Frage aufgeworfen, welches Energiesystem, welche Produktions- und Regulationsweise und welches Zeit- und Raumregime angemessen sind, um nachhaltig mit natürlichen Ressourcen und Senken des Planeten Erde umzugehen. Ist es überhaupt denkbar, daß eine soziale, ökonomische, politische Ordnung dauerhaft auf nicht-dauerhaften, nämlich erschöpflichen fossilen (und nuklearen) energetischen Ressourcen gegründet wird – ganz abgesehen von den Emissionen (von Treibhausgasen bis zum nuklearen Müll), die die Nutzung

---

bemerkenswerteste Charakteristikum lebender Materie ist die Fähigkeit zur Selbstorganisation. Leben schafft unter Verwendung der Materialien in seiner Umgebung Ordnung; bei diesem Vorgang werden Abfallprodukte nach außen gegeben und die Umweltbedingungen beeinflußt... Gasmischung und Temperatur auf der Erde unterschieden sich erheblich von dem, was die Wissenschaftler für eine 'leblose' Erde vorhergesagt hatten. Die Tatsache, daß diese Bedingungen anscheinend parallel zum Leben entstanden und auch fortbestanden, führte zur GAIA-Hypothese: zur Annahme, daß die Biosphäre wie ein lebender Organismus mit Hilfe natürlicher Rückkopplungs-Mechanismen ihre eigenen Lebenserhaltungssysteme betreibt" (Myers 1985: 13). Der Nachteil dieser These besteht allerdings darin, daß das gesellschaftliche Naturverhältnis (Becker et al. 1991; Bruckmeier 1994) und dessen diskursive Konstruktion (Hajer 1995; Harvey 1996: 218ff) nicht angemessen erfaßt werden können.

dieser Energieträger verursacht? Nach den Sätzen der Thermodynamik ist „sustainability" durch eine ausgeglichene Entropiebilanz definiert: Der Abfluß von Entropie muß so groß sein wie die importierte und im System selbst erzeugte Entropie (Murota 1998: 121; vgl. vor allem Georgescu-Roegen 1971; Rifkin 1981; Daly 1991;). Die Entropiebilanz kann auch durch Energieimport von außen verbessert werden (vgl. Dürr 1994; Altvater 1992: 33- 46). Die Sonne ist eine fantastische Energiequelle, wird aber in der „fossilistischen" kapitalistischen Produktionsweise nur unzureichend genutzt. Dies ist der Grund dafür, daß natürliche Kreisläufe von Energien und Stoffen und ökonomische Kreisläufe in Widerspruch geraten; ihr energetischer Antrieb ist völlig verschieden und sie gehorchen, wie wir im 4. Kapitel gesehen haben, unterschiedlichen Restriktionen. Aus dieser analytischen Feststellung lassen sich Normen einer „sustainable economy" ableiten (vgl. dazu Leff 1995: 5. Kapitel).

Anders ist der Zugang zur Frage der Nachhaltigkeit in der „World Commission on Environment and Development (WCED), der sogenannten „Brundtland-Kommission". Die konstatierten globalen Umweltprobleme sind demnach vor allem eine Folge der Armut in der Welt. Die Diagnose legt eine Therapie nahe, mit der Armut in der Welt bekämpft werden kann. Am ehesten ist dies nach Vorstellung der Brundtland-Kommission durch wirtschaftliche Entwicklung möglich, die gewisse Regeln der „sustainability" einhalten müsse. Darüber gälte es, einen internationalen Konsens herzustellen, der auch die Umverteilung mittels Entwicklungshilfe und den Transfer von geeigneten Techniken vom Norden in den Süden einschließt (WCED 1987). Umweltprobleme lassen sich also nicht gegen, sondern mit der kapitalistischen Marktwirtschaft lösen. Globalisierung, so lautet die Botschaft, erzeugt nicht nur globale Umweltprobleme, sondern stellt auch die Lösungsmöglichkeiten bereit. Die Norm, daß die Erde zukünftigen Generationen in keinem schlechteren Zustand hinterlassen wird, als ihn die gerade lebende Generation vorgefunden hat (WCED 1987: 43), kann sich auf eine lange Tradition stützen, zu der auch Marx gehört (Foster 1997: 278-295). Doch die Analyse der Globalisierungsdynamik zeigt, daß *erstens* die harten thermodynamischen Bedingungen der „sustainablity", nämlich eine ausgeglichene Entropiebilanz bei der Nutzung fossiler Brennstoffe, nicht erfüllt werden können. Besonders deutlich zeigen dies *zweitens* die Krisen der finanziellen Globalisierung, durch die das Gegenteil der Minderung von Armut bewirkt worden ist: Die Bevölkerung der von der Finanzkrise besonders betroffenen Länder ist im Durchschnitt ärmer geworden. Wenn die globalen Umweltprobleme eine Folge der Armut sind, dann sind die Probleme in den Jahren nach Erscheinen des Brundtland-Berichts nicht kleiner, sondern größer geworden.

Die Dynamik der Globalisierung hat zum Sieg im „kalten Krieg" am Ende des „kurzen 20. Jahrhunderts" beigetragen. Eigentlich, so könnte man meinen, sollten die Prinzipien von Demokratie und Marktwirtschaft „am Ende der Geschichte" in sich selbst ruhen. Sie haben ja die Herausforderung dieses Jahrhunderts bravourös bestanden. Doch anstatt zu ruhen, ist ihre globalisierende Dynamik ungebrochen. Weder der von der „Logik des Geldes" angetriebene kapitalistische Markt, noch die von der Konkurrenz alternierender Parteien zehrende parlamentarische Demokratie können zu jener Ruhe gelangen, die allein die soziale und ökonomische Globalisierung angesichts begrenzter ökologischer Tragfähigkeit der Erde erträglich machen würde. Der ökologische Diskurs kann daher zukunftsträchtig nur in der Perspektive geführt werden, daß daraus neue institutionelle Arrangements des gesellschaftlichen Naturverhältnisses resultieren. Wenn diese den Regeln der „Sustainability" folgen sollen, müssen diese auch das Energiesystem einschließen.

11.1 „Prometheische Revolutionen"

Die erste Frage nach der Feststellung, daß die Menschheit im Zuge der ökonomischen, sozialen und politischen Globalisierung an den Rand einer ökologischen Katastrophe geraten ist, lautet: Wie konnte es dazu kommen? Solange die Menschen – und dies waren sie während der längsten Zeit ihrer Existenz auf Erden – sich als Jäger und Sammler mit der Natur auseinandersetzten, hatten sie weder die technischen Möglichkeiten noch die mentalen und sozialen Dispositionen zur Vernichtung der globalen Natur. Selbst nach dem langsamen und höchst ungleichzeitigen Übergang zur Agrikultur, zur Seßhaftigkeit und zum marktvermittelten Austausch vor etwa 5000 Jahren während der *„first Great Transition"* (Ponting 1991: 37ff) im Verlauf der „neolithischen Revolution" konnte zwar die Natur in großen Teilen der Erde radikal umgewälzt werden, ein Angriff auf die Regenerationsfähigkeit der Natur in planetarischen Dimensionen jedoch war gänzlich ausgeschlossen. Lokale und regionale ökologische Krisen, ja Katastrophen, die zum Untergang von Kulturen und Gesellschaften führten, hat es auch in der menschheitlichen Früh- und Vorgeschichte gegeben[178]. Doch erst mit der industriellen Revolution im 18. Jahrhundert, also vor etwa 200 Jahren, als die Ernte des „unterirdischen Waldes" (Sieferle 1982) be-

---

[178] Davon berichtet Ponting (1991), zum Beispiel über den Untergang der Kultur der Osterinseln oder über die Gesellschaftskrise der Azteken schon vor Ankunft der spanischen Eroberer, die wesentlich ökologisch verursacht worden sein dürfte. Inzwischen ist ein neuer Zweig der Geschichtswissenschaft entstanden, der sich der Geschichte der Umwelt bzw. des menschlichen Umgangs mit der Umwelt annimmt (z. B. Ponting 1991; Crosby 1991; Sieferle 1989; Zirnstein 1994; Deléage 1991) und für diesen Tatbestand Evidenzen vorgetragen hat. Der Begriff der „Vorgeschichte" ist natürlich höchst problematisch, da „Geschichte" für den kurzen Abschnitt der Menschheitsgeschichte reserviert wird, in dem mit schriftlicher Überlieferung „Geschichte" nachgezeichnet werden kann.

gonnen wurde, konnte die theoretische Schrankenlosigkeit des kapitalistischen Systems praktisch werden (Altvater 1994: 197ff). Die Globalisierung der vergangenen Jahrzehnte hat dann dazu geführt, daß die ökologische Krise nicht mehr lokal oder regional beschränkt ist, sondern planetarische Ausmaße angenommen hat. So bilanziert Corey Lofdahl:

„...never before have regions as geographically separate as Southeast Asia, Africa, and Latin America been simultaneously subjected to such all-encompassing and similar forms of environmental degradation" (Lofdahl 1998: 340).

Die industrielle Revolution ist wie die neolithische eine „prometheische Revolution", jedenfalls wenn wir die Begrifflichkeit von Nicholas Georgescu-Roegen (1986) übernehmen. Dabei handelt es sich um jene radikalen Veränderungen in der Menschheitsgeschichte, in denen nicht eine Regierungsform die andere, die eine soziale Organisation eine andere ablösen, sondern auch das Energiesystem[179] oder weniger technisch ausgedrückt: das „gesellschaftliche Naturverhältnis" revolutioniert, die „Humangeschichte der Natur" neu geschrieben werden, der gesellschaftliche Diskurs zu einem neuen Arrangement bestehender oder zur „Emergenz" neuer Institutionen des Stoffwechsels mit der Natur führt. Das Kennzeichen, ja Definitionsmerkmal einer prometheischen Revolution ist die Fähigkeit, die Energieeffizienz beträchtlich zu erhöhen, d.h. mit einem geringen Energie-Input einen hohen Output von für die Menschen wertvoller Energie zu erzielen (Hall 1986). Prometheus brachte den Menschen das Feuer, und „manche Künste werden lernen sie davon". Mit wenig Zunder konnten große Flächenbrände ausgelöst und urbares Land für Pflanzen und Tiere, die im Verlauf der Geschichte domestiziert wurden, gewonnen werden. So war es in den alten Hochkulturen Süd-West-Asiens, Chinas und Mesopotamiens, wo die „erste große Transformation" in der Menschheitsgeschichte ihren Ursprung hatte; insoweit hat André Gunder Frank (1998) Recht. Diese „Revolution" war die Folge von vielen kleinen Neuerungen, die sich über viele hunderte, ja tausend Jahre erstreckten. In der Landwirtschaft konnte ein Surplus erzeugt werden, der die Grundlage sozialer und nach der Bildung politischer Gemeinwesen auch politischer Herrschaft wurde.

Bei dem Übergang zu neuen Energieträgern und technischen und sozialen Energie-Transformationssystemen handelt es sich also nicht nur um die Verbesserung des Nutzeffekts (Steigerung der Energieeffizienz), sondern um einen langen Prozeß der Transformation eines sozialen Systems, einschließlich des

---

[179] Mit dem Begriff des „Energiesystems" sind zum einen die „ökologischen und technischen Gegebenheiten (Entwicklung der Energiequellen, der Umwandler und ihrer Wirkungsgrade) und zum anderen die Strukturen der Aneignung und Bewirtschaftung dieser Quellen und Umwandler durch die Gesellschaft" (Debeir/Deléage/Hémery 1989:27ff) gemeint.

Energiesystems. Wir müssen daher unterscheiden zwischen der Effizienzsteigerung *innerhalb* einer Gesellschaftsformation mit dem ihr angemessenen Energiesystem und der Effizienzrevolution, die ein Energiesystem und mit ihm das soziale System *transzendiert*. Eine „prometheische Revolution" ist wesentlich mehr als eine energetische Effizienzrevolution. In der neolithischen Revolution bestand das Revolutionäre darin, die Sonnenenergie durch eine verbesserte landwirtschaftliche Nutzung „einzufangen" und auf diese Weise mehr Pflanzen und Tiere zu erzeugen als zuvor. Es werden Überschüsse über den eigenen Verbrauch hinaus erzeugt. Mit der Seßhaftigkeit und weil Überschüsse getauscht werden, entsteht eine urbane Kultur. Es bildet sich ein neues attraktives Modell im Evolutionsprozeß der menschlichen Gesellschaften und Kulturen, das so grundlegend neu und differenziert im Vergleich zur „Barbarei" der Sammler und Jäger gewesen ist, daß seit der neolithischen Revolution vom Beginn der Zivilisationsgeschichte gesprochen werden kann (vgl. Sahlins 1972; Ponting 1991; Cameron 1993; Scarre 1993). Die höhere Energieeffizienz beim Einfangen der Sonnenenergie und bei deren Wandlung in nutzbare biotische (pflanzliche und tierische) Energie konnte nur mobilisiert werden, weil und indem die Arbeits- und Lebensweise, die gesellschaftliche Organisation des Naturverhältnisses, radikal umgestaltet wurden. Dieser prometheisch-revolutionäre Prozeß hat Jahrhunderte, wenn nicht Jahrtausende gedauert.

Die vielen „Revolutionen" in der Menschheitsgeschichte nach Beginn des Neolithikums veränderten diese Grundlage nicht – bis zur industriellen Revolution des 18. Jahrhunderts. Auch die rudimentären Ansätze der Kapitalbildung in Griechenland, Rom oder in China blieben in den Grenzen des Energiesystems, von Technik und Wissenschaft und vor allem in den trägen Strukturen der gesellschaftlichen Organisationsformen eingefangen, handele es sich dabei um „Sklavenhaltergesellschaften", „asiatische Produktionsweisen" oder feudale Gesellschaften. Vorbereitet wurde die industrielle Revolution bereits seit dem 13. Jahrhundert durch die Herausbildung (handels)kapitalistischer Formen, die Entstehung der „Rationalität der Weltbeherrschung" und vor allem durch den historischen Übergang zu einer Geldwirtschaft. Die kapitalistische Produktionsweise hat viele Wurzeln, sie entstand in verschiedenen Weltgegenden, setzte sich schließlich aber, von den oberitalienischen Städten ausgehend, in Europa mächtig durch. Die typisch kapitalistische Produktionsweise konnte nach der „ursprünglichen Akkumulation des Kapitals" erst mit der „großen Industrie" und den Antriebssystemen auf der Basis fossiler Energieträger entstehen. Dies war der Rahmen, in dem die neuen historischen Akteure – die Klasse des Bürgertums, der Kapitalisten und später auch der Arbeiter – die neuen gesellschaftlichen Formen der kapitalistischen Marktwirtschaft erstritten, und zwar in der Ökonomie ebenso wie in der Gesellschaft, im individuellen Alltagsleben und im politischen System. Bei aller „diskursiven" Gestaltungsmöglichkeit ist das System insgesamt „pfadabhängig". Nicht alle möglichen Wirklichkeiten lassen sich zu gegebener Zeit realisieren. Es hat sich eine geschichtsmächtige Konstellation als besonders attraktiv herausgestellt: die kapitalistische Marktwirtschaft und bürgerlich-demokratische Gesellschaft auf der Grundlage fossiler Energien. Der energetische Input, um die seit Hunderten von Millionen Jahren gespeicherte Energie in der Form von Kohle und später von Erdöl (seit Beginn des 20. Jahrhunderts) und Erdgas (seit der zweiten Hälfte des 20. Jahrhunderts) aus der Erde zu holen und in Nutzenergie zu transformieren, war vergleichsweise gering und der für die Menschen nützliche und daher wertvolle Energie-Output sehr hoch. Wenig menschliche Energie wurde aufgewendet, um große Mengen von in der Kohle gespeicherter Energie aus der Erde zu fördern. Wenige Tropfen Erdöl sind notwendig, um ein Barrel hochzupumpen. Diese günstige Relation von Energieinput und (für den menschlichen Gebrauch) wertvollen Energieträgern begründet den prometheischen Charakter der industriellen Revolution. So wurde gesellschaftliche Strukturbildung erleichtert, und zwar mehr als jemals in der Menschheitsgeschichte zuvor – und global ausholend. Die kapitalistische Produktionsweise formierte sich von Anbeginn an als Weltsystem. Dies ist eine entscheidende Neuerung gegenüber den sozialen Systemen zuvor, die allesamt auf der neolithischen Errungenschaft, nämlich auf der landwirtschaftlichen Produktion und daher der *prinzipiellen räumlichen Gebundenheit am Ort*, basieren.

Die biotischen Energien wurden also nach und nach durch fossile (z.T. später nukleare) Energien ersetzt. Dafür wurden die komplexen technischen Wandlungssysteme entwickelt, deren Effizienz permanent gesteigert worden ist, so daß auch, gewissermaßen als Nebeneffekt, mit weniger Naturverbrauch eine höhere Befriedigung von Bedürfnissen möglich wurde. Dies ist nicht nur Resultat ökologischer Sorgen und der aus ihnen resultierenden Anstrengungen, sondern Ausdruck kapitalistischer Interessen an der Senkung der Kosten. Mit der Industriegesellschaft bildet sich die totalisierende „wissenschaftlich-technische Zivilisation" aus, die sich zwischen Mensch, Gesellschaft und Natur ausbreitet, sie einbezieht und beherrscht. Ihre Dynamik aber erhält sie durch die Wirkungsweise der kapitalistischen Markt- und Geldwirtschaft, durch die Zwänge, Zinsen zu erwirtschaften und daher Profite in der Produktion erzielen zu müssen. Die Produktion eines Überschusses in kapitalistischer Form (eines Mehrwerts) wird zur gesellschaftlichen Regel, zum „Sachzwang". Dessen Steigerung nimmt historisch bis dato unbekannte Ausmaße an. Die sozialen Auswirkungen sind ebenso umfassend wie die des neolithischen Übergangs, allerdings in unvergleichlich kürzeren Zeiträumen. Die neolithische Revolution hat Tausende von Jahren gedauert, und deshalb halten Ponting und Cameron den Begriff der „Revolution" zur Erfassung der sozialen, technischen, ökonomi-

schen und politischen Veränderungen im Fall der neolithischen Revolution für ungeeignet und ziehen den Begriff der „Transition" vor.
Die industriell-fossile Revolution im Kapitalismus hingegen benötigte nur wenige Jahrzehnte, um die Weichen für ihren historischen Siegeszug zu stellen. Die ökonomische Revolution begann schon vor dem fossilen Zeitalter, mit der Entstehung der ersten rudimentären Formen der Geldwirtschaft und der „ursprünglichen Akkumulation" des Kapitals. Auch die Technik wurde den sozialen und ökonomischen Formen angepaßt. Es entwickelte sich seit dem 16. Jahrhundert die Werkzeugmaschine, die nur darauf wartete, durch Bewegungsmaschinen angetrieben zu werden, die mehr Kraft entfalten konnten als sie biotische Energieträger (Mensch und Tier) oder Wind und Wasser zu bringen vermochten. Die politische Revolution breitet sich in wenigen Jahrhunderten aus: 1688 in England, 1776 in Nordamerika, 1789 in Frankreich, und auch die Revolution von 1917 in Rußland gehört noch in diese Reihe. Die soziale Revolution vollzieht sich parallel mit der Herausbildung der bürgerlichen Gesellschaft. Unter den vielen evolutionären Möglichkeiten der sozioökonomischen Entwicklung war ein neuer Attraktor gefunden, auf dessen Bahn in Zukunft alle Gesellschaften einschwenken sollten, wenn auch mit höchst unterschiedlichem Erfolg[180].
Aber darin genau liegt die Problematik. Denn die Steigerung des industriellen Überschusses gelingt im wesentlichen durch Rückgriff auf jene Ressourcen, die in Hunderten von Millionen Jahren in der Erdkruste gebildet worden und daher als *Bestände*, die abgebaut und verbrannt werden, vergänglich, erschöpflich, endlich sind. Kein anderes Lebewesen plündert die Bestände, alle leben von der *Flußenergie* der Sonne. Auch die Menschheit verfügt, so Nicholas Goergescu-Roegen, im Prinzip nur über

„two resources of wealth: first the finite stock of mineral resources in the earth's crust which within certain limits we can decumulate into a flow almost at will, and second, a flow of solar radiation the rate of which is not subject to our control. In terms of low entropy, the stock of mineral resources is only a very small fraction of the solar energy received by the globe within a single year. More precisely, the highest estimate of terrestrial energy resources does not exeed the amount of free energy received from the sun during *four days*! In addition, the flow of the sun's radiation will continue with the same intensity (practically) for a long time to come. For these reasons and because the low entropy received from the sun cannot be converted into matter in bulk, it is not the sun's

---

[180] Wahrscheinlich ist die real-sozialistische Alternative dieses Jahrhunderts auch deshalb in die westlich-kapitalistische-marktwirtschaftliche Form zurückgefallen, weil es nicht gelungen ist, ein alternatives Energiesystem zu entwickeln, sich aus den Zwängen von Beschleunigung und Expansion im Rahmen des kapitalistischen Raum- und Zeitregimes zu lösen, also eine neue „prometheische Revolution" einzuleiten. Zur Erzielung eines Überschusses mit fossilen Energien sind die marktwirtschaftlich-kapitalistischen Anreizsysteme, basierend auf den Funktionsmodi von Geld und Kapital, besser geeignet als kollektives Eigentum und „sozialistische" Planung.

finite stock of energy that sets a limit to how long the human species may survive. Instead, it is the meager stock of the earth's resources that constitutes the crucial scarcity..." (Georgescu-Roegen 1971: 303f).

Daher ist es völlig klar, daß die industrielle Revolution, anders als die neolithische Revolution, ihr Maß und ihre Schranken an den erschöpflichen Beständen von Ressourcen und Senken des Planeten Erde und nicht an den Potenzen des Energiestroms der Sonne findet, es sei denn, es wird ein „post"-industrieller Ausweg gefunden, der aber, und dies wird in den meisten Schriften zur „post-industriellen Gesellschaft" vergessen oder unterschlagen, auch *„post-fossilistisch"* sein muß (Scheer 1995: 169ff; 208ff).

Die Dynamik der industriellen Revolution, die sich so nahtlos mit der kapitalistischen Entwicklungslogik in der gesellschaftlichen Praxis diskursiv verbinden läßt, wird schematisch in nachfolgendem *Schaubild 11.1* angedeutet. In ihrem Verlauf werden mit der Produktivität der Arbeit auch der Wohlstand der Nationen gesteigert und ein Lebensmodell mit allen seinen Facetten, von der Technologie bis zur Verstädterung, von der Mobilität bis zur Individualisierung globalisiert. Die industrielle, kapitalistische Revolution macht selbst mit jener Klasse radikal Schluß, die aus der neolithischen Revolution hervorgegangen ist: mit den Bauern (Hobsbawm 1995). Ihre Zahl ist in den Industrieländern am Ende des 20. Jahrhunderts unbedeutend. Doch selbst in den Entwicklungsländern lebt inzwischen eine Mehrheit der Menschen nicht mehr auf dem Lande, sondern in der Stadt. Die Industrialisierung der Landwirtschaft hat aber höchst negative Folgen, auf die bereits Marx aufmerksam machte:

„Das kleine Grundeigentum setzt voraus, daß die bei weitem überwiegende Majorität der Bevölkerung ländlich ist und nicht die gesellschaftliche, sondern die isolierte Arbeit vorherrscht; daß daher der Reichtum und die Entwicklung der Reproduktion, sowohl ihrer materiellen wie geistigen Bedingungen, unter solchen Umständen ausgeschlossen ist, daher auch die Bedingungen einer rationellen Kultur. Auf der anderen Seite reduziert das große Grundeigentum die agrikole Bevölkerung auf ein beständig sinkendes Minimum und setzt ihr eine beständig wachsende, in großen Städten zusammengedrängte Industriebevölkerung entgegen; es erzeugt dadurch Bedingungen, die einen unheilbaren Riß hervorrufen in dem Zusammenhang des gesellschaftlichen und durch die Naturgesetze des Lebens vorgeschriebnen Stoffwechsels, infolge wovon die Bodenkraft verschleudert und diese Verschleuderung durch den Handel weit über die Grenzen des eignen Landes hinausgetragen wird. (Liebig)" (Marx, MEW 25: 821).

Die Landwirtschaft nach der neolithischen Revolution war eine Quelle von für die Menschen wertvoller, nützlicher Energie. Die industrielle Landwirtschaft ist dies nicht mehr; sie konsumiert mehr Energie (fossile Brennstoffe, mineralischen Dünger etc.) als sie in Form von Nahrungsmitteln hergibt (vgl. dazu Martinez-Alier 1987: 20-72; auch Leff 1995: 69-80). Die Industrialisierung der Landwirtschaft zerstört also radikal die Grundlagen der neolithischen Revolution und sie wird, obwohl sie die Menschen in einem quantitativen Ausmaß ernährt wie nie zuvor in der Geschichte, zu einer Bedrohung der Nahrungsbasis durch deren Vergiftung mit BSE, Dioxinen etc.

Schaubild 11.1: Die Dynamik der industriellen Revolution

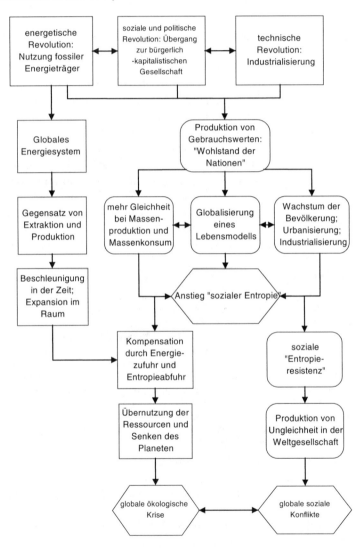

„Künftige Generationen", so drückte es Pier Paolo Pasolini aus, „werden um sich herum nur die bürgerliche Entropie erblicken können" (zit. in: Preve 1989:109). Damit war nicht nur die Entropiezunahme in der Natur gemeint, sondern auch der soziale Entropieanstieg, von dem auch Ernest Gellner spricht. Entropie als sozialwissenschaftliche Kategorie dient als ein Maß für die Gleichverteilung in den modernen Gesellschaften, für die „molekulare Unordnung" in einem System, in dem im Prinzip jedes Mitglied jede Position einnehmen kann, und in denen die Ordnungsstrukturen der prämodern gegliederten Gesellschaften mit ihren sicheren Zuordnungsverfahren und Zuweisungen aufgelöst sind[181]. Kulturkritisch gewendet ist die soziale Entropie ein Maß für die „Vermassung" der Gesellschaft, gegen die nur mit Mode, Mobilität und Extravaganz die verlorengehende Individualität zurückgewonnen werden kann. Ernest Gellner bezeichnet anti-entropische Tendenzen als „Entropie-Resistenz". „Eine Kategorie ist entropie-resistent, wenn sie sich auf ein Attribut gründet, das eine deutliche Tendenz aufweist, sich auch nach einem längeren Zeitraum seit der ursprünglichen Einführung einer Industriegesellschaft noch nicht gleichmäßig über die ganze Gesellschaft zu verteilen..." (Gellner 1991: 100). In Gellners Argumentation sind die Zuweisungen des Nationalen, die Mechanismen der sozialen Distanzierung in den Strategien der Entropie-Resistenz besonders wichtig. Distanzierung als Strategie der Entropie-Resistenz, also Mobilität im Raum und Flexibilität in der Zeit, erfordern eine entsprechende Energie- und Materialzufuhr. Dadurch verschärft sich das ökologische Problem. Doch wird die Strategie der sozialen Entropie-Resistenz auch zu einem individuellen und sozialen Streßfaktor, der in der prä-industriellen Zeit sozialer Langsamkeit so nicht existierte. Das Zeitregime ist infolge der Differenzierungsprozesse im Zuge der Modernisierung und wegen der immer weiter vertieften Arbeitsteilung nicht nur durch Beschleunigung – im Unterschied zu den Zeitregimen der Vor-Moderne – gekennzeichnet, sondern auch durch Fragmentierung: Vieles muß gleichzeitig erledigt werden und Gleiches zu vielen Zeiten. Die Individualisierung am Ende des Fordismus, die von manchen bereits als Signal des „Postfordismus" gefeiert wird, ist Resultat und Promotor fragmentierter Zeitregime.

Über eine postindustrielle prometheische Revolution sind nur nebulöse Bemerkungen möglich. Das Energiesystem hat nur eine Zukunft, wenn es von den fossilen Energieträgern zur erneuerbaren solaren Energie fortentwickelt wird, dies ist klar. Anders als in der neolithischen Revolution, in der die Lithosphäre zur Umwandlung der Sonnenenergie genutzt und dabei radikal verändert wur-

---

[181] Die Verwendung des Entropie-Begriffs in den Naturwissenschaften und in den Sozialwissenschaften ist verwirrend und nicht unumstritten. Der Begriff hat den großen Vorzug, das „gesellschaftliche Naturverhältnis" in einer Begrifflichkeit zu analysieren, die in den Natur- und Sozialwissenschaften, also interdisziplinär, verankert ist (vgl. dazu Altvater 1992).

de, müßten heute auch die anderen Sphären der Erde in den Prozeß der Energieumwandlung einbezogen werden. Die entsprechenden Technologien zur Nutzung von Wasser und Luft gibt es. Allerdings kann die „Revolution" nicht auf den Austausch der energetischen Basis der Gesellschaften beschränkt bleiben. Die Form der Gesellschaft müßte sich der solaren Energie anpassen: durch Entschleunigung in der Zeit, durch Regionalisierung, Dezentralisierung im Raum. Angesichts der vorherrschenden Tendenzen der kapitalistischen Globalisierung ist diese Anpassung des sozialen Systems an die ökologischen Erfordernisse der Nachhaltigkeit auf dem Planeten Erde nicht möglich; der Bruch mit den hegemonialen Diskursen ist zu radikal, als daß diese Bedingungen der Nachhaltigkeit mit der Aussicht auf politik-relevante Reflexion kommunizierbar wären.

11.2 Natürliche Grenzen und positionelle Güter

Kapitalistische Marktsysteme haben seit der industriellen Revolution nur die Steigerung von Produktion und Verbrauch, also das ökonomische (das biophysische ebenso wie das monetäre) Wachstum reguliert. Gemessen an der Wohlstandssteigerung einer sehr großen Zahl von Menschen waren die Marktwirtschaften dabei in hohem Maße erfolgreich. Heute aber muß eine neue Frage gestellt werden: Sind die Mechanismen des Marktes geeignet und sind die Akteure in der marktwirtschaftlichen Arena dazu bereit, auch die Stagnation, ja die Schrumpfung des ökonomischen Systems zu regulieren? Bislang sind Stagnation und Schrumpfung nur als ökonomische Krise mit – je nach Tiefe und Dauer – gravierenden sozialen und politischen Auswirkungen wahrgenommen worden, und sie haben demzufolge Gegenmaßnahmen ausgelöst, die von breitem Konsens der Ökonomen getragen sind: die Stimulierung des Wachstums, um Krisen zu überwinden, die Armut zu mindern und den Wohlstand zu steigern; auf diese Weise, so die verbreitete Annahme (vgl. erneut WCED 1987), könnten auch ökologische Probleme gelöst werden.

Wie können Märkte, die in der bisherigen Geschichte so erfolgreich waren, eine monetär gemessene quantitative Steigerung zu erzwingen, nun auf das Gegenteil umgepolt werden? Wie können demokratische Systeme funktionieren, wenn die Partizipation an substanziellen Entscheidungen, in selbstbestimmten Verzicht einmünden müßte? Wir sind erneut mit der Frage konfrontiert, wie Globalität als ein Zustand funktionieren kann, wenn die Globalisierung als Prozeß der Moderne aus ökologischen Gründen (wenn es nicht bereits andere gibt) zum Stillstand kommen muß? Es ist tatsächlich nicht ausgeschlossen, daß spätere Historiker im Rückblick auf das „kurze 20. Jahrhundert" (von Sarajevo 1914 bis Sarajevo 1991 – Hobsbawm 1995) den Sieg im Kalten Krieg, die Globalisierung von Markt und Demokratie als einen Pyrrhussieg bezeichnen werden. Kaum sind Markt und Demokratie siegreich, müssen mit ihnen Aufgaben bewältigt werden, für die sie ihre Eignung bislang noch nicht haben beweisen müssen: die Regulierung der Allokation von Ressourcen, der Produktion und Distribution von Produkten an den Grenzen der Tragfähigkeit der Ökosysteme des Planeten Erde.

Wir befinden uns vor der von Roy Harrod (1958) und Fred Hirsch (1980) aufgeworfenen Problematik der Verteilung „oligarchischer" („positioneller") Güter: „Ab einer bestimmten Grenze, die in den industriellen Massengesellschaften seit langem überschritten ist, verschlechtern sich die Nutzungsbedingungen eines Gutes, je verbreiteter dessen Gebrauch ist" (Hirsch 1980: 17). Was Hirsch für einzelne Güter auf nationalen oder regionalen Märkten beschreibt, trifft an der Grenze der Tragfähigkeit der Natur des Globus für ganze Güterbündel und für die technischen und sozialen Produktionsbedingungen zu, unter denen sie hergestellt werden. Nicht alle Regionen und Nationen auf dem Globus können das Ensemble materieller Artefakte der Industriegesellschaft errichten und deren Produkte als Wohlstand genießen, ohne den „Gebrauchswert", also die Nutzbarkeit der industriellen Güterbündel und Dienstleistungen insgesamt zu verschlechtern. Die Automobilisierung der gesamten Menschheit würde nicht nur den Treibhauseffekt befördern, sondern die Automobilität überall (wenn auch sicherlich nicht gleichmäßig) in den Stau und in die Immobilität überführen. Die einmal entwickelte Produktions- und Regulationsweise verändert sich also allein dadurch, daß sie globalisiert – und dabei demokratisiert wird, indem immer mehr Menschen an den Gratifikationen teilzuhaben vermögen. Demokratisierung bedeutet demzufolge *an der Grenze* der „carrying capacity" natürlicher Ressourcen einen beträchtlichen sozialen und physischen Entropieanstieg.

Für die marktwirtschaftliche Steuerung durch Preise ergeben sich aus dieser Entwicklung beträchtliche Probleme. Der Preismechanismus wirkt ja nur unter zwei Bedingungen: *Erstens* muß die Ware auf dem Markt einen Gebrauchswert haben, und *zweitens* muß sie gegenüber der Geldnachfrage knapp sein. Hat die Ware keinen (noch nicht einmal einen eingebildeten) Gebrauchswert, wird niemand bereit sein, dafür einen Preis zu entrichten. Ist die Ware im Überfluß vorhanden, ist es nicht oder nur schwer möglich, sie gegen Geld zu verkaufen, da ja keine Eigentumsrechte zum Ausschluß derjenigen von der Nutzung, die nichts dafür bezahlen, angemeldet werden können. Positionelle Güter sind genau dadurch charakterisiert, daß sie den Gebrauchswert verlieren, je mehr sie gekauft und genutzt werden. Der ursprüngliche Gebrauchswert ist nicht nur knapp, sondern es herrscht daran Mangel (vgl. zum Unterschied von Knappheit und Mangel Altvater 1991: 82ff). Das oft in diesem Zusammenhang erwähnte

„Haus im Grünen" ist kein „Haus im Grünen", wenn sich sehr viele Bürger entschließen, ins „Grüne" zu ziehen. Der Gebrauchswert des Hauses im Grünen geht verloren und gleichzeitig entsteht mit der Zersiedelung der Landschaften ein tatsächlicher Mangel an grünen Refugien. Nach den Gefühlen der Euphorie ist also tragisches Denken angebracht, weil es sich als um so auswegloser herausstellt, mit Markt und repräsentativer Demokratie eine Selbstbegrenzung des Naturverbrauchs zu erreichen, je mehr deren Prinzipien auf dem Globus verallgemeinert werden. Die Expansion über alle Grenzen hat zur Folge, daß die Möglichkeiten der Externalisierung negativer Effekte mehr und mehr schwinden. Die noch vor gar nicht langer Zeit selbstverständliche Externalisierung von Abfällen in die Luft, ins Wasser, in die Böden ist fragwürdig, wenn sie doch wieder durch das globale Zusammenspiel der Sphären internalisiert werden muß. Zwar ist es eher eine Ausnahme, wenn aus Gründen der Wettbewerbsfähigkeit „pollution havens" von Transnationalen Firmen angesteuert werden (Esty/Gentry 1997: 162-166; Adams 1997a: 73-77), um die Bilanz der Unternehmen von Kosten des Umweltschutzes („costs of pollution abatement and control") zu befreien. Aber es gibt keine „clean industry". Kapitalistisches Wachstum, das durch positive Realzinssätze erzwungen wird, ist per Saldo auf dem bereits erreichten Niveau trotz steigender Effizienz der Energie- und Stofftransformation mit hohem Energie- und Rohstoffverbrauch verbunden. Es ist nicht zu leugnen, daß auch ohne bewußte Strategien der „industrial migration" (Adams 1997a: 73) zu „pollution havens" der globale „Umweltraum", auf den die Bewohner des Planeten Erde insgesamt zugreifen, enger wird. Vor der von Jim O'Connor so bezeichneten „second contradiction" (O'Connor 1988) gibt es kein Entrinnen; die Degradation der Umwelt wirkt auf die Verursacher zurück. Zum Teil geschieht dies, weil Ressourcen-Inputs (beispielsweise durch den Aufwand für die Aufbereitung des Wassers) teurer werden, zum Teil bilden sich soziale Bewegungen, die im gesellschaftlichen und politischen Raum als „advocates" für die Natur und ein gesellschaftliches Leben auftreten, das die natürlichen Verhältnisse nicht negiert.

11.2.1 Die Erfindung des Umweltraums
Industrialisierung ist ein über jeden Zweifel erhabenes und erstrebenswertes Modell, solange der Umweltraum bzw. die „carrying capacity" der Natur nicht überbeansprucht werden. Das Leben wird erleichtert, die Vielfalt der Gebrauchswerte ermöglicht einen Standard der Befriedigung von Bedürfnissen, der menschheitsgeschichtlich einmalig ist. Fern von den Grenzen des „Umweltraums" finden Akkumulation von Kapital und gesellschaftliche Modernisierung Schranken lediglich „selbstreferentiell" an sich selbst. Die „rauchenden Schlote" galten als Zeichen der Dynamik und des Fortschritts von Industriegesell-

schaften. Doch dehnt sich das ökonomische und soziale System gegen die Grenzen des Umweltraums, und diese werden nun als äußere Schranken der Expansion wahrgenommen. Es gibt folglich ökologische Interferenzen im selbstreferentiell regulierten Fortgang des sozialen Systems; die Natur wird Gegenstand des sozialen Diskurses[182], in den sich nun Initiativen und Bewegungen einschalten, die nicht mehr monetär vermittelte Teilhabe an den Gratifikationen der Industriegesellschaft (Gewerkschaften), sondern Natur- und Umweltschutz zu ihrem Anliegen erklären.

Um die Interferenzen erfassen zu können, ist der Begriff des Umweltraums erfunden worden. Das ist eine Neuerung, sind doch mit der Wirkung der „Entbettungsmechanismen" (vgl. 3. Kapitel) territoriale Räume und historische Zeiten bis zur Bedeutungslosigkeit komprimiert worden. Die *Abstraktion* von Zeit und Raum ist das Charakteristikum der *konkreten* Wirklichkeit der globalisierten kapitalistischen Marktwirtschaft. Zeit und Raum werden, nachdem sie „präsentiert" und kompaktiert worden sind, wissenschaftlich als „Umweltraum" per Kopfgeburt rekonstruiert. Der Begriff des Umweltraums ist zunächst eine Erfindung, eine Hilfskonstruktion, um die Grenzen der Natur in den gewohnten Begriffen eines ganz anderen Diskurses, des ökonomischen nämlich, erfassen zu können. Die Erde als ein „Lagerhaus" muß betriebswirtschaftlich inventarisiert werden. Erst müssen wir wissen, was wir haben, um dann ökonomisch und ökologisch *rational* damit umgehen zu können. <u>Nun ist es allerdings schwierig bis ausgeschlossen, das „Inventar" des Planeten zu erheben, da dieses sich ständig entwickelt und sich daher quantitativ und qualitativ verändert.</u> Den Prozeß der Evolution als Momentaufnahme abbilden zu wollen, ist ein heroisches Unterfangen, von vornherein zum Scheitern verurteilt. Infolgedessen muß auf Hilfsmittel zurückgegriffen werden, mit denen wenigstens eine ungefähre Vorstellung vom Umweltraum gewonnen wird. Diese Hilfsmittel sind Indikatoren, mit denen Informationen über ein bestimmtes (beispielsweise Natur)Phänomen in einer Sprache ausgedrückt werden, die innerhalb von ökonomischem, sozialem oder politischem System kommunizierbar sind. Dieser Vorgang wird wissenschaftssprachlich als Operationalisierung bezeichnet. Indikatoren werfen also in jedem Fall die Frage nach der Eignung, der Übersetzbarkeit und der dem gemessenen Phänomen angemessenen Interpretation auf.

Die Idee ist also im Prinzip einfach. Es geht um die qualitative und vor allem quantitative Erfassung der Bestände von Energien und Stoffen und um deren Verteilung. Die Bestände sind zwar nicht fix, da sie sich dynamisch (mit den

---

[182] Solange die Luft zum Atmen taugt, muß darüber nicht geredet werden. Bringt sie aber das Atmen zum Stocken und provoziert sie bei den Kindern Pseudo-Krupp etc., wird die Luft Thema eines ökologischen Diskurses.

Jahreszeiten, den Breitengraden, den Wetterverhältnissen etc. und als Folge menschlicher Eingriffe) ändern; sie sind aber „ein natürlicher Handlungsrahmen. Dieser wird als 'Umweltraum' bezeichnet" (Wuppertal Institut 1996: 27). In der „Wuppertal-Studie", die sich konzeptionell auf die Arbeiten von Opschoor (1992) stützt, wird das Konzept des Umweltraums eindeutig *anthropozentrisch* definiert: „Der Umweltraum bezeichnet den Raum, den die Menschen in der natürlichen Umwelt benutzen können, ohne wesentliche Charakteristika nachhaltig zu beeinträchtigen. Der Umweltraum ergibt sich aus der ökologischen Tragfähigkeit von Ökosystemen, der Regenerationsfähigkeit natürlicher Ressourcen und der Verfügbarkeit von Ressourcen. Der Begriff des Umweltraums erkennt die Vielfalt der Nutzungsmöglichkeiten der natürlichen Umwelt für den Menschen an" (Wuppertal Institut 1996: 27). An anderer Stelle heißt es in der Studie allerdings auch: „„...wäre es eine Anmaßung, mittels 'erkennungsdienstlicher' Methoden alle Wirkungszusammenhänge und Reaktionen in der Natur verstehen und vorhersagen zu wollen. Es ist nicht der Mensch allein, der als Zweck des Seins im Mittelpunkt steht und für den alles übrige zur dienenden Umwelt wird. Diese Überlegung verbietet es, andere Lebewesen und die unbelebte Natur unberücksichtigt zu lassen. Sie geht über einen geläuterten Anthropozentrismus hinaus und schließt die Natur als Objekt der Ethik mit ein" (ibid.: 35). Die ethische „Überlegung" wird allerdings bei der empirischen Erfassung des Umweltraums nicht berücksichtigt. Im übrigen ist es ebenso problematisch, die Natur zum „Objekt" der Ethik zu erklären, wie sie als Objekt der Verwertungsinteressen zu behandeln.

Im Mittelpunkt steht also der Mensch, und zwar der europäisch-rationale (und, wie die feministische Kritik darlegt, männliche) Mensch, der in der Lage ist, den Umweltraum *ideell zu rekonstruieren*, den er *reell* in den Jahrhunderten nach der industriellen Revolution systematisch *dekonstruiert* und mehr noch: destruiert hat. Und dieser rationale Mensch sieht in der Um- und Mitwelt eine Ansammlung von Ressourcen, für deren Nutzung nun andere Regeln zu erarbeiten sind als jene, mit denen gemäß dem kapitalistischen Verwertungsprinzip bislang die Ressourcen konsumiert und der Umweltraum degradiert worden sind. Dieses neue Regelsystem orientiert sich an der Leitlinie: „sustainability". Die Zeitrhythmen der ökonomischen Verwertung und der natürlichen Reproduktionszyklen gilt es anzupassen. Die Hinweise in der Studie des Wuppertal-Instituts auf die notwendige zeitliche Entschleunigung und räumliche Entzerrung (ibid.: 153ff) sind tatsächlich entscheidend. Um so merkwürdiger ist es, daß aus dieser Erkenntnis weder analytische noch normative Schlußfolgerungen gezogen werden.

Das Konstrukt des Umweltraums weist eine ganze Reihe von offenen Fragen auf. *Erstens* müßte geklärt werden, was wesentliche und was nicht-wesentliche

Charakteristika des Umweltraums sind. Nach welchen Kriterien sollte diese Unterscheidung getroffen werden, wenn denn der „Umweltraum" anthropozentrisch bestimmt wird? Der Manager eines TNUs oder die Planer einer Magnetbahntrasse werden andere Vorstellungen vom Wesentlichen haben als „bird watcher" oder Naturästheten. Frauen entwickeln ein anderes Naturverständnis als Männer (Linz 1998: 29-33). Bei der begrifflichen Konstruktion des Umweltraums kann demzufolge von mehrdimensionalen Interessenkonflikten nicht abstrahiert werden; der Begriff des Umweltraums müßte diskursiv artikuliert und nicht mit wissenschaftlicher Autorität definiert werden. Die Definition ist nur ein Schritt im Prozeß der Konstitution eines Umweltraums, dessen Nutzungsweisen Resultat von Kompromissen im sozialen Raum sind.

Hinzu kommt *zweitens*, daß die Regenerationsfähigkeit von Ökosystemen mit einer Zeitdimension versehen werden müßte. Es geht also nicht nur um den Umweltraum, sondern auch um die *Umweltzeit*[183], d.h. um die Artikulation von verschiedenen Zeit- und Raumregimen zwischen Gesellschaften und um die Notwendigkeit der Kompatibilisierung von ökonomischen, sozialen und natürlichen Zeitrhythmen und -regimen. Wenn die Frage der Konstruktion des Begriffs eines Umweltraums so kompliziert wird, gerät die „Messung" des Umweltraums anhand von Indikatoren zu einem schier unlösbaren Problem, zumal dann die Frage nicht nur der intragenerativen, sondern der intergenerativen Nutzung eines „Umweltraums" auftaucht. Indikatoren ihrerseits sind keineswegs „objektiv", sondern in jedem Fall umkämpft.

Drittens werden die Situiertheit des (regionalen oder nationalen) Umweltraums auf dem Planeten Erde und dessen relative Ausdehnung (in Raum und Zeit) bedeutsam. Die Grenzen des Umweltraums müssen also nicht nur hinsichtlich des „Inventars" an Stoffen, Energien und Lebewesen, sondern auch gegenüber anderen und konkurrierenden Umwelträumen gezogen werden. Der Einfachheit halber wird dieses Problem dadurch gelöst, daß der Umweltraum zunächst mit dem nationalstaatlichen Territorium identifiziert wird. Erst in einem späteren Schritt ist es möglich, die ökologischen Effekte von Einfuhr und Ausfuhr zu berücksichtigen. Dabei muß der „ökologische Rucksack", der im Zuge von Importen und Exporten über die jeweiligen Grenzen geschleppt wird (Wuppertal Institut 1996: 133ff), kalkuliert werden; der „ecological footprint" richtet sich nämlich nicht nach der relativen Größe der je nationalen Umwelträume (Adams 1997b: 183). Es geht dabei nicht nur um das jeweils gehandelte Produkt, sondern um den Material- und Energieverbrauch während des Produktionsprozes-

---

[183] Ein primärer Regenwald könnte sich nach der Abholzung in 80 bis 200 Jahren wieder regenerieren – vorausgesetzt, die Vernichtung wäre nicht total; für die nächsten Jahrzehnte allerdings wäre je nach Bodenart nur ein artenarmer Sekundärwald zu erwarten.

ses und des Transports, der als Abfall, Abwärme etc. den globalen Umweltraum belastet. Eine grobe Bilanz zieht das World Resources Institute in einer Studie über die Auswirkungen des Umweltschutzes auf das Maß der Produktivität:

„Each year, to generate nearly 5 billion tons of salable commodities, the U.S. economy uses more than 10 billion tons of crude materials, generating at least 5 billion tons of waste materials – largely mining wastes. Further processing and fabrication of these basic commodities generates several hundred million more tons of waste and effluents that are discharged into the environment... All in all, at least 8 billion tons of materials are discharged to the environment every year... These huge flows of unsalable residuals dischatged at all stages of the production cycle generate important economic costs and environmental impacts ..." (WRI 1999)

Das nächste Problem ist *viertens* das der Verteilung, wenn der Planet Erde als ein einziger Umweltraum aller Menschen – der gegenwärtigen und zukünftiger Generationen – verstanden wird, die alle gleiches Recht als *Erdenbürger* in Anspruch nehmen können. Eine solche Auffassung des Umweltraums als eines Raums von Menschen mit Weltbürgerrechten ergibt sich zwar aus der Norm der Nachhaltigkeit (WCED 1987: 43; Foster 1997: 288 mit Bezug auf Marx); doch stehen ihrer Anwendung die durch Globalisierung geschaffenen Strukturen entgegen. Eine Weltgesellschaft gibt es nicht, in der die Gleichheit der Anrechte am Umweltraum politisch durchgesetzt werden könnte. Der Markt wiederum produziert jene Ungleichheit der Geldvermögen, die auch ungleiche Ansprüche an die Natur generiert[184]. Verteilungsfragen sind von den Fragen der Produktion und Konsumtion und der politisch-sozialen Gestaltung des Gemeinwesens nicht unabhängig.

Damit sind wir beim *fünften* Problem. In der Studie des Wuppertal Instituts wird nach der Bilanz von verfügbarer Umwelt und von Umweltverbrauch in Deutschland die Schlußfolgerung gezogen, daß bis zum Jahre 2050 der Energieverbrauch fossiler Brennstoffe um 80-90%, die Nutzung der Kernenergie um 100% auf Null reduziert werden müssen. Der Materialverbrauch nichterneuerbarer Rohstoffe und die Schadstoffabgaben müssen in vergleichbarer Größenordnung abgesenkt werden, wenn Nachhaltigkeit und Zukunftsfähigkeit erreicht werden sollen (Wuppertal Institut 1995: 80). An diesen Daten, die ja

---

[184] Die Ungleichheit des Naturverbrauchs läßt sich indizieren. Vom der Menschheit insgesamt verfügbaren Energiebudget von etwa 8 Terawatt verbraucht ein Mitteleuropäer pro Kopf etwa 6 KW, ein Nordamerikaner etwa 11 KW, ein Chinese 0,8 KW und ein Bewohner Afrikas 0,08 KW. Würde eine ungefähre Gleichverteilung unterstellt, stünde jedem Erdenbürger ein „persönliches Energie-Budget" von 1,5 KW zur Verfügung (Dürr 1994). Dieses Energieangebot müßte und könnte zum allergrößten Teil aus dem Strahlenstrom der Sonne abgezweigt werden; es wäre also *möglich*, auf der Nutzung der fossilen Energieträger auszusteigen. Allerdings setzte dies tatsächlich Umverteilung im Zuge einer Reduktion des Energieverbrauchs bei den Reichen um 70% bis 90% voraus. Daß dies nicht gelingen könnte, ohne die Produktions- und Lebensweise zu ändern, dürfte sofort einleuchten.

von anderen Studien über den Zustand der Welt bestätigt werden, zeigt sich in nüchterner Klarheit: Die kapitalistische Produktions- und Lebensweise ist nicht zukunftsfähig, zumal sie nicht nur einen viel zu hohen Stoff- und Energieverbrauch aufweist. Es ist obendrein schwer möglich, das seit der industriellen Revolution mit hohem Tempo wachsende System nun dazu zu bringen, eine Kehrtwende zu machen und zu schrumpfen. Doch was folgt aus dieser dramatischen Feststellung? In der Regel nicht viel, vor allem nichts Dramatisches. In der Wuppertal-Studie wird für erhöhte *Energieeffizienz* plädiert, und es werden neue „Leitbilder" des „guten Lebens" der Individuen (neben der „Effizienrevolution" also eine *„Suffizienzrevolution"*) vorgeschlagen. Änderungen der gesellschaftlichen Mechanismen der Regulation sind in diesem – daher auch als „technokratisch" kritisierten (Linz 1998: 28-38) – Diskurs tabu. Dabei wäre die Frage tatsächlich seriös zu diskutieren, ob die Dynamik der markt- und geldgesteuerten kapitalistischen Akkumulation, die schließlich für die Zuspitzung der ökologischen Krise verantwortlich ist, auch geeignet ist, die Lösung zu bieten.
Wir haben uns vor allem auf das Energieproblem beschränkt und nicht die anderen Dimensionen des Umweltraums, vor allem die Evolutionsfähigkeit der Arten, in unsere Argumentation einbezogen. Dabei ist die Auslöschung der Arten zum einen ein untrügliches Zeichen dafür, daß der „Umweltraum", den wir für „uns Menschen" kalkulieren, für viele Arten bereits vernichtet ist. Zum anderen ist der Artentod möglicherweise in seinen Wirkungen noch dramatischer als Treibhauseffekt und Ozonloch. Viele dieser Dimensionen des „Umweltraums" sind nicht leicht oder gar nicht mit den Mitteln der Operationalisierung empirisch zu erfassen. Damit sind wir beim *sechsten* Problem. Der Umweltraum ist keine objektiv gegebene Größe (obwohl er objektiv existiert), sondern wird durch Indikatoren (Energieverbrauch, Stoffentnahme, Schadstoffeinträge etc.) konstruiert. Die Konstruktion, manchmal nur die Imagination, hängt von Informationen und deren Verarbeitung ab, und beide haben mit Interessen in der Gesellschaft (in der nationalen und in der „Weltgesellschaft") zu tun. Schon im Wissenschaftssystem, das die Informationen sammelt und verarbeitet, um geeignete Indikatoren zu bilden, sind Filter eingebaut, insbesondere jene, die aus dem Arsenal der ökonomischen Rationalität entnommen sind. Gegen die Absicht, die Natur als „Naturkapital" zu inventarisieren, wendet sich die Wuppertal-Studie (1996: 28ff). Doch monetäre Indikatoren, wie sie in den Kalkulationen der „ökologischen Kosten des Wachstums" Verwendung finden, werden auch dort benutzt. Doch diese haben keinen Wert, außer jenen der Alarmierung mit einem der ökonomischen Logik entlehnten Argument: Das Resultat des ökonomischen Wachstums ist mit Kosten erwirtschaftet worden, die höher als das Resultat sind; der Preis des Wohlstands ist zu hoch, der Wohlstand zu teuer erkauft (van Dieren 1995). Da stimmt die Ziel-Mittel-Rationalität des ökonomi-

schen Kalküls offensichtlich nicht mehr. Dies ist ein Grund für die Zweifel am Maß der Produktivität, wenn daraus systematisch die ökologischen Effekte des Wirtschaftens ausgeklammert werden (WRI 1999).

11.2.2 Die Tragödie industrieller Modernisierung

Ist der Umweltraum weitgehend ausgeschöpft und muß folglich der Umweltverbrauch reduziert werden, dann ist Industrialisierung ein „positionelles Gut", dessen nicht alle Regionen und Nationen auf dem Globus habhaft werden können. Anders ausgedrückt: Eine Gleichverteilung des Energie- und Stoffverbrauchs auf dem *Niveau der Industrieländer* ist ausgeschlossen. Die optimistische entwicklungspolitische Annahme von dem steigenden Wasserspiegel, durch den alle Boote angehoben werden, wenn einige Boote im Becken an Gewicht zulegen (Sutcliffe 1995: 234), ist nicht zu halten, wenn man fast auf dem Trockenen sitzt. Daß ökologische Grenzen entwicklungspolitische Probleme aufwerfen, ist in der entwicklungspolitischen Debatte erst in jüngster Zeit aufgegriffen worden. Mit anderen Worten: die „nachholende Industrialisierung", auf die alle Entwicklungsgesellschaften hoffen, ist ein undurchführbares Projekt, wenn das Niveau der Industrialisierung in einigen Weltregionen des „Nordens" bereits sehr hoch ist und die Aussichten, es in der industrialisierten Welt in dem Maße abzusenken, wie es in der Studie des Wuppertal Instituts kalkuliert worden ist, gering sind.

Die Folgen sind beträchtlich. Denn die auf globalen Märkten angestrebte Wettbewerbsfähigkeit erfordert technologische Kompetenz, hohe Qualifikationsstandards, effizientes Management und entscheidungsfreudige Administrationen, eine moderne materielle, soziale und legale Infrastruktur, die allesamt nur auf dem Fundament der Industriegesellschaft errichtet werden können. Selbst die Tertiarisierung der Arbeit (vgl. das 8. Kapitel) und die „Postmoderne" der individuellen Lebensstile gründet auf der Varietät von Konsumgütern, die nur industriell hergestellt werden können. Der Schnellweg in die „postfordistische" Dienstleistungs- oder Informationsgesellschaft führt durch „fordistische" Industrielandschaften und nicht an ihnen vorbei. Nachholende Entwicklung ist daher in der heutigen Welt gleichbedeutend mit umfassender Industrialisierung.

Auch wenn nach dem Ende des „realen Sozialismus" vom Sieg des Marktes gesprochen wird, ist teleologisch Industrialisierung gemeint. Denn erst als die Umwandlung der fossilen Energien die räumliche Reichweite des menschlichen Tuns enorm auszuweiten vermochte und gleichzeitig alle Prozesse ebenso enorm beschleunigen half, konnte der Markt seine stimulierende Wirkung so recht entfalten. Die von der Marktlogik verlangte quantitative Ausdehnung des Sozialprodukts könnte ohne intelligente Stoff- und Energiewandlungssysteme, die wir als „Industrie" bezeichnen und mit der überhaupt erst die gewaltige Steigerung der Arbeitsproduktivität in den Jahrhunderten seit der industriellen Revolution ermöglicht worden ist, gar nicht zustandekommen. Wer also am „Ende der Geschichte" vom Sieg des marktwirtschaftlichen Prinzips redet, meint auch die historische Alternativlosigkeit der Industrialisierung. In der „neuen Weltordnung" bedarf die historisch siegreiche Marktwirtschaft des materiellen Unterbaus der Industriegesellschaft. Ohne „Elektrifizierung" keine schnellen Preissignale rund um den Globus, keine Massenproduktion und Transporte von Massengütern billig über lange Strecken. Die marktwirtschaftliche „Katallaxie" wäre ohne die durch Industrialisierung vervielfachte Produktivität der Arbeit ein harmloses Regelwerk, wie in den vielen Jahrhunderten vor der Neuzeit, als trotz Markt- und Geldbeziehungen die menschlichen Gesellschaften nur langsam vorankamen.

Die Industrialisierung findet heute im Unterschied zur sowjetischen Erfahrung seit Ende der 30er Jahre von vornherein im Medium des ausgebildeten Weltmarkts für Waren, Geld und Kapital statt, und er setzt ihr sehr harte Grenzen in einer nicht grenzenlosen Welt. Die neoklassischen Markttheoretiker sind sich intuitiv dieses Dilemmas bewußt: Sie modellieren ihre Theorien für eine raum- und zeitlose Welt, in der obendrein Geld „neutral" und keine systemische Restriktion ist. In der Realität des Weltmarkts freilich gibt es harte Grenzen, und zwar sowohl ökonomische als auch soziale und ökologische. Daher ist die neoklassische Theorie modelltheoretisch interessant, aber realanalytisch wertlos.

Erstens können Vorsprünge, die Konkurrenten bereits erreicht haben, mit marktkonformen Mitteln uneinholbar werden. Selbst auf einem bereits ausgetretenen Pfad der Industrialisierung kommen Nachzügler nur voran, indem sich der Abstand zu den führenden Industrienationen vergrößert. Dies ist eine Erfahrung, die nach 1989 die Transformationsgesellschaften haben machen müssen (vgl. 10. Kapitel). Die Strategien der Herstellung „systemischer Wettbewerbsfähigkeit" werden ja auch von bereits entwickelten Ländern verfolgt, und zwar viel massiver als in Entwicklungsgesellschaften (vgl. für die EU das Weißbuch 1993 oder für die USA die reports des „Competitiveness Policy Council"). Der Abstand wird nicht kleiner, sondern größer, wenn das Niveau insgesamt gehoben wird. Paradoxerweise mag die Industrialisierung absolut gelingen, doch die relative Verbesserung der Wettbewerbsfähigkeit – nämlich im Vergleich zu den Konkurrenten – nicht. Und wenn dies der Fall ist, nützt die Strategie der „nachholenden Industrialisierung" nur zur Errichtung von Investruinen.

Zweitens muß für die erfolgreiche Industrialisierung Hard- und Software importiert werden. Dafür sind in der Regel entweder Kredite notwendig oder Deviseneinnahmen, die in vielen Fällen nur mit Rohstoffexporten erworben werden können. Die Industrialisierungsstrategie muß daher zunächst die extraktiven

Sektoren fördern. Doch auf diese Weise werden soziale Strukturen, politische Mächte, ökonomische Interessen gefördert, die oft genug einer Industrialisierung und der dazu erforderlichen marktvermittelten und nicht-marktförmlichen Vernetzung („linkages") im Wege stehen (Bunker 1985; Altvater 1987). Geld ist eine harte Restriktion jeder ökonomischen Aktivität, und sie verlangt nicht einfach Industrialisierung, sondern wettbewerbsfähige Industrialisierung. Wenn zur Bedienung externer Kredite Rohstoffexporte forciert werden, setzt sich das entsprechende Land dem Verfall der „terms of trade" aus. Ein Land auf dem Weg zur Industrialisierung muß einen nicht-industriellen Entwicklungspfad einschlagen, wenn der Export von Rohstoffen unverzichtbar ist, um Devisen zu bringen.

Für die Industrieländer ist dieser Zwang zur Extraktion *drittens* günstig. Dies wußte bereits Friedrich List. In seinen Ausführungen zur „Handelspolitik des deutschen Zollvereins" schreibt er:

„Wenn wir rohe Baumwolle aus Ägypten, aus Brasilien und Nordamerika importieren, so bezahlen wir dieselbe in unsern eigenen Manufakturprodukten; importieren wir dagegen Baumwollgarn aus England, so bezahlen wir den Wert desselben in Rohstoffen oder Lebensmitteln, die wir nützlicher selbst verarbeiten oder verzehren können ..." (List 1841/1982: 427).

Die Industrieländer erhalten von den Rohstoffländern die materiellen und energetischen Inputs, um ihre bereits fungierenden Systeme am Laufen zu erhalten und ständig zu verbessern. Die Länder, die eine Industrie zu errichten versuchen, liefern also den Stoff, mit dem die bereits industrialisierten Länder den Abstand halten und – wie in den vergangenen Jahrzehnten – vergrößern können. Rohstoffländer haben in der modernen Geoökonomie gerade wegen ihres natürlichen Reichtums reduzierte Chancen der erfolgreichen Industrialisierung, ganz im Unterschied zum 19. Jahrhundert, als sich die Industriezentren an den Rohstofflagern bildeten (Ruhrgebiet, Oberschlesien, Pittsburgh etc.). Heute haben mit Hilfe der globalen Rohstofflogistik gerade rohstoffarme Länder, sofern diese über günstige Standortfaktoren im Sinne der systemischen Wettbewerbsfähigkeit verfügen, bessere Chancen (vgl. dazu 6. Kapitel).

Viertens wird eine Strategie der nachholenden Industrialisierung, sofern sie in aller Welt verfolgt wird, auch an ökologischen Grenzen scheitern. Denn die für industrielle Produktionsprozesse verfügbaren materiellen und energetischen Ressourcen sind ebensowenig grenzenlos wie die Kapazität der Senken für die Emissionen der Industriegesellschaften. Während in der frühbürgerlichen Emphase des 17. und 18. Jahrhunderts die Gewißheit herrschte, daß sich „private vices" in „public benefits" (Bernard de Mandeville 1702) durch das segensreiche Wirken der „unsichtbaren Hand" (Smith 1776/1976: Book I, 477) des Marktes verkehrten, wird nach wenig mehr als 200 Jahren Wirkungsgeschichte der „unsichtbaren Hand" die *„tragedy of the commons"* (Hardin 1968) konstatiert: Selbst wenn sich alle „tugendhaft", rational und regelgerecht verhalten und der Marktmechanismus perfekt funktionieren sollten, kommen keine „public benefits" als Resultat der aggregierten Handlungen von Akteuren im globalen System heraus. Schließlich bleiben sogar die „private benefits" aus. Rationales Handeln ist in Dilemmata involviert, die unter der Bedingung begrenzter Ressourcen (sowohl hinsichtlich der Entnahme als „inputs" als auch unter Berücksichtigung der Belastung durch Emissionen, also durch „outputs" und „throughputs") schwer aufzulösen sind. Die rationalen Wahlmöglichkeiten von Individuen (aber auch von gesellschaftlichen Institutionen in der Logik des kollektiven Handelns) sind auf Alternativen beschränkt, von denen keine dem Rationalitätskriterium der optimalen Bedürfnisbefriedigung, des „enjoyment of life", das nach Georgescu-Roegen (1971) die Zielgröße des Wirtschaftens definiert, gerecht wird. Wenn die Ressourcen an der Grenze der „carrying capacity" des Umweltraums genutzt werden, dann führt notgedrungen individuell rationales Handeln zu einer Überlastung und schließlich gar zu einer Zerstörung der „commons". Diese stellen aber auch die Lebensgrundlagen für jene dar, die sie durch ihr rationales Handeln übernutzen. An der Grenze der Tragfähigkeit von öffentlichen Gütern befinden sich alle Akteure in dem „Gefangenendilemma", das sie nur meiden können, indem sie äußeren Regeln ausgesetzt werden, die eine mäßigende Wirkung erzwingen. Wirtschaften braucht also ein *äußerliches Maß* gegen die selbstreferentiell konstituierte Schrankenlosigkeit. Es ist kein Verlaß auf die Regeln des Rationalkalküls mikroökonomischer Einheiten und auf die Abstimmung durch den Markt. Hier zeigen sich die Konsequenzen der Entbettungsprozesse: Herausgelöst aus gesellschaftlicher Regulierung des Naturverhältnisses können Individuen, die der marktwirtschaftlichen Rationalität folgen, nur Zerstörung anrichten, wenn die Schranken des (lokalen, aber auch globalen) Umweltraums erreicht sind. Gegen die Tendenzen der Degradation der natürlichen Umwelt und die „tragedy of overuse" wird daher auf „communities" gesetzt, die „still go to extraordinary lengths to protect these resources and the social systems within which they are embedded..." (Barkin 1998: 11). Industrialisierung und Modernisierung sind, weltweit betrachtet, somit ein *oligarchisches Privileg*, das einige Gesellschaften in Anspruch nehmen können, andere aber nicht. Dies ist der rationale Hintergrund für antidemokratische, *autoritäre* Diskurse unter Ökologen und für *„plutokratische"* Argumentationsfiguren unter Ökonomen. Das Projekt industrieller Produktion von Reichtum wird angesichts der Endlichkeit der Natur des Planeten Erde entweder insgesamt bedroht oder für einen kleinen Teil der Menschheit gegen die Mehrheit reserviert. In beiden Fällen folgt eine Zerstörung von sozialen und ökonomischen Ordnungsstrukturen auf dem Globus. Für die Sozialwissenschaften stellt sich das Problem, daß Fragen von Produktion und Allokation nun unabweislich mit Fragen der Distribution verknüpft werden müssen. Diese ist monetär gesteuert, aber verteilt werden nicht nur ökonomisch produzierte Waren, sondern auch die Nutzungsrechte von natürlichen Ressourcen und Senken.

11.3 Ökologische Verteilungskonflikte

Im Prinzip sind drei Formen der Verteilung positioneller Güter möglich: (a) durch den Marktmechanismus, (b) mit politischer Gewalt oder (c) durch Mobilisierung der Kräfte gesellschaftlicher Solidarität in einer Welt, die keineswegs zu einer „Weltgesellschaft" zusammengewachsen ist – wie wir im 2. Kapitel gezeigt haben. Den Schwierigkeiten einer Lösung der Verteilungsfrage kann man ausweichen, wenn eine für die Einhaltung der „sustainability"-Regel ausreichende Steigerung der Effizienz bei der Nutzung von Naturstoffen und eine Entmaterialisierung von Produktion und Konsumtion unterstellt werden. Nachdem sich die Menschheit mit der Ausdehnung ihrer ökonomischen Tätigkeiten seit der industriellen Revolution mit Macht den Grenzen des Umweltraums genähert habe, könne nun ein intelligenter Rückzug mit dem Ziel der ökologischen „sustainability" angetreten werden.

11.3.1 Effizienzsteigerung der Produktion und Entmaterialisierung des Konsums?

Die Strategie einer „Effizienzrevolution" (v. Weizsäcker/Lovins 1995; ähnlich World Watch Institute, vgl. Wallis 1997: 109-125; van Dieren 1995) verfolgt eine Reihe von Ökologen angesichts des Dilemmas begrenzter Umwelträume und unbegrenzter Globalisierungsdynamik. Die ökologische Effizienz kann auf verschiedene Weisen verbessert werden, die in einer Studie der OECD zusammengefaßt werden:

- „increased resource efficiency in production, due to reduction of raw material use or energy use in an existing process, or to development of a more resource-efficient process;
- better use, reuse, or sale of a by-product formerly disposed of as waste;
- development of products with better environmental attributes which command a price premium;
- better monitoring and control of waste streams, which may also yield improvements in level and consistency of product quality;
- product standards that can in some cases confer an early-mover advantage if other markets follow the lead, e.g. in the case of low-emission motor vehicles" (Adams 1997a: 83-84).

Die Versprechungen einer „Effizienzrevolution" sind groß. „Es geht um eine neue industrielle Revolution... Auf mindestens fünfzig verschiedene Arten können wir das, was wir heute machen, genausogut oder besser machen, brauchen dafür aber nur ein Viertel der Energie und Rohstoffe" (v. Weizsäkker/Lovins 1995: 94). So kann man „besser leben ..., weniger verschmutzen und vergeuden, ... Gewinne machen, ... Märkte nutzen und die Wirtschaft entspannen, ... das Kapital mehrfach einsetzen, ... Gerechtigkeit und Arbeit (schaffen)" (ibid.: 94ff). Diese Art der Steigerung von Energie- und „Ressourceneffizienz mindestens um den Faktor 4" ist ein „Imperativ für heutige Ingenieure, Wissenschaftler und Techniker" (ibid.). Dessen Befolgung würde es möglich machen, die Dynamik von Markt und Demokratie viermal länger zu erhalten als ohne diese Art der „Effizienzrevolution". Was ist danach? Da wachsen neue Generationen nach, die erneut auf Effizienzrevolution setzen. Denn der Horizont der Autoren ist explizit auf die „industrielle Revolution" verengt; dies betonen und begründen sie mit dem Verweis auf die Notwendigkeit einer „neuen industriellen Revolution". Da bleibt also nur der neoklassische Optimismus hinsichtlich des technischen Fortschritts und der Findigkeit der Menschen, die Lösungen dann zu finden, wenn sie benötigt werden. Dieses Vertrauen erlaubt es, weiter zu machen wie bisher – nur effizienter. Nach der Modernisierung eine „zweite Moderne".

Die Strategie der Effizienzsteigerung folgt der gleichen Handlungslogik wie sie der kapitalistischen Verwertung eingeschrieben ist: Ausweitung der Anwendungsbereiche des Rationalprinzips. Daher sind „Effizienzrevolutionen" auf der Basis der Nutzung fossiler Energieträger und industrieller Systeme so alt wie das Industriesystem selbst. Man könnte sogar sagen, daß im industriellen Kapitalismus die Effizienzrevolution als eine Dauerinstitution inkorporiert worden ist[185]. Der technische und organisatorische Wandel ist Normalität, die Beharrung dementsprechend Krise. Marx verhandelt diesen Sachverhalt unter dem Titel „Ökonomie in der Anwendung des konstanten Kapitals" (Marx, MEW 25, 5. Kapitel). Darin zitiert er ausführlich zeitgenössische Schriften über „den 'ungeheuren Zuwachs an Triebkraft, der durch solche Systemänderungen und Verbesserungen' (an Dampfmaschinen) erlangt worden ist" (ibid.: 107), die „die ra-

---

[185] In der kapitalistischen Vorgeschichte war dies durchaus anders. Marx merkt zur Erfindung der Bandmühle an: „Die Bandmühle ward in Deutschland erfunden. Der italienische Abbé Lancellotti in einer Schrift, die 1636 zu Venedig erschien, erzählt: 'Anton Müller aus Danzig habe vor ungefähr 50 Jahren' (L. schrieb 1629) 'eine sehr künstliche Maschine in Danzig gesehn, die 4-6 Gewebe auf einmal verfertigte; weil der Stadtrat aber besorgt habe, diese Erfindung möchte eine Masse Arbeiter zu Bettlern machen, so habe er die Erfindung unterdrückt und den Erfinder heimlich ersticken oder ersäufen lassen.' In Leyden wurde dieselbe Maschine zuerst 1629 angewandt. Die Emeuten der Bortenwirker zwangen den Magistrat erst zu ihrem Verbot; durch verschiedne Verordnungen von 1623, 1639 usw. von seiten der Geenralstaaten sollte ihr Gebrauch beschränkt werden ..." (Marx, MEW 23: 451, FN 194). Die Verantwortlichen für technischen Fortschritt sind in „langsamen Gesellschaften" also marginalisiert und sogar physisch liquidiert worden.

schen Schritte (erwähnen), womit die Verbesserungen in der Maschinerie in den letzten wenigen Jahren sich entwickelten, (und die) die Fabrikanten befähigt (haben), die Produktion auszudehnen ohne zusätzliche Triebkraft..." (ibid.: 109). Auch die Möglichkeiten des „recycling" durch „Nutzbarmachung der Exkremente der Produktion" (ibid.: 110-113) werden erwähnt:

„Mit der kapitalistischen Produktionsweise erweitert sich die Benutzung der Exkremente der Produktion und Konsumtion. Unter erstem verstehn wir die Abfälle der Industrie und Agrikultur, unter letztem teils die Exkremente, die aus dem natürlichen Stoffwechsel des Menschen hervorgehn, teils die Form, worin die Verbrauchsgegenstände nach ihrem Verbrauch übrigbleiben. Exkremente der Produktion sind also in der chemischen Industrie die Nebenprodukte, die bei kleiner Produktionsstufe verlorengehn; die Eisenspäne, die bei der Maschinenfabrikation abfallen und wieder als Rohstoff in die Eisenproduktion eingehn etc. Exkremente der Konsumtion sind die natürlichen Ausscheidungsstoffe der Menschen, Kleiderreste in Form von Lumpen usw. Die Exkremente der Konsumtion sind am wichtigsten für die Agrikultur. In Beziehung auf ihre Verwendung findet in der kapitalistischen Wirtschaft eine kolossale Verschwendung statt; in London z.B. weiß sie mit dem Dünger von 4 1/2 Millionen Menschen nichts Beßres anzufangen, als ihn mit ungeheuren Kosten zur Verpestung der Themse zu gebrauchen" (Marx, MEW 25: 110.)

Die Möglichkeiten des Recyclings erweitern sich also mit der Ausdehnung der kapitalistischen Produktion, beispielsweise könne jetzt „fine tow yarn" aus dem fabriziert werden, „was vor 20 Jahren als Abfall fortgeworfen wurde" (Marx 1953: 703; das Zitat entstammt dem „*Economist*" vom 31.8.1850). <u>Es ist ja im Interesse der Unternehmen, die Kosten von Produktionsmittel und Rohstoffen, Hilfs- und Betriebsstoffen zu senken, indem die Effizienz gesteigert und die Möglichkeiten des Recyclings voll ausgeschöpft werden</u>[186]. <u>Dennoch zeigen die Analysen von Material- und Energiezyklen, daß mit Industrialisierung und Urbanisierung der Anteil von wiederverwendeten Stoffen abnimmt</u> (Murota 1998: 124-135). Es liegt in der mikroökonomischen Rationalität von Unternehmen, die Material-, Energie-, Maschinenkosten zu senken:

„Aus dem einfachen Satze, daß wenn der Wert der Maschinerie = 0, sie am wertvollsten für das Kapital, folgt, daß jede Reduktion ihrer Kost Gewinn für ihn. Während es einerseits die Tendenz des Kapitals, den Gesamtwert des capital fixe zu vermehren, (so) gleichzeitig (seine Tendenz) den Wert jedes aliquoten Teils desselben zu vermindern" (Marx 1953: 652).

Jede Technikgeschichte ist eine Sammlung von manchmal überraschenden Belegen für die Permanenz der „Effizienzrevolution" seit dem Beginn des Industriezeitalters (vgl. z.B. König/Weber 1990). Im Unterschied zu anderen gesell-

---

[186] Auch das ökologisch so positiv besetzte Recycling ist eine kapitalistische Veranstaltung und daher in vielen Fällen alles andere als ökologisch: von der Verwendung von verseuchten Tierkadavern zur Produktion von Tiermehl bis zur illegalen Deponierung von belasteten Stoffen auf nicht geeigneten Deponien.

schaftlichen Formationen ist die „große Industrie" nachgerade durch die Permanenz des Wandels und die permanente Steigerung der Effizienz, auch im ökologischen Sinne, charakterisiert. Die Steigerung der Produktivkraft und die „Effizienzrevolution", um den Nutzeffekt des Energie- und Stoffeinsatzes (und nicht nur des Arbeitseinsatzes) ständig zu verbessern, sind normal – so normal, daß davon die Überwindung der durch die Normalität des industriegesellschaftlichen Fortschritts provozierten ökologischen Krise zu erwarten, wegen der sozialwissenschaftlichen Naivität, Erstaunen hervorruft. Denn das mikroökonomische Interesse an Kostenminimierung und daher an höchstmöglicher Effizienz ist keineswegs deckungsgleich mit makroökonomisch rationalen Resultaten, die ja auch die externalisierten Kosten einschließen. Mit anderen Worten: Unternehmen haben in der Regel zwei Optionen. Die eine ist die Steigerung der Effizienz, um Kosten zu senken. Die andere ist die Externalisierung, um ebenfalls Kosten zu senken. Von keiner dieser Optionen ist automatisch zu erwarten, daß sie positive ökologische Effekte haben.

Wenn durch Effizienzsteigerung die Dauerhaftigkeit der Produkte, ihre Reparaturfreundlichkeit verbessert werden, sind die ökologischen Wirkungen zweifellos positiv. Denn nicht nur wird der Material- und Energieverbrauch pro Gebrauchswert zur Befriedigung eines Bedürfnisses auf diese Weise gesenkt. Die Reparaturen erfordern entsprechende Qualifikationen, wirken also wie eine Bremse gegenüber der Zunahme der Kapitalintensität mit der unter normalen Bedingungen unvermeidlichen Freisetzung von Arbeitskraft. Durch sie wird der Lebenszyklus eines Produkts – von der Konzipierung bis zum Recycling – verlängert, also Abfall verringert. Hier ist also ein Weg des ökologischen Wirtschaftens gezeichnet, der den vielen kleinen Schritten, von denen die Rede war, eine Richtung geben könnte (Stahel 1991). Aber auch hier setzt der kapitalistische Rahmen Schranken: Denn wenn über den Lebenszyklus eines Produkts der Arbeitsaufwand steigt, verschlechtert sich das Maß der Produktivität. Es werden Input (zumeist Arbeit in Zeiteinheiten gemessen) und Output (die mit Preisen bewerteten Produkte) ins Verhältnis gesetzt. Wenn nun der Output eine längere Zeitstrecke ökonomisch funktioniert, weil die Produkte (nehmen wir an, es seien Automobile) durch Inputs von Reparaturarbeit länger am Leben gehalten werden, dann sinkt die Produktivität, weil sie im Dienstleistungssektor im Durchschnitt niedriger ist als in der Industrie. Da die Wettbewerbsfähigkeit in der globalen Konkurrenz vor allem durch die komparative Höhe der Produktivität beeinflußt wird, sind die ökologisch positiven Folgen ökonomisch eher negativ.

Eine Lösung des ökologischen Problems läßt sich auch denken, wenn das Leben der Menschen weniger abhängig vom Ressourcenverbrauch gestaltet wird, weil in den reichen Gesellschaften der Gegenwart entweder Kontemplation an die Stelle einer „auf die Arbeit abgestellten Welt" (Arendt 1981) treten kann oder die abstrakten Wahlmöglichkeiten aus dem reichhaltigen Angebot der Industriegesellschaften den tatsächlichen Konsum der Produkte als eine Mühsal erscheinen lassen. Der schon von John St. Mill 1848 erdachte „stationary state" einer Welt der „deep meditation" (Mill 1871:Vol. 2: 328-332) ihrer Bewohner könnte das ökologische Problem mindern. Es könnte also durchaus sein, daß die Arbeitsgesellschaft

„bereits im Begriff (ist), einer anderen Platz zu machen. Es ist uns gelungen, die dem Lebensprozeß innewohnende Mühe und Plage soweit auszuschalten, daß man den Moment voraussehen kann, an dem auch die Arbeit und die ihr erreichbare Lebenserfahrung aus dem menschlichen Erfahrungsbereich ausgeschaltet sein wird... In ihrem letzten Stadium verwandelt sich die Arbeitsgesellschaft in eine Gesellschaft von Jobholders, und diese verlangt von denen, die ihr zugehören, kaum mehr als ein automatisches Funktionieren, als sei das Leben des Einzelnen bereits völlig untergetaucht in den Strom des Lebensprozesses, der die Gattung beherrscht, und als bestehe die einzige aktive, individuelle Entscheidung nur noch darin, sich selbst gleichsam loszulassen, seine Individualität aufzugeben, bzw. die Empfindungen zu betäuben, welche noch die Mühe und Not des Lebens registrieren, um dann völlig 'beruhigt' desto besser und reibungsloser 'funktionieren' zu können... Es ist durchaus denkbar, daß die Neuzeit, die mit einer so unerhörten und unerhört vielversprechenden Aktivierung aller menschlichen Vermögen und Tätigkeiten begonnen hat, schließlich in der tödlichsten, sterilsten Passivität enden wird, die die Geschichte je gekannt hat" (Arendt 1981: 314f).

Der materielle Güterreichtum ist also mehr als ein ökologisches Problem. Er verändert die Verhältnisse der Menschen zur Natur und zu sich selbst, wenn nicht mehr durch Arbeit Produkte produziert und dabei Gesellschaft konstituiert und Identität gebildet werden. Helvetius hat schon bemerkt, daß Affen, wenn sie sich langweilen könnten, sich in Menschen verwandeln würden. Der Mensch also als das einzige Lebewesen auf Erden, das ein Bedürfnis nach Abwechslung, Erlebnis und dessen Steigerung, das Abenteuer, den Thrill verspüre, und zwar „um so mehr, je mehr die Kultur fortschreite, daher der Wechsel der Mode, des Geschmacks, der Stilarten, den wir mit zunehmender Kultur in steigendem Maße beobachten können" (Lujo Brentano in der Interpretation von Alfred Weber 1932: 30). <u>Es ist fraglich, ob mit dem „Ende der Arbeitsgesellschaft" und einer Virtualisierung und Sublimierung des Konsums die Beanspruchung der Natur verringert werden kann. Denn auch die Tendenzen der Distanzierung durch gesteigerte Mobilität und der Entropieresistenz durch Abgrenzung sind wirksam, und diese sind mit hohem Energie- und Stoffverbrauch verbunden, wie wir oben bereits dargestellt haben.</u>

11.3.2 Markt, Macht, Solidarität

Durch Steigerung ökologischer Effizienz und Dematerialisierung lassen sich die Probleme der Verteilung des positionellen Gutes „natürliche Umwelt" also nicht auf Dauer lösen. Es wird nur eine Atempause verschafft, Zeit gewonnen.

Im Prinzip bleiben die Möglichkeiten, die Verteilung von knapp werdenden Umweltgütern durch den Marktmechanismus besorgen zu lassen, mit politischer Macht gestalterisch auf globaler Ebene einzuwirken oder die Ressourcen internationaler Solidarität zu mobilisieren, um den ethisch begründbaren Anspruch aller Menschen auf gerechte Verteilung der Nutzungsmöglichkeiten der Umwelt durchzusetzen.
Vom Wirken des Marktmechanismus ist eine Gleichverteilung weder ökonomisch noch ökologisch zu erwarten. Dies hat auch Harrod klar gesehen:

„Wenn eine ungleiche Verteilung vorherrscht, werden die Begüterten den Preis dieser seltenen Dinge so hochtreiben, daß der Durchschnittsmensch sie nicht mehr bezahlen kann. Wenn jedoch wirklich jeder seinen gerechten Anteil erhalten sollte, dann müßte man ein Rationierungsverfahren einführen" (Harrod 1958: 209).

Diese Aussage, die noch vor etwa 40 Jahren im Horizont der nationalen Ökonomie eingefangen war, kann heute getrost auf die Weltgesellschaft als ganze angewendet werden. Ein Teil der Menschheit (jene G7-Bürger mit einem Pro-Kopf-Einkommen von etwa 20.000 US$ pro Jahr) bekommt große, ein anderer Teil (jene G77-Bürger mit einem jährlichen Pro-Kopf-Einkommen von etwa 500 US$ und weniger) nur kleine Rationen durch den Markt zugeteilt. Vermittelt über Preise und Zinsen, also „plutokratisch" mit dem Medium des Geldes, ist es bislang weitgehend gelungen, das Industriemodell als exklusives Gut für einen kleinen Teil der Menschheit zu reservieren. Auch die Funktionsmechanismen der Währungskonkurrenz haben diesen Effekt. Die Abwertung einer Währung ist gleichbedeutend mit der Abnahme des monetären Anspruchs auf Ressourcen (und Produkte, in die sie transformiert worden sind). Exporte sind billiger und Importe teurer, der Schuldendienst ist real größer geworden. Also haben die Krisen des Finanzsystems einen beträchtlichen Ressourcentransfer aus verschuldeten Ländern in die opulente Welt der Gläubiger provoziert. Dieser Sachverhalt läßt sich den Daten über die Folgen der Finanzkrise entnehmen. Nicht nur ist in den von der Krise betroffenen Ländern das BIP 1997 und 1998 mit zum Teil zweistelligen Raten (Thailand, Indonesien) rückläufig. Der Ressourcentransfer wird noch deutlicher am Verhältnis der Entwicklung von Exportwerten und Exportmengen. In Indonesien, Südkorea, Thailand ist das Wachstum der Exportwerte sehr gering oder gar negativ, während das Volumen zum Teil beträchtlich – in Thailand, Südkorea und Indonesien mit zweistelligen Werten – angestiegen ist (IMF 1998c: 35). Mehr Produkte verlassen das jeweilige Land für weniger Deviseneinkünfte. Der Abstand zwischen Norden und Süden ist gewachsen, und obendrein ist die Ungleichheit des Zugriffs auf den Umweltraum noch ausgeprägter als zuvor. Die kapitalistischen Gesetzmäßigkeiten der Weltgesellschaft wirken wie eine Art „Maxwellscher Dämon". Sie „bewahren" die Weltgesellschaft vor dem entropischen Ausgleich der Niveaus von Einkommen und daher die globalen Ökosysteme vor der demokratischen Gleichheit von Zugriffsmöglichkeiten auf natürliche Ressourcen, indem die herrschende Ungleichverteilung aufrechterhalten wird. Das *demokratische Prinzip der Gleichheit von Bedürfnissen, Ansprüchen, Rechten der Menschen überall auf der Erde wird ersetzt durch ein anderes: dasjenige der durch das Geld gesteuerten plutokratischen Rationierung* von Naturgütern. Das hohe Niveau des Umweltverbrauchs der reichen Länder läßt sich steigern, wenn das Niveau der Armen niedrig ist und sogar abgesenkt wird. Nur wer über hartes Geld verfügt, kann auf das knappe Ressourcenangebot zugreifen, also Ressourcen wie Öl oder mineralische und agrarische Rohstoffe zur Konsumtion oder Weiterverarbeitung kaufen. Diejenigen, die nicht über hartes Geld verfügen, sind davon weitgehend ausgeschlossen. Durch die Wirkung des Marktmechanismus entsteht eine Art *globaler Apartheid*. Denn auch wenn die Ausgeschlossenen Schwierigkeiten haben, die Devisen zum Kauf von Ressourcen aufzubringen, sind sie in der Regel von den Emissionen ebenso betroffen wie die Reichen. Denn bei den Emissionen handelt es sich um „externalities", um vom Markt nicht bewertete Nebenprodukte der industriellen Produktion, und die sind „kostenlos" zu haben.

Doch aus der Exklusion großer Teile der Weltbevölkerung von der Nutzung der Ressourcen ergeben sich neue Probleme, die schon im Brundtland-Report (WCED 1987) einen zentralen Stellenwert hatten. Die Armut in vielen Weltregionen gilt als verantwortlich für Umweltzerstörung und soziale Konflikte. Zumeist handelt es sich hier um lokale und regionale, auf jeden Fall direkt erfahrbare Umweltschädigungen, um *„dirty pollution"*. Dadurch kann ein Teufelskreis zum Rotieren gebracht werden. Die Degradierung der Umwelt löst spontane Prozesse wie Migrationen oder Konflikte um knappe Ressourcen aus. Im zentralafrikanischen Gebiet der Großen Seen war es die Umstellung der Landwirtschaft und Fischerei auf die Erzeugung von „cash crops", die zur Verarmung der davon nicht begünstigten Bevölkerungsgruppen geführt hat und eine Welle ethnischer Verfolgungen auslöste. Die regionalen Konflikte veranlassen internationale Organisationen und Institutionen zum Eingreifen, teils mit dem Ziel der humanitären Hilfe, teils mit der Absicht, die Konflikte einzudämmen und die Industrieländer des „Nordens" zu „insulieren", abzuschotten (Rufin 1991). Die Mittel, mit denen diese Absicht verfolgt wird, reichen von bilateraler humanitärer Hilfe, über das Engagement von NGOs bis zur militärischen Intervention (vgl. dazu Gleditsch 1998; Bächler et al. 1996; Percival/Homer-Dixon 1998)[187]. Es ist also nicht nur der Markt, durch dessen Mechanismen der Um-

---

[187] Wir sind uns darüber im klaren, daß die Darstellung hochgradig stilisiert und skizzenhaft ist. In den genannten Studien wird zu recht mit Fallstudien gearbeitet, weil die Verallgemeine-

weltverbrauch geregelt wird, sondern die politische und letztlich auch die militärische Macht. Ressourcen ebenso wie Ressourcenzerstörung besitzen territoriale Grenzen, die in den ökonomischen Globalisierungsprozessen überschritten werden. Doch wenn es um Ressourcen geht, ist das Territorium „the prime resource seen as worth fighting for" (Gleditsch 1998: 382). In der „neuen Weltordnung" ist zwar der „große Krieg" ausgeschlossen, aber „kleine Kriege" zur Stabilisierung der Weltordnung sind führbar geworden, und sie werden geführt, zumeist mit der erklärten Absicht der politischen Stabilisierung von politischen Regionen (eine Absicht, die weder im Nahen Osten noch auf dem Balkan mit dem Militär erreicht werden kann), aber auch um territoriale Ressourcen. Anders als in der Kolonialzeit und während des Imperialismus bis zum Ersten Weltkrieg kommt es nicht unbedingt auf die physische Besetzung eines Territoriums an. Es reicht der politische und militärische Einfluß auf die Rahmendaten, die für die ökonomischen Prozesse relevant sind. Die Bombardierung des Iraks ist daher eine Methode, um die Rahmendaten auf den globalen Ölmärkten so zu gestalten, daß das energieintensive westliche Akkumulationsmodell möglichst lange mit billiger Energie versorgt werden kann.

Von der Anwendung politischer und militärischer Macht zur Regulierung von Ressourcen und Emissionskonflikten kann also ebensowenig eine globale Gleichverteilung der Zugriffsmöglichkeiten auf die Natur erwartet werden wie vom Wirken des Marktmechanismus. Es bleibt die *dritte* Möglichkeit der Verteilung positioneller Güter gemäß dem Prinzip der Solidarität. Dieses widerspricht den ökonomischen Prinzipien des Marktes ebenso wie den politischen Prinzipien des Machterhalts und der Machtausweitung. Denn alle Menschen hätten im Prinzip den gleichen Anspruch auf die Nutzung der Natur. Wir sind wieder bei den normativen Grundlagen der Nachhaltigkeit, denen wir schon mehrfach begegnet sind (vgl. Foster 1997: 287-293) und bei der Frage nach dem „globalen Gesellschaftsvertrag", die wir bereits im 2. Kapitel erörtert hatten. Die Zuspitzung der normativen Prinzipien als eine Art „kategorischen Imperativs" der Nachhaltigkeit ist naheliegend. Günther Anders (1972: 136ff) hat die Formel eines „universellen hippokratischen Eides" für das Atomzeitalter entworfen. Arbeiten, die direkte oder indirekte „Vernichtungsarbeiten" darstellen, sollten zurückgewiesen werden, und zwar auch dann, wenn damit persönliche Nachteile verbunden sind. Nicholas Georgescu-Roegen hat ganz ähnlich ein „bioökonomisches Minimalprogramm" aufgestellt (Dragan/Demetrescu 1986: 148; Pastowski 1995: 231). Dazu gehören: die Abschaffung der Produk-

---

rung der Abläufe von Konflikten, die durch Umweltkrisen ausgelöst worden sind, problematisch ist.

tion von Rüstungsgütern, die Verbesserung der Lebensbedingungen in der „Dritten Welt" in Richtung eines guten und nicht-extravaganten Lebens, die allmähliche Verringerung der Weltbevölkerung, die Vermeidung von Verschwendung von Energie und Material bei Heizung und Kühlung, von unangemessener Geschwindigkeit von Automobilen und von modischen Produkten, die Bevorzugung langlebiger und reparaturfreundlicher Produkte, die „Abschaffung des Teufelskreises der Produktion zeitsparender Konsumgüter, mit dem Ziel, in der gewonnenen Zeit weitere zeitsparende Konsumgüter zu erfinden" (ibid.: 232). Der Physiker Werner Ebeling fordert in einem „ethischen Imperativ" apodiktisch:

„Die Überschreitung eines ökologisch vertretbaren Durchschnitts im Verbrauch wertvoller Energie (bzw. in der Produktion von Entropie) ist eine 'Todsünde' im Hinblick auf die Lebensqualität unserer Enkel und Urenkel. Sie müßte mit gesellschaftlichen Verboten und eventuellen Strafen belegt werden... Die (indirekte) Tötung von Kindern und Enkeln der heute lebenden Generation müßte als schweres Delikt in die Gesetzgebung aufgenommen werden..." (Ebeling 1994: 42). „Zukunft durch eingeschränkte Selbstorganisation und kontrollierte Instabilität heißt lokal Divergenz und Chaos, heißt global Diversität der Arten und Bewegungsformen, der Denk- und Lebensweisen auf dem Hintergrund einer Selbstbeschränkung der thermodynamischen Kosten..." (Ebeling 1994: 43).

Im gleichen Text wird also auf Selbstorganisation und Kreativität und auf Verbieten und Strafen gesetzt, also auf ganz traditionelle Mechanismen der Ausübung von autoritärer Herrschaft und auf einsichtsvolle und selbstverantwortliche, möglicherweise durch einen Gesellschaftsvertrag umschriebene Selbstregulierung. Ein offensichtlicher und unüberbrückbarer Widerspruch, der auf die Schwierigkeiten verweist, die für die Regulierung von Gesellschaft und Wirtschaft an den Grenzen der ökologischen Tragfähigkeit auftreten.

Auch Garrett Hardin (1968) entwickelt ethische Prinzipien als Resultat seiner Überlegungen über die Grenzen der Tragfähigkeit. Sein bekanntes Beispiel illustriert das Dilemma, wenn die Natur in zweckgerichtetem Handeln unzweckgemäß in das Gegenteil dessen verkehrt wird, was mit der Naturbearbeitung beabsichtigt worden ist: Wenn zehn Bauern ihre zehn Kühe auf die gemeinsame Weide schicken, gibt es kein Problem, da sich ökonomische Nutzung und ökologische Tragfähigkeit in einem Gleichgewicht befinden. Einer der zehn Bauern folgt aber dem Gebot der individuellen Rationalität zu akkumulieren und bringt eine zusätzliche Kuh auf die Weide. Dies bedeutet für ihn eine Verdoppelung aller Erträge und daher der Einkommen und des monetär erkaufbaren Wohlstands, für die gemeinsame Weide aber nur eine zehnprozentige Steigerung der ökonomischen Nutzung. Mag sein, daß dies noch innerhalb der ökologischen Tragfähigkeit verbleibt. Wenn aber alle zehn Bauern dieser individuell zweckgerichteten Akkumulationsrationalität folgen, verdoppelt sich auch die ökologische Beanspruchung und das Ökosystem Weide mag wegen ökologischer

Übernutzung kollabieren. Die Verfolgung der individuellen Rationalität hat die absolute Übernutzung und Degradation des Ökosystems Weide zum Ergebnis. Am Schluß finden noch nicht einmal die ursprünglich zehn Kühe Nahrung. Alle Privateigentümer haben verloren (vgl. zu diesem Dilemma generell: Ostrom 1990)[188]. Hardin hat sehr konservative Schlußfolgerungen aus der „tragedy of the commons" gezogen. Er plädiert für flächendeckende „property rights", also für die Auflösung der commons in private Landstücke. Darüber hinaus hat er eine „Ethik des Rettungsbootes" vorgeschlagen. Diejenigen, die bereits im Boot sitzen, haben das Recht, andere davon abzuhalten, ins Rettungsboot zu steigen, wenn dieses daraufhin zu kentern drohe.

Diese „Ethik" ist keineswegs unbestritten. Sie kollidiert mit Maximen ökologischer Gerechtigkeit (vgl. dazu Low/Gleeson 1998: 159-194; Harvey 1996: 329.). Die Entscheidung über die Verallgemeinerbarkeit von Maximen erfolgt rational unter der Frage, ob die Maxime für jedes Vernunftwesen gültig und damit sittlich ist. Wenn jedoch bei dieser Entscheidung interpersonale Interdependenzen und Interferenzen stattfinden, müssen Handlungsfolgen reflektiert werden, und zwar nicht erst auf der empirisch-pragmatischen Ebene. So könnte der kategorische Imperativ also lauten: Fahre Auto, wenn dies auch dann ohne Schaden für Dich, die Gesellschaft und die Natur möglich ist, wenn alle 6,2 Milliarden Menschen zu Beginn des 21. Jahrhunderts ebenfalls das Auto nutzen wollen. Umgekehrt: Verzichte auf das Auto, wenn eben dies nicht möglich ist. Die Befolgung des moralphilosophischen Kantschen Imperativs aber kann Individuen überfordern, insbesondere wenn es sich dabei um Konsumenten handelt, die der Werbung von Produzenten ausgesetzt sind, die sich diesen kategorischen Imperativ gar nicht zu eigen machen können weil ihrer lautet: „Akkumuliert! Akkumuliert! Das ist Moses und die Propheten!" (Marx, MEW 23: 621). Es müssen daher Regeln gesetzt werden, um aus den Spannungsfeldern der ökonomischen Widersprüche, aus den sozialen Rationalitätsfallen und moralischen Irrgärten herauszukommen. Also ist doch eine Art globaler Gesellschaftsvertrag gefordert? Wir müssen uns nun mit der demokratischen Frage unter Bedingungen von Globalisierung und Umweltkrise auseinandersetzen.

---

[188] Dieses Beispiel gilt natürlich nur, wenn die Bauern den Naturbestand als solchen akzeptieren. Im Falle der industrialisierten Landwirtschaft müssen sie dies nicht. Sie können ja die Kühe mit industriell erzeugtem Kraftfutter versorgen und auf diese Weise der „tragedy of the commons" ein Schnippchen zu schlagen versuchen.

12. Kapitel
Demokratie an den Grenzen des „Umweltraums"

Im Zuge der ökonomischen Globalisierung sind politische und soziale Grenzen bis zur Bedeutungslosigkeit durchlöchert worden. Dies hat seine Vorzüge, wie wir aus (west)europäischer Erfahrung der Freizügigkeit wissen. Es gibt aber auch viele Nachteile, weil die politische Regulierung ökonomischer Prozesse durch Nationalstaaten nicht mehr richtig greift. Die Globalisierung bewirkt eine Erosion jener Kongruenz von Staatsgebiet, Staatsvolk und Staatsmacht, welche den Nationalstaat definiert hat. In dem Maße, wie historisch entstandene Grenzen ihre Schutz- und Orientierungsfunktion verlieren, geraten die Systeme der sozialen Sicherheit im Wohlfahrtsstaat unter Druck (Mahnkopf 1998a). Der strukturellen Arbeitslosigkeit kann nicht mehr mit beschäftigungspolitischen Maßnahmen mit einiger Aussicht auf Erfolg begegnet werden. Auch die ökologische Krise sprengt die nationalstaatlichen Grenzen und verlangt Kooperationsformen auf supranationaler, globaler Ebene, zumal wenn es sich um „clean pollution" handelt, die nicht wie die lokale „dirty pollution" verschmutzter Gewässer, vermüllter Landschaften, lärmiger Städte mit den fünf Sinnen der Menschen wahrgenommen und daher in der Regel gemessen werden kann. In dieser Situation der „Entgrenzung" der Staatenwelt und der eingeschränkten nationalstaatlichen Souveränität melden sich soziale und politische Bewegungen zu Wort, die soziale Rechte verteidigen und sich des Schutzes der Umwelt annehmen. Nun geraten auf einmal Grenzen ins Visier, allerdings nicht die nationalstaatlichen, sondern jene des ökonomischen Wachstums und der Globalisierung. So wird die „demokratische Frage" (Rödel/Frankenberg/Dubiel 1989) von zwei Seiten her radikalisiert – durch die ökonomische Globalisierung, in deren Verlauf politische Grenzen perforiert werden, und durch die ökologische und soziale Krise, die deutlich macht, daß es trotz aller Grenzen- und Schrankenlosigkeit doch wieder Grenzen gibt, die auf Dauer nicht mißachtet werden können, wenn die Gesellschaft und die Natur nicht zerstört werden sollen. Wir begegnen also erneut der Interpretationsfigur von Karl Polanyi in seiner „great transformation": Entbettung und Entgrenzung setzen zerstörerische Kräfte frei, die durch soziale Gegenbewegungen gestoppt werden müssen, wenn die Gesellschaft nicht zugrunde gehen soll (vgl. 3. Kapitel).

12.1 Demokratie und die „Autorität" des Weltmarkts

Souveränität hat einen territorialen Charakter, „der unsere politischen Begriffe durchzieht" (Polanyi 1978, Hawtrey zitierend: 251). Trotz all der Grenzen in den funktionalen Räumen von Wirtschaft oder Gesellschaft und in der Natur, die die Reichweite von politischer Kontrolle gegenüber den Markttendenzen markieren, werden in der internationalen Politik in erster Linie die Nationalstaaten als handelnde Subjekte wahrgenommen. Doch anders als in den 70er Jahren, als die Debatte um die Frage kreiste, wie die *"governability"* von Nationalstaaten zu steigern sei, geht es heute um *"governance"*. Schon die Begriffswahl verdeutlicht, daß sich etwas geändert hat. Der Globalisierungsdiskurs stellt sowohl das funktionalistische wie das neorealistische Paradigma in Frage; zugleich unterscheidet er sich aber auch von dem Interpretationsmodell von politischen Interdependenzen zwischen Staaten (vgl. Keohane/Nye 1977; Kohler-Koch 1990).

Politik steht für Begrenzung des Eigenen und die Ausgrenzung des Anderen. In gewissem Sinne war die bürgerliche Zivilisation der westlichen Welt als ganze dem Territorialprinzip verpflichtet, sie war – wie der Historiker Charles S. Maier (1998) formuliert – eine „Zivilisation der Einzäumung (enclosure)". Der umgrenzte Raum bot den Rahmen politischer Loyalität und Verfahren und von (national)ökonomischer Entwicklung. Freilich hat Politik bei der „Entgrenzung", also bei der Realisierung der beschriebenen globalen Transformationen eine wichtige Rolle gespielt. Denn die Beseitigung der Grenzen für Kapitaltransfer, für den Handel von Gütern und Dienstleistungen und (in geringerem Umfang) auch für die transnationalen Bewegungen der Arbeitskräfte wird politisch moderiert. Mit der Entgrenzung politischer Räume erwachsen indes nicht allein Probleme für die praktische Gestaltung von Politik, auch normative Vorgaben der Demokratiemodelle, die auf eine Welt von Territorialstaaten bezogen sind, bedürfen einer Rekonstruktion. Die Frage ist aufzuwerfen, „ob die gesellschaftliche Integrationsfunktion auf der Ebene der Nationalstaaten verbleibt" (Kohler-Koch 1998: 13). Mit der in Auflösung begriffenen Kongruenz von wirtschaftlichen, politischen, rechtlichen Einheiten (und ebenso der wissenschaftlichen und ästhetischen Perspektiven)

„wird das, was vormals als (national)staatliche Form gesellschaftlicher Einheit vorgestellt werden konnte, in funktionale Eigenlogiken dekomponiert, die das Maß (und damit: die Maßlosigkeit) ihrer selbst nur mehr in sich finden können" (Nassehi 1998: 161).

In einer multizentrischen Welt können Vergesellschaftungsprozesse nicht mehr wie in einer territorial „bodenständigen" Gesellschaft als Folge der internen Bindungskraft sozialer (geselliger) Einheiten, mithin als ein Resultat kulturellnormativer Integration gedacht werden (vgl. Albert et al. 1996 und Albert 1998 im Anschluß an Luhmann). Funktionale und emotionale Gemeinschaften sind nicht mehr deckungsgleich. Für die Zukunft der Demokratie ist diese Frage nach dem Integrationsmodus von Gesellschaft(en) in entgrenzten Räumen von größtem Belang. Denn die politische Gesellschaft, früher Voraussetzung der Demokratie, wird selbst zum Gegenstand der demokratischen Auseinandersetzung. In befriedeten Gesellschaften kann dies die positive Folge haben, daß Nationalismus und Chauvinismus geschwächt werden. Doch andererseits kann das Fehlen einer politischen Gemeinschaft, die vom *zoon politikon* als (überschaubarer) Rahmen der demokratischen Auseinandersetzung anerkannt wird, das Funktionieren der Demokratie lähmen.

„Im schlimmsten Fall führt das Fehlen eines anerkannten politischen Rahmens zum Bürgerkrieg, wenn jede Gemeinschaft versucht, mit Gewalt den Raum festzulegen, in dem sie ihre Souveränität ausübt und in dem sich eine Mehrheit findet" (Guéhenno 1998a: 16).

12.1.1 Entterritorialisierung von politischer Souveränität

Globalisierung kann in diesem Sinne als Entterritorialisierung von Politik beschrieben werden[189]. Nationen und Nationalstaaten verlieren dabei ihren Sonderstatus als privilegierte Einheiten kollektiven Handelns und als wichtige Träger organisierter Solidarität (Guéhenno 1998b: 140-141). An den Prozessen der „Entgrenzung der Staatenwelt" (Brock/Albert 1996) ist eine Vielzahl privater Organisationen und Akteure beteiligt; gleichzeitig werden diese Prozesse von inter- und supranationalen Institutionen befördert, deren Träger in der Regel Staaten sind, in zunehmendem Umfang jedoch ebenso nicht-staatliche Akteure in Mehrebenensystemen des Regierens (vgl. Czempiel/Rosenau 1992). In erster Linie aber sind es „unverfaßte" (Narr/Schubert 1994), also nicht gewählte und nicht repräsentative ökonomische Mächte, welche dafür verantwortlich sind, daß eine wesentliche Prämisse demokratischer politischer Prozesse im Zuge der fortschreitenden Globalisierung ins Wanken gerät: Die Konzeption souveräner politischer Gemeinschaften, die innerhalb eines abgegrenzten Territoriums ihr Selbstbestimmungsrecht ausübt. Zu diesen Mächten gehören *erstens* die globalen Finanzmärkte, wie im 5. Kapitel ausführlich gezeigt wurde; ihre Bedeutung für die „demokratische Frage" besteht in ihrer „strukturellen Hegemonie" gegenüber realökonomischen, sozialen und politischen Prozessen. Saskia Sassen (1996: 40) spricht in diesem Zusammenhang sehr zutreffend von einem „cross-border economic electorate", das gegenüber den Regierungen „accountability functions" ausübt. Wenn Finanzmärkte die nationale Politik dazu zwingen können, die von ihr zur Gewinnung von Vertrauen verkündeten Maßstäbe auch tat-

---

[189] Beisheim u.a. (1999) verwenden den Begriff der „Denationalisierung". Dieser bezeichnet „allgemein den Prozeß der Ausdehnung der verdichteten sozialen Handlungszusammenhänge über die Grenzen des Nationalstaats hinaus" (ibid.: 39). Sie präferieren diesen Begriff gegenüber dem der Globalisierung. Seltsamerweise bleibt in dem Konzept zweierlei ungeklärt. Erstens das Problem, was da „de-nationalisiert" wird, was also „Nationalisierung" ist bzw. gewesen sein muß, und zweitens die Frage nach dem Charakter dessen, was als Folge der Grenzüberschreitung entsteht. Wir haben daher im 1. Kapitel Globalisierung zugleich als Grenzüberschreitung, Öffnung von Nationalstaaten, als Entterritorialisierung und als Integration und Schaffung des Weltmarkts, als globalen Transformationsprozeß interpretiert.

sächlich gelten zu lassen, also vorrangig bei den Anpassungsmöglichkeiten des Arbeitsmarktes, der Löhne und der Flexibilität des Beschäftigten anzusetzen, so mutiert der Nationalstaat zu einer Ordnungsmacht für den internationalen Club der Geldvermögensbesitzer[190].

Neben den Finanzmärkten sind es <u>*zweitens* die Netze der elektronischen Medien, die als Kräfte einer Dezentrierung von Souveränität wirken</u>. Moderne Informations- und Kommunikationstechnologien ermöglichen nicht nur den beschleunigten Waren- und Datenfluß und damit einen schnellen Rückfluß des eingesetzten Kapitals. Sie bilden zugleich die Basis dafür, daß historisch-geographische Zeit-Räume auf eine unhistorische und daher unnatürliche Echt-Zeit komprimiert werden. Dies sind jedoch nicht die Zeit- und Raumkoordinaten, in denen Politik gemacht wird. Was für globale Märkte funktional ist, nämlich die Verdichtung von Zeit und damit die Beschleunigung von Entscheidungen, wirkt im Inneren der Gesellschaften als eine Kommunikationssperre. Denn demokratische Partizipation hängt von Argumentationsfähigkeit und diskursiver Vermittlung ab, die Herstellung von Öffentlichkeit macht Entscheidungsverzögerungen notwendig, um Verständigung deliberativ herbeizuführen. Die Politik selbst spielt sich in immer größerem Umfang im Raum und in der Zeit der elektronischen Medien ab. <u>Jedenfalls ist es für die Perspektive der Demokratie nicht ohne Belang, wenn Politik immer mehr in der Sprache der Massenmedien formuliert werden muß und politische Akteure in und durch die Mediennetze Macht erlangen, verteidigen und auch verlieren können.</u>

Stephen J. Kobrin (1997) hat auf eine weitere Dimension der neuen Kommunikationstechniken hingewiesen, die für die territoriale Souveränität von zentraler Bedeutung ist: Die diffuse Struktur des Internets begünstigt eine Privatisierung der Regelsetzung in der Welt des „Cybermoney" (vgl. auch das 5. Kapitel) und der elektronischen Märkte. Privatunternehmen, die sich zu „virtuellen Gemeinschaften" zusammenfinden, können Aufgaben übernehmen, die von staatlicher Seite bislang nicht erfüllt werden. „Ganz wie die mittelalterlichen Handelsleute in Europa Gepflogenheiten und Praktiken entwickelten, aus denen schließlich ein allgemeines Handelsrecht hervorging, können Firmen und Unternehmer heute die Regeln für den elektronischen Geschäftsverkehr kreieren" (Spar/Bussgang 1996: 43). Souveränitäts- und Sicherheitsverluste sind mit der Frage der elektronischen Verschlüsselung, ohne die eine durchgreifende Kom-

---

[190] Dies ist beim überraschenden Rücktritt des deutschen Finanzministers Oskar Lafontaine im März 1999 deutlich geworden: Er wurde gezwungen, den Posten zu verlassen, weil die Zentralbanken, die US-Regierung, ein großer Teil der internationalen Medien, der „wissenschaftliche Sachverstand", der Bundeskanzler und vor allem „die Märkte" gegen seine politische Absicht waren, die Zinsen zu senken und Investitionen zur Schaffung von Arbeitsplätzen anzuregen, also der Wirtschaft politische Ziele vorzugeben.

merzialisierung der virtuellen Netzwelt ein frommer Wunsch bleiben wird, aufs engste verbunden. Denn diese Technik ermöglicht nicht nur einen zuverlässigen Schutz elektronisch abgewickelter Geschäftsvorgänge vor Spionage und Manipulation, ihre Verbreitung führt auch dazu, daß politische Kontrolle dieser Geschäfte ins Leere läuft. Doch auch im Hinblick auf den Schutz geistigen Eigentums durch das Patent- oder Urheberrecht oder bei der Ausbalancierung des Datenschutzes im Verhältnis zu anderen Rechten (zu Presserecht und Zensur, zur Freiheit der Forschung und Lehre, also zu Teilen der „nationalen Wissensordnungen") offenbart sich die Ohnmacht des demokratischen Rechtsstaats. Im Cyberspace einer digitalisierten Ökonomie lösen sich zudem die Verbindungen zwischen Einkommen schaffenden Aktivitäten auf der einen Seite – und damit von besteuerbaren Einkommen – und einer spezifischen geographischen Örtlichkeit auf der anderen Seite. Die Zuverlässigkeit von nationalen Rechtsnormen ist nicht länger gesichert, wenn räumlich gebundene Rechtsprechung in einer digitalisierten Weltwirtschaft zunehmend irrelevant wird. In der körperlosen Welt der Netze verfügt der Staat über keine Zwangsmittel, kein Gewaltmonopol und keine Souveränität; hier fehlt ihm die Macht, den Bürger zu schützen oder Gemeinwohlbelange durchzusetzen. Damit ist jedoch seine Basislegitimation gefährdet, denn die Verpflichtung des Bürgers gegenüber dem Staat kann – so Thomas Hobbes – nur so lange dauern, wie dieser imstande ist, die Bürger zu schützen.

Das Geschehen in den globalen Finanznetzen und die über elektronische Netze ermöglichte Beschleunigung aller monetären und wirtschaftlichen Transaktionen bilden zugleich wichtige Voraussetzungen dafür, daß *drittens* Produktion und Dienstleistungserstellung heute in wachsendem Umfang de-lokalisiert werden können. Das Spielfeld, auf dem die Marktakteure sich bewegen, ist sehr viel größer geworden und die Spielregeln, nach denen sie sich richten, werden nicht mehr in den vielen Binnenwirtschaften bestimmt. Die Wettbewerbsfähigkeit gründet auf (Standort-)Vorteilen. Standorte in diesem Sinne können – sie müssen aber nicht – mit den Territorien von Nationalstaaten als sozialen, ökonomischen und politischen Einheiten deckungsgleich sein. Es kann sich dabei auch um subnationale („mikro-regionale") und supranationale („makro-regionale") Einheiten handeln. Die Einbindung wichtiger gesellschaftlicher Akteure und intermediärer Organisationen in reziproke Kooperationsbeziehungen, in „Modernisierungspakte" kann, anders als unter den Bedingungen neokorporatistischer Politikabstimmung in der „fordistischen Phase", von einem monetär und makroökonomisch entmachteten Staat nicht mehr garantiert werden. Wie die Produktionsketten so verzweigen sich auch die Loyalitäten mit der wachsenden Arbeitsteilung über nationale Grenzen hinweg:

„... while firms may continue to appear and are recognized as American, British, German or Japanese, their behaviour is becoming, of necessity, much more responsive to multiple governments and not just to the government of their country of origin" (Strange 1997: 190).

„Global player" müssen vor allem Grenzen privatrechtlicher Art beachten und diese sind leicht zu modifizieren. „Eben diese Anpassungsfähigkeit und die damit verbundene 'nationale Treuelosigkeit' macht sie gegenüber herkömmlichen staatlichen Kontrollen weitgehend immun" (Kaufmann 1998: 120; vgl. auch Held 1998: 253).

Perforiert wird die territoriale Souveränität *viertens* durch die Ausbreitung von informellen Wirtschaftstätigkeiten (Kompensationsgeschäften, Handel auf Gegenseitigkeit, Tauschgeschäften; vgl. 6. und 8. Kapitel) und vor allem durch die grenzüberschreitende Ausbreitung von kriminellen Netzwerken. Wie bei den globalen Finanzmärkten und den TNU wird auch die Effektivität der kriminellen Netze durch die neuen Informations- und Kommunikationstechnologien in bislang unbekanntem Ausmaß gesteigert. Diese sorgen dafür, daß die Grenzen zwischen der formellen und der informellen Ökonomie wie diejenigen zwischen der informellen und der illegalen Ökonomie porös werden. Das gilt für den Waffen- und den Menschenhandel ebenso wie für Geldwäsche oder grenzüberschreitende Giftmülltransporte. Nationale Rechtsnormen sind offensichtlich immer weniger geeignet, Sicherheit vor einer organisierten Kriminalität zu schaffen, die grenzüberschreitend, arbeitsteilig und unter Nutzung globaler Informations- und Kommunikationstechniken operiert. Wenn als Reaktion auf die organisierte Kriminalität den Ermittlungsbehörden eine zunehmende Machtfülle zugestanden wird und die Bürger gleichzeitig schwerwiegende Einbußen von Rechten hinnehmen müssen, die Kriminalität mit den Waffen der nationalstaatlichen Verbrechensbekämpfung aber dennoch nicht wirksam zurückgedrängt werden kann, ist es „nur eine Frage der Zeit, bis diese Zerstörung der Illusion von Sicherheit zusätzlich das Vertrauen in die demokratisch legitimierte Ordnung weiter untergräbt" (Däubler-Gmelin 1997).

Die territoriale Souveränität wird *fünftens* durch grenzüberschreitende Migrationsströme geschmälert. Diese sind sowohl Begleiterscheinungen als auch Folgen der ökonomischen Globalisierung, und sie sind heute immer weniger einmalige und unidirektionale räumliche Bewegungen von Menschen zwischen Staaten. Zumindest ein erheblicher Teil der weltweiten Migration ist in komplexe, dauerhafte und ausdifferenzierte Pendlerströme von Menschen, Waren und Informationen eingebettet. Dadurch entstehen neue soziale Wirklichkeiten oberhalb und jenseits der geo-räumlichen Separierung von Herkunfts- und Ankunftsregion (Pries 1997: 458; Albert 1998) und damit auch jenseits der „imaginären Gemeinschaften" (Anderson 1993) von Nationalstaaten; wir haben diesen Prozeß als „Fraktalisierung" bezeichnet (vgl. 4. Kapitel). Soweit es sich um illegale Migranten handelt, stellt ihre Anwesenheit auf dem Staatsgebiet Souveränität in Frage. Denn neben dem Steuermonopol ist es gerade die territorial bezogene Funktion, alle Eintritte in das Staatsgebiet kontrollieren zu können, welche den Staaten auf der internationalen Ebene mehr Macht- und Legitimationsressourcen sichert als irgendeiner anderen Formation (Sassen 1996: 59ff). Mit der Ausdehnung vormals exklusiv an die Staatsbürgerrolle geknüpfter politischer und sozialer Rechte für dauerhaft im Lande lebende Immigranten wird das Prinzip nationaler Staatsbürgerschaft entwertet. Aus dem internationalen Menschenrechtsregime können politische und soziale Ansprüche und Rechte geltend gemacht werden. Dies „creates a new set of ordering principles in political affairs which can delimit and curtail the principle of effective state power" (Held 1998: 256; Sassen 1996: 97). Doch liegt in dieser Dynamik der Menschenrechte zugleich ein Grund, weshalb die Nicht-Identität von Staatsbürger, Wirtschafts- und Sozialbürger in den reichen Ländern des Nordens zum Anlaß genommen wird, neue Scheidelinien im Wohlfahrtsstaat und auf dem Arbeitsmarkt zu ziehen.

Weil Prozesse inter- und transnationaler ökonomischer Verflechtung die Souveränität und die wirtschafts- und sozialpolitische Autonomie des Nationalstaats aushöhlen, besteht die Gefahr, daß die Demokratie „ortlos" wird. Bislang ist der territoriale Nationalstaat die einzig bekannte politische Formation, in der demokratische Rechte wie die klassischen bürgerlich-politischen Menschenrechte geschützt worden sind. Einige Nationalstaaten waren im Verlauf ihrer gar nicht so langen Geschichte recht erfolgreich darin, vormoderne, multiple Loyalitäten und Identitäten durch Ersatzformen von nationalen Gemeinschaften zu binden. Daher erscheint der Nationalstaat als der einzige Ort, an dem eine nicht notwendigerweise ethnisch oder religiös definierte „Wir-Identität" als essentielle Voraussetzung der demokratischen Legitimität existieren kann. In der Zeit nach dem Zweiten Weltkrieg haben in der westlichen Welt ein komplexes Geflecht von Öffentlichkeit, Mehrheitsregel, Regelungen von Repräsentation und Verantwortung, von Rechtsprechung und politischer Administration auf der einen und ein nationaler Wohlfahrtsstaat auf der anderen Seite jene „institutionelle Infrastruktur" gebildet, welche es unterlegenen Minderheiten ermöglichte, Mehrheitsvoten „als Ausdruck kollektiver Selbstbestimmung zu verstehen" (Scharpf 1996: 12). Umstritten ist jedoch, ob der Nationalstaat auch im Zeitalter der Globalisierung – so wie dies Hannah Arendt (1955: 447f) im Anschluß an Edmund Burke betonte –, die einzige Rechtsquelle von liberalen Freiheiten, sozialer Sicherheit und Menschenrechten bleiben kann.

Heute werden fundamentale bürgerliche Grundrechte, wirtschaftliche, soziale und kulturelle Menschenrechte der „zweiten Generation", die auch das Recht auf Entwicklung einschließen[191] keineswegs nur von „politisch bedeutungslosen Individuen oder Vereinen repräsentiert (...), deren sentimentale humanitäre Sprache sich oft nur in einem geringen von den Broschüren von Tierschutzvereinen" (ibid: 435) unterscheidet. Mehr als „nobles Verlangen" sind Menschenrechte sicherlich nur dann, wenn sie in geschützte, also positive Rechte und tatsächliche und durchsetzbare Rechtsansprüche transformiert werden. Die Rechtsnormen werden – solange überstaatliche Rechtsinstitutionen fehlen (was inzwischen nicht mehr der Fall ist) – von Staaten oder durch (zwischen)staatliche Abkommen garantiert. Allerdings begann mit der Allgemeinen Menschenrechtserklärung im Jahr 1948 ein langer und längst nicht abgeschlossener Prozeß der Universalisierung und Erweiterung der Menschenrechte in Konventionen und Erklärungen spezifischer Kategorien- und Gruppenrechte, dessen *Ziel* die Herstellung jenes weltbürgerlichen Zustandes ist, den Kant in seiner Schrift von 1795 über den „Ewigen Frieden" vor Augen hatte. Zugleich sind die Menschenrechte auch das unverzichtbare *Mittel* zur Erreichung eben dieses Ziels. Die Erweiterung der liberalen Freiheitsrechte um demokratische Teilhaberechte und um wirtschaftliche, soziale und kulturelle Rechte bildet einen „institutionellen Rahmen zum Schutz elementarer Bedingungen der Menschenwürde" (Kallscheuer 1998: 120). Der effektive Schutz von Menschenrechten ist freilich darauf angewiesen, daß es ein internationales System gibt, das über die nötigen Machtmittel und Machtstrukturen verfügt, um diese Rechte auch dort zu verteidigen, wo sie verletzt werden, daß also der Übergang von den Garantien *innerhalb* eines Staates zu den Garantien *gegenüber* dem Staat vollzogen wird – durch eine internationale Rechtssprechung, die über der jeweiligen nationalen steht. Allerdings ist selbst der „Weg zum überstaatlichen 'Jus Cosmopoliticum' ... auf zwischenstaatliche Vereinbarungen gebaut – und damit prekär, sowie in jeder internationalen Krise erneut Gefährdungen ausgesetzt" (Kallscheuer 1998: 123).

---

[191] 1986 verabschiedete die UN-Generalversammlung eine „Erklärung über das Recht auf Entwicklung" als „unveräußerliches Menschenrecht", in der zwar „der Mensch" als „zentrales Subjekt der Entwicklung" und daher auch „aktiver Träger und Nutznießer" des Rechts auf Entwicklung identifiziert wird, die „Hauptverantwortung für die Schaffung nationaler und internationaler Bedingungen" für die Realisierung dieses Rechts aber wiederum den Staaten (und nicht etwa den Völkern) übertragen wird. Diesen Rechtsanspruch haben insbesondere Vertreter der ASEAN-Staaten im Vorfeld der zweiten UN-Menschenrechtskonferenz in Wien 1993 im Sinne eines gegenüber den personalen Menschen- und Freiheitsrechten prioritären Rechts ausgespielt. In der damit ausgelösten Debatte über „Kulturimperialismus" geriet die mit dem Universalismus der Menschenrechte aufs engste verbundene Hochschätzung individueller Autonomie in den Verdacht des „Eurozentrismus". Zur Kritik an dieser These und für die starke Gegenthese, daß das 1986 deklarierte und auf der Wiener Konferenz konkretisierte „Recht auf Entwicklung" seinerseits durch und durch „eurozentrisch", weil an dem westlichen Konzept des „Fordismus" ausgerichtet ist, vgl. Kößler (1998).

Auch wenn es zwischen der Demokratie als einer spezifischen kollektiven Organisationsform des Zusammenlebens und den individuellen Menschenrechten keine zwingende Überlappung und Deckungsgleichheit geben mag, so gelten demokratische Institutionen und Formen der Partizipation zumindest innerhalb des hegemonialen Diskurses der Gemeinschaft der Vereinten Nationen als wichtige Voraussetzung für die Realisierung der Menschenrechte (South Commission 1990, Boutros-Ghali 1994). In der aktuellen Praxis muß dies keineswegs auf einen „dünnen Universalimus" hinauslaufen, der „oberflächlich" und „als kulturell gebundener" angreifbar bleibt, so eine abschätzige Bemerkung Wolfgang Streecks gegen das Konzept einer „kosmopolitischen Demokratie", der es an einem für die Verwirklichung ihrer Wertekataloge einsetzbaren Staatsapparat fehle (Streeck 1998: 25-26). Zum einen sind Menschenrechte und Demokratie selbst dort, wo staatliche Zwangsinstrumente zur Verfügung stehen, in den „wehrhaften Demokratien" der westlichen Industriestaaten, ständiger Gefährdung und Verletzung ausgesetzt. Dies gilt insbesondere für die Menschenrechte der „zweiten" Generation (etwa das Recht auf Arbeit) oder für die Wahrnehmung demokratischer Beteiligungsrechte (Mitbestimmungs- und Selbstbestimmungsrechte) in der Wirtschaft. Zum anderen berufen sich Menschenrechtsbewegungen überall in der Welt auf den Universalismus der Menschenrechte, unbeschadet seines westeuropäisch-nordamerikanischen Ursprungs, und sie verbinden diesen mit der Forderung nach Demokratie. Die Abwehr erfolgt freilich meist unter der Forderung der Nicht-Einmischung und dient dann „zumeist politischen Eliten ..., die damit ihre illegitime Herrschaft vor Veränderungen oder sich vor Entmachtung schützen wollen" (Lohmann 1998: 21).

Ob wir uns am Beginn eines „Zeitalters der globalen Demokratie" (Sakamoto 1995) befinden, ist also eine ebenso offene Frage wie die nach einer „kosmopolitischen Demokratie", die an den Strukturen des Systems der Vereinten Nationen ansetzt (Held 1995) oder die nach einem „globalen Gesellschaftsvertrag", mit der wir uns bereits im 2. Kapitel auseinandergesetzt haben. Vieles spricht gegenwärtig für das von Sørensen (1993) skizzierte Alternativszenario eines „Niedergangs der Demokratie" – weil nicht oder allenfalls schwach legitimierte Organisationen wie TNU, international operierende Banken oder die Bretton Woods-Institutionen im internationalen ökonomischen System immer mächtiger werden, weil demokratische Verfahren und Prozesse auf nationaler Ebene ihre Legitimation einbüßen, weil ökonomische und soziale Ungleichheiten sich in größere politische Ungleichheit übersetzen, weil die nachlassende Unterstützung von demokratischen Institutionen die wahrscheinlichen Kosten von autoritären Lösungen verringern und weil die Verteidigung von Menschenrechten zur rhetorischen Rechtfertigung einer illegitimen militärischen Aggression mißbraucht worden ist – wir meinen die Bombardements der NATO in Jugoslawien und den Schwall von Verlautbarungen, in denen menschliche „Kollateralschäden" als Preis der Menschenrechte in dem Territorium interpretiert worden sind, das dem „Schurkenstaat" mit militärischer Macht siegreich entrissen wurde.

12.1.2 Depolitisierung nationalstaatlicher Politik

In Zeiten ökonomischer Globalisierung erweist sich die politisch-souveräne Wahrnehmung gesellschaftlicher Interessen als überaus schwierig. Primär geht es darum, die ökonomische Logik mit dem deklarierten Ziel der Erhaltung und Steigerung der Wettbewerbsfähigkeit in der globalen Konkurrenz zu stützen. Die Beachtung von ökonomischen „*constraints*" erzwingt aber (vgl. 4. Kapitel) die Mißachtung von politischen „*constraints*." In der Konsequenz dieser historischen Veränderungen wird die binäre politische Logik von Nationalstaaten durch das multiple Prinzip der ökonomischen Konkurrenz ersetzt, denn in der ökonomischen Sphäre gibt es keine (politischen) Feinde, sondern einzig Konkurrenten. Außer in dem Fall eines zweiseitigen Monopols ist die binäre politische Logik auf die Ökonomie nicht anwendbar. Mit der Verwandlung des Weltmarktes aus einem Ensemble von Nationalökonomien in eine Geoökonomie wird die Logik des Staatshandelns von globalen ökonomischen Tendenzen überschrieben; sie folgt nun dem Druck der Konkurrenz und sehr viel weniger einer eigenen, politischen Logik. Die Nationalstaaten verschwinden freilich nicht, wohl aber büßen sie einen Teil ihrer Souveränität über ökonomische Prozesse ein. Der nationale (Wohlfahrts-) Staat

„has been replaced by the 'competition state' ... the competition state pursues increased marketization to make economic activities located within the national territory... more competitive in international and transnational terms ..." (Cerny 1995: 633-634).

In der „Geo-Ökonomie" muß der Staat dafür sorgen, daß die *Wettbewerbsfähigkeit* der *nationalen Ökonomie* im *globalen Wettbewerb* gesichert und, wenn möglich, verbessert wird. Daher bleibt auch das institutionelle und das regulative System für die ökonomische Leistungsfähigkeit von „nationalem" oder „einheimischem" Kapital (Panitch 1996 mit Bezug auf Nicos Poulantzas) von zentraler Bedeutung. Doch wird die nationale Ökonomie dabei zunehmend als ein Währungsraum interpretiert und immer weniger als die Wirtschaft innerhalb des umgrenzten Staatsgebiets. Es schrumpft der Spielraum für nicht-ökonomische Ziele – für Wohlfahrts- und Umweltziele ebenso wie für kulturelle Staatsziele. Damit verwandelt sich der Staat aus einem *Puffer* zwischen den Erfordernissen internationaler Märkte und den (sozialen) Interessen der Bürger in einen *Adapter* dieser Interessen an die Erfordernisse grenzenloser Märkte (Cox 1992 sowie kritisch dazu: Panitch 1996: 93f). Staaten werden zu „Quasi-Staaten" (Falk

1997); Philip Cerny (1995: 618f) spricht im gleichen Zusammenhang von einem „residual state".
Der Staat kann seine Rolle als allgemeiner Regulator der nationalen Ökonomie und Promotor von „nationalen" ökonomischen Interessen immer weniger erfüllen. Er behält zwar das Steuermonopol und dank seiner Verfügungsgewalt über moderne Militärtechnologie bleibt er als Garant von Sicherheit im engeren Sinne weiterhin ein bedeutender Akteur. Doch selbst diese entscheidende Ordnungsfunktion wird in Ländern mit mangelhafter Rechtsstaatlichkeit und ungenügend geschützten Eigentumsrechten immer häufiger in Frage gestellt – durch nicht-staatliche Anbieter von Sicherheit: private Schutzfirmen, die Mafia, Söldner, lokale Banden, Guerilla und Kriegsherren. Ausgeprägter sind die Erosionserscheinungen bei der Steuerung von wirtschaftlichen und gesellschaftlichen Rahmenbedingungen. Dies gilt insbesondere im Hinblick auf die Fähigkeit des Staates, die nationale Währung, also die Wechselkurse, zu stabilisieren und für die Sicherung von Eigentumsrechten zu sorgen. Hier haben Organisationen wie der IWF und die WTO wichtige Funktionen übernommen. Gleichzeitig bilden sich globale Kapitalmarktstandards und Regelungen für die Finanzberichtserstattung oder die Schlichtung von Streitfällen im internationalen Geschäftsverkehr innerhalb privater Regulierungssysteme heraus[192]. Von existentieller Bedeutung für die Zukunft der demokratischen Ordnung ist aber vor allem die schwindende Fähigkeit und Bereitschaft des Staates, Wohlfahrt durch die Umverteilung von Ressourcen zu stiften.
Mit dem teilweisen Verlust der Souveränität des territorial umgrenzten Nationalstaats, in dem das „Staatsvolk" über die Verteilung der „Staatsmacht" befindet, fehlt für den Ablauf des demokratischen Prozesses der Ort der relevanten politischen Willensbildung.
Erstens ermöglicht der nationalstaatliche Raum die politische Kongruenz zwischen Entscheidungsträgern und Betroffenen, also die Institutionalisierung von Mechanismen der Verantwortung und Rechenschaftspflicht sowie der Repräsentation und Legitimation (Held 1991: 140). In jenem gemeinsamen Raum der politischen Kongruenz, der von den Grenzen eines Staates umschrieben wird, befinden sich sowohl die Entscheidungsträger wie die Betroffenen der Entscheidungen, die über die Entscheidungsträger gewisse Kontrollrechte auszuüben vermochten. Die räumliche Kongruenz von Entscheidung und Kontrolle

---

[192]Diese werden von großen, global operierenden amerikanischen und britischen Anwaltskanzleien (und Investmentagenturen) gestaltet, welche – gestützt auf das amerikanische Gesellschaftsrecht, das zum globalen „jus commune" wird (vgl. Dezalay 1995; Sassen 1996: 20ff.) – ihre Mandanten überall dort vertreten, wo im Zuge der seit den 90er Jahren stark gestiegenen ausländischen Direktinvestitionen Unternehmensübernahmen, Joint-Ventures und internationale Privatisierungen anstehen.

ist die Grundlage für jenes System der „checks and balances", also jenes prozedurale Regelwerk, das nachgerade ein demokratisches System definiert: „What is democracy if not a set of rules (the so called rules of the game) for the solution of conflict without bloodshed?" (Bobbio 1987: 193). So ist nicht nur die Repräsentation der verschiedenen und gegensätzlichen gesellschaftlichen Interessen innerhalb des nationalstaatlichen Institutionensystems im Prinzip gewährleistet, auch der Austausch zwischen Regierenden und Regierten ist Bestandteil der Spielregeln. Seinen politisch-praktischen Ausdruck finden diese Regeln im stets möglichen Wechsel zwischen Regierung und Opposition. „Democracy, even formal democracy, is a matter of power and power sharing" (Huber/ Rueschemeyer/Stephens 1997: 325), und sie ist daher abhängig von der „balance of class power..., the structure of the state and state-society relations, and on transnational structures of power... grounded in the international economy and the system of states" (ibid.). Veränderungen auf der Ebene des globalen Systems sind jedoch mit einschneidenden Folgen für die prozedurale Demokratie auf der Ebene des Nationalstaats verbunden, denn sie beeinträchtigen „the structure and capacity of the state, the constraints faced by state policymakers, state-society relations, and even the balance of class power within society" (ibid.: 326). Partizipation an Entscheidungsprozessen macht eigentlich nur so lange Sinn, wie es substantielle Entscheidungsalternativen gibt; fehlen diese jedoch, degenerieren formale demokratische Entscheidungsprozeduren zu hohlen und leeren Prozessen, und dies nicht allein in substantieller, sondern sogar in formaler Hinsicht.

Die Globalisierung wirft also ganz neue „demokratische Fragen" auf, die nicht auf der Tagesordnung standen, solange der „Sachzwang Weltmarkt" kein ernsthaftes Thema und die Souveränität des Staates über ein bestimmtes Territorium eine selbstverständliche Annahme waren. Erst mit der Dominanz des ökonomischen Prinzips im Gefolge der Globalisierung stellt sich auch die Frage nach den demokratischen Prozeduren im Unterschied zu den ökonomischen Regeln. Wenn erstere zu den letzteren homolog gestaltet werden, geht ohne Zweifel demokratische Substanz verloren. Die politische Verfassung freier Bürger gerät in Widerspruch zu den Interessen einflußreicher wirtschaftlicher Akteure, insbesondere der TNU, die bestrebt sind, eine Art „Verfassung der Weltwirtschaft" zu schaffen. Keine andere Absicht steht hinter dem bislang unvollendet gebliebenen Versuch von OECD und WTO, ein „multinational agreement on investment" (MAI) zu etablieren, das den TNU weitreichende Rechte einräumt und dabei zugleich die Rechte der Bürger einschränkt, auf Entscheidungen, die ihre Lebens- und Arbeitsbedingungen betreffen, Einfluß zu nehmen. „Unverfaßte Mächte" transformieren sich auf diese Weise in verfassunggebende Mächte, und die ökonomische Verfassung übernimmt, zumindest teilweise, die Funktion der politischen Verfassung. Wenn die für das Leben der Menschen relevanten Entscheidungen *mikroökonomisch* fundiert in den Schaltzentralen der großen TNU oder im elektronischen Netzwerk des global operierenden Bankensystems, wo demokratische Beteiligung der Bürger und der betroffenen „stakeholders" auf ein Nichts reduziert ist, getroffen werden und die mikroökonomisch rationalen Entscheidungen durch die „unpolitischen", neutralen *makroökonomischen* Mechanismen der Preisbildung auf dem Weltmarkt abgestimmt werden, dann verliert jener Bereich an Bedeutung, wo gemäß ausgeklügelter Verfahren der Repräsentation und Legitimation die Vielfalt der divergenten gesellschaftlichen Interessen per Mehrheitsentscheid in politische Kompromisse abgearbeitet werden können: das nationalstaatliche politische Institutionensystem.

<u>Zweitens hat der Verlust der Kongruenz Folgen über die jeweiligen Landesgrenzen hinaus. Ökonomische Entscheidungen an einem Ort (in einem Land) können viele Orte (viele andere Länder) und die dort lebenden Menschen betreffen, ohne daß diese sich im gesellschaftlichen oder politischen Raum damit wirksam, d.h. mit erwartbaren Effekten auf die ökonomischen Entscheidungsträger, auseinandersetzen können.</u> Dieses Problem ist schon lange bekannt und am Beispiel der Einflußnahme der TNU auf Regierungsentscheidungen in Entwicklungsländern breit und engagiert diskutiert worden[193]. Daß Zinsentscheidungen der Deutschen Bundesbank Auswirkungen auf Beschäftigung und Wechselkurse von Portugal bis Polen haben, ist als Zeichen für die Zunahme von globaler Interdependenz, aber auch für die besondere Macht einzelner Zentralbanken interpretiert worden. Dabei ist die Autonomie der Deutschen Bundesbank gar nicht so groß; sie ratifiziert mit ihren Zinsentscheidungen lediglich Tendenzen der globalisierten Märkte. Doch wenn sie dies getan hat, bleibt anderen Zentralbanken und Regierungen kein politischer Spielraum, eine andere Linie als die extern vorgegebene zu verfolgen[194]. Ökonomische Zwänge verengen den politischen Raum demokratischer Entscheidungsfindung. Besonders schmerzlich sind die harten Auflagen von Strukturanpassungen, denen ver-

---

[193] Die Rolle von CIA und einiger US-amerikanischer Multis beim Sturz der Regierung Allende und bei der Unterstützung der Militärs ist so bekannt und zynisch offen, daß sie zur Roman- und Drehbuchvorlage avancieren konnte. Auch die geläufige und verächtliche Rede von der „Bananenrepublik" verweist auf die politische Bedeutung von Agro-Multis in kleinen, formal souveränen Republiken.

[194] „The substitution of inflation for deflation and unemployment as the public enemy number one for national policy-makers is an almost universal phenomenon of the last decade. It is itself an acknowledgement of the vulnerability of state policies to world market forces. For inflation, more than deflation, exposes national government to the debilitating effects of a declining currency, capital flight, and a loss of competitiveness" (Strange 1997: 188f).

schuldete Länder ausgesetzt werden. Die Vorstellung, daß Souveränität einen territorialen Charakter hätte, erweist sich in Zeiten der Globalisierung als nachgerade lächerlich. Was die Regierung in Mexiko und Jahre später dann jene in den von der Finanz- und Wirtschaftskrise betroffenen Ländern in Asien tun (können), wird wesentlich von den Entscheidungen der Weltbank, des IWF und der Federal Reserve Bank beeinflußt (NACLA, Jan/Feb 1997: 13).

Die Versuche, allen an Unternehmensentscheidungen irgendwie interessierten und von den Entscheidungen betroffenen „stakeholders" (Beschäftigte, Anwohner, Kommunen, Konsumenten etc.) Mitspracherechte einzuräumen, um auf diese Weise einen „guten Markt" (Kay 1996) zu schaffen, zielen auf eine Beeinflussung mikroökonomischer Entscheidungen durch gesellschaftliche Interessen. Allerdings reichen die Vorstellungen einer irgendwie gearteten Beteiligung nicht über den nationalstaatlichen Bereich hinaus, und sie stellen überhaupt nicht den Primat der Mikroökonomie, sprich: der Unternehmerautonomie gegenüber den „stakeholders" in Frage. Diese erhalten lediglich die Chance auf makroökonomische Relevanz durch das Wirken des „guten Marktes". „Gut" ist der Markt, weil, wie bereits in der frühbürgerlichen Gesellschaft, das individuelle, mikrorationale Markthandeln durch gesellschaftliche Interessen moderiert, die Verwertungsleidenschaften der ökonomischen Agenten also gezügelt werden sollen (Hirschman 1984). Die Funktionsmodi des sozialen Raums, wie sie im 4. Kapitel mit dem Verweis auf Restriktionen, Kohärenz und Codes dargelegt worden sind, sollen also die Funktionsbedingungen des ökonomischen Raums moderieren, um die im Zuge der neoliberalen Entbettung verlorengegangene „Kongruenz" des Ökonomischen und des Sozialen wiederherzustellen. Das ist schwierig, da auf diese Weise ja die Differenzierung, die zwischen den „funktionalen Räumen" im Zuge der Modernisierung entstanden ist, wieder reduziert werden, d.h. die entfesselte Ökonomie durch soziale und ökologische Regeln erneut eingefangen werden soll. Die Marktwirtschaft bekommt daher ein Attribut: Der Markt wird zum „good market" durch Beteiligung der „stakeholders"; die Marktwirtschaft wird zur „sozialen" und „ökologischen Marktwirtschaft" geadelt. Bei näherer analytischer Problembearbeitung stellt sich dieser Versuch allerdings als recht armselig dar, da doch die ökonomischen Interessen in „letzter Instanz" soziale und ökologische Restriktionen mißachten[195].

---

[195] Dies läßt sich an einem Beispiel illustrieren. Die Entscheidung von Daimler Benz in Stuttgart, Fokker in den Niederlanden zu schließen, und die Retourkutsche von Philips aus den Niederlanden, bei Grundig in Nürnberg einige tausend Stellen abzubauen, folgen einer Marktrationalität, die transnational über die Grenzen von Gesellschaft und Politik hinausreicht. Es werden also politisch und sozial bedeutende Entscheidungen an Orten getroffen, wo die betroffenen Belegschaften, die „stakeholders" keine wirksame Antwort zu geben vermögen. Die Reaktionen der Staaten, die ja keineswegs machtlos sind, folgen nicht der politisch-souveränen Wahrnehmung gesellschaftlicher Interessen, sondern unterstützen die ökonomi-

Drittens hat die ökologische Krise ebenfalls Konsequenzen für die Form und die Substanz der Demokratie. Vom radioaktiven „fall-out" sind *Erdenbürger* von der Ukraine über die skandinavischen Länder, über Polen und Deutschland bis in die USA betroffen, weil ihre Gesundheit mehr oder weniger stark beschädigt wird (Gould et al. 1996), ohne daß sie als *Staatsbürger* darauf hätten substanziell und prozedural *entscheidend* reagieren können. Die Idee des souveränen Nationalstaats als einer „national community of fate" (Held 1991: 142) ist angesichts der globalen ökologischen Krise zum Anachronismus geworden. Robert Jungk und Günther Anders haben jeder auf seine Weise darauf verwiesen, daß im Atomzeitalter demokratische Prozeduren in übersichtlichen Räumen angesichts der alle menschlichen Raum- und Zeitmaße sprengenden atomaren Potenzen und daher auch Gefahrenpotentiale „atomstaatlich" ausgehebelt werden. Gesellschaft und Politik können „ihre" Funktionsräume nicht mehr kontrollieren. Der demokratische Prozeß wird „entterritorialisiert" und dabei so inhaltsleer, daß es unter Umständen gar nicht auffällt, wenn er angehalten werden sollte. Demokratische Prozeduren erweisen sich im Zeitalter globaler sozialer und ökologischer Probleme schon allein deswegen als fragwürdig, weil die Zeitspanne (nukleares Material hat eine Halbwertzeit von einigen 10.000 Jahren!) und die Ausdehnung im Raum (über den ganzen Planeten Erde!) die „menschliche Dimension" rationaler Entscheidungen übersteigen. Angesichts der ökologischen Globalisierung kann es keine Kongruenz von Zielsetzung, Entscheidung und Kontrolle geben. Über die Folgen des radioaktiven „fall-out" von Chernobyl oder über die Konstruktion und den Gebrauch einer Atombombe läßt sich unmöglich demokratisch „in democracy's place" entscheiden (Shapiro 1996).

Viertens resultiert die Verbindung von Globalisierung, Deregulierung und Depolitisierung nicht allein in Dilemmata für die Demokratie, sie stellt auch ein Paradox für die „demokratische Frage" dar: Autoritäre politische Systeme verlieren gegenüber der Autorität des Weltmarktes ihren „Sinn" und können daher demokratischen Systemen Platz machen. Der Übergang vom „bürokratisch-autoritären Staat" (O'Donnell et al. 1986) zu demokratischen politischen Systemen in Lateinamerika im Verlauf der 80er Jahre und in Osteuropa etwa eine Dekade später sind eine politisch angemessene Reaktion auf die Globalisierung und daher trotz aller Unterschiede durchaus vergleichbar (auch wenn der Vergleich nicht überstrapaziert werden sollte wie bei Munck/Skalnik/Leff 1997). In allen Fällen fand der Übergang – anders als in vorangegangenen Perioden der

---

sche Logik mit dem deklarierten Ziel der Erhaltung und Steigerung der Wettbewerbsfähigkeit in der globalen Konkurrenz. (Hirsch 1995).

Geschichte – in einer überraschend „ordentlichen" Weise statt, nahezu gewaltlos und ohne daß die Repräsentanten der autoritären Regime an ihrer Macht festzuhalten versucht und sie mit Gewalt gegenüber dem partizipatorischen Bestrebungen der Volksmassen verteidigt hätten. Sie haben sich rechtzeitig an die demokratischen Regime angepaßt – und vice-versa. Davon zeugen die Amnestiegesetze in Argentinien, Chile und Brasilien ebenso wie die Kontinuität der politischen Eliten in vielen ehemaligen „sozialistischen" Ländern. An die Stelle der direkten Repression autoritärer politischer Systeme – an die Stelle der lateinamerikanischen Entwicklungsdiktaturen ebenso wie an die Stelle der realsozialistischen Planwirtschaften Mittel- und Osteuropas – ist der „Sachzwang" des Weltmarkts getreten, nicht weniger wirkungsvoll und hart als das autoritäre politische Regime.

Insbesondere aber werden Länder und Gesellschaften, die im Zuge der Fragmentierung marginalisiert, also Opfer der Globalisierung geworden sind[196], dem Schicksal einer autoritären Chaotisierung überantwortet. Weder läßt die autoritäre Wirkungsweise des Weltmarktes freien Raum für politische Demokratie, da die Weltmarktakteure – die Banken, die TNU, die Weltmarktinstitutionen, die Geberländer – wenig Interesse an einer Demokratisierung aufbringen, noch gibt es einen halbwegs funktionierenden souveränen Staat, dessen sich eine politische Klasse autoritär bemächtigen könnte. Der Autoritarismus ist daher mit einer sozialen und politischen Chaotisierung verbunden, in der weder die Restriktionen der Weltökonomie noch jene eines machtvollen Staats durchsetzbar sind. Länder, die vom Weltmarkt sozusagen „ausgespuckt" werden, sind in noch trostloserer Lage als viele in den Weltmarkt subaltern integrierte Gesellschaften.

So wird eine neue Form von Kongruenz erzeugt, die sich nicht mehr auf den territorialen Raum verläßt, sondern darauf, daß politisches und ökonomisches Handeln gemäß vergleichbarer Logik funktionieren. Dabei kann an eine lange demokratietheoretische Tradition angeknüpft werden, die vor allem Joseph A. Schumpeter (1950) begründet hat: <u>Demokratie ist in erster Linie eine politische Methode, um Entscheidungsträger auszuwählen und zu legitimieren.</u> Der politische Wahlakt selbst wird ganz ähnlich konzipiert wie der ökonomische Wahlakt auf dem Markt. Erst wenn das demokratische Verfahren substanziell wird, also in den ökonomischen Gang, wie er von mikroökonomischen Einheiten

---

[196] Dies gilt vor allem für einige Nationen und Regionen Afrikas, von Somalia bis Liberia und Ruanda. Hier zeigt sich in aller Kraßheit das Scheitern der Modernisierungsvorstellung. Die Gesellschaften sind allenfalls Gegenstand der humanitären Hilfeleistung. Genauere Analysen vermögen aber zu zeigen, daß in der tiefen gesellschaftlichen Krise neue Ordnungsstrukturen entstehen, die freilich weitgehend losgelöst von den Weltmarktvorgaben – fragmentiert – umgesetzt werden.

konzipiert worden ist, eingreift, wird die Kompatibilität von Ökonomie und Politik wieder in Frage gestellt. Materiale Forderungen nach Gleichheit und nach Beteiligung auch an den Unternehmensentscheidungen (Mitbestimmung) ziehen unverzüglich das Verdikt des „Totalitarismus" auf sich, das im Neoliberalismus eine lange Geschichte hat. Die politische Demokratie kostet in einer den Sachzwängen des Weltmarkts ausgesetzten Gesellschaft nichts, im Gegenteil, sie mindert Sozial- und Transaktionskosten. Denn die materialen, substanziellen politischen Partizipationsansprüche des Volkes (eines Kollektivs) zielen in die durch Deregulierung entstandene Leere, in der sich die individuellen Marktteilnehmer tummeln.

Dabei darf freilich nicht unterschätzt werden, was es bedeutet, wenn in einem demokratischen System trotz des Ausgeliefertseins gegenüber den Mächten des Weltmarktes (und manchmal auch gegenüber jenen eines lokalen Marktes) ein Bereich garantierter persönlicher Freiheit besteht, der in Diktaturen, die sich auch des Alltagslebens der Bürger bemächtigen, nicht existiert. Trotz aller Mängel der Partizipation in einer neoliberal vermarktwirtschaftlichten Gesellschaft ist die Differenz zwischen dem freien Staatsbürger und dem politischen Untertan entscheidend. Nach den Erfahrungen mit den Diktaturen in Lateinamerika, Afrika und anderswo ist dies fast eine Selbstverständlichkeit, obwohl die „kosmische Ordnung" von Marktwirtschaft und Demokratie so selbstverständlich nicht ist:

„Demokratie bedeutet zunächst einmal Politik ... Demokratie bedeutet weiterhin das Bemühen um kollektive Entscheidungen: Demokraten maßen sich an, sich über die freien Entscheidungen der Individuen und vor allem der Wirtschaftssubjekte gemeinsam hinwegzusetzen. Und schließlich bedeutet Demokratie eine Begünstigung der Mehrheit: Demokraten dulden oder begrüßen es gar, daß den Interessen der zahlenmäßigen Mehrheit mehr Rechnung getragen wird als der zahlungsfähigen Nachfrage. An die Stelle des Geldes als allgemeines Äquivalent – eine Mark ist eine Mark – soll plötzlich das Prinzip treten: ein Mensch, eine Stimme, egal über wieviel Mark dieser Mensch verfügt" (Müller-Plantenberg 1991: 74-75).

Doch dieses Problem der Nicht-Äquivalenz, der Kompatibilitätsmängel oder der Inkongruenz von Demokratie und Markt ist durch die Globalisierung des Marktes „gelöst". Denn inzwischen ist es klar, daß die Räume der Wirtschaft und der politischen und demokratisch legitimierten Entscheidungen so wenig kongruent sind, daß die Versuche, den Weltmarkt wie den nationalen Markt durch Mehrheitsvotum und dadurch legitimierte nationalstaatliche Politik zu zähmen, absurd erscheinen. Allenfalls eine weltgesellschaftliche Erweiterung des demokratischen Prinzips könnte Abhilfe schaffen. Dies ist jedoch aus Gründen, die in den vorangegangenen Kapiteln ausgearbeitet und aufgeführt wurden, eine trügerische Hoffnung.

12.2 Der Wohlfahrtsstaat in Zeiten der Globalisierung

In einer zusammenwachsenden Welt, die dabei aber für den einzelnen Menschen nicht unbedingt überschaubarer wird, avanciert der Nationalstaat zur letzten „reliable unit" für die individuelle Positionierung und Identitätsfindung. Denn mit der Nationalität des Staates ist zumindest zweierlei verbunden: Zum einen ist das Monopol der Rechtsetzung in einem territorialen Raum verbindlich für jene, die sich auf dem Territorium aufhalten (Böckenförde 1997). Die politische Demokratie der zur Nation Gehörigen (das ist der Kreis der aktuellen und potentiellen Staatsbürger) bietet den notwendigen Raum, um nun die Dazugehörigkeit mit sozialen Rechten zu unterstreichen und die Nicht-Dazugehörigkeit zu definieren. Die Allgemeinheit der Rechte und Pflichten ist also immer territorial umschrieben. Jenseits der Grenzen enden sowohl die Rechte als auch die Pflichten – freilich mit vielen Ausnahmen, die sich aus dem allgemeinen Menschenrecht und aus dem internationalen, zwischenstaatlichen Recht ergeben. Außerdem hat das Territorium ausfransende Ränder, wenn die Menschen nicht mehr bodenständig sind. Diese Ausnahmen definieren die Zwischentöne zwischen Staatsbürgerschaft und Nicht-Staatsbürgerschaft, die in den modernen „Migrationsgesellschaften" eine wichtige Rolle spielen. Dabei ist es gleichgültig, wie das gesetzte Recht zustande kommt. Die Verbindlichkeit könnte, wie etwa Habermas annimmt, „diskursiv konstruiert" werden, so daß „Rechtsstaat und Demokratie so versöhnt (werden), daß der demokratische Part der normativ primäre bleibt und legitimatorisch die Zwangsintegration zum Selbstzwang promoviert" (Narr 1994: 92, Habermas interpretierend). Jedoch lassen sich gegen diese Annahme „Webers deutliche Worte" (Narr 1994: 332) wenden, die Verbindlichkeit werde eher durch die „nackte Gewaltsamkeit der Zwangsmittel" erzeugt, die „jedem politischen Verband schlechthin wesentlich" sei (Weber, zitiert bei Narr 1994: 332).

Außerdem hat die Verbindlichkeit auch eine materiale Dimension: Sie kommt durch Teilhabe an den Leistungen des Wohlfahrtsstaats zustande. Der demokratische Prozeß muß sich „durch seine Ergebnisse stabilisieren können, ... der Staatsbürgerstatus muß einen Gebrauchswert haben und sich in der Münze sozialer, ökologischer und kultureller Rechte auszahlen" (Habermas 1998: 809). Dies ist der Grund für die bedeutende Legitimationsfunktion, die der Sozialpolitik im weiteren Sinne zukommt. Das wohlfahrtsstaatliche Projekt ist bislang unauflösbar an den Nationalstaat geknüpft. Die Vollbeschäftigungsgarantie des Keynesianismus war der ökonomische Stabilitätsanker der sozialstaatlichen Leistungen innerhalb des Nationalstaats; sie unterlegte der „Arbeitszentriertheit" des modernen Wohlfahrtsstaats einen historischen Sinn, integrierte National-, Interventions- und Wohlfahrtsstaat zu einem potenten regulatorischen Ensemble – innerhalb der Grenzen des national umzirkelten territorialen Raumes und mit politischen Interventionsmedien gegen den Selbstlauf der Kapitalakkumulation und der Märkte. Der Nationalstaat steckte also mit den Einrichtungen des Wohlfahrtsstaats den Horizont der *Arbeitsgesellschaft* ab. Die *Geldgesellschaft*, jene andere Seite der kapitalistischen Vergesellschaftung, strebte (vgl. 5. Kapitel) immer schon über alle Grenzen (auch über die territorialen) und über alle Maßen, wie bereits Aristoteles warnte, hinaus.

Die Erfindung der Nation und die soziale Konstruktion der Staatsbürgerschaft erwirkten das Kunststück, daß die antagonistischen Figuren des „bourgeois" und „ouvrier" als „citoyens" an einem nationalen Strang ziehen konnten – allerdings nur so lange, wie der „bourgeois" bodenständiger Kapitalist blieb, wie Ricardo ihn unterstellte, und bevor er als windiger Geldvermögensbesitzer kosmopolitisch über alle Stränge schlug. Der Wohlfahrtsstaat gab den Ansprüchen der unterprivilegierten, arbeitenden Klassen Ausdruck, daß sie nicht nur als Produktionsfaktoren auf dem Arbeitsmarkt, sondern als Staatsbürger in der politischen Arena des Nationalstaats ernst genommen werden wollten und dazu institutionell geregelte Chancen besaßen. Diese Gleichheit des politischen Status bei ungleichen und sogar gegensätzlichen ökonomischen Interessen und sozialen Lagen bildet das Prinzip des gesellschaftlichen Zusammenlebens, einer gemeinsamen Verfassung, des konsensuellen Respekts vor politischen Institutionen. Mit seinen Einrichtungen – des öffentlichen Bildungswesens, des Rentensystems und nicht zuletzt mit den Institutionen der industriellen Beziehungen – wurde der Wohlfahrtsstaat insbesondere in Europa zu einem Vehikel der Identitätsbildung in gespaltener Klassengesellschaft und somit ein Garant des sozialen Friedens. Mit dem sozialen Frieden wurde zugleich die im modernen Produktionsprozeß so wichtige Kontinuität der Produktion gesichert; darum ist der moderne Wohlfahrtsstaat „an active force in the ordering of social relations" (Esping-Andersen 1990: 23). Er läßt sich gerade nicht – wie es insbesondere eine angloamerikanische Lesart des Konzepts wohlfahrtsstaatlicher Regime nahelegt (vgl. Cohen/Rogers 1998) – als „politics against markets" verstehen. Denn der moderne Wohlfahrtsstaat bleibt kapitalistisch; er setzt „ökonomische Ungleichheit als Antriebskraft für die Vergesellschaftung ein" (Koch 1995: 55). Nur überläßt er die Entscheidungen über „entry" in und „exit" aus dem Arbeitsmarkt nicht allein dem „stummen Zwang" der ökonomischen Verhältnisse, sondern unterwirft diese einer politischen Regulierung. In kritischer Auseinandersetzung mit dem Regime-Konzept Esping-Andersens zeigt Stefan Lessenich (1998), daß eine de-kommodifizierende staatliche Sozialpolitik nicht etwa das Prinzip der individuellen Marktabhängigkeit beseitigt: Denkmöglich wird eine Suspendierung der Warenförmigkeit von Arbeit überhaupt erst dann,

„wenn und sobald das Marktprinzip gesellschaftsweit dominant geworden ist. Und andererseits kann es öffentlich legitimierte Ausnahmen ... (von diesem Prinzip – EA/BM) nur bei (in individuell-biographischer Perspektive) vorheriger bzw. (in gesamtgesellschaftlicher Perspektive) gleichzeitiger, effektiver Realisierung eben dieses Marktprinzips geben. Im Klartext: keine Leistung ohne (individuelle oder gesellschaftliche) Vorleistung ..." (Lessenich 1998: 94)

– und kein Wohlfahrtskapitalismus, so ließe sich ergänzen, wäre entstanden, ohne daß die sozialen Bürgerrechte in heftigen sozialen Auseinandersetzungen errungen worden wären. Der Wohlfahrtsstaat ist Resultat von Klassenauseinandersetzungen und nicht die reale Institutionalisierung von Figuren, die wissenschaftlichem Denken entstammen. Kein Wohlfahrtsstaat ist vorstellbar, in dem nicht die Inklusion der einen definierten Gruppen mit Prozessen der Exklusion anderer Personengruppen einherginge.

Nach dem Zusammenbruch des Sozialismus sowjetischer Prägung gibt es jedoch keinen „Systemwettbewerb" mehr, in dem der Kapitalismus um des sozialen Friedens willen seine ökonomische und soziale Überlegenheit unter Beweis stellen müßte. <u>Der Standortwettbewerb ist an die Stelle des Systemwettbewerbs getreten und läßt die bloße Idee sozialen Fortschritts, die für die westlichen Industrieländer in der Epoche von 1945 bis 1989 in der Gestalt des keynesianischen Wohlfahrtsstaats Wirklichkeit geworden war, hoffnungslos veraltet erscheinen.</u> Das Projekt der sozialen Demokratie der Nachkriegszeit, das Teile der Bevölkerung oder der gesellschaftlichen Arbeit vor Wirkungen der „satanic mill" (Karl Polanyi) des Marktes zu schützen versuchte, wird auch normativ zunehmend unattraktiv; es gerät unter Verdacht, rigide Arbeitsmarktstrukturen, „Überregulation", „Bürokratismus", „Bevormundung" und „Sozialpaternalismus" zu fördern. Dies ist nicht allein die Sichtweise des ökonomischen „mainstream" und bekennender Neoliberaler, sondern gleichermaßen das Credo der Kombattanten und Sykophanten von „New Labour" (dazu das Schröder-Blair-Papier, dokumentiert in: *Frankfurter Rundschau* vom 10.6.1999).

<u>In Zeiten ökonomischer Globalisierung sinkt der „wirtschaftliche Wert der Sozialpolitik" (G. Briefs), sie wird zu einer wettbewerbsschädlichen Kostenbelastung.</u> Folgerichtig wird für eine „investive Sozialpolitik" plädiert (vgl. für die US-amerikanische Debatte Cohen/Rogers 1998), die im Wettbewerb der Standorte die abschreckende Wirkung höherer Kosten neutralisieren soll. Dies ist die Logik des Marktes, denn in der Tat verringert sich ja der Nutzen territorial begrenzter, die Qualifikation der Arbeitskräfte auf breiter Basis erhaltender Sozialpolitik. Denn *erstens* sinkt die Nachfrage nach qualifizierten Fachkräften mittleren Niveaus sowieso. *Zweitens* kann eine wachsende Nachfrage nach hochqualifizierten Arbeitskräften auf globalen Märkten befriedigt werden, und

drittens wird der ebenfalls steigende Bedarf an gering qualifizierter Arbeit im Bereich der personen- und konsumnahen Dienstleistungen durch ein wachsendes Potential von (zumeist weiblichen) Erwerbssuchenden befriedigt, die aufgrund ihrer Perspektivlosigkeit auf dem Arbeitsmarkt bereit sind, unterwertige Jobs anzunehmen (vgl. 8. Kapitel). Hinzu kommt, daß mit der wachsenden Weltmarktorientierung von Unternehmen der Beitrag staatlicher Sozialpolitik zur Stabilisierung der Konjunktur und mit der Verbreitung der diffusen Orientierungsgröße „shareholder value" für Unternehmen und vermögende Anleger der Stellenwert des Binnenmarkts an Bedeutung verlieren.

Unter den Bedingungen der Globalisierung müssen Wirtschaftsbürger nicht unbedingt auch politische Bürger sein. Anders als in der bürgerlichen Gesellschaft, wo der *bourgeois* nur als *citoyen* auch *bourgeois* sein konnte, weil die ökonomische und politische Interaktion von Privatleuten in einem durch staatliche Institutionen geregelten Raum stattfand, lockern sich die nationalstaatlichen Bindungen ökonomischer Akteure in einer „Welt-Markt-Gesellschaft". Mit dem „disembedding" eines global operierenden Finanzsystems treten die Interessen einer globalen Club-„Gesellschaft" von Geldvermögensbesitzern und die Interessen der lokalen Gesellschaft, die noch immer „Arbeitsgesellschaften" sind, auseinander. „This is not only because globalization highlights and exacerbates tensions among groups, which it does. It is also because it reduces the willingness of internationally mobile groups to cooperate with others in resolving disagreements and conflicts" (Rodrik 1997: 70). <u>Die in ihrer Mobilität sehr beschränkten Mitglieder der „Arbeitsgesellschaft" sind auf die Umverteilungsleistungen des (nach wie vor nationalen) Wohlfahrtsstaates angewiesen. Auf die Solidarleistungen eines Wohlfahrtsstaates können hingegen diejenigen, die einer „verclubten" Gesellschaft von Geldvermögensbesitzern angehören, sehr leicht verzichten. Daher verwundert es nicht, wenn sich die Vermögenden aus der Gemeinschaft der Steuerzahler zurückziehen und ihre Beteiligung an den Kosten des Gemeinwesens verweigern.</u> Wenn der Wohlfahrtsstaat durch die strukturell gewordene Massenarbeitslosigkeit sowohl von der Einnahme- wie von der Ausgabenseite her ins Schlingern gerät und öffentliche Aufgaben über Nettokreditaufnahme finanziert werden, gehören Geldvermögensbesitzer zwar eher zu den Profiteuren. Den steigenden Staatsschulden stehen ja auf der anderen Seite wachsende private Vermögen gegenüber. Ausdruck dessen ist der immer größer werdende Teil der öffentlichen Einnahmen, der aus dem Sekundärbudget als Zinsen abfließt. Doch Geldvermögensbesitzer befürchten, daß sozialstaatliche Ausgaben zur Sicherung der Infrastruktur und der sozialen Stabilität entweder die Geldwertstabilität gefährden, wenn Schulden gemacht werden, oder daß ihre Steuerbelastung steigt.

In einer „globalen Geldgesellschaft" verfügen deren Mitglieder über wirksame „exit"-Optionen: Sie stimmen mit ihrem Geld ab, indem sie aus der einen Währung „fliehen" und es in anderer, „sicherer" Währung anlegen. Doch auch Arbeitgeber, die über eine „exit"-Option verfügen, werden wenig Neigung zeigen, eine zeitintensive und mit diversen Verpflichtungen verknüpfte „voice"-Option wahrzunehmen: „It is much easier to outsource than to enter a debate on how to revitalize the local economy. This means that owners of international mobile factors become disengaged from their local communities and disinterested in their development and prosperity..." (Rodrik 1997: 70).

Weil Geldvermögensbesitzer in der Lage sind, Umverteilungsmaßnahmen mit Kapitalflucht zu beantworten, lautet die marktfundamentalistische Empfehlung des ökonomischen *mainstream:* Wer international mobiles Kapital ins Land ziehen will, muß dafür sorgen, daß die international weniger mobilen Faktoren, vor allem der Faktor Arbeit, zur Kasse gebeten werden. Umverteilung soll es also zukünftig nur noch innerhalb der „Arbeitsgesellschaft" geben: Ein sinkender Anteil der erwachsenen Bevölkerung, der erwerbstätig ist und die Unternehmen, die diese Erwerbstätigen beschäftigen, müssen einen zunehmenden Anteil der Bevölkerung, der keinen direkten Zugang zu Markteinkommen hat, alimentieren. Das nennt man „Sozialismus in einer Klasse" (positivistisch: Scharpf 1987; kritisch: Panitch 1976). Im öffentlichen Diskurs ist daher ein folgenreicher Wandel zu beobachten: Soziale Ungleichheit wird nicht länger als ein grundsätzliches Problem für eine demokratisch verfaßte Gesellschaft betrachtet. Mit dem Argument, die Rolle des Staates begrenzen und die Selbstverantwortung und Selbstorganisationsfähigkeit der „Bürgergesellschaft" stärken zu wollen, wird einer Politik hoher Einkommenssteuern und hoher Staatsausgaben die Absage erteilt – zum Wohlgefallen der Geldvermögensbesitzer. Folgerichtig läßt sich dann nur noch darüber streiten, wie mit den unerwünschten Auswirkungen sozialer Ausschließungsprozesse umzugehen sei: Weil diese in der Regel mit einer Lockerung sozialer Bindungen einhergehen, wird vor allem ein Anstieg der Kriminalität befürchtet. Es wächst zugleich die Abwehr mit „law and order"-Maßnahmen, und zwar um so eher, je mehr die Mittelschichten vom Absturz bedroht sind. Die Spaltung in eine globale „Club-Gesellschaft der Geldvermögensbesitzer" und nationale Gesellschaften, die noch immer „Arbeitsgesellschaften" sind, führt in letzter Konsequenz dazu, daß der Rechtsstaat zu einem Staat mutiert, der den „inneren Frieden" mit Gewalt aufrechterhalten muß – mit Disziplinierung anstelle von Konsens und mit Sicherheitspolitik *anstelle* von Sozialpolitik.

Dies ist insofern folgerichtig als bei den Subjekten der Geldgesellschaft keine moralischen Argumente verfangen Die globale Orientierung der transnationalen Geschäftselite ist keineswegs „kosmopolitisch" im klassischen Wortsinn; sie ist durch und durch pragmatischer Natur. Die globale „business-culture" gründet auf dem praktischen Interessenkalkül und kommt ohne begleitende Gefühle von regionaler oder globaler Solidarität aus, welche in der idealistischen Vorstellung von „Weltbürgertum" immer mitgedacht war (Falk 1997: 129). Den neuen „Leistungsträgern" ist die von Alexis de Tocqueville so eindringlich beschriebene „Gewohnheit des Herzens" abhanden gekommen, aus „wohlverstandenem Eigeninteresse" an gemeinschaftlichen Unternehmen mitzuwirken. Die liberalen Freiheiten sind eben nicht mehr, wie noch in dem Amerika, das Tocqueville bereiste, „örtlich umgrenzt". Daher schwindet mit dem Wissen, daß „die Reichen in den Demokratien die Armen immer nötig haben" zugleich auch die für jede lebendige Demokratie notwendige „Leidenschaft für die Gleichheit" (Tocqueville 1840: 156f). Der schon mehrfach vorgestellte Gegensatz von Arbeits- und Geldgesellschaft (vgl. 5. Kapitel) hat also beträchtliche Konsequenzen für die demokratische Frage.

„Hence globalization delivers a double blow to social cohesion – first by exacerbating conflict over fundamental beliefs regarding social organization and second by weakening the forces that would normally militate for the resolution of these conflicts through national debate and deliberation" (Rodrik 1997: 70).

Zweifellos gründet die *Überlegenheit* der repräsentativen Demokratie gegenüber anderen politischen Systemen auf ihren formalen Regeln – auf dem Prinzip freier und fairer Wahlen, dem allgemeinen Wahlrecht, der Verantwortung der staatlichen Verwaltung gegenüber gewählten Volksvertretern, auf einer effektiven Garantie von Meinungs- und Versammlungsfreiheit und dem Schutz gegenüber willkürlichem Staatshandeln. Doch die *Attraktivität* der Demokratie und ihre Konsolidierung und Vertiefung verdanken sich ebenso fraglos der materialen Substanz der partizipativen Demokratie. Diese impliziert eben mehr als staatliche Garantien für die innere und äußere Sicherheit von Leben, Freiheit und Eigentum. Substanzielle Voraussetzung für das „Haus der Demokratie" (Ralf Dahrendorf) ist ein anspruchsvoller Gemeinschaftsbegriff, der neben bürgerlichen und politischen Rechten auch jene zweite Generation von sozialen und industriellen Bürgerrechten (vgl. Marshall 1992) umfaßt, die im Wohlfahrtsstaat der Nachkriegsära eine politische Materialisierung erfahren haben. Allerdings ist die von Thomas H. Marshall beschriebene Ausweitung von Bürgerrechten weder eine notwendige Bedingung für die Versöhnung von Kapitalismus und Demokratie noch ist die historische Entwicklungssequenz von der formalen zur partizipativen und zur sozialen Demokratie (vgl. Huber/Rueschemeyer/Stephens 1997) irreversibel.

Der Nationalstaat verliert als Folge der ökonomischen Globalisierung immer mehr ökonomisch-soziale Kompetenzen, die er aber benötigt, um in der sozialen und ökonomischen Krise die Zugehörigkeit von Staats- und Sozialbürgern kompetent regulieren zu können. In dieser paradoxen Situation gewinnt mangels eines ähnlich selbstverständlichen und daher legitimierenden Kriteriums der Zugehörigkeit das der Nationalität an Schlagkraft. Dabei wird der Wohlfahrtsstaat, von seiner *Idee* her ein mächtiges Vehikel der Inklusion von Menschen, die durch die Wirkung der Marktmechanismen ausgegrenzt worden sind, zu einem Instrument der Exklusion; er wirkt jetzt vor allem als ein Verstärker der Marktmechanismen, durch deren Wirkung die in der globalen Konkurrenz Unterlegenen ausgegrenzt werden. Die Kriterien der Zuschreibung der Nationalität werden auf einmal bedeutsam, um überhaupt die Chance der Teilhabe an nicht-marktvermittelten Leistungen zu erhalten: Alle bemühen sich, innerhalb der verkleinerten Umverteilungsarena zu bleiben, und dies gelingt am ehesten durch Rekurs auf eine Zugehörigkeit ratifizierende Nationalität, wenn andere Unterscheidungskriterien infolge der Globalisierung (und der damit untrennbar verbundenen Steigerung der sozialen Entropie) dahinschwinden. Steigende soziale Entropie bedeutet ja die Auflösung überlieferter Ordnungsstrukturen; diese verlieren ihre Trennschärfe, wenn im sozialen Raum im Zuge zunehmender Migration Mischungen stattfinden. Daher ist die Zuschreibung bzw. Verweigerung von Mitgliedschaft nicht nur diskriminierend, sondern in vielen Fällen auch künstlich, mit Willkür verbunden und daher gegen den universellen Anspruch der Menschenrechte gerichtet. Die Globalisierung hat also zur Folge, daß neue Versuche der Herstellung von Kongruenz zwischen wohlfahrtsstaatlichen Institutionen gemacht werden, die Leistungen erbringen, und Sozialstaatsbürgern, die Anspruchsrechte ausüben. Dazu gibt es nur die Alternative der Trans- und Internationalisierung von Sozialstaat und Beschäftigungspolitik. Das Institutionensystem müßte also einen der wohlfahrtsstaatlichen Klientel entsprechenden Prozeß der *Fraktalisierung* im internationalen Raum vollziehen[197].

---

[197] Dem hält Claus Offe (1998: 133) entgegen, daß Umverteilung (in seinen Worten „Umverteilungs*opfer*") in einem größeren Sozialverband als es der Nationalstaat darstellt, die Akteure „moralisch überfordert". Wohlfahrtsstaat und Demokratie seien nur in den Grenzen des Nationalstaats möglich, weil nur hier die vorpolitische Vertrauensbasis existiere, auf deren Grundlage der staatliche Autorität (Solidaritäts)Pflichten der Bürger erzwingen könne. Zu recht verweist dagegen Jürgen Habermas (1998: 816f) auf die „bemerkenswerte Dissonanz zwischen den etwas archaischen Zügen des 'Verpflichtungspotentials' aufopferungswilliger Schicksalsgenossen und dem normativen Selbstverständnis des modernen Verfassungsstaats als einer freiwilligen Assoziation von Rechtsgenossen". Denn anders „als in der Moral gelten im Recht die Pflichten als etwas Sekundäres; Pflichten resultieren erst aus der gewünschten Kompatibilität meiner Rechte und den gleichen Rechten anderer. Die hochartifiziellen Entstehungsbedingungen des nationalen Bewußtseins sprechen gegen die defaitistische Annahme, daß sich eine staatsbürgerliche Solidarität unter „Fremden" nur in den Grenzen einer Nation herstellen kann" (ibid.: 817).

12.3 Die Ökologie der industriellen Demokratie oder: Der Produktivitätspakt auf Kosten der Natur

Die „soziale Frage" am Ende des 20. Jahrhunderts wäre leicht zu bewältigen, wenn Wachstumsraten wie im „golden age" des Kapitalismus möglich wären. Dagegen sprechen indes ökonomische (dazu vgl. Müller-Plantenberg 1998) und ökologische Gründe. Die anspruchsvolle westliche Demokratie der Nachkriegszeit war nirgendwo auf egalitärer Umverteilung gegründet, das war auch nicht notwendig. Denn das schwierige Projekt der Umverteilung ließ sich in der Hochphase fordistischer Industrialisierung umgehen – durch Produktivitätssteigerungen und Wachstumsraten des BIP und daran gekoppelte kontinuierliche Einkommenssteigerungen, die noch darüber lagen. Die *industrielle Demokratie* mit ihrer Basisinstitution der Tarifautonomie hat in den Industriegesellschaften des Westens viele Jahrzehnte dazu beigetragen, daß Einkommenszuwächse zur Normalität geworden sind. Selbst dort, wo sie schon viele Jahre ausgeblieben sind – wie in den USA für eine Mehrheit der Arbeitnehmer insbesondere während der Reagan-Ära oder wie in den meisten europäischen Ländern in den 1990er Jahren –, gelten sie noch als die Regel und die Reallohnsenkungen als deren Ausnahme. Einkommenszuwächse sind leichter zu erzielen, wenn der monetäre (und physische) Überschuß wächst, wenn also die Produktivität steigt. Die höhere Produktivität der Arbeit wirkt aber auch positiv auf die Produktivität des Kapitals, auf die Profitrate und das wirtschaftliche Wachstum. Im internationalen Vergleich zeigt es sich, daß mit einer Steigerung der Arbeitsproduktivität die Lohnstückkosten gesenkt werden können. Die Zunahme der Produktivität ist demnach nicht nur „historische Mission" der kapitalistischen Produktionsweise, sondern mehr: Sie begründet das gemeinsame „Produktionsinteresse" aller Akteure in der kapitalistischen Gesellschaft: der Gewerkschaften, der Unternehmer und der Regierungen (Sinzheimer 1976). Die Produktivitätserhöhung ist Ausgangspunkt und Ziel der sozialdemokratischen Reformpolitik, die sich in diesem Jahrhundert gegen konservatives Beharren und gegen die Versuche der Systemtranszendenz in den „real-sozialistischen" Gesellschaften als geschichtsmächtig erwiesen hat. Der „Produktivitätspakt" begründet das gemeinsame „Produktionsinteresse" von Lohnarbeit und Kapital, von Gewerkschaften und Unternehmern – und von Regierungen und Parlamenten.

Dieses soziale und politische Arrangement ist eine Folge der sozialen und ökonomischen Transformationen in Richtung „fordistischer Produktionsweise". Der „Fordismus", wie er als überragendes Produktionsparadigma die Regulation der Arbeit in diesem Jahrhundert dominiert hat, ist eine technische und soziale Innovation, die auch einen neuen Umgang mit der äußeren Natur einschließt – und nur dieser Aspekt interessiert an dieser Stelle. Natur wird mehr als jemals zuvor in der Gesellschaftsgeschichte durch die Menschen und ihre Artefakte her- und zugerichtet. „More intensive use of energy" (Chandler 1984: 154) und das technische und soziale Energiewandlungssystem des Fordismus sind die Vehikel der beträchtlichen Zuwachsraten der Arbeitsproduktivität – und daher des Wohlstands. Wie die Arbeit in der „großen Industrie", so wird im Fordismus nun auch die Natur dem Kapitalverhältnis „reell subsumiert", d.h. der Logik der Akkumulation mehr und effizienter unterworfen als jemals zuvor in der Geschichte. Beträchtliche Zuwachsraten der Arbeitsproduktivität und daher des Wohlstands sind also mit einem hohen Input von energetischen (und mineralischen und agrarischen) Rohstoffen verbunden. Dabei handelt es sich um einen Verbrauchsprozeß (von nicht erneuerbaren Ressourcen), der nur deswegen als Wertschöpfungs- (und nicht etwa als ein Wertvernichtungs-)Prozeß erscheint, weil das Quantum Arbeit, welches daran beteiligt ist, sinkt. „Teure" menschliche Arbeit wird durch „billige" Maschinenleistung und damit durch einen hohen Verbrauch von Naturressourcen, die nahezu unentgeltlich entnommen werden, substituiert[198].

Man könnte geneigt sein, in dieser Situation die Krise des Wohlfahrtssstaats als eine „List der Geschichte" zu verstehen: Die *ökologisch* unabweisbaren Beschränkungen des Naturverbrauchs werden *ökonomisch* durch die globale Konkurrenz erzwungen, und gegen den „Sachzwang Weltmarkt" ist bekanntlich kein Kraut gewachsen. Der Zwang, ganz zweifellos, besteht. Aber er hat seine Tücken. Denn er wirkt ungleich. Die Mitglieder der Geldgesellschaft sind ihm nicht oder nur minimal ausgesetzt, während ihn die Arbeitsgesellschaft voll verspürt. Die Möglichkeiten, mit Geld Natur zu kaufen, bleiben ja erhalten. Nur die verfügbaren Geldbeträge werden bei jenen reduziert, die Geld durch Lohnarbeit erwerben müssen. Diese prinzipielle Ungleichheit ist keine gute Voraussetzung für die Entwicklung von regulativen Institutionen, die eine Reduktion des Naturverbrauchs im Konsens bewirken könnten. Und diese prinzipielle Ungleichheit unterminiert demokratische Verfahren.

---

[198] Hellmut Butterweck (1995) argumentiert, daß der ökonomische Vorteil der höheren Produktivität auf einer „Subventionierung" des Rationalisierungsprozesses durch alle nachkommenden Generationen beruht; denn ihnen stehen die nicht erneuerbaren Ressourcen nicht mehr als „Vorräte" zur Verfügung. Wir hinterlassen ihnen nicht nur eine vergiftete Umwelt und einen Planeten mit verringerter Wärme- und Abstrahlkapazität, sondern auch schwer(er) zugängliche und ausgedünnte Lagerstätten, auf die nur mit höherem Energieeinsatz und größerem Verbrauch an anderen, ebenfalls „ökologisch teurer" werdenden Ressourcen zugegriffen werden kann.

12.4 Demokratie und Wohlstand unter ökologischen Restriktionen

Viele Ökologen eint ein Vorurteil: Demokratische Verfahren seien nicht geeignet, mit der Umweltkrise fertig zu werden. Sie seien zu langsam, zu umständlich, daher zu wenig effizient und durchgreifend. Auf diese Argumente fallen Antworten noch relativ leicht. Denn alle Erfahrung zeigt, daß die Umweltzerstörung unter autoritären und daher „schnellen" Regimen schon deshalb größer als in demokratischen Gesellschaften ist, weil die anwaltschaftliche Wahrnehmung von Umweltinteressen durch soziale Bewegung behindert oder gar ausgeschlossen wird. Obendrein verrät sich das Argument selbst: Effizienz wird zeit- und raumökonomisch definiert und nicht in bezug auf die Tempi gesellschaftlicher Prozesse, wenn sie diskursiv und deliberativ und daher mit größtmöglicher Partizipation ablaufen.

Ein anderes Argument ist sehr viel ernster zu nehmen: Demokratische Systeme können sich auf prozedurale Fragen so lange beschränken, wie substanzielle Fragen wenig strittig sind und die Zeithorizonte nicht beträchtlich divergieren. Dies ist der Fall, wenn und solange der materielle Wohlstand kein Thema im demokratischen Prozeß ist, weil das Niveau sowieso hoch liegt. Eine demokratische Ordnung ohne soziale Abfederung, also ohne eine „Minimalversion" von Sozialismus, kann gar nicht auf Dauer gestellt werden. Eine funktionierende soziale Demokratie bedarf offenbar eines gewissen materiellen Reichtums, der sich monetär in Einkommen ausdrückt, die materialiter einen für die Funktionsfähigkeit der sozialen Demokratie zuträglichen Zugriff auf materielle, energetische und andere Ressourcen und Senken des Erdballs begründen und legitimieren.

Demokratie ist also ökologisch relevant. Wenn nur wenige Menschen viel verbrauchen und viele Menschen wenig, ergeben sich wenig Probleme mit Grenzen der natürlichen Tragfähigkeit der globalen Ökosysteme, wohl aber viele Probleme mit dem demokratischen Prinzip der Gleichheit und der Partizipation aller Mitglieder der jetzt lebenden Generationen und – dies verkompliziert den Sachverhalt extrem – der nachfolgenden Generationen. Wenn aber in der Demokratie die Ansprüche der vielen auf viel Verbrauch legitimiert und mit einer liberal-individualistischen „Theorie der Gerechtigkeit" (so erklärt sich die Attraktivität der Theorie von John Rawls 1971) wohlbegründet werden können, sind die Grenzen der Tragfähigkeit der globalen Natur auf einmal wie der Fels vor Ali Babas Sesamhöhle; der Zugang ist allen denjenigen versperrt, die die Zauberformel (des Zahlens), die den Fels zu bewegen vermag, nicht beherrschen. So kommt es, daß in einer Zeit, in der die Produktion des Überschusses auf ökologische Grenzen stößt, auf einmal auch das demokratische Prinzip in Frage gestellt und durch autoritäre ökologisch begründete Regelwerke ersetzt werden soll. Die Regeln der Repräsentanz, der Legitimation und Kontrolle beißen auf den Granit ökologischer Schranken. Im Kontrast zu dieser Realität eröffnet das demokratische Prinzip *idealiter* die Aussicht für alle Erdenbürger auf einen Ressourcenverbrauch, wie ihn die Menschen in den „opulenten" Gesellschaften des Westens schon lange und beispielhaft pflegen; und die westlichen Gesellschaften werden nicht müde, das Wohlstandsmodell mit den globalisierten Medien in alle Erdenwinkel zu propagieren: viel individueller Raumanspruch, hohe Mobilität, modischer Wechsel und hohes Konsumniveau in der Sphäre der Reproduktion und zugleich effiziente Technologien, hohe Produktivität in der Produktion. In diesem Sinne kann ein Gutteil dessen, was mit dem Begriff der Globalisierung belegt ist, auch als „westernization" bezeichnet werden (Galtung 1997; Latouche 1994). Die Massenproduktion ist nicht für den Gebrauch von Königinnen, sondern für den der Arbeiterinnen ausgelegt, schreibt Joseph A. Schumpeter. Dies ist der Grund für die Kompatibilität von fordistischer Regulationsweise, Konsummodell und demokratischer Teilhabe: Massenproduktion und Massenkonsum sind nicht möglich, wenn den Massen nicht auch politische Beteiligungsrechte eingeräumt werden, und zwar nicht nur auf dem Markt, sondern im prozeduralen politischen Sinne und vielfach durch die Massenmedien gefiltert. Umgekehrt gilt dies auch: Eine Massendemokratie dürfte gar nicht in den Horizont des Denkens gelangen, wenn es nicht auch Möglichkeiten von Massenproduktion und Massenkonsum gäbe. Denn die demokratischen Formen lagern auf den Systemen von Massenproduktion und -konsum auf. Dieses Prinzip hat in der Sozialdemokratie den adäquaten politischen Ausdruck gefunden.

Es ist nicht nur der Wohlstand, der als materialer Unterbau die Beschränkung demokratischer Verfahren auf formale Entscheidungen begünstigt, sozusagen als ob die Demokratie sich selbst überflüssig machen würde, wenn es allen Menschen gut ginge. Umgekehrt, der Wohlstand wird zu einer für die Statik des „Hauses der Demokratie" unverzichtbaren Konstruktionsbedingung. Seymour Lipset bemerkt, daß Demokratie und ökonomisches Wohlergehen zwei Seiten der gleichen Medaille sind: „The more well-to-do a nation, the greater the chances that it will sustain democracy" (Lipset 1959: 75[199]). Für diese Korrelation werden – neuerdings auch für die Länder MOEs – empirische Evidenzen zusammengetragen, z.B. von Adam Przeworski, wenn er feststellt: „Keine Demokratie der Welt ist je in einem Land zusammengebrochen, das ein Pro-Kopf-

---

[199] Das Zitat ist einem Text von Johannes Berger (1996: 11) entnommen, der diese Banalität – sie ist schließlich „empirisch getestet" (ibid.) – in sein peinlich unreflektiertes Lob der Modernisierungstheorie übernimmt. Er kommentiert das Lipset-Zitat mit den Worten: „Wenn ich recht sehe, darf diese Annahme heute im wesentlichen als bestätigt gelten" (ibid.). Wo hat Berger seine Augen?

Einkommen von mehr als 4.335 US$ (in Kaufkraftparitäten von 1985) aufweisen konnte" (Przeworski 1995: 143). Unter der Annahme gleicher Verteilung würde für ein Pro-Kopf-Einkommen von ca. 4.400 US$ für jeden der ca. 6 Mrd. Menschen, die derzeit auf der Welt leben, ein globales Sozialprodukt von ca. 26.500 Mrd. US$ erforderlich sein. Dies ist weniger als das gegenwärtige globale Sozialprodukt und weniger als die Hälfte der Bestände an Finanzderivaten auf den globalen Finanzmärkten. Dieser Vergleich macht darauf aufmerksam, daß es sich bei der substantiellen demokratischen Frage eher um eine Verteilungsfrage denn um eine Frage von Produktion und Produktivität (auf dem gegebenen Niveau des Ressourcenverbrauchs und des Emissionsausstoßes) handelt. Ungleichheit ist keine gute Voraussetzung für die Entwicklung demokratischer Institutionen.

Ist Demokratisierung die Bedingung für ökonomische Entwicklung oder ist umgekehrt die ökonomische Entwicklung die Bedingung einer funktionierenden Demokratie? In der modernisierungstheoretisch[200] angeleiteten *ex post-Analyse* ist die Nicht-Berücksichtigung des „Umweltraums" vielleicht vertretbar, nicht aber für eine Analyse der Gegenwartsbedingungen und für eine begründete Prognose der Zukunftsaussichten des demokratischen Systems. Überhaupt sind die Zeit-Räume von Ökonomie, Ökologie und demokratischen Prozessen so wenig kongruent, daß demokratische Teilhabe schon daran scheitern könnte. Demokratische Ordnung des politischen Systems, säkular-rationale Normen in Kultur und Gesellschaft, hohe Mobilität, Leistungsorientierung und Wachstum der Wirtschaft gelten nach wie vor als das erfolgversprechende Ensemble, welches das „westliche Modell" umschreibt und seine Attraktivität ausmacht. Nur wird vergessen hinzufügen, daß steigender Verbrauch erschöpflicher Ressourcen und Übernutzung von begrenzten Senken für die Emissionen (den Müll der Gegenwart, für den die „Zukunft als Mülhalde" (U.K. Preuß) benutzt wird), eben die Grundlagen dieses Modell in Frage stellen.

Angesichts der heute bereits absehbaren Grenzen des Umweltraumes scheint klar, daß sich die substantiellen Voraussetzungen formaler Demokratie auf dem Niveau des „westlichen Lebensstils" nicht für alle Gesellschaften auf dem Globus realisieren lassen. Hinzu kommt, daß die parlamentarische Demokratie in vielen Teilen der Welt auch deswegen eine zerbrechliche politische Ordnung ist, weil sie hinsichtlich ihrer natürlichen Voraussetzungen schwerwiegende Defizite aufweist. Denn die ungleiche Verteilung von Ressourcen und von Industriestandorten ist für die Transformation der Ressourcen in Güter und Dienst-

---

[200] Immanuel Wallerstein hat 1979 einen kleinen Text überschrieben: „Modernization: *Requiescat in Pace*" (1979: 132ff.). Er drückte mit diesem höhnischen Titel ein damals weitverbreitetes Selbstbewußtsein aus, das freilich jenseits der Rhetorik völlig berechtigt war und trotz des modernisierungstheoretischen Revivals nach 1989 immer noch ist.

leistungen, von denen ja das „fordistische" Produktions- und Konsummodell abhängt, nicht ohne Bedeutung für die demokratische Ordnung. Fossile Energieträger lassen sich nur mit Hilfe eines weltweiten logistischen Systems nutzen, welches hohe technologische und organisatorische Kompetenzen, finanzielle Aufwendungen, ökonomisches Knowhow, Transportmöglichkeiten und politische Beziehungen vielfältiger Art umfaßt; für absehbare Zeit aber kann all dies nur von den Industrieländern bereitgestellt werden. Daher wurzelt die Ungleichheit der Globalisierung nicht allein in den Funktionsmechanismen des Finanzsystems, sondern auch in der Logik des Energiesystems, welches der kapitalistischen Produktionsweise zugrunde liegt. In komplexen *Produktionsökonomien* lassen sich demokratische Prozeduren leichter realisieren als in *Extraktionsökonomien*.

In modernen Ökonomien ist die Frage der Verteilung in der Zeit (also zwischen den Generationen) und im Raum (zwischen den gegenwärtig in der Welt lebenden Menschen) formal dadurch gelöst, daß man auf den Zinsmechanismus zurückgreift. Auf diese Weise scheint es möglich, Kosten und Nutzen in zeitlicher und räumlicher Hinsicht auf einen monetären Ausdruck zu bringen. Eine positive Zinsrate setzt indes voraus, daß Kosten und Nutzen einen monetären Ausdruck haben. Wie aber läßt sich eine Zinsrate ermitteln, wenn die Kosten (und der Nutzen) keinen monetären Wert haben, und was geschieht, wenn Kosten und Nutzen in Zeit und Raum nicht vergleichbar sind? In diesem Fall ist eine rationale Antwort auf die Frage nach der Verteilung der Kosten und Nutzen (hier: der ökologischen Degradation) ausgeschlossen. In seinen „Social Costs of Private Enterprise" stellt K. William Kapp fest,

„daß die endgültige Festsetzung der Höhe der sozialen Produktionskosten letztlich eine Sache der gesellschaftlichen Bewertung ist; das heißt, die Größe der Sozialkosten hängt von der Bedeutung ab, welche die arbeitsteilige Gesellschaft den meßbaren und den imponderablen gesellschaftlichen Verlusten beimißt" (Kapp 1958: 20).

Anders als der *mainstream* des neoliberalen Denkens unterstellt, erweist sich der Marktmechanismus als unfähig, irgendeine rationale Lösung dafür anzubieten, wie jenseits des individuellen Horizonts der Marktakteure mit außermarktlichen Phänomenen und ihren Wirkungen in Raum und Zeit umzugehen ist.

Im Hinblick auf die Verteilungsfrage muß ein zweites Problem berücksichtigt werden. Rationales Wahlverhalten in der Gegenwart ist ohne eine Kalkulation der zukünftigen Erträge und ohne die Kenntnis der gegenwärtigen Zinsrate nicht möglich. Stehen diese Informationen zur Verfügung, so können Alternativen in einem rationalen Entscheidungsprozeß miteinander verglichen werden. Allerdings ist die „Rationalität" der rationalen Wahlhandlungen von Prognosen über die zukünftigen Einnahmen abhängig. Diese sind ja nicht bekannt und müssen daher unter der Annahme kalkuliert werden, daß die gegenwärtigen

Einnahmen Grundlage normaler Erträge in der Zukunft sein werden. Nun variieren gegenwärtige Einkommen aber bekanntlich einerseits zwischen Klassen und Schichten innerhalb eines Landes und andererseits zwischen einzelnen Ländern, insbesondere wenn die Einkommensdifferentiale zwischen Norden und Süden berücksichtigt werden. Bezieht man sich auf die vergleichsweise niedrigen Einkommen in Ländern der „Dritten Welt", um zukünftige Umweltkosten auf der Basis der gegenwärtigen Zinsrate zu kalkulieren, so wäre es höchst rational zu empfehlen, schmutzige Industrien und Abfalldeponien in den Ländern mit den niedrigsten Einkommen anzusiedeln. Auch ließe sich schlußfolgern, daß ein niedriges Pro-Kopf-Einkommen ein Indikator für die „Unterverschmutzung" eines Landes darstellt. Folglich wäre es dann für ein „unterverschmutztes" Land auch nur rational, Verschmutzung im Austausch für monetäre Kompensation zu akzeptieren. So argumentiert denn Lawrence Summer von der Weltbank: „I think the economic logic behind dumping a load of toxic waste in the lowest wage country is impeccable and we should face up to that." (zit. in Buell/De Luca 1996: 44; zur Diskussion dieses Arguments vgl. Harvey 1996: 366ff). Wenn Entschädigungen für Umweltkatastrophen von den Einkommensniveaus abhängen, so sind solche Unfälle für Menschen in armen Ländern in der Tat „billiger" und im monetären Sinne auch „weniger zerstörerisch" als für die Menschen in den reichen Ländern.

Für diese wenig erfreuliche Alternative, die heute leichter auszumalen ist als das schwierige Projekt einer „weltgesellschaftlichen Erweiterung" des demokratischen Prinzips (Brock/Albert 1996), hat Jean-Christophe Rufin die historische Methapher des „Limes" in die Debatte gebracht. Demnach nimmt die Nord-Süd-Konfrontation die Gestalt einer Grenzlinie an, welche einen Statusunterschied markiert und den Wohlstand des Nordens durch Eingrenzung schützt. In einer „Ära des begrenzten Universalismus" könnte der Norden – gestützt auf eine „Ideologie der Ungleichheit", welche die veraltete Ideologie der „nachholenden Entwicklung" ablöst – die Rolle beanspruchen, Wahrer der freiheitlichen und demokratischen Zivilisation und Verfechter und Verteidiger des Rechts zu sein. Abgesehen von ein paar Faktoreien und Handelsplätzen des Nordens, die weit verstreut im Süden liegen und von spontanen ökonomischen Strömen in Schwung gehalten werden, gerieten die Bewohner des marginalisierten Südens, eingeschlossen auf den „Archipelen des Elends" – in Flüchtlingslagern und großstädtischen Slums, in die Rolle der „neuen Barbaren".

Die sicherlich wünschenswerte Alternative zu einem „globalen Apartheidsystem" wäre eine globale ökologische Demokratie. Ihre Realisierungschancen hängen wesentlich davon ab, ob in den Ländern des Nordens die Einsicht politisch bestimmend wird, daß die Menschen in den nicht-westlichen Ländern der Universalität demokratischer Werte nur dann etwas abgewinnen können, wenn diese mehr umfassen als die formalen demokratischen Institutionen und Prozeduren und die liberale Errungenschaft der individuellen Rechte. Aus der Sicht von Menschenrechtsorganisationen im Süden muß die Demokratie, um attraktiv zu bleiben, heute neben den individuellen auch die kollektiven Rechte der Völker schützen, ein sehr weit gefaßtes Recht auf Entwicklung und eine intakte Umwelt umfassen. Das Menschenrechtsregime, auch wenn es sich dabei um „schwaches Recht" handelt, bildet einen umfassenden konzeptionellen Rahmen, innerhalb dessen auch eine Regulierung des Naturverbrauchs möglich wäre.

12.5 Global Governance: Politik an den Grenzen des Umweltraums

Wenn über die materiale Dimension der Demokratie geredet wird, muß der Diskurs um ökologische Nachhaltigkeit aufgegriffen werden. Umgekehrt gilt aber auch: So wie der demokratische Prozeß funktioniert, ist er keineswegs ökologisch nachhaltig. Dafür sind die Parteienkonkurrenz mit ihren Wahlversprechen, die Wachstumserwartungen der Bürger, die populistischen Neigungen politischer Führer, eine in den „Konsumgesellschaften" sedimentierte Erfahrung von Veränderung, von Moden etc. verantwortlich, kurz: die Überdeterminiertheit der demokratischen Verfahren durch die Akkumulationsdynamik des globalisierten Kapitals und die Schranken, welche die Natur auferlegt. Die demokratischen Diskurse müßten zwischen der grenzenlos sich gebärdenden Globalisierung und der begrenzten Tragfähigkeit des Planeten Erde „makeln", und das wäre eine Überforderung. Daran ändern auch „grüne Parteien" im Prinzip nichts. Es geht ja nicht nur um die politischen Programme und daher Inhalte, sondern um die *Formen* des Politikprozesses, in denen ökologische Restriktionen keinen Platz haben. Es gibt kein Modell, das mit dieser Herausforderung der Veränderung des Politikprozesses umzugehen vermöchte. Die ethischen Imperative zur Regelung des individuellen Umweltverbrauchs sind schwächer als ein kollektives Regelwerk und daher wenig wirkungsvoll. Ihre Befolgung ist freiwillig. Sie wird zu einer irrationalen Zumutung, wenn der Verzicht bedeutet, daß andere ihn umgehen können, weil einige „dumm" genug sind, Verzichtsleistungen (jedenfalls gemessen am gesellschaftlich dominanten Konsummodell) zu erbringen. Ethik muß wie in der griechischen Ursprungsbedeutung zur gesellschaftlichen „Gewohnheit" werden und so die Überanstrengung des Individuums bei der Befolgung von „Leitbildern" vermeiden. Mit Leitbildern arbeitet aber vorzugsweise die Wuppertal-Studie (vgl. 11. Kapitel).

Mit der ökonomischen Globalisierung und mit dem Bedeutungsverlust, denen demokratische Verfahren „am Ort" ausgesetzt sind, wird die Demokratie selbst zu einer „ortlosen" Prozedur. Allerdings wird diese Ortlosigkeit zum Teil dadurch aufgehoben, daß neue Gemeinschaften und neue Kommunikationsnetze entstehen, die selbst eine Reaktion auf die Grenzen der neuen funktionalen Räume sind. Der „Demos" aktiviert sich in der globalen Arena nicht mehr auf den traditionellen Beteiligungswegen in den Nationalstaaten, sondern entwikkelt in der globalen Arena neue Formen der Teilhabe an Entscheidungen. Statt von „Regimen" ist daher, dieser neuen Lage Rechnung tragend, von „governance" die Rede, die in einer „neuen Weltordnung" gestärkt werden müsse (Commission on Global Governance 1995: 4). Der Unterschied zwischen Regimen und Global Governance ist offensichtlich: Die Staatenwelt, also das System der Nationalstaaten, das auch schon einmal freundlich als „Konzert der Mächte" bezeichnet worden ist, wird seit der Heraufkunft der Moderne im 16. Jahrhundert durch internationales Recht reguliert und gewissermaßen harmonisiert (zur Gestaltung der „Westfälischen Ordnung" nach dem Dreißigjährigen Krieg vgl. Miller 1994). Im Zuge der modernen Globalisierung sind, wie wir bereits gesehen haben, internationale Organisationen entstanden, die eine Welt des „soft law" konstitutiert haben. Denn mit größerer Dichte wird es schwieriger, die internationalen und (da jenseits der regulierenden Kompetenz von Nationalstaaten) globalen Beziehungen und wechselseitigen Beeinflussungen in harter Rechtsform zu kodifizieren. In „Regimen" kommt es nicht nur auf hart kodifiziertes internationales Recht an, sondern auf Normen, Werte, Regeln und, sofern diese eine gewisse Dauerhaftigkeit erlangen, auf Institutionen. Diese stellen jenen „embedded liberal compromise" (Ruggie 1982) dar, der viele Jahrzehnte nach dem Zweiten Weltkrieg Ausdruck der Stabilität des (westlichen) internationalen Systems gewesen ist. Seit den tiefgreifenden Veränderungen in den 80er Jahren kann allerdings von einem „liberal compromise" nicht mehr ohne weitere Qualifizierungen gesprochen werden, es sei denn unter „liberal" wird „neoliberal" verstanden, was ja nicht dasselbe ist. Denn das neoliberale Projekt setzt in allererster Linie, wenn nicht ausschließlich, auf die regulierende Kompetenz der Märkte. Es verfolgt also das Projekt des „disembedding" und nicht dasjenige einer „embedded" liberalen Gesellschaft. Diese müßte, um die Liberalität zu bewahren, die Marktkräfte kontrollieren und in die Gesellschaft zurückholen, also erneut „einbetten". Die Frage ist, ob dies im globalen System am Ende des Jahrhunderts durch Regime, deren Akteure ja in erster Linie Nationalstaaten und internationale Institutionen sind, gelingen kann.

Der Begriff der „Global Governance" kann also keineswegs die Stelle des bislang üblichen Regime- und Hegemonie-Begriffs bei der Analyse internationaler Beziehungen einnehmen, da er etwas anderes erfaßt: die politische Artikulation und Regulation in den und an den (ökologischen und sozialen) Grenzen der Globalisierung. Diese sind nicht mehr so eindeutig und klar definierbar wie die Grenzen der Nationalstaaten. Sie werden vielmehr durch die Probleme umrissen, die politisch durch das Spektrum der Akteure im Weltsystem definiert, damit eingegrenzt und so einer Regulierung zugänglich gemacht werden. Die wichtigsten dieser *einzugrenzenden* globalen Probleme sind nach Auffassung der „Commission on Global Governance": die Folgen des Endes der Blockkonfrontation und des Kollapses des real existierenden Sozialismus, die Revolution im Kommunikationswesen, die Zunahme der transnationalen Migration, die Deregulierung der Märkte generell und die Liberalisierung der Finanzmärkte speziell, die Zunahme des Drogenhandels, die weltweite Ausbreitung von AIDS und anderer Epidemien, das neue Wettrüsten und der Waffenhandel, die Globalisierung der Umweltkrise etc. (Commission on Global Governance 1995: 9ff). Der Begriff der Global Governance trägt folglich nicht nur den neuen Akteuren („polity") Rechnung, weil wegen der Erosion der Nationalstaatlichkeit die tradierten Akteursarenen nicht mehr der angemessene Ort der politischen Bearbeitung der genannten Probleme sind, sondern auch den im Zuge der Globalisierung neu entstandenen Politikfeldern („policy"), in Sonderheit der ökologischen Frage, und außerdem den von den Akteuren entwickelten Formen von Politik („politics"). *Politik im Umweltraum* ist sowohl hinsichtlich der Formen, der Akteure und der Inhalte grundverschieden von Politik im nationalstaatlichen Raum.

Schaubild 12.1: Internationales Recht, Regimes, Global Governance

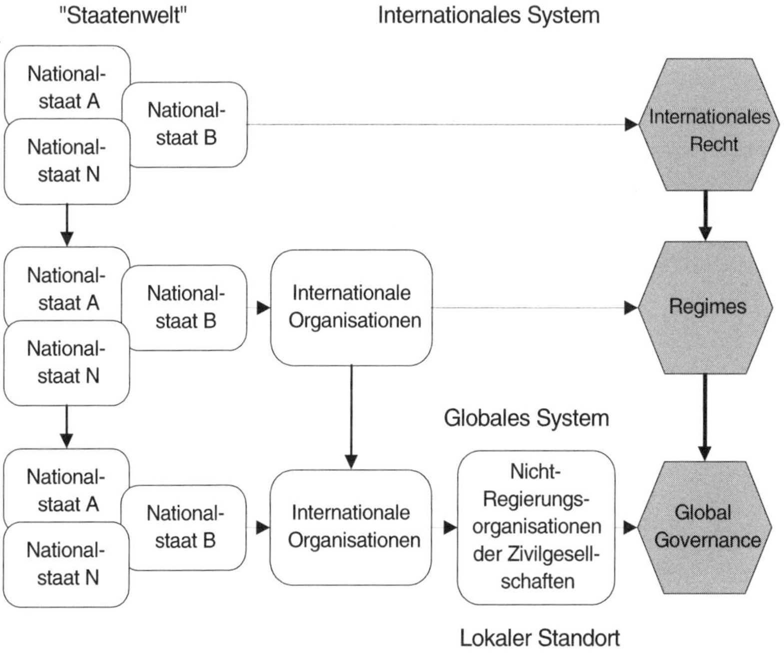

Der Begriff der „governance" wird aber auch von den „traditionellen Akteuren" der Staatenwelt und der internationalen Regimes benutzt, beispielsweise von den Institutionen von Bretton Woods. Sie versuchen, die Organisationen der Zivilgesellschaft in das Projekt der neoliberalen Strukturanpassung einzubinden, in vielen Fällen mit Erfolg (vgl. Chossudovsky 1997: 67ff). Die TNU gehören ebenso zu dem Kreis der Akteure wie die Agenten der globalen Finanzmärkte oder die Organisationen und Bewegungen der Zivilgesellschaft, von Gewerkschaften bis zu Umweltschutzbewegungen. Sie alle sollten „mitspielen", um den Erfolg von Projekten, z.b. in der Entwicklungsplanung oder beim Umweltschutz, zu sichern. Insofern ist „governance" die Antwort auf den Souveränitätsverlust der Nationalstaaten, auf die Krise des hegemonialen Systems und auf die Entstehung neuer „Souveräne" in der Weltgesellschaft. Wie in der Debatte über einen „stakeholder"-Kapitalismus wird hier neben der unzureichenden Diskriminierungsmacht der Nationalstaaten auch das Vergesellschaftungsdefizit unter dem Druck der Globalisierung thematisiert. Die Nationalstaaten erzeugen nicht mehr jene Anrufungen, die nationale Identitäten auslösen. Die von den Märkten globalisierten Gratifikationen sind viel zu ungleich und daher gemäß aller normativen Kriterien viel zu ungerecht verteilt, als daß sich eine globale „Wirtschaftsbürgerschaft" bilden könnte. Nun wird der Versuch gemacht, auf die Herausforderung der Globalisierung die historisch angemessene Antwort zu finden: Nicht Weltregierung, aber auch nicht Weltmarkt *sans phrase*, sondern ein Netzwerk, dessen Fäden durch Marktbeziehungen, politische Aktionen der Nationalstaaten und der internationalen Institutionen und durch zivilgesellschaftliche Einmischungen zur Lösung der genannten „Weltprobleme" geknüpft werden. Die Interpretation der „governance" als globales Netzwerk von Akteuren, die Politikformen entwickeln, die zur Bewältigung der jeweils zu bearbeitenden Probleme am besten geeignet sind, trägt der größeren Interdependenz einerseits und der deshalb größeren Heterogenität der betroffenen Menschen und Gesellschaften andererseits Rechnung.

Allerdings wird auf diese Weise, und dies ist die Kehrseite der Medaille, die Welt der NGOs im globalen Netzwerk differenziert, in Gegensätze und Gegnerschaften getrieben. Denn es macht einen Unterschied, sich am Projekt der Global Governance zur Stützung der politisch-ökonomischen Strukturen des globalen Systems zu beteiligen oder aber die Interessen von lokalen Gruppen („grass roots") zu vertreten (Bond/Mayekiso 1996). Die Welt der NGOs ist daher ebenso durch gegenläufige Interessen, unterschiedliche Reichweiten der Politik und Formen ihrer Artikulation charakterisiert wie andere politische Organisationen und institutionell strukturierte Systeme auch. Das Problem der „Vernetzung" verschiedener Ebenen und Mächte ist also keineswegs gelöst: Wie kann sich überhaupt ein globaler öffentlicher Raum herausbilden, in dem formelle und informelle Beziehungsgeflechte so dicht werden, daß berechtigt von einem Netzwerk gesprochen werden kann? Wie können lokale, regionale, nationale und globale Ebene innerhalb des „Akteursspektrums" der Nicht-Regierungsorganisationen wirkungsvoll „vernetzt" werden (Altvater/Brunnengräber/Haake/Walk 1997)? Wie kann das Problem der unterschiedlich weit reichenden Repräsentanz von sozialen Bewegungen geregelt werden, wenn die einen NGOs finanziell mächtig und wenig basisorientiert, die anderen genau umgekehrt lokal verankert, aber ohne finanzielle Basis operieren? Wie vor allem kann es durch diese Art der globalen „zivilgesellschaftlichen Vernetzung" gelingen, die politischen Mächte (Nationalstaaten und internationale Institutionen) im Sinne der „checks and balances" zu kontrollieren und damit ja auch zu legitimieren und obendrein einen Weg zu finden, um die entbetteten Märkte in die Gesellschaft zurückzuholen? Lassen sich überhaupt „Mechanismen" der sozialen Integration in Gang setzen, die zur Herausbildung einer internationalen politischen Gemeinschaft, die demokratischen Verfahrensregeln gehorcht, führen? Ist es also möglich, den ökonomischen „Entbettungsmechanismen" zivilgesellschaftlich auf den Ebenen vom Lokalen bis zum Globalen (also „glokal") Paroli zu bieten? Kann so die Kongruenz von Legitimation und Repräsentanz, von der oben die Rede war, durch Global Governance erneuert werden (vgl. dazu Brand et al. 1999)? Für die Global Governance sind folglich die gesellschaftsinternen Verhältnisse von Belang, so sehr, daß Norberto Bobbio von einem „Teufelskreis" spricht:

„The vicious circle may be formulated as follows: states can become democratic only in a fully democratized international society, but a fully democratized international society presupposes that all the states that compose it are democratic..." Und er fügt hoffnungsvoll hinzu, daß nationalstaatliche und internationale Demokratisierung sich „not hinder but rather corroborate one another in turn" (Bobbio 1995: 39).

Mit diesen Fragen haben die Vertreter der „realistischen Schule" der internationalen Beziehungen keine Probleme, da trotz aller globalen Veränderungen in ihrer Weltsicht Nationalstaaten die wichtigsten Akteure bleiben; so im übrigen auch Paul Kennedy (1993), der dieses Argument noch im Hinblick auf eine Politik der Sicherung der US-amerikanischen Machtsphäre verschärft (Chase/Hill/Kennedy 1995). So würde erneut ein hegemoniales Staatensystem unter Führung der „einzigen Weltmacht" (Brzezinski 1997) entstehen, das auf „governance" im Sinne der Weltkommission gut und gern verzichten kann. Kein feingesponnenes und hochkomplexes Netzwerk also, sondern einige dicke G7-Taue, die mit Macht kräftig gezogen werden, um die Welt gemäß den Interessen der reichen Industrieländer in Bewegung zu setzen oder still zu halten, je nach Interessenlage. Die Politik der Militärschläge gegen den Irak, die Aggression der NATO gegen Jugoslawien und die Ausschaltung der UNO sowie die

Mißachtung internationalen Rechts deuten darauf hin, daß die „realistische Schule" am Ende des Jahrhunderts, allerdings anders als sie es in den 50er und 60er Jahren dachte, realistisch ist. Die Konzepte von Global Governance und unipolarer Machtausübung können sich nicht vertragen, sie sind konträr. Die Welt der G 7 funktioniert nach anderen Regeln, als sie das Design einer Welt unter Global Governance vorsieht (Messner/Nuscheler 1996). Daran zeigt sich denn auch eine zentrale Schwäche des Konzepts der „Weltordnungspolitik", die es mit dem der formalen Demokratie teilt: Es wird nicht reflektiert, daß die im Prozeß der „governance" zu regulierenden Probleme es mit mächtigen politischen und ökonomischen Interessen zu tun haben, die sich nur so lange in ein Netzwerk der „governance" einfügen, wie sie davon profitieren. Es ist kaum realistisch anzunehmen, daß die dargestellten unterschiedlichen, ja konfligierenden Handlungslogiken von Ökonomie, Gesellschaft, Politik im Netzwerk der „governance" erneut kongruent werden. Es ist ungeklärt, ob und wie Netzwerke der „governance" mit Interessenkollisionen umgehen können. Die Kollisionen finden ja nicht auf gleicher Ebene statt, auf der immer ein Kompromiß gefunden werden könnte, sondern – um die Habermas'sche Unterscheidung zu bemühen – zwischen systemweltlichen Mächten (von TNU über Spekulationsfonds bis zum NATO-Militär) und lebensweltlichen Akteuren, deren Interessen mehr als unterschiedlich sind; sie sind konträr.

Es gibt keinen Anlaß, die politische Macht zivilgesellschaftlicher Kräfte (NGOs) zu überschätzen. *Erstens* übernehmen sie häufig nur preisgünstig soziale Aufgaben „an der Basis", von denen sich die Staaten im Zuge der Deregulierung zurückgezogen haben. *Zweitens* verlängert sich der Bedeutungszuwachs, den soziale Bewegungen und Nichtregierungsorganisationen in der Sozial- und in der Umweltpolitik erfahren haben, keineswegs auf „harte" *issues* wie ihre Beteiligung am Aushandeln von Zinskonditionen der Weltbank, von Regelungen der WTO oder in allen Fragen, die im Rahmen der militärischen Allianzen wie der NATO und auf der G7-Ebene getroffen werden. Weil nichtstaatliche Organisationen und Initiativen die offizielle Politik nur über die Herstellung von transnationaler Öffentlichkeit unter Druck setzen können, kommen sie *drittens* – genau wie die etablierten Parteien und die Regierungsinstitutionen – ohne den „symbolischen Inszenierungszauber" massenmedial gesteuerter Protestkampagnen nicht mehr aus. Die professionell gestalteten Kommunikationsstrategien haben aber häufig Folgen, die nicht unbedingt demokratieförderlich sind: Sie begünstigen die Monetarisierung von Solidarität in Gestalt von Spenden, die Marktkonformität solidarischer Aktionen wie Kauf- und Boykottaufrufe, die Anpassung der Ziele von Protestinititativen an den Publikumsgeschmack, und sie setzen eher auf die strategische Meinungsbeeinflussung denn auf verständigungsorientierte Kommunikation. Auch einige andere Probleme teilen die NGOs mit vielen staatlichen Organisationen und Institutionen: ein innerorganisatorisches Defizit an demokratischer Mitbestimmung, die Tendenz zur Bürokratisierung, erhebliche Koordinierungsprobleme. Im Einzelfall ist deshalb auch zu prüfen, ob die neuen politischen Akteure, zwischen denen keine Interessenkongruenz herrscht, das Staatshandeln lediglich erweitern, indem sie politische Entscheidungen mit vorbereiten und beeinflussen (Brand/Görg 1998), oder ob sie die staatliche Souveränität (weiter) zergliedern, indem sie – beispielsweise im Konfliktfeld von „Biopolitik" und „life sciences" – klassische Staatsaufgaben, wie die Definition von Eigentumsrechten und die Sicherung von Lebensgrundlagen, teilweise selbst übernehmen (vgl. Lipschutz 1998). Im transnationalen Umweltdiskurs können Verhandlungslösungen, die durch NGOs angestoßen und begleitet werden, möglicherweise mehr bewegen als die offizielle staatliche Politik. Denn diese unterliegt den eigenwilligen Regeln der Parteienkonkurrenz, welche dafür sorgt, daß die politischen Entscheidungsprozesse einen Zeithorizont von Legislaturperioden nicht überschreiten. Ungeachtet des völkerrechtlich schwachen Status, den NGOs in trans- und internationalen Vertretungsorganen haben, fällt ihnen doch eine zentrale Rolle bei der Herausbildung globaler ökologischer Demokratie zu: Sie verfügen über langjährige Erfahrungen im globalen Umweltweltmanagement, sie sind in „epistemic networks" eingebunden, welche Brücken schlagen zwischen Laien und Experten, zwischen Aktivisten und Professionellen, zwischen lokalen und globalen Einheiten, und sie wirken auf diese Weise als Katalysatoren für dezentrales Umweltlernen. Sie füllen das politische Vakuum aus, das aus den Dringlichkeiten „ökologischer Zeitpolitik" (Lipschutz 1998) erwächst; jedenfalls scheinen sie eher als die an kurzfristiger politischer und ökonomischer „Verzinsung" orientierten Akteure der Staatenwelt imstande, mit jenen raumzeitlichen Ungewißheiten umgehen zu können, die mit den disparaten Folgen von Umweltzerstörungen und achtlosem Ressourcenumgang verbunden sind.

Ihre vielleicht wichtigste Funktion besteht jedoch darin, daß sie als Protest- und Konfliktparteien, die in Opposition zu den staatlichen Autoritäten stehen – und von diesen daher häufig gewaltsam bekämpft werden – nicht allein wichtige neue Themen auf die politische Tagesordnung zwingen, sondern Entscheidungen auch verzögern und Projekte blockieren können, also: Kräfte der Entschleunigung sind. Vor allem in dieser Funktion eröffnen NGOs Möglichkeiten für demokratische Optionen.

Allerdings sei an dieser Stelle noch einmal daran erinnert, daß Ungleichheit – in jeder nationalen Gesellschaft wie in der Welt insgesamt – keine gute Voraussetzung für die Entwicklung demokratischer Institutionen ist. Die Freiheit, über die Zukunft zu entscheiden, ist nur denjenigen gegeben, die über Alternativen gebieten und nicht gezwungen sind, der Not zu gehorchen. Die Verbesserung der „global govenance" kann daran scheitern. Denn alle müßten im governance-Prozeß involviert sein, obwohl doch ein großer Teil der Menschheit ökonomisch exkludiert ist. Wie kann die

„interdepence between organizations…, continuing interaction between network members, caused by the need to exchange resources and negotiate between network members, caused by the need to exchange resources and negotiate shared purposes, game-like interactions, rooted in trust…, a significant degree of autonomy from the state (Rhodes 1996: 660)

zustande kommen, wenn Interdependenz zur Dependenz wird, wenn Interaktionen nichts nutzen, weil ein Teil der Akteure über keine Ressourcen verfügt, wenn die Distanzen zu groß sind, als daß Vertrauen entstehen könnte, und wenn schließlich die Autonomie vom Staat nur die Kehrseite der Abhängigkeit von den Mechanismen und manchmal auch von den Akteuren und Institutionen der Weltwirtschaft ist? Die Folge der Schwierigkeiten bei der Errichtung von „governance"-Strukturen ist, daß ökologische Nachhaltigkeit entweder gar nicht oder unter Bedingungen extremer globaler Ungleichheit zustande kommt – und daher die Grundbedingungen der Anwendbarkeit von demokratischen Verfahren nicht erfüllt. Eine demokratische Ordnung an der Grenze der ökologischen Tragfähigkeit kann also nicht mehr auf einem gemeinsamen „fordistischen" Produktionsinteresse gründen.

Unter den Bedingungen von Instabilität, das wissen wir aus der Chaosforschung, kann Neues entstehen, vorausgesetzt, es wird in Krisensituationen nicht auf das problematisch gewordene Alte zurückgegriffen – etwa dergestalt, daß „starke Ökonomien" unter Anrufung eines „progressiven Nationalismus" der Politik auf supranationaler Ebene eine „souveräne" Abfuhr erteilen. Im Hinblick auf die „global commons" würde eine Rückkehr der Politik zum Kriterium der räumlichen Nähe nichts anderes bedeuten als eine weitere Schranke gegen globale Sozial- und Umweltstandards, die Rechtfertigung einer unverantwortlichen Lebensweise und die Fortschreibung einer ökonomischen Entwicklung, die demokratiefeindliche Ungleichheit erzeugt. Noch mehr würden die Ansätze einer globalen Regulation der Globalisierung zunichte gemacht, wenn die Nationalstaaten auf die militärische Karte setzen und so Souveränität mit militärischen Mitteln simulieren, die sie ökonomisch verloren haben und auch nur dann zurückholen können, wenn der Phase der Globalisierung der vergangenen Jahrzehnte, wie schon einmal in diesem Jahrhundert, eine Phase der ökonomischen, sozialen, kulturellen Abschottung „am Limes" folgt, der militärisch gesichert wird.

13. Kapitel
Wo und wie kann Politik globale Transformationen beeinflussen?

Die Analyse der Probleme gehört zu einem anderen Diskurs als die Suche nach Lösungen. Während die Analyse noch mit den Mitteln der Wissenschaft ohne Rücksicht auf politische Interessen und Bewußtseinsformen geleistet werden kann und muß, ist die Entwicklung von Alternativen nur möglich, wenn den sozialen und politischen Trägheiten, den ökonomischen Interessen, den sozialen Gegensätzen, der Ungleichverteilung der Macht und den konkurrierenden Gegenwartsinterpretationen Rechnung getragen wird. Gesellschaftliche Utopien, politischer Voluntarismus treiben Gegenbewegungen und deren Handlungen an, nachdem in der Analyse vor allem Bestandsaufnahme angesagt war. „Am Beginn der so notwendigen Rekonstruktion (links)alternativer Positionen", so Gilbert Ziebura, „steht der Verzicht auf Dogmatismus und Begriffsfetischismus ebenso wie die Anerkennung der Tatsache, daß die Schwierigkeiten wachsen, kritische Reflexion und Aktion... in Übereinstimmung zu bringen..." (Ziebura 1996: 90). Mit anderen ebenso nüchternen Worten: Die kritische Analyse erleichtert die Erkenntnis der Konstruktion des Weberschen „Gehäuses der Hörigkeit", man kennt die Statik, die Fundamente, die Fassade. Doch die Ausgänge sind nicht eingezeichnet. Man muß sie wie in einem Irrgarten suchen und beim Probieren viel Frustrationstoleranz mitbringen.

Es können sehr viele gute Argumente dafür beigebracht werden, daß am Ende des „Zeitalters der Extreme" (Hobsbawm 1995) der Scheitelpunkt einer Entwicklung erreicht ist, die seit industrieller und bürgerlicher Revolution angehalten hat. Es ist schwer, als ZeitgenossIn dafür Evidenzen empirisch gesichert vorzulegen oder auch nur historische Anhaltspunkte anzugeben. Da heißt es, sich auf die politische und wissenschaftliche Intuition verlassen. Diese ist selbstverständlich ein schwaches Instrument und vielleicht ein schlechtes Argument, aber immerhin ist sie besser als gar keines. Welchen Charakter hat ein Scheitelpunkt der Entwicklung? Handelt es sich, wie die Rede vom „Ende eines Zyklus" (Ingrao/Rossanda 1995) nahelegt, um eine Krise, in deren Verlauf die sozialen, ökonomischen, technischen Blockaden weggeräumt werden, die dem ungestümen Beginn eines neuen Zyklus im Wege liegen, oder haben wir es mit einem historischen Bruch zu tun, der erst einmal überwunden werden muß, bevor man wieder an einen „langen Zyklus" der Entwicklung denken kann? Die kaum zu beantwortende Frage zielt also darauf, ob ein „neues Akkumulationsregime" im Entstehen begriffen ist (so auch Ziebura 1996: 94). Ist 1989 nur das Signal für den endgültigen Sieg von Marktwirtschaft und parlamentarischer Demokratie in der „neuen Weltordnung" am Beginn eines neuen „amerikanischen Jahrhunderts" geblasen worden, oder hat die Revolution im Osten, ohne daß es im Westen bislang angemessen zu Bewußtsein gelangt wäre, den „Kollaps der Modernisierung" (Kurz 1991) eingeleitet? Wird die erste Frage mit „ja" beantwortet, ist der theoretische Reflexions- und politische Handlungsbedarf gering und sind die Möglichkeiten, aber auch die Anforderungen an eine Linke von bescheidenem Charakter. Das siegreiche westliche System, von den parteipolitischen Verwerfungen in einigen Ländern einmal abgesehen, kennt keine Alternative. Also muß man sich um Alternativen auch theoretisch nicht bemühen. Das fordistische Akkumulationsregime hat trotz (oder wegen) der Krisen Zukunft. Allenfalls macht modernisierendes, schickes „face-lifting" Sinn, so wie in den diversen Papieren zur „neuen Mitte" der deutschen und zum „dritten Weg" der britischen Sozialdemokratie. In unseren Ausführungen über die Zeit der Globalisierung (vor allem im 2. Kapitel) haben wir auf die Tendenz der „Präsentation" von Zukunft und Vergangenheit oder auf den „Sieg der Gegenwart über die übrige Zeit" (Alexander Kluge) verwiesen. Die perfekte Präsentation ist die mediale, in der sich politische Figuren darstellen, die sich und den passiven Konsumenten die Anstrengung der Zukunftsgestaltung ersparen.

Hält man es aber mit der zweiten Frage, dann könnte dramatische Zuspitzung angesagt sein. Jede historische Umbruchphase kennt die zugespitzten Situationen revolutionärer Ereignisse und Phasen der vergleichsweise ruhigen politischen und ökonomischen Entwicklung. Erst aus der Retrospektive können verschiedene Ereignisse miteinander verknüpft werden; die Verknüpfung wird den Zeitgenossen nicht ohne analytische Anstrengungen deutlich. Dabei kann man sich auch gehörig irren. Die Möglichkeit des Irrtums ist also in die theoretische Arbeit mit hineinzudenken. Dies ist das beste Gegengift gegen dogmatische Interpretationen, vor denen Gilbert Ziebura warnt.

Was spricht für die These vom Ende eines langen politischen Zyklus, für die Interpretation der Zeitgeschichte als einer Periode des tiefgreifenden Umbruchs und der Herausbildung einer neuen Weise der Regulation gesellschaftlicher Verhältnisse? Einige Markierungen in ansonsten „unübersichtlichen Zeiten" sind möglich:

Von der Globalisierung wird gesprochen, seitdem diese an offensichtliche Grenzen gestoßen ist. Vorher war diese kein Thema oder bestenfalls Sujet der Abenteuerbücher und von Reports der Korrespondenten aus fernen Ländern. Es war schon immer eine Tendenz des Kapitals, den Weltmarkt herzustellen. Wie wirksam diese von Marx als „propagandistisch" charakterisierte Tendenz ist, zeigt sich daran, daß am Ende des 20. Jahrhunderts der Globus restlos erobert ist. Es gibt keine weißen und roten Flecken auf der Landkarte. Der Planet Erde ist von den Erdenbewohnern, die sich vor noch gar nicht langer Zeit in aller protestantischen Demut als „Erdenwürmer" bezeichneten, von außen in seiner ganzen Pracht als „blauer Planet" betrachtet worden. Die Weltbeherrschung durch die „Krone der Schöpfung" ist durch keine Errungenschaft ähnlich sinnfällig geworden. Mit Satelliten und Sensoren ist es nun möglich, die Erdkruste abzusuchen und zu vermessen, auf diese Weise „von hoch oben" sogar begehrte Lagerstätten von Rohstoffen wie das Nibelungengold *„tief in der Erde Innern"* ausfindig zu machen, ja den Meeresboden kartographisch zu erfassen, der bald ebenso bekannt sein wird wie die Lüneburger Heide oder der Central Park in Manhattan. Und die Vermessungswut wendet sich mit den Mitteln der Kernphysik und der Gen- und Biotechnologien den Mikro- und Nanostrukturen der Welt zu, um herauszufinden, ob und wo in den Feinstrukturen des Lebens Verwertbares aufzufinden ist. Es bleibt natürlich nicht beim bloßen Vermessen; dies ist nur der erste Schritt im Prozeß der Inwertsetzung des Raums (vgl. dazu 4. Kapitel). Je mehr der Raum beherrscht wird („macht Euch die Erde untertan"), desto größer auch die Zerstörungen, die uns als soziales Elend und ökologische Krise, aber auch als sozialer Protest begegnen.

Wenn es keine weißen Flecken mehr gibt und wenn die „letzten gallischen Dörfer" vor der „Durchkapitalisierung der Welt" kapituliert haben, bemißt sich das globalisierte kapitalistische System nicht mehr an einem Gegner, der ihm nur zeitweise gewachsen war, sondern (selbstreferentiell) an sich selbst und an den Versprechungen, die das Modell der Massenkonsumgesellschaft permanent erzeugt. Verstärkt durch die Medien, die ebenfalls globalisiert sind, erfolgt das kapitalistische Wachstum nicht mehr als räumlich-territoriale Expansion in die letzten Reserven der Meere, Eiswüsten und räumlichen Mikro- und Nanostrukturen, sondern seine Dynamik wendet sich erstens nach innen. Es werden die Lebensräume kolonialisiert, also jene Refugien in den Prozeß der Globalisierung einbezogen, die für individuelle und soziale Identität so wichtig sind. Dies ist das Thema der Literatur zur Kolonisierung der Lebenswelten in der fordistischen Regulationsweise und soll hier nicht weiter behandelt werden. Eine zweite Konsequenz der Grenzen ist möglicherweise dramatischer. Denn wenn das Wachstum keine Möglichkeit der räumlichen Ausdehnung mehr findet, sucht es sich den Ausweg als Beschleunigung in der Zeit. Wir sind Zeugen einer dramatischen Beschleunigung allen Handelns; die modernen Techniken der Kommunikation, der Produktion und des Transports haben dies *möglich* gemacht. *Notwendig* wird die Permanenz der Beschleunigung infolge des Konkurrenzdrucks der globalen Märkte. Die beinahe völlige Deregulierung der internationalen Finanzmärkte spielt dabei eine besonders fatale Rolle. Dort werden die historischen Zeiten zu Computer-Echtzeiten komprimiert, Ungleichzeitiges wird gleichzeitig gemacht, und Gleichzeitiges ungleichzeitig. Es gibt keine Zukunft mehr. Diese wird als Gegenwart *„präsentiert"*, indem sie auf einen Gegenwartswert abdiskontiert und so *„defuturisiert"* (Anders 1972) wird. Diese kurz rekapitulierten Änderungen in ihrer Gesamtheit rechtfertigen die analytische Einschätzung, daß es sich bei den globalen Transformationen im letzten Viertel des 20. Jahrhunderts um gegenüber der kapitalistischen Expansion der vergangenen vier Jahrhunderte neue, historisch einzigartige Tendenzen handelt. Auch für die Linke ist die Zukunft häufig nicht mehr als die Gegenwart mit einem bißchen mehr von demselben. Die Gegenwart der Globalisierung wird als Modernisierung in die Zukunft fortgeschrieben. Durch die Konkurrenz werden alle Sicherheiten der Zukunftsgestaltung durch permanente Innovation, Modenwechsel und Modellabgrenzung kurzfristig über den Haufen geworfen. Die Umschlags- und Innovationszyklen mancher Produkte sind kürzer als ein Jahr. Diese Tendenzen der Globalisierung sind für historische Gesellschaften zerstörerisch. Die Expansion in die Lebenswelten hat zur Folge, daß die Ressourcen der Solidarität, ohne die eine Gesellschaft nicht auskommt, austrocknen. Die Beschleunigung des individuellen oder kollektiven Lebens hebelt politische Regularien, soziale Besitzstände und ökologische Behutsamkeiten aus. Der gesellschaftliche Umgang wird brutalisiert (so auch Narr/Schubert 1994). Das ist keine gute Voraussetzung für den beabsichtigten Diskurs über gesellschaftliche Alternativen, zumal das auf diesem Globus vorherrschende kapitalistische Modell der Entwicklung, das Produktion (also Technologien und soziale Organisation), Konsum (also Lebensstile und Lebensweisen), Verfahren (also Marktmechanismus und parlamentarische Demokratie) umschließt, immer noch und trotz der Krisentendenzen höchst attraktiv ist. Alle Mechanismen funktionieren ja, solange sie nicht von außen durch Regulierungszumutungen gestört werden, und sie sind schon deshalb ohne Probleme der Legitimation, weil es in der gegenwärtigen Welt an überzeugenden Alternativen mangelt. Einzig die Finanzkrisen der vergangenen Jahre haben an dieser Gewißheit gerüttelt. Auf einmal wurde erfahrbar, daß es einen krisenfreien Kapitalismus auch in „modernen Zeiten" nicht gibt, daß der Konjunkturzyklus, der die Kapitalismus-kritischen Debatten der vergangenen 100 Jahre bestimmt hat, keineswegs tot ist, sondern seine Ausdrucksformen im Zuge der (finanziellen) Globalisierung geändert hat und daß von den Krisen der Finanzen vor allem die arbeitenden Menschen betroffen sind. Das war schon immer so, hat aber am Ende des 20. Jahrhunderts globale Ausmaße angenommen.

13.1 Watteweicher Widerstand

Die Globalisierung ist also einerseits ein Prozeß ohne Alternative und erweist sich andererseits doch immer mehr als sozialer Sprengsatz und möglicherweise als Entwicklungsbahn in die soziale und ökologische Katastrophe. Doch die globalen Transformationen provozieren auch Widerstand. Zunächst den watteweichen: Daß in Europa allenthalben von einem neuen „Gesellschaftsvertrag" die Rede ist, verweist auf zweierlei: *Erstens* darauf, daß durch die vor allem ökonomische Globalisierung keine Weltgesellschaft entstanden ist, denn sonst ließe sich ja ohne Federlesens, wie etwa bei Ricardo Petrella, von der Notwendigkeit eines „contrat social global" reden und man müßte nicht an die Ressourcen der „Solidarität am Standort Deutschland" appellieren. Doch eine Weltgesellschaft ist schon wegen der durch die Globalisierung erzeugten globalen Ungleichheiten zwischen hoch entwickeltem Norden und wenig entwickeltem Süden, zwischen Extraktionsökonomien und Produktionsökonomien, zwischen Geldvermögensbesitzern und Schuldnern, zwischen Armen und Reichen überall eine *fata morgana*, die manche Autoren nach einem Durstmarsch durch die „*Wüste Globi*" zu sichten meinen.

Zweitens indiziert die Rede vom Gesellschaftsvertrag, wie sehr durch die ökonomische Globalisierung die Ressourcenbestände der Vergesellschaftung aufgezehrt worden sind und daß sie daher wie in der frühbürgerlichen Epoche in Zeiten des späten Kapitalismus rekonstituiert werden müßten. Vielleicht ist diese Absicht naiv. Sie zeigt aber sehr deutlich die Dramatik der Situation. Daß in der Bundesrepublik Deutschland die Gewerkschaften für ein „*Bündnis für Arbeit*" werben, das die rot-grüne Regierung seit September 1998 zu ihrem Programm gemacht hat, ist Ausdruck dieser Hilflosigkeit. Offensichtlich sind die beiden zentralen Vergesellschaftungsmechanismen der vergangenen Jahrzehnte nicht mehr geeignet, Arbeit für alle diejenigen zu besorgen, die arbeiten wollen und müssen: Der Marktmechanismus einerseits und der Nationalstaat andererseits. Die Wachstumsdynamik des Marktes reicht nicht aus, um mit der Zunahme der Produktion die Arbeitsplatzverluste durch Rationalisierung zu kompensieren und das politische Interventionsinstrumentarium der nationalstaatlichen Institutionen kann unter dem Druck der Währungskonkurrenz nicht eingesetzt werden, um die ökonomische Entwicklung in Richtung Vollbeschäftigung positiv zu beeinflussen. Es wird ganz von den Bedingungen der Stabilitätspolitik absorbiert, die im übrigen in der Europäischen Währungsunion fest und nahezu alternativlos verankert ist.

Die ökologischen Schranken der kapitalistischen Akkumulation heben sich natürlich nicht dadurch auf, daß immer wieder einmal gegen den ökologischen „Alarmismus" polemisiert und modisch sich selbst auf die Schulter klopfend davon schwadroniert wird, daß in den vergangenen Jahren beträchtliche Fortschritte beim Umweltschutz erzielt werden konnten. Die Nutzung der globalen Ressourcen gemäß der individualistischen Rationalität von TNU oder einzelner Nationalstaaten hat bereits zu einer kurzfristig überhaupt nicht mehr reparablen Übernutzung geführt. Die schützende Ozonschicht ist nicht in der Zukunft bedroht, wenn wir „so weitermachen wie bisher", sie ist bereits sehr weitgehend zerstört. Der Treibhauseffekt ist nicht mehr Drohung, er ist bereits eingetreten. Nur dringt er nicht in die Tiefen des Alltagsbewußtseins ein, da „clean pollution" durch Treibhausgase nicht in den Augen brennt oder die Nasenschleimhäute austrocknet. Wenn heute die Emissionen von CO_2 und von Ozonkillern auf ein tragfähiges Niveau reduziert würden, dauerte es viele Jahrzehnte, bis sich die atmosphärische Konzentration der Schadstoffe so verringert hätte, daß eventuell ein Stand vergleichbar dem *status quo ante* erreicht werden könnte. Fast jeden Tag können wir auf der letzten Zeitungsseite unter „Vermischtes aus aller Welt" lesen, daß wieder eine Art ausgestorben, ja daß sogar eine Pazifikinsel im Ozean verschwunden ist. Und wir wissen, daß, wenn eine Art ausstirbt, zumeist viele andere mit über die Wupper gehen. Die Katastrophe der Evolution ist also viel mehr Normalität als jene von Perrow (1987) untersuchten „normalen" technischen und dem Sozialverhalten geschuldeten Katastrophen. Die Ausdehnung der Reichweite ökonomischer Interessen und technischer Apparate in die Mikro- und Nanostrukturen des Raums, die Unterwerfung der Lebenswelten unter die globalisierende Logik der kapitalistischen Systemwelt und dann der permanente Druck in Richtung Beschleunigung in der Zeit pressen einzelne Menschen und ganze Gesellschaften aus dem vertrauten Koordinatensystem in Raum-Zeiten, die mit menschlichen Sensorien nicht mehr wahrnehmbar und beeinflußbar sind. Die ökologische Katastrophe ist also keineswegs futuristische Fiktion oder Ausdruck eines ökologischen Alarmismus. Es gibt gute Gründe dafür, Alarm zu geben. Und: Ein Eingriff ist nur möglich, wenn der Handlungslogik Grenzen gesetzt werden, die die Globalisierung betreibt. Doch rollt das Rad der Globalisierung, und es anzuhalten trauen sich selbst grüne Politiker nicht zu. Nachdem der Alarmruf medial verklungen ist, formiert sich Widerstand zu „ökologischen Modernisierungsbündnissen", in denen wie im „Bündnis für Arbeit" auf Kooperation gesetzt wird. Dies kann nicht falsch sein, solange man politisch wach bleibt und aufpaßt, nicht unter die Globalisierungsräder zu geraten.

Infolge der Globalisierung hat aber gerade die „Politik der Identität" (Giddens) Auftrieb erlangt, aber keineswegs als befreiendes Projekt. Es sind neue Fundamentalismen entstanden, die darauf Bezug nehmen. Regionalistische, nationalistische, ethnizistische, religiöse Bewegungen spielen nicht nur in Europa eine zum Teil finstere Rolle. Auch der Neoliberalismus, die Marktvergötzung und die Modernisierungsapologien gehören in das triste Spektrum der Fundamentalismen, denn damit werden quasi-religiöse Ausschließlichkeitsansprüche, sowohl hinsichtlich der Opfer, die dem Marktgötzen zu bringen sind, als auch im Hinblick auf die Heilsversprechen, die mit der Durchkapitalisierung der Welt abgegeben worden sind (von denen ist dasjenige des „Wohlstands für alle" noch das harmloseste). „Kapitalismus als Religion" (Walter Benjamin) korrumpiert auch Gegenbewegungen.

13.2 Die Verteilungsfrage des 21. Jahrhunderts

Eric Hobsbawm (1995) hat davon geschrieben, daß das „kurze" 20. Jahrhundert das Jahrhundert des Wachstums gewesen sei. Über diese Charakterisierung kann es keinen Zweifel geben. Nicht nur waren die Wachstumsraten in der zweiten Hälfte dieses Jahrhunderts so hoch wie niemals zuvor in der zigtausendjährigen Menschheitsgeschichte. Schon darin kommt die Einzigartigkeit des Zeitalters der Globalisierung zum Ausdruck. Die Logik des individuellen Handelns in Produktion und Konsumtion, aber auch die Logik der Institutionen auf dem Markt und in der Politik und im gesellschaftlichen Raum sind ganz vom positiven Wachstum bestimmt, von der Akkumulationsdynamik des Kapitals. Wenn das Wachstum also an Schranken stößt, ergeben sich daraus auch institutionelle Konsequenzen in Wirtschaft, Gesellschaft und Politik. Dann wird es, wie auch Hobsbawm schlußfolgert, im 21. Jahrhundert in erster Linie um die Verteilung von Einkommen und Vermögen, aber auch um die Rechte auf die Nutzung des „Umweltraums" (vgl. 11. Kapitel) gehen. Es wurde immer angenommen, und zwar von der politischen Rechten ebenso wie in der politischen Linken, daß durch wirtschaftliches Wachstum Verteilungsfragen leichter zu lösen seien. Am Ende des 20. Jahrhunderts jedoch müssen wir feststellen, daß dies keine zukunftsträchtige Lösung im 21. Jahrhundert sein kann. In einzelnen Gesellschaften ist zwar die Ungleichverteilung geringer geworden, doch sind diese eher die Ausnahme. Im globalen System ist die Ungleichverteilung extrem gestiegen – und zwar trotz bzw. wegen des positiven Wachstums der vergangenen Jahrzehnte. Reichtum und Armut sind wie siamesische Zwillinge gemeinsam und untrennbar größer geworden. Dies wäre kein Problem, gäbe es nicht das mit der Globalisierung in alle Weltgegenden transportierte Modell des „guten Lebens" in den oberen Klassen der reichen Länder. Es ist Modell, aber für eine große Mehrheit der Weltbevölkerung nicht erreichbar, es sei denn durch Migration; aber selbst dann nur für eine Minderheit von mobilen Menschen. Der Umverteilung durch Migration jedoch werden durch die reichen Staaten Grenzen gesetzt, an denen sich sehr sichtbar und fühlbar die Grenzen der Globalisierung manifestieren. Das europäische Asylrecht ist dafür ebenso Beleg wie der Elektrozaun an der mexikanisch-US-amerikanischen Grenze.

Trotz solcher (national)staatlichen Erfolge bei der Eindämmung dieser Nebenfolgen der Globalisierung mit Stacheldraht und elektronischem Zaun sind die Grenzen des Nationalstaats, sofern diese die Reichweite von politischen Interventionen umschreiben, geschrumpft. Die Konsequenzen für politische Projekte sind gravierend. Nicht nur entsteht am „Ende der Territorien" (Badie 1995) eine neue Geographie von Netzwerken, die mit der alten politischen Geographie der Machtverhältnisse nationaler Staaten keineswegs deckungsgleich ist. Es könnte, insbesondere wenn die ökonomischen Beziehungsgeflechte in Betracht kommen, von einer „*Nodalisierung* des Raums" und von der Entstehung einer vernetzten Raumstruktur gesprochen werden, in deren Knotenpunkten sich die „global cities" befinden, die Finanzzentren, Drogenumschlagsplätze und internationalen Airports oder Touristenzentren. Die Knotenpunkte der globalen Märkte befinden sich nicht immer in den Regierungssitzen der Nationalstaaten, und sie haben wenig mit den konkreten „Standorten" zu tun, auf die sie jedoch einen enormen Einfluß ausüben. Denn sie stellen eine Realität des kapitalistischen Marktes dar, die „exit-Optionen" für all jene Unternehmen eröffnen, die Kapital von einem Standort zum anderen transferieren oder von der lokalen auf die globale Ebene wechseln wollen. So ist also eine Mobilisierung und Flexibilisierung des Kapitals möglich geworden, wie sie zuvor niemals in der Geschichte existierte und wie sie den sozialen Kontrahenten des Kapitals, die diese Möglichkeiten nicht haben, so außerordentlich große Probleme bereiten: in erster Linie den Gewerkschaften, die existentiell bedroht sind. Wie in der Konkurrenz des Marktes „die Schnelleren die Langsamen fressen", so im Prozeß der globalen Strukturierung der ökonomischen, politischen und militärischen Macht die mobilen Kräfte die weniger Mobilen (vgl. 8. Kapitel).

Die Linke hat traditionell alles daran gesetzt, die Rechte von subalternen Schichten so auszuweiten, daß sie als Staatsbürger politisch gleichberechtigt mit ihren sozialen Gegnern werden können. Das gleiche Wahlrecht für alle Staatsbürger und die Gleichberechtigung von Frauen sind wichtige und erfolgreiche Etappen in diesem Kampf gewesen, Bürgerrechte im Nationalstaat zu erlangen. Was ist aber mit diesen Bürgerrechten, wenn der Nationalstaat mehr und mehr seine Souveränität einbüßt und wirtschaftspolitisch nichts tun kann, um das Vollbeschäftigungsziel zu verfolgen, weil monetäre und finanzielle Stabilität überragendes Ziel geworden ist? Die Rechte werden dematerialisiert, auch wenn sie formell erhalten bleiben, weil die aus ihnen abgeleiteten materialen Ansprüche (z.B. auf einen Arbeitsplatz) ins Leere zielen. Die Substanz der Rechte wird ausgehöhlt bis zu dem Punkt, wo es gar nicht darauf ankommt, ob sie politisch wahrgenommen werden oder nicht. Denn Regierungen geraten noch nicht einmal in legitimatorische Schwierigkeiten, wenn sie die Ansprüche von Staatsbürgern ins Leere laufen lassen; sie können ja auf die Funktionsmodi des Marktes, speziell des Arbeitsmarktes verweisen und sich damit den Legitimationszwängen demokratischer Gesellschaften „entwinden" (Habermas). Dies ist dann der Moment, an dem Politik- und Parteienverdrossenheit zum Thema werden.

Gleichzeitig mit dieser Perforation politischer Grenzen türmen sich neue – nämlich ökologische Grenzen des Umweltraums – auf. Die im Auftrag von BUND und Miserior erstellte Studie des Wuppertal Instituts (1996) hat diese Grenzen in die politische Landschaft unseres Handelns eingezeichnet: Um in Deutschland zukunftsorientiert und nachhaltig produzieren und konsumieren, also arbeiten und leben zu können, muß das Niveau des Umweltverbrauchs der 90er Jahre bis zur Mitte des nächsten Jahrhunderts radikal abgesenkt werden. Die „Grenzen des Wachstums" sind nicht durch Naturkräfte eingepfählt, sondern Element eines sozialen Prozesses. In dessen Verlauf verändert sich das gesellschaftliche Naturverhältnis, und zwar nicht nur in den Grenzen der tradierten Nationalstaaten, sondern innerhalb des globalen Systems insgesamt. Wenn es so ist, daß sich an Grenzen, also gegenüber dem unterscheidbaren Anderen, gegenüber neuen Herausforderungen, politische Identitäten bilden, dann entstehen sie auch an den ökologischen Grenzen, an die das Wachstum gestoßen ist. Tatsächlich bilden sich ökologische Bewegungen, die von Anfang an über Nationalstaaten hinausgreifen, sich internationalisieren und Ansätze von vernetzter Zivilgesellschaft bilden. Die tradierten nationalstaatlichen Grenzen umschreiben nicht mehr den Raum des politischen Handelns, ganz anders also als in der Geschichte der Arbeiterbewegung, der „alten sozialen Bewegungen". Die nationalen Grenzen waren wie eine Klammer, die Parteien und soziale Bewegungen umfaßte, und zwar selbst dann, wenn sie explizit – wie von der internationalistischen Arbeiterbewegung – negiert worden sind. Das schmähliche Scheitern der „internationalen Solidarität" im Ersten und vor dem Zweiten Weltkrieg zeigt in aller Klarheit die Stärke, die die nationalstaatliche Identität, gerade in ihrer dekadenten Form, ausgeübt hat.

Daraus ergibt sich, daß mit dem Bedeutungsverlust der Grenzen des Nationalstaates und mit dem spiegelbildlichen Bedeutungszuwachs des globalen Marktes die Verteilungsfrage, die im 21. Jahrhundert so zentral sein wird, doppelt zugespitzt wird: *Erstens* wird sie infolge der Begrenztheit sekundärer Korrekturmöglichkeiten von primärer, auf dem Markt entstandener Verteilung zwischen Klassen, Schichten, Geschlechtern depolitisiert und *zweitens* wegen der Globalisierung der Märkte globalisiert. Dabei verändern sich das Verhältnis von Ökonomie und Politik und von Begriff und Selbstverständnis von Staatsmacht und Staatsvolk, also von Raum und Zeit der „*Kratie*" des „*Demos*". Entweder wird das Übergewicht der Ökonomie akzeptiert und in Kauf genommen, daß die Verteilung in jeder Gesellschaft und zwischen den Gesellschaften weiter aufklafft und schließlich eine Gerechtigkeitslücke fühlbar wird, die zu erneuter Politisierung drängt, oder den durch den globalen Markt gelenkten Einkommensflüssen wird ein „Bett" gewiesen, in das sie sich gemäß politischer Vorgaben der Gerechtigkeit ergießen. Gerade weil die Frage der Verteilung im Zuge der globalen Transformation so zentral ist, wachsen Bewegungen, die sich für das „re-embedding", für das Anhalten der „Entbettungsmechanismen" (dazu 3. Kapitel) einsetzen.

Schaubild 13.1: Elemente einer ökologisch-sozialen Entwicklungsbahn

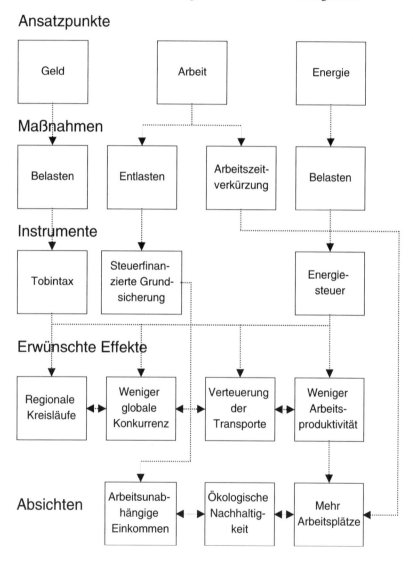

13.3 Möglichkeitssinn

Robert Musil schrieb in seinem „Mann ohne Eigenschaften", daß es dort, wo es Wirklichkeitssinn gibt, auch Möglichkeitssinn geben muß. Die wirkliche Wirklichkeit enthält immer auch eine mögliche Wirklichkeit, der man schwer auf den Zahn fühlen kann, denn sie muß ja erst in die wirkliche Wirklichkeit gehoben werden. Das ist nicht immer möglich, es geschieht an den historischen Bifurkationen der Entwicklung, an denen neue Trajektorien „Rettendes" versprechen: Wo Gefahr droht, da wächst das Rettende auch (Hölderlin). Nur selten in der Geschichte ist der Ausweg des Rettenden ein großer Bruch mit der „wirklichen Wirklichkeit", zumeist ein Übergang, der ein Schleichweg ist, auf eine neue Entwicklungsbahn. Wie könnten die Wegmarken dieses Übergangs zu einer neuen Regulationsweise beschrieben werden? Wenn unsere Analyse der Globalisierung stimmt, dann wird es vor allem darum gehen müssen, die Weichen bei der Regulation des Geldes, der Arbeit und des Energieverbrauches zu stellen, also im *Währungsraum*, im *Umweltraum* und im *Geschwindigkeitsraum*. Die Regulation erfolgt auf globalisierten Märkten durch die Mechanismen der Preisbildung. Also sollten diese so ausgestaltet werden, daß die sozialen und ökologischen Ziele, über die ja weithin Einigkeit besteht, möglichst erreicht werden: nämlich Beschäftigung, Gerechtigkeit und ökologische Nachhaltigkeit.

Wir fassen die Wirkungszusammenhänge schematisch zusammen. Dabei läßt es sich zeigen, daß tatsächlich Maßnahmen der Belastung von Geld und Energieverbrauch und der Entlastung von Arbeit in die gewünschte Richtung zielen (*Schaubild 13.1*). Für sich genommen jedoch dürfte keine der Maßnahmen und keines der Instrumente die verfolgten Absichten befördern. Gewißheit darüber, daß die Ziele überhaupt mit *marktkonformen* Instrumenten realisiert werden können, gibt es erst recht nicht.

13.3.1 Entschleunigung der Finanzströme durch die Tobintax oder: Warum Oskar Lafontaine gescheitert ist

Fangen wir mit der Re-Regulierung der in den vergangenen zwei Jahrzehnten weitgehend deregulierten globalen Geld- und Kapitalmärkte an. Die internationalen Finanzmärkte sind, dies haben wir im 5. Kapitel gesehen, seit der finanziellen Deregulierung mit extrem hohen jahresdurchschnittlichen Raten gewachsen, die ein Vielfaches der Zuwachsraten von Weltproduktion und Welthandel ausmachen. Dahinter verbergen sich nicht nur die üblichen Kapitaltransaktionen, die zur Finanzierung des Welthandels und der Produktion (Direktinvestitionen) notwendig sind, sondern spekulative Bewegungen, die immer neue „financial instruments", Finanzinnovationen, hervorgebracht haben. Diese stellen zwar den Versuch dar, die Risiken individueller Kapitalanleger zu mindern und gleichen unter „normalen" Bedingungen, d.h. wenn die Kursschwankungen in einem System flexibler Wechselkurse nicht zu groß sind, infolge der „Arbitragespekulation" abrupte Kursbewegungen aus. Sie haben aber für die Funktionsweise des Systems als Ganzes eine niederschmetternde Wirkung: Sie steigern die finanziellen Instabilitäten und haben auch dazu beigetragen, daß die globalen Ungleichheiten, anders als die marktliberale Theorie unterstellt, in den vergangenen Jahrzehnten zugenommen und nicht abgenommen haben. Daher gibt es Vorschläge, insbesondere die kurzfristigen, spekulativen Kapitaltransaktionen durch eine Kapitaltransaktionssteuer (Tobintax) zu verteuern (vgl. Huffschmid 1995; 1999; Kulessa 1996; Griffith-Jones 1998). Dies geschieht dadurch, daß auf alle grenzüberschreitenden Kapitalbewegungen ein geringer Satz (von weniger als 1%) erhoben wird. Bei sehr kurzfristigen Kapitaltransfers müßten Zinsdifferenzen oder Wechselkursänderungen sehr hoch sein, um die Rentabilität des Geschäfts zu wahren[201]. Unter „normalen" Bedingungen würde also die Tobintax wirksam sein, in der Krise jedoch nicht. Wenn wie im Fall des mexikanischen Pesos 1994 oder der indonesischen Rupiah und des thailändischen Bahts 1997 oder im Falle des brasilianischen Real 1999 eine Abwertung von 50% und mehr erwartet werden kann, schreckt keine Tobintax vor der Flucht aus der abwertungsverdächtigen Währung.

Die Wirkungsweise der Tobinsteuer ist *erstens* nicht leicht einzuschätzen. Es ist keineswegs gesichert, daß die finanziellen Instabilitäten durch eine Belastung kurzfristiger Kapitalbewegungen geringer werden; es ist lediglich wahrscheinlich. Schon diese begründete Erwartung spricht für eine solche Steuer: die globalen Finanzmärkte müssen „entschleunigt" werden, nicht zuletzt wegen des enormen Instabilitätspotentials, das sich in Krisen Luft machen kann. *Zweitens* ist es unter den gegebenen Verhältnissen der globalisierten Welt fast ausgeschlossen, daß sich alle „Knotenpunkte" im finanziellen Netz auf eine gemeinsame Regel verpflichten. Warum sollen Finanzplätze wie die Cayman Islands, Luxemburg oder die Londoner City sich die Geschäfte mit Finanzdienstleistungen durch eine Tobinsteuer verderben lassen? Gerade infolge der Globalisierung und der Entstehung der vernetzten Raumstrukturen ist das „free rider-Verhalten" einzelner Finanzplätze viel wahrscheinlicher als in der durch „hartes" internationales Recht regulierten Welt der Nationalstaaten. Daher ist eine verbindliche Einführung der Tobinsteuer mit großen Schwierigkeiten verbun-

---

[201] Wenn eine Kapitalsumme dreimal pro Jahr transferiert wird, also sechsmal die Grenze wechselt, müßte bei einem Satz von 0,5% das Zinsdifferential mindesten 3% betragen. Je kurzfristiger die Transaktionen, desto höher müßten die Zinsdifferenzen sein und desto unwahrscheinlicher ist es, daß die Transaktionen zustande kommen. Langfristige Kapitalbewegungen hingegen wären von der Tobinsteuer fast gar nicht belastet.

den. Allerdings ist unter dem Schock der Finanzkrise „der Ruf nach Regulierung" (vgl. 5. Kapitel, 5.4) auch der „off-shore"-Finanzzentren lauter geworden. Hinzu kommt, daß *drittens* die Verteilung des Steueraufkommens nicht konfliktfrei ist. Denn es wird auf einige hundert Milliarden Dollar geschätzt – Kulessa operiert mit einer Größenordnung von ca. 450 Mrd. US$ jährlich (Kulessa 1996: 99) – und könnte so dazu beitragen, daß auf monetärem Wege ein Teil der Ungleichheit der Einkommen (zwischen dem Norden und dem Süden) durch Transfers kompensiert werden könnte. Dies war das Projekt von Präsident Mitterrand auf dem Weltsozialgipfel 1995 in Kopenhagen, und auch Tobin selbst hat diesen Vorschlag unterbreitet (Tobin 1994). *Viertens* könnte mit einer „Tobinsteuer" auch eine Rücknahme der globalen Konkurrenz, die Stärkung regionaler Kreisläufe erreicht und die Standortkonkurrenz entschärft werden. Denn es ist nicht mehr so sanktionslos billig, die „Kapitalflucht" anzutreten und wie das „scheue Reh" Standorte zu meiden, weil dort beispielsweise die sozialen Kosten höher als anderswo sind. Die Tobinsteuer ist folglich ein marktförmiger (und somit Weltmarkt-konformer) Ersatz für nationalstaatliche Konvertibilitätsbeschränkungen, die allesamt seit den 70er Jahren im Zuge der generellen Deregulierung gefallen sind. Wird es nicht möglich sein, marktförmig die Absichten zu erreichen, werden einzelne Regierungen – wie in der Finanzkrise die chilenische und malaysische – dazu gezwungen sein, die freie Konvertibilität der Kapitalbewegungen zu revozieren und Kapitalverkehrskontrollen an nationalen Währungsgrenzen einzuführen. Denn es ist ausgeschlossen, daß die globalen Kapitalmärkte auf Dauer mit dem im vergangenen Jahrzehnt vorgelegten Tempo weiterwachsen, ohne sozial und ökologisch verheerende Wirkungen zu zeitigen, gegen die Protektionismus nichts als eine Notwehrhandlung wäre.

Fünftens könnte von der Tobintax eine Senkung des Zinsniveaus erwartet werden, wenn durch Dämpfung der kurzfristigen Spekulation Risiken geringer werden. Wie im 5. Kapitel gezeigt worden ist, liegen die Realzinsen seit fast zwei Jahrzehnten über den realen Wachstumsraten, so daß Schulden entweder aus der Vermögenssubstanz von Schuldnern bedient werden[202] oder gestrichen werden müssen. Letzteres käme einer milden Währungsreform gleich, die aber angesichts der Globalisierungszwänge unbedingt vermieden wird. Eine dritte Möglichkeit ist die Anhebung der realen Wachstumsrate des BIP. Dies ist aber

---

[202] Dies ist einer der Gründe für den Privatisierungsfuror öffentlichen Eigentums überall in der Welt. Die öffentliche Vermögenssubstanz wird privaten Geldvermögensbesitzern übereignet, die so umstrukturieren, daß sie gewinnträchtig verwendet werden kann. Die sozial ausgleichende Versorgung mit öffentlichen Gütern ist in vielen Fällen nicht mehr gewährleistet. Auch dies ist eine Verteilungsfrage des 21. Jahrhunderts. Doch trotz der Privatisierung sind fast überall die öffentlichen Schulden weiter gestiegen.

eine ökonomische Unmöglichkeit, wenn das Niveau bereits hoch ist und gleich bleibende oder gar steigende relative Zuwächse immer größere absolute Beträge des BIP verlangen. Bei gleichzeitig sinkender Kapitalproduktivität (bzw. steigendem Kapitalkoeffizienten) müßten Investitionsrate und Sparrate beträchtlich gesteigert werden, sollte dieser Strategie ernsthaft gefolgt werden. Auch verteilungspolitisch wäre die Steigerung der realen Wachstumsrate ein regressives Projekt, da ja die Sparrate allenfalls erhöht werden könnte, indem Masseneinkommen, die fast vollständig in den Konsum gehen, gesenkt und Gewinneinkommen, aus denen akkumuliert wird, angehoben werden. Schließlich ist das Erklimmen eines neuen, auf höherem Niveau gelegenen Wachstumspfades ein ökologisches Unding, wenn die Grenzen des Umweltraums bereits überschritten sind und daher eine Reduktion des Naturverbrauchs angesagt ist.

Dann bleibt nur die vierte Möglichkeit, die schon Keynes (1936/1964) präferierte: die Senkung der Realzinsen unter die „Grenzleistungsfähigkeit des Kapitals" und unter die reale Wachstumsrate des BIP. Doch diese Möglichkeit ist infolge der Globalisierung eine Unmöglichkeit, jedenfalls innerhalb des von der jeweiligen Zentralbank nicht mehr kontrollierbaren nationalen Währungsraums. Also kann dieses Projekt nur global umgesetzt werden: durch koordinierte Zins- und Wechselkurspolitik. Dafür stehen freilich die Chancen schlecht, wie die offene Feindschaft nahezu aller globalen Akteure von Lombard bis Wall Street, von Berlin bis Frankfurt gegen das Projekt Oskar Lafontaines im Winter 1998/99 und das schließliche Scheitern des Projekts demonstrieren. Allerdings ergibt sich daraus eine nahezu eherne, sarkastisch zu konstatierende Konsequenz: Auch im neuen Jahrhundert werden die Finanzkrisen – infolge der Überforderung von Schuldnern mit dem Schuldendienst auf der einen Seite und der Akkumulation von wachsenden Forderungen wegen der ebenfalls wachsenden Geldvermögen auf der anderen Seite der globalen Bilanz – in kurzen Abständen periodisch ausbrechen, bis sie nicht mehr regulierbar sind und dann das „Systemrisiko" (vgl. dazu 5. Kapitel) Wirklichkeit wird.

13.3.2 Energiesteuern gegen den „Fossilismus" oder: Warum die Produktivitätssteigerung enttabuisiert werden muß
Mit einer Energiesteuer auf fossile und nukleare Energien können mehrere Effekte erreicht werden. *Erstens* werden die CO_2-Emissionen reduziert. Dies würde einer weiteren Verstärkung des Treibhauseffekts entgegenwirken. Darüber hinaus verteuert eine Energiesteuer *zweitens* die Transporte. Sie kann auf diese Weise dazu beitragen, daß die Konkurrenzgrenzen zwischen Standorten erhöht, also der globalen Konkurrenz ein Teil ihrer Schärfe genommen würde (vgl. dazu das 6. Kapitel). Die Verteuerung müßte sowohl den Personen- als auch den Güterverkehr treffen. Sie könnte differenziert nach privatem und öffentlichem

Personenverkehr und dabei wieder gestaffelt nach der ökologischen Verträglichkeit der Verkehrsmittel erfolgen. Auch bei den Gütertransporten könnte die Belastung beispielsweise nach Entfernung differenziert werden. Die Energiesteuer würde somit ein Faktor sein, der die *Re-Regionalisierung* der ökonomischen und sozialen Reproduktionsbeziehungen gegen die Globalisierungstendenzen unterstützt. Auf diese marktkonforme Weise würde eine Protektion von Standorten gegenüber der globalen Konkurrenz ausgeübt, die durch die Tendenzen der Vernichtung des Raums durch die Zeit und der Zeit durch den Raum in den vergangenen Jahrhunderten verschärft worden ist. Natürliche Entfernungen und Zeiten würden so wieder Bedeutung erlangen.

Obendrein könnte die Energiesteuer mit einer Entlastung des „Faktors Arbeit" verbunden werden. Darauf zielen die Vorschläge, die die monetären Belastungen der Unternehmen bei Einführung einer Energiesteuer durch eine Senkung der Lohnnebenkosten kompensieren wollen, so daß die steuerliche Gesamtbelastung von Unternehmen und Haushalten insgesamt nicht steigt. In dem Maße wie fossile Energieträger teurer werden, würde also die biotische Energie der Arbeit komparativ billiger. Dies hätte einen von der Höhe der Steuer abhängigen negativen Effekt auf die Steigerung der Arbeitsproduktivität und daher – wie immer: *ceteris paribus* – einen positiven Effekt auf die Beschäftigung. Dies würde die Umkehrung der bislang wirksamen Tendenzen der „reellen Subsumtion" der Arbeit und der Natur unter das Kapital bedeuten. Denn in der kapitalistischen Gesellschaft ist mit der Industrialisierung und später der fordistischen und post-fordistischen Regulationsweise ein spezifisch kapitalistisches Arbeitsregime und Naturverhältnis entstanden, die durch permanente Produktivitätssteigerungen (und entsprechende Gewinn- und Lohnsteigerungen) charakterisiert sind. Arbeitsregime und Naturverhältnis sind also dadurch kapitalistisch geprägt, daß die Arbeit in der Tendenz „neben" den Produktionsprozeß tritt. „Exosomatische" (vor allem fossile) Energien und (technische) Mechanismen sowie informationelle Einrichtungen „arbeiten" mit höherem Wirkungsgrad als die menschliche Arbeit auf sich gestellt. Dadurch ist Arbeit sicherlich leichter geworden, aber auch so sehr eingespart worden, daß daraus strukturelle Arbeitslosigkeit weltweit resultiert. Die Substitution von Arbeit durch Kapital ist deshalb dem Kapital angemessen, weil so der Profit gesteigert werden kann. Obendrein nehmen die Produktionbedingungen, wenn denn Arbeit durch fossile Energie, Technik und elektronische Intelligenz ausgetauscht wird, die Form des Kapitals an. Kontrollprobleme werden auf diese Weise überwunden. Die Natur wird in diesem Prozeß als Ressource, die Erde als eine „ausbeutbare Mine" (Günther Anders) wahrgenommen und so zugerichtet, daß aus ihr mit Hilfe der Arbeit monetärer Gewinn gezogen werden kann. Eine Energiesteuer, wenn sie denn hoch genug ausgestaltet wird, würde zwar nicht das System der kapitalistischen Produktionsweise, wohl aber die bislang einzigartigen Formen der reellen Subsumtion der Arbeit und der Natur unter das Kapital verteuern und daher verändern.

Infolgedessen ist die Energiesteuer auch mehr als eine fiskalische Abgabe oder eine energiepolitische Maßregel. Sie könnte Element eines veränderten ökologisch-sozialen Regulationsmodus werden. Doch genau dies ist auch der Grund, warum eine Energiesteuer nicht so ausgestaltet wird, daß dieser Effekt einer Blockade des bislang vorherrschenden Typs der Entwicklung der Produktivkräfte eintritt. Mit einer Steuer ist es noch nie in der jüngeren Geschichte gelungen, den Übergang zu einem neuen Akkumulationsregime zu forcieren. Dies läßt sich auch an dem „Einstieg in die ökologische Steuerreform" durch die rot-grüne Regierung in Deutschland demonstrieren.

<u>Daher dürfen die Erwartungen in eine Energiesteuer nicht zu hoch angesetzt werden. Sie ist nur ein (wenn auch wichtiges) Element des Einschwenkens auf die angestrebte alternative ökologisch-soziale Entwicklungsbahn. Denn natürlich kommt es darauf an, energetische Alternativen zu entwickeln, also eine „solare Revolution" einzuleiten.</u> Die Alternativen sind nicht nur auf den Wegen der Effizienzsteigerung des global vorherrschenden sozialen Energiesystems zu suchen, sondern in dessen Umgestaltung. Wenn von sozialem Energiesystem die Rede ist (vgl. auch Debeir/Deléage/Heméry 1989), dann deshalb, weil die beabsichtigte Senkung des Energieverbrauchs auch eine soziale Frage der Erzeugung und der Nutzungsformen von Energie ist. Daß die Senkung des Energieverbrauchs von der räumlichen Gestaltung der Arbeits- und Lebensformen, der Konstruktion von Gebäuden und der Agglomeration im Raum abhängt, ist selbstverständlich. Doch verweist gerade diese Selbstverständlichkeit auf das Ausmaß der Probleme, die mit den Versuchen einer Senkung des Energieverbrauchs verbunden sind. Im nachfolgenden *Schaubild 13.2* sind in zwei tautologischen Gleichungen die beeinflussenden Faktoren des Energieverbrauchs (und daher auch der Schadstoffemissionen, indiziert durch die CO_2-Emissionen) in Beziehung gesetzt: Der Energieverbrauch E ist gleich dem Energieverbrauch pro Einheit des Sozialprodukts (E/Y) bzw. des eingesetzten Kapitals (E/K), multipliziert mit dem Pro-Kopf-Einkommen (Y/B) bzw. der Kapitalintensität (K/L) und der Bevölkerungszahl (B) bzw. dem Arbeitsvolumen (L). Die beiden Gleichungen A und B zeigen, wo jenseits der steuerpolitischen Verteuerung der Energie überall anzusetzen wäre, wenn der Energieverbrauch wirklich reduziert werden soll: Neben der sofort einleuchtenden Energieeffizienz gehören zu den energetisch relevanten Faktoren der Lebensstil und daher die „Suffizienz", die Bevölkerungsentwicklung, die Struktur der Wirtschaft, die Arbeitszeit. Nicht auf alle Faktoren hat eine Energiesteuer den erwarteten Einfluß. Sie kann folglich nur ein Mittel neben anderen sein, um eine

"Energiewende" einzuleiten. Insbesondere Bevölkerungs- und Reproduktionspolitik ist ein in höchstem Maße komplexer Sachverhalt, da er auch die Beziehungen der Geschlechter umfaßt.

Schaubild 13.2: Faktoren des Energieverbrauchs

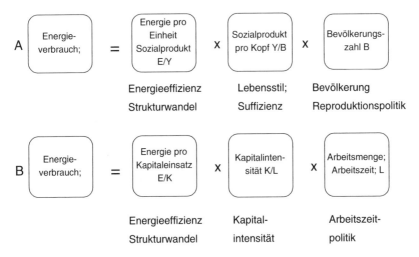

Wir haben es mit einem „Globalisierungstrilemma" zu tun: wenn nämlich *erstens* infolge der höheren Steigerungsraten der Arbeitsproduktivität im Vergleich mit den Wachstumsraten des BIP strukturelle Arbeitslosigkeit entsteht, wenn *zweitens* wegen Realzinsen, die die Wachstumsraten des BIP übersteigen, Schuldner überfordert werden und die Ungleichheit in der Welt wegen der Einseitigkeit der Einkommensflüsse von den Schuldnern zu den Gläubigern extreme Ausmaße angenommen hat und wenn *drittens* die einfach erscheinende Lösung der ersten beiden Probleme durch Anhebung der Wachstumsrate des BIP auf ökonomische und soziale Schranken stößt, vor allem aber mit den Prinzipien ökologischer Nachhaltigkeit konfligiert, dann müssen unkonventionelle Gedanken in den „Möglichkeitssinn" kommen. Die Senkung der Realzinsen ist ein einleuchtendes Ziel, das aber, wie gezeigt worden ist, schwer zu erreichen ist. Ein anderes Ziel freilich ist noch nicht einmal einleuchtend, sondern stößt auf spontane Ablehnung selbst bei jenen, die sich für eine „ökologische Steuerreform" einsetzen: eine Verringerung von Produktivitätszuwachs oder gar Produktivitätsniveau. Paul Kennedy betont sehr deutlich die immanenten Schranken des Produktivitätszuwachses, der in wissenschaftlicher und Alltagsöffentlichkeit als selbstverständlich unterstellt wird:

„Granting that global productivity, and therefore wealth, and therefore consumption have been increasing from decade to decade, what are the long-term implications for our global environment? How much more pollution can we pour into the atmosphere? Even if capitalism could raise the standards of living of the massive populations of China, India, Brazil to those enjoyed by Austrians and Americans, would it not destroy our planet? Is it possible instead to create 'sustainable capitalism', which increases wealth without destroying natural resources ...?" (Kennedy 1994: 23ff).

Möglicherweise verliert der Vorschlag einer Absenkung der Produktivität einen Teil seiner Radikalität, wenn nach dem Maß der Produktivität gefragt wird. Heute wird Produktivität gemessen, wenn das Produkt als Ware auf dem Markt mit einem Preis erscheint. Es wird dem Arbeitsinput gegenübergestellt. Nichtmonetäre Inputs und Outputs sind ausgeblendet. Möglich und sinnvoll wäre es, *erstens* im Produktivitätsmaß den Lebenszyklus des Produkts zu berücksichtigen, also alle Arbeiten zur Reparatur, Verbesserung und Veränderung des Produkts etc. (vgl. Stahel 1991). Bezogen auf das Produkt als Gebrauchswert würde rein rechnerisch die Produktivität mit seiner Lebensdauer sinken. *Zweitens* wären die externen Kosten (Umweltschäden) eines Produkts zu kalkulieren und die Aufwendungen, die zu ihrer Beseitigung erbracht werden müssen. In das Produktivitätsmaß müßten also die Vermeidungskosten von Umweltschäden eingerechnet werden. Dann könnte die Produktivität sogar steigen, wenn die letzteren gesenkt werden. *Drittens* sind Dienstleistungen in der Regel weniger produktiv als Arbeiten in der materiellen Produktion. Viele Dienstleistungen aber steigern die Wohlfahrt, ohne mit gestiegener Produktivität wegen der Beschleunigungseffekte Natur zu zerstören. Zwar stellen sich viele (z.B. die bayerisch-sächsische Zukunftskommission) unter der Förderung der „Dienstleistungsgesellschaft" die Errichtung eines Niedrig-Lohn-Sektors gering qualifizierter Beschäftigung vor. Allerdings muß dies nicht so sein, wenn nicht nur Entlohnung nach dem Grenzprodukt, sondern Umverteilung explizit kalkuliert werden. *Viertens* wäre über eine neue Rolle der Landwirtschaft nachzudenken. Wenn statt der fossilen Energieträger erneuerbare Energien in den Vordergrund eines „post-fossilistischen" und „post-fordistischen" Akkumulationsmodells gerückt werden, könnte die Landwirtschaft aus der marginalen Rolle, die sie heute spielt, herauskommen (Scheer 1995). Im Verlauf der kapitalistischen Entwicklung ist die Landwirtschaft aus einem natürlichen Extraktionsbereich in eine künstliche Industrie verwandelt worden, mit negativen Effekten für die Umwelt. Die Renaturierung der Landwirtschaft würde die Produktivität senken, die in den entwickelten Ländern so hoch ist, daß Überproduktion folgt. *Fünftens* gibt es die spontane Reaktion der Informalisierung auf den globalen Wettbewerb: Sektoren, die mit den *„benchmarks", „best practices",* Standards des Weltmarkts nicht mithalten können, verschwinden nicht unbedingt. Aber sie informalisieren sich, d.h. passen Arbeits- und Lohnregime an Standards an, die regional, national, lokal spezifisch sind. Möglicherweise entstehen hier ökonomische Formen, die die Alternativlosigkeit des neoliberalen Modells überwinden. Moderne Wirtschaftspolitik muß dieser Realität Rechnung tragen und nicht nur traditionell danach streben, auf dem Weltmarkt führend zu sein. Dies ist nur durch Modernisierung der formellen Sektoren und die Inkaufnahme eines immer größer werdenden informellen Bereichs möglich. In vielen Ländern erfaßt der informelle Sektor bereits eine Mehrheit der Arbeitskräfte (vgl. 8. Kapitel).

Sechstens gibt es immer noch das Instrument der Arbeitszeitverkürzung, wenn es nicht möglich sein sollte, die Lücke zwischen Wirtschaftswachstum und Produktivitätssteigerung zu schließen. Das Wachstum anzuheben, ist allenfalls eine sehr kurzfristige Lösung; die Produktivität zu steigern, wird ökonomisch immer schwieriger und ist ökologisch nicht tragbar. Den Produktivitätszuwachs zu senken, ist eine mögliche Strategie und dennoch bleibt die „Beschäftigungsschwelle", also die Wachstumsrate, bei der die Beschäftigung zu- und nicht mehr abnimmt, in vielen Ländern, auch in Deutschland, zu hoch. Nur eine Arbeitszeitverkürzung kann in dieser Situation eine Lösung bringen.

13.3.3 Wer nicht arbeitet, soll auch essen oder: Die notwendige Entkoppelung von Arbeit und Einkommen

Kapitalistische Gesellschaften sind, wie wir mehrfach und in verschiedenen Zusammenhängen unterstrichen haben, zugleich Arbeits- und Geldgesellschaften. Die Vergesellschaftung erfolgt zugleich und widersprüchlich durch *Arbeit in der Produktion* und durch *Geld in der Zirkulation*. Daher bedeutet die strukturelle Dauerarbeitslosigkeit mehr als nur betrübliches Schicksal für eine Millionenarmee von Betroffenen. Arbeitslosigkeit, sofern sie nicht quasi-automatisch im industriellen Zyklus absorbiert wird, sondern eine strukturelle Dauererscheinung bleibt, stellt eine brisante Herausforderung für den Vergesellschaftungsmodus dar, die allerdings durch die heute globalen Tendenzen der Exklusion nicht nur aus dem Bewußtsein, sondern auch aus den institutionalisierten Regelwerken der kapitalistischen Gesellschaften verdrängt werden. Nur durch Arbeit, wenn man denn nicht in der Lage ist, „das Geld für sich arbeiten zu lassen", kann nach den Regeln des wohlfahrtsstaatlichen Kapitalismus reguläres Einkommen erworben werden. Geld läßt keine Solidarität zu und schwingt sich allenfalls zur *Caritas* auf [203]. Arbeit ist daher die Basis des Wohlfahrtsstaats

---

[203] Wenn Kunst, Kultur, Bildung keine öffentlichen Angelegenheiten mehr sind, werden sie zum Objekt des Sponsoring. Wenn die privaten Mäzene sich noch in sozialen Bindungen und nicht nur im Gestrüpp der globalen monetären Beziehungen der Geldgesellschaft befinden, mag Mäzenatentum zu selektiven, aber auch großen Leistungen auflaufen. Dies ist aber um so unwahrscheinlicher, je mehr die Einkommen von Geldvermögensbesitzern entterritorialisiert sind und daher umso weniger mit einer territorial definierten Gesellschaft zu tun haben. Dann

sowohl hinsichtlich seiner Finanzierung wie der Begründung von Leistungen, die die sozialen Sicherungssysteme für Anspruchsberechtigte zu erbringen haben. Die Bindung von Einkommen und daher von Konsum und Lebensstandards von Individuen und Familien an das System der gesellschaftlichen Arbeit, der arbeitszentrierte Wohlfahrtsstaat, geraten unweigerlich in eine Krise, wenn „der Gesellschaft die Arbeit ausgeht". Dann gelangt das „sozialdemokratische Jahrhundert" tatsächlich an sein Ende. Die Nichtarbeit muß nun dauerhaft finanziert werden, ohne daß den Arbeitslosen die andere Einkommensquelle, das Geldvermögen nämlich, zur Verfügung stünde.

An diesem Sachverhalt knüpfen Vorstellungen von „Zukunftskommissionen", vor allem diejenige der Freistaaten Sachsen und Bayern (Zukunftskommission 1997) an[204]. Einkommen gibt es nur als „Ausfluß" von Kapital, nämlich von Geldkapital und Produktivkapital (die in unübertrefflicher Naivität und Ignoranz einer hundert Jahre alten Debatte immer noch als Ergebnis des „Sparens" von sparsamen Individuen gedacht werden), und von „Humankapital", das im Bildungs- und Ausbildungsprozeß akkumuliert wird. Diejenigen, die weder über das eine noch über das andere Kapital verfügen, müssen für wenig Qualifikation beanspruchende und daher nur schmale Einkommensrinnsale erzeugende Dienstleistungen zur Verfügung stehen. Wenn sie dazu keine Gelegenheit haben, bietet ihnen die Gemeinschaft „Bürgerarbeit" an. Dabei ist die Freiwilligkeit begrenzt, da ja der Bezug von Leistung und Einkommen nicht gänzlich aufgelöst werden kann.

Das Modell der Zukunftskommission entspricht also weder dem Kriterium der Gerechtigkeit noch dem der individuellen Wahlfreiheit. Diesen Kriterien und den Konsequenzen der Globalisierung für die Arbeit kann nur Rechnung getragen werden, wenn der Finanzierungsmodus von der Arbeit abgekoppelt wird. Die notwendige Grundsicherung derjenigen, die keine Arbeit haben (Arbeitslose, Jugendliche in der Ausbildung, Erwachsene in Qualifikationsmaßnahmen, ältere Menschen), kann in Zukunft nur steuerfinanziert und nicht aus den Beiträgen erfolgen, die die Arbeitenden (die „Arbeitsplatzbesitzer") in das Sozialversicherungssystem einzahlen. Sie kann auch nicht an Kapitalerträge (Zinsen) gebunden sein, weil so hohe Kapitalien gebildet werden müßten, daß allein

---

wird Sponsoring selbst zum Markthandeln und bedient sich folglich der Logik des Marktes. Dies bedeutet daher auch, daß privates Sponsoring (Stiftungen), auf das so manche in der Krise der Bildungssystem setzen, die Krise nicht mildern geschweige denn beheben kann (am Beispiel des „Prinzips Guggenheim" vgl. Altvater 1999b).

[204] Die Frage nach der zukünftigen Verknüpfung von Leistung und Einkommen wird auch von der Zukunftskommission der Friedrich-Ebert-Stiftung (1998) oder vom Club of Rome (Giarini/Liedke 1998) und von postmodernen Sozialwissenschaftlern in ähnlicher Weise aufgegriffen (z.B. Guggenberger 1997).

schon deshalb die Crash-Gefahr auf den Märkten, auf denen mit ihnen spekuliert würde, extrem steigt. Die Geldgesellschaft (die Mitglieder der „Clubgesellschaft") muß an der Alimentierung der Arbeitsgesellschaft beteiligt werden – aber durch Steuern, denen sich zu entziehen erschwert werden muß. Die steuerfinanzierte Grundsicherung ist auch notwendig, wenn die „der Gesellschaft ausgehende" Erwerbsarbeit durch eine Politik der Arbeitszeitverkürzung umverteilt wird. Je kürzer im quantitativen Sinne die Arbeitszeit, desto weniger Zeit wird für den Einkommenserwerb aufgebracht, gleichgültig wie hoch das Einkommen ist. Schon aus diesem Grunde löst sich die Bindung von Arbeit und Einkommen, die für die wohlfahrtsstaatliche Gestaltung von Gesellschaft, für das Verständnis vom „Normalarbeitsverhältnis", für die Vorstellungen einer „Erwerbsgerechtigkeit" so lange charakteristisch war.

13.4 Fazit: Reformen der globalen Transformationen

Die Globalisierung rückgängig machen zu wollen, wäre kein zukunftsorientiertes Projekt. Die Globalisierung als eine Durchkapitalisierung der Welt, wie es der Fundamentalismus des Marktes und seiner neoliberalen Adepten verlangt, einfach sich selbst, d. h. den großen ökonomischen Mächten transnationaler Unternehmen und global agierender Banken zu überlassen, würde globale Transformationen möglicherweise in soziale und ökologische Katastrophen treiben. Also bleibt nur die Perspektive der gesellschaftlichen Regulation der globalen Prozesse in Politik und Wirtschaft. Es müssen politische Grenzen gesetzt werden, um der „exit"-Option (z.B. Kapitalflucht) einen Riegel vorzuschieben. Gleichzeitig muß freilich alles getan werden, um die Freiräume der „voice"-Option, also der Erhebung der Stimme in der demokratischen Öffentlichkeit, so groß wie möglich zu halten. Mit dieser Feststellung befinden wir uns allerdings sogleich mitten in dem Dilemma zwischen Regulierungsanforderungen einerseits und der zu konstatierenden Tatsache, daß es auf globaler Ebene keine Akteure gibt, die in einer Weise intervenieren könnten, wie es die Nationalstaaten im nationalstaatlichen Territorium und in der internationalen Politik vermochten. Alternative Projekte haben sich historisch immer auf den Nationalstaat, auf den Interventions- und Wohlfahrtsstaat, der aber dekkungsgleich mit dem Nationalstaat war, konzentriert.
Aus der Analyse des „Globalisierungstrilemmas" ergeben sich also normative Schlußfolgerungen. Wirtschaftspolitik unter Bedingungen der Globalisierung kann eine Perspektive der Überwindung von Arbeitslosigkeit, Finanzkrise und ökologischer Degradation nur dann eröffnen, wenn Arbeit, Geld und Natur wieder in gesellschaftliche Regulierung eingebettet werden, wenn die Fetischhaftigkeit der ökonomischen Beziehungen überwunden wird: durch eine Rere-

gulierung der Finanzmärkte, durch explizite Beachtung der ökologischen Regeln des Wirtschaftens, durch eine Transformation der Arbeit, die weniger Produktivität in Kauf nimmt, also die Wirtschaftsprozesse entschleunigt und die Expansion im Raum durch Wiederentdeckung der Region reduziert. Es geht also unter Bedingungen der Globalisierung um die Explikation jenes „reformistischen" Projekts, das Karl Polanyi (1944/1978) als Gegenbewegung gegen die Entbettung des Marktes aus gesellschaftlichen Bindungen beschrieben hatte: um die Bändigung eines globalen Kapitalismus, der über die Stränge schlägt, um die Entwicklung und Beachtung von Regeln der globalen Transformationen, um die Stärkung der politischen Demokratie gegen den Autoritarismus der globalen Märkte.

Abkürzungsverzeichnis

ADI	ausländische Direktinvestitionen
AFTA	ASEAN Free Trade Area
AKP-Staaten	Staaten aus Afrika, der Karibik und dem Pazifik (siehe Lomè)
ANDEAN	The Andean Group
APEC	Asian-Pacific Economic Cooperation
ASEAN	Association of South East Asian Nations
BIP	Brutto Inlandsprodukt
BIZ	Bank für Internationalen Zahlungsausgleich
BSP	Brutto Sozialprodukt
CACM	Central American Common Market
CARRICOM	Caribbean Common Market
CEAO	Communauté Économique de l'Afrique de l'Ouest
CEFTA	Central European Free Trade Area
CEPAL	Commissión Económica para America Latina
DIE	Deutsche Institut für Entwicklungspolitik
EBRD	European Bank of Reconstruction and Development
EAI	Enterprise for the Americas Initiative
ECOWAS	Economic Community of West African States
ECU	European Currency Unit
EFTA	European Free Trade Association
EG	Europäische Gemeinschaften
EU	Europäische Union
EWG	Europäische Wirtschaftsgemeinschaft
EWS	Europäisches Währungssystems
EZB	Europäische Zentralbank
Fondad	Forum on Dept and Development
GATT	General Agreement on Tarifs and Trade
GNP	Gross National Product
IAA/ ILO	Internationales Arbeitsamt/ International Labour Organisation
IBGE	Instituto Brasileiro de Geografia e Estatística (Brasilianisches Statistisches Institut)
ICFTU	International Conference of Free Trade Unions
IMF	International Monetary Fund
ISI	Import substituierende Industrialisierung
IWF /IMF	Internationaler Währungsfonds/ International Monetary Fund
KSZE	Konferenz über Sicherheit und Zusammenarbeit in Europa
LAIA	Latin American Integration Association
LAFTA	Latin American Free Trade Agreement
Lomè	Abkommen zwischen EG und AKP-Staaten
LIBOR	London Interbank Offer Rate(neben der "prime rate" des US-amerikanischen Federal Reserve international üblicher Leitzins)
MERCOSUR	Mercado do Sur: Southern Cone Common Market

MEW	Marx-Engels Werke
MOE	Mittel- und Osteuropa
NAFTA	North American Free Trade Association
NGO	Non-Governmental Organizations
NICs	New Industrialized Countries
OECD	Organization for Economic Copperation and Development
OPEC	Organization of Petroleum Exporting Countries
PTA	Preferential Trade Agreements
PTA	Eastern and Southern African Preferential Trade Areas
RIA	Regional Integration Areas
RGW	Rat für gegenseitige Wirtschaftshilfe
SACU	South African Customs Union
SADC	South African Development Community
SADCC	South African Development Coordination Conference
TNU	transnationale Unternehmen
TRIPS	Trade Related Intellectual Property Rigths
UDEAC	Customs and Economic Union of Central Africa
UNCED	United Nations Conference for Environment and Development
UNCTAD	United Nations Conference on Trade and Development
UNDP	United Nations Development Programm
UNICE	Union des Industries de la Communauté Européenne
WTO	World Trade Organization
WWF	World Wildlife Fund
WWU	Wirtschafts- und Währungsunion

Verzeichnis von Tabellen und Schaubildern

Tabelle 1.1: Verwendung von Sprachen in der Globalisierungsdebatte	21
Tabelle 1.2: „Tiefgang" von globalen Transformationsprozessen und Krisen	35
Tabelle 1.3: Die zwei Seiten der Globalisierung	40
Schaubild 2.1: Steuerung von Konkurrenz und Konkurrenzfähigkeit	69
Schaubild 3.1: Entbettungsvorgänge	96
Schaubild 3.2: Vom Disembedding zu den Sachzwängen des Weltmarkts und zum Verlust der wirtschaftlichen Souveränität	112
Schaubild 3.3: Die Komplexität des Marktes	117
Schaubild 3.4: Die Struktur des Weltmarktsystems – Ökonomie und Weltmarkt; Politik und Institutionen	120
Schaubild 4.1: Stufenfolge der Inwertsetzung	131
Schaubild 4.2: Paradigmata der Entwicklung	138

Schaubild 4.3: Fragmentierung, Fraktionen, Fraktale unter Bedingungen der
   Globalisierung   156

Schaubild 5.1: Entkoppelung von monetärer und realer Akkumulation   168

Tabelle 5.1: Reale Wachstumsraten und langfristige Realzinsen in Industrieländern
   1960 bis 1995   169

Schaubild 5.2: Die historische Wertfundierung des Geldes   183

Tabelle 5.2: Öffentliche Schulden in der Hand von Nicht-Inländern (in vH der
   gesamten öffentlichen Schulden) und Grenzüberschreitende Transaktionen von
   Wertpapierem (in vH des BIP)   186

Schaubild 5.3: Der Konsens von Washington: Lösung des Aufbringungs- und
   Transferproblems   210

Schaubild 6.1: Raum-Zeit-Regime von Extraktion, Produktion und Arbitrage 247

Tabelle 6. 1: Regionale Verteilung der Bestände an ausländischen Direktinvestionen
   im In- und Ausland, 1985 bis 1997 (in vH)   257

Tabelle 6.2: Ausgewählte Indikatoren von ausländischen Direktinvestitionen und
   internationaler Produktion, 1986-1997 (in Mrd. US$ und vH)   258

Schaubild 7.1: Weltmarktstrategien der Unternehmen   281

Schaubild 7.2: „Virtuelle Integration" im Halbleiterbereich   286

Schaubild 7.3: Benchmarking in Unternehmensnetzwerken   290

Schaubild 8.1: Globalisierung und Informalisierung von Arbeit   337

Schaubild 8.2: Formelle und informelle Arbeit   344

Schaubild 9.1: Stufenfolge der regionalen Integration   371

Schaubild 9.2: Integration: de facto, de jure, de consensu   377

Schaubild 9.3: GATT und WTO   395

Schaubild 9.4: Strukturierung des globalen Systems durch regionale
   Integrationsblöcke   397

Tabelle 10.1: Stufen der wirtschaftlichen und monetären Integration in der
   EWG/EG/EU   400

Tabelle 10.2: USA, Japan und Europäische Union: Realökonomische und monetäre
   Indikatoren (in vH)   413

Tabelle 10.3: Öffentliche Bruttoverschuldung und Nettozinszahlungen (kursiv in
   Klammern) in vH des BIP (1981-1997)   415

Schaubild 11.1: Die Dynamik der industriellen Revolution   454

Schaubild 12.1: Internationales Recht, Regimes, Global Governance   511

Schaubild 13.1: Elemente einer ökologisch-sozialen Entwicklungsbahn   526

Schaubild 13.2: Faktoren des Energieverbrauchs   533

Literaturverzeichnis

Adams, Jan (1997a): Environmental Policy and Competitiveness in a Globalised Economy: Conceptual Issues and a Review of the Empirical Evidence, in: OECD Proceedings, *Globalisation and Environment*, Paris (OECD): 53-100
- (1997b): Globalisation, Trade, and Environment, in: OECD Proceedings, *Globalisation and Environment*. Paris (OECD): 179-198

Afheldt, Horst (1994): *Wohlstand für niemand? Die Marktwirtschaft entläßt ihre Kinder*, München (Kunstmann)

Agarwal, Bina (1998): The Gender and Environment Debate, in: Keil, Roger et al. (Eds).: *Political Ecology. Global and Local*, London/New York (Routledge):193-219

Aglietta, Michel (1979): A Theory of Capitalist Regulation: the US Experience, *London (New Left Books)*

Agrippa von Nettesheim: *Ungewißheit und Eitelkeit aller Künste und Wissenschaften*, Digitale Bibliothek Band 2: Philosophie, S. 9981 (vgl. Agrippa-Eitelk. Bd. 2, S. 2-3) 24: 461-478

Akyüz, Yilmaz (1995): Taming International Finance, in: Michie, Jonathan/Smith, John Grieve (1995), ed.: *Managing the Global Economy*, Oxford (Oxford University Press)

Akyüz, Yilmaz/ Cornford, Andrew (1995): International Capital Movements: Some Proposals for Reform, in: J. Michie/J. Grieve Smith (Eds).: *Managing the Global Economy*, Oxford (Oxford University Press)

Albert, Mathias (1998): Entgrenzung und Formierung neuer politischer Räume, in: B. Kohler-Koch (Hg.), *Regieren in entgrenzten Räumen*, PVS-Sonderheft 29, Opladen (Westdeutscher Verlag): 49-75

Albert, Mathias/Brock, Lothar/Schmitt, Hilmar/Take, Ingo/Wolf, Klaus Dieter (1996): Weltgesellschaft: Identifizierung eines Phantoms, in: *Politische Vierteljahresschrift*, Jg. 37: 5-26

Albert, Michel (1991): *Capitalisme contre Capitalisme*, Paris (Editions du Seuil)

Albo, Greg (1994): ‚Competetive Austerity' and the Impasse of Capitalist Employment Policy, in: R. Miliband/L. Panitch (Eds.), *Between Globalism and Nationalism: The Socialist Register 1994*, London (Merlin Press)/ New York (Monthly Review)

Aldcroft, Derek H. (1977): *From Versailles to Wall Street, History of the World Economy in the Twentieth Century*, London (Lane)

Altmann, Norbert/Dieß, Manfred/Döhl, Volker/Sauer, Dieter (1986): Ein „Neuer Rationalisierungstyp" – neue Anforderungen an die Industriesoziologie, in: *Soziale Welt*, Jg. 37, H. 2/3 (1986): 191-206

Altvater, Elmar (1977): Staat und gesellschaftliche Reproduktion. Anmerkungen zur Diskussion um den 'Planstaat', in: V. Brandes/J. Hoffmann/U. Jürgens/W. Semmler (Hg): *Handbuch 5 Staat*, Frankfurt/M./ Köln (Europäische Verlagsanstalt): 74-120

- (1981): Der diskrete Charme der neoliberalen Konterrevolution, in: *PROKLA 44 – Zeitschrift für kritische Sozialwisenschaft,* Jg. 11, H. 3 (1981):5-23
- (1987): *Sachzwang Weltma*rkt. Verschuldungkrise, blockierte Industrialisierung, ökologische Gefährdung - der Fall Brasilien, Hamburg (VSA)
- (1988): Die Enttäuschung der Nachzügler oder: Der Bankrott "fordistischer" Industrialisierung, in: B. Mahnkopf (Hg): *Der gewendete Kapitalismus. Kritische Beiträge zur Theorie der Regulation,* Münster (Westfälisches Dampfboot): 144-181
- (1991): *Die Zukunft des Marktes - Ein Essay über die Regulation von Geld und Natur nach dem Scheitern des „real existierenden Sozialismus",* Münster (Westfälisches Dampfboot)
- (1992): *Der Preis des Wohlstands oder Umweltplünderung und neue Welt(un)ordnung,* Münster (Westfälisches Dampfboot)
- (1993): Die Schuldenkrise zehn Jahre danach, in: M. Massarrat/ H.-J. Wenzel/ G. Széll (Hg): *Die Dritte Welt und wir. Bilanz und Perspektiven für Wissenschaft und Praxis,* Freiburg i. Br. (Informationszentrum Dritte Welt): 10-16
- (1994): Die Ordnung rationaler Weltbeherrschung oder: Ein Wettbewerb von Zauberlehrlingen, in: *PROKLA 95 - Zeitschrift für kritische Sozialwissenschaft,* Jg. 24, H. 1 (1994): 186-225
- (1995): Die Arbeitsgesellschaft vor den Herausforderungen von Geld und Natur, in: *Aus Politik und Zeitgeschichte,* B 15/95, 7. April 1995: 16-24
- (1996): Von möglichen Wirklichkeiten, in: *Entwicklung und Zusammenarbeit,* Jg. 37 (Februar 1996): 44-49
- (1998): Theoretical Deliberations on Time and Space in Post-Socialist Transformation, in: *Regional Studies,* Vol. 327 (1998): 591-605
- (1999a): Die Preisfrage oder: Schwierigkeiten mit der neoliberalen „pensé unique", in: Festschrift für Oskar Negt
- (1999b): Dreams that Money Can Buy, in: H. Hoffmann (Hg*.), Das Guggenheim Prinzip,* Köln (DuMont): 137150

Altvater, Elmar/Brunnengräber, Achim/Haake, Markus/Walk, Heike (Hg.)(1997): *Vernetzt und verstrickt. Nicht-Regierungsorganisationen als gesellschaftliche Produktivkraft,* Münster (Westfälisches Dampfboot)

Altvater, Elmar/Hoffmann, Jürgen/Semmler, Willi (1979): *Vom Wirtschaftswunder zur Wirtschaftskrise,* Berlin (West) (Olle & Wolter)

Altvater, Elmar/Hübner, Kurt/Lorentzen, Jochen/Rojas, Raul (Hg.)(1987): *Die Armut der Nationen. Handbuch zur Schuldenkrise von Argentinien bis Zaire,* Berlin (Rotbuch)

Altvater, Elmar/Mahnkopf, Birgit (1993): *Gewerkschaften vor der europäischen Herausforderung. Tarifpolitik nach Mauer und Maastricht,* Münster (Westfälisches Dampfboot)

- (1995): Transmission Belts of Transnational Competition? Trade Unions and Collective Bargaining in the Context of European Integration, in: *European Journal of Industrial Relations*, Vol. 1, No. 1 (1995): 101-117

- (1996): *Grenzen der Globalisierung. Ökonomie, Ökologie und Politik in der Weltgesellschaft*, Münster (Westfälisches Dampfboot), 1.Auflage

Amin, S. (Ed.) (1993): *Mondialisation et Accumulation*. Tokyo (Université des Nation unies); Paris (Éditions L'Harmattan)

Anders, Günther (1972): *Endzeit und Zeitenende. Gedanken über die atomare Situation*, München (H.C. Beck)

- (1980): *Die Antiquiertheit des Menschen*, 2 Bände, München (Piper)

Anderson, Benedict (1993): *Die Erfindung der Nation*, Frankfurt/M. (Campus)

Anderson, Kym/ Blackhurst, Richard (Eds.). (1993): *Regional Integration and the Global Trading System*, New York/London et al. (Harvester Wheatsheaf)

Anderson, Perry (1992): *A Zone of Engagement*, London/ New York (Verso)

Anderson, Terry (Ed.) (1993): *NAFTA and the Environment*, San Francisco (Pacific Research Institute for Public Policy)

Apodaca, Claire/ Stohl, Michael (1999): United States Human Rights Policy and Foreign Assistance, in: *International Studies Quarterly*, Vol. 43 (1999): 185-198

Archer, Margaret S. (1991): Sociology for One World. Unity and Diversity, in: International Sociology, *Vol. 6 (1991): 131-147*

Archibugi, Daniele/Michie, Jonathan (1995): The Globalisation of Technology: A New Taxonomy, in: *Cambridge Journal of Economics* 1995, Vol.19 (1995): 121-140

Arendt, Hannah (1981): *Vita Activa oder Vom tätigen Leben*, München (Piper)

- (1995): *Elemente und Ursprünge totaler Herrschaft*, Frankfurt/M. (Europäische Verlagsanstalt)

Aristoteles (1969): *Nikomachische Ethik*, Übersetzung und Nachwort von Franz Dirlmeier, Stuttgart (Reclam)

Armstrong, D. (1998): Globalization and the Social State in: *Review of International Studies,*

Armstrong, Philip/Glyn, Andrew/Harrison, John (1991): *Capitalism since World War II*, London (Basil Blackwell)

Arrighi, Giovanni (1994): *The Long Twentieth Century: Money, Power, and the Origins of Our Times*, London (Verso)

Attali, Jacque (1997): The Crash of Western Civilization: The Limits of the Market and Democracy, in: *Foreign Policy*, Summer 1997: 54-63

Bächler, Günther/Böge, Volker/Klötzli, Stefan/Libiszewski, Stephan/Spillmann, Kurt R. (1996): *Kriegsursache Umweltzerstörung. Ökologische Konflikte in der Dritten Welt und Wege ihrer friedlichen Bearbeitung*, 3 Bd., Zürich (Rüegger)

Backhaus, Hans-Georg (1969): Zur Dialektik der Wertform, in: A. Schmidt (Hg.), *Beiträge zur marxistischen Erkenntnistheorie*, Frankfurt /M. (Suhrkamp): 52-77

Backhaus, Hans-Georg/Reichelt, Helmut (1995): Wie ist der Wertbegriff in der Ökonomie zu konzipieren? Zu Michael Heinrich: "Die Wissenschaft vom Wert", in: *Beiträge zur Marx-Engels-Forschung*, Neue Folge 1995, Hamburg (Argument-Verlag): 60-94

Badie, Bertrand (1995): *La fin des territoirs*, Paris (Fayard)

Baethge, Martin/Denkinger, Joachim/Kadritzke, Ulf (1995): *Das Führungskräfte-Dilemma: Manager und industrielle Experten zwischen Unternehmen und Lebenswelt*, New York/ Frankfurt/M. (Campus)

Bairoch, Paul/Kozul-Wright, Richard (1996): *Globalization Myths: Some Historical Reflections on Integration, Industrialization, and Growth in the World Economy*, United Nations Conference on Trade and Development Discussion Papers No. 113, March 1996

Barber, Benjamin R. (1995): *Jihad vs. McWorld. How Globalism and Tribalism are Reshaping the World*, New York (Ballantine Books

Barkin, David (1998): Sustainability: The Political Economy of Autonomous Development, in: *Organization Environment*, Vol. 11, No.1 (1998): 5-32

Barlett, Christopher A./Ghoshal, Sumantra (1993): Managing across Borders: New Strategic Requirements, in: G. Hedlund (Ed.), *Organization of Transnational Corporations*, Vol. 6, London (Routledge): 309-325

Basso Tribunal (1995): Basso-Sekretariat Berlin, Hg: Festung Europa auf der Anklagebank. *Dokumentation des Basso-Tribunals zum Asylrecht in Europa*, Münster (Westfälisches Dampfboot)

Bauman, Zygmunt (1996): Glokalisierung oder Was für die einen Globalisierung, ist für die anderen Lokalisierung, in: *Das Argument* 217, Jg. 38 (1996): 653-664

Bealey, F. (1993): Capitalism and Democracy, in: *European Journal of Political Research*, Vol. 23 (1993): 203-223

Beck, Ulrich (1997): Wissen oder Nicht-Wissen? Zwei Perspektiven „reflexiver Modernisierung", in: U. Beck/A. Giddens/S. Lash, *Reflexive Modernisierung*, Frankfurt/M. (Suhrkamp)

- (1999): Über den postnationalen Krieg, in: *Blätter für deutsche und internationale Politik*, H. 8 (August 1999): 984-990

Becker, Egon (1992): Ökologische Modernisierung der Entwicklungspolitik?, in: *PROKLA 86*, Jg. 22, H. 1 (1992): 47-60

Becker, Egon/Thomas Jahn/Peter Wehling (1991): „Civil Society,, und die Krise der gesellschaftlichen Naturverhältnisse, in: *PROKLA 84*, Jg. 21. H. 3 (1991): 482-492

Behr, Marhild von (1998): Schöpferische Vielfalt – Arbeitsstrukturen in einem Produktionsnetzwerk für komplexe Güter, in: M. v. Behr/H. Hirsch-Kreinsen (Hg.), *Globale Produktion und Industriearbeit*, Frankfurt/M./New York (Campus): 63-97

Beisheim, Marianne/Dreher, Sabine/Walter, Gregor/Zangl, Bernhard/Zürn, Michael (1999): *Im Zeitalter der Globalisierung?*, Baden-Baden (Nomos)

Bell, Daniel (1975/1979): *Die nachindustrielle Gesellschaft*, Frankfurt/M./ New York (Campus)

Berger, Johannes (1996): Editorial: Modernisierung und Modernisierungstheorie, in: *Leviathan*, Jg. 24, H.2 (1996): 8-12

Berman, Sheri/McNamara, Kathleeen R. (1999): Bank on Democracy. Why Central Banks Need Public Oversight, in: *Foreign Affairs*, March/ April 1999: 2-8

Bhagwati, Jagdish (1993): Regionalism and Multilateralism: An Overview, in: J. de Melo/A. Panagariya (Eds.) (1993): *New Dimensions in Regional Integration*, Cambridge (Cambridge University Press)

- (1998): The Capital Myth. The Difference between Trade in Widgets and Dollars, in: *Foreign Affairs*, Vol. 77, No. 3 (1998): 7-12

Bird, C.E. (1990): High Finance, Small Change: Women´s Increased Representation in Bank Managment, in: B. F. Reskin/P.A. Roos (Eds.), *Job Queues, Gender Queues: Explaning Women´s Inroads into Male Occupations*, Philadelphia (Temple University Press): 145-166

Bobbio, Noberto (1998): *Das Zeitalter der Menschenrechte. Ist Toleranz durchsetzbar?*, Berlin (Wagenbach)

- (1987): *TheFuture of Democracy*, Cambridge (Polity Press)
- (1995): Democracy and the International System, in: D. Archibugi/D. Held (Eds.): *Cosmopolitan Democracy*, Cambridge (Polity Press)

Böckenförde, Ernst-Wolfgang (1997): Recht setzt Grenzen, in: E. U. von Weizäcker (Hg.), *Grenzenlos? Jedes System braucht Grenzen – aber wie durchlässig müssen diese sein?*, Berlin/Basel/Boston (Birkhäuser): 272-283

Bologna, Sergio (1998): Trasporti e logistica come fattori di competitività di una regione, in: Perulli, Paolo (Ed.): Neoregionalismo - L'economia-arcipelago, (Bollati Boringheri), Torino: 152-186

Bologna, Sergio/Fumagalli, Andrea (1997)(Ed.): *Il lavoro autonomo di seconda generazione*, Milano (Feltrinelli)

Bond, Patrick/Mayekiso, Mzwanele (1996): Developing Resistance and Resisting Development. Reflections from the South African Struggle, in: *Socialist Register 1996: Are there Alternatives?*, London (Merlin Press): 33-61

Bonder, Michael/Röttger, Bernd/Ziebura, Gilbert (1993): Vereinheitlichung und Fraktionierung in der Weltgesellschaft, in: *PROKLA 91*, Jg.23, H. 2 (1993): 327-341

Bornschier, Volker/Suter, Christian (1990): Lange Wellen im Weltsystem, in: *Politische Vierteljahresschrift*, Sonderband 21 (1990): 175-197

Bös, Mathias (1995): Zur Evolution nationalstaatlich verfaßter Gesellschaften, in: *Protosoziologie*, H. 7 (1995): 159-169

Bourdieu, Pierre (1996): Warnung vor dem Modell Tietmeyer, in: *DIE ZEIT* vom 1.11.1996

Boutros-Ghali, Boutros (1994): *An Agenda for Development*, New York, United Nations General Assembly, Agenda Item 91

Boyer, Robert (Ed.) (1986): *Capitalismes fin de siècle*, Paris (La Découverte)

Boyer, Robert /Drache, Daniel (1996*):* Introduction, in: R. Boyer/D. Drache (Eds.), *States Against Markets. The Limits of Globalization*, London/ New York (Routledge): 1-30

Braig, Marianne/De Barbieri, Teresita (1993): Frauenarbeit in Lateinamerika, in: B. Hasenjürgen/S. Preuss (Hg.), *Frauenarbeit Frauenpolitik in Afrika, Asien, Lateinamerika und Osteuropa*, Münster (Westfälisches Dampfboot): 63-72

Brand, Uli/Brunnengräber, Achim/Schrader, Lutz/Stock, Christian/Wahl, Peter (1999): *Studie „Global Governance". Möglichkeiten und Grenzen von Alternativen zur neoliberalenGlobalisierung*, Berlin/Köln (Heinrich-Böll-Stiftung/WEED)

Brand, Ulrich/Görg, Christoph. (1998): Neue Akteure der Biopolitik. Nichtregierungsorganisationen und ihr Beitrag zum ‚Netzwerk internationaler Regulation', in: M. Flitner/Ch. Görg/V. Heins (Hg.), *Konfliktfeld Natur*, Opladen (Leske + Budrich): 143-168

Braßel, Frank/Windfuhr, Michael (1995): *Welthandel und Menschenrechte*, Bonn (Dietz)

Braudel, Fernand (1980): *On History*, Chicago (Chicago University Press)

- (1986a): *Sozialgeschichte des 15.-18. Jahrhunderts. Der Handel*, München (Kindler)

- (1986b): *Sozialgeschichte des 15.-18. Jahrhunderts. Aufbruch zur Weltwirtschaft*, München, (Kindler)

Brecher, Jeremy/Costello, Tim (1994): *Global Village or Global Pillage*, Boston (South End Press)

Breitenfellner, Andreas (1997): Global Unionism: A Potential Player, in: *International Labour Review*, Vol. 136, No. 4 (1997): 531-555 (dt. Kurzfassung in: W. Greif/G. Leitgeb/G. Wintersberger (Hg.), *Altenativen zum Neoliberalismus*, Wien (Verlag des ÖGB): 191-214

Briggs, John/Peat/David (1990*): Die Entdeckung des Chaos*, Frankfurt/M./Wien (Büchergilde Gutenberg)

Brock, Lothar/Albert, Mathias (1995): Entgrenzung der Staatenwelt. Zur Analyse weltgesellschaftlicher Entwicklungstendenzen, in: *Zeitschrift für internationale Beziehungen*, H. 2 (1995): 259-279

- (1996): Debordering the World of States. New Spaces in International Relations, in: *New Political Science*, Vol. 35: 69-106

Brücker, Herbert (1997): Die heutige Wirtschaftskrise begann mit einem nationalen Ereignis, in: *Frankfurter Rundschau*, Dokumentation, vom 16. 10. 1996

Bruckmeier, Karl (1994): *Strategien globaler Umweltpolitik*, Münster (Westfälisches Dampfboot)

Brzezinski, Zbigniew (1997): *Die einzige Weltmacht*, Weinheim und Berlin (Beltz)

Buarque de Holanda, Sérgio (1995): *Die Wurzeln Brasiliens*, Frankfurt/M. (Suhrkamp)

Buell, John/De Luca, Tom (1996): *Sustainable Democracy. Individuality and the Politics of the Environment*, Thousand Oaks/ London/ New Delhi

Bulletin on Women and Employment in the EU (1998), No. 8, April 1996

Bullinger, Hans-Jörg et al. (1995): Das virtuelle Unternehmen. Konzept, Stand, Aussichten, in: *Gewerkschaftliche Monatshefte*, Jg. 46, H. 6 (1995): S. 375-386

Bunker, Stephen (1985): *Underdeveloping the Amazon*, Urbana/Chicago (University of Illinois Press)

Burchardt, Hans-Jürgen (1997): Die Globalisierungsthese - von der kritischen Analyse zum politischen Opportunismus, in: *Das Argument*, H. 217 (1996): 741-755

Burton, J. W. (1972): World Society, *Cambridge (Cambridge University Press)*

Buttel, Frederick H. (1998): Some Observations on States, World Orders, and the Politics of Sustainability, in: *Organization & Environment*, Vol. 11, No.3 (1998): 261-186

Butterweck, Helmut (1995): *Arbeit ohne Wachstumszwang. Essay über Ressourcen, Umwelt, Arbeit, Kapital*, Frankfurt/M./ New York (Campus)

Cameron, Rondo (1993): *A Concise Economic History of the World. From Paleolithic Times to the Present*, Oxford, New York (Oxford University Press)

Campbell, Duncan (1994): Foreign Investment, Labour Immobility and the Quality of Employment, in: *International Labour Review*, Vol. 133, No. (1994): 185-204

Cardoso, Fernando E./Faletto, Enzo (1977): *Abhängigkeit und Entwicklung in Lateinamerika*, Frankfurt/Main (Suhrkamp)

Cardoso, Fernando Henrique (1995*): Development: The Most Political of Economic Issues*; Conference by the President of te Federative Republic of Brazil, Center for Strategic and International Studies, Washington, April 21, 1995, (mimeo)

Carnoy, M. et al. (1993): *The New Global Economy in the Information Age*, University Park, PA (Penn State University Press)

Cartellieri, Ulrich (1999): Reform der internationalen Finanzarchitektur - Wunschtraum oder Wirklichkeit?, in: Deutsche Bundesbank, *Auszüge aus Presseartikeln*, Nr. 39, 8. 6. 1999: 10-15

Castells, Manuel (1996): *The Information Age: Economy, Society and Culture, Vol. 1: The Rise of the Network Society*, Oxford,UK/Malden, USA(Blackwell)

Castells, Manuel/Aoyama, Yuko (1994): Path Towards the Informational Society: Employment Structure in G7-Countries, 1920-90, in: *International Labour Review*, Vol. 133, Nr. 1 (1994): 5-33

Castells, Manuel/Hall, Peter (1994): *Technopoles in the World. The Making of Twenty-First-Century Industrial Complexes*, London/New York (Routledge)

Castells, Manuel/Mollenkopf, John (Eds.)(1991): *Dual City. Restructuring New York*, New York (Russell Sage Foundation)

Castles, Stephen/Miller, Mark (1993*): The Age of Migration*, Houndsmills/Hampshire (MacMillan Press)

CCC (Clean Clothes Campaign)(1998): *Workers and Consumers' Rights in the Garment Industry, Cases' File Otto Versand; Adidas; Nike; C&A; Levi Strauss & Company; The Walt Disney Company*, International Forum: Brussels, 30 April – 5 May 1998

Cecchini, Paolo (1988): *Europa '92. Der Vorteil des Binnenmarktes*, Baden-Baden (Nomos)

Cerny, Philip G. (1995): Globalization and Other Stories: The Search for a New Paradigm for International Relations, in: *International Journal*, Vol. LI, No. 4 (1995): 617-638

- (1996a): Globalization and the Chancing Logic of Collective Action, in: *International Organization*, Vol. 49, No. 4 (1996): 595-625

- (1996b): International Finance and the Erosion of State Policy Capacity, in: Ph. Gummet (Ed.), *Globalization and Public Policy*, Cheltenham, Uk/Brookfield, US (Edward Elgar): 83-104

- (1998): Politicising International Finance, in: *Millennium*, Vol. 27, No.2 (1998): 353-361

Chahoud, Tatjana (1998): *Handel und Umwelt. Förderung umweltfreundlicher Prozeß- und Produktionsverfahren in Entwicklungsländern*, Berlin (Deutsches Institut für Entwicklungspolitik)

Chandler, Alfred D. Jr. (1977): *The Visible Hand*, Cambridge/London (Harvard University Press)

- (1984): The American System and Modern Management, in: O. Mayr /R. C. Post (Eds.), *Yankee Enterprise*, Washington D.C. (Smithsonian Institution Press)

Chandler, Alfred D., Jr./Hikino, Takashi (1997): The Large Enterprise and the Dynamics of Modern Economic Growth, in: A. D. Chandler, Jr./F. Amatori/T. Hikiho (Eds.), *Big Business and the Wealth of Nations*, Cambridge (Cambridge University Press): 24-57

Chase, Robert S./Hill, Emily B./Kennedy Paul (1995): Pivotal States and U.S. Strategy, in: *Foreign Affairs*, Vol. 75, No. 1 (1995): 33-51

Cheng, L.-L./Gereffi, G. (1994): The Informal Economy in East Asian Development: in: *International Journal of Urban and Regional Research*, Vol. 18, No. 2 (1994): 194-219

Chesbrough, Henry W./Teece, David, J. (1996): When is Virtual Virtous? Organizing for Innovation, in: *Harvard Busisness Review,* Januar/ Februar 1996: 65-73

Chesnais, Francois (1988): Multinational Enterprises and the International Diffusion of Technology, in: G. Dosi et al., *Technical Change and Economic Theory*, London (Pinter Publishers)

Chossudovsky, Michel (1997): *The Globalisation of Poverty. Impacts of IMF and World Bank Reforms*, London/New Jersey (Zed Books)/Penang (Third World Network)

Christaller, Wolfgang (1933): *Die zentralen Orte in Süddeutschland*, Jena (A. Fischer)

Christopherson, Susan (1994): The Service Sector: A Labour Market For Women, in: *Women and Structural* Change. New Perspectives, Paris, OECD: 101-132

Cipolla, Carlo M. (1985): Die industrielle Revolution in der Weltgeschichte, Einführung in : C. Cipolla/K. Borchardt, *Europäische Wirtschaftsgeschichte, Bd. 3: Die Industrielle Revolution*, Stuttgart/New York (G. Fischer/UTB): 1-10

Club of Rome (Meadows, Dennis/Meadows, Donella/Zahn, Erich/Millinger, Peter)(1973): *Die Grenzen des Wachstums. Bericht des Club of Rome zur Lage der Menschheit*, Reinbek bei Hamburg (Rowohlt)

Cohen, Benjamin J. (1996): Phoenix Risen. The Resurrection of Global Finance, in: *World Politics*, Vol. 48, January (1996): 268-296

Cohen, Joshua /Rogers, Joel (1994): Solidarity, Democracy, Asssociation in: *Politische Vierteljahresschrift*, Sonderband 24 (1994): 136-159

- (1998): Can Egalitarianism Survive Internationalization? in: W. Streeck (Hg.), *Internationale Wirtschaft, nationale Demokratie*, Frankfurt/M./New York (Campus): 175-193

Collier, D./Levitsky, St. (1997): Democracy with Adjectives. Conceptual Innovation in Comparative Research, in: *World Politics*, Vol. 49, April (1997): 430-451

Collier, Paul (1995): The Marginalization of Africa, in: *International Labour Review*, Vol. 134, No. 4-5 (1995): 541-557

Commission on Global Governance (1995): *Our Global Neighbourhood*, Oxford (Oxford University Press); (dt.: *Nachbarn in Einer Welt*, Bonn (Stiftung Entwicklung und Frieden)

Couvrat, Jean-Francois/Pless, Nicolas (1993*): Das verborgene Gesicht der Weltwirtschaft*, Münster (Westfälisches Dampfboot)

Cox, Robert (1987*): Production, Power and World Order. Social Forces in the Making of History*, New York (Columbia University Press)

- *(1996): A Perspective on Globalization, in: J. H. Mittelman (Ed.), Globalization. Critical Reflections. International Political Economy Yearbook, Vol. 9, Boulder, USA)/London, UK (Lynee Rienner Publisher): 21-30*

- (1992): Global Perestroika, in: R. Miliband/L. Panitch (Eds.), *New World Order? The Socialist Register 1992*, London (Merlin): 26-43

Crosby, Alfred (1991): *Die Früchte des weissen Mannes. Ökologischer Imperialismus 900-1900*, Darmstadt (Wissenschaftliche Buchgesellschaft)

Custers, Peter (1997): *Capital Accumulation and Women´s Labour in Asian Economies*, London/New York (Zed Books)

Cutler, A. Claire (1999): Locating "Authority" in the Global Political Economy, in: *International Studies Quarterly*, Vol. 43 (1999): 59-81

Czempiel, Ernst-Otto/Rosenau, James N. (Eds.) (1992): *Governance without Government*, Cambridge/Mass. (Cambridge University Press)

da Cunha, Euclides (1994): *Krieg im Sertao*, Frankfurt/M. (Suhrkamp)

Dahrendorf, Ralf (1995*): Quadrare il cerchio. Benessere economico, coesione sociale e libertà politiche*, Rom/ Bari (Laterza)

Dallago, Bruno (1984): Die Schattenwirtschaft in Italien, in: K. Gretschmann et al. (Hg.), *Schatttenwirtschaft: wirtschafts- und sozialwissenschaftliche Aspekte, internationale Erfahrungen*, Göttingen (Vandenhoeck & Ruprecht)

Daly, Herman E. (1991): *Steady-State Economics* (2nd ed.), Washington D.C./ Covelo (Island Press)

- (1993): Problems with Free Trade: Neoclassical and Steady-state Perspectives, in: Zaehlke, Durwood et. al. (Eds.), *Trade and the Environment*, Washington D.C. (Island Press)

Däubler, Wolfgang (1988): *Das zweite Schiffsregister*, Baden-Baden (Nomos)

Däubler-Gmelin, Herta (1997): Globalisierung geht keineswegs Hand in Hand mit globalem Recht, Vortrag auf dem Kongreß „Recht schafft Gemeinschaft" der Friedrich-Ebert-Stiftung vom 18.-20.4.1997 in Mainz, abgedruckt in *Frankfurter Rundschau* vom 14.4.1997 (Dokumentation)

Davidow, William H./Malone, Michael S. (1993): *Das virtuelle Unternehmen*, Frankfurt/M./New York (Campus)

Debeir, Jean-Claude/Deléage, Jean-Paul/Hémery, Daniel (1989): *Prometheus auf der Titanic. Geschichte der Energiesysteme*, Frankfurt/ M./ New York (Campus)

Deléage, Jean-Paul (1991): *Une histoire de l'écologie*, Paris (La Découverte)

Demirovic, Alex (1991): Ökologische Krise und Zukunft der Demokratie, in: *PROKLA 84 - Zeitschrift für kritische Sozialwissenschaft*, 21. Jg., H. 3 (1991): 443-460

Demmer, Michael (1994): *Europäische Sozialpolitik im Spannungsfeld zwischen institutionellem Wettbewerb und institutioneller Integration*, Köln (Institut f. Wirtschaftspolitik)

Deutsch, Christian (1995): Zurück zum Kern, in: *Wirtschaftswoche* Nr. 51 vom 14.2.1995: 84-87

Deutsche Bundesbank, *Devisenkursstatistik, Statistisches Beiheft zum Monatsbericht*, Nr. 5, November 1995

Deutsche Bundesbank, *Monatsberichte*, Nr. 10, Oktober 1990

Deutsche Bundesbank, *Monatsberichte*, Nr. 10, Oktober 1993

Deutsche Bundesbank, *Monatsberichte*, Nr. 11, November 1994

Deutsche Bundesbank, *Monatsberichte*, Nr. 3, März 1999

Deutsche Bundesbank, *Monatsberichte*, Nr. 4, April 1993

Deutsche Bundesbank, *Monatsberichte*, Nr. 6, Juni 1999

Deutsche Bundesbank, *Monatsberichte*, Nr.4, April 1995

Deutsche Bundesbank, *Monatsberichte*, Nr.5, Mai 1995

Deutsche Bundesbank, *Zahlungsbilanzstatistik*, Oktober 1995

Deutschmann, Christoph (1990): Die 'Adhocracy' in modernisierungstheoretischer Sicht, in: W. Zapf (Hg.), *Die Modernisierung moderner Gesellschaften. Verhandlungen des 25. Deutschen Soziologentages in Frankfurt/M. 1990*, Frankfurt/M./New York (Campus): 517-527

- (1995): Geld als soziales Konstrukt. Zur Aktualität von Marx und Simmel, in: *Leviathan*, Jg. 23, H. 3 (1995): 376-393

Deutschmann, Christoph/Faust, Michael/Jauch, P./Notz, P. (1995): Veränderungen der Rolle des Managements im Prozeß reflexiver Modernisierung, in: *Zeitschrift für Soziologie*, Jg. 24, H. 6 (1995): 436-450

Dezalay, Yves (1995): Merchants of Law as Moral Entrepreneuers: Constructing International Justice from the Competition for Transnational Business Disputes, in: *Law & Society Review*, Vol. 29, No. 1: 27-64

Dicken, P. (1992): *Global Shift: The Internationalization of Economic Activity*, London (Paul Capman)

Dieren, Wouter van (1995): *Mit der Natur rechnen. Der neue Club-of-Rome-Bericht*, Basel/Boston/Berlin (Birkhäuser)

Dieter, Heribert (1998): *Die Asienkrise. Ursachen, Konsequenzen und die Rolle des Internationalen Währungsfonds*. Marburg (Metropolis Verlag)

- (1998): Regionalismus im Zeitalter der Globalisierung. Eine neue Gefahr für die Länder des Südens?, in: M. Heinrich/D. Messner (Hg.), *Globalisierung und Perspektiven linker Politik*, Münster (Westfälisches Dampfboort): 206-229

- (Hg.) (1996): *Regionale Integration in Zentralasien*, Marburg (Metropolis)

Digitale Bibliothek, Bd.2: Philosophie von Platon bis Nietzsche, *CD-Rom, Berlin (Directmedia)*

DIW (1995): *Wochenbericht 50/95*: Zur Expansion der versicherungsfreien Erwerbstätigkeit in Deutschland: 857-862

- (1996): *Wochenbericht 14/96*: Keine Dienstleistungslücke in Deutschland. Ein Vergleich mit den USA anhand von Haushaltsbefragungen: 221-226

- (1997): *Wochenbericht 23/97*: „Globalisierung: Falle oder Wohlstandsquelle?": 413-419

Dolata, Ulrich (1997): Das Phantom der Globalisierung, in: *Blätter für deutsche und internationale Politik*, Heft 1 (1997): 98-104

Dörre, Klaus/Neubert, Jürgen (1995): Neue Managementkonzepte: Aushandlungsbedarf statt „Sachzwang Reorganisation", in: *Managementforschung 5, Jahrbuch für Managementforschung*, hg. von G. Schreyögg/J. Sydow, Berlin (de Gruyter): 167-213

Doz, Yves L./Prahalad, C. K. (1987): *The Multinational Mission: Balancing Local Demands and Global Vision*, New York (Free Press)

- (1993): Patterns of Strategic Control within Multinational Corporations, in: G. Hedlung (Ed.), *Organization of Transnational Corporations*, Vol. 6, London (Routledge): 222-243

Dragan, Joseph C./Demetrescu, Mihai C. (1986): *Entropy and Bioeconomics. The New Paradiogmm of Nicholas Georgescu-Roegen*, Mailand/ Nagard (SH Editrice)

Dunkerley, James (1995): Beyond Utopia: The State of the Left in Latin America, in: *New Left Review* (July/August 1995): 27-43

Dunning, John H. (1993): *The Globalization of Business. The Challenge of the 1990s*, London/ New York (Routledge)

Durkheim, Emile (1977): *Über die Teilung der Arbeit*, eingeleitet von Niklas Luhmann, Frankfurt/M. (Suhrkamp)

Dürr, Hans-Peter (1994): *Sustainable, Equitable Economics. The Personal Energy Budget*, in: Smith, Philip B./Okoye, Samuel E./de Wilde, Jaap/Deshingkat, Priya (1994)(Ed.): *The World at the Crossroads. Towards a Sustainable, Equitable and Libveable World*, London (Earthscan): 39-56

Ebeling, Werner (1994): Selbstorganisation und Entropie in ökologischen und ökonomischen Prozessen, in: F. Beckenbach/H. Diefenbacher (Hg.): *Zwischen Entropie und Selbstorganisation*, Marburg (Metropolis): 29-46

EBRD (European Bank of Reconstruction and Development)(1997): *Transition Report 1997* (deutsch: Reformbericht Osteuropa, Baltikum, GUS) London; Bonn

Ehrenreich, Barbara (1992): *Angst vor dem Absturz. Das Dilemma der Mittelklasse*, München (Kunstmann)

Eisenhardt, Peter/Kurth, Dan/Stiehl, Horst (1995): *Wie Neues entsteht. Die Wissenschaften des Komplexen und Fraktalen*, Reinbek bei Hamburg (Rowohlt)

Ekins, Paul/Jacobs, Michael (1995): Environmental Sustainability and the Growth of GDP: Conditions for Compatibility, in: V. Bhaskar/A. Glyn. (Eds): *The North, The South and the Environment. Ecological Constraints and the Global Economy*, London (Earthscan): 9-46

Elias, Norbert (1976): *Über den Prozeß der Zivilisation*, 2 Bde., Frankfurt/M (Suhrkamp)

Elson, Diane (1990): Markt-Sozialismus oder Sozialisierung des Marktes?, in: *PROKLA 78*, Jg. 20, H. 1 (1990): 60-107

Emmerij, Louis (1994): The Employment Problem and the International Economy, in: *International Labour Review*, Vol. 133, No. 4 (1994): 449-466

Engels, Friedrich, MEW 20: *Dialektik der Natur*, in: K. Marx/F. Engels, *Werke, Band 20*, Berlin (Dietz): 307-568

Enquete-Kommission (1998): Enquete-Kommission „Schutz des Menschen und der Umwelt„des 13. Deutschen Bundestages: *Konzept Nachhaltigkeit. Vom Leitbild zur Umsetzung*, Bonn (Deutscher Bundestag)

Esping-Andresen, Gösta (1990): *The Three Worlds of Welfare Capitalism*, Cambridge (Cambridge University Press)

Eßer, Klaus (1993): Lateinamerika - Industrialisierung ohne Vision, in: *Blätter des iz3w*, Nr. 187 (1993)

Eßer, Klaus/Hillebrand, Wolfgang/Messner, Dirk/Meyer-Stamer, Jörg (1994): *Systemische Wettbewerbsfähigkeit. Internationale Wettbewerbsfähigkeit der Unternehmen und Anforderungen an die Politik*, Berlin (Deutsches Institut für Entwicklungspolitik)

Esty, Daniel C./Gentry, Bradford S. (1997): Foreign Investment, Globalisation, and Environment, in: OECD Proceedings, *Globalisation and Environment. Preliminary Perspectives*, Paris (OECD): 141-172

Ethier, Wilfred J (1995): *Modern International Economics*, 3rd edition, New York/London (Norton International Student Edition)

Etzioni, Amitai (1988): *The Moral Dimension. Toward a New Economics*, New York (The Free Press)(dt.: „*Jenseits des Egoismus-Prinzips. Ein neues Bild von Wirtschaft, Politik und Gesellschaft*"Stuttgart 1994 (Poeschel)

Eucken, Walter (1959): *Grundsätze der Wirtschaftspolitik*, Reinbek bei Hamburg (Rowohlt)

Europäische Kommission (1994): *Beschäftigung in Europa 1994*, Brüssel/ Luxemburg

- (1995a): Heimarbeit in der Europäischen Union, in: *Soziales Europa*, Beiheft 2 (1995), Luxemburg

- (1995b): Telearbeit - Der Informelle Sektor, in: *Soziales Europa*, Beiheft 3 (1995), Luxemburg

- (1997): *Beschäftigung in Europa 1997*, Luxemburg

Eurostat (1998): *Eurostat Statistics in Focus. Distributive Trades, Services and Transport - Employment in Services*, No. 8/ 1998

Evans, Peter (1995): in: Kohli, A./Evans, P. et al., The Role of Theory in Comparative Politics. A Symposium, in: *World Politics*, Vol. 48, No. 1, October 1995: 1-49

Falk, Richard (1995): Liberalism at the Global Level: The Last of the Independent Commissions?, in: *Millennium: Journal of International Studies*, 1995, Vol. 24, No. 3 (1995): 563-576

- (1997): State of Siege: Will Globalization Win Out?, in: *International Affairs*, Vol. 73, No. 1 (1997): 123-136

Faust, Michael/Jauch, P./Brünnecke, Karin/Deutschmann, Christoph (1994): *Dezentralisierung von Unternehmen. Bürokratie- und Hierarchieabbau und die Rolle betrieblicher Arbeitspolitik*, München/Mering (Hampp)

Feld, L. P./Kirchgässner, G. (1995): Schattenwirtschaft und die Transformation osteuropäischer Länder, in: *Nord-Süd aktuell*, H.4 (1995): 604-617.

Ferner, Anthony/Edwards, Paul (1995): Organizational Change Within Multinational Enterprises, in: *European Journal of Industrial Relations*, Vol. 1, No. 2 (1995): 229-257

Ffrench-Davies, Ricardo (1995): Trends in Regional Cooperation in Latin America: The Crucial Role of Intra-Regional Trade, in: J. J. Teunissen (Ed): *Regionalism and the Global Economy*, The Hague (Fondad): 90-118

Finley, Moses I. (1976): *Die Griechen*, München (Becksche Verlagsbuchhandlung)

Flecker, Jörg (1998): Not-Wendigkeit? Zum Zusammenhang von flexiblen Unternehmensformen, Qualifikationsanforderungen und Arbeitsmarktregulierung, in: Hg. Zilian/J. Flecker (Hg.), *Flexibilisierung – Problem oder Lösung?*, Berlin (edition sigma): 207-222

Flecker, Jörg/Krenn, Manfred (1994): *Produktionsorganisation und Personaleinsatz im internationalen Vergleich*, Forschungsbericht Nr. 5/94, Wien (Forschungs- und Beratungsstelle Arbeitswelt)

Fleming, Alex/Talley, Samuel (1996): Latvian Banking Crisis: Stakes and Mistakes, in: *Transition*, Vol. 7, No. 3-4 (1996): 6-8

Forester, Viviane (1997): *Der Terror der Ökonomie*, Wien (Zsolnay)

Forsgren, Mats (1990): Managing the International Multi-Centre Firm: Case Studies from Sweden, in: *European Management Journal*, Vol. 18, No.2 (1990): 261-267

Foster, John Bellamy (1994): *The Vulnerable Planet. A Short Economic History of the Environment*, New York (Monthly Review Press)

- (1997): The Age of Planetary Crises: The Unsustainable Development of Capitalism, in: *Review of Radical Political Economies*, Vol. 29, No. 4 (1997): 113-142

- (1997): The Crisis of the Earth. Marx's Theory of Ecological Sustainability as Nature-Imposed Necessity for Human Production, in: *Organization & Environment*, Vol. 10, No 3 (September 1997): 278-295

- (1998): Introduction to Bicennial Symposium on Malthus's *Essay on Population*, in: *Organization & Environment*, Vol. 11, No. 4 (December 1998): 421-433

Fourastié, Jean (1954): *Die große Hoffnung des zwanzigsten Jahrhunderts*, Köln (Bund)

Frank, André Gunder (1982): Über die sogenannte ursprüngliche Akkumulation, in: Senghaas, D. (Hg.): *Kapitalistische Weltökonomie*, Frankfurt/M. (Suhrkamp): 68-102

- (1992): Economic Ironies in Europe: A World Economic Interpretation of East-West European Politics, in: *International Social Science Journal*, No. 131 (1992): 41-56

- *(1998): Aber die Welt ist doch rund, in: Heinrich, Michael/Messner, Dirk (Hg.):* Globalisierung und Perspektiven linker Politik*, Münster (Westfälisches Dampfboot): 80-109*

Frank, André Gunder/Gills, Barry K. (1993): World System Economic Cycles and Hegemonial Shift to Europe 100 BC to 1500 AD, in: *The Journal of European Economic History*, Vol. 22, No. 1 (1993): 155-183

Frankel, Boris (1997): Confronting Neoliberal Regimes: The Post-Marxist Embrace of Populism and Realpolitik, in: *New Left Review*, No. 226 (1997): 57-92

Fraser, Julius T. (1993): *Die Zeit. Auf den Spuren eines vertrauten und doch fremden Phänomens*, München (Deutscher Taschenbuch Verlag)

Freeman, Chris/Soete, Luc/Efendioglu, Umit (1995): Diffusion and the Employment Effects of Information and Communication Technology, in: *International Labour Review*, Vol. 134, No. 4-5 (1995): 587-603

French, Hilary F. (1993): Reconciling Trade and the Environment, in: L. R. Brown (Ed.): *State of the World 1993. A Worldwatch Institute Report on Progress Towards a Sustainable Society*, New York/London (Norton & Company): 158-179

French-Davies, R. (1995): Trends in Regional Cooperation in Latin America: The Crucial Role of Intra-Regional Trade, in: J. J. Teunissen (Ed): *Regionalism and the Global Economy*, The Hague (Fondad): 90-118

Fried, Ferdinand (1939): *Wende der Weltwirtschaft*, Leipzig (Goldmann)

Friedman, J. (1996): The Implosion of Modernity, in: Clausen, L. (Hg.): *Gesellschaften im Umbruch*. Verhandlungen des 27. Kongresses der Deutschen Gesellschaft für Soziologie, Halle/Saale, Frankfurt/M./New York (Campus): 348-371

Friedman, Milton (1976): *Kapitalismus und Freiheit*, München (dtv)

Friedrich, Hans-Jürgen (1996): Vorausbezahlte Karten - eine Bewertung aus der Sicht der Deutschen Bundesbank, in: M. Datow/S. Kissinger/U. Th. Lange (Hg): *Die Chipkarte im Alltag - Anwendungskonzepte und Verbraucherschutz*. Kongreßdokumentation MULTICARD '96, 10.-12.1.1996, (in Time) Berlin: 18-29

Friese, Marianne (1995): Modernisierungsfallen im historischen Prozeß. Zur Entwicklung der Frauenarbeit im gewandelten Europa, in: *Berliner Journal für Soziologie*, Jg. 5, H. 2 (1995): 149-162

Fröbel, Folker/Heinrichs, Jürgen/Kreye, Otto 1977: *Die neue internationale Arbeitsteilung*, Reinbek (Rowohlt)

Fukuyama, Francis: The End of History, in: *The National Interest* 16 (Summer 1989): 3-18.

Fundap (Fundacao do Desenvolvimento Administrativo de Sao Paulo)/Instituto de Economia do Setor Público (1993): *Processo de Privatizacao no Brasil: A Experiencia dos Anos 1990-92*, Sao Paulo

Galbraith, John K. (1994): *Die Herrschaft der Bankrotteure*, Hamburg (Hoffmann und Campe)

Galtung, Johan (1977): Globalisierung und ihre Konsequenzen, in: ders., *Der Preis der Modernisierung. Struktur und Kultur im Weltsystem*, Wien (Promedia): 9-21

- (1996): World: The Society of Societies, in: K. Zapotoczky/ H. Griebl-Shehata (Hg.), *Weltwirtschaft und Entwicklungspolitik. Wege zu einer entwicklungsgerechten Wirtschaftspolitik*, Frankfurt/M. (Brandes & Apsel): 9-18

Gans, Herbert (1993): From "Underclass" to "Underclass": Some Observations about the Future of the Postindustrial Economy and its Major Victims, in: *International Journal of Urban and Regional Research*, Vol. 17, No. 3 (1993): 327-335

Ganßmann, Heiner (1986): Geld - ein symbolisch generiertes Medium der Kommunikation? Zur Geldlehre in der neueren Soziologie, in: *PROKLA 63*, Jg. 16, H. 2 (1986): 6-22

Ganßmann, Heiner/Haas, Michael (1999). Eurosklerose? in: *PROKLA 114*, Jg. 29, H. 1 (1999): 55-71

Garrett, Geoffrey (1998): Global Markets and National Politics: Collision Course or Virtuous Circle? in: *International Organization*, Vol. 52, No.4 (Autumn 1998): 787-824

Geiger, Theodor (1929): Zur Soziologie der Industriearbeit und des Betriebs, in: *Die Arbeit, Zeitschrift für Gewerkschaftspolitik und Wirtschaftskunde*, H. 11 (1929), S. 673-780

Geißler, Karlheinz (1999): Vademecum einer produktiven Zeitkultur. Produktivität der Vielfalt, in: *Politische Ökologie*, Jg. 17, H. 57/58 (1999): 84

Gellner, Ernest (1991): *Nationalismus und Moderne*, Berlin (Rotbuch)

Georgescu-Roegen, Nicholas (1971): *The Entropy Law and the Economic Process*, Cambridge (Mass.)/London (Harvard University Press)

- (1976): *Energy and Economic Myths*, Oxford (Pergamon Press)

- (1986): The Entropy Law and the Economic Process in Retrospect, in: *Eastern Economic Journal*, Vol. 8, No. 1, 1986: 3-25 (dt.: Schriftenreihe des IÖW, Nr. 1987)

Gerhardt, Volker (1995): *Immanuel Kants Entwurf 'zum ewigen Frieden'. Eine Theorie der Politik*, Darmstadt (Wissenschaftliche Buchgesellschaft)

Gerybadse, Alexander/Meyer-Krahmer, Frieder/Reger, Guido. (1997): *Globales Management von Forschung und Innovation*, Stuttgart (Schäffer-Poeschel)

Giarini, Orio./Stahel, Walther. R. (1989/1993): *The Limits to Certainty*, Dordrecht (Kluwer Academic Publisher)

Giarini, Orio/Liedtke, Patrick M. (1998): *Wie wir arbeiten werden. Der neue Bericht an den Club of Rome*, Hamburg (Hoffmann und Campe)

Gibbons, Michael et al. (1994): *The New Production of Knowledge*, London (Sage)

Giddens, Anthony (1995): *Konsequenzen der Moderne*, Frankfurt/M. (Suhrkamp)

Gildemeister, Regine/Wetterer, Angelika (1992): Wie Geschlechter gemacht werden, in: G. Axeli Knapp/A. Wetterer (Hg.), *TraditionsBrüche. Entwicklungen feministischer Theorie*, Freiburg (Westfälisches Dampfboot): 201-254

Gill, Stephen (1995): Globalization, Market Civilisation and Disciplinary Neoliberalism, in: *Millenium*, Vol. 24, No. 3 (1995): 399-423

- *(Ed.) (1993):* Gramsci, Historical Materialism and International Relations*, Cambridge (Cambridge University Press)*

Gleditsch, Nils Peter (1998): Armed Conflict and the Environment: A Critique of the Literature, in: *Peace Research*, Vol. 35, No. 3 (1998): 381-400

Global 2000. Der Bericht an den Präsidenten (1980), Frankfurt/M. (Verlag Zweitausendeins)

Glyn, Andrew (1995): Northern Growth and Environmental Constrains: Beyond the ‚Obvious', in: V. Bhaskar/A. Glyn (Eds.), *The North The South and the Environment. Ecological Constraints and the Global Economy*, Japan (United Nations University Press)/London (Earthcan)

Glyn, Andrew/Hughes, A./Lipietz, Alain/Singh A. (1990): The Rise and Fall of the Golden Age, in: St. Marglin/J. Schor (Eds.): The Golden Age of Capitalism. Reinterpreting the Postwar Experience*, Oxford (Claredon Press): 36-126*

Goldman, M. (1997): Customs in Common: The Epistemic World of the Common

Goldstein Joshua S. (1988): *Long Cycles. Prosperity and War in the Modern Age,* New Haven/ London (Yale University Press)

Gore, Al/Brown, Ronald H. (1995): *Global Information Infrastructure: Agenda for Cooperation*

Gottschall, Karin (1997): Zum Erkenntnispotential sozialkonstruktivistischer Perspektiven für die Analyse von sozialer Ungleichheit und Geschlecht, in: S. Hradil (Hg.) *Differenz und Integration. Die Zukunft moderner Gesellschaften.* Verhandlungen des 28. Kongresses der Deutschen Geslleschaft für Soziologie in Dresden 1996, Frankfurt/M./New York (Campus): 476-496

Gould, Jay M./Mangano, Joseph J./Sternglass, Ernest J. (1996): *Post-Chernobyl Thyroid Disease in the United States of America*, presented to The International Medical Commission Conference, Permanent Peoples Tribunal, Wien 12.-15. April 1996, New York (Radiation and Public Health Project)

Grahl, John/Teague, Paul (1991): Industrial Relations Trajectories and European Human Resource Management, in: C. Brewster/ S. Tyson (Eds.), *International Comparisons in Human Resource Management*, London (Pitman): 76-91

Granovetter, Marc (1985): Economic Action and Social Structure: A Theory of Embeddedness, in: *American Journal of Sociology*, Vol. 91, No. 3 (1985): 481-510

Greven, Michael Th. (1999): Randbemerkungen zur (deutschen) Demokratie im Krieg, in: *Vorgänge*, Heft 2 (Juni 1999): 1-11

Griffith-Jones, Stefany (1998): *Global Capital Flows - Should They be Regulated*, Houndsmills et al. (Macmillan)

Griffith-Jones, Stephany/Canto, Patricia/Ruiz, Mónica (1995): Financial Flows for Regional Integration in: J. J. Teunissen (Ed.): *Regionalism and the Global Economy*, The Hague (Fondad):32-67

Grigoriev, Leonid/Kisunko, Gregory (1996): Letter to the Editor. Russian Economic Cruime: The Flip Side, in: *Transition*, Vol. 7, No. 3-4 (1996): 20-21

Grootings, P./Gustavsen, B./Hethy, L. (Eds.) (1989): *New Forms of Work Organization in Europe*, London (Transworld Publishers)

Grün, Karl (1997): Angst vor Globalisierung, in: *Börsen-Zeitung* vom 25.4.1997

Gruppe von Lissabon (1997): *Grenzen des Wettbewerbs. Die Globalisierung der Wirtschaft und die Zukunft der Menschheit*, Neuwied (Luchterhand-Verlag)

Guardian, The vom 4.2.1999: The New Flexecutives, Flexible Friends; Flexecutive Lifestyle Sites (http://www.newsunlimited.co.uk/lex-ece/Story/0,2763,21656,00.html)

Guéhenno, Jean-Marie (1998a): Demokratie am Wendepunkt? In: *Internationale Politik*, Nr. 4 (1998): 13-20

- (1998b): From Territorial Communities to Communities of Choice: Implications for Democracy, in: W. Streeck (Hg.), *Internationale Wirtschaft, nationale Demokratie*, Frankfurt/M./New York (Campus): 137-150

Guggenberger, Bernd (1999): Arbeit und Lebenssinn, in: N. Breiskorn/J. Wallacher (Hg.), Arbeit im Umbruch, Stuttgart (Kohlhammer): 123-143

Guha, Ramachandra./Martinez-Alier, Joan (1997): Varieties of Environmentalism. Essays North and South, London (Earthscan)

Guttmann, Robert (1998): Asia in Crises: An Interview with Robert Guttmann, in: *Capitalism Nature Socialism*, Vol. 9, No. (2 June 1998)

Habermas, Jürgen (1981): *Theorie des kommunikativen Handelns*, 2 Bände, Frankfurt/M. (Suhrkamp)

- (1995): Aufgeklärte Ratlosigkeit. Warum die Politik ohne Perspektive ist. Thesen zu einer Diskussion, in: *Frankfurter Rundschau* vom 30. 12.1995

- (1998): Die postnationale Konstellation und die Zukunft der Demokratie, in: *Blätter für deutsche und internationale Politik*, Nr. 7 (1998): 805-817

- (1999): Bestialität und Humanität, in: *Die Zeit*, Nr. 18 vom 29.4.1999

Hack, Lothar (1988): *Vor Vollendung der Tatsachen. Die Rolle von Wissenschaft und Technologie in der dritten Phase der ‚Industriellen Revolution'*, Frankfurt/M. (Fischer)

- (1998*): Technologietransfer und Wissenstransformation. Zur Globalisierung der Forschungsorganisation von Siemens*, Münster (Westfälisches Dampfboot)

Hack, Lothar/Hack, Irmgard (1985): *Die Wirklichkeit, die Wissen schafft. Zum wechselseitigen Begründungsverhältnis von 'Verwissenschaftlichung der Industrie' und 'Industrialisierung der Wissenschaft'*, Frankfurt/M./New York (Campus)

Hajer, M. (1995): *The Politics of Environmental Discourse*, New York (Oxford University Press)

Haken, Herrmann (1995): *Erfolgsgeheimnisse der Natur. Synergetik: Die Lehre vom Zusammenwirken*, Reinbek bei Hamburg (Rowohlt)

Hall, Charles A. (1986): *Energy and Resource Quality. The Ecology of the Economic Process*, New York (Wiley)

Hamm, Bernd (1996): *Struktur moderner Gesellschaften*, Oplden (Leske + Budrich)

Hankel, Wilhelm (1995): Ist der globale Kapitalverkehr regelbar?, in: *Die Neue Gesellschaft/ Frankfurter Hefte*, August 1995: 692-702

Hardin, Garrett (1968) The Tragedy of the Commons, in: *Science*, No. 162 (1968): 1243-1248

Harrod, Roy (1958): The Possibility of Economic Satiety - Use of Economic Growth for Improving the Quality of Education and Leisure, in*: Problems of United States Economic Development (Committee for Economic Development*, Vol. I, New York: 207-213

Hart, Keith (1973): Informal Income Opportunities and Urban Employment in Ghana, in: *The Journal of Modern African Studies*, Vol. 11, No. 1 (1973): 61-89

Härtel, Hans-Hermann/Jungnickel, Rolf et al. (1996): *Grenzüberschreitende Produktion und Struturwandel – Globalisierung der deutschen Wirtschaft*, Baden-Baden (Nomos)

Harvey, David (1989): *The Condition of Postmodernity*, Oxford (Oxford University

Press)
- (1996): *Justice, Nature & the Geography of Difference*, Cambridge, Mass./Oxford (Blackwell)

Haug, Wolfgang Fritz (1985/87): *Pluraler Marxismus. Beiträge zur politischen Kultur*, 2 Bde, Berlin (Argument Verlag)

Hauser, Heinz/Schanz, Kai-Uwe (1995): *Das neue GATT. Die Welthandelsordnung nach Abschluß der Uruguay-Runde*, München/Wien (Oldenbourg)

Häußermann, Hartmut/Siebel, Walter (1995): *Dienstleistungsgesellschaften*, Frankfurt/M. (Suhrkamp)

Hayek, Friedrich August Frhr. von (1968): Der Wettbewerb als Entdeckungsverfahren, Vortrag im Institut für Weltwirtschaft an der Universität Kiel, *Kieler Vorträge*, Folge 56, Kiel (Manuskriptdruck)

- (1978): *Denationalisation of Money - The Argument Redefined*, Washington D. C. (Institute of Economic Affairs)

- (1981): „Ungleichheit ist nötig" Interview in *Wirtschaftswoche*, Nr. 11 vom 6.3.1981: 36-40

Hedlund, Gunnar (1996): Organization and Management of Transnational Corporations in Practice and Research, in: UNCTAD, *Transnational Corporations and World Development*, London et al. (International Thomson Business Press): 123-141

Hedlund, Gunnar/Kogut, Bruce (1993): Managing the MNC: the End of the Missionary Era, in: ders. (Ed.), *Organization of Transnational Corporations*, Vol. 6, London (Routledge): 343-358

Heinrich, Michael (1999*): Die Wissenschaft vom Wert. Die Marxsche Kritik der politischen Ökonomie zwischen wissenschaftlicher Revolution und klassischer Tradition*, 2. überarb. Aufl. Münster (Westfälisches Dampfboot)

Heise, Arne (1995): Der Standort Deutschland im globalen Wettbewerb, in*: WSI-Mitteilungen*, Jg. 48, H. 11 (1995): 691-698

- (1996): Der Mythos vom 'Sachzwang Weltmarkt': globale Konkurrenz und nationaler Wohlfahrtsstaat, in: *Internationale Politik und Gesellschaft*, Nr. 1 (1996): 17-22

Heise, Arne/Küchle, Hartmut (1996): Globalisierung, Sozialkonkurrenz und Europäische Integration, in: *WSI-Mitteilungen*, Jg. 49, H. 4 (1996): 237-244

Held, David (1991): Democracy, the Nation-State and the Global System, in: *Economy and Society*, Vol. 20, No. 2 (1991): 138-172

- (1995): *Democracy and the Global Order. From the Modern State to Cosmopolitan Governance*, Stanford, CA (Stanford University Press)

- (1998): The Changing Conturs of Political Community, in: M. Greven (Hg.), *Demokratie – eine Kultur des Westens?* 20. Wissenschaftlicher Kongreß der Deutschen Vereinigung für Politische Wissenschaft, Opladen (Leske + Budrich): 249-261

Held, David/McGrew, Anthony (1993): Globalization and the Liberal Democratic State, in: *Government and Opposition*, Vol. 28, No. 2 (1993): 261-285

Held, David/McGrew, Anthony/Glodblatt, David/Perraton, Jonathan (1999): *Global Transformations. Politics, Economics and Culture*, Cambridge (Polity Press)

Hengsbach, Friedhelm (1996): „Die Globalisierung wird künstlich dramatisiert" Interview in: *Welt am Sonntag* vom 14.4.1996

- (1997): Wider die falschen Propheten des „Weiter so" in: *Freitag* vom 20. 6. 1997
- et al. (1994): *Solidarität am Standort Deutschland. Eine Erklärung von Sozialwissenschaftlerinnen und -wissenschaftlern*, Frankfurt/M. (Eigenverlag)

Hengsbach, Friedhelm/Möhring-Hesse, Mathias (Hg.) (1995): *Eure Armut kotzt uns an. Solidarität in der Krise*, Frankfurt/ M. (Fischer)

Hesse, Helmut (1997): Arbeitslosigkeit und Geldpolitik 1997, in: *Deutsche Bundesbank/ Auszüge aus Presseartikeln*, Nr. 5 vom 23.1. 1997: 6-14

Hilferding, Rudolf (1910/1968): *Das Finanzkapital*, Frankfurt/ Wien (Europäische Verlagsanstalt/Europaverlag)

- (1927): *Organisierter Kapitalismus - Die Aufgaben der Sozialdemokratie in der Republik*, Sozialdemokratischer Parteitag in Kiel

Hirsch, Fred (1980): *Die sozialen Grenzen des Wachstums*, Reinbek bei Hamburg (Rowohlt)

Hirsch, Joachim (1995): *Der nationale Wettbewerbsstaat,* Berlin/Amsterdam (Edition ID-Archiv)

Hirsch-Kreinsen, Hartmut (1995): Dezentralisierung: Unternehmen zwischen Stabilität und Desintegration, in: *Zeitschrift für Soziologie*, Jg. 24, H. 4 (1995): 422-435

- (1996): Internationalisierung der Produktion: Strategien, Organisationsformen und Folgen für die Industriearbeit, in: *WSI-Mitteilungen*, Jg. 49, H. 1 (1996): 11-18
- (1998a): *Industrielle Konsequenzen globaler Unternehmensstrategien*, Arbeitspapier der Lehrstuhls Technik und Gesellschaft Nr.1 (1998; Universität Dortmund
- (1998b): Organisation und Koordination eines transnationalen Unternehmensnetzwerks, in: M. v. Behr/H. Hirsch-Kreinsen (Hg.), *Globale Produktion und Industriearbeit*, Frankfurt/M./New York (Campus): 37-62

Hirschman, Albert O. (1970): *Exit, Voice and Loyality*, Cambridge/Mass. (Harvard University Press)

- (1981): A Generalized Linkage Approach to Development, With Special Reference to Staples, in: *Essays in Transpassing*, Cambridge/London/New York (Cambridge University Press): 59-97
- (1984): *Leidenschaften und Interessen*, Frankfurt/M. (Suhrkamp)

Hirst, Paul/Thompson, Grahame (1966): *Globalization in Question*, Cambridge (Polity Press)

Hobsbawm, Eric (1995): *Das Zeitalter der Extreme. Weltgeschichte des 20. Jahrhunderts*, Wien/München (Hanser)

Hobson, J. A. (1902/1965): *Imperialism*, Ann Arbor (Ann Arbor Paperbacks)

Hoffmann, Jürgen (1997): Gewerkschaften in der Globalisierungsfalle?, in: *PROKLA 106 - Zeitschrift für kritische Sozialwissenschaft*, Jg. 27, H. (1997): 77-96

- (1999): Ambivalenzen des Globalisierungsprozesses, in: *Aus Politik und Zeitgeschichte. Beilage zur Wochenzeitung Das Parlament*, 4. Juni 1999, B 23/99: 3-10

Hoffmann-Nowotny, Hans-Joachim (1989): Weltmigration - eine soziologische Analyse, in: W. Kälin/R. Moser (Hg.), *Migration aus der Dritten Welt*, Bern/Stuttgart: 29-40

Holloway, John (1993): Reform des Staats: Globales Kapital und nationaler Staat, in: *PROKLA 90*, Jg. 23, H.1 (1993): 12-33

Hopfmann, Arndt (1998): Transformation und Informalität. Umrisse einer Debatte, in: *Berliner Debatte INITIAL*, Jg. 9, H. 1 (1998):3041

- (1998): Transformation zu einem ostmitteleuropäischen Kapitalismus?, in: A. Hopfmann/M. Wolf (Hg.), *Transformation und Interdependenz. Beiträge zu Theorie und Empirie der mittel- und osteuropäischen Systemwechsel*, Münster (Lit): 65-111)

Hossfeld, Karen J. (1990): „Their Logic against Them": Contradictions in Sex, Race and Class in Silicon Valley, in: K. Ward (Ed.), *Women Workers and Global Restructuring*, Ithaca, NY (Cornell University)

Huber, Evelyne/Rueschemeyer, Dietrich/Stephens, John D. (1997): The Paradoxes of Contemporary Democracy, in: *Comparative Politics*, April 1997: 323-342

Hübner, Kurt (1989): *Theorie der Regulation. Eine kritische Rekonstruktion eines neuen Ansatzes der Politischen Ökonomie*, Berlin (edition sigma)

- (1998): *Der Globalisierungskomplex. Grenzenlose Ökonomie - grenzenlosePolitik?*, Berlin (edition sigma)

Huffschmid, Jörg (1995): Eine Steuer gegen die Währungsspekulation, in: *Blätter für deutsche und internationale Politik*, 40. Jg., H. 8 (1995): 1003-1007

- (1999): Die neue internationale Finanzarchitektur, in: *Blätter für deutsche und internationale Politik*, Nr. 6 (Juni 1999)

Huntington, Samuel P. (1993): The Clash of Civilizations?, in: *Foreign Affairs*, Vol. 72, No. 3 (1993): 22-49

Hurrell, A./Woods, N. (1995): Globalisation and Inequality, in: *Millenium: Journal of International Studies*, Vol. 24, No. 3 (1995): 447-470

Hurtienne, Thomas (1986): Fordismus, Entwicklungstheorie und Dritte Welt, in: *Peripherie*, Nr. 22/23 (1986): 60-110

IAA (Internationales Arbeitsamt)(1995): *Die Beschäftigungssituation in der Welt*, Genf

IAA/ILO (International Labour Office) (1991): *Das Dilemma des informellen Sektors*, Bericht des Generaldirektors (Teil I) auf der Internationalen Arbeitskonferenz, 78. Tagung 1991, Genf

Ianni, Octavio (1993): *A Sociedade Global*, Rio de Janeiro (Civilisacao brasileira)

ICFTU (1998): *Behind the Wire: Anti-union Repression in the Export Processing Zones*, internet: download 19.7.1998

- /IBFG (Internationaler Bund freier Grwerkschaften)(1996), Natascha David: *Zwei Welten: Frauen und die Weltwirtschaft*, Brüssel

Illich, Ivan (1997): Philosophische Ursprünge der grenzenlosen Zivilisation, in: E. U. von Weizsäcker (Hg.*), Grenzen-los? Jedes System braucht Grenzen – aber wie durchlässig müssen diese sein?*, Berlin/ Basel/ Boston (Birkhäuser): 202-212

ILO (1997/98): *World Labour Report 1997/98*, Genf

ILO (International Labour Office) (1992): *Employment, Incomes and Equality: A Strategy for Increasing Productive Employment in Kenya*, Genf

IMF (1994a): *World Economic Outlook*, Mai 1994, Washington D.C

IMF (1994b): *World Economic Outlook*, October 1994, Washington D.C.

IMF (1994c): *International Financial Statistics Yearbook*, Washington D.C.

IMF (1995a): *Issues in International Exchange and Payments Systems*, Washington D.C.

IMF (1995b): *International Capital Markets. Developments, Prospects and Policy Issues*, Washington D.C.

IMF (1997): *World Economic Outlook*, May 1997, Washington D.C.

IMF (1998a): *International Capital Markets. Developments, Prospects, and Key Policy Issues*, Washington D.C.

IMF (1998b): *World Economic Outlook and International Capital Markets. Interim Assessment*, December 1998, Washington D.C.

IMF (1998c): *World Economic Outlook – October 1998*, Washington D.C.

IMF (1998d): *Hedge Funds and Financial Market Dynamics*, Washington D.C.

IMF (1998e): *World Economic Outlook*, May 1998, Washington D.C.

IMF (1998f): *Toward a Framework for Financial Stability*, Wahington D.C.

IMF (1999): *World Economic Outlook*, May 1999, Washington D.C.

IMF (International Monetary Fund)(1988): *World Economic Outlook*, April 1988, Washington D.C.

Infante, Ricardo (1995): Labour Market, Urban Poverty and Adjustment: New Challenges and Policy Options, in: G. Rodgers/R. van der Hoeven (Eds.), *The Poverty Agenda: Trends and Policy Options, New Approaches to Poverty Analysis and Policy - III. A Contribution to the World Summit for Social Development*, Genf (International Institute for Labour Studies): 153-175

Ingrao, Pietro/Rossanda, Rossana (1995): Die neuen Widersprüche, in: *PROKLA 100 - Zeitschrift für kritische Sozialwissenschaft*, Jg. 25, H.3 (1995): 409-430

Innis, Harold (1995): *Staples, Markets, and Cultural Change*, ed. by D. Drache, Montreal & Kingston/ London/ Buffalo (McGill-Queen's University Press)

Issing, Otmar (1999): Hayek – Currency Competition and European Monetary Union, in: Deutsche Bundesbank, *Auszüge aus Presseartikeln*, Nr. 36 vom 27.5.1999: 9-17

Jalloh, S. Balimo (1995): Subsahara Africa - Trade Expansion through Countertrade?, in: *UNCTAD Bulletin*, 1992: 365-375

JG: *Jahresgutachten des Sachverständigenrats zur Begutachtung der gesamtwirtschaftlichen Entwicklung*, Bundestagsdrucksache (fortlaufend)

Johnson et al. (1997): *Politics and Entrepreneurship in Transition Economies*, Working Paper Series, No. 57 (1997), The William Davidson Institute, University of Michigan.

Jones, Tom (1997): Globalisation and Environment: Main Issues, in: OECD Proceedings, *Globalisation and Environment. Preliminary Perspectives*, Paris (OECD): 7-18

Jonscher, Charles (1993): Information Resources and Economic Productivity, in: *Information Economics and Policy*, No.1 (1993): 13-35

Jungnickel, Rolf (1995): Foreign Direct Investment, Trade and Employment - The Experience of Germany, in: OECD, *Foreign Direct Investment, Trade and Employment*, Paris: 91-119

Junne, Gerd (1996): Integration unter den Bedingungen von Globalisierung und Lokalisierung, in: M. Jachtenfuchs/B. Kohler-Koch (Hg.): Europäische Integration, Opladen (Leske u. Budrich): 513-530

Kadritzke, Ulf (1998): Über den Umgang mit Zeit im mittleren Management; die (bislang) vergebliche Balance zwischen Arbeit und Leben, in: *Symposium „Zeit.Not.Stand, WISO-Dokumente*, H. 23, Juli 1998, Linz: 22-31 (zit. nach Publikationsmanuskript)

Kallscheuer, Otto (1995): *Gottes Wort und Volkes Stimme*, Frankfurt/M. (Fischer)

- (1998). Menschenrechte als Fortschritt der Humanität. Noberto Bobbios skeptische Geschichtsphilosophie, in: N. Bobbio, *Das Zeitalter der Menschenrechte*, Berlin (Wagenbach): 114-125

Kant, Immanuel (1795/ 1984): *Zum ewigen Frieden*, Stuttgart (Reclam)

- (o.J.): *Die drei Kritiken in ihrem Zusammenhang mit dem Gesamtwerk*, zusammengefaßt von Raymund Schmidt, Leipzig (Alfred Kröner, Taschenausgabe Nr. 104)

Kapp, K. William (1958): *Volkswirtschaftliche Kosten der Privatwirtschaft*, Tübingen/Zürich (J.C.B. Mohr (Paul Siebeck)/Polygraphischer Verlag AG.)

Kasch, Volker/Leffler, Ulrich/Schmitz, Peter/Tetzlaff, Rainer (1985): *Multis und Menschenrechte in der Dritten Welt*, Bornheim-Merten (Lamuv)

Kaufmann, Franz-Xaver (1998): *Herausforderung des Sozialstaats*, Frankfurt/M. (Suhrkamp)

Kay, John (1996): The Good Market, in: *Prospect*, May 1996: 39-43

Keil, Roger (1993): *Weltstadt - Stadt der Welt. Internationalisierung und lokale Politik in Los Angeles*, Münster (Westfälisches Dampfboot)

Kelly, Ruth (1995): Derivatives: A Growing Threat to the International Financial System, in: J.Michie/J. Greive Smith (Eds.).: *Managing the Global Economy*, Oxford (Oxford University Press)

Kempe, Martin (1998): Nicht mehr nur berufstätig sein, in: *Erziehung und Wissenschaft*, Nr. 5: 6-10

Kennedy, Paul (1993): *In Vorbereitung auf das 21. Jahrhundert*, Frankfurt (Fischer)

- (1994): *Die Welt, Europa und Österreich*, The Bruno Kreisky Dialogue Serie No 9, Wien

Keohane, Robert O. (1990): International Liberalism Reconsidered, in: J. Dunn (Ed.): *The Economic Limits to Modern Politics*, Cambridge (Cambridge University Press)

Keohane, Robert O./Nye Jr., Joseph S. (1977): *Power and Interdependence: World Politics in Transition*, Boston (Little Brown)

Kernaghan, Charles (1998): Behind the Label: „Made in China, in: *Special Report prepared for National Labor Committee*, New York (National Labor Committee)

Keynes, John M. (1929): The German Transfer Problem, in: *The Economic Journal*, Vol. XXXIX, 1929: 1ff.

- (1933/1985): Nationale Selbstgenügsamkeit, in: H. Mattfeld, (Hg): *Keynes. Kommentierte Werkauswahl*, bearb. durch Harald Mattfeldt Hamburg (VSA)

- (1936/1964): *The General Theory of Employment, Interest and Money*, London/ Melbourne/Toronto (Macmillan, Repr.)(dt.: *Allgemeine Theorie*, Berlin 1936/1966 (Duncker & Humblodt)

Kindleberger, Charles P. (1984): *A Financial History of Western Europe*, London/Boston/Sidney (Allen & Unwin)

Kleinknecht, Alfred/ter Wengel, J. (1998): The Myth of Economic Globalisation, in: Cambridge Journal of Economics 1998, Vol. 22 (1998): 637-647

Klodt, Henning, /Maurer, Rainer/Schimmelpfennig, Axel (1996): *Tertiarisierung in der deutschen Wirtschaft*, Tübingen (J.C.B. Mohr/Paul Siebeck)

Knapp, Axeli Gudrun (1988): Das Konzept des „weiblichen Arbeitsvermögens - theoriegeleitete Zugänge, Irrwege und Perspektiven, in: *Frauenforschung*, H. 6 (1988): 8-19

Knieper, Rolf (1991*): Nationale Souveränität. Versuch über Ende und Anfang einer Weltordnung*, Frankfurt (Fischer)

- (1993): Staat und Nationalstaat. Thesen gegen eine fragwürdige Identität, in: *PROKLA 90 - Zeitschrift für kritische Sozialwissenschaft*, Jg. 23, H. 1 (1993): 65-71

Kobrin, Stephen J. (1997): Electronic Cash and the End of National Markets, in: *Foreign Policy*, Vol. 76 (Summer 1997): 65-77

Koch, Claus (1995): *Die Gier des Marktes*, München (Hanser)

Kogut, Bruce (1985): Designing Global Strategies: Profiting from Operational Flexibility, in: *Sloan Managment Review*, Vol. 26 (Spring 1985): 27-38

Köhler, Claus (1998): Spekulation contra Entwicklungspolitik: Eine Analyse der ostasiatischen Währungskrise, in: *Internationale Politik und Gesellschaft*, No. 2 (1998): 191-204

Kohler-Koch, Beate (1990): Interdependenz, in: V. Rittberger (Hg.), *Theorien der Internationalen Beziehungen*, PVS-Sonderheft 21, Opladen (Westdeutscher Verlag): 110-129
- (1996): Politische Unverträglichkeiten von Globalisierung, in: U. Steger (Hg.), *Globalisierung der Wirtschaft*, Berlin (Springer): 83-114
- (1998): Einleitung: Effizienz und Demokratie: Probleme des Regierens in entgrenzten Räumen, in: B. Kohler-Koch (Hg.), *Regieren in entgrenzten Räumen*, PVS-Sonderheft 29/1988, Opladen (Westdeutscher Verlag): 11-25
- (1993): Regieren ohne Weltregierung, in: C. Böhret/G. Wewer (Hg.), *Regieren im 21. Jarhundert. Zwischen Globalisierung und Regionalisierung, Festgabe für Hans-Hermann Hartwich zum 65. Geburtstag*, Opladen (Westdeutscher Verlag): 109-141

Kondylis, Panajotis (1995), Die verflüchtigte Materie. Träume vom Cyberspace, in: *Frankfurter Allgemeine Zeitung* vom 4. 10. 1995

König, Wolfgang/Weber, Wolfhard (1990): *Netzwerke Stahl und Strom, Propyläen Weltgeschichte*, hg. von W. König, Berlin (Propyläenverlag)

Körner (1990): *Internationale Mobilität der Arbeit*, Darmstadt (Wissenschaftliche Buchgesellschaft)

Köpke, Ronald (1997): Nationaler Wettbewerb und Kooperation. Auswirkungen der Freien Produktionszonen in Zentralamerika, Münster (Westfälisches Dampfboot)

Kößler, Reinhart (1994): Auf dem Wege zu einer internationalen Zivilgesellschaft, in: W. Hein (Hg.): *Umbruch in der Weltgesellschaft. Auf dem Wege zu einer "Neuen Weltordnung"?, Schriften des Deutschen Übersee-Instituts*, Nr. 27, Hamburg: 305-325

Kotthoff, Hermann (1996): Hochqualifizierte Angestellte und betriebliche Umstrukturierung. Erosion von Sozialintegration und Loyalität im Großbetrieb, in: *Soziale Welt*, Jg. 47 (1996): 435-449

Kozul-Wright, Richard (1995). Transnational Corporations and the Nation State, in: J. Michie/J. Grieve Smith (Eds.), Managing the Global Economy, Oxford (Oxford University Press): 135-171

Krätke, Michael R. (1997): Globalisierung und Standortkonkurrenz, in: *Leviathan. Zeitschrift für Sozialwissenschaft*, Jg. 25, H. 2 (1997): 202-232

Kraus, Theodor (1966): Grundzüge der Wirtschaftsgeographie, in: K. Hax/Th. Wessels, (Hg.), *Handbuch der Wirtschaftswissenschaften, Band II Volkswirtschaft*, Köln/ Oplanden (Westdeutscher Verlag)

Kreikemeyer, Anna (1998): Konflikt und Kooperation in der Kaspischen Region: Russische Interessenlagen, in: *Aus Politik und Zeitgeschichte. Beilage zur Wochenzeitung Das Parlament*, B 43-444/1998, 16. 10. 1998: 13-25

Kristoff, Nicholas D. /Wyatt, Edward (1999): Who Sank, or Swam, in Choppy Currents of a World Cash Ocean, in: *New York Times* vom 15.2. 1999

Krüger, Hans-Peter (1984): *Werte und Weltmarkt*, Berlin (Akademie-Verlag)

Krugman, Paul (1994): Competitiveness: A Dangerous Obsession, in: *Foreign Affairs*, Vol. 73 (March/April 1994): 28-44
- (1995): Growing World Trade: Causes and Consequences, in: *Brookings Papers on Economic Activity*, No. 1 (1995): 327-362
- (1995a): Dutch Tulips and Emerging Markets, in: *Foreign Affairs*, Vol. 74, No. 4 (1995): 28-44
- (1998): America the Boastful, in: *Foreign Affairs*, Vol 77, No.3 (1998): 32-45
- (1999): The Return of Depression Economics in: *Foreign Affairs*, Vol. 78 (January/February 1999): 56-74

Küchle, Hartmut. (1996): Deutschlands Position auf dem Weltmarkt, in: *WSI-Mitteilungen*, Jg. 49, H. 5 (1996): 295-303

Kühl, Stefan (1995): *Wenn die Affen den Zoo regieren. Die Tücken der flachen Hierarchien*, Frankfurt/M./ New York (Campus)

Kulessa, Margareta E. (1996): Die Tobinsteuer zwischen Lenkungs- und Finanzierungsfunktion, in: *Wirtschaftsdienst*, II (1996): 95-104

Kurz, Robert (1991): *Der Kollaps der Modernisierung. Vom Zusammenbruch des Kasernensozialismus zur Krise der Weltökonomie*, Frankfurt/M. (Eichborn)

Lafontaine, Oskar/Müller, Christa (1998): Keine Angst vor der Globalisierung. Wohlstand und Arbeit für alle*, Bonn (Dietz)*

Lall, Sanjaya (1995): Employment and Foreign Investment: Policy Options for Developing Countries, in: *International Labour Review*, Vol. 134, No. 4/5 (1995): 521-540

Lane, Christel (1995): *Industry and Society in Europe. Stability and Change in Britain, Germany and France*, London (Elgar)

Latouche, Serge (1994): *Die Verwestlichung der Welt. Essay über die Bedeutung, den Fortgang und die Grenzen der Zivilisation*, Frankfurt/M.(dipa)

Layard, Richard/Blanchard, Olivier/Dornbusch, Rudiger/Krugman, Paul (1992): *East-West Migration. The Alternatives,* Cambridge, Mass./ London (MIT Press)

Le Goff, Jaques (1988): *Wucherzins und Höllenqualen. Ökonomie und Religion im Mittelalter*, Stuttgart (Klett-Cotta)

Lechner, Norbert (1994): Marktgesellschaft und die Veränderung von Politikmustern, in: *PROKLA 97*, Jg. 24, H. 4 (1994): 549-562

Leff, Enrique (1995): *Green Production. Toward an Environmental Rationality*, New York/ London (The Guilford Press)

Lehmann, David (1998): Fundamentalism and Globalism in: *Third World Quarterly*, Vol. 19, No. 4 (1998): 607-634

Leibniz, Gottfried Wilhelm (Nachdr. 1948): *Monadologie*, neu übersetzt, eingeleitet und erläutert von Herrmann Glockner, (Reclam) Stuttgart

Lenin, W. I., *Der Imperialismus als höchstes Stadium des Kapitalismus*, Werke, Band 22, Berlin (Dietz)

Lessenich, Stephan (1998): „Relations matter,,: De-Kommodifizierung als Verteilungsproblem, in: St. Lessenich/I. Ostner (Hg.), *Welten des Wohlfahrtskapitalismus*, Frankfurt/M./New York (Campus): 91-108

Leyshon, Andrew/ Thrift, Nigel (1997): *Money Space. Geography of Monetary Transformation*, London/ New York (Routledge)

Liemt, G. van (1992): Economic Globalization: Labour Options and Business Strategies in High Labour Cost Countries, in: *Internationale Labour Review*, Vol 131, No. 4/5 (1992): 453-70

Linz, Manfred (1998): *Spannungsbogen. „Zukunftsfähiges Deutschland" in der Kritik*, Berlin/Basel/Boston (Birkhäuser)

Lipietz, Alain (1986): *Mirages and Miracles*, London (Verso)

Lipschutz, Ronnie D. (1998): Vor dem Schleier des Nichtwissens. Staaten, Ökologie und Zeitpolitik, in: Flitner, M./Görg, Ch./Heins, V. (Hg.), *Konflikfeld Natur. Biologische Ressourcen und globale Politik*, Opladen (Leske + Budrich): 63-85

Lipset, Seymour M. (1959): Some Social Requisites of Democracy: Economic Development and Political Legitimacy, in: *The American Political Science Review*, Vol. LIII, No. 1 (1959)

List, Friedrich (1841/1982): *Das nationale System der Politischen Ökonomie*, Stuttgart/ Tübingen (Nachdruck Berlin: Akademie-Verlag 1982)

Locke, J. (1690/1977): *Zwei Abhandlungen über die Regierung* (hg. und eingeleitete von Walter Euchner, Frankfurt/M., (Suhrkamp)

Lofdahl, Corey L. (1998): On the Environmental Externalities of Global Trade, in: *International Political Science Review*, Vol. 19, No. 4 (1998): 339-355

Lohmann, Georg (1998). Warum keine Deklaration von Menschenpflichten? Zur Kritik am Inter-Action Council, in: *Widerspruch*, Jg.18, Nr. 35 (1998): 12-24

Löschner, Ernst (1983): *Souveräne Risken und internationale Verschuldung*, Wien (Manzsche Verlags- und Universitätsbuchhandlung)

Lovelock, James E. (1982): *Unsere Erde wird überleben. GAIA - Eine optimistische Ökologie*, München/Zürich (Piper)

Low, Nicholas/Gleeson, Brendan (1998): *Justice, Society and Nature. An Exploration of Political Ecology*, London/ New York (Routledge)

Luhmann, Niklas (1987): *Soziale Systeme. Grundriß einer allgemeinen Theorie*, Frankfurt/M. (Suhrkamp, STW)

- (1990): *Ökologische Kommunikation*, Opladen (Westdeutscher Verlag)

- (1997), *Die Gesellschaft der Gesellschaft*, Frankfurt/M. (Suhrkamp)

Lüthje, Boy (1998): „Vernetzte Produktion,, und „post-fordistische,, Reproduktion. Theoretische Überlegungen am Beispiel „Silicon Valley,,, in: *PROKLA 113 – Zeitschrift für kritische Sozialwissenschaft*, Jg. 28, Nr. 4 (1998): 557-588

Luttwak, Edward (1994): *Weltwirtschaftskrieg. Export als Waffe - aus Partnern werden Gegner*, Reinbek bei Hamburg (Rowohlt)

Lutz, Burkart (1984): *Der kurze Traum immerwährender Prosperität*, Frankfurt/M. / New York (Campus)

Lutz, Christian (1994): Prospects of Social Cohesion in OECD Countries, in: *Societies in Transition. The Future of Work and Leisure*, Paris (OECD): 95-119

Luxemburg, Rosa (1913/ 1979): *Die Akkumulation des Kapitals*, Berlin (Buchhandlung Vorwärts Paul Singer)

Maddison, Angus (1995): *Monitoring the World Economy 1820-1992*, Paris (OECD)

Mahnkopf, Birgit (1986): Hegemony in the Workplace: Patterns of Regulation in Internal Company Social Relations and Their Legitimation Effects, in: *Berkeley Journal of Sociology*, Vol. XXI: 35-52

- (1988): Soziale Grenzen "fordistischer Regulation", in: dies. (Hg): *Der gewendete Kapitalismus*, Münster (Westfälisches Dampfboot): 99-143

- (1990): Betriebliche Weiterbildung - zwischen Effizienzorientierung und Gleichheitspostulat, in: *Soziale Welt*, Jg. 41, H. 1 (1990): 70-96

- (1994): Markt, Hierarchie und soziale Beziehungen. Zur Bedeutung reziproker Beziehungsnetzwerke in modernen Marktgesellschaften, in: N. Beckenbach/W. van Treeck (Hg.), *Umbrüche der gesellschaftlichen Arbeit, Soziale Welt-Sonderband 9*, Göttingen: 65-84

- (1996): Die Globalisierung der Ökonomie als soziale Pathologie, in: H. G. Zilian (Hg.), *Pathologien der Arbeitswelt - Paradoxien der Intervention*, Graz: Nausner & Nausner Verlag: 49-83

- (1998a): Probleme der Demokratie unter den Bedingungen ökonomischer Globalisierung und ökologischer Restriktionen, in: M. Greven (Hg.), *Demokratie – eine Kultur des Westens?* 20. Wissenschaftlicher Kongreß der Deutschen Vereinigung für Politische Wissenschaft, Opladen (Leske+ Budrich): 55-79

- (1998b): Soziale Demokratie in Zeiten der Globalisierung, in: *Blätter für deutsche und internationale Politik*, Nr. 11: 1318-1330

- (1999): Between the Devil and the Deep Blue Sea: The german Model Under the Pressure of Globalisation, in: L. Panitch/C. Leys (Eds.), *Global Capitalism versus Democracy, Socialist Register 1999*, Rendlesham (Merlin Press)/New York (Monthly Review)/ Halifax (Fernwood Publishing): 142-177

Maier, Charles S. (1998): Die Dekade der großen Widersacher Globalismus und Territorialismus, in: *Frankfurter Rundschau* vom 5.2.1998, Dokumentation

Malone, Thomas,W./Laubacher, Robert J. (1999): Vernetzt, klein und flexibel – die Firma des 21. Jahrhunderts, in: *Harvard Business manager*, Jg. 21, H. 2 (1999: 28-36 (engl.: the Dawn of the E-Lance Economy, in: *Harvard Business Review*, No. 5 (September/ October 1998)

Mandel, Ernest (1980): Long Waves of Capitalist Development, *Cambridge (Cambridge University Press)*

Mandelbrot, Benoit (1982): The Fractal Geometry of Nature, *San Francisco*

Mandeville, Bernard de (1703/1957): Die Bienenfabel, Berlin (Akademie-Verlag)

Mann, Michael (1997): Hat die Globalisierung den Siegeszug des Nationalstaats beendet?, in: *PROKLA 106*, Jg. 27, H. 1 (1997): 113-142

March, J. G. /Olsen, J. P. (1998): The Institutional Dynamics of International Political Orders in: *International Organization*, Vol. 52, No.4 (Autum 1998): 943-969

Marchlewitz, Gilbert (1997): Globalisierung, Sozialkonkurrenz und die Notwendigkeit internationaler Zusammenarbeit, in: *WSI-Mitteilungen*, Jg. 50, H. 11 (1997): 771-779

Marglin, Stephen/ Schor, Juliet (Eds.) (1990): The Golden Age of Capitalism. Reinterpreting the Postwar Experience, *Oxford (Clarendon Press)*

Marshall, Alfred (1890/ 1964): *Principles of Economics*, London (MacMillan)

Marshall, D. D. (1996): Understanding Late Twenties-Century Capitalism: Reassessing the Globalization Theme, in: *Government and Opposition*, Vol. 31 (1996): 193-215

Marshall, Thomas H. (1992): *Bürgerrechte und soziale Klassen. Zur Soziologie des Wohlfahrtsstaates*, Frankfurt/M./ New York (Campus)

Martin, Hans-Peter/Schumann, Harald (1996): *Die Globalisierunsgfalle. Der Angriff auf Demokratie und Wohlstand*, Reinbek bei Hamburg (Rowohlt)

Martinez-Alier, Joan (1987): *Ecological Economics. Energy, Environment and Society*, Oxford/Cambridge/Mass (Blackwell)

Marx, Karl (1953): *Grundrisse der Kritik der Politischen Ökonomie*, Berlin (Dietz)

Marx, Karl, MEW 23: *Das Kapital. Kritik der politischen Ökonomie*, Erster Band Buch I: Der Produktionsprozeß des Kapitals, in. K. Marx/F. Engels, *Werke, Band 23*, Berlin 1970 (Dietz)

Marx, Karl, MEW 24: *Das Kapital. Kritik der politischen Ökonomie*, Zweiter Band: Der Zirkulationsprozeß des Kapitals, in. K. Marx/F. Engels, *Werke, Band 24*, Berlin 1970 (Dietz)

Marx, Karl, MEW 25: *Das Kapital*, Dritter Band, in: K. Marx/F. Engels, *Werke, Band 25*, Berlin 1968 (Dietz)

Marx, Karl, MEW 32: *Brief an Ludwig Kugelmann*, 11. Juli 1968, in: K. Marx/F. Engels, *Werke, Band 32*, Berlin (Dietz): 532-554

Marx, Karl, MEW 4: *Rede über die Frage des Freihandels*, in: K. Marx/F. Engels, *Werke, Band 4*, Berlin (Dietz): 444-458

Marx, Karl/Engels, Friedrich, MEW 4: *Manifest der Kommunistischen Partei*, in: K. Marx/ F.Engels, *Werke, Band 4*, Berlin (Dietz): 461-493

Massarrat, Mohssen (1993): *Endlichkeit der Natur und Überfluß in der Marktökonomie. Schritte zum Gleichgewicht*, Marburg (Metropolis)

Mattick, Paul (1976): Die deflationäre Inflation, in: Altvater, Elmar/Brandes, Volkhard/Reiche, Jochen, eds: *Inflation – Akkumulation – Krise, Band II*, Frankfurt/ Köln (Europäische Verlagsanstalt): 146-176

Maurice, Maurice/Sorge, Arndt/Warner, Malcom (1980): Societal Differences in Organising Manufacturing Units, in: *Organization Studies*, Vol. 1, No. 1 (1980): 69-91

Mauss, Marcel (1975): Die Gabe, in: ders., *Soziologie und Anthropologie*, Band 2, München (Hanser)

McDowell, Linda (1997): *Capital Culture. Gender at Work in the City*, Oxford (Blackwell)

McDowell, Linda/Court, Gillian (1994): Missing Subjects: Gender, Power, and Sexuality in Merchant Banking, in: *Economic Geography*, Vol. 70, No. 3 (1994): 229-251

McNally, D. (1988): *Political Economy and the Rise of Capitalism. A Reinterpretation*, Berkeley/Los Angeles/London (University of Califormia Press)

Meiksins Wood, Ellen (1997): „Globalization" or „Globaloney"? - A Reply to A. Sivanandan, in: *Monthly Review*, February 1997: 21-32

Meister, Edgar (1996): Moderne Finanzinstrumente - Risiken und Grenzen, Vortrag auf dem Symposium „Perspektiven von Haushaltsreform und Finanzkontrolle" Technische Hochschule Darmstadt, in: *Deutsche Bundesbank: Auszüge aus Presseartikeln* Nr. 71 vom 12.11.1996: 5-10

Melo, Jaime de/Panagariya, Arvind (1992): *The New Regionalism in Trade Policy. An Interpretatative Summary of a Conference*, Washington D.C. (World Bank): 7-20

Menzel, Ulrich (1992). *Das Ende der Dritten Welt und das Scheitern der großen Theorie, Frankuirt/M.* (Suhrkamp)

- (1993): Internationale Beziehungen im Cyberspace, in: S. Unseld (Hg.): *Politik ohne Projekt*. Frankfurt (Suhrkamp): 445-458.

- (1996): Die neue Weltwirtschaft. Entstofflichung und Entgrenzung im Zeichen der Postmoderne (1), in: *Peripherie*, Jg.15, Nr. 59/60 (1996): 30-44

Menzel, Ulrich (1998): *Globalisierung* versus Fragmentierung. Politik und Ökonomie zwischen Moderne und Postmoderne, Frankfurt/M. (Suhrkamp)

Messner, Dirk (1995): *Die Netzwerkgesellschaft. Wirtschaftliche Entwicklung und internationale Wettbewerbsfähigkeit als Probleme gesellschaftlicher Steuerung*, Köln (Weltforum Verlag)

Messner, Dirk/Nuscheler, Franz (1996): *Global Governance. Herausforderungen an die deutsche Politik an der Schwelle zum 21. Jahrhundert*, Bonn (Stiftung Entwicklung und Frieden, Policy Paper 2)

Meyer-Abich, Klaus Michael (1990*): Aufstand für die Natur*, München (Hanser)

Mcyns, Peter (1995): Time to Decide: Rethinking the Institutional Framework of Regional Co-operation in Southern Africa, in: H.-J. Spranger/P. Vale (Eds.), *Bridges to the Future. Prospects for Peace and Security in Southern Africa*, Boulder (Westview Press): 33-60

Milanovic, Branco (1994): A Cost of Transition: 50 Million New Poor and Growing Inequality, in: *Transition*, Vol 5, No. 8 (1994): 1-4

Mill, John St. (1871): *Principles of Political Economy*, London (Longman)

Miller, Lynn H. (1994): *Global Order. Values and Power in International Politics*, Boulder/San Francisco/Oxford (Westview Press)

Minc, Alain (1997): *La mondialisation heureuse*, Paris (Plon)(dt: *Globalisierung - Chance der Zukunft*, München 1998 (Zsolnay))

Mingione, Enzio (1997): The Current Crisis of Intensive Work Regimes and the Question of Social Exclusion in Industrialized Countries, discussion paper FS I 97-105, Wissenschaftszentrum Berlin für Sozialforschung

Mingione, Enzio(1991): *Fragmented Societies: A Sociology of Economic Life Beyond the Market Paradigm*, Oxford (Blackwell)

Mintzberg, Henry (1979): *The Structuring of Organizations: A Synthesis of the Research*, Englewood Cliffs N. J. (Prentice Hall)

Mishan, E. (1967): *The Costs of Economic Growth*, London (Staples Press)

Mistral, Jacques (1986): Régime international e trajectoires nationales, in: R. Boyer (Ed.): *Capitalisme fin de siècle*, Paris (La Découverte): 167-201

Mitchie, Jonathan /Smith, John Grieve (Eds.) (1995): *Managing the Global Economy*, Oxford (Oxford University Press)

Mitscherlich, Alexander (1965): *Die Unwirtlichkeit der Städte*, Frankfurt/M. (Suhrkamp)

Mittelman, James H. (Ed.)(1996): *Globalization. Critical Reflictions. International Political Economy Yearbook*, Vol. 9, Boulder/London (Lynne Rienner Publisher)

Mittendorfer, Knut (1998): Persönlickeitsstruktur und die zeitliche Irregularisierung der Arbeitswelt, in: Zilian/J. Flecker (Hg.), *Flexibilisierung – Problem oder Lösung?*, Berlin (edition sigma): 223-246

Mitter, Swasti (1986): *Common Fate, Common Bond: Women in the Global Economy*, London (Pluto Press)

Modelski, G. (1978): The Long Cycle of Global Politics and the Nation State, in: *Comparative Studies in Society and History*, 20, No. 2 (1978): 214-238

Moewes, Günther (1998): Globalisierungs-Zoo. Oder: Warum Architektur-Zoos keine Heimat sind, in: *Zukünfte*, Nr.28 (1998): 35-40

Mönninger, Michael (Hg.)(1996): *Last Exit Downtown - Gefahr für die Stadt*, Basel/Boston/Berlin (Birkhäuser)

Morel, Bernard/Rychen, Frédéric (1995): *Il mercato delle droghe. La produzione, la domanda e l'offerta, i profitti*, Rom (Editori Riuniti)

Morin, Edgar/Nair, Sami (1996): *Une politique de civilisation*, Paris (Arleá)

Morokvasic, Mirjana (1991): Die Kehrseite der Mode: Migranten als Flexibilisierungsquelle in der Pariser Bekleidungsproduktion. Ein Vergleich, in: *PROKLA 83 – Migrationsgesellschaft*, Jg. 21, Nr. 2 (1990): 264-284

Morokvasic, Mirjana/Phizacklea, A./Waldinger, Roger (1990): Business at the Ragged Edge: Immigrants in the Garment Industry, London, Paris, New York, in: R. Waldinger/H. Aldrich/R. Ward (Eds.), *Ethnic Entrepreneurs*, London/New York: 79-105

Moser, C. O. N. (1994): *The Informal Sector Debate, Part 1: 1970-1983*, in: C. A. Rakowski (Ed.): *Contrapunto. The Informal Sector Debate in Latin America*, Albany (State University of New York Press): 11-29

Mouzelis, N. (1988): Sociology of Development: Reflections om the Present Crisis, in: *Sociology*, Vol. 22, No. 1 (1988): 23-44

Mueller, Frank (1994): Societal Effect, Organizational Effect and Globalization, in: *Organization Studies*, Vol. 15, No. 3 (1994): 407-428

Müller-Plantenberg, Urs (1991): Marktwirtschaft und Demokratie in Lateinamerika, in: *PROKLA 82*, Jg. 21, H. 1 (1991): 74-89

- (1998): Zukunftsverbrauch. Probleme intergenerationaler Verteilung und sozialer Gerechtigkeit, in: M. Heinrich/D. Messner (Hg.), *Globalisierung und Perspektiven linker Politik*, Münster (Westfälisches Dampfboot): 321-340

Munck, G. /Skalnik Leff, C. (1997): Modes of Transition and Democratization. South America and Eastern Europe in *Comparative Perspective*, April 1997: 343-362

Murota, Takeshi (1998): Material Cycle and Sustainable Economy, in: R. Keil, et al. (Eds.): *Political Ecology*, London/New York (Routledge): 120-138

Murray, Robin (1990): Fordismus und sozialistische Entwicklung, in: PROKLA 81, Jg. 20., H. 4 (1990): 91-122

Musil, Robert (1978): *Der Mann ohne Eigenschaften*, in: Gesammelte Werke in neuen Bänden hg. von Adolf Frisé, Band 1, Reinbek bei Hamburg (Rowohlt)

Myers, Norman (Hg.) (1985): *GAIA - Der Öko-Atlas unserer Erde*, Frankfurt/M. (Fischer)

NACLA (1997): *Report on the Americas*, Vol. XXX, No 4, Jan/Feb 1997

Narr, Wolf-Dieter (1994): Recht - Demokratie - Weltgesellschaft. Habermas, Luhmann und das systematische Versäumnis ihrer großen Theorien, Teil I, in: *PROKLA 94 - Zeitschrift für kritische Sozialwissenschaft*, Jg. 24, Nr.1 (1994): 87-112; Teil II, in: *PROKLA 95*, Jg. 24, Nr.2 (1994): 324-344

Narr, Wolf-Dieter/Schubert, Alexander (1994): *Weltökonomie. Die Misere der Politik*, Frankfurt/M. (Suhrkamp)

Nassehi, Armin (1998): Die „Welt"-Fremdheit der Globalisierungsdebatte. Ein phänomenologischer Versuch in: *Soziale Welt*, Nr. 2 (1998): 151-165

Nauck, Bernhard (1994): Die (Reproduktions-)Arbeit tun die anderen oder: Welchen Beitrag leisten Gruppen traditionaler Lebesführung für die Entstehung moderner Lebensstile?, in: *Berliner Journal für Soziologie*, H. 2 (1994): 201-216

Negt, Oskar/Kluge, Alexander (1992): *Maßverhältnisse des Politischen*, Frankfurt/M. (Fischer)

Neusüß, Christel (1972): *Imperialismus und Weltmarktbewegung des Kapitals*, Erlangen (Politladen)

Nonaka, I./Takeuchi, H. (1995): *The Knowledge-Creating Company. How Japanese Companies Create the Dynamics of Innovation*, New York/ Oxford (Oxford University Press)

Nonoka, I. (1994): A Dynamic Theory of Organizational Knowledge Creation, in: *Organization Science*, Vol. 5: 14-37

Nowotny, Helga (1995): Mechanismen und Bedingungen der Wissensproduktion, in: *Neue Züricher Zeitung* vom 6.1.1996

O'Connor, James (1988): Capitalism, Nature, Socialism, in: *Capitalism Nature Socialism, Journal of Socialist Ecology*, Vol 1, No.1 (1988): 11.45

- (1995): 20. Jahrhundert mit beschränkter Haftung. Kapital, Arbeit und Bürokratie im Zeitalter des Nationalismus, in: *Prokla 100*, Jg. 25, H.3 (1995): 381-408

O'Donnell, Guillermo (1979): Tensions in the Bureaucratic-Authoritarian State and the Question of Democracy, in: Collier, D. (Ed.): *The New Authoritarianism in Latin America*, Princeton (Princeton University Press)

O'Donnell, Guillermo/Schmitter, Philippe C./Whitehead, Laurence (1986): *Transitions from Authoritarian Rule*, 3 Vol., Baltimore/London (The Johns Hopkins University Press)

OECD (1988): *OECD Economic Outlook*, June 1988, Paris (OECD)

OECD (1992): *Employment Qutlook*, Paris (OECD)

- (1993): *Industrial Policy in OECD Countries: Annual Review 1993*, Paris (OECD)

- (1993a): *Regional Integration and Developing Countries*, Paris (OECD)

- (1993b): *Wirtschaftsausblick*, Nr. 54. Dezember 1993, Paris (OECD)

- (1994a): *Wirtschaftsausblick*, Nr. 55, Juni 1994, Paris (OECD)

- (1994b): *Wirtschaftsausblick* Nr. 56, Dezember 1994, Paris (OECD)

- (1994c): *Societies in Transition. The Future of Work and Leisure*, Paris (OECD)

- (1994d): *Barriers to Trade with the Economies in Transition*, Paris (OECD)

- (1995): *Foreign Direct Investment, Trade and Employment*, Paris (OECD)

- (1995a): *Main Developments in Trade*, Paris (OECD)

- (1995b): *Wirtschaftsausblick*, Nr. 58, Dezember 1995, Paris (OECD)

- (1995c): *Regional Integration and the Multilateral Trading System. Synergy and Divergence*, Paris (OECD)

- (1995d): *OECD Environmental Data*. Compendium 1995, Paris (OECD)

- (1995e): *Income Distribution in OECD Countries*, Paris (OECD)

- (1996): *Wirtschaftsausblick*, Nr. 60, Dezember 1996, Paris (OECD)

- (1997): *Sustainable Development: OECD Policy Approaches for the 21st Century*, Paris (OECD)

- (1997a): *Historical Statistics 1960-1995*, Paris (OECD)

- (1998): *Towards Sustainable Development. Environmental Indicators*, Paris (OECD)

- (1998a): *Towards Sustainable Development – Environmental Indicators*, Paris (OECD)

- (1998b): *Economic Outlook,* December 1998, Paris (OECD)
- (1999): *Wirtschaftsausblick,* Juni 1999, Paris (OECD)
- (Organization for Economic Cooperation and Development)(1986): Concealed Employment, in: *Employment Outlook 1986,* Paris (OECD)

OECD/CERI (1989): *Changes in Work Patterns, Synthesis of Five National Reports on the Service Sector,* Paris (OECD)

Offe, Claus (1994): Barbarei als modernes Phänomen, in: *Journal für Sozialforschung,* Jg. 43, H. 3 (1994): 229-247,
- (1998): Demokratie und Wohlfahrtsstaat: Eine europäische Regimeform unter dem Streß der europäischen Integration, in: W. Streeck (Hg.), *Internationale Wirtschaft, nationale Demokratie,* Frankfurt/M./ New York (Campus): 99-136

Ohlin, Bertil (1929): The Reparation Problem, in: *Economic Journal,* Vol. XXXIX, (1929): 172-178

Ohmae, Kenichi (1990*): The Borderless World: Power and Strategy in the Interlinked Economy,* London (Collins)

Ohmae, Kenichi /Henzler, H./Gluck, F. (1992): „Stuttgarter Erklärung„ zur weltwirtschaftlichen Interdependenz, in: K. Ohmae (Hg.), *Die neue Logik der Weltwirtschaft,* Hamburg (Hoffmann und Campe): 337ff

Opschoor, J. B. (1992): *Environment, Economics and Sustainable Development,* Groningen (Wolters Noordhoff Publishers)

Ostner, Ilona (1998): Quadraturen im Wohlfahrtsdreieck. Die USA, Schweden und die Bundesrepublik im Vergleich, in: St. Lessenich/I. Ostner (Hg.), *Welten des Wohlfahrtskapitalismus,* Frankfurt/M. /New York (Campus): 225-252

Ostrom, Elinor (1990): *Governing the Commons. The Evolution of Institutions for Collective Action,* Cambridge (Cambridge University Press)

Pahl, Ray E. (1997). Jenseits des Erfolgs. Die Krise des männlichen Management-Modells und die Suche nach einer neuen Balance, in: U. Kadritzke (Hg.), „Unternehmenskulturen unter Druck", Berlin (edition sigma): 201-216
- (1995): *After Success. Fin-de-Siècle Anxiety and Identity,* Cambridge (Polity Press)

Panitch, Leo (1976): *Social Democracy and Industrial Militancy,* Cambridge (Cambridge University Press)
- (1994): Globalisation and the State, in: *Socialist Register 1994,* ed. by Ralph Miliband and Leo Panitch, London (Merlin Press): 60-93
- (1996): Rethinking the Role of the State, in: Mittelman, J. H. (Ed.), *Globalization: Critical Reflextions,* Boulder/London (Lynee Rienner): 83ff

Parisotto, Aurelio (1995): Trends in Employment in Multinational Entreprises, in: *Foreign Direct Investment and Employment,* Paris (OECD): 67-76

Parnreiter, Christof (1998): Die Renaissance der Ungesichertheit, in: A. Komlosy et. al. (Hg.), *Ungeregelt und Unterbezahlt. Der informelle Sektor in der Weltwirtschaft,* Frankfurt/M. (Brandes & Apsel/Südwind): 204-220

Parsons, Talcott (1960): Durkheim's Contribution to the Theory of Integration of Social Systems, in: K. H. Wolff (Ed.): *Emile Durkheim 1958-1917*, Columbus (The Ohio State University Press): 118-153

Pastowski, Andreas (1995): Möglichkeiten und Grenzen entropietheoretisch begründeter Folgerungen für die Wirtschafts-, Umwelt- und Energiepolitik, in: F. Beckenbach, Frank/H. Diefenbacher (Hg), *Zwischen Entropie und Selbstorganisation*, Marburg (Metropolis): 217-244

Percival, Val/Homer-Dixon, Thomas (1998): Environmental Scarcity and Violent Conflict: The Case of South Africa, in: *Peace Research*, Vol. 35, No. 3 (1998): 279-298

Perkins, Patricia E. (1998): Sustainable Trade, in: R. Keil et al. (Eds.): *Political Ecology. Global and Local*, London/ New York (Routledge): 46-67

Perlmutter, H. V. (1972): The Development of Nations, Unions and Firms as Worldwide Institutions, in: H: Gunter (Ed.), *Transnational Industrial Relations*, New York (St. Martin's Press)

Permanent Peoples Tribunal (1998): *Workers and Consumers Rights in the Garment Industry*, Bruxelles, 30 April – 5 May, 1998, Rom: Lelio Basso International Foundation

Perrow, Charles (1987): *Normale Katastrophen. Die unvermeidbaren Risiken der Großtechnik,* Frankfurt/M./New York (Campus)

Peters, Th. J. (1988): Thriving on Chaos. Handbook for a Management Revolution, in: *California Management Review*, No.2 (1988): 7-38

Petersen, Jens (1995): *Quo vadis, Italia?. Ein Staat in der Krise*, München (Beck)

Petrella, Ricardo (1994): Die Tücken der Marktwirtschaft für eine zukunftsorientierte Berufsausbildung: Bestandsaufnahme und kritische Beurteilung, in: *Berufsbildung. Europäische Zeitschrift* hg. vom CEDEFOP, H. 3 (1994): 29-35

Piper, Nicolaus (1995): Die permanente Revolution, in: *DIE ZEIT* vom 15.12.1995

Poe, Steven C./Tate C. Neal/Camp Keith, Linda (1999): Repression of the Human Right to Personal Integrity Revisited: A Global Cross-National Study Covering the Years 1976-1993, in: *International Studies Quarterly*, Vol. 43 (1999): 291-313

Polanyi, Karl (1944/ 1978): *The Great Transformation*, Frankfurt/M. (Suhrkamp)

- (1979): *Ökonomie und Gesellschaft*, Frankfurt/M. (Suhrkamp)

Polanyi, Michael (1967): *The Tacit Dimension*, London (Routledge and Kegan Paul)

Pollock, Friedrich (1933/1980): Bemerkungen zur Wirtschaftskrise, in: *Zeitschrift für Sozialforschung*, Jg. II, 1933, Heft 3, Paris: 321-354 (Nachdr. München

Ponting, Clive (1991): *A Green History of the World - The Environment and the Collapse of Great Civilizations*, Harmondsworth (Penguin Books)

Porter, Michael (1990): *The Competitive Advantage of Nations,* New York (Free Press)

Portes, Alejandro. (1995): *En torno a la informalidad: Ensayos sobre teoriá y medición de la economia no regulada*, Mexico, D. F. (Grupo Editorial)

Poznanski, Kazimierz Z. (1995): Institutional Perspectives on Postcommunist Recession in Eastern Europe, in: K. Poznanski (Ed.), *The Evolutionary Transition to*

Capitalism, Boulder/San Francisco.

Preve, Costanzo (1989): Against Entropy of the Present, for a Right to Future, in: *Socialism in the World*, No. 70 (1989), Belgrad

Priddat, Birger P. (1997): Moral Based Rational Man. Über die implizite Moral des homo oeconomicus, in: N. Brieskorn/J. Wallacher (Hg.), *Homo oeconomicus: Der Mensch der Zukunft*, Stuttgart/ Berlin/ Köln (Kohlhammer): 1-31

Priewe, Jan (1987): Eine internationale Wachstumsstrategie als Alternative, in: *Blätter für deutsche und internationale Politik*, H. 12 (1987): 1537-1539

Prigogine, Ilya (1992): *Vers un humanisme scientifique*, Neapel (Instituto Italiano per gli studi filosofici)

Prigogine, Ilya/ Stenger, Isabelle (1986): *Dialog mit der Natur*, München und Zürich (Piper)

PROKLA 100 - Zeitschrift für kritische Sozialwissenschaft, Jg. 25, H. 3 (1995): „Ortbestimmung"

Przeworski, Adam (1995): Ökonomische und politische Transformationen in Osteuropa: Der aktuelle Stand, in: *PROKLA 98*, Jg. 25, H. 5 (1995): 130-151

Putnam, R D. (with R Leonardi and R Y. Nanetti) (1993): *Making Democracy Work. Civic Traditions in Modern Italy*, Princeton (Princeton University Press)

Quinn, J. (1992): *Intelligent Enterprise. A Knowledge and Sevice Based Paradigm for Industry*, New York (Free Press)

Raeithel, Gert: *Brodeln im Sprachenmeer*, Serie: die Gegenwart der Zukunft (27), in: *Süddeutsche Zeitung*, Samstag/Sonntag 10./11. 7. 1999

Rakowski, C. A. (1994): *The Informal Sector Deate, Part 2: 1984-1993*, in: ders. (Ed.): *Contrapunto. The Informal Sector Debate in Latin America*, Albany (State University of New York Press): 31-50

Randeria, Shalini (1998): Globalisierung und Geschlechterfrage: eine Einführung, in: R. Klingebiel, R./Sh. Randeria (Hg.): Globalisierung aus Frauensicht. Bilanzen und Visionen, *Bonn (J.H.W. Dietz Nachfolger): 16-33*

Rapiti, Fabio (1997): *Lavoro autonomo, lavoro, lavoro dipendente e mobilità: un quadtro statistico sull'Italia*, in: Bologna, Sergio/Fumagalli, Andrea (Ed.): *Il lavoro autonomo di seconda generazione*, Milano (Feltrinelli): 173-192

Rawls, John (1971): *A Theory of Justice*, Cambridge/Mass. (Cambridge University Press)

Reger, Guido (1997): Management von Innovationen in Großunternehmen, in: PASS EDV-Beratung (Hg.), *Innovationen. Theorien, Strategien, Beispiele*, Redaktion: H. Bruntträger/E. Grötsch/ W. Weinand, Aschaffenburg (PASS EDV-Beratung):180-176

Reheis, Fritz. (1996): *Die Kreativität der Langsamkeit. Neuer Wohlstand durch Entschleunigung*, Darmstadt (Wissenschaftliche Buchgesellschaft)

Reich, Robert (1993): *Die neue Weltwirtschaft*, Frankfurt/M./Berlin (Ullstein)

Renaud, Pascal/Torrès, Asdrad (1996): Internet - eine Chance für den Süden, in: *Le monde diplomatique*, deutsche Ausgabe Februar1996

Ricardo, David (1959): *Über die Grundsätze der Politischen Ökonomie und der Besteuerung*, Berlin (Akademie-Verlag)

Rich, Bruce (1994): *Mortgaging the Earth. The World Bank, Environmental Impoverishment, and the Crisis of Development*, Boston (Beacon Press)

Richter, Emanuel (1990): Weltgesellschaft und Weltgemeinschaft, in: *Politische Vierteljahresschrift*, Jg. 31, H. 2 (1990): 275-279

Riese, Hajo (1992): *Schwäche des Pfundes und Versagen der Deutschen Mark - Anmerkungen zur gegenwärtigen Krise des Europäischen Währungssystems*, Berlin (Occasional Papers, Fachbereich Wirtschaftswissenschaft der Freien Universität Berlin)

- (1995): Geld - das letzte Rätsel der Nationalökonomie, in: H. Schelkle, Waltraud/ M. Nitsch (Hg), *Rätsel Geld*, Marburg (Metropolis): 45-62

Rifkin, Jeremy (1981): *Entropy. A New World View*, Toronto/New York/London/ Sydney/Auckland (Bantam Books)

- (1995): *Das Ende der Arbeit*, Frankfurt/M./New York (Campus)

Ritter, Wigand (1994): *Welthandel. Geographische Strukturen und Umbrüche im internationalen Warenaustausch*, Darmstadt (Wissenschaftliche Buchgesellschaft)

Ritzer, George (1995): *Expressing America. A Critique of the Global Credit Card Society*, Thousand Oaks/ London/ New Delhi (Pine Forge Press)

Robertson, Ronald (1992): *Globalization - Social Theory and Global Culture*, London (Sage)

Rödel, Ulrich/Frankenberg, Günter/Dubiel, Helmut (1989): *Die demokratische Frage*, Frankfurt/M. (Suhrkamp)

Rodrik, Dani (1997): *Has Globalization Gone to Far?*, Washington, DC (Institute for International Economics)

Rojas, Raul (1993): *Theorie der neuronalen Netze*, Berlin/Heidelberg/New York (Springer)

Rosanvallon, Pierre (1989): *Le libéralisme économique. Histoire de l'idée de marché*, Paris (éditions du Seuil)

Rosecrance, Richard (1986): *The Rise of the Trading State. Commerce and Conquest in the Modern World*, New York (dt. Ausgabe „Der moderne Handelsstaat,, Frankfurt/M./New York 1987 (Campus))

Rosenstiehl, Lutz von (1992): Führungs- und Führungskräftenachwuchs: Spannungen und Wandlungen in Phasen gesellschaftlichen Umbruchs, in*: Zeitschrift für Personalforschung*, Jg. 6, H. 3 (1992): 327-351

Röttger, Bernd (1997): *Neoliberale Globalisierung und eurokapitalistische Regulation. Die politische Konstitution des Marktes*, Münster (Westfälisches Dampfboot)

Rowbotham, Sheila/Mitter, Swasti (Eds.)(1994): *Dignity and Daily Bread. New Forms of Economic Organising among Poor Women in the Third World and the First*, London (Routledge)

Rubery, Jill/Maier, Friedericke (1995): Equal Opportunity for Women and Men and the Employment Policy of the EU - A Critical Review of the European Union´s Approach, in: *Transfer. European Review of Labour Research*, Vol. 1, No. 4 (1995): 520-532

Rubin, Barry (1999): "Schurkenstaaten" Amerikas Selbstverständnis und seine Beziehungen zur Welt, in: *Internationale Politik*, Nr. 6 (1999): 5-13

Rufin, Jean-Christophe (1991): *L'empire et les nouveaux Barbares*, Paris (Editions Jean-Claude Lattés)

Ruggie, John Gerard (1982): International Regimes, Transactions and Change: Embedded Liberalism in the Postwar Economic Order, in: *International Organization*, No. 36 (1982): 379-415

- (1993): Territoriality and Beyond: Problematizing Modernity, in: *International Organisation*, Vol 47, No. 1 (Winter 1993): 139-174

- (1998): What Makes the World Hang Together? Neo-utilitarism and the Social Constructivist Challenge, in: *International Organization*, Vol 52, No.4 (Autum 1998): 855-885

Ruigrok, Winfried/Tulder, Rob van (1995) *The Logic of International Restructuring*, London/New York (Routledge)

Sabel, Charles F. (1994): Learning by Monotoring. The Institutions of Economic Development, in: N. J. Smelser/R. Swendberg (Eds.), *Handbook of Economic Sociology*, Princeton (Princeton University Press): 137-165

Sachs, Ignacy (1993): *Estratégias de transicao para o século XXI. Desenvolvimento e meio ambiente*, Sao Paulo (Studio Nobel, Fundap)

Safa, Helen (1994): Die neuen Arbeiterinnen. Mit Niedriglohn zu mehr Frauenmacht? in: *Weg und Ziel*, Jg. 52. Nr. 1 (1994): 28-32

Sahlins, Marshall (1972): *Stone Age Economics*, Chicago (Aldine)

Sakamoto, Y. (Ed.), 1994: *Global Transformation: Challenges to the State System,* Tokyo (United Nations University Press)

Salt, J. (1992): Migration Processes Among the Highly Skilled in Europe, in: *International Migration Review*, Jg. 26 (1992): 484-505

Santos, Milton (1994): O retorno do território, in: M. Santos/ M.A. de Souza/ M.L. Silveira (Ed.): *Território - Globalizacao e Fragmentacao*, Sao Paulo (Editora Hucitec): 15-21

Sassen, Saskia (1991): *The Global City. New York, London, Tokio*, Princeton/New York (Princeton University Press)

- (1994): *Cities in an World Economy*, Thousand Oaks/ Calif. (Pine Forge/ Sage)

- (1996): *Losing Control? Sovreignty in an Age of Globalization,* New York (Columbia University Press)
- (1998b): Zur Einbettung des Globalisierungsprozeses:Der Nationalstaat vor neuen Aufgaben, in: *Berliner Journal für Soziologie,* Nr. 3 (1998): 345-359
- (1999): Global Financial Centers, in: *Foreign Affairs,* Vol 78, No.1 (1999): 75-87
- (1998a): *Globalization and Its Discontent. Essays on the New Mobility of People and Money,* New York (New Press)

Sauer, Dieter/Döhl, Volker (1994): Arbeit an der Kette. Systemische Rationalisierung unternehmensübergreifender Produktion, in: *Soziale Welt,* Jg. 45, H. 2 (1994): 197-215

Say, Jean B. (1829): *Handbuch der praktischen NATIONAL-Oeconomie: oder d. ges. Staatswirtschaft für Staatsmänner, Gutsherren, Gelehrte,* Erster Band, Leipzig (Hartmann)

Scarre, Chris (1993): *Smithonian Timelines of the Ancient World,* Markham (Red Books Canada)

Scharpf, Fritz W. (1987): *Sozialdemokratische Krisenpolitik in Europa,* Frankfurt/M./New York (Campus)
- W. (1994): Autonomieschonend und gemeinschaftsverträglich: Zur Logik der europäischen Mehrebenenpolitik, in: F. W. Scharpf, *Optionen des Föderalismus in Deutschland und Europa,* Frankfurt/M./ New York (Campus): 131-155
- (1996): Demokratie in der transnationalen Politik, in: *Internationale Politik,* Nr. 12 (1996): 11-20
- (1997): Wege zu mehr Beschäftigung, in: *Gewerkschaftliche Monatshefte,* Jg. 48, Nr. 4 (1997): 203-216
- (1998a): Die Problemlösungsfähigkeit der Mehrebenenpolitik, in: B. Kohler-Koch (Hg.), *Regieren in entgrenzten Räumen,* PVS Sonderheeft 29/ 1998, Opladen (Westdeutscher Verlag): 121-144

Scharpf, Fritz W./Reissert, Bernd/Schabel, Fritz (1976): *Politikverflechtung: Theorie und Empirie des kooperativen Föderalismus in derBundesrepublik,* Kronberg/Ts. (Athenäum)

Scheer, Hermann (1995*): Zurück zur Politik. Die archimedische Wende gegen den Zerfall der Demokratie,* München (Piper)

Scherrer, Christoph/Greven, Thomas/Frank, Volker (1998): *Sozialklauseln,* Münster (Westfälisches Dampfboot)

Schiller, Dan (1996): Wer besitzt und wer verkauft die neuen Territorien im Cyberspace, in: *Le monde diplomatique,* deutsche Ausgabe Mai 1996: 4-5

Schmid, Günther (1991): *Die Frauen und der Staat. Beschäftigungspolitische Gleichstellung im öffentlichen Sektor aus internationaler Perspektive,* unter Mitarbeit von Christine Ziegler, discussion-paper FS I 91-12, Wissenschaftszentrum Berlin für Sozialforschung

Schmiede, Rudolf (1996): Die Informatisierung der gesellschaftlichen Arbeit, in: *Forum Wissenschaft*, Jg. 13, Nr. 1 (1996): 16-20

Schmitt, Carl (1963): *Der Begriff des Politischen*. Text von 1932 mit einem Vorwort und drei Crollarien, Berlin (Duncker & Humblodt)

Schneider, Erich (1958): *Einführung in die Wirtschaftstheorie*, II. Teil, Tübingen (J.C.B. Mohr)

Scholte, Jan Aart (1999): Global Capitalism and the State, in: International Affairs*, Vol. 73, No. 3 (1999): 427-452*

Schott, Jeffrey J./Buurman, Johanna W. (1994): *The Uruguay Round. An Assessment*, Washington D.C. (Institute for International Economics)

Schultz, Stefanie (1993): *Natur als gesellschaftliches Verhältnis. Zur Kritik der Naturwerttheorie*, Wiesbaden (Deutscher Universitäts-Verlag)

Schumann, Michael et. al. (1994): *Trendreport Rationalisierung: Automobilindustrie, Werkzeugmaschinenbau, Chemische Industrie*, Berlin (edition sigma))

Schumpeter, Joseph A. (1950): *Kapitalismus, Sozialismus und Demokratie*, Bern (Franke)

Schutz-Wild, Rainer (1998): Stabilität im Wandel: Globalisierung der Produktion von Leistungstransformatoren, in: M. von Behr/H. Hirsch-Kreinsen (Hg.), Frankfurt/M./ New York (Campus): 99-160

Seitz, Konrad (1992): Die japanisch-amerikanische Herausforderung, Bonn/München (Verlag BONN AKTUELL)

Semmler, Willi (1990): Markt- und nicht-marktförmige Regulierung: Neuere Tendenzen in der Theorie, in: *PROKLA 82*, Jg. 21, H. 1 (1991): 23-34

Sen, Partha (1995): Environmental Policies and North-South Trade: A Selected Survey of the Issues, in: V. Bhaskar, V./A. Glyn (Eds.): *The North, the South and the Environment*, London (Earthscan):

Sennett, Richard (1998): *Der flexible Mensch. Die Kultur des neuen Kapitalismus*, Berlin (Berlin Verlag)

Sethuraman,S. V. (1976): The Urban Informal Sector. Concept, Measurement and Policy, in: *International Labour Review*, Vol. 114, No. 1 (1976): 69-81

Shapiro, Ian (1996): *Democracy's Place*, Ithaka/ London (Cornell University Press)

Sieferle, Rolf Peter (1982): *Der unterirdische* Wald. Energiekrise und industrielle Revolution, München (Beck)

- (1989*): Die Krise der menschlichen Natur: Zur Geschichte eines Konzepts*, Frankfurt/M. (Suhrkamp)

Sievert, Olaf (1997): Währungsunion und Beschäftigung, Vortrag in der Universität Leipzig anläßlich einer Veranstaltung der Leipziger Wirtschaftspolitischen Gesellschaft, in: *Deutsche Bundesbank: Auszüge aus Presseartikeln*, Nr 9 vom 14. 2. 1997

Silver, Hilary (1994): Social Exclusion and Social Solidarity: Three Paradigms, in: *International Labour Review*, Vol. 133, No. 4/5 (1994): 531-579

Simmel, Georg (1903): *Soziologie des Raums*, in: ders., Schriften zur Soziologie. Eine Auswahl, Frankfurt/M. (Suhrkamp): 221-243

- (1992): *Soziologie. Untersuchungen über die Formen der Vergesellschaftung*, Gesamtausgabe Band II (19. Kapitel: Der Raum und die räumliche Ordnung der Gesellschaft), Frankfurt /M. (Suhrkamp)

Simon, Herbert (1981): *Entscheidungsverhalten in Organisationen: Eine Untersuchung von Entscheidungsprozessen in Management und Verwaltung*, Landsberg am Lech (Moderne Industrie)

Simons, Rolf/Westermann, Klaus (Hg.)(1997): *Standortdebatte und Globalisierung der Wirtschaft*, Marburg (Schüren)

Singh, Ajit (1994): Global Economic Change, Skills and International Competitiveness, in: *International Labour Review*, Vol. 133, No. 2 (1994): 167-183

Sinzheimer, Hugo (1976): *Arbeitsrecht und Rechtssoziologie. Gesammelte Aufsätze und Reden*, Hg. von Otto Kahn-Freund und Thilo Ramm mit einer Einl. von Otto Kahn-Freund, 2 Bde., Frankfurt/Köln (Suhrkamp)

Sklair, Leslie (1998a): Globalization and the Corporations: The Case of the California *Fortune* Global 500, in: *International Journal of Urban and Regional Research*, Vol. 22, No 2 (1998): 195-215

- (1998b): The Transnational Capitalist Class and Global Capitalism. The Case of the Tabacco Industry in: *Political Power and Social Theory*, Vol. 12 (1998): 3-43

Sklar, Holly (1980*): Trilaterialism. The Trilateral Commission and Elite Planning for World Management*, Boston (South End Press)

Smith, Adam (1776/ 1976): *An Inquiry into the Nature and Causes of The Wealth of Nations*, (repr. 1976, Chicago: The University of Michigan Press); deutsch: Jena 1923 (repr. 1973, Giessen: Andreas Achenbach)

Sombart, Werner (1916/1987): *Der moderne Kapitalismus*, Band I-III, München (dtv)

Sombroek, Wim/Eger, Helmut (1996): What Do We Understand by Land Use Planning: A State-of-the-Art Report, in: *entwicklung + ländlicher raum. Beiträge zur internationalen Zusammenarbeit*, Jg. 30, H. 2 (1996): 3-7

Somo (Centre for Research on Multinational Corporations) 1997: Van Eijk, Janneke/ Zeldenrust, Ineke: *Monitoring Working Conditions in the Garment & Sportswear Industry*, Amsterdam (Somo Centre for Research on Multinational Corporations)

Sorensen, G. (1993): *Democracy and Democratization: Processes and Prospects in a Changing World*, Boulder/Co (Westview Press)

Sorge, Arndt (1991): Strategic Fit and Sociatal Effect: Interpreting Cross-National Comparisons of Technology, Organisation and Human Resources, in: *Organization Studies*, Vol. 12, No. 2 (1991): 161-190

Soto, Hernando de (1989/1991): *The Other Path. The Invisible Revolution in the Third World*, New York et al. (Harper and Row)

South Commission (1990): *The Challenge of the South*, New York (Oxford University Press)

Spar, D./Bussgang, J. J. (1996): Geschäfte im Cyberspace – noch fehlen dem Spiel die Regeln, in: *Harward Business manager*, Nr. 4 (1996)

Stahel, Walther R. (1991): *Langlebigkeit und Materialrecycling – Strategien zur Vermeidung von Abfällen im Bereich der Produktion*, Essen (Vulkan)

Standing, Guy (1998): Global Feminization through Flexible Labour, in: *World Development*, Vol. 17. No. 7 (1989): 1077-1095

Stark, David (1991): Privatization in Hungary: From Plan to Market or from Plan to Clan?, in: *East European Politics nad Society*, Vol. 4, No. 3 (1991): 351-392

Stehr, Nico (1995): *Arbeit, Eigentum und Wissen. Zur Theorie von Wissensgesellschaften*, Frankfurt/M. (Suhrkamp)

Steiner, Uwe (1996): *Kapitalismus als Religion. Zu Walter Benjamins Fragment*, Referat in der Evangelischen Akademie Tutzing, Mai 1996 (Manuskript)

Sterne, Lawrence (1994): *Tristram Shandy*, neu übersetzt von Michael Walter, 9 Bände, München (Deutscher Taschenbuch Verlag)

Stevenson, Howard H./Moldoveanu, Mihnea C. (1996): Das Arbeitsleben wird weniger berechenbar, in: *Harward Business Manager*, Nr.1 (1996): 9-13

Stiglitz, Joseph. (1998): Schlüsse aus der asiatische Krise. Die Helsinki-Rede des Weltbank-Vizepräsidenten über einen „Post-Washington Consensus", Auszüge, in: *Blätter für deutsche und internationale Politik*, Nr. 9: 1143-1146

Strange, Susan (1997): The Future of Global Capitalism; or, Will Divergence Persist Forever? in: C. Crouch/W. Streeck (Eds.), *Political Economy of Modern Capitalism,. Mapping Convergence and Diversity*, London (Sage): 182-191

- (1999): *Mad Money. When Markets outgrow Goverments*, Ann Arbor (the University of Michigan Press)

Streeck, Wolfgang (Hg.) (1998): Einführung: Internationale Wirtschaft, nationale Demokratie? in: ders. (Hg.), *Internationale Wirtschaft, nationale Demokratie. Herausforderungen für die Demokratietheorie*, Frankfurt/M. (Campus): 11-58

Sutcliffe, Bob (1995): Development after Ecology, in: V. Bhaskar./A: Glyn (Eds.): *The North, The South and the Environment. Ecological Constraints and the Global Economy*, London (Earthscan): 232-258

Swann, Abram de (1995): Die soziologische Untersuchung der transnationalen Gesellschaft, in: *Journal für Sozialforschung*, Jg. 35, Nr. 2 (1995): 107-120

Sydow, Jörg/Windeler, Arnold (1994): Über Netzwerke, virtuelle Integration und Interorganisationsbeziehungen, in: dies. (Hg.) (1994): *Management interorganisationaler Beziehungen*, Opladen (Westdeutscher Verlag): 1-21

Talpade Mohanty, Chandra (1998): Arbeiterinnen und die globale Ordnung des Kapitalismus: Herrschaftsideologien, gemeinsame Interessen und Strategien der Solidarität,

In: R. Klingebiel/Sh. Randeria (Hg), *Globalisierung aus Frauensicht*, Bonn (.H.W. Dietz Nachfolger): 320-344

Tatur, Melanie (1998): Ökonomische Transformation, Staat und moralische Ressourcen in den post-sozialistischen Gesellschaften, in: *PROKLA*, Jg. 28, H.3 (1998): 339-374

Teubner, Gunther (1990): Die vielköpfige Hydra: Netzwerke als kollektive Akteure höher Ordnung, in: W. Kohn/G. Küppers, *Emergenz: Die Entstehung von Ordnung, Organisation und Bedeutung*, Frankfurt/M. (Suhrkamp): 189-216

Teunissen, Jan Joost (1998) (Ed.): *Regulatory and Supervisory Challenges in a New Era of Global Finance*, The Hague (Fondad)

- (Ed.) (1995): *Regionalism and the Global Economy. The Case of Latin America and the Caribbean*, The Hague (Fondad)

Thomas, J. J. (1992): *Informal Economic Activity*, Hemel Hempstead (Harvester Westcheaf)

Thorp, Rosemary (1984): *Latin America in the 1930s*, Oxford (Oxford University Press)

Thrift, Nigel (1998): The Rise of Soft Capitalism, in: A. Herod/Gerardóid Ó Tuathail/S. M. Roberts, *An Unruly Word.. Globalizatuion, Governance and Geography*, London/New York (Routledge): 25-71

Thünen, Johann Heinrich von (1826/ 1966): *Der isolierte Staat in Beziehung auf Landwirtschaft und Nationalökonomie*, Stuttgart (Repr.) (G. Fischer)

Thurow, Lester C. (1993): *Head to Head. The Coming Economic Battle Among Japan, Europe, and America*, New York (Warner Books)

- (1996): *Die Zukunft des Kapitalismus*, Düsseldorf (Metropolitan Verlag)

Tienari, Janne/Quack, Sigrid/Theobald, Hildegard (1998): *Organizational Reforms and Gender: Feminization of Middle Management in Finnish and German Banking*, discussion paper FS I 98-105, Wissenschaftszentrum Berlin für Sozialforschung

Tobin, James (1994): A Tax on International Currency Transactions, in: UNDP (United Nations Development Program)(1994): *Human Development Report*, Oxford/ New York (Oxford University Press): 70

Tocqueville, Alexis de (1840): *Über die Demokratie in Amerika, Zweiter Teil*, Zürich (Manesse)

Touraine, Alain (1996): Das Ende der Städte? in: *DIE ZEIT* vom 31.5.1996

Townsend, Peter (1995): Poverty in Eastern Europe: The Latest Manifestation of Global Poverty, in: G. Rodgers/R. van der Hoeven (Eds.), *The Poverty Agenda: Trends and Policy Options, New Approaches to Poverty Analysis and Policy - III. A Contribution to the World Summit for Social Development*, Genf (International Institute for Labour Studies): 129-152

Traven, B. (1932): *Regierung*, Berlin (Büchergilde Gutenberg)

UNCTAD (1987): *Trade and Development Report*, 1987, New York

- (1994): *World Investment Report* 1994: Transnational Corporations, Employment and the Workplace, New York/ Genf
- (1998a): *World Investment Report 1998: Trends and Determinants. Overview*, http://www.unctad.org/en/press/pr2775en.html
- (1998b): Cross Border Mergers & Auisitions Dominate Foreign Direct Investment Flows, *UNCTAD Press Release, TAD/INF/2776* vom 2. 11.1998, http://www.unctad.org/en/press2775en.html
- (1998c): Foreign Direct Investment to Central and Eastern Europe Rises to US$19 Billion in 1997, *UNCTAD Press Release, TAD/INF/2780* vom 2.11.1998, http://www.unctad.org/en/press/pr2780en.html
- (1998d): Changes Emerge in Foreign Investment into Asia, *UNCTAD Press Release, TAD/INF/2* vom 2.11. 1998, http://www. Unctad.org/en/press/pr2779en.html
- (1998e): Encouraging Signs for Foreign Direct Investment into Africa, *UNCATD Press Release, TAD/INF/2782* vom 2.1.1998, htp://www.unctad.org/en/press/pr2782en.html
- (1998f): Important Shift are Emerging in the Key Factors Influencing Foreign Business Investments, *UNCTAD Press Release, TAD/INF2777* vom 2.11.1998, htp://www.unctad.org/en/press/pr2777en.html
- (United Nations Conference on Trade and Deleopment)(1986): *Trade and Development Report*, 1986, New York

UNCTAD/World Bank (1994*): Liberalizing International Transactions in Services: A Handbook*, New York/ Genf

UNCTC (United Nations Centre on Transnational Companies)(1991): *World Investment Report* 1991: The Triade in Foreign Direct Investment, New York/ Genf

UNCTC/UNCTAD (1993): *World Investment Report* 1993: Transnational Corporations Transnational Corporations and Integrated International Production, New York/ Genf

UNDP (United Nations Development Programm)(1993ff): *Human Development Report*, New York (Oxford University Press), dt. Ausgabe: Deutsche Gesellschaft für die Vereinten Nationen (Hg.), *Bericht über die menschliche Entwicklung*, Bonn (UNO-Verlag), fortlaufend

UNICE (Union des Confédérations de l'Industrie et des Employeurs d'Europe) (1995): *Releasing Europe's Potential Through Targeted Regulatory Reform*, Brüssel 1995

UNIDO (United Nations Industrial Development Organization)(1992): *Industry and Development: Global Report* 1992/93, Wien

Virilio, Paul (1993): *Revolution der Geschwindigkeit*, Berlin (Merve)
- (1996): „Warum fürchten Sie einen Cyber-Faschismus, Monsieur Virilio?" Ein Interview von Jürg Altweg, in: *FAZ, Magazin* vom 18.4.1996: 58-59
- (1997): Die Auflösung der Stadt als Zentrum, in: *Frankfurter Rundschau* vom 1. 3. 1997

Vosskamp, Ulrich/Wittke, Volker (1994): Von 'Silicon Valley' zur 'virtuellen Integration' - Neue Formen der Organisation von Innovationsprozessen am Beispiel der Halbleiterindustrie, in: J. Sydow./A. Windeler (Hg.) (1994): *Management interorganisationaler Beziehungen*, Opladen (Westdeutscher Verlag): 212-243

Vroey, Michel de (1991): Der Markt - von wegen einfach, in: *PROKLA 82*, Jg. 21, H. 1 (1991): 7-22

Waldinger, Roger D./Lapp, Michael (1993): Back to the Sweat Shop or Ahead to the Informal Sector?, in: *International Journal of Urban and Regional Research*, Vol. 17, No. 1 (1993): 6-29

Wallerstein, Immanuel (1974): *The Modern World-System, I, Capitalist Agriculture and the Origins of the European World-Economy in the Sixteenth Century*, New York (Academic Press)

- (1979): *The Capitalist World-Economy*, Cambridge/Mass. (Cambridge University Press)

- (1980): *The Modern World System, II. Mercantilism and the Consolidation of the European World-Economy,1600-1750*, New York /Academic Press)

- (1989): *The Modern World System, III, The Second Era of Great Expansion of the Capitalist World-Economy, 1730-1840*, San Diego, CA: Academic Press)

- (1997): Eurocentrism and its Avatars: The Dilemmas of Social Science, in: *New Left Review*, No. 226: 93-107

Wallis, Victor (1997): Lester Brown, Tthe World,Watch Institute, and the Dilemmas of Technocratic Revolution, in: *Organization & Environment*, Vol. 10, No 2 (June 1997): 109-125

Wapenhans, Willi A. (1999):Krisenmanagement auf dem Prüfstand, in: *Internationale Politik*, Nr. 5 (Mai 1999): 49-54

WCED (World Commission on Environment and Development) (1987): *Our Common Future*, New York (Oxford University Press)

Weber, Alfred (1909): *Über den Standort der Industrien*, Teil 1, Reine Theorie des Standorts, Tübingen (J.C.B. Mohr)

- (1932): *Weltwirtschaft*, München (F. Bruckmann)

Weber, Max (1895/ 1971): Der Nationalstaat und die Wirtschaftspolitik, in: *Gesammelte Politische Schriften*, hg, von J. Winckelmann, 3. Aufl. Tübingen (J.C.B. Mohr): 1-25

- (1919/1971): Politik als Beruf, in: *Gesammelte Politische Schriften*, hrsg, von J. Winckelmann, 3. Aufl. Tübingen (J.C.B. Mohr): 505-560

- (1921/1976): *Wirtschaft und Gesellschaft*. Studienausgabe, Tübingen (J.C.B. Mohr)

Weber, Wolfgang (1990): Verkürzung von Zeit und Raum. Techniken ohne Balance zwischen 1840 und 1880), in: W. König/W. Weber (Hg.): *Propyläen Technikgeschichte. Netzwerke Stahl und Strom, 1940-1914*, Berlin (Propyläen) 11-261

Weißbuch (1993): Kommission der Europäischen Gemeinschaften: *Wachstum, Wettbewerbsfähigkeit, Beschäftigung. Herausforderungen der Gegenwart und Wege ins 21. Jahrhundert*, Bulletin der Europäischen Gemeinschaften, Beilage 6/93, Luxemburg

Weizsäcker, Carl Christian (1996): Subsidiarity and the Welfare State, Presentation at the Foligno Conference on Ethics and Economics, October 28, 1996, in: *Deutsche Bundesbank/Auszüge aus Presseartikeln*, Nr. 79 vom 20.12. 1996

Weizsäcker, Ernst Ulrich von/Lovins, Amary und Hunter (1995): Die große Vergeudung, in: *Spiegel Special*: Die neuen Energien, Nr. 7/ 1995: 93-95

Weltbank (1985): *Weltentwicklungsbericht 1985*, Washington D.C.

- (1987): *Weltentwicklungsbericht 1987*, Washington D.C.

- (1994): *Weltentwicklungsbericht 1994*, Washington D.C.

Weltbank (1995): *Weltentwicklungsbericht 1995: Arbeitnehmer im weltweiten Integrationsprozeß*, Bonn (UNO-Verlag)

Went, Robert (1997): *Ein Gespenst geht um ... Globalisierung!* Zürich (Orell Füssli Verlag)

Werner, Heinz (1993): Integration ausländischer Arbeitnehmer in den Arbeitsmarkt, in: *Mitteilungen aus der Arbeitsmarkt- und Berufsforschung*, H. 3 (1993): 348-361

Whitley, Richard (1990): Eastern Asia Enterprise Structures and the Comparative Analysis of Forms of Business Organizations, in: *Organization Studies*, Vol. 11, No. 1 (1992): 47-74

Whitley, Richard (Ed.) (1992*): European Business Systems. Firms and Markets in their National Contexts*, London (Sage)

Wichterich, Christa (1998): *Die globalisierte Frau*, Reinbek bei Hamburg (Rowohlt)

Wick, Ingeborg (1998): Frauenarbeit in Freien Exportzonen. Eine Übersicht, in: *PROKLA 111*, Jg. 28, H. 2 (1998): 235-248

Wiesenthal, Helmut (1995): Zwischen Gesellschaftsdiagnose und Handlungsappell: Das schwierige Projekt der Umweltsoziologie, in: *Soziologische Revue*, 18. Jg. (1995): 369-378

Wiezorek, Jaroslaw (1995): Sectoral Trends in World Employment and the Shift toward Services, in: *International Labour Review*, Vol. 134, No. 2 (1995): 205-226

Wildemann, Horst (1998): Zeit als Waffe im Wettbewerb, in: K. Weiss (Hg.), *Was treibt die Zeit? Entwicklung und Herrschaft der Zeit in Wissenschaft, Technik und Religion*, München (Deutscher Taschenbuch Verlag): 227-261

Wilk, Richard (1998): Emulatrion, Imitation, and Global Consumerism, in: *Organization & Environment*, Vol. II, No. 3 (September 1998): 314-333

Wilke, Helmut (1998): Organisierste Wissenarabeit, in: *Zeitschrift für Soziologie*, Jg. 27, Nr. 3 (1998): 161-177

Williams, Colin C./Windebank, Jan (1995): Black Market Work in the European Community: Peripheral Work for Peripheral Localities? in: *International Journal of Urban and Regional Research*, Vol. 19, No. 1 (1995): 23-39

Williams, David (1999). Constructing the Economic Space: The World Bank and the Making of Homo Oeconomicus, in: *Millenium*, Vol. 28, No. 1 (1999): 79-99

Williams, Michael C. (1992): Reason and Realpolitik: Kant's „Critique of International Politics", in: *Canadian Journal of Political Science*, Vol. XXV, No. 1 (1992): 99-119

Winfield, I. (1994): Toyota UK Ltd: Model HRM Practices?, in: *Employee Relations*, Vol. 16, No. 1 (1994): 41-53

Wiseman, John (1998): *Global Nation? Australia and the Politics of Globalisation.* Cambridge (Cambridge University Press)

Wittke, Volker (1995): Vertikale versus horizontale Desintegration. Zu unterschiedlichen Erosionsdynamiken des Großunternehmens im Prozeß industrieller Restrukturierung, in: *SOFI-Mitteilungen*, Nr. 22, Juni 1995: 7-15

Wolter, Achim (1997): *Globalisierung und Beschäftigung. Multinationale Unternehmen als Kanal der Wanderung Höherqualifizierter innerhalb Europas*, Baden-Baden (Nomos)

Wolter, P. (1998): MAI oder letzter Erster Mai?, in: Forum Wissenschaft, 4/ 1998: 54-58

Wood, Adrian (1994): *North-South Trade, Employment and Inequality. Changing Fortunes in a Skill-Driven World*, Oxford (Clarendon)

World Bank (1993): *The East Asian Miracle*, Washington D.C.

- (1994): *World Debt Tables*, Vol. 1 (1994), Washington D. C.

- (1995): *The World Bank: Priorities and Stragies for Education*, Washington D.C., January 24 (1995)

WRI *(World Ressources Institute) (1999):* Repetto, Robert/Faeth, Paul/Rothman, Dale/Austin, Duncan: Has Environmental Protection Really Reduced Productivity Growth?*, Washington D.C.*

WTO (World Trade Organization)(1998): *United States – Import Prohibition of Certain Shrimp and Shrimp Products,* Report of the Appelate Body, AB-1998-4, 12 October 1998

Wuppertal Institut für Klima, Umwelt, Energie (1996*): Zukunftsfähiges Deutschland. Ein Beitrag zu einer global nachhaltigen Entwicklung*, hg. von BUND und Misereor, Basel/Boston/ Berlin (Birkhäuser)

WWF (World Wide Fund for Nature) (1996): David Reed, *Structural Adjustment, the Environment, and Sustanibale Development*, London (Earthscan), zitiert nach der Kurzfassung

Wyplosz, C. (1998): Globalized Financial Markets and Financial Crises, in: Teunissen, J. J. (Ed.), *Regulatory and Supervisory Challenges in a New Era of Global Finance*, Fondad (The Hague)

Zapotoczky, K./Griebl-Shehata, H. (Hg.) (1996): *Weltwirtschaft und Entwicklungspolitik.* Frankfurt/M. (Brandes & Aspel Verlag)

Zarsky, Lyuba (1997): Stuck in the Mud? Nation-States, Globalisation, and Environment, in: OECD Proceedings, *Globalisation and Environment. Preliminary Perspectives*, Paris (OECD): 27-52

Zellentin, Gerda (1979): *Abschied vom Leviathan. Ökologische Aufklärung über politische Alternativen*, Hamburg (Hoffmann und Campe)

Ziebura, Gilbert (1984): *Weltwirtschaft und Weltpolitik 1922/24-1931*, Frankfurt/M. (Suhrkamp)

- (1996): Globalisierter Kapitalismus: chancenlose Linke? Eine Problemskizze, in: *PROKLA 102*, Jg. 20, H. 2 (1996): 85-106

Zinn, Karl-Georg (1997): Globalisierungslehre ist Mythenbildung, in: *Gewerkschaftliche Monatshefte*, Jg.. 48, H. 4 (1997): 251-256

Zirnstein, Gottfried (1995): *Ökologie und Umwelt in der Geschichte*, Marburg (Metropolis)

Zolberg, Aristide R. (1991): Die Zukunft der internationalen Migrationsbewegungen, in: *PROKLA 83*, Jg. 21, H. 2 (1991): 189-221

Zukunftskommission (Kommission für Zukunftsfragen der Freistaaten Bayern und Sachsen)(1997): *Erwerbstätigkeit und Arbeitslosigkeit in Deutschland Entwicklung, Ursachen und Maßnahmen*, 3 Bände, Bonn (ohne Verlag)

Zukunftskommission der Friedrich-Ebert-Stiftung (1998): *Wirtschaftliche Leistungsfähigkeit, sozialer Zusammenhalt, ökologische Nachhaltigkeit. Drei Ziele – ein Weg*, Bonn (Dietz)

Zündorf, Lutz (1994): Manager- und Expertennetzwerke in innovativen Problemverarbeitungsprozessen, in: J. Sydow/A. Windeler (Hg.), *Management interorganisationaler Beziehungen*, Opladen (Westdeutscher Verlag): 244-259

Zürn, Michael (1997): ´Positives Regieren´ jenseits des Nationalstaats. Zur Implementation internationaler Umweltregime, in: *Zeitschrift für Internationale Beziehungen*, Jg. 4 (1997): 41-68

Zysman, Jonathan (1996): The Myth of „Global Economy". Enduring National Foundations and Emerging Regional Realities, in: *New Political Economy*, Vol. 1, No. 2 (1996): 157-184

Register

Abwertungswettlauf 55, 136, 205, 386, 429
ADI (ausländische Direktinvestitionen) 11, 157, 256, 258f, 261ff, 266, 314, 317, 349
Afrika 23, 41, 48, 204, 219, 226, 231, 246, 254, 257, 260, 264, 349, 356, 372, 376, 379, 422, 440, 462, 493f
Agglomerationsvorteile 263
Akkumulation, ursprüngliche 56, 97, 343, 450, 452
Akkumulationsprozeß 366, 419, 430
Akkumulationsregime 54, 173, 407, 517, 532
Allianzen 10, 281f, 293f, 313, 324, 367, 378, 417f, 429, 514
Anomie 71, 73
Antidumping 267
Apartheid 356, 474, 508
Äquivalenz 69f, 140, 155, 173, 494
Arbeitsgesellschaft 71, 163ff, 213, 432, 472, 496, 498f, 503, 537
Arbeitskosten 39, 43, 238, 243, 275, 312, 355, 392, 413, 433
Arbeitslosigkeit 38, 71, 126, 151, 179, 193, 220, 231, 273, 278f, 329, 337, 343ff, 349f, 356, 359, 367, 380, 403, 406, 414, 416, 418, 434, 435, 478, 531, 533, 535ff
Arbeitsmarkt 15f, 44, 109f, 112, 117, 127, 130, 152, 240, 266, 273, 278f, 289, 306f, 312f, 316, 328f, 331, 333ff, 340, 342, 345, 351f, 355ff, 407, 413, 423, 434, 438, 481, 484, 496ff, 524
Arbeitsproduktivität 43, 57, 141, 224, 229, 264, 339, 375, 406, 413, 419, 465, 502f, 531, 533
Arbitrage 170, 183ff, 223, 247, 429, 432
Armut 31, 104, 152, 173, 193, 203, 246, 340, 343, 353, 357, 435, 438, 444, 447, 456, 474, 523
Artenvielfalt 108
Attraktoren 18, 50, 83, 136, 156, 452
Aufbringungs- und Transferproblem 210

Aufklärung 52, 72, 76, 78
Ausflaggen 241f
Auslagerung 308, 348f, 352, 356
Außenverschuldung 200, 374, 425
Autarkie 55f, 205
Bankrott 109, 172, 192, 194ff, 215, 218
barter 268, 379
Basiskonsens 414
benchmarking 32, 34, 39, 149, 228, 247, 250, 272, 274, 287, 290f, 296f, 309, 433, 534
Beschäftigung 42, 44, 94, 109, 138, 144, 170, 172, 197, 203, 205, 211, 219, 264ff, 272f, 279, 297, 311, 313, 317ff, 320, 328f, 331, 333ff, 338ff, 350, 352, 356, 357, 359f, 362, 364, 368, 390, 403f, 406, 408, 417ff, 424, 434, 490, 501, 521, 527, 531, 534f
Beschleunigung 35, 53, 58, 105f, 108, 249, 271f, 275ff, 285, 297, 299, 305, 316, 327, 366, 401, 446, 452, 455, 481f, 519f, 522
best practices 39, 70, 272, 307f, 311, 534
Billigflaggen 240, 242
Billiglohnkonkurrenz 42, 264, 267, 319
Bretton Woods 20, 25, 42, 73, 135, 138, 157, 175, 206ff, 212f, 368, 384, 389, 399, 402ff, 425, 486, 512
Budgetrestriktion des Geldes 142, 145, 161, 178
Bürgerrechte 152f, 497, 500, 524
business systems 310
Cecchini-Bericht 220f, 234, 405, 406
Clubgesellschaft 212, 537
clusters, von Unternehmen 248, 263, 393, 438
CO_2-Emissionen 239, 327, 522, 530ff
codes of conduct 232
countertrade 267f, 379, 394
Cyberspace 179, 253, 284, 317, 328, 482
Deindustrialisierung 353, 357, 436, 439
Demokratie 32, 35, 66, 72, 83, 93, 95, 98, 139, 276, 306, 322, 324, 414, 418,

448, 457f, 469, 478f, 481, 484, 486, 489, 492ff, 500ff, 514f, 517, 520, 538
demokratisch 12, 28, 64, 72, 85, 95, 98, 101, 119, 123f, 152, 213, 217f, 231, 253, 255, 276, 351, 367, 380, 408, 414, 422, 424f, 427, 441, 445, 451, 456, 474, 477ff, 488ff, 492ff, 499f, 503ff, 513, 515f, 524, 537
Deregulierung 24, 31, 37, 40ff, 45, 47, 67, 79, 109, 113, 119, 122f, 133, 138, 151, 175, 182, 185, 188, 191, 194, 197, 210ff, 217, 219f, 234, 239, 240f, 248, 253f, 275, 278, 284, 315, 346f, 351, 364, 377, 396f, 405, 407, 415, 421f, 424, 426, 430, 445, 492, 494, 511, 514, 519, 527, 529
Derivate 183, 185ff, 192f, 215, 384
Derivatenkapitalismus 170, 182, 185, 197f, 223
Desintegration 55, 205, 237, 277, 289, 298, 347, 366, 370, 380, 408, 420, 435, 436f, 440ff
Dezentralisierung 154, 280f, 291, 308, 324, 333, 348f, 356, 456
Dienstleistungen 71, 88, 133, 150, 177, 184f, 236, 250ff, 255f, 260, 262, 265, 273, 275, 285, 287, 289, 314, 317f, 320f, 325ff, 330ff, 334, 339, 343, 345, 350ff, 354, 360, 457, 479, 498, 507, 534, 536
Dienstleistungsgesellschaft 317, 326, 329, 358, 534
Dienstleistungshandel 252
Direktinvestitionen 12, 31, 36, 43, 45, 53, 59, 188, 251, 256ff, 263f, 266, 315, 373, 388, 390, 426f, 527
disembedding (siehe Entbettung) 11, 15ff, 82, 90ff, 100, 108, 111, 113ff, 119, 121, 123, 167, 194, 256, 391, 498, 510
Distanzen 23, 33, 34, 60, 159, 224, 227, 235, 243, 250, 275, 373, 516
„Dritte Welt" 126, 158, 167, 170, 172, 203, 205, 208, 211, 228, 230, 259, 264, 273, 344, 349, 368, 378, 384, 392, 424, 426, 476, 508

Dumping 71, 267
Echtzeit 93, 275, 284, 286, 288, 322, 389, 519
Effizienzrevolution 450, 468ff
Einbettung 97, 107, 236, 300, 510
elektronische Märkte 272
Eliten 29, 36, 56, 122, 300, 377, 428, 486, 493
Emergenz 118, 153, 449
emerging markets 172, 188f, 191, 202, 209, 214, 259f, 389
energetisch 33, 39, 82, 84, 86ff, 94, 105, 107, 110, 117, 133, 139ff, 163, 233, 244, 246, 445ff, 450, 451, 456, 466, 503f, 532
Energie 18, 33f, 36, 58f, 82, 84ff, 88, 90, 94, 105ff, 125, 128, 133, 139ff, 150, 159, 163, 196, 224, 233, 235, 237, 239, 243, 265, 321, 324, 326f, 367, 384, 393, 427, 433, 443, 445ff, 455, 458f, 461ff, 469ff, 475f, 503, 507, 527, 530ff
Energieeffizienz 449f, 463, 532
Energiekosten 238
Energiewandlungssysteme 82, 106f, 464, 503
Entbettung 15ff, 82, 90ff, 97f, 100, 104f, 107ff, 119, 121, 167, 194, 200, 256, 391, 443, 478, 491, 498, 510, 538
Entkoppelung, der monetären von der realen Akkumulation 162, 167, 187, 204
Entmaterialisierung, der Ökonomie 325ff
Entropie 24f, 84ff, 103, 132, 140, 288, 325, 447, 455, 457, 472, 476, 501
Entropieabfuhr 87, 140, 142
entropisch 162
Entwicklungsstaat 368, 378, 436
EU, EG, EWG 46f, 219f, 228, 242, 256, 267, 283, 329f, 341, 360, 370, 372f, 381, 387f, 390, 392f, 396, 398, 400, 401, 405, 407f, 410f, 413ff, 419f, 423, 427, 440ff, 465
Evolution 9, 22, 107, 162, 426, 444, 459, 522
EWS 390, 400, 402ff, 407, 411, 414, 420

exit-Optionen 311, 314, 335, 499, 524, 537
Exklusion 28, 46, 47, 60, 71, 104, 145, 156, 240, 274, 337f, 340, 350, 379, 420, 436, 474, 497, 501, 535
Externalisierung 141, 228, 234, 438f, 458, 471
Extraktion 130, 175, 206, 244f, 247, 466
Extraprofite 229f
Faktorausstattung 125, 202, 378
Feminisierung 12, 273, 317, 328, 330, 333, 360
Finanzderivate 185ff, 226, 506
Finanzinnovationen 149, 158, 167, 182, 184f, 187, 190, 205, 389, 391, 527
Finanzkapital 63ff, 98, 439
Finanzmärkte 34, 38, 44, 46f, 54, 93, 98, 105, 109, 110, 114, 117f, 135, 141, 147, 150, 154, 157f, 166ff, 171f, 180, 182, 185, 190ff, 201, 203, 211ff, 269, 276, 284, 315, 330, 351, 390f, 394, 406, 415, 431, 480f, 483, 506, 511f, 519, 527f, 538
Flexibilisierung, der Beschäftigung 250, 272, 278, 335, 356, 404
Flexibilität 28, 184, 187, 190, 278, 294, 301, 312, 390, 455, 481
Fordismus 34f, 86, 96f, 106, 135, 138f, 178, 271, 285, 291f, 335f, 339, 353, 392, 407, 430, 433, 455, 464, 482, 485, 502, 505, 507, 516, 518f, 531, 534
Fossilismus 86, 105f, 143, 433, 447, 530, 534
Fragmente, Fragmentierung 11, 18, 28, 45f, 89, 124ff, 146f, 150ff, 155f, 164, 203, 250, 256, 338, 379, 397, 455, 493
Fraktale, Fraktalisierung 11, 18, 28, 46, 118f, 146, 152ff, 397, 484, 501
Fraktionen, Fraktionierung 11, 18, 28, 46, 73, 125, 146ff, 150ff, 209, 212
Frauenerwerbstätigkeit 329, 331, 349
Freihandelszone 350, 368ff, 375, 378
Fundamentalismus 56, 90, 383, 537
Funktionsraum 45, 108, 111, 140ff, 492

GATT 116, 135, 219, 221, 228f, 233, 243, 253, 255, 268, 368, 370ff, 384, 386ff, 394ff, 417
Geld 16, 18, 24, 30, 33f, 40, 60, 73, 77f, 82ff, 88, 90, 92ff, 98, 102ff, 108ff, 121, 125, 127, 132, 142, 145, 152, 154, 157ff, 170ff, 191ff, 203f, 206, 208, 212, 216, 222, 226, 250, 255, 268ff, 274, 279, 317, 337ff, 384, 391, 401ff, 405, 407, 409f, 412, 414, 417, 430f, 436, 448, 452, 457, 465f, 473f, 494, 499, 503, 527, 535, 537
Geldfetisch 11, 108, 111, 157f, 160f, 204f, 214
Geldform 157, 160, 173f, 184, 190
Geldgesellschaft 104, 161, 163ff, 213, 264, 432, 496, 499, 503, 535, 537
Geldrätsel 157, 174
Geldvermögen 38, 98, 105, 109, 110, 157, 160, 166, 170, 173, 191, 194, 196, 198ff, 208, 215, 217f, 317, 389, 391, 405, 411, 415f, 462, 530, 536
Geldvermögensbesitzer 16, 88, 110, 144f, 165, 167ff, 172, 184, 194, 197ff, 204, 208, 211f, 339, 357, 391, 405, 412, 414ff, 445, 481, 496, 498f, 521, 529, 535
Geoökonomie 10, 28, 61, 67, 135, 150, 245, 375, 390, 436, 441, 466, 487
geozentrisch 263, 306
Gerechtigkeit 81, 122, 249, 365, 408, 415f, 469, 477, 504, 525, 527, 536f
Geschwindigkeit 12, 31, 33, 67, 70, 84, 181, 237, 248, 275ff, 286, 316, 327, 354, 367, 408, 476, 527
Gesellschaftsvertrag 18, 40, 72, 74f, 78, 80f, 227, 419, 475ff, 486, 521
Gewerkschaften 13, 28, 43, 68, 79, 94, 123, 173, 231f, 240ff, 255, 274, 296, 304, 310, 348, 352, 392, 402f, 413, 418, 459, 502, 512, 521, 524
Gleichgewicht 52, 80, 113, 116f, 476
global city 103ff, 239f, 354, 524
Global Governance 10, 40, 73, 118, 365f, 509f, 512, 514

global player 149, 191, 253, 255, 266, 283, 306, 310, 338, 353, 365, 386
Globalität 18, 27, 49, 52, 72, 74, 88, 114, 124, 147, 456
Glokalisierung 68f, 155, 163, 385
Gold 15, 21, 111, 127, 138, 154, 157, 173ff, 206f, 222, 225, 246, 368, 404
golden age 51, 56, 92, 169, 358, 368, 378, 429, 502
governance 32, 34, 119, 256, 431, 441, 479, 510, 512f, 516
Grenzen 9, 12f, 18, 28f, 31, 36, 38, 40ff, 45f, 48, 55, 58ff, 64, 67, 73, 76f, 79, 82f, 85ff, 93, 106f, 111, 114, 119, 123ff, 128, 132, 139f, 142, 145, 147f, 152, 154, 159, 172, 188f, 196f, 204, 235f, 245, 249, 251, 261, 272, 280, 282, 295, 299, 306f, 309, 321, 328, 333, 341, 343, 345f, 351, 361, 366f, 369, 375f, 386, 390, 405, 438, 443ff, 450, 453, 456ff, 461, 464ff, 468, 475f, 478ff, 482f, 488, 491, 495f, 501, 504, 506, 509f, 518f, 522f, 525, 530, 537
Handel 11, 16, 27, 32, 37, 45, 53, 56, 101, 103, 111, 133, 159, 167, 209, 211, 219ff, 230, 233ff, 239, 244, 250ff, 261, 268f, 271, 287, 317, 324, 331, 339, 344, 351, 368, 372, 374f, 378ff, 386, 389f, 394, 396, 399, 402, 407ff, 425, 453, 479, 483
Handelsbilanz 47, 201, 222, 225, 378, 384, 404
Handelspolitik 466
Handelsströme 36, 234, 256
Hausarbeit 362
Hedge-funds 158, 188ff, 208, 365
Hegemonie 9, 20, 24, 54, 57, 68, 122, 381, 384ff, 395, 429, 445, 480, 510
Heimarbeit 333ff, 342f
Holländische Krankheit (dutch disease) 48, 439
Humankapital 125, 248, 266, 300, 317, 352, 356, 434, 440, 536
Humanressourcen 277, 351, 356f, 359
Hybridform 11, 132, 336, 366, 431f, 440
Hybridkultur 97, 100

illegal 142, 268, 274, 335, 341, 345f, 358ff, 379, 435, 438, 470, 483f
Imperialismus 50, 63ff, 254, 475
Individualisierung 72, 188, 325, 362, 436, 453, 455
industrial districts 29, 138, 353, 393
Industrialisierung 49, 55, 80, 105f, 124ff, 135f, 138, 141, 220, 244, 318, 322, 333, 353, 374, 376, 378, 380, 453, 458, 464ff, 470, 502, 531
Industriegesellschaft 55, 355, 362, 418, 436, 444, 451, 455, 457, 459, 464ff, 472, 502
infant industries 138, 431, 437
Inflation 172, 200, 220, 374, 380, 384, 402, 410
Informalisierung 11f, 89, 159, 246, 273f, 317, 335ff, 345f, 367, 432, 435, 534
Information 276, 313, 317f, 324ff, 356
Informationsgesellschaft 85, 273, 318, 322, 324, 326, 334, 464
informell 28, 203, 342, 347, 432, 434
informeller Sektor 22, 145, 159, 193, 211, 250, 274, 336, 337, 341, 343f, 346ff, 358, 360, 403f, 432ff, 535
Inklusion 28, 46, 61, 104, 145, 155, 239, 274, 338, 440, 497, 501
Innovation 10, 50, 86, 99, 107, 113, 160, 176, 180, 183ff, 187, 192f, 197, 269, 275f, 279, 282f, 285f, 294, 296f, 304, 308ff, 351ff, 380, 431, 502, 520
Institutionen 15, 22, 24, 27, 29, 42, 46, 54, 57, 62, 66, 68, 71f, 80f, 91f, 98, 110, 112, 114, 116, 118f, 121ff, 126, 130, 132, 145, 150, 154f, 158, 161, 175ff, 182, 186, 189f, 193, 196ff, 203ff, 208f, 211f, 214ff, 230, 236, 253, 305, 316, 333, 354, 377, 384, 390, 396ff, 409, 411, 413f, 418, 420ff, 425, 430, 435, 444, 449, 467, 474, 480, 486, 496, 498, 501, 503, 506, 509f, 512f, 515f, 521, 523
Integration 12, 15f, 23, 47, 49f, 53ff, 89, 94, 119, 122, 128, 134, 145, 185, 216, 250, 274, 280f, 284f, 287, 289, 293, 297ff, 311f, 320, 325, 331, 339, 347,

355, 358, 365f, 368ff, 373f, 376ff, 386, 388, 392, 394, 396, 398ff, 405ff, 412, 415, 420f, 42ff, 428, 430, 432f, 438, 440f, 479f, 513

intellectual property rights 79, 108, 130, 253

Interdependenz 117, 125, 127, 146, 147, 151, 266, 320, 441f, 477, 479, 490, 512f

Interferenz 117, 141, 143, 426, 459, 477

Internationaler Währungsfonds (IWF) 24, 27, 112, 114, 116, 119, 126, 150f, 162, 173, 175, 185, 189ff, 200, 203ff, 208f, 211, 213f, 217, 343, 380, 397f, 411, 426, 431, 437, 440, 488, 491

Internationalisierung 67, 91, 128, 173, 182, 194, 212, 256, 261f, 271, 390, 399, 501

Interventionsstaat 42, 44, 123, 365, 368, 436

Inwertsetzung 11, 23, 48, 77, 128f, 130, 132ff, 244f, 444, 519

Kapitalbewegung 36, 123, 148, 154, 206, 211, 213ff, 226, 250, 368, 409f, 414, 429, 432, 528

Kapitalflucht 203, 247, 312, 374, 390, 416, 499, 529, 537

Kapitalismus 11, 27, 29, 32, 34, 43, 46, 49, 51, 64, 66, 80, 85, 90f, 102f, 151, 158, 170, 194, 198, 204, 216, 223, 226, 271, 336, 358, 365f, 368, 382, 386, 431, 436, 452, 469, 497, 500, 502, 520f, 523, 535, 538

Kapitalmärkte 31, 44, 73, 102, 110, 145, 196, 207f, 248, 253, 288, 316, 343, 389, 399, 402, 414, 423, 527, 529

Kapitalmobilität 314

Katallaxie 90, 113, 465

Keynesianismus 42, 55, 138, 495

Klassen 31, 47, 54f, 107, 156, 306, 361, 450, 453, 493, 496, 499, 508, 523, 525

kohärent 134f, 141, 145, 430

Kohärenz 18, 127, 139, 141ff, 145f, 337, 399, 491

Kohäsion 211, 272, 288, 325

Kolonisierung 63, 92, 128, 130, 519

Kommunikation 16, 24, 32f, 49, 56, 73ff, 82, 85, 87, 95, 102, 106, 108, 128, 132, 140, 143, 162f, 235ff, 239f, 253, 255, 272, 278, 284, 288, 291f, 298, 304, 307, 309, 317, 320ff, 334, 348, 353ff, 389, 396, 481, 483, 509, 511, 514, 519

Kommunitarismus 92

Kompensationsgeschäfte 37, 268, 483

Konkurrenzfähigkeit 41, 48, 61, 63f, 68, 69, 159, 223, 229, 268, 338, 351, 353, 385, 404, 422, 429

Konkurrenzgrenzen 149, 159, 236, 243, 267, 391, 394, 530

Konsens von Washington 24, 209, 211ff

Konvergenz 47, 266, 306, 308, 310f, 313, 401, 412, 414, 420f

Kooperation 71, 175, 265, 272f, 279ff, 285f, 288f, 293ff, 309, 315, 324, 355, 370, 373, 379, 383, 393f, 396, 431, 478, 482, 522

Kosmopolitismus 55f, 148, 304, 323, 357, 486, 496, 499

Kostenvorteile 158, 221, 223f, 230, 233f, 244, 247, 265, 269, 271, 375, 390

Kredit 24, 53, 94, 98f, 103, 108, 109, 111f, 151f, 157, 161, 171, 178, 184, 186, 188, 192, 195, 197, 200, 203, 208, 215, 225, 261, 344, 385, 411f, 465f

Krieg 10, 27f, 49, 52f, 55f, 58, 64ff, 121, 135, 139, 157, 169, 205, 207, 215, 238, 246, 261f, 327f, 346, 366, 368f, 375, 390, 411, 428, 437f, 441, 447, 456, 475, 480, 484, 510, 525

Krisen 25, 34ff, 40, 51, 56f, 64, 67, 107, 125, 134f, 139, 144f, 147, 150f, 158, 164, 172, 188f, 192, 194, 198, 200, 203, 208, 213ff, 238, 248, 259f, 267, 316, 336, 374, 379, 387, 394, 411, 422, 426, 432, 436, 447, 449, 456, 463, 469, 471, 473, 478, 485, 492f, 500, 503, 512, 517, 519f, 528, 536

Kultur 22, 24, 50, 72, 76, 95f, 100f, 104f, 107, 136, 226f, 312, 360, 448, 450, 453, 472, 506, 535

lange Wellen 34, 50
Legitimation 70, 95, 98, 119, 365, 412, 418, 424, 484, 486, 488, 490, 495, 505, 513, 520
Liberalisierung 41, 95, 211, 213, 253ff, 280, 312, 330, 384, 389, 511
like products 148, 227ff, 232, 234f, 246f
linkages 132, 466
Liquidität 166, 185f, 207, 405
Logistik 236, 277, 292, 428
Lomé-Abkommen 396
longue durée 49, 50ff
Maastricht-Vertrag 42, 47, 166, 198, 366, 381, 387, 399f, 405, 407f, 414ff, 421f, 440
Macht 10, 29, 31f, 40, 45f, 48, 50, 54, 55, 57, 64, 66, 69f, 95, 110, 130, 133f, 138, 140, 161, 175, 191, 246f, 255, 297, 304, 312, 314, 317, 381, 386, 405, 423, 430, 468, 472f, 475, 481ff, 487, 490, 493, 513f, 517, 524
Management 12, 149, 154, 189, 239, 252, 265, 267, 271ff, 279f, 286, 289, 291ff, 298f, 303, 305, 307, 310f, 316, 330f, 338, 355, 360, 464
Maquiladoras 142, 230
Marginalisierung 146, 156, 211, 260, 340, 420
Märkte 12, 15, 18, 22, 24, 27f, 32f, 35, 37ff, 42, 44, 46, 62, 68ff, 79f, 85, 90, 92ff, 98f, 101ff, 108ff, 121, 124, 127f, 134, 144, 148, 152, 155, 157, 160, 171ff, 180, 182, 188ff, 197, 200, 202, 204, 208, 214, 216f, 222, 225, 230, 235ff, 240, 242, 247f, 250, 253, 255, 259, 261f, 264f, 274f, 280ff, 288f, 294f, 297, 303, 305, 307, 312, 315, 322, 324, 338, 346, 348, 351, 357, 361, 365, 368ff, 373ff, 377ff, 386, 388, 393, 399f, 402f, 405, 407, 409, 412, 414f, 417f, 420, 424, 427ff, 434ff, 440, 445, 448, 451, 456ff, 462, 464, 466, 469, 472ff, 481, 487, 490f, 493f, 496f, 505, 510ff, 519, 521, 523ff, 527, 534, 536ff

Marktwirtschaft 15, 17, 23, 29f, 32, 35, 83, 90ff, 99, 109, 115f, 121, 134f, 139, 398, 414, 424, 435, 438ff, 446ff, 450, 456, 459, 465, 491, 494, 517
Maß(losigkeit) 37, 41, 43, 72, 107, 127, 163, 295, 301, 312, 348, 453, 455, 462, 464, 467, 471, 479, 534
Massenarbeitslosigkeit 47, 164, 498
Massenkonsum 34, 142, 236, 505
Massenproduktion 34, 97, 108, 142, 223, 236, 280, 339, 392, 446, 465, 505
Mehrwert 33, 84f, 88, 106, 147, 148, 153, 165, 168, 170, 198f, 201, 227, 229, 282, 451
Menschenrechte 10, 25, 26, 66, 123, 228, 231f, 350, 365, 382, 441, 484ff, 495, 501, 509
MERCOSUR 388
mergers and aquisitions 259, 315, 330, 385
Migration 27, 31, 53, 59, 133, 141, 152, 154f, 226, 245, 273, 358ff, 363, 388, 407, 438, 440, 458, 474, 483, 495, 501, 511, 523
minimal state 81, 213
Mobilität 87, 106, 149, 152, 158, 190, 250f, 273, 300f, 311, 314, 326, 335, 358, 360, 412, 444f, 453, 455, 472, 498, 505, 506
Modernisierung 18, 23, 51, 56, 58, 85, 105, 124f, 127, 277, 315, 336, 340, 347, 362f, 366, 398, 417, 430, 432, 439, 455, 458, 464, 467, 469, 482, 491, 493, 505f, 518, 520, 522, 535
Moral 75f, 88, 501
Nachhaltigkeit (Sustainability) 139, 143, 244, 390, 408, 414, 418, 421, 447f, 456, 462, 475, 509, 516, 527, 533
Nationalstaat 10ff, 25, 27ff, 38, 40ff, 55ff, 65ff, 72ff, 93ff, 101f, 112, 118f, 122f, 128, 130, 132f, 135, 138, 147ff, 152f, 182, 194, 197ff, 205, 208f, 214, 240f, 277, 338, 340, 351, 364f, 368ff, 373, 380, 386f, 390, 393, 396, 407, 410, 436ff, 461, 478ff, 482ff, 487ff,

491f, 495f, 498, 500f, 510ff, 516, 521, 523ff, 528, 537
Natur 15f, 30, 33f, 36, 50, 58f, 76ff, 80, 82, 84f, 87, 90, 92, 96, 100, 116, 121, 129f, 139, 141ff, 155, 163, 226, 232, 321, 328, 345, 376, 391, 430, 443, 448f, 451, 455, 457ff, 462f, 467, 472, 475ff, 500, 502ff, 509, 531, 534, 537
Naturstoffe 58, 468
Naturverbrauch 19, 34, 76, 366, 444, 451, 458, 503, 509, 530
Naturverhältnis, gesellschaftliches 29, 50, 87, 136, 140f, 431, 446, 448f, 455, 525
Neoklassik 16, 100, 112, 200
neoklassisch 42, 47, 59f, 109, 115, 127, 174, 306, 341, 346, 363, 465, 469
neoliberal 11, 24f, 28, 44f, 68, 81, 94, 114, 144, 188, 202, 207, 380, 383, 394, 406, 414, 416ff, 424, 426f, 429, 491, 494, 507, 510, 512, 535, 537
neoliberale Konterrevolution 68
Neoliberalismus 16, 23f, 28, 33f, 45, 138, 211, 364, 494, 522
Netzwerke 31, 69f, 99, 104f, 115, 125, 145, 176, 239, 262, 271f, 282, 286, 289, 292ff, 299, 311, 323, 380, 393, 410, 426, 431, 436, 444, 483, 514, 524
NGOs (Nicht-Regierungsorganisationen) 13, 40, 119, 123, 158, 232, 255, 444, 474, 512ff
Nodalisierung 287, 354, 524
Normalarbeitsverhältnis 32, 121, 250, 335, 537
off shore 190f, 331, 529
Offenheit, der Ökonomie 36, 48f, 53, 73, 109, 259
öffentliche Verschuldung 198, 200, 416
Ökologie 141, 502, 506
ökologische Gratiseffekte 273, 325
ökologische Klauseln 234
Ökonomie der Zeit 61, 93, 247ff, 275, 277, 279, 283, 285, 292, 432
Ökonomie, virtuelle 85, 88, 317
oligarchische Güter 457

Ölpreisschock 208
online 176f, 179, 181, 183, 324, 350
Osterweiterung 423
outsourcing 289, 295, 334
Paradigmen, der Entwicklung 134ff
Partikularisierung 126, 146
Partizipation, politische 66, 98, 494
path dependence 137
Peripherie 52, 61, 255, 262f, 280, 343, 353
Peripherisierung 211, 425, 437, 439
Personalpolitik 310, 355
Pfadabhängigkeit 17, 451
Planstaat 364, 368
Planung, sozialistische 55, 436
Plutokratie 98, 467, 473f
polyzentrisch 262, 306
positionelle Güter 456f
Postfordismus 35, 265, 339, 354, 464 455
Produktionsverlagerung 349
Produktivität 19, 33, 69, 82, 85, 106, 139, 141, 144, 168, 184, 196f, 223ff, 227ff, 243, 247ff, 302, 311f, 327, 343, 352f, 385, 390ff, 401, 406, 419, 423, 427, 436, 453, 462, 464f, 471, 502f, 505f, 534f, 538
Produktivitätspakt 88, 392, 502
Produktivitätspeitsche 264
Profit 88, 107, 144, 164ff, 197, 199, 249, 451, 531
profit center 271
Profitrate 144, 148, 169, 170, 197f, 217, 247, 266, 282, 406, 419, 502
Protektionismus 56, 138, 220, 234, 253, 378, 386, 431, 437, 529
Qualifikation 61, 98, 134, 227, 265, 267, 274, 292, 294, 301, 309, 315, 329, 330, 332, 334f, 351, 354ff, 359f, 418, 426, 464, 471, 497, 536
Qualifikationsniveau 61, 278, 312, 332, 351
Rationalisierung 86, 96, 100, 105f, 154, 267, 272, 277, 281, 291f, 294f, 297, 307, 311, 326, 331, 521

Rationalität 16f, 24, 33, 50, 59, 68, 71, 78, 84, 90, 93, 95f, 101, 113f, 132f, 147, 165, 196, 325, 450, 463, 467, 470, 476, 507, 521

Raum 16, 18, 23, 27, 29, 31f, 39ff, 47, 49, 52, 57, 59ff, 65, 67, 70f, 74, 79, 81f, 84, 88f, 92ff, 98ff, 109f, 118, 124, 127ff, 132ff, 139ff, 145ff, 154f, 160, 162f, 170, 179f, 183f, 195, 198, 202, 214, 217, 223, 226f, 229, 235ff, 239f, 244f, 247f, 255, 257, 275, 286, 307, 313, 323, 325, 328, 338, 341, 366, 370, 382, 388ff, 398, 408, 422, 428, 430, 432, 436f, 443, 446, 452, 455f, 458ff, 479ff, 488ff, 498, 501, 506f, 510f, 519, 522ff, 531f, 538

Raum- und Zeitregime 39, 101, 107, 452

Reformstaaten 435

Regime 77, 91, 107, 137, 206, 248, 254, 306, 429, 433, 493, 496, 504, 510, 512

regime-shopping 137

Regulation 22, 25, 29, 34, 40, 49, 54, 89, 114, 116, 118f, 127f, 134, 136, 138, 140f, 146, 151, 155, 158, 161, 164, 172, 184, 187, 194, 205f, 208, 211, 240f, 312, 341, 405, 407, 430, 436, 439, 446, 457, 463, 497, 502, 505, 510, 516, 518f, 527, 531f, 537

Regulierung 12, 23f, 34, 46, 57, 93, 95, 104, 114f, 118f, 154, 160f, 196, 200, 213f, 217, 233f, 240, 255, 279, 336, 367, 377, 386, 397, 422, 434, 457, 467, 475f, 478, 488, 496, 509, 511, 520, 529, 537

Rentabilität 39, 149, 169f, 191, 195f, 228, 239, 290, 391f, 430, 528

Reproduktionsarbeit 332, 361f

Reservearmee 350, 356

Ressourcen 59, 70f, 77, 83f, 92, 124, 129f, 132f, 150, 173, 211, 213, 233, 243ff, 249, 261, 276, 278, 284, 296, 327f, 351f, 444, 446, 452f, 457, 460, 466, 468, 473ff, 488, 503f, 506, 516, 520F

Ressourcen und Senken 446, 453, 468, 504

Restriktionen 17f, 84, 115, 117, 127, 140, 143, 145, 184, 212, 249, 254, 337, 341, 416, 447, 491, 493, 504, 509

Revolution, industrielle 15, 86, 91, 106f, 128, 196, 446, 448ff, 453, 456, 460, 463, 465, 468

Revolution, neolithische 101, 107, 448, 450ff

Revolution, solare 532

Reziprozität 16, 69f, 140, 386

Risiko 37f, 97, 114, 162, 170f, 180f, 184, 187, 189, 192f, 215, 218, 295, 300, 304, 362, 393, 434

Rohstoffe 48, 58, 61, 92, 133, 148, 204, 208, 219, 244ff, 318, 328, 367, 376, 378, 384, 462, 466, 469, 470, 474, 503, 519

Rohstoffsektor 209, 245, 439

Sachzwang 17f, 28, 39, 62, 94, 98, 109, 111ff, 115, 117, 123, 145, 150, 158, 161, 164, 204, 217, 248, 301, 337, 389, 402, 434, 451, 489, 493f, 503

Schattenwirtschaft 274, 341, 357, 404, 435

Schatz 110, 165, 196

Schmuggel 200, 345, 379

Schocktherapie 134

Schulden 54, 57, 98, 105, 108, 110, 160, 162, 170, 172f, 178, 186, 191, 194ff, 203, 20f, 212, 214f, 413, 415, 422, 498, 529

Schuldendienst 167, 170ff, 195, 197ff, 208f, 213, 225, 384, 473, 530

Schuldenkrise 158, 167, 170, 172, 196, 202, 208f, 212, 349, 384, 395, 426

Selbstähnlichkeit 152f, 155, 370

selbstreferentiell 98, 108f, 162, 165, 458, 467, 519

shareholder 79, 149, 256, 312, 316, 324, 430, 498

Skaleneffekte (economies of scale) 223, 230, 280, 283, 373, 392f, 406

Solidarität 16, 73, 92, 99, 188, 323, 419f, 468, 472f, 475, 480, 500f, 514, 520, 521, 525, 535

Souveränität 10f, 22, 27, 33, 40f, 44, 46, 66, 81, 111f, 118, 122, 128, 132f, 185, 199, 214, 222, 245, 256, 351, 364, 368f, 393, 401, 444, 478, 480F, 483f, 487ff, 515f, 524
Sozialdumping 71, 234
Sozialklauseln 230, 232, 234
Sozialstaat 29, 144, 188, 501
Spezialisierung 138, 222, 225, 244, 266, 277, 282, 378, 390
Staatenwelt 40, 44, 46, 52, 205, 364, 367, 442, 478, 480, 510, 512, 515
Staatsgebiet 31ff, 41, 128, 132, 478, 484
Staatsmacht 31, 41f, 64, 478, 488, 525
Staatsschulden 65, 408, 498
Staatsvolk 31, 41, 128, 256, 478, 488, 525
Städte 37, 99, 101ff, 130, 237, 239, 243, 253, 269, 336, 349, 353, 356, 358, 361, 382, 444f, 450, 453, 478
stakeholder 133, 296f, 304, 316, 418, 490f, 512
Standards 32, 34, 38f, 50, 62, 71, 74, 104, 111, 122f, 127, 134, 161, 194, 227, 229, 234, 236, 247, 250, 253, 274, 283, 290, 300, 311, 315, 338, 345f, 357, 359, 381, 389, 418, 433, 534
Standort 28, 38, 40, 43, 45ff, 68, 80, 82, 105, 202, 204, 228, 234, 236, 241, 243f, 247ff, 264, 266, 285, 287f, 291, 307, 309ff, 314, 326, 337, 341, 389, 392, 413, 417, 426, 434, 438f, 482, 497, 521, 524, 529
Standortarbitrage 274, 311, 314
Standortfaktor 150, 243, 266, 338, 466
Standorttheorien 237
Standortwettbewerb 149, 159, 287, 291, 314, 497
Steuerflucht 402
Steuern 43, 103, 105, 152, 165, 179, 194, 201, 216f, 242, 263, 269, 274, 315, 416, 435, 528, 531f, 537
Steuerungssystem 70
Stoff und Energie 86, 327

Strukturanpassung (structural adjustment programs) 112, 114, 116, 138, 150f, 173, 208, 213, 343, 345, 347, 352, 392, 490, 512
Strukturierung 28, 104, 116, 130, 155, 195, 227, 248, 368, 524
subcontracting 272, 274, 348
Subsidiarität 153f, 419
sustainability (siehe auch Nachhaltigkeit) 85, 232, 447, 460, 468
Synergieeffekte 282, 293, 353f
Tarifvertragssystem 312, 316
Technopoles 353f
Tele- und Heimarbeit 334f, 356
Telekommunikation 253, 255, 259f, 294, 321, 324f, 331, 350, 427
Tequilaeffekt 147, 204, 411
terms of trade 208f, 219, 244, 439, 466
Territorien 26, 32, 40ff, 44, 46, 66, 69f, 72, 79, 102, 104, 128, 130, 132ff, 140ff, 147f, 179, 189, 199, 245f, 250, 261, 263, 274, 323, 325, 351, 353, 367, 380, 414, 433, 437f, 442, 461, 475, 478ff, 482, 484, 487ff, 491, 493, 495ff, 524, 535, 537
Tertiarisierung 12, 273, 309, 317f, 325, 328ff, 339f, 357, 464
Thermodynamik 74, 86f, 94, 100, 124, 140, 447, 476
Thünen-Güter 150
TNU (transnationale Unternehmen) 37, 39, 108, 123, 230ff, 245, 254f, 259, 261ff, 271, 274, 277, 280, 289, 291, 295, 297ff, 305f, 312ff, 347, 349, 352ff, 427, 434, 483, 486, 489f, 493, 512, 514, 521
Tobin-Steuer 216f
Tourismus 88, 103f, 251f, 446
tragedy of the commons 83, 88, 467f
Tragfähigkeit (carrying capacity) 29, 87, 89, 125, 140, 443f, 448, 457, 460, 467, 476, 504, 509, 516
Transformation 11f, 15, 17f, 23, 25, 29ff, 84, 86f, 90, 94f, 121, 123f, 134f, 137, 139, 142, 145f, 157ff, 185, 260, 267, 304, 317, 321, 336, 343, 364, 366f,

382, 396, 398, 423, 425ff, 440f, 445, 449, 465, 479f, 502, 506, 517, 520, 526, 537f
Transformationsgesellschaften 114, 219, 273, 345, 361, 366, 426, 432, 437, 441
Transportkosten 149, 159, 224, 235ff, 242f, 245, 327, 391, 394
Triadenkonkurrenz 47, 146, 283, 381, 392, 407, 418
Triadisierung 27, 45, 47, 366, 375
Überakkumulation 57, 198, 202
Umweltklauseln 159, 227, 230, 232
Umweltraum 12, 29, 59, 76, 78, 87, 132, 140ff, 366f, 444f, 458ff, 467f, 473, 478, 506, 509, 511, 523, 525, 527, 530
UNCED 232
Ungleichheit 47, 66, 146, 157f, 173, 204, 266, 328f, 332, 357f, 362f, 365, 431, 462, 473, 486, 496, 499, 503, 506ff, 515f, 521, 528f, 533
Universalisierung 72, 146, 485
Universalismus 485f, 508
Unternehmensstrategien 12, 265, 274
Uruguay-Runde 219f, 234, 253f, 387, 394, 417
Verdinglichung 16, 97
Vereinheitlichung und Fragmentierung 146, 162
Vergesellschaftung 30, 32f, 40, 76, 78, 102, 105, 115, 162, 164f, 174, 227, 274, 336, 338, 479, 496, 521, 535
Vermarktwirtschaftlichung 11, 90, 92, 99, 114, 271, 272
Vernetzung 11, 180, 324, 466, 512
Verräumlichung 323
Verträgen, außervertragliche Voraussetzungen von 115f
Verwertung 16, 59f, 84, 109, 124, 129f, 144, 149, 165, 172, 196, 198, 254, 284, 460, 469, 491
Verwundbarkeit 432
Virtualisierung (der Ökonomie) 85, 180, 273, 276, 317, 327, 472
Wachstum 53, 57, 59, 76, 80, 82f, 86, 88, 108, 130, 142, 144, 158, 169ff,

178, 185, 187, 191f, 196f, 208, 213, 216ff, 221, 233, 258, 264, 276, 318, 320, 329, 348, 357, 367, 378, 406, 418f, 424, 432f, 436, 456, 458, 463, 473, 478, 502, 506, 509, 519, 521, 523, 525, 529, 530, 533, 535
Währungskonkurrenz 47, 82, 109, 111, 132, 138, 150, 152, 175, 184, 199, 201f, 204f, 368, 370, 373, 387, 390ff, 399, 405, 410f, 422, 430, 473, 521
Währungskonvertibilität 48, 133, 198, 409
Währungskrise 94, 147, 173, 214, 411
Währungsraum 37, 111, 132, 150, 216, 338, 367f, 384, 390, 410f, 413, 422, 429, 487, 527
Währungsunion 154, 216, 296, 368ff, 374, 381, 399ff, 404f, 407, 409f, 412f, 415, 417, 420ff, 440, 521
Wechselkurse 42, 46ff, 103, 111f, 138, 145, 150, 153, 160, 199, 204, 207f, 223f, 248, 263, 338, 366, 368, 385, 389f, 398, 402, 404, 408, 410, 413, 416, 423, 429, 434, 488, 490, 528
Welt(un)ordnung 83
Weltbank 24, 112, 116, 119, 125, 150, 205, 208f, 211, 213, 252, 255, 261, 318, 340f, 343, 345, 358, 397f, 427, 434, 444, 491, 508, 514
Weltbürgerrecht 25, 65f, 462
Weltfinanzsystem 387
Weltgeld 39, 111, 134, 150, 161, 194, 206f, 229, 235, 268, 379, 384
Weltgesellschaft 10, 18, 25, 42, 62, 72ff, 80, 93, 111, 115, 119, 136, 145, 151, 153, 155, 162f, 195, 234, 236, 462f, 468, 473, 512, 521
Welthandel 31, 37, 43, 45, 115, 123, 135, 152, 158f, 185, 219ff, 235, 240, 244, 250, 261, 268, 271, 307, 327, 368, 372, 375, 379, 381, 384, 387, 388, 411, 413, 429, 527
Welthandelsorganisation (WTO) 12, 46, 116, 119, 130, 159, 220f, 228f, 232f, 253, 255, 261, 267, 372, 388, 394, 396, 425, 440, 488f, 514

Weltkultur 49, 133
Weltmarkt 18, 32, 40, 46f, 49f, 53, 55ff, 63f, 67f, 71, 79, 82, 88, 93, 95, 111, 113f, 118f, 122, 127f, 133f, 138, 146, 148, 152, 160, 162, 182, 200, 202, 208, 211f, 222f, 227ff, 234, 236, 244ff, 248ff, 260, 262f, 267ff, 274, 287, 299, 311, 327f, 335, 338, 349, 351, 355, 361, 366, 375, 380ff, 384, 386ff, 393, 398, 423ff, 428, 430, 432ff, 437ff, 489f, 493f, 503, 512, 518, 529, 535
Weltmarktfabrik 347
Weltstaat 18, 41f, 65, 375
Weltsystem 49f, 52, 89, 119, 126, 147f, 154, 397, 430, 451, 510
Weltwirtschaft 23, 44f, 63, 83, 116, 119, 122f, 150, 160, 162, 203, 205, 213, 221, 236f, 249, 261, 267, 306, 325, 336, 340, 354, 366, 373, 375f, 378f, 382, 384, 386ff, 390, 394, 407, 411, 423, 435, 482, 489, 516
Weltwirtschaftsordnung 135, 389
Weltzeit 60f, 93, 284
Wertgesetz, modifizierte Wirkungsweise des 223, 230
Wertschöpfung 167, 262, 282, 289, 293, 307f, 352, 355, 503
Wertschöpfungskette 132, 266, 271, 277, 280, 282, 288f, 291, 308f
Wettbewerb 22, 26, 28, 38ff, 45ff, 61, 68ff, 88, 94, 112, 138f, 144, 150, 233, 240, 246ff, 266, 271ff, 277, 283, 290, 292f, 296, 298f, 304, 306, 309, 312f, 316, 324, 330, 333, 336ff, 347f, 353, 355f, 380, 385f, 390ff, 410, 413, 415, 417ff, 421, 424ff, 430ff, 458, 464f, 471, 482, 487, 492, 497, 534
Wettbewerbsfähigkeit, systemische 29, 44f, 68, 82, 125, 137, 138, 145, 243, 248f, 314, 338, 374, 381, 391, 394f, 410, 417, 424, 437, 439, 465f
Wettbewerbsstaat 45, 63, 68, 70, 133, 137, 351, 364

Wissen 73, 100, 108, 129, 275f, 287, 291, 297f, 300ff, 304, 309, 317f, 322, 327f, 500
Wohlfahrtsregime 61, 336
Wohlfahrtsstaat 34, 42, 62, 71, 94, 115, 121ff, 153f, 194, 336, 359, 478, 484, 495ff, 500f, 535ff
Zahlungsmittel 110, 165, 182, 186, 206, 208
Zeit 9, 18, 23, 27f, 33f, 42, 47, 49, 52f, 55f, 58ff, 65ff, 74, 76, 82, 84ff, 90, 92ff, 97ff, 103, 105f, 108, 110f, 121, 124, 135, 137, 139f, 142, 160, 170, 175, 180, 193, 195f, 203, 205, 207, 211, 218f, 223, 226, 235f, 242, 245, 247f, 252, 256, 259ff, 265, 275ff, 282ff, 287, 293, 296, 299, 302ff, 313, 316, 318, 327f, 334, 336, 341ff, 355f, 362, 366, 369, 387ff, 391, 411, 414, 419f, 422, 429f, 438, 440, 443, 446, 448, 451, 455, 456, 458f, 461, 464, 472, 476, 481, 483f, 487, 491, 495, 497, 504, 507, 518ff, 525, 531, 537
Zeit- und Raumregime 18, 40, 61, 69, 93, 106, 111, 136, 247, 249, 272, 302, 414, 446, 455, 461
Zeitwettbewerb 12, 271, 275ff, 304
Zentralbank 42, 44, 94, 109, 114, 154, 160, 167, 175f, 179ff, 191, 199, 206f, 214, 217f, 403, 412, 421, 434, 481, 490, 530
Zinsen 38, 44, 46, 109, 111f, 118, 141, 144f, 153, 158, 160, 165, 167, 169ff, 178, 183f, 186, 188, 191ff, 195ff, 200ff, 207f, 211, 216ff, 244, 248, 368, 385f, 389, 404, 410, 413, 416, 423, 451, 473, 481, 498, 530, 536
Zinssouveränität 48, 94, 182
Zinsverbot 195ff
Zirkulationsmittel 16, 109, 163, 176, 180, 182, 184ff, 206, 208, 212
Zivilgesellschaft 10, 61, 68, 71f, 81, 115, 217, 347, 377, 512, 525
Zoll 53, 219f, 231, 368ff, 375, 377f, 384, 399, 401, 405, 420, 466